U0709737

殷周金文集成

中國社會科學院考古研究所編

修訂增補本

第八册

中華書局

本册目録

器號	器名	字數	拓片頁碼	説明頁碼
一一四四〇	亞醜矛	二	六二六三	六六〇八
一一四四一	亞醜矛	二	六二六四	六六〇八
一一四四二	亞醜矛	二	六二六五	六六〇九
一一四四三	亞醜矛	二	六二六五	六六〇九
一一四四四	亞㠱矛	二	六二六五	六六〇九
一一四四五	北單矛	二	六二六六	六六〇九
一一四四六	北單矛	二	六二六六	六六〇九
一一四四七	亦車矛	二	六二六七	六六〇九
一一四四八	亦車矛	二	六二六八	六六〇九
一一四四九	倗舟矛	二	六二六八	六六〇九
一一四五〇	康侯矛	二	六二六九	六六〇九
一一四五一	戉王矛	二	六二七〇	六六〇九
一一四五二	寺工矛	二	六二七一	六六〇九
一一四五三	寺工矛	二	六二七一	六六〇九
一一四五四	少府矛	二	六二七一	六六〇九
一一四五五	右宮矛	二	六二七二	六六〇九
一一四五六	右軍矛	二	六二七二	六六〇九
一一四五七	㞢庫矛	二	六二七二	六六〇九
一一四五八	左庫矛	二	六二七三	六六一〇
一一四五九	乇庫矛	二	六二七三	六六一〇
一一四六〇	涙陽矛	二	六二七三	六六一〇
一一四六一	孱陵矛	二	六二七四	六六一〇

器號	器名	字數	拓片頁碼	説明頁碼
一一四六二	孱陵矛	二	六二七四	六六一〇
一一四六三	陽周矛	二	六二七五	六六一〇
一一四六四	陽周矛	二	六二七五	六六一〇
一一四六五	平周矛	二	六二七五	六六一〇
一一四六六	平周矛	二	六二七六	六六一〇
一一四六七	平周矛	二	六二七六	六六一〇
一一四六八	武戳矛	二	六二七七	六六一〇
一一四六九	武敢矛	二	六二七七	六六一〇
一一四七〇	不降矛	二	六二七八	六六一〇
一一四七一	平陽矛	二	六二七八	六六一〇
一一四七二	詔使矛	二	六二七八	六六一〇
一一四七三	高奴矛	二	六二七九	六六一〇
一一四七四	宜章矛（鏦）	二	六二七九	六六一〇
一一四七五	長矛	二	六二八〇	六六一〇
一一四七六	鬲矛	二	六二八〇	六六一一
一一四七七	瞏矛	二	六二八〇	六六一一
一一四七八	日矛	二	六二八一	六六一一
一一四七九	郾王矛	存二	六二八二	六六一一
一一四八〇	郾王職矛	存三	六二八二	六六一一
一一四八一	郾王右矛	存三	六二八三	六六一一
一一四八二	郾王喜矛	存三	六二八三	六六一一
一一四八三	郾王職矛	存三	六二八三	六六一一

器號	器名	字數	拓片頁碼	說明頁碼
一一四八四	郾右軍矛	三	六二八四	六六一一
一一四八五	鄭右庫矛	三	六二八四	六六一一
一一四八六	辛邑矛	三	六二八五	六六一一
一一四八七	右急矛	三	六二八五	六六一一
一一四八八	安右矛	三	六二八六	六六一一
一一四八九	安右矛	三	六二八七	六六一一
一一四九〇	安右矛	三	六二八七	六六一一
一一四九一	行論鍨矛	三	六二八八	六六一一
一一四九二	高望矛	三	六二八八	六六一二
一一四九三	高望矛	三	六二八九	六六一二
一一四九四	中陽矛	三	六二八九	六六一二
一一四九五	攸陸睘矛	三	六二九〇	六六一二
一一四九六	非矛	存三	六二九〇	六六一二
一一四九七	郾王詈矛	四	六二九一	六六一二
一一四九八	郾王戎人矛	四	六二九一	六六一二
一一四九九	格氏矛	四	六二九一	六六一二
一一五〇〇	上黨武庫矛	四	六二九二	六六一二
一一五〇一	上郡矛	四	六二九二	六六一二
一一五〇二	櫟陽武當矛	四	六二九三	六六一二
一一五〇三	右洀州還矛	四	六二九三	六六一二
一一五〇四	東周矛	四	六二九四	六六一二
一一五〇五	東周矛	四	六二九四	六六一二

器號	器名	字數	拓片頁碼	說明頁碼
一一五〇六	武都矛	四	六二九五	六六一二
一一五〇七	鄭生庫矛	五	六二九六	六六一二
一一五〇八	廿二年左郛矛	五	六二九六	六六一二
一一五〇九	廣衍矛	存五	六二九七	六六一二
一一五一〇	少明矛	存五	六二九七	六六一二
一一五一一	戊王者旨於賜矛	六	六二九八	六六一三
一一五一二	戉王矛	六	六二九九	六六一三
一一五一三	郾侯奞矛	六	六三〇〇	六六一三
一一五一四	郾王職矛	六	六三〇〇	六六一三
一一五一五	郾王職矛	六	六三〇〇	六六一三
一一五一六	郾王職矛	六	六三〇一	六六一三
一一五一七	郾王職矛	六	六三〇一	六六一三
一一五一八	郾王職矛	六	六三〇二	六六一三
一一五一九	郾王職矛	六	六三〇二	六六一三
一一五二〇	郾王職矛	六	六三〇二	六六一三
一一五二一	郾王職矛	六	六三〇三	六六一三
一一五二二	郾王喜矛	六	六三〇三	六六一三
一一五二三	郾王喜矛	六	六三〇三	六六一三
一一五二四	郾王詈矛	存六	六三〇四	六六一三
一一五二五	郾王職矛	存六	六三〇四	六六一三
一一五二六	郾王職矛	七	六三〇五	六六一三
一一五二七	郾王職矛	七	六三〇五	六六一四

器號	器名	字數	拓片頁碼	説明頁碼
一一五二八	郾王喜矛	七	六三〇六	六六一四
一一五二九	郾王喜矛	七	六三〇七	六六一四
一一五三〇	郾王詈矛	七	六三〇七	六六一四
一一五三一	郾王戎人矛	七	六三〇八	六六一四
一一五三二	少府矛	七	六三〇八	六六一四
一一五三三	武庫矛	七	六三〇九	六六一四
一一五三四	吳王夫差矛	八	六三〇九	六六一四
一一五三五	戉王州句矛	八	六三一〇	六六一四
一一五三六	郾王戎人矛	八	六三一一	六六一四
一一五三七	郾王戎人矛	八	六三一一	六六一四
一一五三八	郾王戎人矛	八	六三一二	六六一四
一一五三九	郾王戎人矛	八	六三一二	六六一四
一一五四〇	郾王詈矛	八	六三一三	六六一四
一一五四一	不降矛	八	六三一三	六六一四
一一五四二	平都矛	八	六三一四	六六一四
一一五四三	郾王戎人矛	九	六三一五	六六一四
一一五四四	戉王大子矛	一二	六三一六	六六一五
一一五四五	七年邦司寇矛	一四	六三一七	六六一五
一一五四六	七年宅陽令矛	一五	六三一七	六六一五
一一五四七	秦子矛	一五	六三一八	六六一五
一一五四八	廿年寺工矛	一五	六三一九	六六一五
一一五四九	十二年邦司寇矛	一六	六三一九	六六一五

器號	器名	字數	拓片頁碼	説明頁碼
一一五五〇	十三年少府矛	一六	六三二〇	六六一五
一一五五一	九年鄭令矛	一七	六三二一	六六一五
一一五五二	元年鄭令矛	一八	六三二一	六六一五
一一五五三	五年鄭令矛	一八	六三二二	六六一五
一一五五四	七年鄭令矛	一八	六三二二	六六一五
一一五五五	卅二年鄭令矛	一八	六三二三	六六一五
一一五五六	元年春平侯矛	一八	六三二四	六六一五
一一五五七	五年春平侯矛	一八	六三二五	六六一五
一一五五八	十七年春平侯矛	一八	六三二六	六六一六
一一五五九	三年鄭令矛	一九	六三二六	六六一六
一一五六〇	卅四年鄭令矛	一九	六三二七	六六一六
一一五六一	閔令趙狽戈	一九	六三二七	六六一六
一一五六二	六年安陽令矛	二〇	六三二八	六六一六
一一五六三	二年鄭令矛	二〇	六三二九	六六一六
一一五六四	四年雍令矛	二一	六三二九	六六一六
一一五六五	廿三年司寇矛	二三	六三三〇	六六一六
一一五六六	中央勇矛	存二八	六三三〇	六六一六
一一五六七	曾侯邸殳	六	六三三一	六六一六
一一五六八	刀劍	一	六三三二	六六一六
一一五六九	五劍	一	六三三二	六六一六
一一五七〇	戉王劍	二	六三三三	六六一六
一一五七一	戉王劍	二	六三三四	六六一七

器號	器名	字數	拓片頁碼	說明頁碼
一一五七二	豐伯劍	二	六三三五	六六一七
一一五七三	豐伯劍	二	六三三五	六六一七
一一五七四	洛都劍	二	六三三六	六六一七
一一五七五	工劍	二	六三三六	六六一七
一一五七六	大攻肴劍	三	六三三七	六六一七
一一五七七	大攻肴劍	三	六三三七	六六一七
一一五七八	舤子劍	四	六三三八	六六一七
一一五七九	余王劍	四	六三三八	六六一七
一一五八〇	从金劍	四	六三三九	六六一七
一一五八一	高陽劍	四	六三三九	六六一七
一一五八二	繁湯之金劍	四	六三四〇	六六一七
一一五八三	郾王喜劍	存四	六三四一	六六一七
一一五八四	郾王喜劍	存四	六三四一	六六一七
一一五八五	郾王喜鈹（郾王喜矛）	存四	六三四二	六六一七
一一五八六	吉爲劍	五	六三四二	六六一七
一一五八七	蔡侯產劍	存五	六三四三	六六一八
一一五八八	韓鍾劍	五	六三四四	六六一八
一一五八九	富奠劍	五	六三四五	六六一八
一一五九〇	鄭武庫劍	五	六三四五	六六一八
一一五九一	墜劍	五	六三四五	六六一八
一一五九二	高陽劍首	五	六三四六	六六一八
一一五九三	先劍	存五	六三四六	六六一八

器號	器名	字數	拓片頁碼	說明頁碼
一一五九四	戉王句戔之子劍	六	六三四七	六六一八
一一五九五	戉王句戔之子劍	六	六三四八	六六一八
一一五九六	戉王者旨於睗劍	六	六三四九	六六一八
一一五九七	戉王者旨於睗劍	六	六三四九	六六一八
一一五九八	戉王者旨於睗劍	六	六三五〇	六六一八
一一五九九	戉王者旨於睗劍	六	六三五一	六六一八
一一六〇〇	戉王者旨於睗劍	六	六三五一	六六一八
一一六〇一	蔡侯劍	存六	六三五二	六六一九
一一六〇二	蔡侯產劍	六	六三五二	六六一九
一一六〇三	蔡侯產劍	六	六三五三	六六一九
一一六〇四	蔡侯產劍	六	六三五三	六六一九
一一六〇五	蔡公子從劍	六	六三五四	六六一九
一一六〇六	郾王喜劍	六	六三五四	六六一九
一一六〇七	郾王喜劍	六	六三五五	六六一九
一一六〇八	朕之不忬劍	六	六三五五	六六一九
一一六〇九	陰平劍	六	六三五六	六六一九
一一六一〇	命劍	六	六三五六	六六一九
一一六一一	郙王劍	七	六三五七	六六一九
一一六一二	郾王喜劍	七	六三五七	六六一九
一一六一三	郾王喜劍	七	六三五八	六六一九
一一六一四	郾王喜劍	七	六三五八	六六一九
一一六一五	郾王喜劍	七	六三五九	六六二〇

器號	器名	字數	拓片頁碼	說明頁碼
一一六一六	郾王喜劍	七	六三五九	六六二〇
一一六一七	郾王喜劍	七	六三六〇	六六二〇
一一六一八	畠劍	七	六三六〇	六六二〇
一一六一九	四年建信君鈹	存七	六三六一	六六二〇
一一六二〇	攻敔王光劍	八	六三六一	六六二〇
一一六二一	𨛭王鳩淺劍	八	六三六二	六六二〇
一一六二二	戉王州句劍	八	六三六三	六六二〇
一一六二三	戉王州句劍	八	六三六三	六六二〇
一一六二四	戉王州句劍	八	六三六四	六六二〇
一一六二五	戉王州句劍	八	六三六五	六六二〇
一一六二六	戉王州句劍	八	六三六六	六六二一
一一六二七	戉王州句劍	八	六三六六	六六二一
一一六二八	戉王州句劍	八	六三六七	六六二一
一一六二九	戉王州句劍	八	六三六八	六六二一
一一六三〇	戉王州句劍	八	六三六九	六六二一
一一六三一	戉王州句劍	八	六三七〇	六六二一
一一六三二	戉王州句劍	八	六三七〇	六六二一
一一六三三	右庫劍	八	六三七一	六六二一
一一六三四	郾王職劍	八	六三七一	六六二一
一一六三五	相邦鈹	存八	六三七二	六六二一
一一六三六	攻敔王劍	一〇	六三七三	六六二一
一一六三七	攻敔王夫差劍	一〇	六三七四	六六二二

器號	器名	字數	拓片頁碼	說明頁碼
一一六三八	攻敔王夫差劍	一〇	六三七五	六六二二
一一六三九	攻敔王夫差劍	一〇	六三七六	六六二二
一一六四〇	吳季子之子逞劍	一〇	六三七六	六六二二
一一六四一	戉王劍	一〇	六三七七	六六二二
一一六四二	戉王劍	一〇	六三七七	六六二二
一一六四三	郾王職劍	一〇	六三七八	六六二二
一一六四四	戉王劍	一一	六三七八	六六二二
一一六四五	戉王劍（卯劍）	一一	六三七九	六六二二
一一六四六	戉王劍	一一	六三八〇	六六二二
一一六四七	戉王劍	一一	六三八一	六六二二
一一六四八	戉王劍	一一	六三八一	六六二二
一一六四九	戉王劍	一一	六三八二	六六二三
一一六五〇	戉王劍	一一	六三八二	六六二三
一一六五一	鵙公劍	一一	六三八三	六六二三
一一六五二	廿九年高都令劍	一一	六三八四	六六二三
一一六五三	廿九年高都令劍	一一	六三八四	六六二三
一一六五四	攻敔王光劍	一二	六三八五	六六二三
一一六五五	先自劍	一二	六三八五	六六二三
一一六五六	弫劍	一二	六三八六	六六二三
一一六五七	七年劍	存一二	六三八七	六六二三
一一六五八	十七年寺工鈹	一三	六三八七	六六二三
一一六五九	楚王酓章劍	存一三	六三八八	六六二三

器號	器名	字數	拓片頁碼	説明頁碼
一一六六〇	元年劍	一四	六三八八	六六二三
一一六六一	三年鈹	一四	六三八九	六六二三
一一六六二	五年相邦春平侯劍	一四	六三八九	六六二四
一一六六三	虡公劍（犇公劍）	一四	六三九〇	六六二四
一一六六四	戉王劍	一四	六三九二	六六二四
一一六六五	工盧王劍	一六	六三九三	六六二四
一一六六六	攻敔王光劍	一六	六三九三	六六二四
一一六六七	戉王劍	一六	六三九四	六六二四
一一六六八	徐王義楚之子元劍	一六	六三九五	六六二四
一一六六九	王立事鈹	一六	六三九六	六六二四
一一六七〇	守相杜波鈹	存一六	六三九七	六六二四
一一六七一	六年安平守鈹	一六	六三九八	六六二四
一一六七二	七年劍	一七	六三九八	六六二四
一一六七三	王立事劍	一七	六三九九	六六二四
一一六七四	王立事鈹	一七	六三九九	六六二四
一一六七五	三年馬師鈹	一七	六四〇〇	六六二四
一一六七六	十二年邦司寇劍	存一七	六四〇〇	六六二四
一一六七七	八年相邦劍	一八	六四〇一	六六二五
一一六七八	八年相邦劍	一八	六四〇二	六六二五
一一六七九	八年相邦鈹	一八	六四〇三	六六二五
一一六八〇	八年相邦鈹	一八	六四〇四	六六二五
一一六八一	八年相邦鈹	一八	六四〇五	六六二五

器號	器名	字數	拓片頁碼	説明頁碼
一一六八二	二年春平侯鈹	一八	六四〇六	六六二五
一一六八三	三年春平侯鈹	一八	六四〇七	六六二五
一一六八四	十七年春平侯劍	一八	六四〇七	六六二五
一一六八五	十年鈹	一八	六四〇八	六六二五
一一六八六	五年邦司寇劍	一九	六四〇九	六六二五
一一六八七	三年相邦建信君鈹	一九	六四〇九	六六二五
一一六八八	相邦春平侯鈹	一九	六四一〇	六六二五
一一六八九	十七年相邦春平侯鈹	一九	六四一一	六六二五
一一六九〇	十七年相邦春平侯鈹	一九	六四一二	六六二五
一一六九一	十五年春平侯鈹	一九	六四一二	六六二五
一一六九二	戉王劍	一九	六四一三	六六二五
一一六九三	卅三年鄭令劍	一九	六四一四	六六二六
一一六九四	四年春平相邦鈹	二〇	六四一四	六六二六
一一六九五	四年建信君鈹	二〇	六四一五	六六二六
一一六九六	少虡劍	二〇	六四一六	六六二六
一一六九七	少虡劍	二〇	六四一七	六六二六
一一六九八	少虡劍	存二〇	六四一八	六六二六
一一六九九	十七年春平侯劍	二一	六四一九	六六二六
一一七〇〇	十五年守相杜波劍	二二	六四一九	六六二六
一一七〇一	十五年守相杜波鈹	二二	六四二〇	六六二六

器號	器名	字數	拓片頁碼	説明頁碼
一一七〇二	十五年守相杜波鈹	三	六四二一	六六二六
一一七〇三	戉王劍(越王其北古劍)	三	六四二二	六六二六
一一七〇四	戉王劍	三	六四二三	六六二六
一一七〇五	郾王喜劍	三	六四二四	六六二六
一一七〇六	八年相邦劍	三	六四二四	六六二七
一一七〇七	四年春平侯鈹	三	六四二五	六六二七
一一七〇八	十七年春平侯鈹	三	六四二六	六六二七
一一七〇九	十五年春平侯劍	存三	六四二七	六六二七
一一七一〇	十八年相邦劍	存二四	六四二七	六六二七
一一七一一	十三年鈹	二四	六四二八	六六二七
一一七一二	七年相邦鈹	二四	六四二九	六六二七
一一七一三	十七年春平侯鈹	二四	六四三〇	六六二七
一一七一四	十七年春平侯劍	二四	六四三一	六六二七
一一七一五	十七年春平侯鈹	二四	六四三一	六六二七
一一七一六	十七年春平侯劍	二四	六四三二	六六二七
一一七一七	十八年建信君鈹	二五	六四三二	六六二七
一一七一八	姑發𦉈反劍	三三	六四三三	六六二七
一一七一九	叔趙父爯	一一	六四三四	六六二七
一一七二〇	乘鉞	一	六四三五	六六二七
一一七二一	何鉞	一	六四三七	六六二八
一一七二二	何鉞	一	六四三八	六六二八

器號	器名	字數	拓片頁碼	説明頁碼
一一七二三	伐鉞	一	六四三九	六六二八
一一七二四	[illegible]鉞	一	六四四〇	六六二八
一一七二五	宖鉞	一	六四四一	六六二八
一一七二六	兮鉞	一	六四四二	六六二八
一一七二七	[illegible]鉞	一	六四四二	六六二八
一一七二八	正鉞	一	六四四三	六六二八
一一七二九	戈鉞	一	六四四四	六六二八
一一七三〇	[illegible]鉞	一	六四四五	六六二八
一一七三一	羞鉞	一	六四四六	六六二八
一一七三二	鄉鉞	一	六四四七	六六二八
一一七三三	幸鉞	一	六四四八	六六二八
一一七三四	册鉞	一	六四四九	六六二八
一一七三五	田鉞	一	六四五〇	六六二八
一一七三六	家鉞	一	六四五一	六六二八
一一七三七	甗鉞	一	六四五二	六六二八
一一七三八	寅鉞	一	六四五三	六六二八
一一七三九	婦好鉞	二	六四五四	六六二九
一一七四〇	婦好鉞	二	六四五四	六六二九
一一七四一	司㛗鉞	二	六四五五	六六二九
一一七四二	亞启鉞	二	六四五五	六六二九
一一七四三	亞䣊鉞	二	六四五六	六六二九
一一七四四	亞矣鉞	二	六四五六	六六二九

器號	器名	字數	拓片頁碼	說明頁碼
一一七四五	亞吳鉞	二	六四五七	六六二九
一一七四六	亞吳鉞	二	六四五八	六六二九
一一七四七	亞父鉞	二	六四五九	六六二九
一一七四八	亞父鉞	二	六四六〇	六六二九
一一七四九	亞父鉞	二	六四六〇	六六二九
一一七五〇	冚父鉞	二	六四六一	六六二九
一一七五一	韡子鉞	二	六四六二	六六二九
一一七五二	子[illegible]鉞	二	六四六四	六六二九
一一七五三	伐甗鉞	二	六四六四	六六二九
一一七五四	山鉞	二	六四六五	六六三〇
一一七五五	[illegible]鉞	二	六四六七	六六三〇
一一七五六	奊父乙鉞	三	六四六七	六六三〇
一一七五七	取子鉞	九	六四六八	六六三〇
一一七五八	中山侯鉞	一六	六四六九	六六三〇
一一七五九	庚斧	一	六四七〇	六六三〇
一一七六〇	王斧	一	六四七〇	六六三〇
一一七六一	工斧	一	六四七一	六六三〇
一一七六二	吳斧	一	六四七一	六六三〇
一一七六三	吳斧	一	六四七一	六六三〇
一一七六四	[illegible]斧	一	六四七二	六六三〇
一一七六五	[illegible]斧	一	六四七二	六六三〇
一一七六六	征斧	一	六四七二	六六三〇

器號	器名	字數	拓片頁碼	說明頁碼
一一七六七	毌斧	一	六四七三	六六三〇
一一七六八	[illegible]斧	一	六四七三	六六三〇
一一七六九	兀斧	一	六四七三	六六三〇
一一七七〇	个斧	一	六四七三	六六三〇
一一七七一	↓斧	一	六四七四	六六三〇
一一七七二	巾斧	一	六四七四	六六三一
一一七七三	毛斧	一	六四七五	六六三一
一一七七四	豐王斧	二	六四七五	六六三一
一一七七五	亞吳斧	二	六四七五	六六三一
一一七七六	亞吳斧	二	六四七六	六六三一
一一七七七	亞醜斧	二	六四七六	六六三一
一一七七八	康侯斧	二	六四七七	六六三一
一一七七九	康侯斧	二	六四七七	六六三一
一一七八〇	中草斧	二	六四七八	六六三一
一一七八一	弔龜斧	二	六四七八	六六三一
一一七八二	弔龜斧	二	六四七九	六六三一
一一七八三	戉虎斧	二	六四七九	六六三一
一一七八四	右廩鐵斧範	二	六四七九	六六三一
一一七八五	䖒嗣土斧	七	六四八〇	六六三一
一一七八六	呂大叔斧	八	六四八一	六六三二
一一七八七	呂大叔斧	八	六四八一	六六三二
一一七八八	郘大叔斧	一二	六四八一	六六三二

器號	器名	字數	拓片頁碼	說明頁碼
一一七八九	子鍏	一	六四八二	六六三二
一一七九〇	[illegible]鍏	一	六四八二	六六三二
一一七九一	己鍏	一	六四八二	六六三二
一一七九二	己鍏	一	六四八二	六六三二
一一七九三	何鍏	一	六四八三	六六三二
一一七九四	亞矣鍏	二	六四八三	六六三二
一一七九五	亞矣鍏	二	六四八三	六六三二
一一七九六	亞醜鍏	二	六四八四	六六三二
一一七九七	亞醜鍏	二	六四八四	六六三二
一一七九八	戈鑿	一	六四八四	六六三二
一一七九九	S鑿	一	六四八五	六六三二
一一八〇〇	公鑿	一	六四八五	六六三二
一一八〇一	亞矣鑿	二	六四八五	六六三二
一一八〇二	右廩鐵鑿範	二	六四八六	六六三二
一一八〇三	[illegible]刀	一	六四八七	六六三三
一一八〇四	豖刀	一	六四八七	六六三三
一一八〇五	[illegible]刀	一	六四八七	六六三三
一一八〇六	宁刀	一	六四八八	六六三三
一一八〇七	[illegible]刀	一	六四八八	六六三三
一一八〇八	己刀	一	六四八九	六六三三
一一八〇九	苣刀	一	六四八九	六六三三
一一八一〇	亞弜刀	二	六四九〇	六六三三

器號	器名	字數	拓片頁碼	說明頁碼
一一八一一	亞弜刀	三	六四九〇	六六三三
一一八一二	康侯刀	二	六四九一	六六三三
一一八一三	亞矣刀	二	六四九二	六六三三
一一八一四	左使車工刀	五	六四九二	六六三三
一一八一五	齊城右造刀	八	六四九三	六六三三
一一八一六	係仲𦒱子削	六	六四九三	六六三三
一一八一七	王刮刀	一	六四九四	六六三三
一一八一八	王刮刀	一	六四九四	六六三三
一一八一九	王刮刀	一	六四九五	六六三四
一一八二〇	角刮刀	一	六四九五	六六三四
一一八二一	公銼刀	一	六四九六	六六三四
一一八二二	左使錘	一	六四九六	六六三四
一一八二三	[illegible]鐮	一	六四九七	六六三四
一一八二四	牛鐮	一	六四九七	六六三四
一一八二五	嫪鐮	二	六四九八	六六三四
一一八二六	㫕肴鐮	二	六四九八	六六三四
一一八二七	右廩鐵鐮範	二	六四九九	六六三四
一一八二八	豖鏟	一	六五〇〇	六六三四
一一八二九	田鏟	一	六五〇〇	六六三四
一一八三〇	中山鏟	二	六五〇〇	六六三四
一一八三一	亞矣耜	二	六五〇一	六六三四
一一八三二	右廩鐵钁範	二	六五〇二	六六三四

器號	器名	字數	拓片頁碼	說明頁碼
一一八三三	右庫鐵鑊範	二	六五〇二	六六三四
一一八三四	[illegible]鶴嘴斧形器	一	六五〇三	六六三四
一一八三五	侯鶴嘴斧形器	一	六五〇三	六六三四
一一八三六	皇宮右鶴嘴斧形器	三	六五〇四	六六三四
一一八三七	八年邦右庫兵器	八	六五〇四	六六三五
一一八三八	衛師盾飾	三	六五〇五	六六三五
一一八三九	衛師盾飾	三	六五〇六	六六三五
一一八四〇	五銅泡	一	六五〇七	六六三五
一一八四一	矢銅泡	一	六五〇七	六六三五
一一八四二	[illegible]銅泡	一	六五〇七	六六三五
一一八四三	干銅泡	一	六五〇八	六六三五
一一八四四	莫銅泡	一	六五〇八	六六三五
一一八四五	豐銅泡	一	六五〇八	六六三五
一一八四六	豐銅泡	一	六五〇九	六六三五
一一八四七	豐銅泡	一	六五〇九	六六三五
一一八四八	豐王銅泡	二	六五一〇	六六三五
一一八四九	豐王銅泡	二	六五一〇	六六三五
一一八五〇	豐王銅泡	二	六五一一	六六三五
一一八五一	矢笴銅泡	二	六五一一	六六三五
一一八五二	亞㚖銅泡	二	六五一二	六六三五
一一八五三	亞㚖銅泡	二	六五一二	六六三五
一一八五四	匽侯銅泡	二	六五一二	六六三六

器號	器名	字數	拓片頁碼	說明頁碼
一一八五五	中次銅泡	二	六五一三	六六三六
一一八五六	中次銅泡	二	六五一三	六六三六
一一八五七	日毛銅泡	二	六五一三	六六三六
一一八五八	衛師銅泡	二	六五一四	六六三六
一一八五九	衛師銅泡	二	六五一五	六六三六
一一八六〇	匽侯銅泡	二	六五一六	六六三六
一一八六一	匽侯銅泡	二	六五一六	六六三六
一一八六二	師紿銅泡	二	六五一七	六六三六
一一八六三	私庫嗇夫鑲金銀泡飾	一二	六五一七	六六三六
一一八六四	私庫嗇夫鑲金銀泡飾	一二	六五一七	六六三六
一一八六五	私庫嗇夫鑲金銀泡飾	一二	六五一七	六六三六
一一八六六	先弓形器	一	六五一八	六六三六
一一八六七	[illegible]弓形器	一	六五一八	六六三六
一一八六八	[illegible]弓形器	一	六五一八	六六三六
一一八六九	[illegible]弓形器	一	六五一九	六六三六
一一八七〇	[illegible]弓形器	一	六五一九	六六三七
一一八七一	析弓形器	一	六五二〇	六六三七
一一八七二	[illegible]亞弓形器	二	六五二〇	六六三七
一一八七三	[illegible]亞弓形器	二	六五二一	六六三七

器號	器名	字數	拓片頁碼	說明頁碼
一一八七四	甲冑	一	六五二一	六六三七
一一八七五	甲冑	一	六五二一	六六三七
一一八七六	甲冑	一	六五二二	六六三七
一一八七七	正冑	一	六五二二	六六三七
一一八七八	鼎冑	一	六五二二	六六三七
一一八七九	𠬝冑	一	六五二二	六六三七
一一八八〇	合冑	一	六五二三	六六三七
一一八八一	合冑	一	六五二三	六六三七
一一八八二	合冑	一	六五二三	六六三七
一一八八三	合冑	一	六五二三	六六三七
一一八八四	合冑	一	六五二四	六六三七
一一八八五	貯冑	一	六五二四	六六三八
一一八八六	貯冑	一	六五二五	六六三八
一一八八七	[illegible]冑	一	六五二五	六六三八
一一八八八	[illegible]冑	一	六五二五	六六三八
一一八八九	旋冑	一	六五二五	六六三八
一一八九〇	舟冑	一	六五二六	六六三八
一一八九一	卜冑	一	六五二六	六六三八
一一八九二	↑冑	一	六五二六	六六三八
一一八九三	一冑	一	六五二六	六六三八
一一八九四	二冑	一	六五二七	六六三八
一一八九五	五冑	一	六五二七	六六三八

器號	器名	字數	拓片頁碼	說明頁碼
一一八九六	五冑	一	六五二七	六六三八
一一八九七	五冑	一	六五二七	六六三八
一一八九八	五冑	一	六五二八	六六三八
一一八九九	八冑	一	六五二八	六六三九
一一九〇〇	雩十命銅牌	三	六五二八	六六三九
一一九〇一	皮氏銅牌	四	六五二八	六六三九
一一九〇二	廿四年銅梃	九	六五二九	六六三九
一一九〇三	龏鐓	一	六五二九	六六三九
一一九〇四	[illegible]鐓	一	六五二九	六六三九
一一九〇五	[illegible]鐓	一	六五二九	六六三九
一一九〇六	中府鐓	二	六五三〇	六六三九
一一九〇七	邪[illegible]庫鐓	三	六五三〇	六六三九
一一九〇八	右旁鐓	三	六五三〇	六六三九
一一九〇九	庚都司馬鐓	四	六五三一	六六三九
一一九一〇	大司馬鐓	六	六五三一	六六三九
一一九一一	大良造鞅鐓	一三	六五三一	六六三九
一一九一二	幸干首	一	六五三二	六六三九
一一九一三	[illegible]干首	一	六五三二	六六三九
一一九一四	耶七庎距末	三	六五三二	六六四〇
一一九一五	悍距末	八	六五三三	六六四〇
一一九一六	廿年距末	一二	六五三三	六六四〇
一一九一七	上距末	約一八	六五三四	六六四〇

器號	器名	字數	拓片頁碼	説明頁碼
一一九一八	丞廣弩牙	二	六五三四	六六四〇
一一九一九	右攻君弩牙	三	六五三四	六六四〇
一一九二〇	右攻君弩牙	三	六五三五	六六四〇
一一九二一	右攻君弩牙	三	六五三五	六六四〇
一一九二二	右攻君弩牙	三	六五三五	六六四〇
一一九二三	左攻君弩牙	三	六五三六	六六四〇
一一九二四	左攻君弩牙	三	六五三六	六六四〇
一一九二五	左周弩牙	三	六五三六	六六四〇
一一九二六	左周弩牙	三	六五三六	六六四〇
一一九二七	左周弩牙	三	六五三七	六六四〇
一一九二八	左周弩牙	三	六五三七	六六四〇
一一九二九	右昜攻君弩牙	四	六五三七	六六四〇
一一九三〇	右昜宮弩牙	五	六五三七	六六四〇
一一九三一	八年五大夫弩機	一〇	六五三八	六六四一
一一九三二	公鏃	一	六五三九	六六四一
一一九三三	公鏃	一	六五三九	六六四一
一一九三四	上鏃	一	六五三九	六六四一
一一九三五	左鏃	一	六五三九	六六四一
一一九三六	左鏃	一	六五四〇	六六四一
一一九三七	右鏃	一	六五四〇	六六四一
一一九三八	右鏃	一	六五四〇	六六四一
一一九三九	右鏃	一	六五四〇	六六四一

器號	器名	字數	拓片頁碼	説明頁碼
一一九四〇	空鏃	一	六五四一	六六四一
一一九四一	昜鏃	一	六五四一	六六四一
一一九四二	商丘鏃	二	六五四一	六六四一
一一九四三	右旦鏃	二	六五四一	六六四一
一一九四四	右旦鏃	二	六五四二	六六四一
一一九四五	右旦鏃	二	六五四二	六六四一
一一九四六	右旦鏃	二	六五四二	六六四一
一一九四七	右旦鏃	二	六五四二	六六四一
一一九四八	右旦鏃	二	六五四三	六六四一
一一九四九	右旦鏃	二	六五四三	六六四二
一一九五〇	右旦鏃	二	六五四三	六六四二
一一九五一	右旦鏃	二	六五四三	六六四二
一一九五二	右旦鏃	二	六五四四	六六四二
一一九五三	右旦鏃	二	六五四四	六六四二
一一九五四	右旦鏃	二	六五四四	六六四二
一一九五五	右旦鏃	二	六五四四	六六四二
一一九五六	右旦鏃	二	六五四五	六六四二
一一九五七	右旦鏃	二	六五四五	六六四二
一一九五八	右旦鏃	二	六五四五	六六四二
一一九五九	右旦鏃	二	六五四五	六六四二
一一九六〇	右旦鏃	二	六五四六	六六四二
一一九六一	右旦鏃	二	六五四六	六六四二

器號	器名	字數	拓片頁碼	說明頁碼
一一九六二	右旦鏃	二	六五四六	六六四二
一一九六三	右旦鏃	二	六五四六	六六四二
一一九六四	右旦鏃	二	六五四七	六六四二
一一九六五	右旦鏃	二	六五四七	六六四二
一一九六六	右旦鏃	二	六五四七	六六四三
一一九六七	右旦鏃	二	六五四七	六六四三
一一九六八	右旦鏃	二	六五四八	六六四三
一一九六九	右旦鏃	二	六五四八	六六四三
一一九七〇	右旦鏃	二	六五四八	六六四三
一一九七一	右旦鏃	二	六五四八	六六四三
一一九七二	右旦鏃	二	六五四九	六六四三
一一九七三	右旦鏃	二	六五四九	六六四三
一一九七四	左旦鏃	二	六五四九	六六四三
一一九七五	左旦鏃	二	六五四九	六六四三
一一九七六	左旦鏃	二	六五五〇	六六四三
一一九七七	左旦鏃	二	六五五〇	六六四三
一一九七八	左旦鏃	二	六五五〇	六六四三
一一九七九	左旦鏃	二	六五五〇	六六四三
一一九八〇	左旦鏃	二	六五五一	六六四三
一一九八一	左旦鏃	二	六五五一	六六四三
一一九八二	左旦鏃	二	六五五一	六六四三
一一九八三	左旦鏃	二	六五五一	六六四三

器號	器名	字數	拓片頁碼	說明頁碼
一一九八四	左旦鏃	二	六五五二	六六四三
一一九八五	左旦鏃	二	六五五二	六六四三
一一九八六	[illegible]仕鏃	二	六五五二	六六四四
一一九八七	不降雙鋒鏃	二	六五五二	六六四四
一一九八八	[illegible]北鏃	二	六五五三	六六四四
一一九八九	[illegible]北鏃	二	六五五三	六六四四
一一九九〇	[illegible]北鏃	二	六五五三	六六四四
一一九九一	[illegible]北鏃	二	六五五四	六六四四
一一九九二	[illegible]北鏃	二	六五五四	六六四四
一一九九三	[illegible]北鏃	二	六五五四	六六四四
一一九九四	右鏃	三	六五五五	六六四四
一一九九五	[illegible]公鏃	四	六五五五	六六四四
一一九九六	廿一年旦鏃	六	六五五五	六六四四
一一九九七	郘公鏃	九	六五五六	六六四四
一一九九八	[illegible]矢形器	四	六五五六	六六四四
一一九九九	虎形銘軝足飾	一	六五五七	六六四四
一二〇〇〇	車車飾	一	六五五七	六六四四
一二〇〇一	車合頁	一	六五五七	六六四四
一二〇〇二	之合頁	一	六五五八	六六四四
一二〇〇三	[illegible]車飾	一	六五五八	六六四五
一二〇〇四	左蓋弓帽	一	六五五九	六六四五
一二〇〇五	左蓋弓帽	一	六五五九	六六四五

器號	器名	字數	拓片頁碼	説明頁碼
一二〇〇六	左蓋弓帽	一	六五五九	六六四五
一二〇〇七	侯車鑾鈴	一	六五六〇	六六四五
一二〇〇八	侯車鑾鈴	一	六五六〇	六六四五
一二〇〇九	子車鑾鈴	一	六五六一	六六四五
一二〇一〇	子車鑾鈴	一	六五六一	六六四五
一二〇一一	旅車鑾鈴	一	六五六二	六六四五
一二〇一二	倗史車鑾鈴	二	六五六二	六六四五
一二〇一三	左宮車軎	二	六五六三	六六四五
一二〇一四	左宮車軎	二	六五六三	六六四五
一二〇一五	下宮車軎	二	六五六四	六六四五
一二〇一六	右庫車軎	二	六五六四	六六四五
一二〇一七	冊[illegible]車器	二	六五六五	六六四五
一二〇一八	西年車器	二	六五六五	六六四五
一二〇一九	右駿車器	二	六五六五	六六四五
一二〇二〇	康侯車鑾鈴	二	六五六六	六六四五
一二〇二一	夫人零件	二	六五六六	六六四六
一二〇二二	楚尚車轄	二	六五六六	六六四六
一二〇二三	陳[illegible]車轄	三	六五六七	六六四六
一二〇二四	陳[illegible]車轄	三	六五六七	六六四六
一二〇二五	君軠車軎	三	六五六七	六六四六
一二〇二六	公大后車軎	三	六五六七	六六四六
一二〇二七	晉公車軎	四	六五六八	六六四六

器號	器名	字數	拓片頁碼	説明頁碼
一二〇二八	晉公車軎	四	六五六八	六六四六
一二〇二九	□作車鑾鈴	四	六五六九	六六四六
一二〇三〇	嫿妊車輨	五	六五六九	六六四六
一二〇三一	齊司馬車器	五	六五六九	六六四六
一二〇三二	十七年蓋弓帽	六	六五六九	六六四六
一二〇三三	[illegible]工銀節約	六	六五七〇	六六四六
一二〇三四	[illegible]工銀節約	六	六五七〇	六六四六
一二〇三五	[illegible]工銀節約	六	六五七〇	六六四七
一二〇三六	[illegible]工銀節約	存六	六五七〇	六六四七
一二〇三七	[illegible]工銀節約	七	六五七一	六六四七
一二〇三八	[illegible]工銀節約	七	六五七一	六六四七
一二〇三九	少府銀節約	七	六五七一	六六四七
一二〇四〇	陳共車飾	七	六五七二	六六四七
一二〇四一	上造但車軎	一〇	六五七二	六六四七
一二〇四二	私庫嗇夫車軎	一〇	六五七二	六六四七
一二〇四三	私庫嗇夫車軎	一〇	六五七三	六六四七
一二〇四四	私庫嗇夫衡飾	一〇	六五七三	六六四七
一二〇四五	私庫嗇夫衡飾	一〇	六五七三	六六四七
一二〇四六	私庫嗇夫蓋杠接管	一〇	六五七四	六六四七
一二〇四七	私庫嗇夫蓋杠接管	一〇	六五七四	六六四七
一二〇四八	私庫嗇夫蓋杠接管	一〇	六五七四	六六四七
一二〇四九	私庫嗇夫蓋杠接管	一〇	六五七四	六六四八

器號	器名	字數	拓片頁碼	說明頁碼
一二〇五〇	私庫嗇夫蓋杠接管	一〇	六五七五	六六四八
一二〇五一	私庫嗇夫蓋杠接管	一〇	六五七五	六六四八
一二〇五二	私庫嗇夫蓋杠接管	一〇	六五七五	六六四八
一二〇五三	私庫嗇夫蓋杠接管	一〇	六五七五	六六四八
一二〇五四	左使車嗇夫帳桿 母扣	一三	六五七六	六六四八
一二〇五五	左使車嗇夫帳桿 母扣	一三	六五七六	六六四八
一二〇五六	左使車嗇夫帳桿 母扣	一三	六五七六	六六四八
一二〇五七	左使車嗇夫帳桿 母扣	一三	六五七七	六六四八
一二〇五八	左使車嗇夫帳桿 母扣	一三	六五七七	六六四八
一二〇五九	左使車嗇夫帳桿 母扣	一三	六五七七	六六四八
一二〇六〇	左使車嗇夫帳桿 母扣	一三	六五七八	六六四八
一二〇六一	左使車嗇夫帳桿 母扣	一三	六五七八	六六四八
一二〇六二	左使車嗇夫帳桿 母扣	一三	六五七八	六六四八

器號	器名	字數	拓片頁碼	說明頁碼
一二〇六三	左使車嗇夫帳桿 母扣	一三	六五七九	六六四八
一二〇六四	[illegible]馬鑾鈴	一	六五七九	六六四九
一二〇六五	右馬銜	一	六五七九	六六四九
一二〇六六	叔馬銜	一	六五八〇	六六四九
一二〇六七	右企馬銜	一	六五八〇	六六四九
一二〇六八	左宮馬銜	存三	六五八一	六六四九
一二〇六九	左宮馬銜	存三	六五八一	六六四九
一二〇七〇	周當盧	一	六五八二	六六四九
一二〇七一	南當盧	一	六五八二	六六四九
一二〇七二	南當盧	一	六五八二	六六四九
一二〇七三	南當盧	一	六五八二	六六四九
一二〇七四	田當盧	一	六五八三	六六四九
一二〇七五	冂當盧	一	六五八三	六六四九
一二〇七六	矢當盧	一	六五八四	六六四九
一二〇七七	矢當盧	一	六五八四	六六四九
一二〇七八	矢當盧	一	六五八四	六六四九
一二〇七九	矢當盧	一	六五八五	六六四九
一二〇八〇	矢當盧	一	六五八五	六六四九
一二〇八一	矢當盧	一	六五八六	六六五〇
一二〇八二	日當盧	一	六五八六	六六五〇
一二〇八三	矢丁當盧	二	六五八七	六六五〇

器號	器名	字數	拓片頁碼	説明頁碼
一二〇八四	矢丁當盧	二	六五八七	六六五〇
一二〇八五	坙日當盧	二	六五八七	六六五〇
一二〇八六	節節	一	六五八八	六六五〇
一二〇八七	椉虎符	存一	六五八九	六六五〇
一二〇八八	麐尿節	二	六五八九	六六五〇
一二〇八九	⿰犭態節	二	六五八九	六六五〇
一二〇九〇	齊節大夫馬節	六	六五九〇	六六五〇
一二〇九一	騎傳馬節	四	六五九〇	六六五〇
一二〇九二	亡縱熊節	四	六五九一	六六五〇
一二〇九三	采者節	四	六五九一	六六五〇
一二〇九四	王命虎符	四	六五九一	六六五〇
一二〇九五	王命虎符	四	六五九二	六六五〇
一二〇九六	王命虎符	四	六五九二	六六五〇
一二〇九七	王命龍節	八	六五九三	六六五一
一二〇九八	王命龍節	八	六五九四	六六五一
一二〇九九	王命龍節	八	六五九四	六六五一
一二一〇〇	王命龍節	八	六五九五	六六五一
一二一〇一	王命龍節	八	六五九五	六六五一
一二一〇二	王命龍節	八	六五九六	六六五一
一二一〇三	雁節	存八	六五九六	六六五一
一二一〇四	雁節	八	六五九七	六六五一
一二一〇五	鷹節	一二	六五九七	六六五一

器號	器名	字數	拓片頁碼	説明頁碼
一二一〇六	鷹節	一二	六五九八	六六五一
一二一〇七	辟大夫虎符	一〇	六五九八	六六五一
一二一〇八	新郪虎符	三八	六五九九	六六五一
一二一〇九	杜虎符	四〇	六六〇〇	六六五一
一二一一〇	噩君啟車節	一四四	六六〇一	六六五一
一二一一一	噩君啟車節	一四四	六六〇三	六六五一
一二一一二	噩君啟車節	一四四	六六〇四	六六五二
一二一一三	噩君啟舟節	一六一	六六〇五	六六五二

人矛

北單

11411B

11411A

元矛

元

11412B

元

11412A

㠱矛

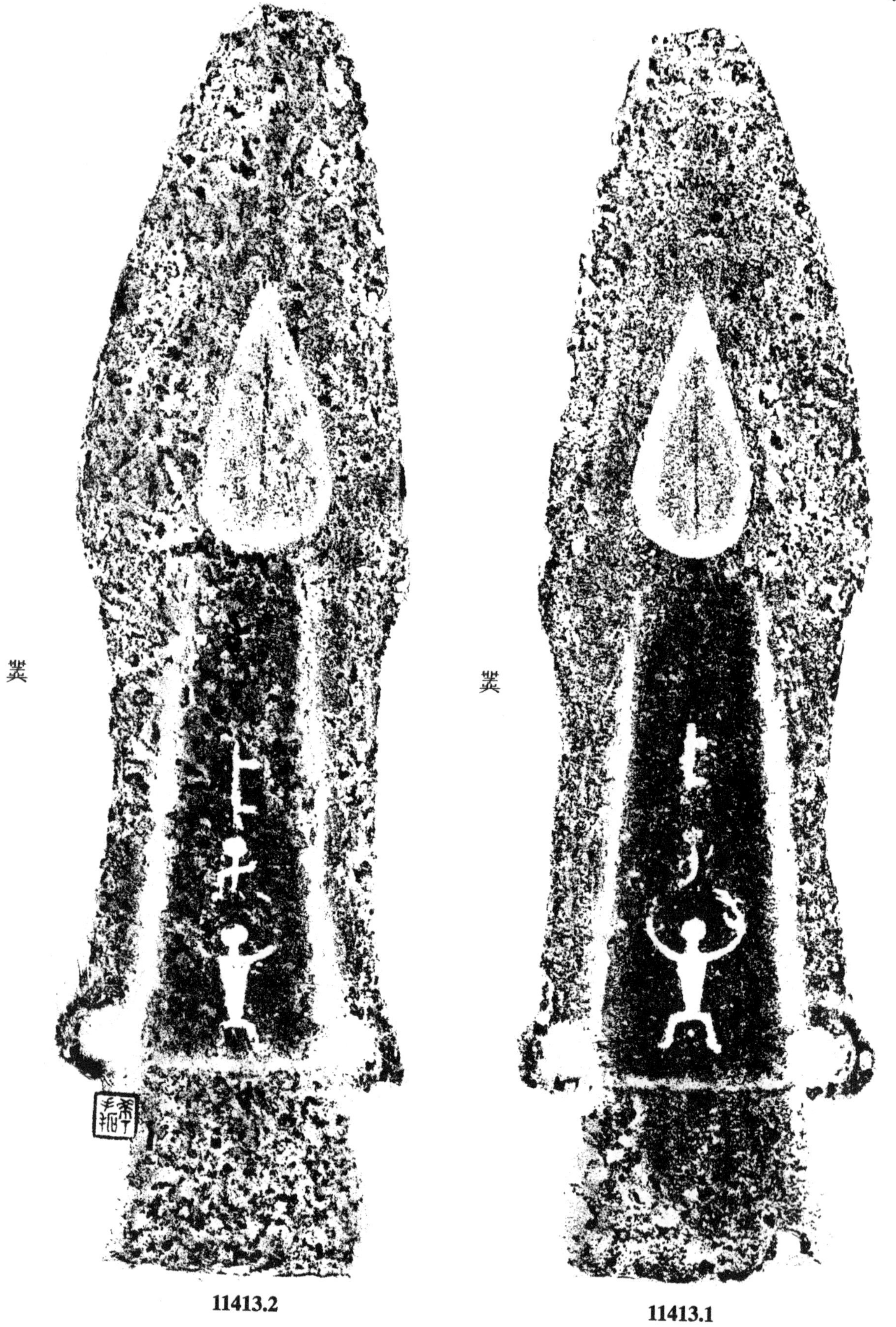

冀

冀

11413.2

11413.1

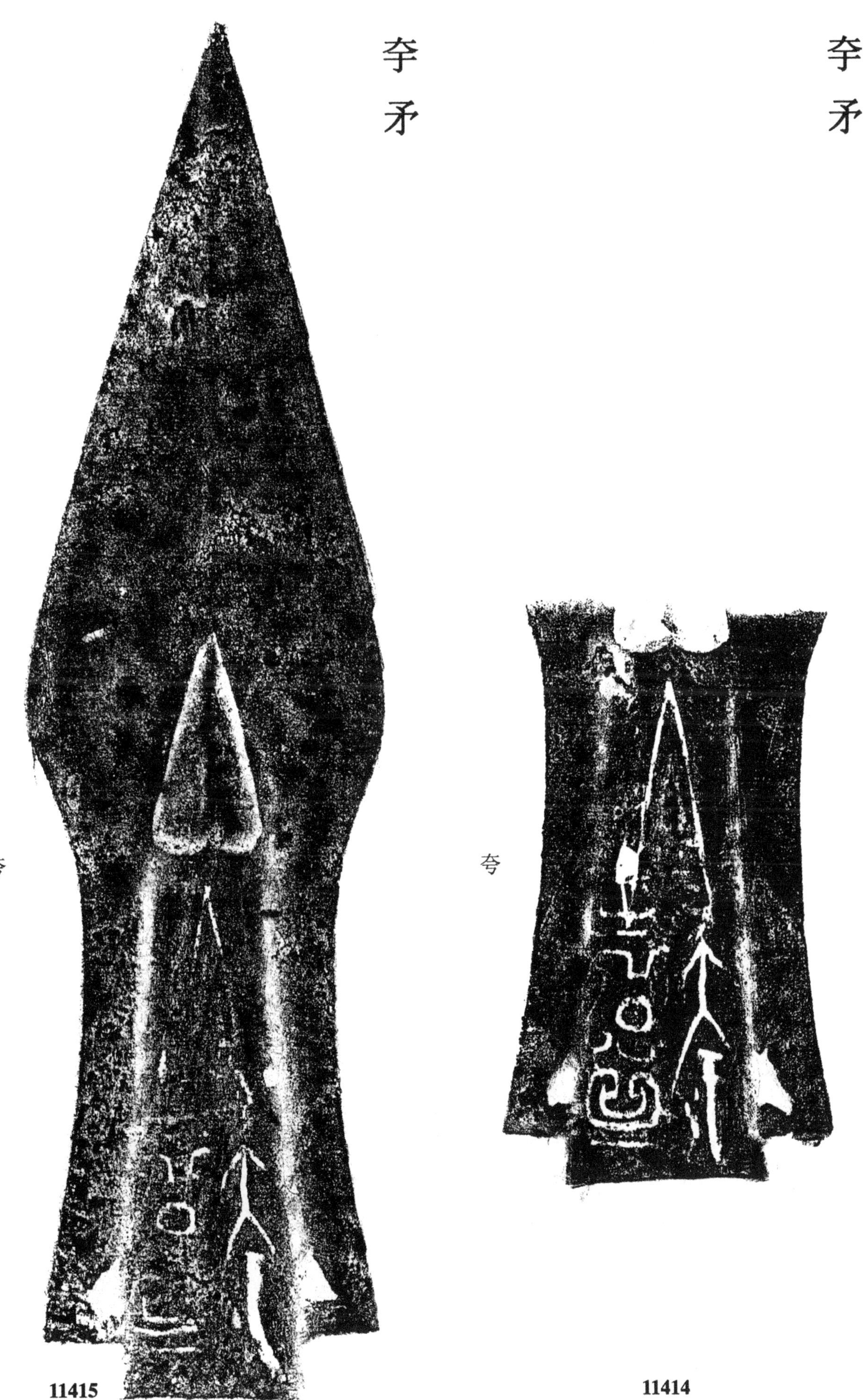

夸矛

11415

夸

夸矛

11414

夸

夸矛

夸

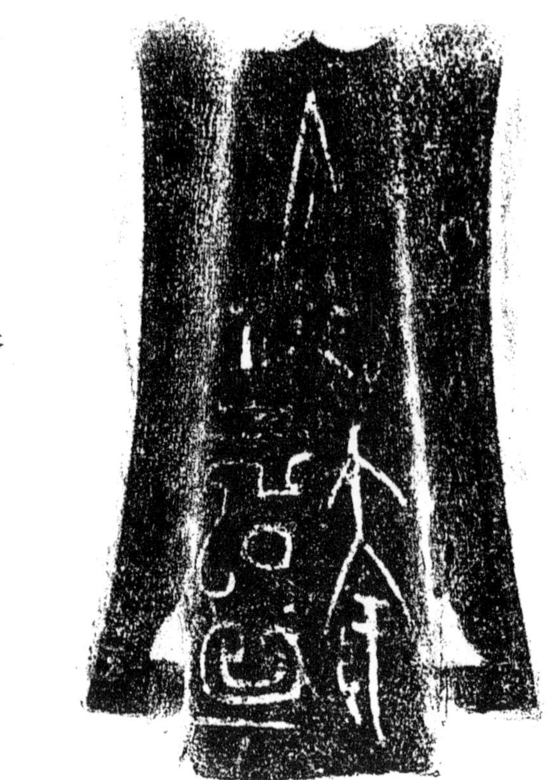

11416

夸矛

夸矛

夸

夸

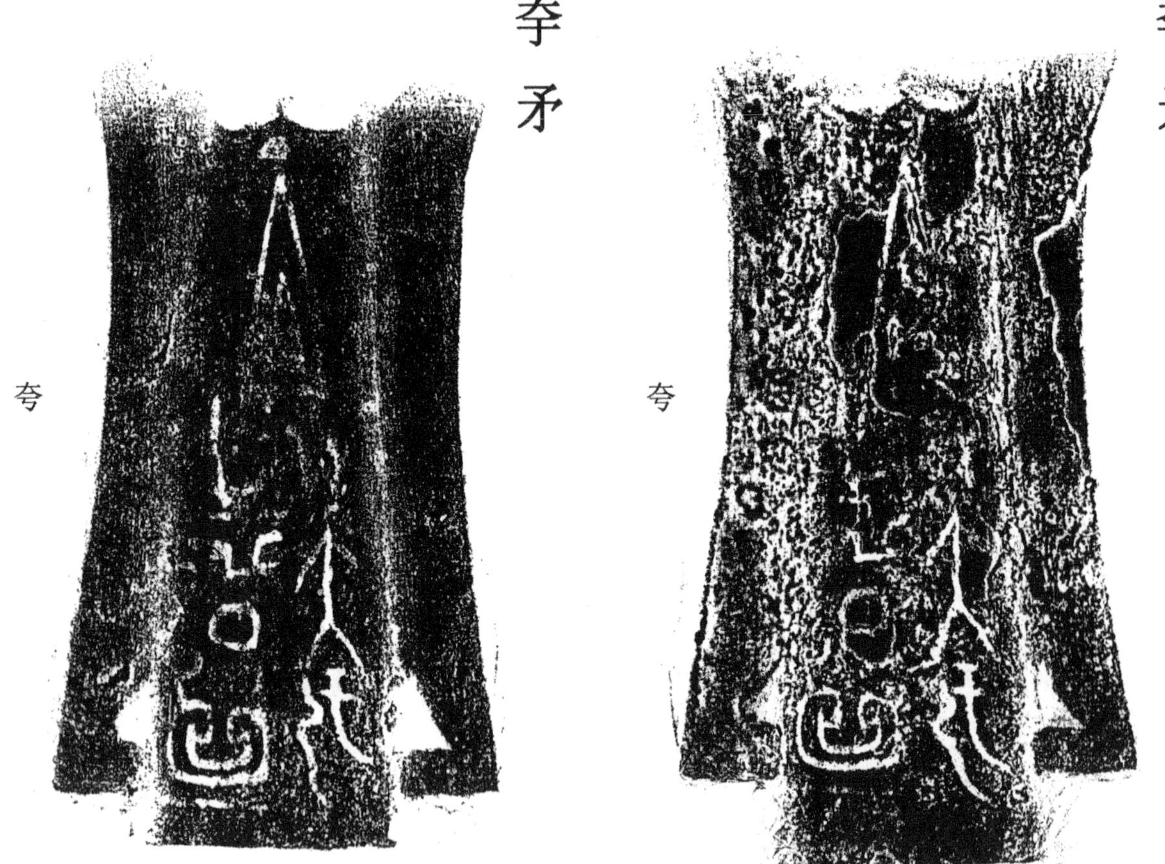

11418

11417

夸矛

夸

11419B

11419A

夸矛

夸

11420

夸矛

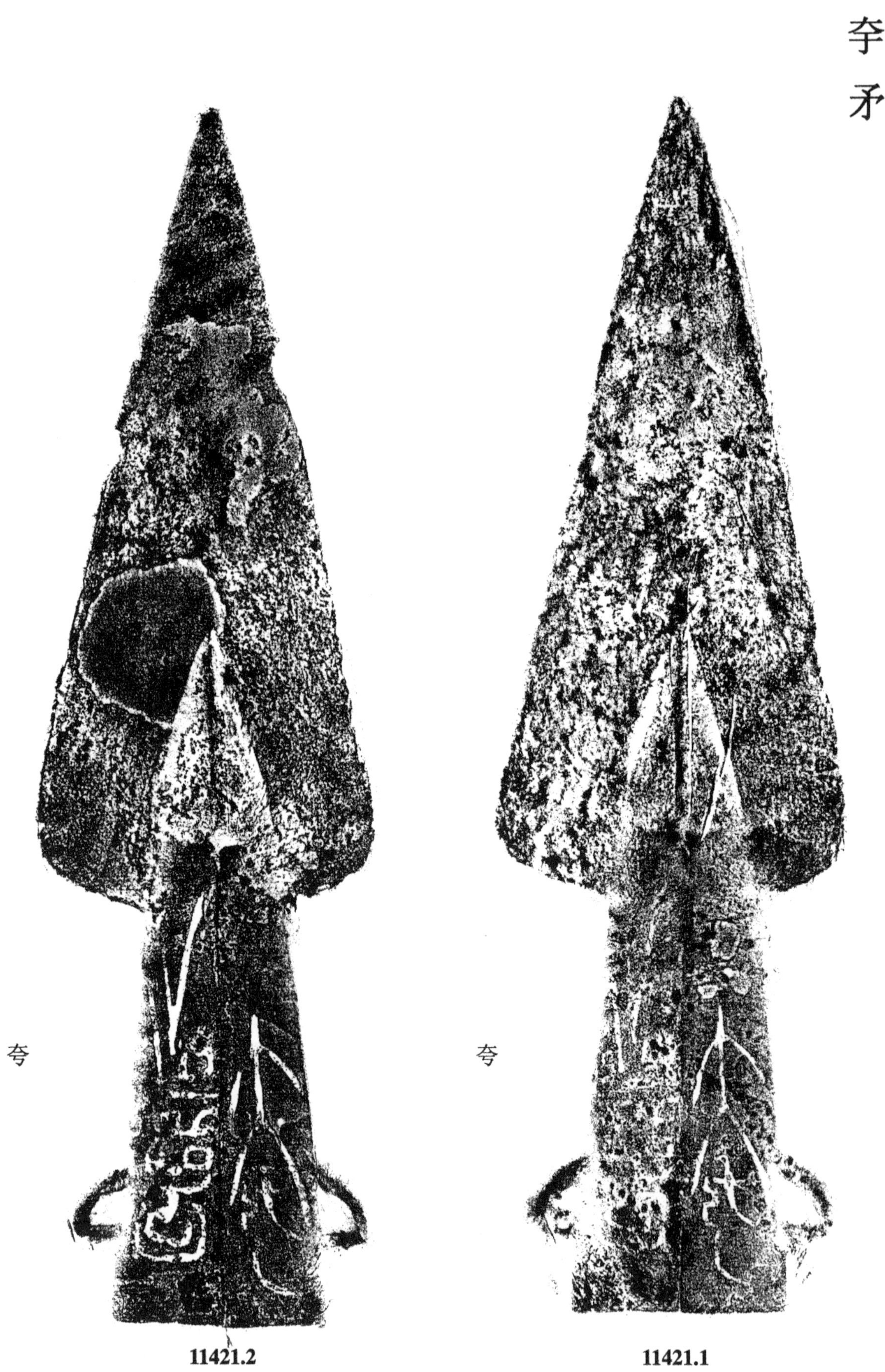

夸

11421.2

夸

11421.1

夸矛

夸

11422

亮矛

亮

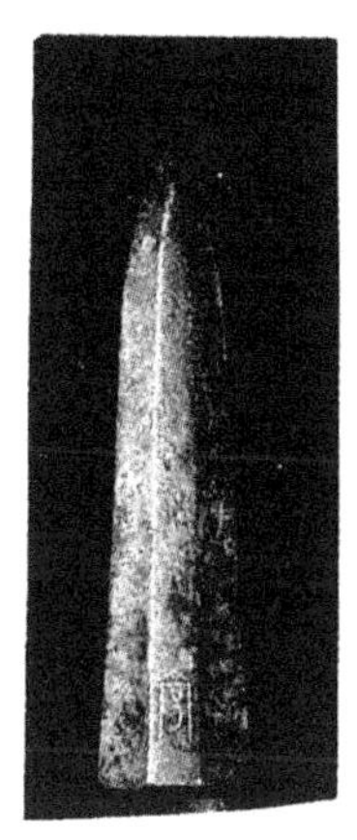

11424A

交矛

交

11423

亮

11424B

息矛

息

11425

公矛

公

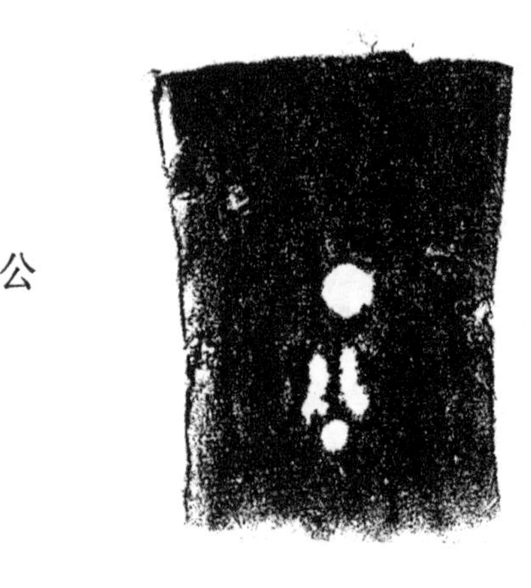

11427

□矛

□

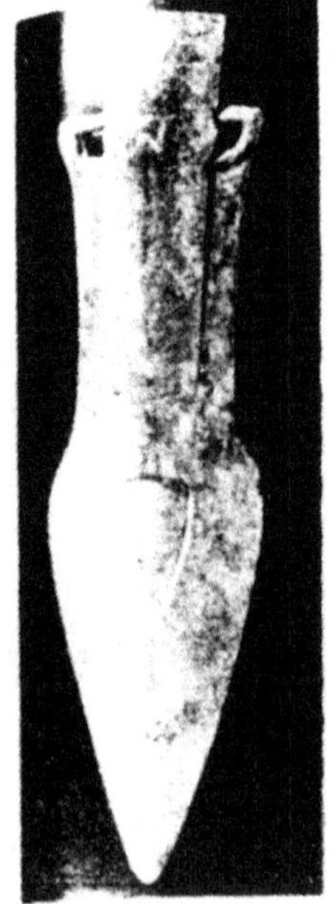

11426A

11426B

公矛

公

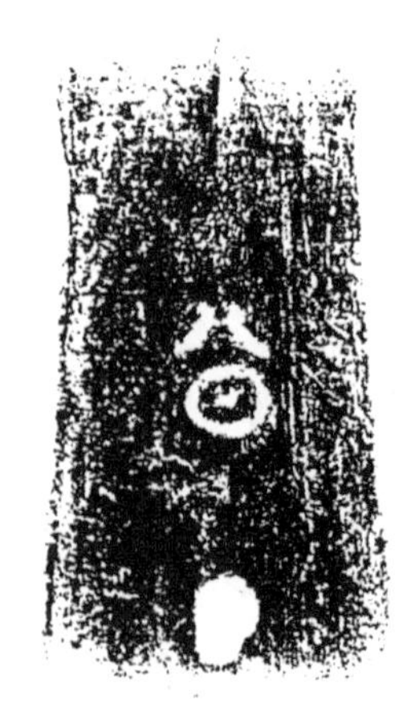

11428

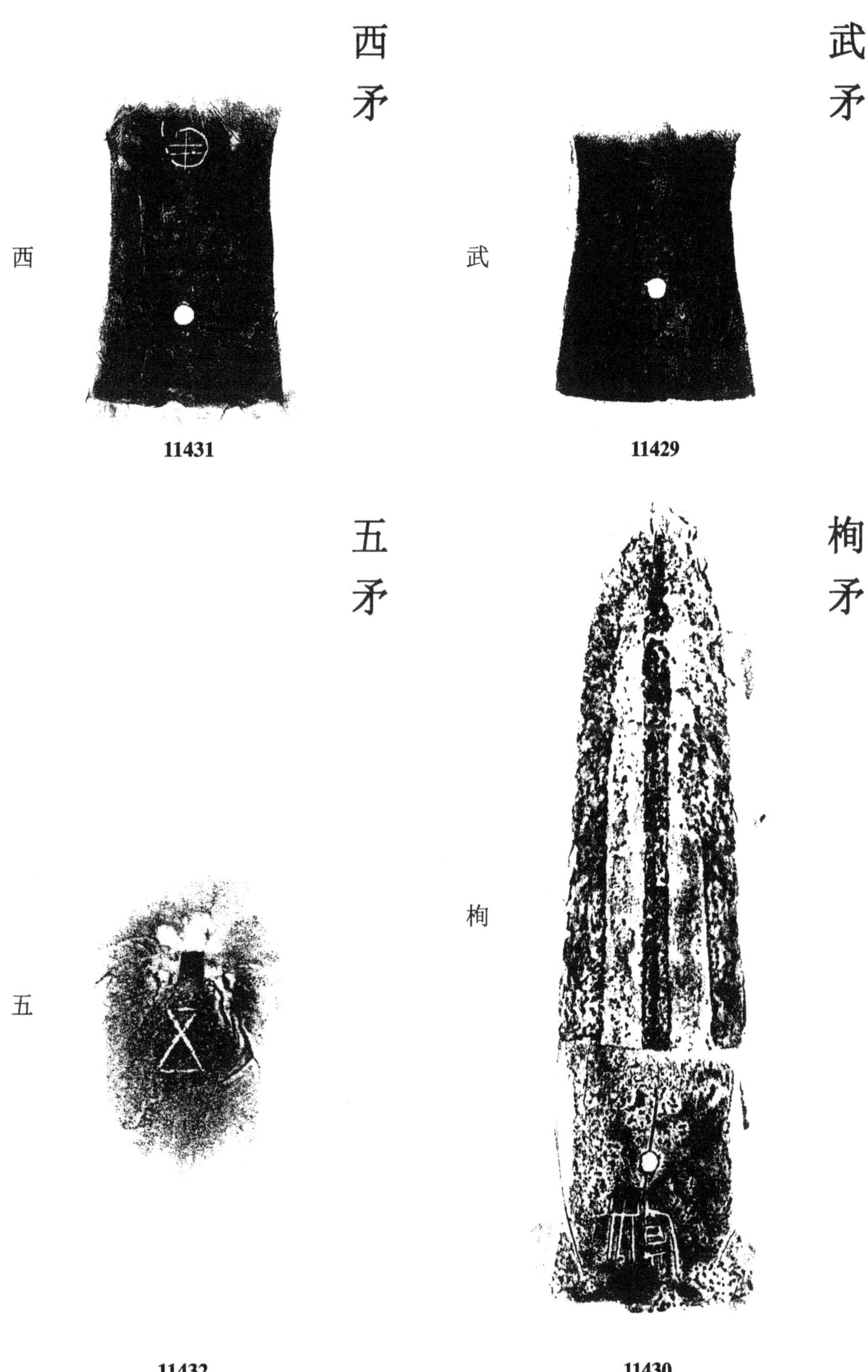

武矛

武

11429

栒矛

栒

11430

西矛

西

11431

五矛

五

11432

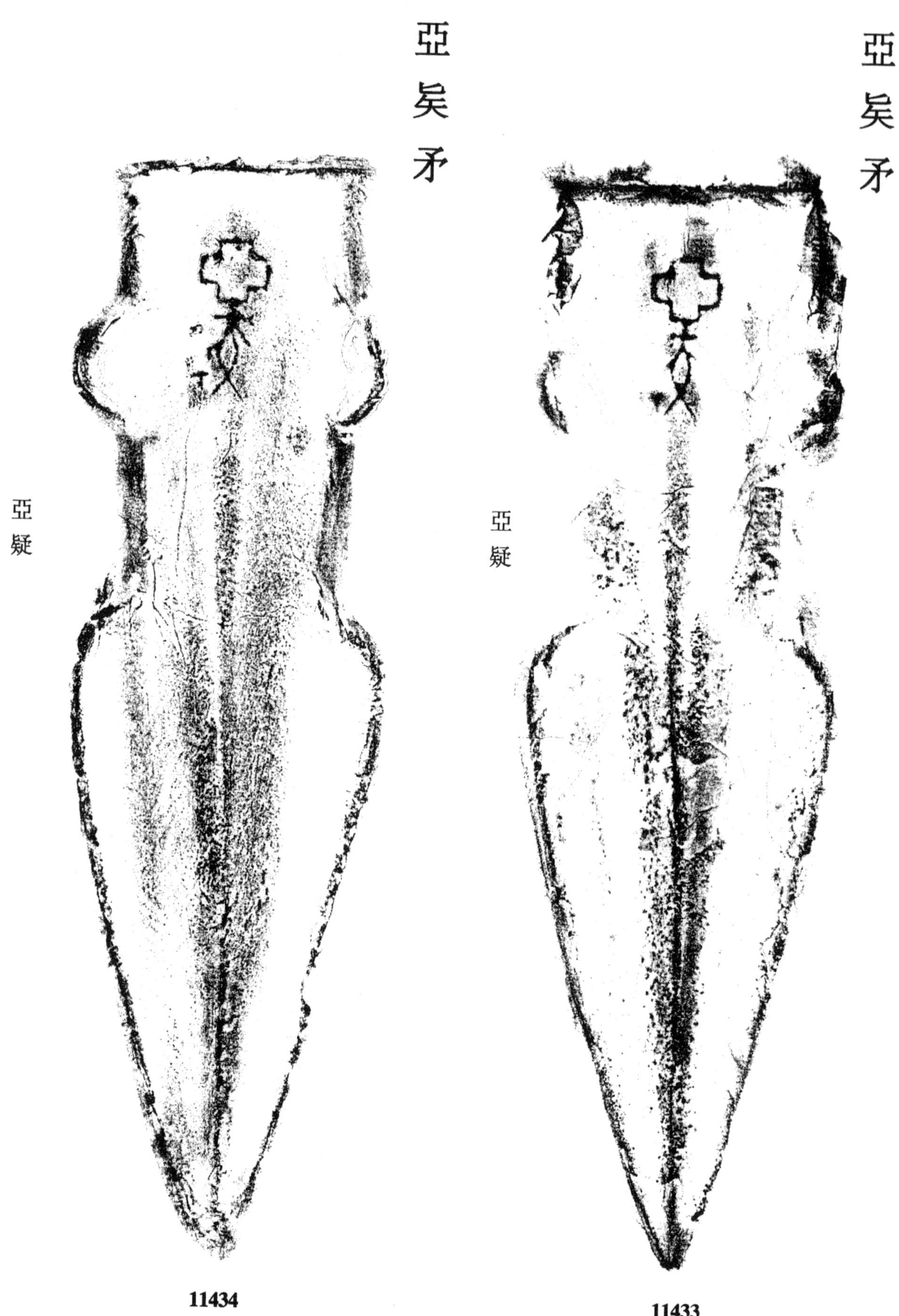

亞吳矛

11434

亞吳矛

11433

亞矣矛

亞疑

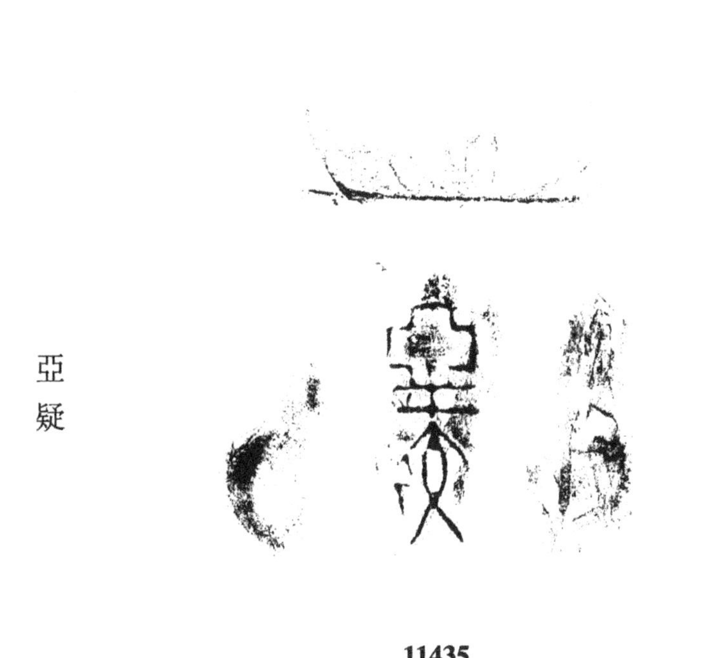

11435

亞矣矛

亞疑

11437

亞矣矛

亞疑

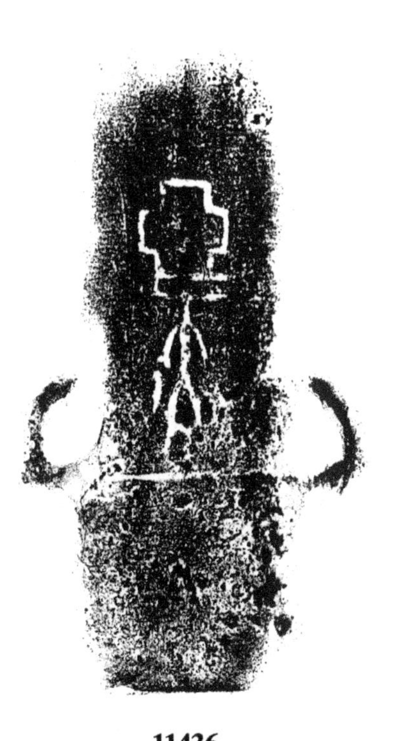

11436

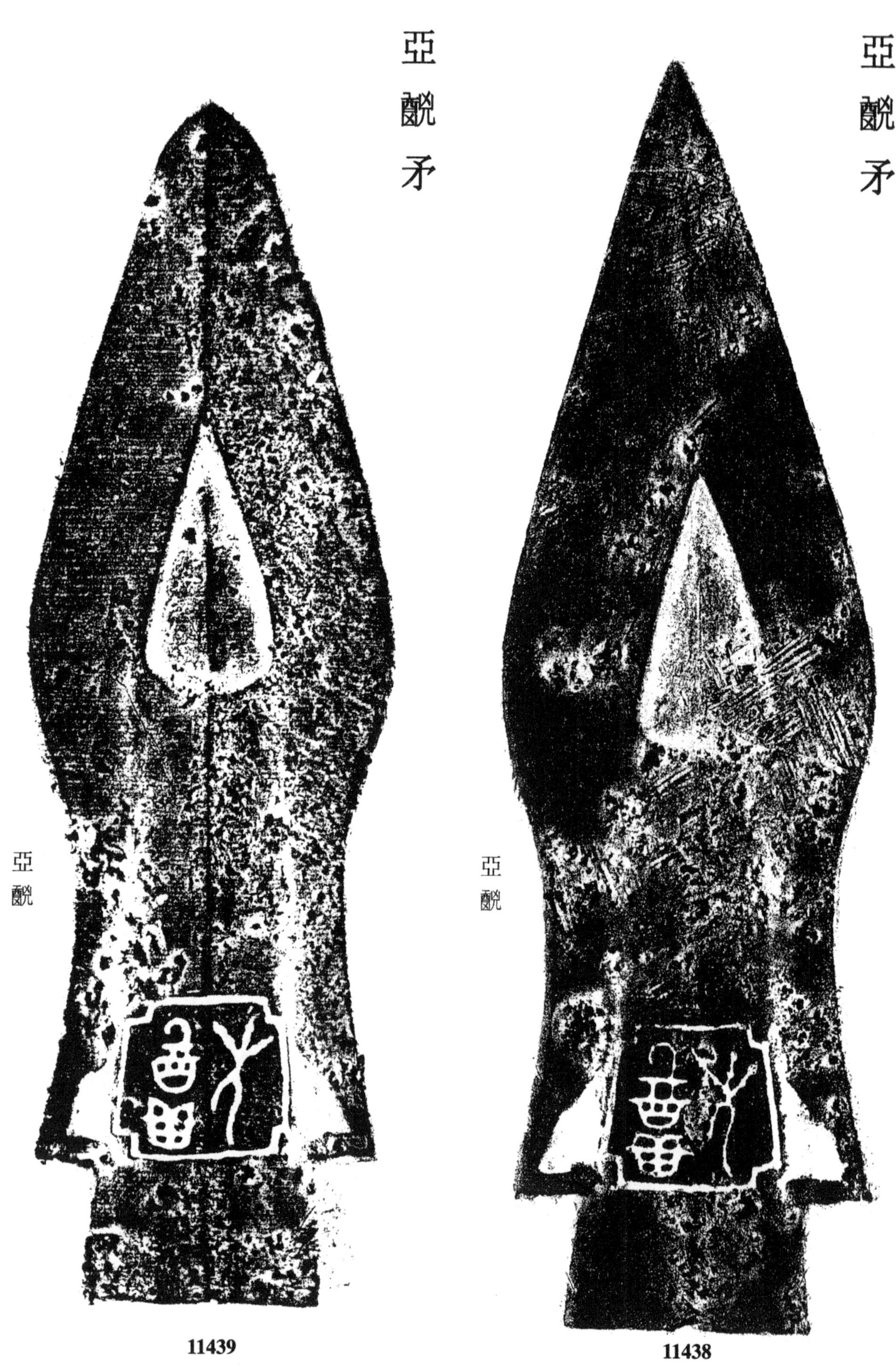

亞醗矛

亞
醗

11439

亞醗矛

亞
醗

11438

亞䤉矛

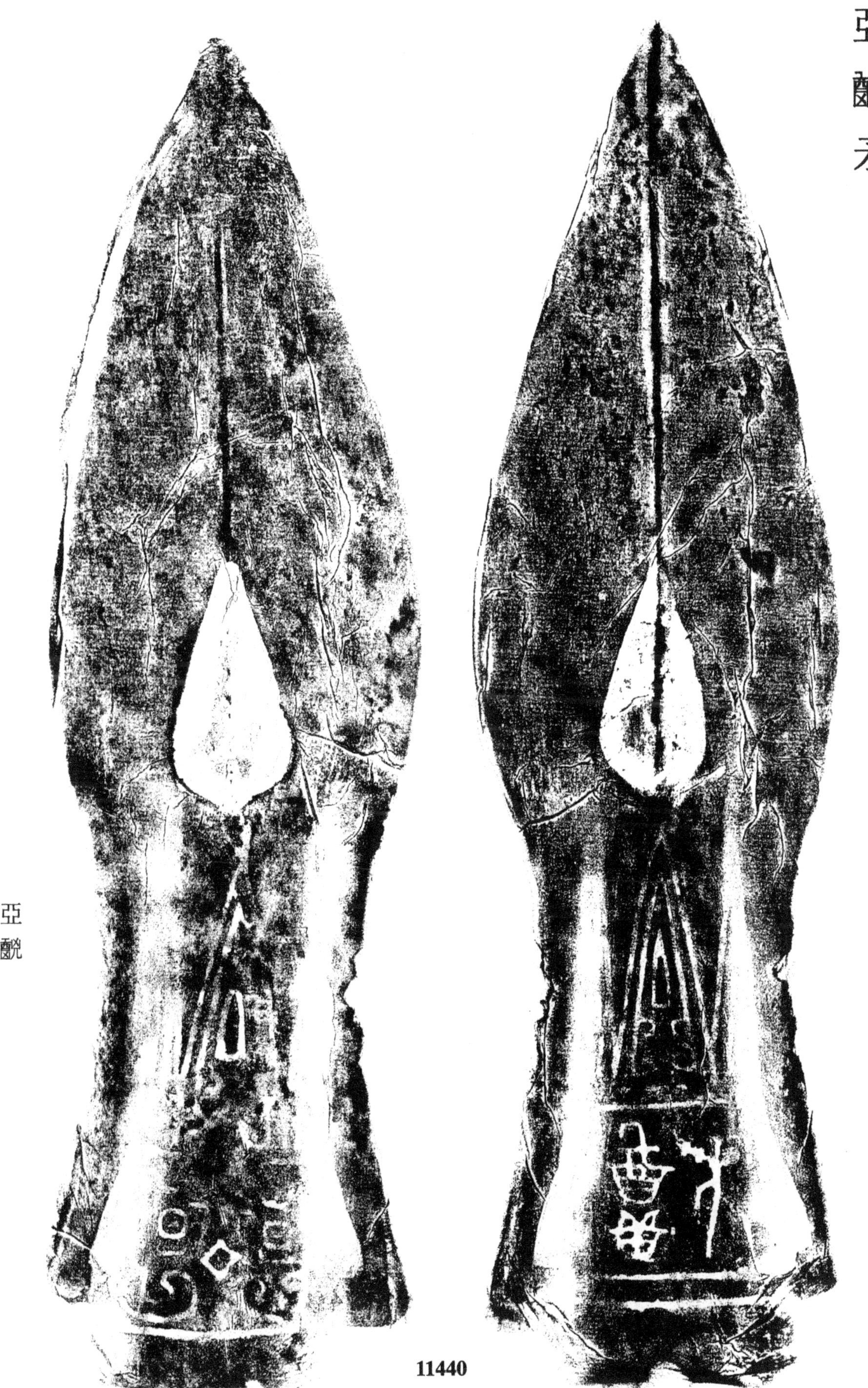

亞䤉

11440

亞䤙矛

亞
䤙

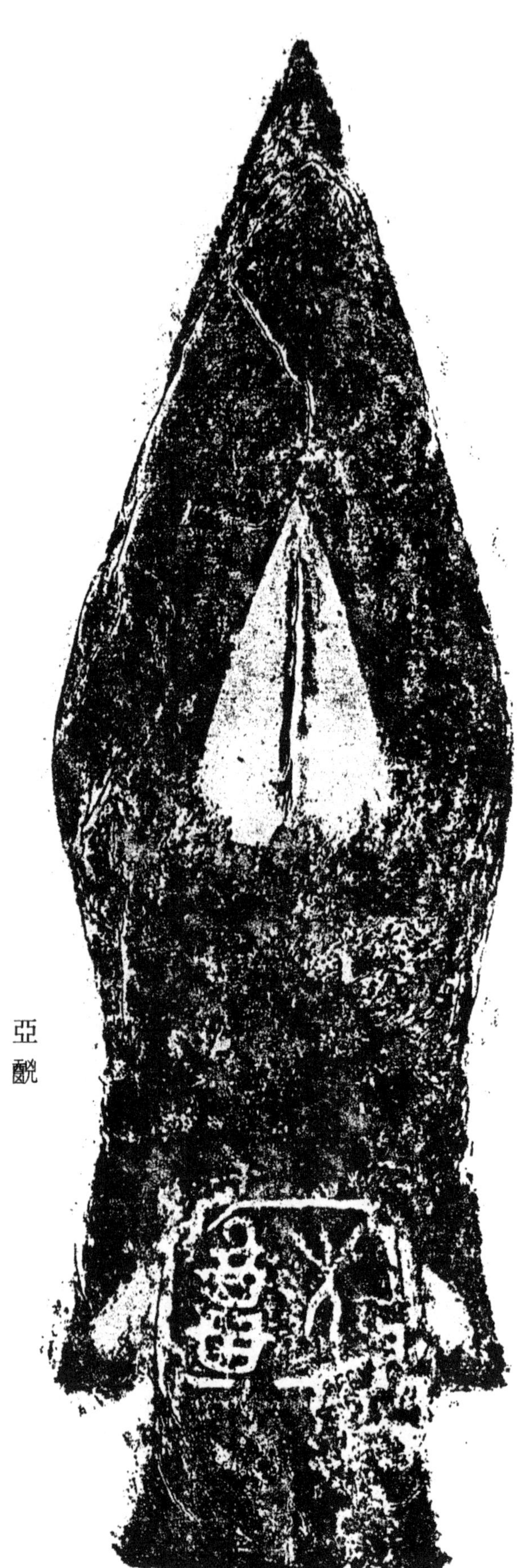

11441B

亞
䤙

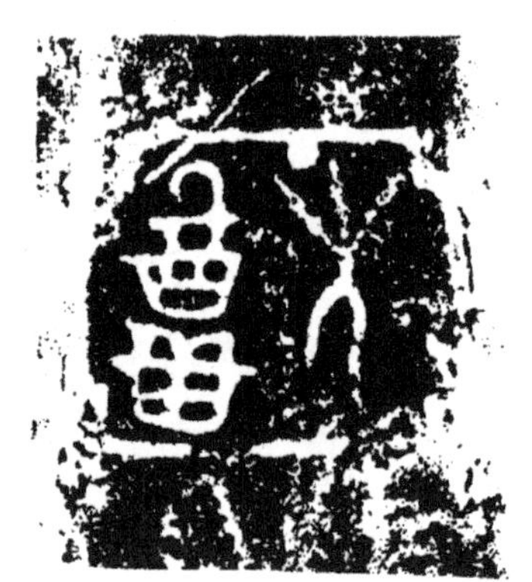

11441A

亞𩱰矛

亞䣰矛

11444A

亞䣰

11442

亞䣰矛

亞𩱰（𩱰）

11444B

亞䣰

11443

北單矛

北單矛

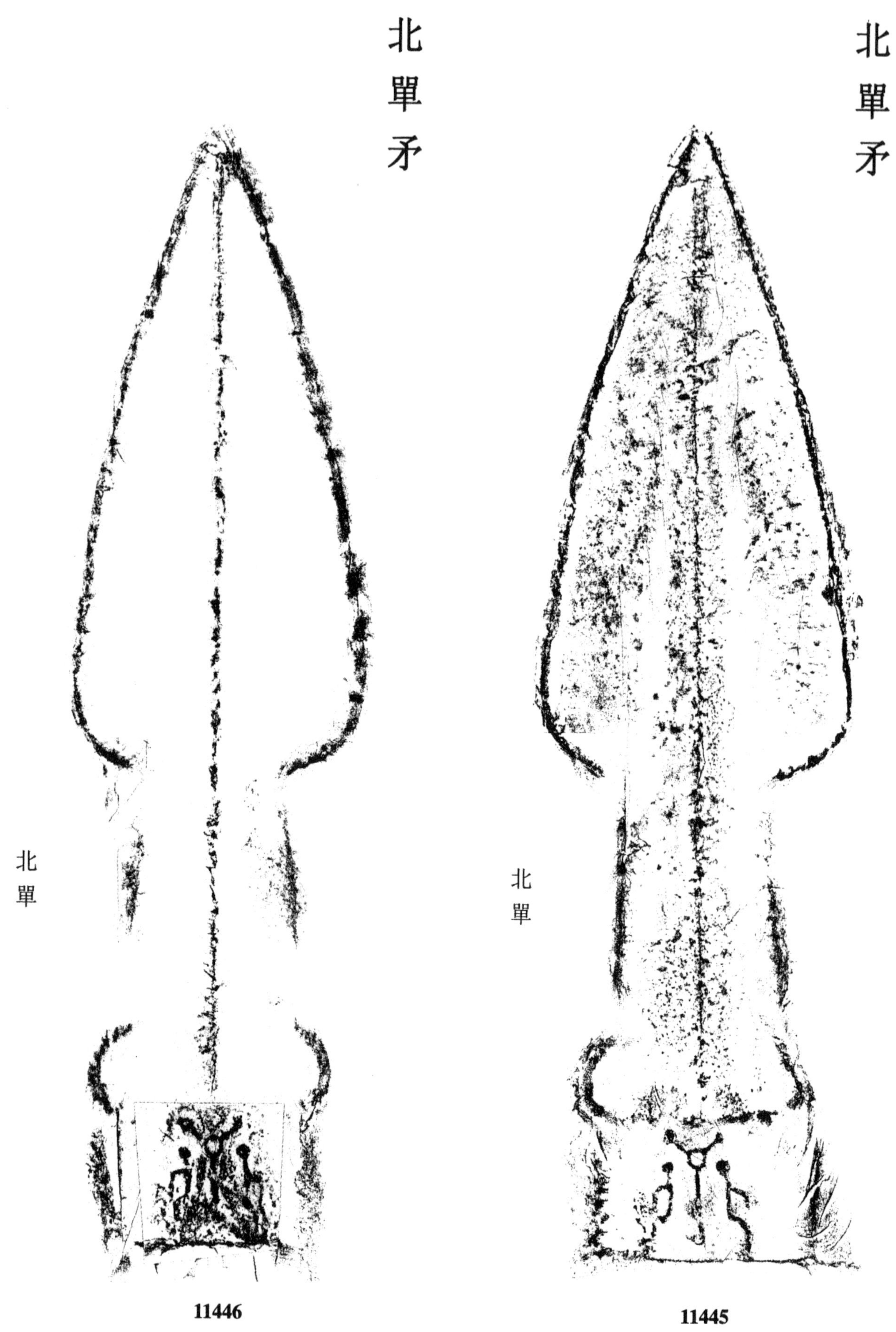

11446

11445

亦車矛

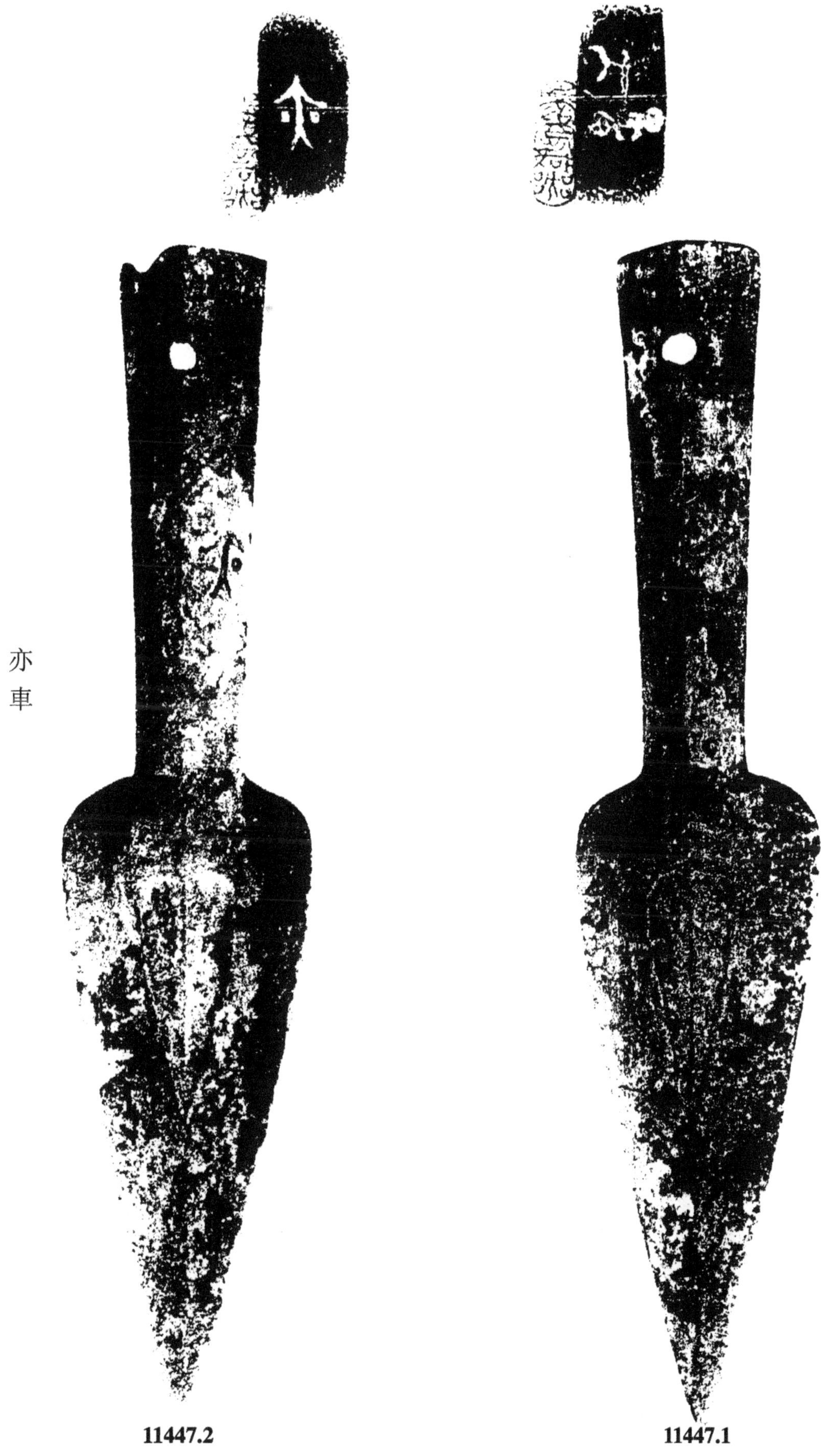

亦車

11447.2

11447.1

亦車矛

亦車

11448.2

亦車

11448.1

倗舟矛

倗舟

11449B

倗舟

11449A

康侯矛

康侯

11450

戉王矛

戉（越）王

11451B

11451C

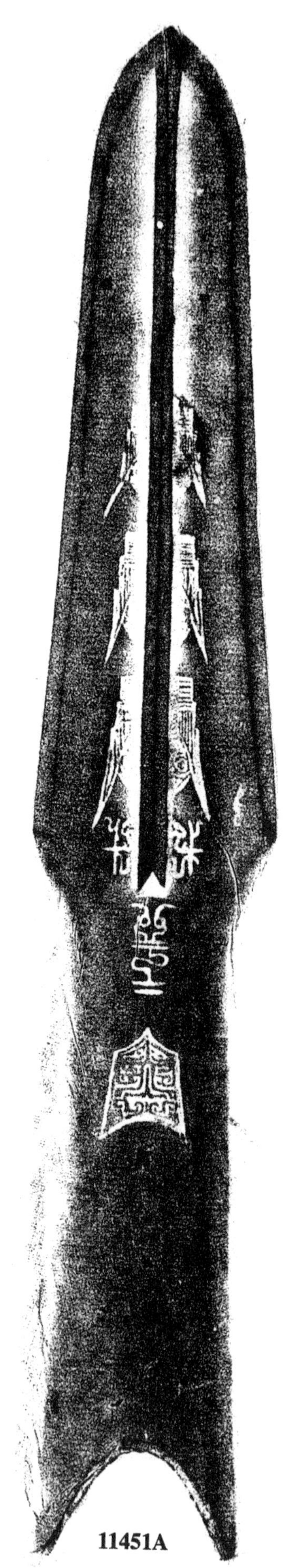

11451A

寺工矛

寺工

11452

寺工矛

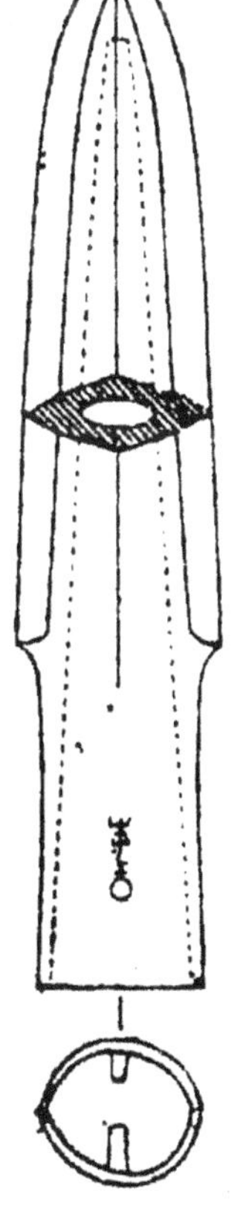

寺工

11453

少府矛

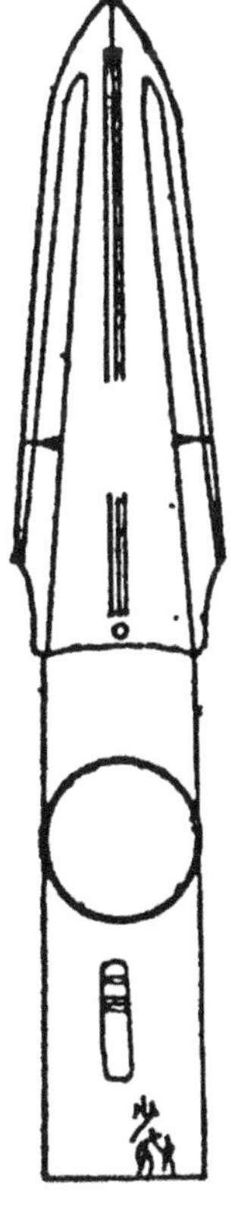

少府

11454

右宮矛

右軍矛

右軍

11456

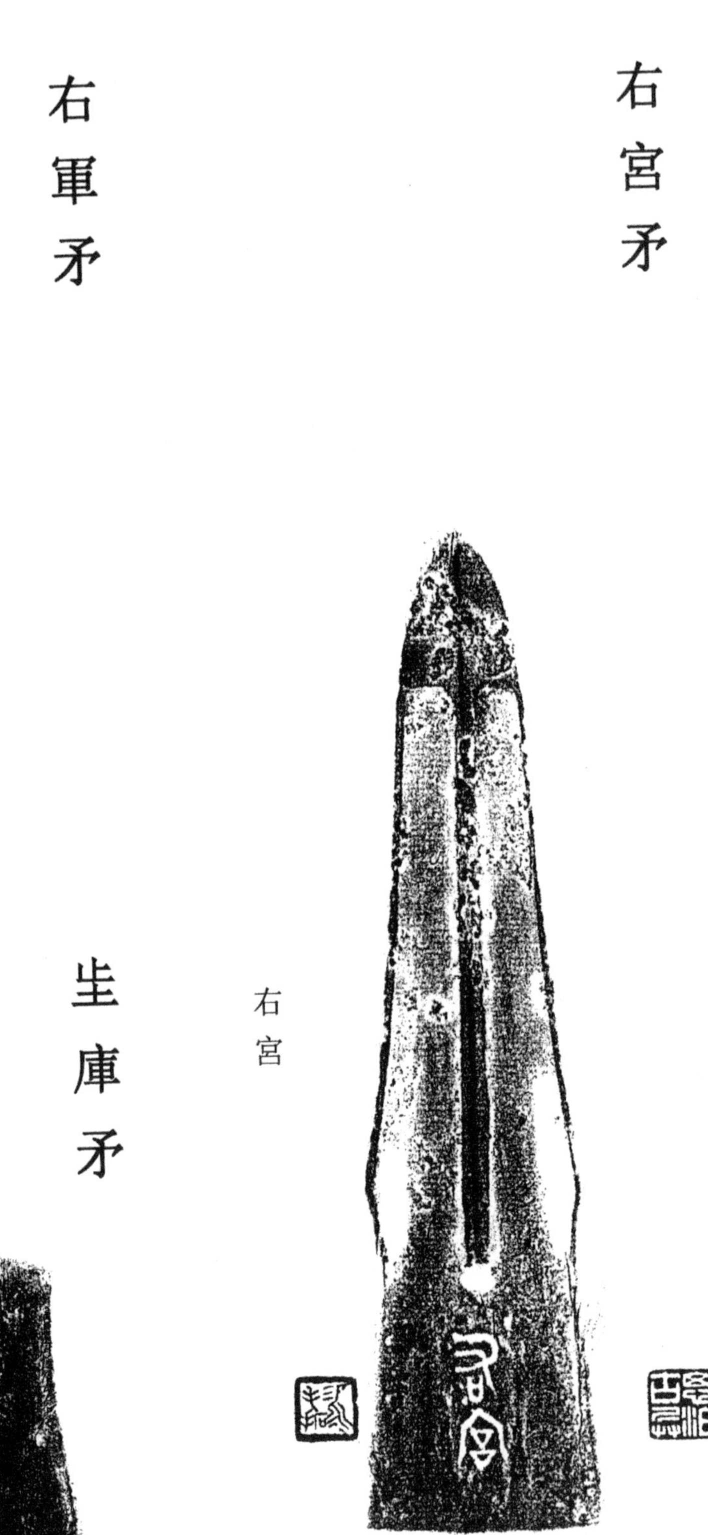

右宮

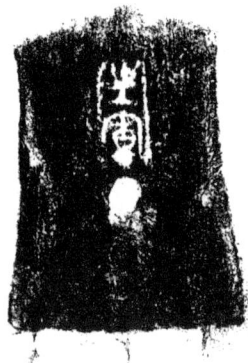

11455

𡉚庫矛

往庫

11457B

11457A

左庫矛

左庫

11458

乇庫矛

乇庫

11459

泥陽矛

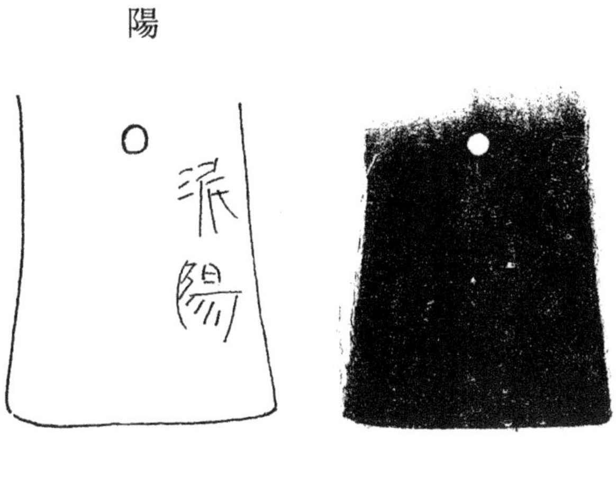

泥陽

11460B　11460A

孱陵矛

陵 孱

11461.2

陵 孱

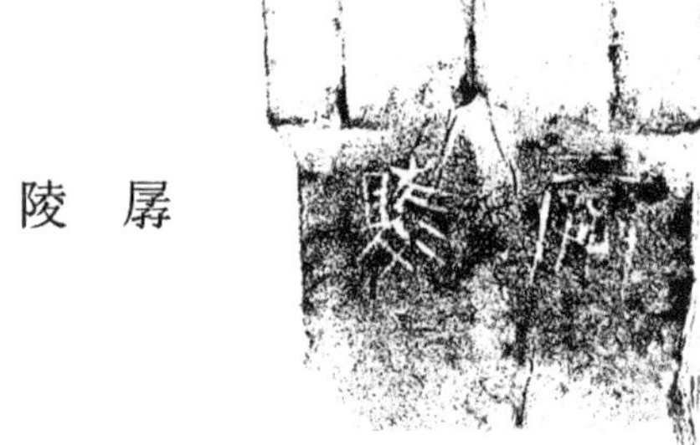

11461.1

孱陵矛

孱
陵

11462

陽周矛

平周矛

平周

11465

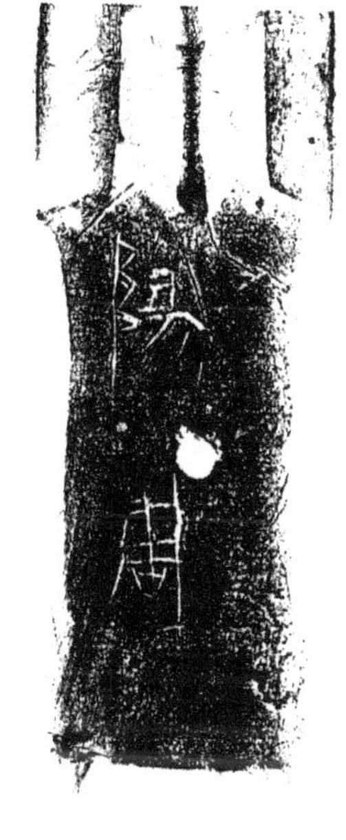

陽周

11463

陽周矛

陽周

11464B

11464A

平周矛

平周

11466

平周矛

平周

11467

武戳矛

11468A

武，戳

11468B

武敢矛

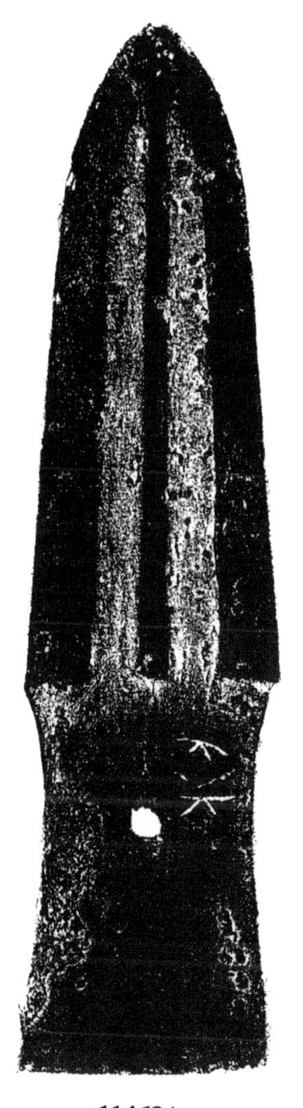

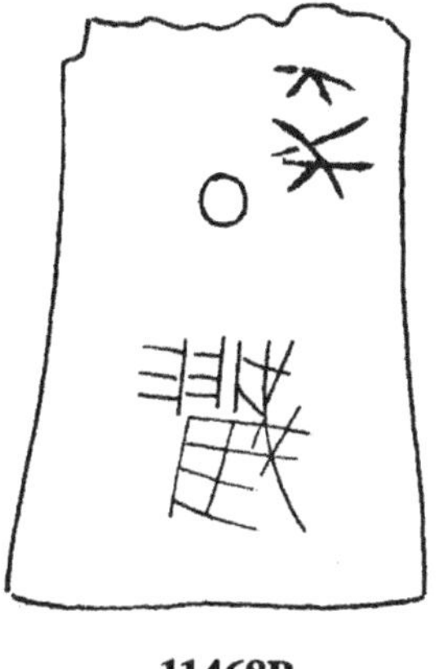

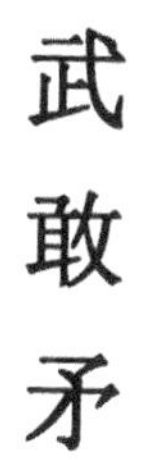

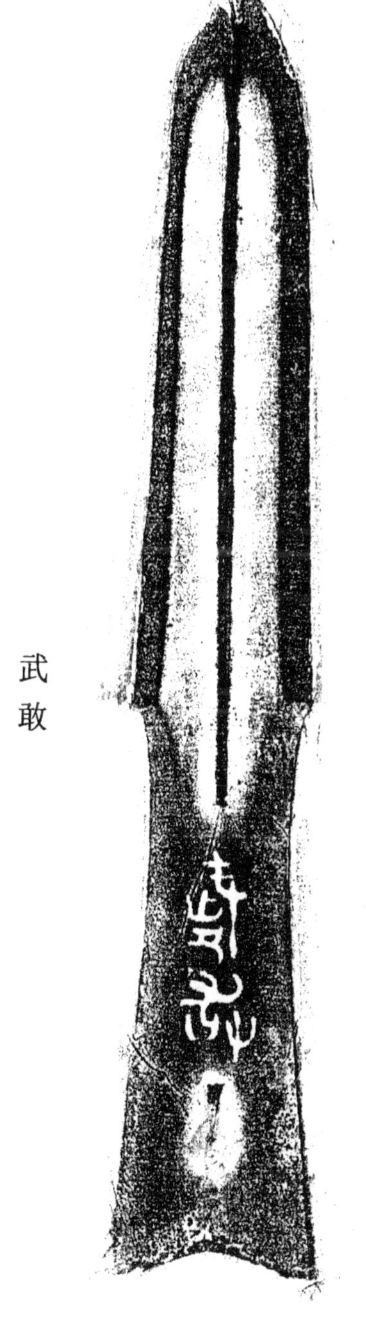

武敢

11469

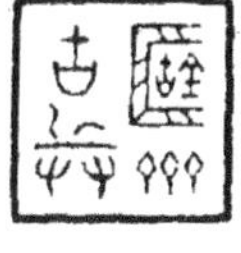

不降矛

不降

11470

平陽矛

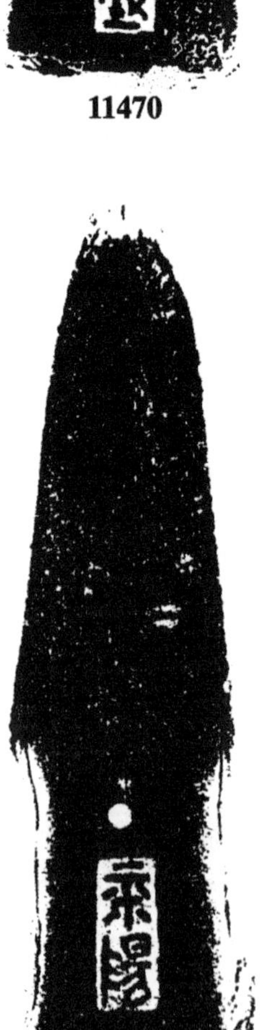

平陽

11471

詔使矛

11472A

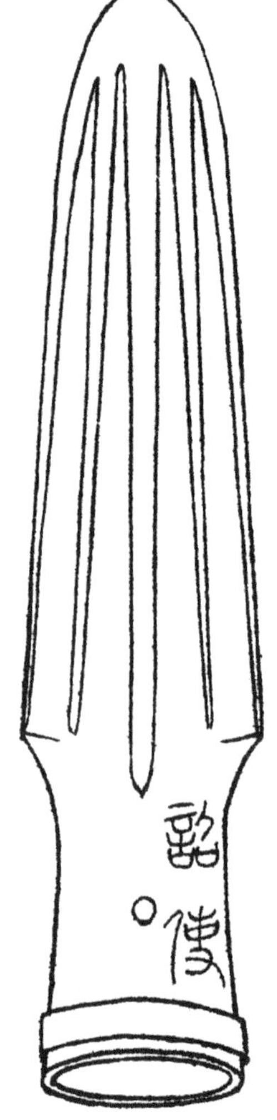

詔使

11472B

高奴矛

高奴

11473

宜章矛

宜章

11474B

11474A

長矛

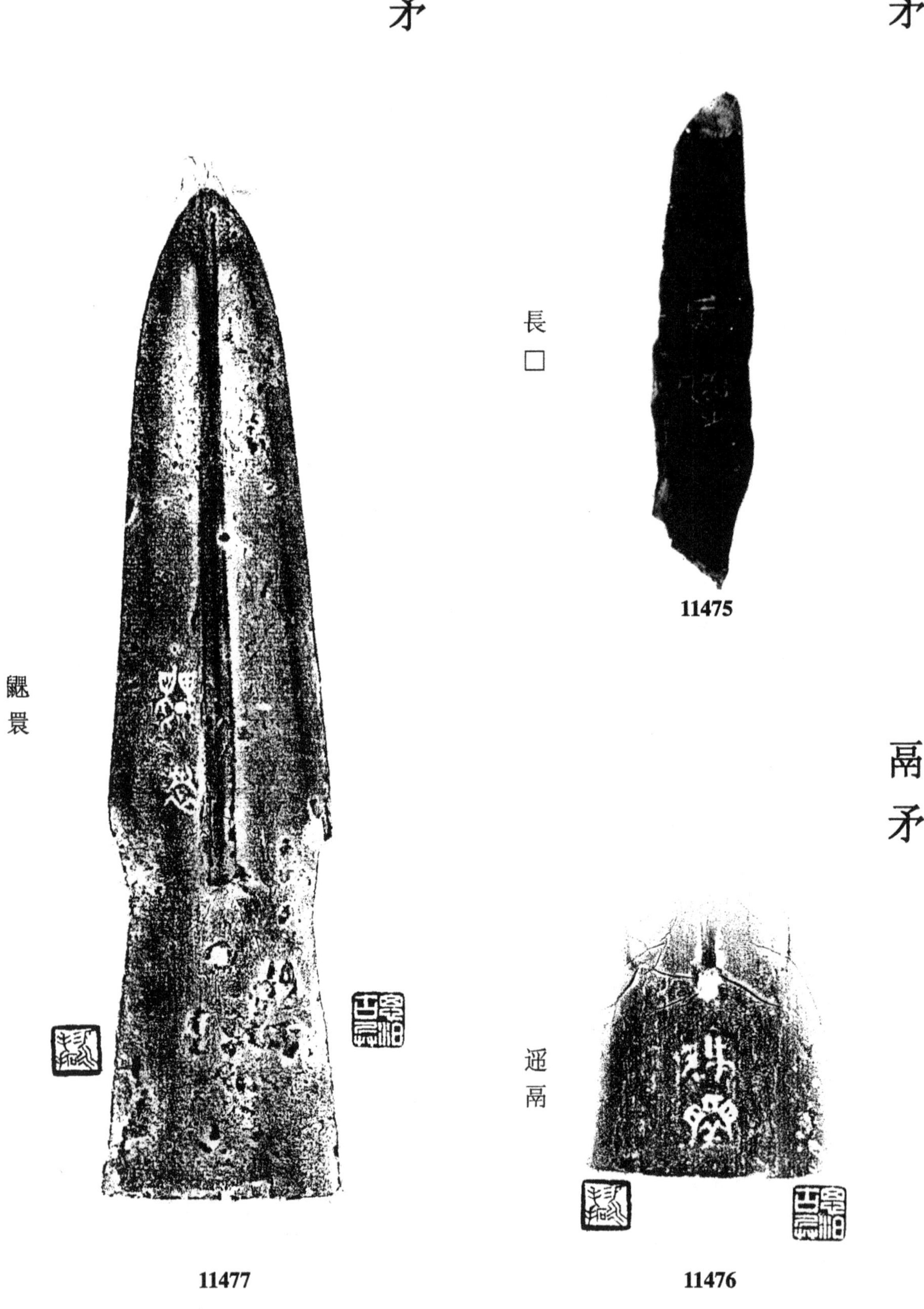

長□

11475

鬲矛

逕鬲

11476

睘矛

鼳睘

11477

日矛

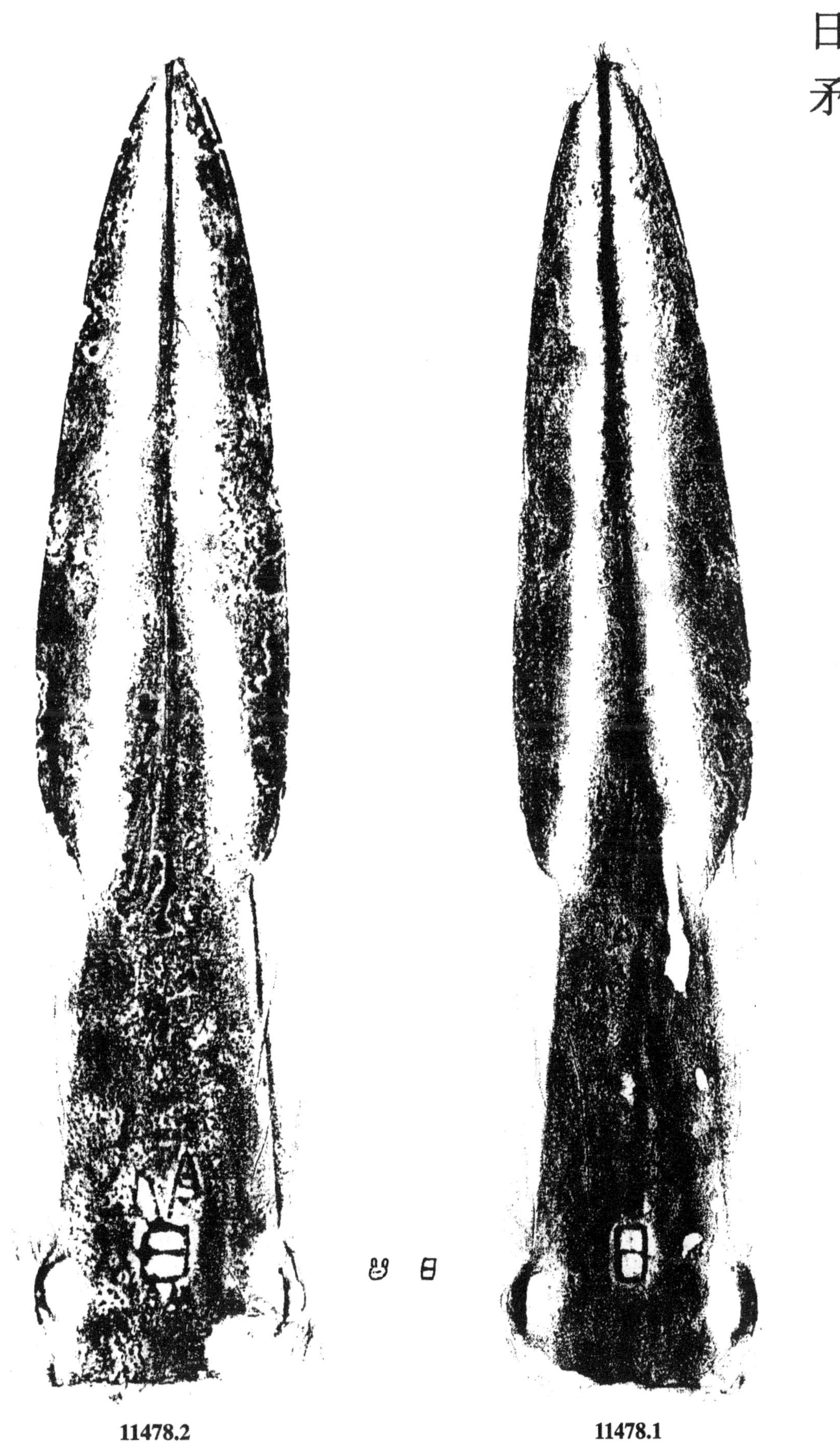

11478.2

11478.1

郾王矛

郾（燕）王戎（人）☐

11479

郾王職矛

郾（燕）王職☐☐

11480

郾王右矛

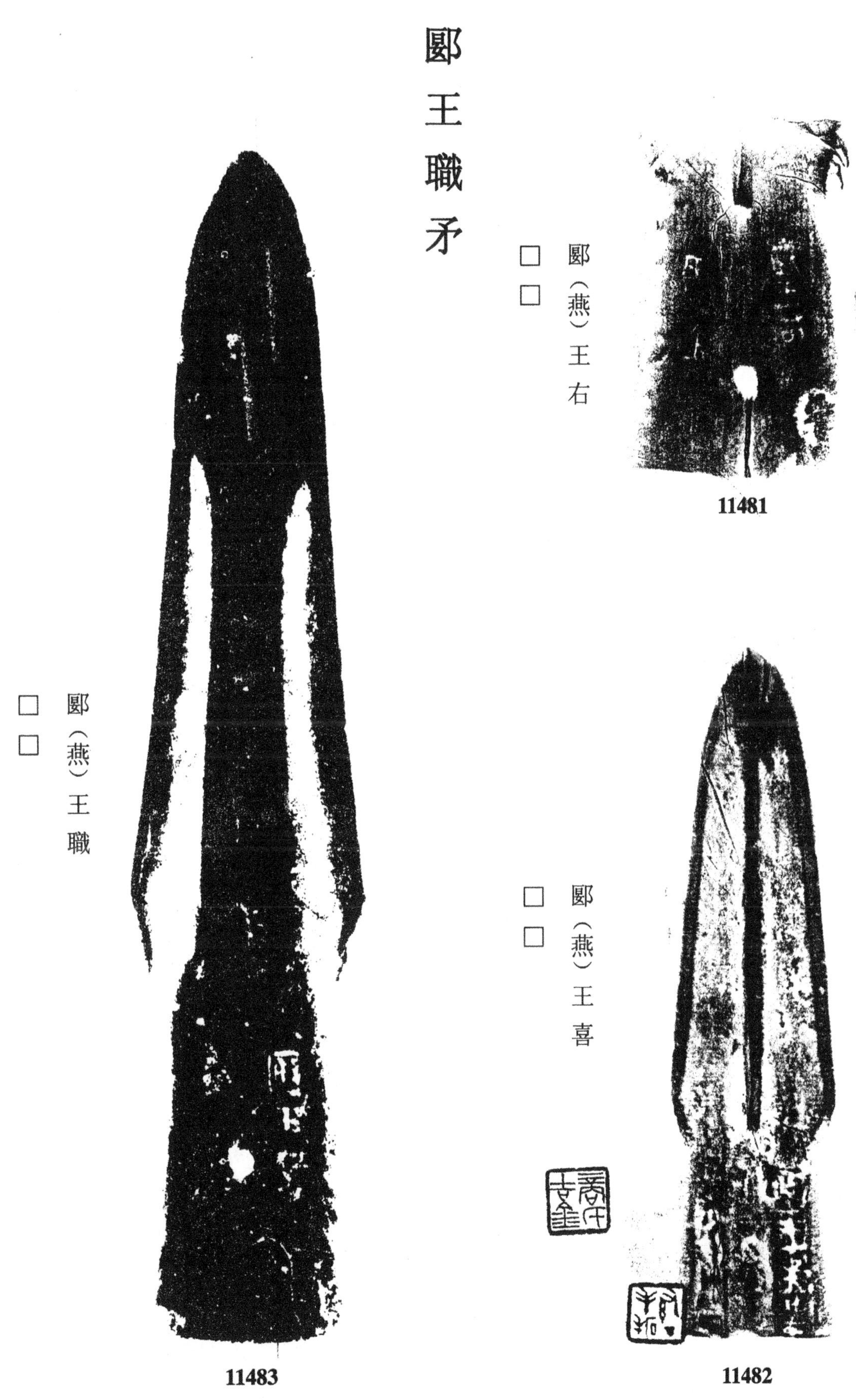

11481

郾（燕）王右□□

郾王喜矛

11482

郾（燕）王喜□□

郾王職矛

11483

郾（燕）王職□□

鄭右庫矛

11485A

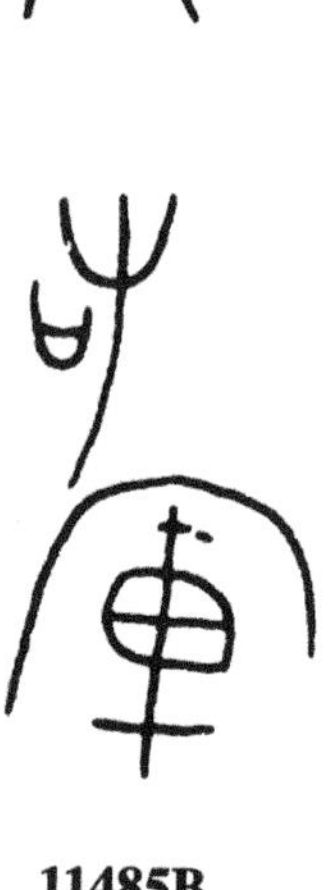

奠(鄭)右庫

11485B

郾右軍矛

郾(燕)右軍

11484

辛邑矛

右悆矛

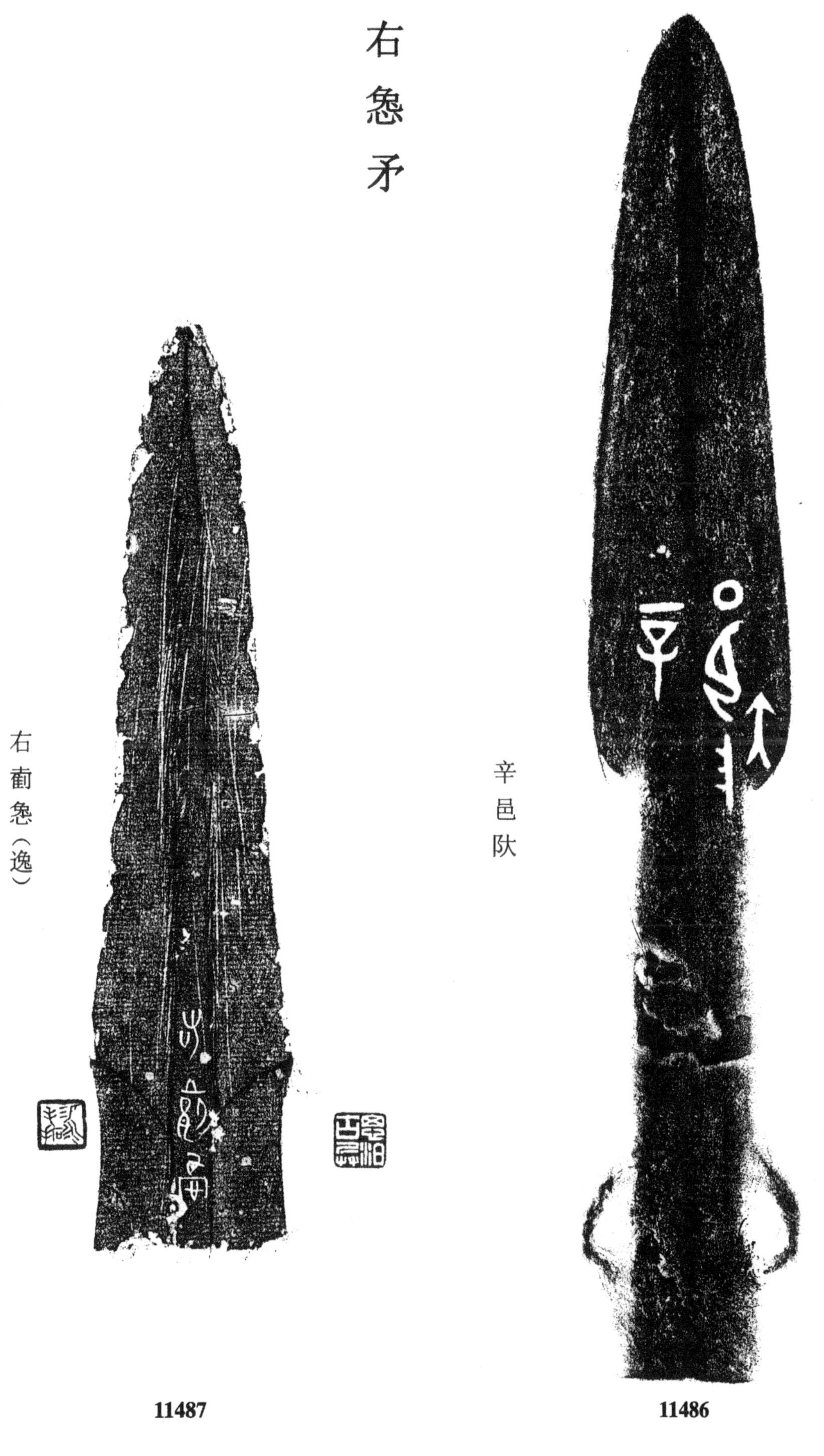

右𧗿悆（逸）

11487

辛邑𨸏

11486

安右矛

安术右

安术右

11488

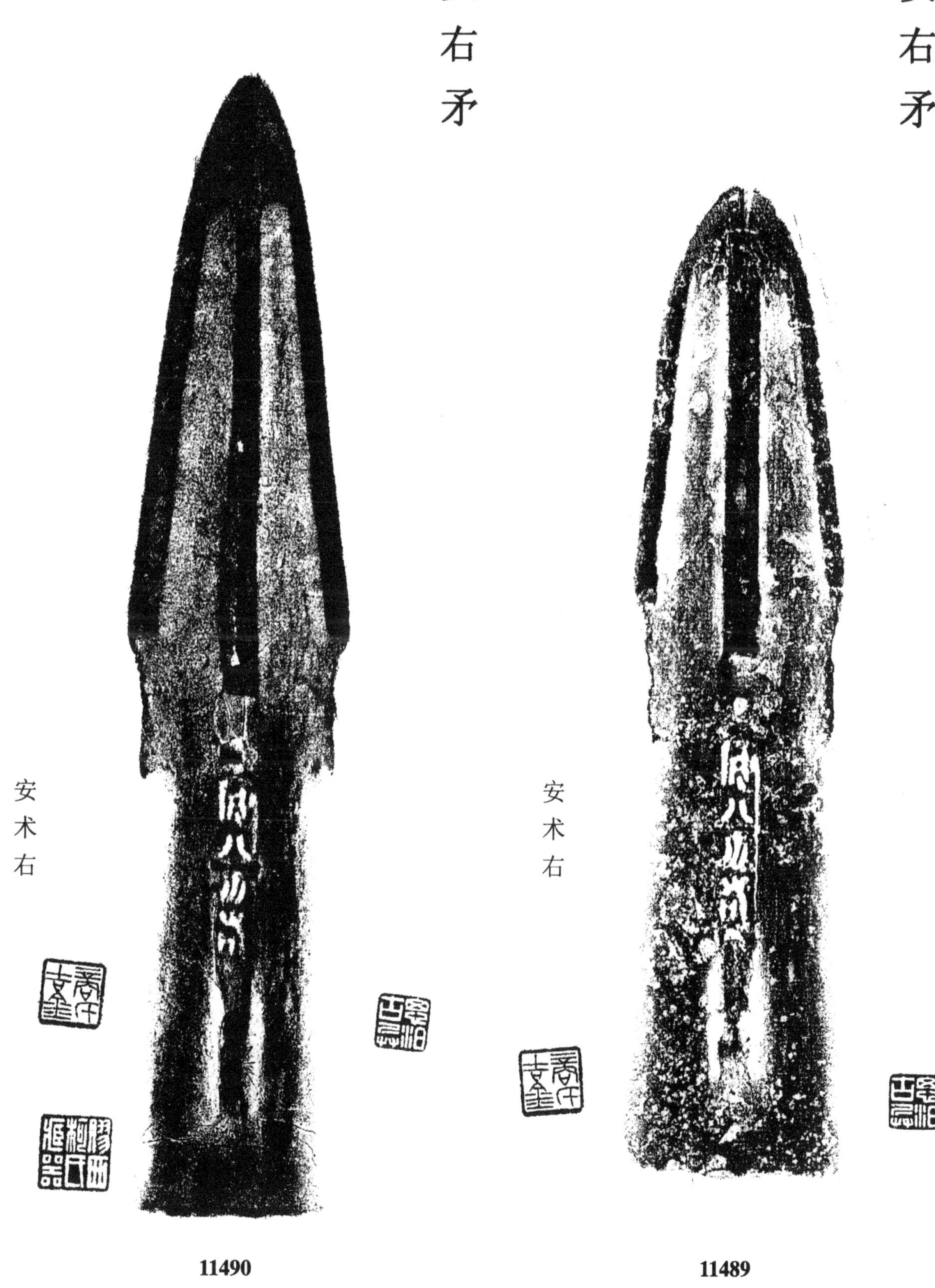

11490　　11489

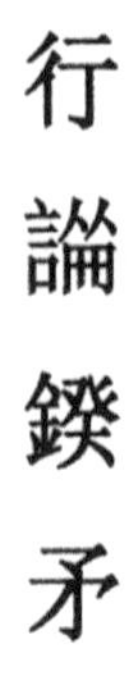

行論鍨矛

行議（儀）鍨（戣）

11491

高望矛

11492A

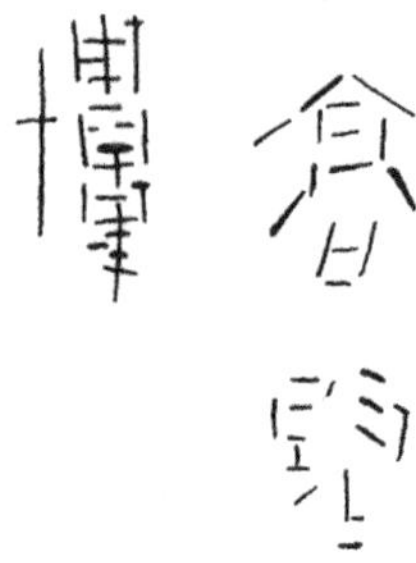

高望，博

11492B

高望矛

11493A

11493B

高望，博

中陽矛

11494.1

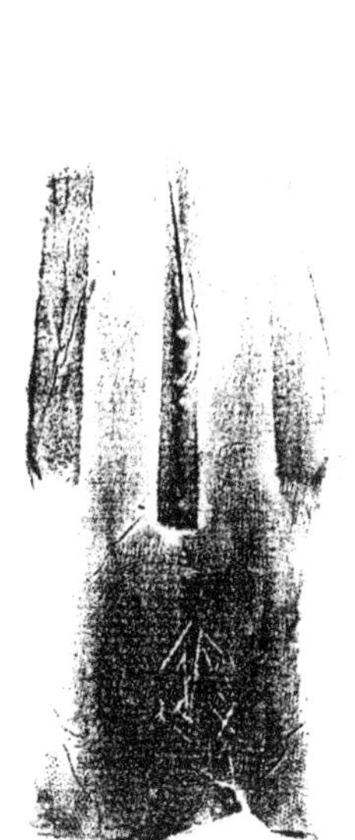

11494.2

中陽，卒人

故陸睘矛

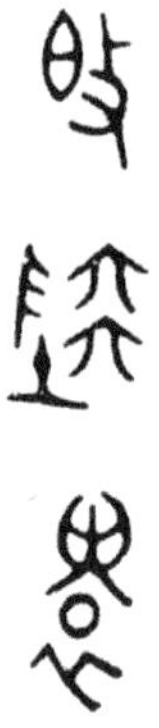

故（拍）陸睘

11495

非矛

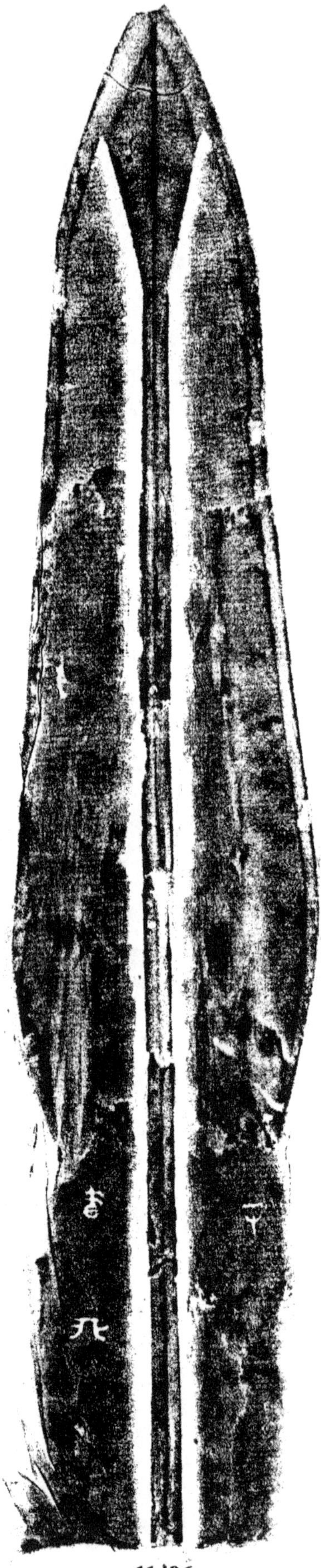

盧非正□

11496

郾王詈矛

郾(燕)王詈(讙)恕

11497A

11497B

郾王戎人矛

郾(燕)王戎人

11498

格氏矛

格氏冶對

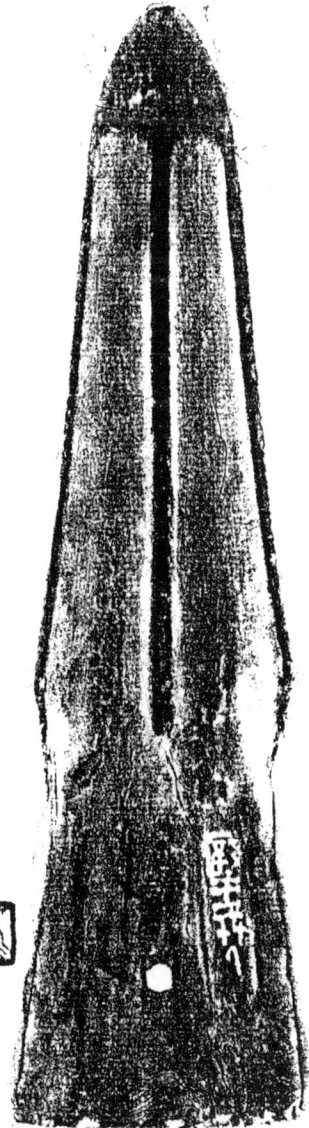

11499

上黨武庫矛

上黨武庫，武庫

11500

上郡矛

11501A

上郡武庫

11501B

櫟陽武當矛

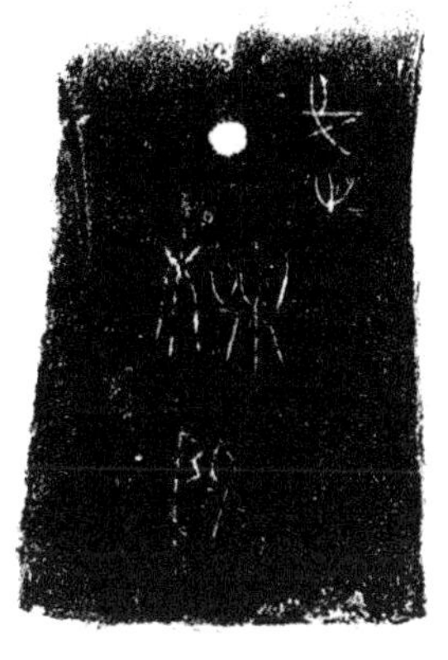

11502.1

11502.2

櫟陽，武，當

右洀州還矛

11503

右洀（盤）州還

東周矛

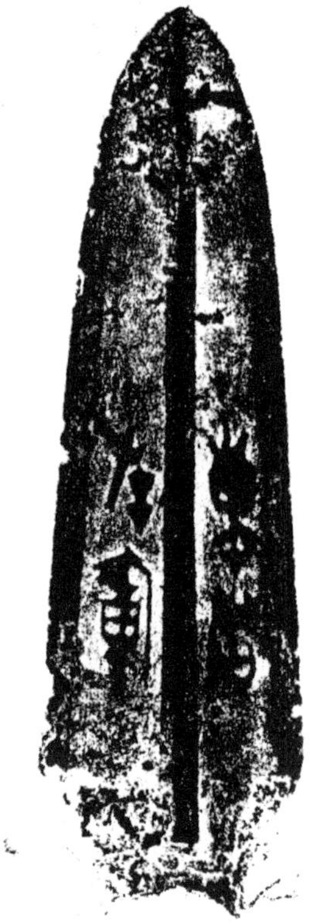

東周左庫

11504

東周矛

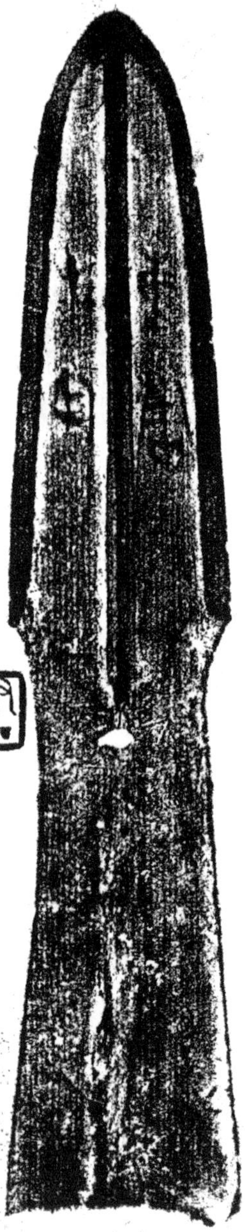

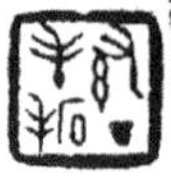

東周左庫

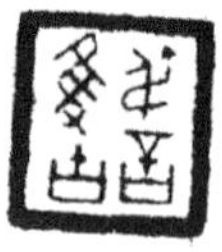

11505

武都矛

11506A

武都，造庫

11506B

鄭㞷庫矛

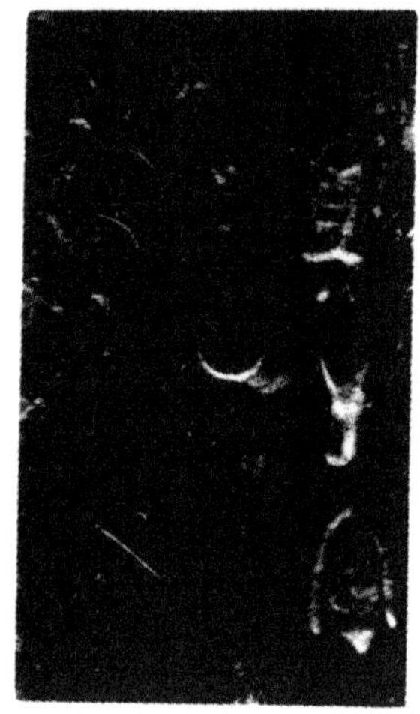

11507A

奠（鄭）往庫
旃（戟）朿（刺）

11507B

廿二年左郭矛

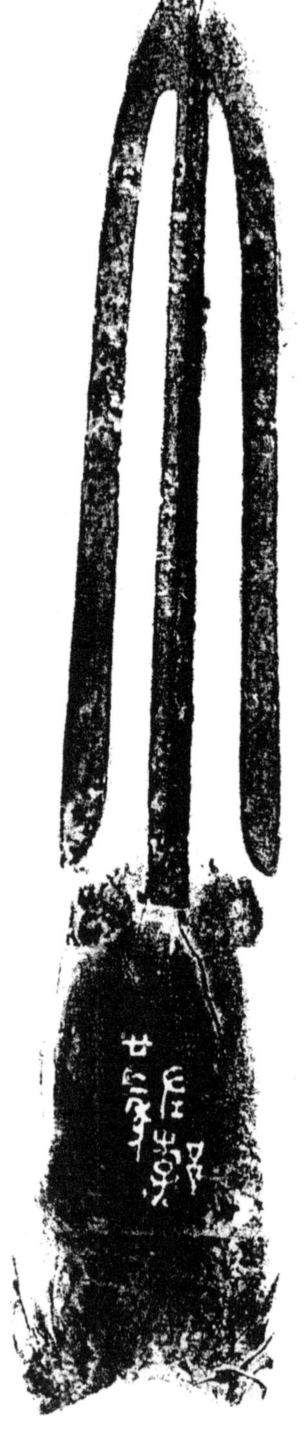

廿二年，
左郭

11508

廣衍矛

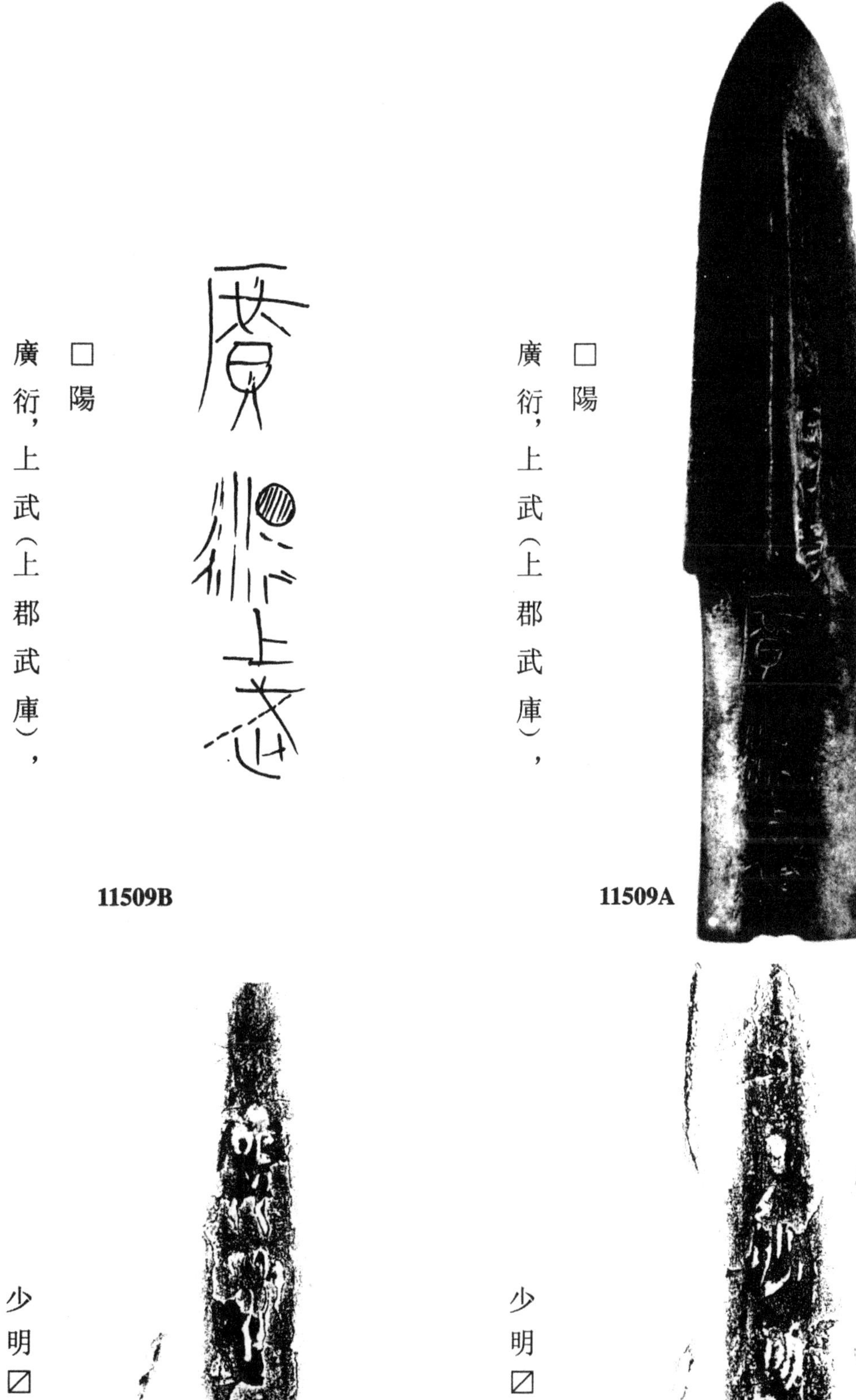

□陽
廣衍，上武（上郡武庫），

11509A

□陽
廣衍，上武（上郡武庫），

11509B

少明矛

少明☐

11510.1

少明☐

11510.2

戉王者旨於賜矛

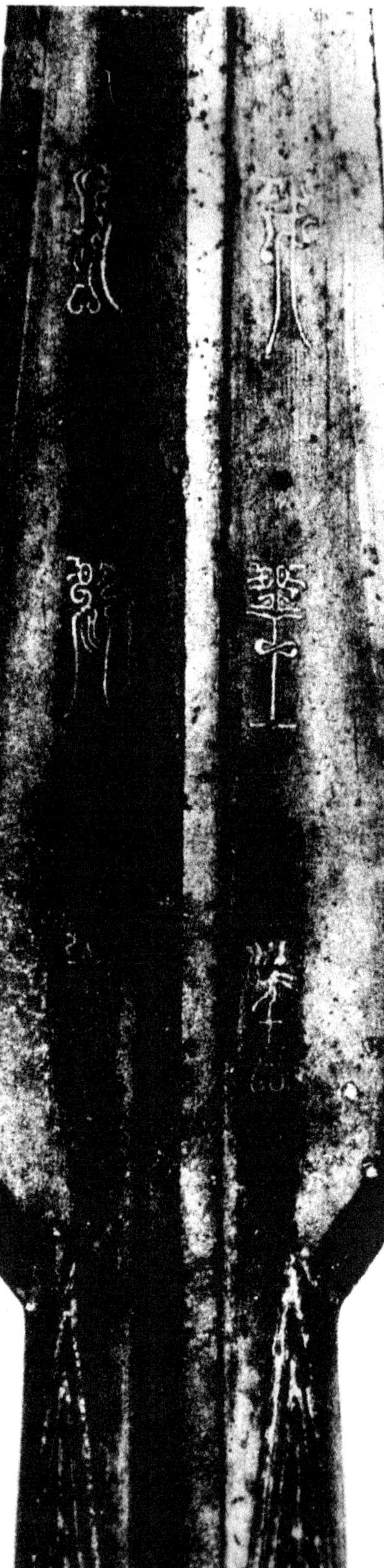

11511A

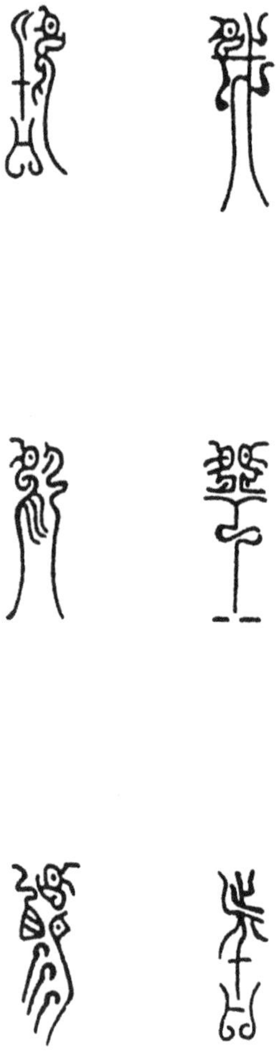

11511B

戉（越）王者（諸）
旨（稽）於賜

戉王矛

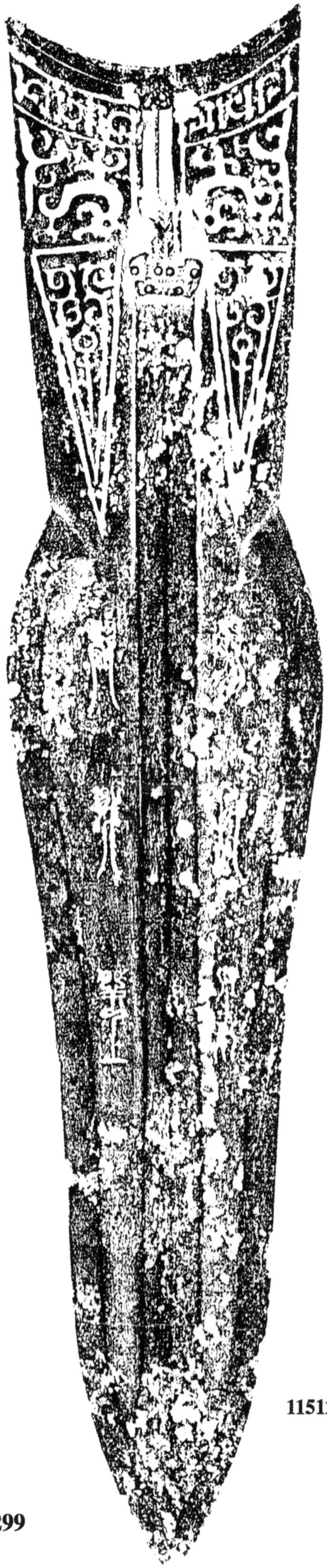

11512A

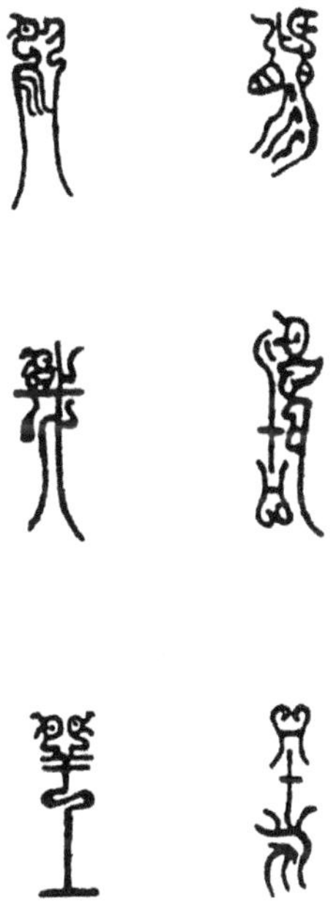

戉(越)王者(諸)旨(稽)於睗

11512B

郾侯庫矛

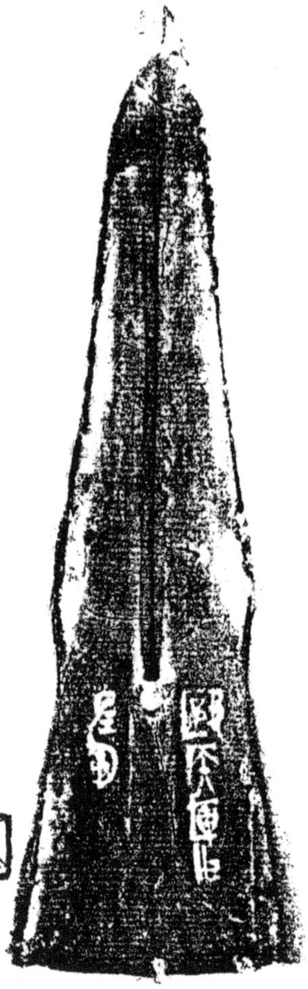

郾(燕)侯庫(輂)乍(作)

左軍

11513

郾王職矛

郾(燕)王職

乍(作)敀鈢

11514

郾王職矛

郾(燕)王職

乍(作)敀鈢

郾(燕)王職

乍(作)敀鈢

11515

郾王職矛

郾（燕）王職
乍（作）攼鈦

11516

郾王職矛

郾（燕）王職乍（作）
黄（廣）衣（卒）鈦

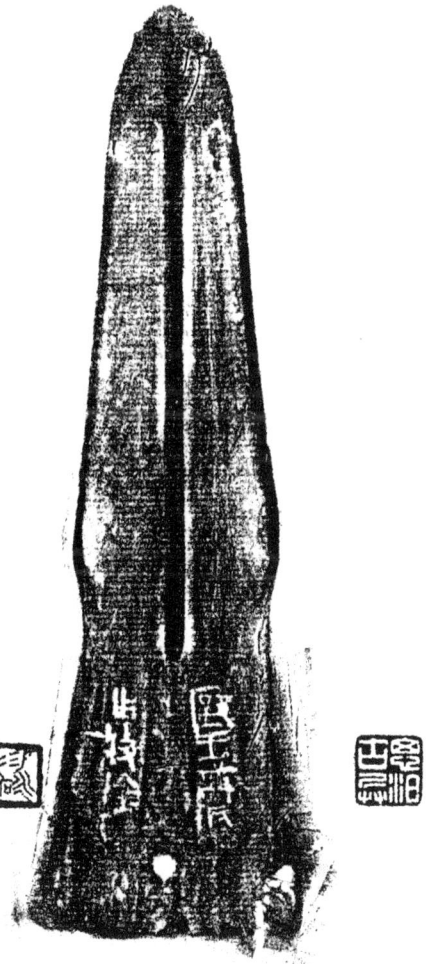

11517

郾王職矛

11518

郾（燕）王職乍（作）
黄（廣）衣（卒）鈦

郾王職矛

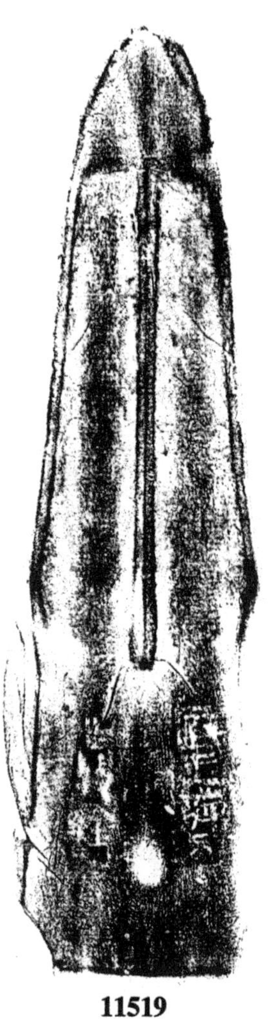

11519

郾（燕）王職
乍（作）攺鈦

郾王職矛

11520

郾（燕）王職
乍（作）攺鈦

郾王職矛

郾(燕)王職
乍(作)攷鈦

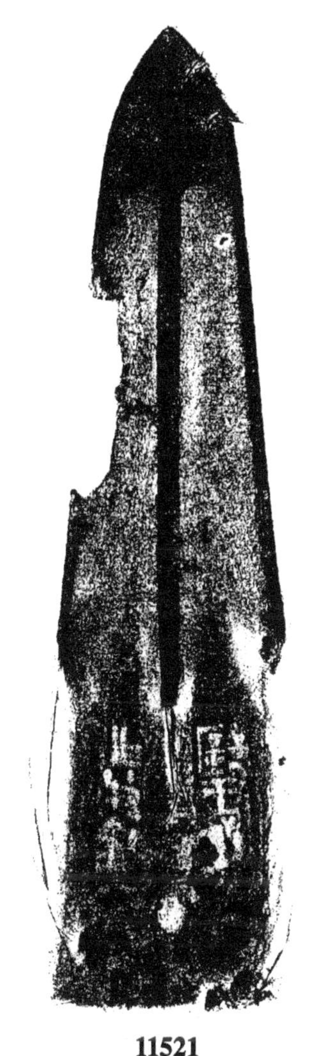

11521

郾王喜矛

郾(燕)王喜
怒(悛、授)□廩□

11522

郾王喜矛

郾(燕)王喜
怒(悛、授)檢□

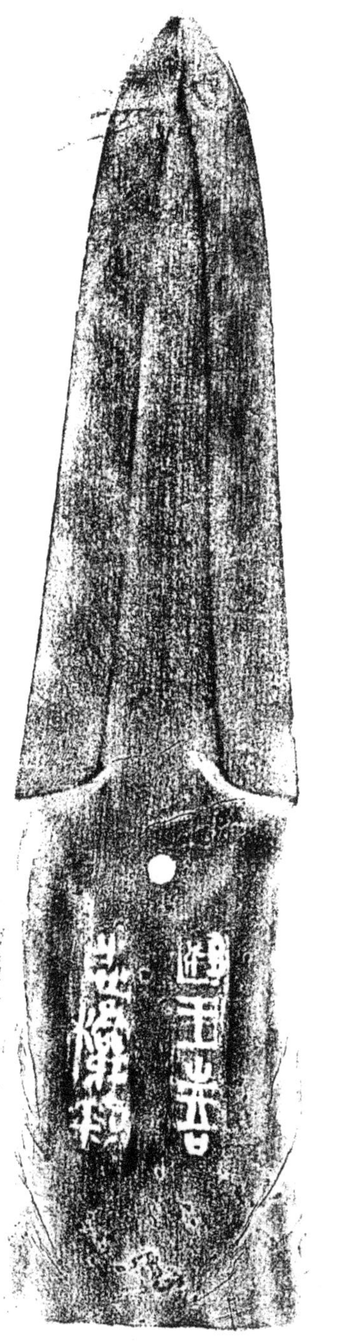

11523

郾王詈矛

郾（燕）王詈（讙）
乍（作）攼釱

11524

郾王職矛

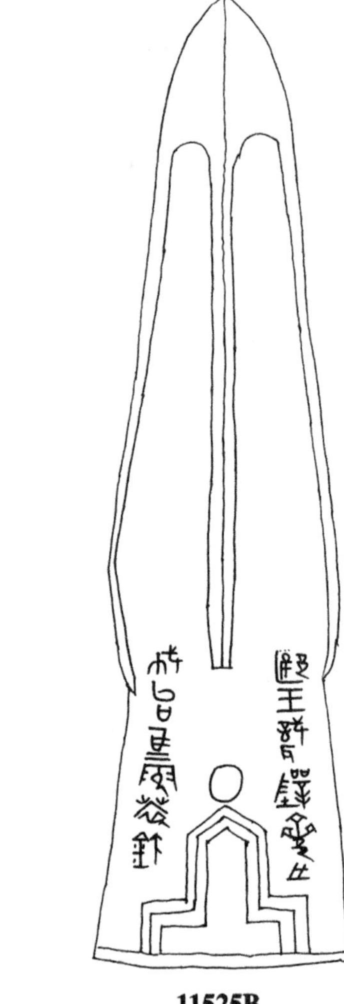

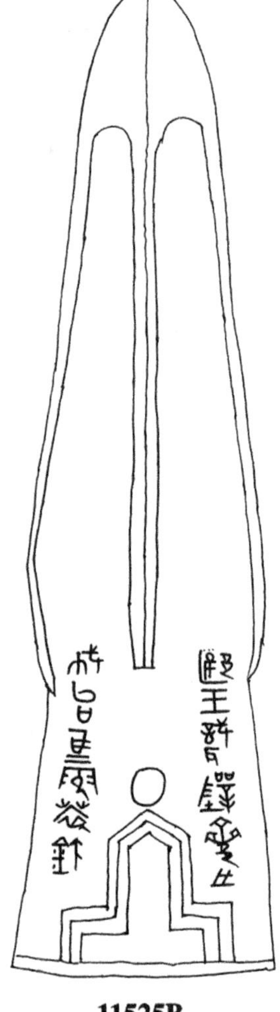

郾（燕）王職隓（殘）齊之
歲（?）台（以）為雲萃鍨（矛）

11525B

11525A

郾王職矛

郾（燕）王職乍（作）

巨攺鈦

11526

郾王職矛

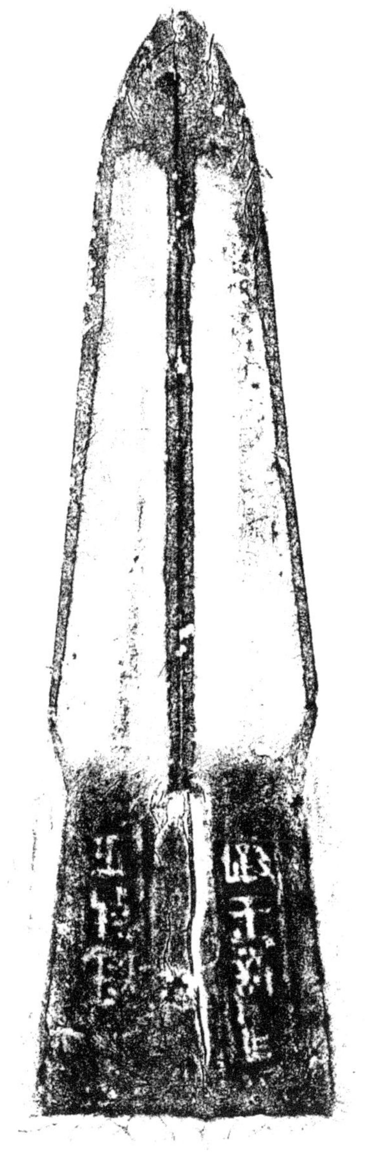

郾（燕）王職乍（作）

巨攺鈦

11527

郾王喜矛

郾（燕）王喜
恝（㥌，授）全䟫（長）利

11528B

郾（燕）王喜
恝（㥌，授）全䟫（長）利

11528A

郾王喜矛

郾（燕）王喜

恕（悛、授）全𨱖（長）利

11529

郾王詈矛

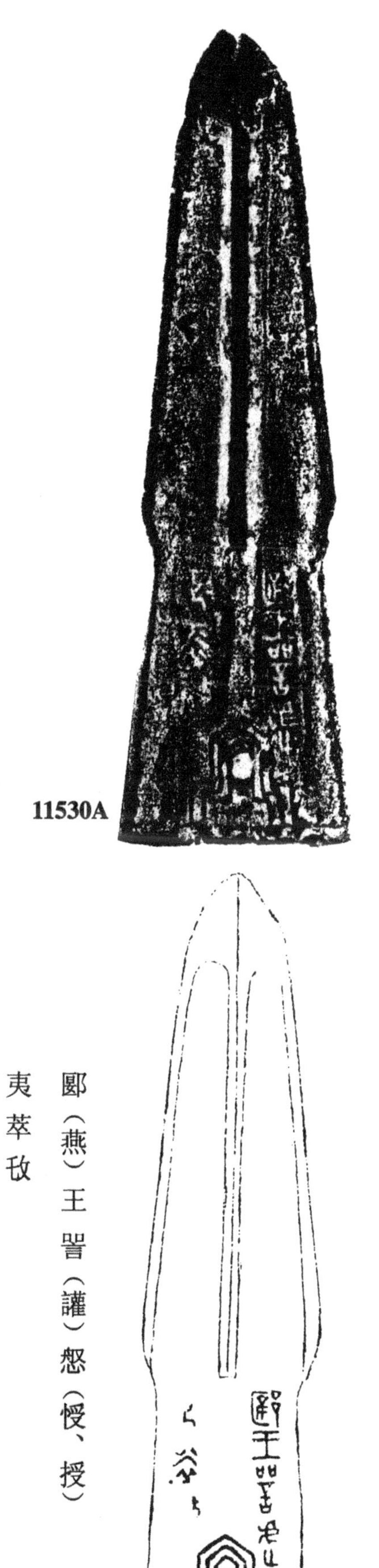

11530A

11530B

郾（燕）王詈（讙）恕（悛、授）

夷萃攸

郾王戎人矛

郾（燕）王戎人乍（作）敀鈦

11531A

郾（燕）王戎人乍（作）敀鈦

11531B

少府矛

11532.1A

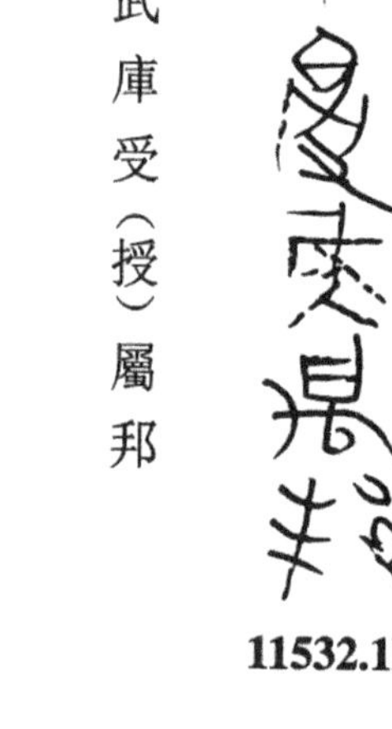

武庫受（授）屬邦

11532.1B

11532.2A

少府

11532.2B

武庫矛

寺工,

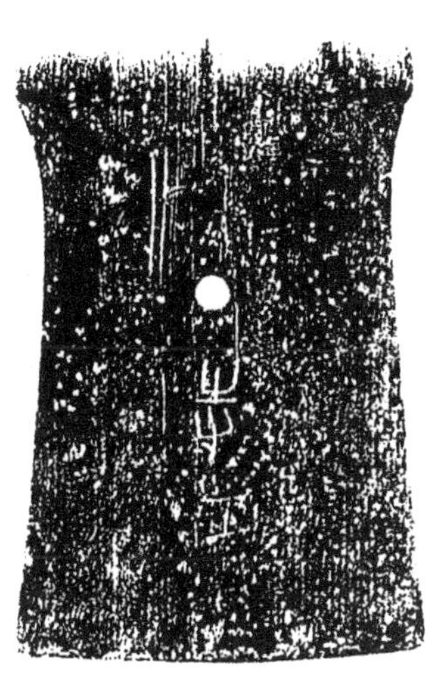

11533.1

武庫受(授)屬邦

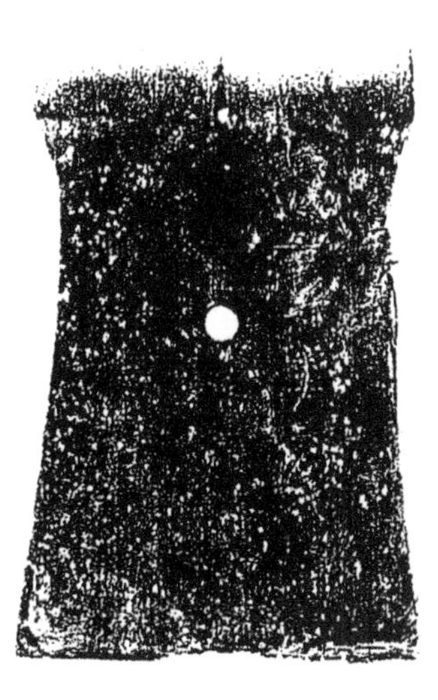

11533.2

吳王夫差矛

吳王夫差
自乍(作)甬(用)鍁(鍨)

11534

戉王州句矛

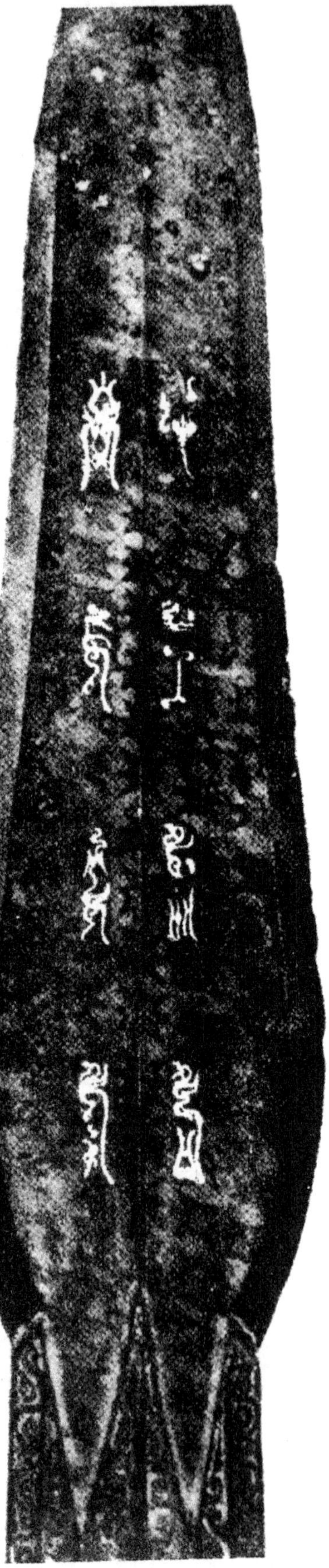

11535A

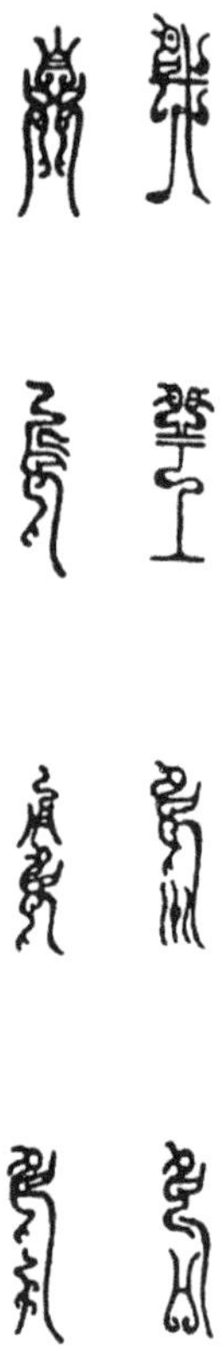

11535B

戉（越）王州句

自乍（作）用矛

郾王戎人矛

郾(燕)王戎人
乍(作)巨敀鈇

11536

郾王戎人矛

郾(燕)王戎人
乍(作)巨敀鈇

11537

郾王戎人矛

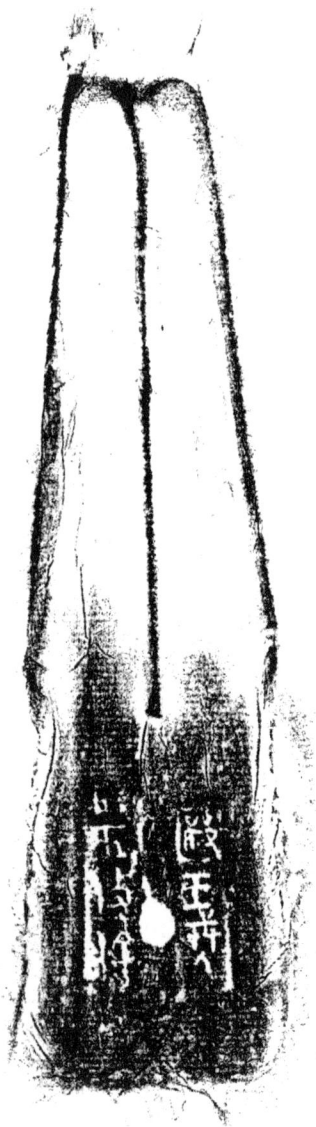

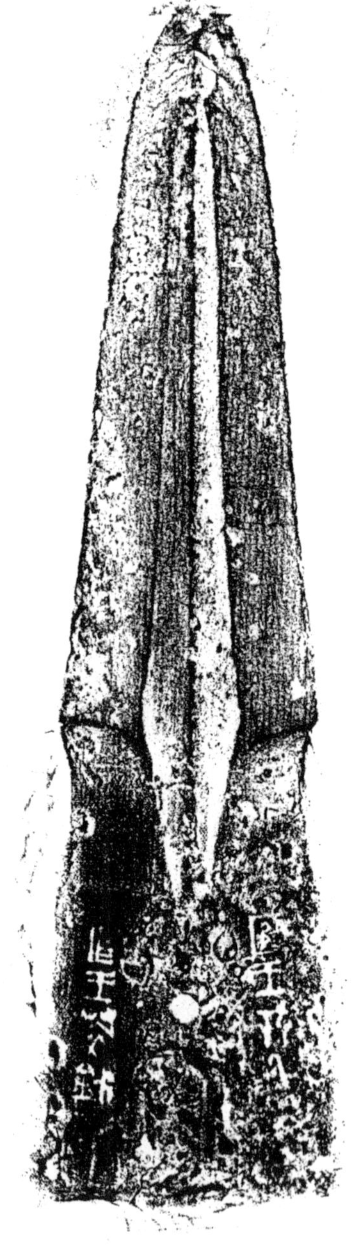

郾（燕）王戎人
乍（作）王萃鈢

11538

郾王戎人矛

郾（燕）王戎人
乍（作）巨攼鈢

11539

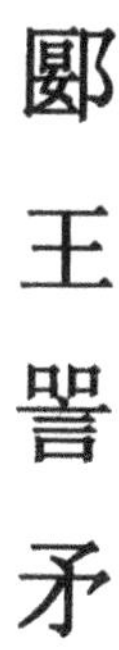

郾（燕）王詈（讙）乍（作）

巨攼鋻（矛）

11540

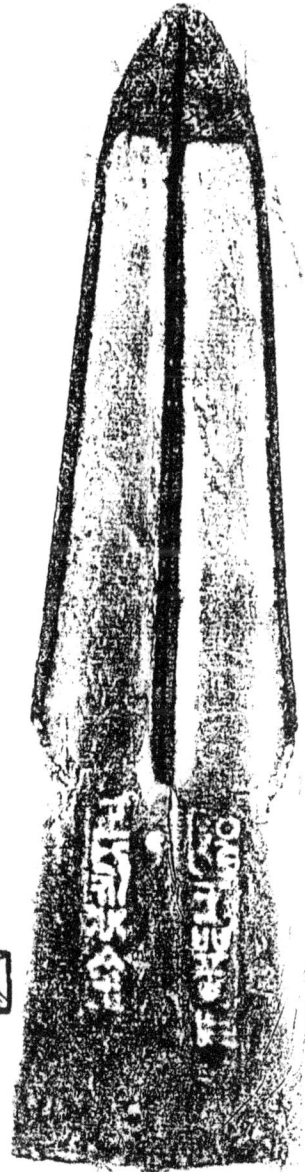

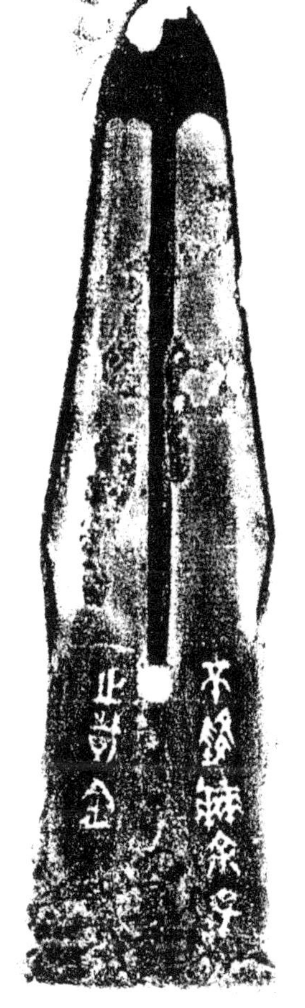

11541A

不降棘余子

之貲金

11541B

平都矛

平都、濕成，久陵、萑東

11542A

平都、濕成，大陵、萑東

11542C

11542B

11542C

11542B

郾王戎人矛

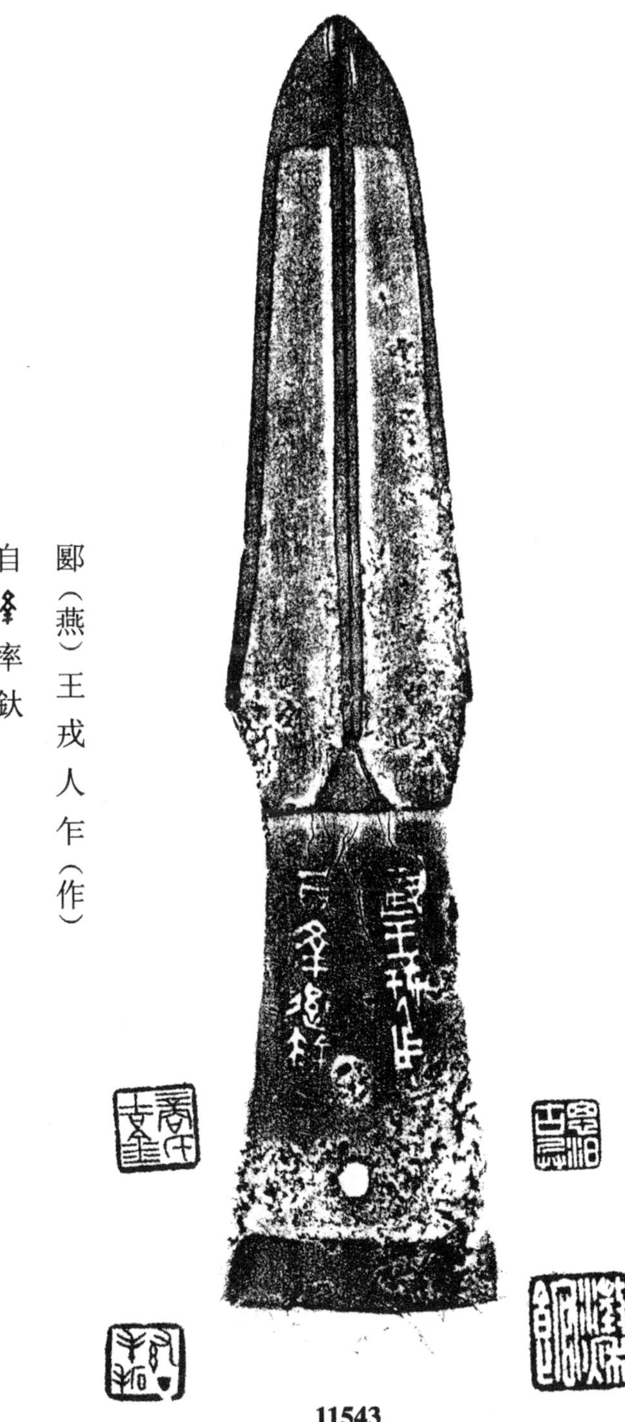

郾(燕)王戎人乍(作)
自□率鈦

11543

戉王大子矛

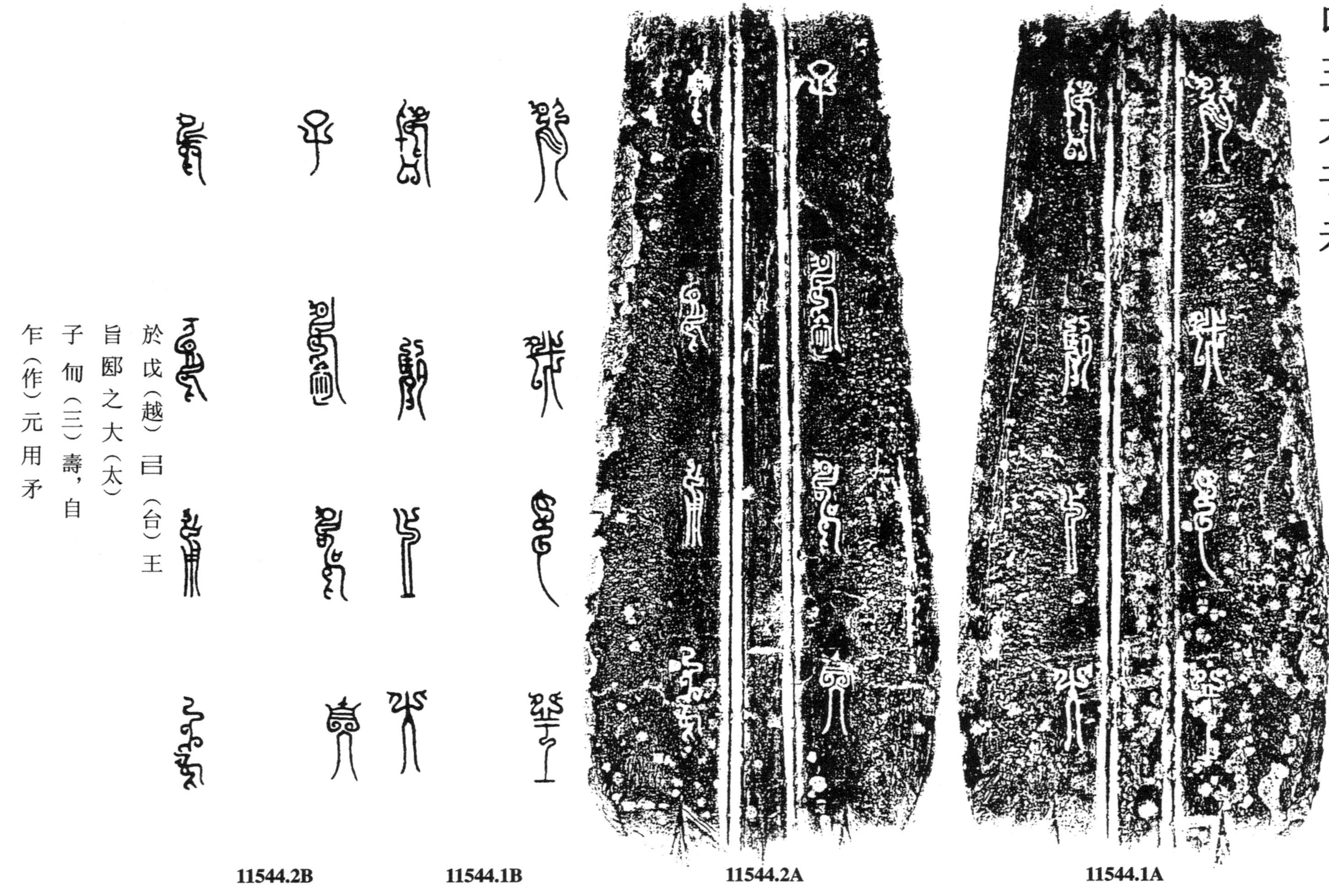

11544.1A　11544.2A　11544.1B　11544.2B

於戉（越）𠳿（台）王旨郾之大（太）子𠇷（三）壽，自乍（作）元用矛

七年邦司寇矛

七年，邦司寇富勳、
上庫工師戎閔、冶朕

11545

七年宅陽令矛

11546A

11546B

七年，宅陽命（令）隔鐙、右
庫工師夜痃（瘥）、冶起斅（造）

秦子矛

秦子乍(作)造公族元用，左右芇鮏，用𦞦(逸)，宜

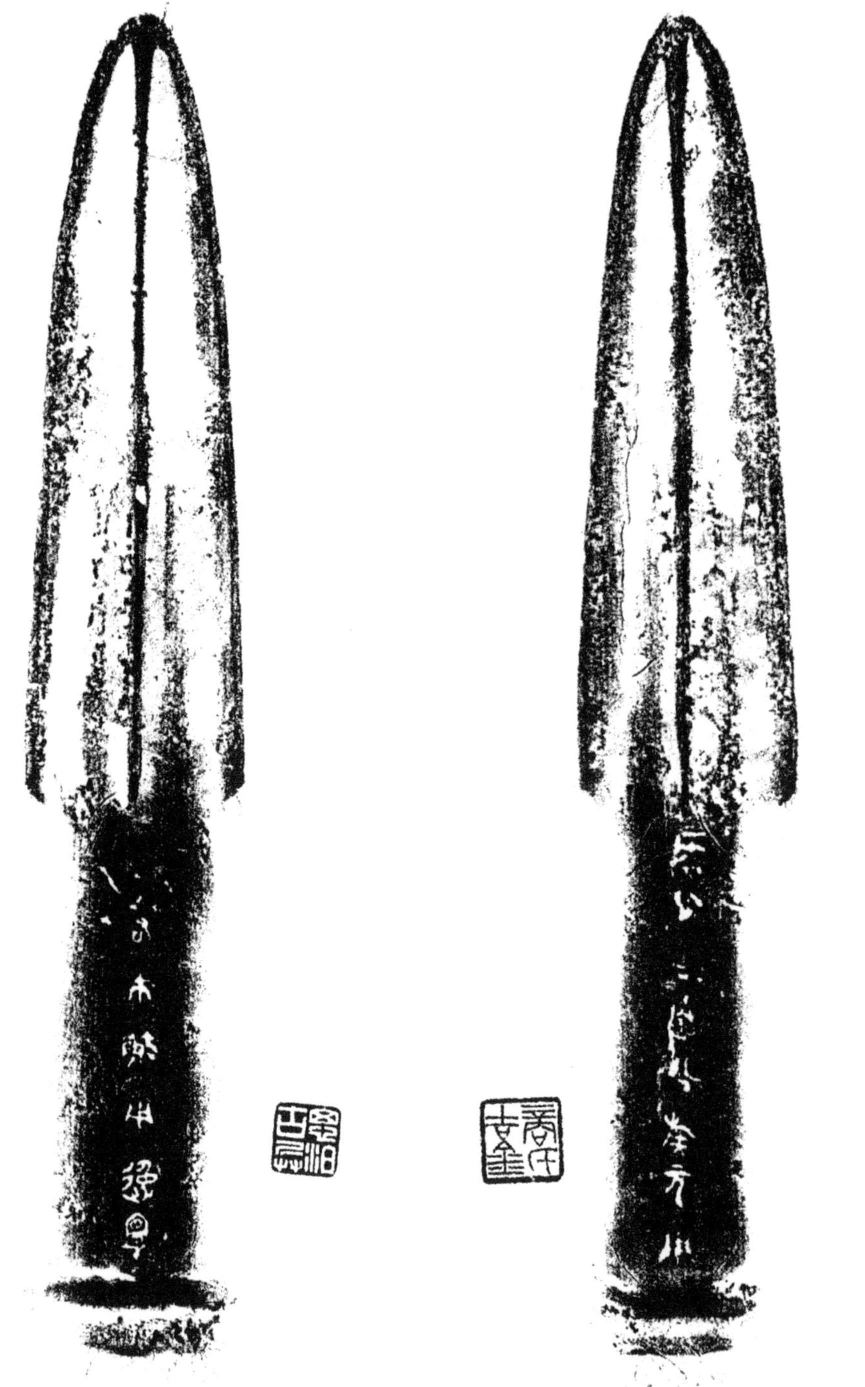

11547.2　　11547.1

卅年寺工矛

卅年，寺工□（幹）、攻（工）丞敦造，上目，□郡武庫

11548.1

11548.2

十二年邦司寇矛

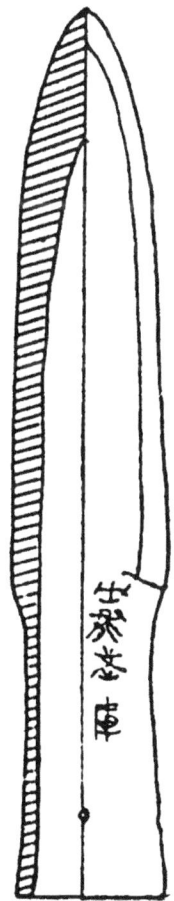

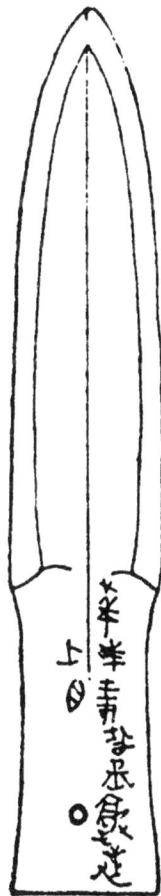

十二年，邦司寇野弗（茀）、上庫工師司馬瘝、冶督

11549

十三年少府矛

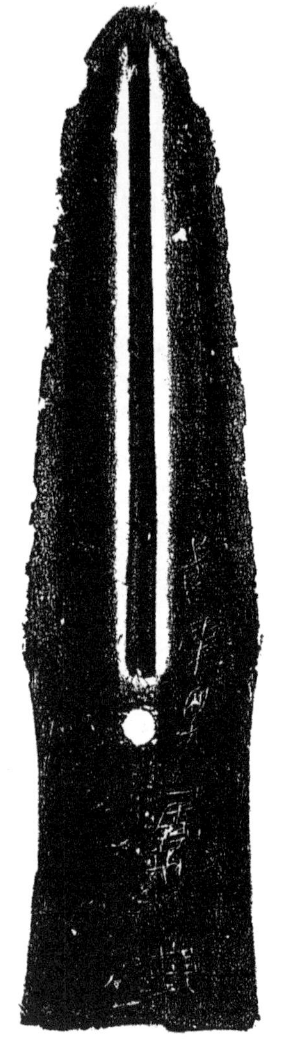

11550.2A

11550.1A

十三年，少府工儋，西成，武庫受（授）屬邦，八一

11550.2B

11550.1B

九年鄭令矛

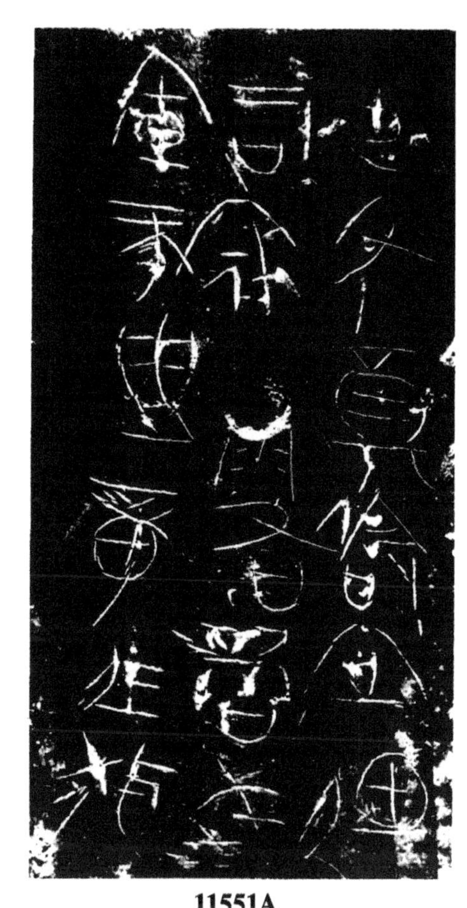

11551A

11551B

九年，奠（鄭）倫（令）向佃、司寇翏（露）商、武庫工師鑄章、冶狦

元年鄭令矛

11552A

11552B

元年，奠（鄭）倫（令）楁（槨、郭）涌、司寇芋慶、往庫工師皮耴、冶肴（尹）貞歕（造

五年鄭令矛

五年，奠（鄭）命（令）韓半、
司寇長（張）朱、左庫工
師昜（陽）埇（函）、冶肴（尹）弘散（撍、造）

11553B

11553A

七年鄭令矛

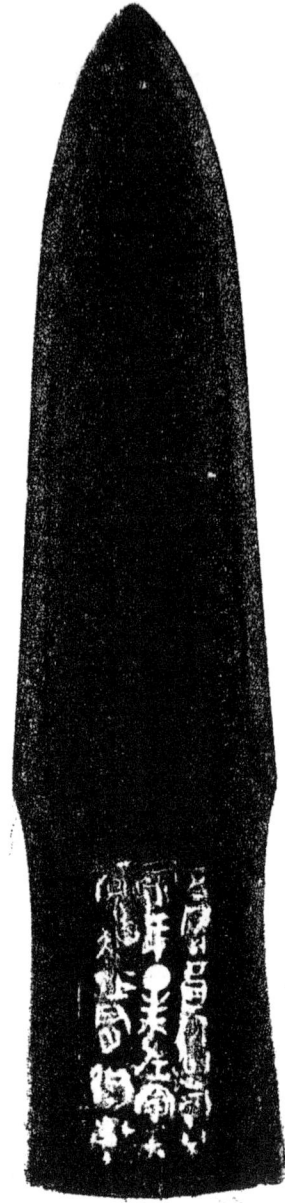

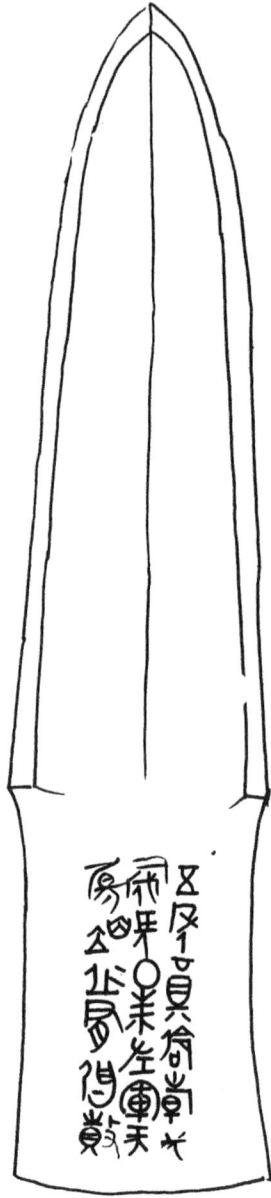

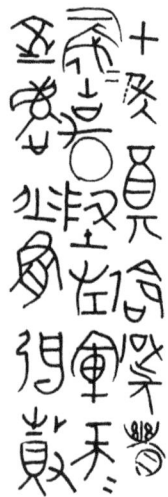

11554A

11554B

七年，奠（鄭）倫（令）公先豈（幼）、
司寇史陘（隋）、左庫工
師倉慶、冶肴（尹）弜（彊）散（造）

卅二年鄭令矛

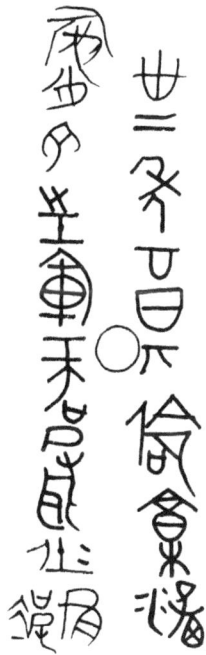

11555A

11555B

卅二年，奠（鄭）倫（令）棺（槨、郭）涵、
司寇肖（趙）它、往庫工師皮耴、冶肙（尹）波（坡）

元年春平侯矛

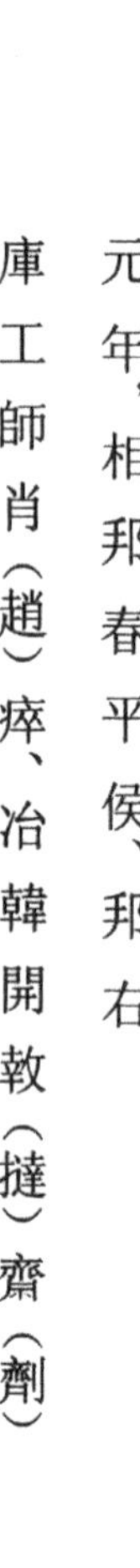

元年，相邦春平侯、邦右
庫工師肖（趙）瘁、冶韓開敎（撻）齋（劑）

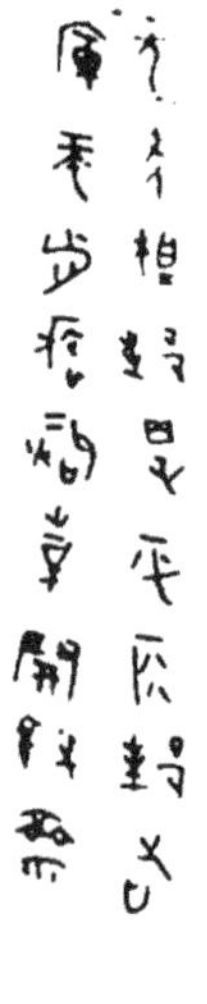

11556B

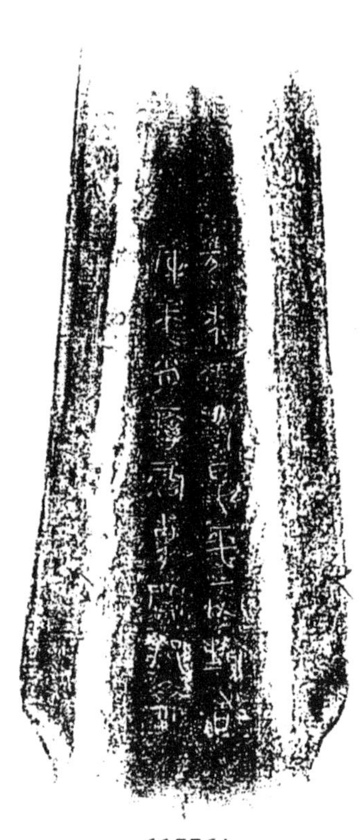

11556A

11556C

五年春平侯矛

11557B

11557A

11557C

五年，相邦春平侯、邦左伐器工師長翟（鳳）、冶粘（粭）敕（撻）齋（劑）

十七年春平侯矛

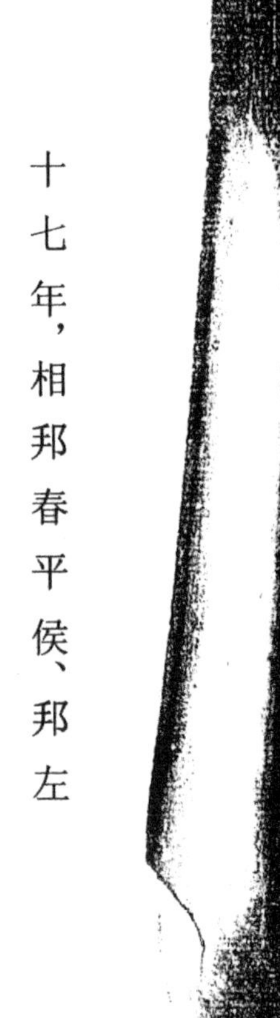

十七年，相邦春平侯、邦左庫工師長瞿（鳳）、冶□（勻）教（撻）齋（劑）

11558

三年鄭令矛

11559A

11559B

三年，奠（鄭）倫（令）棓（槨、郭）涌、司寇芋慶、左庫工師邰近、冶肎（尹）弜（彊）散（造）

卅四年鄭令矛

11560A

11560B

卅四年，奠（鄭）命（令）椁（槨、郭）涌、司寇肖（趙）它、往庫工師皮耴、冶肴（尹）波（坡）散（造）

閃令趙狽矛

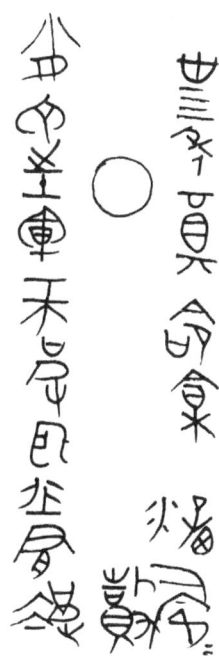

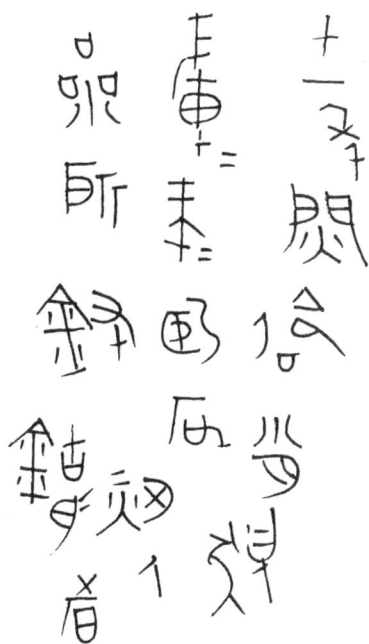

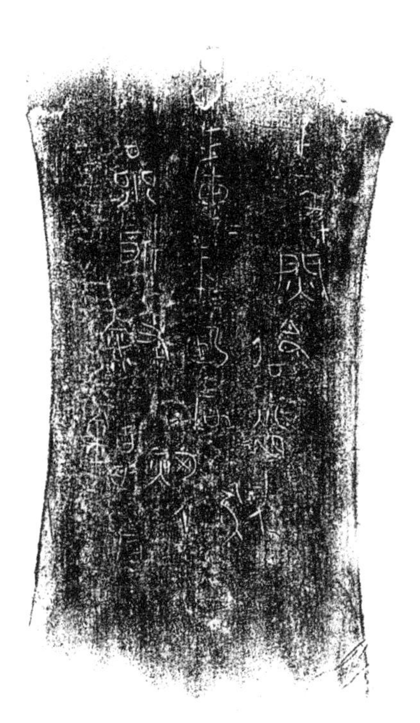

11561A

11561B

十一年，閃倫（令）肖（趙）狽、下庫工師臤石、冶人參所鑄鍸者

六年安陽令矛

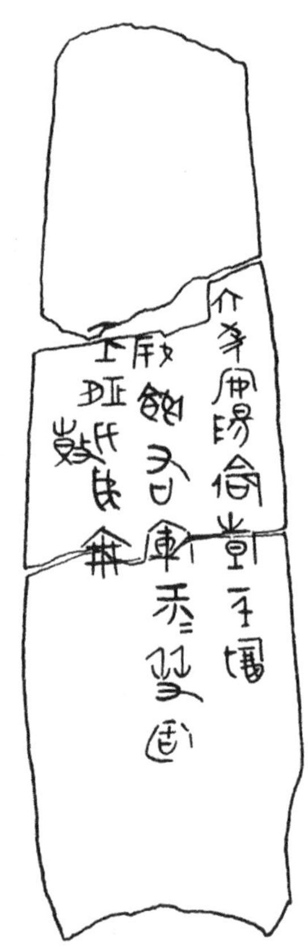

11562B

11562A

六年，安陽倫（令）韓壬、司刑欣（听）鯰、右庫工師艾（肴）固、冶晤斅（造）戟朿（刺）

二年鄭令矛

11563A

11563B

二年，奠（鄭）倫（令）棺（槨、郭）涵、司寇芋慶、往庫工師皮耴、冶肙（尹）波（坡）散（造）戟束（刺）

四年雍令矛

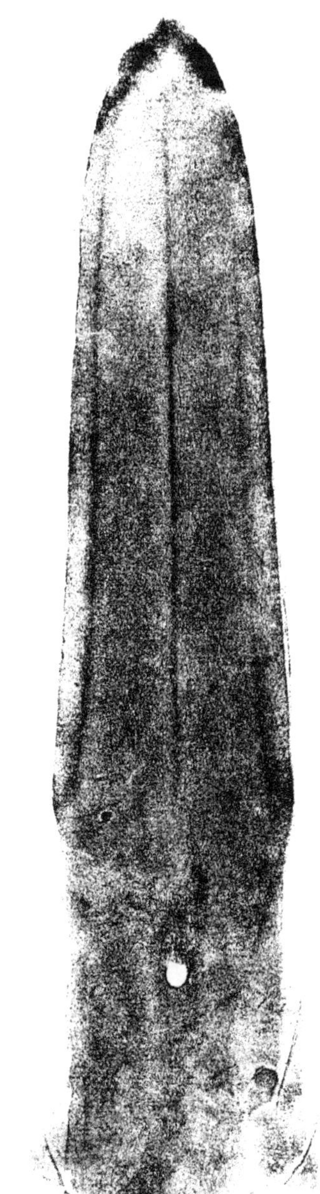

11564A

11564B

四年，截（截）雍倫（令）韓匡、司寇判它、左庫工師刑秦、冶采（裼）散（撸、造）戟束（刺）

廿三年司寇矛

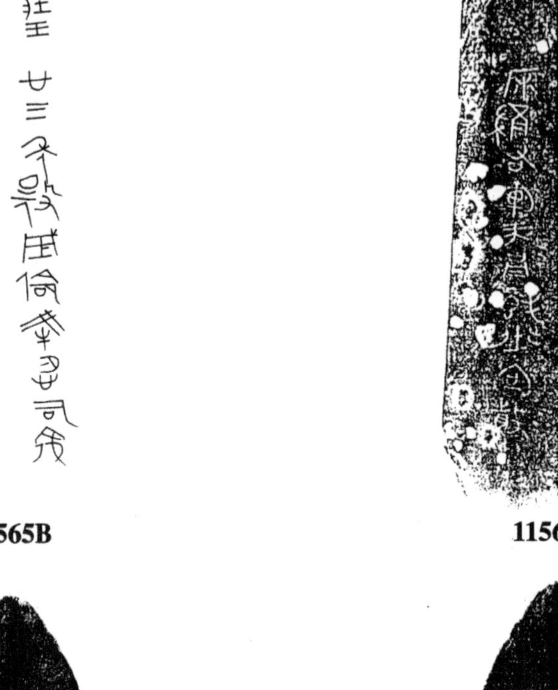

11565B　　11565A

廿三年，襄城倫（令）夆（舉）名、司寇麻維、右庫工師甘（邯）丹（鄲）飥、冶向散（造），貞⿱北圭

中央勇矛

五酉之後，曰：毋
又（有）中央，勇龠生安

11566.1

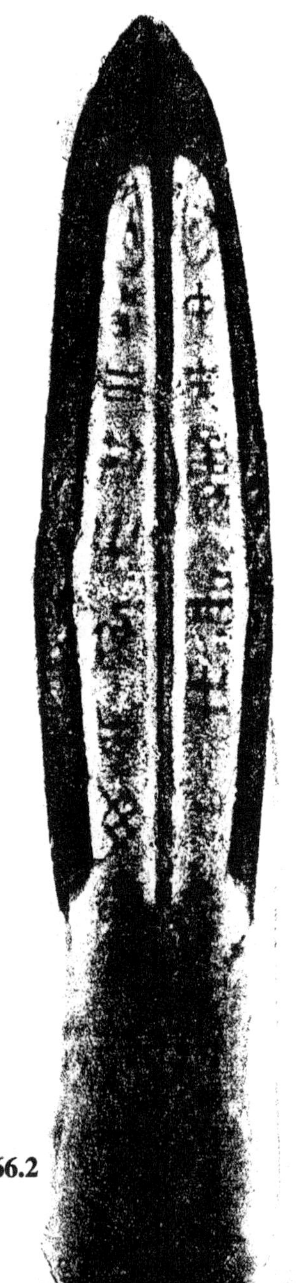

11566.2

又（有）中央，勇龠生安空，氏（是）曰：□之後，曰：毋

曾侯邚殳

曾侯邚（越）之用殳

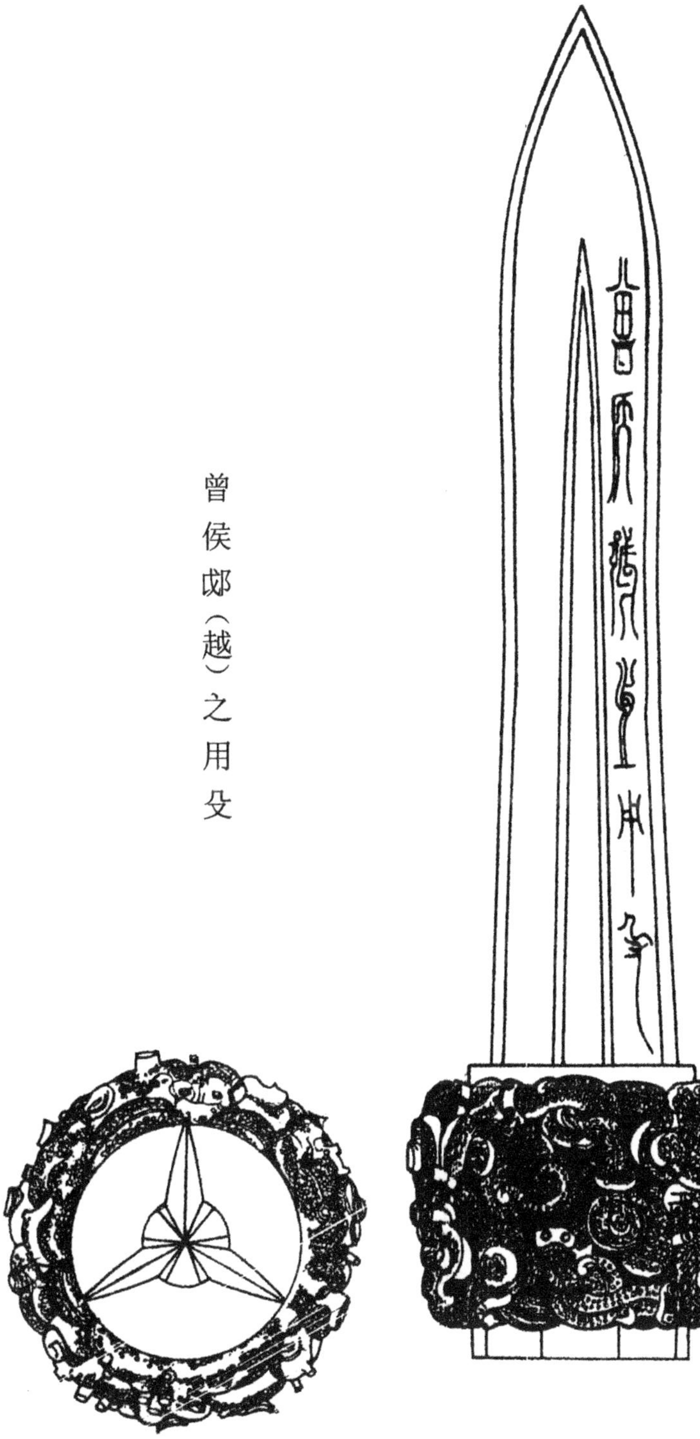

11567B

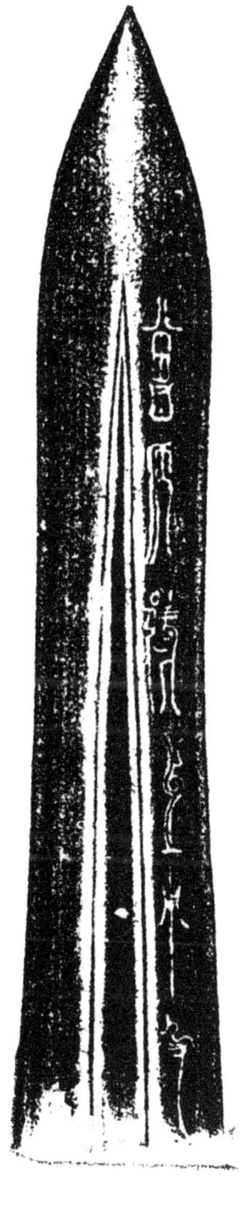

11567A

五劍

刀劍

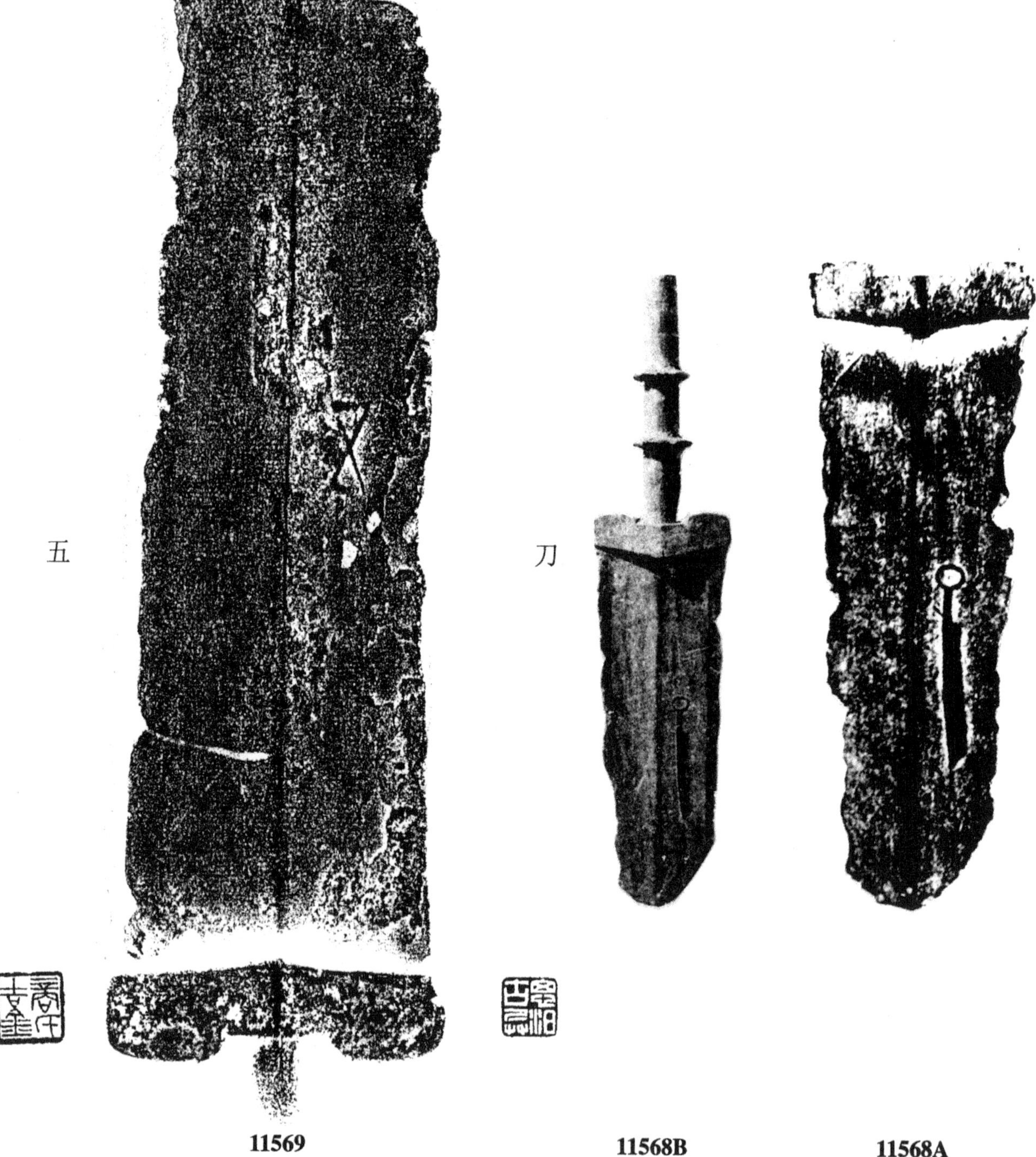

五

刀

11569

11568B

11568A

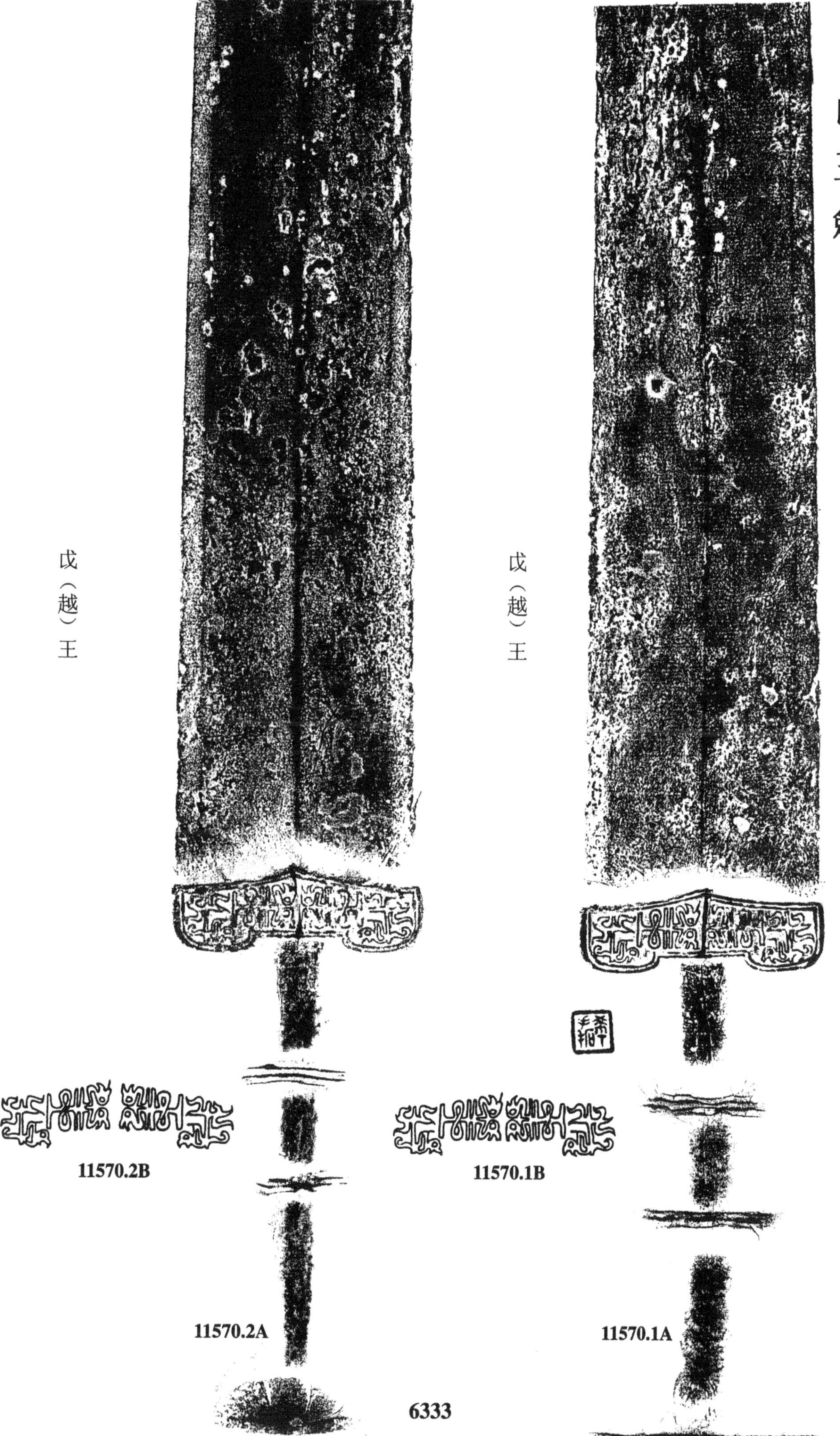
戉王劍
戉（越）王
戉（越）王
11570.2B
11570.1B
11570.2A
11570.1A

戉王劍

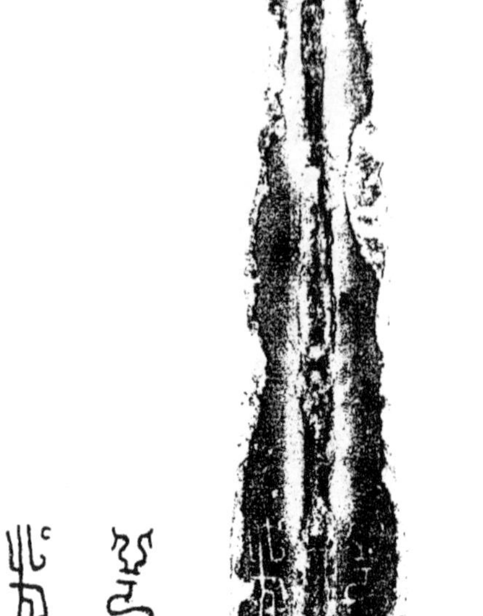

11571.2B

戉王（越）

11571.2A

11571.1B

戉王（越）

11571.1A

豐伯劍

豐伯

11572

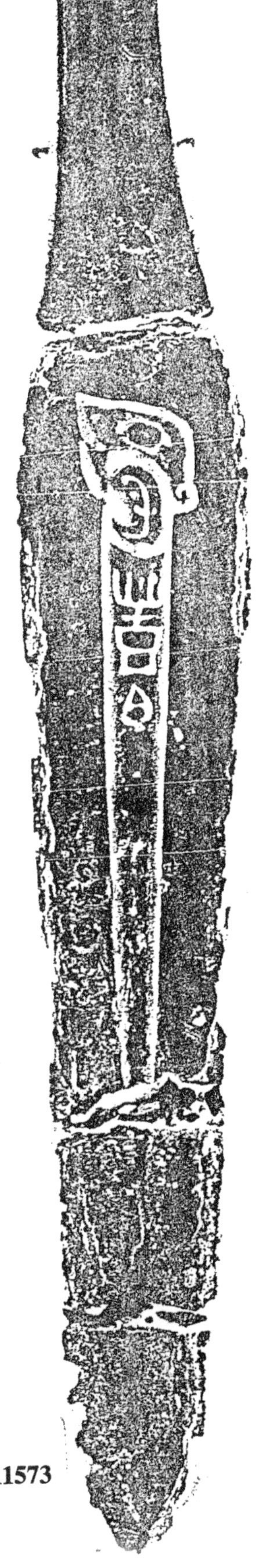

豐伯

11573

洛都劍

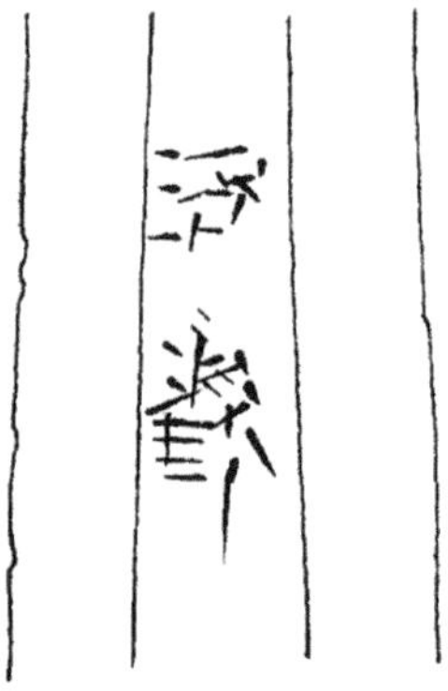

洛都

11574

工劍

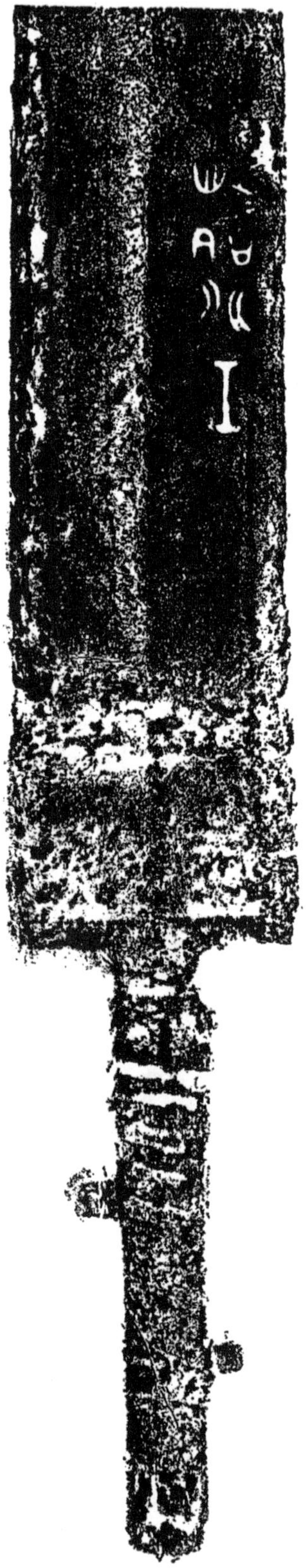

□工

11575

大攻⿱尹月劍

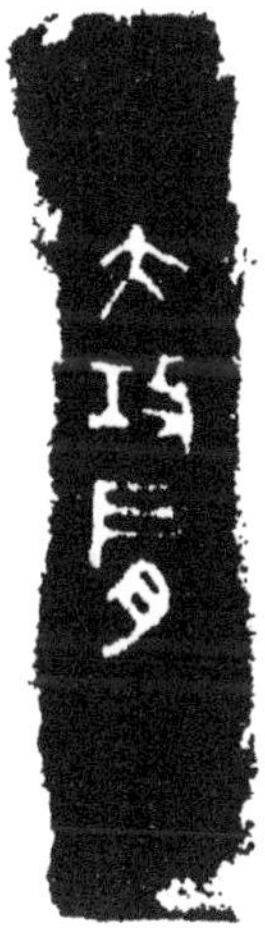

大攻（工）⿱尹月（尹）

11576

大攻⿱尹月鈹

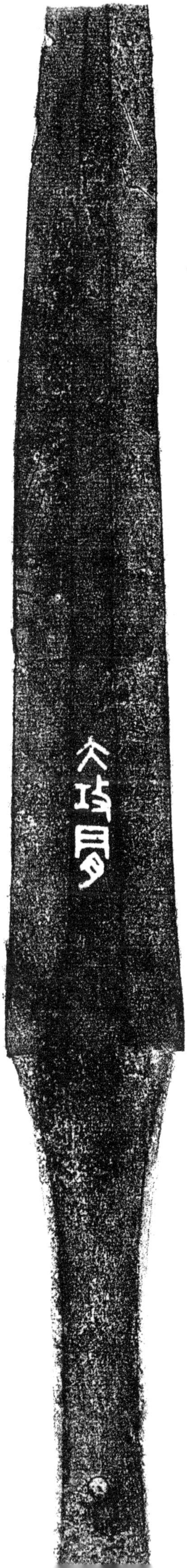

大攻（工）⿱尹月（尹）

11577

𨚕子劍

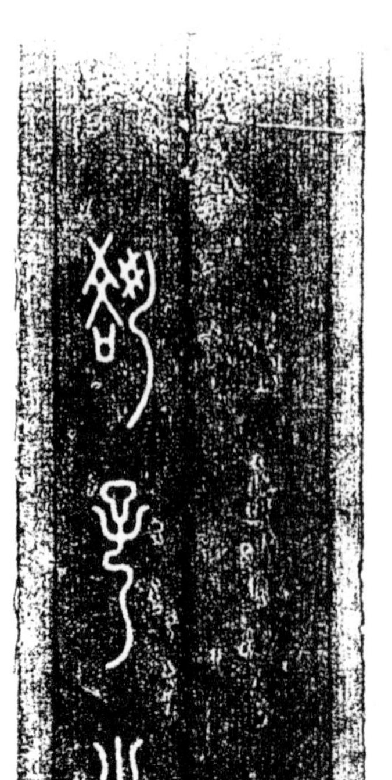
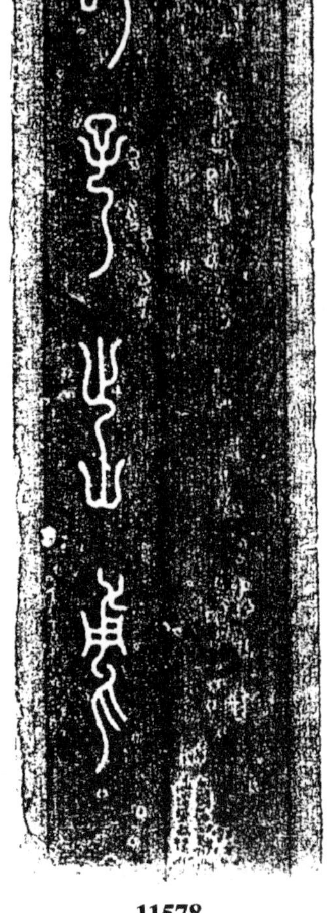

𨚕（搖、郄、卻）子之用

11578

余王劍

戉（越）王州句（勾）之（元用劍），余王利攺（捍）

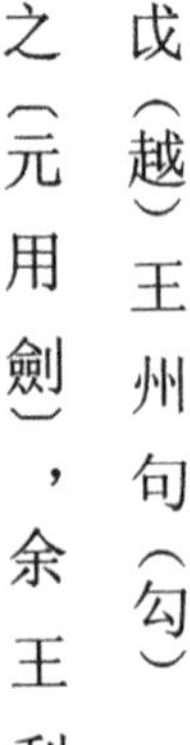

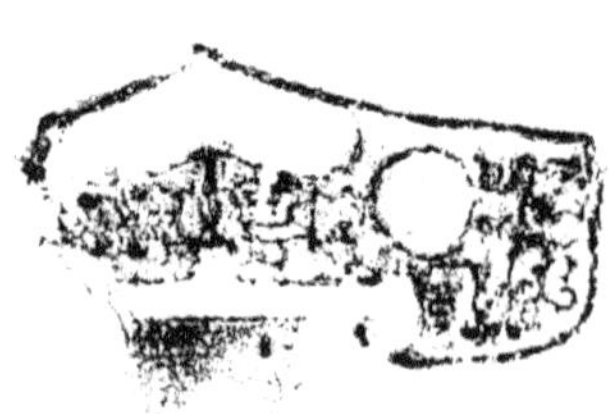

11579.2A

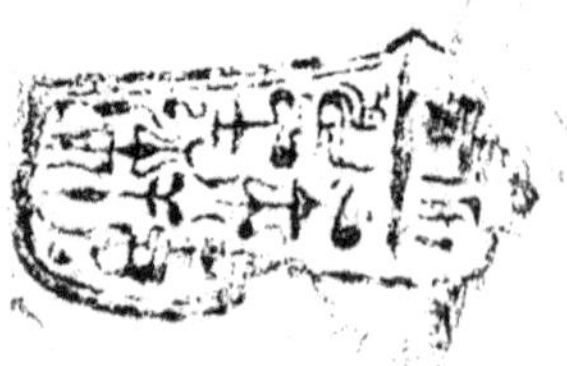

11579.1A

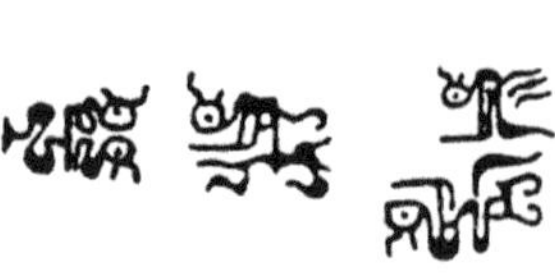

11579.2B

11579.1B

从金劍

郘(巽)金

□鍾

11580

高陽劍

高陽左庫

11581

繁⿱湯木之金劍

繁⿱湯木（陽）
之金

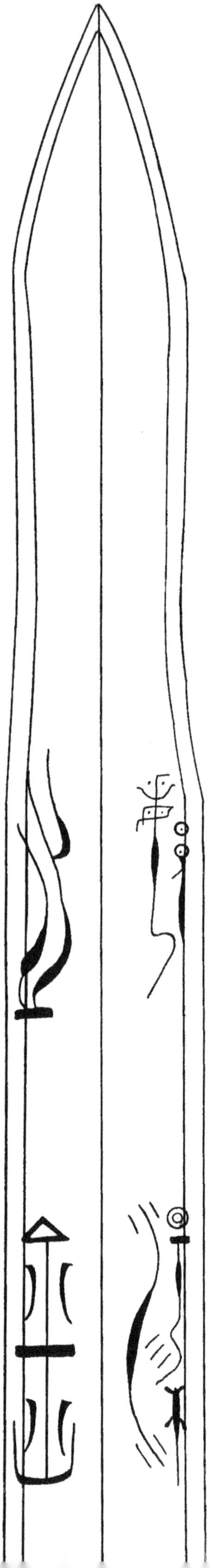

11582B

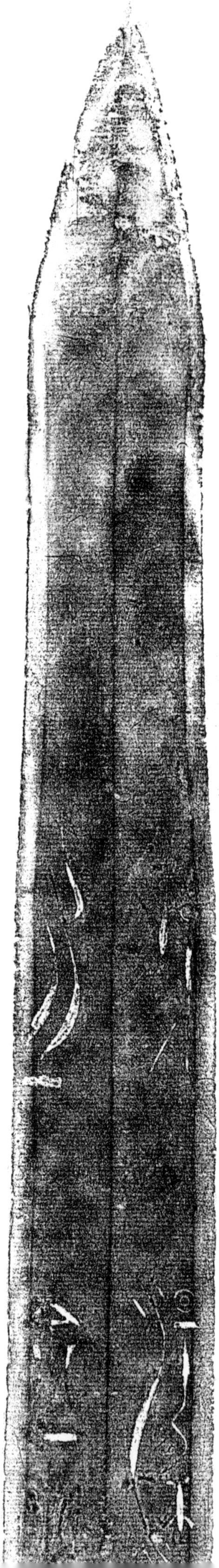

11582A

郾王喜劍

郾（燕）王喜怒□

11583

郾王喜劍

郾（燕）王喜金□

11584

吉為劍

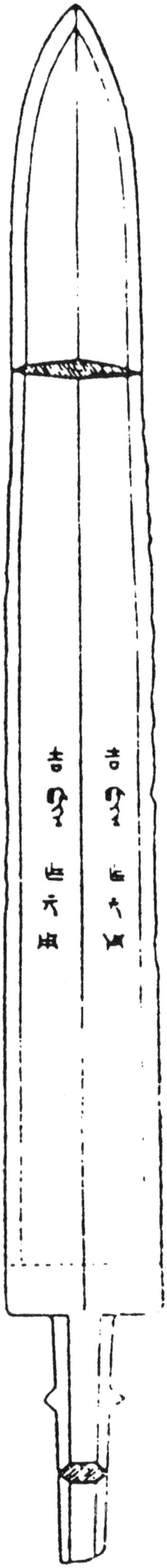

吉爲乍（作）元用

11586

郾王喜鈹

郾（燕）王喜

𢘫□□□

11585

蔡侯產劍

蔡侯產之用鐱（劍）

11587C

11587B

11587A

韓鍾劍

鄣鍾之鐰（造）鐱（劍）

11588B

11588A

富莫劍

富莫之
斳（誓）鐱（劍）

11589

鄭武庫劍

莫（鄭）武庫、冶期

11590

墜劍

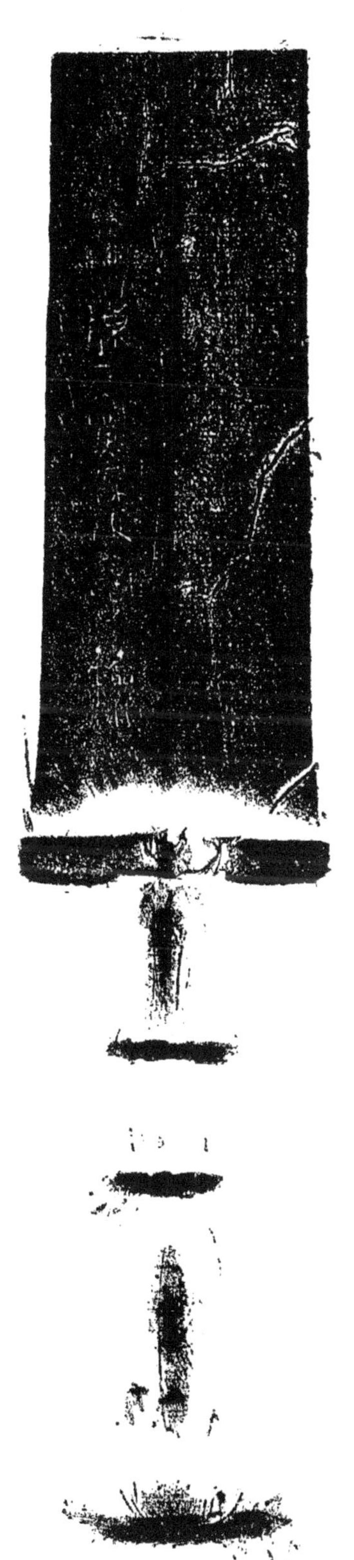

陳𡨄（窐）散造鐱（劍）

11591

高陽劍首

高陽右[illegible]徒

11592

先劍

先嶙余之用

11593

戉王句戔之子劍

11594.2A

11594.1A

戉（越）王
欱（勾）戔（踐）之子

11594.2B

11594.1B

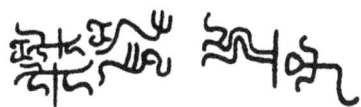

11594.2C

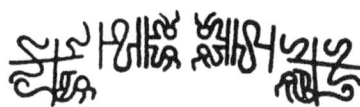

11594.1C

戉王句戔之子劍

11595A1B

11595A1A

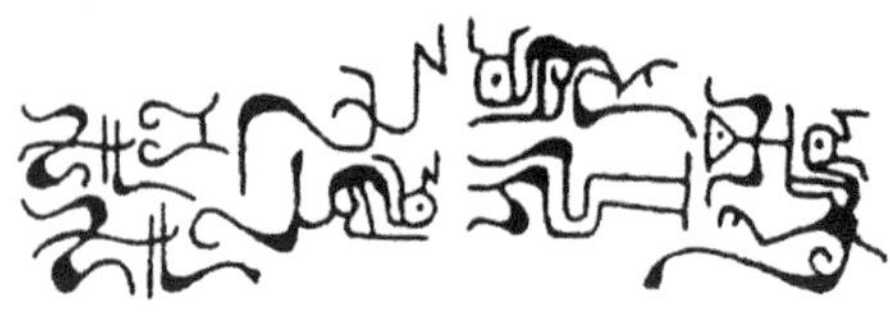

11595A2B

11595A2A

戉（越）王

欿（勾）戔（踐）之子

11595C

11595B

戉王者旨於賜劍

戉王者旨於賜劍

11596.1A

11596.2A

11596.1B

11596.2B

戉（越）王
者（諸）旨（稽）
於賜

11597.1A

11597.1B

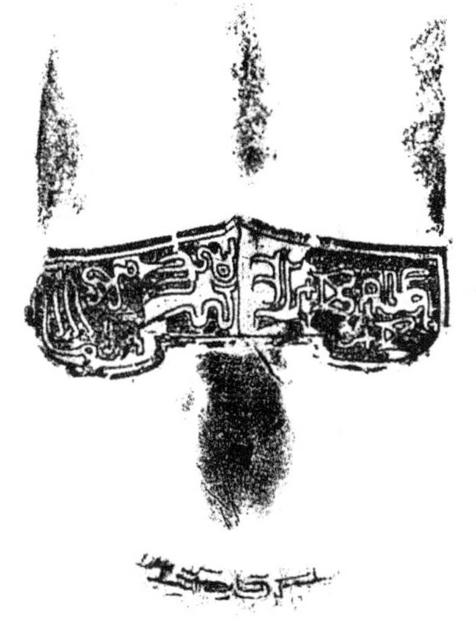

11597.2A

11597.2B

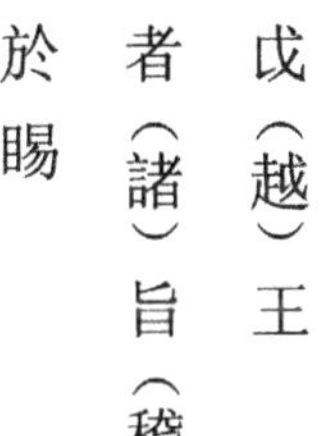

戉（越）王
者（諸）旨（稽）
於賜

戉王者旨於賜劍

戉（越）王

者（諸）旨（稽）

於賜

11598A1

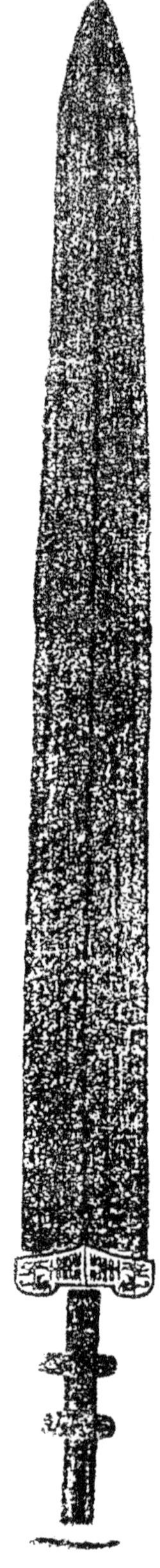

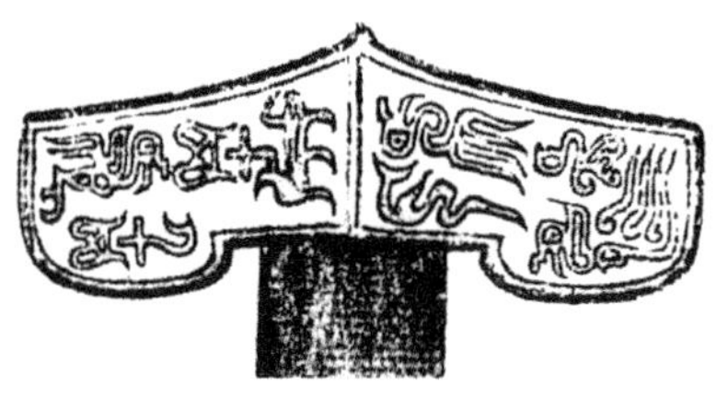

11598A2

11598B

戉王者旨於賜劍戉王者旨於賜劍

戉（越）王者（諸）旨（稽）於賜

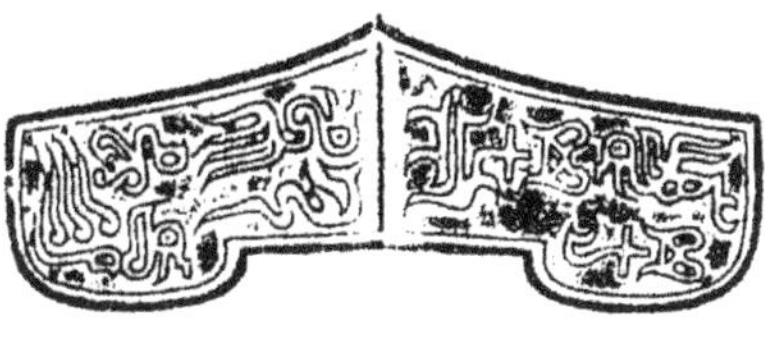

11599.2

11599.1

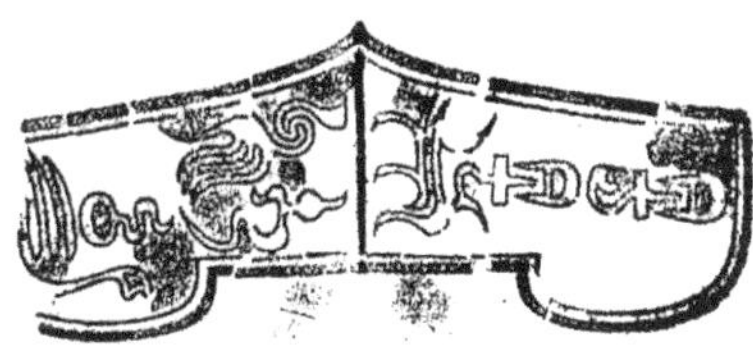

11600.2A

11600.1A

戉（越）王者（諸）旨（稽）於賜

11600.2B

11600.1B

11600.2C

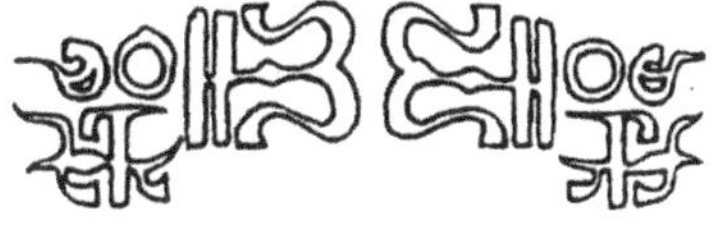

11600.1C

蔡侯劍

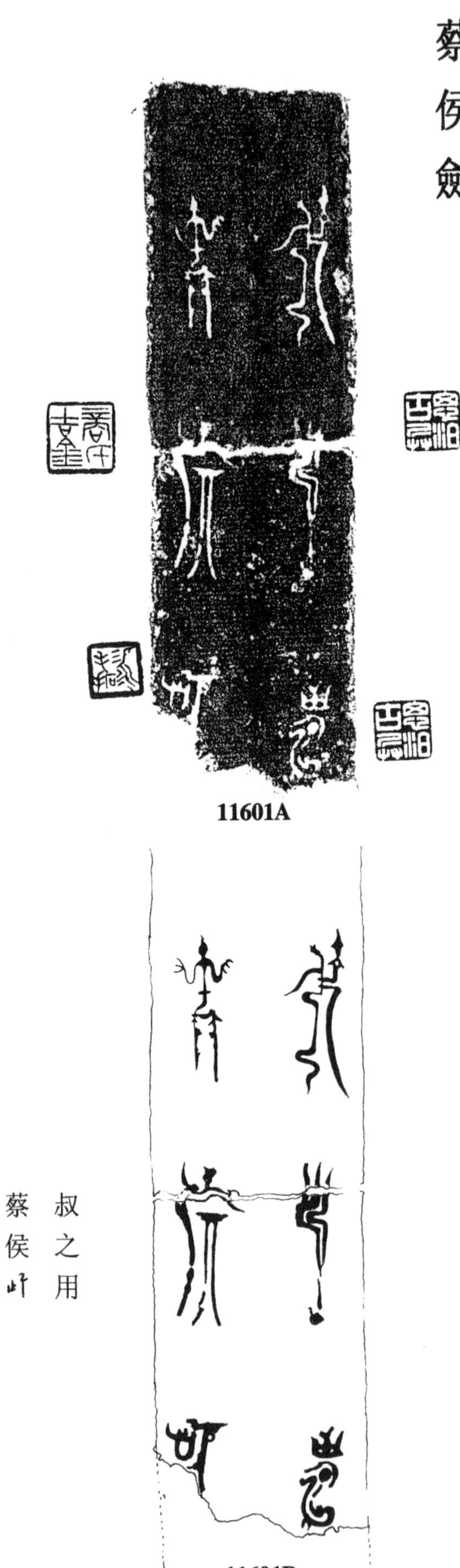

11601A

11601B

叔之用
蔡侯𡵂

蔡侯產劍

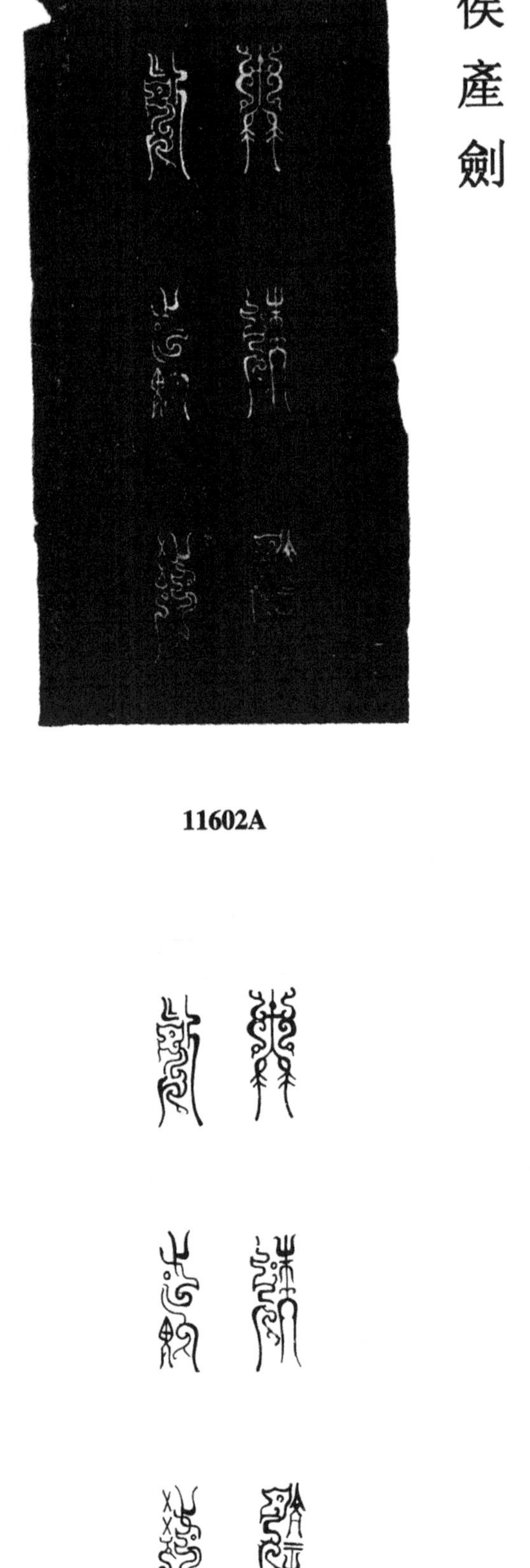

11602A

11602B

蔡侯產
乍(作)畏(威)效(效)

蔡侯產劍

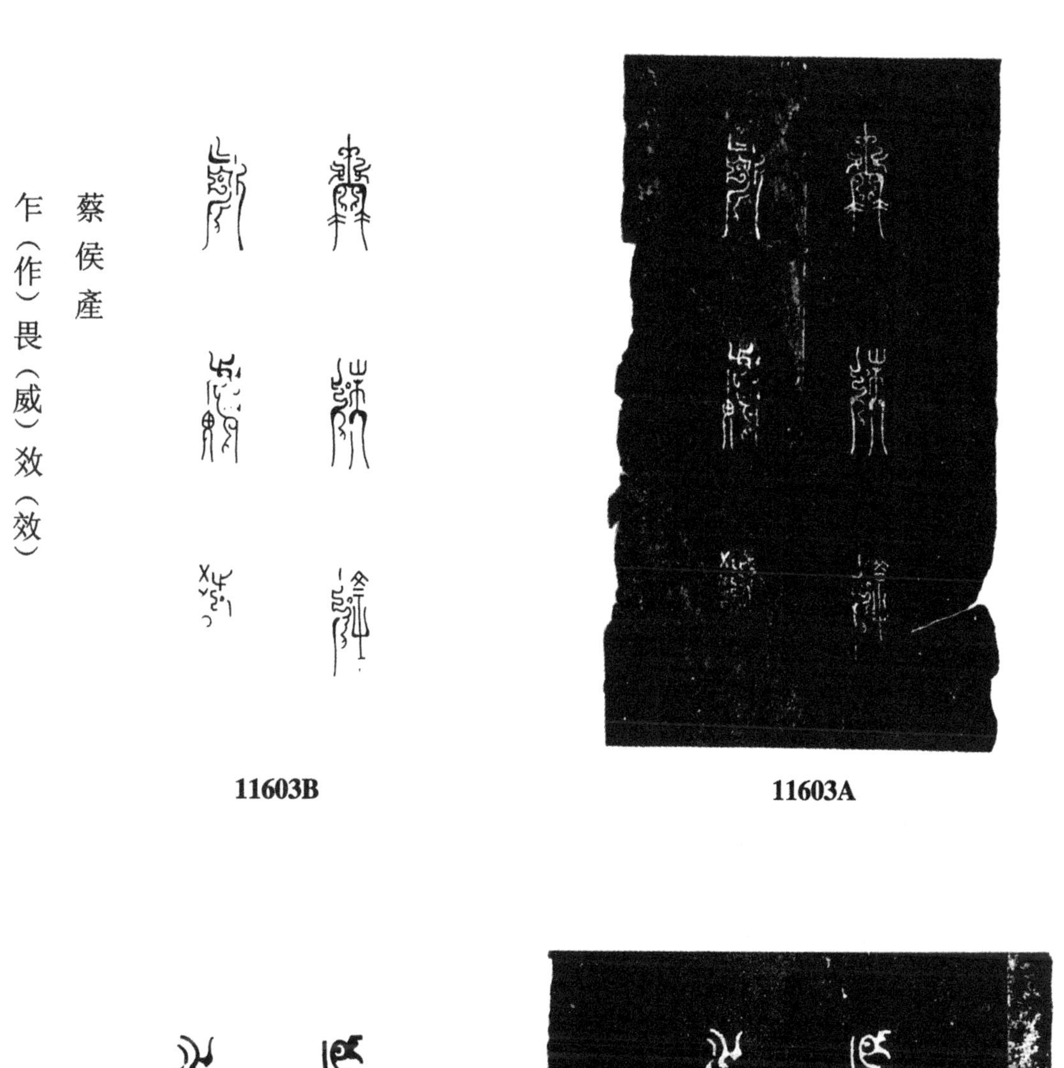

蔡侯產
乍（作）畏（威）效（效）

11603B　　　　11603A

蔡侯產劍

蔡侯產
之用僉（劍）

11604B　　　　11604A

郾王喜劍

郾（燕）王喜怒旅鈦

11606

蔡公子從劍

蔡公子從之用

11605

郾王喜劍

郾（燕）王喜怒旅鈦

11607

滕之不㤘劍

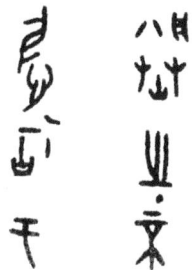

11608A

11608B

滕（滕）之不
㤘由于

⿰阝金平劍

⿰阝金（陰）平左庫之艁（造）

11609

命劍

末吕（貽）金，

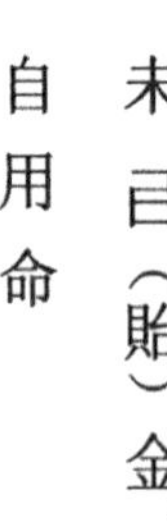

自用命

11610

郙王劍

郙王蒦自钕（作）承鋥

11611

郾王喜劍

郾（燕）王喜恖無（棄）旅鈌

11612

郾王喜劍

郾（燕）王喜慭無（桿）旅鈦

11614

郾王喜劍

郾（燕）王喜慭無（桿）旅鈦

11613

郾王喜劍

郾（燕）王喜愍無（桿）旅釱

11615

郾王喜劍

郾（燕）王喜愍無（桿）旅釱

11616

郾王喜劍

郾（燕）王喜愍無（檡）旅鈦

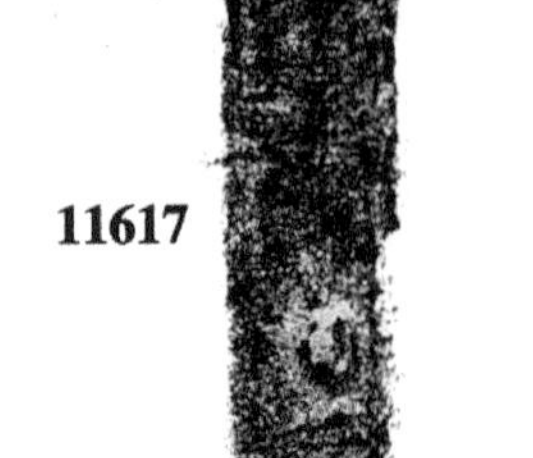

11617

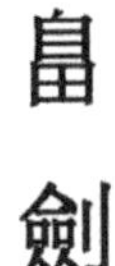

畗劍

唯弜公之居旨卲亥（？）畱丌□僉（劍）

11618A

11618B

四年建信君劍

11619A

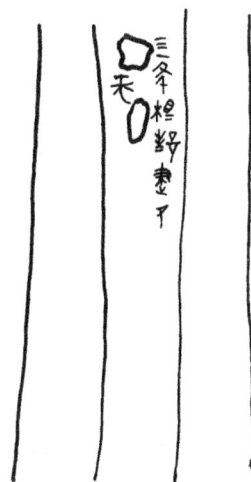

四年，相邦建信（君）
▨工師▨

11619B

攻敔王光劍

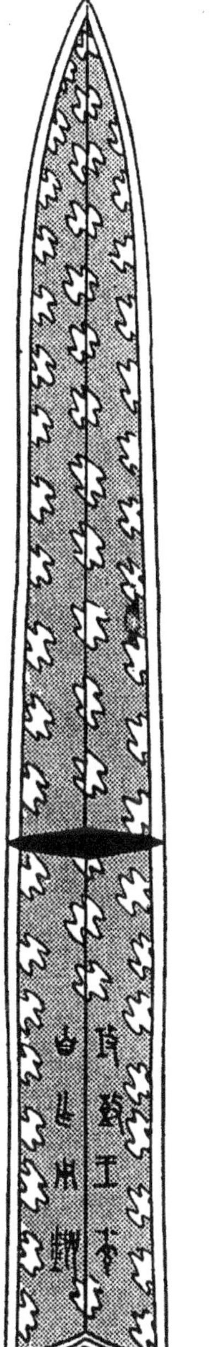

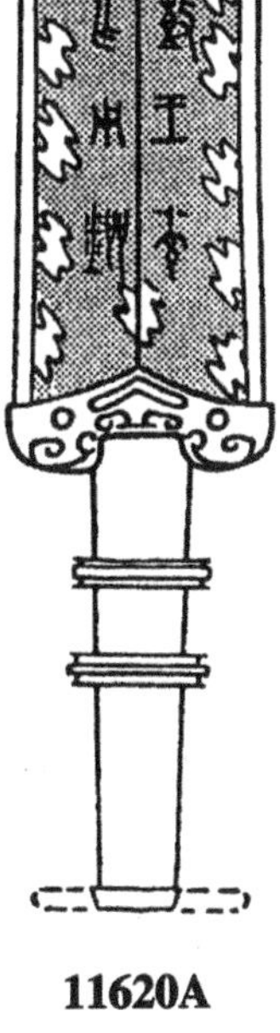

11620A

攻郚王光
自乍（作）用鐱（劍）

11620B

⿰戉阝王鳩淺劍

⿰戉阝王欿(勾)淺(踐)
自乍(作)用鐱(劍)

11621.1

⿰戉阝王欿(勾)淺(踐)
自乍(作)用鐱(劍)

11621.2

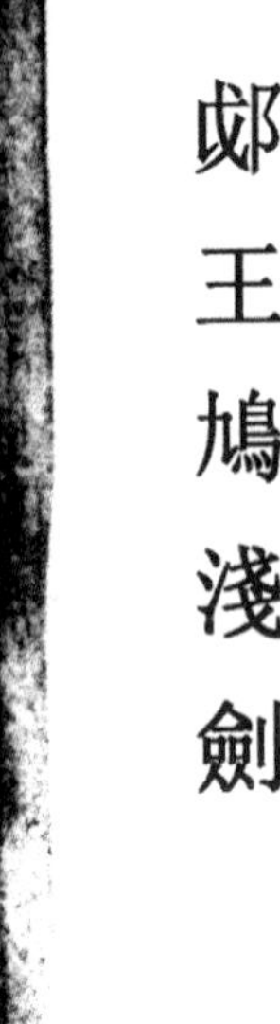

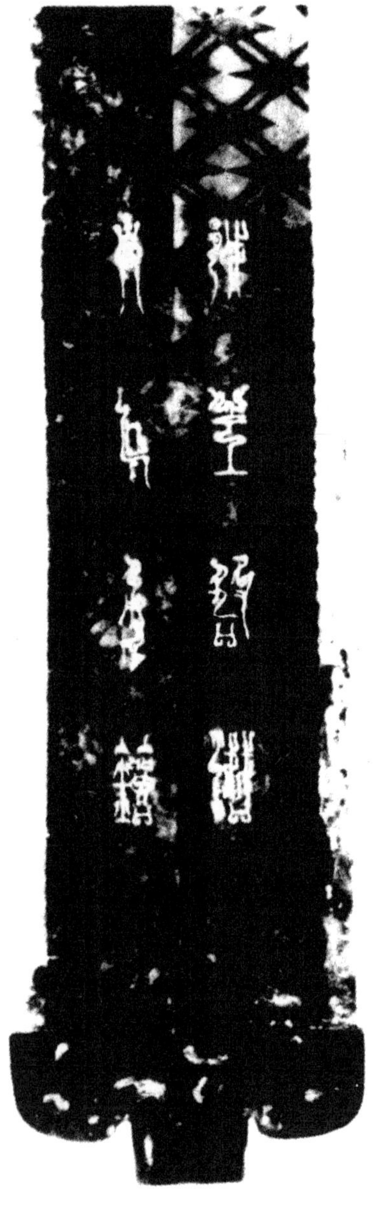

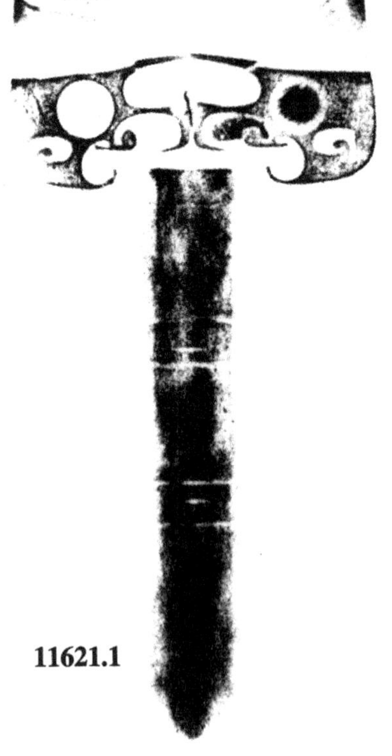

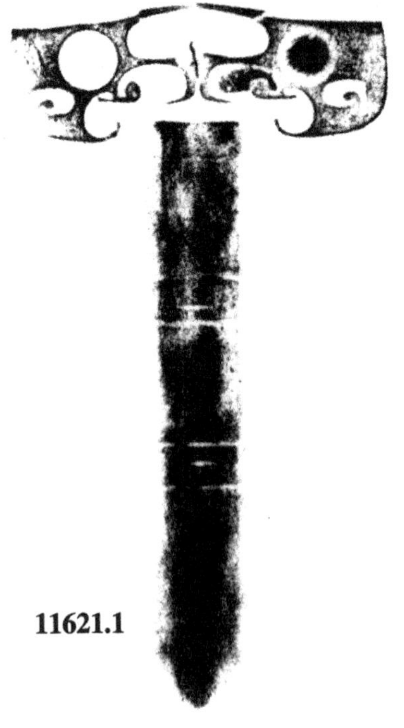

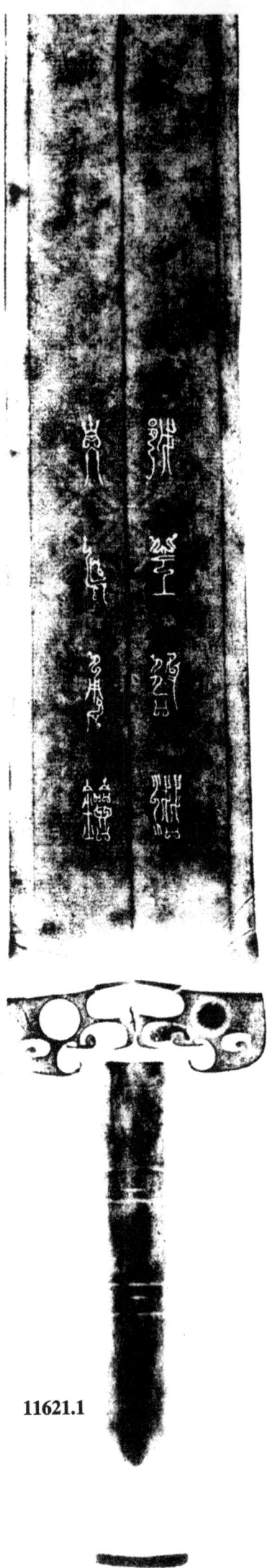

戉王州句劍

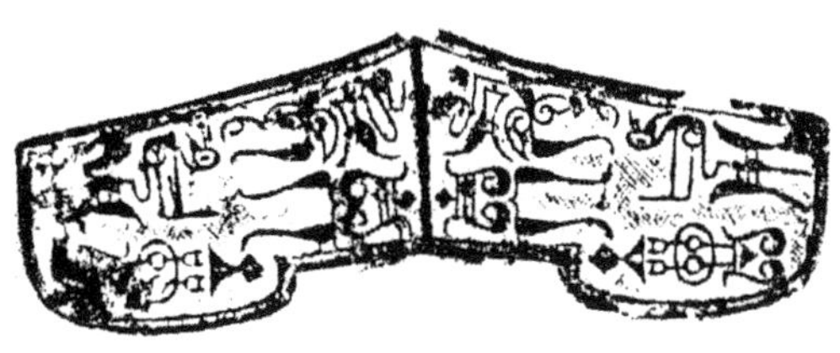

11622.2A

11622.1A

戉(越)王
州(朱)句(勾)
自乍(作)
用僉(劍)

11622.2B

11622.1B

戉王州句劍

11623.2A

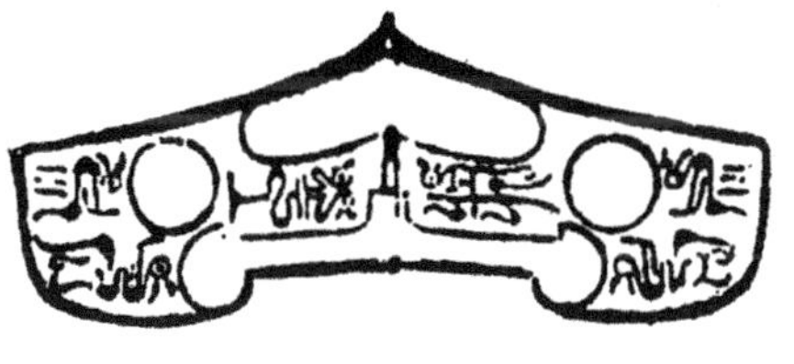

11623.1A

戉(越)王
州(朱)句(勾)
自乍(作)
用僉(劍)

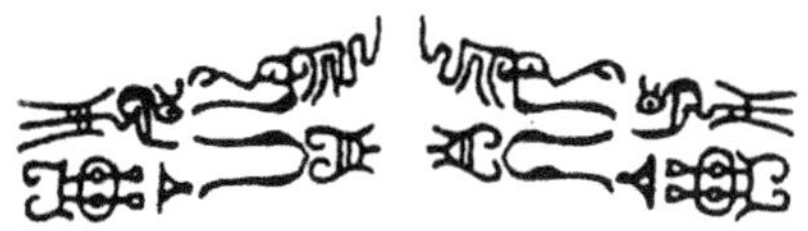

11623.2B

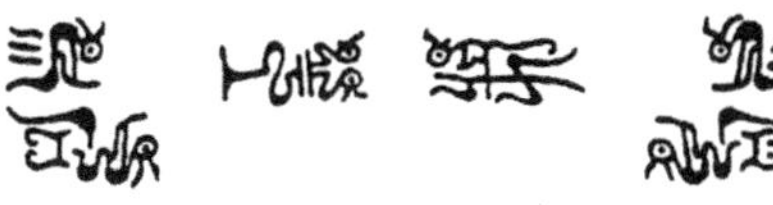

11623.1B

戉王州句劍

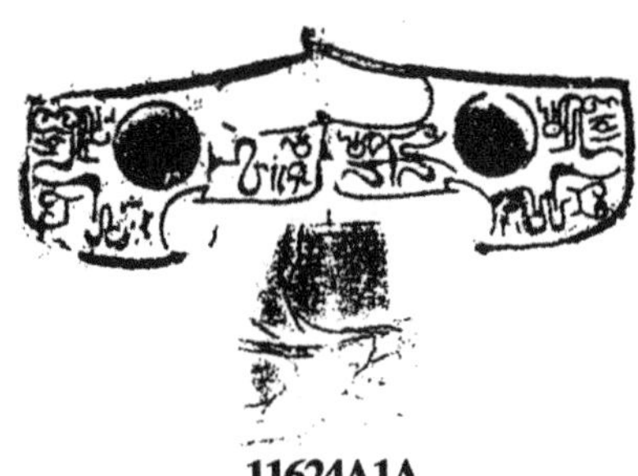

11624A1A

戉（越）王
州（朱）句（勾）

11624A1B

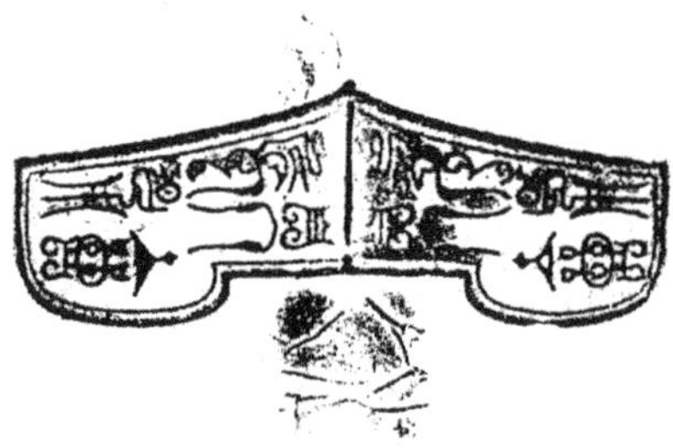

11624A2A

自乍（作）
用僉（劍）

11624A2B

11624B

戉（越）王州（朱）句（勾）自乍（作）用僉（劍）

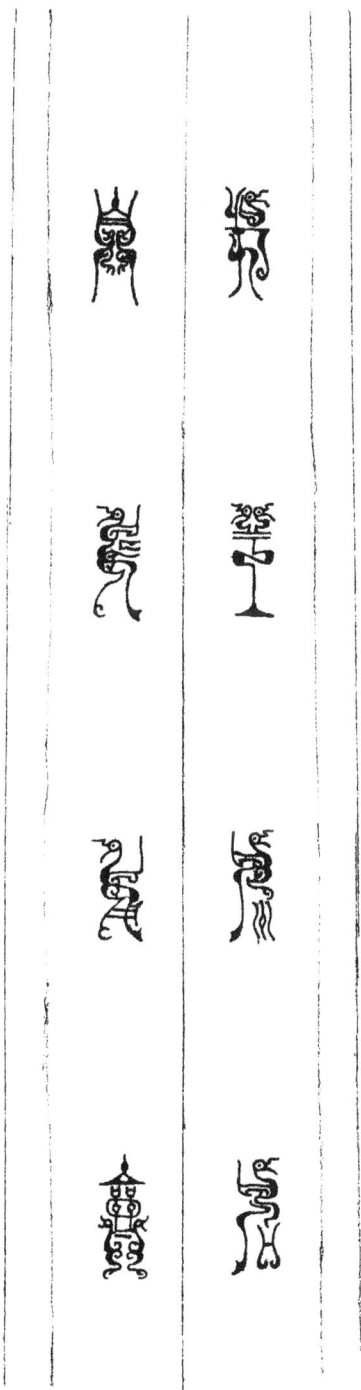

戉王州句劍

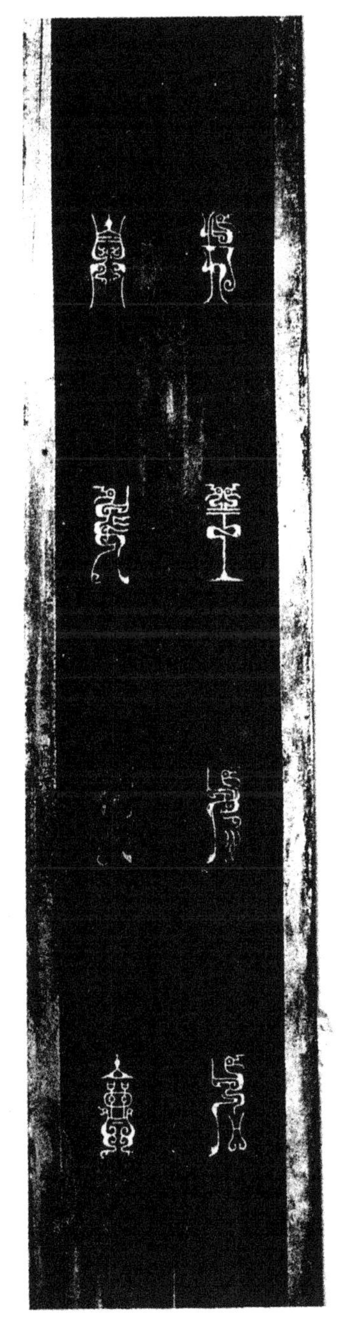

11625A

11625B

戉（越）王州（朱）句（勾）
自乍（作）用僉（劍）

戉王州句劍

戉(越)王
州(朱)句(勾)
自乍(作)
用僉(劍)

11626.1

11626.2

戉王州句劍

戉(越)王
州(朱)句(勾)
自乍(作)
用僉(劍)

11627.1

11627.2

戉王州句劍

11628B

11628A1A

11628A1B

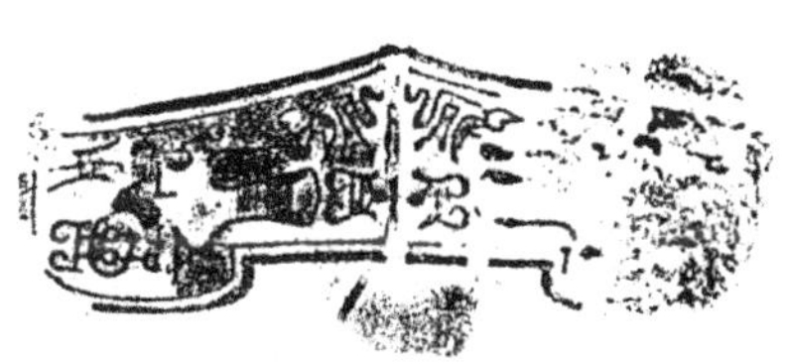

11628A2A

11628A2B

戉（越）王

州（朱）句（勾）

自乍（作）

用僉（劍）

戉王州句劍

戉（越）王州（朱）句（勾）自乍（作）用僉（劍）

11629.2A

11629.1A

11629.2B

11629.1B

11629.2C

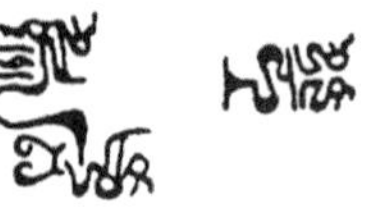

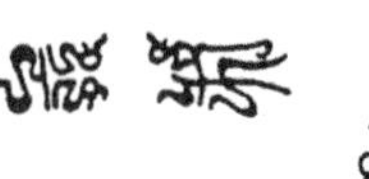

11629.1C

戉王州句劍

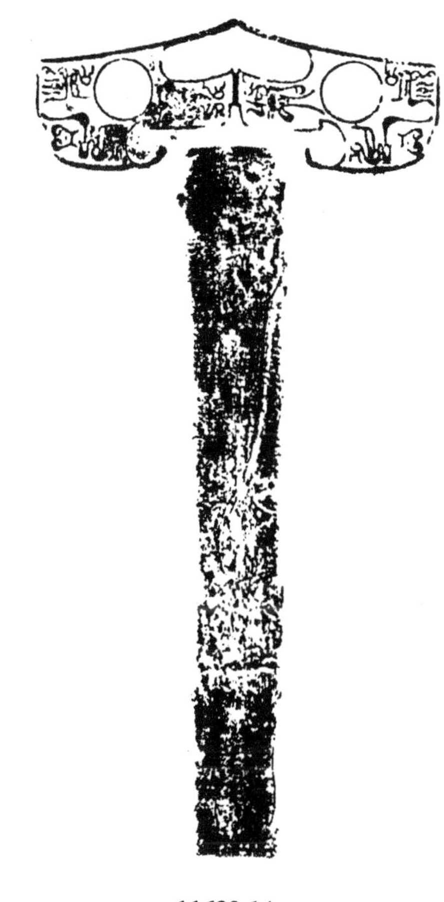

11630.2A

11630.1A

戉（越）王州（朱）句（勾）自乍（作）用僉（劍）

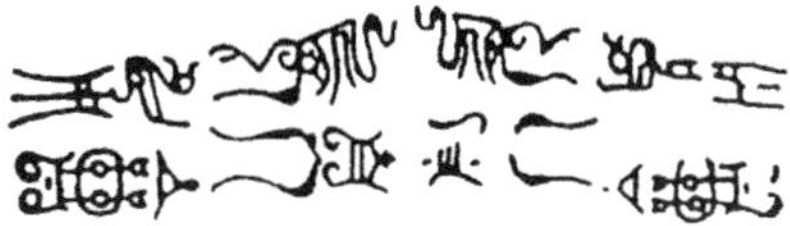

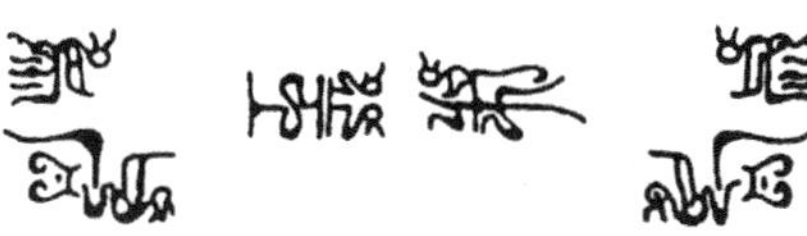

11630.2B

11630.1B

戉王州句劍

戉（越）王
州（朱）句（勾）
自乍（作）
用僉（劍）

戉王州句劍

戉（越）王
州（朱）句（勾）
自乍（作）
用僉（劍）

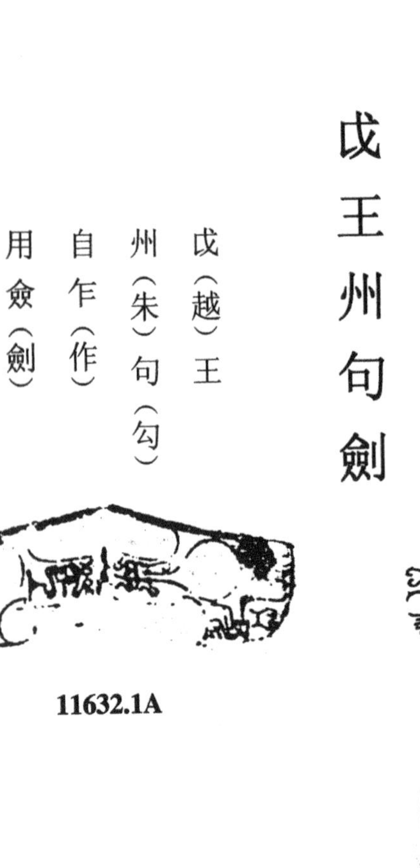

11632.1A

11631.1B

11632.2B

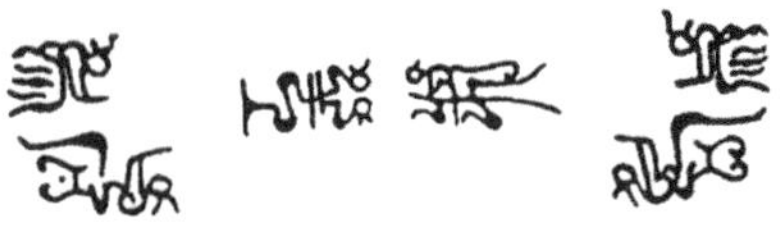

11632.1B

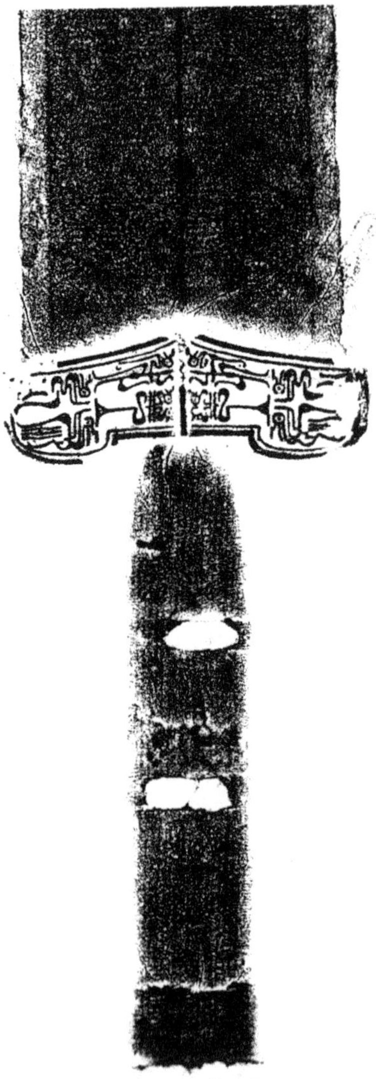

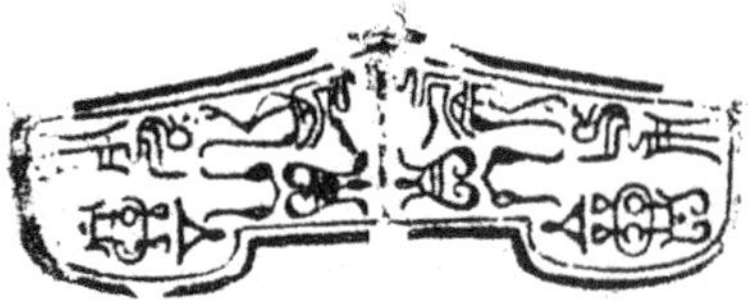

11631.2A

11632.2A

11632.2B

11631.1A

右庫劍

十二年，寧右庫
五朿（刺）

11633

郾王職劍

郾（燕）王職（愍）武無（樺）旅鐱（劍）

11634

相邦鈹

11635A

11635B

三年，相邦建信君、邦右庫□

□工師吳痆（瘠）、冶疕敦（撻）齋（劑）

攻敔王劍

攻敔王夫差

自乍（作）其元用

11636B

11636A

攻敔王夫差劍

攻敔王夫差

自乍（作）其元用

11637A

11637B

攻敔王夫差劍

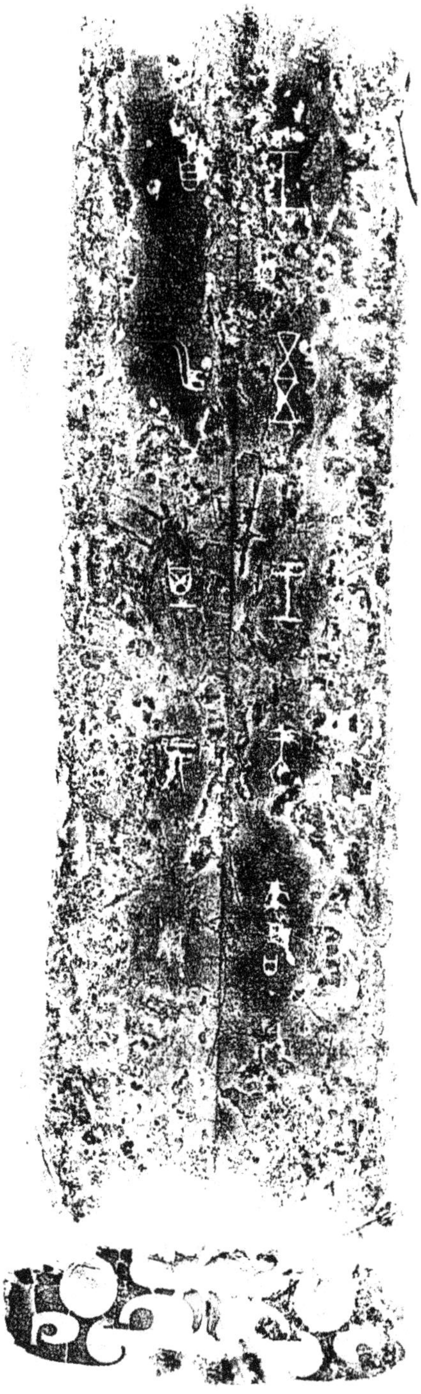

11638A

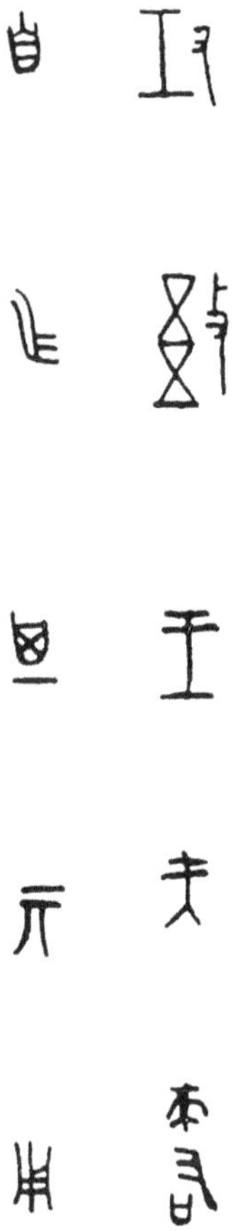

11638B

攻敔王夫差
自乍(作)其元用

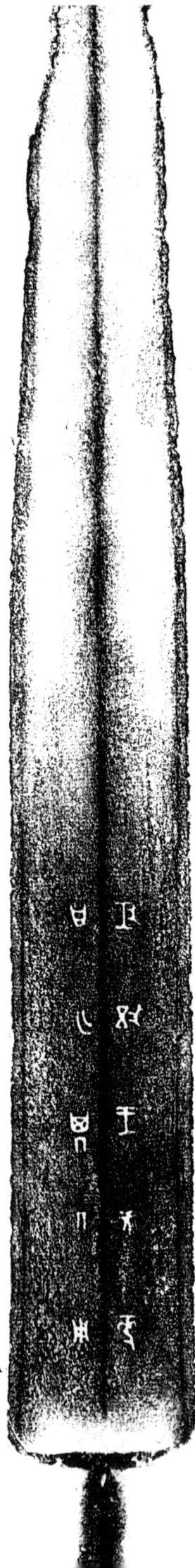

攻敔王夫差劍

攻敔王夫差
自乍(作)其元用

11639B

11639A

吳季子之子逞劍

吳季子之子
逞之元用鐱(劍)

11640

戉王劍

11641.1

11641.2

戉（越）王
旨（台）旨（者旨）不光，自乍（作）用攻（？）

戉王劍

11642.1

11642.2

戉（越）王
旨（台）旨（者旨）不光，自乍（作）用攻（？）

郾王職劍

郾（燕）王職乍（作）武無（檡）鏃（鍺）鐱（劍），右（佑）攻

11643

戉王劍

戉（越）王

不光厥

□□□

□卯□

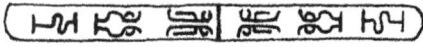

11644.1

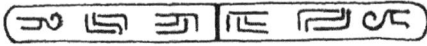

11644.2

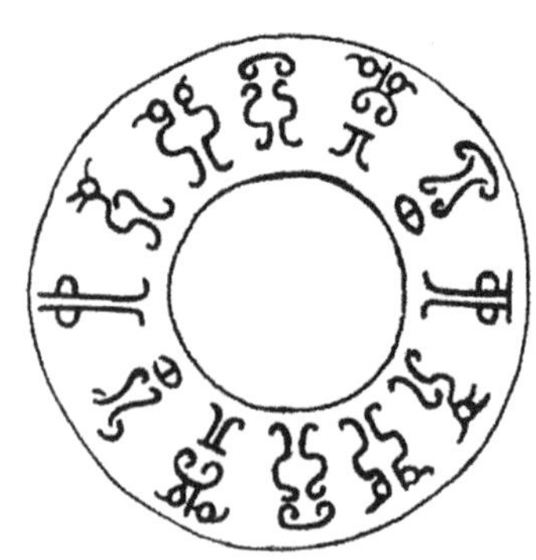

11644.3

戉王劍

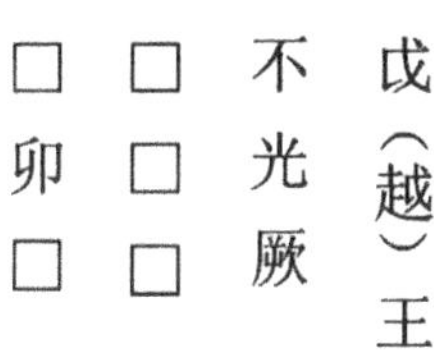
戉（越）王
不光厥
□□□
□卯□

11645A2A

11645A1A

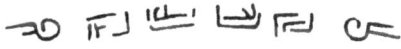

11645A2B

11645A1B

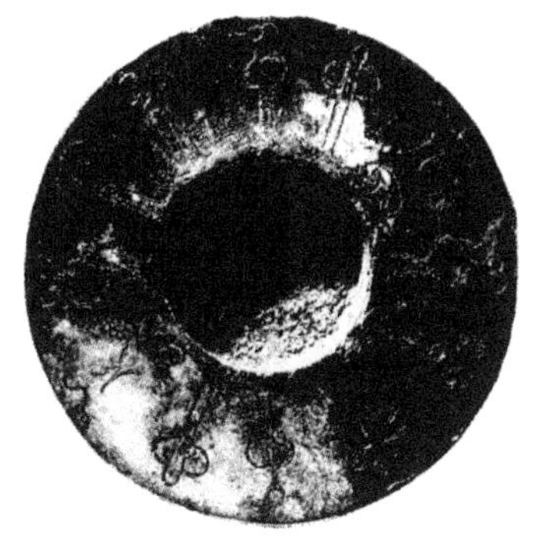

11645B

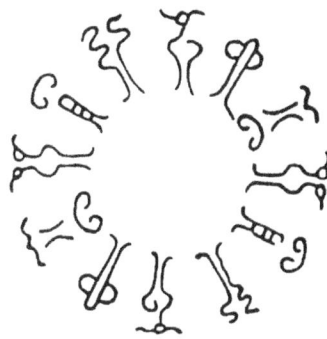

11645A3B

11645A3A

戉王劍

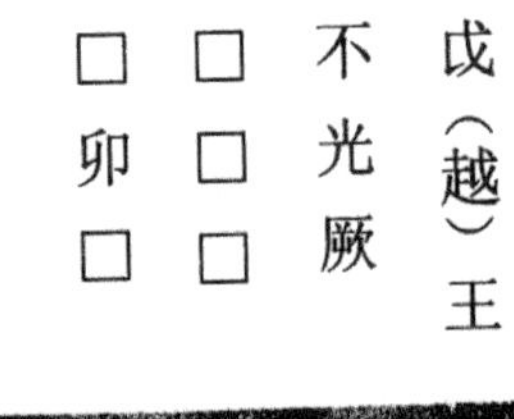

戉（越）王不光厥□□□□卯□

11646.2

11646.1

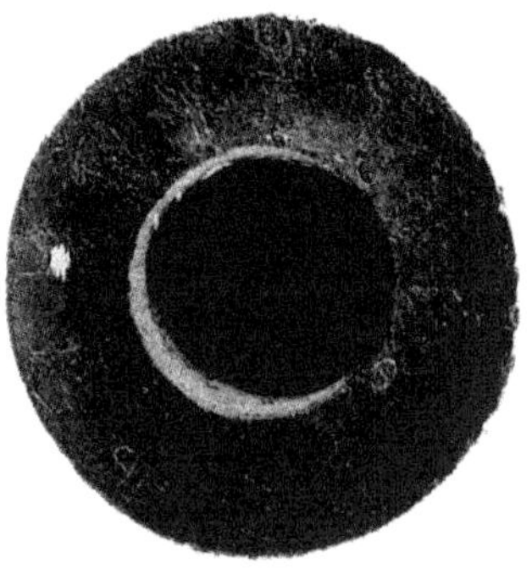

11646.3

戉王劍

戉(越)王不光厥□□□□卯□

11647.1

11647.2

11647.3

戉王劍

戉(越)王不光厥□□□□卯□

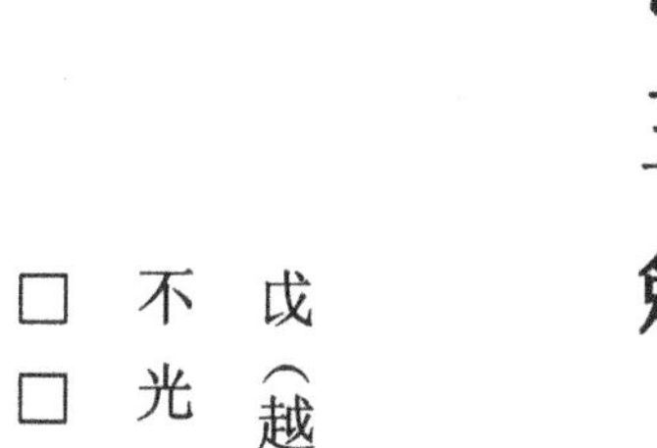

11648.1

11648.2

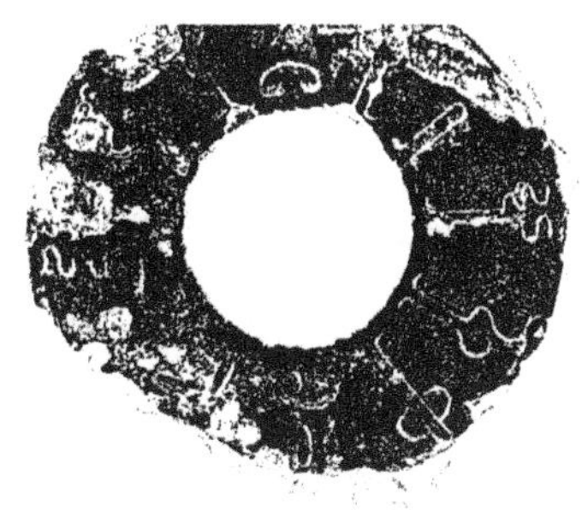

11648.3

戉王劍

戉（越）王

不光厥

□□□

□卯□

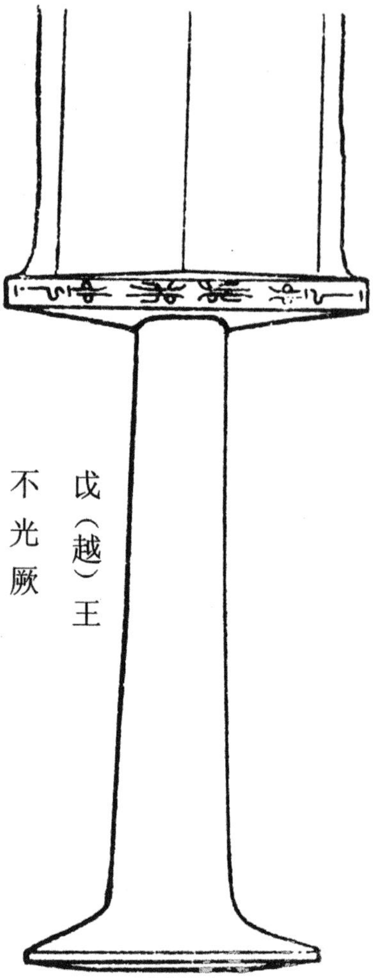

11649.1

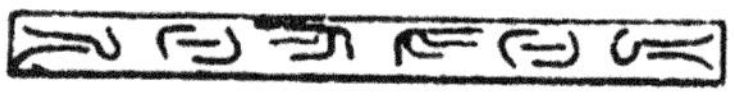

11649.2

11649.3

戉王劍

戉（越）王

不光厥

□□□

□卯□

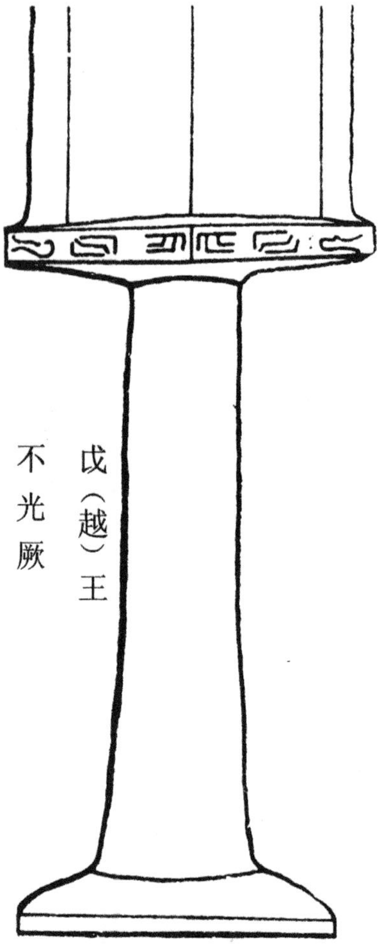

11650.1

11650.2

11650.3

鵙公劍

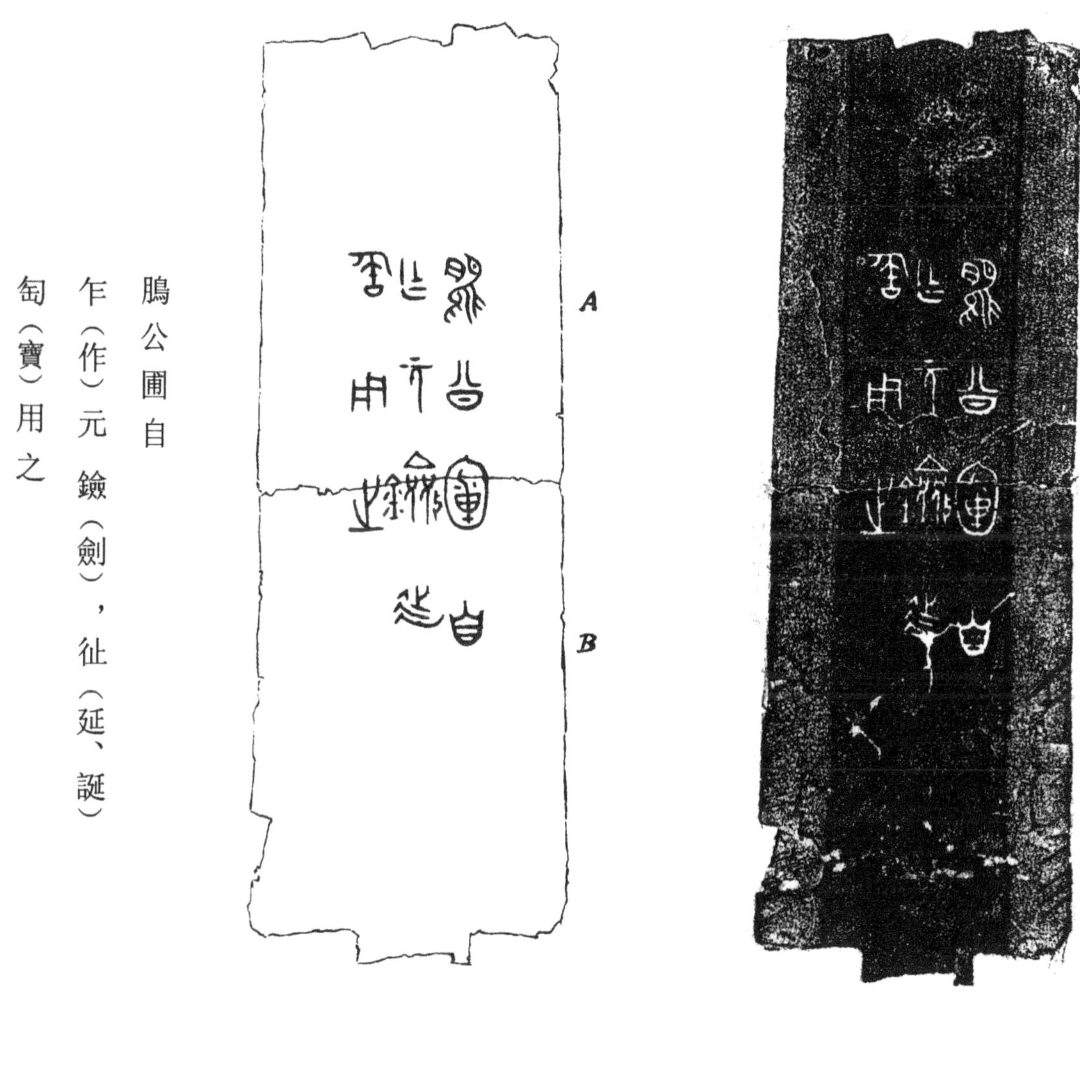

鵙公圃自乍（作）元鐱（劍），征（延、誕）匋（寶）用之

11651B

11651A

廿九年高都令劍

廿九年，高都命（令）陳鶬（鷁）、工師冶勳

11652

廿九年高都令劍

廿九年，高都命（令）陳鶬（鷁）、工師冶勳

11653

攻敔王光劍

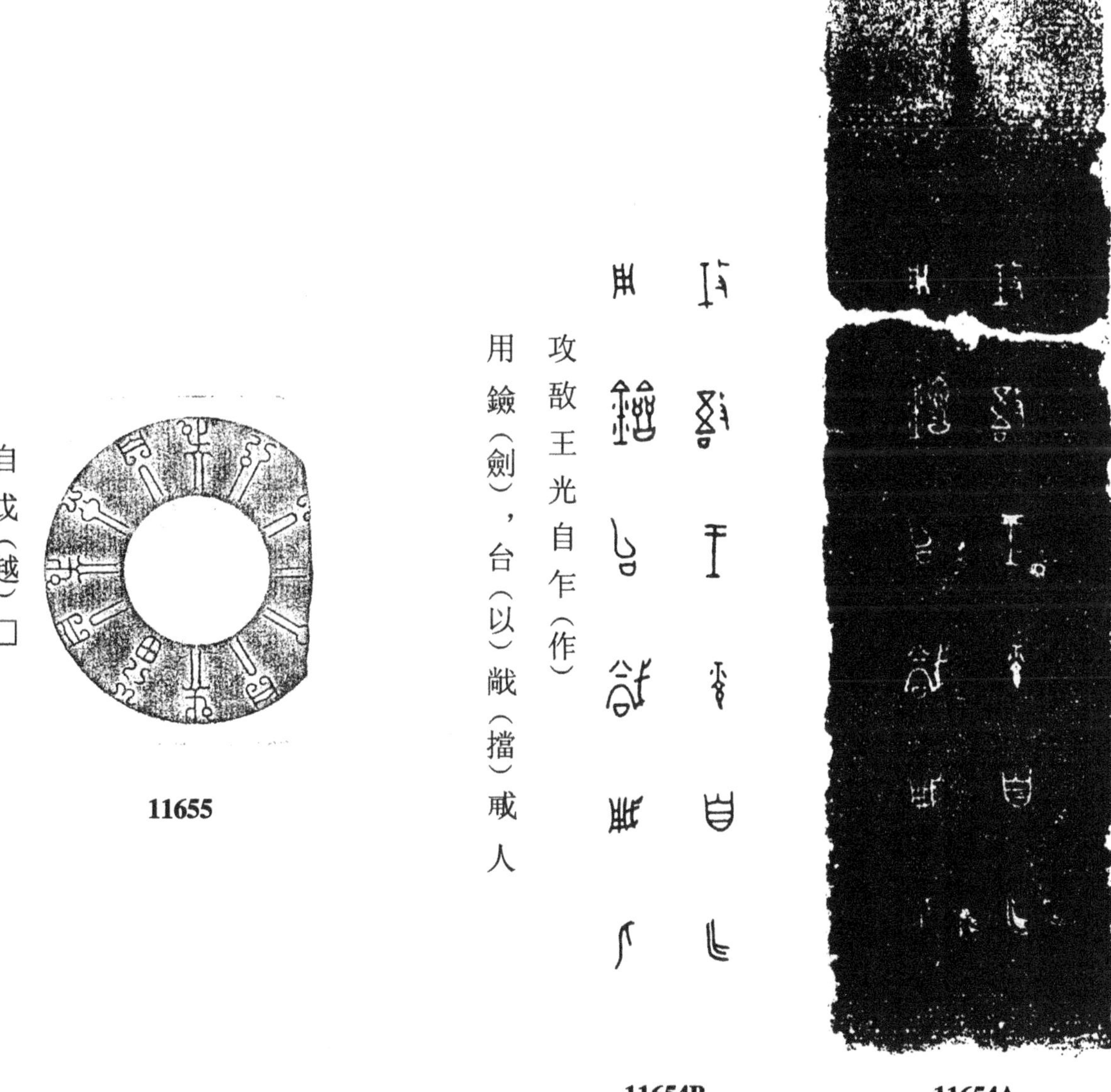

攻敔王光自乍（作）
用鐱（劍），台（以）戠（擋）戚人

11654A

11654B

先自劍

自戉（越）□

11655

唯𢏚公之居旨卲亥（？）畱丌（其）□僉（劍）

11656C

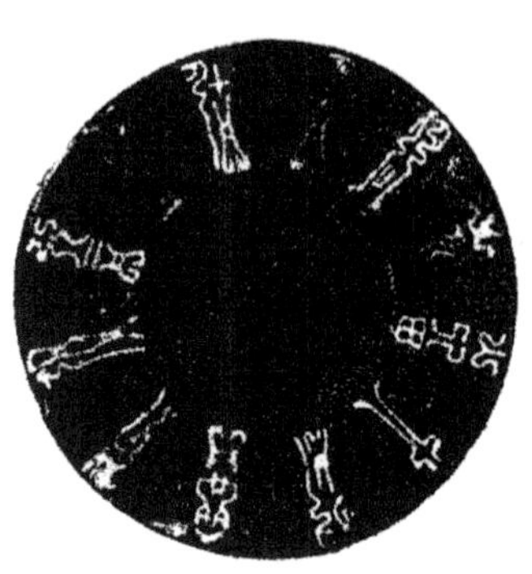

11656AA

11656AB

11656B

七年劍

11657

七年，坓（型、邢）肖、下庫工師孫冑（烛）、冶湈敦（撻）齋（劑）

十七年寺工鈹

11658B1

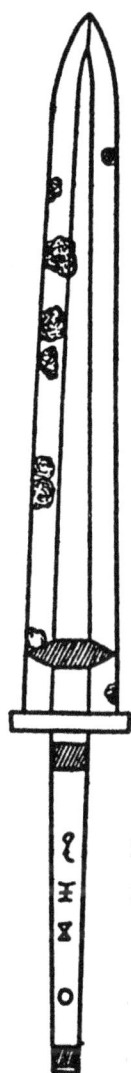

11658A

十七年，寺工敏、工寫，寺工，子壬五

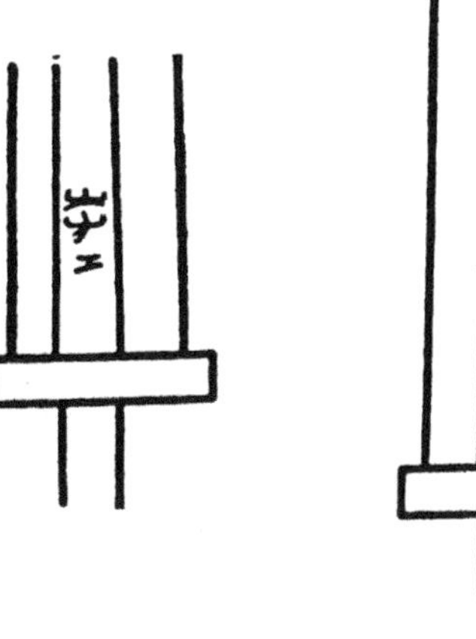

11658B3

11658B2

楚王酓章劍

士鑄用（劍），用征□
楚王酓（熊）章爲從□

11659

元年劍

11660A

元年，往□倫（令）王裒、右庫工師
杢（埶、廉）生、冶參敎（撻）齋（劑）

11660B

三年鈹

11661A

11661B

11661C

三年，⿰阝䜌倫（令）棺（槨、郭）唐、下庫工師孫屯、冶沽敎（撻）齋（劑）

五年相邦春平侯劍

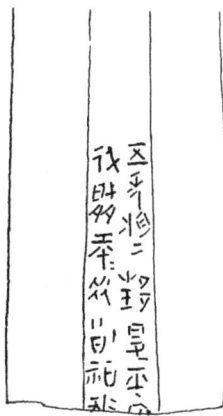

11662

五年，相邦春平侯☐伐器工師☐☐、冶☐

虡公劍

11663B

11663A

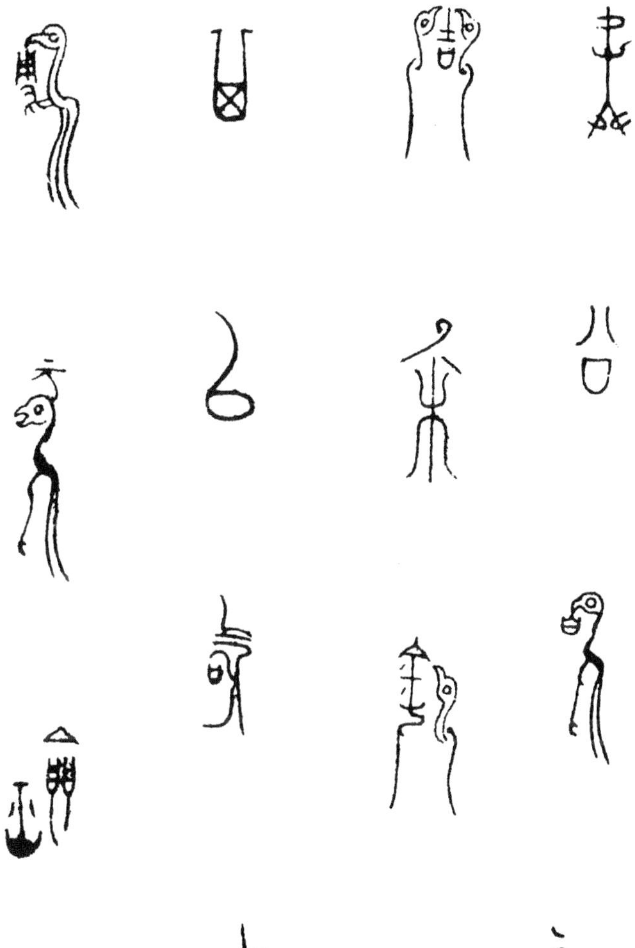

虡公自擇

橛（厥）吉金，

其㠯（以）乍（作）爲

用元鐱（劍）

11663C

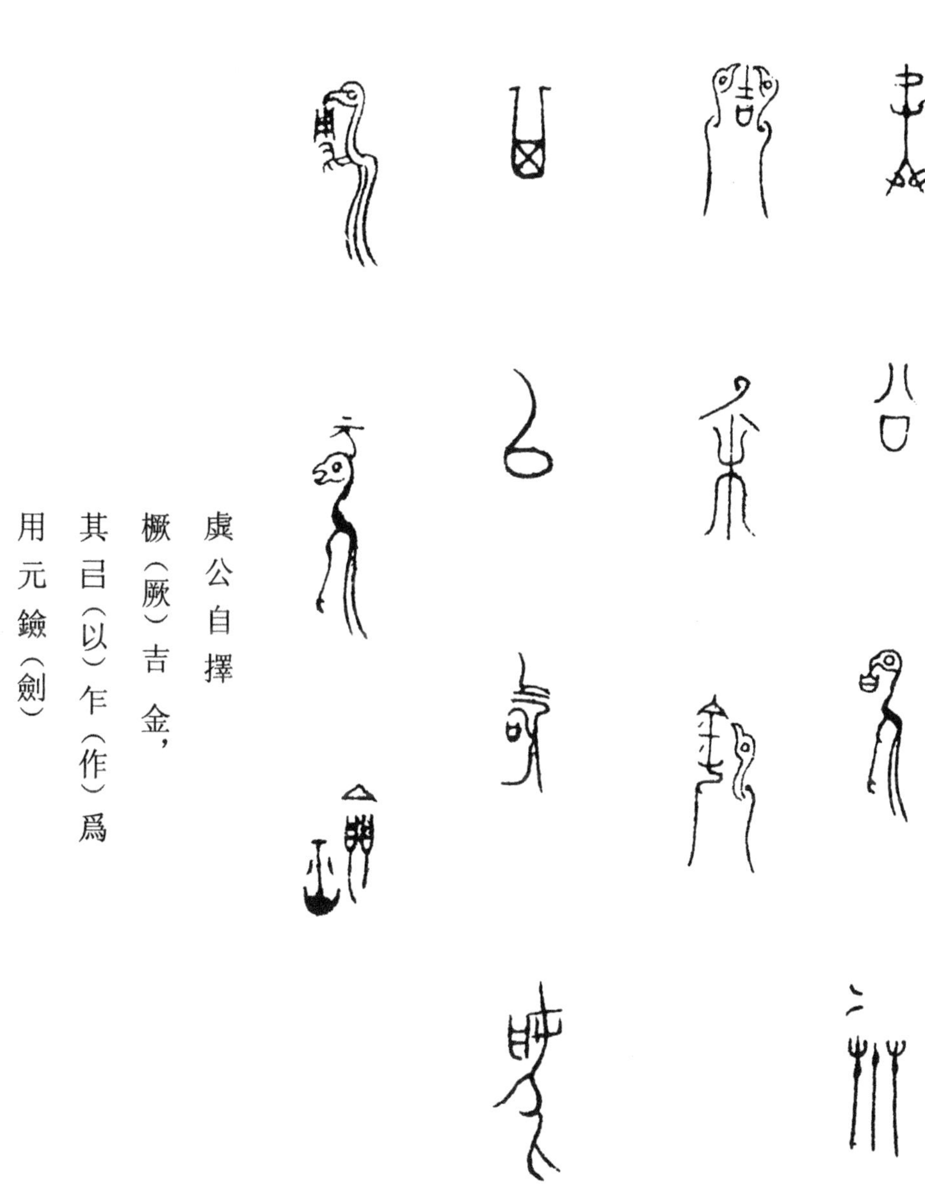

戉王劍

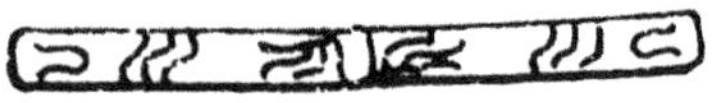

11664.2

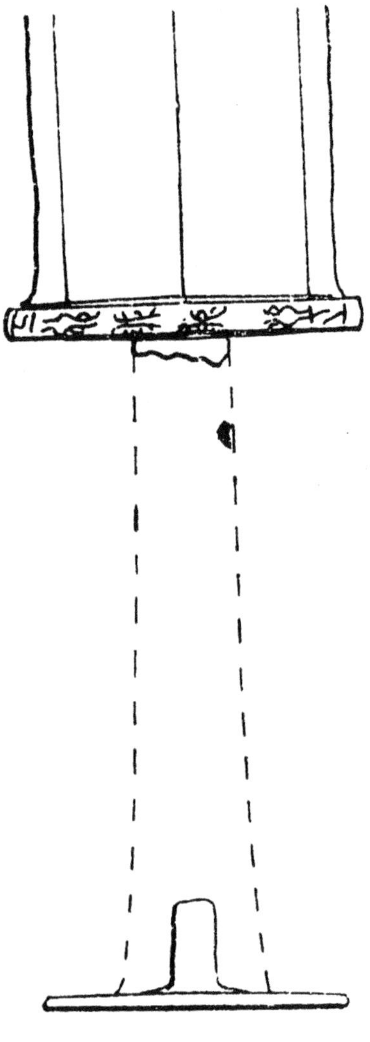

11664.1

戉(越)王不光厥□□□□卯□

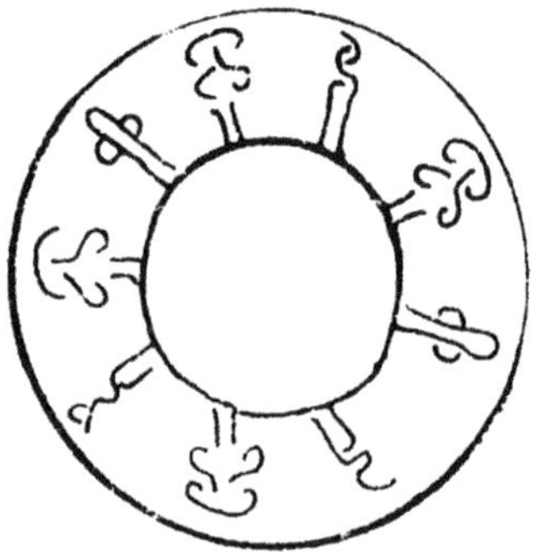

11664.3

工盧王劍

工盧王乍（作）元巳（祀）用鐱（劍），乂江之台，北南西行

攻敔王光劍

攻敔王光自乍（作）用鐱（劍），逗余允至，克戕多攻

11665A

11665B

11666A

11666B

戉王劍

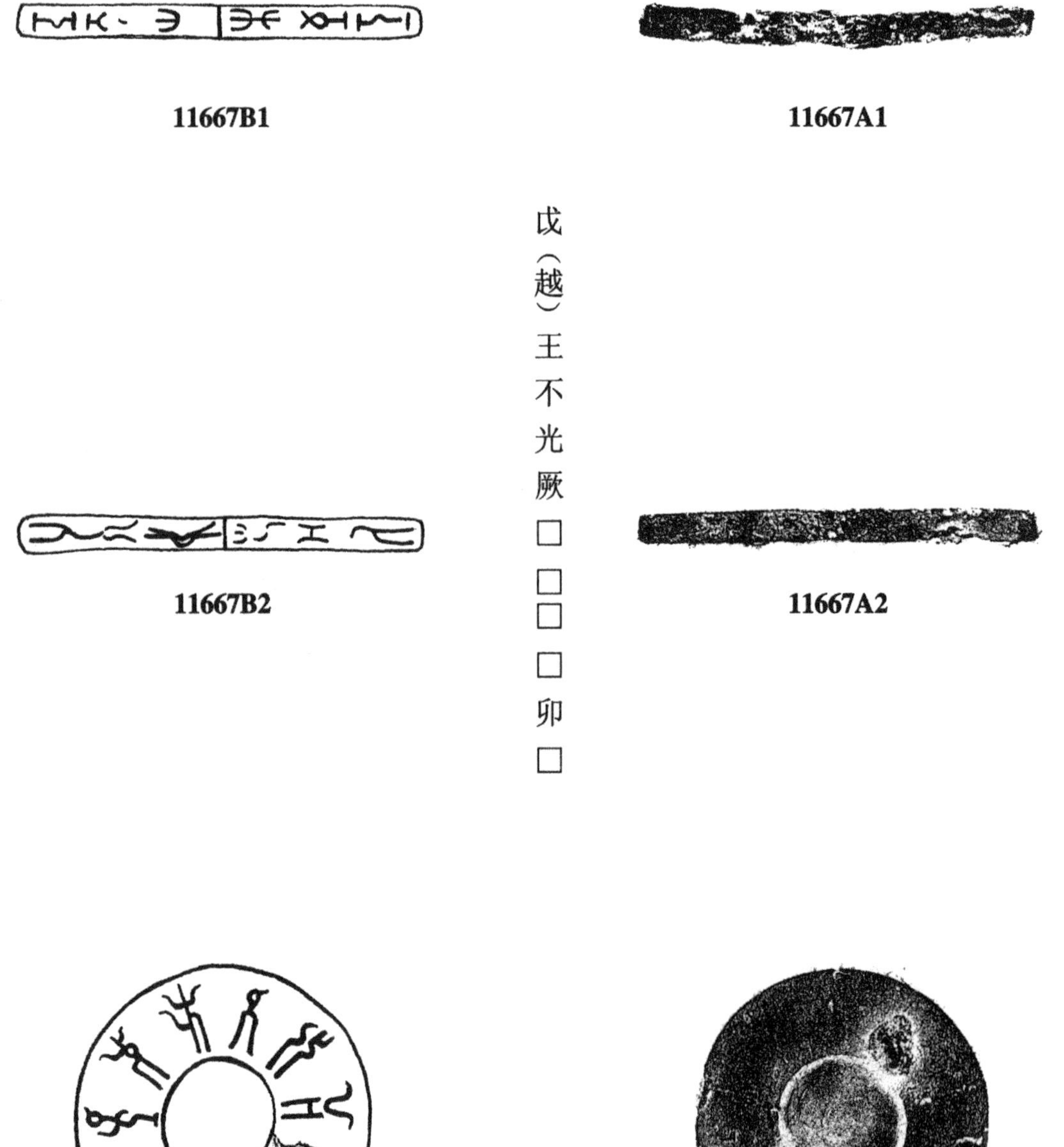

11667B1 11667A1

戉（越）王不光厥□□□□卯□

11667B2 11667A2

11667B3 11667A3

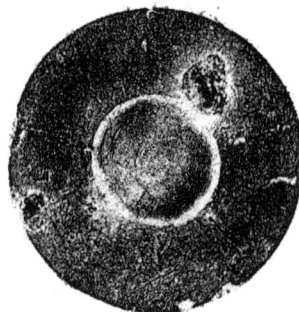

徐王義楚之子元劍

郄（徐）王義楚

之元子羽，

擇其吉金，

自乍（作）用僉（劍）

11668A2

11668A1

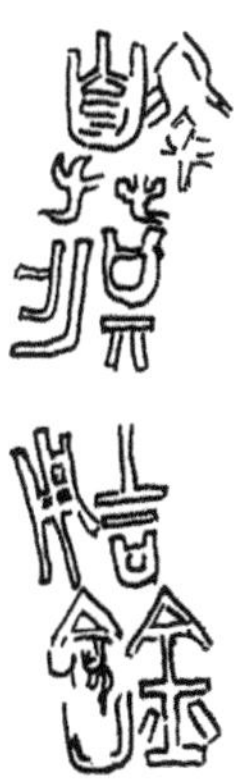

11668B2

11668B1

王立事鈹

王立（涖）事，彼倫（令）肖（趙）世、上庫工師樂星、冶胡（影）敕（撻）齊（劑）

11669B

11669A

守相杜波鈹

守相杢（執、廉）波（頗）、右
庫工師慶口、冶巡敦（撻）齋（劑），
大攻（工）肎（尹）公孫桴

11670C

11670A2

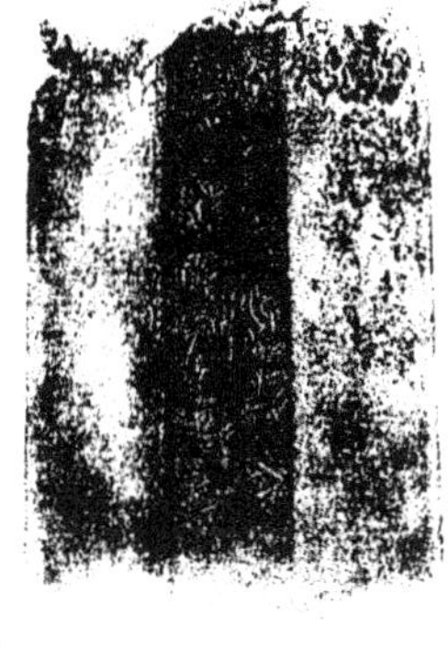

11670A1

11670B2

11670B1

六年安平守鈹

11671A

11671B

六年，安平守變疾、左庫
工師賦（戠）頙、冶余敎（撻）齋（劑）

七年劍

11672

七年，坓（型、邢）疫命（令）邦乙、下庫
工師孫屛、長缶、冶烛齋（劑）

王立事劍

11673

王立（涖）事，南行昜（唐）倫（令）䀠（瞿）卯、

右庫工師司馬卲、冶得敎（撻）齋（劑）

王立事鈹

11674A

11674B

王立（涖）事，南行昜（唐）倫（令）䀠（瞿）卯、

右庫工師司馬卲、冶得敎（撻）齋（劑）

三年馬師鈹

11675A

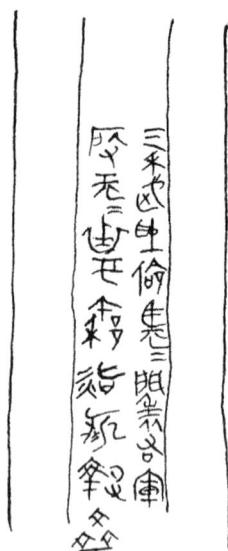

11675B

三年，武信倫（令）馬師闕（閭）、右庫啟工師粤秦、冶瘀敎（撻）齋（劑）

十二年邦司寇劍

11676

十二年，邦司寇肖（趙）新、邦右庫工師下足、冶巡敎（撻）齋（劑）

八年相邦劍

11677A

11677B

八年，相邦建信君、邦右庫工師邯㲋、冶肙（尹）𫘭敎（撻）齋（劑）

八年相邦劍

11678

八年，相邦建信君、邦左

庫工師邸叚、冶肴（尹）𤭁敎（撻）齋（劑）

八年相邦鈹

八年，相邦建信君、邦左

庫工師郏段、冶肴（尹）肉敦（撻）齋（劑）

11679B

11679A

八年相邦鈹

11680A

11680B

八年，相邦建信君、邦左
庫工師郙叚、冶肴（尹）匜敎（撻）齋（劑）

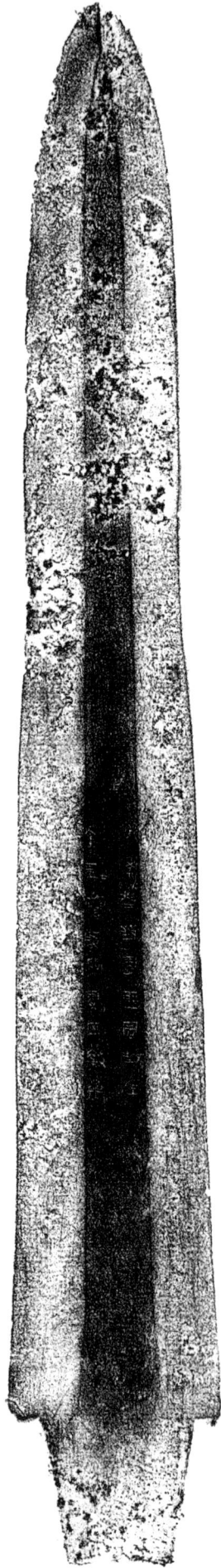

八年相邦鈹

11681B

八年，相邦建信君、邦左
庫工師郥段、冶肴（尹）月（明）敎（撻）齋（劑）

11681C

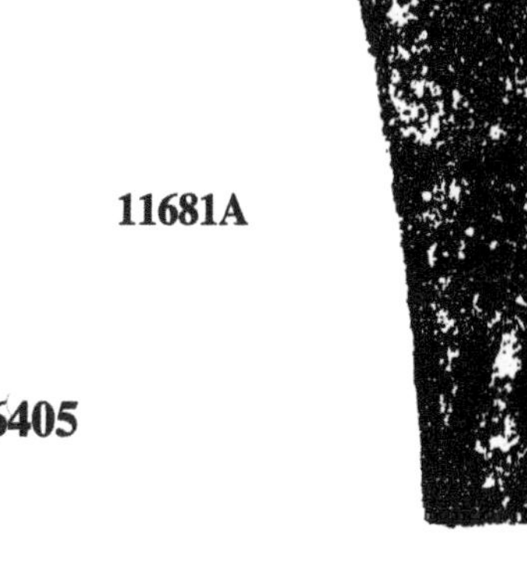

11681A

二年春平侯鈹

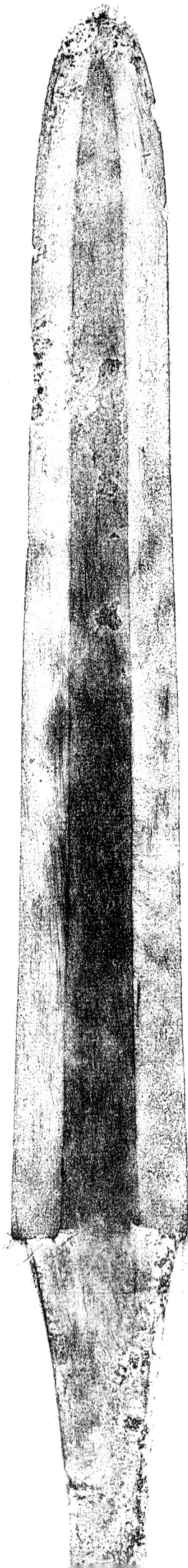

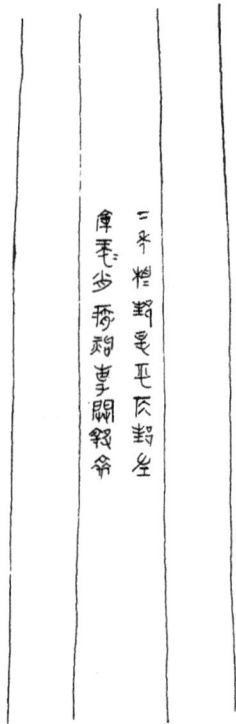

二年，相邦春平侯、邦左
庫工師肖（趙）瘠、冶事（吏）開敎（撻）齋（劑）

11682B

11682A

三年春平侯鈹

11683A

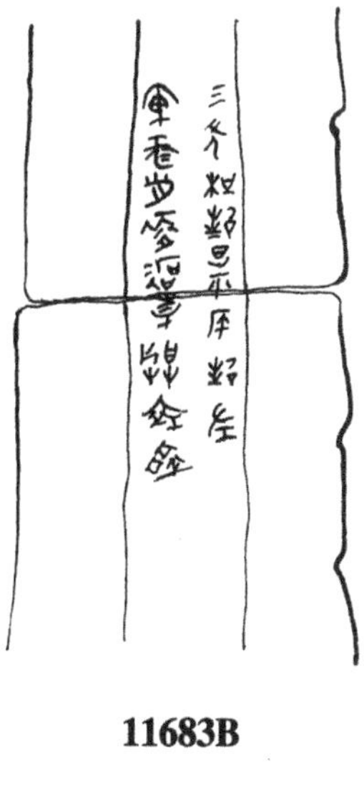

11683B

三年，相邦春平侯、邦左庫工師肖（趙）瘠、冶事（吏）開敎（撻）齋（劑）

十七年春平侯劍

11684

十七年，相邦春平侯、邦左庫工師□□□，冶馬齋（劑）

十年鈹

11685A

十年，得工嗇夫杜相女（如）、左
得工工師韓段、冶肴（尹）朝敹（撻）齋（劑）

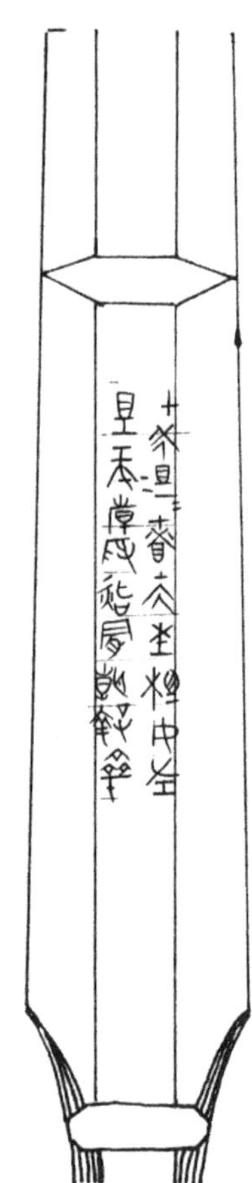

11685B

11685C

五年邦司寇劍

11686A

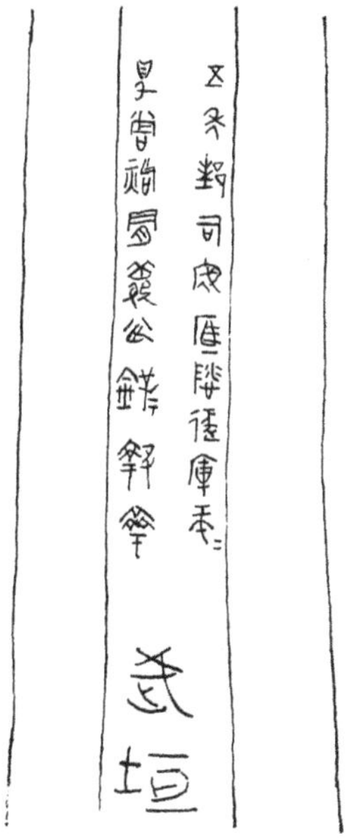

11686B

五年，邦司寇馬愍、迒(下)庫工師
得尚、冶肙(尹)朧半釪敦(撻)齋(劑)，武垣

三年相邦建信君鈹

11687A1

11687A2

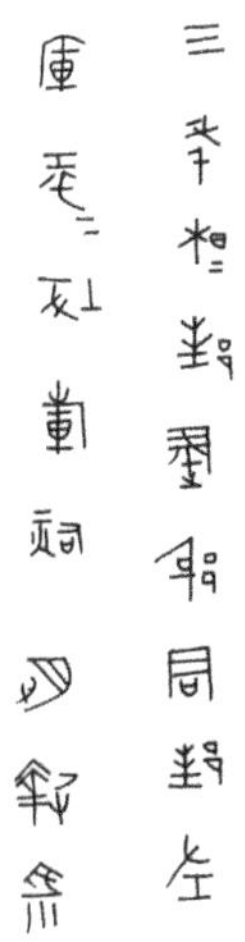

11687B2

三年，相邦建信君、邦左
庫工師塚旅、冶肉敦(撻)齋(劑)，洛都

相邦春平侯鈹

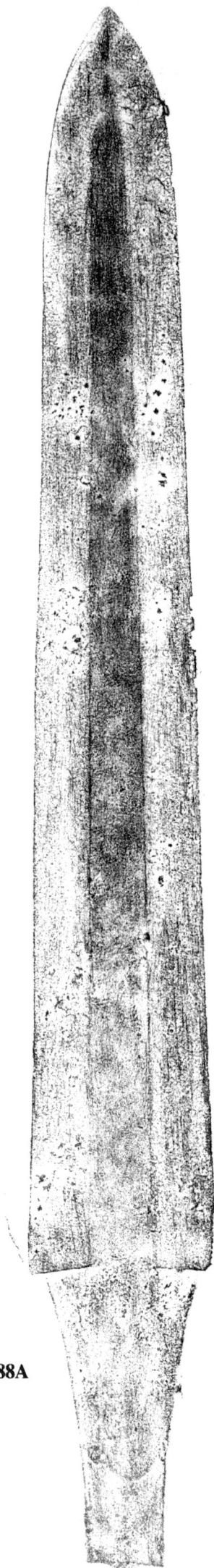

王立(涖)事，相邦春平侯、邦
左庫工師肖(趙)瘠、冶肴(尹)五月敎(撻)齋(劑)

11688B

11688A

十七年相邦春平侯鈹

十七年，相邦春平侯、邦左伐器工師長翟（鳳）、冶赦敎（撻）齊（劑）

11689A

11689B

十七年相邦春平侯鈹

11690A

11690B

十七年，相邦春平侯、邦左伐器工師長翟（鳳）、冶明教（撻）齋（劑）

十五年春平侯鈹

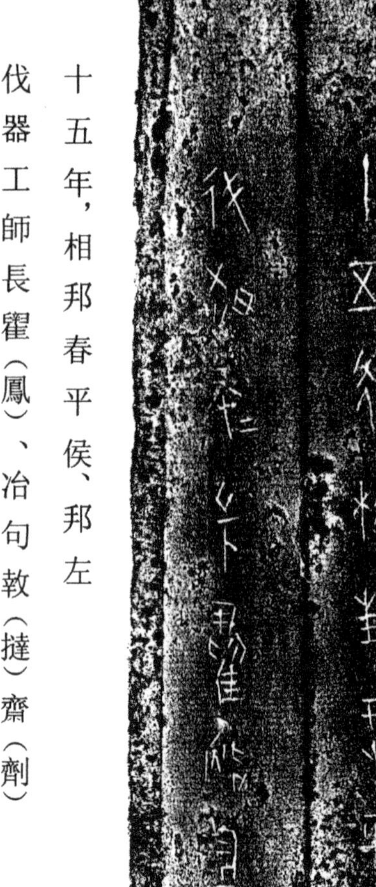

11691

十五年，相邦春平侯、邦左伐器工師長翟（鳳）、冶句教（撻）齋（劑）

戉王劍

戉（越）王唯弜公之居旨卲亥（？）𠨧丌□僉

11692.2A

11692.1A

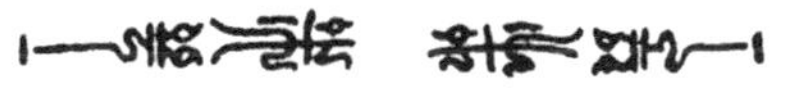

11692.2B

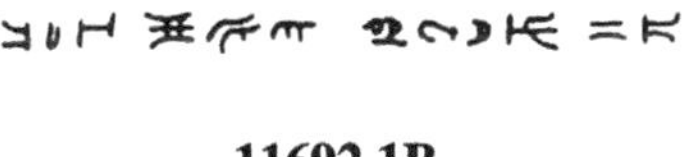

11692.1B

11692.3B

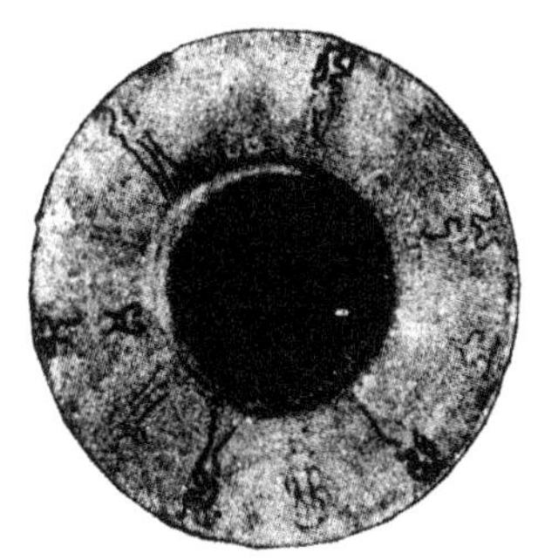

11692.3A

卅三年鄭令劍

11693A

11693B

卅三年，奠（鄭）命（令）棺（㯿、郭）涌、司寇肖（趙）它、往庫工師皮耴、冶肴（尹）啟歔（造）

四年春平相邦鈹

11694

四年，春平相邦鄗（晉）得、邦右庫工師叕（醫）輅徒、冶臣成敕（撻）齋（劑）

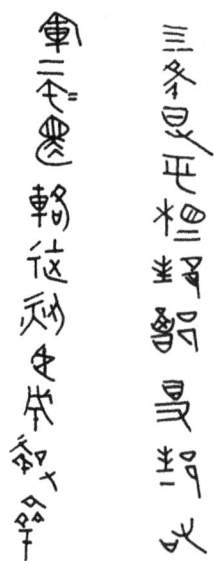

四年建信君鈹

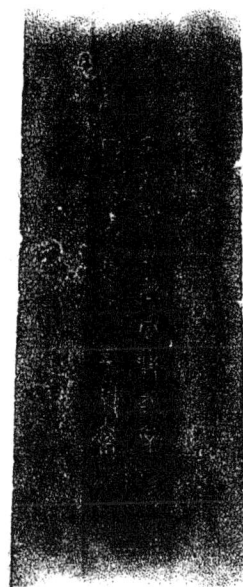

11695A1

11695A2

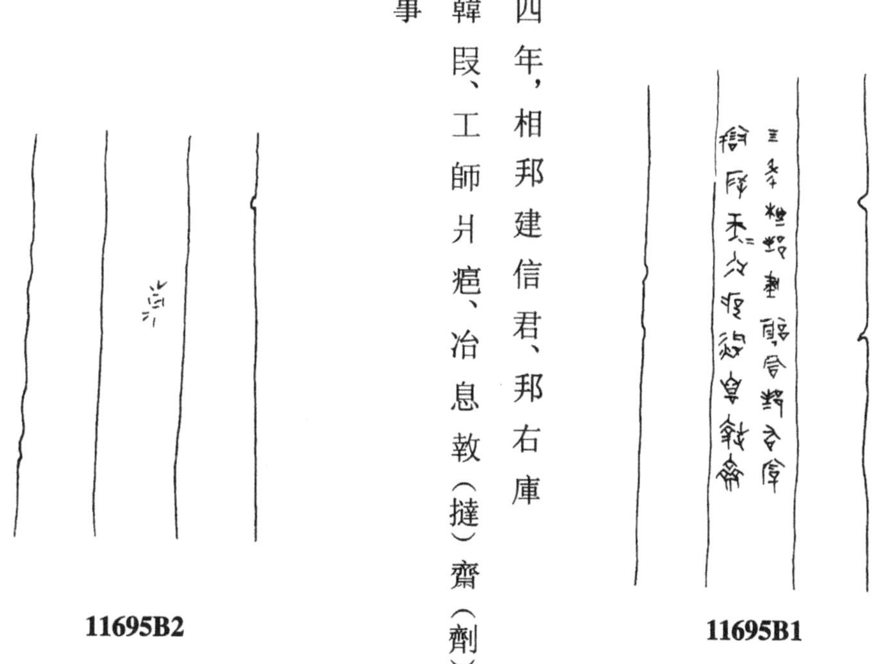

11695B1

四年，相邦建信君、邦右庫

韓段、工師爿痦、冶息敎（撻）齋（劑），

事

11695B2

少虡劍

11696.2

11696.1

少虡劍

吉日壬午，乍（作）爲元用，玄鏐鋪（鏞）呂（鋁），朕余名之，胃（謂）之少虡

11697B2　11697A2　11697B1　11697A1

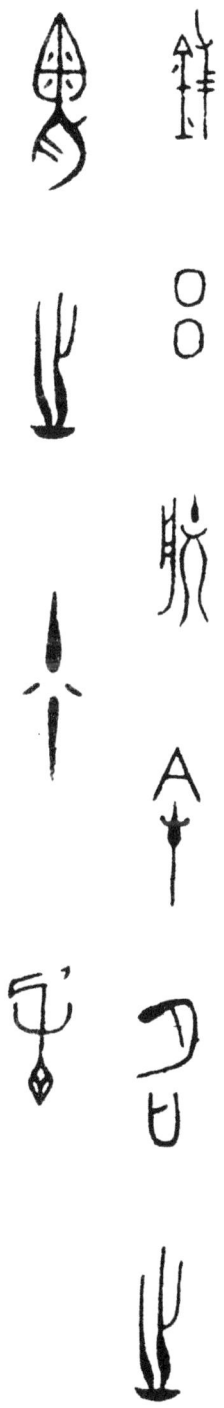

少虡劍

☐鋪（鏞）呂（鋁），朕余名之，胃（謂）之少虡

11698B

11698A

十七年春平侯劍

十七年，相邦春平侯、邦左伐

器工師□□□□、冶亘教（撻）齋（劑）

11699

十五年守相杜波劍

十五年，守相杢（埶、廉）波（頗）、邦右

庫工師韓亥、冶巡教（撻）齋（劑），大攻（工）肙（尹）韓耑

11700

十五年守相杜波鈹

11701.1A

11701.1B

11701.2B

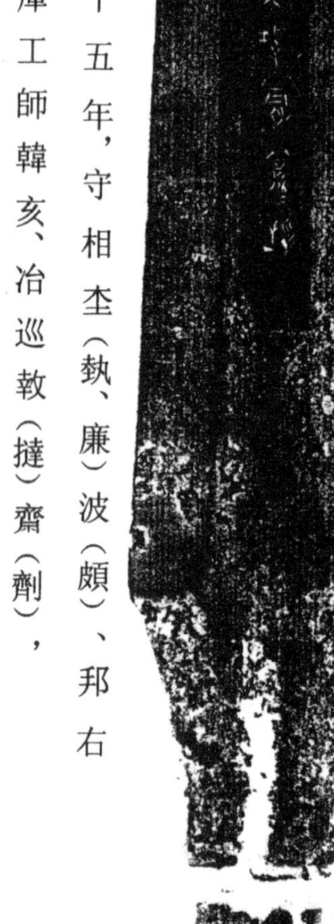

11701.2A

十五年，守相杢（埶、廉）波（頗）、邦右
庫工師韓亥、冶巡教（撻）齊（劑），
大攻（工）君（尹）公孫桴

十五年守相杜波鈹

11702.1A

11702.2A

11702.1B

11702.2B

十五年，守相杢（執、廉）波（頗）、邦左庫工師采隅、冶句敦（撻）齋（劑），大攻（工）肙（尹）公孫桴

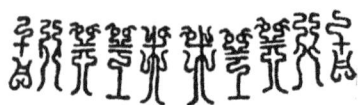

戉王劍

唯戉(越)王丌(其)北古，自乍(作)元之用之僉(劍)，
戉(越)王丌(其)北古，
自乍(作)用旨自

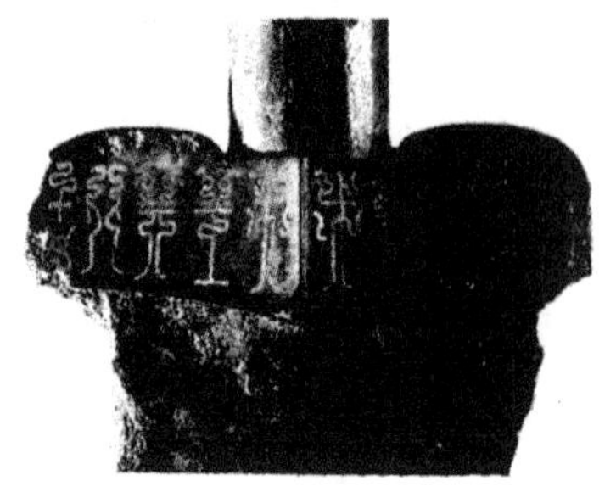

11703.1A

11703.1B

11703.2A

11703.2B

11703.3B

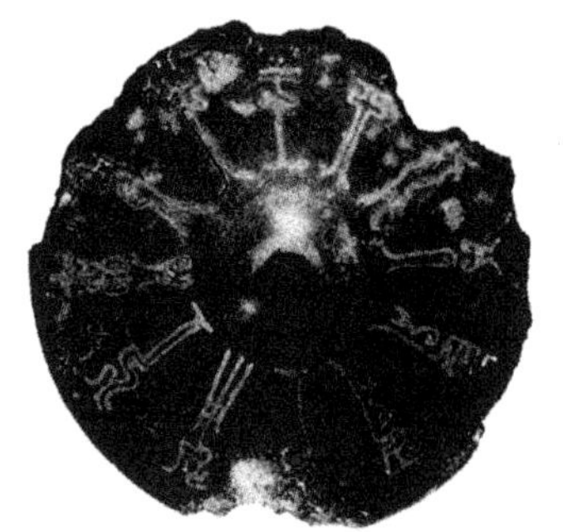

11703.3A

戉王劍

戉（越）王，⿹司台（台）旨（者旨）不光自乍（作）用攻（?），台戉（越）不光唯曰：可，乍（作）於元用僉（劍）

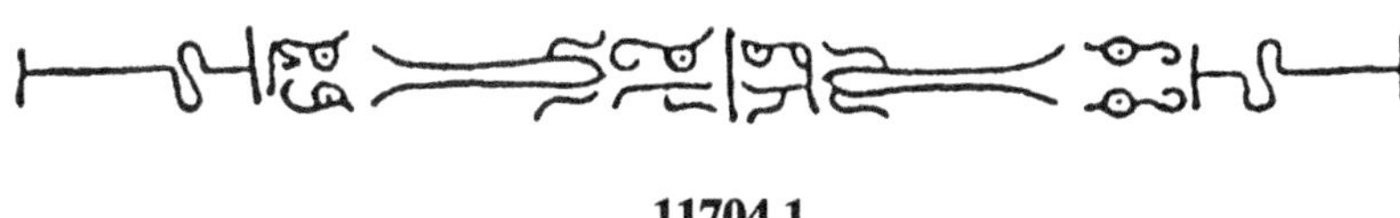

11704.1

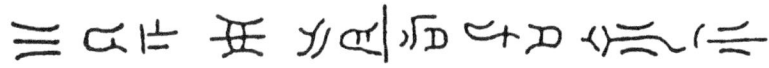

11704.2

11704.3

郾王喜劍

郾（燕）王喜立（涖）事，南行昜（唐）倫（令）瞿（瞿）卯、右庫工師司馬卲、冶肴（尹）玹 得敎（撻）齋（劑）（？）

11705

八年相邦劍

八年，相邦建信君、邦左庫工師郟叚、冶肴（尹）玹敎（撻）齋（劑），大攻（工）肴（尹）韓耑

11706.1

11706.2

四年春平侯鈹

11707.1C　11707.1B

四年，相邦春平侯、邦左庫工師長身、冶宦瀌執（撻）齊（劑），大攻（工）肙（尹）肖（趙）閒

11707.2C　11707.2B

11707.2A　11707.1A

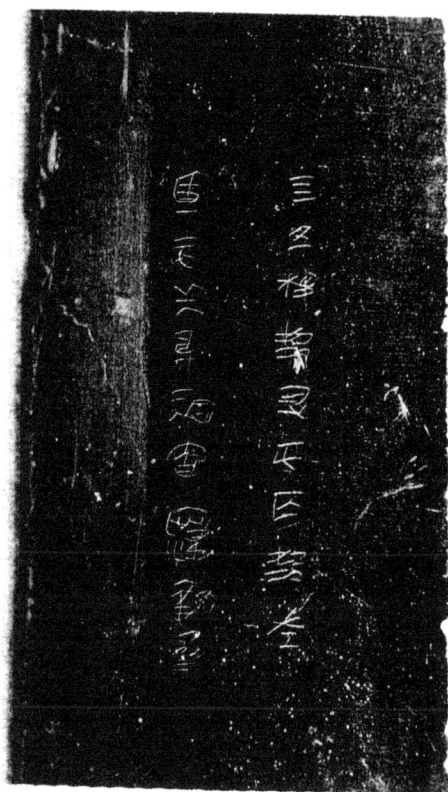

十七年春平侯鈹

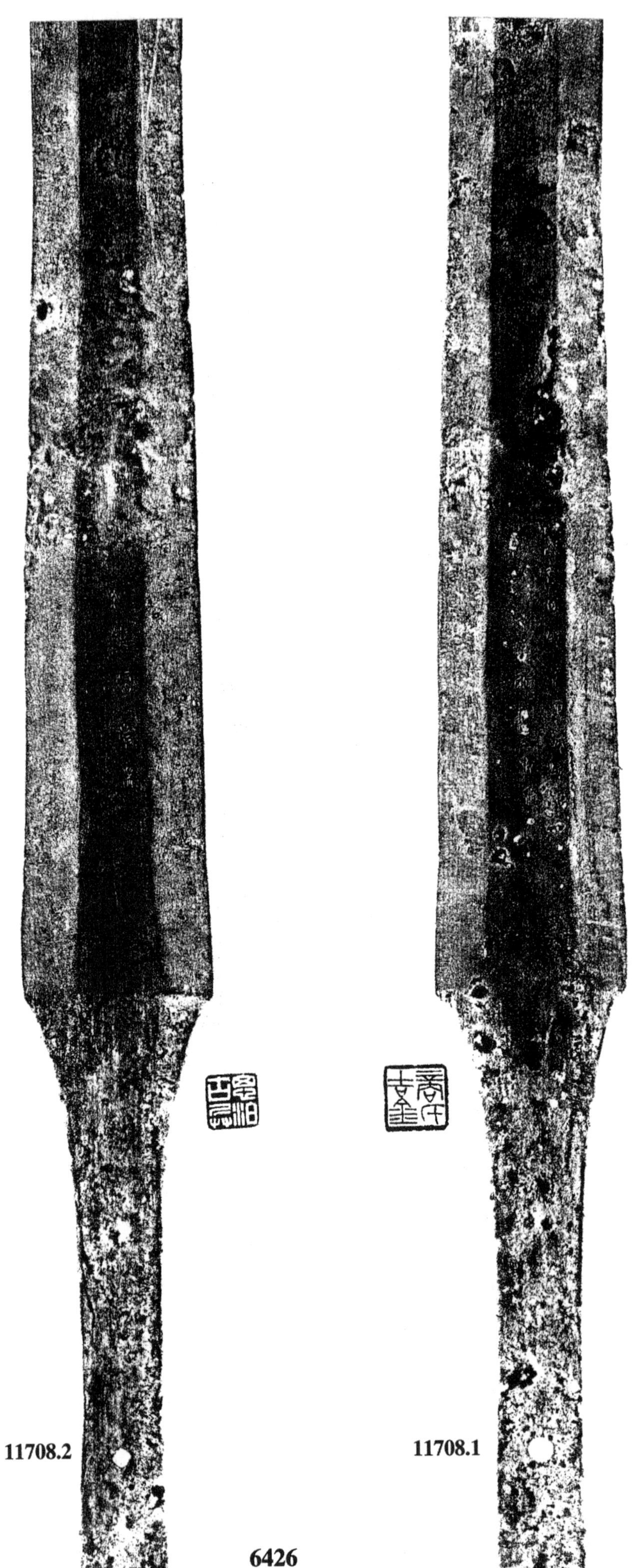

十七年，相邦春平侯、邦右庫工師詩䦶、冶巡敎（撻）齋（劑），大攻（工）肩（尹）韓耑

11708.2

11708.1

十五年春平侯劍

十五年，相邦春平侯、邦右伐器

工師羊敹（播）、冶疢教（撻）齋（劑），

大攻（工）肎（尹）韓耑

11709.1

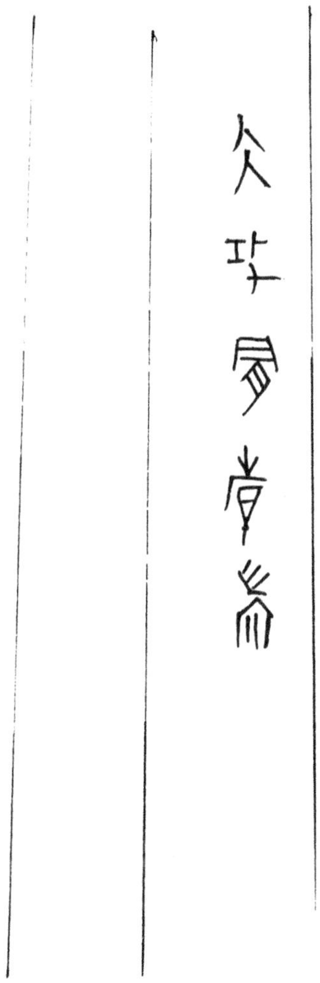

11709.2

十八年相邦劍

十八年，相邦平國君、左

伐器𦝠工師析論、冶敚教（撻）齋（劑），

大攻（工）肎（尹）肖（趙）𥁑

11710

十三年鈹

十三年右⧄
□邦右⧄
大⧄

11711.2B

11711.1B

⧄守相信平君邦
⧄韓伓冶醇敎（撻）齋（劑）
⧄攻肴韓耑

11711.1A

11711.2A

七年相邦鈹

七年，相邦陽安君、邦右庫工師史笇胡、冶事（吏）痾敦（撻）齋（劑），大攻（工）胥（尹）韓耑

11712C1

11712C2

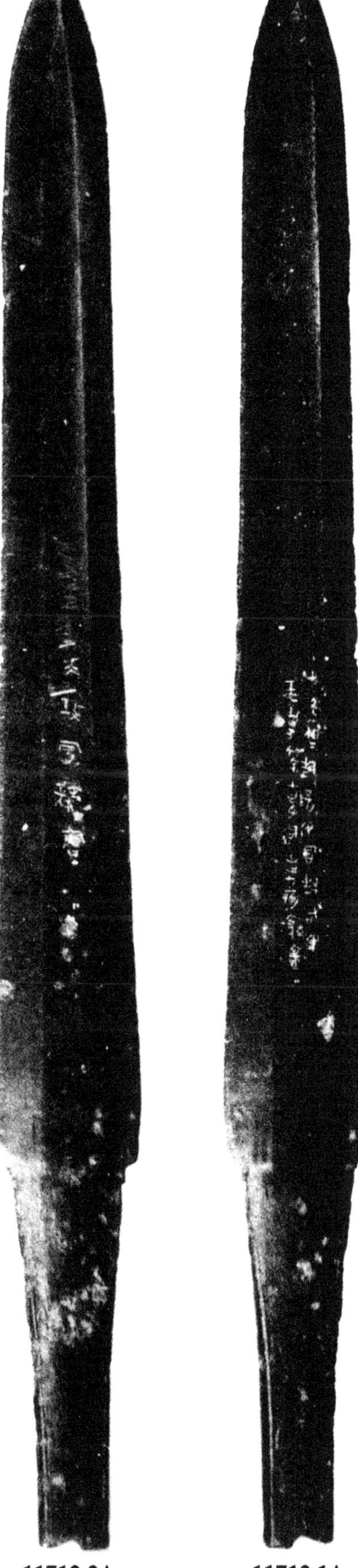

11712.1A　　11712.2A

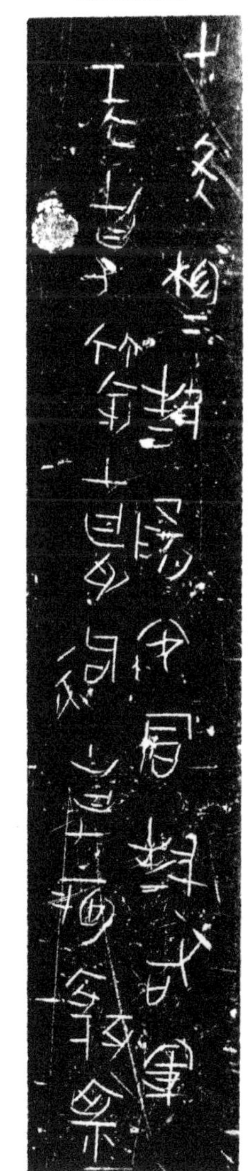

11712.1B

11712.2B

十七年春平侯鈹

11713A1

11713A2

11713B1

11713B2

十七年，相邦春平侯、邦左
伐器工師長雚（鳳）、冶句敎（撻）齋（劑），
大攻（工）肙（尹）韓尚

十七年春平侯劍

十七年，相邦春平侯、邦左
伐器工師長翟（鳳）、冶句教（撻）齋（劑），
大攻（工）肴（尹）韓耑

11714

十七年春平侯鈹

11715A

十七年，相邦春平侯、邦右
伐器工師從訬、冶巡教（撻）齋（劑），
大攻（工）肴（尹）韓耑

11715B

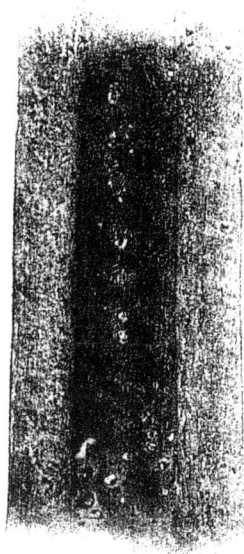

十七年春平侯劍

十七年，相邦春平侯、邦左
伐器工師長翟（鳳）、冶匤執（撻）齋（劑），
大攻（工）肙（尹）韓耑

11716

十八年建信君鈹

十八年，相邦建信君、邦右
庫工師司馬卲、冶得㐬執（撻）齋（劑），
大攻（工）肙（尹）告[illegible]

11717.1

11717.2

姑發𦖞反劍

11718A

11718B

工𢍰大（太）子姑發𦖞（衈）反，自乍（作）元用，在行之先，云用云獲，莫敢御（禦）余，余處江之陽，至于南行西行

叔趙父爯

11719.1

叔趙父
乍（作）旅爯，
其寶用，
㷀（榮）監

11719.2

亯鉞

亯

11720.1

㚇

11720.2

何鉞

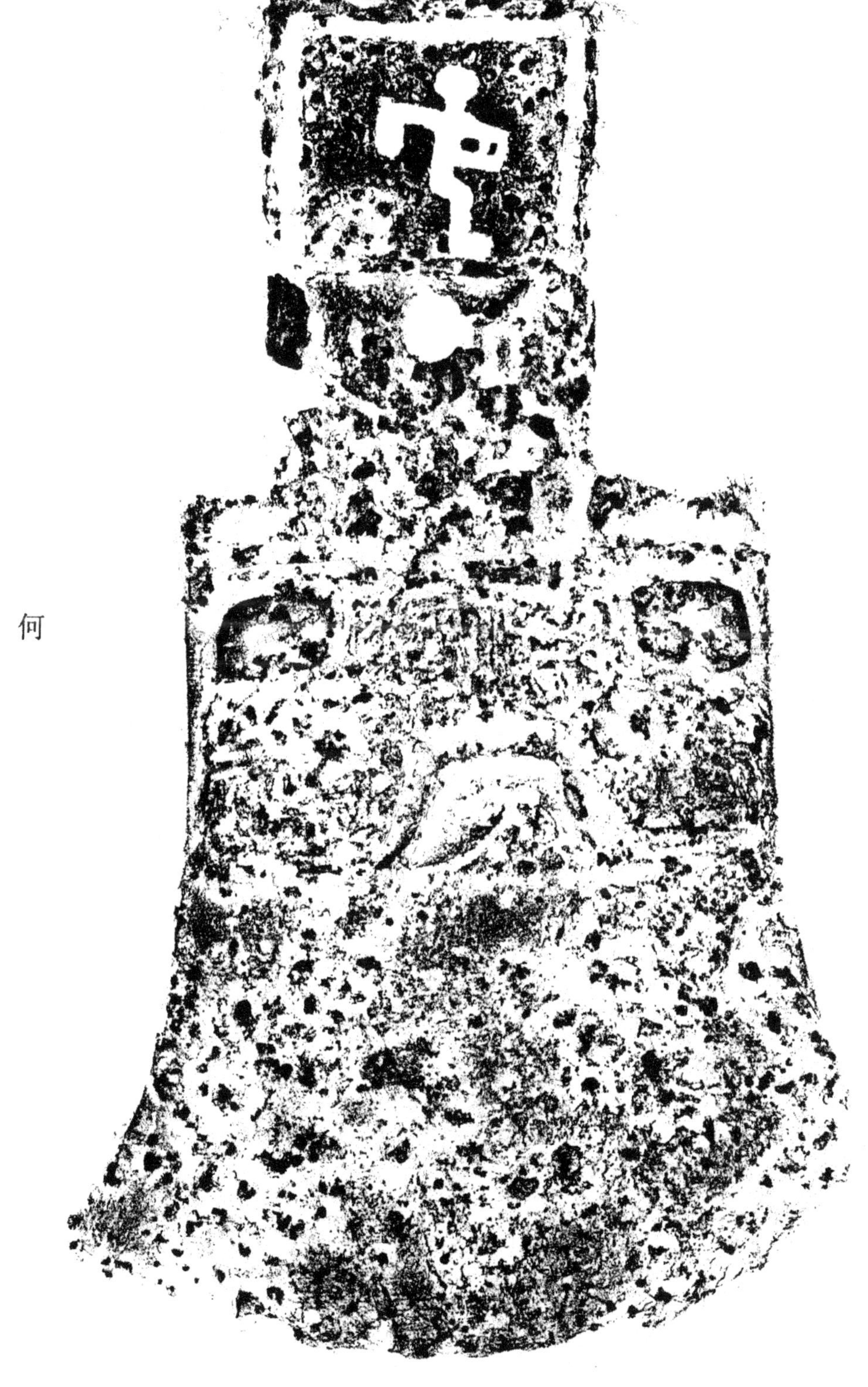

何

11721

何鉞

何

11722

伐鉞

伐

11723

鉞

皇

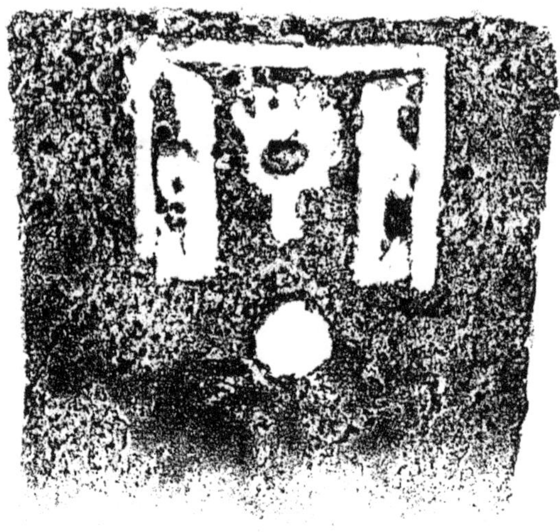

11724.1

皇

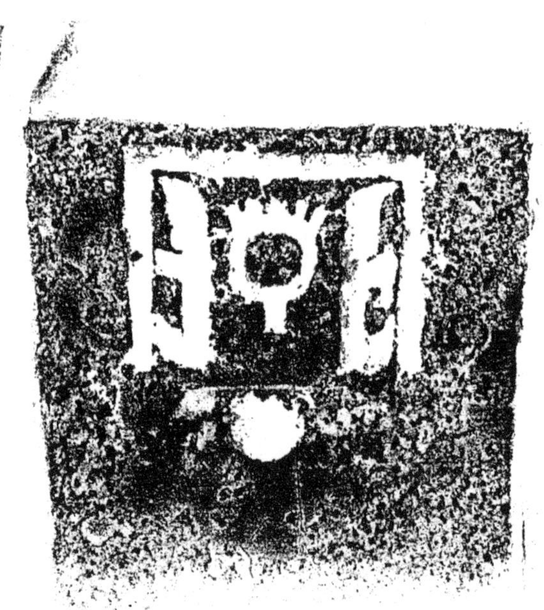

11724.2

宊鉞

宊（忬）

11725

兮鉞

兮

11726

⿳止⿲止口止止鉞

⿳止⿲止口止止（衛）

11727A

⿳止⿲止口止止（衛）

11727B

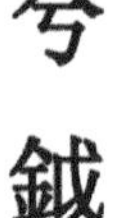

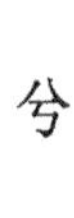

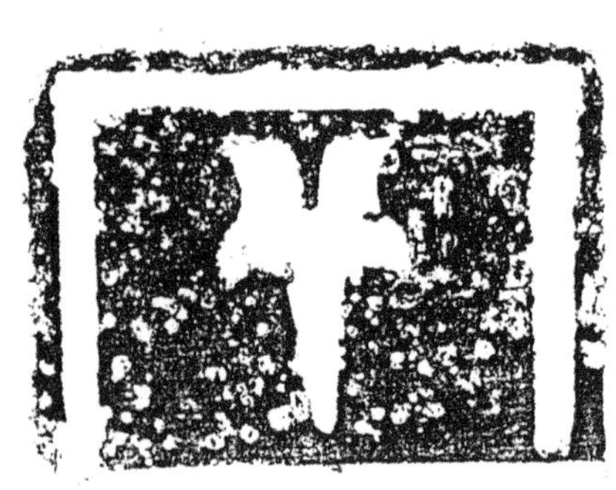

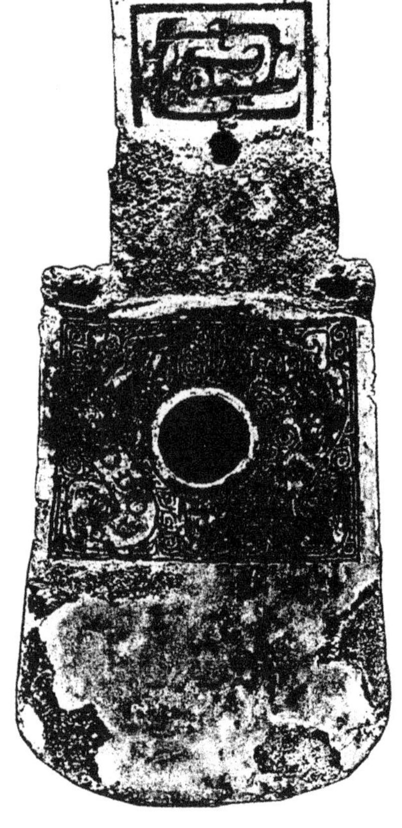

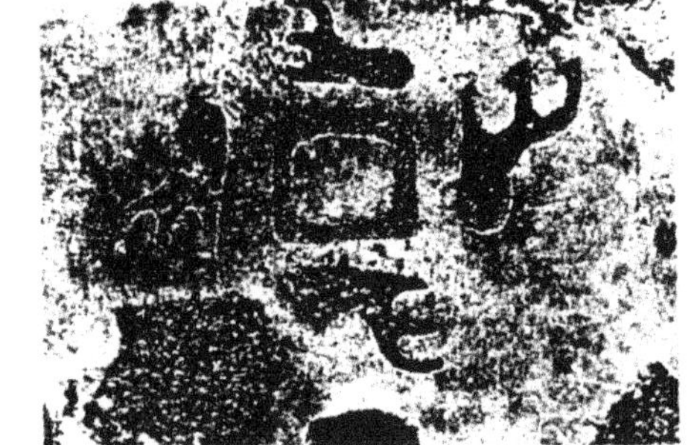

正
鉞

正

11728

6443

戈

11729

敬 鉞

11730.2 11730.1

羞鉞

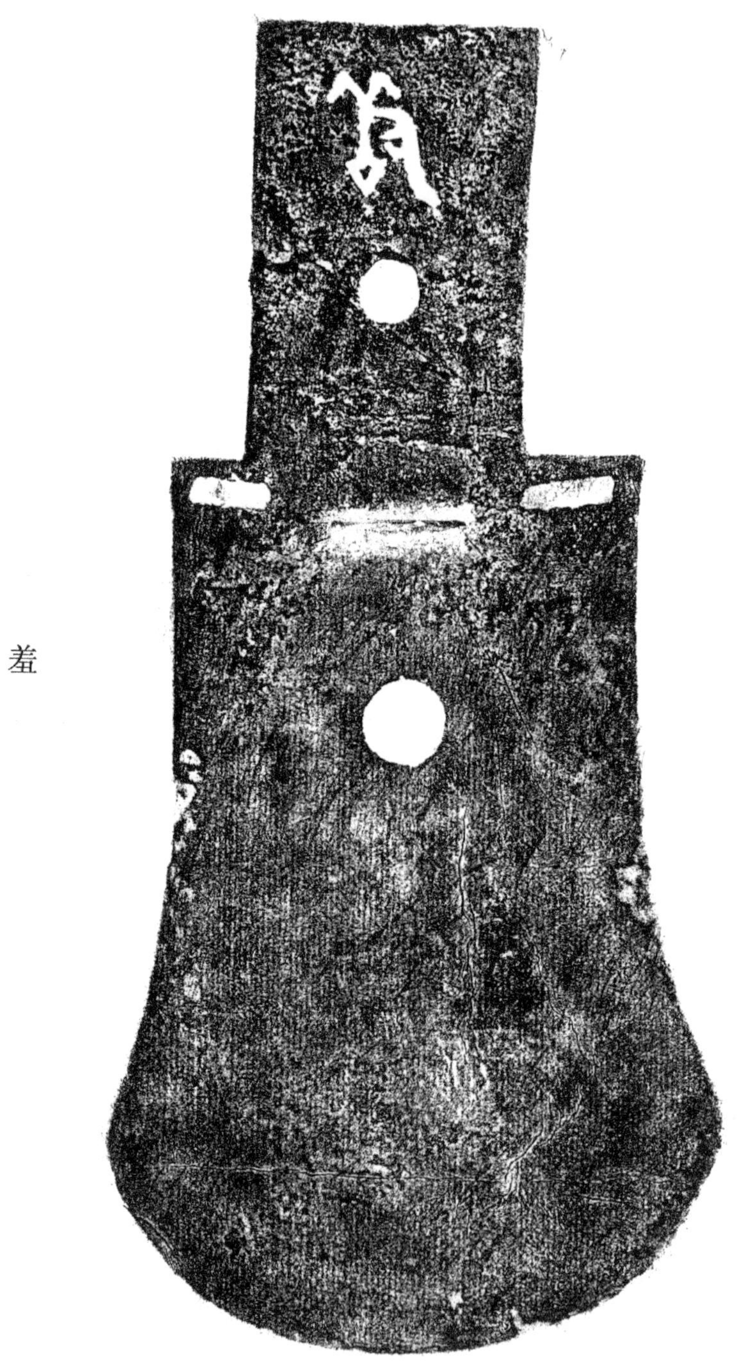

羞

11731

鄉鉞

鄉

11732

幸鉞

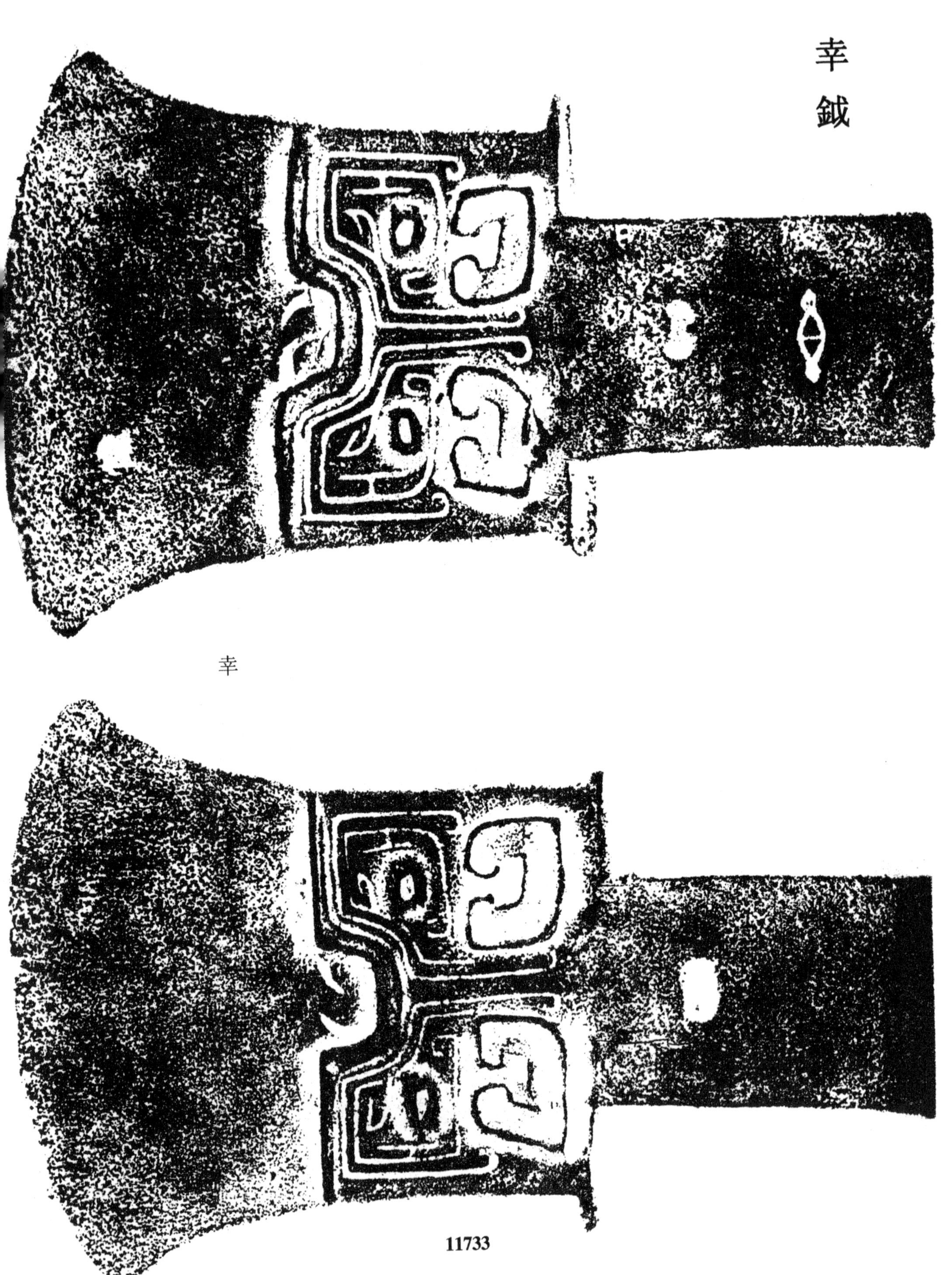

幸

11733

册

11734B

11734A

田鉞

田

11735B

11735A

家鉞

11736A

家

11736B

甗鉞

甗

11737

寅鉞

寅

11738

婦好鉞

婦好

11739

婦好鉞

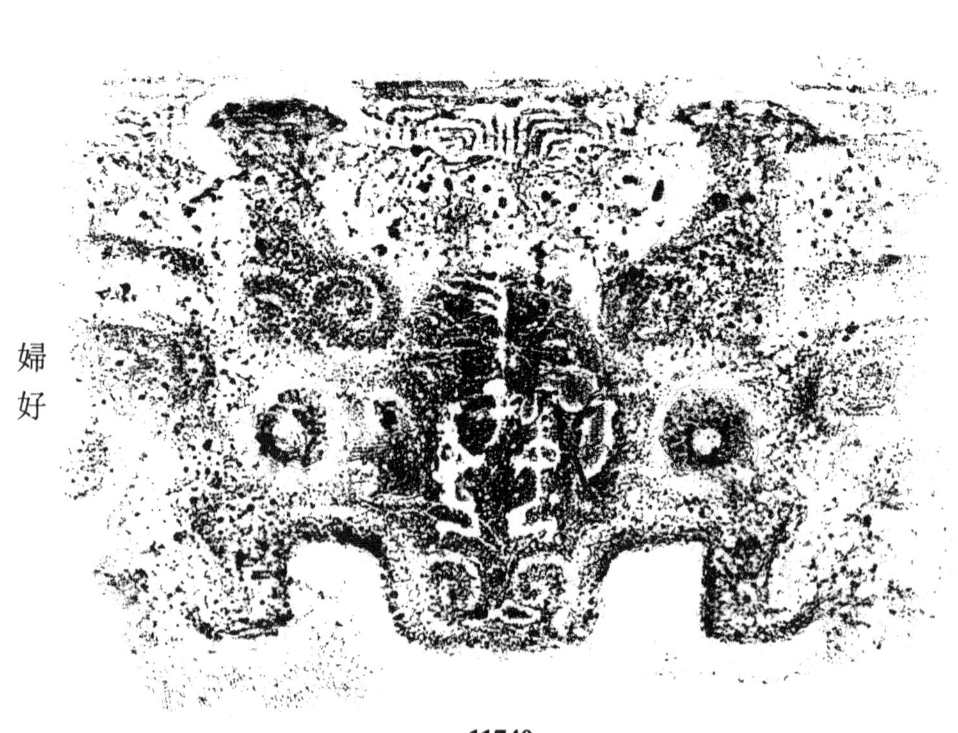

婦好

11740

亞𢼊鉞

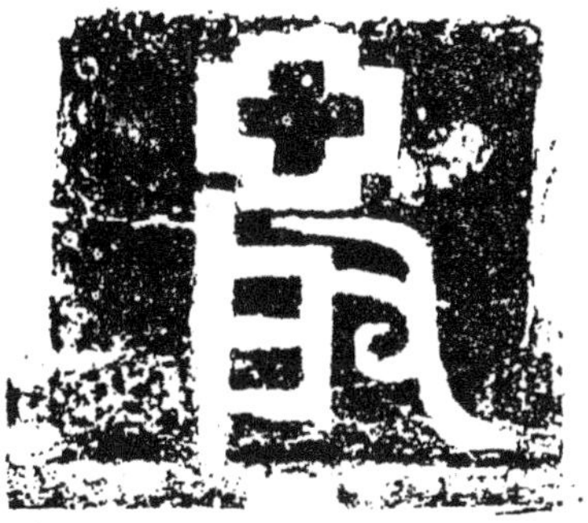

亞𢼊

11742A

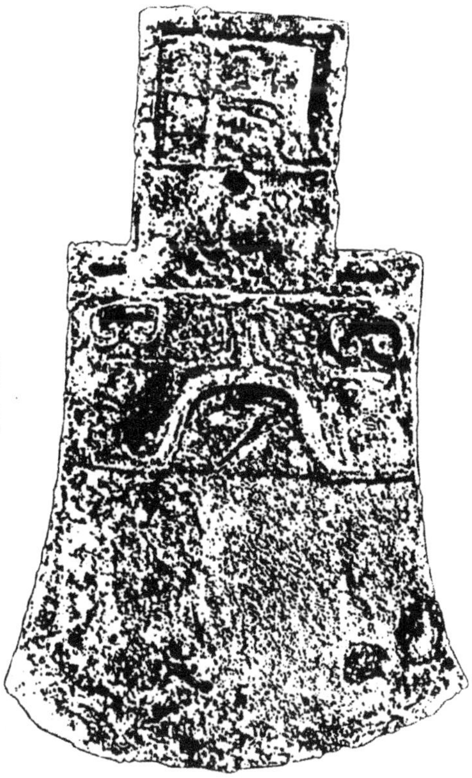

亞𢼊

11742B

司娉鉞

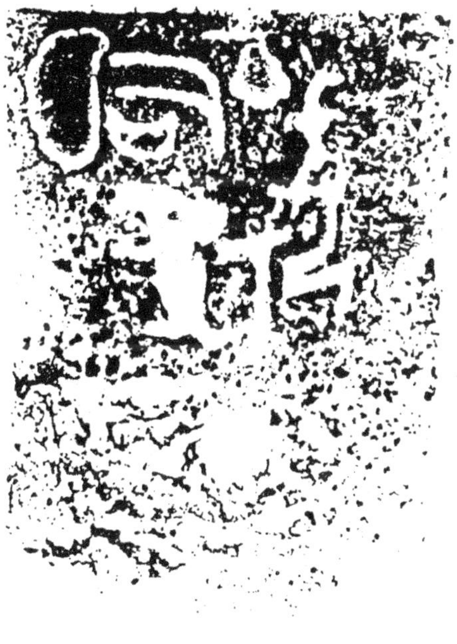

司娉

11741

亞醜鉞

亞醜

11743A1

亞醜

11743A2

亞醜

11743B

亞吴鉞

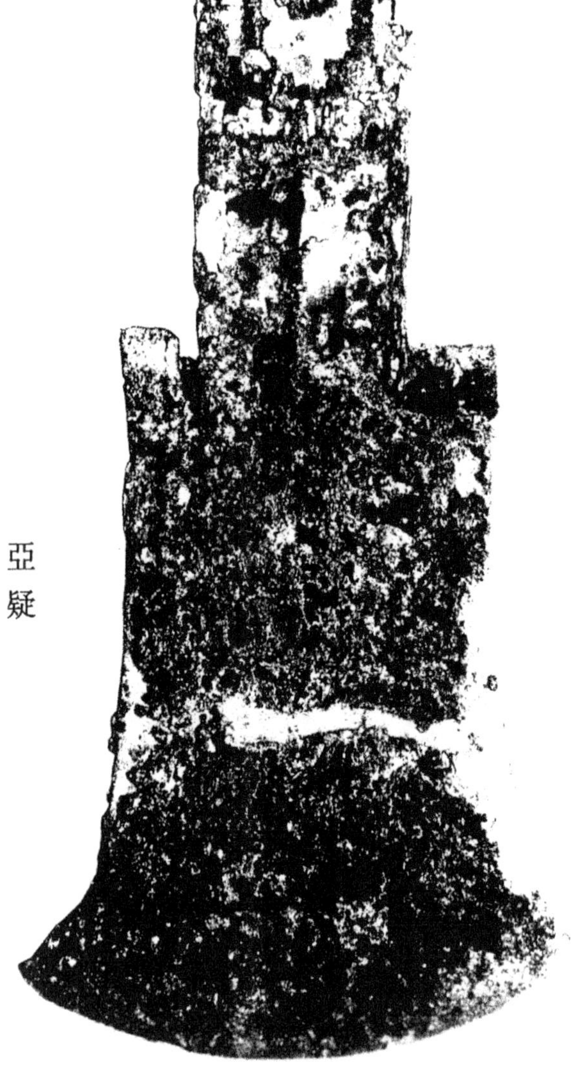

亞疑

11744

亞吴鉞

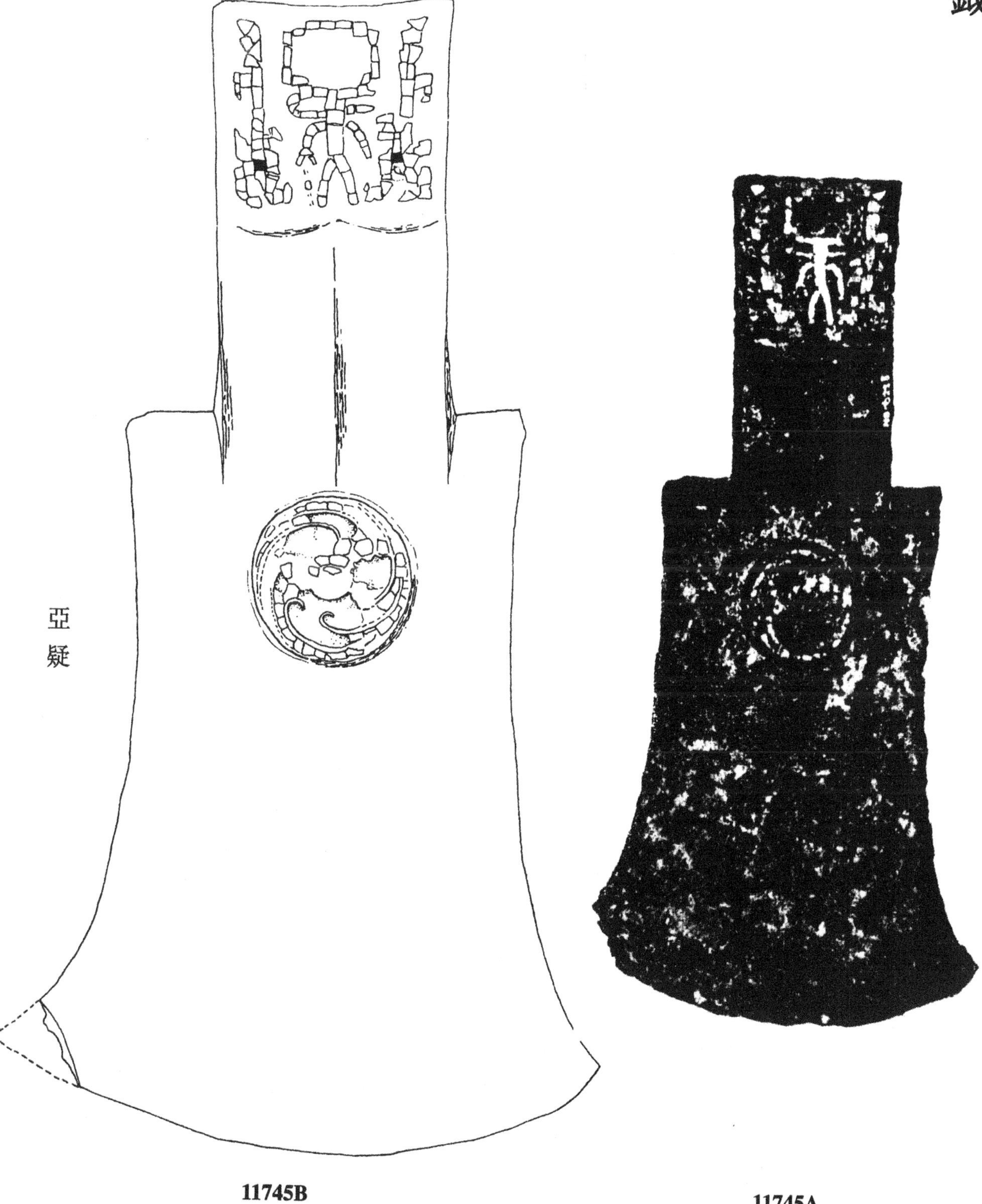

11745B

11745A

亞吳鉞

亞疑

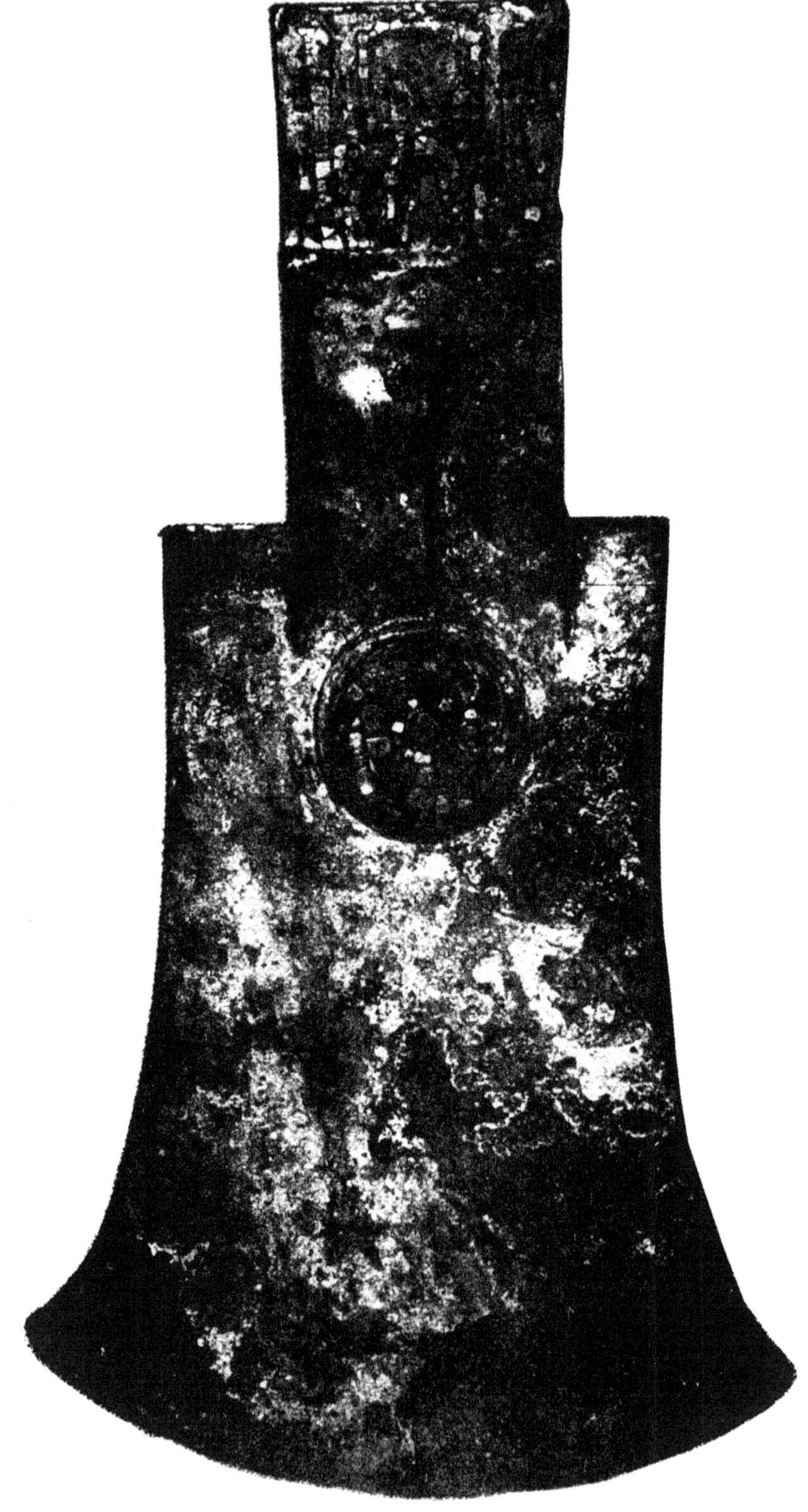

11746

亞父鉞

11747A

亞父

11747B

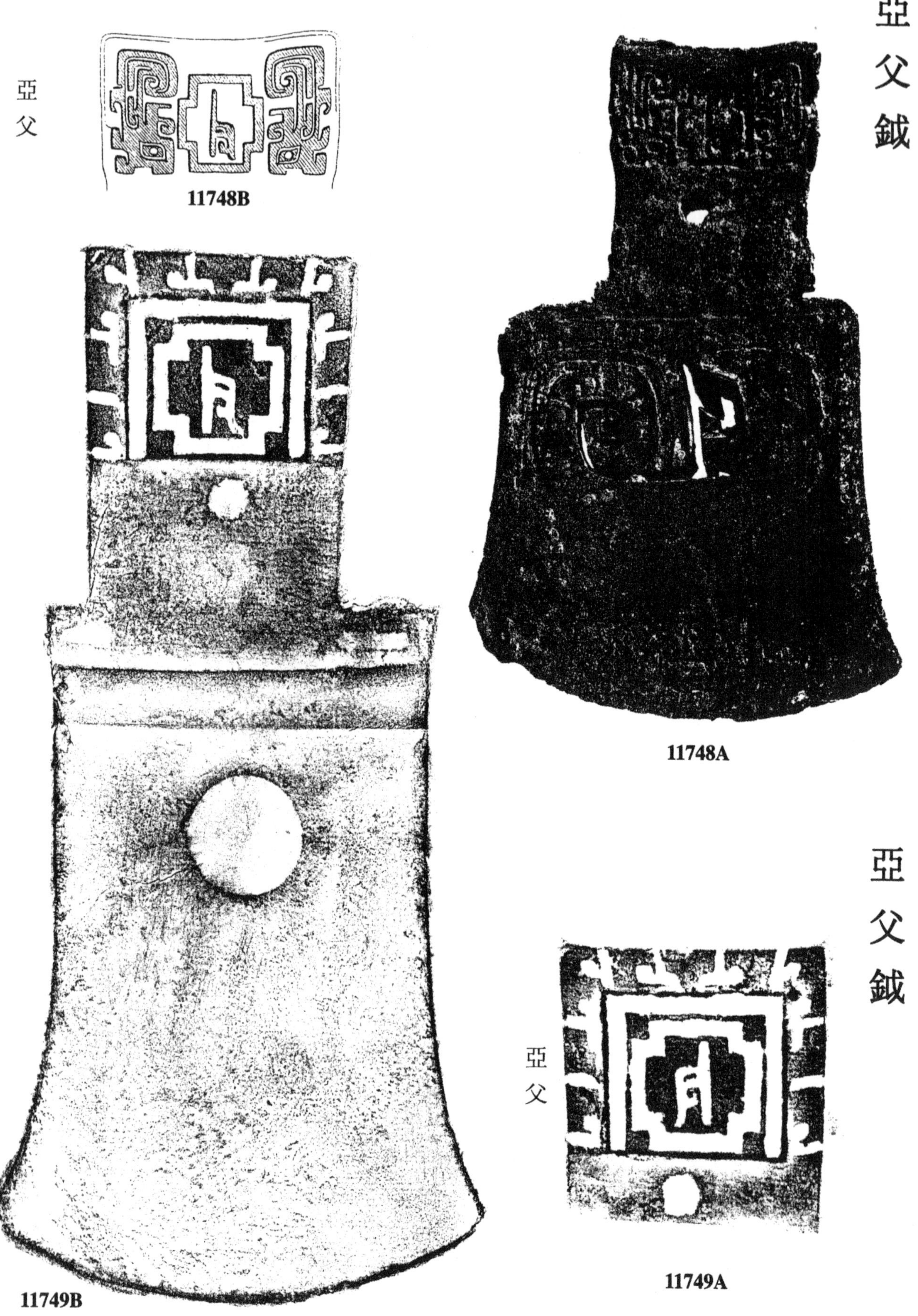

亞父鉞

亞父

11748B

11748A

亞父鉞

亞父

11749A

11749B

[冂山]父鉞

[冂山]父

11750B

11750A

龏子鉞

龏子

11751.1

䩞子

11751.2

子■鉞

子
■

11752.2

子
■

11752.1

伐甗鉞

伐
甗

11753.2

11753.1

山鉞

山午

11754.1

山午

11754.2

[illegible]鉞

耒[illegible]（呈）

11755

[illegible]父乙鉞

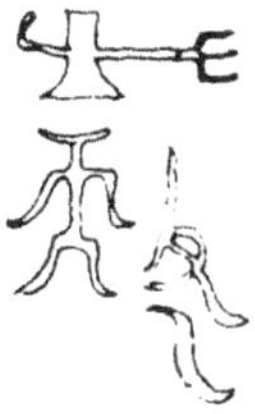

兂（朁）父乙

11756B

11756A

取子鉞

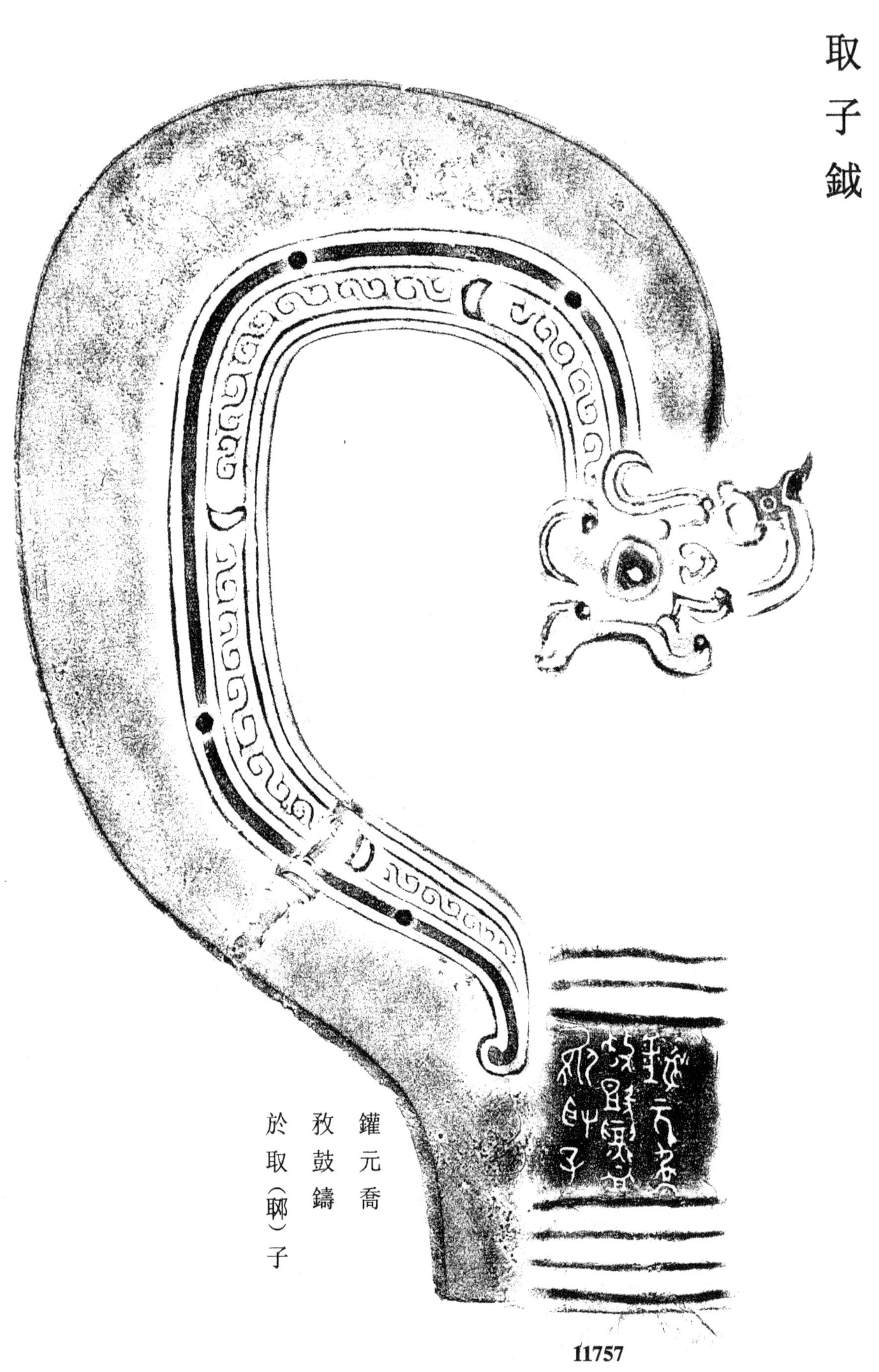

11757

鑵元喬孜鼓鑄於取(郰)子

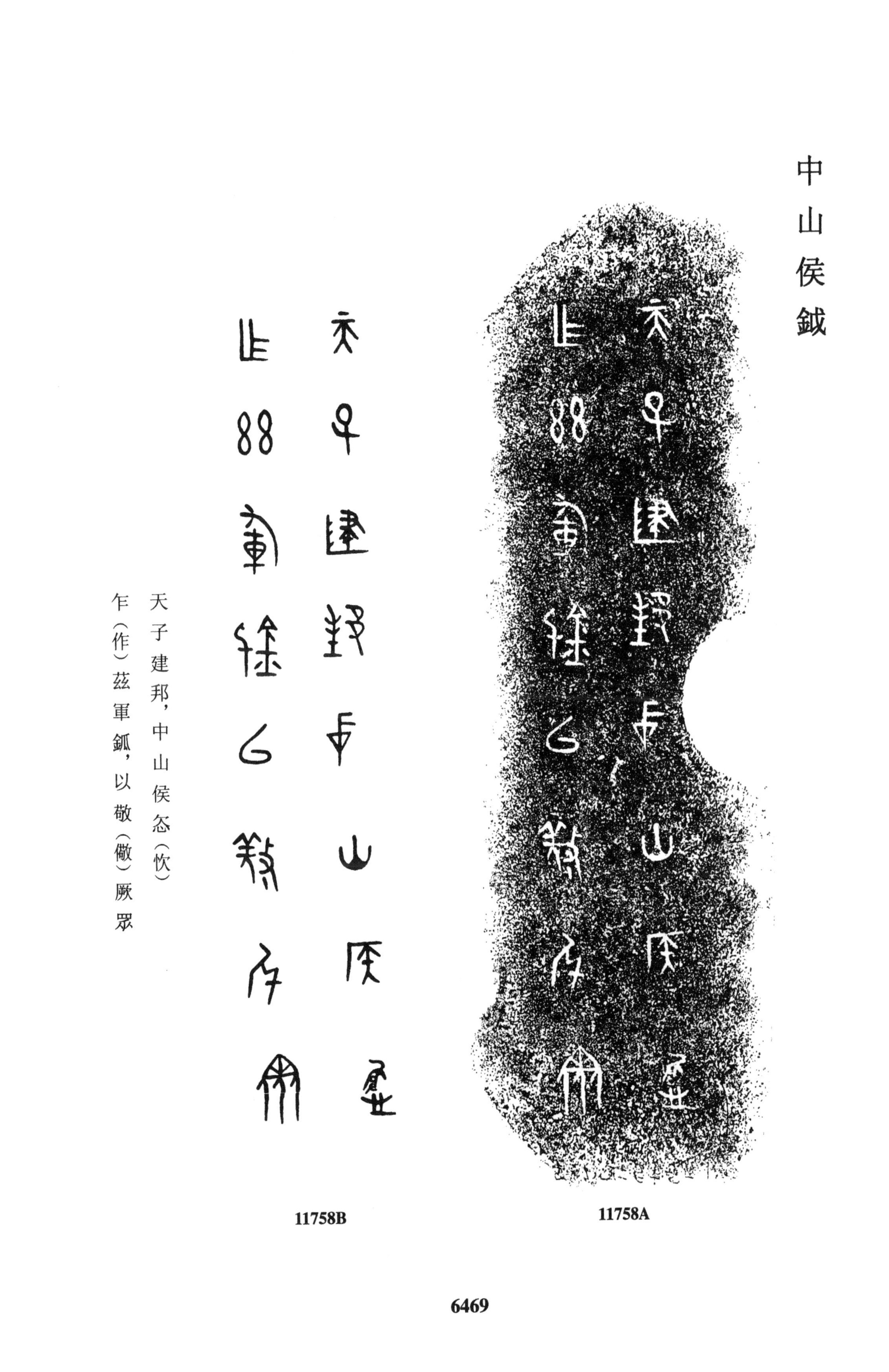

中山侯鉞

11758A

11758B

天子建邦，中山侯忎（忻）

乍（作）茲軍鈲，以敬（儆）厥眾

庚斧

庚

11759

王斧

王

11760

冂斧

同（坰）

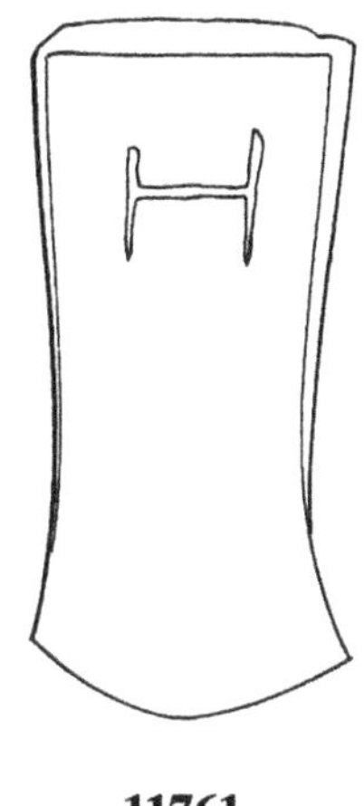

11761

吴斧

吴斧

疑

11763

疑

11762

𠂤自斧

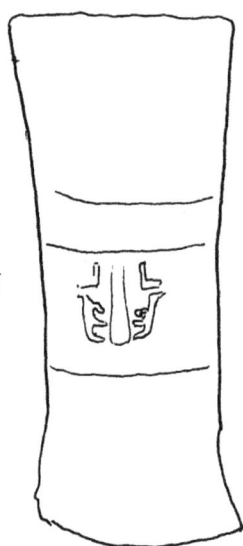

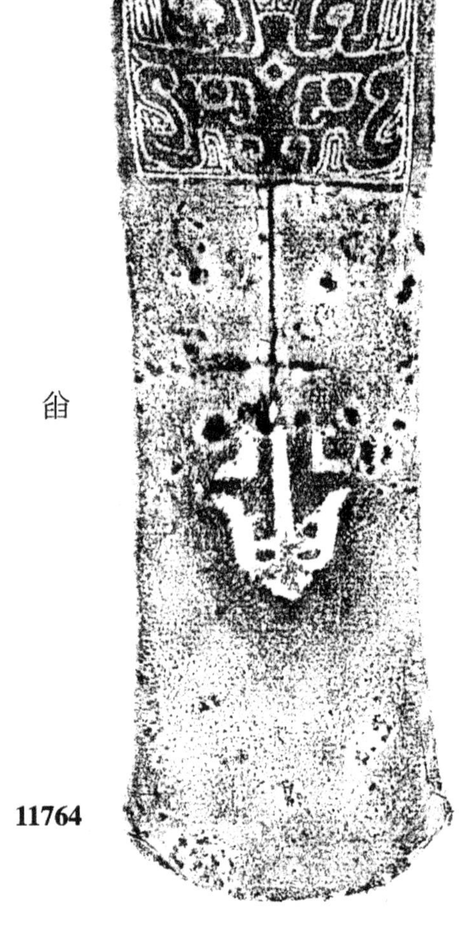

𠂤自

11764

𠂤自斧

𠂤自

11765B　11765A

𢓊斧

𢓊（延）

11766

田斧

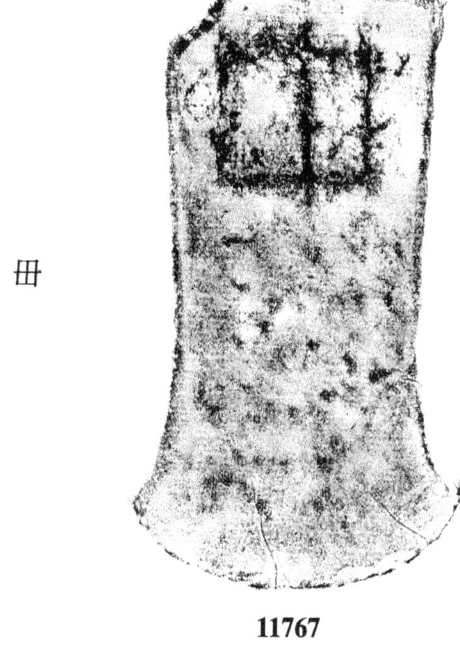

田

11767

丌斧

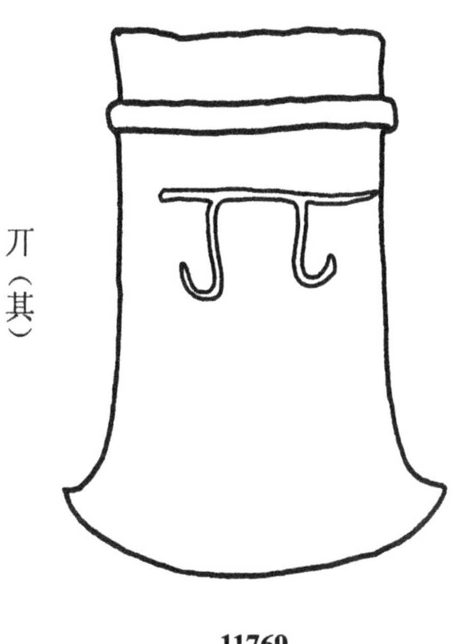

丌(其)

11769

ㄨ斧

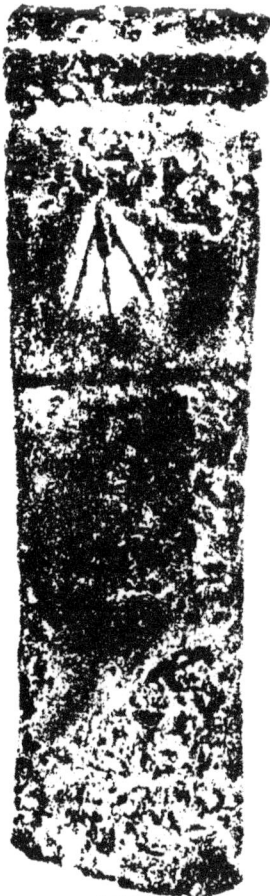

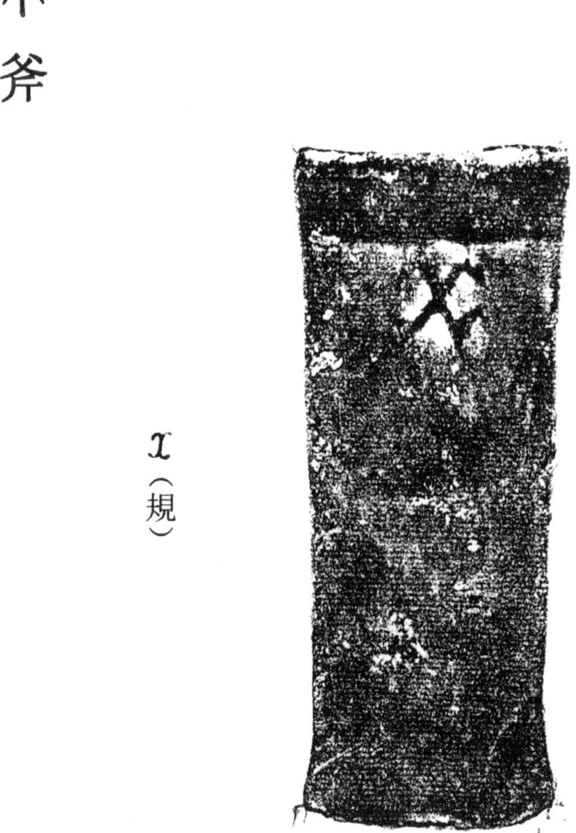

ㄨ(規)

11768

个斧

↑

11770

↓斧

↓

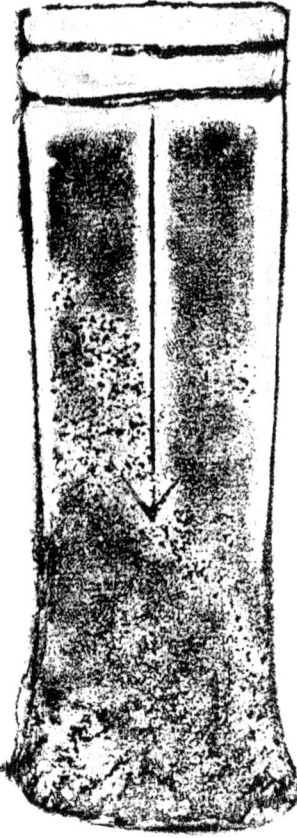

11771

巾斧

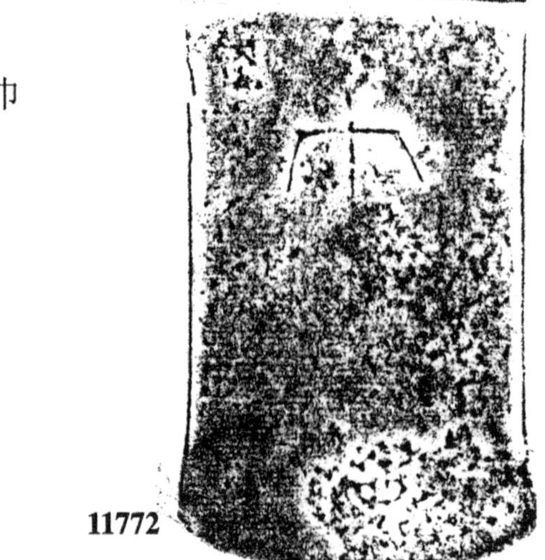

巾

11772

毛斧

毛

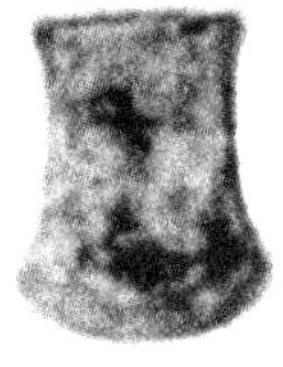

11773.2

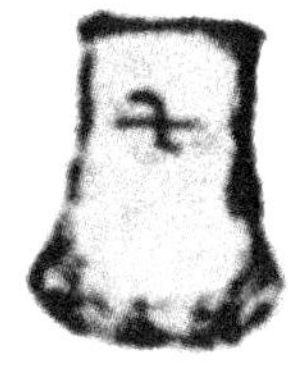

11773.1

亞𠫤斧

亞疑

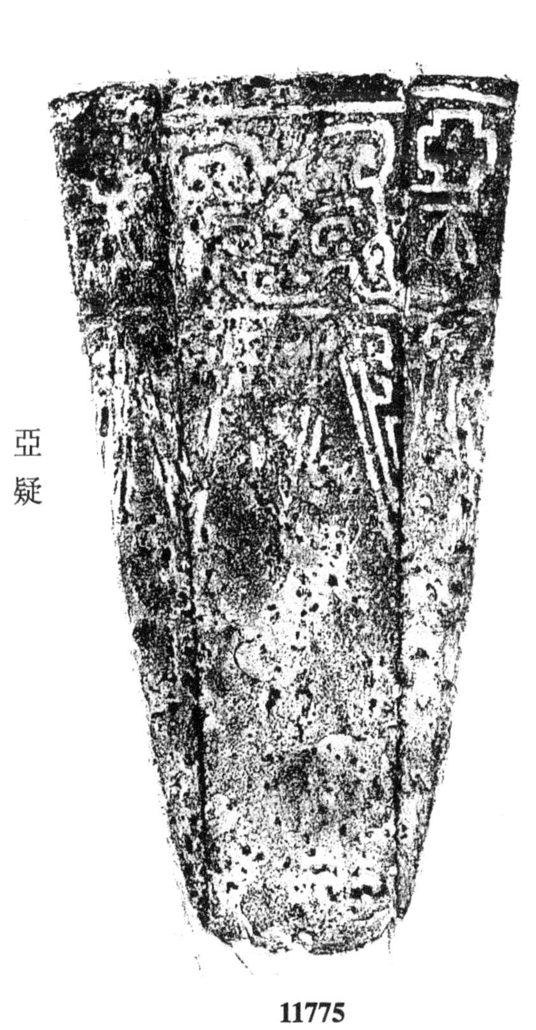

11775

豐王斧

豐王

11774

亞吴斧

亞疑

11776

亞醜斧

亞醜

11777

康侯

11778

11779

中草斧

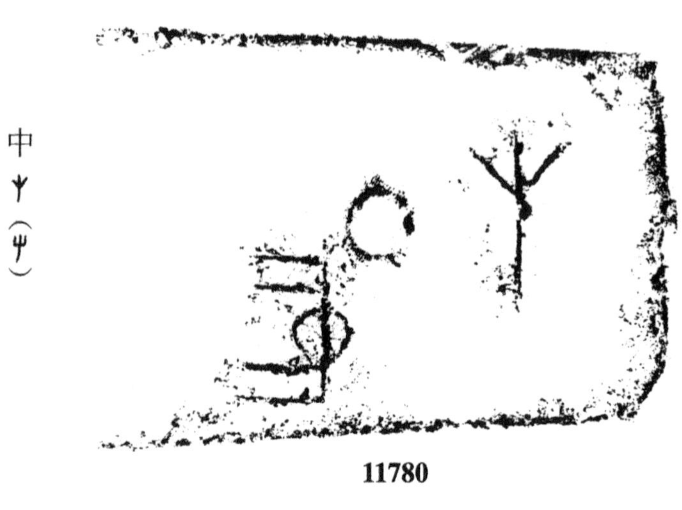

中屮（艸）

11780

弔龜斧

弔龜

11781.2

弔龜

11781.1

弔龜斧

弔龜

11782

戉虎斧

𡚱（戒）虎

11783

右廩鐵斧範

右廩

11784

𠭯𤔲土斧

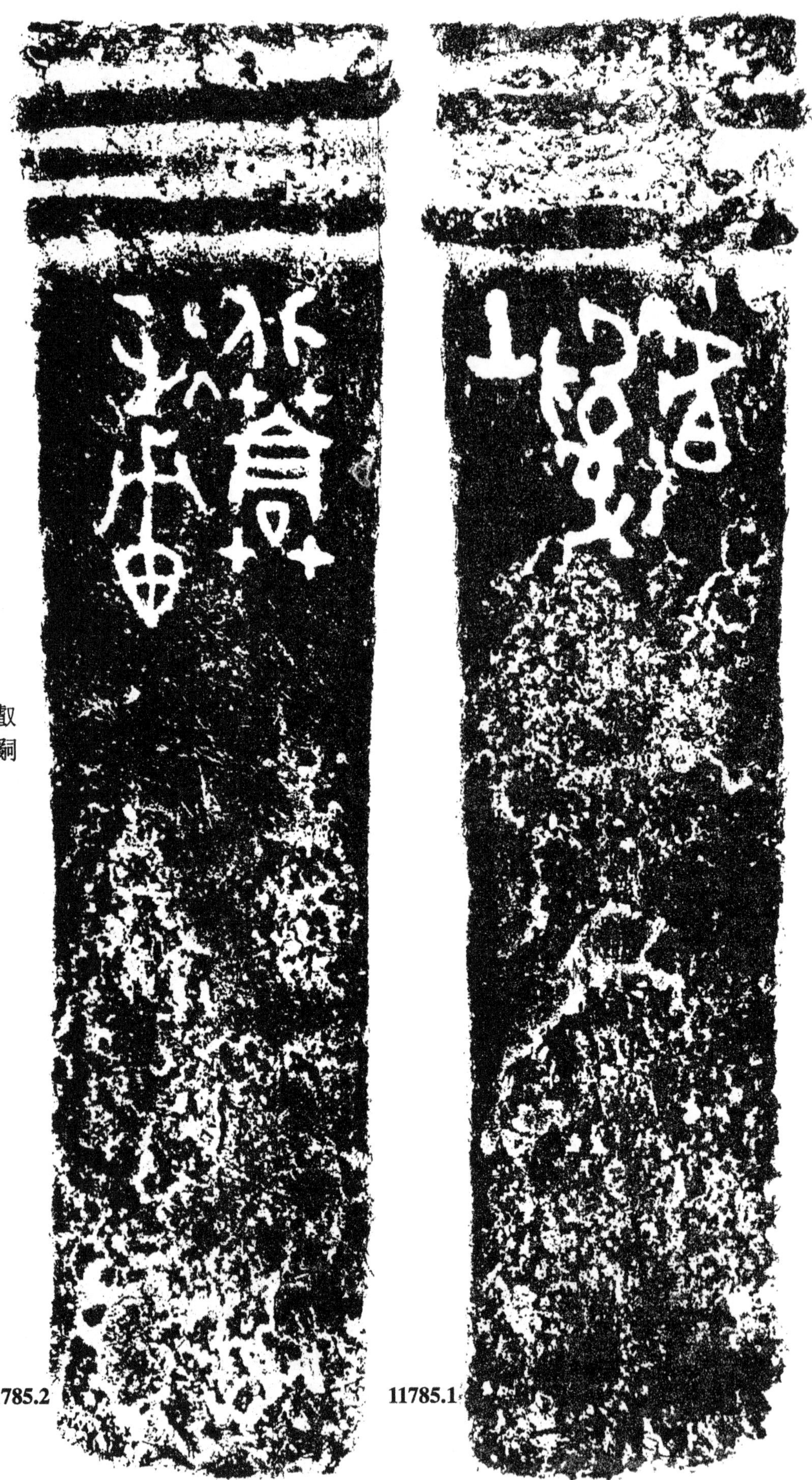

11785.2　11785.1

𠭯𤔲
土（徒）
北征蒿盧

呂大叔斧

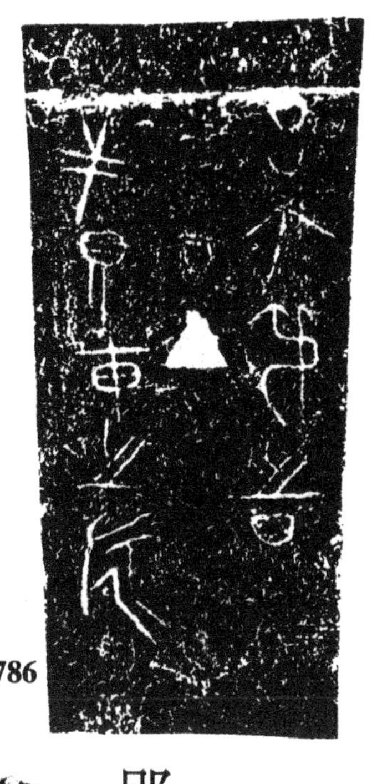

11786

呂大叔之
貳車之斧

呂大叔斧

11787

貳車之斧
呂大叔之

郘大叔斧

11788

郘（呂）大叔以新金
爲貣（貳）車之
斧十

子鏟

己鏟

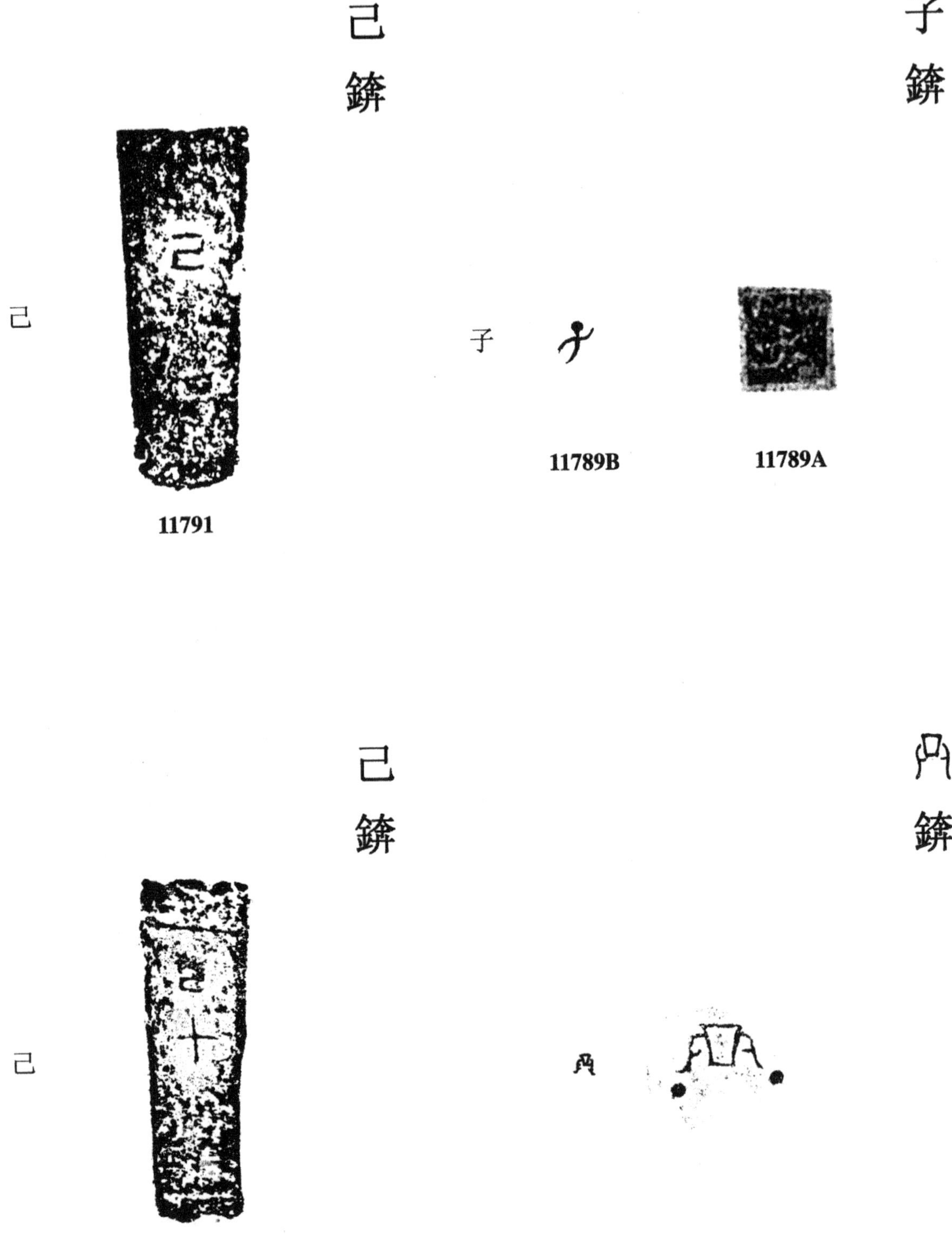

何鐃

何

11793

亞矣鐃

亞疑

11794

亞矣鐃

亞疑

11795

亞䤑錛

亞䤑

11796

亞䤑錛

亞䤑

11797

戈鑿

戈

11798

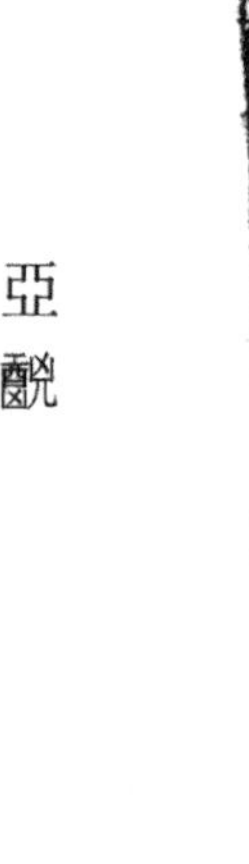

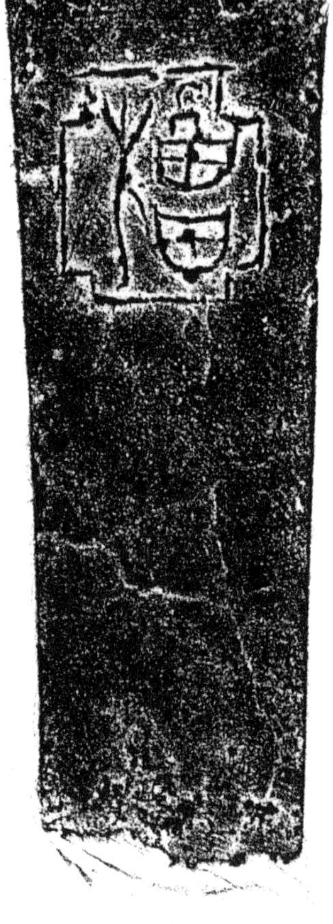

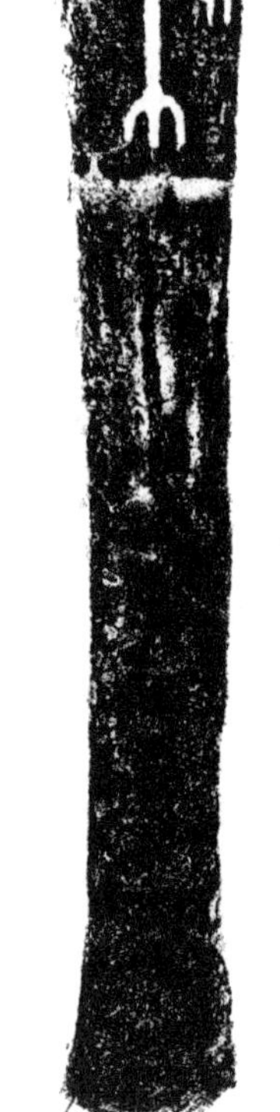

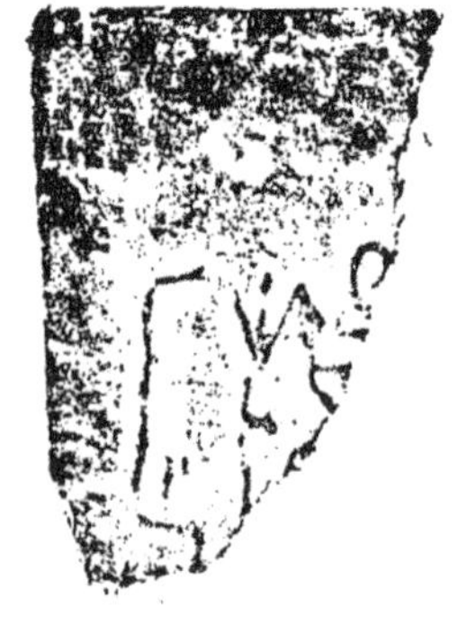

S鑿

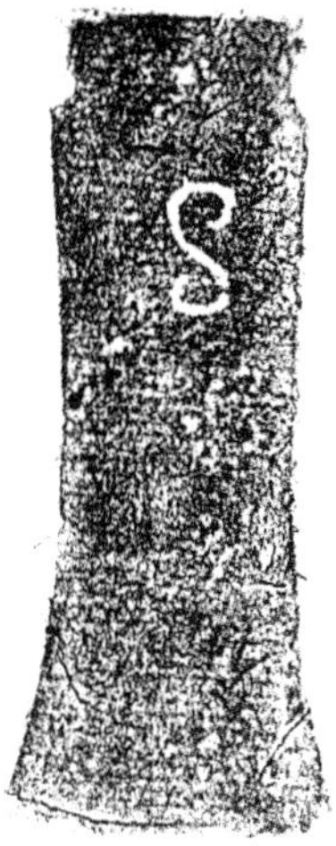

S（己）

11799

公鑿

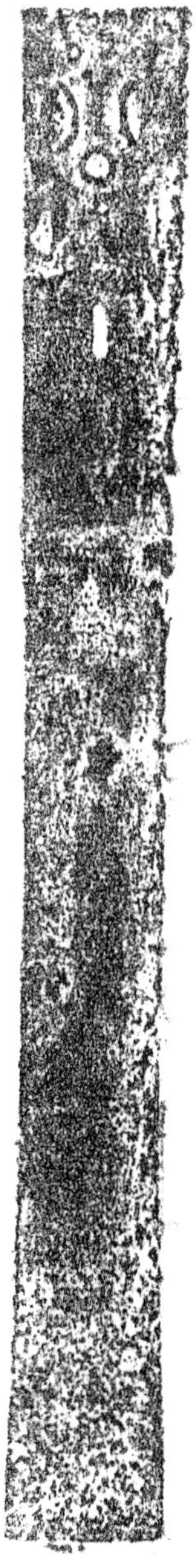

公

11800

亞矣鑿

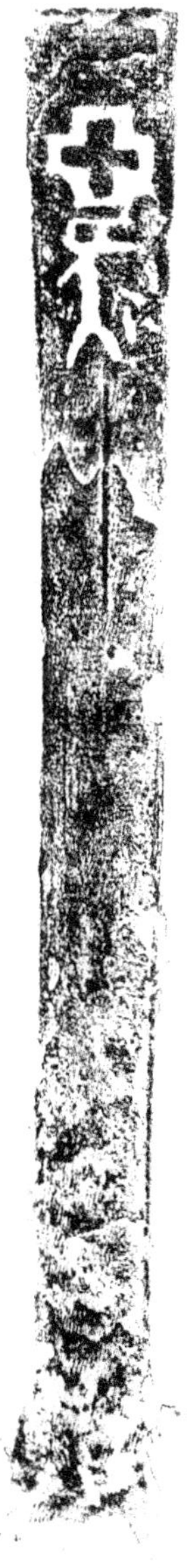

亞疑

11801

右廩鐵鑿範

右廩

11802A

11802B

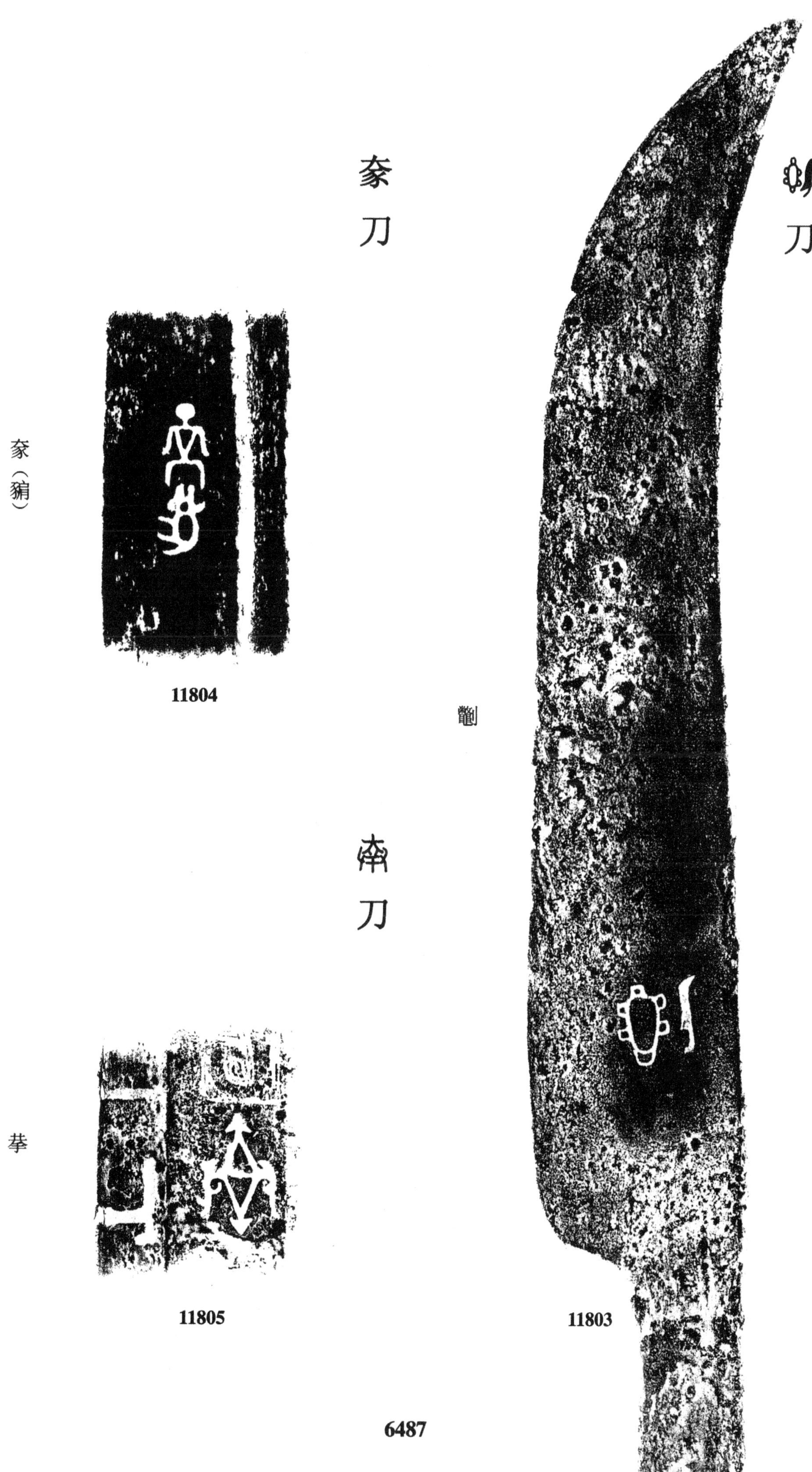

[illegible]刀

[illegible]

11803

豕刀

豕（豭）

11804

㚔刀

拲

11805

芈刀

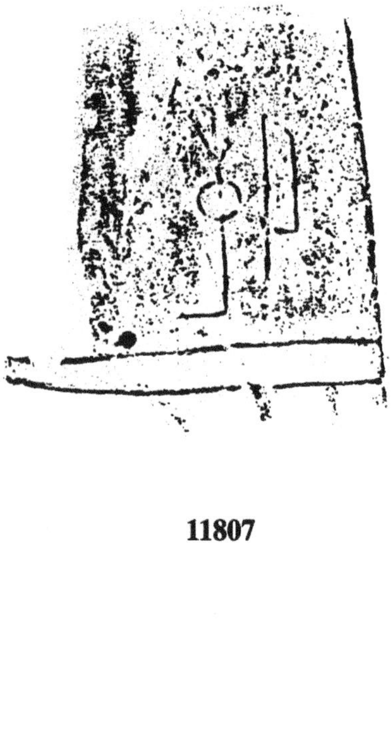

11807

宁刀

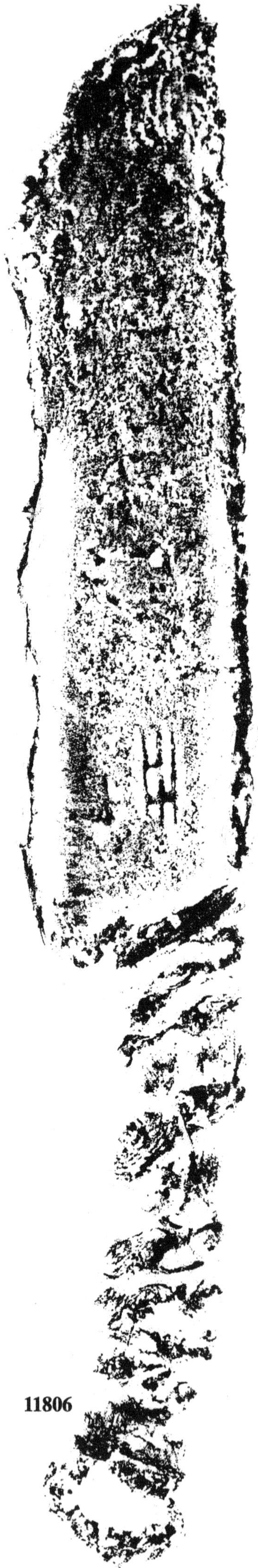

11806

己刀

苣刀

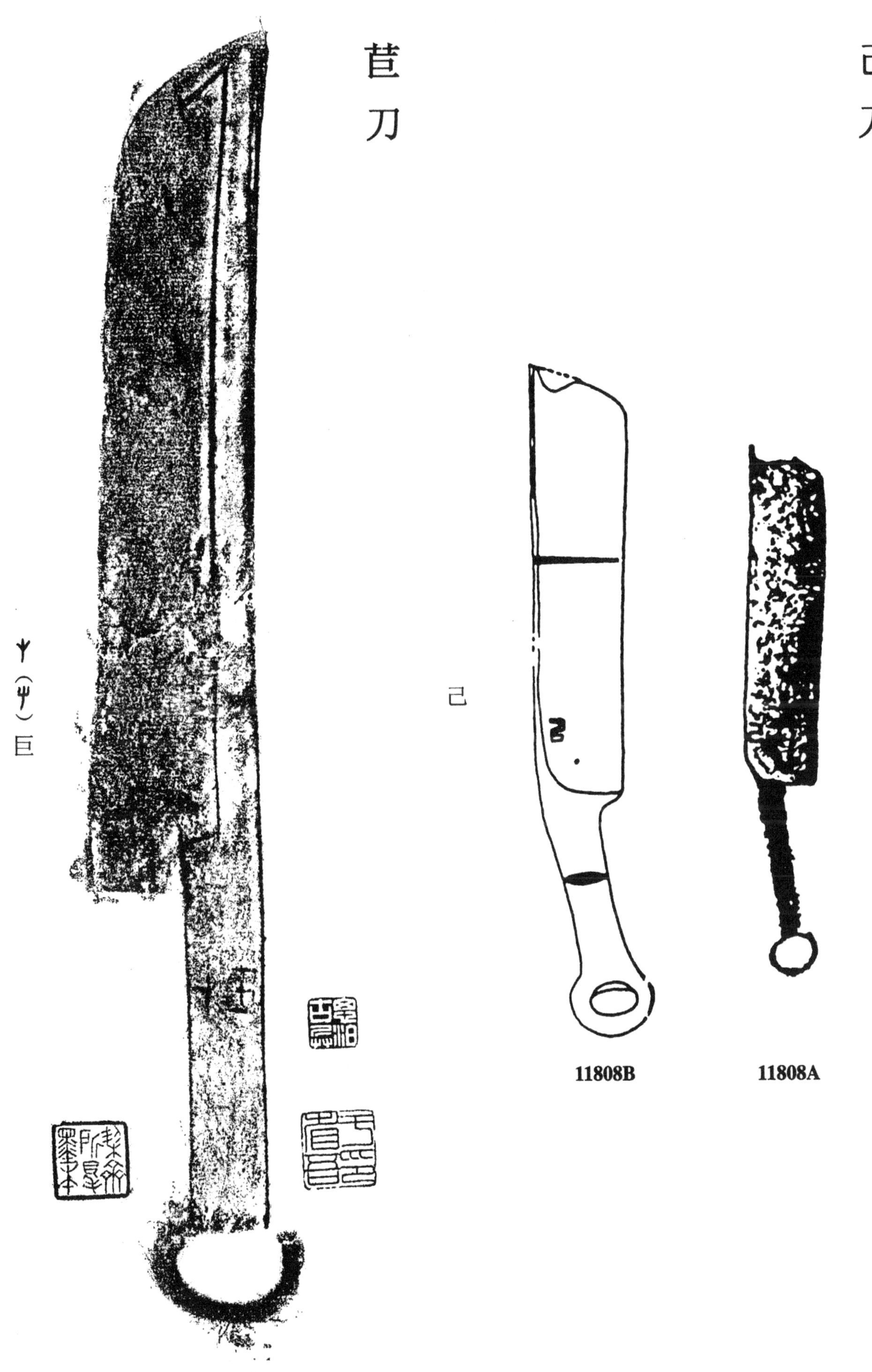

11809

11808B

11808A

亞弜刀

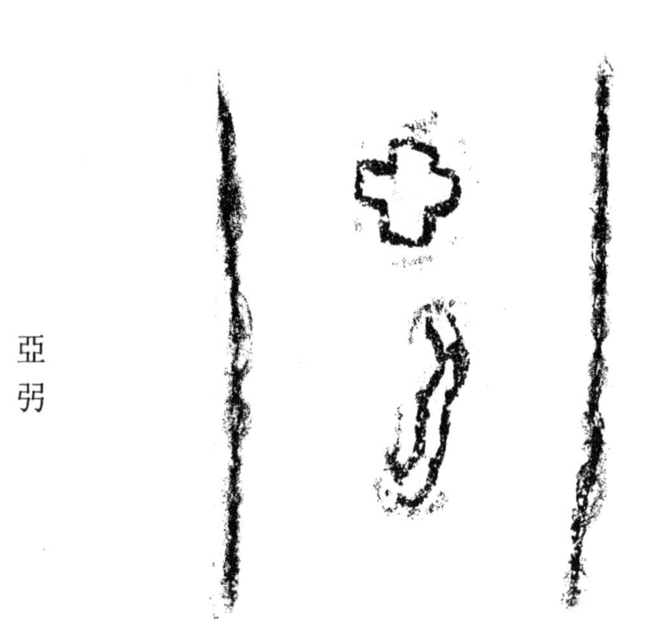

亞弜

11810

亞弜刀

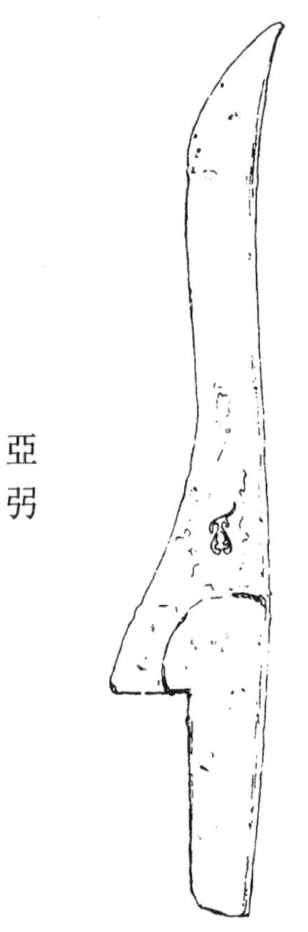

亞弜

11811.2

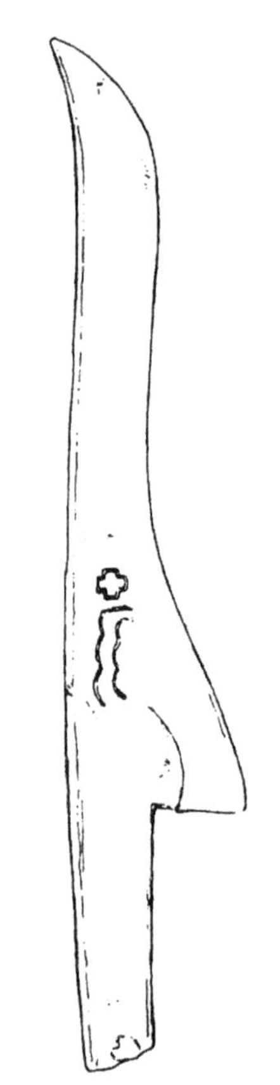

亞弜

11811.1

康侯刀

原高二九厘米

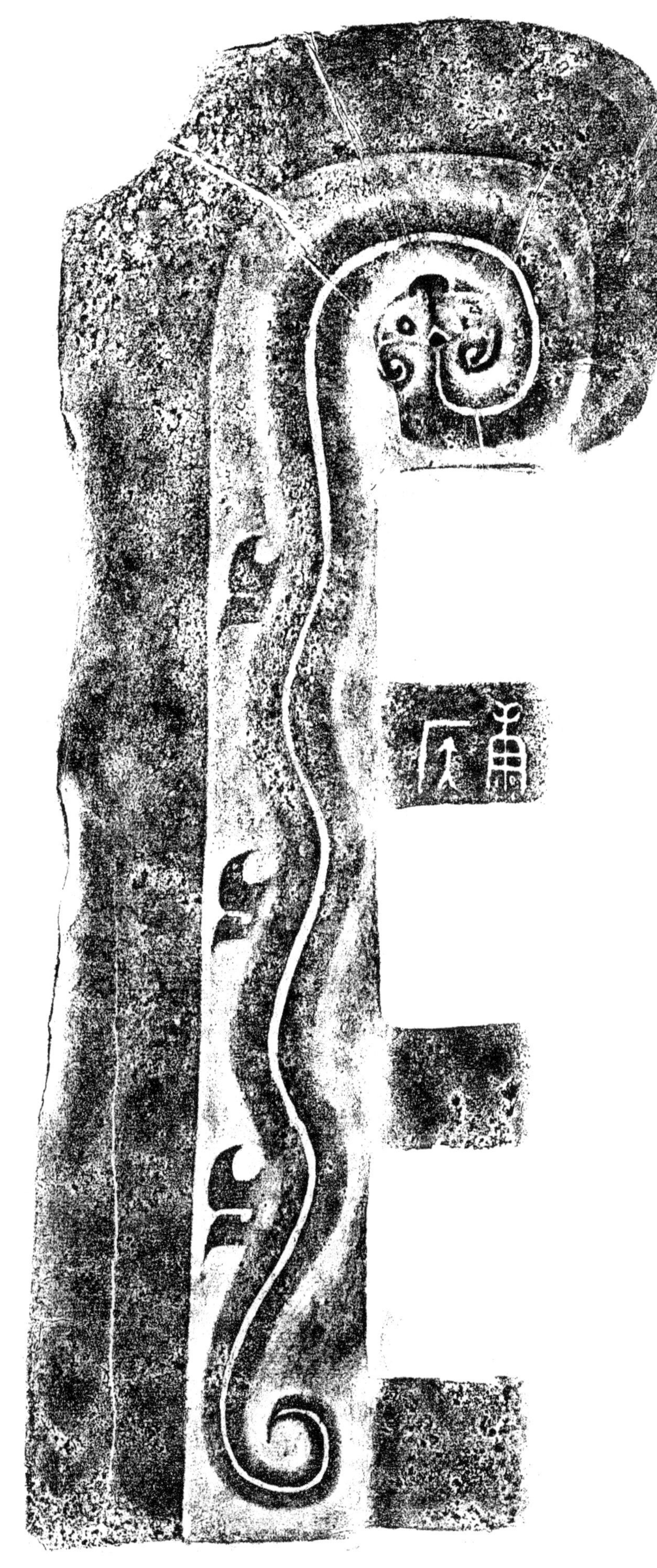

康侯

11812

亞矣刀

亞疑

11813

左使車工刀

左使車工𢀛（坿）

11814A

左使車工𢀛（坿）

11814B

齊城右造刀

11815

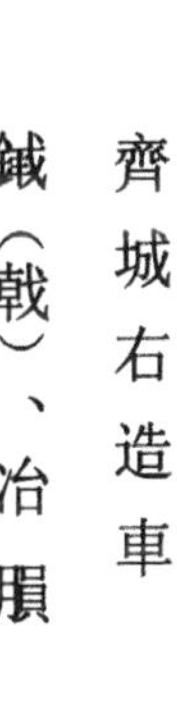

齊城右造車

鍼(戟)、冶膶

傒仲𡡉子削

唯俣(侂)仲𡡉子用

11816

王刮刀

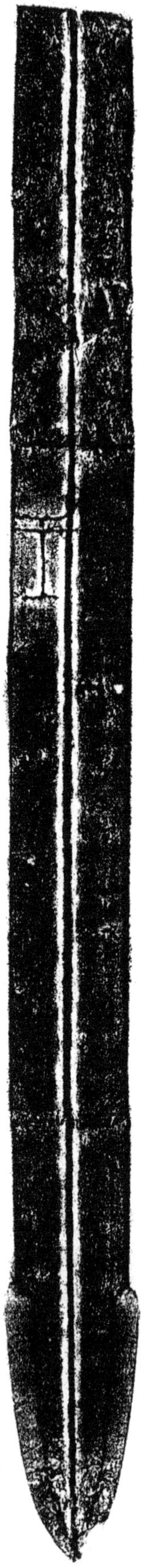

王

11817

王刮刀

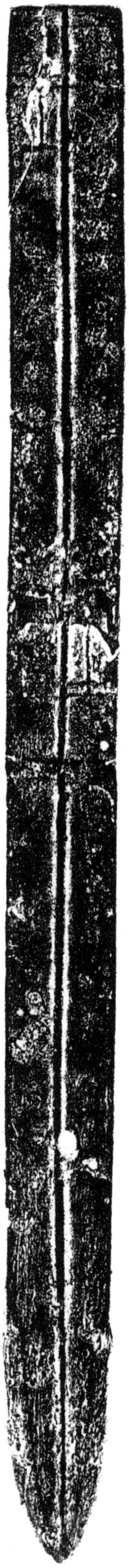

王

11818

王刮刀

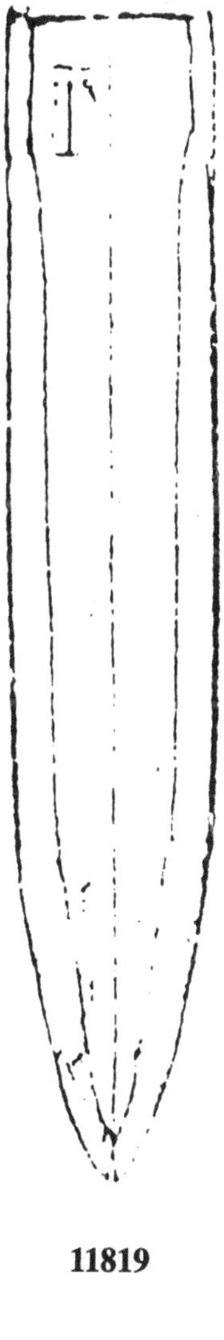

王

11819

角刮刀

角

11820

公鉎刀

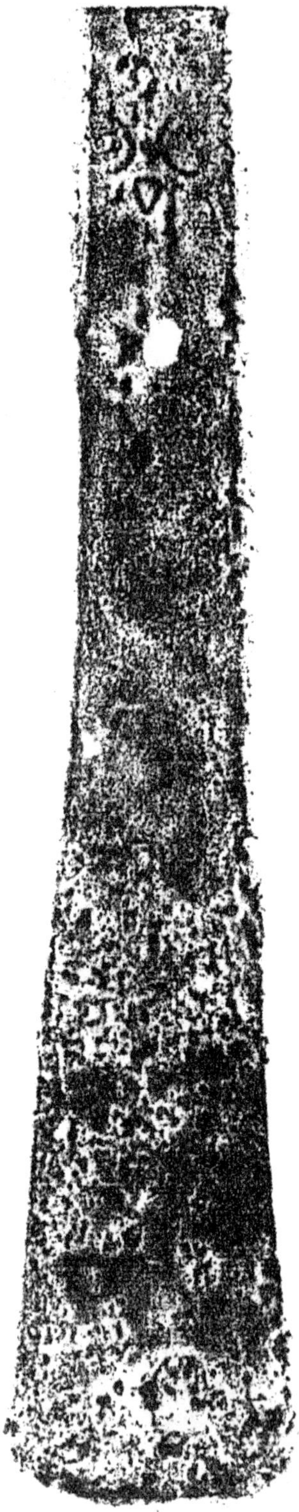

11821

公

左使錘

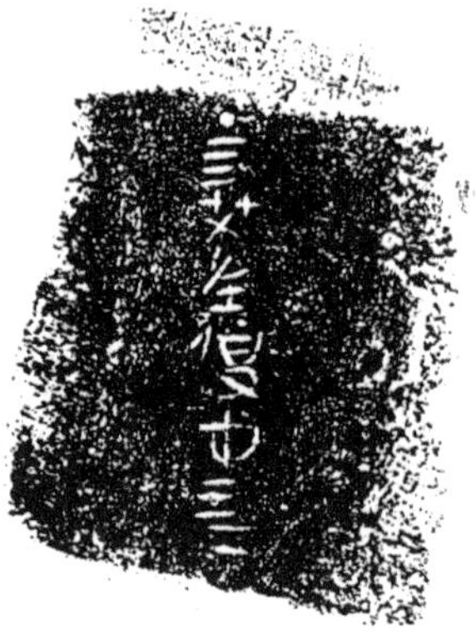

11822A

十四茉，左使車四

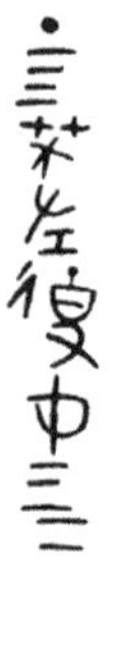

11822B

个鐮

↑

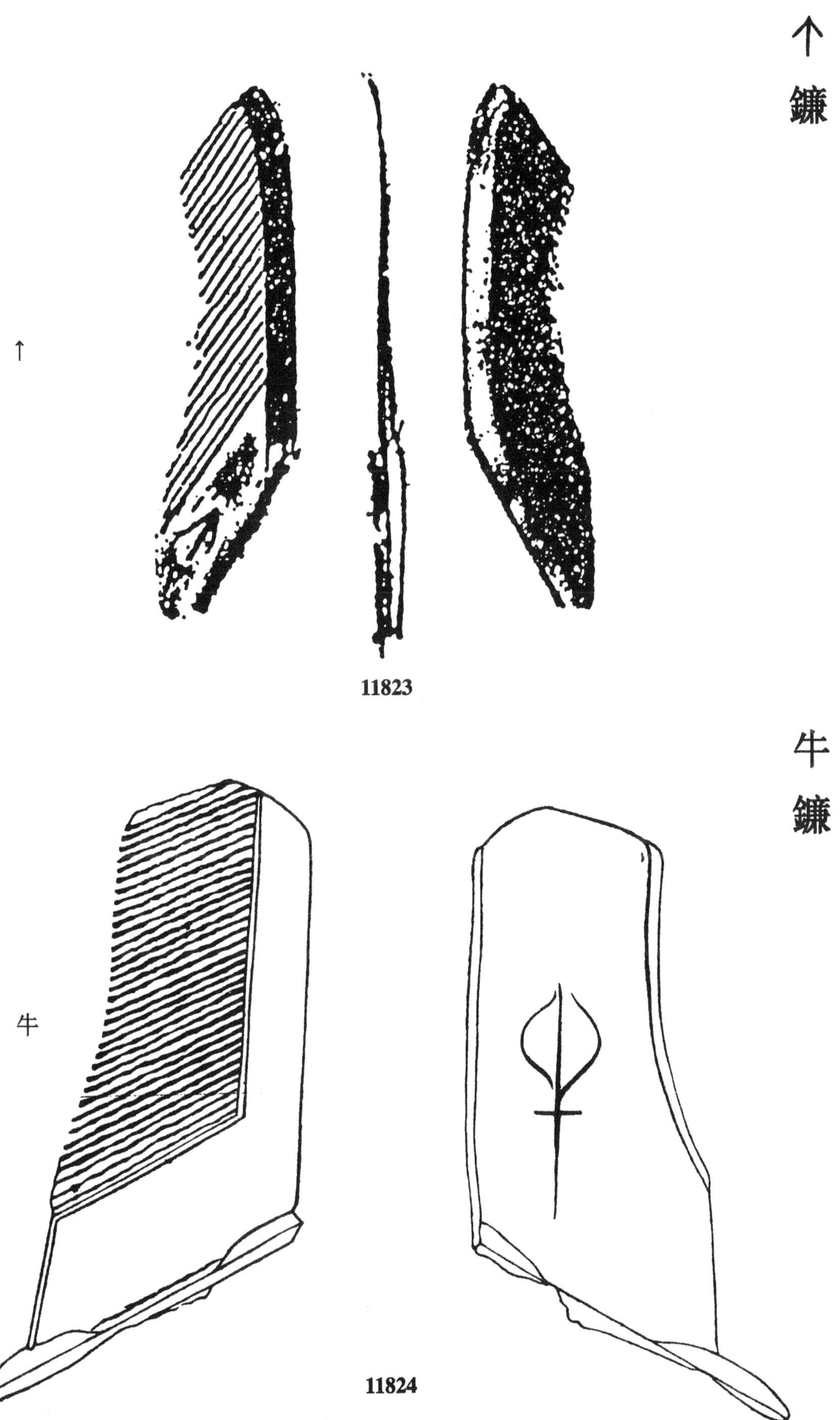

11823

牛鐮

牛

11824

嫪鐮

嫪偭

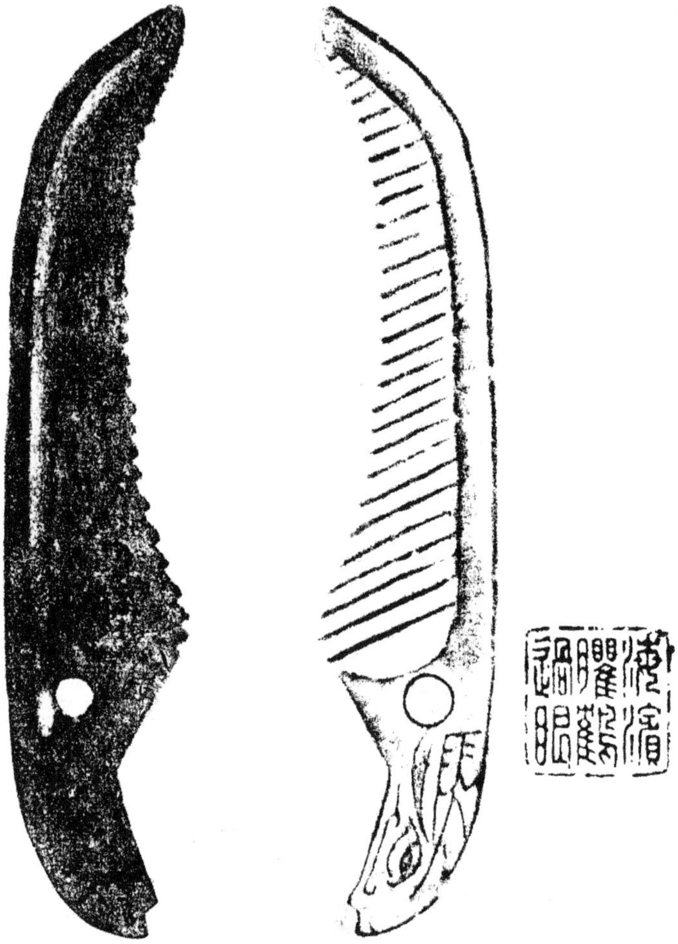

11825

屖君鐮

屖（迡、遅）君（尹）

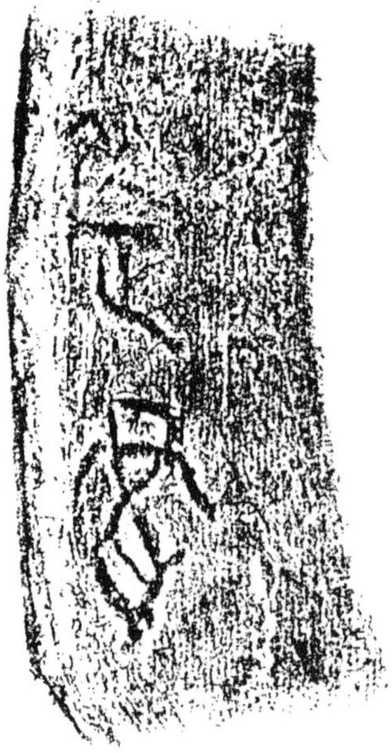

11826

右廩鐵鐮範

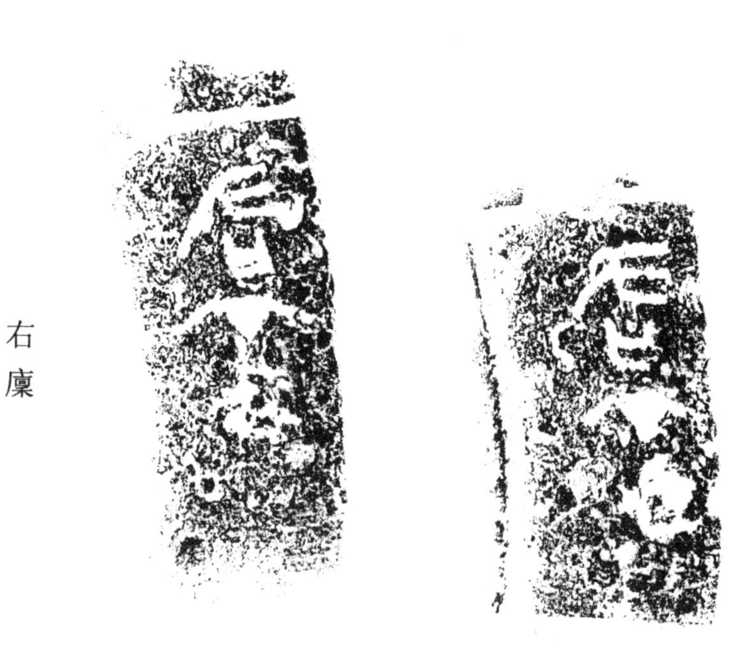

右
廩

11827A

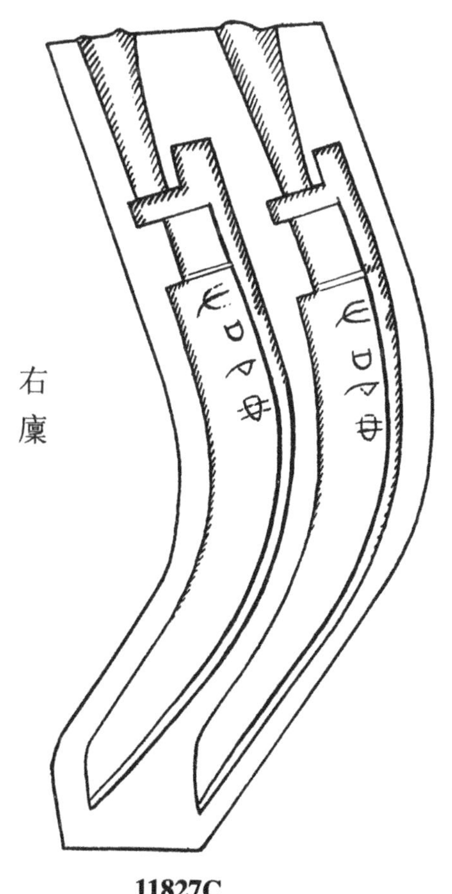

右
廩

11827C

右
廩

11827B

豙鏟

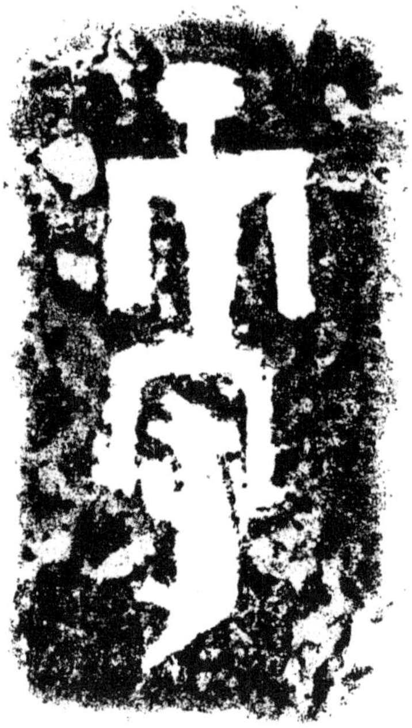

豙（豷）

11828

田鏟

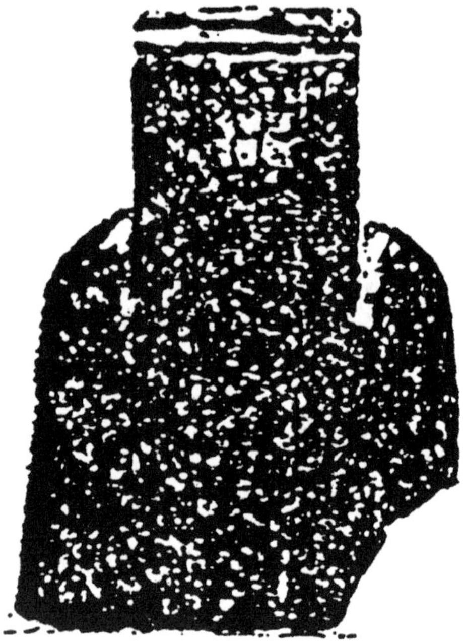

田

11829

中山鏟

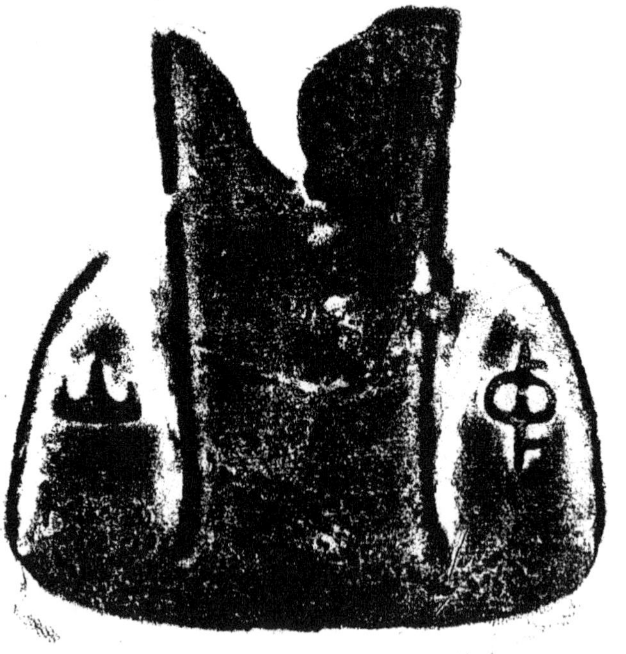

中山

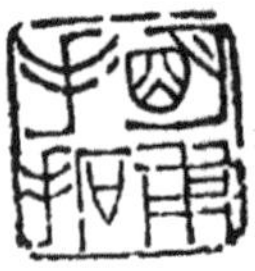

11830

亞矣耜

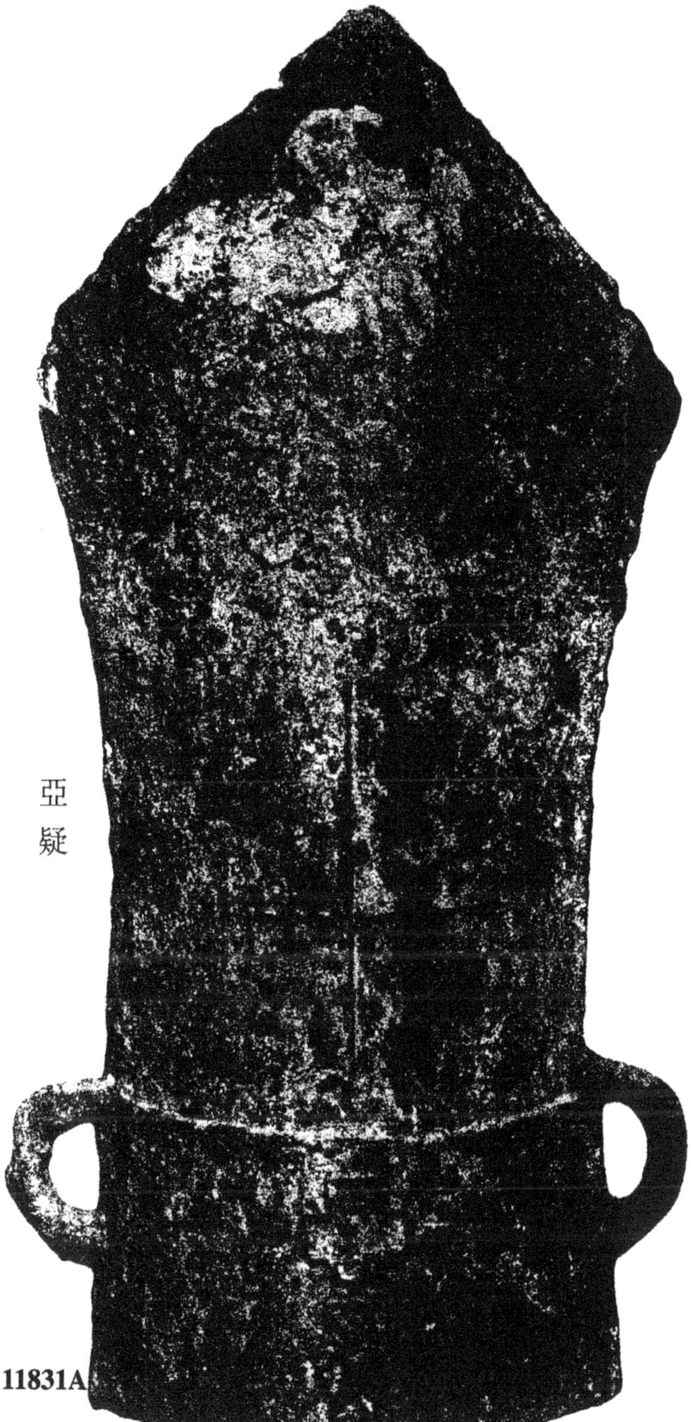

亞疑

11831A

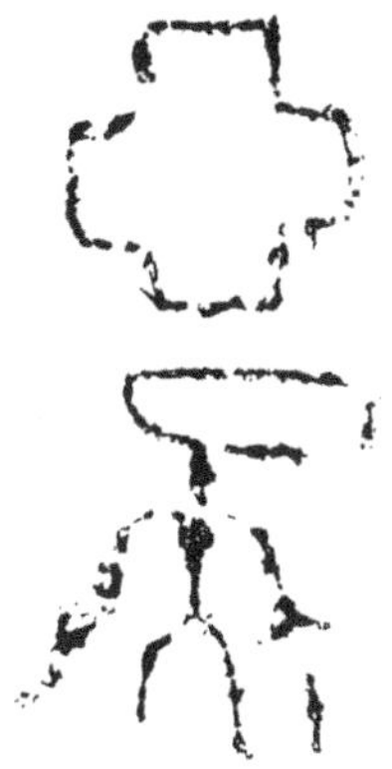

亞疑

11831B

右廩鐵钁範

右 廩

11832

右廩鐵钁範

右 廩

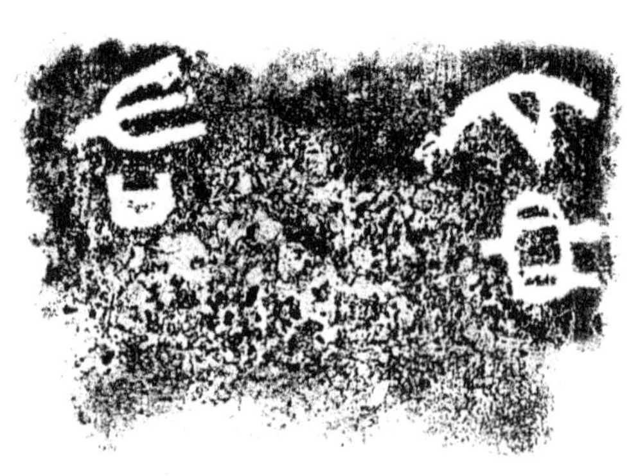

11833

[illegible]鶴嘴斧形器

侯鶴嘴斧形器

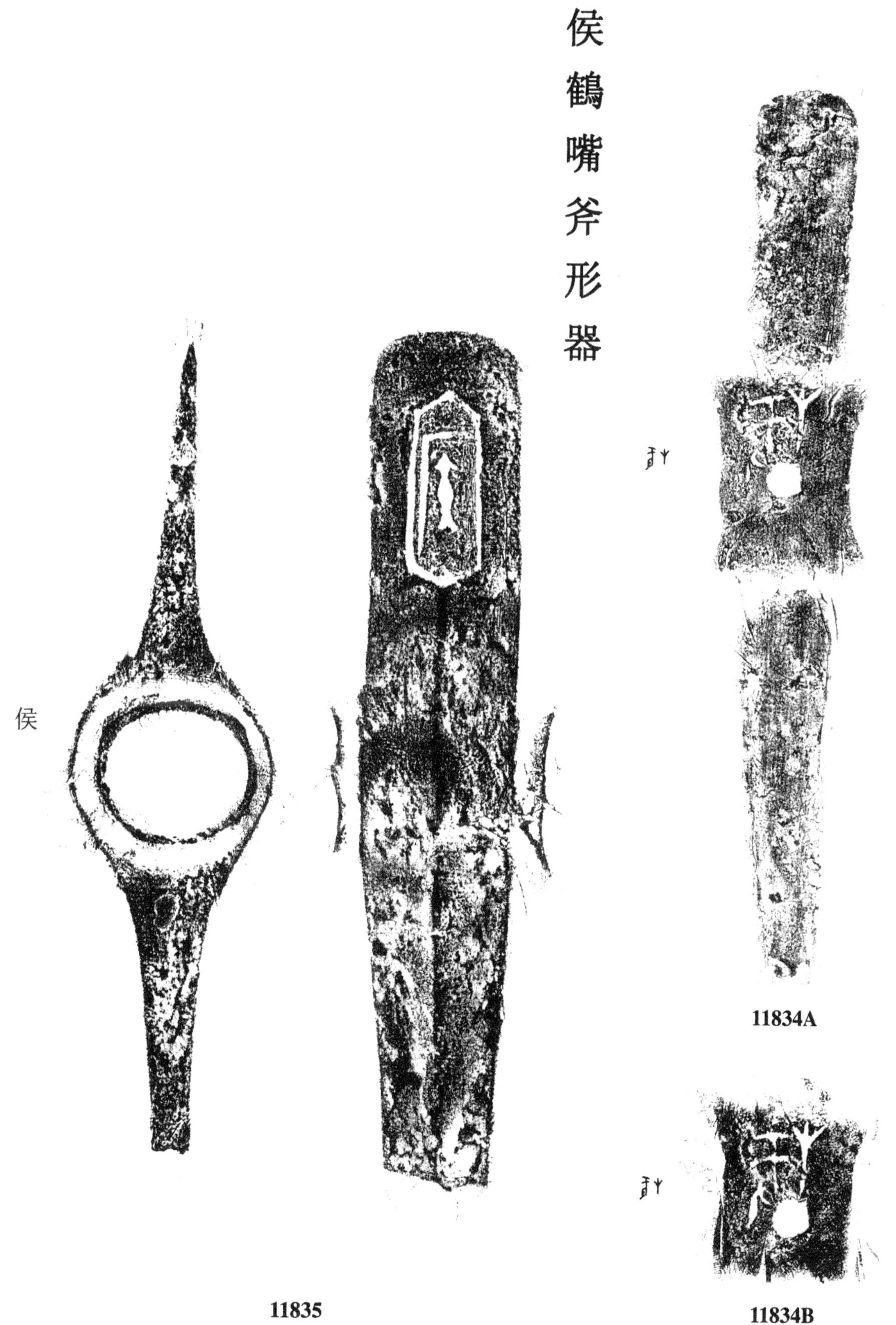

11834A

11834B

11835

皇宮右鶴嘴斧形器

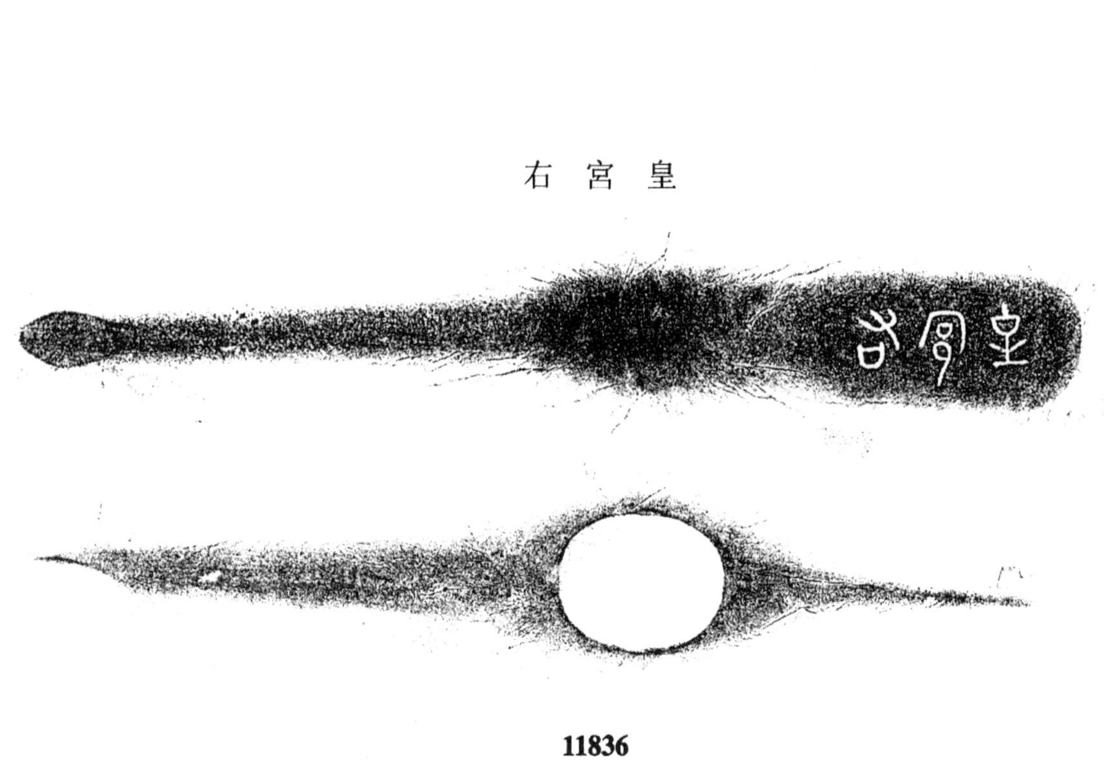

11836

八年邦右庫兵器

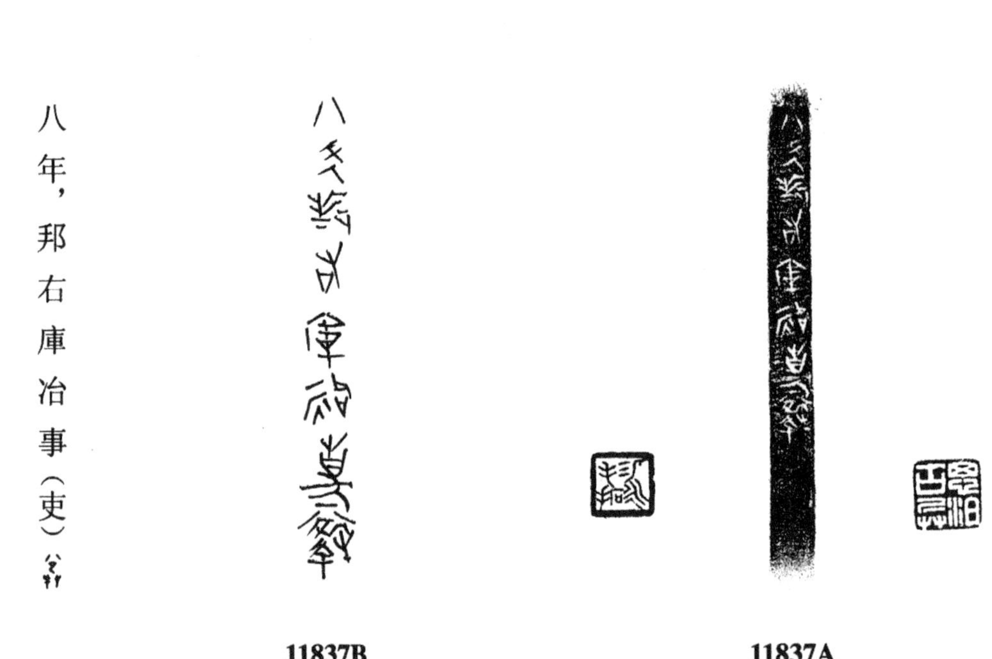

11837B

11837A

衛師盾飾

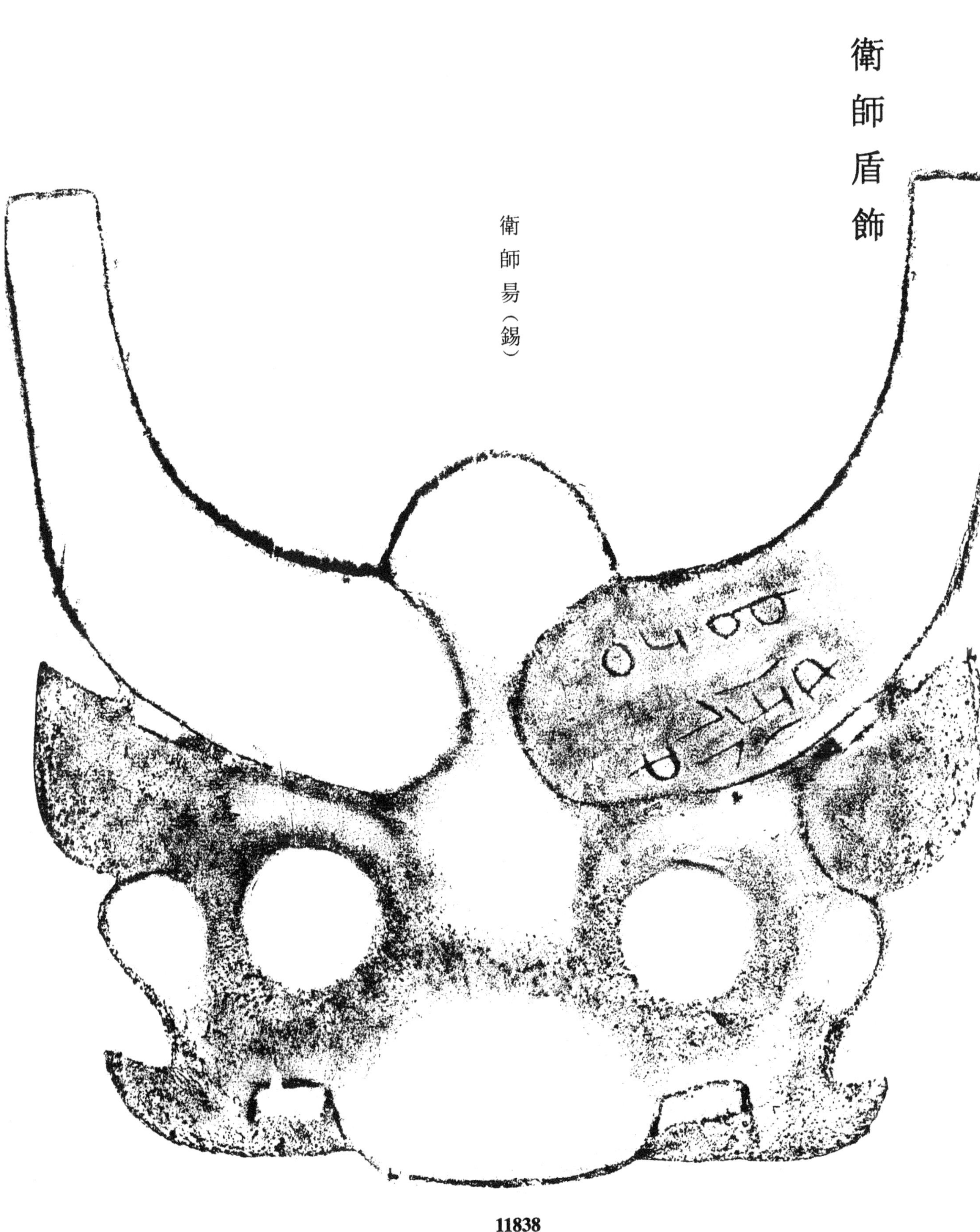

衛師昜（錫）

11838

衛師盾飾

11839A

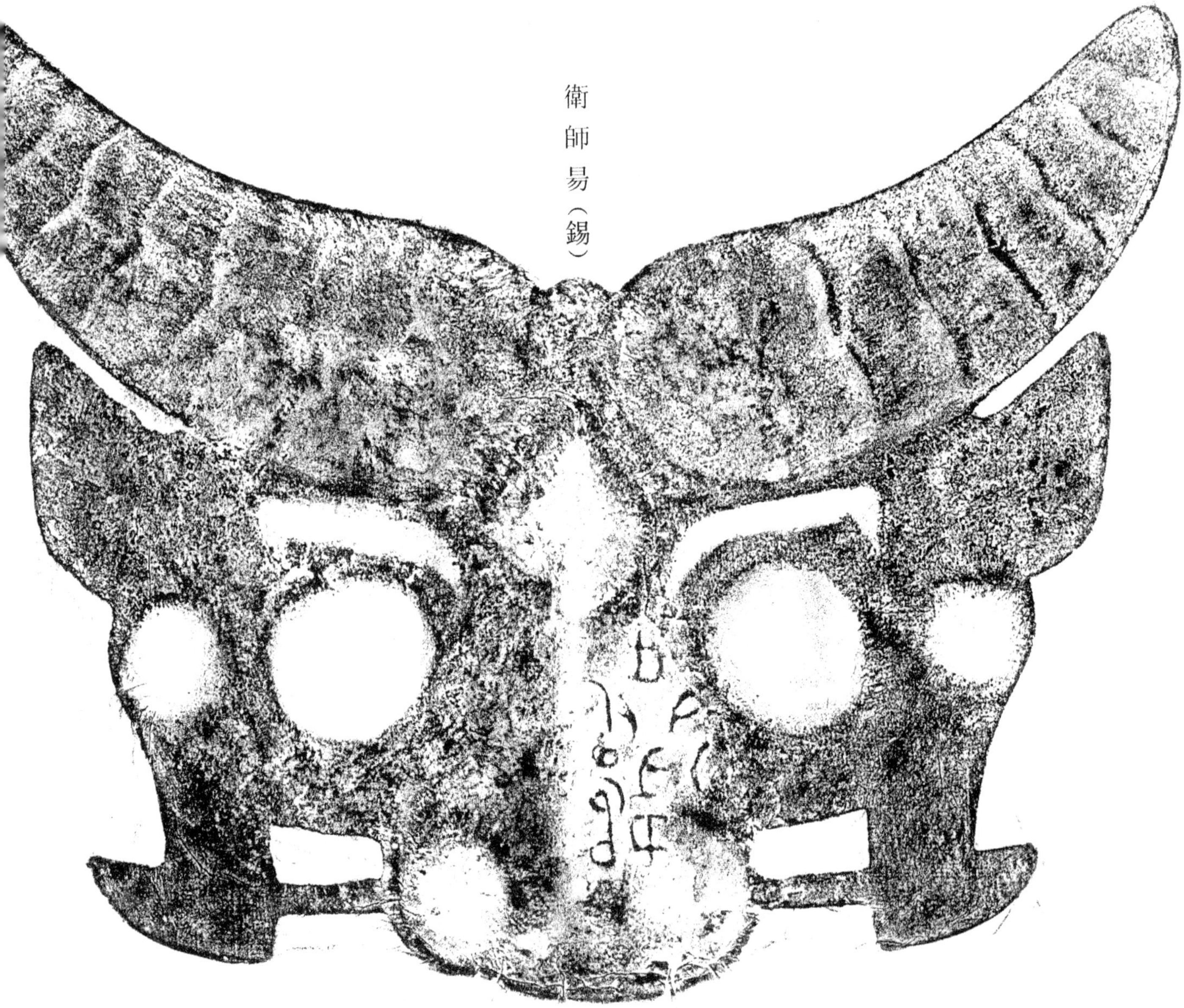

衛師昜（錫）

11839B

五銅泡

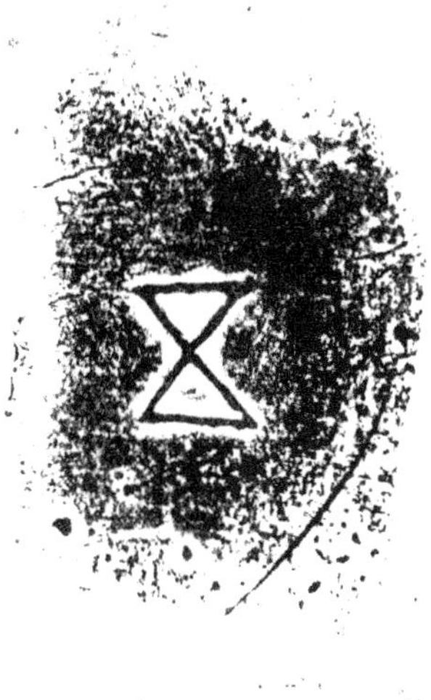

五

11840

⿱⿰皀皀黃銅泡

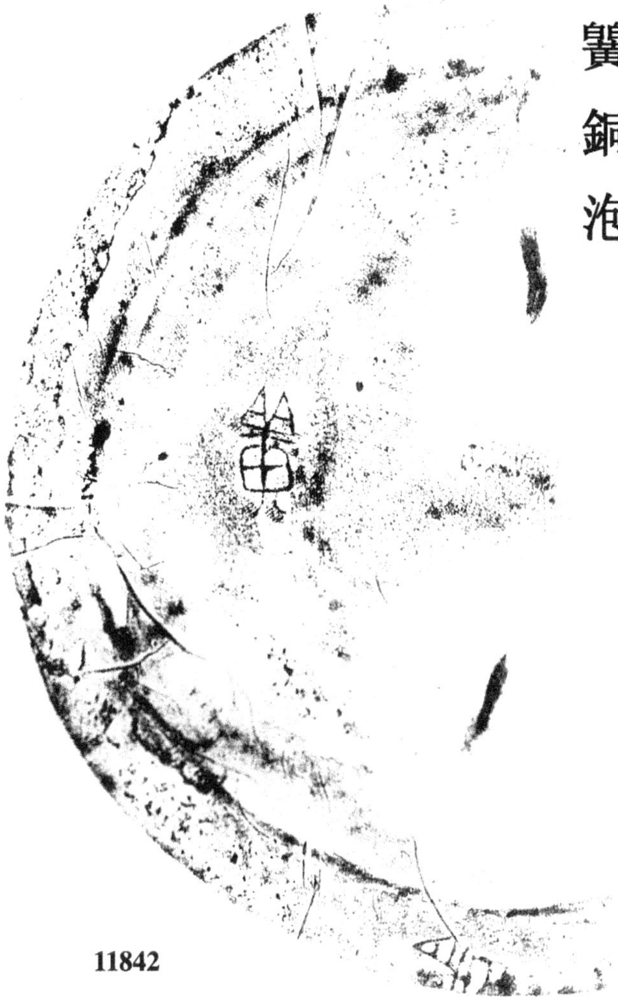

⿱⿰皀皀黃（黇）

11842

矢銅泡

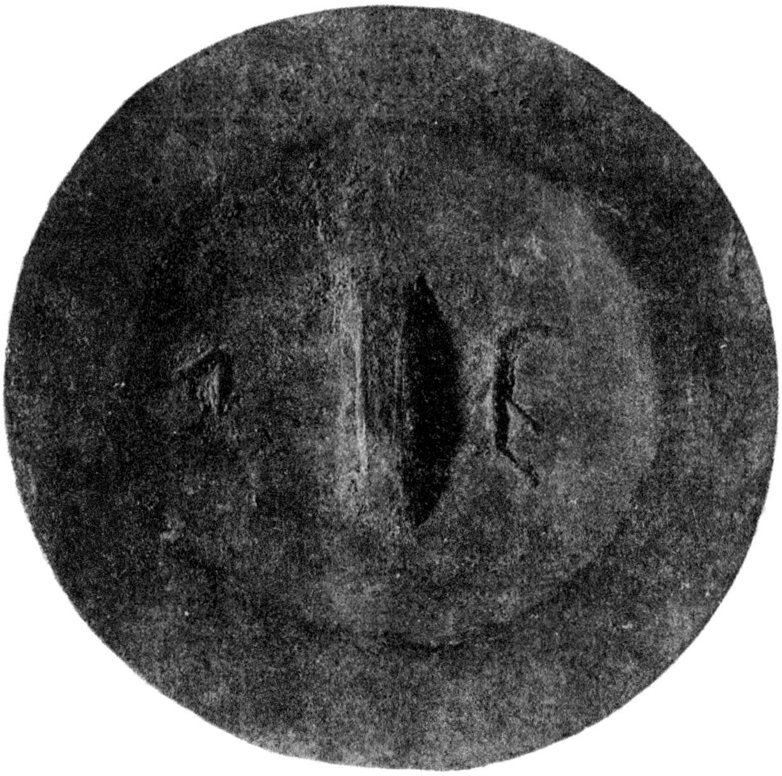

矢（仄）

11841

干銅泡

干

11843

豐銅泡

豐

11845A

莫銅泡

莫

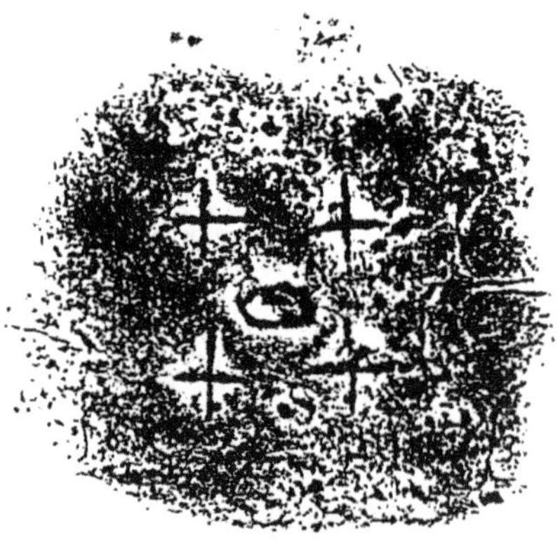

11844

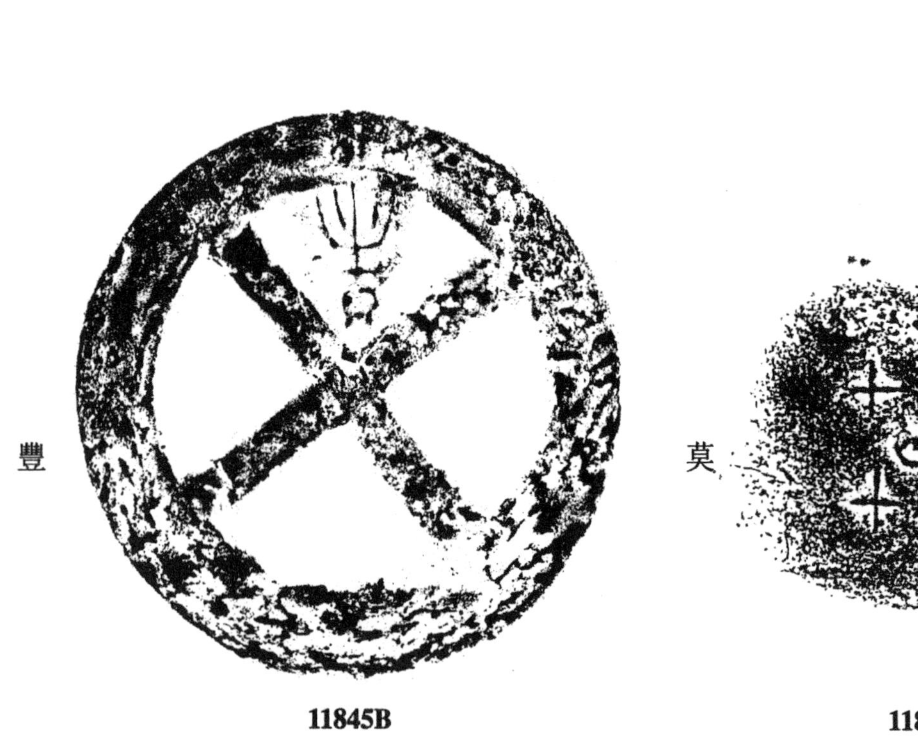

豐

11845B

豐銅泡

豐

11846A

豐

11846B

豐銅泡

豐

11847A

豐

11847B

豐王銅泡

豐王

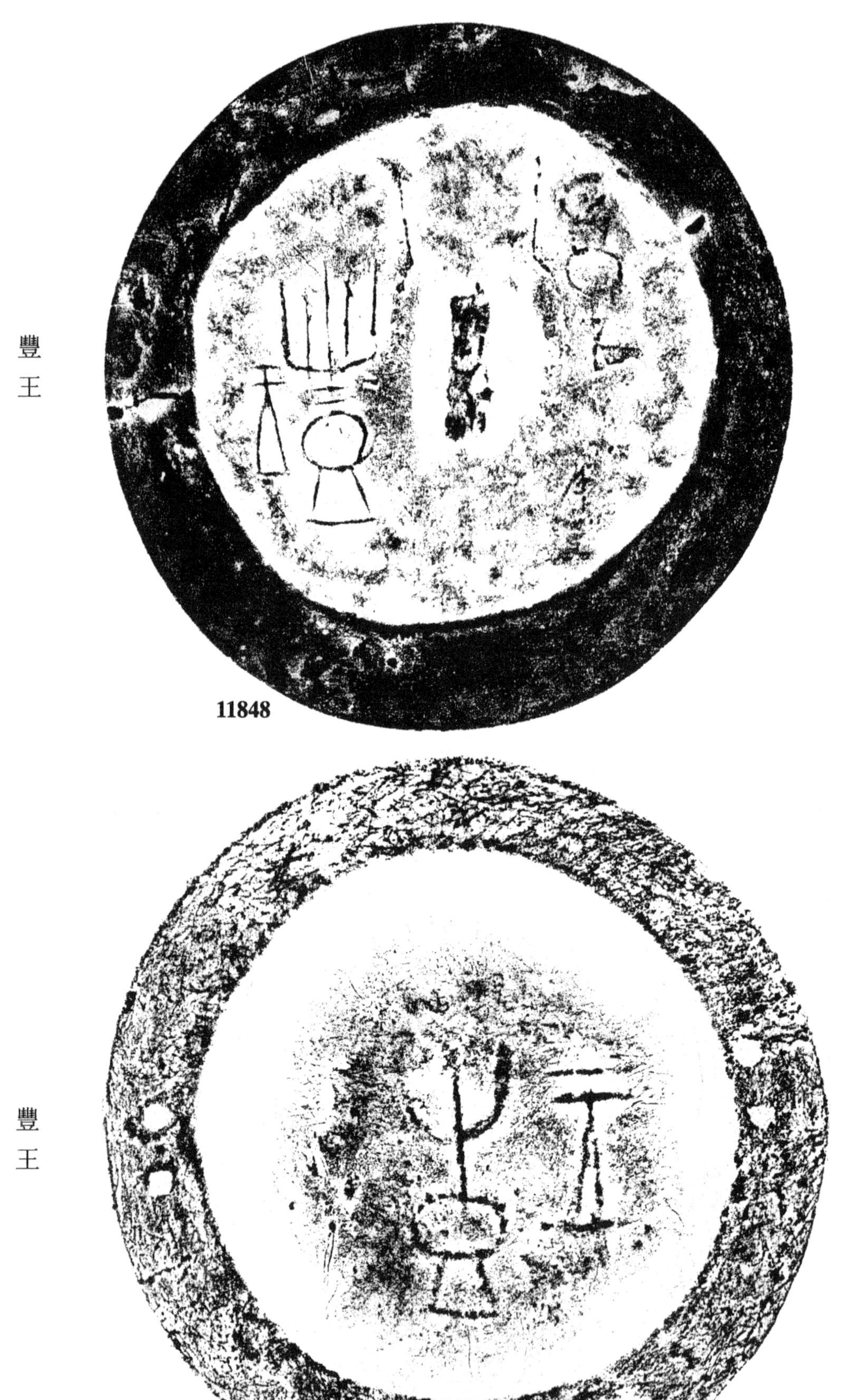

11848

豐王銅泡

豐王

11849

豐王銅泡

豐王

11850

矢笞銅泡

矢笞（笿）

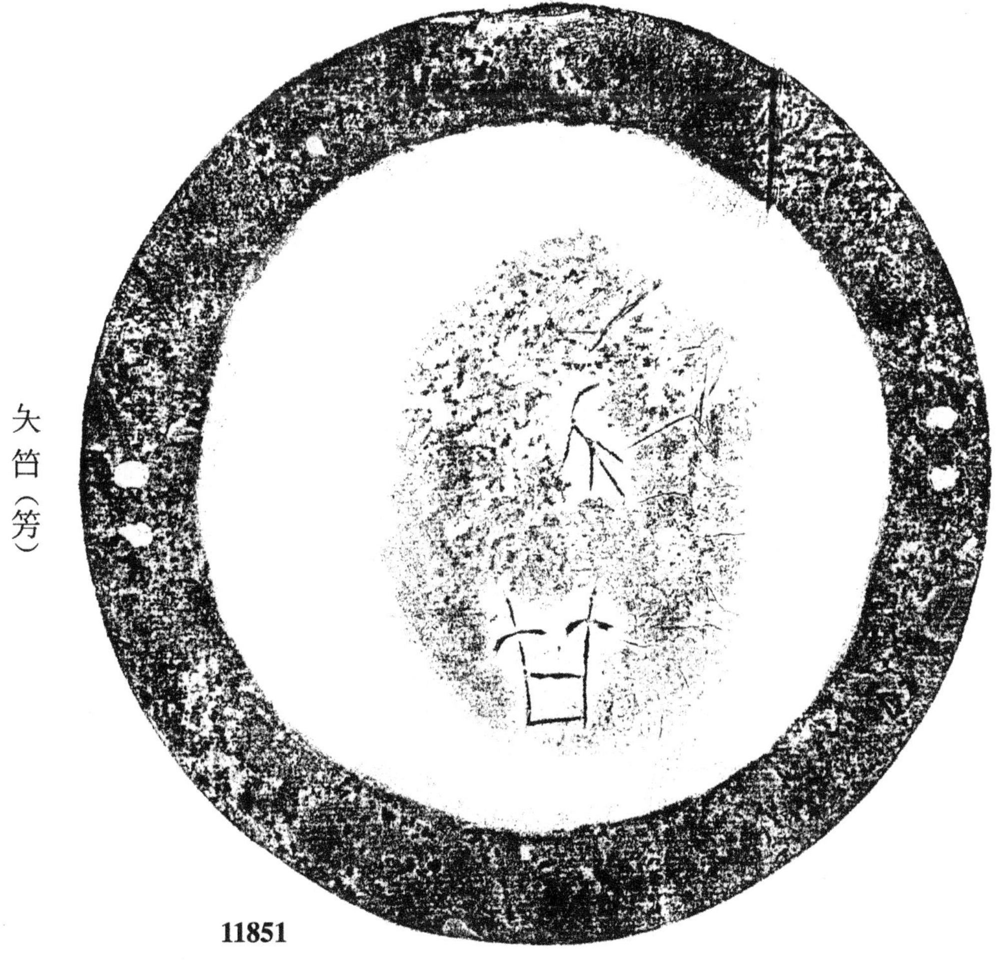

11851

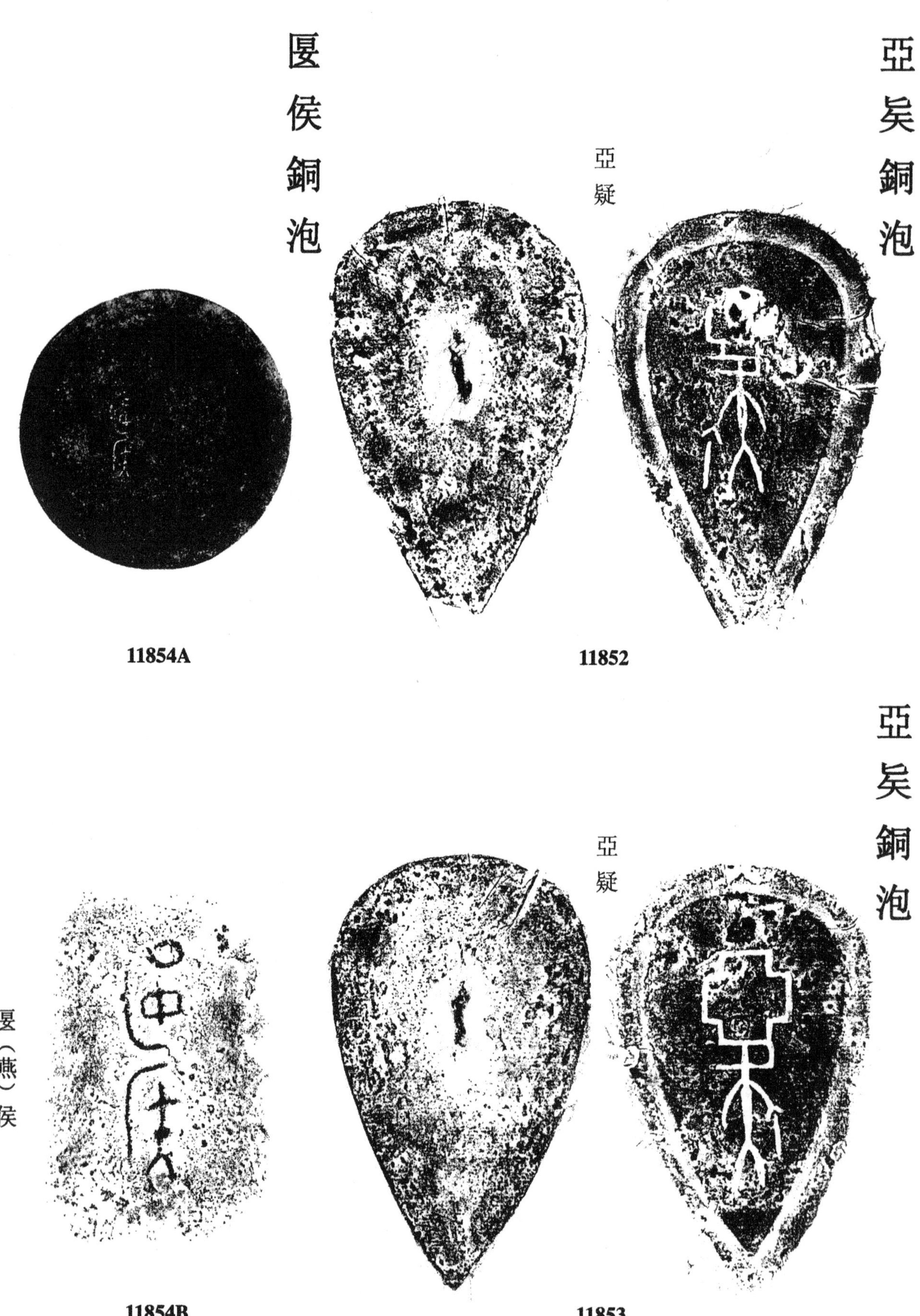

匽侯銅泡

亞吴銅泡

亞疑

11854A

11852

亞吴銅泡

亞疑

匽（燕）侯

11854B

11853

中次銅泡

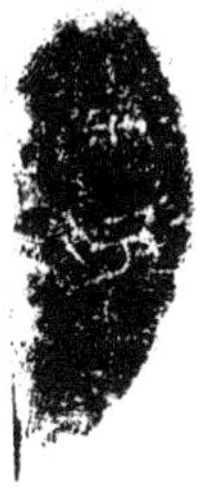

中次

11855

中次銅泡

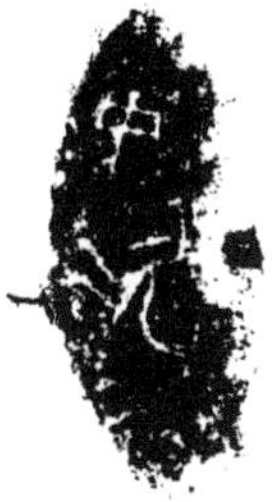

中次

11856

日毛銅泡

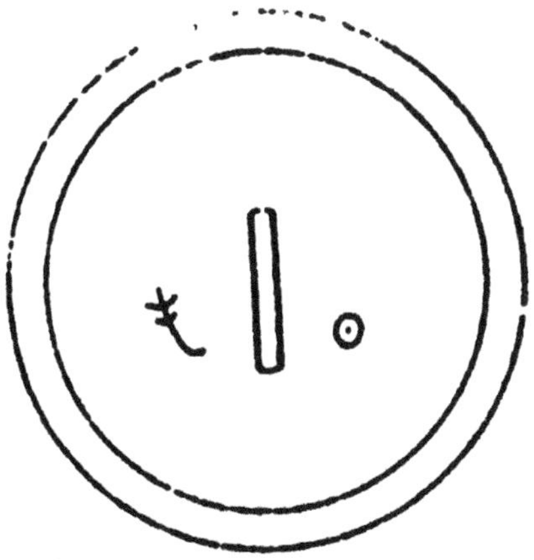

日毛

11857

衛師銅泡

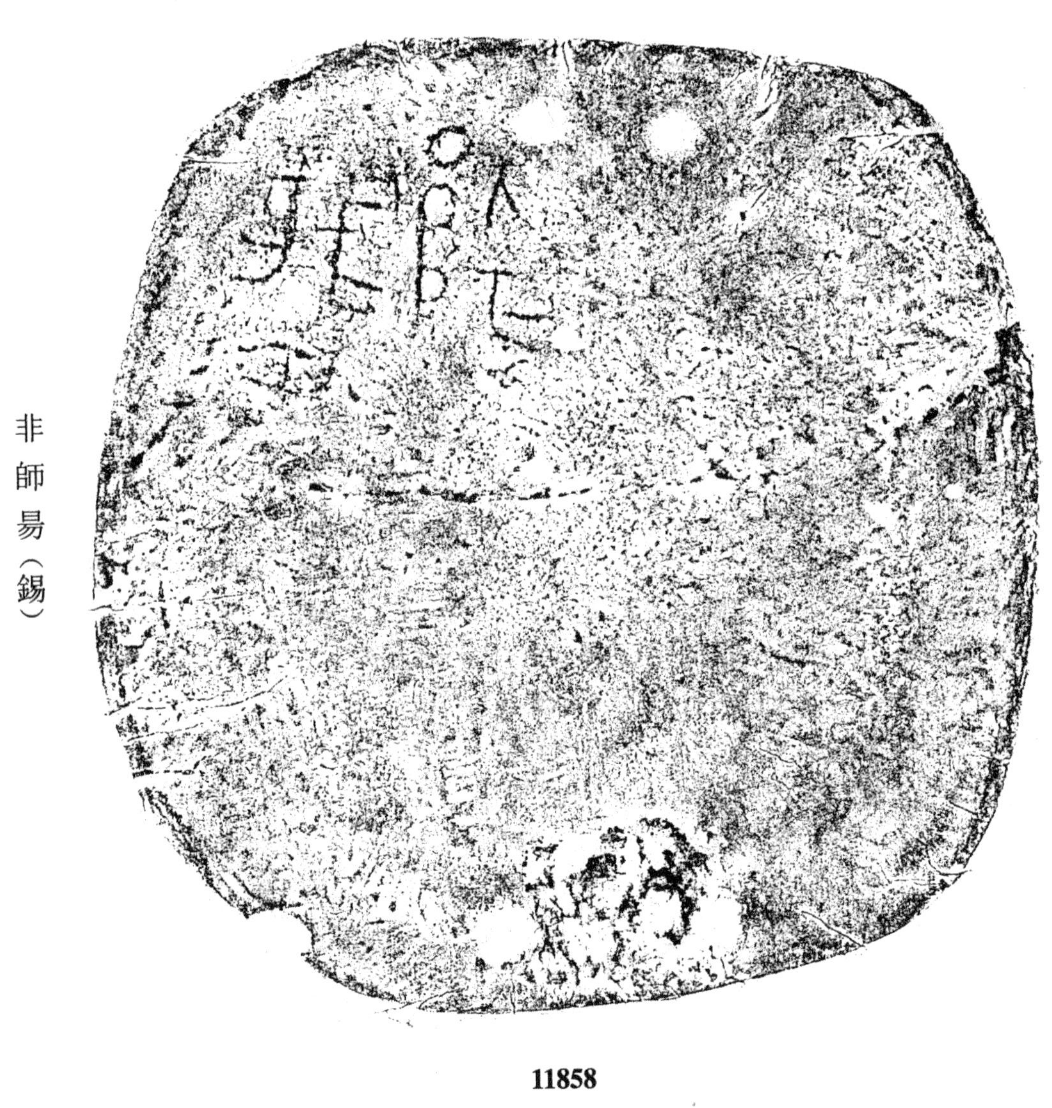

非師昜（錫）

11858

衛
師易（錫）

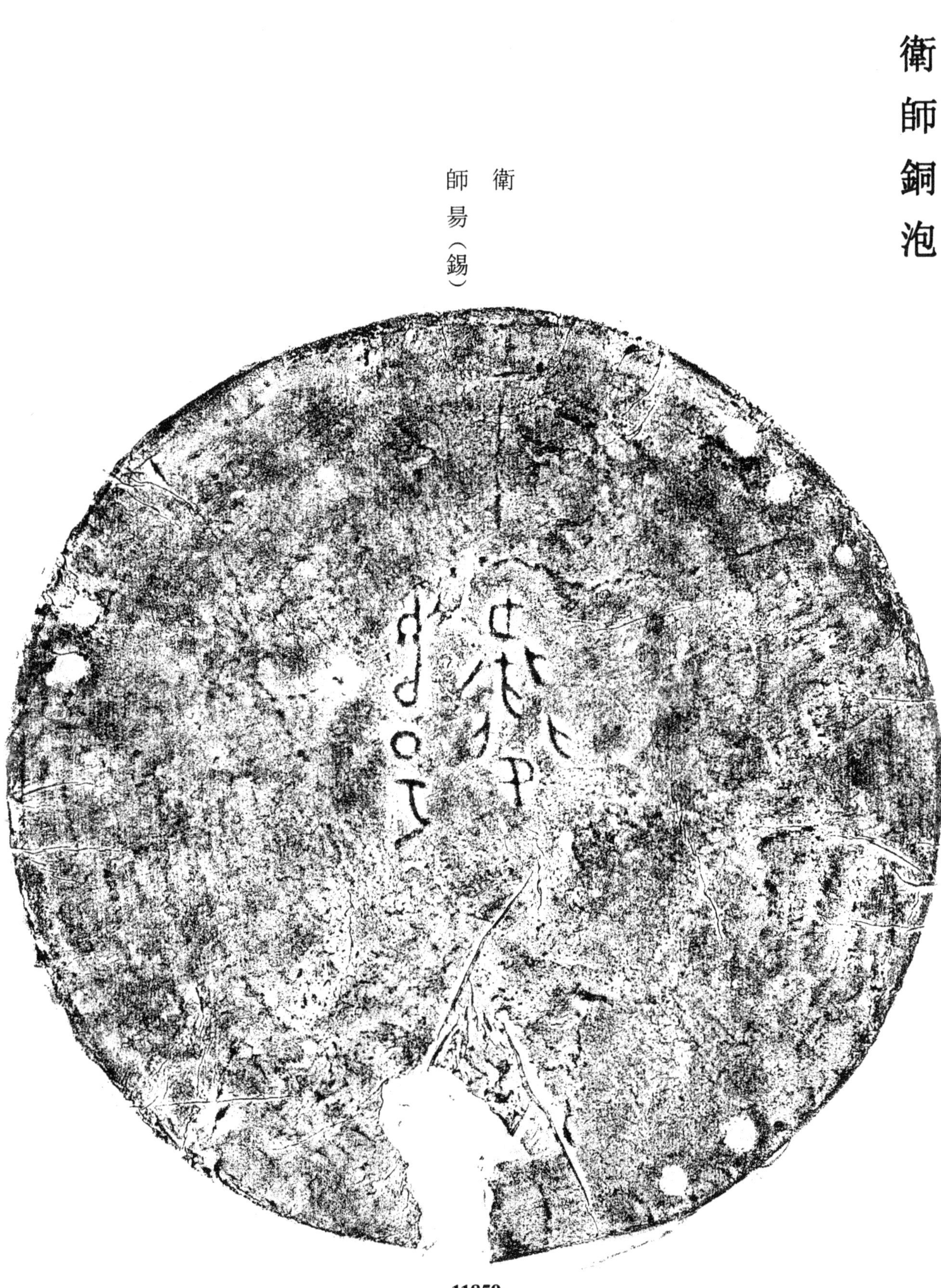

11859

匽侯銅泡

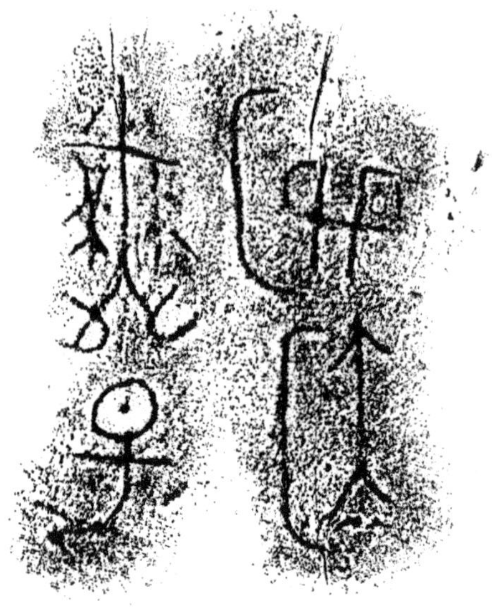

匽（燕）侯
無（舞）易（錫）

11860

匽侯銅泡

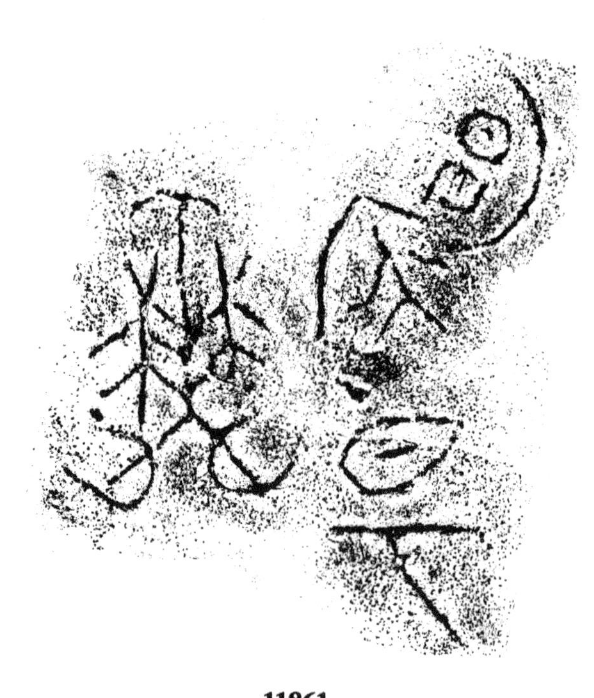

匽（燕）侯無（舞）易（錫）

11861

師紿銅泡

11862A

11862B

師紿
十二月，
十四苿

私庫嗇夫鑲金銀泡飾

11863A

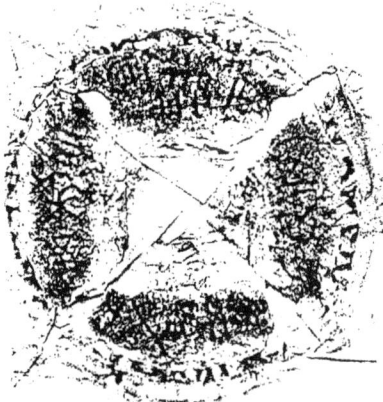

11863B

夫賁正、工孟鮮
十三苿，私庫嗇

私庫嗇夫鑲金銀泡飾

11864A

11864B

十三苿，私庫嗇夫
賁正、工夏昗（昃）

私庫嗇夫鑲金銀泡飾

11865A

11865B

夫賁正、工陲亘
十三苿，私庫嗇

先弓形器

先

11866

𠂤弓形器

𠂤

11867

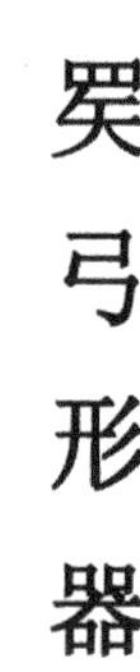

冥弓形器

冥（瞑）

11868

⿱隹冉弓形器

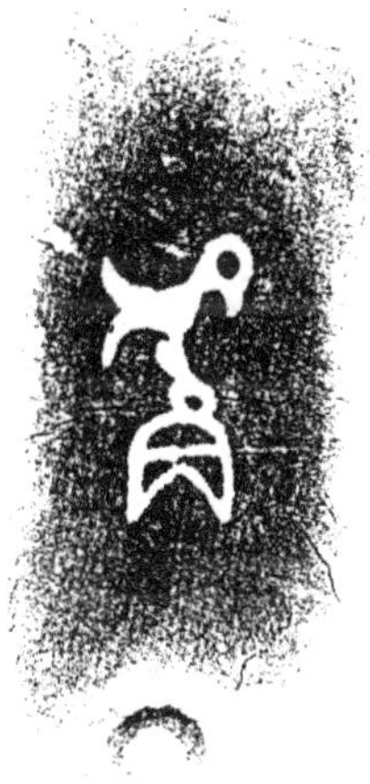

⿱隹冉（⿰月鳥）

11869

⿱工皿弓形器

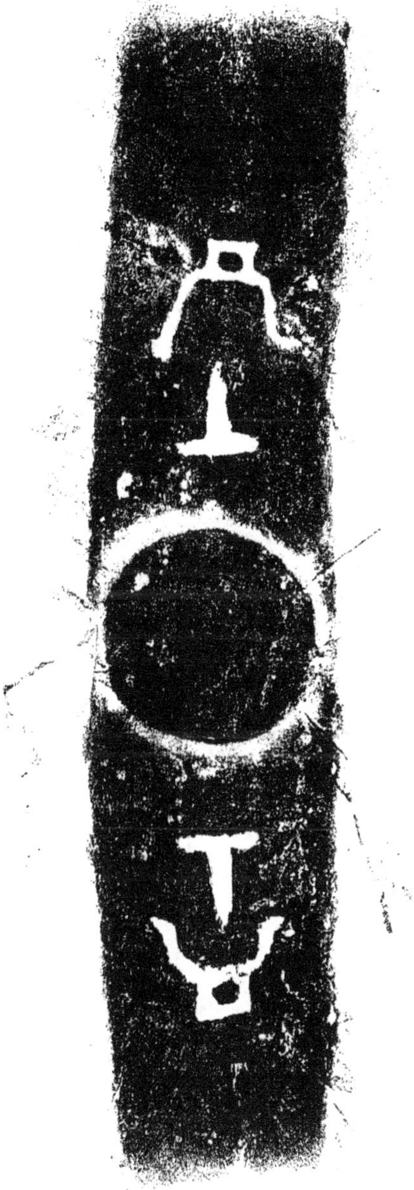

⿱工皿

11870

析弓形器

析

11871

𠬜亞弓形器

𠬜（攀）亞

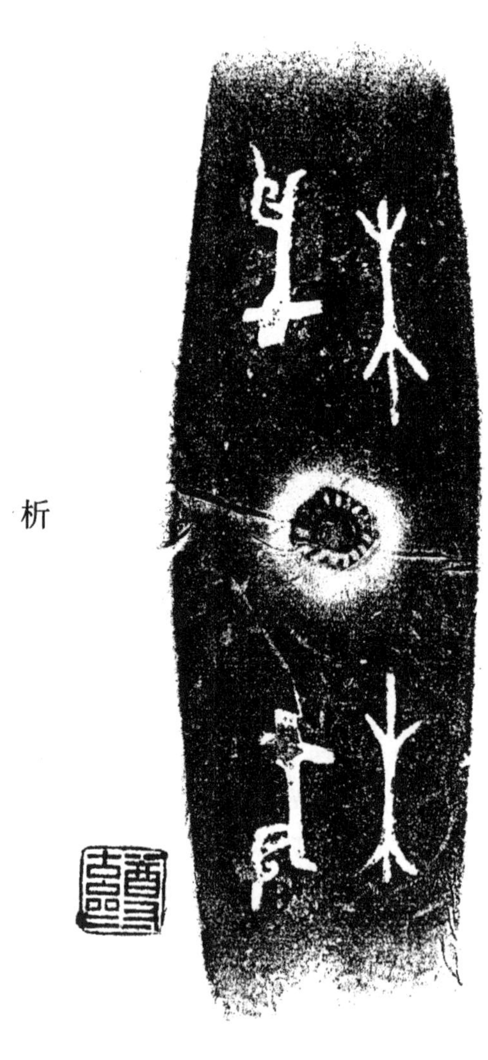

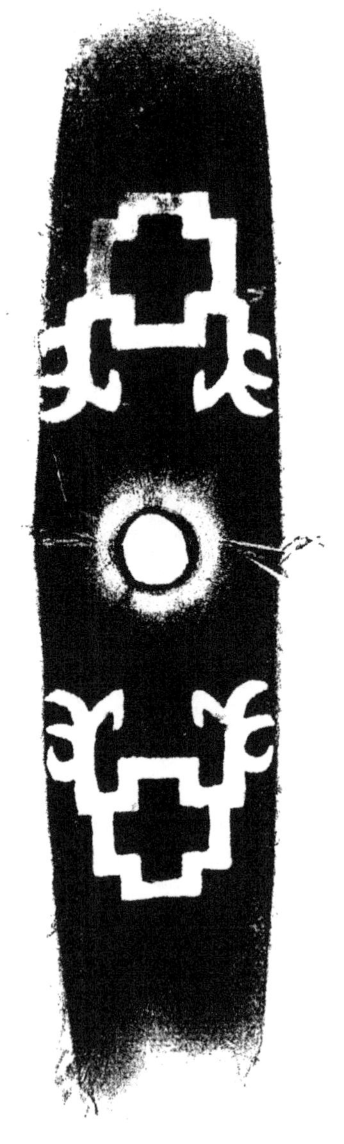

11872

𠬝亞弓形器

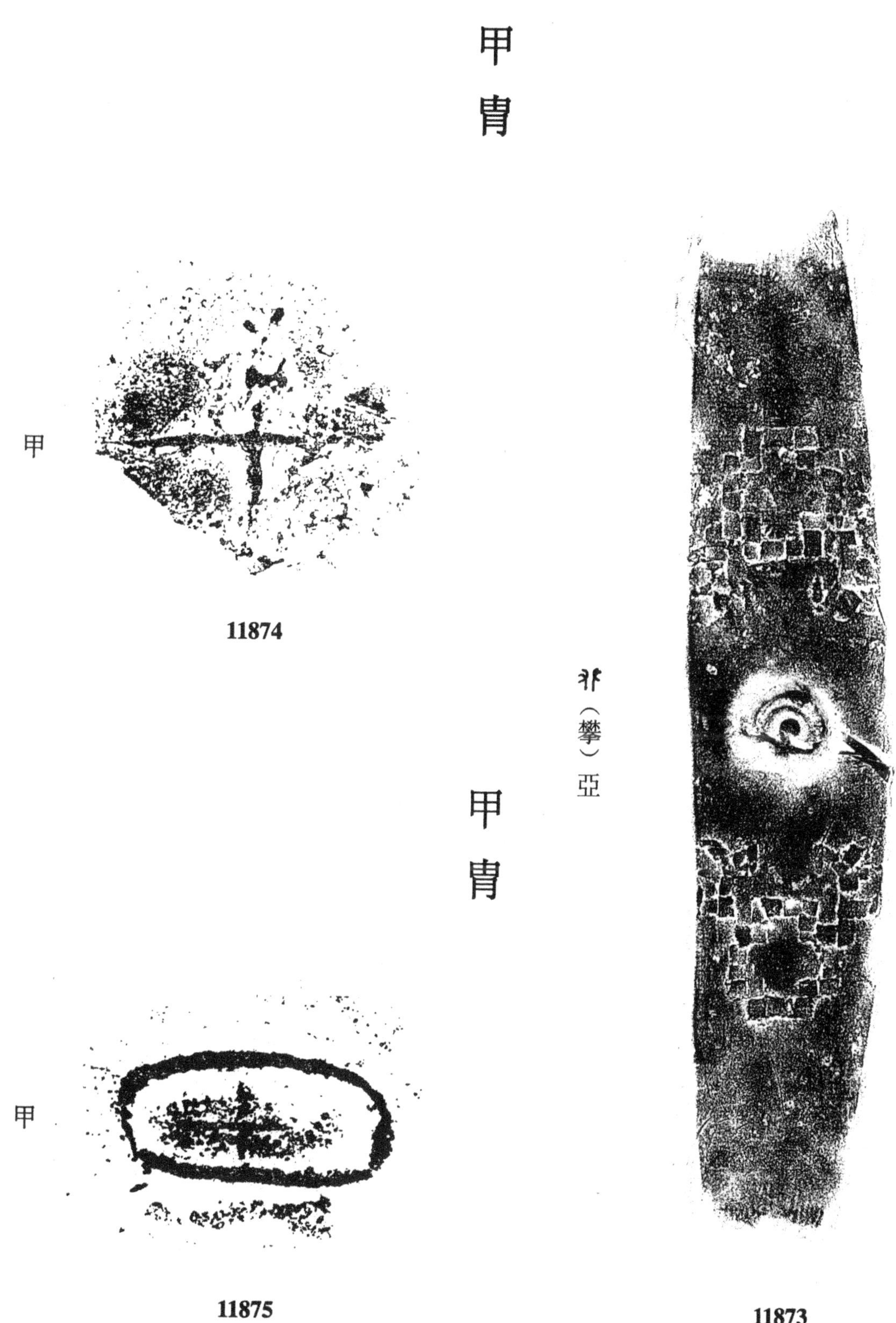

甲胄

甲

11874

甲胄

甲

11875

𠬝(攀)亞

11873

甲胄

甲

11876

正胄

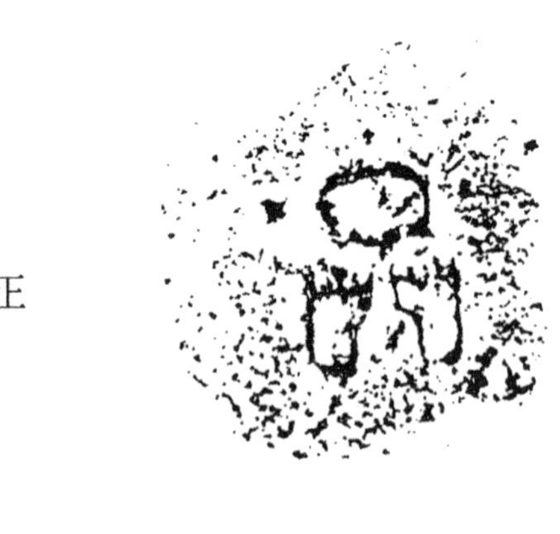

正

11877

鼎胄

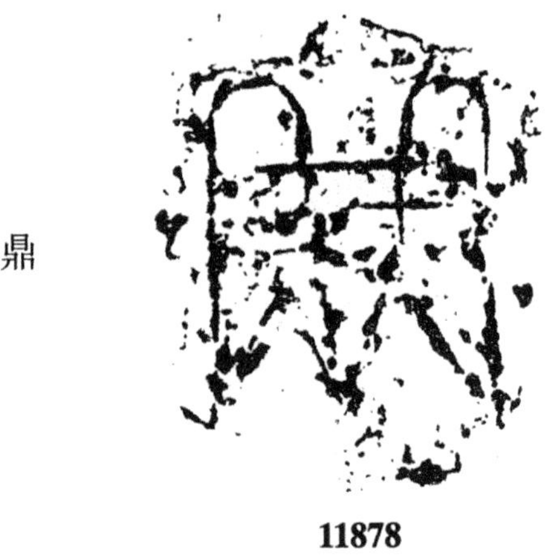

鼎

11878

𠬝胄

𠬝

11879

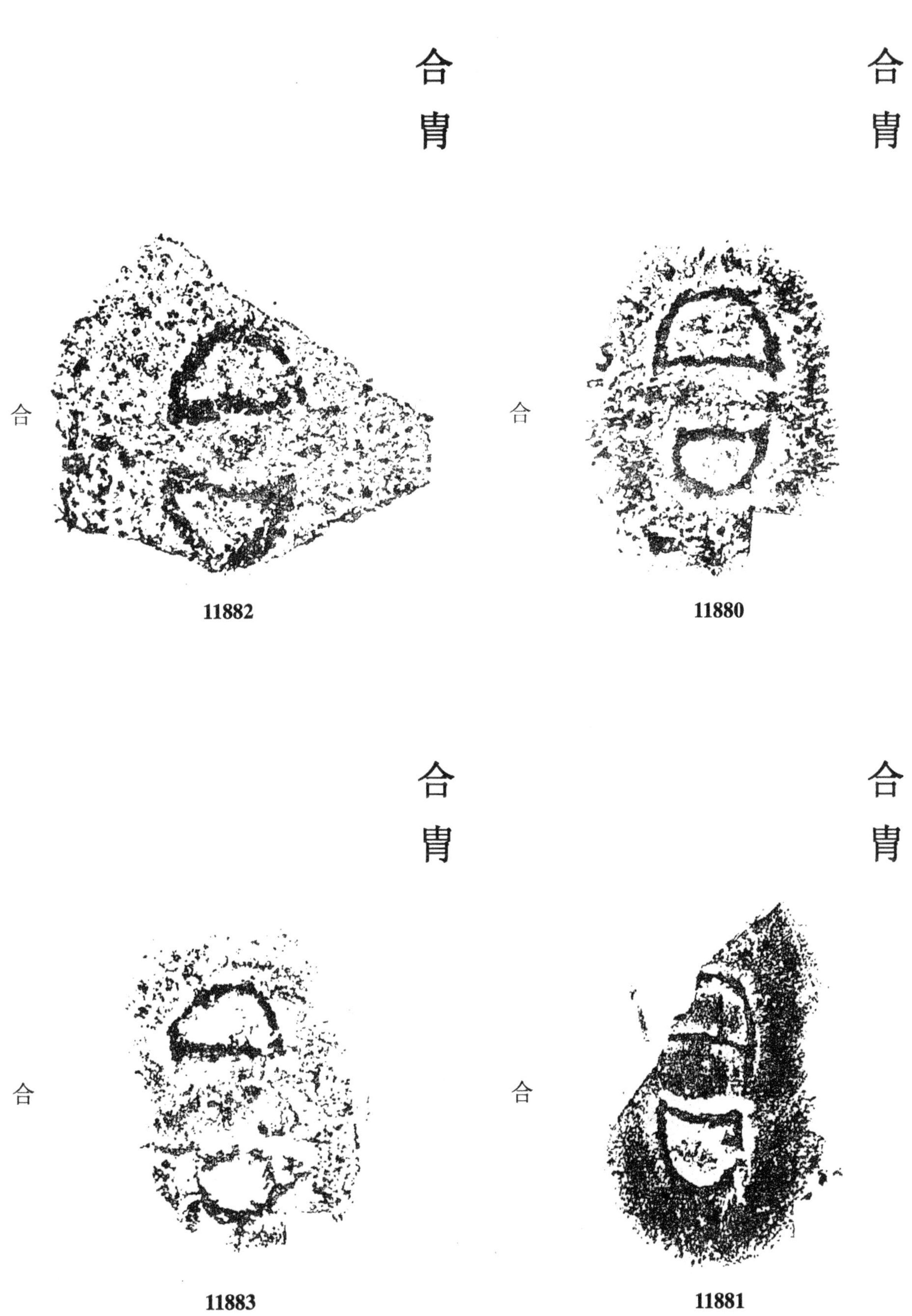

合 胄

合

11880

合 胄

合

11881

合 胄

合

11882

合 胄

合

11883

合冑

合

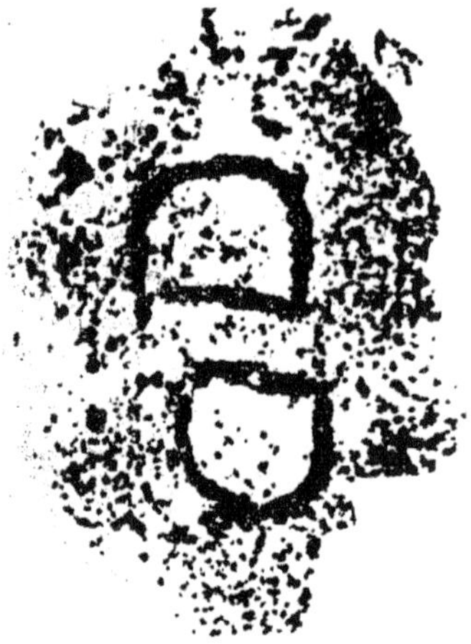

11884

貯冑

貯

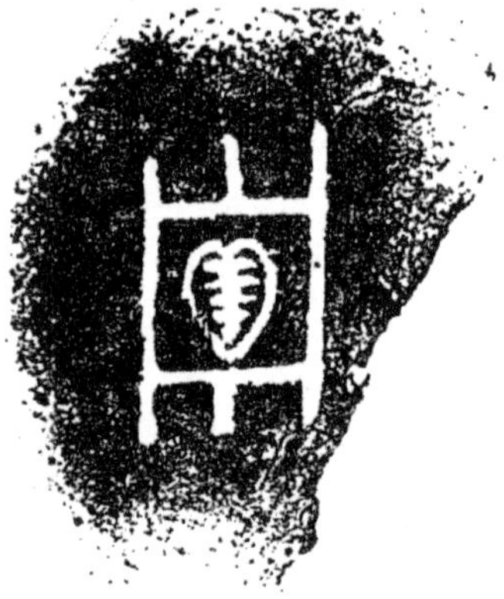

11885A

貯

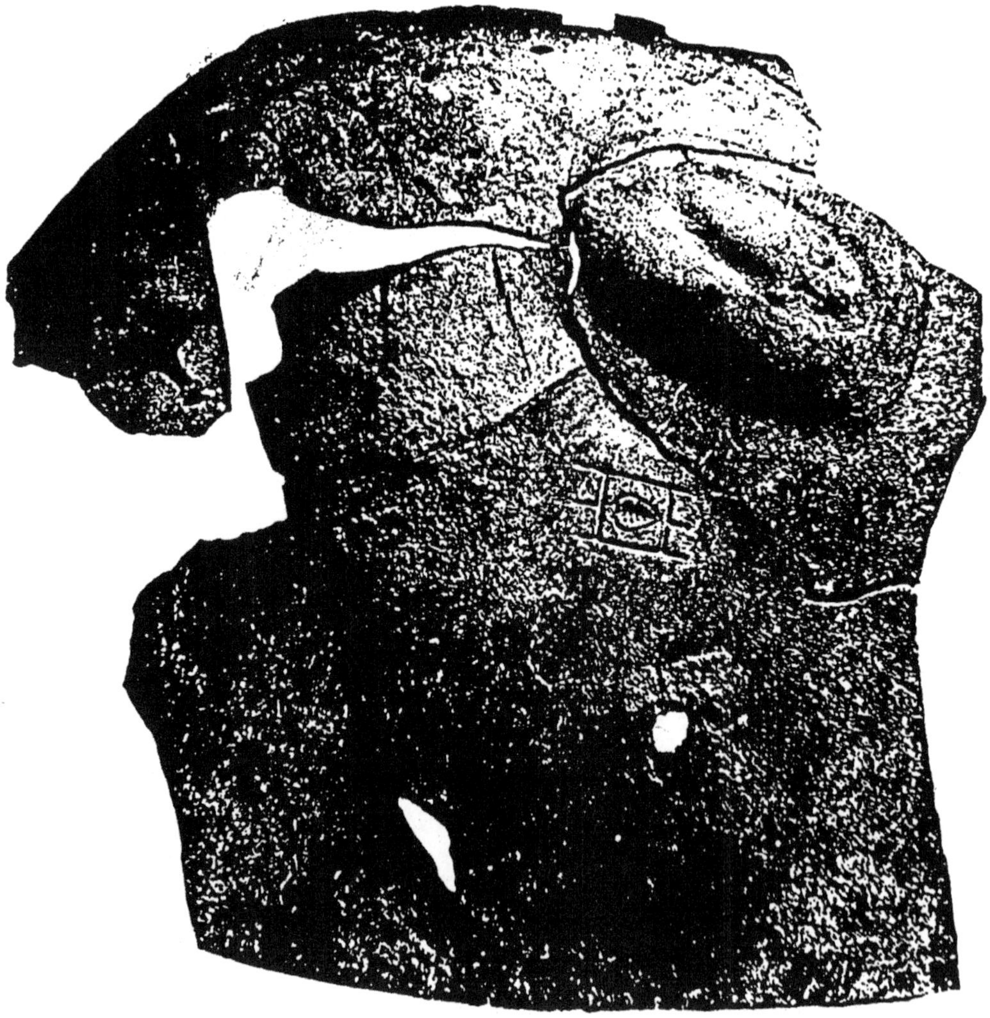

11885B

貯胄

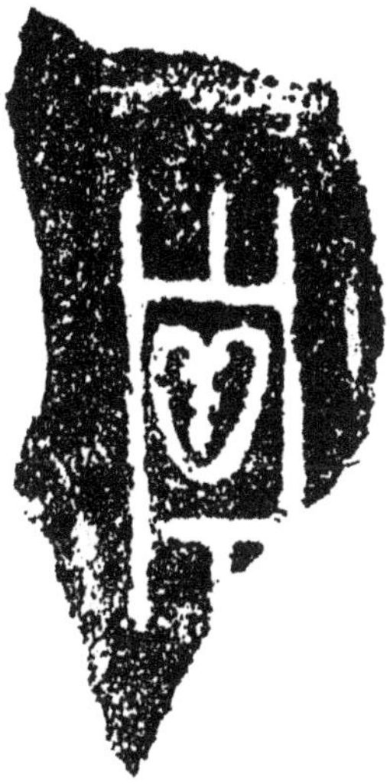

貯

11886

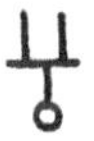胄

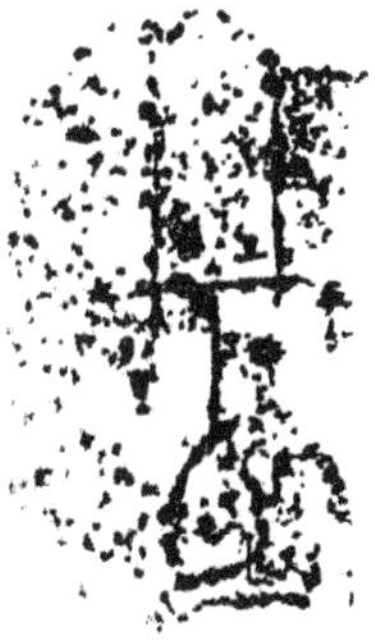

兮

11887

⿴囗旬胄

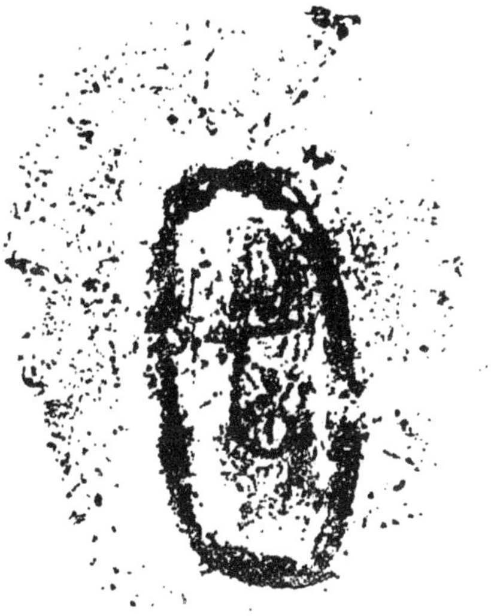

⿴囗旬

11888

旋胄

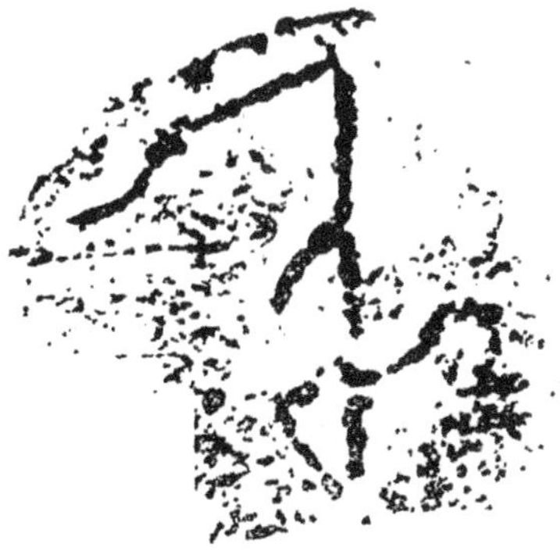

旋

11889

舟冑

舟

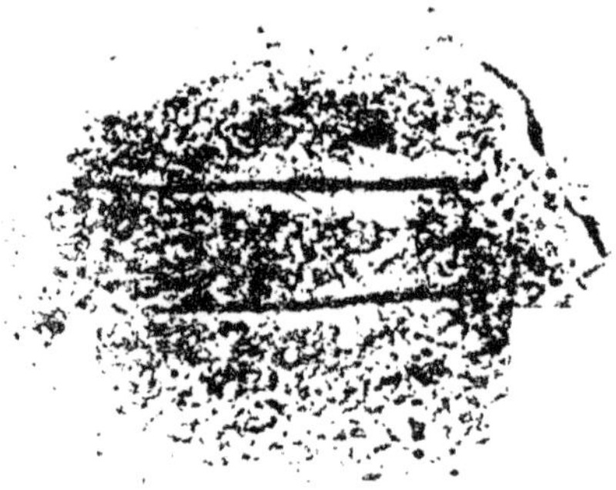

11890

个冑

↑

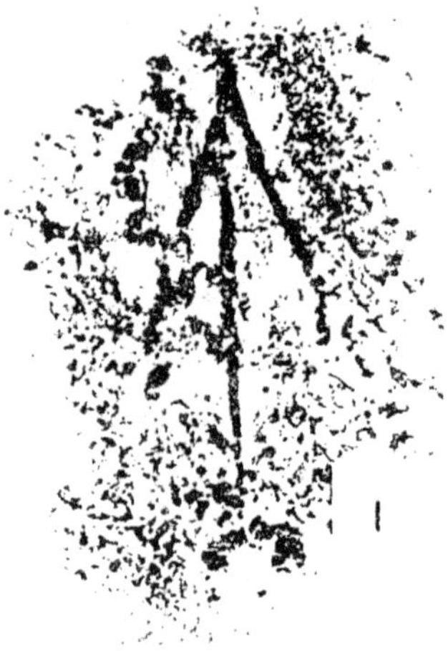

11892

卜冑

卜

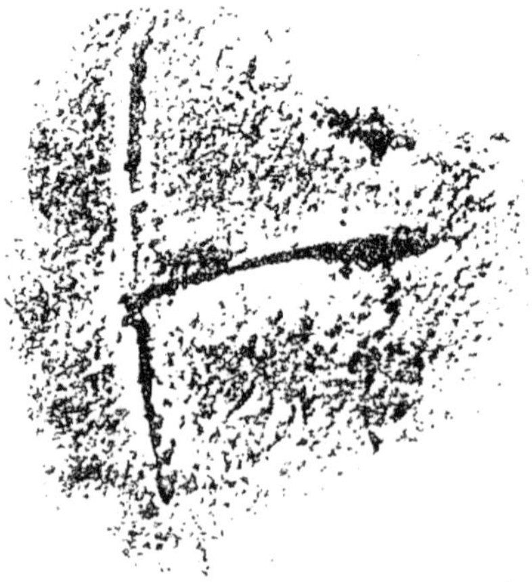

11891

一冑

一

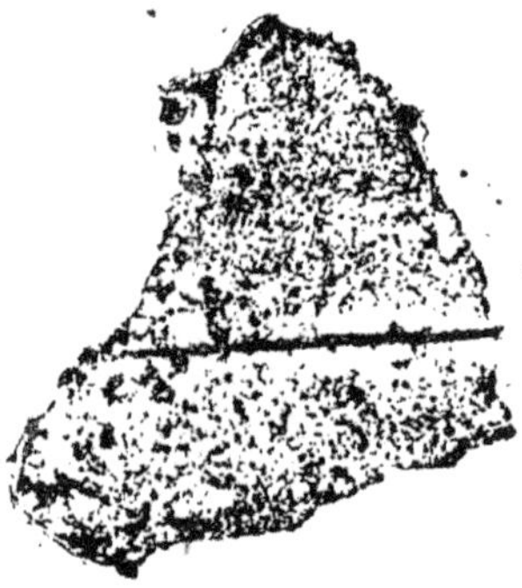

11893

二胄

五胄

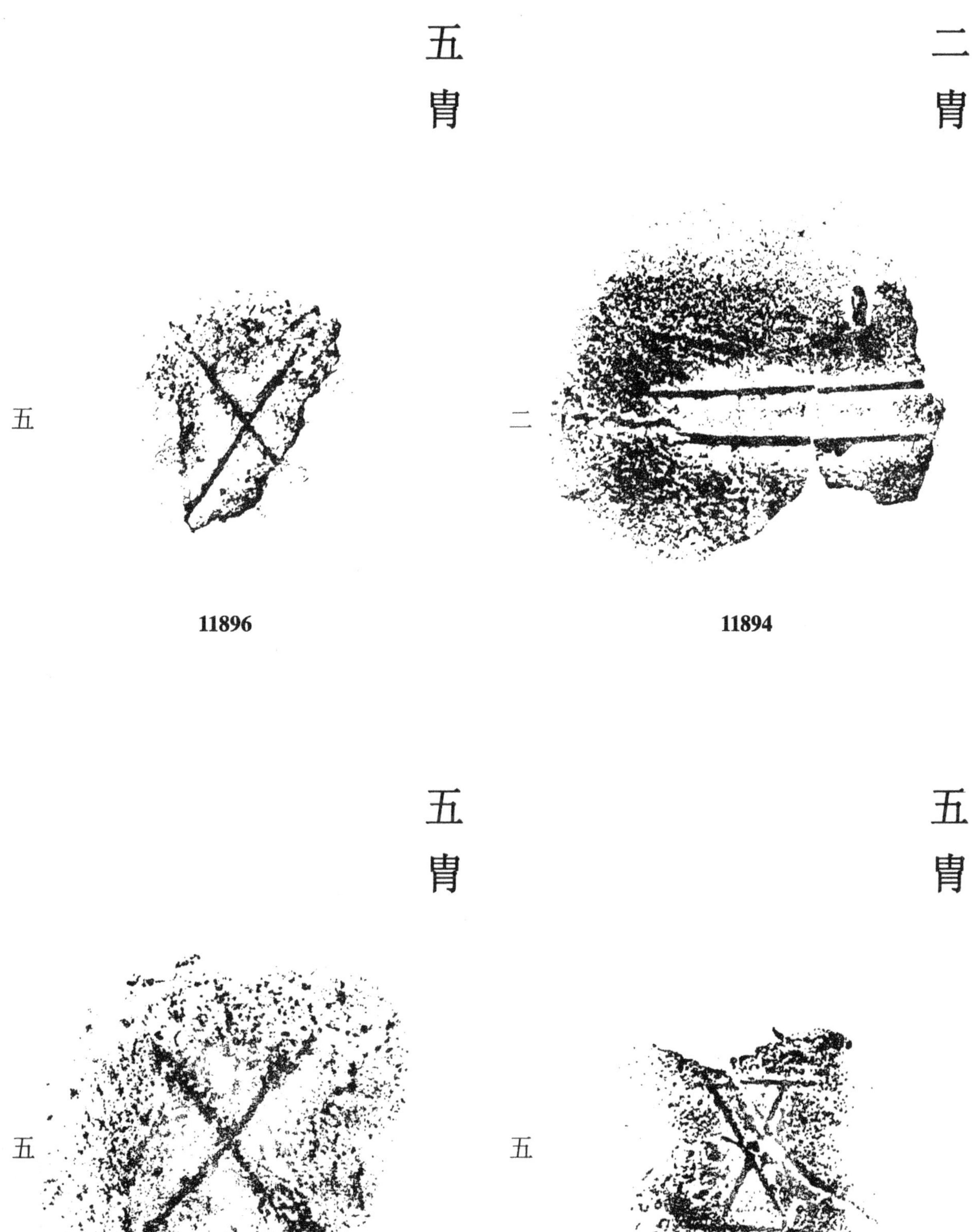

二

11894

五

11896

五胄

五胄

五

11895

五

11897

五胄

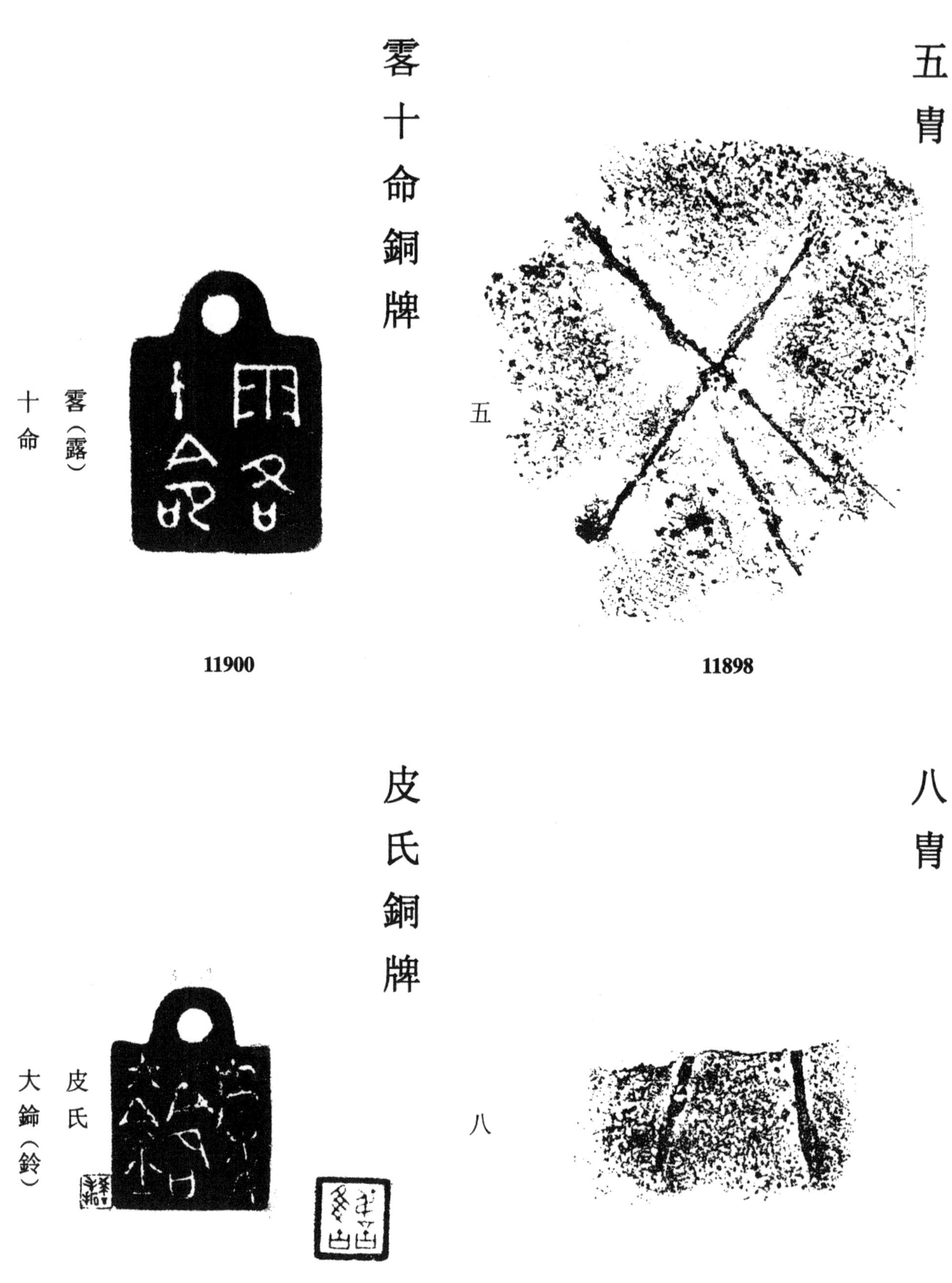

11898

八胄

11899

霝十命銅牌

11900

皮氏銅牌

11901

廿四年，䒒昌我
左佐裁（弋）

11902B　11902A

鼉鐓

鼉

11904

韓鐓

韓同

11903

郻鐓

郻

11905

中府鐓

中府

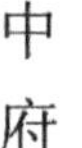

11906

邪[illegible]庫鐓

[illegible]齖（牙）庫

11907

右㝑鐓

右㝑（坊）造

11908

庚都司馬鐓

庚（唐）都司馬

11909

大良造鞅鐓

11911A

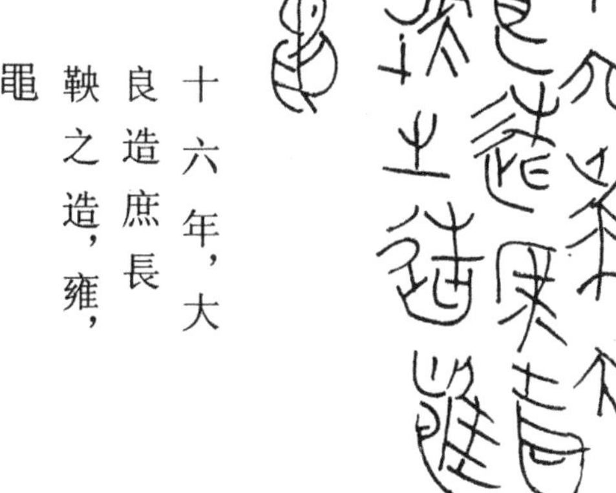

十六年，大良造庶長鞅之造，雍，黽

11911B

大司馬鐓

杝（虒）湩都大䣓馬

11910

幸干首

11912

幸

ꝏ干首

11913

ꝏ（規）

聑七府距末

11914A

11914B

聽七府

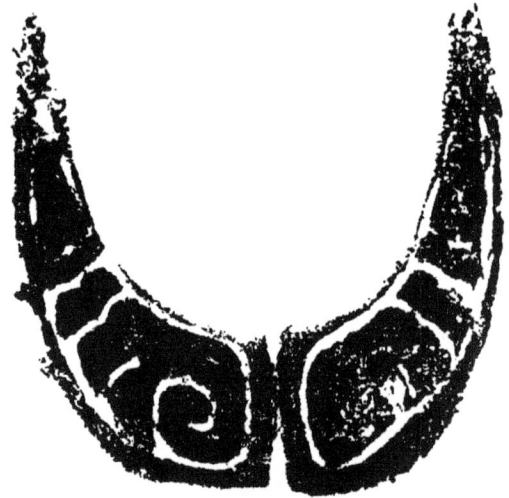

悍距末

悍(忏)乍(作)距末，用差(佐)商國

11915B

11915A

廿年距末

廿年，尚上張乘，刀(其)我彊攻(工)書

11916B

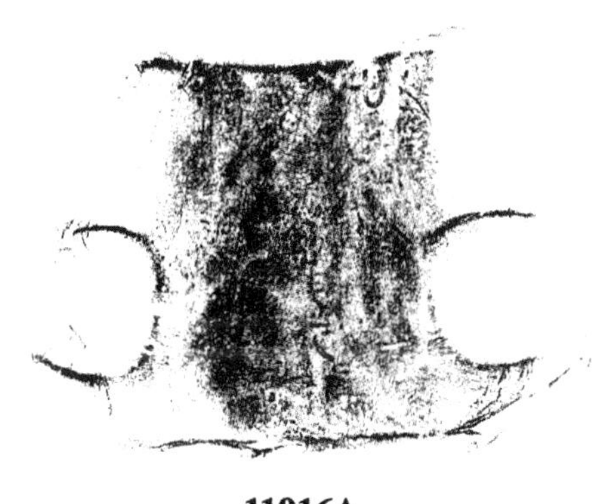

11916A

廿年，尚上張乘，刀(其)我彊攻(工)書

11916C

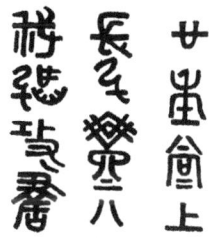

上距末

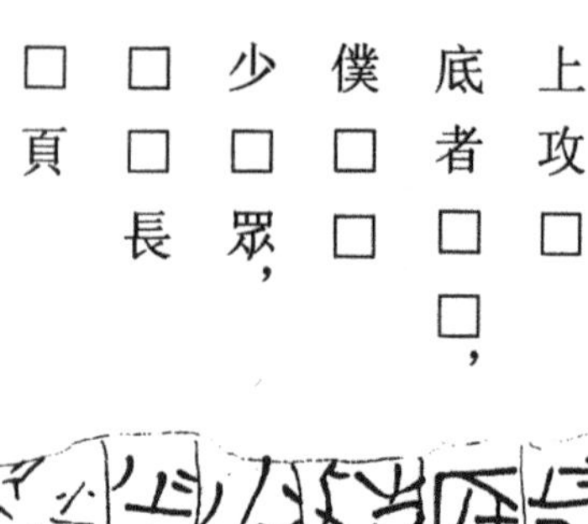

上攻□
底者□□□，
僕□□
少□眾，
□□長
□頁

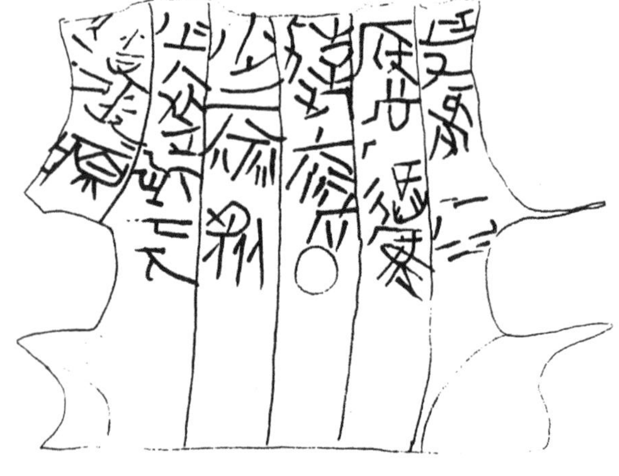

11917B

11917A

丞廣弩牙

丞廣

11918

右攻君弩牙

右攻（工）君（尹）

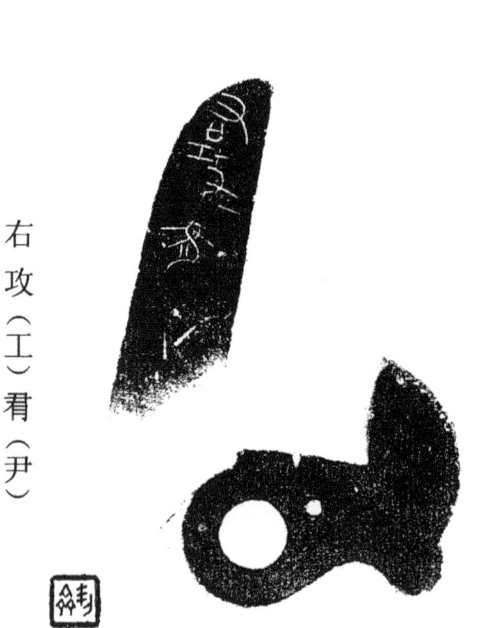

11919

右攻君弩牙

11920A

右攻（工）君（尹）

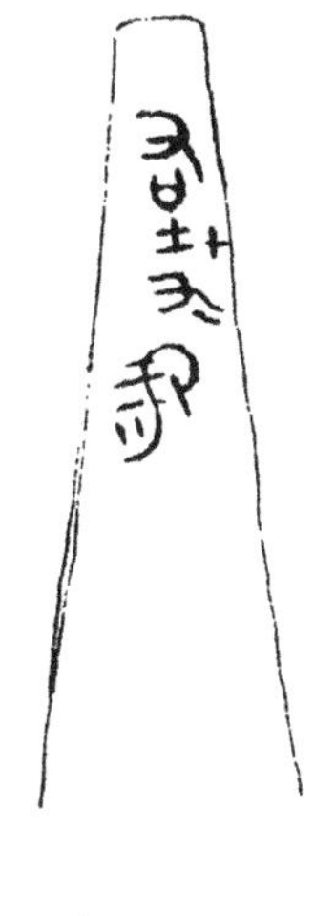

11920B

右攻君弩牙

右攻（工）君（尹）

11921

右攻君弩牙

右攻（工）君（尹）

11922

左攻君弩牙

左攻（工）君（尹）

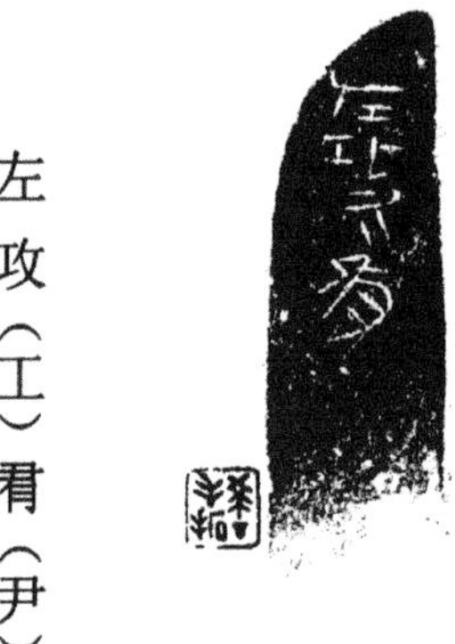

11923

左周弩牙

左周印

11925

左攻君弩牙

左攻（工）君（尹）

11924

左周弩牙

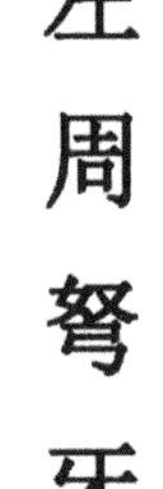

左周印

11926

左周弩牙

左周印

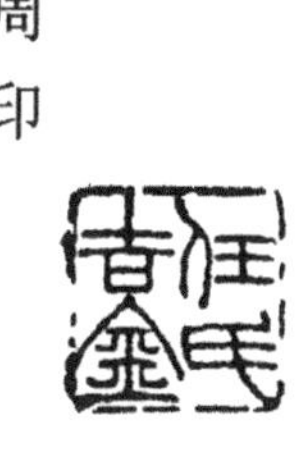

11927

右昜攻肙弩牙

右昜攻（工）肙（尹）

11929

左周弩牙

左周印

11928

右昜宫弩牙

右昜宫攻（工）肙（尹）

11930

八年五大夫弩機

八年，右偶（遇）攻（工）肙（尹）
五大夫青，丌（其）攻（工）涅

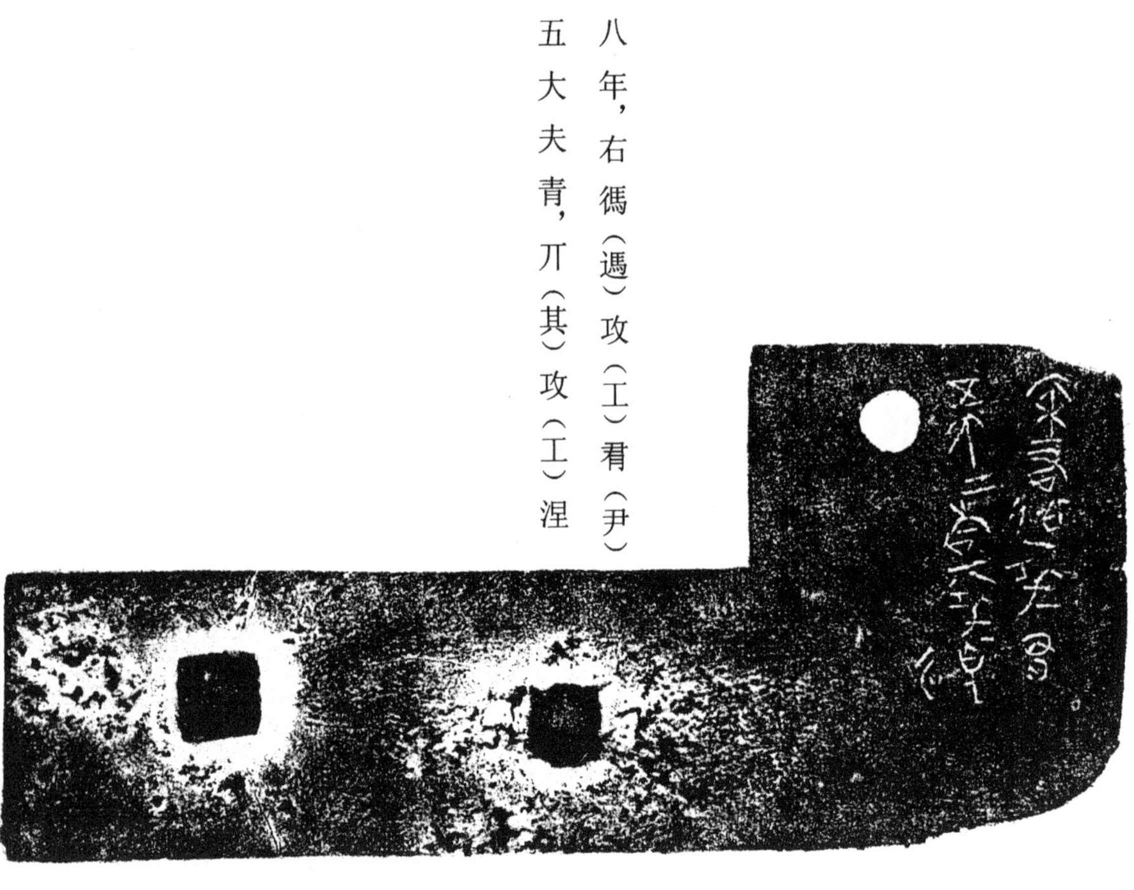

11931A

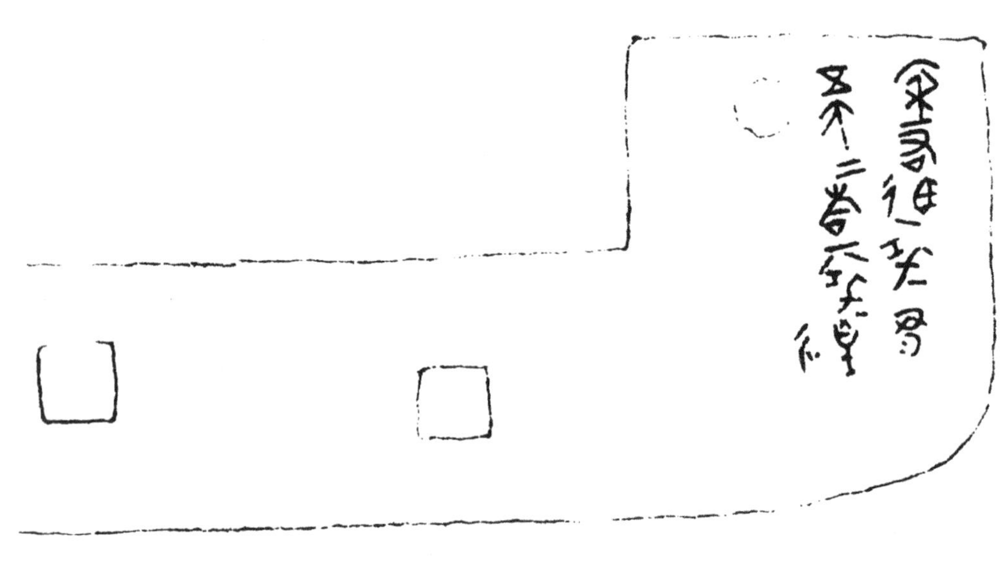

11931B

公鏃

公

11932

公鏃

公

11933

上鏃

上

11934

左鏃

左

11935

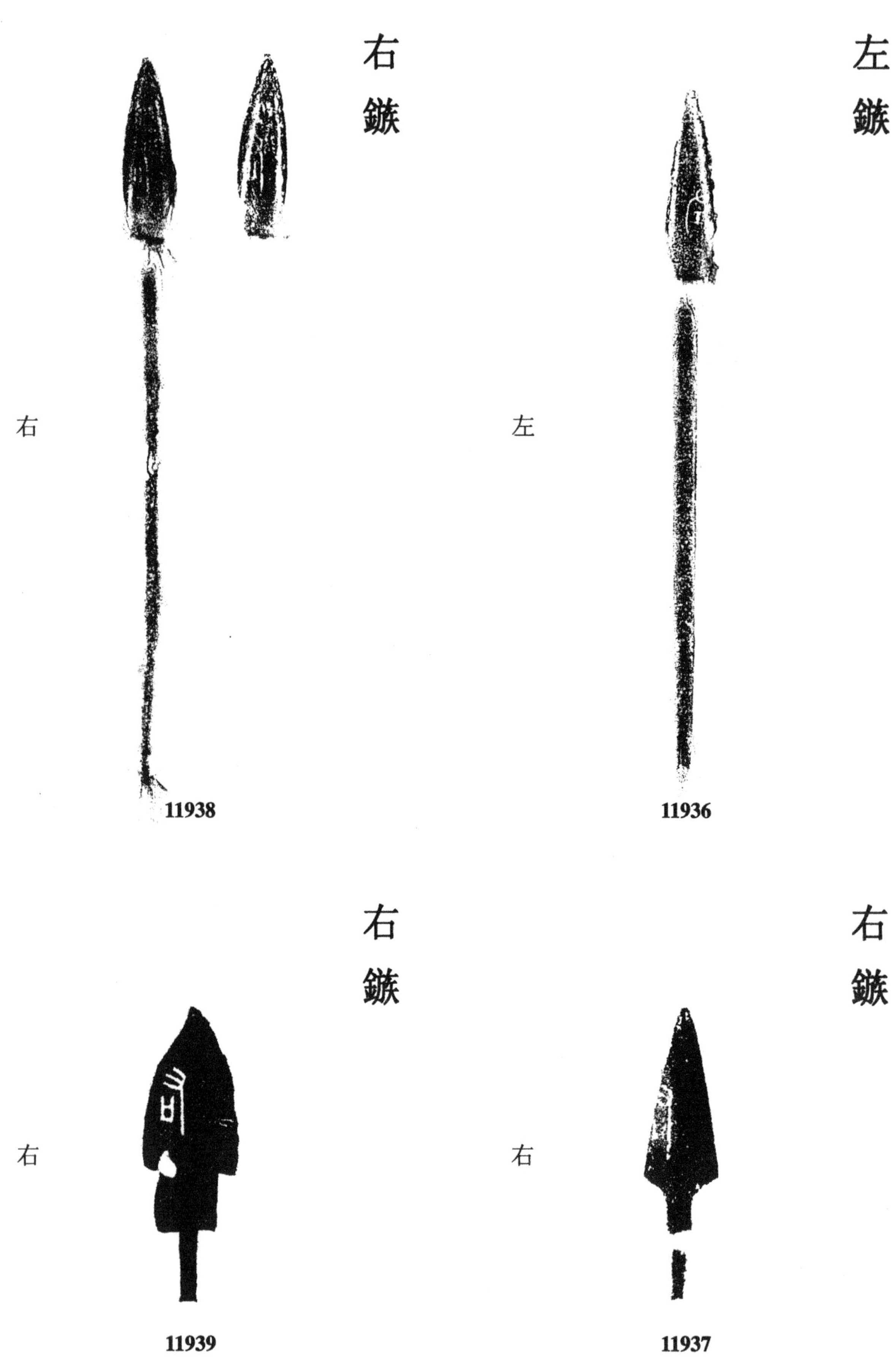

左鏃

左

11936

右鏃

右

11937

右鏃

右

11938

右鏃

右

11939

空鏃

空

11940

商丘鏃

商丘

11942

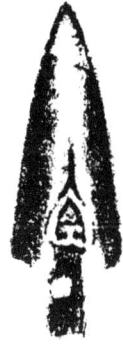

昜鏃

昜

11941

右皇鏃

右得工

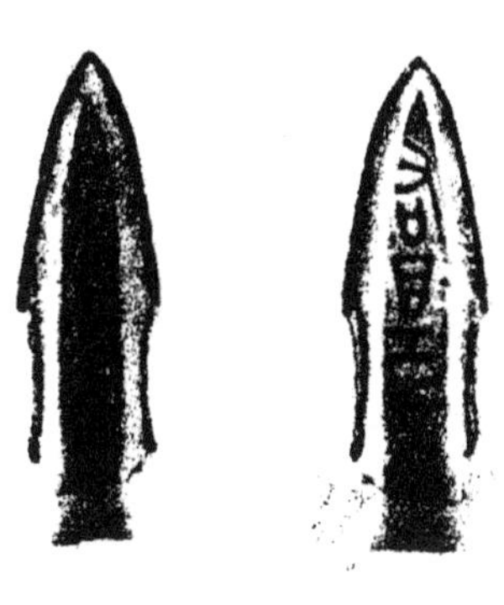

11943

右皇鏃

右得工

11946

右皇鏃

右得工

11944

右皇鏃

右得工

11947

右皇鏃

右得工

11945

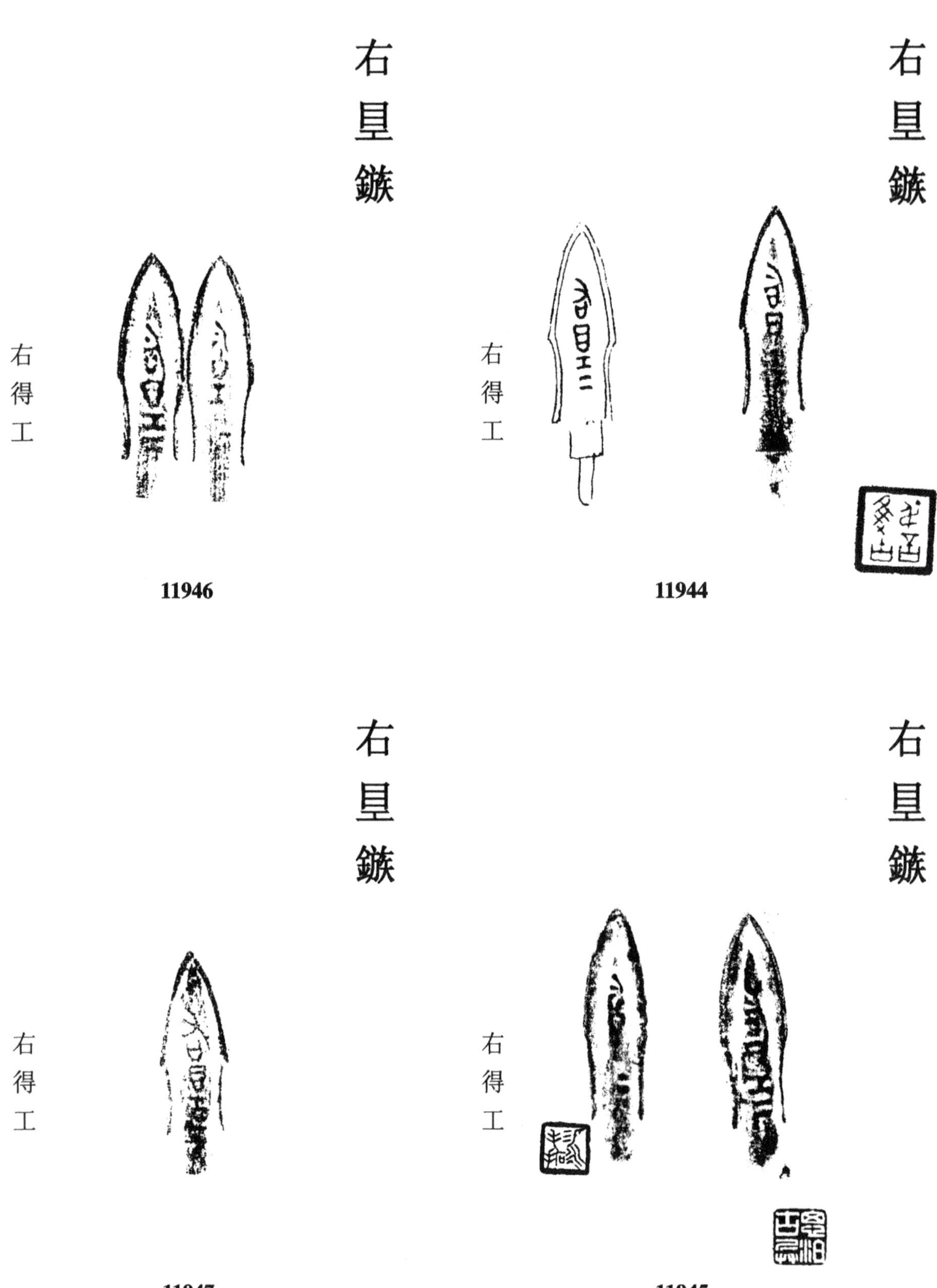

右皇鏃

右得工

11948

右皇鏃

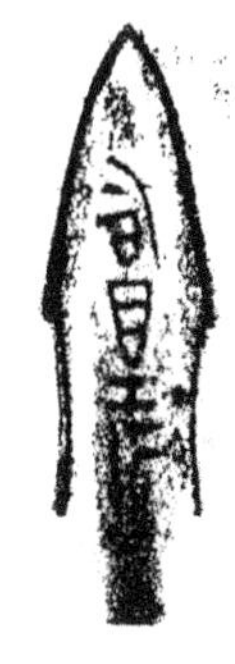

右得工

11949

右皇鏃

右得工

11950

右皇鏃

右得工

11951

右皇鏃

右得工

11952

右皇鏃

右得工

11953

右皇鏃

右得工

11954

右皇鏃

右得工

11955

右皇鏃

右得工

11956

右皇鏃

右得工

11957

右皇鏃

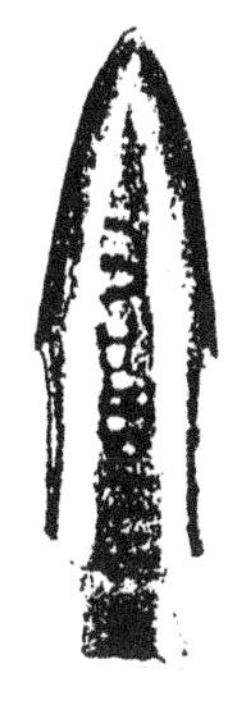

右得工

11958

右皇鏃

右得工

11959

右皇鏃

右得工

11960

右皇鏃

右得工

11961

右皇鏃

右得工

11962

右皇鏃

右得工

11963

右皇鏃

右得工

11964

右皇鏃

右得工

11965

右皇鏃

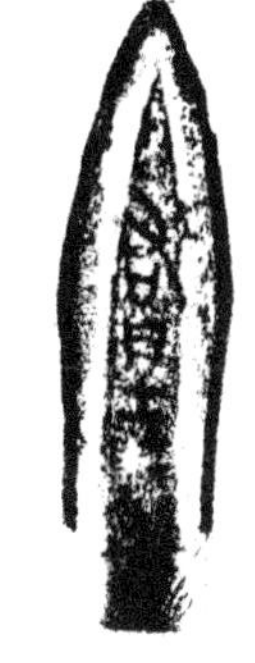

右得工

11966

右皇鏃

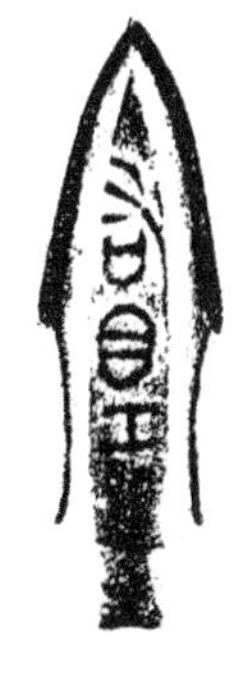

右得工

11967

右𣅀鏃

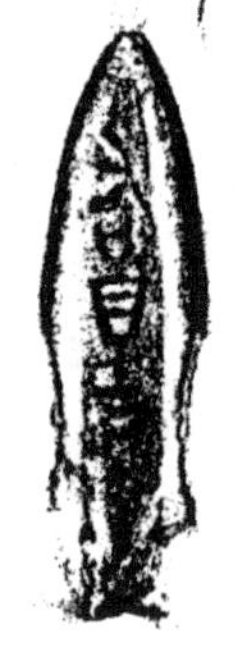

右得工

11968

右𣅀鏃

右得工

11969

右𣅀鏃

右得工

11970

右𣅀鏃

右得工

11971

右皇鏃

右得工

11972

左皇鏃

左得工

11974

右皇鏃

右得工

11973

左皇鏃

左得工

11975

左皇鏃

左得工

11976

左皇鏃

左得工

11977

左皇鏃

左得工

11978

左皇鏃

左得工

11979

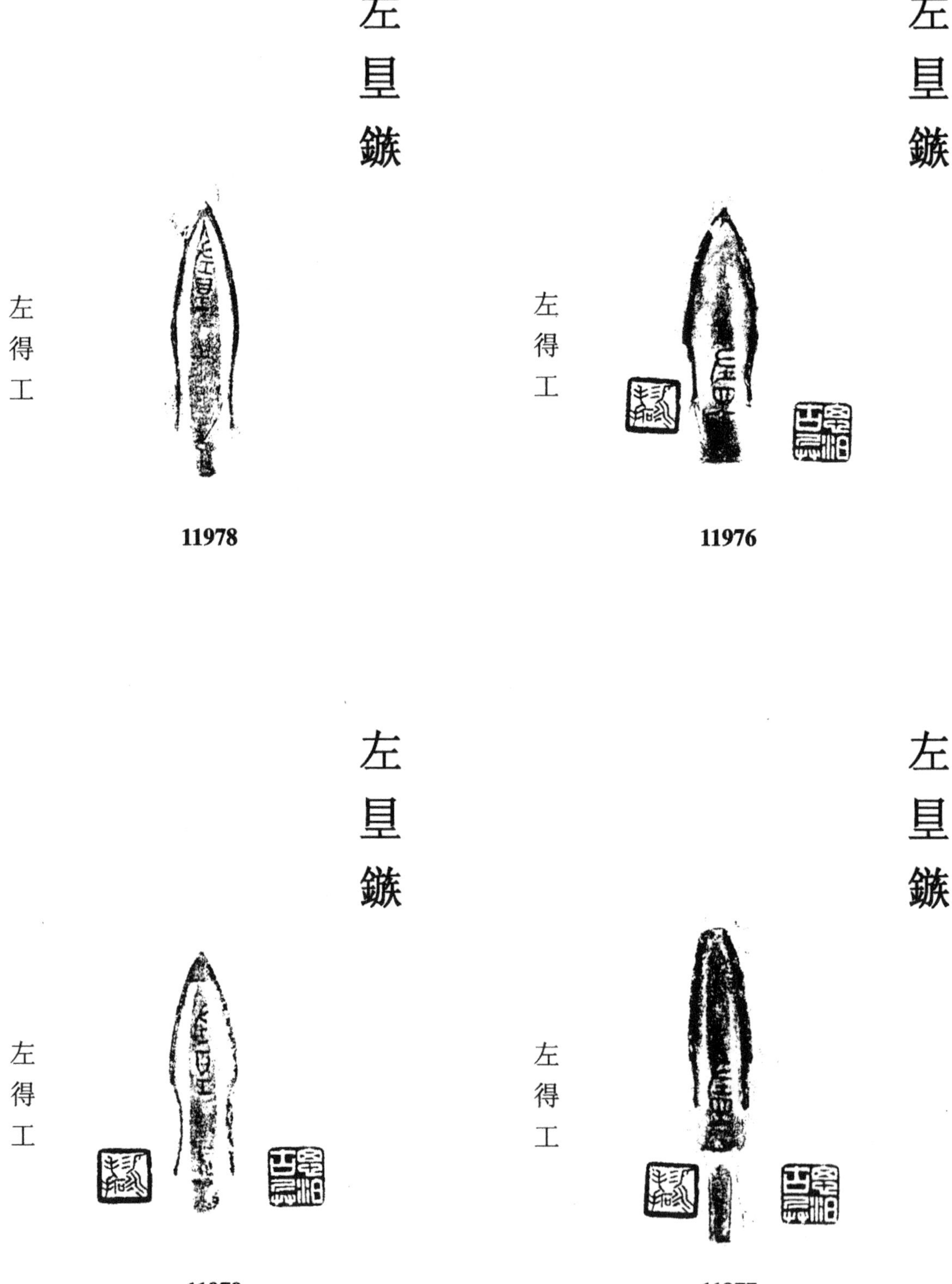

左皇鏃

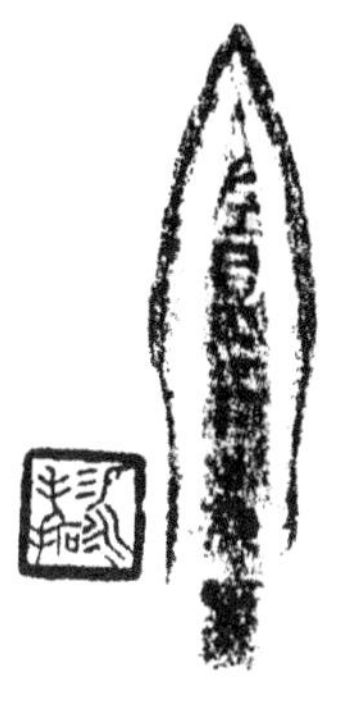

左得工

11980

左皇鏃

左得工

11981

左皇鏃

左得工

11982

左皇鏃

左得工

11983

左皇鏃

左得工

11984

𡈼仕鏃

𡈼（得工）仕

11986

左皇鏃

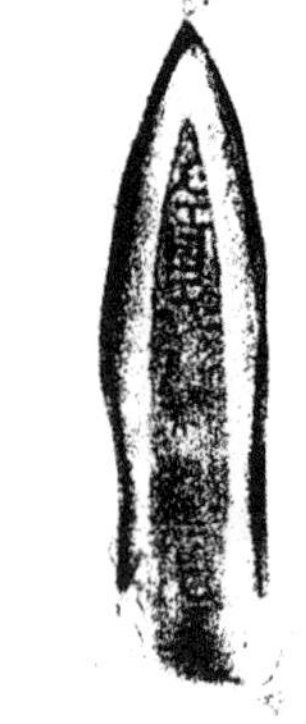

左得工

11985

不降雙鋒鏃

不降

11987

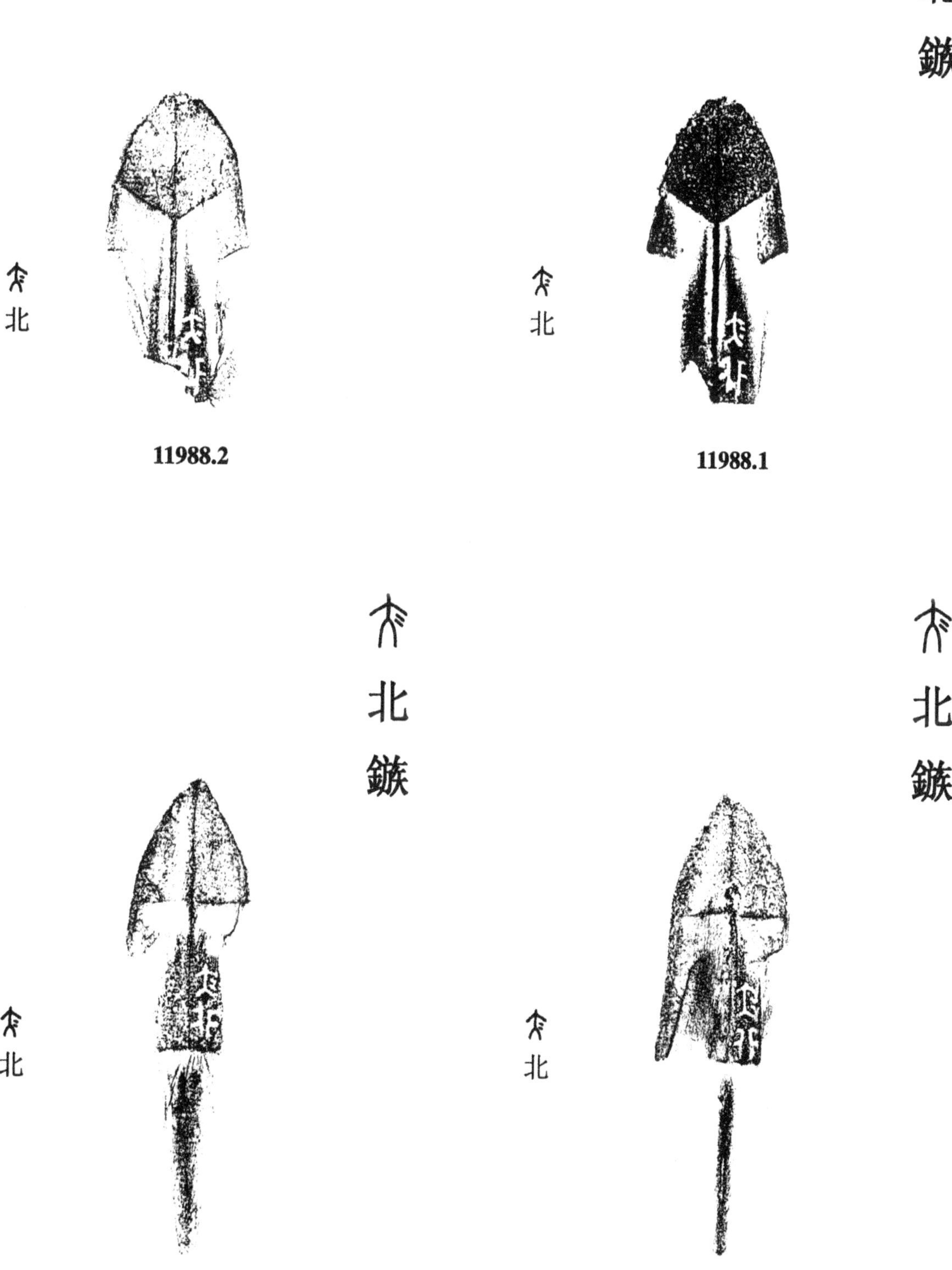

11988.1

11988.2

11989

11990

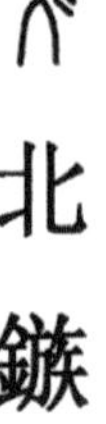
北鏃

北

11991

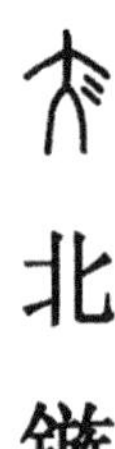
北鏃

北

11992

北鏃

北

11993

右鏃

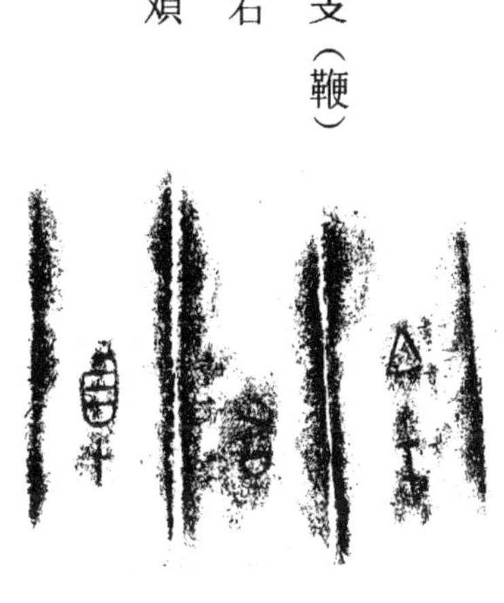

⿱乍又(鞭)右頙

11994

廿一年⿱日王鏃

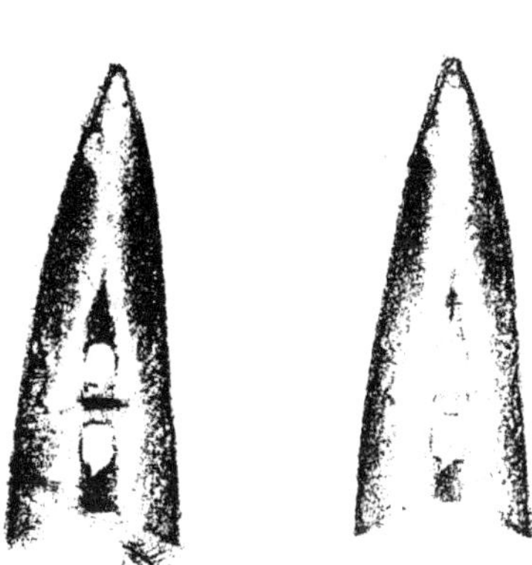

11996A

□公鏃

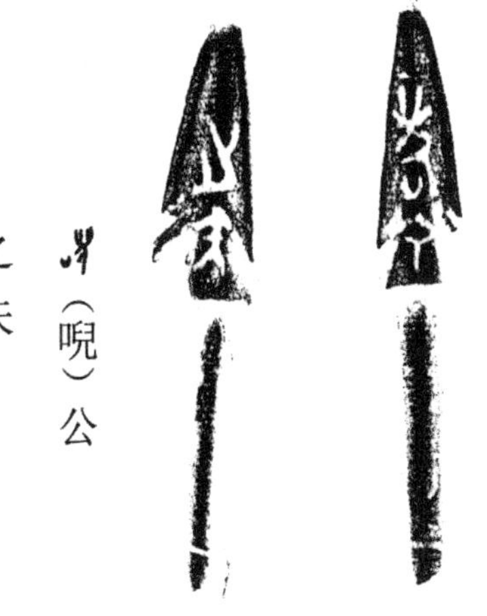

□(唲)公之矢

11995

廿一年，得工欥(赵)

11996B

郘公鏃

11997A

11997B

郘（呾）公[illegible]鑄之矢，顯之蝨（蚳）

悍矢形器

11998

敬虐（虐）嗟（嗟）忓（吁）

虎形銘軏足飾

虎

11999

車合頁

車

12001

車車飾

車

12000

之合頁

之

12002

𨙸車飾

𨙸

12003

左蓋弓帽

左

12004

左蓋弓帽

左

12005

左蓋弓帽

左

12006

侯車鑾鈴

侯

12007

侯車鑾鈴

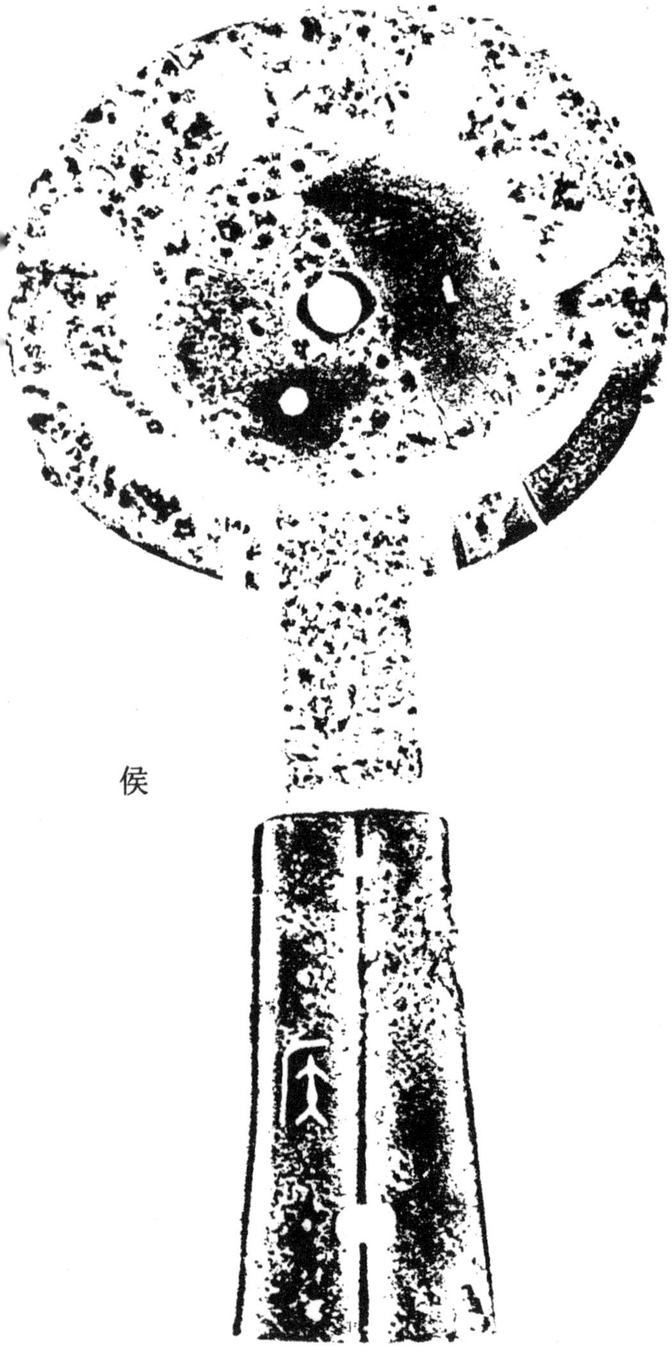

侯

12008

子車鑾鈴

子車鑾鈴

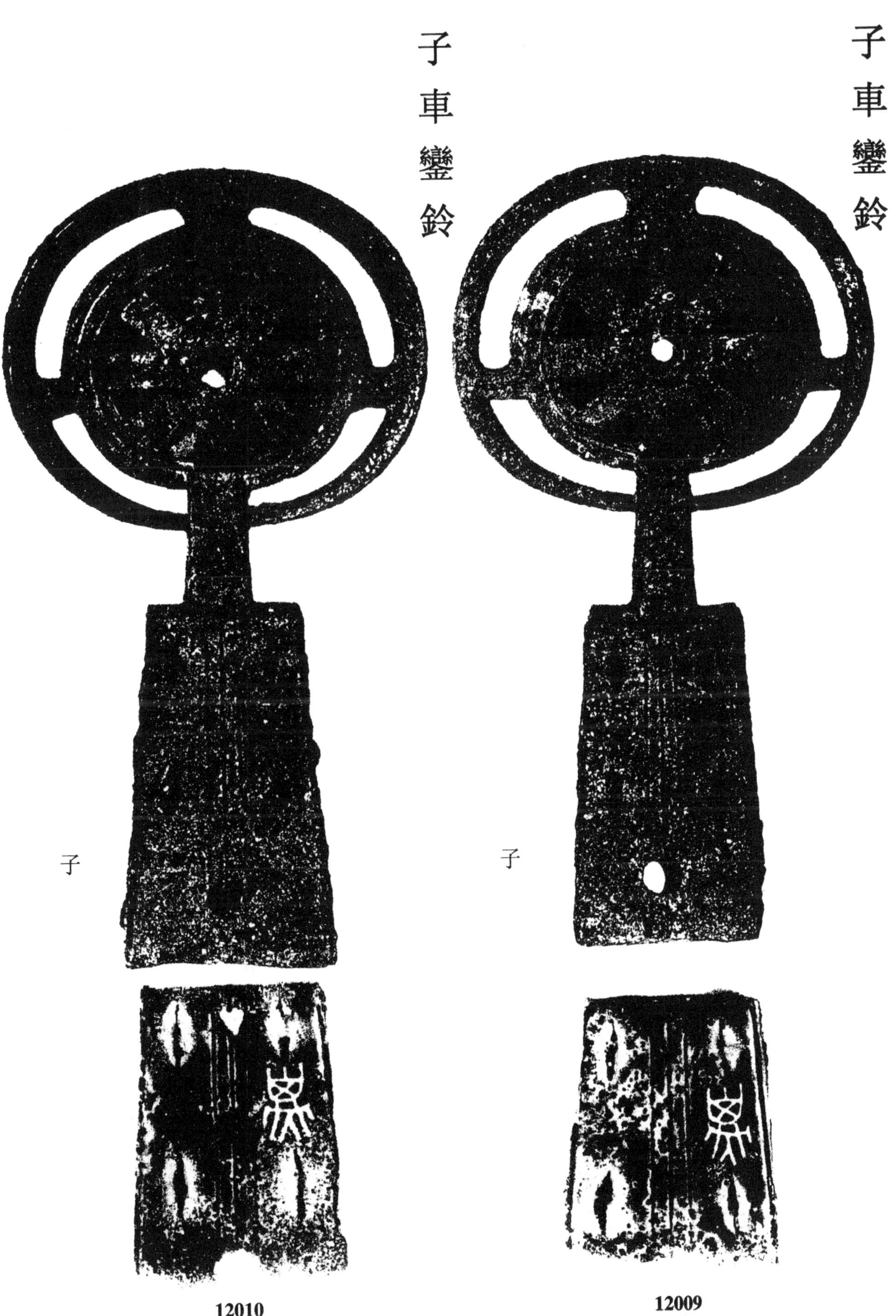

子

子

12010

12009

旅車鑾鈴

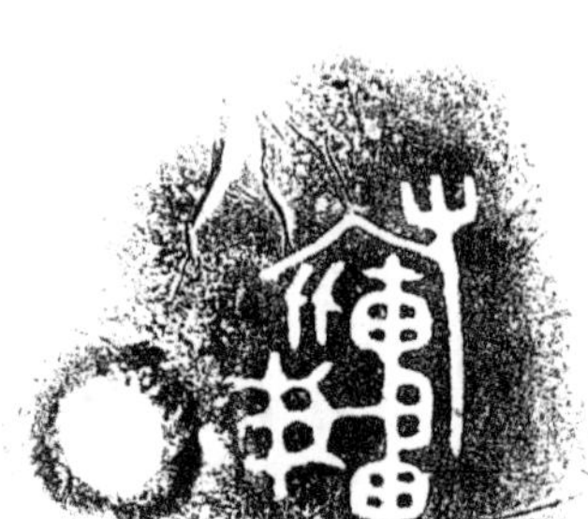

旅

12011

倗史車鑾鈴

倗史

12012B

12012A

左宮車害

左宮

12013

左宮車害

左宮

12014

下宮車軎

下宮

12015

右庫車軎

右庫

右庫

12016

冊䏌車器

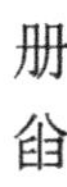

冊䏌

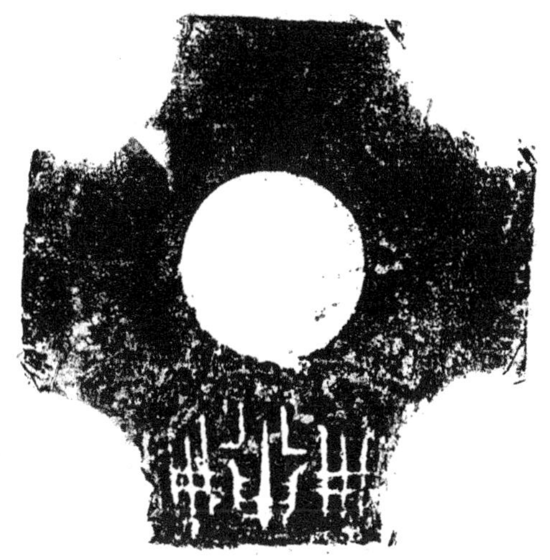

12017

西年車器

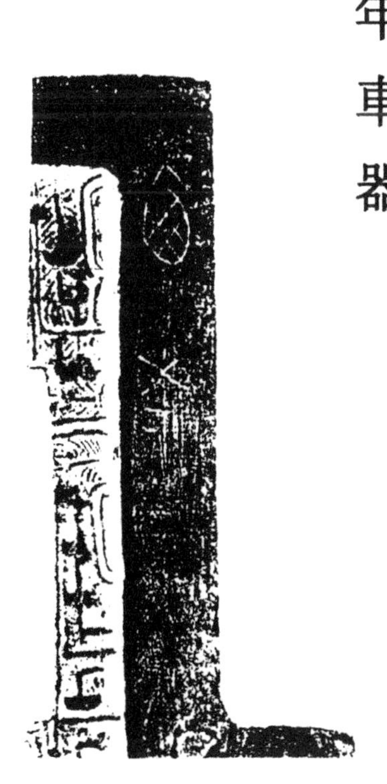

西年

12018

右駿車器

右較（軙）

12019

康侯車鑾鈴

康侯

12020

夫人零件

夫人

12021

楚尚車轄

楚高

12022

陳窒車轄

陳窒散

12023

君軠車軎

君軠(軖)銔(耳)

12025

陳窒車轄

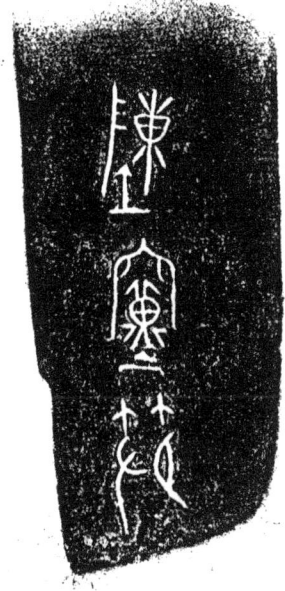

陳窒散

12024

公大后車軎

大(太)后公(宮)

12026

晉公車軎

晉公之車

12027A

晉公之車

12027B

晉公車軎

晉公之車

12028A

晉公之車

12028B

□作車鑾鈴

12029

矢寶□乍(作)

齊司馬車器

12031A

12031B

齊司馬郘右

嫿妊車輨

12030

嫿(姪)妊乍(作)安車

十七年蓋弓帽

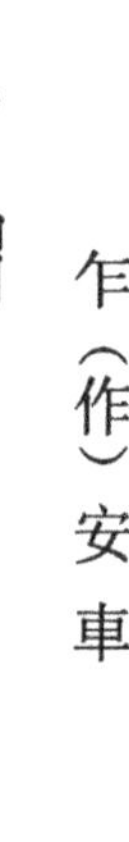

12032A

12032B

廿七年，昜(陽)曲箋馬重(童)

㝵工銀節約

12033A

豚工，二兩，二朱（銖）

12033B

㝵工銀節約

12035A

豚工，二兩，十朱（銖）

12035B

㝵工銀節約

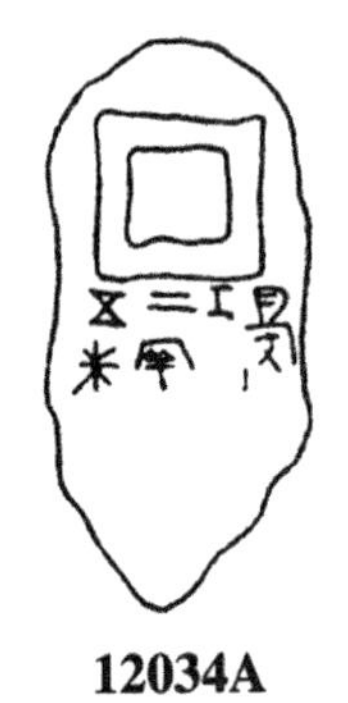

12034A

豚工，二兩，五朱（銖）

12034B

㝵工銀節約

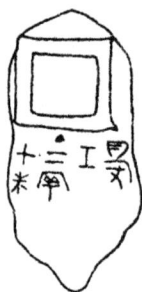

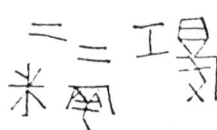

豚工，（二）兩，十二朱（銖）

12036

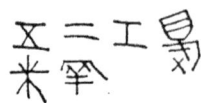

𧴪工銀節約

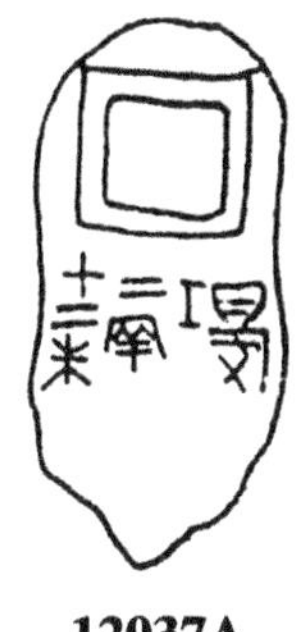

12037A

12037B

䝐工，二兩十二朱（銖）

𧴪工銀節約

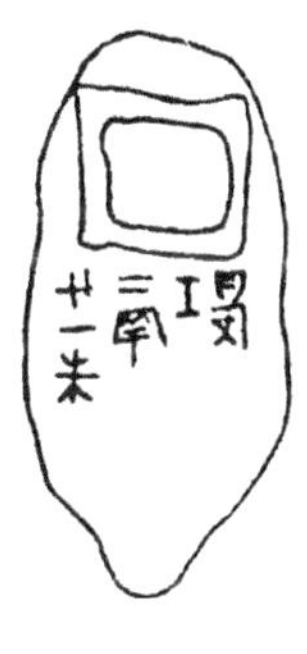

12038A

12038B

䝐工，二兩廿一朱（銖）

少府銀節約

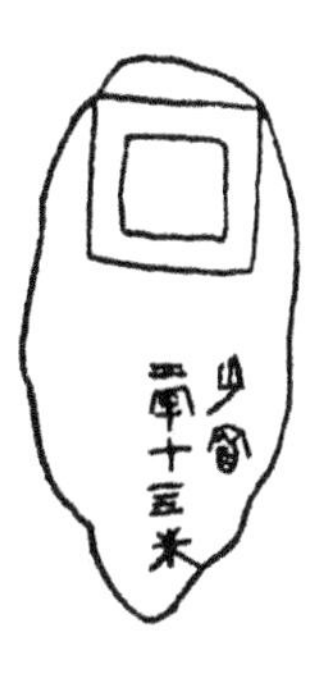

12039A

12039B

少府，二兩十四朱（銖）

陳共車飾

12040

冶緅（紹）夆、陳共爲之

上造但車軎

12041A

12041B

廿一年，寺工獻、工上造但

私庫嗇夫車軎

12042A

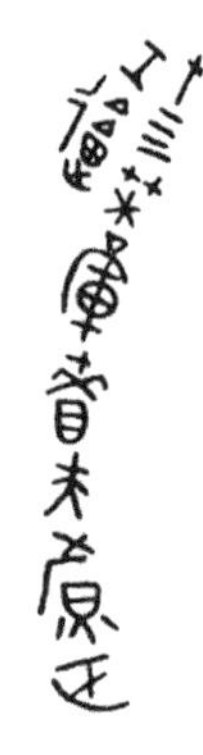

12042B

十四苿，私庫嗇夫煑正、工適

私庫嗇夫車軎

12043A

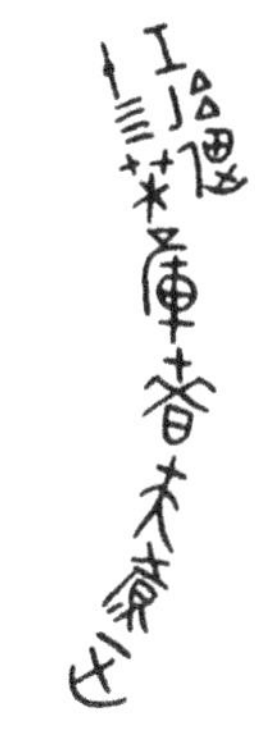

12043B

工適

十四苿，私庫嗇夫賁正、

私庫嗇夫衡飾

12044A

12044B

十四苿，私庫嗇夫賁正、工適

私庫嗇夫衡飾

12045A

12045B

十四苿，私庫嗇夫賁正、工

適

私庫嗇夫蓋杠接管

12046A

12046B

十四苿，私庫嗇夫煑正、工逾

私庫嗇夫蓋杠接管

12048A

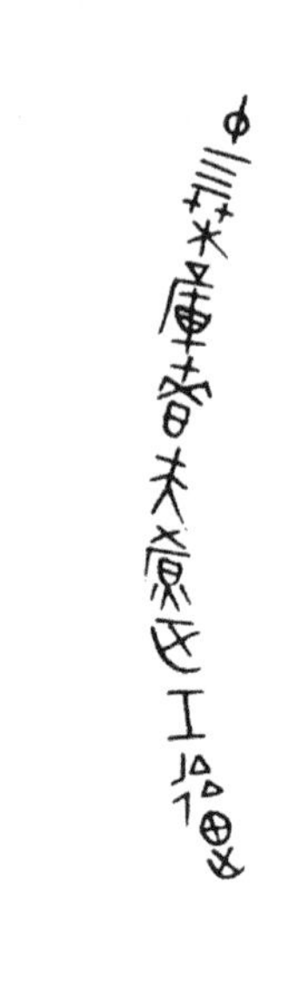

12048B

十四苿，私庫嗇夫煑正、工逾

私庫嗇夫蓋杠接管

12047A

12047B

十四苿，私庫嗇夫煑正、工逾

私庫嗇夫蓋杠接管

12049A

12049B

十四苿，私庫嗇夫煑正、工逾

私庫嗇夫蓋杠接管

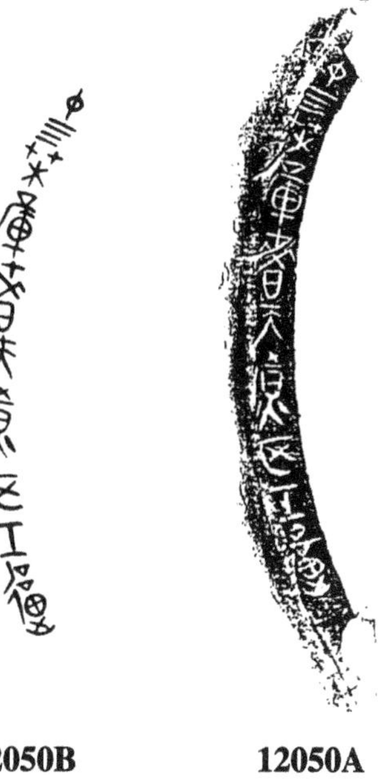

12050A 12050B

十四苿，私庫嗇夫貣正、工適

私庫嗇夫蓋杠接管

12052A 12052B

十四苿，私庫嗇夫貣正、工適

私庫嗇夫蓋杠接管

12051A 12051B

十四苿，私庫嗇夫貣正、工適

私庫嗇夫蓋杠接管

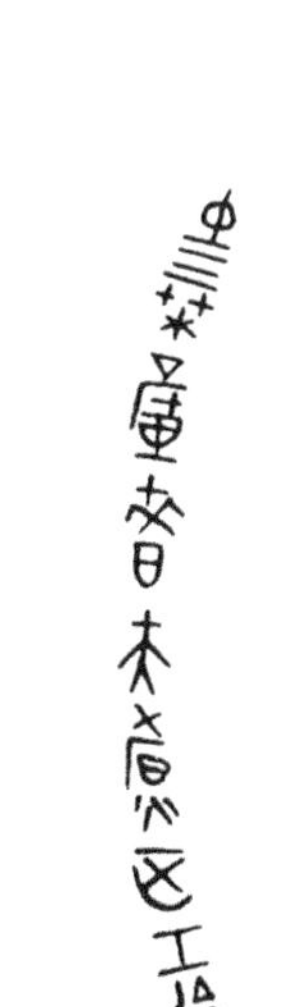

12053A 12053B

十四苿，私庫嗇夫貣正、工適

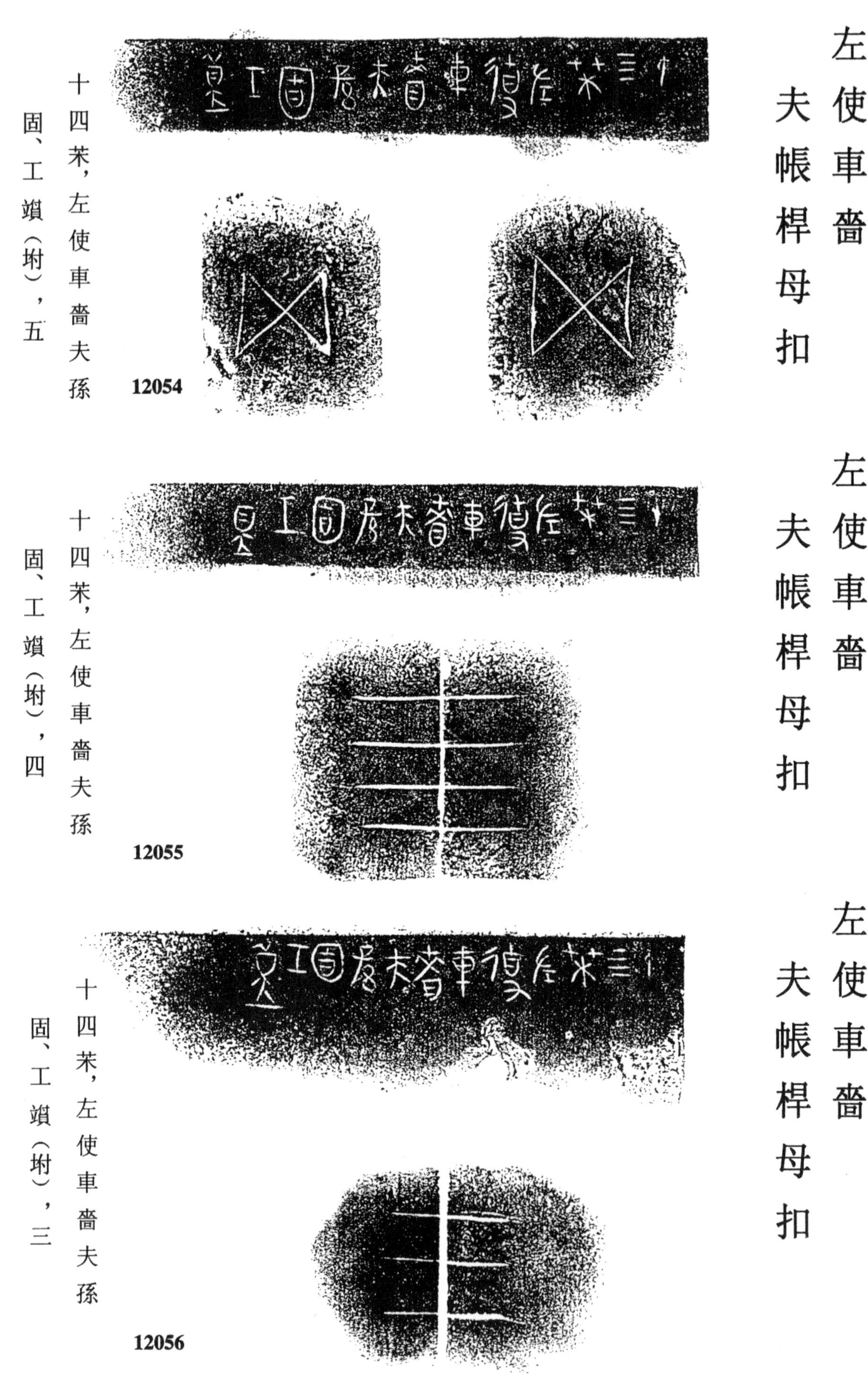

左使車嗇夫帳桿母扣

12054

十四苿，左使車嗇夫孫固、工頊（坿），五

左使車嗇夫帳桿母扣

12055

十四苿，左使車嗇夫孫固、工頊（坿），四

左使車嗇夫帳桿母扣

12056

十四苿，左使車嗇夫孫固、工頊（坿），三

左使車嗇夫帳桿母扣

12057

左使車嗇夫孫固、工塤（坿），一

左使車嗇夫帳桿母扣

12058

十四苿，左使車嗇夫孫固、工塤（坿），二

左使車嗇夫帳桿母扣

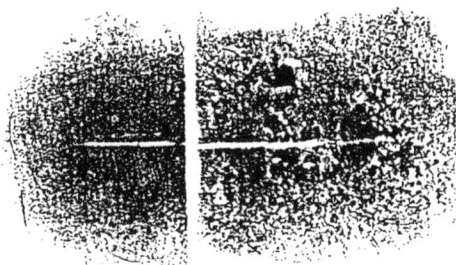

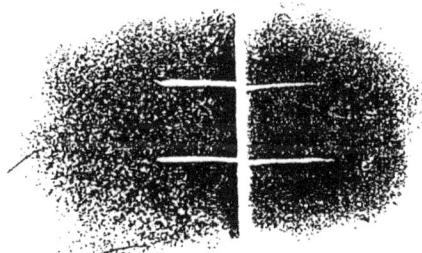

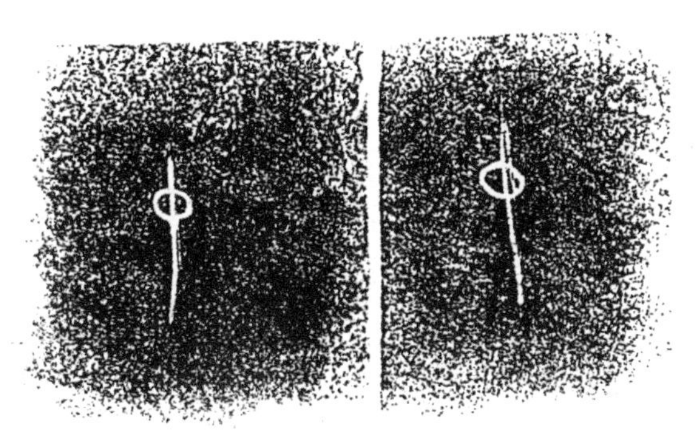

12059

十四苿，左使車嗇夫孫固、工塤（坿），十

左使車嗇夫帳桿母扣

12060

十四茦，左使車嗇夫孫固、工䟽（坿），六

左使車嗇夫帳桿母扣

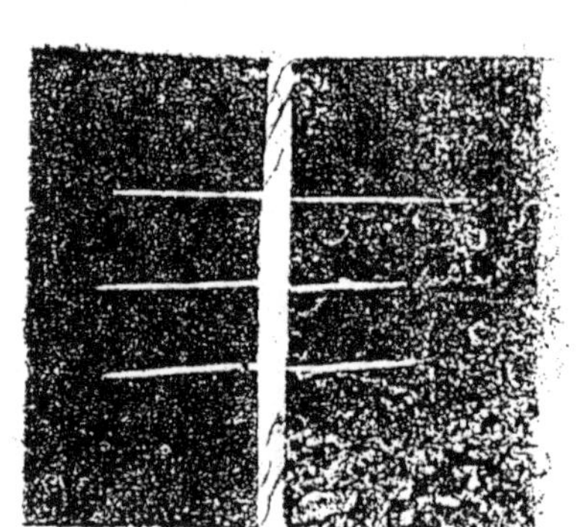

12061

十四茦，左使車嗇夫孫固、工䟽（坿），三

左使車嗇夫帳桿母扣

12062

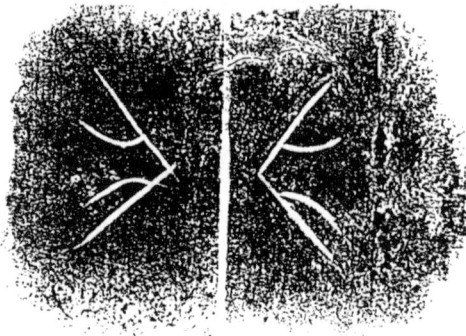

十四茦，左使車嗇夫孫固、工䟽（坿），四

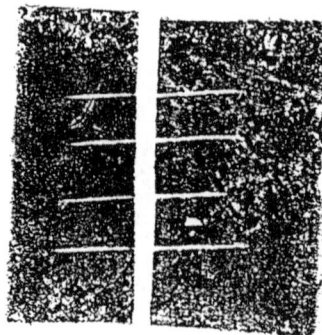

左使車嗇夫帳桿母扣

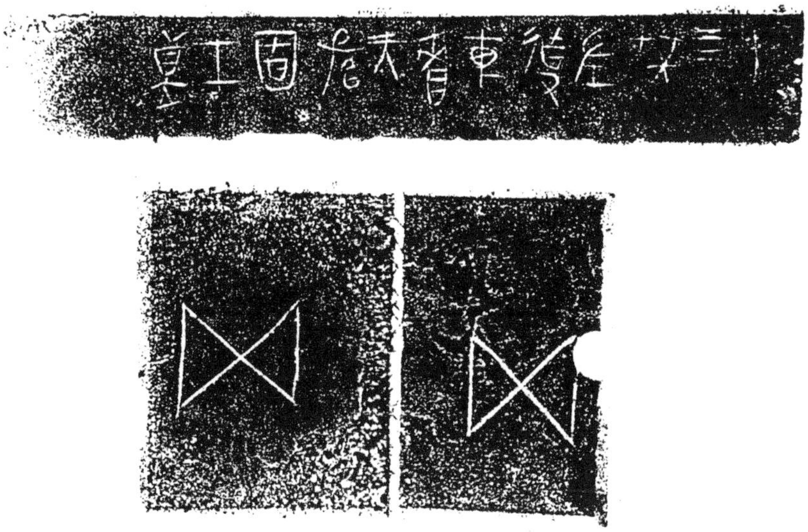

十四苿，左使車嗇夫孫固、工蒴（坿），五

12063

亼馬鑾鈴

亼

12064

右馬銜

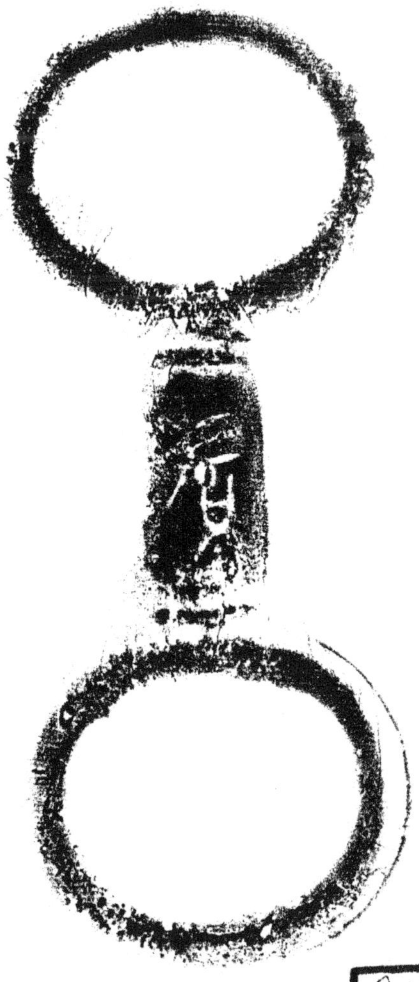

右

12065

叔馬銜

右企馬銜

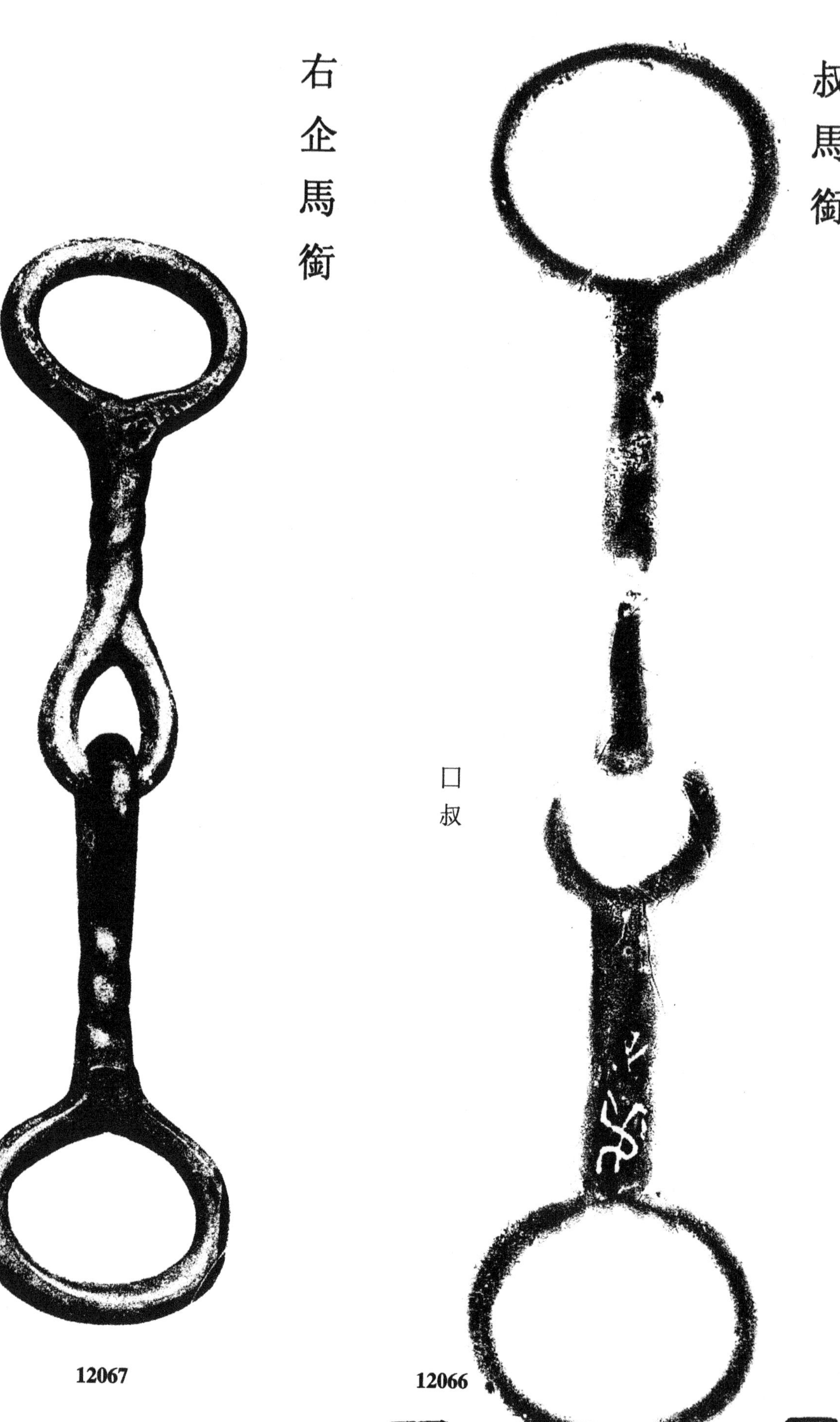

口叔

12066

右企

12067

左宮馬銜

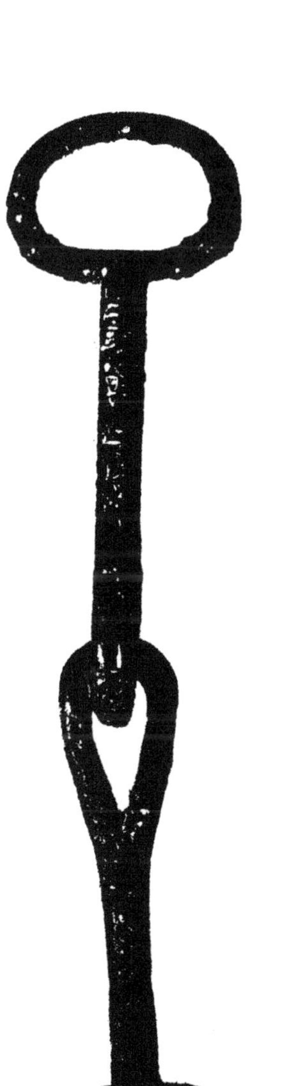

左宮之三

12068

左宮馬銜

左宮之卄

12069

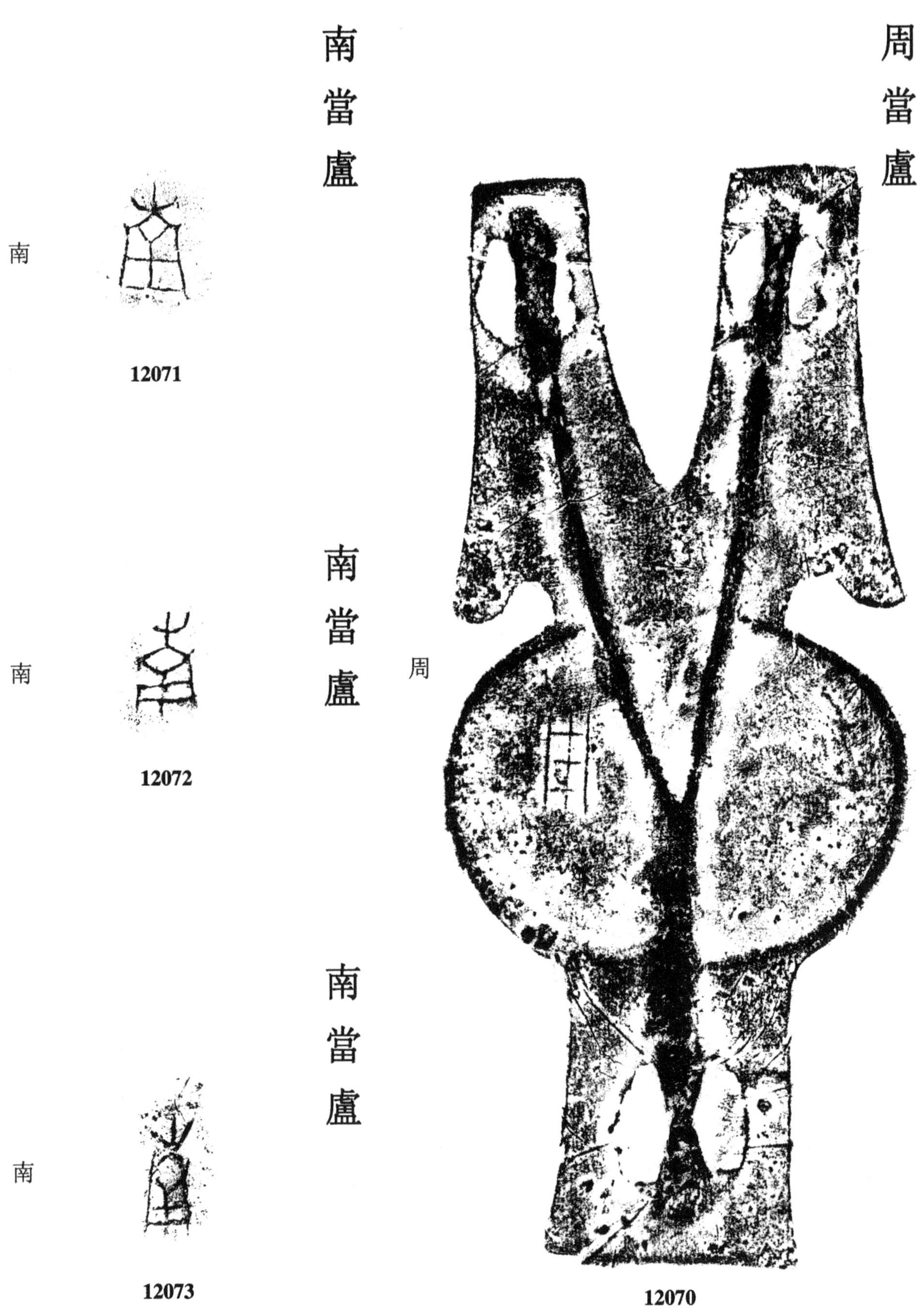

周當盧

周

12070

南當盧

南

12071

南當盧

南

12072

南當盧

南

12073

田當盧

口當盧

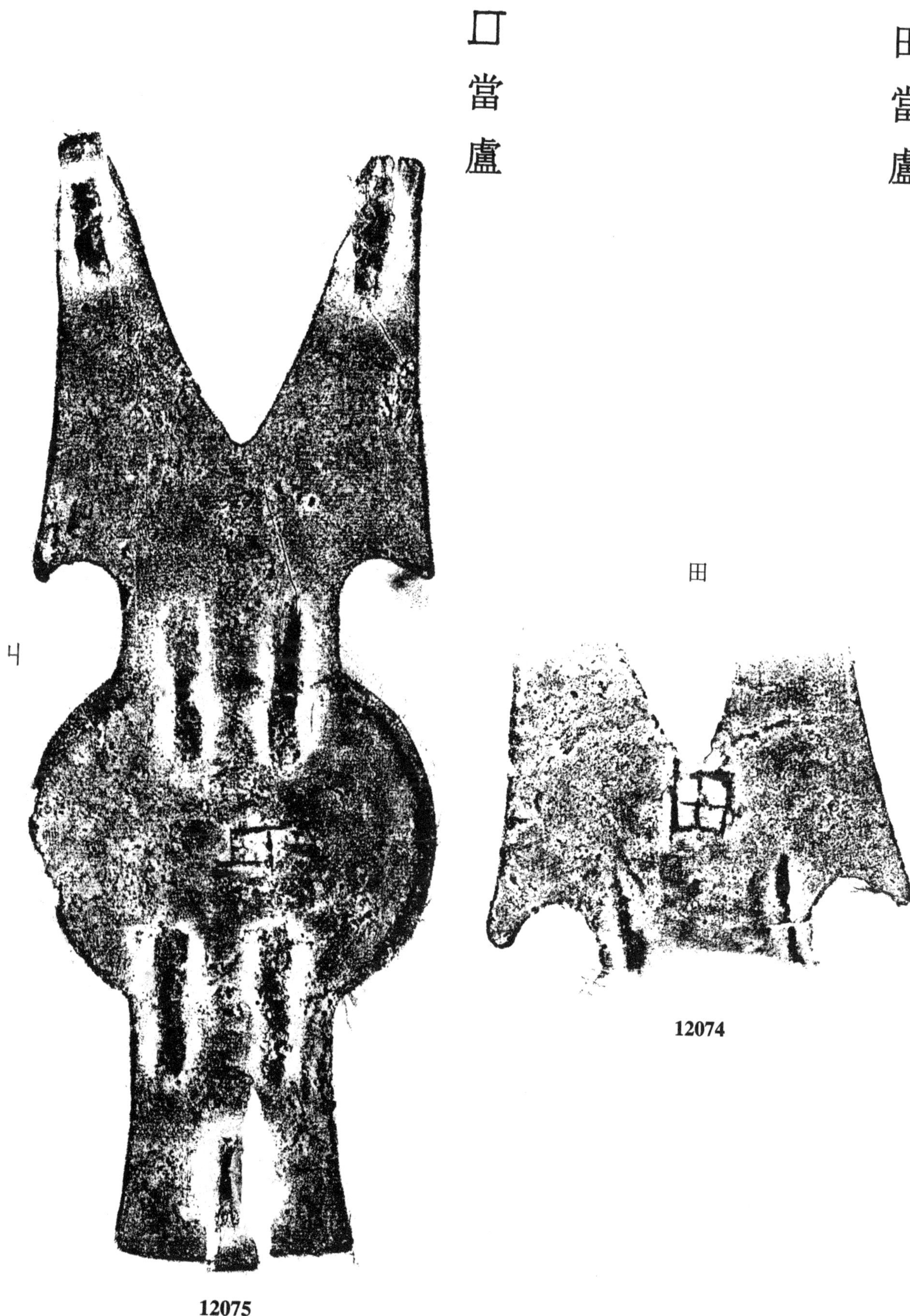

12074

12075

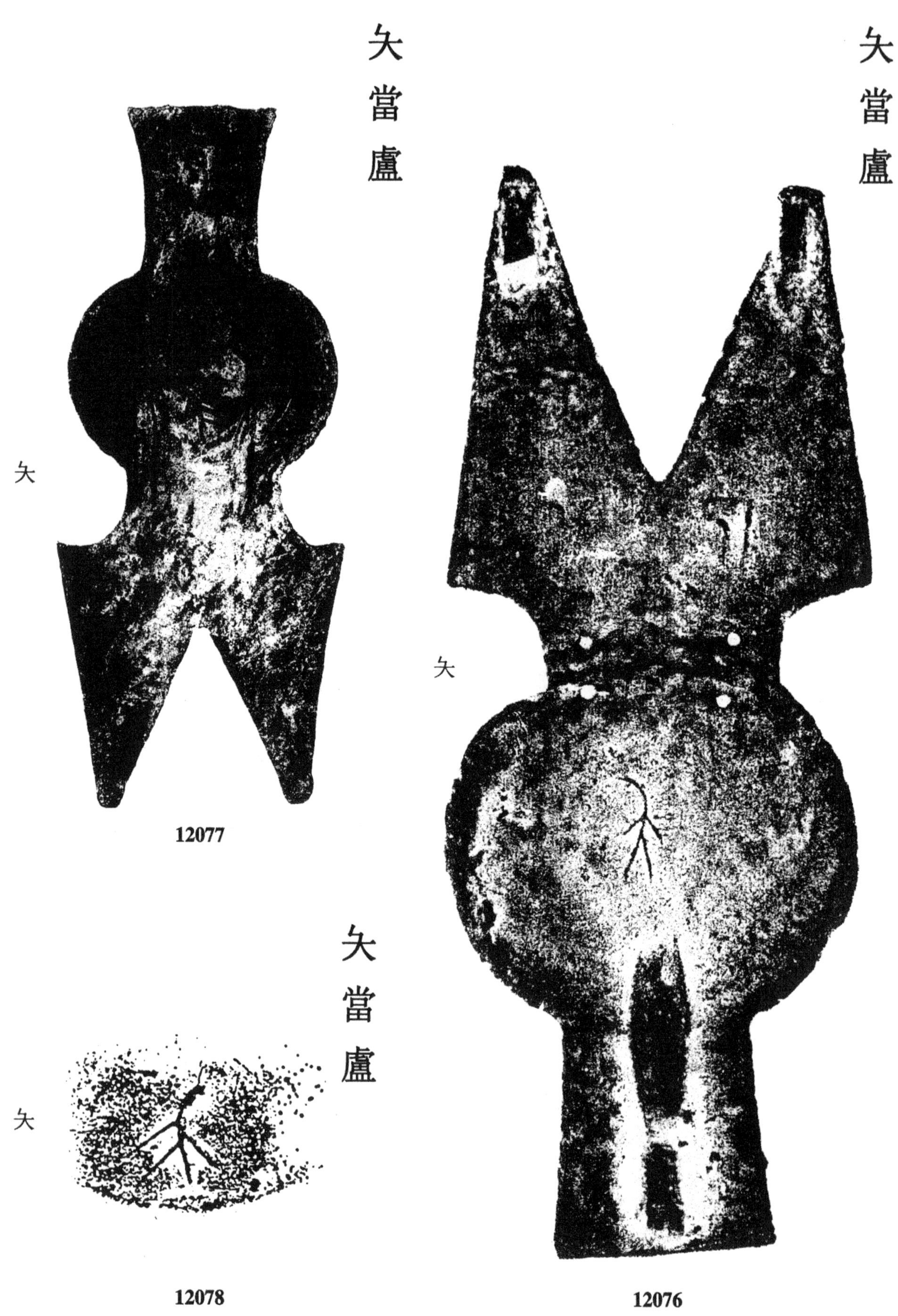

12077

12078

12076

矢當盧

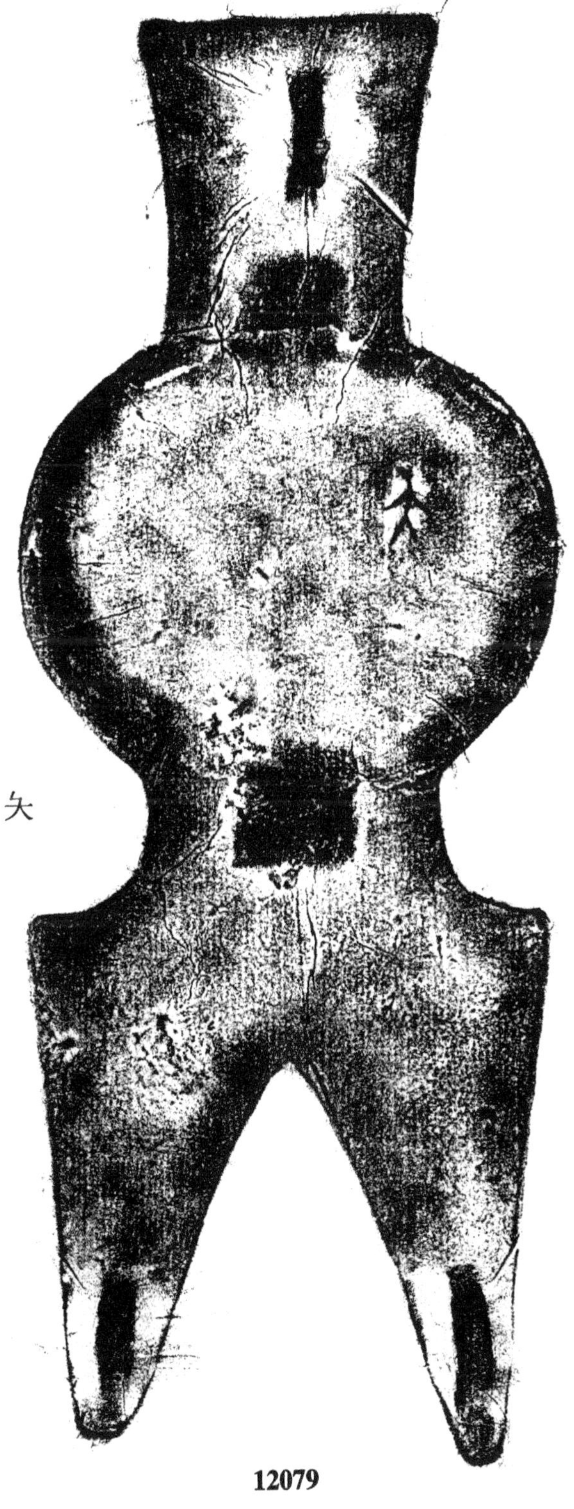

矢

12079

矢當盧

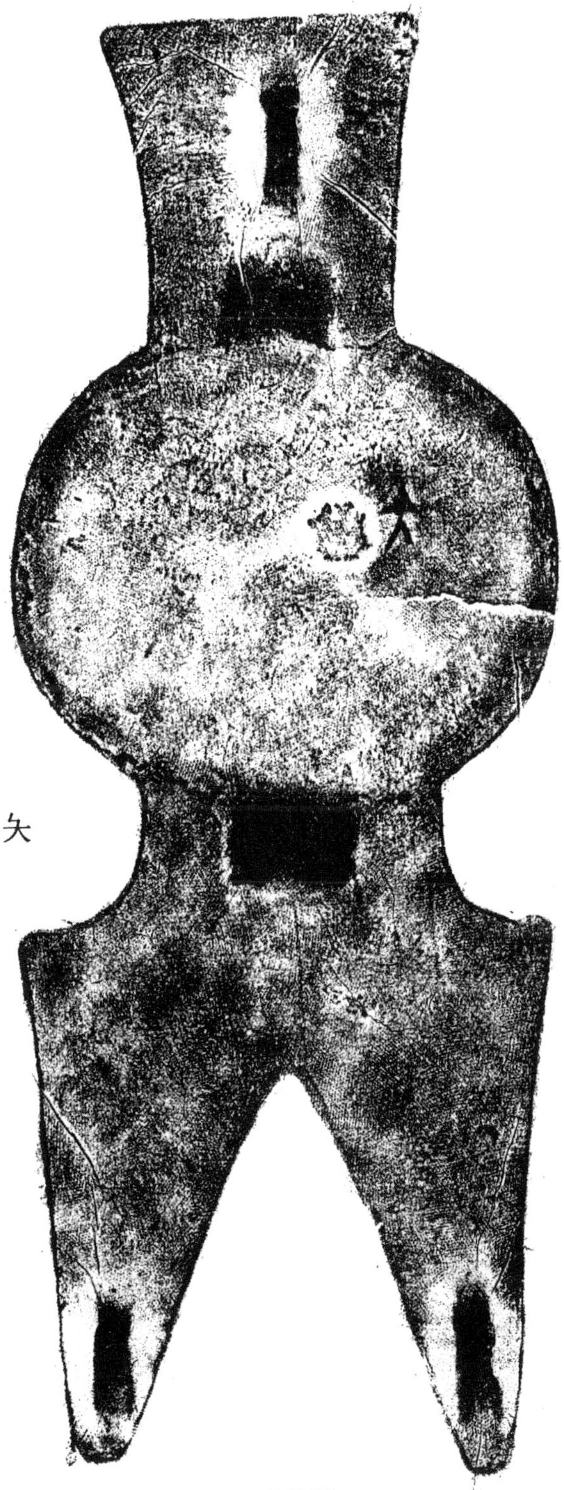

矢

12080

日當盧

矢當盧

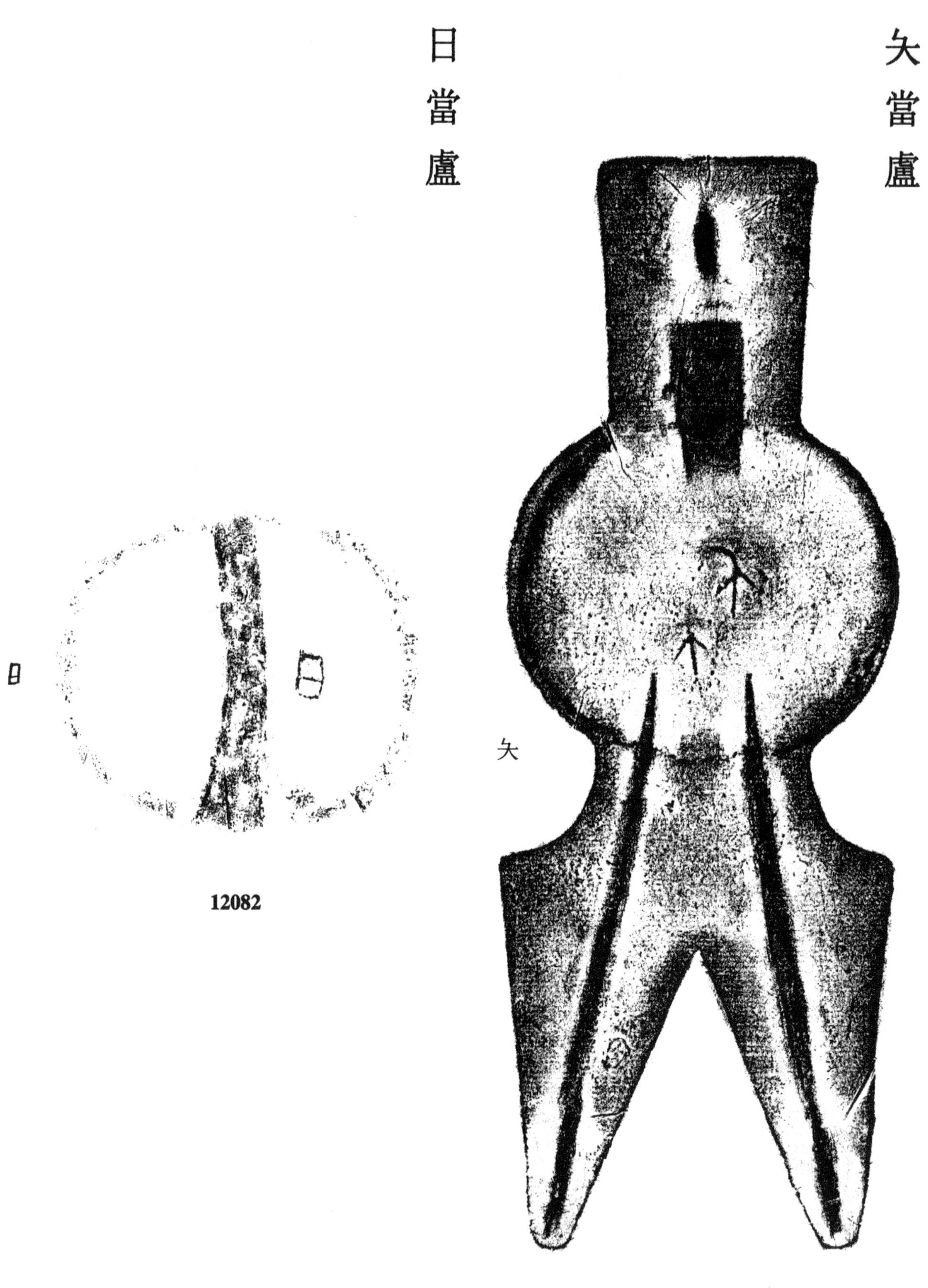

12082

12081

矢丁當盧

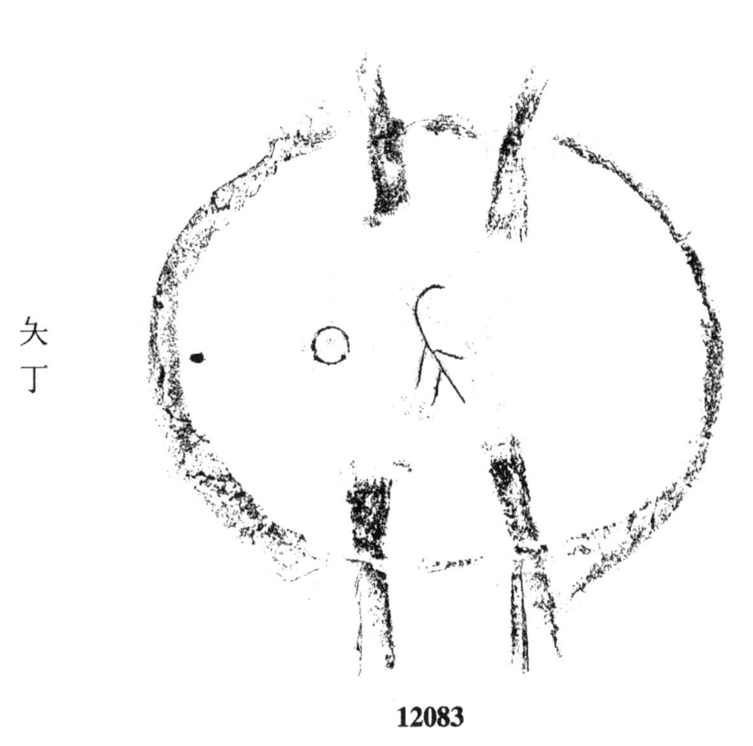

12083

矢丁當盧

坐日當盧

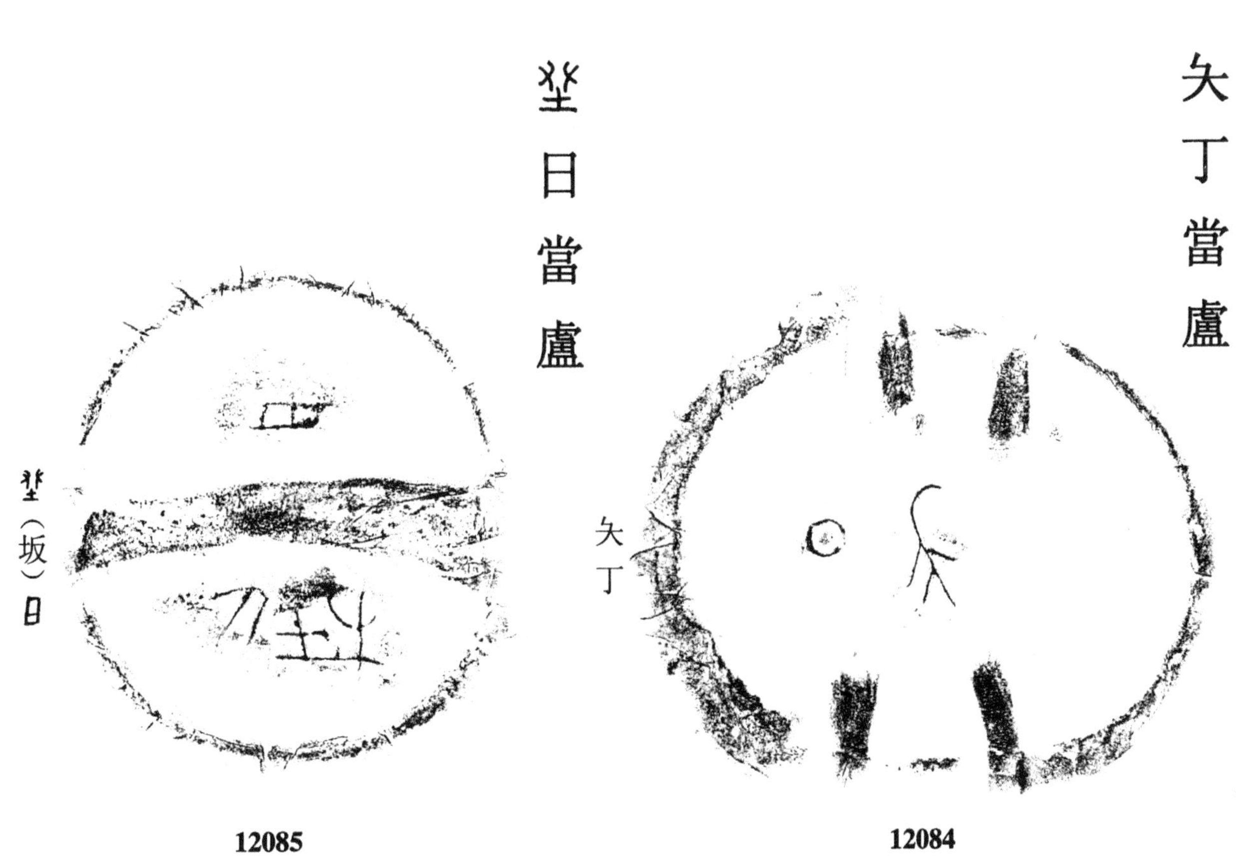

12085

12084

節

12086

乘虎節

乘□□八□□乘

12087

⿸厂譽⿸尸爪節

⿸厂譽⿸尸爪（屄、臀）

12088

⿰犭悳節

⿰忄猷（慖）節

12089

齊節大夫馬節

齊節大夫欨（㞙、㰦）五

12090

騎傳馬節

騎傳（遷）竹㢗（㕯）

12091

亡縱熊節

亡縱一乘

12092

采者節

采者旞節

12093

王命虎符

王命命遽(傳)賃

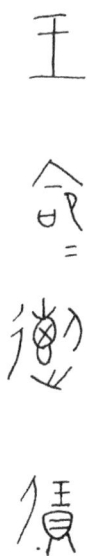

12094

王命虎符

王命命⿺辶剸(傳)賃

12095

王命虎符

王命傳我

12096

王命龍節

12097

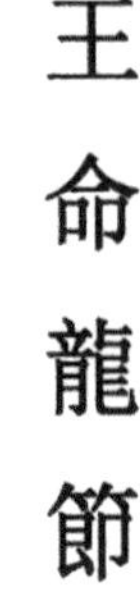

王命龍節

王命命遡（傳）賃，

一檐（擔）飤之

12098

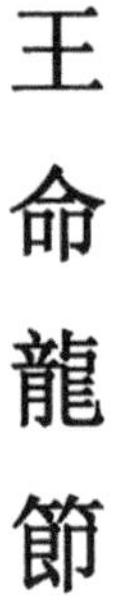

王命龍節

王命命遡（傳）賃，

一檐（擔）飤之

12099

王命龍節

王命命遽（傳）賃，
一檐（擔）飤之

12100

王命龍節

王命命遽（傳）賃，
一檐（擔）飤之

12101

王命龍節

12102

王命命遄（傳）賃，
一檐（擔）飤之

雁節

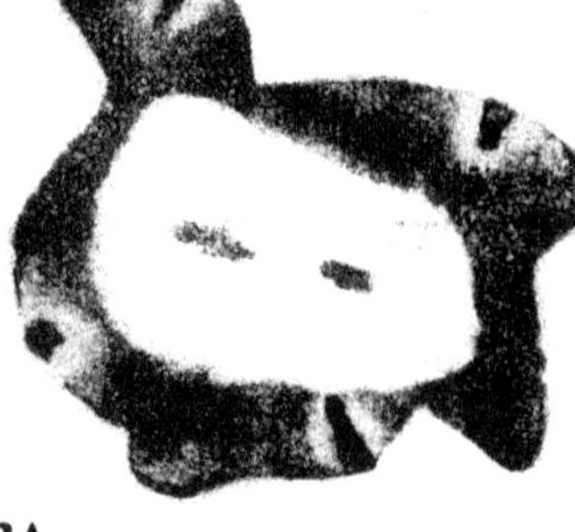

12103A

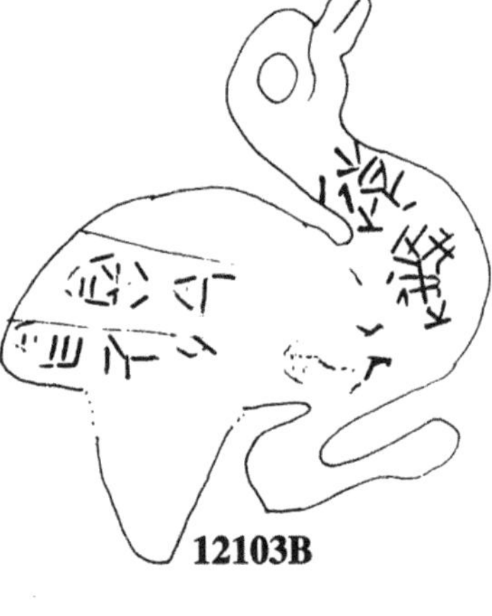

12103B

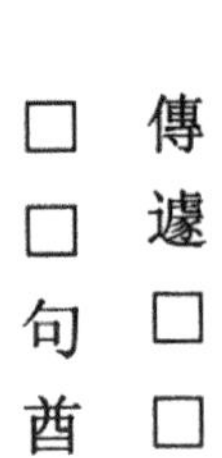

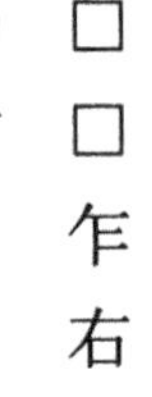

傳遽□□乍右
□□句酋

雁節

12104A

12104B

傳虡（遽）甫
戊疑乍☐
丰不句酋

12104C

鷹節

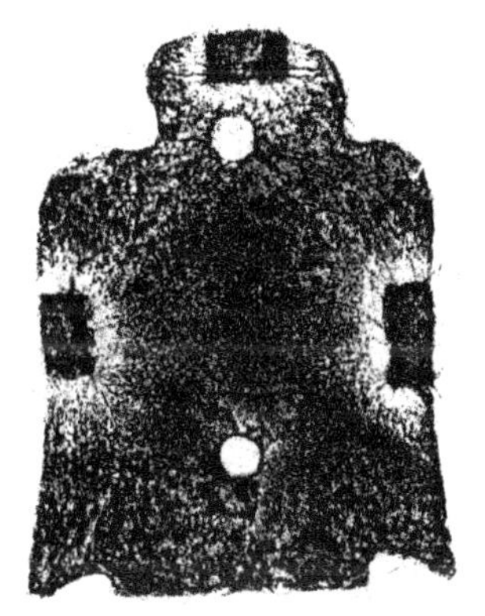

12105A

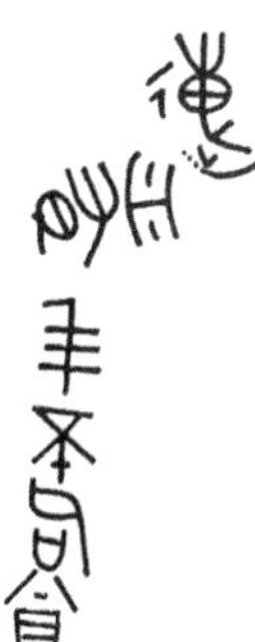

傳虡（遽）甫戊疑，
乍右丰不句酋

12105B

鷹節

12106A

12106B

傳虡（遽）甫戉疑，乍右丰不句酉

辟大夫虎符

12107A

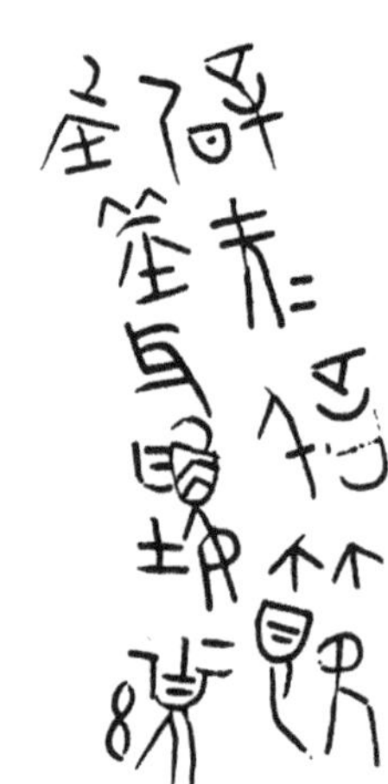

12107B

辟（壁）大夫信節，埍（填）丘牙（與）塿紙，貴（將軍信節）

新郪虎符

甲兵之符，右在王，左在新郪，凡興士被（披）甲，用兵五十人以上——會王符，乃敢行之，燔隊（燧）事，雖毋會符，行殹（也）

12108A

12108B

杜虎符

雖毋會符，行殹（也）

燔隧之事，

乃敢行之，

上，必會君符，

用兵五十人以

凡興士被（披）甲，

君，左在杜，

符，右在

兵甲之

12109

12110A

鄂君啟車節

原高三〇厘米

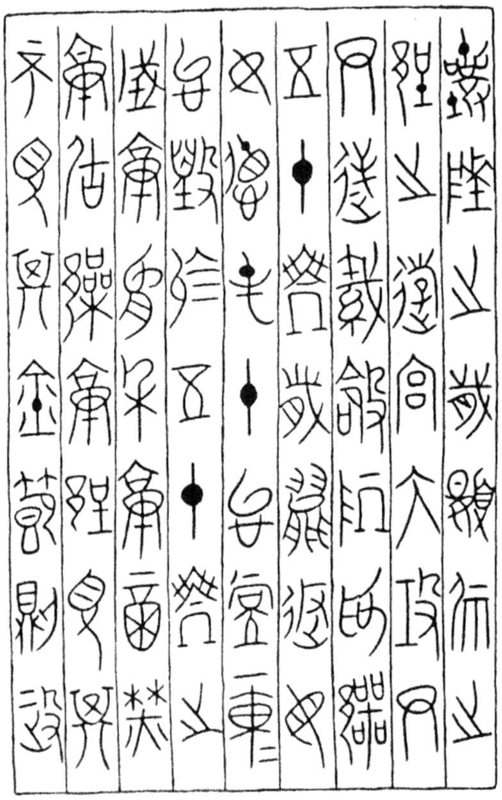

大司馬卲(昭)剔(陽)敗晉師於襄陵之歲，夏层之月，乙亥之日，王凥(処)於蔵郢之遊宮，大攻(工)尹脽台(以)王命，命集尹悳(怊)楮(褚)、裁(織)尹逆、裁(織)敂(令)阢，爲鄂(鄂)君啟之府賦(僦、就)鑄金節，車五十乘，歲罷(能、贏)返，毋載金、革、黽(篃、箘)箭，女(如)馬、女(如)牛、女(如)德(犆、犆、特)，屯十台(以)堂(當)一車，女(如)檐(擔)徒，屯廿檐(擔)台(以)堂(當)一車，台(以)毀於五十乘之中，自鄂(鄂)市，就剔(陽)丘、就邡(方)城、就象(象)禾、就栖(柳)焚(棼)、就繁昜(陽)、就高丘、就下鄵(蔡)、就居鄛(巢)、就郢，見其金節則毋政(徵)，毋舍(捨)槫(饌)飤，不見其金節則政(徵)

12110B

噩君啟車節

原高三〇厘米

大司馬卲（昭）剔（陽）敗晉師於襄陵之歲，夏𡱝之
月，乙亥之日，王尻（処）於蔵郢之遊宮，大攻（工）尹
脽台（以）王命，命集尹𢘆（怊）糌（䊰）、裁（織）尹逆、裁（織）𢿼（令）阢，爲鄂（鄂）
君啟之府賦（僦、就）鑄金節，車五十乘，歲罷（𦑡、贏）返，毋
載金、革、黽（鏑、箘）箭，女（如）馬、女（如）牛、女（如）德（值、犆、特），屯十台（以）堂（當）一車，
女（如）檐（擔）徒，屯廿檐（擔）台（以）堂（當）一車，台（以）毀於五十乘之
中，自鄂（鄂）市，就昜（陽）丘、就邡（方）城、就𠤓（象）禾、就梄（柳）焚（棼）、
就繁昜（陽）、就高丘、就下鄵（蔡）、就居鄛（巢）、就郢，見其
金節則毋政（徵），毋舍（捨）槫（饌）飤，不見其金節則政（徵）

12111

噩君啟車節

原高三〇厘米

12112

大司馬邵（昭）𨛭（陽）敗晉師於襄陵之歲，夏𡱂之月，乙亥之日，王凥（処）於蔵郢之遊宮，大攻（工）尹脽台（以）王命，命集尹悊（怊）糌（緒）、裁（織）尹逆、裁（織）敓（令）阢，爲鄂（鄂）君啟之府賦（僦、就）鑄金節，車五十乘，歲罷（嬴、贏）返，毋載金、革、黽（鏞、篃）箭，女（如）馬、女（如）牛、女（如）德（值、犆、特），屯十台（以）堂（當）一車，女（如）檐（擔）徒，屯廿檐（擔）台（以）堂（當）一車，台（以）毀於五十乘之中，自鄂（鄂）市，就昜（陽）丘、就邡（方）城、就䣓（象）禾、就栖（柳）焚（棼）、就繁昜（陽）、就高丘、就下鄡（蔡）、就居鄛（巢）、就郢，見其金節則毋政（徵），毋舍（捨）㯃（饌）飤，不見其金節則政（徵）

鄂君啓舟節

原高三〇厘米

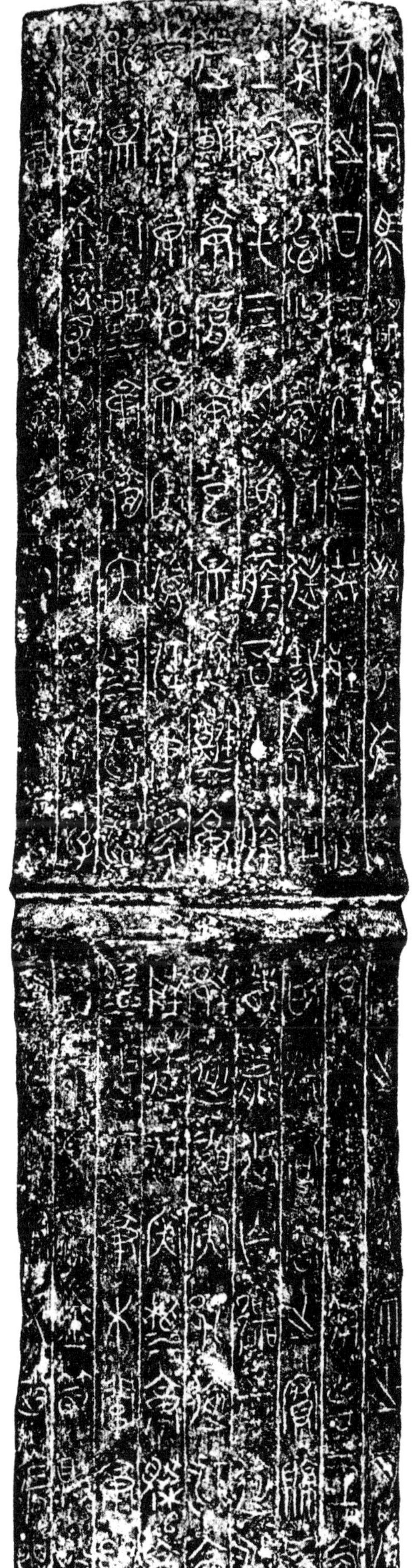

12113A

大司馬卲(昭)剔(陽)敗晉師於襄陵之歲,夏屎之月,乙
亥之日,王凥(処)於蔵郢之遊宮,大攻(工)尹脽台(以)王命,命
集尹悤(悼)糌(緒)、裁(織)尹逆、裁(織)殺(令)阢,爲鄴(鄂)君啟之府賦(僦、就)鑄
金節,屯三舟爲一舿(舸),五十舿(舸),歲罷(𪑓、嬴)返,自鄴(鄂)市,逾油(淯),
走(让、上)灘(漢),就雩(穀),就芸(鄖)昜(陽),逾灘(漢),就邽(襄),逾夏,内(入)邔(涓),逾江,就
彭射(澤),就松(樅)昜(陽),内(入)濤(瀘)江,就爰陵,走(让、上)江,内(入)湘,就牒(牒),就
鄉(洮)昜(陽),内(入)濡(耒),就鄗(郴),内(入)脊(資)、沅、澧、滁(油),走(让、上)江,就木闡(關),就郢,
見其金節則毋政(徵),毋舍(捨)槫(饌)飤,不見其金節則政(徵),
女(如)載馬、牛、羊,台(以)出内(入)闡(關),則政(徵)於大府,毋政(徵)於闡(關)

12113B

矛類

一一四一一～一一五六七

一一四一一 人矛

字數 一
時代 殷
著録 未見
現藏 北京故宫博物院
來源 考古研究所拓、摹

一一四一二 元矛

字數 一
時代 春秋早期
著録 總集 七五九六
　號國墓 三五頁圖三〇
出土 一九五六～一九五七年河南三
　門峽市上村嶺號國墓地
　(M一七二一：一四)
現藏 中國歷史博物館
來源 考古編輯室檔案

一一四一三 [illegible]矛

字數 一 (正反面同銘)
時代 殷
著録 總集 七五九四
　三代 二〇・三一・三～四
　雙吉下 三七
　貞續下 二一
　續殷下 八八・七～八
　小校 一〇・七〇・一～二
出土 傳出河南(雙吉)
現藏 于省吾舊藏
來源 考古研究所藏
備注 同出三器，另兩器歸明義士(雙吉)

一一四一四 孛矛

字數 一
時代 殷
著録 總集 七六〇七
　三代 二〇・三二・三
現藏 北京故宫博物院
來源 考古研究所拓

一一四一五 孛矛

字數 一
時代 殷
著録 總集 七六〇八
　三代 二〇・三二・二
現藏 北京故宫博物院
來源 考古研究所拓

一一四一六 孛矛

字數 一
時代 殷
著録 故宫五十 八五
現藏 北京故宫博物院
來源 考古研究所拓

一一四一七 孛矛

字數 一
時代 殷
著録 故青 一〇一
現藏 北京故宫博物院
來源 考古研究所拓

一一四一八 孛矛

字數 一
時代 殷
著録 未見
現藏 北京故宫博物院
來源 考古研究所拓

一一四一九 孛矛

字數 一
時代 殷
著録 懷履光(一九五六) 四一頁圖七
　三代補 五六八
出土 一九三四年前安陽出土
流傳 懷履光舊藏
現藏 加拿大多倫多安大略博物館
來源 考古研究所藏

一一四二〇 孛矛

字數 一
時代 殷
著録 懷履光(一九五六) 八九頁圖二
出土 一九三四年前安陽出土
流傳 懷履光舊藏
現藏 加拿大多倫多安大略博物館
來源 考古研究所藏

一一四二一 孛矛

字數 一 (正反面同銘)
時代 殷
著録 鄴二下 一八
　殷虚 二八・一
出土 傳出安陽
來源 考古研究所藏

一一四二二 孛矛

字數 一
時代 殷
著録 未見
出土 北京故宫博物院
流傳 考古研究所拓

一一四二三 交矛

字數 一
時代 殷
著録 學報 一九七九年一期八三頁
　圖六〇・六
出土 一九六九～一九七七年安陽殷墟
　西區墓葬(M三七四：七)
現藏 考古研究所安陽工作站
來源 考古學報編輯部檔案

一一四二四 亮矛

字數 一
時代 春秋戰國
著録 未見
現藏 中國歷史博物館

來源　考古研究所拓(拓)、中國歷史博物館提供(器形)
備注　形似戟刺

一一四二五　息矛
字數　一
時代　殷
著録　學報 一九八六年二期一七二頁圖二一·三
出土　一九七九～一九八〇年河南羅山縣蟒張鄉天湖村墓葬(M九:一〇)
現藏　信陽地區文物管理委員會
來源　考古學報編輯部檔案

一一四二六　[illegible]矛
字數　一
時代　殷
著録　文物 一九八六年一一期一四頁圖三一·三，圖版四·六
出土　一九八五年山西靈石縣旌介村二號墓(M二:五)
來源　文物

一一四二七　公矛
字數　一
時代　戰國
著録　未見
現藏　北京故宮博物院
來源　考古研究所拓

一一四二八　公矛
字數　一
時代　戰國
著録　未見
出土　上海博物館
來源　上海博物館提供

一一四二九　武矛
字數　一
時代　戰國
著録　未見
現藏　北京故宮博物院
來源　考古研究所拓

一一四三〇　栒矛
字數　一
時代　戰國
著録　總集 七五九五
三代 二〇·三二·四
貞松 一二·一二·二
貞圖中 七一
流傳　羅振玉舊藏
現藏　旅順博物館
來源　考古研究所拓

一一四三一　西矛
字數　一
時代　戰國
著録　未見
現藏　北京故宮博物院
來源　考古研究所拓

一一四三二　五矛
字數　一
時代　戰國
著録　考古 一九八六年三期二一五頁圖六·九，二一六頁圖七·六
出土　一九八三年廣東羅定縣背夫山墓葬(M一:五六)
現藏　廣東省博物館
來源　考古編輯部檔案

一一四三三　亞吴矛
字數　二
時代　殷
著録　未見
現藏　中國歷史博物館
來源　考古研究所拓

一一四三四　亞吴矛
字數　二
時代　殷
著録　未見
現藏　中國歷史博物館
來源　考古研究所拓

一一四三五　亞吴矛
字數　二
時代　殷
著録　未見
現藏　北京故宮博物院
來源　考古研究所拓

一一四三六　亞吴矛
字數　二
時代　殷
著録　未見
現藏　北京故宮博物院
來源　考古研究所拓

一一四三七　亞吴矛
字數　二
時代　殷
著録　未見
現藏　北京故宮博物院
來源　考古研究所拓

一一四三八　亞醜矛
字數　二
時代　殷
著録　總集 七五九七、七六〇二
三代 二〇·二九·二
貞松 一二·一一·一
雙吉下 三八
續殷下 八八·二
山東存下 一三·一
出土　山東益都蘇埠屯
流傳　于省吾舊藏
來源　考古研究所藏

一一四三九　亞醜矛
字數　二
時代　殷
著録　總集 七五九八
三代 二〇·三〇·一
善齋 一〇·四五
續殷下 八八·一
山東存下 一三·二
出土　一九三〇年山東益都蘇埠屯出土(山東存)
流傳　劉體智舊藏
來源　三代

一一四四〇　亞醜矛
字數　二
時代　殷
著録　總集 七五九九
三代 二〇·三〇·二
貞松 一二·一二·一
續殷下 八八·六
山東存下 一三·六
出土　一九三〇年山東益都蘇埠屯出土(山東存)
來源　考古研究所藏

一一四四一　亞醜矛
字數　二
時代　殷
著録　總集 七六〇〇
三代 二〇·三一·一
續殷下 八八·四
小校 一〇·六九·四

山東存下 一三・四
出土 一九三〇年山東益都蘇埠屯出
土(山東存)
來源 續殷(拓)、小校(全形)

一一四四二 亞醜矛

字數 二
時代 殷
著録 續殷下 八八・五
山東存下 一三・五
辭典 二四二
出土 一九三〇年山東益都蘇埠屯出
土(山東存)
現藏 上海博物館
來源 上海博物館提供

一一四四三 亞醜矛

字數 二
時代 殷
著録 總集 七六〇一
三代 二〇・三二・二
貞松 一二・一一・二
續殷下 八八・三
山東存下 一三・三
出土 一九三〇年山東益都蘇埠屯出
土(山東存)
來源 續殷

一一四四四 亞䇂矛

字數 二
時代 殷
著録 未見
現藏 蘇州市博物館
來源 蘇州市博物館提供(拓)、考古所
摹

一一四四五 北單矛

字數 二
時代 殷
著録 未見
現藏 中國歷史博物館
來源 考古研究所拓
備注 辭典二三八説明稱：「一九五〇年河南安陽殷墟武官村出土。」學報第五册發掘報告未載。存疑

一一四四六 北單矛

字數 二
時代 殷
著録 未見
現藏 中國歷史博物館
來源 考古研究所拓

一一四四七 亦車矛

字數 二
時代 殷
著録 總集 七六一二
巖窟下 六一
出土 一九三九年安陽出土
流傳 梁上椿舊藏
來源 巖窟
備注 同出同銘矛三件

一一四四八 亦車矛

字數 二
時代 殷
著録 總集 七六一三
癡盦 四〇
流傳 李泰棻舊藏
現藏 北京故宮博物院
來源 考古研究所拓

一一四四九 倗舟矛

字數 二
時代 殷
著録 鄴三下 一四
出土 傳出安陽
來源 鄴三
備注 銅柄玉矛

一一四五〇 康侯矛

字數 二
時代 西周早期
著録 總集 七六一九
學報一九五六年四期
斷代(六) 圖版八右
來源 考古研究所藏

一一四五一 戉王矛

字數 二(又重文一)
時代 春秋晚期
著録 總集 七六二四
楚展 圖七八
中山大學學報 一九六四年一期
鳥書考圖二
古文字研究 一〇・二六九圖
一六・一
鳥篆 一〇五
吴越 一八四
出土 湖南長沙市
現藏 湖南省博物館
來源 湖南省博物館提供(拓)、吴越
(摹)

一一四五二 寺工矛

字數 二
時代 戰國晚期
著録 未見
現藏 北京故宮博物院
來源 考古研究所拓

一一四五三 寺工矛

字數 二
時代 戰國晚期
著録 考古與文物 一九八三年四期
六一頁圖三・二
出土 陝西臨潼秦始皇陵兵馬俑坑
現藏 秦始皇陵兵馬俑博物館
來源 考古與文物
備注 秦俑坑出土寺工矛若干，此其一

一一四五四 少府矛

字數 二
時代 戰國
著録 湖南考古輯刊 二集五一頁
二三・一
出土 一九七八年湖南漵浦縣馬田坪
秦墓出土
現藏 湖南省博物館
來源 湖南考古輯刊

一一四五五 右宮矛

字數 二
時代 戰國
著録 總集 七六〇九
三代 二〇・三三・一
周金 六・八六・四
夢郼中 二三
流傳 意園、羅振玉舊藏
現藏 旅順博物館
來源 考古研究所藏

一一四五六 右軍矛

字數 二
時代 戰國
著録 未見
現藏 中國歷史博物館
來源 考古研究所拓

一一四五七 㞷庫矛

字數 二

時代 戰國
著録 學報一九七四年一期一四頁
　圖一・一
現藏 北京故宮博物院
來源 考古研究所拓、摹

一一四五八 左庫矛
字數 二
時代 戰國
著録 未見
現藏 北京故宮博物院
來源 考古研究所拓

一一四五九 乇庫矛
字數 二
時代 戰國
著録 未見
現藏 旅順博物館
來源 考古研究所拓

一一四六〇 汖陽矛
字數 二
時代 戰國
著録 未見
現藏 北京故宮博物院
來源 考古研究所拓、摹

一一四六一 孱陵矛
字數 二
時代 戰國
著録 學報一九七八年二期二四六頁
　圖三八・二
出土 一九七四年廣西平樂縣採集（採
　七）
現藏 廣西壯族自治區博物館
來源 考古學報編輯部檔案

一一四六二 孱陵矛
字數 二
時代 戰國
著録 未見
現藏 上海博物館
來源 上海博物館提供

一一四六三 陽周矛
字數 二
時代 戰國
著録 未見
現藏 北京故宮博物院
來源 考古研究所拓

一一四六四 陽周矛
字數 二
時代 戰國
著録 未見
現藏 北京故宮博物院
來源 考古研究所拓、摹

一一四六五 平周矛
字數 二
時代 戰國
著録 未見
現藏 北京故宮博物院
來源 考古研究所拓
備注 原刻武字，後被刮磨掉

一一四六六 平周矛
字數 二
時代 戰國
著録 㾕盦 四四
流傳 李泰棻舊藏
來源 㾕盦

一一四六七 平周矛
字數 二
時代 戰國
著録 未見
流傳 方若舊藏
現藏 中國歷史博物館
來源 考古研究所拓

一一四六八 武戳矛
字數 二
時代 戰國
著録 未見
現藏 北京故宮博物院
來源 考古研究所拓、摹

一一四六九 武敢矛
字數 二
時代 戰國
著録 總集 七六一四
　三代 二〇・三三・四
　長安 一・四三
　綴遺 二九・一九・二
　奇觚 一〇・三六・一
　周金 六・八五・三
　簠齋 四古兵
　小校 一〇・七一・二
流傳 劉喜海、陳介祺舊藏
來源 考古研究所藏

一一四七〇 不降矛
字數 二
時代 戰國
著録 周金 六・八六・三
流傳 常熟翁氏舊藏
來源 周金

一一四七一 平陽矛
字數 二
時代 戰國
著録 周金 六・八六・五
流傳 吳興周氏舊藏
來源 周金

一一四七二 詔使矛
字數 二
時代 戰國晚期
著録 善齋 一〇・四七
　小校 一〇・七〇・四
流傳 劉體智舊藏
現藏 上海博物館
來源 上海博物館提供(拓)、善齋(摹)

一一四七三 高奴矛
字數 二
時代 戰國
著録 總集 七六一六
　三代 二〇・三三・五
　奇觚 一〇・三五・三
　簠齋 四古兵
　小校 一〇・七一・四
流傳 陳介祺舊藏
來源 三代

一一四七四 宜章矛(鈹)
字數 二
時代 戰國
著録 學報 一九五九年一期圖版一三・一
　古文字研究 一〇・二六九圖
　一七
　辭典 九七六
出土 一九五五年湖南長沙市左家公
　山二一號墓
現藏 湖南省博物館
來源 湖南省博物館提供

一一四七五 長矛
字數 二
時代 戰國
著録 學報 一九五九年一期圖版
　一一・五
出土 一九五二年湖南長沙市黃泥坑

八七號墓
現藏 湖南省博物館
來源 考古學報編輯室檔案

一一四七六 高矛
字數 二
時代 戰國
著録 總集 七六一〇
三代 二〇・三三・二
貞松 一二・一三・一

一一四七七 睘矛
字數 二
時代 戰國
著録 總集 七六一一
三代 二〇・三三・三
夢郼續 三二
流傳 羅振玉舊藏
來源 考古研究所藏

一一四七八 日矛
字數 二
時代 西周
著録 總集 七六一八
三代 二〇・三四・一～二
現藏 旅順博物館
來源 考古研究所拓

一一四七九 郾王矛
字數 存二
時代 戰國晚期
著録 總集 七六四八
三代 二〇・四〇・一
周金 六・八四・一
來源 考古研究所藏

一一四八〇 郾王職矛
字數 存三
時代 戰國晚期
著録 總集 七六四五
三代 二〇・三九・二
奇觚 一〇・三七・三
周金 六・八三・四
流傳 陳介祺舊藏（奇觚）
來源 考古研究所藏

一一四八一 郾王右矛（郾王職矛）
字數 存三
時代 戰國晚期
著録 未見
現藏 蘇州市博物館
來源 蘇州市博物館提供

一一四八二 郾王喜矛
字數 存三
時代 戰國晚期
著録 總集 七六四七
三代 二〇・三九・四
流傳 溥倫舊藏
來源 考古研究所藏

一一四八三 郾王職矛
字數 存三
時代 戰國晚期
著録 善齋 一〇・五〇
小校 一〇・七三・三
來源 小校

一一四八四 郾右軍矛
字數 三
時代 戰國晚期
著録 總集 七六二三
録遺 五八五
來源 録遺

一一四八五 鄭右庫矛
字數 三
時代 戰國晚期
著録 總集 七六二五
文物 一九七二年一〇期三九頁
圖一八
出土 一九七一年河南新鄭縣鄭韓故城
現藏 河南省博物館
來源 文物編輯部提供（照片）、集録
（摹）

一一四八六 辛邑矛
字數 三
時代 殷
著録 總集 七六二〇
考古與文物 一九八〇年二期一六
頁圖三
出土 一九七五年陝西渭南縣陽郭鄉南
堡村墓葬
現藏 渭南縣圖書館
來源 考古與文物編輯提供

一一四八七 右急矛
字數 三
時代 戰國
著録 總集 七六二二
三代 二〇・三四・三
貞松 一二・一三・三
流傳 璜川吴氏舊藏（貞松）
現藏 遼寧省博物館
來源 考古研究所藏

一一四八八 安右矛
字數 三
時代 戰國
著録 總集 七六二八
三代 二〇・三五・三
綴遺 二九・一九・一
奇觚 一〇・三六・二
周金 六・八五・二
簠齋 四古兵
小校 一〇・七二・五
流傳 陳介祺舊藏
來源 考古研究所藏

一一四八九 安右矛
字數 三
時代 戰國
著録 總集 七六二九
三代 二〇・三五・四
綴遺 二九・一八
奇觚 一〇・三六・三
周金 六・八五・一
簠齋 四古兵
小校 一〇・七二・六
流傳 陳介祺舊藏
來源 考古研究所藏

一一四九〇 安右矛
字數 三
時代 戰國
著録 未見
出土 己未年直隸遂城故墟出土（柯昌泗拓本跋）
流傳 柯昌泗舊藏
來源 考古研究所藏

一一四九一 行論鍨矛
字數 三
時代 戰國
著録 總集 七六二二
三代 二〇・三四・四
貞松 一二・一三・二
流傳 潢川吴氏舊藏（貞松）
現藏 遼寧省博物館

來源 考古研究所藏
備注 或以爲銘文後刻

一一四九二 高望矛
字數 三
時代 戰國
著録 未見
現藏 北京故宮博物院
來源 考古研究所拓、摹

一一四九三 高望矛
字數 三
時代 戰國
著録 未見
現藏 北京故宮博物院
來源 考古研究所拓

一一四九四 中陽矛
字數 三
時代 戰國晚期
著録 未見
現藏 中國歷史博物館
來源 考古研究所拓

一一四九五 故陸睘矛
字數 三
時代 戰國
著録 攈古 一・二・四四
來源 攈古

一一四九六 非矛
字數 存三
時代 春秋晚期
著録 學報 一九七六年二期一七九頁 圖一〇
出土 一九七三年江西南昌東郊賢士湖畔西漢墓(M一四:二)
現藏 江西省博物館
來源 考古學報編輯室檔案

一一四九七 郾王詈矛
字數 四
時代 戰國晚期
著録 未見
現藏 中國歷史博物館
來源 考古研究所拓

一一四九八 郾王戎人矛
字數 四
時代 戰國晚期
著録 總集 七六三〇
三代 二〇・三六・一
貞松 一二・一四・一
貞圖中 七二
流傳 羅振玉舊藏
現藏 旅順博物館
來源 考古研究所藏

一一四九九 格氏矛
字數 四
時代 戰國
著録 總集 七六二六
三代 二〇・三五・一
貞松 一二・一三・四
現藏 北京故宮博物院
來源 考古研究所藏

一一五〇〇 上黨武庫矛
字數 四
時代 戰國晚期
著録 考古 一九七三年六期三七四頁圖四・三
出土 河北易縣
現藏 中國歷史博物館
來源 考古編輯部檔案

一一五〇一 上郡矛
字數 四
時代 戰國晚期
著録 古文字研究 一〇・二六九圖一七・三~四
湖南考古輯刊 一集 圖版一三・三
現藏 湖南省博物館
來源 湖南省博物館提供

一一五〇二 櫟陽武當矛
字數 四
時代 戰國
著録 未見
現藏 北京故宮博物院
來源 考古研究所拓

一一五〇三 右洀州還矛
字數 四
時代 春秋
著録 河北 九二
出土 一九六六年河北雄縣
現藏 河北省博物館
來源 河北

一一五〇四 東周矛
字數 四
時代 戰國
著録 未見
來源 考古研究所藏

一一五〇五 東周矛
字數 四
時代 戰國
著録 總集 七六二七
三代 二〇・三五・二
夢郼續 三三
流傳 羅振玉舊藏
來源 考古研究所藏

一一五〇六 武都矛
字數 四
時代 戰國
著録 雙吉下 三九
流傳 于省吾舊藏
現藏 北京故宮博物院
來源 考古研究所拓

一一五〇七 鄭生庫矛
字數 五
時代 戰國晚期
著録 總集 七六三二
文物 一九七二年一〇期三九頁 圖二一
出土 一九七一年河南新鄭縣鄭韓故城
現藏 河南省博物館
來源 文物編輯部提供(照片)、集録(摹)
備注 此器爲戟刺

一一五〇八 廿二年左郛矛
字數 五
時代 戰國晚期
著録 總集 七六三三
三代 二〇・三六・二
來源 考古研究所藏

一一五〇九 廣衍矛
字數 存五
時代 戰國晚期
著録 文物 一九七七年五期圖版三・三
出土 一九七五年內蒙古自治區准格爾旗上塔墓地東北
現藏 內蒙古社會科學院歷史研究所
來源 文物

一一五一〇 少明矛
字數 存五
時代 戰國

著録 未見
現藏 北京故宮博物院
來源 考古研究所拓

一一五一一 越王者旨於賜矛

字數 六
時代 戰國早期（越王鼫與 公元前四六四～前四五九年）
著録 總集 七六三四
燕京學報 一七期鳥書考補正補圖一〇
大系 考釋補録二
中山大學學報 一九六四年一期
鳥書考圖四
周漢 五四
書道（平凡）一〇五
三代補 八四四
鳥篆 七四
吴越 一二七
流傳 日本東京細川護立氏舊藏
現藏 日本永青文庫
來源 書道（拓）、吴越（摹）
備注 賜字從目旁，暫從舊説釋賜，銘文錯金

一一五一二 戉王矛

字數 六
時代 春秋晚期
著録 銘文選 五五七
鳥篆 七五
吴越 一二九
上海（二〇〇四）五八四
現藏 上海博物館
流傳 上海博物館提供（拓）、吴越（摹）

一一五一三 郾侯⿱左車矛

字數 六
時代 戰國晚期
著録 總集 七六三三
三代 二〇・三六・三
銘文選 八七四
貞松 一二・一四・二
來源 考古研究所藏

一一五一四 郾王職矛

字數 六
時代 戰國晚期
著録 總集 七六四六
三代 二〇・三九・三
來源 考古研究所藏

一一五一五 郾王職矛

字數 六
時代 戰國晚期
著録 總集 七六四〇
奇觚 一〇・三七・二
小校 一〇・七三・一
流傳 陳介祺舊藏（奇觚）
來源 考古研究所藏

一一五一六 郾王職矛

字數 六
時代 戰國晚期
著録 總集 七六四一
三代 二〇・三八・一
貞松 一二・一四・四
周金 六・八三・三
流傳 陳介祺舊藏（周金）
現藏 遼寧省博物館
來源 考古研究所藏

一一五一七 郾王職矛

字數 七
時代 戰國晚期
著録 三代 二〇・三八・二
善齋 一〇・五一
小校 一〇・七三・二
來源 考古研究所藏

一一五一八 郾王職矛

字數 七
時代 戰國晚期
著録 未見
現藏 北京故宮博物院
來源 考古研究所拓

一一五一九 郾王職矛

字數 六
時代 戰國晚期
著録 未見
現藏 上海博物館
來源 考古研究所拓

一一五二〇 郾王職矛

字數 六
時代 戰國晚期
著録 未見
現藏 旅順博物館
來源 考古研究所拓

一一五二一 郾王職矛

字數 六
時代 戰國晚期
著録 未見
來源 考古研究所藏猗文閣拓本

一一五二二 郾王喜矛

字數 六
時代 戰國晚期
著録 未見
現藏 旅順博物館
來源 考古研究所拓

一一五二三 郾王喜矛

字數 六
時代 戰國晚期
著録 河北 一四一
辭典 九六一
出土 一九六六年河北保定市
現藏 河北省博物館
來源 河北省博物館提供

一一五二四 郾王詈矛

字數 存六
時代 戰國晚期
著録 河北 一三八
出土 一九五七年河北易縣燕下都
現藏 河北省博物館
來源 河北

一一五二五 郾王職矛（郾王職殘齊矛）

字數 存六
時代 戰國晚期
著録 總集 七六三八
三代 二〇・三七・三
奇觚 一〇・三八・一
周金 六・八三・二
小校 一〇・七四・三
流傳 陳介祺舊藏
來源 考古研究所藏

一一五二六 郾王職矛

字數 七
時代 戰國晚期
著録 總集 七六三九
三代 二〇・三七・四
綴遺 二九・二一・一
奇觚 一〇・三七・一
周金 六・八三・一
簠齋 四古兵
小校 一〇・七三・四

流傳 陳介祺舊藏
現藏 北京故宮博物院
來源 考古研究所拓

一一五二七 郾王職矛

字數 七
時代 戰國晚期
著録 未見
來源 考古研究所藏

一一五二八 郾王喜矛(鈹)

字數 七
時代 戰國晚期
著録 總集 七六三五
三代 二〇・三六・四
貞松 一二・一五・二
辭典 九六二
現藏 遼寧省博物館
來源 考古研究所拓、三代(全形)

一一五二九 郾王喜矛(鈹)

字數 七
時代 戰國晚期
著録 貞松 一二・一五・一
來源 考古研究所藏猗文閣拓本

一一五三〇 郾王詈矛

字數 七
時代 戰國晚期
著録 總集 七六四三
三代 二〇・三八・四
貞松 一二・一四・三
流傳 方若舊藏(貞松)
來源 三代(拓)、貞松(摹)

一一五三一 郾王戎人矛

字數 七(正反面同銘)
時代 戰國晚期
著録 未見
現藏 北京故宮博物院
來源 考古研究所拓

一一五三二 少府矛

字數 七
時代 戰國晚期
著録 河北 一四七
出土 一九六六年河北易縣燕下都西沈村
現藏 河北省博物館
來源 河北

一一五三三 武庫矛

字數 七
時代 戰國晚期
著録 未見
現藏 上海博物館
來源 上海博物館提供

一一五三四 吴王夫差矛(鈹)

字數 八
時代 春秋晚期(公元前四九五～前四七三年)
著録 江漢考古 一九八四年一期封面
美全 五・四六～四七
青全 一一・七七
吴越 〇八七
辭典 七九一
出土 一九八三年湖北江陵馬山五號墓
現藏 湖北省博物館
來源 湖北省博物館提供
備注 銘文錯金

一一五三五 戉王州句矛

字數 八
時代 戰國早期(越王朱句 公元前四四八～前四一二年)
著録 總集 七六五〇
沃森 七六頁圖八
中山大學學報 一九六四年一期
鳥書考圖一〇
書道(平凡)一〇四
三代補 八四三
鳥篆 一〇二
吴越 一四五
流傳 英國威廉・沃森舊藏
現藏 英國倫敦不列顛博物館
來源 書道(照片)、吴越(摹)
備注 銘文嵌金

一一五三六 郾王戎人矛

字數 八
時代 戰國晚期
著録 未見
現藏 旅順博物館
來源 考古研究所拓

一一五三七 郾王戎人矛

字數 八
時代 戰國晚期
著録 總集 七六三七
三代 二〇・三七・二
貞松 一二・一五・三
善齋 一〇・五二
小校 一〇・七四・一
現藏 上海博物館
來源 考古研究所藏

一一五三八 郾王戎人矛

字數 八
時代 戰國晚期
著録 未見
現藏 中國歷史博物館
來源 考古研究所拓

一一五三九 郾王戎人矛

字數 八
時代 戰國晚期
著録 未見
出土 傳出河北易縣燕下都
現藏 中國歷史博物館
來源 考古研究所拓

一一五四〇 郾王詈矛

字數 八
時代 戰國晚期
著録 總集 七六四二
三代 二〇・三八・三
銘文選 八七八
貞松 一二・一五・四
現藏 旅順博物館
來源 考古研究所藏

一一五四一 不降矛

字數 八
時代 戰國
著録 總集 七六四九
三代 二〇・四〇・二
攈古 二・一・三
綴遺 二九・二〇・二
奇觚 一〇・三八・二
周金 六・八二・二
簠齋 四古兵
流傳 陳介祺舊藏
來源 考古研究所藏(拓)、綴遺(摹)

一一五四二 平都矛

字數 八
時代 戰國
著録 未見
現藏 遼寧省博物館
來源 考古研究所拓、摹、攝

一一五四三 郾王戎人矛

字數 九
時代 戰國晚期
著録 總集 七六三六
三代 二〇・三七・一
貞松 一二・一六・一
澂秋 五六・一
流傳 陳承裘舊藏
來源 考古研究所藏

一一五四四 越王大子矛(戉王大子不壽戈)

字數 一二
時代 戰國早期
著録 銘文選 五六一
鳥篆 一四六
吴越 一六二
上海(二〇〇四) 五八五
現藏 上海博物館
來源 上海博物館提供(拓)、吴越(摹)

一一五四五 七年邦司寇矛

字數 一四(又合文一)
時代 戰國晚期
著録 總集 七六五三
三代 二〇・四〇・六
貞補中 三三・二
流傳 方若舊藏
現藏 中國歷史博物館
來源 考古研究所藏

一一五四六 七年宅陽令矛

字數 一五(又合文一)
時代 戰國晚期
著録 總集 七六五六
小校 一〇・七四・五
出土 關中(小校)
現藏 上海博物館
來源 上海博物館提供(拓)、小校(摹)

一一五四七 秦子矛

字數 一五
時代 春秋早期
著録 總集 七六五一
三代 二〇・四〇・三~四
貞松 一二・一七・一~二
流傳 容庚舊藏
來源 考古研究所藏

一一五四八 廿年寺工矛

字數 一五
時代 戰國晚期
著録 湖南考古輯刊 二集二八頁 圖四
出土 一九七八年湖南岳陽市郊七里山東風湖畔
現藏 岳陽市文物管理所
來源 湖南考古輯刊

一一五四九 十二年邦司寇矛

字數 一六(又合文一)
時代 戰國
著録 總集 七六五四
三代 二〇・四一・一
筠清 五・四一・一
攈古 二之二・三六
周金 六・八二・一
小校 一〇・七四・六
流傳 程洪溥舊藏(木庵藏器目)
來源 小校

一一五五〇 十三年少府矛

字數 一六
時代 戰國晚期
著録 文物 一九八四年一〇期六〇頁 圖二
流傳 故宮博物院舊藏
現藏 中國歷史博物館
來源 考古研究所拓、摹
備注 「西成、八一」等字不清晰，未摹

一一五五一 九年鄭令矛

字數 一七(又合文一)
時代 戰國晚期
著録 總集 七六五七
文物 一九七二年一〇期四〇頁 圖二四
出土 一九七一年河南新鄭縣鄭韓故城(T一:三三)
現藏 河南省博物館
來源 文物編輯部提供

一一五五二 元年鄭令矛

字數 一八(又合文二)
時代 戰國晚期
著録 總集 七六六四
文物 一九七二年一〇期圖版五・五
出土 一九七一年河南新鄭縣鄭韓故城(T一:六三)
現藏 河南省博物館
來源 文物編輯部提供(照片)、集録(摹)

一一五五三 五年鄭令矛

字數 一八(又合文二)
時代 戰國晚期
著録 總集 七六五二
三代 二〇・四〇・五
貞松 一二・一六・二
出土 丁樹貞舊藏(貞松)
現藏 北京故宮博物院
來源 考古研究所拓

一一五五四 七年鄭令矛

字數 一八(又合文二)
時代 戰國晚期
著録 總集 七六六六
文物 一九七二年一〇期圖版四・三
出土 一九七一年河南新鄭縣鄭韓故城(T一:三〇)
現藏 河南省博物館
來源 文物編輯部提供

一一五五五 卅二年鄭令矛

字數 一八(又合文二)
時代 戰國晚期
著録 總集 七六六三
文物 一九七二年一〇期圖版四・六
出土 一九七一年河南新鄭縣鄭韓故城(T一:五〇)
現藏 河南省博物館
來源 文物編輯部提供(照片)、集録(摹)

一一五五六 元年相邦春平侯矛

字數 一八(又合文一)
時代 戰國晚期
著録 總集 七六五九
周金 六・八〇・一
現藏 上海博物館
來源 上海博物館提供(拓)、周金(全形)
備注 或疑僞刻

一一五五七 五年相邦春平侯矛

字數 一八(又合文一)
時代 戰國晚期

著録 總集 七六五八
周金 六・八〇・三
現藏 上海博物館
來源 上海博物館提供(拓)、周金(全形)
備注 或疑僞刻

一一五五八 十七年相邦春平侯矛
字數 一八(又合文二)
時代 戰國晚期
著録 總集 七六六〇
三代 二〇・四一・二
現藏 旅順博物館
來源 考古研究所藏
備注 或疑僞刻

一一五五九 三年鄭令矛
字數 一九(又合文二)
時代 戰國晚期
著録 總集 七六六五
文物 一九七二年一〇期三九頁圖二三
出土 一九七一年河南新鄭縣鄭韓故城(丁一:六八)
現藏 河南省博物館
來源 文物編輯部提供

一一五六〇 卅四年鄭令矛
字數 一九(又合文二)
時代 戰國晚期
著録 總集 七六六七
文物 一九七二年一〇期圖版四・二
出土 一九七一年河南新鄭縣鄭韓故城(丁一:六〇)
現藏 河南省博物館
來源 文物編輯部提供

一一五六一 閔令趙狽戈(十一年閔令鈹)
字數 一九(又合文二)
時代 戰國
著録 未見
現藏 遼寧省博物館
來源 考古研究所拓

一一五六二 六年安陽令矛
字數 二〇(又合文二)
時代 戰國晚期
著録 總集 七六七〇
陶續 二・二五(劍)
周金 六・九一(劍)
現藏 北京故宮博物院
來源 考古研究所拓、摹
備注 舊均稱劍，自名戟刺，本書戟刺收入矛內

一一五六三 二年鄭令矛
字數 二〇(又合文二)
時代 戰國晚期
著録 總集 七六六八
文物 一九七二年一〇期圖版五・一
出土 一九七一年河南新鄭縣鄭韓故城(丁一:六四)
現藏 河南省博物館
來源 文物編輯部提供

一一五六四 四年雍令矛
字數 二一(又合文一)
時代 戰國晚期
著録 總集 七六六九
學報 一九七四年一期一四頁圖一・三
現藏 中國歷史博物館
來源 考古研究所拓、考古學報編輯部檔案(摹本)

一一五六五 廿三年司寇矛(廿三年襄城令矛)
字數 二二(又合文一)
時代 戰國晚期
著録 未見
現藏 上海博物館
來源 上海博物館提供

一一五六六 中央勇矛
字數 存二八
時代 春秋戰國
著録 總集 七六五五
三代 二〇・四一・三~四
貞松 一二・一七・三~四
善齋 一〇・五三
小校 一〇・七五・四~五
現藏 上海博物館
來源 考古研究所藏

一一五六七 曾侯郕殳
字數 六
時代 戰國早期
著録 曾侯乙墓 二九二頁圖一七八・一~二
出土 一九七八年湖北隨縣曾侯乙墓(N二九〇)
辭典九七五
現藏 湖北省博物館
來源 湖北省博物館提供
備注 形制、紋飾和銘文相同者三件，此爲其中之一

劍類

一一五六八~一一七一九

一一五六八 刀劍
字數 一
時代 戰國
著録 考古 一九八三年九期八四九頁圖一・三~四
現藏 山東沂水市博物館
來源 考古編輯部檔案

一一五六九 五劍
字數 一
時代 戰國
著録 總集 七六七一
三代 二〇・四二・三
奇觚 一〇・一・一
周金 六・一〇四・二
流傳 陳介祺舊藏(奇觚)，後歸徐乃昌
來源 考古研究所藏

一一五七〇 越王劍
字數 二(劍格正反面越王二字四見)
時代 戰國早期
著録 總集 七七〇八
三代 二〇・四八・三
貞續下 二三・一~二
雙吉下 三六
小校 一〇・九九・三
頌續 圖一二九
燕京學報 一六期鳥書考圖八
中山大學學報 一九六四年一期

鳥書考圖一
銘文選 五六二
鳥篆 一〇六
吴越 一四一
出土 陝西(頌續)
流傳 容庚、于省吾舊藏
現藏 廣州市博物館
來源 考古研究所藏(拓)、吴越(摹)

一一五七一 越王劍(鈹)
字數 二(劍身兩面對銘)
時代 戰國早期
著録 考古 一九八四年八期七六二頁
鳥篆 六六
吴越 一八五
出土 一九七六年浙江鄞縣甲村鄉郏家埭
現藏 浙江省博物館
來源 考古研究所拓、吴越(摹)

一一五七二 豐伯劍
字數 二
時代 西周早期
著録 中國古都研究 一九二頁圖九
出土 一九六四年河南洛陽北窑墓葬(M二一五:五五)
現藏 洛陽市文物工作隊
來源 洛陽市文物工作隊提供

一一五七三 豐伯劍
字數 二
時代 西周早期
著録 考古與文物 一九八三年六期六九頁圖二
北窑 二一八頁圖六七·四
出土 一九六四年河南洛陽北窑墓葬(M二一五:五四)
現藏 洛陽市文物工作隊
來源 洛陽市文物工作隊提供

一一五七四 洛都劍
字數 二
時代 戰國
著録 未見
現藏 北京故宫博物院
來源 考古研究所摹
備注 此爲一一六八七鈹背面

一一五七五 工劍
字數 二
時代 春秋
著録 總集 七六七三
録遺 五八七
來源 録遺

一一五七六 大攻肴劍
字數 三
時代 戰國
著録 小校 一〇·九六·一
來源 小校

一一五七七 大攻肴鈹
字數 三
時代 戰國
著録 總集 七六七四
三代 二〇·四三·一
貞松 一二·一八·一
彙編 七·九二二
來源 考古研究所藏
備注 鈹是矛類長兵。過去誤稱爲劍，如未著録器形，難以將其與劍區分，上述小校之器即其例。目前在難于徹底分清這兩類器的情况下，本書只好把它們編排在一起。但有全形可確知其爲鈹的，則改稱鈹，以資與劍區別，其他不明器類的，仍以劍稱之

一一五七八 郘子劍
字數 四
時代 春秋晚期
著録 未見
現藏 上海博物館
來源 上海博物館提供

一一五七九 余王劍(越王劍)
字數 存四
時代 春秋晚期
著録 鳥篆 九八
吴越 一六一
現藏 中國歷史博物館
來源 考古研究所拓、吴越(摹)

一一五八〇 从金劍
字數 四
時代 春秋
著録 總集 七六七五
三代 二〇·四三·二
善齋 一一·四
小校 一〇·九六·三
現藏 上海博物館
來源 考古研究所藏

一一五八一 高陽劍
字數 四
時代 戰國
著録 周金 六·一〇二·二
來源 周金

一一五八二 繁湯之金劍
字數 四
時代 戰國
著録 總集 七六八二
考古 一九八〇年六期四九〇頁圖三
美全 五·一一八
鳥篆 五四
青全 七·一四九
出土 一九七四年洛陽市西工區凱旋路北出土
現藏 洛陽市文物工作隊
來源 考古研究所拓、摹

一一五八三 郾王喜劍(鈹)
字數 存四
時代 戰國晚期
著録 未見
來源 考古研究所藏猗文閣拓本

一一五八四 郾王喜劍(鈹)
字數 存四
時代 戰國晚期
著録 未見
來源 考古研究所藏猗文閣拓本

一一五八五 郾王喜鈹(郾王喜矛)
字數 存四
時代 戰國晚期
著録 總集 七六四四
三代 二〇·三九·一
現藏 旅順博物館
來源 考古研究所藏猗文閣拓本
備注 舊稱矛，形制與同時期通行的矛不同，而與鈹大小相若，故改稱鈹

一一五八六 吉爲劍
字數 五(又重文五)
時代 戰國
著録 文叢 三·八四圖二三·三
出土 一九七六年陝西鳳翔縣八旗屯 C

區九號墓
現藏 鳳翔雍城考古隊
來源 文叢
備注 銘文錯金，左右對銘

一一五八七 蔡侯產劍
字數 存五
時代 戰國早期
著録 未見
現藏 英國洛貝脱氏
來源 考古研究所藏陳夢家照片
備注 局部照片「蔡」「之」二字不全

一一五八八 韓鍾劍
字數 五
時代 春秋、戰國
著録 古文字研究 五・九五圖二
山西出土文物 九一
山西精華 五九
出土 一九五二年山西垣曲縣譚家鄉譚家村
現藏 山西省博物館
來源 山西省博物館提供(薛超攝影)

一一五八九 富奠劍
字數 五
時代 戰國
著録 總集 七六七七
録遺 五八九
流傳 德人楊寧史舊藏
現藏 北京故宮博物院
來源 考古研究所拓

一一五九〇 鄭武庫劍
字數 五
時代 戰國晚期
著録 總集 七九五二
三代 一八・三一・一
陶齋 五・三〇
流傳 端方舊藏
來源 三代
備注 三代不明器形，泛稱銅器

一一五九一 塦劍
字數 五
時代 戰國
著録 總集 七六七六
録遺 五八八
來源 録遺
備注 或疑僞刻

一一五九二 高陽劍首
字數 五
時代 戰國
著録 彙編 七・七九四
現藏 美國卡特氏
來源 彙編

一一五九三 先劍
字數 五
時代 戰國
著録 貞松 一二・一八・二
流傳 羅振玉舊藏
來源 貞松
備注 錯金銘文

一一五九四 越王句戔之子劍
字數 六（又重文二）
時代 春秋晚期
著録 總集 七六九八
録遺 五九三・一～二
金匱 三六頁
中山大學學報 一九六四年一期
鳥書考 圖八
銘文選 五五一
鳥篆 七〇
吳越 一二一
出土 壽縣(金匱)
現藏 陳仁濤、黄濬舊藏
來源 考古研究所藏(拓)、金匱(器形)、吳越(摹)

一一五九五 越王句踐之子劍
字數 六（又重文二）
時代 春秋晚期
著録 鳥篆 七一
吳越 一二二
流傳 黄濬舊藏
現藏 美國哈佛大學福格美術博物館
來源 考古研究所藏陳夢家照片
備注 失劍首。一九四五年入藏福格美術博物館

一一五九六 越王者旨於賜劍
字數 六（又重文二）
時代 戰國早期(越王鼫與 公元前四六四～前四五九年)
著録 總集 七七〇〇
録遺 五九二
鳥篆 八二
吳越 一三五
流傳 傳大卣舊藏(陳夢家拓本題跋)
來源 考古研究所藏(拓)、吳越(摹)
備注 銘文嵌松石

一一五九七 越王者旨於賜劍
字數 六（又重文二）
時代 戰國早期(越王鼫與 公元前四六四～前四五九年)
著録 吳越 一三三
故青 二六七
流傳 德人楊寧史舊藏
現藏 北京故宮博物院
來源 考古研究所拓、吳越(摹)

一一五九八 越王者旨於賜劍
字數 六（又重文二）
時代 戰國早期(越王鼫與 公元前四六四～前四五九年)
著録 燕京學報 二三期鳥書三考圖四
越王劍一乙
中山大學學報 一九六四年一期
鳥書考 圖五
出土 傳出壽縣
流傳 黄濬舊藏
來源 考古研究所藏(銘文照片)、燕京學報(全形)
備注 此器即一一五九九，原收照片印反

一一五九九 越王者旨於賜劍
字數 六（又重文二）
時代 戰國早期(越王鼫與 公元前四六四～前四五九年)
著録 總集 七七〇一
上海 九二
銘文選 二・五五五
鳥篆 八三（一五七）
吳越 一三四
上海(二〇〇四)五八六
現藏 上海博物館
來源 上海博物館提供

一一六〇〇 越王者旨於賜劍
字數 六（又重文二）
時代 戰國早期(越王鼫與 公元前四六四～前四五九年)
著録 總集 七六九九
燕京學報 二三 期鳥書 三

考圖五
越王劍二乙
中山大學學報 一九六四年一期
鳥書考圖六
録遺 五九四
銘文選 五五四
鳥篆 八一、一五八
辭典 九六九
吴越 一三一
出土 傳出壽縣
現藏 中國歷史博物館
來源 考古研究所藏(拓)、吴越(摹)

一一六〇一 蔡侯劍
字數 存六
時代 春秋晚期
著録 總集 七六八五
三代 二〇·四三·五
奇觚 一〇·二·一(上段)
周金 六·一〇七·二(上段)
夢郼中 一九(下段)
鳥篆 三十
流傳 陳介祺、羅振玉舊藏
來源 考古研究所藏
備注 器殘，並裂爲上下兩段，三代所收全

一一六〇二 蔡侯產劍
字數 六
時代 戰國早期
著録 總集 七六八八
考古 一九六三年四期圖版四·二
銘文選 六〇四
鳥篆 二八
辭典 七九三
出土 一九五八～一九五九年安徽淮南市蔡家崗趙家孤堆二號墓
現藏 安徽省博物館
來源 考古編輯部檔案

一一六〇三 蔡侯產劍
字數 六
時代 戰國早期
著録 總集 七六八七
考古 一九六三年四期圖版四·三
鳥篆 二六
出土 一九五八～一九五九年安徽淮南市蔡家崗趙家孤堆二號墓
現藏 安徽省博物館
來源 考古編輯部檔案

一一六〇四 蔡侯產劍
字數 六
時代 戰國早期
著録 總集 七六八九
考古 一九六三年四期圖版四·一
鳥篆 二七
出土 一九五八～一九五九年安徽淮南市蔡家崗趙家孤堆二號墓
現藏 安徽省博物館
來源 考古編輯部檔案

一一六〇五 蔡公子從劍
字數 六(又重文六)
時代 戰國早期
著録 總集 七六九〇
安徽金石 一六·六·二
盧氏(一九四〇) 五五
書道 一〇七
三代補 八四五
鳥篆 三二
出土 安徽壽縣
現藏 美國芝加哥某氏(書道)
來源 書道

一一六〇六 郾王喜劍(鈹)
字數 六
時代 戰國晚期
著録 總集 七六九五
三代 二〇·四五·二
小校 一〇·九八·三
現藏 旅順博物館
來源 考古研究所藏猗文閣拓本

一一六〇七 郾王喜劍(鈹)
字數 六
時代 戰國晚期
著録 未見
來源 北京圖書館提供

一一六〇八 滕之不㤼劍
字數 六
時代 春秋
著録 總集 七六八六
三代 二〇·四四·一
貞松 一二·一八·三
小校 一〇·九七·二
山東存滕 三
流傳 溧陽濮氏舊藏(貞松)
來源 考古研究所藏(拓)、山東存(摹)

一一六〇九 険平劍
字數 六
時代 戰國
著録 總集 七六八三
陶齋 五·三二
周金 六·九九·一
彙編 七·七二六
流傳 端方舊藏
來源 考古研究所藏

一一六一〇 命劍
字數 六
時代 春秋戰國
著録 總集 七六八四
三代 二〇·四三·四
貞圖中 七三
流傳 羅振玉舊藏
來源 考古研究所藏

一一六一一 郙王劍
字數 七
時代 春秋
著録 中原文物 一九八一年四期二七頁圖五·七
辭典 七九七
出土 一九七八年河南固始縣磚瓦廠白獅地
現藏 信陽地區文物管理委員會
來源 信陽地區文物管理委員會提供

一一六一二 郾王喜劍(鈹)
字數 七
時代 戰國晚期
著録 總集 七六九二
三代 二〇·四四·二
現藏 遼寧省博物館
來源 考古研究所

一一六一三 郾王喜劍(鈹)
字數 七
時代 戰國晚期
著録 總集 七六九三
三代 二〇·四四·三
貞松 一二·一九·一
流傳 丁樹貞舊藏(羅表)
來源 三代

一一六一四 郾王喜劍(鈹)
字數 七

時代 戰國晚期
著録 總集 七六九四
三代 二〇·四五·一
善齋 一一·六
小校 一〇·九八·二
銘文選 八七九
流傳 劉體智舊藏
現藏 上海博物館
來源 考古研究所藏

一一六一五 郾王喜劍(鈹)
字數 七
時代 戰國晚期
著録 小校 一〇·九八·四
來源 考古研究所藏猗文閣拓本

一一六一六 郾王喜劍(鈹)
字數 七
時代 戰國晚期
著録 河北 一四〇
出土 一九五四年河北易縣
現藏 河北省博物館
來源 河北

一一六一七 郾王喜(鈹)
字數 七
時代 戰國晚期
著録 未見
來源 考古研究所藏

一一六一八 畠劍
字數 七
時代 戰國
著録 總集 七六九六
録遺 五九一
善齋 一一·一〇
小校 一〇·一〇〇·四
鳥篆 一一六
吴越 一六八
流傳 劉體智舊藏
現藏 上海博物館
來源 考古研究所藏(拓)、吴越(摹)

一一六一九 四年建信君鈹
字數 存七(又合文一)
時代 戰國晚期
著録 未見
現藏 上海博物館
來源 上海博物館提供(拓)、考古研究所摹

一一六二〇 攻敔王光劍
字數 八
時代 春秋晚期(吴王光 公元前五一四~前四八六年)
著録 總集 七七〇九
文物 一九七二年四期圖版二·二
三代補 八九二
銘文選 五三九
吴越 〇五二
辭典 七九二
山西珍品 一三六
出土 一九六四年山西原平縣峙峪村墓葬
現藏 山西省博物館
來源 文物

一一六二一 越王句踐劍
字數 八
時代 春秋晚期、戰國早期(越王勾踐 公元前四九六~前四六五年)
著録 總集 七六九七
文物 一九六六年五期圖版一·二~三
文物 一九七三年六期圖版一
三代補 八五九
銘文選 五五〇
望山 五一頁圖三二
辭典 七九六
美全 五·四八
青全 一一·一〇〇
鳥篆 七二
吴越 一二三
出土 一九六五年湖北江陵縣望山一號墓
現藏 湖北省博物館
來源 考古研究所拓

一一六二二 越王州句劍
字數 八(又重文六)
時代 戰國早期(越王朱句 公元前四四八~前四一二年)
著録 總集 七七〇三
三代 二〇·四八·六~七
貞松 一二·二三·三~四
周金 六·一〇五·三~四(又一〇六·一~二)
燕京學報 一六期鳥書考圖六乙
中山大學學報 一九六四年一期鳥書考圖一一
銘文選 五六〇
鳥篆 八八
吴越 一四八
出土 陝西
流傳 王懿榮、陶祖光舊藏(貞松)
來源 考古研究所藏(拓)、吴越(摹)

一一六二三 越王州句劍
字數 八(又重文六)
時代 戰國早期(越王朱句 公元前四四八~前四一二年)
著録 總集 七七〇七
中山大學學報 一九六四年一期鳥書考圖一四
録遺 五九八
書道 一〇八
三代補 八四六
鳥篆 八七
吴越 一五〇
流傳 美國紐約溫士洛氏舊藏
現藏 美國哈佛大學福格美術博物館
來源 録遺(拓)、吴越(摹)
備注 書道以爲藏巴黎

一一六二四 越王州句劍
字數 八(又重文六)
時代 戰國早期(越王朱句 公元前四四八~前四一二年)
著録 總集 七七〇五
燕京學報 一七期鳥書考補正圖二三
中山大學學報 一九六四年一期鳥書考圖一三
書道 一〇九
三代補 八四七
鳥篆 九六
吴越 一四九
流傳 美國紐約溫士洛氏
現藏 美國哈佛大學福格美術博物館
來源 考古研究所藏(拓)、吴越(摹)

一一六二五 越王州句劍
字數 八
時代 戰國早期(越王朱句 公元前四四八~前四一二年)
著録 總集 七〇二

文物 一九七三年九期圖版二・一：二・三
鳥篆 八六
吳越 一四六
出土 一九七三年湖北江陵藤店一號墓
現藏 荊州地區博物館
來源 文物（拓）、考古研究所摹

一一六二六 越王州句劍
字數 八（又重文六）
時代 戰國早期（越王朱句 公元前四四八～前四一二年）
著録 鳥篆 九二
吳越 一五五
流傳 章乃器舊藏
現藏 浙江省博物館
來源 考古研究所拓、吳越（摹）
備注 銘在銀質劍格上，劍身後配。陳夢家六國紀年曾提及此器

一一六二七 越王州句劍
字數 八（又重文六）
時代 戰國早期（越王朱句 公元前四四八～前四一二年）
著録 總集 七七〇四
三代 二〇・四八・四～五
善齋 一一・八
小校 一〇・九九・一～二
燕京學報 一七期鳥書考補正圖二二
中山大學學報 一九六四年一期
鳥書考圖一五
故圖下下 四九七
鳥篆 九一
吳越 一五八
流傳 劉體智舊藏
現藏 臺北故宮博物院
來源 三代（拓）、吳越（摹）
備注 故圖未發表全部銘文拓本，部分銘文與三代相近，暫作一器處理

一一六二八 越王州句劍
字數 八（又重文六）
時代 戰國早期（越王朱句 公元前四四八～前四一二年）
著録 總集 七七〇六
燕京學報 一六期鳥書考圖七；一七期鳥書考補正補圖七乙
中山大學學報 一九六四年一期
鳥書考 圖一二
鳥篆 九四
吳越 一五九
流傳 法國巴黎 M・Jacques Orcel 舊藏
現藏 法國巴黎賽爾諾什博物館
來源 考古研究所藏（拓）、吳越（摹）
備注 銘文中嵌以藍玉

一一六二九 越王州句劍
字數 八（又重文六）
時代 戰國早期（越王朱句 公元前四四八～前四一二年）
著録 金匱 三七頁初四・〇六～〇七
鳥篆 八九
吳越 一五一
出土 一九三六年湖南長沙市小吳門外
流傳 蔡季襄、卡爾貝克、陳仁濤舊藏
來源 考古研究所藏（拓）、吳越（摹）
備注 此拓本、照片係瑞典卡爾貝克贈陳夢家者。長沙古物聞見記、六國紀年曾提及此器

一一六三〇 越王州句劍
字數 八（又重文二）
時代 戰國早期（越王朱句 公元前四四八～前四一二年）
著録 銘文選 五五九
鳥篆 九三
吳越 一五四
上海（二〇〇四）五八八
現藏 上海博物館
來源 銘文選（拓）、吳越（摹）

一一六三一 越王州句劍
字數 八（又重文六）
時代 戰國早期（越王朱句 公元前四四八～前四一二年）
著録 湖南考古輯刊 一・八八圖一・四
鳥篆 九七
吳越 一四七
出土 一九七七年湖南益陽市赫山廟四二號墓
現藏 湖南省博物館
來源 湖南省博物館提供（拓）、吳越（摹）

一一六三二 戉王州句劍
字數 八（又重文六）
時代 戰國早期（越王朱句 公元前四四八～前四一二年）
著録 中國考古學會第三次年會論文集二一八頁圖七
鳥篆 九五
吳越 一五二
出土 一九八〇年湖北秭歸縣香溪鎮
現藏 秭歸屈原紀念館
來源 中國考古學會第三次年會論文集（拓）、吳越（摹）

一一六三三 右庫劍
字數 八
時代 戰國
著録 總集 七七一二
録遺 五九〇
善齋 一一・七
小校 一〇・九九・四
現藏 上海博物館
來源 考古研究所藏

一一六三四 郾王職劍
字數 八
時代 戰國晚期（燕昭王 公元前三一一～前二七九年）
著録 總集 七七一〇
考古與文物 一九八三年二期二〇頁圖一
出土 一九七七年陝西洛川縣土基鄉嚴莊村
現藏 陝西省博物館
來源 考古與文物

一一六三五 相邦鈹（武襄君鈹）
字數 存八
時代 戰國晚期
著録 河北 一三五
出土 一九六〇年河北易縣燕下都東古城
現藏 河北省博物館
來源 河北（拓）、吳振武摹本

一一六三六 攻敔王劍
字數 一〇
時代 春秋晚期
著録 總集 七七一四
三代 二〇・四六・一
積古 一〇・三・四

擄古 二・一・五七
綴遺 二九・六・二
奇觚 一〇・三・一
周金 六・九五・二～九六・一
大系 一五五
小校 一〇・一〇〇・一
彙編 六・四九〇
吴越 〇七四

流傳 黄小松、陳介祺、許印林舊藏（積古、綴遺、擄古録）
現藏 美國哈佛大學福格美術博物館（彙編）
來源 考古研究所藏（拓）、吴越（摹）
備注 郭沫若定爲吴王諸樊

一一六三七 攻敔王夫差劍

字數 一〇
時代 春秋晚期（吴王夫差 公元前四九五～前四七三年）
著録 雙古上 四一
銘文選 五四四 甲
吴越 〇七六
流傳 于省吾舊藏，後歸北京故宫博物院
現藏 中國歷史博物館
來源 考古研究所藏（拓）、吴越（摹）

一一六三八 攻敔王夫差劍

字數 一〇
時代 春秋晚期（吴王夫差 公元前四九五～前四七三年）
著録 總集 七七一六
文物 一九七六年一一期圖版四・四
吴越 〇七八
出土 解放前河南輝縣琉璃閣戰國墓盜掘出土
現藏 輝縣百泉文物保管所
來源 考古研究所拓、吴越（摹）

一一六三九 攻敔王夫差劍

字數 一〇
時代 春秋晚期（吴王夫差 公元前四九五～前四七三年）
著録 總集 七七一五
文物 一九七六年一一期圖版四・一
吴越 〇七九
出土 一九七六年湖北襄陽縣蔡坡一二號墓
現藏 湖北省博物館
來源 考古研究所拓、吴越（摹）

一一六四〇 吴季子之子逞劍

字數 一〇
時代 春秋晚期
著録 總集 七七一七
積古 八・二〇
擄古 二・一・五七
綴遺 二九・九
小校 一〇・九九・四
中山大學學報 一九六四年一期
鳥書考圖一九
鳥篆 一三五
吴越 〇四六
流傳 孫承澤舊藏
來源 擄古
備注 綴遺、小校著録摹本，筆畫稍異

一一六四一 越王劍

字數 一〇（又重文二）
時代 戰國早期
著録 鳥篆 一〇九
吴越 一六五
現藏 上海博物館
來源 考古研究所藏
備注 銘文錯金

一一六四二 越王劍

字數 一〇（又重文二）
時代 戰國早期
著録 鳥篆 一〇九
出土 一九三五年湖南長沙市南門外楚墓
流傳 瑞典卡爾貝克氏舊藏
來源 考古研究所藏
備注 銘文錯金，長沙古物聞見記提及此器

一一六四三 郾王職劍

字數 一〇
時代 戰國晚期（燕昭王 公元前三一一～前二七九年）
著録 總集 七七一三
録遺 五九五
現藏 北京故宫博物院
來源 考古研究所拓
備注 銘末二字刻款。本所藏有陶祖光金輪精舍拓本，有可能此器曾爲陶氏所藏

一一六四四 越王劍

字數 一一（又重文一一）
時代 戰國早期
著録 鳥篆 一一五
吴越 一七七
現藏 北京故宫博物院
來源 考古研究所摹
備注 劍格五字重文，劍首六字重文，銘嵌銀。以下七件及一一六六四、一一六六七，銘文一致

一一六四五 越王劍（卯劍）

字數 一一（又重文一一）
時代 戰國早期
著録 總集 七七四一
善齋 一一・一一
小校 一〇・一〇一・三
鳥篆 一一二
吴越 一七三
流傳 劉體智舊藏
現藏 上海博物館
來源 上海博物館提供（拓）、吴越（摹）
備注 銘文錯銀

一一六四六 越王劍

字數 一一（又重文一一）
時代 戰國早期
著録 鳥篆 一一三
吴越 一七六
現藏 上海博物館
來源 上海博物館提供
備注 銘文錯銀

一一六四七 越王劍

字數 一一（又重文一一）
時代 戰國早期
著録 吴越 一七三
現藏 上海博物館
來源 上海博物館提供

一一六四八 越王劍

字數 一一（又重文一一）
時代 戰國早期
著録 吴越 一七四
現藏 中國歷史博物館
來源 考古研究所拓、中國歷史博物館提供（器）

一一六四九　越王劍
字數　一一（又重文一一）
時代　戰國早期
著録　河南文博通訊一九八〇年一期
三五頁圖三
鳥篆　一一〇
吳越　一七九
出土　一九七九年河南淮陽縣大朱村平
糧臺徵集（淮徵二）
現藏　河南文物研究所
來源　河南文博通訊
備注　錯銀鳥篆

一一六五〇　越王劍
字數　一一（又重文一一）
時代　戰國早期
著録　河南文博通訊一九八〇年一期
三五頁圖四
鳥篆　一一一
吳越　一七八
出土　一九七九年河南淮陽縣大朱村平
糧臺徵集（淮徵一）
現藏　河南文物研究所
來源　河南文博通訊
備注　錯銀鳥篆

一一六五一　鴅公劍
字數　一一
時代　春秋晚期
著録　總集七七一八
三代二〇·四三·三（下段）、
二〇·四五·三（上段）
貞松一二·一九·二（上段）
貞圖中七四（上段）
考古一九六二年五期二六六頁
圖一A
流傳　羅振玉舊藏（上段）
現藏　吉林大學歷史系陳列室（上段）、
山東省博物館（下段）
來源　考古研究所藏（拓）、考古編輯部
檔案（摹本）
備注　劍已殘作上下二段，三代誤
將其分爲二器

一一六五二　廿九年高都令劍
字數　一一（又合文一）
時代　戰國晚期
著録　陶齋五·二九
流傳　端方舊藏
來源　陶齋
備注　王國維疑僞

一一六五三　廿九年高都令劍
字數　一一（又合文一）
時代　戰國晚期
著録　總集七七一九
録遺　五九六
來源　録遺
備注　或疑僞刻

一一六五四　攻敔王光劍
字數　一二
時代　春秋晚期（吳王光　公元前五一四～
前四九六年）
著録　總集七七二二
文物一九八二年五期五九頁
銘文選　五四〇
吳越　〇五四
出土　一九七八年前安徽南陵縣三里、
何灣兩鄉交界處小山頭
現藏　南陵縣文化館
來源　文物（拓）、吳越（摹）

一一六五五　先自劍
字數　一二
時代　戰國
著録　總集七七二一
奇觚　一〇·四·一
周金　六·一〇五·一
録遺　五九七
鳥篆　一一七
吳越　一八二
流傳　陳介祺舊藏
來源　考古研究所藏

一一六五六　⿰弓占劍
字數　一二
時代　戰國
著録　總集七七二〇
善齋　一一·九
小校　一〇·一〇〇·三
金匱　三八頁初四·一四
故圖下下　四九六
鳥篆　一二〇、（一二一）
吳越　一六七
流傳　劉體智舊藏，後歸中央博物院籌
備處
現藏　臺北故宮博物院
來源　善齋、故圖、吳越（摹）
備注　銘文用金銀絲相間嵌成

一一六五七　七年劍（鈹）
字數　存一二（又合文一）
時代　戰國晚期
著録　學報一九七四年一期三六頁圖
一二·四
現藏　中國歷史博物館
來源　考古學報編輯部檔案

一一六五八　十七年寺工鈹
字數　一三
時代　戰國晚期（秦王政一七年　公元前
二三〇年）
著録　文物一九八二年三期一二頁圖
二～四
出土　一九七九～一九八一年陝西秦始
皇陵一號兵馬俑坑
現藏　秦始皇陵兵馬俑博物館
來源　文物
備注　秦俑坑出鈹十餘器，此其一

一一六五九　楚王酓章劍
字數　存一三
時代　戰國晚期（楚惠王熊章　公元前
四八八～前四三二年）
著録　總集七七一一
三代二〇·四五·四
壽縣　圖一
楚器　九
十二尊　二八
銘文選　六五六
出土　安徽壽縣朱家集
流傳　國立北平圖書館舊藏（楚器）
現藏　北京故宮博物院
來源　考古研究所拓

一一六六〇　元年劍（鈹）
字數　一四（又合文一）
時代　戰國
著録　總集七七二五
三代二〇·四七·一
貞松一二·二〇·二
流傳　羅振玉舊藏
來源　三代（拓）

一一六六一　三年鈹（三年隂命鈹）
字數　一四（又合文二）
時代　戰國晚期

著録　學報　一九七四年一期二八頁圖七
燕園　九八①
現藏　北京大學賽克勒考古與藝術博物館
來源　考古研究所藏

一一六六二　五年相邦春平侯劍（鈹）
字數　存一四（又合文一）
時代　戰國晚期
著録　未見
現藏　北京清華大學圖書館
來源　考古研究所摹

一一六六三　虡公劍（𢍰公劍）
字數　一四（面背各一行七字）
時代　春秋晚期
著録　總集　七七二三
貞松　一二·一九·三
燕京學報　一六期鳥書考圖九
中山大學學報　一九六四年一期
鳥書考圖二八
流傳　璜川吴氏舊藏（貞松），後歸奉天楊氏（鳥書考）
現藏　遼寧省博物館
來源　考古研究所拓攝；貞松（摹）
備注　銘文錯金，墨拓不清，故拓本只採用其一面銘文，另一面用照片、摹本補足

一一六六四　越王劍
字數　一四（又重文五）
時代　戰國早期
著録　河南文博通訊　一九八〇年一期三五頁圖二
鳥篆　一一四
吴越　一八〇
出土　一九七九年河南淮陽縣大朱村平糧臺墓葬（M四：二）
現藏　河南文物研究所
來源　河南文博通訊
備注　錯銀鳥篆。此器与一一六四四～一一六五〇及一一六六七，銘文一致

一一六六五　工盧王劍
字數　一六
時代　春秋晚期
著録　文物　一九八三年一二期一二頁圖二
吴越　〇四四
出土　一九八三年山東沂水縣諸葛鄉略疃村墓葬
現藏　沂水縣文物管理站
來源　文物（拓）、吴越（摹）

一一六六六　攻敔王光劍
字數　一六
時代　春秋晚期（吴王光　公元前五一四～前四八六年）
著録　文物　一九八六年二期六四頁圖二
吴越　〇五五
出土　一九七四年安徽廬江縣湯池鄉邊崗
現藏　安徽省博物館
來源　文物（拓）、吴越（摹）

一一六六七　越王劍
字數　一六（又重文二）
時代　戰國早期
著録　吴越　一八一
現藏　北京故宫博物院
來源　考古研究所拓、摹
備注　錯銀鳥篆，拓片文字筆劃不清

一一六六八　徐王義楚之子元劍
字數　一六
時代　春秋晚期
著録　江漢考古　一九八五年一期一五頁拓片一三
出土　一九七三年湖北襄陽縣蔡坡四號墓（M四：二五）
現藏　襄樊市博物館
來源　考古研究所拓、摹

一一六六九　王立事鈹
字數　一六（又合文一）
時代　戰國
著録　河北　一〇一
出土　一九六〇年河北磁縣白陽城
現藏　河北省博物館
來源　河北

一一六七〇　守相杜波鈹
字數　存一六（又合文一）
時代　戰國晚期
著録　總集　七七二九
三代　二〇·四七·二～三
貞松　一二·二一·一～二
流傳　羅振玉舊藏
現藏　旅順博物館
來源　考古研究所拓、藏（全形）、貞松（摹）

一一六七一　六年安平守鈹
字數　一六（又合文一）
時代　戰國晚期
著録　銘文選　八九七
上海（二〇〇四）五九二
現藏　上海博物館
來源　上海博物館提供、考古研究所摹

一一六七二　七年劍（鈹）
字數　一七（又合文一）
時代　戰國晚期
著録　學報　一九七四年一期三六頁圖一二·三
現藏　中國歷史博物館
來源　考古學報編輯部檔案

一一六七三　王立事劍
字數　一七（又合文二）
時代　戰國
著録　總集　七七三二
録遺　五九九
癡盦　六八
流傳　李泰棻舊藏
來源　録遺
備注　或疑僞刻

一一六七四　王立事鈹（王立事南行唐命鈹）
字數　一七（又合文二）
時代　戰國
著録　總集　七七三一
周金　六·九一·二
來源　周金

一一六七五　三年馬師鈹（三年武坓命鈹）
字數　一七（又合文二）
時代　戰國晚期
著録　未見
現藏　上海博物館
來源　上海博物館提供、考古研究所摹
備注　據董珊目驗，背面有漆书二行約一七字：一六年邦司寇□陳□庫工師鄃起冶□報齋

一一六七六　十二年邦司寇劍（鈹）
字數　存一七（又合文一）

時代　戰國晚期
著録　學報 一九七四年一期二九頁
圖八・一
燕園 九八②
現藏　北京大學賽克勒考古與藝術博物館
來源　考古學報編輯部檔案

一一六七七　八年相邦劍
字數　一八（又重文一）
時代　戰國晚期
著録　總集 七七二六
三代 二〇・四六・二
貞松 一二・二一・四
流傳　羅振玉舊藏
現藏　旅順博物館
來源　考古研究所藏、貞松（摹）
備注　或疑僞刻

一一六七八　八年相邦劍
字數　一八（又合文一）
時代　戰國晚期
著録　總集 七七二八
小校 一〇・一〇二・二
現藏　旅順博物館
來源　考古研究所藏
備注　或疑僞刻

一一六七九　八年相邦建信君鈹
字數　一八（又合文一）
時代　戰國晚期
著録　總集 七七二七
三代 二〇・四六・三
貞松 一二・二一・三
夢鄣續 三五
流傳　羅振玉舊藏
來源　考古研究所藏（拓）、貞松（摹）

一一六八〇　八年相邦建信君鈹
字數　一八（又合文一）
時代　戰國晚期
著録　周金 六・九二・二
故青 三三三
流傳　餘杭褚氏舊藏
現藏　北京故宮博物院
來源　考古研究所拓、摹

一一六八一　八年相邦建信君鈹
字數　一八（又合文一）
時代　戰國晚期
著録　周金 六補
出土　黄縣丁氏舊藏，後歸周氏夢坡室
現藏　上海博物館
來源　上海博物館提供、周金（器）

一一六八二　二年相邦春平侯鈹
字數　一八（又合文一）
時代　戰國晚期
著録　總集 七七二四
周金 六・九二・一
故青 三三二
現藏　北京故宮博物院
來源　考古研究所拓、摹

一一六八三　三年相邦春平侯鈹
字數　一八（又合文一）
時代　戰國晚期
著録　學報 一九七四年一期二一頁
圖二・一
現藏　上海博物館
來源　上海博物館提供、考古研究所摹

一一六八四　十七年相邦春平侯劍
字數　一八（又合文一）
時代　戰國晚期
著録　學報 一九七四年一期二二頁
圖三
來源　考古研究所藏
備注　或疑僞刻

一一六八五　十年鈹
字數　一八（又合文三）
時代　戰國晚期
著録　考古 一九八五年五期四七七頁
圖二左 四七六頁圖一・一；
一・三
出土　一九六六年後山東莒南縣路鎮鄉
出土
現藏　棗莊市博物館
來源　考古編輯部檔案

一一六八六　五年邦司寇劍（鈹）
字數　一九（又合文一）
時代　戰國晚期
著録　未見
出土　傳出河北三河縣馬起乏村
現藏　北京故宮博物院
來源　考古研究所拓、摹

一一六八七　三年相邦建信君鈹
字數　一九（又合文一）
時代　戰國晚期
著録　故宮五十 二三八
現藏　北京故宮博物院
來源　考古研究所拓、摹
備注　原误將背面「洛都」二字單獨列
爲一一五七四

一一六八八　相邦春平侯鈹
字數　一九（又合文一）
時代　戰國晚期
著録　故青 三三五
現藏　北京故宮博物院
來源　考古研究所拓、摹

一一六八九　十七年相邦春平侯鈹
字數　一九（又合文一）
時代　戰國晚期
著録　故青三三四
現藏　北京故宮博物院
來源　考古研究所拓、摹
備注　故青誤爲一一七〇八

一一六九〇　十七年相邦春平侯鈹
字數　一九（又合文一）
時代　戰國晚期
著録　學報 一九七四年一期二一頁
圖二・六
現藏　上海博物館
來源　上海博物館提供、考古學報編輯
部檔案（摹本）
備注　經目驗，背款殘存「大……峃」
等字

一一六九一　十五年相邦春平侯劍
字數　一九（又合文一）
時代　戰國晚期
著録　總集 七七三七
録遺 六〇〇
現藏　上海博物館
來源　考古研究所藏
備注　或疑僞刻

一一六九二　越王劍
字數　一九（又合文七）
時代　戰國早期
著録　金匱 三八頁
鳥篆 一一九
吳越 一六六
出土　壽縣
流傳　陳仁濤舊藏
來源　金匱（拓）、吳越（摹）
備注　劍格一面越王二字重出，另一面

左右五字同銘，劍首十二字，全銘作十九字計

一一六九三　卅三年鄭令劍(鈹)

字數　一九(又合文二)
時代　戰國晚期
著録　總集　七七三九
　　　文物　一九七二年一〇期四〇頁圖二五
　　　辭典　九七八
出土　一九七一年河南新鄭縣鄭韓故城(T一：五四)
現藏　河南省博物館
來源　考古編輯部檔案(照片)

一一六九四　四年春平相邦鈹

字數　二〇(又合文一)
時代　戰國晚期
著録　總集　七七四〇
　　　貞松　一二・二二・一
　　　小校　一〇・一〇三・三
來源　董珊據貞松重摹

一一六九五　四年建信君鈹

字數　二〇(又合文一)
時代　戰國晚期
著録　未見
流傳　陳夢家舊藏
現藏　考古研究所
來源　考古研究所拓、摹

一一六九六　少虡劍

字數　二〇
時代　春秋晚期
著録　總集　七七三五
　　　録遺　六〇一
　　　辭典　七九四
　　　青全　八・一一七～一一八
　　　故青　二六八
流傳　于省吾舊藏
出土　山西渾源縣李峪村
現藏　北京故宮博物院
來源　録遺

一一六九七　少虡劍

字數　二〇
時代　春秋晚期
著録　貞松　一二・二〇・一
　　　尊古　四・四三
　　　大系　二七九　左
　　　書道　一〇六
　　　盧氏(一九二四)　圖版五〇
　　　戰國式　圖版二五・二
　　　鳥篆　一四二
　　　銘文選　八九三
出土　山西渾源縣李峪村
流傳　法國王涅克氏舊藏
現藏　美國華盛頓弗里爾美術博物館(戰國式)
來源　考古研究所藏(拓)、貞松(摹)

一一六九八　少虡劍

字數　存一〇
時代　春秋晚期
著録　總集　七七三六
　　　大系　二七九右
　　　倫敦　圖三八九
　　　戰國式　圖版二五・一
出土　山西渾源縣李峪村
流傳　法國巴黎王涅克氏舊藏
現藏　法國巴黎基美博物館
來源　大系、倫敦
備注　僅見一面銘文，共十字，另一面未詳

一一六九九　十七年相邦春平侯劍

字數　二一
時代　戰國晚期
著録　總集　七七三八
　　　陶齋　五・三三
　　　録遺　六〇二
流傳　端方舊藏
現藏　北京故宮博物院
來源　考古研究所拓
備注　或疑僞刻

一一七〇〇　十五年守相杜波劍

字數　二二(又合文一)
時代　戰國晚期
著録　未見
流傳　中國歷史博物館
來源　考古研究所拓
備注　或疑僞刻

一一七〇一　十五年守相杜波鈹

字數　二二(又合文二)
時代　戰國晚期
著録　總集　七七三〇
　　　三代　二〇・四七・四～五
　　　貞松　一二・二二・四～五
流傳　羅振玉舊藏
現藏　旅順博物館
來源　考古研究所藏猗文閣拓本

一一七〇二　十五年守相杜波鈹

字數　二二(又合文二)
時代　戰國晚期
著録　河北　一三六
出土　一九六四年河北承德市
現藏　河北省博物館
來源　河北

一一七〇三　越王劍(越王其北古劍)

字數　二二(又重文一〇)
時代　戰國早期
著録　總集　七七四三
　　　文物　一九六二年一二期五一頁圖二～四
　　　銘文選　五五八
　　　中山大學學報　一九六四年一期鳥書考圖九
　　　鳥篆　一一八
　　　吳越　一四二
　　　上海(二〇〇四)　五八七
現藏　上海博物館
來源　上海博物館提供
備注　銘文鳥書錯金

一一七〇四　越王劍

字數　二二(又重文二)
時代　戰國早期
著録　鳥篆　一〇七
　　　吳越　一六三
出土　一九七四年湖北江陵張家山墓葬
現藏　荊州地區博物館
來源　曹錦炎摹本
備注　考古所據荊州地區提供曬藍本摹。曹錦炎谓，此劍作器者「越王嗣不光」，「不光」即越王朱句(州句)子不揚(翳)，當时尚未即位，故稱「越王嗣」(見文物一九九五年八期)。前此一一六四一、一一六四二兩劍與此一致

一一七〇五　郾王喜劍

字數　二二(又合文一)
時代　戰國晚期
著録　未見
現藏　旅順博物館
來源　考古研究所拓

備注　或疑僞刻

一一七〇六　八年相邦劍

字數　二三（又合文一）
時代　戰國晚期
著録　小校　一〇・一〇四・一～二
現藏　旅順博物館
來源　考古研究所藏
備注　或疑僞刻

一一七〇七　四年相邦春平侯鈹

字數　二三（又合文一）
時代　戰國晚期
著録　總集　七七三四
　　　考古　一九七三年六期圖版五・二
出土　一九七〇年大連市莊河縣雲花鄉九如村北山頭東側山下
現藏　旅順博物館
來源　考古編輯部檔案

一一七〇八　十七年相邦春平侯鈹

字數　二三（又合文一）
時代　戰國晚期
著録　善齋　一一・一七
　　　小校　一〇・一〇五・一～二
現藏　北京故宫博物院
來源　考古研究所藏

一一七〇九　十五年相邦春平侯劍（鈹）

字數　存二三（又合文一）
時代　戰國晚期
著録　貞松　一二・二三・一～二
流傳　羅振玉舊藏
來源　董珊據貞松重摹

一一七一〇　十八年相邦劍

字數　存二四（又合文一）
時代　戰國晚期
著録　學報　一九七四年一期二三頁
　　　圖四一
來源　考古學報編輯部檔案

一一七一一　十三年鈹

字數　二四
時代　戰國晚期
著録　總集　七七四二
　　　三代　二〇・四八・一～二
　　　貞松　一二・二二・二～三
流傳　羅振玉舊藏
現藏　旅順博物館
來源　考古研究所藏、董珊據三代重摹
備注　上下段銘文不啣接，疑爲兩器拼成，現暫按一器處理。上段背面「大」字爲鑄銘

一一七一二　七年相邦鈹

字數　二四（又合文一）
時代　戰國晚期
著録　考古　一九八二年六期六六六頁
　　　圖二
出土　一九七七年吉林集安縣陽岔鄉高臺子
現藏　集安縣文物保管所
來源　考古編輯部檔案

一一七一三　十七年相邦春平侯劍（鈹）

字數　二四（又合文一）
時代　戰國晚期
著録　學報　一九七四年一期二二頁
　　　圖二・二
現藏　上海博物館
來源　上海博物館提供（拓）、考古學報編輯部檔案（摹本）

一一七一四　十七年相邦春平侯劍（鈹）

字數　二四（又合文一）
時代　戰國晚期
著録　學報　一九七四年一期二二頁
　　　圖二・四
現藏　上海博物館
來源　考古學報編輯部檔案

一一七一五　十七年春平侯鈹

字數　二四（又合文一）
時代　戰國晚期
著録　學報　一九七四年一期二二頁
　　　圖二・五
現藏　上海博物館
來源　上海博物館提供（拓）、考古學報編輯部檔案（摹本）
備注　與一一七〇八重出

一一七一六　十七年春平侯劍（鈹）

字數　二四（又合文一）
時代　戰國晚期
著録　學報　一九七四年一期二二頁
　　　圖二・三
現藏　中國歷史博物館
來源　考古學報編輯部檔案

一一七一七　十八年建信君鈹

字數　二五（又合文一）
時代　戰國晚期
著録　未見
現藏　中國歷史博物館
來源　考古研究所拓
備注　或疑僞刻

一一七一八　姑發𦋡反劍

字數　三三（又重文一、合文一）
時代　春秋晚期（吴王諸樊　公元前五六〇～前五四八年）
著録　總集　七七四四
　　　考古　一九六三年四期二〇五頁
　　　圖一・一
　　　銘文選　五三七
　　　吴越　〇四二
　　　辭典　七九五
出土　一九五八～一九五九年安徽淮南市蔡家崗趙家孤堆戰國墓
現藏　安徽省博物館
來源　考古編輯部檔案（拓）、吴越（摹）

一一七一九　叔趙父爯

字數　一一
時代　西周中晚期
著録　考古與文物　一九八二年四期一〇六頁圖一・三；二・一
出土　一九八一年陝西扶風縣南陽鄉溝原村灰坑
現藏　扶風縣博物館
來源　扶風縣博物館提供
備注　簡報以爲此乃劍鞘末端飾物，即鏢，故附于劍後

雜兵類

一一七二〇～一一九九八

一一七二〇　𢍏鉞

字數　一
時代　殷
著録　總集　七二四三
　　　三代　一九・七・四～五
　　　鄴初下　九

出土　安陽
來源　考古研究所藏
備注　三代誤作戈

一一七二一　何鉞

字數　一
時代　殷
著録　總集七二四七
　　　三代 一九・七・六
　　　鄴初下 八
出土　安陽
來源　考古研究所藏
備注　三代誤作戈

一一七二二　何鉞

字數　一
時代　殷
著録　未見
現藏　中國歷史博物館
來源　考古研究所拓
備注　此與上器銘文相似，有可能是上器去銹之拓，暫作二器處理

一一七二三　伐鉞

字數　一
時代　殷
著録　薩克勒(一九八七) 四五四頁圖八二・一
現藏　美國哈佛大學福格美術博物館
來源　薩克勒

一一七二四　[illegible]鉞

字數　一
時代　殷
著録　未見
現藏　北京故宮博物院
來源　考古研究所拓

一一七二五　[illegible]鉞

字數　一
時代　殷
著録　總集 七七五四
　　　録遺 六〇三
來源　録遺

一一七二六　兮鉞

字數　一
時代　殷
著録　未見
現藏　上海博物館
來源　上海博物館提供

一一七二七　[illegible]鉞

字數　一
時代　殷
著録　蘇黎世(一九七五)一一七頁圖六五
流傳　瑞士蘇黎世瑞列堡博物館舊藏
現藏　倫敦埃斯肯納齊公司
來源　蘇黎世

一一七二八　正鉞

字數　一
時代　殷
著録　薩克勒(一九八七)一六一頁圖五・二
現藏　美國弗里爾美術博物館薩克勒藏器
來源　薩克勒
備注　正字上部方框借用鉞身圓形穿孔邊框

一一七二九　戈鉞

字數　一
時代　殷
著録　寶鼎 一四〇頁圖版三五
現藏　荷蘭萬孝臣氏
來源　寶鼎

一一七三〇　[illegible]鉞

字數　一（又重文一）
時代　殷
著録　總集 七七六四
　　　彙編 八・一三四九
現藏　澳大利亞墨爾本國立維多利亞博物館
來源　彙編

一一七三一　羞鉞

字數　一
時代　殷
著録　金文編 九九〇 頁
流傳　德人楊寧史舊藏
現藏　北京故宮博物院
來源　考古研究所拓
備注　金文編羞鉞銘文爲摹本，未知是否故宮之器，今暫作一器處理

一一七三二　鄉鉞

字數　一
時代　殷
著録　總集七七六六
　　　文物 一九七五年二期八五頁圖九
　　　陝青 一・八八
出土　一九六五年陝西綏德義合鄉墕頭村窖藏
現藏　陝西省博物館
來源　陝西省博物館提供

一一七三三　幸鉞

字數　一
時代　殷
著録　綴遺 二九・一・一
　　　周金 六・一一七
來源　周金

一一七三四　册鉞

字數　一
時代　殷
著録　巖窟下 二
出土　傳一九四〇年安陽出土
流傳　梁上椿舊藏
來源　巖窟

一一七三五　田鉞

字數　一
時代　殷
著録　巖窟下 三
出土　傳一九四一年安陽出土
流傳　梁上椿舊藏
來源　巖窟

一一七三六　家鉞

字數　一
時代　殷
著録　癡盦 三三
流傳　李泰棻舊藏
來源　癡盦

一一七三七　甗鉞

字數　一
時代　殷
著録　癡盦 三四
流傳　李泰棻舊藏
來源　癡盦

一一七三八　寅鉞

字數　一
時代　殷
著録　高本漢(一九五二) 二四圖版四a
現藏　瑞典斯德哥爾摩遠東古物館
來源　遠東

一一七三九　婦好鉞
字數　二
時代　殷
著録　總集　七七六八
婦好墓　九四頁圖六二・三；一〇六頁圖六六
彩版　一三・一
歷博　三六
辭典　二五〇
青全　三・一八八
出土　一九七六年安陽殷墟婦好墓（M五：七九九）
現藏　中國歷史博物館（考古研究所寄陳）
來源　考古研究所拓

一一七四〇　婦好鉞
字數　二
時代　殷
著録　總集　七七六七
婦好墓　九四頁圖六二・一
彩版　一三・二
青全　三・一八九
出土　一九七六年安陽殷墟婦好墓（M五：八〇〇）
現藏　考古研究所
來源　考古研究所拓

一一七四一　司娉鉞
字數　二
時代　殷
著録　彙編　八・一一九五
書道　二二・一
三代補　八三五
現藏　美國布倫戴奇氏
來源　彙編
備注　彙編稱彝

一一七四二　亞𢼄鉞
字數　二
時代　殷
著録　總集　七七六九
婦好墓　五七頁圖三七・三
出土　一九七六年安陽殷墟五號墓（M五：一一五六）
現藏　中國歷史博物館（考古研究所寄陳）
來源　考古研究所拓
備注　同出同銘鉞兩件，另一件銘文銹蝕不清

一一七四三　亞醜鉞
字數　二（又重文六）
時代　殷
著録　總集　七七七〇
文化大革命期間出土文物第一輯一二三
辭典　二四六
青全　四・一八二
山東精萃　一〇四
山東藏品　三九
出土　一九六五～一九六六年山東益都蘇埠屯一號墓（M一：二）
現藏　山東省博物館
來源　文化大革命期間出土文物
備注　銘文在人面口部左右側，左右二字同銘重出，正反面情況相同

一一七四四　亞矣鉞
字數　二
時代　殷
著録　海外銅　八二
彙編　八・一〇三二
現藏　美國納爾遜美術陳列館
來源　海外銅
備注　銘文嵌緑松石。彙編摹本與海外銅八三之斧銘相似，因係摹本不能定，今暫作鉞銘處理

一一七四五　亞矣鉞
字數　二
時代　殷
著録　懷履光（一九五六）五八頁圖二二A～A五九頁二二B
出土　一九三〇年安陽大司空村南地出土
現藏　加拿大多倫多安大略博物館
來源　懷履光
備注　銘文嵌緑松石

一一七四六　亞矣鉞
字數　二
時代　殷
著録　韋森　一三七頁圖版五二
流傳　瑞典韋森氏舊藏
現藏　瑞典斯德哥爾摩遠東古物館
來源　韋森
備注　銘文嵌緑松石

一一七四七　亞父鉞
字數　二
時代　殷
著録　鄴三下　一一
出土　傳出安陽
來源　鄴三

一一七四八　亞父鉞
字數　二
時代　殷
著録　皇儲（一九四八）一三八頁圖三〇一圖版一〇二・二
流傳　瑞典皇儲阿道夫舊藏
現藏　瑞典斯德哥爾摩遠東古物館
來源　皇儲

一一七四九　亞父鉞
字數　二
時代　殷
著録　癡盦　三五
流傳　李泰棻舊藏
現藏　中國歷史博物館
來源　考古研究所拓

一一七五〇　⿵冂山父鉞
字數　二
時代　殷
著録　鄴三下　一二
巖窟下　一
殷墟　圖版二七・一
出土　傳出安陽
流傳　梁上椿舊藏
來源　鄴三

一一七五一　龏子鉞
字數　二（兩面同銘）
時代　殷
著録　未見
流傳　北京故宮博物院
來源　考古研究所拓

一一七五二　子■鉞
字數　二（兩面同銘）
時代　殷
著録　未見
流傳　曾在美國盧芹齋
來源　考古研究所藏

一一七五三　伐甗鉞
字數　二
時代　殷

著録 鄴二下 一九
倫敦 圖版一八圖二六三
書道 二二
三代補 八三六
薩克勒 四五五頁圖八二・二
出土 傳出安陽
現藏 美國納爾遜美術陳列館
來源 鄴二
備注 形製、銘文與上述伐鉞相似，是否一器不能定，暫作二器處理

一一七五四 山鉞

字數 二（正反面同銘）
時代 殷
著録 未見
流傳 北京故宮博物院
來源 考古研究所拓

一一七五五 [illegible]鉞

字數 二（又重文一）
時代 殷
著録 總集 七七五五
録遺 六〇四
流傳 德人楊寧史舊藏
現藏 北京故宮博物院
來源 考古研究所拓

一一七五六 矣父丁鉞

字數 三
時代 殷
著録 高本漢（一九五二）二四圖版五
三代補 七〇〇
現藏 瑞典斯德哥爾摩遠東古物館
來源 高本漢、三代補

一一七五七 取子鉞

字數 九
時代 西周
著録 山東精萃一一九
出土 一九八〇年山東鄒縣城前鄉小彥村
現藏 鄒縣文物管理所
來源 考古研究所拓

一一七五八 中山侯鉞

字數 一六
時代 戰國晚期
著録 中山王墓 三九七頁圖一六四
文字編 九九頁（拓）、一三〇頁（摹）
銘文選 八八三
辭典 九七一
美全 五・一一〇
青全 九・一六三
出土 一九七七年河北平山縣中山王墓（M一九 車馬坑二：一三）
現藏 河北省文物研究所
來源 文字編

一一七五九 庚斧

字數 一
時代 殷
著録 綴遺 二九・二・一
流傳 方濬益舊藏
來源 綴遺

一一七六〇 王斧

字數 一
時代 西周
著録 總集 七七五一
三代 二〇・四九・五
雙吉下 四三
流傳 于省吾舊藏
來源 考古研究所藏

一一七六一 [illegible]斧

字數 一
時代 戰國
著録 考古 一九六二年七期三五四頁圖一・七
出土 一九五九年江西清江縣田家村墓葬
現藏 江西省博物館
來源 考古編輯部檔案

一一七六二 吴斧

字數 一
時代 殷
著録 未見
來源 北京圖書館提供

一一七六三 吴斧

字數 一
時代 殷
著録 未見
來源 北京圖書館提供

一一七六四 [illegible]斧

字數 一
時代 殷
著録 未見
現藏 北京故宮博物院
來源 考古研究所拓

一一七六五 [illegible]斧

字數 一
時代 殷
著録 塞利格曼 一四A二〇
現藏 英國
來源 塞利格曼（器形）、考古研究所摹

一一七六六 征斧

字數 一
時代 殷
著録 鄴三下 一三
出土 傳出安陽
來源 鄴三

一一七六七 冊斧

字數 一
時代 殷
著録 未見
來源 考古研究所藏

一一七六八 [illegible]斧

字數 一
時代 西周早期
著録 總集 七七五〇
三代 二〇・四九・六
貞松 一二・三一・二
小校 一〇・一〇七・一
流傳 羅振玉舊藏
現藏 旅順博物館
來源 考古研究所藏

一一七六九 几斧

字數 一
時代 春秋
著録 考古 一九八三年八期六九一頁圖一四・一
出土 遼寧建平縣夏家店上層文化遺存
現藏 朝阳地區博物館
來源 考古編輯部檔案

一一七七〇 [illegible]斧

字數 一
時代 殷
著録 總集 七七五二
三代 二〇・五〇・一
小校 一〇・一〇七・三
來源 三代

一一七七一 [illegible]斧

字數 一

時代 殷
著録 未見
現藏 北京故宮博物院
來源 考古研究所拓

一一七七二 巾斧
字數 一
時代 西周早期
著録 總集 七七五三
三代 二〇・五〇・二
貞補下 四二・二
頌齋 三五
小校 一〇・一〇七・四
故圖下下 四八九
現藏 臺北故宮博物院
來源 考古研究所藏

一一七七三 乇斧
字數 一
時代 西周早期
著録 學報 一九八〇年三期圖版六・三
出土 一九五四年福建光澤洋塘鄉油家壟
來源 考古學報編輯部檔案

一一七七四 豐王斧
字數 二
時代 西周
著録 總集 七七四九
三代 二〇・四九・三
周金 六・一一三・一
夢郼中 二五
小校 一〇・一〇七・五
出土 易州(夢郼)
流傳 羅振玉舊藏
來源 考古研究所藏

一一七七五 亞吴斧
字數 二
時代 殷
著録 總集 七七五六
三代 二〇・四九・二
十二貯 三〇
流傳 王辰舊藏
現藏 旅順博物館
來源 考古研究所拓
備注 兩側同銘對稱

一一七七六 亞吴斧
字數 二
時代 殷
著録 海外銅 八三
三代補 八三九
現藏 美國納爾遜美術陳列館
來源 海外銅
備注 彙編八・一〇三二與此銘相似，因其稱鉞，暫列海外銅八二著録下

一一七七七 亞醜斧
字數 二
時代 殷
著録 未見
流傳 山東圖書館舊藏
現藏 山東省博物館
來源 王獻唐先生提供

一一七七八 康侯斧
字數 二
時代 西周早期
著録 總集 七七五八
三代 二〇・五一・一
雙吉下 四一
衡齋上 五〇
出土 河南濬縣
流傳 于省吾舊藏，後歸故宮博物院
現藏 中國歷史博物館
來源 考古研究所拓
備注 康侯斧從器形看，似應歸入鉞類，此暫按舊稱名之

一一七七九 康侯斧
字數 二
時代 西周早期
著録 總集 七七五九
三代 二〇・五一・二
雙吉下 四二
衡齋上 四九
美全 四・一九七
故青 一四三
出土 濬縣
流傳 于省吾舊藏
現藏 北京故宮博物院
來源 考古研究所拓

一一七八〇 中草斧
字數 二
時代 殷
著録 未見
現藏 北京故宮博物院
來源 考古研究所拓
備注 厚僅〇・三五厘米，爲片狀刃具

一一七八一 弔龜斧
字數 二(正反面同銘)
時代 殷
著録 總集 七七五七
三代 二〇・五〇・三
鄴初下 一一・二
殷墟 二五・九
塞利格曼 圖版一四A二一
出土 傳出安陽
現藏 英國塞利格曼
來源 考古研究所藏

一一七八二 弔龜斧
字數 二
時代 殷
著録 鄴初下 一一・一
出土 傳出安陽
來源 鄴初

一一七八三 戈虎斧
字數 二
時代 殷
著録 懷履光(一九五六) 五七頁圖版二一
出土 河南安陽大司空村
現藏 加拿大多倫多安大略博物館
來源 懷履光
備注 器呈片狀

一一七八四 右廩鐵斧範
字數 二
時代 戰國
著録 考古通訊 一九五六年一期三三頁圖五
河北 九八
出土 一九五三年河北興隆縣大副將溝
現藏 河北省博物館
來源 河北

一一七八五 叡嗣土斧
字數 七
時代 西周
著録 小校 九・九三・一~二
上海(二〇〇四) 四三三
現藏 上海博物館
來源 小校

備注 説文古籀補曾引用此器

一一七八六 呂大叔斧
字數 八
時代 春秋
著録 總集 七七六三
三代 二〇・五二・一
陶齋 三・四九
周金 六・一〇九・二
小校 一〇・一〇八・二
流傳 端方舊藏
來源 三代

一一七八七 呂大叔斧
字數 八
時代 春秋
著録 總集 七七六二
三代 二〇・五一・四
攈古 一・五六
綴遺 二九・二・二
小校 一〇・一〇八・三
流傳 潘祖蔭舊藏
來源 考古研究所藏猗文閣拓本

一一七八八 郘大叔斧
字數 一二
時代 春秋
著録 總集 七七六一
三代 二〇・五一・三
綴遺 二九・三
奇觚 一〇・三九・一
周金 六・一〇九・一
小校 一〇・一〇八・四
銘文選 八九四
上海(二〇〇四) 五五〇
出土 潘祖蔭舊藏，後歸李蔭軒
現藏 上海博物館

來源 考古研究所藏猗文閣拓本

一一七八九 子鏟
字數 一
時代 殷
著録 中原文物 一九八五年一期三〇頁圖二・三三
現藏 新鄉市博物館
來源 中原文物(拓)、考古研究所摹

一一七九〇 冎鏟
字數 一
時代 殷
著録 學報 一九七九年一期八一頁圖五八・一六
出土 一九六九～一九七七年安陽殷墟西區九〇七號墓(M九〇七：五)
現藏 考古研究所安陽工作站
來源 考古編輯部檔案

一一七九一 己鏟
字數 一
時代 殷
著録 文物 一九八五年三期七頁圖二六・一
出土 一九八三年山東壽光縣益都侯城故址
現藏 壽光縣博物館
來源 文物

一一七九二 己鏟
字數 一
時代 殷
著録 文物 一九八五年三期七頁圖二六・二
出土 一九八三年山東壽光縣益都侯城故址
現藏 壽光縣博物館

來源 文物

一一七九三 何鏟
字數 一
時代 殷
著録 未見
來源 北京圖書館提供

一一七九四 亞矣鏟
字數 二
時代 殷
著録 巖窟下 六二甲
出土 一九三九年安陽出土
流傳 梁上椿舊藏
來源 巖窟

一一七九五 亞矣鏟
字數 二
時代 殷
著録 未見
現藏 中國歷史博物館
流傳 考古研究所拓

一一七九六 亞醜鏟
字數 二
時代 殷
著録 未見
現藏 山東省博物館
來源 王獻唐先生提供
備注 反面有平字狀紋飾，未計算爲字

一一七九七 亞醜鏟
字數 二
時代 殷
著録 總集 七九四六
文物 一九七二年八期 二一頁圖七・一
出土 一九六五～一九六六年山東益都蘇埠屯墓葬(M一：一二三)

現藏 山東省博物館
來源 文物

一一七九八 戈鑿
字數 一
時代 殷
著録 未見
現藏 北京故宮博物院
來源 考古研究所拓

一一七九九 S鑿
字數 一
時代 春秋早期
著録 考古 一九八六年四期三四〇頁圖四
流傳 一九七二年陝西鳳翔縣橫水供銷社收購
來源 考古編輯部檔案

一一八〇〇 公鑿
字數 一
時代 戰國早期
著録 未見
出土 一九七七年河北平山縣中山王墓(M六：一二七)
現藏 河北省文物研究所
來源 河北省文物研究所提供

一一八〇一 亞矣鑿
字數 二
時代 殷
著録 未見
現藏 北京故宮博物院
來源 考古研究所拓

一一八〇二 右廩鐵鑿範
字數 二(又重文二)
時代 戰國
著録 考古通訊 一九五六年一期三三

頁圖六
收獲 圖版五〇・一
出土 一九五三年河北興隆縣大副將溝
現藏 中國歷史博物館
來源 考古編輯室檔案

一八〇三 [illegible]刀
字數 一
時代 殷
著錄 總集 七七四五
三代 一八・二八・五
雙吉下 四〇
鄴初下 七
十二契 三三
續殷下 七八・六
出土 安陽
流傳 于省吾、商承祚舊藏
來源 考古研究所藏

一八〇四 豙刀
字數 一
時代 殷
著錄 未見
來源 北京圖書館提供

一八〇五 [illegible]刀
字數 一
時代 殷
著錄 未見
現藏 北京故宮博物院
來源 考古研究所拓

一八〇六 宁刀
字數 一
時代 殷
著錄 未見
來源 考古研究所藏

一八〇七 [illegible]刀
字數 二
時代 殷
著錄 文物 一九六四年四期四四頁圖
六～七
出土 一九五七年山東長清縣興復河
北岸
現藏 山東省博物館
來源 文物

一八〇八 己刀
字數 一
時代 殷
著錄 文物 一九八五年三期六頁圖一
二；五頁圖一六；七頁圖一三・
三
出土 一九八三年山東省壽光縣益都
侯城故址
現藏 壽光縣博物館
來源 文物

一八〇九 苣刀
字數 一
時代 西周
著錄 善齋 一一・三八
小校 一〇・一一一・五
來源 考古研究所藏

一八一〇 亞弜刀
字數 二
時代 殷
著錄 未見
現藏 北京故宮博物院
來源 考古研究所拓

一八一一 亞弜刀
字數 三
時代 殷
著錄 懷履光(一九五六) 六四頁圖版
二七・七
現藏 加拿大多倫多安大略博物館
來源 懷履光

一八一二 康侯刀
字數 二
時代 西周早期
著錄 總集 七七四七
尊古 四・四一
弗里爾(一九四六) 九四頁四七
學報 一九五六年四期
斷代 (六)圖版八左
三代補 七八頁五三六
流傳 黃濬舊藏
現藏 美國華盛頓弗里爾美術博物館
來源 考古研究所藏

一八一三 亞[illegible]刀
字數 二
時代 殷
著錄 未見
現藏 上海博物館
來源 上海博物館提供

一八一四 左使車工刀
字數 五
時代 戰國晚期
著錄 中山王墓 四三三頁圖一八八・
五～六
出土 一九七七年河北平山縣中山王墓
(M一西庫 三八)
現藏 河北省文物研究所
來源 河北省文物研究所提供

一八一五 齊城右造刀(齊城右造
車戟)
字數 八
時代 戰國晚期
著錄 總集 七五〇一
三代 二〇・一九・一
貞補中 三三・一
周金 六・一三三・二
流傳 金山程氏舊藏
來源 三代
備注 羅振玉稱戟，鄒安稱刀，根據全
形拓，從鄒氏稱刀

一八一六 傒仲[illegible]子削
字數 六
時代 春秋早期
著錄 文物 一九八〇年一期四四頁
圖八
出土 一九七九年河南信陽縣墳扒村
墓葬
現藏 信陽地區文物管理委員會
來源 信陽地區文物管理委員會提供

一八一七 王刮刀
字數 一
時代 戰國早期
著錄 考古 一九六三年四期二〇五頁
圖一・四
出土 一九五八～一九五九年安徽淮
南市蔡家崗趙家孤堆墓葬
現藏 安徽省博物館
來源 考古編輯部檔案

一八一八 王刮刀
字數 一
時代 戰國早期
著錄 考古 一九六三年四期二〇五頁
圖一・三
出土 一九五八～一九五九年安徽淮
南市蔡家崗趙家孤堆墓葬

現藏　安徽省博物館
來源　考古編輯部檔案
備注　此類器舊稱匕首

一一八一九　王刮刀
字數　一
時代　戰國中期
著録　文物一九六六年五期五〇頁圖二二
望山　一〇七頁圖七二・四、五
出土　一九六五年湖北江陵縣望山一號墓
現藏　湖北省博物館
來源　文物
備注　出土相同的二件

一一八二〇　角刮刀
字數　一
時代　戰國
著録　小校　一〇・一一二・五
來源　小校

一一八二一　公銼刀
字數　一
時代　戰國早期
著録　未見
出土　一九七七年河北平山縣中山王墓地（M六：一四三）
現藏　河北省文物研究所
來源　河北省文物研究所提供

一一八二二　左使錘
字數　七
時代　戰國晚期
著録　中山王墓　四一五頁圖一七二・七~八
文字編　一二六頁
出土　一九七七年河北平山縣中山王墓（M一　東庫　四〇）
現藏　河北省文物研究所
來源　河北省文物研究所提供

一一八二三　↑鐮
字數　一
時代　殷
著録　文物一九五七年一二期六〇頁
出土　一九五四年山東濟南市大辛莊採集
現藏　山東省博物館
來源　文物

一一八二四　牛鐮
字數　一
時代　春秋
著録　二百四農器一
兩罍　八・一五
流傳　吳雲舊藏
來源　二百

一一八二五　嫪鐮
字數　二
時代　春秋、戰國
著録　未見
出土　考古研究所藏猗文閣拓本
來源　陳承修稱梳幣

一一八二六　昃肴鐮
字數　一
時代　戰國
著録　文物一九五九年七期五四頁圖一六
出土　河北易縣
流傳　毓康舊藏
現藏　上海博物館
來源　上海博物館提供

一一八二七　右廩鐵鐮範
字數　二（又重文二）
時代　戰國
著録　考古通訊一九五六年一期三一頁圖三
河北　一〇〇
出土　一九五三年河北興隆縣大副將溝
現藏　中國歷史博物館
來源　考古研究所拓（拓本）、考古編輯室檔案（摹本、照片）

一一八二八　豖鏟
字數　一
時代　殷
著録　未見
來源　考古研究所藏

一一八二九　田鏟
字數　一
時代　西周
著録　文物一九八二年九期二六頁圖四
流傳　北京市選揀文物
來源　文物

一一八三〇　中山鏟
字數　二
時代　戰國
著録　周金　六・一二六・一
來源　考古研究所藏猗文閣拓本

一一八三一　亞吳耜
字數　二
時代　殷
著録　總集　七九四五
鄴初下　五
出土　傳出安陽
來源　鄴初

一一八三二　右廩鐵钁範
字數　二
時代　戰國
著録　考古通訊一九五六年一期三三頁圖四
出土　一九五三年河北興隆縣大副將溝
現藏　中國歷史博物館
來源　考古研究所拓

一一八三三　右廩鐵钁範
字數　二
時代　戰國
著録　未見
出土　一九五三年河北興隆縣大副將溝
現藏　中國歷史博物館
來源　考古研究所拓

一一八三四　[illegible]鶴嘴斧形器
字數　一
時代　西周早期
著録　未見
現藏　北京故宮博物院
來源　考古研究所拓

一一八三五　侯鶴嘴斧形器
字數　一
時代　西周早期
著録　善齋　一〇・四四
小校　一〇・六七
來源　小校
備注　侯字外加框飾，舊誤稱爲戈

一一八三六　皇宮右鶴嘴斧形器
字數　三
時代　戰國早期
著録　未見
現藏　歐洲某地
來源　考古研究所藏

一一八三七　八年邦右庫兵器
字數　八
時代　戰國晚期
著録　未見
來源　考古研究所藏

一一八三八　衛師盾飾
字數　三
時代　西周早期
著録　尊古　四・四五
來源　考古研究所藏
備注　黄氏稱甲飾

一一八三九　衛師盾飾
字數　三
時代　西周早期
著録　未見
現藏　北京故宫博物院
來源　考古研究所拓

一一八四〇　五銅泡
字數　一
時代　西周
著録　考古與文物　一九八四年五期一〇頁圖二・二
出土　一九五六年陝西岐山縣賀家村
現藏　岐山縣博物館
來源　岐山縣博物館提供
備注　銅泡有大小二型。大者爲盾飾，小者爲馬飾。爲查找方便，本書歸併在一起

一一八四一　夨銅泡
字數　一
時代　西周早期
著録　陝青　三・一五四
出土　一九七九年陝西隴縣梁甫村
現藏　隴縣文化館
來源　陝青

一一八四二　[illegible]銅泡
字數　一（又重文一）
時代　西周早期
著録　考古　一九七八年五期二九二頁圖四・二
　　陝青　四・二九
　　寶鷄　一三四頁圖一〇六・二
出土　一九七六年陝西寶鷄市竹園溝墓（M一：一一五）
現藏　寶鷄市博物館
來源　考古編輯部檔案
備注　器内壁與銅泡口沿有同樣銘文

一一八四三　干銅泡
字數　一
時代　西周
著録　未見
現藏　中國歷史博物館
來源　考古研究所拓、中國歷史博物館提供（器）

一一八四四　莫銅泡
字數　一
時代　西周早期
著録　未見
現藏　上海博物館
來源　上海博物館提供

一一八四五　豐銅泡
字數　一
時代　西周早期
著録　三代　一八・三四・二
　　奇觚　一一・二八・一
　　周金　六・一三〇・二
　　善齋　二八・二
　　簠齋　三雜器四
　　小校　九・一〇八・四
流傳　陳介祺舊藏
來源　考古研究所藏

一一八四六　豐銅泡
字數　一
時代　西周早期
著録　總集　七九三六
　　小校　九・一〇八・三
來源　小校

一一八四七　豐銅泡
字數　一
時代　西周早期
著録　未見
流傳　方若舊藏
現藏　中國歷史博物館
來源　考古研究所拓、中國歷史博物館提供（器）

一一八四八　豐王銅泡
字數　二
時代　西周早期
著録　總集　七九三四
　　三代　一八・三三・二～三
　　奇觚　一一・二七・三
　　簠齋　三雜器三
　　周金　六・一三〇・一
　　善齋　二八・一
　　小校　九・一〇八・五
現藏　陳介祺舊藏
來源　考古研究所藏

一一八四九　豐王銅泡
字數　二
時代　西周早期
著録　總集　七九三五
　　三代　一八・三四・一
現藏　吉林大學歷史系陳列室
來源　考古研究所藏

一一八五〇　豐王銅泡
字數　二
時代　西周早期
著録　未見
來源　考古研究所藏

一一八五一　夨笴銅泡
字數　二
時代　西周早期
著録　總集　七九三七
　　三代　一八・三四・三
　　周金　六・一三一・一
　　夢郼上　五四
　　小校　九・一〇八・六
流傳　羅振玉舊藏
現藏　吉林大學歷史系陳列室
來源　考古研究所藏猗文閣拓本
備注　此器拓本舊皆倒置

一一八五二　亞吴銅泡
字數　二
時代　殷
著録　總集　七九五七
　　三代　一八・三九・二
　　鄴二下　七・二
出土　傳出安陽
來源　考古研究所藏

一一八五三　亞吴銅泡
字數　二
時代　殷
著録　總集　七九五八
　　三代　一八・三九・四
　　鄴二下　七・一
出土　傳出安陽

來源 考古研究所藏

一八五四 匽侯銅泡
字數 二
時代 西周早期
著録 總集 七八三五
　琉璃河 二一二頁圖一二八・一
出土 一九七三～一九七四年北京房山縣琉璃河墓葬(M五二:四〇)
現藏 北京市文物研究所
來源 考古編輯部檔案

一八五五 中次銅泡
字數 二
時代 戰國中期
著録 考古 一九七四年三期一七六頁圖五・一
出土 一九七二年河南洛陽市中州路戰國車馬坑(一九:七一)
現藏 洛陽市文物工作隊
來源 考古編輯部檔案

一八五六 中次銅泡
字數 二
時代 戰國中期
著録 考古 一九七四年三期一七六頁圖五・二
出土 一九七二年河南洛陽市中州路戰國車馬坑(一九:七二)
現藏 洛陽市文物工作隊
來源 考古編輯部檔案

一八五七 日毛銅泡
字數 二
時代 西周
著録 考古與文物 一九八四年一期六一頁圖一六
出土 一九七二年陝西鳳翔縣長青鄉汧河東岸(鳳一七七)
現藏 鳳翔縣文化館
來源 考古與文物

一八五八 衛師銅泡
字數 三
時代 西周早期
著録 總集 七八三六
　濬縣 圖版六九・二
出土 一九三二～一九三三年河南濬縣辛村七二號墓(M七二:一)
現藏 歷史語言研究所
來源 考古研究所藏

一八五九 衛師銅泡
字數 三
時代 西周早期
著録 總集 七八三七
　濬縣 圖版二五・一；六九・一
出土 一九三二～一九三三年河南濬縣辛村六八號墓(M六八:二)
現藏 歷史語言研究所
來源 考古研究所藏

一八六〇 匽侯銅泡
字數 四
時代 西周早期
著録 琉璃河 二一二頁圖一二八・二
　辭典 六〇三
出土 一九七五年北京房山縣琉璃河墓葬(M二五二:四)
現藏 首都博物館
來源 考古研究所拓
備注 同出二件，銘文内容一致

一八六一 匽侯銅泡
字數 四
時代 西周早期
著録 考古 一九八四年五期四一四頁圖一一・六
出土 一九八一～一九八三年北京房山縣琉璃河墓葬(M一〇二九:三六)
現藏 北京市文物研究所
來源 考古編輯部檔案

一八六二 師給銅泡
字數 八
時代 戰國晚期
著録 考古 一九八五年五期四七六頁圖一・四；四七七頁圖二中
出土 一九七九年山東棗莊市劉莊東南小河東岸山坡下墓葬
現藏 棗莊市博物館
來源 考古編輯部檔案

一八六三 私庫嗇夫鑲金銀泡飾
字數 一一(又合文一)
時代 戰國晚期
著録 中山王墓 四一二頁圖一七〇・一～二
　文字編 一二一頁
出土 一九七七年河北平山縣中山王墓(M一北盜洞 四〇)
現藏 河北省文物研究所
來源 河北省文物研究所提供

一八六四 私庫嗇夫鑲金銀泡飾
字數 一一(又合文一)
時代 戰國晚期
著録 中山王墓 四一二頁圖一七〇・三～四
　文字編 一二一頁
出土 一九七七年河北平山縣中山王墓(M一主室盜洞 四二)
現藏 河北省文物研究所
來源 河北省文物研究所提供

一八六五 私庫嗇夫鑲金銀泡飾
字數 一一(又合文一)
時代 戰國晚期
著録 中山王墓 四一二頁圖一七〇・五～六
　文字編 一二一頁
出土 一九七七年河北平山縣中山王墓(M一主室盜洞 四三)
現藏 河北省文物研究所
來源 河北省文物研究所提供
備注 此拓爲文字編主室四二

一八六六 先弓形器
字數 一(又重文一)
時代 殷
著録 未見
現藏 北京故宮博物院
來源 考古研究所拓

一八六七 ⿱小𠂤弓形器
字數 一(又重文一)
時代 殷
著録 未見
現藏 北京故宮博物院
來源 考古研究所拓

一八六八 ⿱罒矢弓形器
字數 一
時代 殷
著録 考古 一九七三年三期一八三頁圖四・二
現藏 北京故宮博物院
來源 考古研究所拓

一八六九 雋弓形器
字數 一
時代 殷

著録　總集七九七八
　　　録遺　五二七
來源　考古研究所藏

一一八七〇　工皿弓形器
字數　一（又重文一）
時代　殷
著録　總集七九七九
　　　録遺　五二八
出土　傳出安陽
現藏　北京故宮博物院
來源　考古研究所拓

一一八七一　析弓形器
字數　一（又重文一）
時代　殷
著録　未見
現藏　歷史語言研究所
來源　考古研究所藏尊古齋拓本

一一八七二　犾亞弓形器
字數　二（又重文二）
時代　殷
著録　未見
來源　考古研究所藏

一一八七三　犾亞弓形器
字數　二（又重文二）
時代　殷
著録　未見
現藏　北京故宮博物院
來源　考古研究所拓
備注　銘文嵌緑松石

一一八七四　甲冑
字數　一
時代　殷
著録　侯家莊　第五本一三八頁圖五二・六

出土　安陽侯家莊西北崗一〇〇四號大墓
現藏　歷史語言研究所
來源　侯家莊

一一八七五　甲冑
字數　一
時代　殷
著録　總集　七八五七
　　　侯家莊　第五本一三八頁圖五二・七
出土　安陽侯家莊西北崗一〇〇四號大墓
現藏　歷史語言研究所
來源　侯家莊

一一八七六　甲冑
字數　一
時代　殷
著録　總集　七八五八
　　　侯家莊　第五本一三八頁圖五二・八
出土　安陽侯家莊西北崗一〇〇四號大墓
現藏　歷史語言研究所
來源　侯家莊

一一八七七　正冑
字數　一
時代　殷
著録　總集　七八四六
　　　侯家莊　第五本一三七頁圖五一・九
出土　安陽侯家莊西北崗一〇〇四號大墓
現藏　歷史語言研究所
來源　侯家莊

一一八七八　鼎冑
字數　一
時代　殷
著録　總集　七八四五
　　　侯家莊　第五本一三七頁圖五一・八
出土　安陽侯家莊西北崗一〇〇四號大墓
現藏　歷史語言研究所
來源　侯家莊

一一八七九　𠬪冑
字數　一
時代　殷
著録　總集　七八四九
　　　侯家莊　第五本一三七頁圖五一・一一
出土　安陽侯家莊西北崗一〇〇四號大墓
現藏　歷史語言研究所
來源　侯家莊

一一八八〇　合冑
字數　一
時代　殷
著録　總集　七八四〇
　　　侯家莊　第五本一三七頁圖五一・三
出土　安陽侯家莊西北崗一〇〇四號大墓
現藏　歷史語言研究所
來源　侯家莊
備注　同銘者八器，著録五器

一一八八一　合冑
字數　一
時代　殷

著録　總集　七八四一
　　　侯家莊　第五本一三七頁圖五一・四
出土　安陽侯家莊西北崗一〇〇四號大墓
現藏　歷史語言研究所
來源　侯家莊

一一八八二　合冑
字數　一
時代　殷
著録　總集　七八四二
　　　侯家莊　第五本一三七頁圖五一・五
出土　安陽侯家莊西北崗一〇〇四號大墓
現藏　歷史語言研究所
來源　侯家莊

一一八八三　合冑
字數　一
時代　殷
著録　總集　七八四三
　　　侯家莊　第五本一三七頁圖五一・六
出土　安陽侯家莊西北崗一〇〇四號大墓
現藏　歷史語言研究所
來源　侯家莊

一一八八四　合冑
字數　一
時代　殷
著録　總集　七八四四
　　　侯家莊　第五本一三七頁圖五一・七
出土　安陽侯家莊西北崗一〇〇四號

大墓
現藏 歷史語言研究所
來源 侯家莊

一一八八五 貯冑
字數 一
時代 殷
著録 總集 七八三九
侯家莊 第五本一三七頁圖五一・
二圖版一三四
出土 安陽侯家莊西北崗一〇〇四號
大墓
現藏 歷史語言研究所
來源 侯家莊

一一八八六 貯冑
字數 一
時代 殷
著録 總集 七八三八
侯家莊 第五本一三七頁圖五一・
一
出土 安陽侯家莊西北崗一〇〇四號
大墓
現藏 歷史語言研究所
來源 侯家莊

一一八八七 □冑
字數 一
時代 殷
著録 總集 七八四七
侯家莊 第五本一三七頁圖五一・
一〇
出土 安陽侯家莊西北崗一〇〇四號
大墓
現藏 歷史語言研究所
來源 侯家莊

一一八八八 □冑
字數 一
時代 殷
著録 總集 七八四八
侯家莊 第五本一三七頁圖五一・
一二
出土 安陽侯家莊西北崗一〇〇四號
大墓
現藏 歷史語言研究所
來源 侯家莊

一一八八九 旋冑
字數 一
時代 殷
著録 總集 七八五〇
侯家莊 第五本一三七頁圖五一・
一三
出土 安陽侯家莊西北崗一〇〇四號
大墓
現藏 歷史語言研究所
來源 侯家莊

一一八九〇 舟冑
字數 一
時代 殷
著録 總集 七八六〇
侯家莊 第五本一三八頁圖五二・
一二
出土 安陽侯家莊西北崗一〇〇四號
大墓
現藏 歷史語言研究所
來源 侯家莊

一一八九一 卜冑
字數 一
時代 殷
著録 總集 七八五九
侯家莊 第五本一三八頁圖五二・
九
出土 安陽侯家莊西北崗一〇〇四號
大墓
現藏 歷史語言研究所
來源 侯家莊

一一八九二 ↑冑
字數 一
時代 殷
著録 總集 七八五一
侯家莊 第五本一三八頁圖五二・
一
出土 安陽侯家莊西北崗一〇〇四號
大墓
現藏 歷史語言研究所
來源 侯家莊

一一八九三 一冑
字數 一
時代 殷
著録 侯家莊 第五本一三八頁圖五二・
一〇
出土 安陽侯家莊西北崗一〇〇四號
大墓
現藏 歷史語言研究所
來源 侯家莊
備注 同銘者八器

一一八九四 二冑
字數 一
時代 殷
著録 侯家莊 第五本一三八頁圖五二・
一一
出土 安陽侯家莊西北崗一〇〇四號
大墓
現藏 歷史語言研究所
來源 侯家莊
備注 同銘者九器

一一八九五 五冑
字數 一
時代 殷
著録 總集 七八五二
侯家莊 第五本一三八頁圖五二・
二
出土 安陽侯家莊西北崗一〇〇四號
大墓
現藏 歷史語言研究所
來源 侯家莊

一一八九六 五冑
字數 一
時代 殷
著録 總集 七八五三
侯家莊 第五本一三八頁圖五二・
三
出土 安陽侯家莊西北崗一〇〇四號
大墓
現藏 歷史語言研究所
來源 侯家莊

一一八九七 五冑
字數 一
時代 殷
著録 總集 七八五四
侯家莊 第五本一三八頁圖五二・
四
出土 安陽侯家莊西北崗一〇〇四號
大墓
現藏 歷史語言研究所
來源 侯家莊

一一八九八 五冑
字數 一
時代 殷

著録 總集 七八五五 侯家莊 第五本一三八頁圖五二・五
出土 安陽侯家莊西北崗一〇〇四號大墓
現藏 歷史語言研究所
來源 侯家莊

一一八九九 八胄
字數 一
時代 殷
著録 總集 七八六一 侯家莊 第五本一三八頁圖五二・一三
出土 安陽侯家莊西北崗一〇〇四號大墓
現藏 歷史語言研究所
來源 侯家莊

一一九〇〇 零十命銅牌(鈴舌)
字數 三
時代 戰國
著録 總集 七九五五 三代 一八・三四・四 衡齋上 二六
流傳 黄濬舊藏
來源 考古研究所藏
備注 衡齋稱符

一一九〇一 皮氏銅牌(鈴舌)
字數 四
時代 戰國
著録 總集 七九五四 三代 一八・三八・三 夢鄣上 五六
流傳 羅振玉舊藏
來源 考古研究所藏

一一九〇二 廿四年銅梃(矢鏃)
字數 九
時代 戰國晚期
著録 總集 七八三二 三代 二〇・六〇・二 夢鄣續 三九
流傳 羅振玉舊藏
來源 考古研究所藏
備注 與一〇四五三重出

一一九〇三 葬鐓
字數 一
時代 殷
著録 總集 七八二六 録遺 六〇八
流傳 德人楊寧史舊藏
現藏 北京故宮博物院
來源 考古研究所拓
備注 鐏、鐓指戈與矛、戟柄端銅飾。二者對文有別，散文則通。今概以鐓稱之。此作鷹爪形

一一九〇四 [illegible]鐓
字數 一
時代 戰國
著録 未見
來源 考古研究所藏
備注 此爲一一九一一大良造鞅戈鐓局部

一一九〇五 [illegible]鐓
字數 一
時代 戰國
著録 總集 七八二五 三代 二〇・五九・一 貞松 一二・二九・一 貞圖中 七六
流傳 羅振玉舊藏
來源 考古研究所藏

一一九〇六 中府鐓
字數 二
時代 戰國
著録 總集 七八二七 三代 二〇・五九・二 貞續下 二三・三 貞圖中 七七
流傳 羅振玉舊藏
來源 考古研究所藏

一一九〇七 邪[illegible]庫鐓
字數 三
時代 戰國
著録 總集 七八二八 三代 二〇・五九・三 貞松 一二・二九・二 貞圖中 七八
流傳 羅振玉舊藏
現藏 吉林大學歷史系陳列室
來源 考古研究所藏

一一九〇八 右旁鐓
字數 三
時代 戰國
著録 總集 七八二九 三代 二〇・五九・四 擴古 一・二・四四・二(刺) 綴遺 二九・二四・三(干首) 簠齋 四古兵器
流傳 陳介祺舊藏
來源 三代

一一九〇九 庚都司馬鐓
字數 四
時代 戰國
著録 未見
現藏 北京故宮博物院
來源 考古研究所拓
備注 或疑僞刻

一一九一〇 大司馬鐓
字數 六
時代 戰國
著録 總集 七九八六 彙編 七・七三三
現藏 美國聖路易市博物館
來源 彙編
備注 或疑僞刻

一一九一一 大良造鞅鐓
字數 一三
時代 戰國中期(秦孝公一六年 公元前三四六年)
著録 總集 七八三〇 三代 二〇・六〇・一 雙吉下 五〇 衡齋下 三 故青 三三六
出土 洛陽(雙吉)
流傳 于省吾舊藏
現藏 北京故宮博物院
來源 考古研究所拓

一一九一二 幸干首
字數 一
時代 殷
著録 總集 七八三四 録遺 六〇六
來源 録遺

一一九一三 [illegible]干首
字數 一
時代 殷

著録 未見
現藏 北京故宮博物院
來源 考古研究所拓

一一九一四 聑七庌距末
字數 三
時代 戰國
著録 總集 七八二一
衡齋下 四
流傳 黄濬舊藏
現藏 歷史語言研究所
來源 考古研究所藏、摹

一一九一五 㤙距末
字數 八
時代 戰國
著録 總集 七八二二
三代 二〇・五八・二
積古 八・二二
金索金 二・一〇二
攈古 二・一・三二
愙齋 二四・七
周金 六・一二〇・一
小校 一〇・一一四・七
出土 曲阜(金索)
流傳 顔運生、程木庵舊藏(積古、貞松)
來源 三代、積古(摹本)

一一九一六 廿年距末
字數 一二
時代 戰國晚期
著録 總集 七八二三
三代 二〇・五八・三
貞松 一二・三〇・一
衡齋下 五
出土 一九二六年易州出土
流傳 武進陶氏舊藏(衡齋),後歸于省吾
現藏 北京故宮博物院
來源 考古研究所拓、摹
備注 金錯文,以往著録均係摹本。今將拓本、摹本、摹刻本並録

一一九一七 上距末
字數 約一八
時代 戰國
著録 總集 七八二四
三代 二〇・五八・四
貞松 一二・三〇・二
來源 三代(拓)、貞松(摹)

一一九一八 丞廣弩牙
字數 二
時代 戰國晚期
著録 文物 一九八〇年九期九四頁圖三
現藏 寶鷄市博物館
出土 一九七八年寶鷄鳳嶺閣鄉建河墓葬
現藏 寶鷄市博物館
來源 文物

一一九一九 右攻𢦚弩牙
字數 三
時代 戰國
著録 總集 七八一九
貞續下 二三・四
流傳 羅振玉舊藏
來源 考古研究所藏

一一九二〇 右攻𢦚弩牙
字數 三
時代 戰國
著録 總集 七八一八
三代 二〇・五八・一
貞松 一二・二八・三
流傳 東武王氏舊藏(貞松)
來源 三代、貞松(摹本)

一一九二一 右攻𢦚弩牙
字數 三
時代 戰國
著録 未見
來源 北京圖書館藏

一一九二二 右攻𢦚弩牙
字數 三
時代 戰國
著録 未見
來源 考古研究所藏栘林館拓本

一一九二三 左攻𢦚弩牙
字數 三
時代 戰國
著録 總集 七八一六
三代 二〇・五七・六
貞松 一二・二八・二
貞圖中 七九
流傳 羅振玉舊藏
現藏 旅順博物館
來源 考古研究所藏

一一九二四 左攻𢦚弩牙
字數 三
時代 戰國
著録 總集 七八一七
三代 二〇・五七・七
周金 六・一一九・三
夢郼續 三四
小校 一〇・一一四・六
流傳 羅振玉舊藏
現藏 旅順博物館
來源 考古研究所拓

一一九二五 左周弩牙
字數 三
時代 戰國
著録 未見
來源 北京圖書館提供

一一九二六 左周弩牙
字數 三
時代 戰國
著録 總集 七八二〇
貞松 一二・二八・一
小校 一〇・一一四・五
流傳 陳介祺舊藏(貞松)
來源 小校

一一九二七 左周弩牙
字數 三
時代 戰國
著録 未見
來源 考古研究所藏

一一九二八 左周弩牙
字數 三
時代 戰國
著録 未見
來源 考古研究所藏

一一九二九 右昜攻𢦚弩牙
字數 四
時代 戰國
著録 未見
來源 北京圖書館提供

一一九三〇 右昜宮弩牙
字數 五
時代 戰國
著録 總集 七八一五
貞續下 二四・一

來源 考古研究所藏

一一九三一 八年五大夫弩機

字數 一〇（又合文一）
時代 戰國晚期
著録 總集 七八一四
三代 二〇・五七・五
貞松 一二・二七・三
流傳 東武王氏舊藏（貞松）
來源 三代（拓）、貞松（摹）

一一九三二 公鏃

字數 一
時代 戰國
著録 總集 七七七三
三代 二〇・五二・二
貞松 一二・二四・一
流傳 羅振玉舊藏
現藏 旅順博物館
來源 考古研究所拓

一一九三三 公鏃

字數 一
時代 戰國
著録 考古 一九六五年一期一五頁圖六・二
出土 天津市南郊葛莊戰國遺址採集的隨葬品
來源 考古編輯部檔案

一一九三四 上鏃

字數 一
時代 戰國
著録 未見
現藏 旅順博物館
來源 考古研究所拓

一一九三五 左鏃

字數 一
時代 戰國
著録 總集 七七七五
三代 二〇・五二・四
貞松 一二・二四・二
現藏 旅順博物館
來源 考古研究所拓

一一九三六 左鏃

字數 一
時代 戰國
著録 未見
現藏 中國歷史博物館
來源 考古研究所拓

一一九三七 右鏃

字數 一
時代 戰國
著録 綴遺 二九・二一・二
小校 一〇・一一三・一
流傳 文後山舊藏
來源 小校

一一九三八 右鏃

字數 一
時代 戰國
著録 未見
現藏 中國歷史博物館
來源 考古研究所拓

一一九三九 右鏃

字數 一
時代 戰國
著録 金索金 二・一〇六・三
綴遺 二九・二二・一
流傳 葉志詵舊藏
來源 金索

一一九四〇 空鏃

字數 一
時代 戰國
著録 總集 七七七四
三代 二〇・五二・三
夢郼中 二四・二
出土 易州（夢郼）
流傳 羅振玉舊藏
現藏 旅順博物館
來源 考古研究所藏

一一九四一 昜鏃

字數 一
時代 戰國
著録 未見
現藏 旅順博物館
來源 考古研究所拓

一一九四二 商丘鏃

字數 一
時代 戰國
著録 小校 一〇・一一四・三
現藏 旅順博物館
來源 考古研究所藏

一一九四三 右且鏃

字數 二（又合文一）
時代 戰國
著録 總集 七七九一
三代 二〇・五四・七
貞松 一二・二六・一
夢郼續 三六・一
流傳 羅振玉舊藏
來源 考古研究所藏

一一九四四 右且鏃

字數 二（又合文一）
時代 戰國
著録 總集 七七九二
三代 二〇・五四・八
貞松 一二・二五・六
夢郼續 三六・二
流傳 羅振玉舊藏
來源 考古研究所藏、貞松（摹）

一一九四五 右且鏃

字數 二（又合文二、重文二）
時代 戰國
著録 總集 七七九三
三代 二〇・五五・一
貞松 一二・二六・四～五
流傳 羅振玉舊藏
來源 考古研究所藏

一一九四六 右且鏃

字數 二（又合文二、重文二）
時代 戰國
著録 總集 七七九四
三代 二〇・五五・二
來源 三代

一一九四七 右且鏃

字數 二（又合文一）
時代 戰國
著録 總集 七七九五
三代 二〇・五五・三
善齋 一一・四六
小校 一〇・一一三・四
流傳 劉體智舊藏
來源 三代

一一九四八 右且鏃

字數 二（又合文一）
時代 戰國
著録 總集 七七九六
三代 二〇・五五・四

貞松 一二・二六・三
夢郼中 二四・一
出土 易州(夢郼)
流傳 羅振玉舊藏
來源 考古研究所藏

一一九四九 右𠂤鏃

字數 二(又合文一)
時代 戰國
著録 總集 七七九七
三代 二〇・五五・五
貞松 一二・二六・一
流傳 羅振玉舊藏
來源 考古研究所藏

一一九五〇 右𠂤鏃

字數 二(又合文一)
時代 戰國
著録 總集 七七九八
三代 二〇・五五・六
來源 考古研究所藏

一一九五一 右𠂤鏃

字數 二(又合文一)
時代 戰國
著録 總集 七七九九
三代 二〇・五五・七
來源 考古研究所藏

一一九五二 右𠂤鏃

字數 二(又合文一)
時代 戰國
著録 總集 七八〇〇
三代 二〇・五五・八
來源 三代

一一九五三 右𠂤鏃

字數 二(又合文一)
時代 戰國
著録 總集 七八〇一
三代 二〇・五六・一
來源 三代

一一九五四 右𠂤鏃

字數 二(又合文一)
時代 戰國
著録 總集 七八〇二
三代 二〇・五六・二
來源 考古研究所藏

一一九五五 右𠂤鏃

字數 二(又合文一)
時代 戰國
著録 總集 七八〇三
三代 二〇・五六・三
夢郼續 三六・二
流傳 羅振玉舊藏
來源 三代

一一九五六 右𠂤鏃

字數 二(又合文一)
時代 戰國
著録 總集 七八〇四
三代 二〇・五六・四
善齋 一一・四三
小校 一〇・一一三・五
流傳 劉體智舊藏
現藏 上海博物館
來源 上海博物館提供

一一九五七 右𠂤鏃

字數 二(又合文一)
時代 戰國
著録 總集 七八〇五
三代 二〇・五六・五
善齋 一一・四一
小校 一〇・一一三・六
流傳 劉體智舊藏
現藏 上海博物館
來源 上海博物館提供

一一九五八 右𠂤鏃

字數 二(又合文一)
時代 戰國
著録 總集 七八〇六
三代 二〇・五六・六
善齋 一一・四五
小校 一〇・一一三・三
流傳 劉體智舊藏
現藏 上海博物館
來源 上海博物館提供

一一九五九 右𠂤鏃

字數 二(又合文一)
時代 戰國
著録 總集 七八〇七
三代 二〇・五六・七
貞松 一二・二六・二
小校 一〇・一一三・二
來源 三代

一一九六〇 右𠂤鏃

字數 二(又合文一)
時代 戰國
著録 總集 七八〇八
三代 二〇・五六・八
善齋 一一・四二
小校 一〇・一一三・七
流傳 劉體智舊藏
現藏 上海博物館
來源 上海博物館提供

一一九六一 右𠂤鏃

字數 二(又合文一)
時代 戰國
著録 總集 七八〇九
三代 二〇・五七・一
善齋 一一・四四
小校 一〇・一一三・八
流傳 劉體智舊藏
現藏 上海博物館
來源 上海博物館提供

一一九六二 右𠂤鏃

字數 二(又合文一)
時代 戰國
著録 雙吉下 五一・二
出土 綏遠
流傳 于省吾舊藏
來源 雙吉

一一九六三 右𠂤鏃

字數 二(又合文一)
時代 戰國
著録 未見
來源 考古研究所藏

一一九六四 右𠂤鏃

字數 二(又合文一)
時代 戰國
著録 未見
流傳 方若舊藏
現藏 中國歷史博物館
來源 考古研究所拓

一一九六五 右𠂤鏃

字數 二(又合文一)
時代 戰國
著録 未見
現藏 北京故宮博物院

來源 考古研究所拓

一九六六 右且鏃
字數 二（又合文一）
時代 戰國
著録 未見
現藏 北京故宫博物院
來源 考古研究所拓

一九六七 右且鏃
字數 二（又合文一）
時代 戰國
著録 未見
現藏 北京故宫博物院
來源 考古研究所拓

一九六八 右且鏃
字數 二（又合文一）
時代 戰國
著録 未見
來源 考古研究所藏

一九六九 右且鏃
字數 二（又合文一）
時代 戰國
著録 未見
來源 考古研究所藏

一九七〇 右且鏃
字數 二（又合文一）
時代 戰國
著録 未見
來源 考古研究所藏

一九七一 右且鏃
字數 二（又合文一）
時代 戰國
著録 未見
現藏 上海博物館

來源 上海博物館提供

一九七二 右且鏃
字數 二（又合文一）
時代 戰國
著録 未見
來源 考古研究所藏

一九七三 右且鏃
字數 二（又合文一）
時代 戰國
著録 未見
來源 考古研究所藏

一九七四 左且鏃
字數 二（又合文一）
時代 戰國
著録 總集 七七八二
三代 二〇・五三・六
貞松 一二・二四・四
流傳 羅振玉舊藏
現藏 旅順博物館
來源 考古研究所拓

一九七五 左且鏃
字數 二（又合文一）
時代 戰國
著録 總集 七七八三
三代 二〇・五三・七
貞松 一二・二五・二
流傳 羅振玉舊藏
來源 考古研究所藏

一九七六 左且鏃
字數 二（又合文一）
時代 戰國
著録 總集 七七八四
三代 二〇・五三・八

貞松 一二・二五・三
流傳 羅振玉舊藏
來源 考古研究所藏

一九七七 左且鏃
字數 二（又合文一）
時代 戰國
著録 總集 七七八五
三代 二〇・五四・一
貞松 一二・二五・一
流傳 羅振玉舊藏
現藏 旅順博物館
來源 考古研究所藏

一九七八 左且鏃
字數 二（又合文一）
時代 戰國
著録 總集 七七八六
三代 二〇・五四・二
流傳 羅振玉舊藏
現藏 旅順博物館
來源 考古研究所拓

一九七九 左且鏃
字數 二（又合文一）
時代 戰國
著録 總集 七七八七
三代 二〇・五四・三
貞松 一二・二五・五
小校 一〇・一一四・一
流傳 羅振玉舊藏
來源 考古研究所藏

一九八〇 左且鏃
字數 二（又合文一）
時代 戰國
著録 總集 七七八八

三代 二〇・五四・四
貞松 一二・二五・四
小校 一〇・一一三・九
流傳 羅振玉舊藏
來源 考古研究所藏

一九八一 左且鏃
字數 二（又合文一）
時代 戰國
著録 總集 七七八九
三代 二〇・五四・五
流傳 羅振玉舊藏
來源 考古研究所藏

一九八二 左且鏃
字數 二（又合文一）
時代 戰國
著録 總集 七七九〇
三代 二〇・五四・六
善齋 一一・四〇
小校 一〇・一一三・一〇
現藏 上海博物館
來源 上海博物館提供

一九八三 左且鏃
字數 二（又合文一）
時代 戰國
著録 未見
來源 考古研究所藏

一九八四 左且鏃
字數 二（又合文一）
時代 戰國
著録 未見
來源 考古研究所藏

一九八五 左且鏃
字數 二（又合文一）

時代 戰國
著録 未見
現藏 中國歷史博物館
來源 考古研究所拓

一一九八六 巴仕鏃
字數 二（又合文一）
時代 戰國
著録 未見
現藏 旅順博物館
來源 考古研究所拓

一一九八七 不降雙鋒鏃
字數 二
時代 戰國
著録 小校 一〇・一一四・二
來源 小校

一一九八八 □北鏃
字數 二（又合文一）
時代 戰國
著録 總集 七七七六
三代 二〇・五二・五
夢郼中 二四・六
出土 易州
流傳 羅振玉舊藏
現藏 旅順博物館
來源 考古研究所藏

一一九八九 □北鏃
字數 二（又合文一）
時代 戰國
著録 總集 七七七七
三代 二〇・五三・一
夢郼中 二四・五
出土 易州
流傳 羅振玉舊藏
現藏 旅順博物館
來源 考古研究所拓

一一九九〇 □北鏃
字數 二（又合文一）
時代 戰國
著録 總集 七七七八
三代 二〇・五三・二
出土 易州
流傳 羅振玉舊藏
現藏 旅順博物館
來源 考古研究所拓

一一九九一 □北鏃
字數 二（又合文一）
時代 戰國
著録 總集 七七七九
三代 二〇・五三・三
夢郼中 二四・四
出土 易州
流傳 羅振玉舊藏
現藏 旅順博物館
來源 考古研究所藏

一一九九二 □北鏃
字數 二（又合文一）
時代 戰國
著録 總集 七七八〇
三代 二〇・五三・四
貞松 一二・二四・三
出土 易州
流傳 羅振玉舊藏
現藏 旅順博物館
來源 考古研究所藏

一一九九三 □北鏃
字數 二（又合文一）
時代 戰國
著録 總集 七七八一
三代 二〇・五三・五
夢郼中 二四・三
出土 易州
流傳 羅振玉舊藏
現藏 旅順博物館
來源 考古研究所拓

一一九九四 右鏃
字數 三
時代 戰國
著録 未見
現藏 北京故宮博物院
來源 考古研究所拓

一一九九五 □公鏃
字數 四
時代 戰國
著録 雙吉下 五一・一
出土 河南
流傳 于省吾舊藏
來源 考古研究所藏

一一九九六 廿一年□鏃
字數 五（又合文一）
時代 戰國
著録 未見
流傳 李漢民舊藏
現藏 中國歷史博物館
來源 考古研究所拓、摹

一一九九七 郥公鏃
字數 九
時代 戰國
著録 録遺 六〇七
來源 考古研究所藏

一一九九八 㪽矢形器（吁嗟虖敬銅砭）
字數 四
時代 戰國
著録 未見
來源 北京圖書館藏

車馬器類

一一九九九～一二〇八五

一一九九九 虎形銘輨足飾
字數 一
時代 西周早期
著録 學報 一九七七年二期一〇八頁 圖八・一一
出土 一九六七年甘肅靈臺縣西屯鄉白草坡一號墓（M一：六七）
現藏 甘肅省博物館
來源 考古學報編輯部檔案

一二〇〇〇 車車飾
字數 一
時代 殷
著録 未見
現藏 北京故宮博物院
來源 考古研究所拓

一二〇〇一 車合頁
字數 一
時代 西周
著録 懷履光（五六） 一六九頁 C
現藏 加拿大多倫多安大略博物館
來源 懷履光

一二〇〇二 之合頁
字數 一

時代 西周
著録 懷履光(五六) 一六九頁B
現藏 加拿大多倫多安大略博物館
來源 懷履光

一二〇〇三 𠂤車飾
字數 一
時代 殷
著録 總集 七九二二
録遺 五二九
來源 録遺

一二〇〇四 左蓋弓帽
字數 一
時代 戰國
著録 總集 七八一〇
三代 二〇・五七・二
貞松 一二・二七・一
流傳 羅振玉舊藏
來源 考古研究所藏
備注 三代所收的矢括器，實爲車蓋弓帽之誤

一二〇〇五 左蓋弓帽
字數 一
時代 戰國
著録 總集 七八一一
三代 二〇・五七・三
貞松 一二・二六・六
流傳 羅振玉舊藏
來源 考古研究所藏

一二〇〇六 左蓋弓帽
字數 一
時代 戰國
著録 總集 七八一二
貞松 一二・二七・二
流傳 羅振玉舊藏
來源 貞松

一二〇〇七 侯車鑾鈴
字數 一
時代 西周早期
著録 總集 七九〇九
三代 一八・三七・一
頌續 一二四
出土 河南濬縣辛村(頌續)
來源 頌續

一二〇〇八 侯車鑾鈴
字數 一
時代 西周早期
著録 總集 七九一〇
三代 一八・三七・二
尊古 四・三八
頌續 一二五
出土 河南濬縣辛村(頌續)
來源 頌續

一二〇〇九 子車鑾鈴
字數 一
時代 西周
著録 總集 七九一一
三代 一八・三七・三
冠斝中 四五左
流傳 榮厚舊藏
來源 三代、冠斝

一二〇一〇 子車鑾鈴
字數 一
時代 西周
著録 總集 七九一二
三代 一八・三七・四
冠斝中 四五右
流傳 榮厚舊藏
來源 三代、冠斝

一二〇一一 旅車鑾鈴
字數 一
時代 西周早期
著録 未見
流傳 周肇祥舊藏
現藏 首都博物館
來源 考古研究所拓

一二〇一二 倗史車鑾鈴
字數 二
時代 西周
著録 總集 七九一三
三代 一八・三七・五
貞松 一一・一五・三
流傳 四明趙氏寳松閣舊藏(貞松)
來源 三代、貞松

一二〇一三 左宫車害
字數 二
時代 戰國
著録 總集 七九〇三
三代 一八・三五・三
小校 九・一〇五・六
來源 三代

一二〇一四 左宫車害
字數 二
時代 戰國
著録 總集 七九〇四
三代 一八・三五・四
小校 九・一〇五・七
來源 三代

一二〇一五 下宫車害
字數 二
時代 戰國晚期
著録 總集 七九〇二
三代 一八・三五・二
貞松 一一・一六・一
貞圖中 四七
流傳 羅振玉舊藏
來源 考古研究所藏猗文閣拓本

一二〇一六 右庫車害
字數 二
時代 戰國
著録 泉屋 三・一四七
彙編 七・九七三
現藏 日本京都泉屋博古館
來源 泉屋

一二〇一七 册𠂤車器
字數 二
時代 殷
著録 總集 七九五一
三代 一八・三〇・四
來源 考古研究所藏

一二〇一八 酉年車器
字數 二
時代 春秋
著録 總集 七九一八
尊古 四・三七
録遺 五三二
來源 尊古

一二〇一九 右⿰馬殳車器
字數 二
時代 戰國
著録 總集 七九一七
録遺 五三一
來源 録遺
備注 銘文錯金

一二〇二〇 康侯車鑾鈴
字數 二
時代 西周早期

著録 總集 七二二五
録遺 五三〇
來源 録遺

一二〇二一 夫人零件

字數 二
時代 戰國晚期
著録 考古 一九七四年一期二〇頁圖四・九
出土 一九六二年陝西咸陽市長陵車站南
現藏 陝西省博物館
來源 考古

一二〇二二 楚尚車轄

字數 二
時代 戰國晚期
著録 古文字研究 一〇・二七九圖三八・三
湖南考古輯刊 一集圖版一四・一二
出土 湖南長沙
現藏 湖南省博物館
來源 湖南考古輯刊
備注 古文字研究所摹似爲三字

一二〇二三 陳□車轄

字數 三
時代 戰國
著録 總集 七九〇六
三代 一八・三六・二
周金 六・一三一・三
夢郼上 五三
小校 九・一〇六・四
來源 考古研究所藏

一二〇二四 陳□車轄

字數 三
時代 戰國
著録 總集 七九〇七
三代 一八・三六・三
周金 六・一三一・二
貞松 一一・一六・二
貞圖中 四八
小校 九・一〇六・三
流傳 羅振玉舊藏
來源 考古研究所藏

一二〇二五 君軴車軎

字數 三
時代 戰國早期
著録 曾侯乙墓 三三二頁圖一九七・四
出土 一九七八年湖北隨縣曾侯乙墓(N一五七)
現藏 湖北省博物館
來源 湖北省博物館提供

一二〇二六 公大后車軎

字數 三
時代 戰國晚期
著録 考古 一九七四年一期二〇頁圖四・一四
出土 一九六二~一九六三年陝西秦都咸陽故城
現藏 陝西省博物館
來源 考古

一二〇二七 晉公車軎

字數 四
時代 春秋
著録 總集 七九一九
賸稿 四八下
巖窟下 五二左
録遺 五三三
銘文選 八九五
出土 一九二七年河南輝縣附近
流傳 梁上椿舊藏
現藏 上海博物館
來源 上海博物館提供(拓)、巖窟(器)

一二〇二八 晉公車軎

字數 四
時代 春秋
著録 總集 七九二〇
賸稿 四八上
巖窟下 五二右
録遺 五三四
出土 一九二七年河南輝縣附近
流傳 梁上椿舊藏
現藏 上海博物館
來源 上海博物館提供(拓)、巖窟(器)

一二〇二九 □作車鑾鈴

字數 四
時代 西周中期
著録 總集 七九一四
三代 一八・三七・六
貞松 一一・一五・四
現藏 北京故宮博物院
來源 考古研究所藏

一二〇三〇 □妊車輨

字數 五
時代 西周晚期
著録 總集 七九〇五
三代 一八・三六・一
夢郼上 五二
小校 九・一〇六・一
周金 六・一三九・一
流傳 羅振玉舊藏
現藏 旅順博物館
來源 考古研究所藏

一二〇三一 齊司馬車器

字數 五
時代 戰國
著録 未見
來源 考古研究所藏

一二〇三二 十七年蓋弓帽(廿七年易曲鏃)

字數 六(又合文一、重文一)
時代 戰國
著録 總集 七八一三
三代 二〇・五七・四
十二舊 八
流傳 方若舊藏
現藏 中國歷史博物館
來源 考古研究所拓
備注 舊稱十年矢括

一二〇三三 □工銀節約

字數 六
時代 戰國
著録 文物 一九八〇年七期二頁圖二・四
考古 一九八二年五期五二二頁圖一〇・六
出土 一九七九年内蒙古自治區準格爾旗西溝畔二號墓
現藏 内蒙古自治區文物考古研究所
來源 文物

一二〇三四 □工銀節約

字數 六
時代 戰國
著録 文物 一九八〇年七期二頁圖二・六
考古 一九八二年五期五二二頁圖一〇・一

出土 一九七九年內蒙古自治區準格爾旗西溝畔二號墓
現藏 內蒙古自治區文物考古研究所
來源 文物

一二〇三五 㬎工銀節約
字數 六
時代 戰國
著録 文物一九八〇年七期二頁圖二·七 考古一九八二年五期五二一頁圖一〇·三
出土 一九七九年內蒙古自治區準格爾旗西溝畔二號墓
現藏 內蒙古自治區文物考古研究所
來源 文物

一二〇三六 㬎工銀節約
字數 存六
時代 戰國
著録 文物一九八〇年七期二頁圖二·二
出土 一九七九年內蒙古自治區準格爾旗西溝畔二號墓
現藏 內蒙古自治區文物考古研究所
來源 文物
備注 考古一九八二年五期五二一頁圖一〇·七摹本作二朱，與此拓稍異

一二〇三七 㬎工銀節約
字數 七
時代 戰國
著録 文物一九八〇年七期二頁圖二·三 考古一九八二年五期五二一頁圖一〇·四
出土 一九七九年內蒙古自治區準格爾旗西溝畔二號墓
現藏 內蒙古自治區文物考古研究所
來源 文物

一二〇三八 㬎工銀節約
字數 七
時代 戰國
著録 文物一九八〇年七期二頁圖二·五 考古一九八二年五期五二一頁圖一〇·五
出土 一九七九年內蒙古自治區準格爾旗西溝畔二號墓
現藏 內蒙古自治區文物考古研究所
來源 文物

一二〇三九 少府銀節約
字數 七
時代 戰國
著録 文物一九八〇年七期二頁圖二·一 考古一九八二年五期五二一頁圖一〇·二
出土 一九七九年內蒙古自治區準格爾旗西溝畔二號墓
現藏 內蒙古自治區文物考古研究所
來源 文物

一二〇四〇 陳共車飾
字數 七
時代 戰國晚期
著録 未見
現藏 北京故宮博物院
來源 考古研究所拓

一二〇四一 上造但車軎
字數 一〇
時代 戰國晚期
著録 總集七九二二 文物一九六六年一期九頁圖九
出土 一九五九年西安市西郊三橋後圍寨村
現藏 陝西省博物館
來源 文物
備注 此器可能是秦王政廿一年物

一二〇四二 私庫嗇夫車軎
字數 一〇（又合文一）
時代 戰國晚期
著録 中山王墓四二八頁圖一八三·一～二
出土 一九七七年河北平山縣中山王墓（M一車馬坑二：四三之一）
現藏 河北省文物研究所
來源 河北省文物研究所提供

一二〇四三 私庫嗇夫車軎
字數 一〇（又合文一）
時代 戰國晚期
著録 中山王墓四二八頁圖一八三·三～四
出土 一九七七年河北平山縣中山王墓（M一車馬坑二：四三之二）
現藏 河北省文物研究所
來源 河北省文物研究所提供

一二〇四四 私庫嗇夫衡飾
字數 一〇（又合文一）
時代 戰國晚期
著録 中山王墓四二八頁圖一八三·五～六
出土 一九七七年河北平山縣中山王墓（M一車馬坑二：七二之一）
現藏 河北省文物研究所
來源 河北省文物研究所提供

一二〇四五 私庫嗇夫衡飾
字數 一〇（又合文一）
時代 戰國晚期
著録 中山王墓四二八頁圖一八三·七～八 文字編一二六頁
出土 一九七七年河北平山縣中山王墓（M一車馬坑二：七二之二）
現藏 河北省文物研究所
來源 河北省文物研究所提供

一二〇四六 私庫嗇夫蓋杠接管
字數 一〇（又合文一）
時代 戰國晚期
著録 中山王墓四二八頁圖一八三·九～十
出土 一九七七年河北平山縣中山王墓（M一車馬坑二：五九之一）
現藏 河北省文物研究所
來源 河北省文物研究所提供

一二〇四七 私庫嗇夫蓋杠接管
字數 一〇（又合文一）
時代 戰國晚期
著録 中山王墓四二八頁圖一八三·一一～一二
出土 一九七七年河北平山縣中山王墓（M一車馬坑二：五九之二）
現藏 河北省文物研究所
來源 河北省文物研究所提供

一二〇四八 私庫嗇夫蓋杠接管
字數 一〇（又合文一）
時代 戰國晚期
著録 中山王墓四二八頁圖一八三·一三～一四

出土 一九七七年河北平山縣中山王墓(M一車馬坑二：五九之三)
現藏 河北省文物研究所
來源 河北省文物研究所提供

一二〇四九 私庫嗇夫蓋杠接管

字數 一〇（又合文一）
時代 戰國晚期
著録 中山王墓 四二八頁圖一八三・一五～一六
出土 一九七七年河北平山縣中山王墓(M一車馬坑二：五九之四)
現藏 河北省文物研究所
來源 河北省文物研究所提供

一二〇五〇 私庫嗇夫蓋杠接管

字數 一〇（又合文一）
時代 戰國晚期
著録 中山王墓 四二八頁圖一八三・一七～一八
出土 一九七七年河北平山縣中山王墓(M一車馬坑二：九九之一)
現藏 河北省文物研究所
來源 河北省文物研究所提供

一二〇五一 私庫嗇夫蓋杠接管

字數 一〇（又合文一）
時代 戰國晚期
著録 中山王墓 四二八頁圖一八三・一九～二〇
出土 一九七七年河北平山縣中山王墓(二號車馬坑九九之二)
現藏 河北省文物研究所
來源 河北省文物研究所提供

一二〇五二 私庫嗇夫蓋杠接管

字數 一〇（又合文一）
時代 戰國晚期
著録 中山王墓 四二八頁圖一八三・二一～二二
出土 一九七七年河北平山縣中山王墓(二號車馬坑九九之三)
現藏 河北省文物研究所
來源 河北省文物研究所提供

一二〇五三 私庫嗇夫蓋杠接管

字數 一〇（又合文一）
時代 戰國晚期
著録 中山王墓 四二八頁圖一八三・二三～二四
出土 一九七七年河北平山縣中山王墓(二號車馬坑九九之四)
現藏 河北省文物研究所
來源 河北省文物研究所提供

一二〇五四 左使車嗇夫帳桿母扣

字數 一三（又重文一）
時代 戰國晚期
著録 文字編 一三一頁(C三〇之一)
中山王墓 四一七頁圖一七四・五～八（K二：六～二，七～五）
出土 一九七七年河北平山縣中山王墓
現藏 河北省文物研究所
來源 河北省文物研究所提供
備注 中山王墓所載「圓帳杆銅接扣銘文拓本與摹本」共計二〇組四〇件，本書原據文字編收録以下一〇組，二者器號有所不同

一二〇五五 左使車嗇夫帳桿母扣

字數 一三
時代 戰國晚期
著録 文字編 一三一頁(C三〇之三)
中山王墓 四一七頁圖一七四・一～四（K二：六～四，七～四）
出土 一九七七年河北平山縣中山王墓
現藏 河北省文物研究所
來源 河北省文物研究所提供

一二〇五六 左使車嗇夫帳桿母扣

字數 一三
時代 戰國晚期
著録 文字編 一三一頁(C三〇之四)
中山王墓 四一六頁圖一七三・九～一二（K二：六～三，七～三）
出土 一九七七年河北平山縣中山王墓
現藏 河北省文物研究所
來源 河北省文物研究所提供

一二〇五七 左使車嗇夫帳桿母扣

字數 一三
時代 戰國晚期
著録 文字編 一三一頁(C三〇之五)
中山王墓 四一六頁圖一七三・一～四（K二：六～一，七～一）
出土 一九七七年河北平山縣中山王墓
現藏 河北省文物研究所
來源 河北省文物研究所提供

一二〇五八 左使車嗇夫帳桿母扣

字數 一三
時代 戰國晚期
著録 文字編 一三一頁(C三〇之七)
中山王墓 四一六頁圖一七三・五～八（K二：六～二，七～二）
出土 一九七七年河北平山縣中山王墓
現藏 河北省文物研究所
來源 河北省文物研究所提供

一二〇五九 左使車嗇夫帳桿母扣

字數 一〇（又重文一）
時代 戰國晚期
著録 文字編 一三二頁(C三〇之八)
中山王墓 四一九頁圖一七六・一～四（K二：六～一〇，七～一〇）
出土 一九七七年河北平山縣中山王墓
現藏 河北省文物研究所
來源 河北省文物研究所提供

一二〇六〇 左使車嗇夫帳桿母扣

字數 一三（又重文一）
時代 戰國晚期
著録 文字編 一三二頁(C三〇之一〇)
中山王墓 四一七頁圖一七四・九～一二（K二：六～六，七～六）
出土 一九七七年河北平山縣中山王墓
現藏 河北省文物研究所
來源 河北省文物研究所提供

一二〇六一 左使車嗇夫帳桿母扣

字數 一三
時代 戰國晚期
著録 文字編 一三四頁(C 三二之一)
中山王墓 四二〇頁圖一七七・一～四（K二：八～三，九～三）
出土 一九七七年河北平山縣中山王墓
現藏 河北省文物研究所
來源 河北省文物研究所提供

一二〇六二 左使車嗇夫帳桿母扣

字數 一三
時代 戰國晚期
著録 文字編 一三四頁(C 三二之三)
中山王墓 四二〇頁圖一七七・五～八（K二：八～四，九～四）
出土 一九七七年河北平山縣中山王墓
現藏 河北省文物研究所
來源 河北省文物研究所提供

一二〇六三 左使車嗇夫帳桿母扣

字數 一三(又重文一)
時代 戰國晚期
著録 文字編 一三四頁(C 三二之五)
中山王墓 四二〇頁圖一七七・九~一二(K二：八~五，九~五)
出土 一九七七年河北平山縣中山王墓
現藏 河北省文物研究所
來源 河北省文物研究所提供

一二〇六四 [illegible]馬鑾鈴
字數 一
時代 殷
著録 總集 七九〇八
三代 一八・三七・七
來源 三代

一二〇六五 右馬銜
字數 一
時代 西周
著録 總集 七九一五
三代 一八・三八・一
貞松 一一・一七・一
貞圖中 四九
流傳 羅振玉舊藏
現藏 旅順博物館
來源 考古研究所藏

一二〇六六 叔馬銜
字數 存一
時代 西周
著録 總集 七九一六
三代 一八・三八・二
貞松 一一・一七・二
貞圖中 五〇
流傳 羅振玉舊藏
來源 考古研究所藏

一二〇六七 右企馬銜
字數 二
時代 戰國
著録 巖窟下 六八
出土 一九四〇年安徽壽縣出土
流傳 梁上椿舊藏
現藏 巖窟

一二〇六八 左宮馬銜
字數 存三
時代 戰國
著録 河北 一四八 左
出土 一九五八年河北安新縣
現藏 河北省文物研究所
來源 河北

一二〇六九 左宮馬銜
字數 存三
時代 戰國
著録 河北 一四八右
出土 一九五八年河北安新縣
現藏 河北省文物研究所
來源 河北

一二〇七〇 周當盧
字數 一
時代 西周早期
著録 未見
來源 考古研究所藏

一二〇七一 南當盧
字數 一
時代 西周早期
著録 未見
現藏 中國歷史博物館
來源 考古研究所拓

一二〇七二 南當盧
字數 一
時代 西周早期
著録 未見
現藏 北京故宮博物院
來源 考古研究所拓

一二〇七三 南當盧
字數 一
時代 西周早期
著録 未見
現藏 北京故宮博物院
來源 考古研究所拓

一二〇七四 田當盧
字數 一
時代 西周早期
著録 濬縣 圖版八八・二
出土 一九三二~一九三三年河南濬縣辛村三八號墓(M三八：二乙)
現藏 歷史語言研究所
來源 考古研究所編輯室檔案

一二〇七五 [illegible]當盧
字數 一
時代 西周早期
著録 濬縣 圖版九四・六
出土 一九三二~一九三三年河南濬縣辛村三八號墓(M三八：二甲)
現藏 歷史語言研究所
來源 考古研究所編輯室檔案

一二〇七六 矢當盧
字數 一
時代 西周早期
著録 總集 七九五九
三代 一八・四〇・一
現藏 上海博物館
來源 三代

一二〇七七 矢當盧
字數 一
時代 西周早期
著録 鬥鷄臺 二四九頁圖一一〇・一
出土 陝西省寶鷄鬥鷄臺溝東區 B 三墓葬
現藏 中國歷史博物館
來源 考古研究所藏
備注 同出二器

一二〇七八 矢當盧
字數 一
時代 西周早期
著録 總集 七九〇一
文物一九八二年二期五三頁圖一三
出土 一九七四年陝西省寶鷄縣靈龍村一號墓(M一：二)
現藏 寶鷄市博物館
來源 文物

一二〇七九 矢當盧
字數 一
時代 西周早期
著録 文物一九八二年二期五一頁圖五・一
出土 一九七四年陝西隴縣曹家灣西周墓(M二：一一)
現藏 寶鷄市博物館
來源 寶鷄市博物館提供

一二〇八〇 矢當盧
字數 一
時代 西周早期
著録 文物一九八二年二期五一頁圖五・二
出土 一九七四年陝西隴縣曹家灣西周墓(M二：一二)

現藏　寶鷄市博物館
來源　寶鷄市博物館提供

一二〇八一　夨當盧
字數　一（又重文一）
時代　西周早期
著録　文物一九八二年二期五一頁圖五·三
出土　一九七四年陝西隴縣曹家灣西周墓（M二：一三）
現藏　寶鷄市博物館
來源　寶鷄市博物館提供

一二〇八二　日當盧
字數　一
時代　西周早期
著録　未見
出土　陝西寶鷄賈村塬靈龍村（IA　六·三七二）
現藏　寶鷄市博物館
來源　寶鷄市博物館提供

一二〇八三　夨丁當盧
字數　二
時代　西周早期
著録　未見
出土　陝西寶鷄賈村塬靈龍村（IA　六·二六）
現藏　寶鷄市博物館
來源　寶鷄市博物館提供

一二〇八四　夨丁當盧
字數　二
時代　西周早期
著録　未見
出土　陝西寶鷄賈村塬靈龍村（IA　六·二八）
現藏　寶鷄市博物館
來源　寶鷄市博物館提供

一二〇八五　𦍌日當盧
字數　二
時代　西周早期
著録　未見
出土　陝西寶鷄賈村塬靈龍村（IA　六·三七一）
現藏　寶鷄市博物館
來源　寶鷄市博物館提供

符節類

一二〇八六～一二一一三

一二〇八六　節節
字數　一
時代　戰國
著録　周金　六·一二九
　　　小校　九·一〇五·一
流傳　鄒安舊藏
來源　小校

一二〇八七　柰虎符
字數　存一
時代　戰國晚期
著録　總集　七八八五
　　　貞松　一一·一二·一
　　　海外吉　一二七
現藏　日本京都泉屋博古館
來源　貞松
備注　器存其半，错金六字，可看清者僅一字

一二〇八八　麐尿節
字數　二
時代　戰國
著録　周金　六·一二九·二
　　　小校　九·一〇五·二
流傳　鄒安舊藏
來源　小校

一二〇八九　懲節
字數　二
時代　戰國
著録　未見
流傳　方若舊藏
現藏　中國歷史博物館
來源　考古研究所拓

一二〇九〇　齊節大夫馬節
字數　六（又合文一）
時代　戰國
著録　總集　七八九一
　　　三代　一八·三一·五
　　　貞圖中　四五
流傳　羅振玉舊藏
來源　考古研究所藏

一二〇九一　騎傳馬節
字數　四
時代　戰國
著録　總集　七八八八
　　　三代　一八·三一·三
　　　衡齋上　二五
　　　周金　六·一二七·二
流傳　南皮張氏舊藏（衡齋），後歸故宮博物院
現藏　中國歷史博物館
來源　考古研究所拓

一二〇九二　亡縱熊節
字數　四
時代　戰國
著録　總集　七八八九
　　　三代　一八·三一·四
來源　三代

一二〇九三　采者節
字數　四
時代　戰國
著録　未見
流傳　任氏爵齋舊藏
來源　考古研究所藏
備注　或疑僞刻

一二〇九四　王命虎符
字數　四（又重文一）
時代　戰國後期
著録　未見
現藏　湖南省博物館
來源　考古研究所摹
備注　此據周世榮湖南出土戰國秦漢銅器銘文補記油印本摹，古文字研究待刊

一二〇九五　王命虎符
字數　四（又重文一）
時代　戰國後期
著録　尊古　四·四七
　　　古青　三四〇
現藏　北京故宮博物院
來源　考古研究所拓

一二〇九六　王命虎符
字數　四
時代　戰國後期
著録　總集　七八九〇
　　　録遺　五三七
流傳　故宮博物院舊藏
現藏　中國歷史博物館

來源　考古研究所拓

一二〇九七　王命龍節
字數　八（又重文一）
時代　戰國後期
著録　總集　七八九五
三代　一八・三六・四～五
積古　一〇・六
綴遺　二九・二五
奇觚　一一・七
小校　九・一〇六・五～六
銘文選　六八三
流傳　吳大澂舊藏
現藏　上海博物館
來源　考古研究所藏吳大澂手拓本

一二〇九八　王命龍節
字數　八（又重文一）
時代　戰國後期
著録　總集　七八九六
金索金　二・一〇三
流傳　吳門陸貫夫舊藏
來源　金索

一二〇九九　王命龍節
字數　八（又重文一）
時代　戰國後期
著録　總集　七八九七
陶續　二・一九
周金　六・一二七・三～四
流傳　端方舊藏
來源　周金

一二一〇〇　王命龍節
字數　八（又重文一）
時代　戰國後期
著録　文物　一九六〇年八～九期八一頁
古文字研究　一〇・二七九圖版
三八・四
湖南省文物圖録　圖版五一・二
湖南考古輯刊　一集圖版一四・九
辭典　一〇五〇
出土　一九四六年湖南長沙市東郊黃泥坑墓葬
現藏　湖南省博物館
來源　文物

一二一〇一　王命龍節
字數　八（又重文一）
時代　戰國後期
著録　總集　七八九八
尊古　四・四六
衡齋上　二四
故青　三三九
現藏　北京故宮博物院
來源　考古研究所拓

一二一〇二　王命龍節
字數　八（又合文一）
時代　戰國後期
著録　未見
來源　考古研究所藏

一二一〇三　雁節
字數　存八
時代　戰國
著録　總集　七八九二
三代　一八・三二・六
來源　三代、考古所藏

一二一〇四　雁節
字數　八（又合文一）
時代　戰國
著録　總集　七八九三
三代　一八・三二・七
流傳　方若舊藏
現藏　中國歷史博物館
來源　考古研究所拓、中國歷史博物館提供（器）

一二一〇五　鷹節
字數　一二（又合文一）
時代　戰國
著録　總集　七八九四
三代　一八・三二・一
小校　九・一〇五・三
周金　六・一二六・二
流傳　羅振玉舊藏
現藏　北京故宮博物院
來源　考古研究所拓

一二一〇六　鷹節
字數　一二（又合文一）
時代　戰國
著録　善齋　一三・一
小校　九・一〇五・四
來源　善齋

一二一〇七　辟大夫虎符
字數　一〇（又合文一）
時代　戰國
著録　未見
流傳　陶祖光、羅振玉舊藏
現藏　北京故宮博物院
來源　考古研究所拓

一二一〇八　新郪虎符
字數　三八（又合文一）
時代　戰國晚期
著録　總集　七八八六
秦金　一・四一
大系　二九二・二
小校　一四・九〇・一～四
銘文選　九二五
現藏　法國巴黎陳氏
來源　考古研究所藏
備注　文四行，錯銀，無法施墨，此係摹刻本，上字下面一豎未計算爲字。故宮季刊（臺北）一〇卷一期有銘文照片

一二一〇九　杜虎符
字數　四〇
時代　戰國晚期
著録　總集　七八八七
文物　一九七九年九期圖版八・一
辭典　一〇五一
出土　一九七三年陝西西安市郊區山門口鄉北沉村
現藏　陝西省博物館
來源　陝西省博物館提供
備注　羅福頤曾以爲僞，參古文字研究　一一輯二〇五頁

一二一一〇　噩君啟車節
字數　一四四（又合文四）
時代　戰國中期
著録　總集　七八九九
文物　一九五八年四期七頁（二）、九頁圖二
文物精華　第二集一六頁左、五〇頁左
考古　一九六三年八期圖版　八右
銘文選　六五九・一
出土　一九五七年安徽壽縣丘家花園
現藏　中國歷史博物館
來源　文物精華
備注　銘文錯金

一二一一一　噩君啟車節
字數　一四四（又合文四）

時代　戰國中期
著録　文物　一九五八年四期七頁(三)、九頁圖二
考古　一九六三年八期圖版八右
徽銅　七九
出土　一九五七年安徽壽縣丘家花園
現藏　安徽省博物館
來源　考古編輯部檔案

一二一一二　噩君啟車節

字數　一四四（又合文四）
時代　戰國中期
著録　文物　一九五八年四期七頁(四)
徽銅　七九
出土　一九五七年安徽壽縣丘家花園
現藏　安徽省博物館
來源　考古編輯部檔案

一二一一三　噩君啟舟節

字數　一六一（又重文一、合文一）
時代　戰國中期
著録　總集　七九〇〇
文物　一九五八年四期七頁(一)、九頁圖一
考古　一九六三年八期圖版八左
文物精華　第二集一六頁右、五〇頁右
銘文選　六五九・二
青全　一〇・九八
出土　一九五七年安徽壽縣丘家花園
現藏　中國歷史博物館
來源　文物精華

附　　録

目　録

一、器物出土地索引

器物出土地索引目録

器物出土地索引

河　南　省

安　陽

小屯

婦好墓（小屯5號墓）

00383 00384 00761 00762 00763 00793 00794 00999 01211 01320
01321 01322 01323 01324 01325 01326 01327 01328 01329 01330
01331 01332 01333 01334 01335 01336 01337 01338 01339 01400
01707 01708 02923 05535 05536 05537 05538 05539 05540 05541
05680 05681 06141 06773 06774 06775 06776 06777 06847 06848
06849 06850 06851 06852 06853 06854 06855 06856 06857 06858
06859 06860 06861 06862 06863 06864 06865 06866 06880 06881
06882 06883 06884 06885 06886 06887 06888 06889 06891 06892
06893 06946 06947 06948 06949 06950 06951 06952 07411 07835
07836 07837 07838 07839 07840 07841 07842 07843 08122 08123
08124 08125 08126 08127 08128 08129 08130 08131 08272 08284
08285 08286 08287 08288 08289 08290 08291 08292 08743 08744
08745 08746 08747 08748 08749 08750 08751 09127 09163 09178
09179 09180 09181 09222 09223 09224 09260 09261 09280 09281
09333 09334 09335 09486 09487 09510 09511 09781 09782 09847
09861 09862 09863 09864 09916 09917 09918 09919 09920 09921
09922 09923 09952 09953 09985 10028 10301 10345 10347 10394
11739 11740 11742

侯家莊西北崗

01060 01102 01110 01126 01135 01176 01230 01402 01432 03114
04813 05477 05498 05570 06035 06589 06590 06735 06736 06737
06800 06802 06940 07409 07410 07466 07485 07486 07587 07606
07633 07675 07715 07716 07736 08236 09110 09126 09157 09315
09316 09317 09463 09831 09904 09948 10302 10344 10623 10604
10605 10606 10607 10608 10609 10610 10623 11874 11875 11876
11877 11878 11879 11880 11881 11882 11883 11884 11885 11886
11887 11888 11889 11890 11891 11892 11893 11894 11895 11896
11897 11898 11899

武官村

01148 01706 03239 04779 07195 07563 07564 08012 08185 08806
09158 10748 10756

大司空村

00405 00406 00407 00413 00414 01467 03238 05446 06136 06287
06450 06645 06786 06965 06966 06982 06998 07281 07282 07476
07515 07739 07740 08016 08101 08295 09056 09057 09143 09902
10031 10645 10696 10697 11745 11783

郭家灣北地

01010 02928 03119 05017 06577 06925 07370 08014 08273 09117

09189 09739

苗圃北地

03100 04819 06991 07068 07800 08762

薛家莊

03197 05019 06667 09227

高樓莊

08769 08770

郭家莊

01010 03119 05017 06577 06625 08111

後　崗

02708 07992

殷墟西區

00367 00368 00369 00499 01013 01098 01368 01533 01666 01855
02929 03061 03222 03457 04721 04783 05911 05949 06338 06463
06700 06744 06832 06903 07006 07067 07215 07221 07240 07306
07315 07323 07364 07498 07658 07764 07862 08013 08087 08154
08166 08174 08199 08265 08601 08800 08802 08888 08889 09101
09168 09942 09950 09983 10476 10615 10714 11423 11790

洛　陽

00005 00006 00500 00783 00848 00924 01026 01229 01287 01319
01354 01465 01550 01601 01633 01696 01901 01927 02003 02004
02005 02006 02066 02121 02324 02331 02332 02365 02366 02659
02763 02782 02932 02934 02935 02993 03051 03341 03342 03349
03397 03422 03423 03455 03500 03567 03585 03586 03587 03604
03714 03715 03861 03931 03933 03934 04330 04603 04650 04663
05115 05141 05214 05311 05372 05396 05415 05432 05433 05511
05574 05588 05710 05759 05773 05774 05779 05843 05863 05892
05985 06003 06009 06029 06031 06066 06072 06256 06301 06409
06479 06490 06491 06640 06641 06807 06808 07057 07101 07204
07289 07305 07353 07355 07356 07507 07648 07865 07986 08159
08246 08331 08332 08350 08385 08423 08451 08472 08624 08885
08886 09519 09543 09742 09761 09880 09937 10069 10509 10510
11052 11381 11582 11855 11856 11911

馬　坡

00884　01531　02003　02004　02005　02006　02115　02116　02135　02758
02759　02760　02761　03165　03167　03306　03397　03422　04300　04301
05149　05150　05151　05152　05153　05359　05400　05421　05959　05999
06016　08994　08995　08996　08997　09000　09297　09380　09454　09888
09901　10051　10053　10168

廟　溝

00497　00498　00835　04134　05154　05796　07881　10049

北窑・龐家溝

00470　02036　03344　03346　05160　05194　05768　06064　06459　07258
08560　09236　09527　09780　09801　10804　10954　11014　11572　11573

金　村

00120　00121　00122　00123　00124　00125　00126　00127　00128　00129
00130　00131　00132　00157　00158　00159　00160　00161　00162　00163
00164　00165　00166　00167　00168　00169　00170　02105　07881　09590
09647　09648　09649　09650　09719　09720　10440　11151

孟　津

00933　02055　02056　03441　04376　05401　05701　05766　07273　10056
10318

固　始

04589　04590　04662　11611

鶴　壁

00787　03057　03360　05162　06276　08934

三門峽(陜縣)

上村嶺

00683　01926　02214　04659　10088　10098　10223　10734　10809　11116
11117　11118　11119　11412

後　川

11290

濬縣(辛村　現屬鶴壁)

00594	00595	00775	00830	01659	02178	02336	04059	04238	04239
05018	05248	05364	05616	05954	05986	07472	07987	08792	09244
09401	10793	10794	10795	10796	10800	10803	10882	10886	11333
11778	11779	11858	11859	12007	12008	12074	12075		

光　山

00624	00687	02497	02566	02567	04686	04687	09445	09636	09663
09664	09963	09966	09987	10104	10122	10230	10254	10355	11199

淮　陽

04593	10144	11649	11650	11664

潢　川

04500	09974	10136	10335

輝　縣

01308	01474	01904	02086	02434	03345	04059	04821	05098	05760
06525	06526	07311	08982	08983	08984	09140	09678	09679	10288
10289	10294	11165	11166	11265	11638	12027	12028		

林　縣

09291

魯　山

06027

羅　山

02603	02604	09658	10109	10132	10234	10235	10337

蟒　張

01225	01226	01227	01535	04769	05595	06824	07071	07387	07751
10720	10723	10724	11425						

泌　陽

02793　09517　09618

平頂山

02437　03442　03775　03776　06469　09048

上　蔡

00828　04818　07283　08734　09015

桐　柏

09960　10058　10130　10249　10250

淅　川

00073　00074　00075　00076　00077　00078　00079　00080　00081　00677
02357　02811　04471　09988　10005

襄　縣

01890　05304　05884　08606

新　野

00943

新　鄭

00584　00585　03227　08445　10386　10991　10993　10995　11328　11357
11371　11372　11373　11384　11385　11386　11387　11388　11389　11397
11398　11485　11507　11551　11552　11554　11555　11559　11560　11563
11693

信　陽

00038　00675　00676　02617　02618　09637　10082　10140　10209　10259
10268　10329　11816

温 縣

01063 02950 07475 09133

寶 豐

10847

郟 縣

01607 02391 10323

伊 川

01873

項 城

10319

汲 縣

11091 11212

潁 川

00153 00154

新 安

02189

新 鄉

00662

南 陽

02529 03335 04188 04189 04610 04611

商 丘

00008 00009 00010 00011 00012 00013

沁　陽

10161　　10341

汜　水

04420　　04421

汝　南

06691　　06692

臨　汝

07860

開　封

01979　　02654　　10888

武　陟

07953　　09166

靈　寶

03679　　03680

魯　山

05270

舞　陽

08120

中　牟

10666

市縣不明

00868　　00970　　01023　　01237　　01284　　01287　　01453　　02195　　02333　　02336
02357　　02391　　02433　　02622　　04059　　04104　　05244　　05397　　05526　　05554

05576 05617 05777 07797 08396 09090 09252 09277 09297 09615
09856 09969 09970 10782 11413 11995

陝　西　省

長　安

00941 01446 01768 05969 01786 01859 02148 02343 02441 02511
02820 02835 03048 03053 03408 03408 04169 04286 05620 05738
05853 06107 06528 07284 08452 09610 09611 10469

普渡村

00805 01928 01940 02791 03207 03581 03582 05390 07252 08299
08346 08347 09455 09822

張家坡

00356 00357 00616 00617 00618 00619 00620 00621 00622 00623
00865 01049 01792 01997 02457 03408 03793 03794 03795 03796
03997 03998 03999 04000 04162 04163 04164 04216 04217 04218
04279 04280 04281 04282 04454 04455 04456 04457 04984 05072
05518 05659 05738 05852 05853 06068 06116 06265 06457 07128
07327 07653 07654 07667 07920 07969 08855 09061 09437 09528
09529 09702 09875 10079 10096

河　壖

00238 00239 00240 00241 00242 00243 00244

馬王村

00864 02349 02549 02616 03910 03911 04209 04210 04211 04212
09469 09470 09758 10183

花園村

00920 01720 02725 02726 02408 02486 03950 03951 05040 05324
05348 05713 05916 05930 09020 09397 09594 09595 10062

新旺村

01761 02247 10321

大原村

05534 06000 09453

西　安

01241　02465　02979　04251　04252　04276　04357　04358　04359　04360
04406　05969　06470　06814　08197　10384　12041　12109

扶　風

00181　00700　00744　00816　01484　01485　01906　02042　02057　02501
02663　02664　02665　02666　02779　02825　02833　03315　03389　03480
03833　03834　03923　03983　04141　04142　04255　04285　04296　04297
04317　04343　04345　04348　04372　04373　04409　04467　04693　05104
05158　06121　07922　08551　09546　09300　09795　10108　11719

北　橋

02656　04035　09757

康　家

02548　02745　04143　04497　10164

劉　家

01725　03352　03520　05357　05358　05940　05947　06194　08952

莊白村

00246　00247　00248　00249　00250　00251　00252　00253　00254　00255
00256　00257　00258　00259　00453　00516　00517　00518　00519　00520
00649　00650　00651　00652　00653　00654　00655　00656　00657　00658
00837　00911　00972　00973　02074　02697　02698　02699　02700　02789
02824　03797　03798　03799　03881　03882　03883　03884　03885　04170
04171　04172　04173　04174　04175　04176　04177　04397　04462　04463
04522　04681　05403　05404　05996　05997　06002　06171　06454　06455
07225　07750　08820　08916　08917　09060　09067　09068　09070　09080
09081　09082　09248　09303　09395　09669　09697　09723　09724　09726
09727　09816　09895　10074　10175　10324　10325

齊家村

00023　00024　00025　00026　00027　00028　00029　00030　00133　00134
00135　00136　00137　00138　00139　00451　00452　00560　00812　00816
00919　00931　01777　01778　01963　02440　03249　03250　03315　03726
03727　03755　03756　04048　04049　04050　04317　04516　05134　05789
05980　07921　09302　09308　09721　09722　09891　10020　10102　10224

任　村

00187　00188　00189　00190　00191　00192　00204　00205　00206　00207
00208　00209　02512　02578　02682　02768　02769　02770　02790　02797

02798 02799 02800 02801 02802 02833 02836 04446 04447 04465
09716 09717 09964

法門寺

02207 02208 02209 02210 02211 02541 02542 02543 02544 02545
02974 02975 02976 02977 05101 05158 08551 09546 09964

黄　堆

03378 04100 04101 10092

齊　鎮

00002 00112 02146 02735 02736 04536 05137

雲塘村

00543 01560 02023 03265 03507 04368 04369 04370 04371 04384
04628 05029 05522 05322 05602 05931 05960 07494 08828 09065
09328 09656 09935 09936

强家村

00141 02830 03765 03766 04199 04200 04250

白家村

00358 03489 04322 07922 08393

岐　山

00561 00611 00739 01598 01825 02014 02057 02077 02147 02176
02186 02261 02491 02538 02560 02825 02839 02841 03065 03070
03377 03566 03621 03676 03691 03921 04214 04261 04361 04362
05497 05655 05665 06121 06343 07100 07899 09716 09717 09725
09896 10308 10313 10315 10667 10885

禮村

01214 01825 02837 05497 05665 06343 07100

董家村

00679 00680 01144 02417 02533 02561 02619 02821 02822 02823
02831 02832 03872 04184 04185 04186 04187 04256 04303 04304
04305 04306 04307 04308 04309 04310 09456 09642 09643 10285

賀家村

00767 00788 01239 01351 02164 02165 02439 02470 02584 03032

03413 03612 04030 04382 04383 04718 04764 04765 08303 09063
09947 11840

鳳雛村

02538 03412 04438 04439

寶　鷄

00462 00481 00564 00858 01231 01691 01852 02054 02145 02516
02805 03024 03125 03214 04363 04364 04426 04682 04977 06087
06215 06533 06698 07314 08485 09257 10173 11918 12078 12082
12083 12084 12085

茹家莊

00507 00527 00895 00908 01037 01038 01039 01722 01791 02185
02192 02276 02277 02278 02676 02677 02938 02939 02940 03288
03492 03499 03616 03617 03618 05021 05261 05823 05913 09409
09759 10063 10064

太公廟

00262 00263 00264 00265 00266 00267 00268 00269

竹園溝

00457 00521 00857 01205 01314 01691 01729 01809 02152 05231
05232 05241 05844 05858 06278 06453 08478 08960 09501 10048
11842

紙坊頭

00514 00515 03527 03528 03529 06235

鬥鷄臺

02911 03024 04745 04746 05496 05591 06217 06311 06482 07219
09191 12077

虢　鎮

02025 02805 03771

賈村塬

03871 03873 04352 04353 06014 12082 12083 12084 12085

鳳　翔

00809　00906　01190　01620　01631　01962　02359　02552　02705　02707
02739　03104　03420　03780　04068　04069　04070　04705　06161　06452
07165　07538　08261　09024　09826　10176　10562　11038　11586　11857

郿　縣

01271　02191　02704　06011　06012　06013　09899　09900

麟　游

03407

隴　縣

01156　01233　03438　05044　05575　06316　08320　08357　08856　09358
10785　10889　11841　12079　12080　12081

武　功

00799　02122　02643　02773　02992　03017　03068　03198　03221　03334
04062　04063　04064　04065　04066　04067　04246　04247　04248　04249
04283　04284　04464　05603　09773　10790　10791

永　壽

00060　00061　00062　00063　00747　00749　00750　00979　04126　04154

鄠　縣

02683　02684　02685　02686　02687　02688　02689　03054　04976　04077
04078　04079　04080　04081　04082　04083　04084　04085　04086　04087
04125

商　雒

02753　02790

白　水

03287　03498

勉　縣

02558

洋　縣

00563

淳　化

08775

洛　川

11634

清　澗

02930

華　陰

02834

韓　城

02826

銅　川

03023

咸　陽

00887　01236　02100　02228　02658　09707　09939　10468　12021　12026

耀　縣

05660　07102　07590

乾　縣

01149

澄　城

04268　04448　04449　04450　04451　04452

綏　德

00992　07361　10881　11732

渭　南

01870　03149　11486

涇　陽

00773　01198　04854　05312　05453　09355

藍　田

00107　00572　00573　00574　02767　03920　04253　04254　04257　04321
04482　04483　09718　10071　10182　10215　10322

寺　坡

00572　00573　00574　04253　04254　04321　04385

醴　泉

02380　02792

臨　潼

00860　01508　02701　03815　04131　09438　09601　09602　10091　11453
11658

長　武

00588　02321　02914　03301　03549

盩　厔

00627　03219　03570　03633　04153　08905

汧　陽

08629　09621

市縣不明

00510　00632　00634　02132　02358　02375　02668　02717　02777　02790
02813　02838　03244　03808　03850　03857　03879　03920　04207　04469
04531　04627　05079　05399　05995　06391　07278　08696　08924　08925
09307　09817　10638　11297　11546　11570　11622

甘　肅　省

靈　臺

01299　01733　02012　03348　11013

白草坡

00785　01767　02160　02161　03524　03525　04935　05224　05225　05226
05227　05847　05848　05910　06331　06363　08300　08459　08912　09218
09406　09414　11999

寧　縣

00729　04346

天　水

04315

涇　川

00485

慶　陽

08363

崇　信

10775

西　峰　鎮

03362

山　西　省

長　治

02679　10403　10919　11002　11099　11112

長　子

00786　00849　01318　01783　02630　02765　03484　10628

洪趙（坊堆村）

01538　02319　03453　04919

侯　馬

02715　02716

靈石（旌介村）

01162　04720　05471　06017　07324　07659　07660　07791　07792　11426

石　樓

06524　10616　10642　10710　10743　10851

聞　喜

03521　09979　10232　10252

芮　城

02050　02803　03870

翼　城

00772　03379　04964　03309

渾源（李峪村）

00980　11696　11697　11698

吉　縣

00928　04388　00978

代　縣

10294　10296

永　和

06595

臨　縣

10929　11329

垣　曲

11588

原　平

11620

屯　留

01243

保　德

04784

文　水

09607

太　原

05761

大　同

03986

汾　陽

10819

萬榮（后土祠等）

00225	00226	00227	00228	00229	00230	00231	00232	00233	00234
00235	00236	00237	00271	11207	11208				

市縣不明

02678　09696　09700　09977　10911　10296

北　京　市

琉璃河

00490	00689	00807	00935	01279	01836	01978	02035	02053	02166
02248	02255	02505	02507	02703	03370	03538	03539	03540	03626
03627	03825	03906	05035	05195	05374	05599	05711	05800	05978
06100	06489	06509	06510	07728	07737	07738	07898	08574	08971
09371	10045	10073	10887	10953	11011	11854	11860	11861	

順　義

02374　03588　05078　05742　06402　06805　07125

昌　平

10786　10806　10807

平　谷

01130

市縣不明

09477　09439

河　北　省

平山（中山王墓）

00513	00537	00967	00971	02088	02089	02090	02091	02092	02093
02094	02840	04477	04478	04664	04665	09448	09450	09561	09562
09665	09666	09674	09675	09683	09684	09685	09686	09692	09693
09734	09735	09924	09925	09926	09933	09934	10257	10328	10333
10349	10358	10359	10396	10397	10402	10408	10409	10410	10411
10412	10413	10441	10442	10443	10444	10445	10446	10447	10448
10449	10450	10451	10470	10471	10472	10473	10474	10475	10477
10478	11758	11800	11814	11821	11822	11863	11864	11865	12042
12043	12044	12045	12046	12047	12048	12049	12050	12051	12052
12053	12054	12055	12056	12057	12058	12059	12060	12061	12062
12063									

易　縣

02168	03534	03556	04645	05861	07543	09413	10159	10283	11190
11191	11227	11392	11401	11403	11500	11616	11774	11826	11940
11948	11988	11989	11990	11991	11992	11993			

燕下都

05697	11004	11111	11113	11189	11193	11194	11195	11219	11221
11225	11232	11235	11237	11238	11240	11241	11242	11249	11273
11274	11276	11278	11292	11293	11304	11305	11325	11326	11339
11378	11524	11532	11539	11635					

正　定

05585	06184	06283	06626	06994	08116	08219	08220	08256	11402

邯　鄲

10996	11320	11355

磁　縣

03030	04737	06593	06594	06601	07455	11669

保　定

04139　11523

安　新

12068　12069

滿　城

08293　11222

容　城

09499　09563　11186　11229

興　隆

11784　11802　11807　11827　11872　11832　11833

淶　水

01911　05299　05890

藁　城

01096　07437　09488

靈　壽

04805　07679

元　氏

01971　04237　05428　05429

趙　縣

06631

承　德

11702

赤　城

04633

懷　來

10284

臨　城

08709

雄　縣

11503

豐　寧

00456

唐　縣

04640

束　鹿

05276

曲　陽

10910

隆　化

11338

邢　臺

07241

徐　水

11490

薊　縣

11379

三　河

11686

市縣不明

03743

內　蒙　古

准格爾旗

11399　11404　11509　12033　12034　12035　12036　12037　12038　12039

翁牛特旗

00792

札魯特旗

03896

市縣不明

11323　11405

遼　寧　省

喀　左

山灣子

00885　00893　01925　03029　03144　03176　03190　03245　03299　03406
03526　03667　04907　05069　05589　09740

馬廠溝

02915　03216　05213　05288　09791　10305

北　洞

01651　02702　03409　09810

小波汰溝

03824　09771　09808

北　票

11236

莊　河

11707

建　昌

10927　11344

新　金

11306

建　平

11769

山東省

蒼　山

00784　02921　05508　06032　06707　06708　07388

長　清

08368

興復河

01140　02111　02112　05011　05201　06026　06055　06097　06539　06596
07331　08771　08772　08773　08774　09806　11807

崮　山

01642　04903　09205　08368

肥　城

00715　00716　03469　09633　09634

濟　陽

01931　02031　02347　03130　03131　06090

膠　縣

07874　08723　10368　10371　10374

莒　南

10971　11685

大店鎮

00172　00173　00174　00175　00176　00177　00178　00179　00180

莒　縣

10241　11286

歷　城

03974　10828

費　縣

00796　01380　02390　03112　04652　04877　04878　04879　05556　06187
06918　06919　08167　08168　08169　09176　09327　09770

臨　朐

00685　00686　02750　05291　09170　09216　09217　09709　10135　10233
10266

臨　沂

10829　10969

臨　淄

01348　01935　10366　10367　10961

齊國故城

00272　00273　00274　00275　00276　00277　00278　00279　00280　00281
00282　00283　00284　00285

青　州

02587　03893　05925　10218

蒙　陰

11158

益　都

08189

蘇埠屯

01981　06160　06435　07783　10844　11438　11439　11440　11441　11442
11443　11743　11797

泰　安

02414　04437　05192　09989　09990

滕　縣

00487　01111　02037　02642　04328　04635　10163　11079

莊里西村

00565　00631　02154　03439　03440　03486　03670　05393　08862　08863
09027　09028

鳳凰嶺

00690　00691　00692　00693　00694　00695　10244

安上村

00591　02640　02641　03960　03961　03962　03963

薛城遺址

04546　04547　04548　04556

井亭

04948　05506　06263　06798

煙　臺

02418　02638

鄒　縣

00016　00707　02589　04479　04480　04532　04533　06115　06746　06909
07404　08915　10103　10131　11757

日　照

00663　00664　00665

濟　南

01018　02931　04776　11031　11823

曲　阜

00939　02592　02639　04440　04441　04458　04534　04689　04690　04691
09657　10087　10116　10275　10316　11089　11915

桓　臺

03944　04570　04571

沂水（劉家店子）

00350　00351　00352　00353　00354　00355　04654　04655　04656　04657
09513　10338　11665

壽　光

00014　11791　11792　11808

黄　縣

00600　00948　02044　02721　02728　04442　04443　04444　04445　04974
05333　05410　05983　10081　10211

壽張（梁山）

00915 01735 02157 02158 02159 02749 04140 05990 07814 08782 09430 10141

新泰

02494 02495 03897 03898 03899 03900 03901 10255 10334

任城

02212

東平

02422

棲霞

02524

蓬萊

04198

濱縣

04785

平邑

04592

長山

05285 09012 09013

萊陽

09632

嶧縣

10006 10007

濰　縣

10808　10823　10958　10966　11024

臨　沭

10997

濰　坊

10958

齊　東

04574

安　邱

10117

兗　州

04518

汶　上

11126

濟　寧

11289

棗　莊

11862

市縣不明

04019　05569　05712　06177　06370　09184　11032　11036　11123　11154

江　蘇　省

六合（程橋）

00019　00093　00094　00095　00096　00097　00098　00099　00100　00101

丹　徒

03494　04320

邳　縣

03710　04503

無　錫

04694　04695　10297

盱　眙

02615　04803　04951　05171　05275　09975　10212

常　熟

00424

吴　江

00001

吴　縣

09426

江　寧

00065　00066　00067　00068　00069　00070　00071　11400

安　徽　省

壽　縣

00418	01798	04680	04961	08038	10375	10376	10438	10917	11007
11072	11078	11100	11132	11133	11144	11149	11345	11594	11598
11600	11605	11692	12067	12110	12111	12112	12113		

朱家集（楚王墓）

00914	00975	00976	00977	00978	01803	01804	01805	01806	01807
02095	02096	02296	02297	02298	02299	02300	02393	02394	02395
02479	02480	02623	02794	02795	04476	04506	04507	04508	04509
04510	04511	04512	04513	04549	04550	04551	04634	04675	04676
04677	04678	04679	04680	09420	09710	09711	09931	09932	10002
10003	10100	10158	10199	10287	10291	10293	10379	10388	10389
10577	10578	11659							

蔡侯墓

00210	00211	00212	00213	00214	00215	00216	00217	00218	00219
00220	00221	00222	00223	00224	02215	02216	02217	02218	02219
02220	02221	02222	02223	02224	02225	02226	03592	03593	03594
03595	03596	03597	03598	03599	04490	04491	04492	04493	05939
06010	09573	09574	09976	09992	09993	09994	10004	10072	10171
10290	10189	10290	10298	10299	11141				

淮　南

10364	11288	11310	11311	11407	11602	11603	11604	11718	11817
11818									

潁　上

05062	05737	07591	07919	08031	08032

蚌　埠

01994	02301

舒　城

00429	11150

鳳　臺

10370

鳳　陽

04892

合　肥

02284

宿　縣

00423

屯　溪

05725

貴　池

02243

霍　山

11142　11258

南　陵

11654

廬　江

11666

浙　江　省

紹　興

00426　00427　02766　10354　10390

市縣不明

00421 00422 02692 07189 07190 11571

江　西　省

靖　安

10099 10391

遂　川

05100 11331

餘　干

00883

臨　江

00155 00156 00193 00194 00195 00196 00197 00198 00199 00200
00201 00202

高　安

00425 06462 06506 06513

遂　川

05100 11331

南　昌

11496

清　江

11761

湖 北 省

安 陸

00083 00084 06514

當 陽

00037 02231 04501 11045 11261

江 陵

00203 00847 01694 01719 03993 03994 04599 05268 05870 06468
10977 11026 11027 11043 11152 11153 11253 11321 11534 11621
11625 11704 11819

京 山

00609 00610 00625 02085 02423 02424 04157 04158 04673 04674
09628 09629

南 漳

11161

隨 縣

00592 02644 02645 02714 03161 04016 04017 04054 04660 04661
05912 06323 08403 08656 10150 10774

擂鼓墩（曾侯乙墓）

00085 00286—00349 00577 00974 02290 02291 02292 02293 02294
02295 03636 03637 03638 03639 03640 03641 03642 03643 04495
04496 04670 04671 09581 09582 09927 09928 09929 09930 09998
09999 10000 10077 10197 10198 10292 10348 10387 10398 10399
10439 10455 10981 11047 11048 11094 11095 11096 11097 11098
11167 11168 11169 11170 11171 11172 11173 11174 11175 11176
11177 11178 11179 11180 11181 11214 11567 12025 04494（2號墓）

熊家老灣

02565 04051 04052 04053 04203 04204 09961

劉家崖

02083 02084 02355 02356 04597 09494 09625 09626 11067

鰱魚嘴

01990 04573 04612 04636 10330 11254

季氏梁

04597 11309 11365

襄　陽

02234 02573 03781 03782 04594 04613 04637 10001 10332 10821
11639 11668

襄　樊

08533

宜　城

09991

棗　陽

02620 03984 03985 10227 11121 11201

枝　江

02652 04608 04609 10276

黄　陂

02062 02339 02369 02370 02371 03699 06236 07923 11324

孝　感

00934 00949 01957 02539 02540 02751 02752 02785

天　門

01955 10134

蘄　春

07592

鄂　城

08319　08571

宜　都

00261

穀　城

09995

麻　城

02671　02672

武　漢

05687　11060

浠　水

10112　10167

秭　歸

11632

大　冶

10924

荊　門

11063

市縣不明

00699　02564　06514　08533

湖　南　省

長　沙

01139	01801	10256	10378	10913	10915	10994	11008	11042	11137
11267	11283	11308	11451	11474	11475	11629	11642	12022	12100

湘　潭

05720　06065　06081　08325　08426

衡　陽

11330

益　陽

11092　11631

岳　陽

11359　11548

常　德

01500

寧　鄉

01388　01472　04707　04838

溆　浦

01933　10992　11454

桃　源

09883

石　門

03160

廣西壯族自治區

恭　城

01219

武　鳴

04770

興　安

04909

平　樂

10934　　11461

廣　東　省

羅　定

11432

廣　州

11332

福　建　省

光　澤

11773

四　川　省

成　都

11159,　　11314

彭　縣

06342,　　06406

新　都

01980

涪　陵

11368

天　津　市

11933

吉　林　省

集　安

11712

朝鮮民主主義人民共和國

平　壤

11406

二、器物現藏地索引

器物現藏地索引目録

器物現藏地索引

北　京　市

中國歷史博物館

11219	11235	11284	11290	11293	11299	11308	11316	11342	11370
11377	11396	11412	11424	11433	11434	11445	11446	11456	11467
11494	11497	11500	11538	11539	11545	11550	11564	11579	11600
11637	11648	11657	11672	11700	11716	11717	11722	11739*	11742*
11749	11778	11795	11802	11827	11832	11833	11843	11847	11936
11938	11964	11985	11996	12032	12071	12077	12089	12091	12096
12104	12110	12113							

(有＊者爲中國社會科學院考古研究所寄陳展品)

北京故宫博物院

00035	00052	00087	00089	00123	00147	00148	00149	00156	00182
00184	00201	00238	00365	00366	00372	00380	00381	00386	00417
00419	00420	00422	00489	00491	00492	00493	00496	00501	00503
00536	00548	00549	00551	00552	00559	00580	00581	00597	00598
00662	00682	00698	00713	00714	00717	00724	00726	00730	00733
00737	00742	00745	00765	00774	00810	00824	00832	00846	00854
00870	00877	00902	00903	00905	00918	00921	00937	00966	00968
00985	00987	00991	00996	00997	01001	01012	01017	01020	01026
01036	01045	01051	01053	01054	01056	01057	01058	01059	01065
01069	01081	01082	01083	01090	01097	01100	01101	01103	01117
01118	01132	01138	01150	01163	01165	01200	01203	01210	01215
01231	01241	01245	01247	01248	01266	01269	01282	01291	01304
01354	01360	01367	01369	01370	01374	01377	01401	01403	01406
01411	01417	01431	01435	01445	01451	01456	01466	01468	01470
01473	01477	01478	01483	01487	01497	01499	01502	01503	01506
01507	01522	01524	01527	01528	01536	01540	01543	01549	01551
01561	01562	01591	01617	01624	01630	01633	01643	01649	01667
01683	01685	01687	01724	01736	01742	01750	01759	01762	01771
01772	01781	01785	01793	01794	01799	01802	01815	01820	01822
01839	01860	01867	01871	01880	01881	01885	01899	01903	01912
01915	01929	01934	01944	01945	01952	01954	01959	01960	01967
01973	01982	01989	02008	02024	02068	02075	02076	02087	02105
02117	02120	02121	02127	02128	02131	02136	02141	02143	02145
02151	02171	02173	02180	02183	02209	02210	02212	02232	02239
02245	02252	02256	02262	02263	02271	02306	02317	02334	02350
02373	02378	02382	02407	02411	02413	02430	02438	02451	02463
02471	02488	02494	02515	02532	02536	02543	02546	02574	02583
02590	02602	02607	02611	02623	02629	02634	02647	02650	02653
02659	02663	02681	02696	02718	02781	02798	02807	02809	02827
02913	02916	02918	02919	02922	02933	02937	02942	02956	02961
02962	02967	02979	02986	02988	02996	03001	03002	03011	03026
03038	03065	03066	03074	03075	03079	03087	03089	03093	03101
03102	03107	03117	03118	03121	03128	03129	03132	03135	03137

03139	03148	03153	03154	03155	03156	03157	03162	03169	03173
03189	03191	03200	03201	03202	03204	03208	03209	03227	03229
03230	03231	03232	03254	03261	03262	03266	03267	03268	03269
03284	03293	03303	03309	03310	03313	03316	03318	03325	03359
03361	03366	03414	03420	03422	03432	03448	03471	03478	03485
03488	03490	03512	03514	03534	03552	03559	03565	03579	03583
03604	03609	03610	03611	03623	03631	03645	03647	03653	03654
03672	03688	03692	03693	03696	03718	03728	03735	03743	03751
03758	03764	03767	03784	03790	03802	03803	03808	03810	03818
03821	03829	03830	03835	03836	03840	03841	03843	03854	03855
03861	03880	03912	03918	03931	03932	03940	03952	03967	03975
03980	03981	03989	04008	04027	04031	04036	04038	04039	04042
04060	04099	04102	04111	04121	04128	04132	04133	04146	04155
04159	04165	04168	04192	04193	04213	04219	04223	04251	04263
04271	04276	04285	04288	04290	04291	04295	04335	04344	04399
04402	04403	04408	04420	04426	04430	04450	04466	04467	04481
04511	04518	04525	04537	04538	04541	04549	04550	04551	04564
04570	04578	04585	04662	04634	04642	04651	04666	04667	04688
04690	04691	04702	04706	04716	04724	04725	04727	04728	04740
04741	04754	04756	04761	04762	04789	04805	04809	04817	04825
04830	04847	04853	04865	04874	04882	04883	04897	04919	04920
04929	04944	04945	04970	04975	04976	04978	04980	04985	04987
04994	04995	04998	05028	05033	05036	05037	05038	05041	05059
05082(葢)	05083	05087	05094	05096	05106	05118	05147	05149	05161
05188	05210	05242	05266	05271	05273	05277(器)	05296	05301	05320
05330	05331	05341	05343	05354	05356	05366	05375	05376	05377
05389	05396	05399(器)	05405	05412	05413	05414	05432	05442	05451
05457	05461	05473	05487	05492	05499	05502	05504	05510	05516
05523	05532	05551	05583	05590	05593	05610	05620	05630	05633
05655	05674	05682	05694	05702	05703	05704	05706	05707	05712
05717	05750	05752	05777	05780	05795	05797	05802	05803	05808
05827	05856	05875	05876	05893	05908	05917	05921	05936	05964
05984	05994	05998	06006	06007	06020	06025	06049	06051	06057
06059	06070	06076	06080	06089	06091	06099	06110	06119	06124
06126	06142	06144	06148	06153	06154	06165	06177	06190	06221
06228	06237	06245	06246	06257	06260	06267	06272	06341	06345
06355	06356	06359	06375	06380	06382	06384	06385	06390	06404
06409	06414	06420	06424	06427	06480	06484	06490	06507	06515
06521	06531	06544	06547	06548	06550	06551	06552	06556	06559
06560	06564	06567	06569	06582	06583	06586	06588	06603	06624
06628	06632	06634	06637	06639	06648	06649	06651	06659	06660
06661	06663	06668	06675	06678	06682	06686	06694	06711	06722
06724	06732	06733	06740	06743	06752	06753	06760	06762	06763
06764	06768	06769	06779	06790	06791	06804	06815	06825	06842

06873	06890	06897	06898	06907	06910	06915	06916	06917	06929
06934	06935	06936	03643	06944	06955	06958	06968	06974	06975
06977	06980	06981	06984	06987	06995	06996	06997	07001	07002
07010	07012	07013	07018	07020	07021	07024	07029	07031	07033
07041	07048	07055	07060	07061	07063	07064	07072	07074	07075
07076	07086	07088	07104	07105	07112	07122	07124	07126	07130
07137	07141	07146	07156	07174	07175	07178	07182	07184	07194
07203	07211	07220	07226	07228	07245	07246	07261	07262	07266
07271	07272	07284	07302	07320	07333	07335	07337	07338	07340
07341	07344	07350	07362	07368	07373	07375	07376	07377	07378
07379	07381	07383	07384	07391	07394	07399	07400	07407	07418
07419	07421	07427	07429	07430	07441	07450	07454	07461	07462
07463	07471	07477	07480	07481	07482	07487	07489	07492	07501
07505	07507	07514	07518	07519	07530	07537	07549	07558	07560
07562	07579	07586	07594	07595	07596	07597	07598	07601	07602
07615	07616	07617	07618	07622	07628	07629	07630	07631	07632
07635	07636	07637	07638	07649	07657	07680	07685	07686	07690
07698	07701	07704	07709	07712	07714	07730	07731	07734	07735
07744	07749	07752	07753	07754	07756	07757	07759	07765	07766
07767	07768	07769	07776	07777	07789	07790	07795	07802	07803
07807	07809	07822	07829	07830	07833	07864	07866	07872	07878
07879	07885	07888	07903	07914	07924	07928	07932	07936	07943
07946	07948	07950	07957	07962	07963	07970	07986	07990	07995
07997	07999	08008	08023	08024	08033	08045	08046	08050	08054
08056	08058	08072	08075	08092	08107	08109	08117	08132	08133
08134	08137	08143	08147	08155	08156	08171	08172	08178	08179
08180	08203	08210	08231	08232	08234	08235	08238	08249	08266
08267	08270	08274	08275	08276	08280	08298	08301	08302	08304
08312	08315	08316	08317	08323	08326	08328	08330	08331	08345
08349	08351	08354	08364	08371	08382	08384	08386	08397	08399
08404	08407	08413	08420	08436	08444	08456	08458	08467	08469
08471	08473	08479	08481	08486	08488	08492	08497	08503	08513
08514	08515	08516	08523	08524	08525	08532	08534	08538	08544
08545	08548	08558	08564	08566	08568	08569	08584	08586	08588
08590	08598	08605	08607	08614	08617	08619	08622	08627	08630
08635	08638	08639	08641	08642	08644	08652	08661	08665	08673
08687	08688	08689	08692	08703	08711	08728	08729	08736	08761
08763	08764	08776	08779	08788	08796	08797	08799	08808	08809
08818	08819	08831	08836	08838	08841	08842	08849	08851	08853
08854	08868	08869	08870	08876	08880	08896	08903	08913	08930
08931	08933	08940	08945	08957	08958	08959	08962	08978	08980
08998	09003	09009	09010	09012	09013	09017	09026	09032	09033
09037	09038	09043	09044	09047	09072	09074	09075	09083	09084
09085	09089	09096	09116	09125	09147	09159	09160	09167	09187

09196	09198	09199	09207	09210	09213	09226	09231	09232	09242
09253	09264	09325	09331	09342	09350	09351	09354	09362	09368
09377	09379	09385	09403	09413	09418	09420	09421	09427	09429
09447	09459	09468	09474	09475	09483	09495	09502	09516	09523
09540	09541	09550	09552	09554	09555	09570	09583	09589	09596
09598	09615	09646	09648	09651	09652	09694	09695	09701	09736
09744	09745	09746	09750	09751	09755	09776	09788	09792	09804
09818	09823	09824	09838	09839	09852	09908	09912	09941	09944
09954	09957	09973	09978	10002	10009	10012	10021	10022	10027
10037	10039	10043	10047	10050	10052	10086	10107	10127	10128
10129	10145	10147	10153	10155	10158	10172	10196	10201	10222
10247	10253	10255	10270	10279	10281	10295	10312	10319	10395
10400	10401	10416	10428	10432	10458	10465	10591	10592	10593
10594	10595	10596	10597	10598	10599	10600	10630	10635	10639
10644	10647	10649	10651	10656	10662	10663	10664	10665	10669
10671	10672	10673	10676	10677	10682	10683	10685	10688	10692
10693	10694	10701	10702	10704	10705	10707	10708	10716	10725
10726	10736	10740	10742	10746	10747	10749	10752	10753	10755
10758	10760	10765	10766	10768	10776	10780	10782	10788	10799
10815	10820	10822	10827	10830	10831	10832	10833	10838	10840
10842	10848	10849	10852	10859	10860	10861	10863	10870	10871
10874	10875	10876	10878	10891	10894	10897	10899	10905	10907
10912	10918	10922	10926	10930	10931	10938	10940	10955	10974
10979	10987	10989	10999	11006	11039	11053	11068	11077	11078
11082	11093	11106	11124	11125	11126	11143	11151	11155	11160
11197	11218	11226	11227	11263	11266	11298	11301	11318	11322
11346	11348	11351	11352	11363	11374	11381	11390	11402	11411
11414	11415	11416	11417	11418	11419	11422	11427	11429	11431
11435	11436	11437	11448	11452	11457	11458	11460	11463	11464
11465	11468	11492	11493	11499	11502	11506	11510	11518	11526
11531	11553	11562	11574	11589	11597	11643	11644	11659	11667
11680	11682	11686	11687	11688	11689	11696	11699	11708	11724
11731	11751	11754	11755	11764	11771	11779	11780	11798	11801
11805	11810	11834	11839	11866	11867	11868	11870	11873	11903
11909	11911	11913	11916	11965	11966	11967	11994	12000	12029
12040	12072	12073	12095	12101	12105	12107			

中國社會科學院考古研究所（含西安研究室、安陽工作站）

00356	00357	00367	00368	00369	00499	00761	00762	00763	00776
00794	00865	00999	01013	01049	01098	01161	01162	01211	01320
01321	01322	01323	01324	01325	01326	01327	01328	01329	01327
01328	01329	01330	01331	01332	01333	01334	01335	01336	01337
01338	01339	01368	01400	01446	01533	01631	01666	01707	01708

01761 01792 01855 01997 02148 02247 02457 02708 02923 02929
03061 03100 03127 03222 03238 03364 03408 03418 03457 03909
04048 04435 04454 04455 04456 04457 04721 04783 04784 04819
04832 04984 05072 05518 05535 05537 05538 05539 05540 05541
05542 05659 05680 05681 05738 05852 05853 05911 05949 05970
06068 06116 06141 06183 06265 06296 06338 06450 06457 06463
06638 06645 06667 06700 06701 06702 06703 06704 06744 06773
06774 06775 06776 06777 06786 06832 06847 06848 06849 06850
06851 06852 06853 06854 06855 06856 06857 06858 06859 06860
06861 06862 06863 06864 06865 06866 06880 06881 06882 06883
06884 06885 06886 06887 06888 06889 06891 06892 06893 06903
06946 06947 06948 06949 06950 06951 06952 06954 06991 07006
07056 07067 07068 07128 07215 07221 07240 07263 07281 07282
07306 07315 07323 07324 07327 07364 07411 07498 07515 07653
07654 07658 07659 07660 07667 07674 07739 07740 07764 07791
07792 07800 07835 07836 07837 07838 07839 07840 07841 07842
07843 07862 07920 07925 07926 07969 07992 08013 08087 08122
08123 08124 08125 08126 08127 08128 08129 08130 08131 08154
08166 08174 08199 08265 08272 08284 08285 08286 08287 08288
08289 08290 08291 08292 08295 08601 08743 08744 08745 08746
08747 08748 08749 08750 08751 08756 08757 08758 08759 08762
08800 08802 08855 08865 08867 08888 08889 08971 09056 09057
09061 09101 09127 09143 09163 09168 09174 09178 09180 09181
09222 09223 09224 09260 09261 09281 09281 09333 09334 09335
09428 09453 09486 09487 09510 09528 09529 09702 09781 09782
09861 09863 09864 09875 09916 09917 09918 09919 09920 09921
09922 09923 09942 09950 09952 09983 09985 10028 10031 10301
10345 10347 10394 10476 10615 10714 11423 11695 11740 11742
11790

首都博物館

00490 00689 00801 00807 00935 01218 01264 01279 01311 01836
01978 02035 02053 02166 02248 02255 02505 02507 02651 02703
02946 03285 03370 03390 03398 03538 03539 03626 03627 03680
03825 03827 03906 04094 04341 04527 04753 05035 05195 05374
05599 05711 05773 05800 05978 06100 06489 06509 06510 06520
06536 06538 07176 07433 07438 07497 07728 07737 07738 07898
07966 08574 09371 09477 10045 10073 11262 11860 12011

北京市文物研究所（含琉璃河考古隊）

00796 01130 01380 02374 03112 03540 04652 04877 04878 04879
05078 05556 05742 06187 06402 06534 06535 06805 06918 06919

07125 07523 08167 08168 08169 08593 09176 09327 09770 10731
10786 10806 10807 10887 10953 11011 11071 11281 11366 11854
11861

北京大學賽克勒考古與藝術博物館

00587 00804 01217 01999 02045 02195 03745 06450 06814 06954
08074 09556 11661 11676

清華大學圖書館

00362 00363 00364 00594 01116 01343 01828 01914 01920 01932
02419 02581 02749 03237 03263 09115 09638 10613 10761 10767
10841 10855 11090 11662

首都師範大學歷史博物館

00476 01034 01305 02804 03330 03757 05074 05089 05900 06924
07270 07763 09789 10089 10816

頤和園管理處

02637

上　海　市

上海博物館

00005 00018 00036 00059 00068 00082 00102 00109 00115 00116
00118 00122 00151 00185 00186 00188 00189 00191 00202 00203
00206 00208 00225 00226 00227 00229 00230 00231 00232 00233
00234 00235 00236 00241 00373 00392 00399 00425 00449 00469
00486 00494 00511 00541 00547 00554 00567 00579 00582 00601
00606 00613 00635 00638 00643 00666 00668 00690 00692 00696
00699 00708 00712 00718 00722 00725 00727 00731 00748 00803
00818 00826 00840 00863 00867 00889 00910 09914 00923 00932
00936 00938 01014 01015 01067 01107 01143 01154 01173 01212
01232 01234 01240 01256 01259 01270 01277 01298 01350 01365
01379 01381 01386 01404 01453 01463 01492 01493 01520 01537
01541 01564 01576 01596 01600 01611 01644 01757 01764 01768
01797 01812 01823 01827 01838 01849 01910 01965 01995 02013
02034 02047 02051 02067 02071 02106 02108 02110 02126 02133

02134	02149	02156	02174	02203	02204	02205	02206	02207	02208
02211	02242	02258	02259	02266	02269	02281	02320	02348	02361
02363	02364	02367	02385	02392	02394	02402	02403	02405	02429
02432	02442	02448	02450	02461	02467	02503	02512	02517	02522
02523	02530	02541	02542	02551	02554	02571	02576	02579	02580
02593	02599	02605	02610	02613	02614	02624	02631	02632	02633
02660	02661	02665	02686	02687	02688	02693	02695	02720	02724
02730	02746	02755	02756	02757	02764	02783	02784	02787	02788
02796	02810	02813	02829	02836	02911	02948	02966	02968	02976
03013	03019	03045	03056	03060	03080	03085	03092	03145	03171
03172	03210	03212	03220	03234	03236	03305	03350	03363	03437
03444	03460	03461	03476	03487	03506	03516	03521	03535	03544
03545	03551	03556	03560	03574	03578	03603	03619	03634	03648
03662	03669	03683	03685	03687	03689	03702	03704	03705	03711
03730	03754	03760	03772	03780	03786	03787	03792	03805	03844
03847	03852	03865	03867	03888	03892	03893	03899	03901	03903
03908	03917	03919	03922	03939	03954	03964	03966	03970	03973
03982	03991	04001	04005	04006	04011	04025	04029	04033	04034
04037	04046	04057	04075	04078	04079	04081	04082	04088	04097
04103	04104(蓋)	04105	04113	04136	04137	04150	04151	04160	04161
04180	04195	04208	04214	04226	04228	04231	04232	04240	04242
04252	04264	04275	04313	04316	04318	04324	04325	04338	04339
04347	04375	04379	04388	04390	04401	04404	04416	04418	04422
04423	04425	04427	04428	04431	04434	04446	04447	04449	04451
04452	04459	04472	04485	04486	04487	04498	04513	04515	04539
04544	04552	04557	04558	04563	04568	04571	04574	04591	04596
04600	04604	04616	04618	04620	04624	04625	04711	04739	04744
04765	04793	04794	04795	04796	04807	04824	04850	04851	04852
04855	04856	04857	04867	04876	04881	04894	04925	04943	04971
04972	04979	04982	05005	05012	05067	05071	05077	05101	05111
05117	05122	05143	05151	05174	05184	05186	05189	05198	05214
05215	05217	05234	05245	05255	05283	05286	05289	05315	05325
05346	05369	05381	05388	05392(蓋)	05394	05400	05409(器)	05415	05416
05427	05430	05433	05480	05485	05493	05513	05531	05573	05580
05592	05604	05608	05611	05621	05647	05661	05663	05677	05700
05718	05719	05729	05730	05739	05749	05764	05769	05779	05806
05838	05842	05862	05872	05880	05885	05888	05899	05909	05918
05951	05988	06004	06008	06022	06047	06069	06122	06167	06193
06204	06207	06208	06211	06233	06234	06238	06252	06275	06291
06295	06300	06308	06391	06394	09401	06410	06413	06418	06419
06439	06447	06448	06449	06452	06456	06458	06473	06475	
06477(蓋)	06478(蓋)	06483	06486	06487	06495	06502	06504	06511	06512
06516	06546	06555	06578	06598	06616	06627	06630	06646	06656
06666	06669	06676	06695	06696	06697	06699	06715	06725	06726

06754	06755	06756	06822	06823	06837	06839	06844	06875	06895
06905	06912	06914	06937	06941	06942	06959	06964	06969	06979
06993	07014	07023	07027	07036	07039	07069	07073	07082	07109
07110	07142	07148	07149	07169	07170	07180	07198	07204	07224
07230	07265	07267	07268	07289	07297	09298	07317	07326	07330
07334	70343	07347	07360	07363	07367	07369	07371	07372	07389
07392	07416	07417	07426	07436	07440	07458	07478	07479	07490
07500	07525	07529	07533	07542	07561	07568	07569	07573	07574
07580	07582	07583	07584	07613	07614	07623	07625	07689	07748
07755	07758	07760	07761	07762	07770	07773	07778	07798	07799
07834	07845	07857	07939	07958	07964	07972	07998	08010	08022
08044	08051	08071	08079	08081	08091	08100	08118	08136	08139
08140	08151	08152	08153	08195	08208	08215	08218	08245	08294
08311	08329	08341	08344	08359	08360	08372	08374	08375	08376
08415	08418	08421	08422	08425	08430	08440	08441	08460	08465
08505	08517	08518	08526	08536	08552	08556	08589	08608	08616
08620	08628	08633	08646	08647	08654	08655	08664	08682	08683
08684	08696	08710	08720	08721	08738	08768	08778	08789	08791
08801	08803	08839	08840	08846	08860	08866	08879	08883	08919
08921	08922	08935	08941	08942	08947	08948	08961	08969	08970
08977	08986	08995	08996	09000	09002	09035	09045	09053	09073
09091	09094	09099	09100	09118	09171	09185	09202	09209	09211
09240	09245	09268	09283	09288	09313	09318	09320	09366	09386
09388	09439	09452	09457	09460	09489	09490	09491	09506	09507
09536	09538	09539	09549	09559	09565	09577	09613	09620	09641
09682	09688	09713	09714	09730	09748	09756	09790	09793	09798
09803	09805	09811	09837	09867	09877	09879	09879	09897	09898
09909	09915	09945	09964	09965	09969	09970	09971	10026	10059
10065	10076	10080	10090	10093	10101	10105	10110	10114	10119
10139	10151	10152	10154	10165	10186	10193	10194	10195	10218
10221	10240	10244	10258	10262	10269	10272	10282	10368	10371
10372	10388	10418	10420	10421	10425	10431	10434	10436	10437
10459	10463	10484	10617	10618	10646	10655	10687	10691	10729
10730	10735	10737	10770	10771	10779	10783	10792	10795	10834
10843	10846	10850	10872	10883	10893	10906	10908	10917	10920
10937	10941	10957	10960	10998	11017	11018	11037	11083	11089
11100	11115	11138	11147	11148	11188	11196	11204	11217	11220
11238	11243	11248	11255	11269	11315	11319	11334	11337	11341
11369	11428	11442	11462	11472	11512	11519	11533	11537	11544
11546	11556	11557	11565	11566	11578	11580	11599	11614	11618
11619	11630	11633	11641	11645	11646	11647	11671	11675	11681
11683	11690	11691	11703	11713	11714	11715	11726	11785	11788
11813	11826	11844	11956	11957	11958	11960	11961	11971	11982
12027	12028	12076	12097						

天　津　市

天津市歷史博物館

00039	00060	00061	00062	00063	00975	00976	01509	02397	02595
02794	03077	03185	03678	03722	03925	03926	04019	04243	04506
04507	04675	04676	05825	06405	10199	11055	11074	11379	

天津市藝術博物館

00207	00209	00394	01556	01735	02421	02469	02496	02800	04178

天津師範學院歷史系

05050　10143

河　北　省

河北省文物研究所

00513	00537	00967	00971	01971	02088	02089	02090	02091	02092
02093	02094	02840	04237	04477	04478	04664	04665	04737	05428
05429	09448	09450	09561	09562	09665	09666	09674	09675	09683
09684	09685	09686	09692	09693	09734	09735	09924	09925	09926
09933	09934	10257	10328	10333	10349	10358	10359	10396	10397
10402	10408	10409	10410	10411	10412	10413	10441	10442	10443
10444	10445	10446	10447	10448	10449	10450	10451	10470	10471
10472	10473	10474	10475	10477	10478	11189	11193	11194	11195
11221	11225	11232	11237	11240	11241	11242	11249	11273	11274
11276	11278	11292	11304	11305	11325	11326	11758	11800	11814
11821	11822	11863	11864	11865	12042	12043	12044	12045	12046
12047	12048	12049	12050	12051	12052	12053	12054	12055	12056
12057	12058	12059	12060	12061	12062	12063	12068	12069	

河北省博物館

00456	03030	04633	05276	06593	06594	06601	07455	10284	10643
10996	11111	11222	11229	11320	11339	11378	11503	11523	11524
11532	11616	11635	11669	11702	11784				

石家莊市文物保管所

01096　07437　09488

正定縣文物保管所

04805　05585　06184　06283　06626　06994　07679　08116　08219　08220
08256

趙縣文物保管所

06631

滄州市文物保管所

04640

容城縣文物保管所

09499　09563　11186

隆化縣博物館

11338

山　西　省

山西省博物館

01318　01538　02715　02716　02319?　03453　04685　04720　04919　05471
06017　09607　09696　09700　09977　09979　10232　10252　10706　10919
10929　11002　11112　11207　11208　11329　11588　11620

山西省考古研究所

01162　04784　07324　07659　07660　07791　07792　10403　11099

長治市博物館

00786　00849　01243　02765　03484　10628

吕梁地區文物工作室

10616　10710　10743

芮城縣博物館

02050　03870

翼城縣博物館

03379　04964

石樓縣文化館

06524　06595　10642　10851

內蒙古自治區

內蒙古自治區文物考古研究所

12033　12034　12035　12036　12037　12038　12039

內蒙古社會科學院歷史研究所

11404　11509

哲里木盟博物館

03896

准格爾旗文化館

11399

赤峰市文物工作站

00792

遼寧省

遼寧省博物館

00007	00540	00885	00893	00978	00980	01317	01489	01568	01651
01925	02249	02679	02702	02915	02982	03190	03216	03299	03406
03409	03526	03550	03657	03667	03824	04093	04545	04907	04969
05069	05213	05249	05288	05568	05589	05770	05845	06111	06683
06792	06871	06899	06931	07058	07092	07319	07342	07395	07422
07459	07508	07545	07605	07607	07694	07727	07861	07947	07994
08216	08262	08462	08631	08733	08901	09124	09155	09417	09771
09791	10271	10658	10769	10818	10935	11051	11069	11070	11162
11206	11236	11252	11287	11392	11401	11403	11476	11487	11491
11516	11528	11542	11561	11612	11663				

旅順博物館

00428	00444	00538	00820	00924	01031	01427	01887	01921	02135
02190	02201	02333	02498	02609	02635	02754	03105	03180	03280
03474	03518	03663	03770	03907	04018	04460	04521	04562	04606
04668	04679	04816	05014	05060(蓋)	05076	05399(蓋)	05472	06029	06095
06146	06407(器)	06451	06474	06477(器)	06493	06557	06621	06652	06745
06795	06989	07022	07047	07157	07301	07312	07496	07827	08170
08343	08373	08463	08475	08893	08954	09039	09052	09113	09169
09194	09225	09408	09525	09604	09622	09647	09777	09840	09984
09986	10163	10187	10216	10245	10350	10351	10381	10429	10435
10629	10654	10668	10728	10741	10744	10784	10836	10873	10903
10933	10946	10947	10948	10949	10965	11015	11030	11033	11056
11073	11080	11084	11164	11210	11224	11246	11247	11259	11277
11306	11347	11354	11430	11455	11459	11478	11498	11520	11522
11536	11540	11558	11585	11606	11670	11677	11678	11701	11705
11706	11768	11775	11923	11924	11932	11934	11935	11940	11941
11942	11974	11977	11978	11986	11988	11989	11990	11991	11992
11993	12030	12065							

喀左縣博物館

03029	03144	03245	09810

朝陽市博物館

03176	09740	09808	10927	11344	11769

吉 林 省

吉林省博物館

03242 06990 07553

集安市文物保管所

11712

吉林大學考古教研室

00382 00403 00924 02086 02287 02712 11651(上段) 11849 11851
11907

黑 龍 江 省

黑龍江省博物館

07886

江 蘇 省

南京博物院

00001 00019 00093 00094 00095 00096 00097 00098 00099 00100
00101 00150 00599 02705 03710 04503 04517 04694 04695 05398
09654 09698 09699 09975 10170 10297 11400

南京市博物館

00192 09247

鎮江市博物館

02375 02814 03494 04267 04461 05321

蘇州市博物館

00120	01106	02443	02444	02582	03914	04429	04489	05491	06806
07448	07634	08378	08402	08787	09588	11066	11291	11444	11481

吴縣文物管理委員會

09426

盱眙縣文化館

10212

南京大學考古與藝術博物館

00728	00842	02802	03264	04832	05970	06296	07925	07926	08867
09428									

浙　江　省

浙江省博物館

00426	00427	00475	00529	01554	02241	02577	02706	03197	05197
05906	06618	09227	09608	11571	11626				

浙江省文物考古研究所

02766　10354　10390

安吉縣博物館

07189　07190

安　徽　省

安徽省博物館

00210	00212	00213	00214	00215	00216	00217	00218	00220	00221
00222	00224	00423	01803	01804	01805	01807	01994	02095	02215
02216	02217	02218	02219	02220	02221	02222	02223	02224	02225

02226	02243	02284	02296	02297	02298	02299?	02301	02393	02395
02479	02480	03592	03593	03594	03595	03596	03597	03598	03599
04476	04492	04493	04508	04510	05939	09573	09574	09976	09992
09993	09994	10004	10072	10171	10189	10290	10291	10293	10298
10299	10438	11141	11288	11310	11311	11407	11602	11603	11604
11666	11718	11817	11818	12111	12112				

安徽省文物考古研究所

00429

淮南市博物館

10364

阜陽市博物館

07591　　08031　　08032　　10370

颍上縣文物組

05062　　07919

舒城縣文物組

11150

霍山縣文物組

11142　　11258

南陵縣文化館

11654

江　西　省

江西省博物館

00883　　02476　　10099　　10391　　11331　　11496　　11761

遂川縣博物館

05100

山　東　省

山東省博物館

00244	00487	00715	00716	01140	01207	01348	01935	01941	01981
01984	02111	02112	02381	02552	03063	03193	03729	03944	04334
04436	04442	04443	04444	04445	04579	04631	04632	04785	04948
04974	05011	05201	05410	05788	05983	06026	06055	06243	06319
06435	06539	06596	06798	07260	07331	07783	08771	08772	08773
08774	09384	09633	09634	09709	09806	09989	09990	10006	10007
10081	10210	10211	10241	10286	10306	10316	10812	10844	10971
11025	11075	11120	11122	11205	11651(下段)		11743	11777	11796
11797	11807	11823							

山東省文物考古研究所

00172	00173	00174	00175	00176	00177	00178	00179	00180	00350
00351	00352	00353	00354	00355	04654	04655	04656	04657	09513
10338									

濟南市博物館

00640	00701	01018	02447	02931	03614	03974	04776	06545	06878
07447	07670	07688	08453	09766	10142				

滕縣博物館

00565	00631	01111	02037	02154	02642	03439	03440	03486	03670
04328	04546	04547	04548	04556	04635	05393	08862	08863	09027
09028	11079								

莒縣博物館

11286

臨朐縣文化館

00685	00686	02750	10135	10233	10266

臨淄區文物管理所

10961

棲霞縣文物管理所

02524

臨沭縣文化館

10997

日照市圖書館

00663　00664　00665

濟陽縣圖書館

01931　02031　02347　03131　06090

鄒縣文物保管所

00707　02589　04479　04480　04532　04533　06115　06746　06909　07404
08915　10103　11000　11757

德州地區文化局文物組

03130

臨沂市博物館

02921　05508

臨沂縣博物館

00784　06032　07388

臨沂地區文物管理委員會

06707　06708　10829

臨沂地區文物店

10969 11158

曲阜市文物管理委員會

00939 02246 02639 03864 04440 04441 04458 04524 04534 04913
06957 09657 10087 10116 10275

濰坊市博物館

07874 08723 10808 10823 10958 10966 11024 11107 11108

棗莊市博物館

11685 111862

沂水縣博物館

11568

沂水縣文物管理站

11665

壽光縣博物館

11791 11792 11808

青島市博物館

00016 01003 03055 03969 04514

煙臺市博物館

09632

煙臺市文物管理委員會

02418

青州市博物館

11127 11211

平邑縣文物管理站

04592

泰安縣岱廟

04437

菏澤市文物展覽館

05395

河　南　省

河南省博物館

00700	00763*	00787*	00828	00943	01063	01334*	01337*	01601?	01696
01890	02194	02357	02391	02950	03057	03360	04500	04904?	05304
05535*	05537*	05162	05270	05884	06003	06027	07283	07475	08606
08934	09015	09133	09180*	09261*	09281*	09168甲	09618乙	10323	10329
10666	10991	10993	10995	11328	11357	11371	11372	11373	11384
11385	11386	11387	11388	11389	11397	11398	11485	11507	11551
11552	11554	11555	11559	11560	11563	11693			

（有＊者爲中國社會科學院考古研究所借陳展品）

河南省文物研究所

00073	00074	00075	00076	00077	00078	00079	00080	00081	00677
01467	02811	04589	04590	04662	04818	09988	10005	11649	11650
11664									

河南省文物商店

10310

南陽市博物館

02529	04188	04189	04610	04611	10250

信陽地區文物管理委員會

00624	00675	00676	00687	01225	01226	01227	01535	02497	02566
02567	02603	02604	02617	02618	04686	04687	04769	05595	06824

07071	09445	09636	09637	09658	09663	09664	09963	09966	09974
09987	10082	10104	10109	10122	10132	10140	10209	10230	10234
10235	10254	10259	10268	10335	10337	10355	10720	70723	10724
11199	11425	11611	11816						

林縣文化館

09291

新鄉市博物館

00986	01265	01474	01904	03072	03126	03345	04821	05098	05646
05760	06400	06525	06526	06579	06643	06657	06721	06734	07070
07242	07380	07699	07725	07732	07741	07801	07911	08121	08158
08237	09132	09140	09149	10024	11789				

新鄭縣文物保管所

00584　00585

寶豐縣文化館

10847

靈寶縣文物管理委員會

03679

開封市文物商店

01405

洛陽市博物館

00542	00848	01873	02036	02782	03668	04650	04663	05113?	05115
05194	05372	05710	05768	07968	08350	08560	09236	09527	09888
10318	10804	10954	11052						

洛陽市文物工作隊

00470	00884	03344	03346	05290	05574	06064	06459	07258	07867
08246	08624	09780	09801	11014	11572	11573	11582	11855	11856

安陽市博物館

02947	03018	03091	06287	06625	06953	07357	07393	07509	07510
07600	07611	07747	08016	08111	08182	08509	08732	08813	09464
10621	10622	10719	10853						

駐馬店地區文物管理委員會

02793　09517

桐柏縣文化館

09960　10058　10130　10156　10249

潢川縣文化館

10136

平頂山市文物管理委員會

02437　03442　03775　03776　06469　09048

輝縣百泉文物保管所

11638

淮陽縣太昊陵文物保管所

04593　10144

羅山縣文化館

02603　02604　07387　07751

臨汝縣博物館

07860

武陟縣博物館

07953　09166　09799

舞陽縣文化館

08120

湖　北　省

湖北省博物館

00085　00286—00349　00577　00609　00610　00847　00974　01719　01990
02062　02290　02291　02292　02293　02294　02295　02339　02369　02370
02371　02423　02424　02565　02573　03636　03637　03638　03639　03640
03641　03642　03643　04157　04158　04203　04204　04495　04496　04573
04594　04608　04609　04612　04636　04637　04670　04671　04673　04674
05268　05687　05870　06236　06468　07592　09581　09582　09628　09629
09927　09928　09929　09930　09961　09991　09998　09999　10000　10001
10077　10197　10198　10276　10292　10330　10348　10387　10398　10399
10439　10455　10821　10981　11047　11048　11095　11096　11097　11098
11152　11167　11168　11169　11170　11171　11172　11173　11174　11175
11176　11177　11178　11179　11180　11181　11201　11214　11321　11324
11534　11567　11621　11639　11819　12025

湖北省文物商店

11295

武漢市文物管理委員會

02550　11060

武漢市文物商店

02235　02286　03281　03791　03902　04617　05987　07593　10356　11358

宜昌地區博物館

02231　02652　04501　11045　11261

荆州地區博物館

00037　01694　01955　02085　03993　03994　04599　10134　10977　11026
11027　11043　11063　11253　11367　11625　11704

孝感地區博物館

07923

鄂城縣博物館

08319　08571

襄陽地區博物館

00592　02234　02620　02644　02645　03781　03782　03984　03985　04051
04052　04053　04071　04072　04613　05912　07328　10227　10774　11161
11254

襄樊市博物館

02564　03590　03591　08533　10332　11668

隨州市博物館

02083　02084　02355　02356　02714　03161　04016　04017　04054　04494
04597　04660　04661　06323　08403　08656　09494　09625　09626　10150
11067　11309　11365

黄陂縣文化館

03699

秭歸屈原紀念館

11632

浠水縣博物館

10112　10167

穀城縣博物館

09995

棗陽縣文化館

11121

大冶縣博物館

10924

京山縣博物館

00625

湖　南　省

湖南省博物館

00146	00555	01139	01388	01472	01500	01698	01801	01933	03160
03837	03838	03839	03924	04003	04707	04838	05684	05720	06065
06081	08325	08426	09677	09883	10256	10340	10373	10378	10601
10711	10781	10913	10914	10915	10928	10992	10994	11008	11042
11064	11092	11103	11104	11137	11198	11283	11307	11327	11359
11376	11451	11454	11474	11475	11501	11631	12022	12094	12100

長沙市博物館

11267

衡陽市博物館

11280　11330

岳陽市文物管理所

11548

廣　東　省

廣東省博物館

03652　03721　09820　10094　11432

廣州市博物館

00395　00396　00397　00404　00634　00739　00977　01023　01550　01831

01927	02066	02069	02285	02331	02668	02776	04197	05386	05759
06043	06270	06479	06491	07278	07305	08066	08105	08451	08974
08975	09005	10674	10675	11332	11570				

廣西壯族自治區

廣西壯族自治區博物館

01219	04770	04909	10934	11461

四　川　省

四川省博物館

01980	03466	06342	06406	11159	11314	11368

重　慶　市

重慶市博物館

10379

陝　西　省

陝西省博物館

00020	00023	00024	00025	00026	00027	00028	00029	00030	00133
00134	00135	00136	00137	00138	00139	00141	00143	00358	00451
00452	00560	00572	00573	00574	00616	00617	00618	00619	00620
00621	00622	00623	00636	00702	00744	00749	00750	00767	00773
00805	00909	00919	00931	00940	00979	00992	01133	01149	01198
01351	01508	01725	01786	01928	02025	02077	02164	02165	02186
02380	02439	02440	02470	02548	02578	02664	02666	02682	02697
02698	02699	02700	02704	02745	02768	02769	02825	02830	02835
02983	02984	03017	03032	03068	03207	03214	03221	03498	03549
03581	03612	03621	03726	03727	03755	03756	03771	03793	03794
03795	03796	03797	03798	03799	03833	03834	03881	03882	03883

03884	03885	03997	03998	03999	04000	04030	04049	04050	04143
04154	04162	04163	04164	04199	04200	04216	04217	04218	04250
04279	04280	04281	04282	04283	04284	04357	04358	04359	04360
04382	04383	04385	04468	04497	04516	04764	04854	05312	05390
05512	05660	05665	05980	06012	06013	06121	06794	07100	07102
07111	07252	07590	07921	07922	07942	07959	08299	08346	08347
08613	09063	09302	09308	09355	09425	09437	09669	09697	09716
09721	09722	09795	09822	09900	09947	10020	10079	10096	10102
10108	10164	10178	10182	10224	10313	10353	10362	10384	10468
10881	11296	11634	11732	12021	12026	12041	12109		

陝西省文物管理委員會

00920	01720	01940	02408	02486	02584	02725	02726	02791	03520
03950	03951	05040	05324	05348	05357	05358	05713	05916	05930
05940	05947	06194	08303	08452	08952	09020	09397	09594	09595
10062									

陝西省考古研究所（含鳳翔雍城考古隊）

01190	01631	04048	11586

周原扶風文物管理所

00246	00247	00248	00249	00250	00251	00252	00253	00254	00255
00256	00257	00258	00259	00453	00516	00517	00518	00519	00520
00543	00649	00650	00651	00652	00653	00654	00655	00656	00657
00658	00812	00837	00911	00972	00973	01777	01778	01963	02023
02779	03249	03250	03265	03378	03507	04100	04101	04170	04171
04172	04173	04174	04175	04176	04177	04368	04369	04370	04371
04384	04397	04462	04463	04522	04536	04628	04681	05029	05134
05322	05403	05404	05602	05789	05931	05960	05996	05997	06002
06171	07225	07494	07750	08551	08820	08828	08916	08917	09060
09065	09067	09068	09070	09080	09081	09082	09248	09303	09656
09723	09724	09726	09727	09895	09935	09936	10175	10324	10325

扶風縣博物館

00181	00816	01485	01560	01906	02042	02074	02501	02516	02656
02735	02736	02789	02824	03315	03352	03389	03480	03489	03765
03766	03800	03801	03886	03923	04035	04317	04322	04345	04372
04373	05104	05137	05158	05522	06387	06454	06455	07113	07863
08393	09300	09328	09395	09546	09757	09816	09891	10074	10092

10885 11719

周原岐山文物管理所

00788 01598 03412 03413 04438 04439

岐山縣博物館

00679 00680 01143 01214 01239 02014 02147 02176 02417 02491
02533 02560 02561 02619 02821 02822 02823 02831 02832 03377
03447 03566 03676 03691 03872 03921 04184 04185 04186 04187
04256 04303 04304 04305 04306 04307 04308 04309 04310 04718
07899 09456 09642 09643 09896 10285 10315 10667 11840

西安市文物管理委員會

00746 00864 02349 02549 02600 02616 03910 03911 04209 04210
04211 04212 05534 06000 10169 10183 10321 10322

西安半坡博物館

08197

西安秦始皇陵兵馬俑博物館

11453 11658

咸陽市博物館

01236 02100 02228 02658 09605 09673 09707 09939

咸陽地區文物管理委員會

03219 04125 08905

寶鷄市博物館

00002 00112 00262 00263 00264 00265 00266 00267 00268 00269
00457 00462 00507 00514 00515 00521 00527 00561 00564 00857
00858 00895 00908 01037 01038 01039 01156 01205 01242 01314
01504 01664 01691 01722 01729 01791 01809 02054 02146 02152
02185 02191 02192 02253 02276 02277 02278 02676 02677 02938
02939 02940 03006 03125 03288 03438 03492 03499 03527 03528

03529 03616 03617 03618 03871 03873 04352 04353 04977 05021
05044 05231 05232 05241 05261 05575 05823 05844 05858 05913
06014 06087 06235 06278 06316 06453 08478 08485 08856 08960
09024 09358 09409 09501 09621 09759 10048 10063 10064 10785
10889 11395 11842 11918 12078 12079 12080 12081 12082 12083
12084 12085

寶鷄縣博物館

04682

鳳翔縣雍城文物管理所

00809 02359 03104 07165 07538 08261 09024 09469 09470 09758
09826 11857

渭南縣圖書館

01870? 03149 11486

藍田縣文物管理委員會

00107 02767 04253 04254 04257 04321 04482 04483

藍田縣博物館

09718 10071

漢中市博物館

02558

長安縣博物館

09469 09470 09758 10469

郿縣文化館

01271

鄠縣文化館

03054

澄城縣文物管理所

04268

汧陽縣文化館

08629

淳化縣文化館

08775

長武縣文化館

00588 02321 02914 03301

盩厔縣文化館

03182 03258 03570 03633 07665

臨潼縣博物館

00860 02701 03815 09438 09601 09602 10091

武功縣文化館

00751 00799 02122 02773 02992 03198 03334 04062 04063 04064
04065 04066 04067 04246 04247 04248 04249 04464 05603 09773
10790 10791

铜川市文化館

03023

綏德縣博物館

02930 07361

隴縣文化館

01233 08320 08357 11841

麟游縣文化館

03407

甘　肅　省

甘肅省博物館

00785	01733	01767	02160	02161	03348	03524	03525	04935	05224
05225	05226	05227	05847	05848	05910	06331	06347	06363	08300
08459	08912	03218	09406	09414	11999				

甘肅省文物考古研究所

10775

寧縣文化館

00729

慶陽縣文化館

04191

慶陽地區博物館

04346　08363

靈臺縣文化館

01299　02012　11013

寧夏回族自治區

彭陽縣文化館

11215

臺　灣　省

臺北故宫博物院

00004	00017	00031	00086	00117	00155	00197	00198	00228	00260
00398	00411	00416	00441	00442	00459	00461	00480	00481	00493
00530	00797	00802	00806	00839	00859	00880	00888	00894	00907
00916	01002	01079	01088	01146	01204	01260	01294	01313	01357
01378	01422	01434	01438	01440	01442	01444	01510	01526	01532
01544	01573	01574	01579	01582	01594	01602	01608	01612	01652
01660	01681	01684	01689	01690	01693	01740	01770	01783	01810
01819	01863	01872	01888	01889	01919	01954	02009	02026	02059
02072	02082	02153	02237	02264	02265	02280	02302	02308	02309
02318	02322	02346	02351	02387	02388	02431	02438	02453	02460
02468	02509	02510	02513	02521	02528	02563	02585	02601	02602
02606	02626	02630	02657	02722	02733	02759	02760	02763	02778
02780	02786	02808	02828	02841	02953	02960	02964	02985	02990
03000	03012	03014	03015	03021	03042	03052	03064	03082	03094
03096	03098	03110	03136	03174	03177	03181	03186	03217	03255
03260	03351	03353	03368	03375	03399	03417	03419	03429	03459
03463	03472	03501	03505	03515	03575	03659	03703	03706	03708
03714	03715	03746	03842	03905	03928	03929	03933	03934	03955
03988	04009	04015	04044	04145	04168	04190	04193	04194	04207
04213	04215	04220	04233	04238	04239	04269	04391	04399	04412
04413	04417	04588	04595	04602	04647	04723	04747	04802	04810
04863	04868	04923	04926	04960	04966	04967	04981	05006	05031
05097	05120	05135	05205	05220	05240	05243	05277	05308	05313
05392	05406	05408	05419	05462	05483	05529	05546	05558	05562
05607	05615	05619	05623	05629	05635	05641	05688	05727	05728
05746	05767	05783	05809	05822	05831	05859	05863	05935	05967
05968	05975	05981	05985	05989	06016	06024	06031	06082	06096
06120	06127	06140	06226	06244	06260	06286	06299	06307	06318
06339	06345	06355	06357	06373	06384	06404	06425	06441	06445
06462	06506	06513	06515	06543	06664	06799	06840	06894	06921
06963	06970	07066	07089	07106	07129	07145	07158	07173	07216
07235	07264	07288	07294	07295	07314	07353	07528	07794	07917
08162	08224	08225	08228	08339	08370	08412	08419	08501	08583
08594	08695	08718	08852	08882	08902	08906	08938	08994	09175
09220	09221	09290	09305	09310	09322	09348	09349	09364	09376
09392	09393	09400	09435	09497	09500	09537	09542	09558	09597
09619	09627	09640	09645	09676	09680	09690	09710	09711	09712

09728	09731	09733	09842	09850	09870	09944	09954	09980	09997
10111	10120	10176	10181	10190	10204	10229	10264	10267	10278
10326	10361	10793	10884	11627	11656	11772			

“中研院歷史語言研究所”

00015	00371	00388	00389	00390	00595	00615	00775	00830	01060
01102	01110	01126	01135	01176	01230	01402	01659	01816	02406
02721	02763	03035	03114	03557	03945	04069	04561	04831	05165
05248	05477	05484	05498	05986	06035	06589	06590	06735	06736
06737	06800	06802	06940	07409	07410	07466	07485	07486	07587
07606	07633	07675	07715	07716	07736	07987	08236	08755	08843
09110	09463	09514	09609	09831	09904	10302	10346	10494	10604
10605	10606	10607	10608	10609	10610	10623	10657	10678	10712
10751	10777	10800	10803	10882	10886	11091	11157	11212	11265
11333	11858	11859	11871	11874	11875	11876	11877	11878	11879
11880	11881	11882	11883	11884	11885	11886	11887	11888	11889
11890	11891	11892	11893	11894	11895	11896	11897	11898	11899
11914	12074	12075							

臺北歷史博物館

06928　07855　07938　08338　08431　08667

臺北某私人收藏

07624

香　港

香港大學

05250

香港趙不波氏

00795　01547

香港思源堂

00393　01025　02969　09774　09886

日　本

東京國立博物館

00823 01122 01559 02300 02612 03283 04709 05654 05919 07565
08257

東京出光美術館

00445 00526 00855 01177 01319 01516 01530 01739 01862 02475
02941 03090 03376 03561 03577 03684 04236 05023 05057 05235
05274 05294 05338 05364 05520 05549 05561 05627 05922 06074
06597 06650 06658 06782 06810 07138 07250 07251 07320 07483
08065 08327 08894 09093 09126 09208 09295 09508 09765 10106
10331

東京帝室博物館

04095

東京根津美術館

00632 04750 04768 04788 04890 05099 05190 05355 05446 05467
05490 05570 05624 05814 05851 06908 07813 09157 09304 09315
09316 09317 09635 09706 09772 09881 09948

東京書道博物館

00108 00110 00239 02801 04024 04139 04222 04229 04266 04811
05349 05819 09095 09098 11216

東京湯島孔廟斯文會

01521 01653 01898 06607 06670 07548

東京松岡美術館

01599 03142 03624 03658 05500 05638 08175 09484

東京長尾美術館

06830 09813

京都泉屋博古館

00014 00042 00043 00044 00069 00088 00092 00111 00121 00132
00157 00158 00159 00161 00162 00163 00165 00166 00167 00168
00169 00170 00243 00558 00667 00873 00881 00915 00948 01424
02485 02628 02951 03168 03206 03298 03391 03495 03601 04122
04701 05009 05126 05128 05187 05196 05239 05284 05384 05425
05525 05586 05648 05650 05652 05755 05787 05801 05882 06018
06809 06960 07543 07575 07825 07975 08000 08213 08675 09097
09105 09293 09345 09404 09451 09531 09779 09787 09885 12016
12087

京都藤井有鄰館

00205 01748 02178 02799 03208 04523 05387 08493 09071 09190
09329 10149 10344

兵庫縣黑川古文化研究所

00361 00836 01581 01866 02372 02797 02818 02926 03613 04336
04710 04771 04884 05124 05656 05810 06071 06281 06613 07345
07413 07453 08160 08193 08739 08822 08904 09794

京都大學人文科學研究所

09650

奈良寧樂美術館

00204 00872 01432 01455 01747 02109 03823 03853 05063 05303
05447 05547 07085 07166 08520 09137 09372 09743 09754 09796
09797

奈良天理參考館

01188? 01675 03992 04141 04735 05781 05860 05934 07806 10835

神户白鶴美術館

01389 02129 02130 02366 04363 04364 04813 04843 05018 05058

05160	05256	05329	05417	05421	05554	05843	05881	05999	06009
06098	07004	08241	08306	08816	09482	09519	09592	09738	09775
09830	09833								

神奈川市箱根美術館

01699　02975

福岡九州大學

10069

日本大阪市立博物館

04959　05328

熱海MOA美術館

02974　06829

日本大阪山中商會

05309

日本永青文庫

11511

日本私人收藏

00064	00124	00125	00126	00127	00128	00129	00130	00131	00789
00922	01415	01642	02495	02674	02741	02925	03496	03664	04614
04717	04820	04893	04903	04905	05119	05142	05148	05332	05336
05368	05379	05444	05622	05625	05639	05748	05758	05765	05785
05833	05868	05895	05915	05926	05993	06028	06553	06876	06926
07793	08177	08394	08423	08561	12108				

新　加　坡

新加坡國立博物館

(National Museum, Republic of Singapore)

07051　07467　08651　09340

新加坡私人收藏

(Private Collection, Singapore)

03720

美　國

華盛頓弗里爾美術陳列館

(Freer Gallery of Art, Washington, D.C., USA)

00051	01209	01244	01407	01593	01721	01864	02758	02989	03401
03473	03615	03644	03748	03812	04140	04144	04149	04787	04997
05043	05084	05172	05292	05402	05470	05543	05736	05761	05905
05962	05969	05992	06164	06501	06614	06633	07026	07040	07339
09092	09102	09152	09195	09262	09263	09292	09454	09567	09834
09848	09901	10032	10288	10308	11697	11728	11812		

華盛頓斯美孫寧學社

(National Collectoin of Fine Arts. Smith-sonian Institution. Washington, D.C.)

03322

華盛頓薩克勒美術館

(Arthur M. Sackler Gallery of Art, Washington)

00545	00730	00780	00814	00984	01011	01249	01459	01604	01621
01627	01692	01700	01753	01784	01847	01852	01900	02052	02553
03005	03020	03039	03070	03086	03248	03381	03404	03421	03454
03469	03655	03734	03850	04123	04144	04273	04775	04839	04872
04888	04963	04968	05064	05142	05200	05251	05327	05420	05481
05489	05528	05565	05683	05741	05775	05791	05886	05901	05907

06034	06478	06522	06576	06797	06904	06976	06988	07015	07108
07348	07349	07358	07402	07484	07488	07671	07853	08184	08201
08278	08657	08873	09114	09129	09130	09139	09156	09267	09284
09433	09668	09821	09841	09851	09868	10016	10133	10300	10303

紐約大都會美術博物館

(Metropolitan Museum of Art, New York, N. Y., USA)

01136	01152	01164	01716	01900	04745	04746	04896	05495	05496
05839	05903	06215(器)	06217	06482	07219	07640	07797	07808	08307
08848	09191	09252	09277	09338	09415	09419	09424	09844	10159
10283									

紐約市美術博物館

(Metropolitan Museum of Art, New York)

03158　04645

奧爾勃來特美術陳列館

(Albright Art Gallery, Buffalo, New York, USA)

00754　04766　05024　08908　09141

布根博物館

(Brooklyn Museum, Brooklyn, New York, USA)

01072　01371　10641

莫爾根圖書館

(The Pierpont Morgan Library, New York, N. Y., USA)

05228

西雅圖美術博物館

(Seattle Art Museum, Seattle, Wash, USA)

01124　01392　01800　04394　06498　07819　09016

柏弗羅科學博物館

(Buffalo Museum of Science, Buffalo, N. Y., USA)

01195　01657　06239　07647

普林斯頓大學博物館（卡特氏藏器）

(C.D. and D.Carter Collection, The Art Museum, Princeton University, Princeton, N.J., USA)

01274	01287	01907	02140	03253	03367	03403	05489	05886	06216
07035	07209	09472	11592						

耶魯大學美術陳列館

(Yale University Art Gallery, New Haven, Conn., USA)

02289

斯坦福大學美術陳列館

(Thomas Welton Stanford Art Gallery, Stanford Univesity, Palo Alto, Cal., USA)

05141	06689	08070	08671

舊金山亞洲美術博物館（布倫戴奇藏品）

(Avery Brundage Collection, Asian Art Museum of San Francisco, San Francisco, Cal., USA)

00066	00261	00711	00753	00896	00930	01066	01167	01362	01391
01486	01711	01749	01758	01834	02337	02729	02739	02955	02957
02973	03069	03083	03141	03151	03166	03337	03542	03629	03661
04221	04407	04742	04834	04871	04873	05176	05305	05371	05383
05526	05530	05686	05754	05805	05958	05990	06067	06182	06185
06255	06377	06431	06503	07025	07318	07882	08186	08187	08191
08240	08335	09008	09088	09121	09138	09158	09172	09273	09276
09298	09330	09343	09346	09382	09411	09443	09449	09480	09587
09623	09624	09705	09717	09856	09858	09887	09889	09946	10029
10033	10046	10614	11741						

米里阿波里斯美術館（皮斯柏藏品）

(Minneapolis Institute of Arts, Minneapolis, Minn., USA)

00890	01141	01285	01449	01859	01869	02340	02959	03695	03713
04169	04361	04362	04791	05090	05203	05409(蓋)	05443	05482	05514
05576	05948	06052	07233	07397	09106	09128	09186	09259	09361
09599	09767	09857	10274	10289					

哈佛大學福格美術博物館

(Fogg Museum of Art, Cambridge, Mass., USA)

00504	00531	00831	01092	01123	01286	01471	01518	01671	01732
02965	02981	03423	03424	03468	03530	03646	03733	03777	03779

03942	04921	04986	05002	05003	05030	05153	05155	05259	05359
05422	05426	05695	05816	05889	05932	06346	06900	06901	08435
08754	09161	09254	09289	09363	09865	11595	11623	11624	11636
11723									

波斯頓美術博物館

(Museum of Fine Arts, Boston, USA)

00553	00648	00845	01566	03138	03517	03519	03769	03957	05299
05318	05577	05617	05644	05817	05946	06264	07167	07168	08088
08434	08498	08579	09123	09162	09357	09496	09503	09892	10068
10942	11190	11272							

達謀學院

(Dartmouth College, Hanover, Mass. USA)

09182

斯賓飛爾德美術博物館（畢德威爾氏藏品）

(R. A. Bidwell Collection, Springfield Museum of Fine Arts, Springfield, Mass, USA)

05260

烏士特美術博物館

(Worcester Art Museum, Worcester, Mass., USA)

04767

賓省大學博物館

(The University Museum, University of Pennsylvania, Philadelphia, Pennsylvania, USA)

01104　05784　05902　06388　09703

匹兹堡大學美術系

(Department of Fine Arts, University of Pittsburgh, Pittsburgh, USA)

08098　08283

費城美術博物館

(Philadelphia Museum of Art, Philadelphia, Pennsylvania)

05793

諾福克赫美地基金會

(Hermitage Foundation Norfolk, Va, USA)

02761

堪薩斯市納爾遜美術陳列館

(William Rockhill Nelson Gallery of Art, Atkins Museum of Fine Arts, Kansas City, Mo., USA)

00448 00607 01084 01089 01220 01361 01734 01746 03806 03927
04023 04314 04326 04332 04559 04576 04872 05065 05478 07003
07991 08540 09197 09580 09747 11744 11753 11776

聖路易市美術博物館

(The St. Louis Art Museum, St. Louis, Mo., USA)

00467 01458 02016 05291 05716 06432 06674 06923 07844 09183
09249 09344 09760 09866 11910

克里夫蘭美術博物館

(The Cleveland Museum of Art, Cleveland. Ohio, USA)

01197 05557 05830 07695 08157 09530

陀里多美術館

(The Toledo Museum of Art, Toledo, Ohio, USA)

05103 10309

火奴魯魯美術學院

(Honolulu Academy of Arts. Honolulu, Hawaii)

01035 01172 01315 05382 05821 06636 07049 07646 08253 08387
08388 09108

客蘭布羅克美術學院博物館

(Museum of Cranbrook Academy of Art Bloomfield Hills, Michigan)

03248 07656

芝加哥美術館

(Art Institute of Chicago, Chicago, Ill, USA)

01158 01818 03326 03747 04112 04465 05080 05459 05812 06841
07078 09146 09880

博特蘭美術博物館

(Portland Museum of Art, Portland, Oregon, USA)

08259 09471

底特律美術館

(The Detroit Institute of Arts Detroit, Mish., USA)

05337

華爾特美術陳列館

(Walters Art Gallery, Baltimore, Maryland, USA)

08722

印第安那波里斯美術博物館

(Indianapolis Museum of Art)

09250

美國私人收藏

00376	01004	01041	01087	01147	01160	01235	01254	01312	01383
01398	01429	01430	01459	01599	01622	01627	01692	01700	01702
01714	01717	01784	01824	01847	02114	02115	02325?	02368	02396
02433	02544	02553	03005	03007	03008	03044	03282	03306	03312
03405	03469	03510	03533	03567	03753	03768	03856	04292	04708
04774	04790	04839	04898	05032	05064	05102	05150	05156	05185
05204	05219	05236	05258	05269	05441	05454	05501	05571	05658
05666	05683	05693	05709	05741	05747	05775	05791	05824	05829
05832	05865	05898	05901	05972	06005	06050	06079	06084	06143
06294	06364	06464	06508	06523	06574	06688	06714	06867	06913
06956	06986	07061	07119	07150	07181	07218	07236	07277	07279
07639	07664	07873	08090	08657	09306	09431	10219	11605	

加　拿　大

加拿大多倫多安大略博物館

(Royal Ontario Museum, Toronto, Canada)

00160	00164	00413	00414	00477	00478	00497	00498	00835	01010

01044	01137	01308	02006	02570	02928	03025	03051	03119	03397
04134	04135	04376	04603	04798	05017	05152	05154	05511	05751
05766	05796	06136	06317	06577	06679	06691	06692	06759	06807
06808	06826	06925	06965	06966	07007	07008	07164	07311	07370
07431	07677	07865	07869	07881	07941	08014	08052	08053	08099
08101	08233	08273	08277	08472	08529	08785	08850	09055	09117
09189	09380	09719	09739	09784	09845	09902	10049	10053	10056
10624	10625	10626	10645	10696	10697	10754	10801	10802	10868
11419	11420	11745	11783	11811	12001	12002			

加拿大私人收藏

01942　01963　04729

澳 大 利 亞

澳大利亞墨爾本國立維多利亞博物館

(National Gallery of Victoria, Melbourne, Australia)

00913	01077	01587	01588	01701	02270	03541	05319	07439	09112
11730									

澳大利亞私人收藏

00562　01625　01905　04147　08314

英　國

倫敦不列顛博物館

(British Museum, London, UK)

00233	01074	01086	01519	01529	01986	02000	02483	02709	03071
03116	03296	03482	04059	04241	05323	05445	05799	06392	06438
06494	06530	06592	07811	08981	09309	09314	09336	09337	09374
09375	09444	09512	09661	09678	09679	09828	10042	10148	10273
11535									

倫敦維多利亞和艾伯特博物館

(Victoria and Albert Museum, London, UK)

03972　05306　05507　10067

劍橋費滋威廉博物館

(Fitzwilliam Museum Cambridge, England)

01085	04736	05959	09297	10168

牛津雅士莫里博物館

(Ashmolean Museum, Oxford, England)

01145	03108	03140	04058	05991	06077	06173

牛津東方美術博物館

(Museum of Eastern Art, Oxford, England)

09498

英國私人收藏

01071	01099	01290	01375	01382	01413	01447	02324?	03240	03482
05370	05771	06048	06180	06166	06250	06282	06716	06785	07044
07526	08289	08511	10166	11727	11587	11765	11781		

法　國

巴黎基美博物館

(Musée Guimet, Paris, France)

00190	01109	01303	02011	04300	04301	04781	09911	10061	11698

巴黎賽爾諾什博物館

(Musee Cernuschi, Paris, France)

01372	01672	01948	02636	02820	02958	03320	05010	05139	05553
05626	05679	06770	06771	06971	08932	09955	11628		

法國私人收藏

05345	05896	06063	07931	08381	10632

瑞　士

蘇黎世瑞列堡博物館

(Museum Rietberg. Zurich, Swizerland)

01280　01539　03152　03165　03184　03295　04940　05145　05634　05879
06772　06911　08252　09339

瑞士私人收藏

03649

德　國

柏林國立博物館東洋美術部

(German State Museum, Berlin, Germany)

09535　09715

柏林東亞藝術博物館

03635　05765

柏林民俗博物館

10161

慕尼黑民俗博物館

(Staatlickes Museum für Völkerkunde, Munick, Germany)

01094

德國科隆東亞博物館

(Museum für Ostasitische Kunst)

01129　01193　01938　03228　05265　05564　06266　07188　07243　09144
09272　09843　10010

德國斯圖加特林登博物館

01661

德國私人收藏

01222　01309　01366　01901　02336　03580　04138　05645

意　大　利

羅馬國立東方藝術博物館

(Museo Nazionale d'Arte Orientale, Roma (ls MEO藏))

03744

丹　麥

哥本哈根國家博物館民族學研究部

(Ethnography Department of the National Museum of Copenhagen)

01668　06368　06831　09257

哥本哈根工藝美術博物館

(Museum of Decorative Art, Copenhagen, Denmark)

02691　02330　02920　03194　07191

丹麥私人收藏

03587

荷　蘭

阿姆斯特丹亞洲藝術博物館

(Museum of Asiatic Art, State Museum, Amsterdam)

03081

荷蘭私人收藏

00022 00415 01756 01865 03536 04866 05667 06351 07820 10721
11050 11729

瑞　典

斯德哥爾摩遠東古物館

(The Museum of Far Eastern Antiquities, stockholm, Sweden. Denmrk)

00468 00721 00994 01363 01498 01680 01787 01843 01956 02132
02159 02389 02991 03977 04752 04911 06186 07609 09122 09836
10054 11738 11746 11748 11756

斯德哥爾摩皇宮

(Imperial Palace, Stockholm, Sweden)

03111 04298

瑞典私人收藏

01076 03259 03393 05952 06615 07084 07313 09401 10612

歐洲某地

11836

三、器物著録書刊索引

器物著録書刊索引目録

(目録依銘文説明用簡稱，全稱請見正文，帶*者備有同本書器號對照表，見附録四)

一、原用書刊

中日文部分

西文部分

二、新增書刊

器物著録書刊索引

一、原用書刊

中日文部分

二　畫

二百　（《二百蘭亭齋收藏金石記》 4 卷　清吴雲　1856 年）

04288 04568 04988 05278 05426 05880 06176 06290 06620 06806
07151 07955 09399 09569 09578 11824

十二　（《十二家吉金圖録》 4 卷　商承祚　1935 年）

00005 00032 00375 00377 00378 00379 00391 00415 00500 00524
00531 00559 00669 00742 00803 00827 00975 00976 01031 01032
01121 01268 01301 01354 01490 01524 01638 01704 01743 01744
01752 01875 01999 02117 02136 02143 02149 02173 02187 02238
02332 02348 02360 02409 02435 02574 02679 02794 03009 03151
03153 03194 03242 03246 03329 03485 03635 03656 03686 03725
03749 03787 03827 03840 03840 03841 03897 03942 03982 04037
04076 04077 04435 04487 04502 04506 04507 04549 04550 04551
04570 04620 04646 04675 04676 04677 04678 05014 05150 05265
05343 05685 05927 06042 06158 06344 06376 06477 06585 06607
06670 06911 06989 07185 07186 07198 07432 07433 07492 07896
08059 08222 08541 08630 08783 08784 08843 08939 08968 08992
09051 09084 09085 09194 09225 09249 09381 09514 09525 09570
09649 09910 09931 09932 10002 10158 10196 10199 10388 10406
10465 10658 10660 10796 10946 10947 10948 10949 10950 10951
11151 11213 11775 11803 12032

十六　（《十六長樂堂古器款識考》 4 卷　清錢坫　1796 年）

00862 01821 01937 02731 03060 03732 03809 04041 04263 04365
04436 05187 05819 06112 06495 08666 09053 09105

人文雜志

00358 02835 09621 11296

三　畫

大系　(《兩周金文辭大系圖録考釋》　8 册　郭沫若　1935 年　本書用 1958 年重印本)

00008　00009　00010　00011　00012　00013　00014　00018　00022　00035
00042　00043　00044　00045　00049　00050　00053　00054　00059　00072
00082　00083　00084　00086　00102　00104　00105　00106　00109　00110
00111　00114　00115　00117　00118　00120　00121　00122　00132　00142
00145　00146　00147　00149　00150　00151　00152　00153　00154　00157
00158　00159　00160　00161　00164　00183　00185　00186　00193　00194
00195　00196　00197　00198　00201　00202　00203　00204　00205　00206
00207　00208　00209　00225　00226　00227　00228　00229　00230　00231
00232　00233　00234　00235　00236　00237　00238　00239　00240　00241
00242　00243　00244　00245　00260　00261　00270　00271　00272　00273
00274　00275　00276　00277　00278　00285　00421　00422　00424　00425
00597　00601　00608　00669　00690　00691　00692　00693　00694　00698
00717　00835　00947　00948　00949　02098　02233　02377　02383　02422
02426　02453　02454　02479　02480　02494　02495　02520　02525　02526
02588　02597　02601　02602　02605　02623　02626　02628　02635　02636
02643　02657　02675　02684　02685　02686　02687　02690　02691　02692
02695　02706　02721　02722　02728　02730　02731　02732　02737　02738
02740　02748　02751　02752　02753　02754　02759　02760　02771　02776
02780　02781　02783　02784　02785　02786　02787　02790　02794　02796
02797　02798　02799　02800　02801　02802　02803　02804　02808　02809
02810　02812　02813　02814　02816　02817　02818　02819　02820　02826
02828　02829　02834　02836　02837　02838　02839　02841　03732　03739
03772　03817　03818　03828　03830　03831　03849　03850　03897　03898
03899　03900　03901　03907　03928　03929　03952　03972　03973　03976
03977　03980　03981　03982　03987　03988　03989　04015　04018　04024
04025　04029　04031　04039　04040　04041　04044　04047　04055　04076
04080　04081　04104　04105　04110　04115　04122　04134　04140　04141
04145　04152　04166　04178　04182　04183　04190　04196　04198　04201
04202　04205　04207　04208　04214　04215　04225　04226　04227　04228
04229　04230　04231　04232　04233　04234　04238　04239　04240　04241
04242　04244　04255　04261　04262　04263　04264　04265　04266　04269
04270　04271　04272　04273　04274　04275　04276　04277　04285　04287
04288　04289　04290　04291　04292　04293　04294　04295　04296　04297
04298　04299　04300　04302　04311　04313　04314　04315　04316　04318
04319　04323　04324　04325　04326　04327　04329　04330　04331　04332
04333　04334　04335　04336　04337　04338　04339　04340　04341　04342
04343　04377　04396　04400　04401　04428　04435　04448　04449　04450
04451　04452　04465　04466　04469　04488　04528　04529　04549　04550
04551　04571　04574　04575　04576　04579　04588　04595　04596　04598
04600　04601　04602　04606　04616　04620　04623　04624　04626　04629

04631 04632 04643 04645 04646 04647 04649 05154 05387 05399
05400 05402 05407 05408 05409 05411 05418 05420 05421 05423
05426 05427 05433 05959 05992 05999 06008 06009 06015 06016
06462 06506 06511 06512 06513 06514 06516 09096 09451 09454
09631 09639 09687 09688 09689 09694 09695 09698 09699 09703
09704 09705 09710 09711 09712 09714 09715 09719 09725 09728
09729 09730 09731 09732 09733 09893 09897 09898 09901 09932
10086 10093 10133 10137 10146 10151 10152 10158 10159 10160
10161 10162 10168 10170 10172 10173 10174 10176 10204 10205
10206 10220 10225 10229 10255 10263 10267 10277 10279 10280
10281 10283 10296 10320 10334 10336 10341 10342 10360 10361
10368 10371 10372 10374 10386 10583 11511 11636 11697 11698
12108

三代　（《三代吉金文存》　20 卷　羅振玉　1937 年）

00003 00004 00005 00007 00014 00015 00016 00017 00018 00022
00031 00032 00035 00040 00041 00042 00043 00044 00045 00046
00047 00049 00050 00051 00053 00059 00064 00065 00067 00068
00069 00070 00071 00082 00086 00087 00088 00089 00090 00091
00092 00102 00106 00109 00110 00111 00113 00114 00115 00116
00117 00118 00120 00121 00122 00132 00140 00142 00145 00146
00147 00148 00149 00150 00151 00152 00155 00156 00157 00158
00159 00161 00162 00163 00165 00166 00167 00168 00169 00170
00183 00185 00186 00197 00198 00201 00202 00203 00204 00205
00206 00207 00208 00209 00225 00226 00227 00228 00229 00230
00232 00233 00234 00235 00236 00237 00238 00239 00240 00241
00243 00244 00245 00260 00261 00271 00359 00362 00363 00364
00370 00374 00375 00377 00378 00379 00382 00386 00391 00393
00394 00395 00396 00397 00398 00399 00403 00404 00408 00409
00410 00415 00416 00419 00421 00422 00424 00425 00428 00441
00443 00444 00455 00458 00459 00461 00468 00472 00476 00479
00480 00481 00486 00488 00489 00491 00493 00500 00501 00506
00508 00512 00522 00524 00526 00528 00529 00530 00531 00536
00538 00540 00544 00545 00546 00547 00550 00551 00552 00553
00554 00555 00556 00557 00559 00566 00569 00571 00575 00579
00580 00583 00586 00589 00590 00591 00593 00594 00596 00597
00601 00606 00607 00608 00611 00613 00615 00626 00632 00633
00634 00635 00637 00638 00639 00643 00644 00646 00647 00660
00666 00668 00669 00670 00672 00682 00688 00690 00691 00692
00693 00694 00697 00698 00708 00709 00711 00712 00713 00714
00717 00718 00720 00721 00722 00723 00724 00727 00730 00731
00732 00736 00737 00738 00739 00741 00742 00745 00765 00777
00783 00790 00797 00802 00803 00804 00806 00808 00814 00815
00817 00818 00820 00821 00822 00827 00829 00833 00834 00835

00839	00840	00841	00843	00846	00850	00851	00852	00854	00855
00856	00859	00867	00868	00870	00873	00876	00877	00880	00881
00882	00887	00888	00891	00894	00897	00898	00899	00901	00906
00907	00912	00913	00915	00916	00917	00922	00924	00925	00928
00929	00930	00932	00933	00937	00938	00941	00944	00945	00947
00948	00970	00975	00976	00977	00978	00980	00987	00990	00991
01000	01001	01002	01003	01006	01007	01008	01009	01017	01019
01021	01022	01023	01025	01027	01028	01031	01032	01046	01052
01068	01070	01073	01076	01077	01078	01079	01084	01089	01090
01095	01104	01105	01106	01108	01112	01113	01114	01115	01119
01120	01121	01127	01128	01131	01141	01145	01146	01153	01154
01155	01158	01159	01166	01168	01169	01174	01175	01179	01180
01181	01182	01189	01191	01196	01201	01202	01203	01204	01206
01207	01213	01220	01228	01229	01248	01251	01253	01255	01257
01258	01259	01260	01261	01262	01263	01267	01270	01272	01273
01275	01278	01281	01285	01287	01288	01289	01290	01293	01294
01296	01298	01300	01301	01302	01310	01311	01313	01341	01342
01344	01347	01349	01354	01357	01358	01369	01373	01376	01377
01378	01381	01385	01386	01387	01389	01394	01395	01396	01397
01401	01408	01409	01410	01411	01412	01413	01414	01415	01418
01419	01420	01421	01422	01423	01424	01425	01426	01427	01429
01432	01433	01434	01438	01440	01442	01444	01448	01461	01464
01465	01468	01477	01479	01480	01482	01488	01489	01490	01491
01492	01493	01494	01495	01496	01498	01501	01502	01510	01511
01512	01513	01514	01515	01520	01521	01524	01525	01526	01531
01536	01541	01542	01543	01544	01545	01551	01553	01554	01555
01557	01558	01565	01566	01568	01569	01572	01574	01577	01578
01579	01581	01582	01583	01584	01585	01592	01593	01594	01595
01597	01599	01601	01603	01605	01606	01608	01612	01614	01615
01616	01618	01620	01621	01623	01624	01625	01626	01627	01630
01633	01635	01637	01638	01639	01641	01642	01644	01646	01647
01650	01652	01654	01655	01656	01657	01660	01661	01665	01671
01676	01677	01678	01679	01680	01681	01683	01684	01685	01686
01689	01690	01693	01696	01704	01714	01715	01716	01717	01728
01730	01731	01735	01740	01741	01742	01743	01744	01746	01751
01752	01754	01755	01756	01759	01765	01768	01770	01773	01774
01775	01776	01779	01780	01781	01783	01789	01790	01799	01803
01804	01805	01806	01808	01810	01811	01813	01814	01815	01816
01819	01821	01823	01829	01830	01834	01835	01839	01840	01842
01844	01848	01850	01851	01852	01853	01856	01857	01859	01863
01866	01867	01868	01872	01875	01876	01877	01878	01880	01882
01883	01884	01886	01887	01888	01889	01891	01893	01894	01897
01898	01901	01902	01907	01908	01909	01910	01911	01913	01914
01915	01917	01918	01919	01921	01927	01930	01938	01939	01948

01949	01950	01951	01956	01960	01962	01964	01965	01966	01967
01968	01969	01970	01972	01973	01974	01975	01976	01977	01983
01988	01991	01993	01996	01999	02002	02003	02004	02007	02009
02010	02013	02019	02020	02021	02024	02026	02027	02028	02029
02032	02034	02040	02041	02044	02045	02048	02049	02051	02058
02059	02060	02061	02063	02065	02066	02067	02068	02069	02070
02071	02072	02073	02080	02082	02095	02096	02098	02099	02101
02102	02103	02105	02109	02110	02113	02115	02117	02118	02120
02121	02124	02125	02127	02128	02129	02135	02136	02137	02140
02141	02143	02144	02145	02149	02150	02153	02155	02157	02158
02159	02162	02163	02167	02168	02169	02170	02171	02172	02173
02177	02179	02181	02183	02184	02187	02188	02189	02193	02196
02198	02200	02201	02207	02212	02213	02227	02229	02230	02232
02237	02238	02244	02245	02246	02252	02257	02264	02265	02266
02267	02269	02272	02273	02280	02282	02285	02287	02288	02296
02297	02298	02299	02300	02302	02303	02305	02308	02309	02310
02311	02312	02315	02317	02318	02322	02324	02325	02327	02328
02329	02330	02331	02332	02334	02335	02337	02338	02340	02341
02342	02344	02345	02346	02348	02350	02351	02354	02360	02363
02365	02368	02372	02373	02375	02378	02381	02382	02383	02384
02385	02387	02388	02389	02393	02395	02400	02402	02403	02404
02406	02409	02410	02412	02413	02415	02416	02418	02419	02421
02422	02425	02426	02428	02431	02432	02435	02441	02442	02443
02444	02445	02446	02448	02449	02451	02452	02453	02454	02455
02456	02458	02459	02460	02461	02462	02463	02464	02465	02466
02467	02468	02469	02475	02478	02479	02480	02481	02485	02487
02492	02493	02494	02495	02499	02502	02503	02504	02506	02508
02509	02510	02511	02513	02514	02515	02517	02521	02522	02523
02525	02526	02528	02531	02534	02537	02541	02542	02543	02544
02545	02546	02551	02552	02553	02554	02555	02557	02559	02563
02569	02570	02572	02574	02579	02582	02585	02587	02588	02590
02591	02594	02595	02598	02601	02602	02605	02606	02607	02608
02609	02612	02613	02614	02621	02622	02623	02625	02626	02627
02628	02629	02630	02632	02633	02635	02636	02640	02641	02643
02649	02650	02653	02654	02655	02657	02659	02662	02663	02668
02670	02674	02675	02678	02679	02680	02681	02684	02685	02687
02688	02690	02691	02692	02694	02695	02696	02705	02709	02710
02713	02719	02720	02721	02722	02724	02727	02728	02730	02732
02733	02737	02738	02740	02741	02743	02744	02754	02755	02756
02758	02759	02760	02763	02764	02771	02772	02776	02778	02780
02781	02783	02784	02786	02787	02788	02794	02796	02797	02798
02799	02800	02801	02802	02803	02804	02807	02808	02809	02810
02812	02813	02814	02816	02818	02820	02827	02828	02829	02836
02837	02838	02839	02841	02916	02919	02926	02932	02934	02935

02944	02949	02954	02956	02958	02960	02961	02962	02964	02967
02969	02970	02971	02972	02974	02976	02977	02979	02980	02982
02985	02987	02990	02994	02995	02999	03000	03008	03009	03014
03015	03019	03020	03021	03025	03028	03033	03034	03035	03036
03044	03049	03052	03053	03055	03059	03060	03064	03065	03066
03069	03070	03079	03082	03084	03087	03090	03093	03094	03095
03096	03097	03098	03101	03105	03106	03110	03113	03120	03128
03133	03135	03136	03142	03145	03146	03147	03148	03151	03153
03154	03155	03163	03164	03166	03167	03168	03169	03170	03171
03172	03173	03174	03177	03178	03179	03180	03181	03183	03184
03186	03187	03188	03189	03192	03195	03199	03200	03201	03202
03203	03206	03208	03210	03211	03213	03215	03217	03223	03224
03229	03230	03235	03236	03242	03246	03247	03251	03252	03255
03256	03257	03260	03263	03270	03271	03272	03273	03280	03281
03289	03296	03297	03298	03303	03304	03307	03308	03319	03320
03323	03324	03327	03328	03329	03331	03332	03333	03335	03338
03339	03340	03341	03342	03343	03347	03349	03350	03351	03353
03354	03355	03356	03358	03359	03363	03364	03365	03368	03371
03372	03373	03374	03375	03376	03380	03381	03383	03385	03387
03391	03394	03395	03399	03400	03401	03414	03415	03416	03417
03419	03420	03421	03423	03425	03426	03427	03429	03432	03433
03435	03436	03437	03443	03444	03448	03449	03450	03451	03452
03455	03458	03459	03460	03462	03463	03464	03470	03472	03474
03475	03476	03477	03481	03485	03487	03488	03490	03500	03501
03502	03504	03505	03509	03510	03511	03513	03514	03515	03517
03518	03521	03522	03523	03531	03532	03534	03535	03536	03537
03542	03543	03544	03545	03546	03551	03552	03553	03556	03558
03561	03563	03565	03567	03568	03569	03571	03572	03573	03575
03584	03585	03586	03587	03588	03589	03601	03602	03603	03604
03605	03608	03609	03611	03613	03619	03620	03623	03625	03628
03629	03630	03631	03632	03634	03635	03644	03645	03647	03648
03649	03650	03651	03655	03656	03657	03659	03660	03663	03665
03671	03674	03675	03684	03686	03689	03690	03694	03696	03700
03701	03702	03703	03704	03705	03706	03708	03711	03712	03713
03714	03715	03723	03724	03725	03730	03731	03732	03736	03737
03738	03739	03740	03741	03742	03743	03745	03746	03747	03749
03750	03751	03752	03754	03757	03758	03759	03761	03762	03763
03768	03769	03770	03772	03773	03774	03777	03778	03779	03780
03783	03784	03785	03786	03787	03790	03792	03802	03803	03804
03805	03806	03807	03808	03809	03810	03811	03812	03813	03817
03818	03822	03827	03828	03829	03830	03831	03840	03841	03842
03843	03844	03845	03846	03847	03848	03849	03850	03851	03852
03856	03862	03863	03866	03867	03868	03869	03874	03875	03876
03877	03887	03888	03889	03890	03892	03893	03897	03898	03899

03900	03901	03903	03904	03905	03907	03908	03912	03913	03914
03915	03916	03917	03918	03919	03927	03928	03929	03930	03931
03932	03933	03934	03939	03940	03943	03945	03948	03949	03952
03953	03954	03955	03956	03957	03959	03960	03961	03962	03963
03964	03965	03966	03967	03971	03972	03973	03975	03976	03977
03978	03980	03981	03982	03986	03987	03988	03989	03990	03991
03992	04001	04002	04004	04005	04006	04007	04009	04011	04012
04014	04015	04018	04023	04024	04025	04026	04027	04028	04029
04031	04032	04033	04034	04036	04037	04039	04040	04041	04042
04044	04046	04055	04056	04057	04058	04061	04068	04069	04070
04073	04074	04076	04077	04078	04079	04080	04081	04082	04083
04084	04085	04086	04087	04088	04089	04090	04096	04097	04098
04102	04103	04104	04105	04106	04109	04110	04112	04114	04116
04117	04118	04119	04121	04122	04124	04127	04129	04130	04134
04135	04136	04137	04138	04140	04141	04142	04144	04145	04152
04156	04160	04161	04165	04166	04167	04168	04169	04178	04179
04180	04181	04183	04190	04192	04193	04194	04195	04198	04201
04205	04206	04207	04208	04213	04214	04215	04219	04220	04221
04222	04225	04226	04227	04228	04229	04230	04231	04232	04233
04234	04238	04239	04240	04241	04242	04261	04262	04263	04264
04265	04266	04269	04270	04271	04273	04274	04275	04276	04277
04285	04287	04288	04289	04290	04291	04293	04294	04295	04298
04299	04300	04301	04302	04313	04314	04315	04316	04318	04319
04324	04325	04326	04327	04329	04330	04332	04333	04334	04335
04336	04337	04338	04339	04344	04347	04350	04351	04355	04356
04365	04366	04375	04377	04378	04380	04386	04387	04388	04389
04390	04391	04392	04393	04394	04395	04396	04399	04400	04401
04405	04406	04407	04410	04411	04412	04413	04414	04415	04416
04417	04419	04420	04421	04422	04423	04424	04425	04428	04429
04430	04431	04432	04433	04435	04436	04448	04449	04450	04451
04452	04453	04460	04465	04466	04470	04476	04481	04484	04486
04487	04488	04489	04498	04499	04502	04505	04506	04507	04508
04509	04510	04514	04515	04517	04518	04519	04520	04521	04524
04525	04526	04528	04529	04535	04537	04538	04539	04540	04541
04549	04550	04551	04552	04553	04555	04557	04558	04559	04561
04563	04564	04565	04566	04567	04568	04570	04571	04572	04574
04575	04576	04577	04578	04579	04581	04582	04583	04584	04585
04588	04595	04596	04598	04600	04601	04602	04604	04606	04614
04615	04616	04620	04623	04624	04626	04630	04631	04632	04638
04639	04643	04644	04645	04647	04649	04653	04658	04675	04676
04677	04678	04683	04689	04690	04691	04692	04701	04702	04703
04705	04712	04714	04715	04723	04732	04733	04734	04735	04738
04741	04743	04744	04745	04746	04747	04748	04749	04751	04752
04753	04754	04756	04759	04760	04763	04786	04794	04806	04807

04808	04810	04814	04816	04820	04822	04823	04824	04825	04826
04828	04830	04831	04832	04839	04840	04844	04845	04846	04847
04848	04849	04852	04853	04856	04858	04859	04860	04861	04863
04864	04865	04866	04867	04868	04869	04871	04888	04889	04890
04891	04893	04894	04896	04897	04899	04902	04903	04904	04908
04910	04913	04916	04922	04923	04924	04925	04926	04928	04930
04936	04937	04938	04939	04940	04941	04950	04952	04953	04954
04956	04957	04958	04959	04960	04966	04967	04968	04969	04971
04972	04973	04976	04979	04980	04981	04985	04987	04988	04989
04993	04995	04997	05000	05005	05006	05008	05009	05014	05015
05025	05026	05027	05031	05034	05042	05043	05047	05049	05050
05051	05052	05053	05054	05056	05060	05065	05066	05067	05073
05074	05076	05077	05081	05082	05083	05084	05085	05087	05091
05094	05097	05099	05108	05109	05110	05111	05112	05114	05119
05120	05121	05123	05124	05125	05128	05130	05135	05140	05142
05144	05145	05146	05147	05148	05157	05163	05164	05165	05166
05167	05170	05173	05184	05187	05188	05189	05191	05192	05193
05198	05199	05202	05205	05209	05214	05216	05217	05218	05220
05221	05222	05223	05229	05230	05233	05234	05237	05238	05239
05240	05242	05243	05249	05250	05251	05252	05253	05254	05258
05265	05267	05271	05277	05278	05279	05280	05281	05283	05284
05285	05291	05293	05294	05296	05297	05301	05302	05307	05308
05310	05311	05313	05314	05316	05317	05318	05319	05326	05327
05328	05332	05333	05334	05335	05338	05340	05341	05342	05343
05344	05347	05349	05350	05351	05354	05355	05360	05361	05365
05366	05369	05370	05375	05377	05378	05379	05380	05381	05384
05385	05386	05387	05388	05392	05394	05395	05396	05398	05399
05400	05402	05405	05406	05407	05408	05409	05417	05418	05419
05420	05421	05423	05424	05425	05426	05427	05433	05448	05452
05455	05456	05460	05462	05465	05468	05472	05475	05476	05479
05483	05484	05485	05486	05490	05491	05494	05496	05505	05509
05510	05515	05517	05525	05527	05529	05531	05552	05558	05559
05560	05565	05566	05567	05568	05569	05581	05584	05586	05588
05592	05593	05596	05600	05601	05605	05607	05614	05615	05617
05619	05620	05621	05627	05628	05629	05630	05631	05632	05633
05636	05639	05640	05641	05642	05643	05644	05645	05647	05648
05650	05652	05653	05655	05658	05663	05664	05668	05670	05671
05673	05676	05677	05678	05685	05688	05692	05693	05696	05700
05702	05704	05705	05714	05716	05721	05722	05723	05727	05728
05731	05732	05733	05734	05735	05740	05741	05743	05744	05745
05746	05751	05753	05755	05756	05757	05758	05759	05763	05764
05765	05767	05772	05773	05774	05775	05776	05777	05778	05781
05783	05787	05796	05797	05798	05799	05801	05802	05803	05804
05807	05809	05810	05813	05818	05819	05821	05822	05826	05827

05828 05831 05834 05835 05836 05837 05840 05841 05845 05846
05849 05856 05859 05860 05861 05863 05864 05865 05866 05867
05869 05871 05873 05874 05875 05876 05877 05880 05882 05883
05887 05889 05890 05891 05897 05898 05899 05901 05904 05908
05914 05915 05917 05918 05922 05923 05924 05925 05927 05928
05935 05937 05938 05942 05944 05950 05953 05954 05955 05957
05961 05963 05965 05966 05967 05968 05969 05975 05981 05984
05985 05988 05989 05990 05992 05994 05999 06006 06008 06009
06016 06018 06019 06022 06023 06024 06031 06036 06037 06038
06040 06041 06042 06043 06044 06053 06054 06056 06057 06058
06059 06060 06061 06069 06071 06072 06077 06082 06083 06085
06086 06091 06094 06095 06103 06104 06105 06106 06108 06109
06117 06119 06120 06123 06125 06128 06129 06130 06131 06134
06135 06137 06138 06139 06140 06142 06145 06146 06147 06148
06150 06151 06154 06155 06156 06157 06158 06159 06161 06162
06167 06175 06178 06188 06189 06191 06192 06193 06195 06196
06197 06198 06199 06200 06201 06202 06203 06204 06205 06206
06208 06209 06213 06214 06215 06217 06220 06221 06222 06223
06224 06225 06226 06227 06228 06229 06230 06231 06240 06241
06244 06245 06246 06247 06248 06249 06250 06251 06252 06253
06254 06255 06258 06259 06260 06261 06262 06269 06270 06275
06281 06282 06284 06285 06286 06288 06290 06292 06293 06294
06296 06297 06298 06299 06300 06306 06307 06308 06312 06313
06314 06315 06318 06319 06320 06321 06322 06324 06326 06327
06329 06330 06332 06333 06334 06335 06336 06337 06339 06340
06344 06345 06348 06350 06351 06353 06357 06360 06362 06365
06367 06369 06370 06371 06372 06373 06374 06375 06378 06383
06386 06388 06391 06393 06394 06395 06396 06397 06399 06403
06407 06407 06408 06409 06411 06416 06417 06418 06421 06424
06425 06427 06428 06429 06433 06436 06437 06440 06441 06442
06443 06444 06446 06447 06448 06451 06452 06456 06461 06462
06465 06466 06467 06470 06472 06473 06474 06475 06477 06478
06480 06481 06482 06484 06485 06487 06488 06495 06496 06500
06502 06506 06507 06511 06512 06513 06515 06516 06532 06533
06535 06537 06541 06542 06549 06553 06557 06565 06568 06570
06571 06580 06581 06584 06585 06587 06591 06599 06604 06606
06607 06608 06609 06610 06611 06612 06614 06633 06636 06642
06644 06651 06652 06653 06654 06664 06670 06672 06681 06684
06685 06687 06706 06709 06710 06718 06720 06722 06723 06727
06728 06729 06730 06731 06739 06740 06745 06750 06761 06765
06767 06779 06784 06788 06789 06795 06799 06809 06811 06813
06814 06819 06820 06821 06822 06828 06833 06834 06835 06836
06838 06840 06844 06868 06871 06894 06899 06902 06911 06920
06921 06927 06932 06933 06938 06939 06944 06957 06959 06960

06961	06962	06967	06970	06972	06973	06983	06989	07003	07005
07011	07019	07022	07030	07032	07053	07057	07058	07066	07073
07080	07081	07086	07087	07088	07089	07090	07091	07092	07093
07095	07096	07103	07106	07107	07109	07114	07115	07116	07118
07120	07121	07122	07127	07129	07130	07131	07132	07133	07134
07135	07137	07138	07140	07143	07144	07146	07147	07153	07155
07158	07159	07161	07162	07173	07180	07185	07186	07193	07196
07197	07198	07199	07200	07205	07206	07207	07208	07212	07214
07216	07218	07219	07222	07224	07228	07230	07232	07234	07235
07243	07244	07245	07250	07251	07257	07259	07264	07266	07270
07275	07285	07286	07287	07288	07289	07290	07291	07292	07294
07295	07296	07300	07301	07304	07312	07313	07314	07316	07321
07325	07329	07335	07345	07347	07353	07355	07356	07365	07366
07367	07369	07379	07382	07395	07398	07401	07405	07406	07408
07414	07415	07418	07419	07420	07421	07422	07424	07425	07428
07429	07432	07433	07434	07435	07442	07443	07444	07445	07446
07451	07453	07457	07459	07460	07462	07470	07471	07474	07477
07491	07492	07495	07503	07504	07512	07513	07516	07517	07522
07524	07527	07528	07531	07532	07533	07534	07536	07537	07539
07540	07541	07542	07543	07546	07547	07548	07552	07553	07554
07555	07556	07559	07560	07561	07566	07570	07571	07572	07575
07581	07584	07588	07589	07594	07598	07599	07603	07604	07608
07609	07615	07620	07621	07626	07627	07634	07641	07643	07644
07645	07649	07655	07657	07661	07662	07666	07669	07671	07673
07681	07683	07684	07687	07689	07691	07692	07693	07697	07700
07702	07704	07705	07706	07708	07709	07710	07711	07712	07723
07724	07729	07733	07772	07774	07775	07778	07779	07780	07781
07782	07784	07785	07786	07793	07794	07795	07797	07808	07815
07817	07818	07821	07823	07824	07825	07827	07845	07846	07847
07848	07849	07850	07854	07855	07856	07859	07866	07870	07871
07872	07873	07875	07876	07877	07880	07883	07884	07885	07896
07897	07901	07902	07904	07905	07906	07907	07908	07909	07910
07916	07924	07929	07930	07933	07934	07938	07939	07940	07944
07945	07949	07952	07954	07955	07956	07957	07960	07961	07962
07971	07972	07974	07975	07976	07977	07978	07980	07981	07982
07983	07984	07996	07997	07999	08000	08002	08003	08004	08005
08006	08007	08009	08010	08011	08015	08017	08018	08020	08029
08030	08036	08040	08041	08043	08045	08047	08048	08049	08055
08057	08059	08060	08061	08062	08063	08066	08067	08072	08073
08074	08075	08076	08077	08078	08079	08080	08081	08082	08083
08084	08085	08086	08091	08092	08093	08094	08105	08106	08108
08110	08112	08113	08114	08115	08119	08134	08135	08137	08138
08140	08142	08144	08145	08146	08147	08148	08149	08150	08151
08159	08160	08161	08162	08170	08176	08178	08189	08190	08191

08192	08194	08196	08198	08200	08204	08205	08206	08208	08209
08213	08214	08217	08221	08222	08224	08225	08226	08227	08228
08229	08230	08231	08234	08235	08239	08242	08245	08247	08248
08260	08263	08281	08282	08294	08296	08297	08305	08306	08307
08308	08310	08311	08312	08313	08321	08322	08323	08324	08329
08330	08331	08332	08333	08334	08336	08337	08338	08341	08343
08345	08348	08356	08358	08361	08365	08366	08367	08368	08369
08372	08377	08378	08379	08380	08383	08384	08389	08390	08391
08392	08396	08404	08405	08406	08408	08409	08410	08411	08412
08413	08414	08415	08416	08417	08419	08427	08428	08429	08431
08433	08437	08438	08439	08442	08443	08446	08447	08448	08451
08455	08460	08461	08463	08464	08465	08466	08471	08474	08476
08477	08480	08481	08482	08487	08491	08493	08495	08499	08500
08501	08502	08503	08504	08506	08507	08513	08514	08517	08518
08519	08521	08522	08525	08526	08527	08528	08532	08535	08537
08538	08539	08540	08541	08542	08543	08545	08547	08552	08554
08555	08557	08559	08563	08565	08567	08570	08572	08573	08575
08576	08577	08578	08579	08580	08581	08582	08583	08584	08585
08586	08591	08592	08594	08596	08597	08603	08604	08609	08610
08611	08614	08615	08616	08618	08620	08621	08623	08626	08627
08628	08630	08631	08633	08634	08635	08636	08638	08640	08643
08644	08645	08648	08649	08650	08652	08654	08665	08667	08668
08670	08673	08674	08675	08676	08678	08679	08685	08686	08690
08691	08692	08693	08694	08695	08696	08697	08698	08700	08701
08702	08705	08706	08707	08712	08713	08714	08715	08716	08717
08718	08719	08724	08726	08727	08735	08739	08740	08741	08766
08767	08779	08782	08783	08784	08787	08791	08792	08793	08794
08795	08796	08807	08808	08810	08811	08816	08817	08822	08825
08829	08830	08832	08834	08835	08836	08837	08838	08839	08840
08843	08844	08848	08850	08852	08854	08857	08859	08861	08867
08871	08873	08874	08876	08877	08878	08880	08881	08882	08883
08884	08887	08890	08891	08892	08893	08901	08902	08904	08906
08907	08908	08909	08914	08918	08919	08924	08925	08926	08928
08933	08935	08939	08941	08942	08943	08946	08953	08956	08962
08963	08964	08965	08966	08968	08972	08973	08974	08975	08976
08977	08985	08986	08987	08990	08991	08992	08993	08994	08995
08996	08997	08998	08999	09000	09001	09005	09006	09008	09009
09012	09013	09021	09023	09026	09029	09030	09031	09032	09033
09034	09035	09036	09038	09039	09040	09043	09044	09045	09046
09047	09050	09051	09052	09053	09054	09058	09059	09066	09071
09072	09077	09083	09084	09085	09086	09087	09088	09089	09090
09091	09092	09094	09095	09096	09097	09099	09100	09102	09103
09104	09105	09107	09108	09109	09111	09113	09118	09119	09124
09135	09150	09152	09155	09156	09162	09169	09171	09173	09175

09184	09185	09190	09191	09192	09193	09194	09200	09201	09202
09203	09204	09205	09207	09208	09209	09210	09213	09214	09219
09220	09221	09225	09228	09233	09235	09237	09239	09241	09242
09243	09246	09249	09253	09267	09270	09274	09276	09278	09279
09283	09284	09288	09289	09290	09292	09294	09295	09296	09298
09305	09310	09319	09320	09321	09322	09323	09331	09332	09338
09343	09345	09347	09349	09350	09352	09354	09356	09364	09366
09367	09368	09369	09370	09373	09376	09378	09379	09381	09383
09385	09387	09388	09390	09392	09393	09394	09399	09400	09402
09403	09404	09405	09407	09408	09411	09412	09413	09421	09430
09431	09432	09433	09434	09436	09439	09443	09447	09451	09454
09467	09478	09479	09481	09483	09492	09497	09500	09504	09505
09506	09514	09515	09518	09520	09521	09522	09525	09526	09532
09533	09534	09535	09536	09537	09542	09545	09552	09554	09555
09556	09559	09566	09567	09568	09570	09571	09572	09575	09576
09577	09578	09579	09585	09588	09591	09596	09597	09598	09603
09606	09613	09614	09614	09615	09616	09617	09619	09622	09623
09627	09630	09631	09639	09640	09641	09645	09646	09649	09651
09652	09653	09654	09655	09659	09660	09661	09667	09668	09672
09676	09680	09687	09688	09690	09691	09694	09695	09698	09699
09701	09703	09705	09710	09711	09712	09713	09714	09715	09719
09720	09728	09729	09730	09731	09732	09742	09749	09752	09756
09761	09762	09763	09767	09768	09777	09779	09785	09786	09787
09788	09790	09793	09794	09800	09807	09809	09814	09815	09817
09818	09819	09820	09821	09825	09830	09840	09845	09848	09850
09853	09865	09873	09880	09882	09884	09885	09887	09890	09897
09898	09901	09903	09910	09913	09915	09931	09932	09940	09943
09949	09956	09959	09964	09965	09967	09968	09969	09970	09972
09980	09982	09984	09986	09997	10002	10018	10019	10022	10025
10026	10027	10036	10039	10042	10043	10051	10055	10057	10059
10060	10066	10067	10068	10075	10080	10083	10085	10086	10093
10094	10095	10100	10101	10105	10106	10107	10110	10111	10113
10118	10119	10120	10125	10126	10127	10128	10131	10133	10137
10139	10145	10146	10149	10151	10152	10158	10159	10161	10163
10165	10170	10172	10173	10174	10176	10177	10181	10184	10186
10190	10191	10192	10195	10196	10199	10200	10202	10203	10204
10205	10206	10207	10208	10214	10216	10217	10218	10220	10225
10229	10231	10237	10239	10240	10244	10245	10246	10247	10248
10251	10253	10255	10258	10261	10262	10263	10267	10269	10270
10271	10272	10273	10277	10278	10279	10281	10282	10283	10286
10287	10291	10293	10296	10300	10306	10307	10311	10312	10314
10326	10331	10334	10336	10342	10350	10352	10357	10360	10361
10363	10365	10367	10368	10369	10371	10374	10380	10381	10383
10386	10388	10392	10393	10404	10414	10415	10416	10418	10420

10422	10423	10429	10431	10432	10433	10434	10435	10458	10461
10465	10466	10479	10481	10482	10484	10485	10486	10487	10489
10490	10491	10492	10493	10494	10495	10496	10497	10498	10499
10500	10501	10502	10503	10504	10505	10506	10507	10508	10509
10510	10511	10512	10513	10514	10516	10517	10518	10519	10520
10521	10523	10524	10525	10527	10528	10529	10530	10531	10532
10533	10534	10535	10536	10537	10538	10539	10540	10541	10542
10543	10544	10545	10546	10547	10548	10549	10550	10551	10552
10553	10554	10555	10556	10557	10558	10559	10560	10561	10562
10563	10564	10565	10566	10567	10568	10569	10570	10571	10572
10573	10574	10575	10576	10577	10578	10579	10580	10581	10603
10629	10637	10646	10647	10654	10658	10660	10668	10674	10675
10685	10686	10688	10690	10691	10700	10702	10704	10727	10728
10733	10738	10739	10741	10744	10763	10764	10773	10780	10783
10784	10788	10792	10793	10794	10795	10796	10805	10811	10817
10818	10819	10824	10826	10827	10857	10859	10862	10864	10873
10877	10880	10883	10884	10890	10895	10898	10902	10904	10905
10906	10909	10933	10936	10941	10942	10943	10944	10945	10946
10947	10948	10949	10950	10951	10959	10962	10963	10964	10970
10975	10978	10980	10983	10990	11009	11010	11012	11015	11016
11021	11023	11028	11030	11033	11034	11036	11038	11040	11049
11056	11059	11061	11062	11065	11069	11073	11075	11076	11077
11080	11081	11082	11084	11085	11086	11087	11088	11089	11101
11105	11110	11114	11115	11123	11125	11139	11140	11145	11146
11151	11154	11156	11162	11164	11182	11183	11184	11187	11188
11190	11200	11202	11206	11210	11223	11227	11228	11230	11231
11233	11234	11243	11245	11246	11247	11252	11259	11260	11268
11269	11270	11271	11272	11279	11289	11312	11313	11317	11336
11341	11342	11346	11347	11350	11351	11353	11354	11356	11361
11364	11383	11392	11393	11396	11401	11403	11413	11414	11415
11430	11438	11439	11440	11441	11443	11455	11469	11473	11476
11477	11478	11479	11480	11482	11487	11488	11489	11491	11498
11499	11505	11508	11513	11514	11516	11517	11525	11526	11528
11530	11537	11540	11541	11543	11545	11547	11549	11553	11558
11566	11569	11570	11577	11580	11585	11590	11601	11606	11608
11610	11612	11613	11614	11622	11627	11636	11651	11660	11670
11677	11679	11695	11701	11711	11720	11721	11760	11768	11770
11772	11774	11775	11778	11779	11781	11786	11787	11788	11803
11815	11845	11848	11849	11851	11852	11853	11900	11901	11902
11905	11906	11907	11908	11911	11915	11916	11917	11920	11923
11924	11931	11932	11935	11940	11943	11944	11945	11946	11947
11948	11949	11950	11951	11952	11953	11954	11955	11956	11957
11958	11959	11960	11961	11974	11975	11976	11977	11978	11979
11980	11981	11982	11988	11989	11990	11991	11992	11993	12004

12005 12007 12008 12009 12010 12012 12013 12014 12015 12017
12023 12024 12029 12030 12032 12064 12065 12066 12076 12090
12091 12092 12097 12103 12104 12105

三代補　（《三代吉金文存補》　1 册　周法高　1980 年）

00497 00498 00504 00516 00531 00553 00607 00648 00650 00680
00683 00750 00753 00766 00780 00789 00814 00826 00831 00845
00855 00883 00890 01044 01066 01084 01087 01089 01107 01136
01152 01157 01164 01167 01172 01177 01209 01222 01244 01285
01286 01309 01312 01315 01319 01366 01398 01429 01447 01449
01455 01458 01519 01672 01948 02336 02405 02417 02423 02433
02434 02533 02544 02548 02550 02561 02565 02589 02616 02619
02642 02661 02664 02700 02704 02708 02735 02736 02767 02768
02789 02821 02824 02830 02831 02832 02840 02928 02951 02955
02958 03116 03119 03151 03397 03482 03580 03624 04523 04708
04717 04729 04738 04745 04746 04766 04767 04787 04790 04791
04798 04813 04836 04839 04843 04872 04873 04896 04898 04921
04940 04986 04990 05002 05003 05010 05017 05018 05023 05024
05030 05032 05061 05063 05064 05080 05090 05101 05102 05103
05122 05126 05127 05139 05141 05150 05152 05153 05154 05155
05156 05160 05172 05176 05185 05196 05200 05203 05204 05215
05219 05228 05236 05245 05256 05259 05260 05263 05269 05292
05299 05305 05306 05309 05318 05323 05326 05327 05337 05345
05359 05363 05368 05402 05409 05410 05422 05426 05428 05446
05470 05507 05511 05520 05526 05530 05543 05547 05548 05549
05561 05571 05679 05748 05766 05769 05771 05796 05832 05833
05843 05879 05881 05896 05962 05986 05993 05996 05997 06005
06014 06028 06030 06063 06098 06180 06182 06238 06295 06438
06494 06592 06598 06635 06647 06650 06674 06677 06679 06690
06715 06716 06770 06771 06807 06808 06830 06925 06965 06966
06971 07004 07007 07008 07044 07049 07117 07164 07225 07249
07311 10696 10697 10698 11050 11133 11419 11511 11535 11605
11620 11621 11623 11624 11741 11753 11756 11776 11812

三代秦漢遺物上的銘刻　（《三代秦漢の遺品に識せる文字》　（日）中村不折　1934 年）

00108

山彪鎮　（《山彪鎮與琉璃閣》　郭寶鈞　1959 年）

11091 11212 11265

山東存　（《山東金文集存》（先秦編）　曾毅公　1940 年）

00014 00016 00018 00047 00050 00086 00087 00088 00089 00090
00091 00092 00102 00140 00142 00149 00150 00151 00152 00245

00271	00545	00589	00590	00591	00593	00596	00669	00670	00690
00691	00692	00693	00694	00717	00718	00742	00894	00948	01578
01579	01680	02021	02157	02158	02159	02227	02245	02354	02422
02426	02494	02495	02525	02563	02587	02601	02602	02640	02641
02721	02728	02732	02737	03469	03772	03790	03817	03818	03828
03829	03830	03831	03848	03893	03897	03898	03899	03900	03901
03960	03961	03962	03963	03977	03987	03988	03989	04029	04036
04037	04040	04096	04110	04127	04140	04145	04152	04190	04198
04415	04423	04488	04489	04517	04518	04519	04520	04528	04529
04566	04567	04568	04570	04571	04574	04588	04595	04596	04623
04630	04631	04632	04638	04639	04645	04646	04647	04689	04690
04691	05491	05569	05849	05925	05990	06333	07599	07814	08189
08782	09012	09013	09096	09103	09184	09249	09385	09430	09579
09659	09687	09688	09703	09712	10042	10086	10095	10113	10114
10126	10131	10133	10151	10159	10163	10207	10244	10253	10261
10263	10272	10277	10282	10283	10336	10361	10368	10371	10374
10511	10964	10975	11016	11033	11036	11073	11077	11081	11087
11089	11123	11125	11206	11259	11260	11438	11439	11440	11441
11442	11443	11608							

山東選　(《山東文物選集》(普查部分)　1 册　山東省文物管理處、山東省博物館　1956 年)

01140	02524	04437	04785	04948	05011	05506	06026	06263	06798
08774	09989	09990	10241	10958					

山西出土文物　(山西省文物工作委員會　1980 年)

09979	10232	10252	10929	11208	11329	11588

山左　(《山左金石志》　阮元、畢沅　24 卷　嘉慶二年(1797)　小琅嬛仙館刊本)

04206

上村嶺　(《上村嶺虢國墓地》　中國科學院考古研究所　1959 年)

04659	10088	10098	10223

上海　(《上海博物館藏青銅器》　1964 年)

00102	00109	00116	00122	00151	00185	00189	00202	00235	00245
00271	00690	00826	01107	01600	02133	02405	02661	02783	02784
02787	02796	02813	02815	02829	02836	02837	02911	02948	02976
03574	03780	03903	04252	04313	04316	04331	04447	05101	05122
05215	05245	05284	05394	05415	05416	05430	05677	05769	06004
06238	06295	06598	06715	07834	09091	09268	09288	09730	09793
09811	09837	09897	09915	09964	10090	10272	11133	11148	11599

小校 （《小校經閣金文拓本》 18 卷 劉體智 1935 年）

00004	00005	00014	00015	00016	00017	00018	00022	00035	00041
00042	00043	00044	00045	00046	00049	00051	00059	00064	00065
00068	00069	00070	00082	00088	00089	00091	00092	00102	00109
00110	00111	00114	00115	00116	00117	00118	00120	00122	00132
00140	00145	00146	00147	00151	00155	00157	00158	00159	00161
00162	00163	00165	00166	00167	00168	00169	00170	00183	00185
00186	00197	00201	00202	00203	00204	00205	00206	00207	00208
00209	00225	00226	00227	00228	00229	00230	00231	00232	00233
00234	00235	00236	00237	00238	00239	00240	00241	00243	00244
00245	00261	00271	00374	00386	00395	00396	00397	00399	00404
00411	00416	00421	00422	00424	00425	00441	00444	00458	00461
00463	00469	00472	00479	00480	00481	00486	00491	00500	00506
00510	00512	00522	00523	00524	00528	00529	00530	00534	00536
00538	00544	00545	00550	00551	00553	00554	00555	00556	00566
00576	00580	00586	00594	00596	00597	00601	00605	00606	00607
00608	00611	00613	00626	00632	00633	00634	00635	00637	00638
00639	00644	00646	00659	00660	00666	00668	00669	00672	00673
00682	00688	00690	00691	00692	00693	00694	00698	00708	00709
00711	00712	00714	00717	00718	00720	00722	00724	00727	00728
00731	00732	00737	00738	00739	00741	00745	00804	00808	00814
00818	00821	00833	00840	00846	00854	00855	00856	00866	00867
00868	00870	00876	00877	00882	00887	00891	00894	00912	00915
00917	00925	00928	00929	00932	00933	00937	00938	00941	00944
00945	00947	00948	00977	00978	00980	00987	00995	01002	01003
01006	01052	01070	01084	01086	01089	01095	01104	01105	01120
01141	01145	01146	01154	01155	01179	01189	01191	01196	01204
01229	01251	01253	01259	01261	01262	01263	01267	01270	01272
01273	01281	01287	01342	01354	01358	01373	01376	01386	01387
01399	01408	01409	01410	01411	01413	01422	01424	01426	01432
01433	01438	01442	01453	01457	01465	01480	01482	01488	01491
01492	01493	01494	01502	01512	01513	01520	01524	01526	01532
01537	01541	01543	01550	01553	01555	01557	01566	01569	01574
01575	01578	01583	01605	01606	01609	01611	01612	01618	01620
01623	01624	01626	01627	01629	01630	01632	01633	01635	01641
01644	01646	01650	01654	01661	01677	01678	01680	01681	01703
01714	01717	01728	01734	01735	01740	01742	01751	01756	01759
01768	01769	01774	01775	01782	01783	01790	01803	01804	01805
01806	01808	01810	01811	01813	01814	01823	01829	01839	01840
01842	01848	01851	01853	01857	01868	01872	01875	01876	01877
01878	01880	01882	01884	01886	01888	01889	01893	01894	01897
01898	01907	01910	01914	01919	01927	01930	01936	01937	01948
01950	01951	01956	01960	01962	01964	01965	01966	01968	01973

01974	01975	01977	01987	01988	01993	01998	02007	02013	02019
02021	02027	02028	02029	02032	02034	02040	02046	02048	02049
02051	02058	02060	02063	02065	02066	02067	02068	02069	02070
02071	02078	02095	02096	02099	02101	02103	02115	02117	02128
02137	02140	02142	02144	02150	02153	02155	02158	02167	02168
02169	02170	02172	02181	02184	02188	02198	02209	02211	02212
02227	02232	02237	02244	02246	02252	02257	02266	02267	02269
02272	02273	02279	02280	02285	02287	02288	02296	02297	02298
02299	02300	02302	02303	02305	02311	02312	02315	02318	02324
02328	02330	02331	02334	02337	02340	02341	02346	02350	02354
02363	02368	02372	02378	02382	02384	02385	02389	02393	02395
02400	02402	02404	02406	02410	02412	02415	02416	02419	02421
02422	02425	02426	02441	02442	02443	02444	02451	02454	02455
02456	02459	02460	02461	02464	02465	02466	02468	02469	02475
02478	02479	02480	02493	02494	02495	02502	02503	02506	02508
02509	02510	02511	02517	02522	02523	02526	02527	02528	02530
02531	02534	02535	02541	02542	02543	02544	02545	02546	02551
02552	02553	02554	02555	02557	02559	02563	02572	02574	02575
02579	02585	02587	02588	02590	02591	02595	02598	02599	02600
02602	02605	02606	02609	02613	02614	02623	02625	02629	02630
02631	02632	02633	02635	02636	02643	02648	02649	02650	02655
02660	02662	02668	02670	02674	02675	02678	02680	02681	02683
02684	02685	02686	02687	02688	02689	02691	02692	02694	02695
02696	02705	02709	02712	02719	02721	02722	02724	02727	02730
02732	02733	02740	02741	02743	02744	02749	02754	02755	02759
02760	02763	02764	02771	02772	02776	02778	02780	02781	02783
02784	02787	02788	02794	02796	02797	02798	02799	02800	02801
02802	02803	02804	02807	02809	02810	02812	02813	02814	02816
02818	02820	02829	02836	02837	02838	02839	02841	02916	02919
02934	02935	02944	02949	02956	02960	02964	02967	02969	02972
02974	02976	02977	02979	02980	02985	02987	02993	02999	03014
03019	03020	03021	03025	03028	03033	03034	03036	03053	03059
03060	03065	03069	03070	03079	03084	03087	03090	03094	03095
03096	03097	03120	03128	03133	03134	03135	03136	03145	03146
03147	03150	03154	03155	03166	03167	03169	03170	03171	03172
03177	03178	03179	03181	03183	03184	03187	03188	03189	03200
03201	03203	03208	03211	03213	03223	03229	03230	03236	03247
03251	03252	03255	03256	03263	03264	03270	03271	03273	03281
03289	03292	03296	03303	03304	03307	03308	03310	03318	03320
03324	03327	03328	03333	03335	03338	03341	03342	03343	03349
03350	03351	03354	03355	03356	03358	03365	03368	03372	03373
03376	03381	03383	03384	03385	03395	03396	03399	03401	03414
03419	03421	03425	03427	03429	03432	03435	03437	03444	03449
03450	03451	03455	03458	03459	03460	03463	03464	03469	03470

03472	03475	03477	03482	03487	03488	03490	03500	03501	03502
03508	03510	03511	03517	03518	03521	03531	03533	03534	03535
03537	03541	03543	03544	03545	03546	03551	03552	03554	03556
03561	03565	03568	03572	03585	03586	03587	03589	03600	03602
03603	03608	03609	03611	03623	03625	03628	03629	03630	03634
03644	03648	03649	03651	03655	03657	03663	03665	03671	03674
03675	03677	03684	03689	03690	03694	03697	03701	03702	03704
03705	03711	03713	03714	03715	03723	03724	03730	03732	03736
03738	03739	03740	03742	03743	03745	03746	03747	03754	03757
03758	03761	03762	03763	03769	03770	03772	03773	03774	03777
03778	03779	03780	03783	03784	03785	03786	03787	03790	03792
03802	03803	03804	03805	03806	03807	03808	03809	03810	03812
03814	03817	03818	03828	03831	03832	03840	03841	03844	03845
03846	03847	03848	03851	03852	03855	03856	03862	03866	03867
03868	03874	03875	03876	03877	03887	03888	03889	03890	03893
03898	03899	03901	03903	03904	03907	03908	03913	03915	03916
03917	03919	03927	03929	03930	03932	03933	03934	03939	03940
03943	03945	03949	03952	03953	03954	03955	03956	03957	03959
03964	03965	03966	03967	03968	03971	03972	03973	03975	03977
03978	03980	03981	03986	03987	03989	03990	03991	03992	04001
04002	04004	04005	04006	04007	04011	04014	04018	04023	04025
04028	04029	04033	04034	04040	04041	04042	04044	04045	04046
04055	04056	04057	04058	04061	04068	04069	04075	04079	04080
04081	04082	04083	04084	04086	04088	04089	04090	04093	04096
04097	04098	04102	04103	04104	04105	04112	04113	04114	04115
04116	04117	04118	04119	04124	04127	04129	04130	04136	04138
04140	04141	04142	04152	04160	04161	04166	04168	04178	04180
04181	04183	04190	04192	04194	04195	04198	04205	04206	04207
04208	04213	04214	04215	04221	04225	04226	04227	04228	04229
04230	04231	04232	04234	04238	04239	04240	04241	04242	04261
04262	04263	04264	04265	04266	04273	04274	04275	04276	04277
04285	04287	04288	04289	04290	04291	04293	04295	04298	04299
04300	04301	04302	04313	04314	04315	04316	04318	04324	04325
04326	04327	04329	04330	04331	04332	04333	04334	04335	04337
04338	04339	04347	04350	04351	04355	04356	04365	04366	04375
04377	04380	04386	04387	04388	04389	04391	04392	04393	04394
04395	04396	04398	04399	04400	04401	04405	04406	04407	04408
04410	04411	04412	04415	04416	04417	04419	04420	04421	04422
04423	04424	04425	04427	04429	04431	04432	04433	04436	04448
04449	04450	04451	04452	04465	04466	04476	04481	04484	04486
04487	04489	04498	04508	04509	04510	04514	04515	04517	04518
04519	04520	04524	04525	04528	04535	04537	04539	04540	04541
04549	04550	04551	04552	04553	04555	04557	04558	04559	04561
04562	04563	04564	04565	04566	04567	04568	04570	04571	04572

04574	04575	04576	04579	04581	04582	04583	04584	04585	04588
04596	04598	04600	04601	04604	04606	04615	04616	04620	04623
04624	04626	04630	04631	04632	04634	04638	04643	04644	04645
04647	04649	04658	04677	04678	04683	04692	04703	04705	04715
04722	04733	04734	04738	04744	04745	04746	04749	04752	04759
04760	04763	04786	04794	04797	04806	04807	04808	04822	04823
04824	04828	04830	04831	04840	04844	04845	04846	04848	04852
04853	04856	04858	04859	04860	04861	04863	04864	04866	04867
04869	04887	04888	04889	04890	04891	04894	04899	04902	04908
04913	04915	04916	04923	04925	04926	04928	04930	04936	04937
04938	04950	04952	04953	04956	04957	04958	04959	04962	04965
04968	04971	04972	04976	04979	04980	04988	04989	04993	04995
05000	05005	05006	05015	05025	05027	05031	05042	05043	05047
05048	05052	05053	05054	05061	05064	05065	05066	05067	
05073?	05074	05081	05082	05085	05087	05091	05099	05108	05109
05111	05112	05114	05116	05119	05121	05127	05140	05143	05144
05145	05146	05148	05157	05163	05164	05165	05168	05170	05178
05184	05187	05189	05192	05193	05198	05214	05216	05217	05221
05223	05229	05230	05234	05236	05237	05239	05242	05247	05250
05251	05252	05257	05258	05259	05260	05263	05265	05272	05277
05278	05279	05280	05283	05291	05292	05296	05298	05305	05307
05308	05309	05310	05316	05317	05318	05326	05327	05332	05334
05335	05338	05341	05344	05349	05350	05351	05354	05360	05365
05366	05369	05370	05379	05380	05381	05385	05386	05388	05392
05395?	05396	05398	05399	05400	05402	05405	05407	05408	05409
05417	05418	05419	05420	05421	05423	05424	05426	05427	05433
05452	05457	05460	05465	05468	05475	05479	05494	05496	05510
05517	05519	05527	05531	05552	05559	05565	05566	05567	05569
05586	05588	05592	05593	05597	05600	05601	05617	05621	05627
05635	05639	05644	05645	05647	05655	05658	05663	05664	05673
05676	05677	05688	05693	05696	05700	05702	05704	05705	05706
05714	05716	05719	05723	05732	05733	05734	05743	05744	05745
05751	05755	05756	05757	05759	05764	05773	05774	05775	05776
05777	05781	05797	05798	05799	05801	05802	05806	05807	05810
05811	05817	05819	05821	05826	05828	05834	05836	05837	05840
05841	05846	05856	05860	05861	05863	05864	05865	05867	05869
05871	05872	05876	05880	05887	05889	05897	05898	05899	05901
05904	05915	05917	05918	05922	05923	05925	05927	05928	05934
05937	05938	05942	05944	05953	05955	05965	05969	05976	05979
05984?	05985	05988	05990	05992	06008	06016	06021	06024	06031
06037	06038	06040	06043	06053	06056	06061	06066	06069	06075
06077	06078	06083	06085	06086	06091	06094	06096	06102	06113
06117	06118	06120	06124	06125	06128	06134	06135	06139	06150
06154	06155	06167	06168	06169	06170	06172	06188	06189	06191

06192	06193	06195	06197	06199	06202	06204	06208	06209	06210
06214	06215	06217	06220	06221	06222	06226	06227	06230	06231
06232	06237	06245	06247	06249	06250	06255	06258	06269	06270
06275	06281	06282	06284	06285	06290	06292	06293	06294	06296
06297	06299	06300	06301	06307	06314	06315	06320	06326	06330
06332	06333	06334	06336	06337	06345	06351	06352	06353	06362
06365	06366	06367	06369	06370	06372	06373	06374	06375	06378
06383	06386	06389	06391	06394	06399	06401	06408	06411	06417
06418	06419	06421	06425	06429	06433	06436	06440	06441	06443
06444	06445	06446	06447	06448	06452	06456	06461	06462	06467
06470	06472	06473	06475	06476	06477	06478	06479	06481	06482
06487	06488	06490	06491	06495	06496	06502	06506	06507	06511
06512	06513	06516	06532	06533	06568	06571	06587	06591	06604
06608	06609	06611	06612	06614	06622	06633	06636	06640	06641
06651	06681	06698	06709	06720	06722	06765	06767	06787	06788
06789	06803	06806	06813	06814	06817	06828	06835	06844	06877
06921	06933	06944	06957	06959	06970	06972	06992	07014	07028
07053	07057	07073	07079	07083	07091	07095	07099	07103	07109
07120	07121	07127	07129	07130	07131	07134	07137	07138	07143
07144	07145	07148	07149	07155	07159	07180	07193	07200	07212
07213	07214	07219	07230	07232	07234	07250	07251	07253	07259
07264	07275	07276	07284	07287	07289	07290	07291	07292	07294
07295	07296	07299	07300	07304	07305	07313	07314	07321	07345
07353	07355	07356	07366	07367	07396	07401	07412	07414	07415
07420	07421	07425	07428	07446	07457	07462	07474	07477	07499
07513	07522	07524	07528	07533	07534	07536	07537	07542	07543
07552	07554	07555	07559	07572	07588	07599	07603	07608	07621
07626	07644	07649	07661	07662	07668	07671	07673	07681	07684
07689	07691	07692	07693	07697	07700	07704	07705	07706	07712
07724	07734	07749	07782	07794	07797	07817	07824	07847	07848
07850	07853	07854	07856	07859	07866	07868	07873	07876	07877
07885	07896	07897	07901	07902	07904	07905	07906	07907	07908
07910	07917	07918	07924	07930	07934	07937	07939	07944	07945
07949	07955	07960	07962	07971	07972	07977	07978	07979	07996
07997	08002	08004	08009	08010	08015	08017	08020	08030	08040
08041	08043	08045	08048	08057	08062	08066	08073	08074	08075
08086	08091	08105	08110	08112	08115	08134	08137	08140	08144
08145	08147	08148	08149	08150	08151	08159	08160	08161	08162
08189	08191	08201	08213	08217	08224	08227	08228	08239	08244
08245	08248	08263	08269	08281	08282	08294	08298	08305	08307
08308	08311	08321	08322	08323	08324	08331	08332	08333	08336
08337	08339	08341	08345	08348	08356	08358	08361	08362	08370
08372	08380	08384	08389	08395	08396	08404	08405	08406	08411
08415	08416	08417	08419	08437	08438	08439	08443	08447	08448

08449	08451	08466	08471	08476	08477	08480	08481	08482	08483
08487	08488	08491	08493	08494	08495	08499	08501	08502	08503
08504	08507	08517	08518	08521	08522	08525	08527	08535	08538
08539	08540	08547	08555	08559	08563	08572	08573	08575	08576
08578	08581	08582	08583	08585	08586	08590	08591	08594	08596
08597	08603	08604	08609	08611	08612	08614	08615	08618	08621
08623	08626	08627	08630	08633	08635	08636	08638	08643	08644
08645	08646	08647	08650	08652	08653	08654	08658	08660	08663
08665	08668	08673	08679	08685	08686	08690	08692	08694	08695
08696	08697	08698	08699	08712	08713	08714	08715	08716	08717
08724	08727	08728	08739	08740	08741	08779	08781	08787	08792
08796	08799	08811	08822	08825	08826	08827	08829	08835	08839
08840	08844	08848	08852	08854	08857	08861	08873	08874	08877
08878	08880	08881	08882	08883	08884	08887	08891	08893	08902
08904	08906	08908	08911	08919	08924	08925	08926	08933	08935
08938	08941	08942	08955	08959	08965	08972	08973	08974?	08975
08987	08990	08991	08992	08994	08995	08996	08997	08998	08999
09000	09001	09005	09008	09011	09012	09013	09017	09018	09025
09029	09030	09031	09032	09033	09034	09035	09038	09040	09043
09044	09045	09046	09047	09050	09053	09054	09058	09076	09086
09087	09088	09089	09090	09091	09092	09094	09096	09099	09102
09103	09104	09105	09111	09118	09184	09185	09191	09200	09201
09203	09208	09209	09228	09242	09246	09247	09249	09253	09267
09276	09283	09284	09288	09294	09295	09296	09310	09323	09324
09331	09338	09347	09348	09352	09354	09356	09359	09366	09368
09370	09373	09378	09379	09385	09388	09390	09392	09393	09399
09403	09404	09405	09408	09411	09412	09413	09421	09430	09431
09435	09439	09443	09451	09454	09478	09481	09506	09520	09521
09522	09525	09526	09533	09534	09535	09536	09537	09542	09545
09552	09556	09558	09559	09566	09567	09568	09572	09577	09578
09579	09585	09588	09591	09596	09606	09609	09613	09614	09615
09617	09622	09623	09627	09630	09631	09640	09641	09645	09652
09653	09655	09660	09661	09662	09667	09668	09670	09676	09687
09688	09690	09691	09694	09695	09698	09699	09705	09710	09711
09713	09714	09728	09729	09730	09731	09732	09742	09752	09763
09790	09793	09794	09800	09809	09817	09820	09821	09824	09845
09865	09873	09885	09887	09890	09897	09898	09901	09903	09931
09932	09940	09959	09964	09965	09982	10002	10018	10019	10022
10026	10036	10039	10043	10051	10059	10060	10068	10075	10080
10083	10086	10093	10101	10105	10110	10114	10115	10118	10119
10126	10127	10133	10139	10151	10152	10155	10159	10161	
10162?	10165	10170	10172	10173	10174	10176	10177	10192	10195
10199	10202	10203	10205	10206	10214	10216	10218	10220	10225
10229	10231	10237	10240	10244	10247	10251	10253	10258	10261

10263 10264 10269 10270 10272 10277 10279 10281 10282 10283
10286 10287 10291 10293 10300 10326 10331 10336 10342 10352
10357 10368 10371 10372 10374 10433 10497 10501 10510 10511
10517 10519 10520 10521 10523 10525 10530 10531 10533 10535
10537 10542 10548 10551 10552 10556 10559 10563 10564 10569
10571 10573 10576 10577 10578 10579 10637 11640 10655 10668
10674 10675 10685 10690 10737 10783 10792 10793 10795 10811
10877 10884 10890 10893 10895 10901 10906 10917 10920 10936
10941 10943 10944 10946 10947 10959 10963 10964 10983 10990
10998 11001 11009 11021 11030 11033 11035 11036 11041 11046
11056 11061 11062 11076 11082 11084 11087 11089 11105 11114
11115 11131 11135 11183 11200 11203 11228 11231 11234 11243
11247 11264 11268 11269 11272 11275 11289 11302 11312 11317
11319 11335 11342 11346 11347 11353 11356 11364 11380 11382
11391 11392 11393 11396 11401 11403 11413 11441 11469 11472
11473 11483 11488 11489 11515 11517 11525 11526 11537 11546
11549 11566 11570 11576 11580 11606 11608 11614 11615 11618
11627 11633 11636 11645 11656 11678 11694 11706 11708 11768
11770 11772 11774 11785 11786 11787 11788 11809 11820 11835
11845 11846 11848 11851 11915 11924 11926 11937 11942 11947
11956 11957 11958 11959 11960 11961 11979 11980 11982 11987
12013 12014 12023 12024 12030 12086 12088 12097 12105 12106
12108

四 畫

巴布選 （《巴黎、布魯塞爾所見中國銅器選録》(《歷史語言研究所集刊》第五十一本第一分册) 張光裕 1979 年)

01109 01303 02011 04781

日精華 （《日本蒐儲支那古銅精華》 6 册 （日)梅原末治 1959~1962 年)

00014 00064 00121 00124 00125 00126 00127 00128 00129 00130
00131 00157 00162 00163 00632 00667 00789 00915 00922 00930
01157 01389 01424 01430 01432 01455 01642 01699 01747 02130
02178 02366 02495 02674 02799 02818 02925 02941 02958 02975
03028 03496 03624 03664 03823 03992 04122 04139 04141 04236
04287 04363 04523 04717 04890 04893 05063 05119 05142 05148
05256 05309 05332 05349 05368 05379 05387 05417 05420 05421
05446 05526 05530 05547 05548 05639 05648 05748 05765 05801
05833 05843 05915 05922 05993 05999 06009 06028 06438 06635
06647 06677 06690 06830 07004 07117 07249 07575 07676 07812
08177 08327 08493 08507 08837 08857 08927 09071 09086 09087

09093 09104 09126 09137 09142 09190 09205 09284 09293 09295
09298 09315 09317 09329 09373 09404 09436 09482 09508 09509
09519 09585 09592 09603 09650 09706 09738 09765 09772 09774
09775 09779 09787 09794 09797 09813 09833 09856 09885 09948
10017 10033 10106 10149 10205 10219 10344

文博 (1984 年以來)

02992 04048 11649 11650 11664

文叢 (《文物資料叢刊》 1~7 輯)

00542 00584 00585 00787 00801 00884 01096 01149 01162 01873
02664 03057 03287 03360 03498 03549 03668 04050 04641 04720
04805 05471 05710 06017 06276 06534 06631 06994 07324 07437
07679 07867 07968 08197 08256 08350 08452 08593 08934 09488
09795 09888 10731 10992 11127 11211 11586

文化大革命期間出土文物 (第一輯)

11743

文物 (1954 年以來，1954~1958 年稱《文物參考資料》)

00037 00038 00039 00060 00061 00062 00063 00085 00107 00108
00112 00134 00141 00146 00181 00209 00241 00246 00248 00251
00252 00253 00254 00255 00256 00257 00262 00263 00264 00265
00266 00267 00268 00269 00355 00423 00447 00462 00470 00485
00487 00514 00516 00527 00543 00564 00565 00572 00573 00574
00588 00600 00609 00610 00650 00675 00679 00680 00683 00685
00686 00689 00715 00729 00744 00748 00751 00752 00772 00773
00784 00785 00786 00792 00796 00809 00812 00816 00828 00837
00847 00849 00857 00860 00885 00893 00895 00908 00911 00920
00943 00972 00979 00992 01003 01038 01130 01144 01190 01219
01227 01236 01239 01242 01318 01351 01380 01392 01472 01485
01504 01508 01538 01560 01631 01664 01719 01720 01722 01735
01767 01777 01858 01870 01873 01890 01904 01906 01925 01931
01940 01980 01994 02014 02023 02036 02074 02100 02104 02111
02112 02164 02185 02186 02191 02192 02194 02228 02243 02278
02301 02319 02321 02347 02359 02374 02391 02397 02405 02408
02417 02418 02423 02476 02486 02491 02501 02505 02512 02516
02529 02533 02538 02549 02550 02558 02560 02561 02564 02565
02589 02603 02610 02617 02618 02619 02638 02642 02651 02656
02658 02661 02676 02677 02682 02697 02700 02701 02703 02704
02707 02725 02726 02730 02736 02746 02750 02757 02764 02765
02766 02767 02773 02779 02782 02788 02789 02791 02793 02807
02810 02811 02821 02824 02825 02830 02831 02832 02840 02914

02915	02921	02950	02983	02984	03006	03017	03029	03030	03055
03068	03072	03104	03112	03125	03130	03131	03144	03149	03160
03176	03182	03190	03214	03216	03219	03221	03245	03249	03258
03285	03299	03301	03315	03344	03345	03346	03352	03379	03389
03406	03412	03439	03442	03447	03453	03484	03489	03492	03494
03499	03526	03527	03570	03574	03590	03616	03617	03618	03633
03652	03667	03669	03678	03679	03691	03721	03732	03776	03781
03815	03833	03834	03871	03872	03873	03882	03896	03902	03921
03923	03924	03942	03950	03969	03974	03993	04019	04030	04035
04051	04094	04131	04140	04155	04158	04171	04184	04188	04189
04191	04199	04200	04201	04203	04243	04250	04253	04254	04256
04257	04267	04268	04283	04284	04307	04317	04320	04321	04322
04328	04341	04345	04346	04352	04353	04357	04358	04359	04360
04370	04372	04373	04384	04385	04397	04438	04439	04462	04464
04467	04468	04493	04494	04500	04503	04514	04522	04527	04536
04546	04556	04593	04597	04599	04608	04609	04611	04618	04624
04625	04628	04640	04650	04652	04654	04663	04673	04681	04682
04694	04695	04707	04737	04770	04784	04818	04821	04854	04877
04878	04879	04907	04909	04935	04964	04974	04977	05021	05029
05040	05069	05071	05078	05098	05100	05104	05113	05134	05137
05162	05194	05201	05213	05226	05227	05231	05241	05244	05245
05261	05268	05270	05276	05288	05290	05304	05312	05322	05324
05325	05348	05383	05395	05410	05451	05453	05497	05508	05512
05534	05556	05585	05589	05602	05616	05684	05713	05742	05760
05777	05789	05823	05848	05884	05910	05913	05916	05930	05931
05960	05983	05996	05997	06000	06011	06012	06013	06014	06026
06027	06032	06055	06087	06097	06115	06184	06187	06278	06283
06287	06323	06331	06342	06387	06402	06405	06406	06424	06453
06454	06455	06459	06469	06511	06512	06536	06539	06579	06594
06596	06601	06626	06643	06657	06707	06708	06734	06824	06909
06918	06947	06953	07070	07102	07111	07125	07165	07189	07190
07225	07254	07283	07328	07331	07380	07388	07404	07433	07438
07455	07475	07494	07538	07591	07600	07611	07659	07660	07665
07699	07725	07732	07747	07783	07791	07792	07801	07874	07899
07911	07953	08031	08032	08116	08121	08158	08167	08168	08182
08219	08220	08261	08393	08485	08509	08533	08551	08553	08606
08656	08723	08734	08760	08765	08771	08772	08773	08774	08775
08898	08899	08900	08912	08915	08916	08960	08982	08983	08984
09015	09020	09024	09048	09063	09068	09070	09081	09132	09133
09140	09149	09176	09218	09248	09300	09303	09326	09327	09328
09355	09395	09397	09406	09426	09438	09452	09455	09456	09464
09469	09470	09477	09499	09501	09513	09517	09527	09546	09563
09594	09595	09601	09602	09605	09607	09610	09611	09618	09628
09632	09633	09634	09637	09642	09656	09669	09673	09682	09696

09697	09700	09707	09709	09722	09723	09726	09734	09735	09740
09757	09758	09770	09773	09780	09806	09816	09826	09883	09888
09896	09935	09936	09939	09961	09973	09974	09977	09979	09991
10020	10024	10048	10062	10063	10064	10073	10074	10082	10091
10092	10099	10102	10108	10109	10132	10135	10136	10140	10144
10150	10154	10175	10209	10232	10233	10234	10235	10252	10259
10266	10268	10276	10285	10297	10305	10310	10313	10318	10322
10323	10324	10329	10335	10337	10338	10353	10354	10362	10366
10370	10378	10384	10390	10391	10438	10478	10616	10622	10628
10666	10710	10719	10743	10745	10774	10775	10785	10804	10808
10809	10823	10829	10844	10847	10851	10853	10881	10885	10889
10927	10929	10954	10958	10966	10971	10991	10993	10994	10995
11014	11024	11045	11052	11054	11063	11064	11071	11099	11107
11108	11116	11118	11141	11142	11147	11153	11158	11161	11167
11172	11181	11189	11193	11194	11195	11207	11208	11221	11225
11232	11237	11240	11241	11242	11249	11258	11261	11262	11273
11274	11276	11278	11281	11294	11304	11305	11308	11309	11314
11325	11326	11328	11329	11344	11357	11365	11366	11368	11371
11372	11373	11379	11384	11385	11386	11387	11388	11389	11394
11395	11397	11398	11399	11402	11404	11426	11453	11485	11486
11507	11509	11550	11551	11552	11554	11555	11559	11560	11563
11573	11588	11611	11620	11621	11625	11634	11638	11639	11654
11658	11665	11666	11693	11703	11719	11732	11743	11789	11791
11792	11797	11807	11816	11819	11823	11826	11829	11840	11857
11918	12033	12034	12035	12036	12037	12038	12039	12041	12078
12079	12080	12081	12100	12109	12110	12111	12112	12113	

文物天地 （1981 年以來）

02480

文物精華

12110　12113

文字編 （《中山王嚳器文字編》　1 册　張守中　1981 年）

00513	00537	00971	02088	02089	02090	02091	02092	02093	02094
09448	09450	09561	09562	09665	09666	09674	09675	09683	09684
09685	09686	09692	09925	09926	10328	10349	10396	10397	10402
10441	10442	10443	10444	10445	10446	10447	10471	10472	10473
10474	10475	10477	10478	11758	11822	11863	11864	11865	12045
12054	12055	12056	12057	12058	12059	12060	12061	12062	12063

五省 （《五省出土重要文物展覽圖録》　1958 年）

00210	00222	00223	00805	01786	02215	02216	02217	03216	03581

03592	04320	04490	05213	05288	07252	08299	09455	09822	09976
09992	09993	09994	10171	10189	10290	10298	10305	11112	11141

支美 （《支那美術圖譜》 2 册 （日）大村西崖 1932 年）

02544 03806 03927 05799 06568

中國古代青銅器展觀 （1 册 日本黑川古文化研究所 1979 年）

06613 07413 08193 08739 08822

中國歷史博物館館刊 （1979 年以來）

01450 01586 01634 03106 04799 06845 06846 08103 08104 10014

中國考古學會第三次年會論文集 （1989 年）

11632

中山大學學報 （1964 年 1 期 75 頁《鳥書考》）

11451	11511	11535	11570	11594	11598	11600	11623	11624	11627
11628	11640	11663	11703						

中銅 （《中國古銅器》 1 册 （日）杉村勇造 1966 年）

01319	01516	01530	05023	05274	05338	05520	05549	05561	05627
06650	07320	07483	08065	09126					

中原文物 （1983 年以來）

01227	02194	02529	02603	03072	04188	04189	04593	04611	04821
05098	05244	05290	05616	06579	06643	06657	06734	06824	07070
07380	07699	07725	07732	07747	07801	07911	07953	08121	08158
08509	08553	08760	08765	08898	08899	08900	09132	09140	09149
10024	10109	10144	10234	10310	10337	10622	10719	10847	10853
11611	11789								

五 畫

白鶴 （《白鶴吉金集》 1 册 （日）梅原末治 1934 年）

02130 05329 05417 05554 06009 06098 09830

白鶴撰 （《白鶴吉金撰集》 1 册 （日）梅原末治 1941 年）

01389	02366	04364	04843	05160	05256	05843	05881	05999	08816
09519	09592	09738	09775	09833					

北圖 （《北京圖書館藏青銅器銘文拓本選編》 北京圖書館金石組 1985 年）

09153 09238

出光　(《開館十五周年紀念展圖録》　1 册　出光美術館　1981 年)

00445　00855　01177　01319　01516　01530　01739　01862　02475　03376
04236　05023　05057　05235　05274　05338　05364　05520　05549　05561
06074　06650　06658　06782　06810　07138　07250　07251　09126

古文審　(8 卷　清劉心源　1891 年)

00506　00641　00691　00941　01769　01930　02305　02526　02553　02734
02788　02803　02816　03862　04208　04269　04288　04298　04327　04341
04692　05361　05391　05392　05407　05409　05424　05933　05981　06001
06460　06515　09090

古文字研究　(1979 年以來)

01139　01500　01933　02050　03870　04003　09962　10601　10711　10781
10913　10914　10915　10928　10994　11008　11042　11092　11103　11104
11283　11299　11327　11376　11451　11474　11501　11588　12022　12100

甲骨學　(第十二號　日本甲骨學會　1980 年)

01521　01653　01898　03194　06607　06670　07548　09678　09679

六　畫

安徽金石　(《安徽通志金石古物考稿》　18 册　徐乃昌　1936 年)

01804　01805　02095　02096　02296　02297　02298　02299　02300　02393
02395　02479　02480　02623　02722　04266　04269　04298　04315　04330
04476　04489　04582　04598　04616　04634　04649　05565　06016　06516
08891　09103　10199　10246　10282　10291　10917　11115　11140　11146
11391　11393　11605

安陽遺寶　(《河南安陽遺寶》　(日)梅原末治　1940 年)

02941　10632

吉志　(《吉金志存》　4 卷　清李光庭　咸豐九年(1859)自刻本)

01662

江漢考古　(1980 年以來)

00699　01990　02062　02231　02235　02286　02339　02356　02369　02370
02371　02573　02652　03699　04320　04503　04573　04594　04609　04612
04613　04617　04636　04637　05687　05912　05987　06236　07923　09995
10001　10112　10167　10330　10332　10356　10373　10821　10924　11045
11121　11254　11261　11324　11358　11534　11567　11668

江蘇省出土文物選集　（南京博物院　1963 年）

04320　04503

考古　（1955 年以來，1955~1958 年稱《考古通訊》）

00001	00019	00073	00074	00093	00094	00095	00096	00097	00098
00099	00100	00101	00202	00356	00426	00427	00592	00624	00631
00663	00677	00683	00687	00699	00700	00707	00747	00749	00750
00792	00848	00858	00865	00883	01139	01148	01219	01226	01243
01265	01299	01348	01388	01474	01500	01535	01651	01708	01719
01733	01761	01801	01926	01933	01935	01971	01981	01990	01997
02012	02037	02054	02062	02083	02084	02154	02166	02214	02231
02235	02247	02261	02286	02339	02349	02355	02356	02357	02369
02370	02371	02390	02418	02437	02439	02457	02470	02497	02507
02566	02567	02573	02616	02620	02638	02644	02652	02702	02714
02715	02716	03023	03032	03072	03126	03161	03348	03408	03409
03457	03566	03612	03670	03680	03699	03775	03838	03839	03896
03906	03909	03910	03911	04016	04031	04048	04049	04054	04066
04067	04154	04209	04213	04237	04247	04383	04454	04455	04456
04457	04459	04471	04479	04480	04482	04483	04495	04503	04532
04533	04573	04594	04609	04612	04613	04617	04635	04636	04637
04686	04687	04769	04838	04964	05062	05115	05268	05428	05518
05574	05595	05599	05612	05649	05687	05720	05737	05853	05912
05978	05987	06065	06081	06116	06121	06236	06265	06400	06435
06450	06524	06525	06595	06625	06667	06954	07068	07071	07101
07128	07258	07387	07592	07751	07860	07919	07922	07923	07969
08111	08120	08246	08319	08363	08403	08478	08571	08624	08762
08770	08855	08888	08889	08971	09101	09115	09218	09291	09302
09308	09445	09453	09494	09625	09626	09636	09663	09677	09810
09862	09891	09947	09952	09960	09963	09966	09975	09987	09988
09995	10001	10005	10020	10045	10058	10071	10103	10104	10112
10122	10130	10167	10182	10183	10230	10250	10256	10315	10321
10330	10332	10340	10347	10355	10356	10373	10403	10468	10469
10642	10786	10806	10807	10818	10821	10887	10913	10914	10915
10924	10928	10953	10961	10969	10994	10996	10997	11004	11008
11011	11013	11026	11027	11042	11043	11045	11063	11067	11073
11079	11088	11092	11103	11104	11113	11116	11117	11119	11121
11122	11137	11159	11199	11201	11215	11219	11235	11236	11251
11254	11261	11267	11283	11288	11290	11292	11299	11306	11307
11308	11310	11311	11321	11324	11327	11330	11331	11332	11336
11357	11358	11359	11373	11376	11382	11384	11385	11407	11432
11454	11500	11501	11534	11548	11562	11564	11567	11568	11571
11582	11602	11603	11604	11631	11632	11651	11668	11685	11707
11712	11718	11761	11769	11784	11799	11802	11817	11818	11827

11832	11842	11854	11855	11856	11861	11862	11868	11870	11933
12021	12022	12026	12033	12034	12035	12037	12038	12039	12100
12110	12111	12113							

考古圖 （10 卷　宋吕大臨　元祐七年）

00048	00054	00072	00103	00153	00270	00525	00603	00627	00942
00988	00989	01134	01237	01246	01284	01484	01607	02055	02358
02490	02717	02753	02826	03027	03233	03244	03277	03411	03441
03465	03548	03860	03920	03983	04126	04153	04182	04255	04260
04296	04297	04343	04348	04349	04354	04409	04469	04473	04531
04627	04684	04693	04955	04961	05045	05079	05287	05397	05401
05701	05995	06219	06279	06280	06328	06843	07273	07346	07648
07682	08038	08445	08737	09307	09396	09441	09708	09725	09769
09981	10160	10179	10215	10238	10317	10341	11144		

考古與文物 （1980 年以來）

00060	00061	00062	00063	00181	00462	00564	00588	00729	00751
00752	00809	01190	01239	01242	01485	01504	01560	01631	01664
01722	01870	02014	02191	02491	02501	02512	02549	02558	02560
02773	03006	03104	03149	03219	03352	03389	03447	03492	03633
03652	03691	03721	03776	03871	03873	03921	04140	04191	04267
04346	04352	04353	04357	04358	04359	04360	04372	04373	04536
05021	05137	05383	05497	06087	06387	06947	07165	07538	07899
08261	08551	08775	09024	09328	09469	09470	09605	09673	09758
09826	09896	10092	10775	10847	10885	10954	11014	11453	11486
11573	11634	11719	11840	11857					

考古與文物叢刊 （二輯　古文字論集(一)　陝西省考古研究所　1983 年）

03344

曲阜魯國故城 （1 册　山東省文物考古研究所等　1982 年）

00939	02639	04440	04441	04458	04534	09657	10087	10116	10275

世界美術全集 （(日)新規矩男等　平凡社　1952~1954 年）

02482

西甲 （《西清續鑑甲編》 20 卷　清王傑等　乾隆五十八年(1793)　本書用宣統二年(1910)本）

00086	00118	00193	00194	00195	00196	00197	00198	00199	00200
00201	00202	00386	00460	00661	00731	00802	00817	00859	01017
01043	01075	01194	01297	01359	01436	01523	01613	01660	01670
01683	01688	01689	01771	02022	02139	02157	02158	02183	02245
02314	02484	02579	02827	02828	02912	03016	03079	03084	03098
03147	03202	03203	03205	03264	03294	03300	03369	03400	03430

03433	03435	03475	03495	03512	03514	03562	03571	03631	03647
03666	03681	03696	03718	03750	03763	03764	03903	03946	04023
04027	04040	04060	04121	04165	04244	04269	04270	04298	04413
04527	04535	04714	04760	04772	04837	04867	04897	04941	04981
05082	05094	05243	05510	05532	05561	05698	05783	05908	05967
05975	06286	06339	06747	06762	07456	07988	08383	08396	09165
09212	09269	09342	09343	09365	09553	09619	09644	09690	09733
09842	10038	10107	10145	10312					

西清　(《西清古鑑》　40卷　清梁詩正等　乾隆二十年(1755)内府刻本)

00004	00031	00260	00465	00473	00509	00711	00778	00781	00782
00798	00813	00824	00861	00886	00892	00901	00905	01003	01061
01091	01120	01132	01145	01178	01289	01296	01369	01377	01378
01390	01393	01435	01439	01441	01511	01513	01534	01579	01617
01625	01627	01641	01645	01674	01687	01709	01819	01831	01833
01854	01863	01883	01896	01953	01991	02110	02120	02167	02254
02265	02312	02313	02322	02326	02385	02387	02388	02389	02398
02400	02453	02454	02455	02496	02513	02532	02583	02691	02748
02788	02806	02808	02917	02952	02963	03022	03031	03033	03040
03099	03137	03159	03204	03217	03253	03270	03333	03338	03357
03365	03375	03376	03432	03477	03478	03479	03483	03491	03503
03504	03508	03606	03609	03665	03707	03708	03709	03730	03754
03768	03859	03862	03891	03917	03947	03949	03956	03979	04008
04020	04024	04029	04047	04111	04120	04194	04223	04224	04235
04273	04341	04344	04355	04374	04563	04574	04595	04607	04669
04723	04730	04738	04747	04792	04825	04856	04864	04925	04949
04950	04985	04992	04994	04995	04999	05006	05020	05031	05039
05067	05070	05085	05086	05093	05101	05118	05129	05132	05163
05177	05205	05234	05239	05242	05246	05281	05308	05309	05318
05338	05355	05361	05362	05391	05392	05408	05409	05424	05462
05463	05488	05503	05521	05523	05533	05544	05555	05558	05594
05607	05621	05631	05633	05651	05679	05682	05690	05746	05762
05803	05857	05864	05928	05933	05935	05943	05973	05981	06001
06015	06041	06045	06093	06101	06125	06135	06140	06228	06309
06318	06325	06361	06407	06423	06434	06460	06494	06507	06515
06571	06623	06629	06748	06819	06840	06877	06894	07088	07094
07098	07147	07173	07174	07211	07216	07217	07218	07269	07271
07288	07309	07310	07678	07797	08694	08882	08890	09042	09131
09150	09209	09255	09256	09271	09287	09290	09299	09312	09332
09400	09410	09412	09422	09431	09443	09451	09483	09493	09522
09532	09544	09547	09548	09567	09571	09597	09598	09613	09672
09680	09689	09691	09737	09767	09794	09849	09850	09859	09887
09893	10147	10165	10204	10267	10286				

西拾 （《西清彝器拾遺》 1冊 容庚 1940年）

01238 01610 01837 02945 02997 02998 03286 03294 05082 09644
09778

西乙 （《西清續鑑乙編》 20卷 清王傑等 1793年）

00442 00768 00880 01079 01088 01260 01294 01313 01434 01594
01652 01679 01684 01693 01770 02009 02026 02059 02072 02082
02308 02351 02601 02626 02657 02953 02990 03000 03015 03042
03052 03064 03082 03110 03174 03186 03278 03279 03290 03336
03353 03410 03417 03515 03575 03700 03703 03706 03842 03905
03988 04009 04015 04145 04732 04802 04810 05313 05483 05546
05615 05629 05727 05728 06664 06799 07066 07153 09220 09221
09322 09349 10111 10181 10361

有鄰館精華 （日本藤井有鄰館）

02178 02799

七 畫

求古 （《求古精舍金石圖初集》 4卷 清陳經 1813年）

00567 01773 01922 02416 04962 05218 07697

社會科學戰綫 （1978年以來）

03896

希古 （《希古樓金石萃編》 10卷 劉承幹 1933年）

00035 00051 00059 00071 00089 00091 00113 00117 00150 00186
00202 00204 00207 00209 00228 00230 00233 00235 00425 00428
00468 00491 00529 00531 00544 00545 00547 00551 00552 00553
00554 00555 00557 00566 00575 00635 00644 00647 00668 00670
00691 00693 00694 00698 00713 00714 00718 00721 00722 00727
00731 00852 00948 01482 01721 01730 01779 01780 01781 01783
01910 01911 01918 01964 01969 01973 02024 02028 02044 02049
02051 02061 02066 02141 02149 02162 02163 02199 02200 02227
02273 02282 02288 02340 02350 02411 02421 02422 02425 02428
02443 02444 02445 02446 02448 02462 02467 02469 02508 02523
02537 02541 02543 02545 02546 02552 02559 02570 02572 02582
02587 02591 02599 02601 02602 02621 02622 02629 02668 02680
02681 02737 02754 02778 02783 02784 02788 02799 02800 02804
03257 03281 03355 03365 03373 03414 03443 03444 03481 03487
03565 03569 03572 03619 03631 03724 03741 03778 03779 03813

03847 03856 03869 03877 03892 03917 03953 03965 03967 03980
03981 03986 04011 04039 04056 04081 04103 04129 04270 04271
04274 04275 04287 04298 04318 04319 04335 04386 04387 04396
04399 04419 04422 04423 04430 04450 04451 04452 04466 04487
04488 04525 04552 04559 04561 04565 04570 04571 04574 04582
04598 04639 04888 05034 05126 05140 05228 05236 05237 05259
05299 05301 05402 05408 05409 05418 05705 05778 05787 05846
05864 05984 06040 06059 06086 06512 06720 06838 09118 09184
09200 09239 09243 09451 09458 09535 09536 09551 09567 09568
09571 09613 09691 09705 09742 09969 09970 10113 10114 10118
10139 10170 10177 10186 10207 10216 10217 10239 10244 10246
10255 10258 10261 10262 10269 10271 10282 10307 10529

辛村 （《濬縣辛村》 郭寶鈞 1964 年）

00595 00775 00830 01659 05248 05986 07987 10800 10803 10882
10886 11333

八 畫

長安 （《長安獲古編》 2 卷 清劉喜海 道光末年 本書用光緒三十一年(1905)劉鶚補刻器名本）

00016 00673 00737 00867 01686 01768 02098 02213 02378 02383
02588 02727 02780 02813 03223 03655 03757 04499 04968 05277
05351 05433 06107 06428 07312 08527 08573 08695 08698 08825
08878 08932 09046 09108 09347 09411 09885 10231 11469

柉禁 （《柉禁の考古學的考察》 （日）梅原末治 1933 年）

05496 06217 06482 07219

河北 （《河北出土文物選集》 1980 年）

00456 03030 04633 04737 05276 05697 06593 06594 07241 07455
08293 08709 10284 10643 11111 11222 11229 11292 11320 11339
11378 11503 11523 11524 11532 11616 11635 11669 11702 11784
11827 12068 12069

金村 （《洛陽金村古墓聚英》 （日）梅原末治 1943 年）

00126 00127 00129 00130 09650 10440

金匱 （《金匱論古初集》 陳仁濤 1952 年）

00123 00124 00125 00126 00127 00128 00129 00130 00131 02812
03635 05969 08531 08885 08886 08923 10640 10869 11594 11629
11656 11692

金石書畫　（《東南日報》特種副刊 1943~1936？（3 册））

01250　02393　02772　02812

金索　（《金石索》　12 卷　清馮雲鵬、馮雲鵷　道光四年（1824）邃古刊本）

00014　00021　00083　00084　00145　00182　00645　01937　02212　02246
02420　02526　02814　03289　03739　03760　03761　03818　03848　04040
04221　04334　04524　04693　04913　05285　06352　06680　06957　07976
08209　08518　09012　09013　09058　10244　10361　10857　10859　10959
11046　11089　11200　11206　11268　11356　11915　11939　12098

金文叢考　（郭沫若（1952 年編本））

04641

兩罍　（《兩罍軒彝器圖釋》　12 卷　清吴雲　同治十一年（1870）自刻本）

00064　00151　02649　03321　03490　03543　03648　03701　03757　04075
04192　04232　04288　04289　04378　04432　04537　04568　04643　04988
05187　05278　05426　05880　06176　06290　06314　06620　06806　07151
07955　09399　09569　09578　09654　09655　09729　09730　10272　11824

奇觚　（《奇觚室吉金文述》　20 卷　清劉心源　光緒二十八年（1902）石印本）

00014　00018　00042　00043　00044　00067　00069　00088　00092　00111
00132　00145　00155　00156　00185　00206　00226　00238　00243　00370
00374　00399　00556　00570　00596　00597　00632　00634　00708　00855
00870　00877　01002　01089　01189　01259　01270　01278　01342　01609
01618　01641　01676　01728　01735　01756　01829　01839　01851　01975
02013　02021　02051　02060　02067　02071　02103　02153　02155　02158
02168　02184　02251　02252　02266　02279　02312　02368　02410　02411
02415　02419　02451　02455　02459　02461　02472　02495　02502　02534
02594　02607　02613　02636　02650　02655　02670　02671　02672　02674
02705　02709　02724　02727　02730　02731　02734　02744　02752　02775
02787　02803　02807　02810　02814　02816　02818　02827　02836　02837
02838　02841　02919　02987　03065　03070　03211　03213　03223　03264
03289　03340　03502　03518　03521　03534　03535　03623　03630　03645
03648　03651　03657　03696　03711　03713　03723　03739　03742　03762
03763　03764　03772　03773　03806　03808　03810　03818　03820　03822
03845　03848　03866　03868　03889　03904　03915　03927　03930　03940
03952　03959　03966　03967　03987　03990　03991　04001　04002　04075
04088　04089　04093　04116　04117　04118　04122　04127　04137　04140
04141　04178　04180　04181　04194　04198　04208　04214　04221　04226
04229　04240　04261　04262　04265　04276　04288　04290　04302　04313
04329　04337　04338　04339　04367　04389　04392　04395　04405　04407
04411　04416　04420　04421　04424　04431　04436　04514　04518　04524
04540　04553　04555　04558　04563　04581　04582　04587　04596　04600
04601　04615　04616　04620　04623　04626　04627　04629　04631　04632

04643 04644 04645 04649 04692 04757 04794 04830 04846 04858
04867 04887 04938 04957 04965 04993 05007 05015 05053 05073
05082 05099 05127 05146 05148 05187 05211 05216 05221 05239
05250 05263 05278 05283 05291 05296 05307 05317 05327 05334
05351 05365 05366 05369 05385 05392 05402 05405 05408 05409
05424 05433 05569 05597 05600 05632 05696 05716 05723 05743
05801 05819 05828 05841 05861 05880 05894 05914 05922 05925
05928 05971 05979 05982 05990 05992 05994 06006 06008 06086
06139 06202 06208 06231 06275 06292 06320 06330 06365 06366
06370 06375 06389 06391 06399 06446 06447 06462 06467 06475
06495 06502 06506 06513 06516 06532 06571 06765 07091 07214
07232 07291 07296 07300 07301 07314 07321 07414 07428 07533
07534 07543 07572 07661 07692 07693 07847 07866 07876 07877
07902 07904 07907 08010 08017 08020 08073 08074 08112 08189
08239 08263 08341 08437 08443 08482 08507 08517 08522 08527
08539 08573 08575 08584 08623 08643 08668 08690 08692 08695
08696 08697 08698 08825 08835 08857 08861 08874 08878 08884
08987 09001 09013 09022 09029 09032 09034 09035 09045 09046
09053 09089 09092 09096 09104 09105 09185 09219 09242 09283
09292 09294 09296 09354 09370 09379 09388 09404 09412 09440
09572 09606 09608 09612 09614 09639 09641 09654 09667 09671
09690 09691 09713 09730 09732 09790 09815 09898 09982 10022
10068 10097 10105 10110 10114 10126 10127 10151 10159 10173
10174 10176 10205 10214 10218 10225 10253 10262 10272 10277
10279 10283 10352 10361 10366 10367 10368 10371 10374 10530
10567 10573 10576 10579 10685 10811 10824 10858 10859 10877
10895 10901 10936 10941 10944 10962 10963 10964 10975 10976
10982 10983 10990 11003 11012 11021 11023 11033 11046 11049
11056 11061 11062 11082 11089 11129 11156 11183 11187 11203
11230 11233 11260 11264 11289 11312 11334 11335 11346 11353
11364 11396 11469 11473 11480 11488 11489 11515 11525 11526
11541 11569 11601 11636 11655 11788 11845 11848 12097

青山莊　(《青山莊清賞・古銅器篇》　(日)梅原末治　1942 年)

04750 04768 04788 04890 05099 05190 05355 05446 05570 05624
05814 05851 06908 09157 09304 09315 09316 09317 09635 09706
09772 09881 09948

武英　(《武英殿彝器圖録》　2 册　容庚　1934 年)

00004 00398 00441 00461 00530 01146 01204 01422 01438 01442
01526 01574 01612 01740 01808 01810 01872 01919 02302 02460
02468 02585 02960 02985 03014 03021 03096 03136 03177 03181
03368 03399 03419 03429 03746 03929 03955 04044 04391 04412
04588 04646 04647 04863 04923 05031 06120 06226 06921 06970

07129 08547 09310 09393 09476 09497 09537 09627 09645 09676
09731

周漢遺寶　((日)原田淑人　1932 年)

09937 10440 11216 11406

周金　(《周金文存》　6 卷　鄒安　1916 年)

00014 00015 00017 00018 00022 00033 00035 00040 00041 00042
00043 00044 00045 00046 00049 00051 00059 00064 00065 00068
00069 00070 00082 00088 00090 00091 00092 00102 00109 00110
00111 00114 00115 00117 00118 00120 00122 00132 00140 00145
00146 00147 00149 00150 00151 00152 00155 00156 00183 00185
00186 00201 00202 00203 00204 00205 00206 00207 00208 00209
00225 00226 00227 00228 00229 00230 00231 00232 00233 00234
00235 00236 00237 00238 00239 00240 00241 00243 00244 00245
00261 00271 00359 00370 00374 00399 00421 00422 00424 00425
00506 00511 00522 00528 00532 00534 00544 00545 00546 00548
00549 00550 00551 00554 00555 00566 00571 00576 00580 00586
00596 00597 00605 00607 00611 00632 00633 00635 00637 00638
00639 00643 00659 00666 00668 00672 00673 00682 00690 00691
00692 00693 00694 00698 00705 00706 00708 00709 00711 00712
00717 00718 00720 00722 00724 00726 00731 00732 00733 00737
00738 00745 00833 00854 00855 00856 00867 00870 00876 00877
00887 00891 00915 00917 00925 00928 00929 00932 00941 00947
00948 01342 01343 01482 01728 01734 01768 01769 01782 01907
01914 01937 01950 01951 01956 01965 01968 01973 01975 02024
02027 02032 02040 02043 02044 02046 02048 02049 02051 02060
02063 02067 02071 02099 02103 02137 02150 02153 02155 02167
02168 02169 02170 02184 02209 02227 02266 02267 02273 02282
02288 02334 02340 02350 02354 02375 02378 02382 02383 02385
02392 02412 02413 02415 02419 02422 02426 02441 02442 02443
02444 02448 02449 02451 02454 02456 02459 02461 02466 02469
02475 02494 02495 02502 02508 02511 02517 02522 02523 02526
02531 02534 02542 02544 02546 02551 02552 02553 02554 02557
02563 02569 02572 02587 02588 02590 02591 02600 02602 02605
02609 02614 02621 02628 02629 02631 02633 02635 02636 02643
02649 02650 02655 02660 02662 02668 02678 02680 02681 02684
02685 02686 02687 02690 02691 02692 02705 02719 02721 02722
02724 02727 02730 02732 02743 02744 02749 02754 02755 02756
02771 02772 02776 02778 02780 02781 02783 02784 02787 02796
02797 02798 02799 02800 02801 02802 02803 02804 02807 02810
02812 02813 02814 02816 02818 02820 02829 02836 02837 02838
02841 02919 02961 03034 03251 03252 03264 03271 03273 03354
03355 03356 03365 03373 03376 03381 03385 03443 03450 03460

03464	03469	03477	03490	03532	03533	03534	03537	03541	03543
03544	03545	03551	03552	03554	03556	03568	03589	03623	03625
03630	03632	03675	03690	03697	03701	03702	03723	03724	03730
03732	03736	03738	03742	03745	03754	03757	03758	03761	03762
03763	03768	03772	03773	03774	03777	03778	03779	03785	03786
03790	03802	03803	03805	03808	03809	03810	03812	03813	03817
03818	03831	03844	03845	03846	03847	03848	03850	03856	03863
03866	03875	03876	03888	03889	03890	03892	03893	03897	03898
03899	03900	03901	03907	03908	03913	03914	03915	03916	03917
03927	03930	03943	03945	03948	03952	03957	03959	03964	03966
03967	03968	03971	03972	03973	03977	03982	03987	03989	03991
04001	04002	04004	04005	04007	04011	04014	04018	04023	04024
04025	04028	04029	04031	04039	04040	04041	04042	04055	04056
04061	04075	04076	04078	04079	04080	04081	04082	04083	04085
04086	04087	04089	04093	04098	04103	04104	04109	04110	04114
04116	04117	04118	04119	04122	04124	04127	04129	04136	04137
04140	04141	04152	04166	04167	04178	04180	04181	04183	04190
04193	04194	04198	04201	04205	04206	04207	04208	04213	04214
04221	04222	04225	04226	04227	04228	04230	04231	04232	04240
04242	04261	04262	04263	04264	04265	04266	04269	04270	04271
04273	04275	04276	04285	04287	04288	04289	04290	04291	04294
04295	04298	04299	04302	04313	04314	04316	04318	04319	04324
04325	04326	04327	04329	04331	04332	04333	04334	04335	04336
04337	04338	04339	04351	04365	04377	04378	04380	04386	04388
04389	04392	04393	04394	04396	04400	04401	04405	04407	04410
04416	04421	04422	04424	04425	04427	04428	04431	04432	04433
04436	04448	04449	04450	04451	04452	04453	04465	04466	04484
04487	04514	04515	04517	04518	04519	04520	04528	04529	04535
04537	04538	04539	04540	04541	04552	04553	04555	04557	04558
04559	04561	04562	04563	04564	04565	04567	04568	04570	04571
04572	04574	04575	04576	04579	04581	04582	04585	04596	04598
04600	04601	04606	04615	04616	04620	04623	04624	04626	04630
04631	04632	04638	04639	04643	04644	04645	04649	04683	04688
04692	04722	04759	04845	04858	04859	05015	05043	05109	05119
05121	05127	05178	05184	05187	05189	05198	05221	05223	05228
05234	05236	05237	05239	05242	05250	05277	05297	05298	05308
05316	05317	05327	05341	05349	05350	05351	05354	05366	05380
05381	05392	05395	05398	05402	05405	05407	05408	05409	05418
05420	05423	05424	05426	05427	05433	05509	05569	05592	05704
05705	05706	05775	05777	05778	05781	05819	05828	05841	05846
05861	05864	05904	05928	05941	05955	05956	05966	05976	05979
05982	05988	05990	05992	06008	06086	06135	06169	06174	06192
06193	06197	06365	06366	06367	06429	06436	06452	06456	06462
06478	06495	06502	06506	06513	06516	06571	06765	07259	07284

07287	07296	07304	07321	07644	07661	07693	07724	07824	08137
08305	08825	09029	09030	09032	09033	09035	09040	09045	09046
09059	09077	09086	09087	09088	09089	09090	09091	09092	09094
09095	09096	09099	09104	09246	09288	09294	09295	09399	09408
09411	09412	09413	09428	09430	09431	09434	09439	09443	09447
09451	09535	09552	09556	09559	09567	09568	09572	09579	09585
09588	09596	09606	09608	09614	09617	09622	09623	09630	09631
09641	09653	09654	09655	09661	09667	09668	09670	09687	09688
09690	09691	09694	09695	09698	09699	09713	09714	09729	09730
09732	09779	09809	09817	09820	09825	09873	09890	09897	09898
09964	09965	09968	09971	09982	09996	10026	10059	10060	10068
10075	10080	10086	10093	10101	10105	10110	10113	10123	10126
10127	10131	10133	10139	10146	10151	10152	10159	10161	10162
10165	10170	10173	10174	10176	10177	10193	10195	10202	10203
10205	10206	10214	10216	10218	10220	10225	10229	10231	10237
10240	10251	10253	10255	10258	10263	10270	10272	10276	10277
10279	10283	10286	10296	10307	10314	10320	10331	10334	10339
10342	10352	10360	10366	10368	10371	10372	10374	10433	10482
10542	10547	10548	10564	10576	10579	10685	10811	10824	10857
10859	10877	10890	10895	10901	10936	10941	10943	10944	10959
10962	10963	10964	10972	10975	10976	10979	10982	10983	10990
11001	11003	11012	11021	11023	11029	11030	11033	11046	11049
11056	11058	11061	11062	11082	11087	11089	11114	11131	11135
11140	11146	11183	11187	11200	11203	11206	11220	11230	11233
11250	11255	11256	11257	11260	11264	11268	11270	11289	11302
11312	11334	11335	11346	11347	11350	11353	11356	11364	11392
11396	11401	11403	11455	11469	11470	11471	11479	11480	11488
11489	11516	11525	11526	11541	11549	11556	11557	11562	11569
11581	11601	11609	11622	11636	11655	11674	11680	11681	11682
11733	11774	11786	11788	11815	11830	11845	11848	11851	11915
11924	12023	12024	12030	12086	12088	12091	12099	12105	

九 畫

帝室　（《帝室博物館鉴賞録》　6 册　日本帝室博物館　1906 年）

04095

度量衡　（《中國古代度量衡圖集》　1 册　國家計量總局編　1981 年）

02240	09707	10364	10366	10368	10370	10371	10372	10374	10375
10376	10378	10379	10381	10382	10383	10385			

故圖　（《故宫銅器圖録》　2 册　臺北故宫、中博院聯合管理處　1958 年）

00004	00017	00031	00086	00117	00155	00197	00198	00228	00260

00398 00411 00416 00441 00442 00459 00461 00480 00481 00530
00797 00802 00806 00839 00859 00880 00888 00894 00907 00916
01002 01079 01088 01146 01204 01260 01294 01313 01357 01378
01422 01438 01440 01442 01444 01510 01526 01532 01544 01573
01574 01579 01582 01594 01602 01608 01612 01652 01660 01681
01684 01689 01690 01740 01770 01783 01810 01819 01872 01888
01889 01919 02009 02026 02059 02072 02082 02153 02237 02264
02265 02280 02302 02308 02309 02318 02322 02346 02351 02387
02388 02431 02453 02460 02468 02509 02510 02513 02521 02528
02563 02585 02601 02606 02626 02630 02657 02722 02733 02759
02760 02763 02778 02780 02786 02808 02828 02841 02953 02960
02964 02985 02990 03000 03012 03014 03015 03021 03042 03052
03064 03082 03094 03096 03098 03110 03136 03174 03177 03181
03186 03217 03351 03353 03368 03375 03399 03417 03419 03429
03459 03463 03472 03501 03505 03515 03575 03659 03703 03706
03708 03714 03715 03746 03842 03905 03928 03929 03933 03934
03955 03988 04009 04015 04044 04145 04190 04194 04215 04220
04233 04238 04239 04269 04391 04412 04413 04417 04588 04595
04602 04647 04723 04747 04802 04810 04863 04868 04923 04926
04960 04966 04967 04981 05006 05031 05097 05120 05135 05205
05220 05240 05243 05308 05313 05392 05406 05408 05419 05462
05529 05546 05562 05607 05615 05619 05623 05629 05635 05641
05954 05688 05727 05728 05746 05767 05783 05809 05822 05831
05859 05863 05935 05967 05968 05975 05981 05985 06016 06024
06031 06082 06096 06120 06127 06140 06226 06244 06286 06299
06307 06318 06339 06357 06373 06425 06441 06445 06462 06506
06513 06515 06543 06664 06799 06840 06894 06921 06963 06970
07066 07129 07145 07173 07216 07235 07264 07288 07294 07314
07353 07528 07794 07917 08162 08224 08228 08339 08370 08412
08419 08501 08583 08594 08695 08852 08882 08902 08906 08938
08994 09175 09220 09221 09290 09305 09310 09322 09349 09364
09376 09392 09393 09400 09435 09500 09537 09542 09558 09597
09619 09627 09640 09645 09676 09680 09690 09710 09711 09712
09728 09731 09733 09842 09850 09870 09980 09997 10111 10120
10176 10181 10190 10204 10229 10264 10267 10278 10326 10361
10793 10884 11627 11656 11772

冠斝　（《冠斝樓吉金圖》　4 册　榮厚　1947 年）

00201 00409 00410 00454 00713 00755 00765 00841 00854 00882
00991 01021 01166 01300 01565 01856 01915 02449 02956 03065
03323 03386 03650 03918 04026 04099 04276 04415 04505 04690
04691 04815 04865 04891 05222 05740 05790 05989 06150 06246
06516 06535 06581 06644 06731 07132 07161 07266 07359 07508
07521 07551 07560 07561 07584 07729 07773 07845 07896 07906

08067	08079	08080	08081	08138	08208	08312	08546	08552	08843
09009	09049	09241	09249	09391	09556	09762	09956	10055	10732
10845	10968	12009	12010						

恒軒 （《恒軒所見所藏吉金録》 2 卷 清吴大澂 光緒十一年(1885)自刻本）

00226	00236	00486	00634	00673	00711	00840	00846	01566	01583
01714	01782	01962	02063	02269	02304	02363	02381	02705	02709
02764	02787	02813	02837	02974	03028	03034	03090	03163	03180
03199	03208	03215	03223	03436	03533	03545	03551	03556	03609
03730	03739	03784	03908	04193	04214	04229	04563	04738	04856
04864	04890	04979	04989	05034	05099	05217	05242	05308	05326
05392	05427	05509	05517	05565	06110	06252	06374	06516	06814
07345	07978	08140	08477	08532	08597	08665	08674	08873	08990
09000	09045	09077	09411	09443	09506	09552	09572	09577	09631
10101	10152	10270							

侯家莊(第二本) （1001 號大墓 梁思永未完稿 高去尋、董作賓等編輯 1962 年）

01060	01402	10623

侯家莊(第五本) （1004 號大墓 梁思永未完稿 高去尋輯補 1970 年）

01102	01110	10604	10605	10606	10607	10608	10609	10610	11874
11875	11876	11877	11878	11879	11880	11881	11882	11883	11884
11885	11886	11887	11888	11889	11890	11891	11892	11893	11894
11895	11896	11897	11898	11899					

美集録 （《美帝國主義劫掠的我國殷周青銅器集録》 1 册 陳夢家 1963 年）

00448	00504	00531	00553	00607	00648	00753	00754	00766	00780
00814	00831	00845	00890	01004	01035	01041	01066	01072	01084
01087	01089	01092	01104	01123	01124	01136	01141	01147	01152
01158	01160	01164	01172	01195	01220	01235	01285	01286	01312
01315	01361	01362	01383	01398	01407	01429	01430	01449	01459
01518	01539	01622	01627	01657	01671	01692	01702	01711	01714
01716	01717	01721	01732	01734	01758	01800	01811	01818	01824
01834	01841	01846	01859	01869	02015	02078	02114	02115	02289
02337	02340	02368	02396	02433	02434	02544	02959	02965	02969
02981	02989	03007	03008	03043	03044	03069	03070	03086	03138
03151	03158	03225	03248	03270	03282	03306	03312	03314	03322
03326	03337	03376	03405	03421	03423	03424	03449	03454	03468
03469	03473	03510	03517	03519	03530	03567	03568	03577	03615
03644	03646	03655	03695	03713	03733	03734	03747	03748	03753
03768	03769	03777	03779	03806	03856	03927	03942	03957	04023
04112	04123	04144	04169	04221	04292	04314	04326	04332	04361

04362	04394	04465	04559	04576	04645	04708	04729	04738	04745
04746	04766	04767	04787	04790	04791	04836	04872	04896	04898
04921	04986	04990	05002	05003	05024	05030	05032	05061	05064
05080	05090	05102	05103	05127	05141	05150	05153	05155	05156
05172	05176	05185	05203	05204	05219	05228	05236	05259	05260
05263	05269	05292	05299	05305	05309	05314	05318	05326	05327
05337	05359	05402	05409	05422	05426	05441	05443	05454	05478
05481	05482	05495	05496	05501	05526	05545	05565	05569	05576
05577	05606	05617	05634	05644	05658	05662	05666	05683	05689
05693	05695	05709	05736	05741	05747	05761	05775	05784	05791
05793	05812	05816	05817	05821	05824	05829	05830	05832	05865
05889	05898	05901	05902	05903	05905	05932	05946	05959	05972
05992	06034	06050	06052	06079	06084	06143	06164	06185	06215
06217	06239	06255	06294	06346	06349	06364	06377	06388	06431
06432	06464	06478	06482	06498	06501	06503	06508	06522	06523
06563	06574	06575	06597	06614	06636	06688	06689	06713	06714
06751	06757	06797	06801	06841	06900	06901	06904	06913	06956
06982	06986	07003	07009	07015	07016	07025	07026	07040	07049
07078	07131	07136	07150	07167	07168	07181	07218	07219	07233
07237	07256	07277	07279	07336	07397	07464	07465	07472	07567
07576	07577	07610	07639	07646	07647	07656	07664	07695	07774
07797	07808	07873	07900	07935	07991	08028	08070	08088	08090
08096	08098	08141	08186	08187	08201	08240	08253	08259	08283
08307	08335	08387	08388	08434	08435	08484	08496	08579	08659
08671	08722	08731	08753	08754	08815	08817	08848	08894	08908
08944	08963	09041	09106	09108	09120	09121	09123	09128	09141
09145	09146	09148	09152	09161	09191	09195	09197	09206	09251
09252	09254	09259	09262	09263	09265	09276	09277	09289	09332
09338	09343	09361	09363	09382	09399	09415	09419	09424	09431
09433	09454	09465	09466	09471	09480	09496	09503	09530	09567
09580	09599	09624	09703	09717	09720	09747	09760	09767	09768
09783	09832	09844	09845	09857	09865	09869	09876	09880	09887
09892	09901	09955	10016	10029	10034	10040	10068	10133	10159
10219	10283	10288	10289	10303	10304	10308	10309		

泉屋　《泉屋清賞》　4 册　(日)濱田耕作　1919 年)

00014	00042	00043	00044	00069	00088	00092	00111	00121	00132
00157	00163	00243	00558	00667	00873	00881	00915	00948	01424
02485	02628	02951	03168	03206	03298	03391	03495	03601	04122
04701	05009	05126	05128	05187	05239	05284	05384	05425	05525
05586	05648	05650	05652	05755	05787	05801	05882	06018	06809
06960	07543	07575	07825	07975	08000	08213	08675	09105	09293
09345	09404	09451	09531	09779	09787	09885	12016		

泉屋新 （《泉屋清賞新收篇》 1961 年）

05196

陝圖 （《陝西省博物馆、陝西省文物管理委員會藏青銅器圖釋》 1960 年）

00020 00143 00636 00702 00767 00805 00909 00940 01198 01786
01825 01906 01928 02025 02077 02380 02548 02578 02666 02745
02768 02805 02833 03581 03582 03621 03771 04143 04468 04497
04764 05390 05660 05665 06011 06012 06013 06343 06794 07100
07102 07252 07590 07942 07959 08299 08346 08347 09455 09716
09822 09899 09900 10164 10178

陝青 （《陝西出土商周青銅器》(一)~(三) 1979~1980 年）

00002 00023 00024 00025 00026 00027 00028 00029 00030 00112
00133 00134 00135 00136 00137 00138 00139 00141 00181 00246
00247 00248 00249 00250 00251 00252 00253 00254 00255 00256
00257 00258 00259 00451 00452 00453 00462 00507 00516 00517
00518 00519 00520 00527 00543 00560 00563 00564 00649 00650
00651 00652 00653 00654 00655 00656 00657 00658 00679 00680
00747 00749 00750 00767 00773 00788 00809 00812 00816 00837
00911 00919 00931 00972 00973 00979 00992 01144 01149 01156
01233 01271 01351 01485 01560 01725 01777 01778 01791 01825
01963 02014 02023 02025 02054 02074 02077 02146 02147 02164
02165 02176 02185 02186 02192 02278 02380 02417 02439 02470
02533 02538 02561 02584 02619 02656 02697 02698 02699 02700
02704 02735 02736 02789 02821 02822 02823 02824 02830 02831
02832 02930 03017 03054 03068 03219 03249 03250 03265 03334
03352 03377 03407 03413 03438 03489 03492 03499 03507 03520
03549 03612 03616 03618 03676 03726 03727 03755 03756 03771
03797 03798 03799 03871 03872 03881 03882 03883 03884 03923
04030 04035 04050 04062 04063 04064 04065 04066 04067 04170
04171 04172 04173 04174 04175 04176 04177 04184 04185 04186
04187 04199 04200 04250 04256 04303 04304 04305 04306 04307
04308 04309 04310 04317 04322 04345 04368 04369 04370 04371
04372 04373 04382 04383 04384 04397 04438 04439 04462 04463
04464 04516 04522 04628 04681 04682 04718 04764 04854 04977
05021 05029 05044 05104 05134 05137 05158 05261 05312 05322
05357 05358 05403 05404 05453 05522 05575 05602 05603 05665
05789 05913 05931 05940 05947 05960 05980 05996 05997 06002
06011 06012 06013 06014 06171 06194 06316 06343 06387 06454
06455 07100 07165 07225 07361 07494 07538 07750 07921 08303
08320 08357 08393 08478 08613 08629 08820 08828 08905 08916
08917 08952 09024 09060 09063 09065 09067 09068 09070 09080

09081	09082	09300	09302	09303	09308	09328	09355	09358	09395
09456	09546	09642	09643	09656	09669	09697	09721	09722	09723
09724	09726	09727	09757	09759	09773	09795	09816	09826	09891
09895	09899	09900	09935	09936	09947	10020	10064	10102	10175
10224	10285	10324	10325	10667	10881	10889	11732	11841	

貞補　（《貞松堂集古遺文補遺》　3 卷　羅振玉　1931 年）

00005	00090	00121	00164	00416	00419	00481	00500	00536	00559
00580	00594	00783	00873	00888	00916	01255	01287	01288	01349
01354	01411	01489	01502	01531	01601	01638	01696	01717	01863
01894	01996	01999	02003	02068	02109	02157	02187	02310	02331
02332	02341	02348	02402	02406	02465	02485	02574	02659	02696
02740	02741	02763	02786	02980	03064	03084	03298	03342	03387
03495	03546	03558	03604	03740	03752	03843	04106	04169	04215
04239	04330	04489	04701	04733	04820	04871	04904	04960	04965
04969	04986	05076	05083	05123	05172	05218	05237	05243	05249
05254	05263	05284	05333	05343	05384	05396	05399	05425	05510
05515	05525	05531	05586	05619	05650	05722	05746	05765	05783
05831	05835	05882	05898	05901	05908	06133	06175	06198	06205
06255	06302	06372	06373	06396	06409	06511	06587	06608	06809
06840	06894	06959	07115	07118	07129	07131	07144	07216	07285
07286	07288	07289	07353	07369	07419	07492	07575	07644	07855
07938	07975	07982	08000	08338	08431	08541	08667	08675	08707
08718	08792	08882	08906	08986	09021	09051	09066	09072	09213
09241	09370	09385	09394	09408	09500	09542	09566	09603	09619
09619	09672	09691	09728	09815	09815	10067	10273	10509	10510
10524	10527	10541	10558	10565	10570	10575	10631	10688	10883
10884	11545	11772	11815						

貞松　（《貞松堂集古遺文》　16 卷　羅振玉　1930 年）

00004	00017	00032	00035	00047	00050	00051	00053	00059	00071
00086	00089	00113	00117	00120	00142	00147	00150	00152	00186
00197	00201	00202	00204	00207	00209	00230	00232	00233	00234
00235	00359	00386	00398	00403	00404	00425	00428	00441	00458
00461	00468	00472	00480	00501	00508	00512	00526	00529	00530
00531	00545	00547	00550	00551	00553	00557	00558	00566	00571
00575	00635	00644	00647	00668	00670	00693	00694	00698	00736
00713	00714	00718	00721	00722	00723	00727	00731	00736	00739
00741	00797	00804	00806	00818	00820	00839	00852	00859	00868
00880	00881	00894	00912	00913	00933	00948	00970	00980	01001
01006	01008	01079	01105	01112	01120	01127	01146	01159	01175
01196	01201	01204	01207	01229	01260	01294	01298	01310	01311
01313	01347	01376	01378	01381	01422	01434	01438	01442	01444
01448	01482	01491	01511	01513	01526	01536	01551	01553	01573

01574 01584 01594 01595 01605 01612 01620 01630 01637 01639
01641 01642 01652 01678 01679 01684 01685 01693 01703 01730
01740 01742 01751 01754 01770 01779 01780 01781 01790 01810
01814 01816 01848 01872 01877 01878 01886 01887 01889 01893
01908 01910 01911 01918 01919 01951 01960 01964 01969 01973
01991 02002 02009 02019 02024 02026 02028 02029 02044 02049
02058 02059 02061 02066 02070 02072 02073 02082 02105 02121
02136 02141 02143 02144 02149 02150 02162 02163 02169 02171
02189 02193 02199 02200 02201 02207 02212 02227 02229 02230
02238 02264 02272 02280 02282 02285 02287 02288 02302 02308
02309 02311 02317 02324 02337 02338 02340 02346 02350 02351
02365 02373 02382 02413 02421 02422 02425 02428 02432 02443
02444 02445 02446 02448 02449 02453 02459 02460 02462 02467
02468 02469 02475 02478 02481 02492 02494 02508 02513 02521
02522 02523 02528 02537 02541 02542 02543 02546 02552 02559
02570 02572 02579 02582 02585 02587 02591 02602 02606 02612
02621 02622 02626 02628 02629 02633 02654 02668 02675 02680
02681 02684 02687 02690 02691 02713 02719 02720 02722 02733
02737 02754 02756 02758 02759 02760 02771 02778 02783 02784
02788 02799 02804 02808 02828 02917 02932 02934 02935 02956
02960 02964 02972 02979 02982 02985 02990 02995 03000 03014
03015 03020 03021 03036 03044 03052 03059 03066 03082 03087
03095 03096 03105 03106 03110 03136 03142 03166 03168 03174
03177 03181 03186 03187 03189 03206 03247 03255 03257 03280
03281 03307 03319 03328 03341 03349 03351 03353 03363 03365
03368 03371 03373 03380 03391 03399 03401 03417 03419 03421
03429 03443 03444 03448 03449 03450 03451 03455 03462 03464
03481 03485 03487 03488 03500 03501 03504 03505 03515 03531
03535 03542 03563 03567 03572 03575 03585 03586 03587 03601
03608 03619 03620 03628 03631 03659 03665 03686 03690 03703
03704 03706 03708 03712 03714 03715 03724 03731 03741 03743
03746 03747 03774 03778 03779 03780 03807 03832 03840 03841
03842 03847 03853 03855 03856 03863 03867 03869 03877 03900
03905 03917 03928 03929 03931 03933 03934 03939 03949 03953
03955 03956 03967 03975 03980 03981 03986 04011 04015 04024
04025 04028 04029 04032 04033 04034 04039 04044 04046 04056
04057 04068 04069 04070 04081 04090 04103 04114 04129 04134
04135 04145 04156 04160 04161 04195 04201 04207 04220 04227
04233 04238 04241 04270 04271 04274 04275 04287 04298 04300
04301 04315 04318 04319 04335 04336 04386 04387 04391 04396
04399 04406 04412 04413 04415 04417 04419 04422 04423 04427
04430 04435 04449 04450 04451 04452 04466 04470 04487 04488
04521 04525 04528 04529 04539 04541 04552 04554 04565 04570
04572 04574 04585 04588 04595 04598 04602 04614 04639 04647

04714	04732	04735	04743	04747	04752	04756	04810	04823	04824
04849	04863	04866	04869	04886	04888	04903	04910	04923	04925
04939	04952	04954	04959	04967	04981	04985	05006	05008	05009
05025	05026	05027	05031	05043	05049	05050	05067	05085	05091
05097	05108	05110	05114	05120	05121	05126	05128	05136	05140
05144	05165	05170	05205	05214	05220	05228	05236	05240	05252
05258	05259	05260	05263	05299	05301	05311	05313	05314	05318
05328	05332	05340	05342	05344	05355	05377	05386	05394	05400
05402	05408	05417	05419	05465	05472	05483	05490	05552	05563
05601	05614	05615	05617	05621	05629	05631	05636	05639	05645
05647	05648	05655	05658	05688	05702	05727	05728	05731	05741
05755	05757	05758	05759	05763	05767	05774	05778	05787	05809
05810	05821	05822	05846	05859	05863	05864	05866	05897	05899
05915	05917	05918	05934	05935	05961	05963	05968	05981	05984
05985	06016	06018	06019	06031	06036	06037	06043	06061	06072
06077	06078	06083	06091	06092	06104	06117	06118	06119	06120
06124	06129	06131	06142	06151	06159	06178	06214	06217	06218
06226	06227	06230	06240	06241	06250	06258	06262	06269	06270
06282	06284	06285	06307	06318	06332	06334	06337	06350	06351
06353	06362	06369	06371	06388	06407	06408	06416	06424	06437
06441	06442	06451	06465	06470	06500	06512	06604	06664	06720
06767	06784	06788	06799	06819	06828	06921	06933	06970	07066
07099	07107	07120	07135	07140	07143	07145	07147	07153	07207
07208	07212	07228	07250	07251	07264	07294	07295	07304	07355
07356	07405	07421	07425	07459	07474	07541	07570	07571	07609
07706	07734	07815	07825	07850	07859	07872	07873	07916	07929
07937	07944	07961	07979	08003	08040	08048	08060	08135	08145
08148	08161	08162	08190	08242	08296	08307	08308	08310	08313
08331	08332	08345	08368	08370	08408	08412	08416	08419	08427
08429	08439	08442	08446	08447	08463	08474	08476	08480	08487
08491	08493	08501	08506	08512	08519	08542	08543	08547	08557
08559	08576	08577	08578	08581	08583	08594	08596	08604	08614
08618	08621	08634	08635	08645	08650	08673	08679	08705	08706
08715	08740	08766	08791	08807	08808	08810	08832	08836	08837
08854	08867	08871	08881	08891	08902	08908	08956	08963	08974
08975	08976	08980	08991	08994	08997	08998	09005	09031	09036
09047	09054	09071	09083	09095	09097	09103	09156	09175	09184
09200	09202	09203	09204	09205	09208	09214	09220	09221	09228
09233	09239	09243	09270	09276	09305	09310	09322	09324	09343
09345	09349	09368	09376	09381	09383	09393	09400	09451	09454
09458	09478	09481	09521	09525	09526	09532	09534	09535	09536
09537	09567	09568	09571	09575	09588	09597	09613	09615	09616
09627	09645	09646	09659	09676	09705	09712	09715	09731	09742
09761	09767	09777	09800	09850	09882	09901	09959	09964	09965

09968 09969 09970 09997 10043 10080 10111 10113 10118 10119
10120 10128 10139 10149 10163 10170 10181 10186 10190 10196
10203 10204 10207 10216 10217 10239 10244 10245 10246 10248
10251 10255 10258 10261 10267 10269 10271 10278 10282 10286
10296 10306 10307 10326 10336 10350 10360 10365 10381 10383
10386 10414 10415 10416 10422 10423 10429 10458 10479 10493
10508 10512 10519 10528 10529 10532 10539 10543 10546 10551
10554 10556 10559 10563 10668 10690 10733 10783 10805 10817
10818 10827 10864 10898 10905 10906 10909 10911 10970 10980
11028 11034 11065 11069 11073 11075 11077 11083 11084 11085
11086 11088 11105 11110 11115 11123 11125 11140 11146 11154
11162 11182 11184 11190 11202 11210 11223 11228 11245 11252
11269 11271 11279 11302 11313 11317 11319 11351 11354 11361
11391 11393 11430 11438 11440 11443 11476 11487 11491 11498
11499 11513 11516 11528 11529 11530 11537 11540 11543 11547
11553 11566 11577 11593 11608 11613 11622 11651 11660 11663
11670 11677 11679 11694 11697 11701 11709 11711 11768 11905
11907 11916 11917 11920 11923 11926 11931 11932 11935 11943
11944 11945 11948 11949 11959 11974 11975 11976 11977 11979
11980 11992 12004 12005 12006 12012 12015 12024 12029 12065
12066 12087

貞圖　(《貞松堂吉金圖》　3卷　羅振玉　1935年)

00047 00053 00428 00501 00646 00736 00970 00980 01025 01213
01311 01401 01418 01448 01491 01816 01973 02098 02121 02135
02179 02189 02287 02310 02338 02487 02492 02543 02608 02713
02754 02982 03271 03387 03831 03986 04152 04156 04201 04273
04521 04577 05342 05347 06086 06159 06200 06201 06241 06262
06313 06324 06350 06353 06371 06506 06513 06571 06610 06654
06685 06706 07005 07019 07058 07087 07115 07118 07162 07379
07527 07570 07772 07780 07781 07821 07827 07870 07974 07981
07999 08055 08082 08091 08221 08442 08465 08577 08640 08675
08726 09383 09518 09571 09575 09616 09903 09986 10163 10350
10381 10668 10690 10784 10864 10911 10980 11033 11034 11073
11164 11223 11228 11245 11259 11317 11346 11354 11430 11498
11610 11651 11905 11906 11907 11923 12015 12024 12065 12066
12090

貞續　(《貞松堂集古遺文續編》　3卷　羅振玉　1934年)

00031 00157 00158 00159 00161 00162 00163 00165 00166 00167
00168 00169 00170 00459 00532 00538 00540 00613 00643 00697
00802 00803 00817 00851 00897 01095 01128 01141 01145 01180
01191 01203 01258 01272 01273 01293 01345 01369 01373 01386
01395 01410 01413 01429 01440 01465 01492 01493 01494 01541

01554	01557	01579	01582	01597	01606	01608	01660	01681	01689
01690	01721	01754	01755	01783	01799	01813	01815	01819	01834
01880	01927	01949	02034	02069	02102	02129	02237	02265	02307
02327	02342	02387	02388	02509	02510	02569	02608	02630	02632
02738	02763	02967	02970	03050	03094	03101	03128	03150	03154
03183	03184	03217	03229	03260	03263	03271	03308	03350	03338
03383	03391	03456	03458	03459	03463	03472	03522	03523	03603
03702	03769	03783	03857	03932	03933	04375	04448	04577	04604
04605	04702	04853	04868	04908	04926	04928	04976	05047	05056
05061	05074	05090	05107	05145	05193	05251	05335	05354	05370
05378	05388	05392	05396	05421	05460	05532	05558	05593	05607
05641	05652	05668	05692	05826	05876	05890	05923	05942	05975
06024	06059	06060	06082	06094	06109	06128	06135	06156	06167
06199	06209	06224	06247	06254	06286	06294	06340	06345	06357
06396	06403	06421	06440	06484	06490	06515	06529	06728	06838
06967	07057	07079	07089	07193	07235	07275	07276	07446	07599
07615	07671	07700	07821	07853	07856	07870	07875	07909	07924
07930	07939	07949	07981	08018	08030	08037	08066	08115	08149
08151	08160	08209	08214	08224	08228	08234	08306	08318	08323
08336	08337	08348	08379	08384	08415	08417	08499	08513	08525
08550	08579	08652	08673	08686	08716	08795	08816	08817	08839
08840	08844	08852	08876	08883	08907	08909	08941	08942	08946
08995	08996	09026	09043	09044	09237	09246	09319	09331	09352
09364	09367	09373	09392	09432	09442	09497	09533	09570	09576
09785	09787	09788	10025	10027	10036	10051	10085	10146	10247
10311	10380	10484	10534	10555	10900	11294	11413	11570	11906
11919	11930								

十 畫

陳侯　(《陳侯四器考釋》　徐中舒　1933年)

04647　04649

海外吉　(《海外吉金圖録》　3册　容庚　1935年)

00014	00042	00043	00044	00069	00088	00092	00111	00121	00132
00243	00558	00667	00873	00881	00915	00948	01424	02129	02485
02628	02951	03168	03206	03298	03391	03495	03601	04122	04701
04820	05009	05126	05128	05187	05239	05284	05384	05417	05425
05525	05586	05648	05650	05652	05755	05787	05801	05882	06009
06018	06809	06960	07825	07975	08000	08213	08675	08816	09105
09345	09404	09451	09531	09585	09779	09787	09885	09937	12087

海外銅　（《海外中國銅器圖録》(第一集)　2 册　陳夢家　1946 年）

01361　09880　11744　11776

秦金　（《秦漢金文録》　7 卷　容庚　1931 年）

12108

書道(河出)　（《書道全集》　日本河出書房　1956 年）

10638　11401

書道(平凡)　（《書道全集 1・中国 1》　日本平凡社　1965 年）

02841　04340　04839　05571　07044　10046　11605　11623　11624　10660
11697　10698　10728　11741　11753　10873　11132　11329　11403　11511
11535

陶續　（《陶齋吉金續録》　2 卷　清端方　宣統元年(1909)石印本）

00110　00203　00205　00206　00241　00261　00633　00732　00814　00856
00917　00928　00941　01084　01089　01515　01626　01746　02158　02368
02381　02442　02635　02743　02797　03745　03810　03972　04023　04080
04089　04410　04432　04564　04579　04738　04864　05281　05476　05798
05891　06053　06433　06485　06568　07554　07786　07797　07808　07880
08464　09623　09779　09794　10237　10327　11350　11562　12099

陶齋　（《陶齋吉金録》　8 卷　清端方　光緒三十四年(1908)石印本）

00102　00151　00522　00546　00550　00607　00611　00682　00724　00738
00846　00887　01158　01181　01387　01575　01811　01977　01993　02101
02128　02198　02232　02303　02506　02544　02590　02643　02705　02798
02801　02802　02818　03053　03133　03169　03229　03469　03568　03625
03806　03846　03875　03876　03927　03945　03954　04007　04055　04285
04290　04314　04326　04332　04394　04453　04559　04575　04576　04705
04745　04746　04848　04859　04890　04891　05065　05066　05157　05192
05221　05292　05294　05341　05349　05350　05420　05496　05519　05781
05799　05965　06154　06191　06215　06217　06281　06482　06992　07219
07290　07345　07415　07603　07662　08045　08395　08406　08528　08540
08585　08714　08739　08779　08822　08848　08904　08965　08972　09191
09249　09288　09294　09338　09403　09545　09585　09617　09622　09824
09940　10019　10133　10357　10972　11250　11375　11590　11609　11652
11699　11786

移林　（《移林館吉金圖識》　清丁麟年　宣統二年(1910)　本書用 1941 年孫海波東雅堂重印本）

00091　00637　00882　01003　01262　01618　01624　02040　02800　02949
03414　05475　05776　05927　06293　06507　06614　07134　07559　07681
07885　08150　08281　08572　09321　11075

殷存 （《殷文存》 2卷 羅振玉 1917年）

00443	00476	00479	00688	00840	00843	00846	00867	00882	00922
00944	00987	01000	01002	01003	01080	01084	01089	01106	01168
01179	01189	01202	01206	01248	01251	01257	01259	01263	01270
01275	01289	01408	01409	01433	01461	01555	01558	01569	01572
01579	01583	01585	01592	01615	01618	01624	01627	01635	01636
01644	01646	01654	01655	01661	01665	01677	01680	01759	01839
01840	01851	01876	01883	01884	01898	01909	02013	02021	02110
02118	02125	02127	02244	02246	02252	02257	02269	02315	02318
02329	02403	02410	02458	02555	02594	02613	02670	02674	02694
02919	02969	02976	02977	02987	02994	02995	02999	03019	03033
03049	03055	03060	03065	03069	03070	03079	03090	03097	03135
03146	03155	03163	03164	03170	03171	03172	03179	03180	03201
03203	03208	03215	03223	03235	03296	03304	03320	03324	03331
03333	03338	03435	03502	03509	03517	03521	03609	03611	03644
03645	03651	03655	03657	03663	03684	03689	03694	03711	03750
03852	03862	04658	04703	04705	04712	04733	04738	04744	04749
04759	04760	04794	04807	04808	04822	04830	04839	04844	04852
04856	04860	04864	04867	04889	04890	04891	04893	04894	04902
04922	04925	04930	04936	04937	04938	04950	04953	04957	04958
04962	04968	04971	04972	04973	04979	04980	04993	04995	05004
05015	05042	05053	05060	05064	05073	05082	05087	05111	05146
05148	05163	05164	05199	05209	05216	05217	05263	05265	05272
05277	05278	05279	05280	05283	05291	05296	05307	05308	05309
05310	05338	05349	05361	05365	05398	05409	05448	05452	05468
05484	05485	05491	05494	05509	05517	05527	05559	05581	05596
05600	05620	05621	05643	05644	05663	05673	05676	05677	05714
05716	05721	05735	05744	05753	05797	05801	05802	05828	05837
05865	05869	05871	05873	05883	05887	05904	05922	05925	05928
05953	05990	06022	06041	06053	06057	06085	06105	06106	06125
06137	06145	06146	06154	06195	06197	06202	06203	06220	06245
06249	06251	06275	06288	06300	06308	06320	06322	06326	06333
06370	06374	06375	06386	06391	06399	06411	06418	06443	06444
06446	06447	06448	06467	06473	06475	06481	06502	06532	06571
06599	06609	06611	06612	06633	06681	06709	06813	06835	06844
06944	06957	06959	07093	07109	07116	07122	07130	07214	07224
07230	07244	07245	07290	07291	07296	07312	07313	07314	07321
07366	07367	07401	07422	07424	07428	07495	07512	07513	07522
07524	07527	07531	07532	07533	07534	07537	07542	07543	07552
07554	07555	07559	07572	07588	07589	07599	07608	07626	07627
07634	07649	07681	07684	07687	07692	07693	07704	07705	07709
07710	07711	07724	07782	07794	07847	07848	07849	07854	07866
07871	07876	07877	07883	07885	07896	07897	07902	07904	07906

07907	07908	07910	07933	07956	07971	07972	07974	07977	07978
08002	08010	08015	08020	08041	08047	08057	08072	08073	08074
08086	08092	08112	08134	08137	08140	08142	08146	08147	08189
08191	08192	08227	08239	08247	08248	08255	08281	08282	08297
08311	08322	08324	08333	08334	08337	08341	08356	08358	08361
08367	08369	08372	08383	08391	08392	08404	08405	08411	08428
08437	08443	08448	08460	08466	08477	08482	08495	08500	08502
08503	08504	08507	08514	08517	08521	08522	08526	08527	08532
08535	08539	08567	08570	08572	08573	08575	08580	08584	08585
08586	08597	08609	08610	08611	08616	08623	08633	08638	08643
08649	08654	08665	08668	08674	08678	08690	08691	08692	08694
08695	08696	08697	08698	08701	08712	08714	08717	08719	08724
08726	08735	08739	08741	08834	08835	08838	08857	08859	08861
08874	08877	08878	08880	08882	08884	08890	08893	08901	08914
08924	08925	08926	08933	08943	08953	08964	08965	08966	08987
08990	08993	08999	09000	09001	09006	09012	09025	09034	09040
09045	09046	09052	09053	09058	09059	09088	09091	09094	09100
09102	09105	09108	09119	09171	09185	09190	09209	09210	09219
09235	09242	09270	09279	09283	09289	09292	09323	09343	09345
09354	09356	09366	09378	09379	09388	09402	09404	09421	09430
09439	09506	09522	09577	09578	09614	09752	09763	09779	09807
09820	09845	09865	09873	09885	10039	10042	10177	10191	10300
10487	10489	10491	10492	10511	10516	10518	10520	10521	10523
10537	10560	10568							

殷虛　((日)梅原末治　1964 年)

00739	00793	10632

十一畫

從古　(《從古堂款識學》　16 卷　清徐同柏　光緒十二年(1886)　本書用光緒三十二年(1906)蒙學報館石印本)

00014	00042	00064	00115	00132	00145	00185	00239	00240	00243
00244	00596	00638	00717	00724	00732	00745	00833	00870	00876
00877	00891	00947	01007	01019	01095	01356	01658	01769	01821
01853	02007	02071	02137	02168	02172	02184	02273	02372	02412
02415	02456	02534	02554	02594	02598	02650	02674	02730	02814
02837	02841	02919	03065	03070	03385	03502	03534	03535	03543
03553	03589	03701	03702	03723	03736	03754	03762	03772	03808
03809	03817	03845	03848	03866	03868	03912	03952	03971	03989
03990	04001	04002	04014	04040	04041	04042	04075	04098	04116
04117	04122	04141	04166	04178	04183	04192	04222	04230	04261
04327	04329	04332	04333	04338	04400	04407	04514	04601	04616

04632 04649 04845 04899 04900 05081 05146 05223 05278 05280
05302 05327 05360 05369 05380 05385 05569 05628 05664 05716
05733 05734 05834 05841 05861 05922 05925 05944 05976 05979
06038 06172 06202 06320 06336 06366 06367 06370 06391 06399
06436 06446 06447 06461 06467 06475 06496 06502 06533 06591
06811 07073 07095 07121 07159 07232 07234 07287 07347 07366
07445 07522 07533 07534 07543 07621 07847 07896 07902 07904
07905 07906 07960 07977 08017 08062 08075 08112 08137 08147
08213 08239 08341 08389 08396 08437 08443 08555 08623 06399
06436 08627 08692 08741 08884 08919 08965 08973 08985 08987
09012 09013 09050 09090 09092 09096 09105 09185 09201 09242
09279 09284 09379 09387 09405 09430 09667 09687 09714 09729
09730 09732 09890 10015 10060 10068 10093 10105 10151 10173
10214 10218 10342 10352 10497 10525 10569 10571 10579 11114
11268

婦好墓 （《殷墟婦好墓》 中國社會科學院考古研究所 1980 年）

00383 00384 00761 00762 00763 00793 00794 00999 01211 01322
01324 01325 01326 01327 01328 01329 01330 01331 01332 01333
01334 01335 01336 01337 01338 01339 01400 01707 01708 02923
05535 05536 05537 05538 05539 05540 05541 05680 05681 06141
06773 06774 06775 06847 06848 06849 06850 06851 06852 06853
06854 06856 06857 06858 06859 06860 06861 06862 06863 06880
06881 06883 06884 06885 06886 06887 06891 06892 06946 06948
06949 06950 06951 07411 07835 07836 07837 07838 07839 07840
07841 08122 08123 08124 08125 08126 08127 08128 08129 08130
08272 08284 08285 08286 08287 08288 08289 08290 08291 08743
08744 08745 08746 08747 08748 08749 08750 09127 09163 09178
09179 09180 09181 09222 09223 09224 09260 09261 09280 09281
09333 09334 09335 09486 09487 09510 09511 09781 09782 09847
09861 09862 09863 09916 09917 09918 09919 09920 09921 09922
09923 09952 09953 09985 10028 10301 10345 10394 11739 08743
08744 08745 08746 08747 08748 08749 08750 09127 09163 09178
09179 09180 09181 09222 09223 09224 09260 09261 09280 09281
09333 09334 09335 09486 09487 09510 09511 09781 09782 09847
09861 09862 09863 09916 09917 09918 09919 09920 09921 09922
09923 09952 09953 09985 10028 10301 10345 10394 11739

基建 （《全國基本建設工程中出土文物展覽圖録》 2 册 1955 年）

01825 02391

清愛 （《清愛堂家藏鐘鼎彝器款識法帖》 清劉喜海 道光十八年(1838) 本書用光緒三年(1877)尹彭壽補刻本）

00014 00069 00243 00597 00720 01948 02010 02063 02257 02412

02517 03395 03556 03611 03684 04041 04334 04432 04436 04683
05250 05592 05887 06221 07978 08294 08361 08615 08874 09077
10075 10133 10533

清儀 （《清儀閣所藏古器物文》 10卷 清張廷濟 1925年涵芬樓石印本）

00115 00239 00724 00732 02007 02137 03385 03543 03808 03848
04075 04192 04222 04230 04407 04845 05223 05627 05944 06172
06475 06496 07073 07121 07159 07234 07287 08062 08627 09090
10093 11114

商拾 （《商周文拾遺》 3卷 清吴東發 1803年前）

02033 02401 02826

張藏 （《張叔未解元所藏金石文字》 張廷濟 1884年）

04620

張家坡 （《長安張家坡西周銅器羣》 1册 中國科學院考古研究所 1965年）

00616 00622 03793 03794 03795 03997 04162 04163 04216 04217
04279 04280 04281 09425 09437 09528 10079 10096

十二畫

博古 （《博古圖録》 30卷 宋王黼等 宣和五年(1123) 本書用明嘉靖七年(1528)蔣暘翻刻元至大重修本）

00008 00009 00010 00011 00012 00013 00048 00054 00055 00056
00103 00144 00272 00274 00276 00277 00285 00495 00505 00533
00535 00558 00641 00667 00681 00770 00771 00819 00838 00878
00881 00904 00915 00988 00993 01042 01093 01134 01186 01199
01246 01284 01460 01517 01563 01619 01695 01697 01763 01766
01845 01879 01895 01924 01957 01961 02001 02030 02033 02039
02056 02079 02233 02268 02275 02283 02353 02358 02376 02386
02399 02401 02427 02490 02518 02586 02597 02669 02710 02711
02734 02747 02751 02752 02753 02762 02775 02777 02785 02826
02834 03046 03047 03048 03076 03088 03143 03233 03243 03274
03275 03276 03434 03445 03446 03465 03467 03547 03607 03622
03682 03719 03789 03860 03895 03920 03936 03937 03938 04091
04092 04108 04126 04153 04196 04258 04259 04260 04311 04323
04354 04381 04580 04672 04684 04704 04726 04773 04803 04804
04862 04895 04933 04942 04946 04955 04983 04991 04996 05001
05046 05088 05131 05133 05180 05181 05182 05207 05208 05212
05262 05264 05282 05287 05367 05397 05401 05411 05431 05524
05612 05613 05649 05668 05701 05715 05724 05794 05878 05882

05995 06062 06303 06354 06492 06499 06505 06514 06561 06742
06816 06818 06827 06999 07042 07077 07097 07171 07172 07179
07229 07346 07642 07707 07745 07851 07858 07890 07891 07892
07893 07894 07895 07951 07973 07989 08038 08039 08042 08064
08424 08454 08490 08530 08662 08798 08812 08988 09064 09078
09229 09285 09286 09301 09353 09360 09396 09446 09473 09557
09708 09725 09894 09981 10117 10124 10179 10185 10215 10238
10260 10317

董盦 (《董盦吉金圖》 1 册 1924 年)

01642 03142 04903 08368 09205

董作賓先生全集 (董作賓先生全集編輯委員會 1977 年)

02841

復齋 (《鐘鼎款識》 宋王厚之(復齋) 乾道二年(1166) 本書用清嘉慶七年(1802)阮元刻本)

00008 00034 00083 00106 00504 00505 00535 00641 00825 01460
01476 01695 01763 01895 02039 02202 02251 02472 02562 02615
02671 02672 02711 02723 02734 02752 02775 03434 03820 03920
04091 04627 04803 04833 04951 05007 05171 05275 05411 07915
07965 08730 08929 09007 09022

湖南考古輯刊 (1982 年以來)

01139 01500 01801 01933 05720 06065 06081 10913 10914 10928
10994 11008 11042 11092 11103 11104 11137 11267 11283 11299
11307 11327 11359 11376 11454 11501 11548 11631 12022 12100

湖南省博物館 (湖南省博物館編 1983 年)

01388 01472 01698 03160 09883 11092

湖南省文物圖錄 (1 册 湖南省博物館 1964 年)

03160 10378 10994 11064 11308 12100

敬吾 (《敬吾心室彝器款識》 2 册 清朱善旂 光緒三十四年(1908)朱之溱石印本)

00082 00421 00523 00597 00608 00637 00638 00666 00708 00717
00732 00737 00833 00867 00876 00891 00947 01019 01070 01089
01179 01432 01569 01578 01735 01768 01769 01851 01853 01857
01882 01884 01898 01930 01948 01966 01988 01998 02046 02071
02153 02172 02305 02378 02383 02404 02412 02416 02493 02517
02554 02563 02588 02627 02636 02648 02655 02670 02816 03120
03188 03223 03289 03358 03395 03396 03427 03502 03537 03543
03556 03561 03564 03655 03657 03671 03674 03694 03705 03723

03763	03866	03890	03893	03915	03916	03930	03971	03972	03973
03987	03990	04014	04018	04040	04041	04042	04061	04096	04107
04116	04127	04208	04222	04232	04240	04262	04263	04264	04294
04313	04316	04334	04365	04366	04377	04390	04400	04411	04436
04582	04596	04616	04623	04626	04638	04649	04845	04899	04962
05000	05048	05064	05099	05121	05164	05187	05223	05236	05247
05250	05257	05334	05339	05369	05380	05385	05569	05627	05628
05630	05706	05837	05865	05869	05944	05979	06038	06174	06220
06315	06365	06366	06391	06461	06475	06477	06488	06496	06502
06533	06698	07073	07081	07093	07121	07122	07213	07214	07257
07310	07457	07512	07522	07552	07588	07616	07697	07978	08075
08134	08191	08213	08337	08361	08438	08477	08517	08518	08633
08654	08698	08874	08973	09050	09077	09096	09099	09102	09105
09185	09201	09242	09292	09323	09387	09522	09559	09667	09670
09687	09763	09793	09873	09890	10068	10083	10093	10131	10133
10151	10161	10162	10218	10511	10537	10542	10552	10569	10571
11114									

善彝　（《善齋彝器圖録》　3 册　容庚　1936 年）

00017	00117	00155	00157	00158	00159	00161	00162	00163	00165
00166	00167	00168	00169	00170	00197	00228	00404	00411	00480
00739	00818	00868	00894	00912	01002	01145	01532	01814	01840
02280	02285	02346	02509	02510	02522	02523	02528	02563	02579
02606	02675	02722	02733	02759	02760	02763	02778	02780	02809
02964	03255	03307	03342	03351	03455	03458	03459	03501	03585
03600	03714	03715	03845	03867	03933	03934	04033	04034	04160
04161	04190	04194	04195	04207	04215	04238	04239	04269	04274
04275	04330	04338	04356	04406	04408	04417	04616	04649	04926
05006	05108	05114	05143	05144	05165	05214	05252	05308	05370
05400	05408	05419	05421	05465	05565	05593	05635	05645	05688
05821	05917	05918	05985	06016	06031	06282	06307	06441	06462
06479	07145	07264	07294	07305	07533	07794	08162	08307	08308
08331	08370	08396	08501	08583	08594	08817	08938	08994	08998
09047	09103	09200	09348	09435	09454	09481	09662	09710	09711
09728	09764	10043	10151	10229	10247	10251	10264	10282	10336
10368									

善齋　（《善齋吉金録》　28 册　劉體智　1934 年）

00017	00049	00059	00116	00117	00120	00155	00157	00158	00159
00161	00162	00163	00165	00166	00167	00168	00169	00170	00197
00228	00237	00404	00411	00480	00510	00536	00538	00550	00566
00594	00644	00698	00732	00739	00741	00804	00818	00868	00894
00912	00938	00977	00978	01002	01095	01120	01145	01229	01261
01263	01272	01373	01413	01453	01457	01465	01502	01532	01550

01605	01620	01626	01630	01646	01678	01681	01751	01790	01814
01840	01877	01878	01886	01888	01889	01893	01894	01927	01951
01960	02058	02066	02069	02070	02212	02227	02272	02280	02285
02331	02337	02340	02346	02402	02465	02503	02509	02510	02522
02523	02528	02530	02563	02579	02606	02631	02668	02675	02678
02690	02722	02733	02759	02760	02763	02778	02780	02809	02916
02934	02935	02956	02964	02972	02979	02980	02993	03036	03087
03095	03167	03183	03184	03189	03247	03255	03307	03308	03328
03341	03342	03349	03350	03351	03383	03384	03432	03449	03450
03455	03458	03459	03501	03546	03585	03600	03603	03608	03690
03704	03714	03715	03774	03845	03867	03933	03934	03945	03989
04028	04033	04034	04040	04068	04080	04160	04161	04190	04194
04195	04207	04215	04227	04238	04239	04269	04274	04275	04298
04330	04338	04356	04406	04408	04415	04417	04519	04520	04525
04566	04604	04616	04649	04715	04733	04752	04786	04808	04823
04846	04853	04915	04926	04976	05006	05065	05067	05091	05108
05114	05143	05144	05165	05168	05214	05252	05260	05305	05308
05344	05370	05386	05400	05408	05419	05421	05465	05565	05567
05588	05593	05601	05635	05639	05645	05688	05702	05719	05744
05745	05756	05757	05759	05773	05774	05821	05840	05876	05899
05915	05917	05918	05923	05984	05985	06016	06021	06031	06043
06066	06078	06096	06113	06117	06118	06124	06134	06157	06170
06188	06189	06210	06214	06227	06230	06250	06269	06270	06282
06284	06292	06301	06307	06320	06330	06332	06334	06351	06362
06369	06425	06441	06445	06462	06470	06479	06491	06604	06612
06636	06640	06641	06767	06787	06803	06814	06877	06933	06972
07057	07079	07099	07120	07131	07144	07145	07155	07193	07200
07214	07250	07251	07264	07275	07294	07295	07300	07305	07313
07355	07421	07425	07462	07474	07499	07528	07533	07599	07671
07681	07693	07734	07749	07794	07850	07868	07917	07918	07937
07944	07945	07979	08030	08040	08066	08144	08145	08148	08149
08151	08161	08162	08244	08269	08298	08307	08308	08331	08332
08336	08339	08345	08370	08396	08416	08419	08447	08449	08451
08471	08476	08481	08487	08491	08493	08494	08501	08559	08563
08573	08576	08578	08583	08591	08594	08596	08603	08614	08615
08618	08635	08645	08650	08652	08673	08679	08686	08695	08699
08715	08716	08724	08817	08825	08826	08827	08844	08854	08873
08881	08882	08883	08887	08902	08908	08938	08941	08942	08955
08974	08975	08994	08997	08998	09005	09011	09047	09076	09089
09103	09200	09203	09247	09324	09331	09348	09352	09368	09370
09385	09390	09392	09430	09435	09454	09481	09533	09534	09542
09558	09591	09609	09615	09640	09660	09662	09688	09691	09710
09711	09728	09800	09959	10018	10036	10043	10051	10075	10110
10119	10126	10151	10203	10229	10239	10247	10251	10264	10282

10336 10368 10637 10655 10737 10783 10792 10795 10906 10917
10920 10941 10998 11041 11115 11269 11380 11382 11396 11439
11472 11483 11517 11537 11566 11580 11614 11618 11627 11633
11645 11656 11708 11809 11835 11845 11848 11947 11956 11957
11958 11960 11961 11982 12106

尊古　(《尊古齋所見吉金圖》　4卷　黄濬　1936年)

00089 00157 00261 00382 00403 00512 00597 00829 00854 00899
00928 01104 01175 01220 01349 01411 01420 01880 01898 01901
01938 02068 02145 02232 02324 02419 02432 02590 02754 02763
03106 03135 03151 03235 03332 03339 03363 03433 03474 03536
03541 03568 03572 03649 03741 03967 04024 04073 04140 04168
04450 04505 04518 04767 04831 05067 05328 05364 05484 05565
05605 05770 05829 05849 05892 05954 05989 06570 06581 06651
06710 07146 07180 07578 07866 07902 08078 08205 08307 08308
08519 08584 08697 08882 09008 09072 09103 09241 09381 09516
09606 09649 09705 09728 09787 09812 10128 10229 10282 10357
10369 10380 11697 11812 11838 12008 12018 12095 12101

十三畫

楚録　(《安徽省博物館籌備處所藏楚器圖録》(第一集)1袋　1953年)

01803 01807 02096 02296 02297 02298 02480

楚器　(《楚器圖釋》　2卷　劉節　1935年)

02479 02623 04549 04550 04551 04677 04678 09931 10002 10158

楚展　(《楚文物展覽圖録》　中國歷史博物館　1954年)

00976 01801 02794 02795 04507 04675 10293 10378 11451

夢鄣　(《夢鄣草堂古金圖》　3卷　羅振玉　1917年)

00015 00046 00140 00544 00626 00660 01253 01426 01680 01842
01956 01974 02027 02065 02267 02526 02531 02635 02643 02670
02721 02743 03327 03354 03518 03663 03785 03828 03889 03907
04001 04205 04213 04225 04264 04329 04393 04410 04705 04734
05777 05861 06169 06220 06472 06474 07092 07301 07880 07954
08464 08585 08674 08676 08714 08779 08893 10331 10461 10890
10902 10904 10943 11016 11030 11054 11059 11076 11246 11247
11270 11347 11383 11392 11401 11403 11455 11477 11505 11601
11679 11774 11851 11901 11902 11924 11940 11943 11944 11948
11955 11988 11989 11991 11993 12023 12030

夢續　(《夢郼草堂古金圖續編》　1卷　羅振玉　1918年)

00808	02944	03333	03684	03846	03874	03977	04055	04089	04484
04561	04581	04606	07952	08700	09622	10404	10435	10453	

愙齋　(《愙齋集古録》　清吴大澂　光緒二十二年(1896))

00008	00014	00016	00018	00021	00033	00034	00040	00041	00042
00043	00045	00064	00065	00066	00068	00069	00070	00082	00083
00092	00104	00105	00111	00114	00115	00132	00145	00146	00149
00151	00183	00185	00238	00239	00240	00242	00243	00244	00245
00274	00393	00394	00399	00421	00422	00424	00446	00463	00483
00489	00491	00493	00505	00506	00523	00535	00567	00570	00579
00596	00597	00601	00602	00606	00615	00628	00629	00638	00639
00641	00642	00645	00659	00666	00669	00671	00672	00673	00688
00691	00708	00717	00720	00732	00737	00745	00770	00815	00822
00825	00851	00854	00862	00866	00867	00870	00876	00877	00887
00891	00907	00915	00925	00927	00929	00937	00941	00944	00945
00947	00995	01007	01019	01070	01089	01168	01179	01252	01275
01342	01409	01421	01424	01432	01433	01460	01461	01476	01480
01520	01569	01578	01592	01603	01640	01646	01656	01676	01686
01695	01727	01728	01735	01763	01768	01769	01775	01817	01821
01826	01853	01857	01859	01882	01895	01898	01913	01922	01930
01937	01948	01950	01965	01966	01968	01972	01979	01988	02010
02017	02039	02041	02046	02048	02063	02067	02071	02081	02098
02118	02125	02137	02142	02153	02158	02168	02172	02184	02188
02195	02202	02213	02246	02251	02257	02267	02279	02305	02312
02316	02325	02329	02343	02372	02375	02377	02378	02383	02384
02404	02410	02411	02412	02415	02420	02426	02441	02451	02452
02456	02464	02472	02493	02495	02499	02502	02511	02517	02525
02526	02534	02553	02554	02562	02563	02588	02594	02595	02596
02598	02601	02607	02609	02614	02615	02636	02648	02649	02650
02655	02657	02662	02670	02671	02672	02673	02674	02678	02692
02711	02723	02727	02728	02730	02731	02734	02744	02749	02752
02775	02780	02781	02786	02787	02803	02807	02813	02814	02816
02817	02818	02820	02827	02829	02837	02838	02839	02841	02919
02954	02961	02962	02999	03034	03060	03065	03070	03090	03113
03115	03120	03145	03151	03188	03201	03211	03223	03252	03281
03289	03296	03302	03343	03355	03356	03358	03374	03385	03392
03395	03400	03427	03460	03470	03475	03490	03497	03502	03514
03532	03534	03535	03537	03543	03553	03555	03556	03561	03564
03565	03569	03573	03589	03600	03611	03632	03644	03645	03655
03657	03663	03671	03674	03677	03684	03694	03696	03701	03702
03705	03717	03723	03725	03728	03732	03736	03737	03754	03758
03759	03762	03763	03764	03770	03772	03785	03786	03787	03804

03809	03813	03817	03818	03820	03822	03831	03844	03845	03848
03866	03868	03887	03888	03889	03890	03893	03897	03898	03899
03900	03901	03903	03912	03915	03916	03930	03943	03948	03952
03954	03956	03958	03959	03965	03966	03968	03971	03978	03982
03987	03989	03990	04001	04002	04004	04005	04009	04012	04013
04014	04018	04031	04036	04037	04040	04041	04042	04061	04075
04089	04093	04096	04098	04107	04109	04110	04115	04116	04117
04118	04119	04122	04124	04127	04130	04140	04141	04142	04144
04152	04166	04167	04178	04181	04183	04190	04192	04206	04208
04214	04221	04222	04230	04231	04232	04234	04240	04242	04261
04262	04263	04264	04265	04269	04272	04277	04288	04289	04290
04291	04292	04293	04294	04299	04302	04313	04316	04327	04329
04332	04333	04334	04338	04339	04351	04365	04366	04367	04368
04377	04378	04389	04390	04392	04395	04400	04405	04407	04411
04414	04416	04424	04425	04428	04432	04433	04436	04481	04486
04499	04514	04515	04524	04537	04566	04568	04579	04581	04582
04596	04600	04601	04615	04616	04620	04623	04624	04626	04627
04629	04631	04632	04638	04644	04646	04649	04658	04683	04692
04757	04801	04806	04807	04808	04829	04834	04845	04847	04860
04893	04899	04900	04913	04922	04934	04938	04968	04981	04987
05005	05007	05034	05052	05064	05073	05075	05081	05099	05111
05112	05116	05121	05132	05135	05146	05167	05187	05199	05211
05221	05223	05228	05236	05257	05267	05275	05277	05278	05280
05285	05291	05296	05297	05302	05317	05327	05334	05339	05351
05360	05365	05366	05369	05373	05379	05380	05381	05385	05398
05405	05407	05408	05411	05423	05433	05448	05466	05479	05566
05569	05592	05597	05620	05627	05628	05632	05664	05675	05691
05716	05733	05734	05745	05751	05753	05763	05801	05811	05818
05819	05820	05828	05834	05837	05841	05854	05860	05861	05865
05869	05874	05877	05887	05889	05894	05905	05914	05922	05925
05944	05950	05955	05956	05969	05971	05976	05979	05982	05989
05990	05994	06006	06008	06009	06038	06046	06101	06112	06172
06174	06179	06202	06221	06231	06232	06237	06245	06255	06274
06275	06289	06305	06314	06315	06319	06320	06326	06336	06352
06365	06366	06367	06370	06375	06389	06391	06397	06399	06411
06428	06429	06430	06436	06446	06447	06456	06467	06475	06477
06481	06487	06488	06495	06496	06502	06515	06528	06533	06571
06591	06599	06698	06699	06820	06869	06957	06959	06973	07095
07114	07116	07159	07213	07214	07222	07230	07232	07234	07257
07274	07287	07292	07296	07301	07312	07314	07321	07366	07395
07408	07445	07512	07513	07531	07533	07534	07543	07572	07581
07620	07661	07666	07708	07782	07793	07824	07847	07866	07885
07902	07904	07906	07915	07952	07965	07967	07978	08011	08017
08047	08062	08075	08093	08110	08112	08134	08147	08191	08217

08235 08239 08294 08329 08337 08341 08361 08367 08391 08437
08438 08443 08457 08470 08477 08489 08517 08518 08521 08527
08528 08537 08539 08554 08555 08563 08567 08573 08575 08580
08584 08612 08615 08616 08617 08620 08623 08625 08627 08654
08663 08666 08677 08690 08691 08692 08693 08695 08696 08698
08735 08767 08779 08782 08825 08849 08857 08859 08864 08872
08874 08878 08884 08901 08914 08919 08929 08932 08935 08964
08965 08987 09006 09007 09008 09012 09013 09022 09032 09034
09035 09038 09040 09045 09046 09050 09053 09059 09077 09086
09088 09089 09090 09092 09096 09099 09102 09104 09105 09185
09201 09242 09253 09279 09283 09284 09292 09294 09295 09296
09347 09354 09356 09379 09387 09403 09404 09405 09411 09430
09431 09434 09440 09447 09505 09531 09556 09558 09559 09579
09606 09608 09612 09639 09641 09651 09652 09653 09654 09667
09668 09671 09687 09690 09694 09695 09713 09714 09729 09730
09732 09756 09763 09793 09809 09821 09873 09884 09885 09890
09898 09967 09982 10038 10060 10068 10075 10083 10084 10086
10093 10097 10105 10115 10123 10126 10129 10131 10133 10137
10143 10151 10161 10162 10172 10173 10174 10176 10195 10200
10202 10206 10208 10214 10218 10220 10225 10229 10231 10237
10243 10253 10272 10279 10281 10314 10334 10339 10342 10352
10361 10487 10488 10492 10495 10500 10511 10530 10533 10535
10537 10540 10542 10544 10545 10548 10550 10560 10561 10567
10571 10573 10574 10576 10579 10581 10583 10685 10857 10859
10877 10923 10959 10973 10988 11001 11029 11035 11036 11046
11049 11085 11089 11114 11200 11206 11243 11257 11268 11289
11346 11353 11356 11364 11495 11541 11549 11636 11640 11908
11915

彙編　（《中日歐美澳紐所見所拓所摹金文彙編》　10 册　（澳）巴納、張光裕　1978 年）

00022 00042 00043 00044 00051 00053 00064 00066 00086 00088
00092 00102 00107 00108 00109 00110 00116 00117 00120 00121
00122 00123 00124 00125 00126 00127 00128 00129 00130 00131
00150 00151 00155 00157 00158 00159 00160 00161 00162 00163
00164 00165 00166 00167 00168 00169 00170 00185 00187 00189
00190 00202 00204 00228 00235 00239 00243 00245 00260 00261
00415 00445 00448 00467 00477 00478 00493 00497 00498 00504
00526 00539 00553 00558 00562 00607 00632 00648 00667 00672
00690 00692 00698 00711 00737 00753 00755 00766 00789 00795
00797 00814 00826 00835 00836 00845 00872 00873 00881 00888
00890 00896 00913 00915 00922 00924 00930 00944 00948 01011
01035 01041 01066 01072 01077 01089 01092 01104 01107 01120
01123 01124 01136 01141 01145 01152 01157 01158 01160 01164
01167 01172 01177 01188 01192 01209 01220 01222 01244 01254

01274	01286	01287	01301	01309	01311	01315	01319	01361	01362
01366	01371	01372	01381	01389	01391	01392	01407	01415	01421
01424	01432	01449	01455	01458	01459	01471	01479	01486	01516
01518	01519	01526	01530	01539	01547	01555	01566	01587	01588
01593	01599	01600	01604	01625	01627	01642	01657	01671	01673
01675	01681	01692	01699	01700	01701	01711	01714	01716	01721
01732	01734	01746	01747	01748	01756	01758	01784	01800	01843
01847	01852	01859	01862	01864	01865	01866	01869	01878	01894
01901	01905	01907	01942	01943	01956	01974	02000	02016	02052
02070	02078	02109	02121	02129	02130	02133	02140	02143	02149
02153	02178	02193	02246	02264	02270	02289	02325	02330	02336
02337	02340	02368	02372	02382	02405	02429	02453	02460	02475
02485	02495	02510	02536	02544	02553	02570	02612	02613	02626
02628	02630	02636	02657	02661	02668	02670	02674	02722	02729
02732	02733	02739	02758	02759	02760	02761	02763	02778	02780
02781	02783	02784	02786	02787	02796	02797	02799	02800	02801
02803	02808	02812	02813	02818	02828	02829	02836	02837	02838
02839	02841	02941	02955	02957	02958	02959	02973	03005	03025
03035	03051	03071	03108	03111	03116	03119	03141	03218	03376
03380	03381	03393	03397	03401	03403	03405	03423	03437	03444
03449	03469	03470	03485	03517	03530	03536	03541	03542	03543
03558	03561	03568	03580	03601	03602	03613	03615	03624	03628
03629	03644	03661	03664	03684	03695	03703	03713	03720	03723
03747	03748	03763	03769	03779	03780	03803	03806	03812	03813
03823	03842	03853	03867	03901	03903	03905	03927	03928	03929
03933	03934	03942	03955	03992	04015	04023	04024	04044	04056
04057	04058	04095	04112	04122	04123	04134	04135	04139	04140
04141	04144	04145	04147	04149	04169	04190	04194	04219	04220
04221	04222	04223	04229	04233	04238	04239	04241	04252	04266
04269	04273	04287	04292	04300	04301	04312	04313	04314	04326
04331	04332	04333	04336	04361	04362	04363	04364	04365	04376
04394	04396	04407	04465	04488	04523	04524	04530	04559	04561
04576	04577	04595	04603	04621	04629	04630	04641	04701	04709
04717	04729	04731	04734	04738	04742	04745	04746	04750	04766
04768	04771	04774	04787	04788	04791	04800	04811	04813	04834
04836	04839	04848	04864	04866	04871	04873	04884	04888	04890
04893	04896	04903	04905	04921	04940	04956	04963	04997	05002
05003	05009	05010	05030	05042	05047	05058	05063	05065	05080
05090	05101	05122	05124	05126	05128	05139	05142	05145	05148
05153	05154	05155	05170	05172	05187	05190	05200	05203	05215
05216	05219	05237	05239	05245	05250	05251	05256	05258	05259
05279	05281	05284	05291	05292	05299	05303	05305	05316	05318
05319	05323	05327	05328	05329	05332	05336	05338	05345	05349
05355	05359	05363	05368	05370	05371	05379	05382	05383	05384

05387	05394	05402	05409	05415	05416	05417	05419	05420	05421
05422	05424	05425	05426	05433	05443	05444	05446	05447	05459
05460	05467	05470	05482	05489	05490	05496	05511	05514	05525
05529	05530	05543	05547	05548	05549	05557	05565	05576	05577
05586	05587	05617	05622	05624	05625	05627	05634	05639	05644
05650	05656	05667	05683	05693	05695	05716	05736	05741	05745
05748	05754	05755	05758	05765	05766	05769	05771	05775	05781
05785	05786	05787	05791	05796	05801	05805	05812	05814	05816
05817	05819	05821	05822	05829	05832	05833	05837	05839	05843
05851	05859	05860	05865	05868	05879	05881	05882	05886	05889
05895	05896	05901	05902	05903	05905	05907	05915	05922	05926
05932	05934	05946	05948	05958	05959	05962	05967	05968	05969
05981	05985	05990	05991	05992	05993	06004	06009	06016	06018
06028	06030	06052	06059	06063	06067	06098	06135	06164	06182
06189	06210	06215	06217	06238	06264	06295	06310	06346	06351
06368	06377	06431	06432	06438	06462	06478	06482	06498	06503
06522	06553	06592	06598	06614	06615	06635	06636	06647	06650
06653	06674	06677	06690	06691	06692	06715	06759	06770	06771
06772	06797	06807	06808	06809	06826	06830	06876	06900	06904
06908	06911	06923	06925	06926	06957	06960	06976	06988	07003
07004	07007	07008	07016	07025	07026	07040	07049	07051	07084
07085	07108	07117	07139	07152	07164	07167	07168	07209	07219
07233	07249	07277	07311	07318	07320	07348	07349	07397	07402
07413	07431	07439	07465	07467	07469	07484	07488	07576	07624
07640	07676	07677	07743	07811	07812	07819	07820	07844	07853
07869	07882	07931	07941	08014	08052	08053	08065	08088	08099
08101	08157	08177	08233	08241	08252	08253	08259	08273	08277
08278	08314	08327	08335	08342	08387	08394	08400	08423	08450
08472	08498	08529	08540	08561	08651	08657	08669	08754	08785
08857	08927	08981	09008	09016	09088	09093	09098	09112	09121
09123	09130	09137	09138	09139	09142	09151	09157	09161	09162
09172	09182	09183	09186	09197	09205	09234	09249	09252	09254
09258	09259	09262	09263	09265	09268	09273	09276	09284	09288
09289	09292	09293	09295	09298	09314	09329	09330	09337	09338
09340	09341	09343	09344	09345	09346	09357	09361	09363	09372
09373	09380	09382	09404	09411	09415	09419	09424	09430	09433
09434	09443	09449	09451	09454	09471	09472	09478	09480	09503
09508	09509	09531	09535	09551	09567	09568	09580	09584	09585
09587	09599	09603	09614	09624	09635	09645	09662	09668	09676
09680	09690	09703	09705	09706	09710	09711	09716	09717	09719
09720	09728	09729	09730	09765	09772	09774	09775	09793	09794
09796	09797	09811	09813	09834	09836	09848	09866	09886	09915
09946	09964	09972	10022	10030	10032	10033	10049	10053	10055
10056	10057	10067	10068	10069	10078	10090	10106	10127	10149

10151 10159 10166 10173 10174 10176 10190 10204 10205 10219
10248 10261 10264 10267 10278 10283 10288 10289 10357 10361
10389 10614 10624 10625 10641 10754 10762 10868 10942 11050
11190 11272 11302 11317 11577 11592 11609 11636 11730 11741
11744 11910 12016

筠清 （《筠清館金文》 5卷 清吴榮光 道光二十二年(1842) 本書用宜都楊氏重刻本）

00033 00068 00111 00114 00240 00242 00243 00399 00483 00506
00569 00607 00691 00867 00876 00941 00995 01070 01089 01252
01409 01432 01640 01656 01769 01913 01930 01966 01972 01988
02041 02063 02153 02188 02305 02456 02554 02596 02607 02609
02648 02649 02655 02727 02787 02803 02807 02813 02816 03034
03090 03356 03427 03470 03490 03532 03564 03611 03644 03657
03671 03677 03684 03694 03702 03786 03912 03915 03930 03943
03965 03971 03978 03987 04014 04018 04031 04117 04127 04130
04181 04208 04230 04233 04240 04262 04272 04299 04313 04392
04395 04407 04411 04416 04566 04581 04601 04615 04616 04623
04692 04801 04834 04860 04899 04900 04934 05116 05250 05257
05267 05277 05285 05385 05407 05448 05675 05811 05818 05837
05854 05860 05861 05869 05887 05979 06179 06231 06232 06255
06365 06366 06389 06430 06475 06477 06496 06960 07534 08437
08443 08470 08518 08563 08575 08580 08663 08691 08696 08767
08874 08914 08965 09006 09008 09035 09045 09090 09099 09102
09283 09292 09296 09356 09387 09440 09558 09608 09639 09641
09671 09687 09713 09729 09730 09821 09873 10060 10083 10086
10133 10137 10151 10162 10229 10272 10281 10342 10511 10533
10544 10583 11035 11036 11549

頌續 （《頌齋吉金續録》 2册 容庚 1938年）

00395 00396 00397 00404 00420 00510 00594 00634 00644 00739
00868 00945 00977 01023 01465 01550 01620 01814 01831 01927
02066 02069 02070 02285 02331 02332 02465 02668 02678 02934
02935 02979 02993 03036 03308 03341 03342 03349 03384 03450
03455 03571 03585 03588 04080 04406 04619 05114 05144 05386
05588 05759 05773 05774 06043 06066 06134 06181 06270 06282
06301 06369 06470 06479 06491 06640 06641 06642 06767 06814
07057 07193 07278 07305 08066 08076 08105 08159 08451 08781
08792 08796 08854 08955 08974 08975 09005 09331 09430 09913
09932 09959 10203 10336 10674 10675 10819 11570 12007 12008

頌齋 （《頌齋吉金圖録》 1册 1924年）

00416 00419 00481 01783 02630 02696 03094 03247 03463 03472
03783 05863 06373 07353 08224 08228 08852 08906 10036 10326
10793 10884 10939 11772

十四畫

蔡侯墓　(《壽縣蔡侯墓出土遺物》　安徽省文物管理委員會、安徽省博物館　1956年)

00210　00211　00212　00213　00214　00215　00216　00217　00218　00219
00220　00221　00222　00223　00224　02215　02216　02217　03592　04490
05939　09573　09574　09976　09992　09993　09994　10004　10072　10171
10189　10290　10298　10299　11141

寧樂譜　(1冊　日本寧樂美術馆　1969年)

00872　05547　07166　08520　09372　09743

寧壽　(《寧壽鑑古》　16卷　清乾隆敕編　乾隆四十四年(1779)前後　本書用1913年涵芬樓石印寧壽宮寫本)

00119　00464　00613　00806　00808　00811　00833　00839　00853　00881
00888　00897　00907　00916　01238　01292　01357　01440　01582　01597
01628　01641　02180　02264　02786　03012　03041　03291　03505　03659
04504　04602　04960　05105　05120　05183　05188　05240　05406　05504
05610　05619　05623　05641　05668　05767　05822　05827　05831　05859
05875　05929　05984　06006　06082　06357　06527　06743　06968　07106
07235　07244　07247　07248　08587　08718　09159　09213　09305　09364
09376　09423　09980　10027　10190　10278

齊家村　(《扶風齊家村青銅器羣》　陝西省博物館　1963年)

00023　00024　00025　00026　00027　00028　00029　00030　00133　00134
00135　00136　00137　00138　00139　00560　00919　00931　02440　03726
03727　03755　03756　04516　09721　09722　10102　10224

銅器選　(《中國古青銅器選》　1冊　文物出版社　1976年)

00689　01107　01600　02405　02702　02703　03210　03540　03574　04223
04707　05769　07533　09837　10061　10272　10312

銅玉　(《殷周青銅器と玉》　(日)水野清一　1959年)

00064　01121　01158　01319　01362　01512　01516　01551　01565　01706
01734　01842　02000　02799　02837　02841　02941　03071　03337　04140
04141　04275　04315　04646　04734　05018　05417　05421　05444　05601
05881　05948　05990　07223　07796　09262　09295　09481　09865　09881
09901　10288

綴遺　(《綴遺齋彝器款識考釋》　30卷　清方濬益　1935年涵芬樓石印本)

00014　00016　00018　00022　00040　00041　00042　00043　00044　00045
00051　00059　00065　00068　00069　00070　00082　00088　00092　00104
00105　00109　00111　00115　00132　00145　00146　00150　00151　00185
00203　00205　00206　00225　00226　00227　00228　00229　00232　00233
00234　00236　00239　00240　00241　00243　00244　00245　00261　00271

00359	00374	00393	00394	00399	00421	00422	00424	00506	00523
00528	00571	00586	00596	00597	00605	00606	00607	00612	00615
00632	00635	00637	00638	00639	00642	00643	00644	00645	00666
00673	00688	00690	00692	00693	00694	00708	00709	00711	00712
00717	00718	00720	00724	00727	00728	00732	00737	00743	00764
00815	00822	00840	00846	00851	00854	00855	00856	00867	00870
00876	00877	00887	00891	00915	00917	00925	00926	00927	00928
00929	00932	00941	00944	00945	00947	00995	01005	01007	01019
01070	01089	01128	01179	01206	01207	01267	01273	01275	01310
01342	01355	01381	01386	01421	01424	01432	01433	01461	01479
01488	01490	01511	01513	01520	01536	01537	01558	01569	01578
01583	01603	01635	01656	01658	01682	01686	01714	01734	01735
01742	01764	01773	01774	01775	01815	01817	01823	01826	01842
01851	01853	01857	01859	01868	01882	01883	01897	01898	01913
01948	01972	01998	02010	02017	02021	02060	02064	02117	02118
02137	02138	02142	02144	02150	02153	02155	02167	02168	02172
02182	02184	02257	02265	02269	02312	02316	02325	02327	02363
02373	02375	02377	02410	02425	02428	02455	02499	02506	02553
02554	02595	02612	02613	02614	02627	02648	02674	02695	02709
02728	02730	02749	02774	02776	02778	02801	02802	02836	02837
02839	02916	02919	02963	02974	02987	03034	03053	03065	03070
03090	03101	03113	03120	03137	03146	03147	03170	03172	03179
03180	03187	03188	03200	03201	03211	03215	03223	03224	03296
03338	03395	03425	03426	03427	03436	03502	03611	03713	04104
04206	04347	04351	04356	04366	04377	04378	04389	04390	04392
04394	04399	04400	04407	04410	04411	04414	04419	04422	04425
04430	04432	04436	04487	04499	04514	04515	04517	04518	04519
04524	04535	04537	04553	04557	04558	04563	04566	04567	04568
04571	04579	04582	04596	04600	04601	04615	04616	04620	04623
04624	04629	04631	04632	04643	04658	04668	04683	04688	04692
04703	04705	04722	04738	04744	04760	04763	04806	04807	04808
04809	04829	04830	04834	04840	04844	04845	04847	04848	04856
04858	04860	04864	04890	04892	04893	04894	04899	04900	04913
04925	04930	04932	04938	04947	04953	04954	04957	04958	04968
04971	04972	04979	04988	04993	04995	04997	05000	05005	05008
05009	05022	05034	05052	05053	05055	05061	05064	05073	05081
05082	05085	05099	05111	05112	05116	05121	05126	05127	05132
05138	05140	05146	05148	05163	05167	05169	05179	05184	05189
05192	05199	05217	05218	05221	05223	05229	05234	05236	05237
05239	05242	05247	05250	05257	05263	05267	05272	05277	05279
05280	05291	05292	05296	05298	05302	05307	05308	05310	05317
05326	05327	05334	05339	05349	05351	05355	05360	05365	05366
05369	05378	05380	05381	05385	05392	05398	05405	05407	05409
05417	05418	05423	05426	05427	05433	05448	05458	05460	05468

05479 05485 05509 05527 05550 05559 05569 05598 05621 05627
05655 05669 05673 05675 05676 05691 05696 05700 05716 05732
05733 05734 05743 05751 05798 05801 05802 05806 05811 05819
05828 05833 05841 05846 05860 05861 05865 05869 05874 05880
05887 05898 05922 05925 05928 05937 05953 05955 05956 05963
05966 05979 05982 05988 05990 05992 06008 06038 06046 06053
06059 06073 06085 06086 06104 06107 06125 06135 06138 06139
06169 06172 06174 06176 06179 06193 06195 06197 06202 06204
06208 06220 06221 06231 06232 06244 06245 06249 06255 06275
06290 06292 06300 06309 06314 06315 06319 06320 06326 06330
06365 06366 06367 06370 06375 06383 06389 06391 06399 06401
06411 06417 06418 06426 06428 06429 06430 06433 06436 06443
06444 06446 06447 06467 06475 06476 06477 06478 06481 06488
06496 06502 06512 06516 06533 06571 06591 06599 06619 06709
06722 06728 06765 06793 06814 06844 06922 06959 07014 07043
07073 07081 07091 07095 07109 07114 07116 07121 07127 07138
07151 07159 07187 07213 07222 07224 07230 07232 07234 07257
07259 07274 07287 07292 07296 07307 07308 07310 07312 07313
07314 07321 07347 07366 07367 07369 07405 07408 07420 07428
07445 07495 07512 07513 07533 07534 07543 07554 07559 07572
07581 07621 07644 07661 07666 07687 07693 07697 07704 07708
07786 07814 07815 07824 07847 07866 07876 07877 07880 07901
07902 07904 07906 07909 07930 07955 07956 07960 07978 07983
08004 08009 08011 08015 08017 08020 08041 08062 08072 08074
08075 08092 08110 08112 08134 08135 08137 08140 08147 08189
08191 08209 08213 08217 08227 08235 08239 08245 08247 08248
08294 08329 08333 08334 08337 08341 08356 08358 08361 08366
08369 08372 08380 08389 08391 08404 08411 08437 08438 08443
08448 08457 08460 08466 08470 08477 08482 08489 08495 08507
08513 08514 08517 08518 08521 08522 08526 08527 08528 08532
08535 08537 08539 08554 08563 08567 08573 08575 08580 08584
08597 08609 08610 08611 08612 08615 08617 08620 08623 08625
08627 08633 08643 08649 08663 08665 08668 08674 08677 08690
08691 08692 08695 08696 08698 08701 08708 08714 08717 08735
08741 08767 08779 08825 08829 08835 08849 08857 08859 08861
08872 08873 08874 08877 08878 08880 08884 08901 08907 08914
08918 08924 08925 08932 08936 08943 08946 08973 08985 08987
08990 08993 08999 09000 09006 09008 09012 09013 09022 09025
09032 09034 09035 09038 09040 09045 09046 09050 09051 09054
09077 09087 09088 09089 09090 09091 09092 09094 09096 09099
09102 09104 09108 09111 09118 09119 09134 09171 09185 09201
09204 09208 09209 09219 09242 09282 09283 09284 09292 09294
09295 09296 09323 09356 09359 09366 09373 09378 09379 09387
09388 09399 09402 09404 09405 09408 09411 09412 09421 09430

09434 09439 09440 09443 09447 09451 09478 09505 09506 09515
09522 09535 09552 09559 09568 09569 09572 09577 09578 09596
09606 09608 09613 09614 09622 09631 09639 09641 09653 09655
09659 09661 09667 09668 09670 09687 09691 09694 09698 09699
09713 09714 09729 09730 09756 09763 09779 09790 09793 09809
09815 09821 09825 09873 09884 09885 09887 09890 09897 09898
09965 09968 10042 10059 10060 10080 10086 10089 10093 10101
10105 10115 10123 10126 10127 10133 10137 10141 10146 10151
10152 10162 10165 10173 10174 10192 10195 10200 10202 10205
10206 10214 10218 10220 10225 10229 10231 10237 10240 10244
10253 10262 10270 10272 10277 10279 10281 10283 10306 10307
10311 10314 10334 10339 10342 10352 10361 10368 10371 10374
10495 10497 10511 10533 10537 10542 10579 10581 10636 10685
10810 10811 10824 10877 10898 10936 10944 10960 10962 10963
10975 10983 11001 11012 11021 11023 11033 11035 11036 11049
11062 11082 11085 11156 11183 11187 11200 11203 11220 11230
11233 11243 11248 11256 11260 11285 11289 11346 11469 11488
11489 11526 11541 11636 11640 11733 11759 11787 11788 11908
11937 11939 12097

綜覽 （《殷周時代青銅器の研究・殷周青銅器綜覽》 2 册 （日）林巳奈夫 1984 年）

00022 00026 00031 00064 00107 00110 00133 00135 00141 00181
00189 00205 00243 00246 00251 00260 00362 00363 00364 00367
00368 00369 00375 00382 00383 00384 00385 00395 00396 00397
00400 00401 00402 00403 00405 00406 00407 00410 00411 00412
00442 00445 00447 00451 00453 00456 00459 00466 00480 00481
00485 00487 00497 00498 00499 00501 00504 00510 00512 00516
00527 00530 00531 00540 00543 00544 00558 00560 00565 00573
00594 00597 00607 00610 00616 00626 00634 00646 00648 00650
00662 00669 00683 00689 00690 00701 00721 00736 00739 00742
00744 00745 00748 00753 00754 00761 00766 00767 00775 00784
00785 00789 00793 00794 00802 00803 00805 00809 00826 00827
00828 00830 00835 00837 00845 00847 00848 00854 00873 00881
00883 00888 00890 00893 00894 00909 00911 00915 00919 00922
00924 00928 00930 00931 00941 00943 00948 00972 00984 00991
00992 00994 00999 01004 01013 01021 01030 01031 01032 01035
01038 01060 01063 01077 01079 01085 01092 01094 01102 01104
01107 01110 01121 01124 01129 01135 01140 01141 01144 01148
01158 01160 01164 01166 01171 01176 01177 01184 01185 01193
01197 01209 01211 01216 01217 01222 01229 01230 01249 01264
01265 01268 01271 01276 01285 01287 01299 01301 01308 01315
01319 01326 01332 01333 01336 01337 01338 01339 01351 01361
01366 01368 01382 01383 01389 01392 01400 01402 01407 01415
01418 01426 01449 01455 01458 01459 01463 01465 01468 01469

01472	01485	01516	01526	01529	01532	01533	01539	01550	01559
01560	01574	01581	01582	01589	01600	01601	01604	01608	01610
01626	01638	01642	01651	01659	01660	01668	01673	01681	01696
01706	01708	01711	01714	01717	01719	01721	01732	01734	01735
01743	01744	01747	01748	01752	01753	01767	01783	01786	01811
01814	01818	01824	01825	01831	01834	01840	01844	01846	01847
01852	01856	01869	01875	01880	01889	01890	01900	01901	01906
01907	01915	01925	01926	01928	01938	01986	01999	02000	02006
02009	02014	02015	02016	02023	02025	02027	02036	02052	02069
02074	02077	02107	02112	02114	02115	02130	02132	02133	02135
02145	02153	02159	02161	02164	02173	02178	02179	02185	02186
02187	02189	02192	02193	02195	02214	02260	02262	02278	02280
02319	02321	02324	02330	02332	02336	02338	02340	02346	02349
02351	02362	02366	02368	02372	02387	02391	02417	02423	02431
02434	02449	02453	02460	02465	02475	02483	02485	02495	02505
02507	02510	02513	02521	02523	02524	02526	02544	02548	02561
02565	02578	02579	02585	02589	02601	02602	02612	02616	02626
02628	02630	02634	02636	02642	02656	02657	02661	02666	02670
02677	02682	02696	02697	02702	02703	02704	02721	02729	02730
02736	02740	02745	02749	02754	02758	02763	02763	02765	02767
02768	02776	02778	02780	02783	02784	02786	02787	02789	02796
02799	02805	02807	02808	02809	02812	02813	02814	02818	02822
02823	02824	02825	02829	02830	02832	02833	02836	02837	02841
02911	02914	02920	02921	02922	02923	02925	02927	02929	02930
02935	02941	02943	02945	02948	02950	02951	02957	02958	02959
02965	02971	02974	02979	02981	02982	02983	02985	02989	02991
02993	03000	03007	03010	03014	03017	03020	03028	03030	03032
03037	03039	03044	03061	03068	03069	03071	03072	03081	03082
03086	03093	03094	03096	03098	03103	03106	03111	03114	03119
03125	03126	03136	03138	03140	03142	03144	03160	03164	03166
03168	03177	03181	03194	03206	03207	03210	03214	03216	03217
03218	03221	03221	03225	03228	03235	03239	03246	03247	03248
03249	03253	03255	03265	03270	03283	03286	03295	03296	03299
03301	03306	03307	03312	03315	03319	03323	03326	03329	03332
03337	03341	03342	03345	03346	03348	03349	03352	03367	03375
03376	03377	03381	03384	03386	03393	03397	03401	03403	03404
03406	03407	03409	03413	03421	03423	03429	03438	03449	03450
03453	03454	03457	03459	03463	03469	03473	03474	03482	03485
03489	03495	03496	03499	03501	03505	03509	03511	03520	03524
03526	03530	03536	03540	03541	03567	03571	03572	03574	03577
03580	03581	03587	03600	03612	03613	03615	03616	03618	03621
03624	03644	03649	03658	03659	03661	03664	03684	03695	03698
03703	03708	03713	03714	03723	03741	03744	03747	03748	03749
03755	03771	03779	03783	03787	03822	03828	03834	03845	03853

03857	03861	03882	03899	03903	03905	03906	03907	03911	03918
03927	03933	03945	03952	03955	03967	03972	03988	03992	03997
04009	04024	04030	04033	04035	04037	04041	04044	04052	04055
04058	04073	04112	04122	04123	04131	04132	04133	04134	04140
04143	04144	04154	04158	04159	04160	04162	04168	04170	04184
04194	04195	04201	04203	04205	04207	04209	04215	04217	04219
04225	04233	04237	04238	04241	04242	04250	04252	04253	04256
04261	04264	04266	04269	04273	04275	04276	04283	04284	04286
04287	04292	04298	04300	04304	04313	04316	04317	04318	04320
04321	04322	04324	04326	04330	04332	04341	04345	04364	04370
04373	04383	04385	04391	04394	04406	04407	04412	04413	04415
04417	04435	04437	04438	04443	04447	04450	04454	04459	04462
04465	04466	04516	04522	04523	04536	04546	04564	04570	04572
04602	04628	04659	04673	04681	04682	04701	04707	04709	04710
04717	04718	04731	04734	04735	04736	04737	04745	04746	04769
04770	04775	04779	04781	04784	04785	04787	04800	04813	04838
04843	04853	04858	04872	04884	04888	04893	04905	04907	04911
04921	04935	04948	04959	04963	04964	04967	04977	04986	05006
05009	05011	05014	05018	05023	05024	05029	05030	05032	05043
05055	05057	05061	05063	05064	05069	05071	05080	05098	05101
05102	05103	05104	05115	05122	05124	05126	05134	05137	05143
05148	05150	05153	05154	05155	05160	05162	05176	05187	05190
05196	05200	05201	05213	05215	05222	05224	05227	05228	05235
05239	05240	05245	05246	05248	05256	05258	05260	05261	05265
05268	05274	05276	05281	05284	05288	05291	05292	05299	05303
05304	05305	05306	05308	05312	05318	05323	05325	05328	05336
05337	05338	05349	05355	05357	05359	05363	05370	05384	05387
05394	05399	05400	05402	05403	05404	05406	05407	05410	05412
05413	05414	05415	05416	05417	05420	05421	05425	05426	05428
05432	05441	05443	05444	05445	05446	05453	05454	05459	05464
05465	05467	05470	05477	05478	05481	05483	05489	05490	05495
05496	05500	05501	05506	05507	05508	05520	05522	05525	05528
05529	05530	05535	05537	05538	05540	05547	05549	05554	05557
05564	05565	05567	05569	05570	05574	05576	05586	05588	05589
05593	05599	05601	05605	05615	05617	05618	05619	05622	05623
05627	05634	05635	05638	05645	05648	05650	05652	05655	05656
05658	05660	05677	05680	05685	05688	05689	05695	05709	05716
05726	05728	05736	05740	05741	05746	05748	05755	05759	05760
05765	05767	05769	05774	05775	05781	05784	05787	05789	05792
05793	05796	05801	05810	05812	05814	05816	05817	05822	05824
05830	05831	05843	05848	05849	05851	05859	05861	05863	05865
05879	05881	05882	05884	05889	05891	05892	05895	05896	05898
05901	05902	05907	05910	05911	05913	05915	05917	05918	05919
05922	05926	05927	05931	05932	05934	05935	05946	05947	05948

05954	05959	05960	05965	05968	05969	05977	05978	05980	05981
05983	05985	05986	05989	05990	05992	05993	05996	05997	05999
06003	06004	06006	06009	06011	06014	06016	06018	06026	06028
06031	06034	06035	06042	06050	06052	06063	06066	06071	06082
06084	06086	06096	06097	06098	06114	06115	06121	06127	06140
06143	06147	06171	06173	06174	06177	06180	06185	06186	06188
06189	06194	06215	06215	06216	06217	06220	06226	06238	06239
06241	06266	06273	06282	06286	06295	06299	06307	06310	06312
06313	06316	06339	06343	06344	06349	06350	06351	06363	06364
06368	06369	06373	06377	06379	06388	06392	06400	06405	06406
06409	06424	06432	06438	06445	06450	06454	06455	06459	06464
06470	06478	06478	06479	06491	06498	06501	06503	06508	06512
06516	06522	06523	06553	06574	06576	06585	06592	06594	06597
06598	06601	06614	06633	06641	06642	06677	06688	06700	06707
06708	06713	06715	06719	06735	06749	06770	06774	06780	06782
06799	06800	06802	06829	06831	06840	06841	06851	06853	06859
06876	06880	06909	06921	06927	06932	06946	06960	06965	06970
06976	06980	06986	06989	06998	07005	07016	07026	07035	07045
07057	07067	07078	07085	07101	07102	07138	07139	07146	07147
07150	07152	07153	07163	07165	07168	07180	07181	07186	07188
07191	07195	07198	07202	07209	07210	07215	07219	07225	07233
07235	07236	07239	07240	07241	07243	07249	07250	07251	07252
07254	07278	07279	07280	07289	07294	07299	07303	07305	07306
07311	07339	07345	07353	07358	07361	07379	07397	07404	07409
07410	07411	07413	07432	07453	07455	07471	07472	07484	07485
07492	07502	07508	07533	07543	07550	07563	07574	07575	07578
07587	07590	07646	07676	07715	07736	07743	07772	07780	07793
07796	07806	07813	07838	07847	07873	07900	07906	07931	07954
07975	07981	07987	08012	08036	08050	08059	08067	08074	08076
08091	08123	08157	08160	08162	08175	08186	08199	08221	08222
08224	08228	08241	08244	08259	08261	08265	08285	08299	08307
08327	08346	08370	08381	08387	08393	08396	08423	08434	08464
08478	08493	08501	08519	08531	08539	08561	08564	08583	08585
08594	08624	08676	08704	08722	08739	08755	08770	08781	08784
08806	08814	08816	08820	08837	08848	08852	08857	08874	08875
08882	08885	08894	08895	08904	08906	08912	08917	08927	08951
08952	08983	08984	08992	08994	09005	09012	09041	09060	09063
09070	09071	09090	09092	09093	09095	09098	09102	09103	09104
09105	09106	09110	09114	09120	09121	09122	09128	09133	09141
09142	09144	09145	09146	09148	09152	09157	09168	09177	09178
09181	09183	09190	09194	09195	09200	09205	09208	09218	09220
09225	09227	09230	09234	09241	09245	09248	09249	09251	09252
09257	09258	09259	09262	09266	09268	09272	09276	09277	09280
09288	09290	09292	09293	09295	09297	09298	09302	09303	09305

09308	09309	09315	09316	09317	09322	09326	09329	09331	09332
09333	09334	09335	09336	09337	09338	09343	09345	09348	09349
09355	09358	09361	09372	09374	09376	09380	09390	09391	09392
09395	09401	09404	09406	09413	09414	09415	09419	09424	09425
09431	09435	09436	09437	09438	09443	09444	09451	09454	09455
09456	09463	09465	09471	09472	09481	09482	09484	09487	09503
09508	09509	09511	09512	09518	09519	09527	09528	09546	09556
09567	09568	09571	09592	09599	09601	09603	09619	09624	09627
09628	09634	09642	09645	09661	09668	09676	09690	09697	09705
09712	09721	09724	09726	09731	09738	09740	09743	09754	09760
09764	09765	09767	09772	09775	09778	09779	09780	09782	09783
09784	09787	09793	09794	09795	09797	09806	09811	09816	09818
09822	09824	09826	09828	09830	09831	09833	09834	09835	09836
09837	09843	09844	09847	09848	09851	09853	09854	09855	09856
09857	09858	09861	09862	09863	09865	09866	09873	09874	09876
09881	09883	09886	09891	09892	09895	09897	09900	09902	09903
09904	09905	09911	09913	09916	09923	09935	09942	09943	09947
09949	09950	09951	09952	09959	09964	09980	09983	10010	10016
10020	10028	10030	10036	10042	10043	10047	10049	10053	10054
10064	10067	10071	10074	10075	10078	10079	10081	10088	10090
10096	10098	10102	10106	10111	10128	10133	10140	10149	10161
10164	10168	10170	10173	10174	10175	10176	10181	10220	10223
10224	10241	10247	10268	10270	10274	10278	10285	10301	10302
10303	10305	10308	10309	10312	10313	10321	10322	10323	10325
10336	10394								

十五畫

澂秋　（《澂秋館吉金圖》　2 册　孫壯　1931 年）

00491	00493	00944	01859	02382	02494	02595	02598	02681	03079
03359	03504	03948	03980	03981	04234	04466	04481	04936	04939
04980	04985	05087	05258	05259	05620	05630	05714	05889	05969
06203	06784	07065	07270	07292	07657	07872	08503	08933	09156
09190	09651	09652	09767	10220	10360	11077	11123	11543	

虢國墓　（《上村嶺虢國墓地》　1 册　中國科學院考古研究所　1959 年）

00683	01926	02214	10734	10809	11116	11117	11118	11119	11412

遼寧省博物館　（1983 年）

11236	11392	11401	11403

歐精華　（《歐米蒐儲支那古銅精華》　6 册　（日）梅原末治　1933 年）

00504 00553 00831 00845 01158 01566 03326 03423 03567 03644
03733 03747 03769 04112 04241 04300 04465 04645 04896 04940
05010 05153 05251 05299 05323 05337 05345 05459 05496 05565
05617 05645 05784 05832 05879 05896 05946 06063 06770 07277
07279 07797 07931 08579 08817 08848 09090 09152 09191 09252
09257 09277 09337 09496 09503 09530 09535 09567 09703 09715
09760 09768 09812 09844 09869 09901 10067 10068 10632

嘯堂　（《嘯堂集古録》　2 册　宋王俅　淳熙三年（1176）　本書用 1922 年續古逸叢書石印宋淳熙本）

00008 00009 00010 00011 00012 00013 00048 00054 00055 00056
00083 00103 00106 00144 00272 00274 00276 00277 00285 00770
00771 00819 00838 00879 00904 00988 00993 01042 01093 01134
01186 01199 01246 01284 01460 01517 01563 01619 01669 01695
01697 01763 01766 01845 01879 01895 01924 01957 01961 02001
02030 02033 02039 02056 02079 02197 02233 02268 02275 02283
02353 02358 02376 02386 02399 02401 02490 02518 02586 02597
02646 02669 02710 02711 02734 02742 02747 02751 02752 02753
02762 02775 02777 02785 02792 02826 02834 03046 03047 03048
03076 03088 03143 03233 03243 03274 03275 03276 03277 03434
03445 03446 03465 03467 03547 03607 03622 03682 03719 03789
03860 03895 03920 03936 03937 03938 04010 04091 04092 04108
04126 04153 04196 04202 04255 04258 04259 04260 04311 04323
04354 04381 04580 04672 04684 04704 04726 04773 04803 04804
04841 04862 04895 04933 04942 04946 04955 04983 04991 04996
05001 05046 05088 05131 05133 05180 05181 05182 05207 05208
05212 05262 05264 05282 05287 05367 05397 05401 05411 05431
05524 05612 05613 05649 05668 05701 05715 05724 05794 05878
05995 06062 06303 06354 06492 06497 06499 06505 06514 06561
06742 06816 06818 06827 06999 07042 07077 07097 07171 07172
07179 07229 07346 07386 07642 07707 07745 07851 07858 07890
07891 07892 07893 07894 07895 07951 07973 07989 08038 08039
08042 08064 08424 08454 08490 08530 08662 08798 08812 08988
09064 09078 09229 09285 09286 09301 09473 09557 09708 09725
09894 09981 10117 10124 10179 10185 10215 10238 10260 10317
10407

鄴初　（《鄴中片羽初集》　2 册　黄濬　1935 年）

00362 00363 00364 00377 00378 00379 01268 01290 01301 01468
01498 03195 04987 05051 05083 05271 06158 06727 06932 07003
07471 08036 09853 09913 09943 10392 10634 10647 10658 10660
10702 10704 10728 10770 10873 11720 11721 11781 11782 11803
11831

鄴二 （《鄴中片羽二集》 2 册 黄濬 1937 年）

00380 00381 00968 01220 01221 01276 01468 01469 01716 02971
04736 05469 05740 06927 07161 07400 07501 07516 07776 08200
08279 08600 08788 09749 09854 09871 10023 10638 10639 10640
10837 10845 10860 10869 10880 11421 11753 11852 11853

鄴三 （《鄴中片羽三集》 2 册 黄濬 1942 年）

00360 00385 00387 00412 01193 01216 01217 01224 01264 01366
01383 01452 01463 01760 01824 02362 02927 03062 03861 05412
05564 05694 06147 06602 06749 06781 07017 07141 07163 07239
07573 07574 07663 08001 08050 09144 09245 09858 09874 10047
11449 11747 11750 11766

學報 （《考古學報》 1953 年以來）

00172 00174 00177 00180 00210 00211 00212 00213 00217 00221
00368 00405 00429 00499 00616 00761 00776 00785 00793 00805
00883 01013 01049 01098 01148 01161 01329 01337 01368 01400
01533 01706 01708 01767 01786 01792 01928 01981 02161 02480
02708 02833 02923 02929 03061 03127 03207 03239 03524 03581
03582 03793 03795 03942 03997 04021 04022 04059 04162 04163
04217 04279 04280 04286 04491 04493 04779 04783 04935 05072
05224 05227 05390 05536 05538 05540 05542 05659 05725 05847
05910 05911 05949 06011 06012 06013 06068 06160 06331 06338
06363 06435 06638 06700 06701 06702 06703 06704 06744 06824
06847 06849 06946 06998 07006 07056 07067 07195 07215 07240
07252 07306 07315 07323 07327 07364 07476 07563 07564 07654
07658 07667 07674 07746 07764 07862 07920 08012 08013 08154
08166 08185 08199 08265 08285 08300 08346 08459 08601 08756
08757 08758 08759 08800 08806 08912 09168 09174 09244 09406
09414 09425 09437 09455 09528 09529 09822 09847 09861 09862
09899 09900 09916 09942 09950 09952 09983 09992 09993 09994
10004 10006 10007 10079 10096 10143 10175 10298 10476 10611
10615 10714 10720 10723 10724 10748 10819 10856 10910 10911
10913 10919 10934 10996 11002 11028 11030 11072 11092 11100
11112 11132 11133 11136 11137 11138 11144 11150 11151 11153
11161 11207 11255 11256 11257 11283 11293 11299 11301 11310
11321 11322 11323 11343 11349 11377 11381 11391 11423 11425
11451 11457 11461 11474 11475 11496 11511 11535 11564 11570
11594 11598 11600 11622 11623 11624 11627 11628 11640 11657
11661 11663 11672 11676 11683 11684 11690 11703 11710 11713
11714 11715 11716 11739 11773 11790 11999

十六畫

澳銅選 （《澳大利亞所見中國銅器選録——屈萬里先生七秩榮慶論文集》 張光裕 1978 年）

00562 00913 01077 01587 01588 01625 01905

衡齋 （《衡齋金石識小録》 2 卷 黄濬 1935 年）

00416 00419 09913 10365 10366 10428 10458 10465 11778 11779
11900 11911 11914 11916 12091 12101

積古 （《積古齋鐘鼎彝器款識》 10 卷 清阮元 嘉慶九年（1804）自刻本）

00008 00014 00021 00034 00064 00083 00111 00145 00149 00183
00238 00245 00446 00505 00535 00570 00579 00602 00628 00629
00641 00645 00659 00666 00770 00825 00862 00866 00907 00929
00937 01342 01421 01460 01476 01592 01646 01676 01695 01763
01821 01895 01922 01937 01950 01965 01998 02039 02048 02158
02202 02246 02251 02264 02279 02411 02420 02472 02502 02526
02562 02594 02601 02615 02657 02662 02670 02671 02672 02673
02674 02711 02723 02731 02734 02752 02775 02786 02814 02818
02827 02838 02961 03060 03115 03145 03151 03201 03211 03252
03289 03303 03356 03395 03400 03475 03497 03514 03543 03565
03645 03648 03663 03696 03700 03717 03732 03761 03764 03785
03809 03818 03820 03848 03868 03889 03903 03968 03988 04001
04009 04013 04040 04041 04075 04091 04167 04183 04206 04214
04221 04265 04269 04288 04289 04290 04337 04365 04367 04405
04424 04432 04436 04524 04581 04582 04587 04620 04626 04627
04629 04631 04643 04644 04658 04757 04913 04962 04981 05007
05075 05171 05187 05211 05250 05275 05278 05296 05297 05302
05334 05373 05381 05385 05405 05408 05411 05466 05566 05597
05632 05664 05745 05819 05894 05914 05944 05971 05982 05994
06006 06101 06112 06220 06237 06274 06289 06305 06314 06336
06352 06367 06397 06456 06495 06619 06698 06957 07114 07159
07531 07620 07793 07915 07965 08047 08367 08537 08567 08616
08666 08693 08782 08864 08919 08929 08935 08964 09007 09022
09053 09059 09088 09096 09105 09279 09294 09354 09387 09403
09531 09556 09612 09654 09690 09732 09898 09967 09982 10038
10075 10097 10129 10143 10161 10172 10176 10195 10202 10361
10487 10495 10499 10530 10535 10540 10542 10550 10567 10573
10574 10576 10857 10859 10959 10973 11046 11089 11114 11200
11206 11268 11356 11636 11640 11915 12097

濬縣 （《濬縣彝器》 2册 孫海波 1938年）

00775 00830 01659 05986 07987 10800 10803 10882 10886 11333
11858 11859 12074 12075

録遺 （《商周金文録遺》 于省吾 1957年）

00116 00123 00124 00125 00126 00127 00128 00129 00130 00131
00182 00184 00187 00568 00587 00614 00636 00678 00703 00754
00871 00874 00890 00905 00918 00921 00946 01033 01034 01048
01055 01058 01059 01060 01064 01065 01101 01129 01135 01142
01151 01163 01170 01173 01210 01215 01218 01306 01307 01316
01340 01384 01416 01428 01449 01462 01463 01471 01475 01497
01522 01546 01547 01706 01711 01758 01760 01771 01824 01864
01900 01905 01916 01944 02000 02087 02131 02132 02174 02175
02178 02195 02241 02262 02307 02350 02362 02379 02391 02414
02433 02473 02477 02498 02500 02527 02536 02548 02556 02575
02581 02592 02637 02660 02706 02712 02729 02749 02761 02770
02805 02833 02915 02936 02937 02978 03038 03039 03078 03083
03109 03114 03122 03123 03139 03150 03175 03194 03216 03226
03302 03314 03393 03428 03482 03557 03576 03577 03610 03653
03673 03687 03692 03693 03716 03816 03826 03835 03836 03861
03878 03941 03995 03996 04008 04022 04043 04045 04059 04060
04099 04132 04133 04143 04147 04159 04197 04245 04320 04418
04442 04443 04444 04445 04446 04475 04497 04511 04512 04530
04560 04648 04666 04667 04755 04761 04777 04778 04780 04782
04812 04842 04870 04874 04875 04880 04906 04914 04918 04931
04978 04994 04998 05024 05059 05092 05096 05118 05161 05175
05210 05213 05222 05266 05274 05288 05295 05300 05301 05352
05353 05356 05389 05412 05413 05414 05415 05416 05432 05444
05449 05450 05451 05477 05498 05578 05579 05580 05587 05590
05610 05634 05637 05736 05747 05750 05754 05888 05945 05998
06003 06004 06039 06144 06149 06152 06163 06243 06271 06380
06390 06398 06414 06486 06498 06554 06560 06566 06572 06634
06655 06662 06665 06671 06673 06676 06677 06711 06712 06716
06718 06737 06749 06753 06778 06782 06783 06842 06870 06872
06879 06906 06928 06930 06940 06954 06983 07000 07002 07018
07033 07037 07046 07048 07049 07050 07052 07054 07061 07062
07063 07076 07083 07123 07141 07142 07154 07163 07177 07182
07192 07201 07220 07226 07227 07238 07243 07254 07261 07262
07299 07322 07336 07352 07354 07373 07385 07390 07400 07402
07409 07410 07466 07467 07489 07506 07514 07521 07573 07574
07587 07606 07607 07612 07650 07652 07696 07701 07703 07713
07715 07716 07717 07720 07721 07722 07726 07735 07777 07788
07804 07805 07816 07830 07831 07932 07993 08025 08034 08050

08089 08090 08095 08102 08137 08163 08165 08173 08175 08179
08202 08207 08223 08232 08236 08243 08250 08251 08264 08283
08352 08355 08364 08401 08467 08520 08599 08607 08608 08658
08673 08681 08720 08742 08752 08761 08776 08777 08778 08790
08804 08805 08814 08821 08824 08845 08910 08954 08967 08978
08979 09010 09014 09076 09112 09114 09116 09136 09146 09151
09160 09231 09238 09245 09330 09367 09418 09444 09461 09462
09463 09465 09466 09509 09524 09550 09553 09564 09584 09589
09593 09599 09604 09638 09646 09733 09741 09765 09776 09783
09792 09796 09797 09802 09828 09838 09843 09872 09878 09879
09889 09892 09904 09907 09914 09938 09941 09957 09958 10003
10008 10010 10011 10012 10013 10029 10035 10047 10050 10052
10078 10129 10141 10142 10143 10147 10155 10164 10168 10201
10226 10248 10274 10288 10289 10294 10305 10316 10319 10323
10343 10379 10382 10385 10457 10460 10464 10480 10483 10488
10515 10522 10526 10610 10635 10652 10653 10671 10672 10678
10679 10708 10712 10713 10721 10767 10768 10828 10831 10860
10879 10910 10912 10916 10989 11019 11029 11042 11093 11100
11102 11113 11126 11157 11205 11251 11263 11282 11316 11343
11345 11360 11369 11394 11484 11575 11589 11591 11594 11596
11600 11618 11623 11633 11643 11655 11673 11691 11696 11699
11725 11755 11869 11870 11903 11912 11997 12003 12018 12019
12020 12027 12028 12096

薛氏 （《歷代鐘鼎彝器款識法帖》 20卷 宋薛尚功 紹興十四年(1144) 本書用于省吾影印明崇禎六年(1633)朱謀垔刻本）

00008 00009 00010 00011 00012 00013 00048 00054 00055 00056
00057 00058 00072 00083 00084 00103 00106 00144 00153 00154
00171 00270 00272 00273 00274 00275 00276 00277 00278 00279
00280 00281 00282 00283 00284 00285 00482 00495 00502 00505
00525 00533 00535 00578 00603 00604 00627 00641 00681 00710
00770 00771 00819 00838 00878 00900 00902 00904 00934 00942
00949 00988 00989 00993 01016 01042 01093 01134 01186 01187
01199 01246 01283 01284 01460 01476 01484 01505 01517 01563
01570 01571 01590 01607 01619 01669 01695 01697 01726 01763
01766 01845 01879 01895 01924 01957 01961 02001 02030 02033
02038 02039 02055 02056 02079 02123 02197 02233 02268 02275
02283 02323 02353 02358 02376 02386 02399 02401 02427 02490
02518 02519 02539 02540 02586 02597 02615 02646 02669 02710
02711 02717 02730 02734 02742 02747 02751 02752 02753 02762
02775 02777 02785 02790 02792 02819 02826 02834 03046 03047
03048 03058 03067 03076 03088 03143 03233 03243 03244 03274
03275 03277 03434 03445 03446 03465 03467 03547 03607 03622

03682	03719	03788	03789	03819	03860	03894	03895	03920	03935
03936	03937	03938	03983	04010	04091	04092	04108	04126	04153
04182	04196	04255	04258	04259	04260	04296	04297	04311	04323
04340	04342	04343	04348	04349	04354	04381	04409	04469	04473
04474	04531	04542	04543	04580	04627	04672	04684	04693	04704
04726	04773	04803	04804	04841	04862	04895	04933	04942	04946
04955	04961	04983	04991	04996	05001	05046	05079	05088	05095
05131	05133	05180	05181	05182	05207	05208	05212	05262	05264
05282	05287	05367	05397	05401	05411	05431	05524	05612	05613
05649	05668	05672	05701	05715	05724	05782	05794	05850	05855
05878	05995	06062	06219	06279	06280	06303	06304	06328	06354
06492	06497	06499	06505	06514	06561	06742	06816	06818	06827
06843	06999	07042	07077	07097	07171	07172	07179	07229	07273
07346	07386	07642	07648	07672	07707	07745	07851	07858	07890
07891	07892	07893	07894	07895	07951	07973	07989	08019	08038
08039	08042	08064	08424	08445	08454	08490	08530	08562	08602
08662	08737	08798	08812	08988	09064	09078	09154	09170	09188
09215	09216	09217	09229	09285	09286	09301	09307	09353	09360
09389	09396	09441	09446	09473	09557	09704	09708	09725	09769
09860	09894	09981	10044	10117	10124	10138	10160	10179	10180
10185	10213	10215	10238	10242	10260	10265	10280	10317	10341
10407	10582	10925	11144						

燕京學報　（16、17、23 期）

10819	10910	10911	11028	11030	11072	11100	11133	11136	11144
11151	11255	11256	11257	11381	11511	11570	11598	11600	11622
11624	11627	11628	11663						

戰國式　（《戰國式銅器の研究》　（日）梅原末治　1936 年）

00121	02289	09650	11697	11698

十七畫

賸稿　（《河南吉金圖志賸稿》　1 册　孫海波　1939 年）

00924	01601	01696	02003	02333	02659	03197	04896	05019	05153
05254	05337	05363	05554	05617	05959	05999	06256	07501	07797
09090	09227	09678	09719	09844	09901	11212	12027	12028	

十八畫

簠齋　（《簠齋吉金録》　8 卷　鄧實　1918 年）

00014	00042	00043	00044	00069	00088	00092	00111	00132	00185

00243	00374	00596	00597	00632	00870	00877	00969	01189	01728
02021	02067	02071	02103	02155	02168	02312	02410	02415	02451
02495	02534	02613	02650	02674	02730	02810	02841	02919	02987
03065	03070	03502	03534	03535	03623	03723	03762	03772	03773
03845	03866	03904	03952	03991	04002	04116	04117	04122	04141
04178	04261	04338	04436	04514	04600	04616	04632	04649	04938
04993	05073	05146	05148	05291	05307	05327	05365	05369	05402
05433	05569	05716	05743	05801	05828	05841	05861	05922	05925
05992	06086	06139	06202	06208	06275	06292	06320	06330	06370
06375	06391	06399	06446	06447	06467	06502	06571	06765	07091
07214	07232	07296	07321	07533	07534	07543	07572	07661	07693
07847	07866	07877	07902	07904	07907	08017	08020	08074	08112
08239	08341	08437	08443	08507	08527	08539	08573	08584	08623
08643	08668	08690	08692	08695	08696	08698	08825	08861	08878
08884	08987	09012	09013	09032	09034	09046	09092	09104	09185
09242	09379	09404	09606	09667	10068	10105	10126	10151	10174
10205	10214	10218	10240	10253	10279	10352	10366	10367	10368
10371	10374	10579	10811	10824	10859	10877	10936	10944	10963
10975	10983	11012	11021	11023	11033	11049	11062	11082	11156
11183	11187	11203	11230	11233	11312	11346	11353	11364	11396
11469	11473	11488	11489	11526	11541	11845	11848	11908	

雙古　(《雙劍誃吉器物圖録》　2卷　于省吾　1940年)

00739	00977	00978	01208	01229	01382	01413	01552	01626	02809
02922	03010	03432	03778	03945	04715	04749	04853	05110	05202
05567	05593	05601	05840	05898	05926	05965	05984	06188	06189
07026	07321	08074	08396	08437	09103	09661	10075	11134	11149
11151	11381	11637							

雙吉　(《雙劍誃吉金圖録》　2卷　于省吾　1934年)

00005	00540	00841	01031	01615	02324	02449	03093	03192	03588
03743	03745	03830	03952	04069	04564	05399	05655	05863	05891
06312	06409	06451	06511	07289	07847	07866	07902	08244	08443
08584	08697	08830	08874	09012	09013	09239	09242	09413	09495
09910	09932	09949	10220	10686	10738	10739	10772	10776	10780
10782	10788	10794	10862	10873	10984	10999	11038	11125	11154
11210	11227	11342	11351	11361	11402	11413	11438	11506	11570
11637	11760	11778	11779	11803	11911	11962	11995		

雙王　(《雙王鉨齋金石圖録》　鄒安　1916年)

00017	01578	02563	02670	02778	03690	06462	09655	10336

藝展　(《參加倫敦中國藝術國際展覽會出品圖説》(第一册銅器)　1936年)

00031	00086	00198	00459	00839	01313	01378	01608	01810	02322

02387 02453 02479 02585 02601 02626 02657 02786 02808 03181
03505 03659 04145 04412 04413 04595 04602 04647 04747 04967
05406 05746 05859 05935 05968 05981 09305 09376 09597 09619
09627 09676 09690 09712 09980 10190 10267

十九畫

癡盦 （《癡盦藏金》 1册 李泰棻 1940~1941年）

02087 02209 02712 04291 04545 04572 05413 06348 06562 07299
08951 09096 10627 10681 10703 11007 11039 11297 11448 11466
11673 11736 11737 11749

懷米 （《懷米山房吉金圖》 2卷 清曹載奎 道光十九年(1839)自刻石本）

00018 00151 00708 01179 01433 01520 01603 01656 02325 02636
02649 02807 02816 03358 03460 03573 03657 03786 03822 03888
04005 04222 04263 04327 04432 05064 05112 05366 05458 05988
06326 06411 06481 07116 07230 07257 08110 08191 08337 09559
09641 09730 09763 09793 09809 09821 09884 10086 10206 10229
10272

擦古 （《擦古録金文》 清吴式芬 光緒二十一年(1895)）

00008 00014 00016 00018 00021 00033 00034 00040 00041 00042
00043 00045 00064 00065 00066 00068 00069 00070 00082 00083
00092 00104 00105 00111 00114 00115 00132 00145 00146 00149
00151 00183 00185 00238 00239 00240 00242 00243 00244 00245
00274 00393 00394 00399 00421 00422 00424 00446 00463 00483
00489 00491 00493 00505 00506 00523 00535 00567 00570 00579
00596 00597 00601 00602 00606 00615 00628 00629 00638 00639
00641 00642 00645 00659 00666 00669 00671 00672 00673 00688
00691 00708 00717 00720 00732 00737 00745 00770 00815 00822
00825 00851 00854 00862 00866 00867 00870 00876 00877 00887
00891 00907 00915 00925 00927 00929 00937 00941 00944 00945
00947

攀古 （《攀古樓彝器款識》 2卷 清潘祖蔭 同治十一年(1872) 滂喜齋自刻王懿榮手寫本）

00225 00226 00229 00236 00271 00673 00840 00846 01714 02067
02269 02354 02378 02385 02787 03034 03090 03533 03556 03609
03655 03730 03908 04193 04214 04563 04738 04759 04856 04864
04890 04979 05217 05242 05326 05392 05427 08140 08245 08597
08665 09000 09045 09077 09411 09506 09552 09631 10101 11787

二十畫

寶楚　(《寶楚齋藏器圖釋》　1卷　方焕經　1934年)

00975	00976	02794	04675	04676					

寶蘊　(《寶蘊樓彝器圖録》　2册　容庚　1929年)

00797	00880	01079	01260	01294	01313	01594	01652	01679	01684
01693	01770	02009	02026	02059	02072	02082	02308	02309	02351
02601	02626	02657	02953	02990	03000	03015	03042	03052	03064
03082	03110	03174	03186	03353	03417	03515	03575	03700	03703
03706	03842	03905	03988	04009	04015	04732	04810	05313	05483
05615	05629	05636	05727	05728	06664	06799	07066	07153	09220
09221	09322	09349	09997	10111	10120	10181	10361		

二十一畫

續考　(《續考古圖》　5卷　宋趙九成　紹興三十二年(1162)　本書用清光緒十三年(1887)歸安陸氏十萬卷樓叢書刻本)

00008	00505	01284	01669	02030	02123	02323	02646	02730	02775
02790	02792	03441	03445	03446	03937	04202	04311	04827	05180
05431	05612	05649	08490	09275	09389	10138			

續殷　(《續殷文存》　2卷　王辰　1935年)

00359	00362	00363	00364	00370	00374	00375	00377	00378	00379
00382	00391	00393	00394	00395	00396	00397	00398	00399	00403
00404	00411	00441	00444	00455	00458	00459	00461	00468	00480
00481	00486	00500	00501	00538	00613	00797	00802	00804	00806
00808	00814	00815	00817	00818	00821	00822	00827	00839	00856
00859	00866	00880	00881	00888	00891	00907	00912	00916	00917
00924	01007	01019	01025	01031	01032	01052	01070	01079	01080
01095	01112	01120	01121	01128	01145	01146	01158	01180	01181
01191	01204	01207	01213	01228	01229	01253	01260	01261	01262
01267	01272	01278	01290	01293	01301	01311	01313	01357	01369
01378	01394	01410	01413	01422	01424	01426	01432	01438	01440
01442	01444	01448	01464	01468	01479	01480	01491	01498	01510
01511	01512	01513	01515	01524	01525	01526	01532	01536	01541
01542	01544	01550	01551	01553	01557	01566	01567	01568	01574
01579	01582	01584	01593	01594	01595	01597	01599	01603	01605
01606	01608	01612	01620	01625	01626	01630	01638	01641	01647
01650	01652	01657	01660	01662	01671	01678	01679	01681	01684

01685 01689 01690 01744 01693 01704 01705 01714 01740 01741
01742 01743 01744 01746 01752 01811 01814 01816 01823 01830
01842 01844 01853 01857 01859 01872 01877 01878 01882 01888
01889 01891 01893 01894 01897 01901 01902 01907 01910 01996
01998 01999 02002 02007 02009 02010 02026 02058 02059 02072
02073 02113 02117 02129 02136 02140 02145 02155 02311 02312
02327 02328 02335 02348 02363 02368 02400 02402 02431 02432
02499 02506 02579 02612 02625 02648 02709 02763 02916 02934
02935 02953 02956 02958 02960 02964 02970 02979 02982 02985
02990 03014 03015 03020 03021 03028 03034 03044 03052 03053
03064 03066 03082 03087 03093 03094 03095 03096 03101 03110
03113 03120 03136 03145 03146 03151 03155 03168 03169 03170
03173 03177 03178 03181 03183 03184 03186 03187 03188 03189
03195 03206 03210 03211 03213 03217 03224 03229 03242 03298
03306 03308 03319 03327 03328 03329 03340 03341 03342 03343
03395 03396 03417 03419 03420 03423 03427 03429 03449 03451
03458 03459 03460 03500 03501 03504 03505 03515 03518 03558
03572 03585 03603 03605 03608 03625 03647 03648 03659 03713
03714 03715 03746 03747 03749 03904 03905 03940 03975 03990
04138 04701 04722 04723 04732 04733 04734 04741 04743 04745
04746 04747 04748 04752 04753 04756 04763 04786 04807 04808
04820 04822 04823 04824 04826 04828 04831 04832 04847 04848
04858 04859 04863 04868 04896 04897 04899 04912 04913 04915
04916 04917 04923 04924 04926 04938 04940 04956 04959 04960
04962 04965 04966 04976 04985 04987 04988 04989 05000 05005
05006 05009 05010 05013 05014 05048 05049 05050 05051 05054
05061 05064 05065 05066 05067 05068 05074 05077 05081 05083
05084 05091 05094 05097 05099 05110 05125 05127 05142 05145
05147 05153 05157 05165 05173 05189 05192 05193 05202 05205
05206 05214 05218 05238 05250 05263 05267 05281 05284 05292
05293 05294 05296 05305 05314 05334 05337 05339 05347 05349
05350 05351 05360 05369 05370 05379 05380 05394 05395 05417
05456 05462 05474 05476 05483 05490 05496 05525 05529 05558
05559 05563 05565 05586 05601 05605 05607 05614 05615 05617
05619 05623 05627 05628 05629 05635 05639 05640 05642 05648
05650 05655 05658 05668 05670 05671 05678 05688 05696 05723
05727 05731 05732 05733 05734 05740 05741 05743 05745 05746
05751 05755 05758 05767 05777 05798 05799 05803 05804 05822
05856 05876 05877 05879 05880 05891 05917 05927 05935 05938
05944 05957 05965 05967 05968 05975 05979 06023 06024 06031
06038 06040 06056 06059 06066 06069 06082 06091 06118 06120
06131 06134 06135 06139 06140 06147 06155 06157 06158 06159
06162 06172 06178 06188 06189 06191 06192 06200 06201 06204
06206 06208 06214 06215 06220 06226 06227 06230 06231 06241

06244	06245	06250	06253	06255	06258	06261	06262	06269	06270
06281	06282	06284	06286	06290	06296	06301	06306	06307	06314
06315	06318	06319	06324	06329	06330	06332	06334	06335	06344
06348	06351	06353	06357	06369	06372	06378	06383	06394	06397
06401	06403	06409	06417	06425	06427	06429	06470	06472	06474
06482	06484	06491	06496	06533	06553	06571	06585	06604	06633
06651	06654	06685	06720	06722	06765	06767	06784	06787	06788
06789	06799	06814	06820	06840	06894	06911	06921	06933	06970
06989	07019	07030	07053	07058	07065	07066	07073	07081	07087
07088	07089	07091	07092	07099	07106	07116	07118	07120	07121
07127	07129	07133	07140	07144	07145	07153	07158	07159	07162
07180	07185	07186	07193	07198	07200	07212	07213	07218	07219
07222	07232	07234	07243	07257	07259	07264	07270	07277	07279
07285	07286	07288	07289	07290	07300	07301	07304	07305	07345
07347	07355	07365	07369	07379	07395	07396	07398	07408	07414
07415	07419	07420	07421	07425	07445	07457	07462	07474	07477
07492	07517	07527	07541	07570	07581	07603	07615	07616	07644
07657	07662	07669	07671	07673	07689	07694	07697	07702	07708
07712	07734	07771	07784	07786	07787	07794	07797	07808	07814
07817	07821	07826	07827	07850	07852	07866	07868	07870	07872
07884	07887	07897	07901	07905	07906	07917	07918	07929	07930
07934	07937	07944	07945	07952	07954	07955	07957	07958	07960
07962	07967	07972	07981	07983	07996	07997	07999	08004	08005
08006	08011	08030	08036	08040	08043	08045	08059	08062	08066
08075	08085	08091	08093	08094	08097	08106	08110	08144	08145
08151	08161	08162	08176	08190	08204	08217	08222	08224	08228
08234	08235	08245	08263	08270	08294	08312	08321	08328	08329
08330	08331	08332	08336	08345	08366	08370	08378	08395	08396
08404	08406	08408	08410	08413	08414	08427	08432	08438	08439
08447	08449	08451	08455	08464	08470	08471	08476	08477	08481
08483	08486	08487	08489	08491	08493	08494	08497	08501	08503
08506	08508	08513	08519	08528	08532	08540	08541	08544	08547
08550	08559	08563	08565	08573	08578	08582	08583	08591	08594
08596	08600	08603	08614	08615	08618	08620	08626	08627	08628
08630	08631	08635	08636	08640	08644	08645	08649	08650	08652
08653	08654	08673	08679	08686	08688	08699	08711	08714	08715
08716	08718	08722	08724	08726	08728	08735	08767	08778	08779
08781	08782	08784	08787	08792	08793	08794	08796	08808	08817
08819	08822	08825	08829	08832	08843	08844	08852	08853	08867
08873	08876	08881	08882	08893	08902	08904	08906	08908	08914
08938	08939	08941	08942	08945	08946	08955	08956	08962	08968
08973	08974	08977	08980	08990	08991	09005	09008	09018	09029
09030	09033	09038	09047	09050	09066	09072	09077	09079	09083
09084	09085	09090	09094	09099	09102	09135	09150	09152	09162

09175	09191	09194	09200	09201	09202	09203	09207	09208	09214
09220	09221	09225	09249	09270	09284	09288	09294	09298	09305
09322	09324	09338	09348	09349	09350	09352	09354	09369	09370
09373	09376	09381	09383	09385	09387	09390	09403	09407	09421
09458	09467	09478	09481	09525	09531	09532	09533	09534	09545
09752	09764	09768	09777	09786	09787	09788	09790	09793	09794
09800	09815	09853	09873	09887	09910	09915	09959	10016	10018
10019	10022	10026	10027	10043	10051	10083	10101	10286	10392
10479	10482	10485	10490	10500	10502	10504	10532	10535	10536
10538	10555	10556	10558	10559	10561	10569	10570	10575	10619
10636	10637	10646	10648	10656	10657	10658	10659	10660	10664
10674	10685	10686	10688	10690	10691	10704	10717	10750	10752
10762	10763	10777	10778	10780	10788	10795	10857	10859	10862
10867	10873	10946	10947	10948	10949	10950	10951	11010	11114
11115	11392	11401	11403	11413	11438	11439	11440	11441	11442
11443	11803								

二十三畫

巖窟 (《巖窟吉金圖録》 2冊 梁上椿 1943年)

00415	00418	00594	00662	01030	01443	01663	01710	01738	01798
02195	02262	03109	03857	04426	04851	04874	04927	06177	06212
06384	06424	06705	06980	07045	07203	07220	07231	07280	07284
07354	07423	07472	07507	07535	07573	07574	07718	07927	07986
08035	08090	08188	08353	08385	08396	08423	08564	08696	08796
08858	08875	08955	08985	09075	09164	09615	09838	09905	10270
10620	10638	10656	10670	10684	10713	10716	10721	10752	10765
10828	10831	10833	10838	10848	10849	10852	10863	10865	10888
11031	11032	11036	11072	11078	11126	11149	11154	11191	11297
11345	11355	11447	11734	11735	11750	11794	12027	12028	12067

西文部分

四 畫

巴洛 (Michael Sullivan, *Chinese Ceramics, Bronzes and Hades in the Collection of Sir Alan and Lady Berlow*, 1936, London)

01447	02324	05370	06180	06250	06716	07526	08269

中國圖符 (Florance Waterbury, *Early Chinese Symbols and Literature, Vestiges and Speculations,*

00376	01220	01285	01361	01407	01449	01824	01846	01859	04767
04790	04791	06714	07003	07026	07049	07233			

五 畫

布倫戴奇 (d'Argence, Rene-Yvon Lefebvre, *Bronze Vessels of Ancient China in the Avery Brundage Collection*, Asian Art Museum of San Francisco, 1977)

00896	00930	01066	01167	01711	01834	02729	02739	02955	02957
02973	03069	03083	03141	03337	03542	03661	04407	04742	04834
04873	05371	05383	05526	05686	05805	05990	06503	07025	08191
09088	09138	09158	09172	09273	09276	09298	09343	09443	09480
09623	09705	09717	09889	09946	10029				

弗里爾(1946) (J. E. Lodge, A. G. Wenley and J. A. Pope, *A Descriptive and Illustrative Catalogue of Chinese Bronzes, Acquired during the Administration of John Elleroon Lodge*, 1946, Washington)

02989	03473	03644	03748	04787	09834	10288	10308	11812

弗里爾(1967) (J. H. Pope, R. J. Gettens, J. Gahill and N. Barnard, *The Freer Chinese Bronzes*, Vol. 1, 1967, Washington)

01209	01244	01407	01593	01721	01864	02758	04149	04997	05043
05084	05172	05292	05402	05470	05543	05736	05761	05905	05962
05969	05992	06164	06501	06633	07026	07040	07339	09016	09092
09102	09152	09195	09567	09848	09901	10032			

皮斯柏 (B. Karlgren, *A Catalogue of the Chinese Bronzes in the Alfred F. Pillsbury Collection*, University of Minnesota, 1950)

01141	01285	01449	01859	01869	02340	03695	03713	04169	04791
05090	05203	05443	05482	05576	05948	06052	07233	07397	09106
09128	09259	09361	09599	09767	09857	10289			

七 畫

克里斯蒂 (*Early Chinese Ceramics, Bronzes and Works of Art* (Christie), June 1982, London)

06358

沃森 (W. Watson, *Ancient Chinese Bronzes*, 1962, London)

01519	02691	03103	03733	04241	05645	05879	06392	07201	09134
09314	09498	09828	09846	11535					

八 畫

使華 (Gustav Ecke(艾克), *Frühe Chinesische Bronzen aus der Sammlung Oskar Trautmann*(《使華訪古録》), 1939, Peiping)

01222 01309 01366 01901 02336 03580 05363 06030 06182 09854 10017

九 畫

柏景寒 (Charles Fabens Kelley and Ch'n Meng-chia(陳夢家), *Chinese Bronzes from the Buckingham Collection*, 1946, Chicago)

01158 01818 04112 04465 05080 05812 06841 09146 09880

皇儲 (*Chinese Antiquities From the Collection of Gustaf Adolf*)

03111 07609 11748

柯爾 (*The Cull Chinese Bronzes*(1939))

07823 09258 09678 09853

洛爾 (Loehr, *Ritual Vessels of Bronze Age China*, 1968, New, York)

02330 04873 05830 09141 09306

洛陽 (W. C. White, *Tombs of Old Lo-yang*(《洛陽故城古墓考》), 1934, Shanghai)

00160 00164

韋森 (*Chinese Bronzes the Natanael Wessen Collection*, Bertnhard Karlgren, Jan Wirgin, 1969.(《中國古代吉金》))

03259 03393 05952 06615 07084 07313 09401 09836 10054 10612 11746

十 畫

高本漢(1936) (B. Karlgren(高本漢), "Yin and Chou in Chinese Bronzes", *Bulletin of the Museum or Far Eastern Antiquities*, No. 8, 1936)

03784

高本漢(1949) (B. Karlgren(高本漢), "Some Bronzes in the Museum of Far Eastern Antiquities", *Bulletin of the Museum of Far Eastern Antiquities*, No. 21, 1949)

00468

高本漢(1952)　(B. Karlgren(高本漢),"Some New Bronzes in the Museum of Far Eastern Antiquities", *Bulletin of the Museum of Far Eastern Antiquities*, No. 24, 1952)

11738　11756

高本漢(1958)　(B. Karlgren(高本漢),"Bronzes in the Wess' n Collection", *Bulletin of the Museum of Far Eastern Antiquities*, No. 30, 1958)

01843

荷、比　(H. F. E. Visser, *Asiatic Art in Private Collections of Holland and Belgium*, 1947, Amsterdam)

01865　04866　07820　09234

倫敦　(*The Chinese Exhibition, A Commemorative Catalogue of the International Exhibition of Chinese Art*, Royal Academy of Arts, November 1935—March 1936, London)

01085　01378　01608　02601　03317　04508　04767　04866　04884　04967
05124　05159　05571　05645　05699　05746　05815　06053　06268　06358
09297　09772　09880　11698　11753

索思比(1984)　(*Fine Chinese Ceramics and Works of Art* (Sotheby), June 1984, London)

05699　05815　06053

索思比(1985)　(*Fine Chinese Ceramics Bronzes and Works of Art* (Sotheby), June 1984, London)

06268

十三畫

塞利格曼　(S. H. Hansford, *The Seligman Collection of Oriental Art*, Vol. 1, 1957, London)

01519　02000　03116　03482　05771　05799　06592　08981　09314　11765
11781

聖路易　(J. Edward Kidder, Jr. *Early Chinese Bronzes in the Gity(City三册) Art Museum of St. Louis*, 1956. Washington University, St. Louis)

00467　05291

猷氏　(W. Perceval Yetts(葉慈), *The George Eumorfopoulos Collection. Catalogue of the Chinese and Corean Bronzes, Sculpture, Jades, Jewellery and Miscellaneous Objects*, 1929, London)

00233　04241　04859　05306　05445　05507　09337　09512　09855

十六畫

盧氏(1924)　(Tch'ou Tö-yi, *Bronzes Antiques de la Chine Appartenant à C. T. Loo et Cie*, Paris, 1924)

01627

盧氏(1940)　(*An Exhibition of Ancient Chinese Ritual Bronzes loaned*, C. T. Loo and Company, Detvoit)

01734

盧氏(1941)　(*Exhibition of Chinese Art*, C. T. Loo and Company, New York, 1941)

05176

薩克勒　(*Shang RItual Bronzes in the Arthur M. Sakler Collections*)

07348	07349	07358	07402	07484	07488	07671	07853	08184	08278
08837	09114	09129	09130	09139	09156	09250	09841	09851	09868
10300	10344	11723	11728	11753					

十七畫

賽爾諾什　(Elisseeff, Vadime(葉理夫), *Bronzes archiques Chinois au Musee Cernuschi*(Archaic Chinese Bronzes), Vol. Ⅰ-TomeI, Paris. L'Asiatheque, 1977)

01672	01948	02820	02958	03320	05010	05139	05553	05626	05679
06771	06971	08932	09955						

十九畫

懷履光　(W. C. White(懷履光), *Bronze Culture of Ancient China*, 1956, Toronto)

00497	00498	00835	01010	01044	01308	02006	02434	03119	03397
04798	05017	05152	05154	05511	05766	05796	06577	06679	06807
06808	06925	06965	06966	07007	07008	07164	07311	07370	07677
07865	08014	08099	08101	08273	09055	09117	09189	09380	09739
09784	09902	10051	10053	10645	10696	10697	10801	10802	11419
11420	11745	11783	11811	12001	12002				

蘇黎世　(Brinker, Helmut, *Bronzen Aus Dem Alten China*, Museum Rietberg Zurich, 1975—1976)

01280	01539	03152	03165	03184	03295	03649	04940	05145	05634
05879	06772	06911	08252	09339	09886	11727			

二十畫

寶鼎 (Willem van Heusden (萬孝臣), *Ancient Chinese Bronzes of the Shang and Chou Dynasties, an Illustrated Catalogue of the van Heusden Collection with a Historical Introduction*(《寶鼎齋三代銅器圖録》), 1952, Tokyo)

00022 00415 01756 02612 03381 05042 05200 07444 08400 10721
11050 11729

鏡齋 (Gustav Ecke(艾克), Sammlug Lochow, *Chinesiche Bronzen Ⅰ, Ⅱ*(《鏡齋吉金録》), Peiping, 1943, 1944)

01094 01193 01844 01938 02927 03332 05265 05564 05638 09144
10010 10357

二、新增書刊

三 畫

下寺 (《淅川下寺春秋楚墓》 河南省文物研究所等編著 文物出版社 1991年)

00073—00081 00677 02357 02811 04471 09988 10005

山西珍品 (《山西文物館藏珍品青銅器》 張頷主編 山西人民出版社 1996年)

00786 01318 01538 01162 02050 02716 02765 03453 03870 04919
04964 09607 09696 09700 09977 09979 10232 10252 10929 11207
11329 11620

山西精華 (《山西省博物館館藏文物精華》 山西人民出版社 1999年)

01162 02319 03453 04685 04919 04964 09606 09696 09700 09977
10232 10252 11208 11112 11329 11588

山東精萃 (《山東文物精萃》 山東美術出版社 1996年)

00244 00685 02112 02154 02347 04334 04458 05410 09384 09513
09632 09633 09709 09766 09989 10116 10266 10286 10338 10961
11743 11757

山東藏品 (《山東省博物館藏品選》 1991年)

00244 00487 00715 01140 01348 01984 02111 04334 04443 05201
05410 05983 09384 09633 09709 09806 09989 10006 10241 10286
11120 11743

上海(2004)　(《夏商周青銅品研究——上海博物館藏品》　陳佩芬編著　上海古籍出版社　2004 年)

00005　00018　00082　00102　00109　00115　00116　00118　00122　00151
00185　00188　00189　00191　00202　00203　00206　00225　00227　00229
00230　00232　00234　00235　00236　00370　00373　00386　00399　00425
00486　00635　00643　00666　00690　00692　00696　00708　00712　00722
00725　00748　00826　00840　00867　00914　00928　00936　01107　01173
01232　01234　01259　01298　01379　01381　01453　01463　01492　01576
01600　01838　01849　01910　02071　02106　02133　02149　02269　02394
02405　02450　02455　02459　02517　02551　02588　02599　02605　02610
02614　02661　02686　02687　02688　02695　02720　02724　02730　02746
02755　02756　02764　02783　02784　02787　02788　02796　02813　02829
02836　02911　02948　02966　03045　03056　03092　03210　03220　03363
03460　03544　03574　03634　03730　03772　03780　03805　03852　03865
03893　03899　03901　03903　03908　03917　03939　03973　04025　04029
04037　04078　04079　04081　04097　04105　04113　04150　04160　04161
04180　04195　04208　04214　04226　04232　04240　04242　04252　04264
04275　04313　04316　04318　04324　04325　04339　04351　04401　04404
04418　04422　04434　04446　04447　04449　04459　04498　04513　04515
04539　04552　04557　04558　04571　04574　04591　04596　04600　04604
04616　04624　04625　04711　04765　04794　04852　04982　05071　05101
05151　05198　05215　05245　05289　05325　05388　05394　05400　05415
05416　05427　05430　05433　05480　05493　05531　05573　05604　05661
05677　05730　05749　05769　05806　05951　05988　06004　06008　06047
06167　06238　06295　06410　06452　06475　06483　06511　06512　06516
06546　06598　06627　06715　06914　06969　06993　07036　07110　07529
07533　07755　07758　07760　07761　07762　07834　08010　08100　08372
08517　08589　08608　08628　08839　08883　09091　09099　09118　09209
09245　09268　09283　09288　09313　09439　09457　09549　09613　09641
09682　09688　09713　09714　09730　09748　09793　09811　09837　09867
09878　09890　09897　09898　09945　09964　09965　09968　09971　10026
10065　10080　10090　10093　10105　10114　10119　10139　10151　10152
10154　10165　10195　10225　10240　10244　11255　10262　10269　10272
10282　10368　10371　10372　11147　11148　11188　11204　11220　11238
11248　11512　11544　11599　11630　11671　11703　11785　11788

四　畫

中山王墓　(《嚳墓——戰國中山國國王之墓》　河北省文物研究所編著　文物出版社　1996 年)

00513　00537　00967　00971　02088—02094　02840　04477　00478　04664
09448　09450　09561　09562　09665　09666　09674　09675　09683　09684
09685　09686　09692　09693　09734　09735　09924　09925　09926　09933
09934　10257　10328　10333　10349　10358　10359　10396　10397　10402

11814 11821 11822 11863 11864 11865 12042—12063

中藝 （《中國の工藝——出光美術館藏品圖録》 1989年）

00445 00526 00855 01177 01319 01516 01530 01739 01862 02475
02941 03090 03376 03561 03577 03684 04236 05023 05057 05235
05274 05294 06074 06597 06650 06658 06782 06810 07138 07250
07251 07320 07483 08065 08327 08894 09093 09126 09208 09295
09508 09765 10106 10331

五　畫

北大 （《北京大學賽克勒考古與藝術博物館藏品選》(1998) 北京大學考古學系編 科學出版社 1998年）

02195

北窑 （《洛陽北窑西周墓》 洛陽市文物工作隊編著 文物出版社 1999年）

00470 02036 03344 03346 05194 05372 06459 09572 09780 09801
10804 10954 11014 11573

六　畫

吉鑄 （《吉金鑄國史——周原出土西周青銅器精粹》 北京大學考古文博學院、北京大學古代文明研究中心編著 文物出版社 2002年）

00247 00248 00249 00250 00518 00655 02779 02789 02824 02831
04171 04322 04369 04463 04628 04681 05104 05403 05996 06002
06454 07225 09060 09068 09070 09081 09248 09303 09456 09723
09726 09895 10175 10285

七　畫

吴越 （《吴越文字彙編》 施謝捷編著 江蘇教育出版社 1998年）

00001 00019 00034 00093—00101 00120—00132 00144 00155 00156
00171 00193—00202 00223 00224 00421 00422 00424 00426 00427
00428 02283 02359 02600 04527 10212 10294 10295 10296 10298
10299 10819 10910 10911 10912 10913 10970 11028 11029 11091
11100 11136 11137 11138 11163 11207 11208 11255 11256 11257
11258 11263 11288 11310 11311 11400 11451 11511 11512 11534
11535 11544 11570 11571 11579 11594 11595 11596 11597 11598
11599 11600 11618 11620—11632 11636—11642 11644—11650 11654
11655 11656 11664 11665 11666 11667 11692 11703 11704 11718

八 畫

青全 （《中國青銅器全集》1~16 册 中國青銅器全集編輯委員會編著 文物出版社 1993~1998 年）

00037	00038	00042	00085	00102	00106	00107	00109	00151	00181
00185	00189	00202	00207	00238	00244	00260	00262	00269	00271
00286	00308	00317	00356	00367	00368	00369	00383	00384	00399
00405	00406	00407	00447	00499	00560	00565	00577	00624	00635
00643	00648	00669	00685	00686	00687	00689	00690	00707	00753
00761	00763	00776	00793	00794	00809	00816	00826	00840	00883
00884	00935	00939	00974	00980	01063	01098	01102	01104	01107
01110	01123	01162	01173	01226	01230	01259	01265	01299	01328
01329	01332	01336	01337	01348	01362	01368	01379	01400	01407
01472	01533	01600	01706	01708	01719	01729	01734	01735	01767
01873	01910	02074	02111	02153	02154	02185	02186	02215	02217
02231	02290	02291	02292	02295	02359	02393	02423	02475	02479
02497	02505	02565	02567	02573	02578	02585	02589	02603	02614
02618	02628	02635	02637	02637	02661	02676	02702	02703	02704
02716	02725	02729	02730	02739	02746	02766	02767	02780	02782
02784	02787	02789	02824	02832	02835	02836	02837	02840	02841
02911	02930	02948	02966	02973	02976	02989	03045	03072	03092
03100	03126	03127	03172	03220	03222	03238	03239	03527	03540
03574	03592	03593	03627	03640	03670	03772	03780	03824	03825
03901	03903	03906	03951	03974	04029	04030	04037	04059	04131
04144	04145	04163	04175	04189	04211	04216	04241	04252	04253
04261	04264	04279	04286	04293	04300	04313	04315	04317	04320
04322	04328	04341	04368	04446	04458	04459	04462	04465	04495
04496	04500	04546	04557	04558	04589	04590	04594	04596	04611
04628	04633	04646	04647	04652	04663	04664	04670	04673	04681
04682	04685	04686	04687	04690	04707	04718	04736	04747	04770
04779	04787	04794	04813	04819	04854	04872	04885	05018	05100
05101	05104	05162	05215	05225	05226	05231	05239	05241	05268
05312	05325	05364	05394	05403	05404	05410	05412	05413	05414
05415	05433	05481	05495	05534	05535	05537	05539	05542	05565
05573	05677	05680	05687	05736	05749	05761	05769	05843	05844
05847	05852	05858	05870	05911	05912	05913	05939	05949	05980
05983	05990	05996	05997	06002	06003	06009	06011	06013	06014
06064	06067	06238	06295	06400	06450	06452	06454	06455	06511
06512	06522	06598	06627	06703	06786	06851	06914	06991	06998
07006	07067	07188	07215	07221	07225	07240	07426	07476	07515
07533	07738	07740	07834	08087	08088	08100	08125	08128	08136
08166	08199	08259	08295	08346	08759	08800	08802	08912	08984
09060	09063	09068	09088	09101	09102	09105	09132	09133	09143
09158	09168	09174	09179	09195	09233	09248	09249	09260	09262

09268 09281 09288 09297 09298 09302 09303 09308 09315 09316
09317 09333 09395 09397 09406 09409 09425 09437 09445 09448
09454 09455 09456 09457 09482 04986 09511 09513 09573 09581
09582 09594 09606 09618 09624 09628 09632 09634 09636 09657
09658 09663 09688 09697 09700 09703 09706 09709 09716 09719
09720 09722 09723 09724 09726 09731 09733 09734 09735 09748
09771 09780 09793 09811 09826 09831 09833 09837 09843 09851
09856 09862 09863 09865 09888 09891 09895 09897 09900 09901
09930 09935 09936 09953 09961 09963 09964 09965 09966 09975
09979 09983 09989 09990 09991 09992 09993 09998 09999 10000
10004 10008 10020 10028 10031 10033 10071 10074 10077 10086
10087 10090 10096 10097 10099 10109 10114 10116 10130 10132
10136 10140 10142 10147 10170 10173 10175 10187 10193 10197
10198 10209 10230 10232 10235 10244 10250 10259 10266 10268
10272 10275 10276 10282 10285 10288 10290 10292 10298 10302
10305 10306 10318 10321 10322 10329 10330 10335 10337 10344
10348 10349 10355 10361 10368 10371 10374 10386 10387 10388
10391 10398 10399 10438 10439 10954 11111 11120 11173 11207
11236 11392 11401 11403 11534 11582 11621 11696 11739 11740
11743 11758 12113

周録　(《故宫西周金文録》　臺北故宫博物院　2001 年)

00031 00260 00416 00480 00530 00888 00907 00916 01770 02059
02153 02264 02265 02280 02346 02351 02387 02388 02453 02460
02468 02509 02510 02513 02521 02528 02585 02601 02626 02630
02657 02733 02759 02760 02763(器) 02778 02780 02786 02808 02828
02841 03375 03505 03575 03659 03703 03706 03708 03714 03715
03746 03846 03905 03928 03929 03933(器) 03934(器) 03955 03988 04009
04015 04044 04194(器) 04207 04215 04220 04233 04238 04239 04269
04391 04412 04413 04417 04602 04868 05220(器) 05240 05243(器)
05308(器) 05313 05392(器) 05406 05408 05419 05822 05859 05863 05967
05968 05975 05981 05985 05989 06016 06373 06441 06515 09400
09435 09597 09619 09627 09645 09676 09690(器) 09712 09728 09731
10111 10176 10181 10204

雨臺山　(《江陵雨臺山楚墓》　湖北省荆州地區博物館編著　文物出版社　1984 年)

10977 11027 11043

九　畫

美全　(《中國美術全集》　中國美術全集編輯委員會編著　文物出版社　1988 年)

00085 00189 00209 00271 00405 00406 00407 00423 00447 00689

00745 00793 00794 00980 01102 01337 01368 01400 01472 01706
01708 01734 01735 02111 02216 02653 02702 02789 02811 02830
02833 02837 02840 02741 02911 03072 03494 03540 03732 04131
04237 04261 04292 04315 04317 04320 04322 04341 04459 04589
04590 04688 04779 04885 05018 05201 05215 05231 05241 05312
05412 05413 05414 05415 05535 05536 05542 05646 05687 05858
05912 05913 05949 05978 05990 05997 06003 06011 06014 06454
07240 07533 08310 09063 09133 09179 09280 09303 09456 09487
09510 09581 09663 09707 09720 09726 09735 09780 09810 09818
09862 09899 09901 09965 09983 09991 10008 10173 10175 10176
10285 10294 10305 10954 11064 11148 11236 11392 11401 11403
11534 11582 11621 11758 11779

音樂(上海)　(《中國音樂文物大系》(上海卷)　大象出版社　1996年)

00005 00018 00036 00059 00068 00082 00102 00109 00115 00118
00122 00151 00185 00186 00188 00189 00191 00202 00206 00208
00225 00241 00392 00399 00425

音樂(山東)　(《中國音樂文物大系》(山東卷)　大象出版社　2001年)

00016 00172 00244 00350

音樂(江蘇)　(《中國音樂文物大系》(江蘇卷)　大象出版社　1996年(與上海卷合一册))

00001 00019 00093 00094 00095 00096 00097 00098 00099 00100
00101 00120 00150 00192

音樂(陝西)　(《中國音樂文物大系》(陝西卷)　大象出版社　1999年)

00002 00023 00024 00025 00026 00027 00028 00029 00030 00060
00107 00112 00133 00134 00135 00136 00137 00138 00139 00141
00143 00181 00246 00247 00248 00249 00250 00251 00252 00253
00254 00255 00256 00257 00258 00262 00263 00264 00265 00266
00267 00268 00269 00358

音樂(湖北)　(《中國音樂文物大系》(湖北卷)　大象出版社　1995年)

00037 00085

音樂(天津)　(《中國音樂文物大系》(天津卷)　大象出版社　1999年(與陝西卷合一册))

00039 00060 00061 00062 00063 00207 00209 00394

音樂(北京)　(《中國音樂文物大系》(北京卷)　大象出版社　1999年)

00052 00087 00089 00123 00147 00148 00149 00156 00182 00184
00211 00219 00238 00245 00271 00372 00380 00381 00419 00420
00422

音樂(河南)　(《中國音樂文物大系》(河南卷)　大象出版社　1996年)

00073 00077 00078 00081 00367 00368 00369

首師大　(《首都師範大學歷史博物館藏品圖録》　科學出版社　2004年)

00476 02804 05074 05089 05900 06924 07270 07763

南大　(《南京大學文物珍品圖録》　科學出版社　2002年)

00728 00842 02732 02802 04832

故青　(《故宮青銅器》　北京故宮博物院編　文物出版社　1999年)

00052 00087 00089 00123 00147 00148 00156 00182 00184 00201
00238 00417 00420 00422 00698 00733 00745 00918 00968 00985
01051 01058 01163 01165 01210 01231 01451 01794 01839 01860
01867 02008 02087 02145 02171 02183 02245 02373 02407 02574
02611 02623 02629 02634 02647 02650 02653 02681 02696 02718
02798 02807 02809 02827 02916 02918 03002 03089 03202 03266
03293 03310 03647 03654 03688 03829 03861 03931 03975 04036
04042 04060 04099 04121 04132 04155 04159 04165 04192 04223
04251 04263 04271 04276 04285 04295 04335 04402 04408 04450
04466 04467 04510 04511 04538 04570 04622 04634 04642 04651
04666 04677 04690 04809 04882 04897 05161 05271 05320 05331
05375 05376 05389 05396 05405 05412 05413 05414 05432 05451
05712 05917 05936 05964 05994 05998 06006 06007 06051 06144
06177 06356 06480 06490 06560 06603 06733 06842 07024 07756
07936 08764 08818 08958 09017 09089 09096 09147 09159 09403
09420 09429 09474 09555 09598 09646 09648 09701 09818 09823
09824 09852 09908 09973 09978 10002 10011 10022 10086 10127
10145 10147 10155 10158 10172 10196 01253 10270 10279 10281
10312 10319 10651 11143 11151 11263 11346 11351 11352 11381
11417 11597 11659 11680 11682 11688 11696 11708 11751 11779
11911 12095 12101

故宮五十　(《故宮博物院五十年入藏文物精品集》　紫禁城出版社　1999年)

01451 04403 04537 04690 04706 06221 07076 09377 09957 11416
11687

泉屋博古　(中國古銅器編　日本京都泉屋博古館　2002年)

00014 00042 00043 00044 00069 00088 00092 00111 00121 00132
00157 00163 00243 00558 00873 00881 00915 00948 01424 02485
02628 02951 03168 03206 03298 03391 03495 03601 04122 04701
05009 05126 05128 05187 05196 05239 05284 05384 05425 05525
05586 05648 05650 05652 05755 05787 05801 05882 06018 06809
06960 07543 07575 07825 07975 08000 08213 08675 09105 09293

09345 09404 09451 09531 09779 09787 09885

十 畫

通考 （《商周彝器通考》 容庚著 哈佛燕京學社 1941 年）

00005	00014	00017	00031	00032	00042	00044	00053	00069	00086
00088	00111	00117	00121	00155	00159	00169	00197	00228	00243
00245	00260	00261	00271	00382	00391	00395	00403	00404	00415
00416	00419	00420	00422	00428	00411	00441	00480	00512	00510
00530	00531	00544	00558	00559	00626	00634	00646	00667	00669
00731	00739	00742	00797	00802	00817	00829	00830	00839	00868
00873	00880	00881	00897	00912	00915	00921	00928	00948	00970
00975	00980	01438	01442	01610	01684	01740	01810	01837	01840
02082	02105	02130	02145	02149	02179	02236	02264	02285	02287
02289	02302	02308	02309	02322	02338	02453	02479	02513	02526
02551	02574	02579	02585	02668	02675	02684	02706	02722	02730
02754	02759	02794	02808	02941	02944	02951	02953	02960	02985
02990	02993	02997	02998	03000	03014	03015	03021	03042	03064
03082	03093	03094	03096	03098	03106	03113	03136	03151	03174
03177	03181	03192	03195	03206	03247	03255	03260	03307	03326
03329	03341	03349	03354	03363	03375	03391	03399	03417	03423
03449	03458	03474	03495	03536	03541	03567	03568	03571	03572
03575	03601	03635	03649	03656	03659	03700	03703	03706	03708
03741	03746	03769	03783	03828	03845	03905	03907	03928	03952
03933	03955	03967	03977	03988	04009	04015	04024	04029	04044
04059	04073	04080	04112	04122	04140	04145	04152	04161	04190
04192	04194	04195	04201	04207	04215	04220	04225	04233	04238
04241	04242	04261	04264	04269	04273	04275	04292	04300	04315
04316	04324	04329	04330	04391	04406	04412	04413	04417	04435
04450	04465	04487	04521	04550	04564	04570	04581	04588	04595
04602	04606	04616	04619	04620	04645	04646	04647	04649	04677
04701	04736	04745	04746	04810	04820	04831	04863	04868	04896
04923	04940	04966	04967	05006	05009	05031	05097	05118	05120
05128	05150	05153	05239	05340	05251	05265	05284	05299	05306
05308	05313	05323	05329	05337	05345	05347	05364	05384	05406
05409	05417	05421	05425	05459	05465	05484	05496	05554	05558
05586	05588	05593	05615	05617	05619	05645	05650	05655	05743
05755	05761	05774	05777	05784	05787	05801	05822	05829	05832
05843	05861	05863	05879	05882	05896	05917	05927	05935	05954
05959	05968	05977	05981	05985	05986	05989	05999	06009	06016
06042	06063	06082	06086	06098	06150	06158	06181	06215	06217
06226	06282	06307	06324	06373	06462	06479	06491	06513	06840

06921 06927 06930 06960 06970 07057 07092 07153 07219 07278
07353 07575 07797 07808 07827 07896 08221 08307 08308 08396
08451 08576 08583 08816 08817 08848 08882 08906 08994 09008
09012 09013 09085 09088 09096 09103 09105 09200 09220 09249
09252 09258 09276 09290 09294 09297 09305 09322 09331 09337
09345 09348 09349 09381 09400 09404 09430 09435 09451 09454
09481 09495 09497 09503 09514 09518 09531 09535 09549 09552
09556 09571 09585 09597 09606 09616 09619 09627 09645 09649
09655 09662 09676 09678 09680 09690 09703 09705 09710 09712
09715 09728 09731 09733 09749 09779 09787 09794 09812 09824
09830 09844 09850 09853 09854 09855 09871 09885 09897 09898
09901 09910 09913 09931 09937 09972 09980 09986 09997 10002
10043 10067 10068 10111 10120 10128 10148 10158 10159 10161
10173 10174 10176 10181 10190 10199 10196 10220 10247 10264
10267 10273 10282 10283 10294 10331 10336 10350 10357 10361
10366 10368 10386 10388 10392

殷青　（《殷虚青铜器》　中國社會科學院考古研究所編著　文物出版社　1985 年）

00367 00368 00369 00499 00762 00763 00776 00793 00999 01013
01098 01161 01211 01324 01325 01326 01330 01331 01332 01336
01337 01338 01368 01533 01666 01707 01855 02708 02923 02929
03100 03127 03222 03238 03418 04721 04819 05535 05536 05537
05539 05542 05680 05681 05911 05949 06141 06183 06338 06450
06450 06463 06638 06702 06703 06777 06832 06851 06854 06855
06860 06862 06880 06903 06951 06991 07006 07067 07221 07240
07263 07315 07364 07411 07515 07674 07800 07839 07841 07862
07992 08087 08125 08128 08154 08174 08199 08265 08272 08284
08295 08601 08743 08759 08800 08802 08865 09127 09143 09168
09174 09178 09223 09261 09280 09333 09486 09510 09781 09861
09862 09863 09917 09922 09942 09952 09983 09985 10028 10031
10347

酒器　（《商周青銅酒器》　臺北故宮博物院　1989 年）

04747 04868 05006 05031 05097 05220 05240 05558 05562 05967
05968 05981 05989 06016 06226 06307 06462 06515 06863 07066
07158 07295 08370 08718 08852 08994 09221 09290 09349 09392
09627 09676 09710 09711 09728 09731 09733 09870 09980

高家堡　（《高家堡戈國墓》　陝西省考古研究所編著　三秦出版社　1995 年）

04854 05312 05453 09355

旅順　（《旅順博物館》　文物出版社　2004 年）

00428 00820 02609 02754 03770 03907 04460 04606 04679 05060
05076 06146 08170 09777 10216

書道　（《書道博物館圖録》　日本二玄社　2000 年）

02801　02444　09095　11216

十一畫

商圖　（《商代金文圖録》　臺北故宮博物院　1995 年）

00441　00481　00806　00888　01002　01079　01146　01294　01301　01579
01582　01594　01602　01612　01684　01689　01740　01872　02026　02322
02985　02990　03015　03042　03094　03136　03181　03419　05006　05313
05615　05727　05809　06024　06140　06894　07066　07264　07528　08224
08225　08695　09221　09322

琉璃河　（《琉璃河西周燕國墓地》　北京市文物研究所編著　文物出版社　1995 年）

00490　00689　00807　00935　01279　01836　02035　02166　02248　02255
02505　02507　02703　03370　03538　03539　03540　03626　03627　03825
03906　05035　05195　05374　05599　05711　05800　05978　06100　06489
06509　06510　07728　07737　07738　07898　07967　07993　08574　08971
09371　10045　10073　10887　10953　11011　11854　11860　11861

鳥篆　（《東周鳥篆文字編》　張光裕、曹錦炎主編　香港翰墨軒　1994 年）

00034　00144　00171　02811　02840　04471　05761　09734　09735　09988
10100　10190　10819　10910　10911　10912　10913　10970　11026　11028
11029　11030　11072　11091　11092　11100　11132　11133　11136　11137
11138　11139　11142—11148　11151　11152　11153　11157　11161　11163
11175　11176　11207　11208　11251　11256　11257　11261　11310　11311
11388　11451　11511　11512　11535　11544　11570　11571　11579　11595
11596　11598　11599　11600　11618　11621—11632　11640　11641　11642
11644　11645　11646　11649　11650　11655　11656　11664　11692　11697
11703　11704

望山　（《江陵望山沙塚楚墓》　湖北省文物考古研究所編著　文物出版社　1996 年）

11621　11819

張家坡墓地　（《張家坡西周墓地》　中國社會科學院考古研究所編著　文物出版社　1999 年）

02148　04984　05738　05852　05853　06457　09875

萃賞　（《中國青銅器萃賞》　香港思源堂　2002 年）

01025　02434　02969　09886

十二畫

曾侯乙墓 （湖北省博物館編著　文物出版社　1989 年）

00085　00286—00349　00577　00974　02290—02295　03636—03643　04495
04496　04670　04671　09581—09582　09927　09928　09930　09998　10000
10077　10197　10198　10292　10348　10387　10398　10399　10439　10455
10981　11047　11048　11094—11098　11167—11181　11214　11567　12025

（原僅鐘鎛類和戈戟類引用）

桼盛 （《商周青銅桼盛器特展圖録》　臺北故宮博物院　1985 年）

02985　02990　03000　03012　03021　03042　03064　03082　03094　03098
03136　03174　03181　03255　03351　03353　03375　03399　03417　03419
03429　03464　03472　03501　03505　03575　03703　03706　03708　03715
03746　03842　03905　03928　03929　03933　03955　03988　04009　04015
04044　04145　04190　04194　04207　04215　04220　04228　04233　04238
04269　04412　04588　04595　04602　04647

十三、十四畫

蔭軒 （《李蔭軒所藏中國青銅器》　李氏自印中英文對照本　1988 年）

00068　00185　00203　00206　00232　00234　00235　00236　00386　00370
00486　00694　00712　00731　00867　00928　02269　02455　02459　02554
02599　02610　02660　02724　02730　02788　03730　03772　03780　03865
03888　03893　03899　03904　03908　03917　03964　03966　04029　04081
04088　04150　04180　04208　04214　04226　04264　04324　04351　04375
04422　04446　04459　04557　04558　04596　04600　04856　04894　04925
04938　04972　05067　05174　05430　05592　06394　06452　06512　06516
09439　09688　09898　09967　09969　10080　10101　10105　10165　10218
10240　10262　10269　11341

趙家湖 （《當陽趙家湖楚墓》　湖北省宜昌地區博物館、北京大學考古系編著　文物出版社　1992 年）

11045　11261

銘文選 （《商周青銅器銘文選》　上海博物館編著　文物出版社　1986~1987 年）

00014　00016　00017　00018　00022　00031　00032　00037　00038　00043
00050　00053　00059　00060　00061　00062　00063　00072　00082　00083
00085　00086　00087　00088　00089　00092　00102　00104　00105　00106
00107　00108　00109　00112　00116　00122　00130　00131　00135　00141
00142　00144　00147　00151　00153　00158　00159　00163　00181　00182
00183　00185　00186　00187　00188　00197　00202　00203　00206　00207

00209 00210 00230 00235 00238 00245 00246 00248 00249 00251
00252 00253 00254 00255 00256 00259 00260 00261 00262 00263
00269 00270 00271 00272 00273 00274 00275 00276 00277 00278
00285 00286 00288 00289 00290 00291 00292 00293 00294 00182
00183 00185 00186 00187 00188 00197 00202 00203 00206 00207
00209 00210 00230 00235 00238 00245 00246 00248 00249 00251
00252 00253 00254 00255 00256 00259 00260 00261 00262 00263
00269 00270 00271 00272 00273 00274 00275 00276 00277 00278
00285 00286 00288 00349 00421 00423 00424 00425 00426 00427
00536 00565 00580 00595 00596 00601 00608 00635 00648 00662
00666 00669 00679 00683 00689 00690 00696 00698 00699 00707
00708 00712 00717 00733 00744 00746 00755 00883 00895 00915
00939 00943 00944 00947 00948 00949 00975 00976 00977 00979
01337 01706 01708 01735 01938 02067 02149 02153 02172 02215
02216 02217 02231 02233 02235 02269 02287 02291 02297 02299
02300 02329 02358 02359 02381 02391 02394 02395 02405 02421
02422 02423 02426 02448 02450 02451 02462 02468 02475 02479
02480 02492 02493 02494 02503 02504 02505 02507 02516 02517
02525 02526 02531 02536 02548 02549 02550 02553 02556 02559
02560 02563 02565 02573 02574 02581 02588 02589 02592 02593
02595 02597 02599 02601 02602 02605 02610 02613 02614 02615
02618 02620 02626 02628 02635 02638 02639 02642 02643 02653
02657 02659 02661 02675 02687 02690 02694 02695 02699 02702
02703 02704 02705 02706 02708 02716 02720 02721 02722 02724
02728 02729 02730 02731 02736 02737 02738 02739 02741 02745
02746 02748 02749 02751 02753 02754 02755 02756 02757 02760
02763 02764 02765 02767 02768 02771 02776 02778 02779 02780
02781 02782 02783 02784 02786 02787 02788 02789 02790 02793
02794 02796 02803 02804 02805 02807 02809 02810 02811 02812
02813 02814 02815 02816 02817 02818 02820 02821 02824 02825
02826 02829 02830 02831 02832 02833 02835 02836 02837 02838
02839 02840 02841 03551 03574 03592 03634 03708 03732 03733
03739 03772 03775 03780 03790 03797 03815 03817 03818 03822
03828 03829 03830 03847 03851 03852 03865 03881 03884 03893
03896 03899 03901 03903 03906 03907 03908 03939 03942 03973
03974 03976 03977 03987 03988 03989 03993 03994 04009 04014
04025 04029 04030 04031 04037 04039 04040 04041 04043 04044
04045 04047 04051 04055 04059 04060 04061 04063 04067 04081
04084 04096 04097 04105 04109 04110 04112 04113 04115 04121
04122 04131 04132 04134 04136 04139 04140 04143 04144 04150
04154 04159 04163 04165 04166 04168 04175 04178 04180 04182
04183 04184 04190 04192 04195 04196 04197 04198 04199 04201
04202 04203 04205 04206 04207 04208 04210 04213 04214 04215
04216 04223 04225 04232 04237 04238 04240 04241 04242 04244

04247	04248	04250	04252	04253	04255	04256	04257	04261	04264
04266	04267	04268	04269	04271	04272	04273	04275	04276	04277
04279	04284	04285	04286	04287	04289	04292	04293	04295	04297
04299	04300	04302	04303	04311	04313	04315	04316	04317	04318
04320	04321	04322	04323	04324	04326	04327	04329	04330	04331
04332	04334	04339	04340	04341	04342	04343	04384	04390	04391
04392	04394	04396	04401	04405	04406	04415	04418	04422	04425
04426	04428	04430	04435	04440	04441	04444	04446	04449	04452
04454	04458	04459	04463	04464	04465	04466	04467	04469	04481
04489	04495	04499	04500	04506	04515	04518	04527	04528	04537
04538	04546	04549	04552	04556	04557	04558	04560	04568	04571
04573	04574	04575	04576	04579	04585	04589	04590	04596	04597
04598	04600	04604	04606	04607	04612	04613	04616	04617	04618
04620	04624	04625	04626	04628	04630	04632	04641	04643	04645
04646	04648	04649	04650	04663	04672	04674	04675	04690	04692
04694	04695	05225	05226	05291	05299	05325	05374	05379	05383
05387	05388	05394	05398	05399	05400	05402	05403	05404	05407
05408	05409	05410	05411	05412	05413	05414	05415	05416	05417
05419	05421	05423	05425	05426	05427	05428	05430	05432	05433
05912	05931	05939	05959	05977	05978	05983	05985	05986	05989
05990	05992	05995	05996	05997	06001	06002	06003	06004	06006
06007	06008	06009	06010	06011	06012	06013	06014	06015	06016
06452	06462	06511	06512	06513	06514	06516	08916	09067	09070
09094	09096	09102	09103	09104	09105	09249	09303	09395	09408
09409	09430	09439	09451	09454	09455	09456	09573	09585	09598
09622	09628	09630	09632	09633	09639	09645	09652	09656	09661
09669	09678	09688	09689	09693	09696	09697	09698	09699	09700
09703	09704	09705	09709	09710	09712	09714	09715	09716	09722
09723	09725	09726	09728	09729	09730	09731	09732	09733	09734
09735	09892	09893	09895	09897	09898	09899	09900	09901	09931
09935	09936	09961	09974	09978	09979	09991	10008	10065	10074
10080	10081	10084	10086	10087	10090	10093	10096	10097	10099
10100	10103	10114	10116	10133	10136	10137	10139	10140	10145
10146	10147	10151	10152	10154	10158	10159	10160	10161	10162
10164	10168	10170	10171	10172	10173	10174	10175	10176	10195
10199	10205	10206	10211	10214	10220	10225	10232	10244	10252
10255	10259	10262	10263	10267	10269	10272	10273	10275	10277
10279	10281	10284	10285	10289	10290	10294	10296	10297	10298
10305	10306	10316	10318	10320	10321	10322	10330	10332	10334
10336	10341	10342	10356	10360	10361	10368	10371	10372	10374
10385	10386	10388	10391	10478	11018	11078	11117	11120	11123
11132	11133	11147	11148	11152	11167	11188	11204	11206	11207
11220	11224	11238	11254	11255	11260	11261	11263	11279	11282
11365	11381	11392	11396	11401	11403	11512	11513	11540	11544

11570 11594 11599 11600 11602 11614 11620 11621 11622 11630
11637 11654 11659 11671 11697 11703 11718 11758 11788 12027
12097 12108 12110 12113

十五畫

歐遺 （《歐洲所藏中國青銅器遺珠》 李學勤、艾蘭編著 文物出版社 1995年）

00190 00468 01787 02691 02958 03948 04058 05547 05569 05765
05991 06266 07188 07191 07243 09257 09836 09911 10067 10166
11727

十六畫

歷博 （《中國歷史博物館》 文物出版社 1984年）

00271 00447 00793 01706 02837 04261 04315 04320 04885 05536
06011 08310 09280 09455 09511 09720 09862 09899 10004 10008
10173 10294 10305 10438 11739

燕園 （《燕園聚珍·北京大學賽克勒考古與藝術博物館展品選粹》 北京大學考古系編 文物出版社 1992年）

00587 00804 01217 01999 02045 02195 03745 06450 06814 08074
09556 11661 11676

薩克勒(商)（*Shang Ritual Bronzes in the Arthur M. Sackler Collections*, 1987）

01011 01459 01604 01621 01692 01700 01900 03039 03070 03086
04144 04775 04839 04872 05142 05481 05489 05565 05741 06522
06797 06904 06976 06988 07015 07108 07348 07349 07358 07402
07484 07488 07671 07853 08184 08278 08837 09114 09129 09130
09139 09156 09841 09851 09868 10300

薩克勒(西周)（*Western Zhou Ritual Bronzes in the Arthur M. Sackler Collections*, 1990）

00545 00730 00780 00814 00984 01249 01627 01753 01784 01847
01852 02052 02553 03005 03020 03218 03247 03248 03381 03404
03421 03454 03469 03655 03734 03850 04123 04273 04888 04963
04968 05064 05200 05251 05327 05420 05528 05683 05775 05791
05886 05907 05901 06034 06478 06576 08201 09267 09284 09433
08657 09668 09821 10016 10303

薩克勒(東周)（*Eastern Zhou Ritual Bronzes in the Arthur M. Sackler Collections*, 1995）

10133

十七畫

徽銅　（《安徽省博物館藏青銅器》　上海人民美術出版社　1987年）

00210	00222	00423	00429	01803	01806	02217	02284	02301	02393
02479	02480	03592	04490	04508	04509	05725	05939	09574	09992
09993	10189	10290	10299	12111	12112				

禮器　（《故宫商代青銅禮器圖録》　臺北故宫博物院　1998年）

00461	01378	01438	01440	01442	01444	01526	01693	01863	03064
03082	03096	03098	04747	04810	04966	05097	05205	05546	05558
05562	05935	06082	06307	06318	06894	06963	06970	07066	07089
07106	07158	07314	08718	08852	09175	09376	09500	09842	09850

總集　（《金文總集》　嚴一萍主編　臺北藝文印書館　1983年）

《金文總集》與《殷周金文集成》所收器重合甚多，故此索引篇幅很大，爲節省版面，此處省略。請參見附録四《部分著録書刊與本書器號對照表》中相關内容

斷代　（《西周銅器斷代》　陳夢家著　中華書局　2004年）

00014	00016	00022	00048	00082	00103	00109	00134	00143	00189
00190	00206	00207	00260	00452	00553	00616	00632	00648	00736
00744	00748	00753	00754	00915	00926	00940	00942	00948	01734
01735	02207	02329	02405	02458	02459	02548	02556	02581	02595
02626	02635	02637	02649	02654	02659	02661	02666	02678	02682
02705	02707	02712	02719	02724	02728	02729	02731	02734	02739
02740	02742	02745	02747	02749	02755	02756	02761	02768	02776
02778	02780	02783	02784	02786	02787	02790	02792	02796	02804
02805	02807	02808	02809	02810	02813	02815	02817	02818	02825
02829	02833	02836	02837	02838	02839	02841	03047	03571	03574
03669	03733	03743	03772	03794	03849	03879	03915	03917	03920
03928	03942	03977	03979	03997	04018	04022	04029	04041	04044
04046	04059	04060	04073	04088	04091	04099	04113	04118	04121
04123	04126	04133	04134	04139	04140	04141	04147	04153	04155
04159	04162	04165	04167	04166	04169	04182	04192	04194	04195
04196	04197	04201	04202	04205	04207	04214	04217	04225	04238
04240	04241	04242	04244	04252	04254	04255	04257	04258	04261
04266	04271	04275	04276	04277	04279	04283	04284	04285	04286
04289	04293	04294	04298	04301	04311	04312	04316	04318	04320
04321	04323	04325	04327	04329	04330	04331	04340	04341	04342
04361	04387	04401	04414	04435	04443	04446	04459	04465	04466
04467	04497	04626	04667	04672	04684	05154	05325	05383	05384

05386	05398	05400	05401	05402	05407	05409	05415	05416	05423
05424	05425	05426	05427	05431	05432	05433	05796	05974	05977
05985	05986	05988	05995	06001	06003	06004	06006	06009	06011
06013	06174	06512	06515	06516	09104	09308	09425	09430	09437
09454	09455	09528	09594	09677	09706	09708	09717	09721	09725
09888	09897	09898	09899	09901	09964	10020	10079	10081	10096
10108	10161	10164	10168	10170	10173	10174	10176	10211	10225
10238	10305	10313	10340	10360	10581				

辭典 （《中國文物精華大辭典》(青銅卷)　馬承源主編　上海辭書出版社、香港商務印書館　1998 年）

00023	00037	00038	00060	00085	00102	00109	00112	00115	00122
00133	00141	00151	00172—00180		00181	00185	00188	00202	00203
00206	00209	00210—00218		00219—00222		00241	00245	00248	00262
00263	00267	00271	00422	00426	00447	00451	00516	00565	00610
00634	00663	00689	00690	00739	00745	00747	00793	00794	00761
00763	00883	00893	00895	00914	00928	00931	00939	00944	01063
01107	01231	01259	01336	01400	01472	01600	01706	01708	01735
01906	01933	02111	02133	02154	02186	02215	02216	02231	02235
02278	02391	02291	02294	02295	02393	02395	02405	02479	02480
02497	02505	02565	02567	02573	02589	02578	02638	02642	02653
02661	02676	02694	02695	02700	02702	02703	02704	02706	02708
02716	02725	02730	02736	02750	02756	02766	02776	02783	02784
02789	02796	02805	02809	02810	02811	02813	02815	02822	02824
02829	02830	02831	02832	02833	02836	02837	02840	02911	02923
02948	02976	03072	03089	03160	03221	03239	03344	03360	03442
03494	03527	03528	03540	03574	03590	03592	03616	03635	03636
03670	03732	03756	03775	03780	03824	03881	03896	03903	03906
03917	03950	03974	04029	04030	04041	04050	04131	04150	04154
04067	04078	04133	04170	04185	04204	04223	04226	04237	04248
04250	04252	04256	04261	04264	04276	04271	04284	04285	04286
04288	04293	04295	04303	04313	04315	04316	04317	04318	04320
04322	04324	04328	04331	04334	04341	04368	04372	04438	04443
04447	04458	04459	04462	04464	04466	04467	04490	04546	04556
04590	04597	04599	04604	04612	04613	04628	04666	04670	04671
04673	04682	04687	04691	04707	04770	04779	04805	04821	04838
04852	04854	04855	05100	05101	05104	05122	05161	05162	05201
05215	05227	05232	05241	05245	05276	05312	05394	05400	05403
05404	05410	05412	05413	05414	05415	05416	05428	05430	05433
05451	05453	05480	05537	05542	05646	05677	05687	05697	05769
05844	05858	05912	05936	05978	05980	05996	05997	06002	06003
06004	06008	06011	06013	06014	06064	06238	06295	06400	06454
06511	06512	06516	06598	06715	06845	06849	07225	07240	07533
07834	08124	08310	09060	09091	09133	09147	09179	09248	09260
09268	09279	09280	09288	09300	09302	09303	09308	09395	09397

09406 09409 09426 09445 09455 09456 09487 09501 09511 09549
09573 09581 09582 09618 09632 09629 09634 09637 09657 09663
09696 09697 09707 09709 09720 09721 09724 09726 09730 09734
09735 09773 09780 09793 09795 09811 09816 09818 09826 09837
09847 09862 09883 09888 09891 09895 09897 09898 09899 09935
09936 09939 09961 09963 09966 09983 09988 09989 09990 09991
09992 09998 09999 10000 10004 10006 10008 10064 10020 10074
10077 10090 10099 10102 10116 10132 10135 10136 10142 10172
10173 10175 10197 10224 10233 10235 10252 10254 10272 10275
10282 10284 10285 10286 10292 10294 10296 10298 10305 10307
10312 10322 10325 10329 10330 10332 10338 10356 10368 10371
10372 10374 10375 10383 10386 10387 10390 10391 10438 10439
10478 10929 10954 10994 11026 11063 11079 11111 11133 11148
11153 11167 11173 11176 11207 11222 11260 11261 11236 11309
11371 11392 11394 11401 11403 11442 11446 11461 11474 11523
11528 11534 11567 11600 11602 11611 11620 11621 11693 11696
11718 11739 11743 11758 11860 12100 12109

寶鷄 （《寶鷄強國墓地》 盧連成、胡智生編著 文物出版社 1988年）

00457 00507 00514 00515 00521 00527 00857 00895 00908 01037
01038 01039 01205 01314 01729 01791 01809 02152 02185 02192
02276 02277 02278 02676 02677 02938 02939 02940 03288 03527
03499 03528 03616 03617 03618 05231 05232 05241 05261 05823
05844 05858 05913 06235 06278 06453 08478 08960 09409 09501
09759 10048 10063 10064 11842

四、部分著録書刊與本書器號對照表

（本對照表著録書刊名稱依《銘文説明》用簡稱，全稱請參見附録三。本對照表以著録書刊器號排序，“/”前爲著録書刊器號，“/”后爲本書器號）

部分著録書刊與本書器號對照表目録

部分著録書刊與本書器號對照表

十二

雙 1~2 / 01490	貯 18 / 07433	居 29 / 07198	鏡 2 / 02117	栔 11 / 05685
雙 4 / 11151	貯 20 / 07432	居 29~30 / 06911	鏡 4 / 03827	栔 12 / 05014
雙 6 / 10465	貯 20 / 09085	雪 1~2 / 02136	鏡 8 / 08992	栔 13 / 09225
雙 7 / 00415	貯 22 / 09084	雪 2~3 / 02143	尊 2 / 00377	栔 14 / 07185
寶 1~7 /02794	貯 23 / 08222	雪 3~4 / 02187	尊 3 / 00379	栔 15 / 07186
寶 10 / 04507	貯 24 / 08059	雪 4~5 / 00559	尊 4 / 00378	栔 16 / 08783
寶 11 / 04506	貯 25 / 08968	雪 6 / 03151	尊 5 / 01268	栔 17 / 08784
寶 12 / 04675	貯 26.1 / 10658	雪 7 / 03485	尊 5~6 / 01301	栔 17~18 / 01999
寶 13 / 04676	貯 27.1 / 10660	雪 8 / 03686	尊 7.1 / 03840	栔 18 / 01704
寶 13~14 / 00975	貯 28.1 / 10949	雪 8~10 / 04570	尊 7.2 / 03841	栔 21 / 02409
寶 15 / 00976	貯 28.2 / 10948	雪 11 / 04435	尊 9.1(与尊 7.2 重)	栔 21~22 / 02574
寶 16 / 10199	貯 28.3 / 10951	雪 11 / 05927	尊 9.2 / 03840.1	栔 22~23 / 02360
舊 2 / 02238	貯 28.4 / 10946	雪 13 / 05343	尊 11 / 09514	栔 28 / 00531
舊 2~3 / 00669	貯 28.5 / 10947	雪 14 / 06042	尊 13 / 09649	栔 29 / 09910
舊 5 / 09051	貯 28.6 / 10950	雪 15 / 06376	尊 15 / 05265	栔 31 / 11213
舊 6 / 00032	貯 30 / 11775	雪 16 / 08541	尊 16 / 05150	栔 32 / 10796
舊 8 / 12032	居 5 / 02149	雪 17 / 10196	尊 17 / 04550	栔 33 / 11803
貯 2 / 00391	居 6 / 02679	雪 24 / 10158	尊 17 / 09381	栔 34 / 10406
貯 3 / 00375	居 8 / 03242	式 1~3 / 01524	尊 19~20 / 04549	遐 2 / 03656
貯 3~4 / 01752	居 9 / 04037	式 3~4 / 01638	尊 21 / 04551	遐 4 / 03635
貯 5 / 01121	居 12 / 03787	式 5 / 01354	尊 22 / 04677	遐 6 / 03153
貯 6 / 01031	居 13 / 04646	式 5 / 02332	尊 23 / 04678	遐 7 / 03009
貯 7 / 01032	居 15 / 03897	式 6 / 02348	尊 23 / 10002	遐 7~8 / 00742
貯 7~8 / 01875	居 17 / 04077	式 7~8 / 02435	尊 27 / 09931	遐 9~10 / 04502
貯 9 / 03329	居 18 / 04076	式 9 / 00524	尊 28 / 09932	遐 10 / 10388
貯 10 / 03749	居 19 / 03982	式 9~10 / 00500	尊 28 / 11659	補 3 / 07896
貯 11 / 09570	居 20 / 03725	式 11 / 09525	栔 2 / 00005	補 4 / 08630
貯 12 / 09249	居 20~21 / 00803	式 12 / 08843	栔 6~7 / 01744	
貯 14 / 06585	居 23 / 04620	式 13 / 08939	栔 7~8 / 01743	
貯 15 / 06989	居 25 / 04487	式 14 / 07492	栔 9 / 03246	
貯 16 / 06158	居 27 / 06477	鏡 1 / 02173	栔 10 / 00827	
貯 17 / 06344	居 28 / 09194			

大系

1 / 04261	2~3 / 09901	4 / 04041	5 / 05407	6 / 02785
1.2 / 06512	3 / 06016	4 / 05400	5 / 05402	7 / 02752
2 / 04300	4 / 04029	5 / 05992	6 / 02751	7 / 06514

8 / 00949
8 / 02731
9 / 04341
9 / 04239.2
10 / 04238.1
11 / 04044
11 / 09689
11 / 04287
12 / 02728
12 / 02809
12 / 04201
13 / 00243
13 / 04140
13 / 05427
14 / 02730
14 / 02740
14 / 02803
14 / 05387
14 又 / 02695
15 / 02626
15 / 09454
16 / 05999
16 / 05421
17 / 02759
17 / 02760
18 / 02837
19 / 02839
20 / 04241
20 / 06015
20 / 09893
21 / 02706
21 / 09451
21~22 / 05426
22 / 02748
22 / 04031
23 / 04205
23 / 04330
24 / 04208
24 / 05399
25 / 00260
25 / 04645
26 / 03907
26 / 03976
26 / 03732
27 / 04207
27 / 04273
27(又 276) / 00227
28 / 05408
29 / 04266
30 / 02754
30 / 04178
31 / 02721
31 / 02776
32 / 00948
32 / 05411
33 / 06008
33~34 / 05420
34 / 04122
35 / 04115
35 / 04302
36 / 02820
37 / 00835
37 / 04134
37 / 05154
38 / 02783
38 / 04269
39 / 02780
39 / 02784
40 / 04229
41 / 04230
41 / 04232.1
42 / 04233
42 / 04234
43 / 04231
44 / 02787
44 / 10220
44 / 10093
45 / 02829
46 / 02828
47 / 04333
48 / 04332
49 / 04339
50 / 04337
51 / 04338
52 / 04334
53 / 04336
54 / 04335
55 / 04333
56 / 09732
57 / 09731
58 / 04316
58 / 09898
59 / 04343
60 / 04196
60 / 04276
61 / 00054
61 / 02813
61 / 04244
62 / 02804
62 / 04272
63 / 02812
64 / 04265
64~65 / 04262
65~66 / 04264
66 / 04263
67 / 05423
67 / 03952
67 / 06511
68 / 00049
68 / 05423
69 / 00035
69 / 04214
70 / 09897
71 / 02786
71 / 04400
71 / 04401
72 / 00022
73 / 04327
73 / 04271
74 / 04270
74 / 04298
75 / 02808
75 / 04299
76~77 / 04288
76~77 / 04289
78 / 04290
78 / 04291
79 / 04240
79 / 04626
79 / 04579.2
80 / 10161
80.2 / 05418
80.3 / 09714
81 / 10168
81.2 / 10360
82 / 02453
82 / 02454
83 / 02838
84 / 09728
85 / 04047
85 / 06516
86 / 05433
87 / 04340
87 / 06009
88 / 10173
89 / 04329
90 / 02810
90 / 03928
90 / 03929
91 / 02834
92 / 04166
92 / 04323
93~94 / 00204
93 / 09725
94~95 / 00205
95~96 / 00206
96 / 00207
97 / 00208
97 / 00209
98 / 02781
98 / 04311
99 / 02817
99~100 / 02816
100 / 04277
101 / 04285
102 / 04295
102 / 04294
103 / 00082
103 / 00104
104 / 00105
104 / 04215
105 / 04435
106 / 04202
107 / 04225
108 / 04226
109 / 04227
109 / 04228
110~111 / 02836
112 / 04465
113.1 / 02799
113.2 / 02800
114.1 / 02798
114.2 / 02797
115 / 02790
115 / 02801
115 / 02802
115 又 / 02796
116 / 04466
117 / 02819
117 / 10172
118 / 02818
118~119 / 00238
119~120 / 00239
120~121 / 00240
121~122 / 00241
122 / 00242
123 / 00244
124 / 00145
125 / 00146
126 / 00147
127 / 10176
128 / 04141
128 / 10225
129 / 04242
129 / 03849.1
129 / 03850.2
130 / 04326
130 / 09705
131 / 02841
132 / 04469
133 / 04292
134 / 10174
135 / 04293
135~136 / 04313
137 / 04314

256 / 09729
257 / 04190
257 / 04629
258 / 04596
258 / 04595
258 / 04646
259 / 04647
260 / 04145
260 / 04649
261 / 09703
261 / 10374
261 / 04104
262 / 02692
262 / 10371
262 / 10368
263 / 02690

263 / 02691
264 / 04620
264 / 00608
265 / 04018
265 / 04105
266 / 02628
266 / 09715
266 / 10229
266 / 10583
267 / 02597
267 / 02826
268 / 10342
269 / 00226
270 / 00225
272 / 00229
272 / 00232

273 / 00231
273 / 00233
274 / 00228
274 / 00234
275 / 00237
275 / 00236
275 / 00235
276 / 00230
277 / 00160
277 / 00164
277 又.1~2 / 00157
277 又.3~4 / 00158
278 / 09719
278 / 00159
278 / 00161
279 / 11698

279 / 11697
280 / 02526
280 / 03739
280 / 10205
280 / 10206
281 / 02383
281 / 04015
282 / 02636
282 / 02722
283 / 02635
283 / 04182
284 / 03972
284 / 03973
285 / 09694
286 / 09695
286 / 03982

287 / 03980
287 / 03981
288~289 / 04315
289~291 / 00270
291~292 / 10372
292 / 12108
補 / 02479
補 / 02480
補 / 04549
補 / 04550
補 / 04551
補 / 10158
附 1 /05959
考釋補録 2 / 11511

三代

1.1.1 / 00003
1.1.2 / 00004
1.1.3 / 00007
1.2.1 / 00014
1.2.2 / 00015
1.2.3 / 00016
1.3.1 / 00017
1.3.2 / 00018
1.3.3 / 00022
1.4.1 / 00031
1.4.2 / 00035
1.4.3 / 00040
1.5.1 / 00041
1.5.2 / 00042
1.6.1 / 00043
1.6.2 / 00044
1.7.1 / 00045
1.7.2 / 00046
1.8.1 / 00050
1.8.2 / 00051
1.9.1 / 00047
1.9.2~10.1 / 00053
1.10.2~11.1 / 00059
1.11.2 / 00049
1.12.1 / 00064

1.12.2 / 00068
1.13.1 / 00069
1.13.2 / 00067
1.14.1 / 00071
1.14.2 / 00065
1.15.1 / 00070
1.15.2~16.1 / 00086
1.16.2 / 00082
1.17.1 / 00088
1.17.2 / 00089
1.18.1 / 00091
1.18.1 / 00092
1.18.2 / 00090
1.19.1 / 00087
1.19.2 / 00102
1.20.1 / 00106
1.20.2~21.1 / 00206
1.21.2~22.1 / 00204
1.22.2 / 00208
1.23.1 / 00207
1.23.2 / 00205
1.24.1 / 00209
1.24.2~25.1 / 00111
1.25.2~26.1 / 00109
1.26.2~27.1 / 00110

1.27.2 / 00114
1.28.1~2 / 00115
1.29.1 / 00113
1.29.2~30.1 / 00117
1.30.2~31.1 / 00116
1.31.2~3 / 00118
1.32.1~2 / 00157
1.32.3~4 / 00158
1.32.5~6 / 00159
1.32.7~8 / 00161
1.33.1~2 / 00162
1.33.3~4 / 00163
1.33.5~6 / 00165
1.33.7~8 / 00166
1.34.1~2 / 00167
1.34.3~4 / 00168
1.34.5~6 / 00169
1.34.7~8 / 00170
1.35.1 / 00140
1.35.2~37.2 / 00156
1.37.3~39.2 / 00155
1.39.3~40.1 / 00122
1.40.2 / 00121
1.41.1~2 / 00132
1.42.1~43.1 / 00120

1.42.3~1 / 00142
1.43.2 / 00145
1.44.1 / 00146
1.44.2 / 00147
1.45.1 / 00148
1.45.2~46.1 / 00198
1.46.2~47.1 / 00197
1.47.2 / 00201
1.48.1 / 00202
1.48.2 / 00149
1.49.1 / 00150
1.49.2 / 00151
1.50.1 / 00152
1.50.2~51.1 / 00183
1.51.2~52.1 / 00185
1.52.2~53.3 / 00186
1.53.2~54.1 / 00203
1.54.2 / 00226
1.54.3 / 00228
1.55.1 / 00225
1.55.2 / 00227
1.55.3 / 00229
1.55.4 / 00232
1.56.1 / 00230
1.56.2 / 00233

1.56.3 / 00234
1.56.4 / 00235
1.57.1 / 00236
1.57.2 / 00237
1.57.3~58.1 / 00238
1.58.2~59.1 / 00239
1.59.2~60.1 / 00240
1.60.2~61.1 / 00241
1.61.2 / 00243
1.62.1 / 00244
1.62.2 / 00245
1.63~64 / 00261
1.65.1~66.1 / 00260
1.66.2~68.2 / 00271
2.1.1 / 00991
2.1.2 / 01248
2.1.3 / 01007
2.1.4 / 01006
2.1.5 / 01009
2.1.6 / 01008
2.1.7 / 01000
2.1.8 / 01113
2.1.9 / 01114
2.1.10 / 01115
2.1.11 / 01002

2.23.1 / 01857
2.23.2 / 01597
2.23.3 / 01581
2.23.4 / 01572
2.23.5 / 01839
2.23.6 / 01840
2.23.7 / 01601
2.23.8 / 01696
2.24.1 / 01863
2.24.2 / 01606
2.24.3 / 01612
2.24.4 / 01618
2.24.5 / 01621
2.24.6 / 01608
2.24.7 / 01614
2.24.8 / 01615
2.25.1 / 01605
2.25.2 / 01620
2.25.3 / 01872
2.25.4 / 01616
2.25.5 / 01603
2.25.6 / 01867
2.25.7 / 01866
2.25.8 / 01624
2.26.1 / 01623
2.26.2 / 01627
2.26.3 / 01630
2.26.4 / 01880
2.26.5 / 01625
2.26.6 / 01626
2.26.7 / 01652
2.26.8 / 01650
2.27.1 / 01661
2.27.2 / 01635
2.27.3 / 01633
2.27.4 / 01639
2.27.5 / 01638
2.27.6 / 01654
2.27.7 / 01642
2.27.8 / 01655
2.28.1 / 01656
2.28.2 / 01660
2.28.3 / 01646
2.28.4 / 01657
2.28.5 / 01637
2.28.6 / 01644
2.28.7 / 01889
2.28.8 / 01883
2.29.1 / 01884
2.29.2 / 01665
2.29.3 / 01686
2.29.4 / 01685
2.29.5 / 01679
2.29.6 / 01680
2.29.7 / 01693
2.29.8 / 01671
2.30.1 / 01681
2.30.2 / 01689
2.30.3 / 01690
2.30.4 / 01677
2.30.5 / 01678
2.30.6 / 01676
2.31.1 / 01515
2.31.2 / 01287
2.31.3 / 01289
2.31.4 / 01704
2.31.5 / 01717
2.31.6 / 01768
2.31.7 / 01714
2.31.8 / 01341
2.32.1 / 01342
2.32.2 / 01765
2.32.3 / 01378
2.32.4 / 01735
2.32.5 / 01716
2.32.6 / 01715
2.32.7 / 01740
2.32.8 / 01770
2.33.1 / 01751
2.33.2 / 01789
2.33.3 / 01754
2.33.4 / 01755
2.33.5 / 01728
2.33.6 / 01730
2.33.7 / 01773
2.33.8 / 01774
2.34.1 / 01775
2.34.2 / 01790
2.34.3 / 01779
2.34.4 / 01780
2.34.5 / 01781
2.34.6 / 01783
2.34.7 / 01731
2.34.8 / 01776
2.35.1 / 01799
2.35.2 / 01804
2.35.3 / 01803
2.35.4 / 01805
2.36.1 / 01806
2.36.2 / 01808
2.36.3 / 01877
2.36.4 / 01810
2.36.5 / 01813
2.36.6 / 01814
2.37.1 / 01815
2.37.2 / 01816
2.37.3 / 05050
2.37.4 / 01554
2.37.5 / 01555
2.37.6 / 01557
2.37.7 / 01558
2.37.8 / 01830
2.38.1 / 01829
2.38.2 / 01851
2.38.3 / 01852
2.38.4 / 01850
2.38.5 / 01842
2.38.6 / 01844
2.38.8 / 01853
2.39.1 / 01875
2.39.2 / 01868
2.39.3 / 01878
2.39.4 / 01886
2.39.5 / 01888
2.39.6 / 01882
2.39.7 / 01683
2.39.8 / 01684
2.40.1 / 01891
2.40.2 / 01902
2.40.3 / 01901
2.40.4 / 01893
2.40.5 / 01894
2.40.6 / 01939
2.40.7 / 02019
2.40.8 / 01909
2.41.1 / 01907
2.41.2 / 05110(01908)
2.41.3 / 01373
2.41.4 / 01376
2.41.5 / 01938
2.41.6 / 01930
2.41.7 / 01913
2.41.8 / 01911
2.42.1 / 01988
2.42.2 / 01927
2.42.3 / 01977
2.42.4 / 01962
2.42.5 / 01950
2.42.6 / 01966
2.42.7 / 01965
2.42.8 / 01964
2.43.1 / 01914
2.43.2 / 01967
2.43.3 / 01951
2.43.4 / 01960
2.43.5 / 01948
2.43.6 / 01949
2.43.7 / 01968
2.44.1 / 01915
2.44.2 / 01956
2.44.3 / 01969
2.44.4 / 01970
2.44.5 / 01921
2.44.6 / 01973
2.44.7 / 01917
2.44.8 / 01918
2.45.1 / 01919
2.45.2 / 01974
2.45.3 / 01983
2.45.4 / 01975
2.45.5 / 01976
2.45.6 / 01991
2.45.7 / 01993
2.45.8 / 02034
2.46.1 / 02230
2.46.2 / 02082
2.46.3 / 01811
2.46.4 / 01996
2.46.5 / 01999
2.46.6 / 02007
2.46.7 / 02003
2.46.8 / 02004
2.47.1 / 01834
2.47.2 / 02002
2.47.3 / 01835
2.47.4 / 02009
2.47.5 / 01821
2.47.6 / 02010
2.47.7 / 01859
2.47.8 / 01876
2.48.1 / 01887
2.48.2 / 01641
2.48.3 / 01898
2.48.4 / 01897
2.48.5 / 02021
2.48.7 / 02020
2.49.1 / 02041
2.49.2 / 02044
2.49.3 / 02040
2.49.4 / 02048
2.49.5 / 02051
2.49.6 / 02049
2.49.7 / 02027
2.49.8 / 02063
2.50.1 / 02061
2.50.2 / 02065
2.50.3~4 / 02067
2.50.5 / 02028
2.50.6 / 02066
2.50.7 / 02024
2.50.8 / 02068
2.51.1 / 02029
2.51.2 / 02045
2.51.3 / 02060
2.51.4 / 02069

2.51.5 / 02070
2.51.6 / 02059
2.51.7 / 02032
2.52.1 / 02058
2.52.2 / 02071
2.52.3 / 02072
2.52.4 / 02124
2.52.5 / 02073
2.52.6 / 02173
2.52.7 / 02026
2.52.8 / 02080
2.53.1~2 / 02098
2.53.3~4 / 02099
2.53.5~6 / 02451
2.53.7 / 02105
2.53.8~9 / 02232
2.53.10~11 / 02102
2.54.1 / 02103
2.54.2 / 02101
2.54.4~5 / 02360
2.54.6~7 / 02296
2.55.1 / 02096
2.55.2~3 / 02095
3.1.1 / 02110
3.1.2 / 02245
3.1.3 / 02113
3.1.4 / 02115
3.1.5 / 02117
3.1.6 / 02118
3.1.7 / 02121
3.1.8 / 01856
3.2.1 / 02120
3.2.2 / 02013
3.2.3 / 02125
3.2.4 / 02128
3.2.5 / 02127
3.2.6 / 02129
3.2.8 / 02136
3.3.1~2 / 02145
3.3.3 / 02150
3.3.4 / 02153
3.3.5 / 02155
3.3.6 / 02149

3.3.7 / 02168
3.3.8 / 02167
3.4.1 / 02187
3.4.2 / 02198
3.4.3 / 02172
3.4.4 / 02212
3.4.5 / 02143
3.4.6 / 02213
3.4.7 / 02207
3.5.1 / 02144
3.5.2 / 02183
3.5.3 / 02196
3.5.4 / 02188
3.5.5 / 02141
3.5.6 / 02177
3.5.7~8 / 02184
3.6.1 / 02169
3.6.2 / 02189
3.6.3 / 02171
3.6.4 / 02157
3.6.5 / 02158
3.6.6 / 02159
3.7.1 / 02200
3.7.2 / 02193
3.7.3 / 02140
3.7.4 / 02162
3.7.5 / 02163
3.7.6 / 02201
3.7.7 / 02227
3.7.8 / 02229
3.8.1 / 02238
3.8.2 / 02244
3.8.3 / 02317
3.8.4 / 02252
3.8.5 / 02269
3.8.6 / 02257
3.8.7 / 02135
3.8.8 / 02246
3.9.1 / 02327
3.9.2 / 02179
3.9.3 / 02335
3.9.4 / 02273
3.9.5 / 02282

3.9.6 / 02264
3.9.7 / 02265
3.9.8 / 02266
3.10.1 / 02267
3.10.2 / 02272
3.10.4 / 02137
3.10.5 / 02280
3.10.6 / 02181
3.10.7 / 02400
3.11.1 / 02402
3.11.2 / 02287
3.11.3 / 02288
3.11.4 / 02305
3.11.5~6 / 02303
3.12.1 / 02309
3.12.2~4 / 02308
3.12.5 / 02302
3.12.6 / 02299
3.12.7~8 / 02300
3.13.1 / 02297
3.13.2 / 02298
3.13.3 / 02285
3.14.1 / 02310
3.14.2 / 02311
3.14.3 / 02315
3.14.4 / 03648
3.14.5 / 02312
3.14.6 / 02318
3.15.1 / 02322
3.15.2 / 02325
3.15.3 / 02324
3.15.4 / 02331
3.15.5 / 02332
3.15.6 / 02330
3.15.7 / 02341
3.15.8 / 02342
3.16.1 / 02340
3.16.11 / 01281
3.16.2 / 02337
3.16.3 / 02344
3.16.4 / 02348
3.16.5 / 02354
3.16.6 / 02351

3.16.7 / 02345
3.16.8 / 02334
3.17.1 / 02368
3.17.2 / 02365
3.17.3 / 09817
3.17.4 / 02328
3.17.6 / 02382
3.17.7 / 02381
3.17.8 / 02383
3.18.1 / 02384
3.18.2 / 02378
3.18.3 / 02375
3.18.4 / 02373
3.18.5 / 02338
3.18.6 / 02346
3.18.7 / 02350
3.18.8 / 02389
3.19.1 / 02387
3.19.2 / 02388
3.19.3 / 02363
3.19.4 / 02385
3.19.5 / 02395
3.19.6 / 02393
3.20.1 / 02410
3.20.2 / 02406
3.20.3 / 02403
3.20.4 / 02404
3.20.5 / 02413
3.20.6 / 02415
3.20.7 / 02412
3.20.8 / 02419
3.21.1 / 02409
3.21.2 / 02425
3.21.3 / 02431
3.21.4 / 02432
3.21.5 / 02452
3.21.6 / 02435
3.21.7 / 02441
3.22.1 / 02448
3.22.2 / 02449
3.22.3 / 02443
3.22.4 / 02446
3.22.5 / 02444

3.22.6 / 02445
3.22.7 / 02428
3.22.8 / 02502
3.23.1 / 02458
3.23.2 / 02456
3.23.3 / 02442
3.23.4 / 02462
3.23.5 / 02460
3.23.6 / 02459
3.23.7 / 02468
3.23.8 / 02426
3.24.1 / 02416
3.24.2 / 02453
3.24.3 / 02455
3.24.4 / 02454
3.24.5 / 02422
3.24.6 / 02475
3.24.7 / 02421
3.24.8 / 02481
3.25.1~4 / 02479
3.26.1~3 / 02480
3.26.4 / 02499
3.26.5 / 02478
3.27.1 / 02509
3.27.2 / 02510
3.27.3 / 02485
3.27.4 / 02493
3.27.5 / 02492
3.28.1 / 02487
3.28.2 / 02469
3.28.3 / 02461
3.28.4 / 02467
3.29.1 / 02506
3.29.3 / 02503
3.29.4 / 02463
3.29.5 / 02464
3.30.1 / 02515
3.30.2 / 02465
3.30.3 / 02504
3.30.4 / 02466
3.31.1 / 02511
3.31.2 / 02528
3.31.3 / 02531

3.31.4 / 02521
3.32.1 / 02537
3.32.2 / 02513
3.32.3 / 02514
3.32.4 / 02508
3.33.1~2 / 02551
3.33.3 / 02495
3.34.1~2 / 02494
3.34.3 / 02555
3.34.4 / 02546
3.35.1 / 02572
3.35.2 / 02570
3.35.3 / 02522
3.35.4 / 02523
3.36.1 / 02526
3.36.2 / 02553
3.36.3 / 02554
3.36.4~5 / 02574
3.37.1 / 02525
3.37.2 / 02569
3.37.3 / 02594
3.37.4 / 02534
3.38.1 / 02541
3.38.2 / 02543
3.38.3 / 02545
3.38.4 / 02542
3.39.1 / 02544
3.39.2 / 02517
3.39.3 / 02563
3.39.4 / 02605
3.40.1 / 02587
3.40.2 / 02552
3.40.3 / 02579
3.40.4 / 02590
3.41.1 / 02595
3.41.2 / 02582
3.41.3 / 02585
3.41.4 / 02606
3.42.1(与 5.34.1 重)
3.42.2 / 02557
3.42.3 / 02559
3.42.4 / 02591
3.43.1 / 02608
3.43.2 / 02609
3.43.3~44.2 / 02623
3.44.3 / 02625
3.44.3 / 02588
3.45.1 / 02614
3.45.2 / 02621
3.45.3 / 02622
3.46.1~2 / 02601
3.46.3 / 02613
3.46.4 / 02612
3.47.1 / 02643
3.47.2 / 02598
3.47.3 / 02659
3.48.1 / 02635
3.48.2 / 02636
3.49.1~2 / 02602
3.49.3 / 02650
3.50.1 / 02628
3.50.2 / 02626
3.50.3 / 02627
3.51.1 / 02630
3.51.2 / 02756
3.51.3 / 02655
3.51.4 / 02629
3.52.1 / 02633
3.52.2 / 02632
3.52.3 / 02640
3.53.1 / 02641
3.53.2 / 02653
4.1.1 / 02649
4.1.2 / 02657
4.2.1 / 02662
4.2.2 / 02654
4.3.1 / 02670
4.3.2 / 02668
4.4.1 / 02674
4.4.2 / 02678
4.4.3 / 02663
4.4.4 / 02684
4.5.1 / 02687
4.5.2 / 02688
4.5.3 / 02685
4.5.4 / 02695
4.6.1 / 02679
4.6.2 / 02680
4.7.1 / 02696
4.7.2 / 02694
4.7.3 / 02692
4.8.1 / 02690
4.8.2 / 02691
4.9.1 / 02675
4.9.2 / 02681
4.10.1 / 02705
4.10.2 / 02709
4.10.3 / 00745
4.11.1 / 02713
4.11.2 / 02710
4.12.1 / 02724
4.12.2 / 02719
4.13.1 / 02722
4.13.2 / 02720
4.13.3 / 02721
4.14.2 / 10283
4.15.1 / 02732
4.15.2 / 02733
4.15.3 / 02737
4.16.1 / 02728
4.16.2 / 02730
4.16.3 / 02727
4.17 / 02794
4.18.1 / 02740
4.18.2 / 02741
4.18.3 / 02738
4.19.1 / 02743
4.19.2 / 02744
4.20.1~2 / 02764
4.20.3 / 02759
4.20.4 / 02760
4.20.5 / 02758
4.21.1 / 02763.2
4.21.2 / 02755
4.22.1 / 02754
4.22.2 / 02772
4.23.1 / 02771
4.23.2 / 02778
4.23.3 / 02776
4.24.1 / 02780
4.24.2 / 02781
4.24.3 / 02783
4.25.1 / 02784
4.25.2 / 02786
4.26.1 / 02787
4.26.2 / 02788
4.27.1 / 02803
4.27.2 / 02804
4.28.1 / 02798
4.28.2 / 02797
4.29.1 / 02796
4.29.2 / 02800
4.30.1 / 02799
4.30.2 / 02802
4.31.1 / 02801
4.31.2 / 02809
4.32.1 / 02810
4.32.2 / 02807
4.33.1 / 02808
4.33.2 / 04266
4.34.1 / 02813
4.34.2 / 02814
4.35.1 / 02812
4.35.2 / 02818
4.36.1 / 02816
4.36.2 / 02820
4.37 / 02827
4.38 / 02828
4.39 / 02829
4.40~41 / 02836
4.42~43 / 02837
4.44.1~45.1 / 02839
4.45.2~46.1 / 02838
4.46.2~49 / 02841
5.1.1 / 00765
5.1.2 / 00783
5.1.3 / 00802
5.1.4 / 00797
5.1.5 / 00804
5.1.6 / 00803
5.1.7 / 00777
5.1.8 / 00827
5.2.1 / 00790
5.2.2 / 00806
5.2.3 / 00839
5.2.4 / 00808
5.2.5 / 00835
5.2.6 / 00840
5.2.7 / 00841
5.2.8 / 00814
5.3.1 / 00817
5.3.2 / 00815
5.3.3 / 00821
5.3.4 / 00820
5.3.5 / 00822
5.3.6 / 00818
5.3.7 / 00829
5.3.8 / 00834
5.4.1 / 00833
5.4.2 / 00843
5.4.3 / 00846
5.4.4 / 00851
5.4.5 / 00852
5.4.6 / 00855
5.4.7 / 00854
5.4.8 / 00856
5.5.1 / 00859
5.5.2 / 00850
5.5.3~4 / 00881
5.5.5 / 00876
5.5.6 / 00873
5.5.7 / 00877
5.5.8 / 00870
5.6.1 / 00868
5.6.2 / 00867
5.6.3 / 00880
5.6.4 / 00882
5.6.5 / 00906
5.6.6 / 00897
5.6.7 / 00894
5.7.1 / 00899
5.7.2 / 00898
5.7.3 / 00887
5.7.4 / 00888
5.7.5 / 00901

5.7.6 / 00907
5.7.7 / 00891
5.8.1 / 00913
5.8.2 / 00917
5.8.3 / 00912
5.8.4 / 00916
5.8.5 / 00915
5.8.6 / 00922
5.8.7 / 09820
5.9.1 / 00925
5.9.2~3 / 00924
5.9.4 / 00928
5.9.5 / 00929
5.9.6 / 00932
5.10.1 / 00933
5.10.2 / 00937
5.10.3 / 00938
5.11.1 / 00944
5.11.2 / 00941
5.12.1 / 00945
5.12.2 / 00948
5.12.3 / 00947
5.13.1 / 00441
5.13.2 / 00444
5.13.3 / 00443
5.13.4 / 00455
5.13.5 / 00458
5.13.6 / 00459
5.13.7 / 00468
5.13.8 / 00461
5.13.9 / 00472
5.13.10 / 00480
5.13.11 / 00479
5.13.12 / 00481
5.14.1 / 00488
5.14.2 / 00491
5.14.3 / 00489
5.14.4 / 00493
5.14.5 / 00486
5.14.6 / 00500
5.14.7 / 00501
5.14.8 / 00506
5.14.9 / 00512

5.15.1 / 00508
5.15.2 / 00522
5.15.3 / 00524
5.15.4 / 00531
5.15.5 / 00526
5.15.6 / 00536
5.15.7 / 00529
5.15.8 / 00528
5.16.1 / 00530
5.16.2 / 02109
5.16.3 / 00546
5.16.4 / 00556
5.16.5 / 00550
5.16.6 / 00547
5.16.7 / 00557
5.17.1 / 00551
5.17.2 / 00552
5.17.3 / 00553
5.17.4 / 00554
5.17.5 / 00555
5.17.6 / 00559
5.17.7 / 00545
5.18.1 / 00544
5.18.2 / 00540
5.18.3 / 00538
5.18.4 / 00569
5.18.5 / 00571
5.18.6 / 00586
5.19.1 / 00566
5.19.2 / 00575
5.20.1 / 00589
5.20.2 / 00591
5.21.1 / 00590
5.21.2 / 00583
5.21.3 / 00579
5.22.1 / 00580
5.22.2 / 00597
5.22.3 / 00593
5.23.1 / 00594
5.23.2 / 00596
5.24.1 / 00613
5.24.2 / 00608
5.24.3 / 00607

5.24.4 / 00606
5.24.5 / 00647
5.25.1 / 00611
5.25.2 / 00601
5.26.1 / 00626
5.26.2 / 00615
5.26.3 / 00637
5.27.1 / 00638
5.27.2 / 00639
5.28.1 / 00634
5.28.2 / 00632
5.28.3 / 00633
5.28.4 / 10311
5.28.5 / 00644
5.29.1 / 00660
5.29.2 / 00670
5.30.1 / 00635
5.30.2 / 00646
5.30.3 / 00688
5.30.4~5 / 00682
5.31.1 / 00666
5.31.2 / 00690
5.32.1 / 00691
5.32.2 / 00692
5.33.1 / 00693
5.33.2 / 00694
5.34.1~2 / 00672
5.34.3 / 00669
5.35.1 / 00668
5.35.3 / 00714
5.36.1~2 / 00713
5.36.3~4 / 00708
5.36.5 / 00717
5.37.1 / 00718
5.37.2 / 00697
5.38.1 / 00741
5.38.2~3 / 00731
5.38.4 / 00732
5.39.1 / 00698
5.39.2~3 / 00736
5.40.1 / 00711
5.40.2 / 00712
5.41.1~2 / 00709

5.41.3~4 / 00727
5.41.5~6 / 00720
5.41.7~8 / 00721
5.42.1~2 / 00722
5.42.3~4 / 00723
5.42.5~6 / 00724
5.42.7~8 / 00730
5.43.1~2 / 00737
5.43.3~4 / 00739
5.43.5~6 / 00738
5.43.7~8 / 00742
6.1.1 / 09830
6.1.2 / 02916
6.1.3 / 10487
6.1.5 / 02919
6.1.6 / 10300
6.1.7 / 03120
6.1.8 / 10502
6.1.9 / 10503
6.1.10 / 10479
6.1.11 / 02979
6.1.12 / 02980
6.2.1 / 10484
6.2.2 / 10486
6.2.3 / 02982
6.2.4 / 03015
6.2.5 / 10495
6.2.6 / 10496
6.2.7 / 03019
6.2.8 / 03021
6.2.9 / 10489
6.2.10 / 09840
6.2.11 / 10485
6.2.12 / 02964
6.3.1 / 02970
6.3.2 / 02971
6.3.3 / 02969
6.3.4 / 03106
6.3.5 / 10508
6.3.6 / 02956
6.3.7 / 02960
6.3.8 / 02961
6.3.9 / 02967

6.3.10 / 02949
6.3.11 / 02944
6.3.12 / 02972
6.4.1 / 03033
6.4.2 / 10493
6.4.3 / 10490
6.4.4 / 02932
6.4.5 / 02934
6.4.6 / 02935
6.4.7 / 10491
6.4.8 / 02926
6.4.9 / 10481
6.4.10 / 10482
6.4.11 / 03034
6.4.12 / 10492
6.5.1 / 03035
6.5.2 / 03036
6.5.3 / 03014
6.5.4 / 03008
6.5.5 / 03009
6.5.6 / 02999
6.5.7 / 03000
6.5.8 / 02990
6.5.9 / 03110
6.5.10 / 10494
6.5.11 / 03090
6.5.12 / 03105
6.6.1 / 03093
6.6.2 / 03235
6.6.3 / 03094
6.6.4 / 03095
6.6.5 / 03096
6.6.6 / 03097
6.6.7 / 10497
6.6.8 / 09848
6.6.9 / 09850
6.7.1 / 03052
6.7.2 / 03053
6.7.3 / 03055
6.7.4 / 03060
6.7.5 / 10499
6.7.6 / 10500
6.7.7 / 10501

6.7.8 / 03087
6.7.9 / 03064
6.8.1 / 03065
6.8.2 / 03066
6.8.3 / 10512
6.8.4 / 03070
6.8.5 / 03025
6.8.6 / 10511
6.8.7 / 03069
6.8.8 / 03079
6.9.2 / 10514
6.9.3 / 10513
6.9.4 / 02985
6.9.5 / 10498
6.9.6 / 09853
6.9.7 / 10506
6.9.8 / 10505
6.10.1 / 03082
6.10.2 / 03246
6.10.3 / 03128
6.10.4 / 03084
6.10.5 / 10504
6.10.6 / 10507
6.10.7 / 03113
6.10.8 / 03133
6.11.1 / 03135
6.11.2 / 03136
6.11.3 / 03142
6.11.4 / 05614
6.11.5 / 03163
6.11.6 / 03166
6.11.7 / 03167
6.12.1 / 03151
6.12.2 / 10517
6.12.3 / 03153
6.12.4 / 03307
6.12.5 / 03298
6.12.6 / 03154
6.12.7 / 03145
6.12.8 / 03146
6.13.1 / 03168
6.13.2 / 03171
6.13.3 / 03172

6.13.4 / 10518
6.13.5 / 03174
6.13.6 / 04940
6.13.7 / 10519
6.13.8 / 03177
6.14.1 / 03181
6.14.2 / 03178
6.14.3 / 10535
6.14.4 / 03308
6.14.5 / 03169
6.14.6 / 03170
6.14.7 / 10520
6.14.8 / 03186
6.15.1 / 03323
6.15.2 / 03327
6.15.3 / 03195
6.15.37.10 / 08794
6.15.4~5 / 03192
6.15.6 / 03208
6.16.1 / 03206
6.16.2 / 03200
6.16.3 / 03201
6.16.4 / 03199
6.16.5 / 03203
6.16.6 / 10523
6.16.7 / 03202
6.16.8 / 10521
6.17.1 / 03333
6.17.2 / 03332
6.17.3 / 03211.1
6.17.4 / 03217
6.17.5 / 10524
6.17.6 / 10525
6.17.7 / 03338
6.18.1 / 03339
6.18.2 / 10510
6.18.3 / 10509
6.18.4 / 03229
6.18.6 / 03242
6.18.7 / 03289
6.18.8 / 03383
6.19.1 / 10528
6.19.2(与 5.4.1 重)

6.19.3 / 03270
6.19.4 / 10529
6.19.5 / 03263
6.19.6 / 10527
6.19.7 / 10530
6.19.8 / 10531
6.20.1 / 03281
6.20.2 / 03280
6.20.3 / 03296
6.20.4 / 10533
6.20.5 / 10516
6.20.6 / 10532
6.20.7 / 03419
6.20.8 / 03179
6.21.1 / 10536
6.21.2 / 03432
6.21.3 / 10534
6.21.4 / 03328
6.21.5 / 03329
6.21.6 / 05145.2
6.21.7 / 03335
6.21.8 / 03341
6.22.1 / 03340
6.22.2 / 03342
6.22.3 / 03223
6.22.4 / 10537
6.22.5 / 01910
6.22.6 / 03394
6.22.7~8 / 03395
6.23.1 / 01972
6.23.2 / 03380
6.23.3 / 10539
6.23.4 / 03349
6.23.5 / 03414
6.23.6 / 03381
6.23.7 / 03358
6.23.8 / 10542
6.24.1 / 03385
6.24.2 / 10543
6.24.3~4 / 10544
6.24.5 / 10540
6.24.6 / 05763
6.24.7 / 10541

6.24.8 / 10538
6.25.1 / 03387
6.25.3 / 03391
6.25.4 / 03365
6.25.5~6 / 03363
6.25.7 / 03353
6.25.8 / 03354
6.26.1 / 03351
6.26.2 / 03458
6.26.3 / 03459
6.26.4 / 03399
6.26.5 / 03400
6.26.6~7 / 03401
6.26.8 / 03417
6.27.1 / 03303
6.27.2 / 03425
6.27.3 / 03420
6.27.4 / 03429
6.27.5 / 10559
6.27.7 / 03435
6.28.1 / 03436
6.28.2 / 03470
6.28.3 / 10545
6.28.4 / 03485
6.28.5 / 10548
6.28.6 / 10547
6.28.7 / 05807
6.29.1 / 03460
6.29.2 / 03477
6.29.3 / 10546
6.29.4 / 03463
6.29.5 / 03464
6.29.6 / 10549
6.29.7 / 10550
6.29.8 / 03476
6.30.2 / 10551
6.30.3 / 03451
6.30.4 / 10552
6.30.5 / 03450
6.30.6 / 03437
6.30.7 / 10553
6.31.1~2 / 03575
6.31.3 / 03455

6.31.4 / 03500
6.31.5 / 03501
6.31.6 / 03421
6.32.1 / 10554
6.32.2 / 03504
6.32.3 / 05202
6.32.4 / 03502
6.33.1 / 10555
6.33.2 / 03510
6.33.3 / 03511
6.33.4 / 03320
6.33.5 / 10557
6.33.6 / 10556
6.33.7 / 10558
6.33.8 / 03514
6.34.1 / 03515
6.34.2 / 03433
6.34.3 / 03517
6.34.4 / 03518
6.34.5 / 10560
6.34.6 / 10561
6.34.7 / 03521
6.35.1 / 10562
6.35.2 / 05230
6.35.4 / 10563
6.35.5 / 03536
6.35.6 / 10564
6.35.7 / 03546
6.35.8 / 09882
6.36.1 / 03449
6.36.2 / 03556
6.36.3 / 03558
6.36.4 / 09880.2
6.36.5 / 03561
6.36.6 / 03568
6.36.7 / 10565
6.37.1 / 03567
6.37.2 / 10067
6.37.3 / 09408
6.37.4 / 03565
6.37.5 / 10567
6.37.6 / 03572
6.37.7 / 03586

6.38.1 / 03587
6.38.2 / 10566
6.38.3 / 03601
6.38.4 / 10568
6.38.5 / 03603
6.38.6 / 03608
6.38.7 / 03609
6.38.8 / 05277.1
6.39.1 / 10569
6.39.2 / 03611
6.39.3 / 10570
6.39.4 / 03655
6.39.5 / 10571
6.39.6 / 06487
6.39.7 / 03625
6.39.8 / 03631
6.40.1 / 03629
6.40.2 / 03713
6.40.3 / 03644
6.40.4 / 03645
6.40.5 / 03647
6.40.6 / 10572
6.40.7 / 03649
6.40.8 / 03650
6.41.1 / 05901
6.41.2 / 10573
6.41.3~4 / 09885
6.41.5 / 09884
6.41.6 / 03657
6.41.7 / 03663
6.42.1 / 10574
6.42.2 / 03659
6.42.4 / 02329
6.42.5 / 03675
6.42.7 / 03674
6.42.8~9 / 02372
6.43.1 / 03684
6.43.2 / 03604
6.43.3 / 03714
6.43.4 / 03715
6.43.5 / 10575
6.43.6 / 03696
6.43.7 / 03686
6.43.8 / 03700
6.44.1 / 03701
6.44.2 / 10576
6.44.3 / 03711
6.44.4 / 03731
6.44.6 / 03741
6.45.1 / 03750
6.45.2 / 03747
6.45.3 / 03749
6.45.4 / 00930
6.45.5 / 10580
6.45.6 / 03790
6.46.1 / 03827
6.46.2 / 03763
6.46.3 / 03822
6.46.4 / 03773
6.46.5 / 03774
6.46.6 / 03905
6.47.1 / 03862
6.47.2 / 03939
6.47.3 / 03907
6.47.4 / 03903
6.47.5 / 03908
6.47.6 / 03918
6.48.1 / 03948
6.48.2 / 02607
6.48.3 / 03912
6.48.4 / 03913
6.48.5 / 03990
6.48.6 / 03949
6.49.1 / 03975
6.49.2 / 04029
6.49.3 / 04023
6.49.4 / 10581
6.49.5 / 04121
6.49.6 / 04044
6.50.1 / 04041
6.50.2 / 04031
6.51.1 / 04042
6.51.2 / 04036
6.51.3 / 04037
6.51.4 / 04088
6.52.1 / 04073
6.52.2 / 04144
6.52.3 / 04167
6.52.4 / 04626
6.53.1 / 04198
6.53.2 / 04205
6.54.1 / 04201
6.54.2 / 04241
6.55.1 / 04269
6.55.2 / 04273
6.56.1 / 09898
6.56.2~57 / 09901
7.1.1~2 / 02974
7.1.3 / 02976.1
7.1.4 / 02977
7.1.5 / 02987
7.1.6 / 03028
7.1.8 / 02995
7.2.1 / 02994
7.2.2~3 / 02954
7.2.4 / 03044
7.2.5 / 03098
7.2.6 / 03049
7.2~3.1 / 03059
7.3.2 / 03147
7.3.3 / 03164
7.3.4 / 03180
7.3.5 / 03173
7.3.6 / 03187
7.3.7 / 03324
7.3.8 / 03331
7.4.1 / 03213
7.4.2 / 03215
7.4.3 / 03188
7.4.4 / 03230
7.4.5 / 03236
7.4.6(与 6.18.7 重)
7.4.7 / 03272
7.4.8 / 03271
7.5.1 / 03273
7.5.2 / 03260
7.5.3 / 03252
7.5.4 / 03256
7.5.5 / 03251
7.5.6 / 03255
7.5.7 / 03257
7.5.8 / 03247
7.6.1 / 03155
7.6.2 / 03304
7.6.3~4 / 03183
7.6.5~6 / 03184
7.6.7 / 03371
7.6.8 / 03375
7.7.1 / 03374
7.7.2 / 03368
7.7.3 / 03373
7.7.4~5 / 03372
7.7.6~7 / 03343
7.8.1 / 03376
7.8.2 / 03347
7.8.3 / 03416
7.8.4 / 03350
7.8.5 / 03415
7.8.6 / 03364
7.8.7 / 03359
7.8.8 / 03355
7.9.1 / 03356
7.9.3~2 / 03423
7.9.4 / 03505
7.9.5 / 03426
7.9.6 / 03427
7.9.7 / 03513
7.10.1~2 / 03490
7.10.3 / 03488
7.10.4 / 03487
7.10.6 / 03448
7.10.7 / 03444
7.10.8 / 03475
7.11.1 / 03481
7.11.2 / 03462
7.11.3 / 03443
7.11.4 / 03472
7.11.5~6 / 03474
7.11.7 / 03452
7.11.8 / 03509
7.12.1 / 03534
7.12.2~3 / 03535
7.12.4 / 03532
7.12.5~6 / 03537
7.13.1 / 03542
7.13.2 / 03545
7.13.3 / 03543
7.13.4 / 03552
7.13.5 / 03553
7.13.6 / 03589
7.13.7 / 03531
7.13.8 / 03588
7.14.1 / 03551
7.14.2~3 / 03584
7.14.4 / 03563
7.14.5 / 03571
7.14.6 / 03569
7.14.7 / 03573
7.15.1 / 03585
7.15.2~3 / 03602
7.15.4 / 03605
7.15.5 / 03613
7.16.1~2 / 03522
7.16.3~4 / 03523
7.16.5 / 03623
7.16.6 / 03619
7.16.7 / 03630
7.17.1 / 03632
7.17.2~3 / 03620
7.17.4 / 03628
7.17.5 / 03634
7.17.6 / 03635
7.18.1 / 03651
7.18.2 / 03660
7.18.3~4 / 03656
7.18.5~6 / 05337
7.18.7 / 03665
7.19.1 / 03671
7.19.2,8.16.3 / 04056
7.19.3,8.17.1 / 04057
7.19.4 / 03702.1
7.19.5 / 03704
7.19.6 / 03694
7.20.1~2 / 03703
7.20.3~4 / 03706

7.20.5 / 03705
7.20.6 / 03708
7.20.7 / 03740
7.21.1 / 03712
7.21.2 / 03723
7.21.3 / 03724
7.21.4 / 03725
7.21.5 / 03730
7.21.6 / 03739
7.21.7 / 03732.2
7.22.1 / 03738
7.22.2 / 03751
7.22.3 / 03754
7.22.4 / 03757
7.22.5 / 03758
7.23.1 / 03759
7.23.2 / 03743
7.23.3 / 03746
7.23.4 / 03745
7.23.5 / 04638
7.24.1~2 / 04639
7.24.3 / 03752
7.24.4 / 03892
7.24.5 / 03690
7.24.6 / 03742
7.25.2(7.25.1) / 03777
7.25.3 / 03778
7.25.4 / 03779
7.25.5~6 / 03780
7.26.1 / 00643
7.26.2 / 03737
7.26.3 / 03736
7.26.4 / 03768
7.26.5 / 03784
7.26.6 / 03785
7.27.1 / 03761
7.27.2 / 03807
7.27.3 / 03762
7.27.4~5 / 03772
7.28.1~2 / 03787
7.28.3 / 03783
7.28.4 / 03848
7.28.6~5 / 03786

7.29.1 / 03828
7.29.2 / 03829
7.29.3 / 03830
7.29.4 / 03831
7.30.1 / 03770
7.30.2~3 / 03769
7.30.4~5 / 03867
7.30.6 / 03792
7.31.1 / 03847
7.31.2(7.31.5) / 03808
7.31.3(7.31.6) / 03809
7.31.4(7.32.3) / 03810
7.32.1 / 03811
7.32.2 / 03812
7.32.4 / 03813
7.32.5 / 03802
7.32.6 / 03803
7.33.1~2 / 03805
7.33.4 / 03806
7.33.5 / 04412
7.33.6 / 03817
7.33.7 / 03818
7.34.1 / 03804
7.34.2 / 03866
7.34.3~4 / 03960
7.34.5 / 03961
7.34.6 / 03940
7.35.1 / 03869
7.35.2 / 03863
7.35.3 / 03846
7.35.4 / 03842
7.35.5 / 03843
7.35.6 / 03844
7.36.1~2 / 03856
7.36.3~4 / 03849
7.37.1~2 / 03850
7.37.3 / 03851
7.37.4 / 03852
7.38.1 / 03845
7.38.2 / 03893
7.38.3~4 / 03931
7.38.5~6 / 03932
7.39.1~2 / 03933

7.39.3~4 / 03934
7.40.1(7.40.3) / 03840
7.40.2(7.39.5) / 03841
7.40.4 / 03868
7.41.1 / 03943
7.41.2 / 03897
7.41.3~42.1 / 03898
7.42.2 / 03899
7.43.2 / 03900
7.43.1,44.1 / 03901
7.44.2 / 03890
7.44.3~4 / 03888
7.45.1 / 03889
7.45.2 / 03877
7.45.3 / 03928
7.45.4 / 03929
7.45.5 / 03930
7.46.1 / 03874
7.46.2 / 03875
7.46.3 / 03876
7.46.4 / 03945
7.47.1 / 03887
7.47.2 / 03904
7.47.3 / 03917
7.47.4 / 03927
7.48.1 / 03919
7.48.2 / 03915
7.48.3~4 / 03916
7.49.1 / 03914
7.49.2~3 / 03963
7.50.1 / 03962
7.50.2 / 03954
8.1.1 / 03978
8.1.2 / 03988
8.2.1 / 03989
8.2.2 / 03977
8.3.1 / 03987
8.3.3~2 / 03964
8.4.1~2 / 03965
8.4.3~4 / 03966
8.5.1~2 / 03967
8.5.3 / 03953
8.5.4 / 03952

8.6.1~2 / 03956
8.6.3 / 03957
8.6.4 / 03955
8.7.1 / 03959
8.7.2 / 03971
8.8.1 / 03972
8.8.2 / 03973
8.9.1 / 04428
8.9.2 / 04011
8.9.3 / 04012
8.10.2~3 / 03981
8.10.4,10.1 / 03980
8.11.1 / 03982
8.11.2 / 03986
8.11.3 / 03991
8.12.1 / 03992
8.12.2 / 04014
8.12.3 / 04015
8.13.1 / 04009
8.13.2 / 04007
8.13.3~4 / 04001
8.14.1~2 / 04002
8.14.3 / 04018
8.15.1 / 04028
8.15.2 / 04004
8.15.3~4 / 04005
8.16.1 / 04006
8.16.2 / 04055
8.16.3(7.19.2) / 04056
8.17.1(7.19.3) / 04057
8.17.2 / 04058
8.17.3~4 / 04024
8.18.1~2 / 04025
8.18.3 / 04026
8.19.1~2 / 05395
8.19.3 / 04046
8.19.4 / 04027
8.20.1 / 04033
8.20.2 / 04034
8.20.3~21.1 / 04040
8.21.2 / 04039
8.22.1 / 04032
8.22.2 / 04076

8.22.3 / 04077
8.23.2 / 04078
8.23.3(8.23.1) / 04079
8.23.4 / 04080
8.24.1 / 04081
8.24.2 / 04083
8.24.3 / 04082
8.24.4 / 04084
8.25.1 / 04085
8.25.2 / 04087
8.25.4(8.25.3) / 04086
8.26.1 / 04061
8.26.2~3 / 04068
8.27.1 / 04069
8.27.2 / 04070
8.28.1 / 04096
8.28.2 / 04136
8.28.3~4 / 04104
8.29.1~2 / 04105
8.29.3 / 04106
8.30.1 / 04074
8.30.2 / 04090
8.30.4~3 / 04089
8.31.2~1 / 04112
8.31.3 / 04097
8.31.4 / 04114
8.32.1 / 04110
8.32.2 / 04102
8.32.3 / 04103
8.32.4 / 04098
8.33.1 / 04109
8.33.2 / 04138
8.33.3~4 / 04116
8.34.1~2 / 04117
8.35.1 / 04645
8.35.2~3 / 04122
8.36.1 / 04134
8.36.2 / 04135
8.36.3~4 / 04118
8.37.1 / 04119.2
8.37.2 / 04130
8.38.1 / 04127
8.38.2 / 04124

8.39.1 / 04129
8.39.2 / 04137
8.40.1 / 04140
8.40.2~8.41.1 / 04141
8.41.2 / 04142
8.42.2 / 04647
8.42.3 / 04145
8.43.1 / 04152
8.43.2 / 04156
8.44.1~2 / 04166
8.44.3 / 04165
8.45.1 / 04160
8.45.2 / 04161
8.46.1 / 04168
8.46.2 / 04190
8.47.1 / 04183
8.47.2 / 04178
8.47.3 / 04179
8.48.1 / 04180
8.48.2 / 04181
8.49.1~2 / 04192
8.50.1 / 04193
8.50.2~3 / 04195
8.50.4 / 04169
8.51.2 / 04194
8.52.1 / 04206
8.52.2 / 04207
8.53.1 / 04213
8.53.2 / 04214
8.54.1 / 04208
9.1.1~2 / 04225
9.2.1~2 / 04226
9.3.1 / 04227
9.3.2 / 04228
9.4.1~2 / 04215
9.5.1 / 04219
9.5.2 / 04220
9.6.1 / 04221
9.6.2 / 04222
9.7.1~2 / 04229
9.8.1 / 04230
9.8.2 / 04231

9.9.2 / 04233
9.10.1 / 04234
9.10.2,9.1 / 04232
9.11.1~2 / 04238
9.12.1 / 04239.1
9.12.2 / 04240
9.13.1 / 04242
9.13.2 / 04261
9.14.1~2 / 04262
9.15.1 / 04263
9.15.2,16.1 / 04264
9.16.2 / 04265
9.17.1 / 04649
9.17.2 / 04270
9.18.1 / 04271
9.18.2 / 04276
9.19.1 / 04277
9.19.2,20.1 / 04285
9.20.2 / 04287
9.21.1 / 04293
9.21.2,22.1 / 04288
9.22.2,23.1 / 04289
9.23.2 / 04290
9.24.1 / 04291
9.24.2 / 04294
9.25.1 / 04295
9.25.2 / 04298
9.26.1 / 04299
9.26.2 / 04300
9.27.1 / 04301
9.27.2 / 04302
9.28.1~2 / 04313
9.29.1 / 04314
9.29.2 / 04316
9.30.1,31.1 / 04318
9.30.2 / 04319
9.31.2,32.1 / 04275
9.32.2,33.1 / 04274
9.33.2,34.3 / 04315
9.35.1~2 / 04324
9.36.1~2 / 04325
9.37.1 / 04326
9.37.2 / 04327

9.38.1 / 04330
9.38.2,40.1 / 04332
9.40.2,42.1 / 04333
9.42.2,43.1 / 04334
9.43.2~44.1 / 04335
9.44.2~45.1 / 04336
9.45.2~46.1 / 04337
9.46.2~47.1 / 04338
9.47.2~48.1 / 04339
9.48.2 / 04329
10.1.1 / 04470
10.1.2 / 04476
10.1.3 / 04484
10.1.4 / 04481
10.1.5 / 04488
10.1.6 / 04489
10.1.7 / 04487
10.2.1 / 04486
10.2.2 / 04498
10.2.3 / 04499
10.2.4~10.3.1 / 04502
10.3.2~3 / 04505
10.3.4 / 04506
10.4.1 / 04507
10.4.2 / 04508
10.4.3 / 04509
10.4.4 / 04510
10.4.5 / 04514
10.4.6 / 04515
10.5.1~2 / 04517
10.5.3 / 04518
10.5.4 / 04519
10.6.1 / 04520
10.6.2 / 04521
10.6.3~4 / 04528
10.7.1 / 04529
10.7.2 / 04525
10.7.3 / 04526
10.7.4 / 04535
10.8.1 / 04524
10.8.3 / 04549
10.8.4 / 04550
10.8.5 / 04551

10.9.2~1 / 04539
10.9.3 / 04540
10.9.4~10.10.1 / 04541
10.10.2 / 04537
10.10.3 / 04538
10.10.4 / 04552
10.11.1 / 04566
10.11.2 / 04567
10.11.3 / 04568
10.12.1,11.4 / 04565
10.12.2 / 04557
10.12.3 / 04558
10.12.4~5 / 04559
10.13.1 / 04553
10.13.2 / 04555
10.13.3,14.1 / 04570
10.14.2,13.4 / 04571
10.14.3 / 04561
10.14.4 / 04563
10.15.1 / 04564
10.15.2 / 04575
10.15.3 / 04576
10.15.4 / 04577
10.16.1 / 04578
10.16.2 / 04588
10.17.1 / 04572
10.17.2 / 04574
10.17.4 / 04582
10.18.1 / 04583
10.18.2 / 04584
10.18.3 / 04585
10.18.4 / 04581
10.19.1~2 / 04579
10.19.3 / 04595
10.20.1 / 04596
10.20.2 / 04598
10.20.3~4 / 04604
10.21.1 / 04614
10.21.2 / 04600
10.21.3 / 04606
10.22.1 / 04601
10.22.2 / 04602
10.22.3 / 04615

10.23.1 / 04616
10.23.2 / 04620
10.24.1 / 04623
10.24.2 / 04624
10.25.1 / 05423
10.25.2 / 04630
10.26.1 / 04631
10.26.2 / 04632
10.27.1 / 04344
10.27.2 / 04350
10.27.3 / 04347
10.27.4 / 04351
10.27.5 / 04355
10.27.6 / 04356
10.28.1 / 04366
10.28.2~3 / 04375
10.28.4 / 04365
10.28.5 / 04388
10.29.1~2 / 04386
10.29.3~4 / 04387
10.30.1~2 / 04394
10.30.3 / 04395
10.30.4 / 04377
10.30.5 / 04378
10.30.6 / 09433
10.30.7 / 04406
10.31.1 / 04399
10.31.2 / 04389
10.31.3 / 04380
10.31.4 / 04391
10.31.5 / 04392
10.31.6 / 04393
10.32.1 / 04396
10.32.2 / 04390
10.32.3 / 04405.2
10.32.4~5 / 04407
10.33.2~1 / 04415
10.33.3 / 04400
10.33.4 / 04401
10.34.1 / 04410
10.34.2 / 04419
10.34.3~4 / 04413
10.35.1 / 04411

10.35.2 / 04416
10.35.3 / 04417
10.35.4 / 04414
10.35.6~5 / 04422
10.36.1 / 04423
10.36.2 / 04424
10.36.3 / 04425
10.36.4~5 / 04420
10.37.1~2 / 04421
10.37.3 / 04435
10.38.1~2 / 04429
10.38.3 / 04453
10.39.1 / 04431
10.39.2 / 04432
10.39.3 / 04433
10.39.4 / 04430
10.40.1~2 / 04436
10.40.3 / 04448
10.41.1 / 04449
10.41.2,42.1 / 04450
10.42.2 / 04451
10.43.1 / 04452
10.43.2 / 02763.1
10.44.1 / 04460
10.44.2~45.1 / 04465
10.45.2 / 04466
10.46.4 / 04653
10.46.5 / 04658
10.46.6 / 04675
10.47.1 / 04676
10.47.2 / 04677
10.47.3 / 04678
10.47.4 / 04683
10.47.5 / 04692
10.48.1 / 04689
10.48.2~49.1 / 04690
10.49.2~50.1 / 04691
11.1.1 / 05448
11.1.2 / 02962
11.1.3(14.14.3) / 05455
11.1.4 / 05456
11.1.5 / 05462
11.1.6 / 02958
11.1.7 / 06614
11.1.8 / 05496
11.1.9 / 05491
11.1.10~11 / 04794
11.1.12(与 6.2.7 重)
11.2.1 / 05472
11.2.2 / 05475
11.2.3 / 05468
11.2.4 / 05476
11.2.5 / 05465
11.2.6 / 05479
11.2.7 / 06041
11.2.8 / 05490
11.2.9 / 05483
11.2.10 / 05484
11.2.11 / 05485
11.3.1 / 05509
11.3.2 / 05452
11.3.3 / 05494
11.3.4 / 05486
11.3.5~6 / 09845
11.3.7~8 / 09762
11.3.9 / 05567
11.3.10~11 / 05569
11.3.12 / 05568
11.4.1 / 09763
11.4.2 / 05559
11.4.3 / 05560
11.4.4 / 06970
11.4.5 / 05510
11.4.6 / 05515
11.4.7 / 05517
11.4.8 / 05525
11.4.9 / 05527
11.4.10 / 05529
11.4.11 / 05552
11.4.12 / 05586
11.5.1~2 / 09865
11.5.3 / 05588
11.5.4~5 / 05565
11.5.6 / 06957
11.5.7 / 05566
11.5.8(与 12.43.8 重)
11.5.9 / 05685
11.5.10 / 05505
11.5.11 / 05581
11.6.1 / 05558
11.6.2 / 05593
11.6.3 / 05584
11.6.4 / 05592
11.6.5 / 05596
11.6.6 / 05600
11.6.7 / 05601
11.6.8 / 05605
11.6.9 / 05607
11.6.10 / 05620
11.7.1 / 05619
11.7.2 / 05617
11.7.3 / 05615
11.7.4 / 05621
11.7.5 / 00476
11.7.6 / 05727
11.7.7 / 05728
11.7.8 / 05639
11.8.1 / 05631
11.8.2 / 05632
11.8.3 / 05627
11.8.4 / 05628
11.8.5 / 05630
11.8.6 / 05633
11.8.7 / 05629
11.8.8 / 06255
11.8.9 / 05735
11.9.1 / 05640
11.9.2 / 05641
11.9.3 / 05642
11.9.4 / 05644
11.9.5 / 05643
11.9.6 / 05650
11.9.7 / 05741
11.9.8 / 05648
11.10.1~2 / 05645
11.10.3 / 05652
11.10.4 / 05653
11.10.5 / 05745
11.10.6 / 05746
11.10.7 / 05663
11.10.8 / 05664
11.11.1 / 05668
11.11.2 / 05670
11.11.3 / 05751
11.11.4 / 05677
11.11.5 / 03210
11.11.6 / 04997
11.11.8 / 05673
11.12.1 / 05676
11.12.2 / 05753
11.12.3 / 05671
11.12.4 / 03224
11.12.5 / 05692
11.12.6 / 05693
11.12.7 / 05688
11.12.8 / 05700
11.13.1 / 05702
11.13.2 / 05704
11.13.3 / 05705
11.13.4 / 05696
11.13.4 / 09790 (05696)
11.13.5 / 05714
11.13.6 / 05716
11.13.7 / 05723
11.13.8 / 05732
11.14.1 / 05721
11.14.2 / 05722
11.14.3 / 05731
11.14.5~6 / 09284 (05733)
11.14.6 / 05734
11.14.7 / 05743
11.14.8 / 05740
11.15.1 / 05744
11.15.2 / 05084
11.15.3 / 05803
11.15.4 / 05678
11.15.5 / 05755
11.15.6 / 05758
11.15.7 / 05756
11.15.8 / 05757
11.16.1 / 05636
11.16.2 / 09873
11.16.4 / 05774
11.16.5 / 05776
11.16.6 / 05777
11.16.7 / 05778
11.16.8 / 05759
11.17.1(又 13.6.7) / 05775
11.17.2 / 05764
11.17.3(与 6.24.6 重)
11.17.4 / 05765
11.17.5 / 05783
11.17.6 / 05790
11.17.7 / 05787
11.17.8 / 05781
11.18.1 / 05773
11.18.2 / 05772
11.18.3 / 09793
11.18.4 / 05796
11.18.5 / 05799
11.18.6 / 05801
11.18.7 / 05804
11.18.8 / 05802
11.19.1 / 06448
11.19.2 / 05836
11.19.3~4 / 06452
11.19.5 / 05809
11.19.6 / 05810
11.19.7 / 05821
11.19.8 / 09809
11.20.1 / 05818
11.20.2 / 10060
11.20.3 / 05819
11.20.4 / 05813
11.20.5 / 05840
11.20.6 / 05798
11.20.7 / 05822
11.21.1 / 05828
11.21.2 / 09289
11.21.3 / 05826
11.21.4 / 05827

11.21.5 / 05831
11.21.6 / 05837
11.21.7 / 05835
11.21.8 / 05834
11.22.1 / 06475
11.22.2 / 06473
11.22.3 / 05849
11.22.4 / 02170
11.22.5 / 09568(05846)
11.22.6 / 05845
11.22.7~8 / 06477
11.23.1 / 05856
11.23.2 / 05860
11.23.3 / 05859
11.23.4 / 05861
11.23.5 / 05841
11.23.6 / 05863
11.23.7 / 05864
11.23.8 / 05865
11.24.1 / 05866
11.24.2 / 05867
11.24.3 / 05869
11.24.4 / 05871
11.24.5 / 05918
11.24.6 / 05873
11.25.1 / 05874
11.25.2 / 05875
11.25.3 / 05898
11.25.4 / 05876
11.25.5 / 05877
11.25.6 / 05880
11.25.7 / 05882
11.25.8 / 05883
11.26.1 / 05887
11.26.2 / 05890
11.26.3 / 05889
11.26.4~5 / 09887
11.26.6 / 05937
11.26.7 / 05938
11.26.8 / 05891
11.27.1 / 05897
11.27.2 / 05923
11.27.3 / 05924

11.27.4 / 05899
11.27.5 / 05904
11.27.7 / 05914
11.28.1 / 05915
11.28.2 / 05908
11.28.3 / 05935
11.29.1~2 / 03689
11.29.3 / 05917
11.29.4 / 05944
11.29.5 / 05922
11.29.6 / 05925
11.29.7 / 05927
11.29.8 / 05928
11.30.1 / 05942
11.30.2 / 05950
11.30.4 / 09821
11.30.6 / 05953
11.30.7 / 05955
11.31.1 / 05954
11.31.2 / 05961
11.31.3 / 05963
11.31.4 / 05957
11.31.5 / 05965
11.31.6 / 05966
11.31.7 / 05967
11.32.1 / 05968
11.32.2 / 05969
11.32.3 / 05975
11.32.4 / 09890
11.32.6 / 05981
11.32.7 / 05985
11.33.1 / 05984
11.33.2 / 05988
11.33.3 / 04644
11.33.4 / 05989
11.34.1 / 05990
11.34.2~3 / 05402
11.35.1 / 05992
11.35.2 / 05994
11.35.3 / 05999
11.35.4 / 06515
11.36.1 / 05419
11.36.2 / 06006

11.36.3 / 06008
11.37.1 / 06009
11.37.2~3 / 09897
11.38.1 / 06516
11.38.2 / 06016
11.39.1~2 / 09742
11.39.3 / 09749
11.39.4~5 / 09767
11.39.6 / 09959
11.39.7 / 09752
11.39.8 / 09756
11.40.1(与2.6.8重)
11.40.2 / 09761
11.40.3 / 09779
11.40.4 / 09777
11.40.5~6 / 09785
11.40.7 / 09786
11.40.8 / 09787
11.41.1 / 09788
11.41.2 / 09800
11.41.3 / 09235
11.41.4 / 09807
11.41.5 / 09814
11.41.6~7 / 09815
11.42.1~2 / 09818
11.42.3 / 09819
11.42.4~5 / 10579
11.43.1 / 10002
11.43.2 / 09617
11.43.3 / 09825
11.43.4 / 09972
12.1.3 / 09483
12.1.4 / 09467
12.1.5 / 09481
12.1.6 / 09479
12.1.7 / 04810
12.1.8 / 09478
12.1.9 / 09768
12.2.1~3 / 09794
12.2.4 / 09497
12.2.5 / 09492
12.2.7 / 09500
12.3.2 / 09522

12.3.3 / 09504
12.3.4 / 09505
12.3.5 / 09506
12.3.8 / 09521
12.4.1 / 09520
12.4.2 / 09525
12.4.3~4 / 09534
12.4.5~6 / 09535
12.4.7~8 / 09533
12.5.1 / 09536
12.5.2 / 05142
12.5.3 / 09532
12.5.4 / 09545
12.5.5 / 09537
12.5.6 / 09514
12.6.1 / 09542
12.6.2 / 05797
12.6.3 / 05147
12.6.4 / 09555
12.6.5~6 / 09526
12.6.7 / 09554
12.6.8 / 06456.1
12.7.1 / 09556.1
12.7.2 / 09552
12.7.3 / 09559
12.7.4~5 / 05220
12.7.6 / 09572
12.7.7 / 09570
12.8.1 / 09571
12.8.2~3 / 09575
12.8.4 / 09566
12.8.5 / 09576
12.8.6 / 09578
12.8.7 / 09579
12.9.1~2 / 09585
12.9.3 / 09577
12.9.4 / 09588
12.9.5 / 09596
12.9.6 / 09597
12.9.7 / 09598
12.10.3 / 09613
12.10.4~5 / 09603
12.11.1~2 / 09614

12.11.3 / 09615
12.11.4~5 / 09619
12.11.6 / 09623
12.12.1 / 09627
12.12.2 / 09630
12.12.3 / 09640
12.12.4 / 09646
12.13.1 / 09639
12.13.5 / 09622
12.13.6 / 06511.1
12.13.7~14.1 / 09645
12.14.2 / 09672
12.14.3~4 / 09649
12.14.5 / 09659
12.15.1 / 09631
12.15.2 / 09641
12.15.3~5 / 09660
12.16.1~2 / 09591
12.16.3 / 09655
12.16.4 / 09653
12.17.1 / 09654
12.17.2 / 09652
12.17.3 / 09651
12.17.4 / 09661
12.18.1 / 09668
12.18.2 / 09667
12.18.3 / 09680
12.18.4 / 09676
12.19.1~2 / 09687
12.19.3 / 09688
12.20.1~2 / 09690
12.20.3~4 / 09691
12.21.1~2 / 09694
12.22.1~2 / 09695
12.23.1~2 / 09698
12.23.3~4 / 09699
12.24.1~3 / 09703
12.24.4 / 09701
12.24.5 / 09705
12.25.1 / 09710
12.25.2 / 09711
12.26.1~27.2 / 09712
12.27.3~5 / 09715

13.13.3~4 / 05238
13.13.5~6 / 05191
13.13.7 / 05193
13.13.8 / 05192
13.14.1~2 / 05205
13.14.3~4 / 05347
13.14.5 / 05209
13.14.6~7 / 05214
13.14.8~15.1 / 05216
13.15.2~3 / 05217
13.15.4~5 / 05218
13.15.6~7 / 05292
13.16.1~2 / 05294
13.16.3~4 / 05293
13.16.5~6 / 05222
13.16.7~8 / 05223
13.17.1~2 / 05221
13.17.3 / 05234
13.17.4 / 05229
13.17.5、8 / 09567
13.17.6~7 / 05228
13.18.2~3(1) / 06478
13.18.4~5 / 05233
13.18.6 / 03544
13.18.7~8 / 05236
13.19.1~2 / 05237
13.19.3~4 / 05239
13.19.5~6 / 05240
13.19.7~8 / 05242
13.20.1~2 / 05243
13.20.3,5 / 05258
13.20.4,6 / 05259
13.20.7~8 / 05250
13.21.1~2 / 05249
13.21.3~4 / 05251
13.21.5 / 05253
13.21.6~7 / 05124
13.21.8~22.1 / 05252
13.22.2 / 05254
13.22.3~4 / 05260
13.22.5~6 / 05263
13.22.7~8 / 05265
13.23.1~2 / 05305

13.23.3~4 / 05267
13.23.6 / 05309
13.23.7 / 09278
13.24.1~2 / 05278
13.24.4~5 / 05280
13.25.1 / 05279
13.25.2~3 / 05281
13.25.3 / 05277.2
13.25.4~5 / 05283
13.25.6~7 / 05284
13.26.1 / 05285
13.26.2 / 05313
13.26.3~4 / 05314
13.26.5~6 / 05291
13.26.7 / 05299
13.26.8 / 05297
13.27.1~2 / 05301
13.27.3~4 / 05302
13.27.5 / 05307
13.27.6~7 / 05308
13.27.8~28.1 / 05328
13.28.2~3 / 05332
13.28.4~5 / 05318
13.28.6~7 / 05311
13.29.1 / 05310
13.29.2 / 05317
13.29.3~4 / 05316
13.29.5~6 / 05326
13.29.7~8 / 05327
13.30.1 / 05319.1
13.30.2~3 / 05344
13.30.4~5 / 05333
13.30.6 / 05334
13.30.7~8 / 05338
13.31.1~2 / 05335
13.31.3~4 / 05341
13.31.5~6 / 05342
13.31.7~8 / 05340
13.32.1 / 05343
13.32.2~3 / 05370
13.32.4~5 / 05360
13.32.6~7 / 05350
13.33.1~2 / 05349

13.33.3~4
(与 13.32.6~7 重)
13.33.5 / 05351
13.33.6~7 / 05354
13.34.1~2 / 05355
13.34.3~4 / 05366
13.34.5 / 05377
13.34.6 / 05361
13.34.7 / 05369
13.34.8 / 05365
13.35.1 / 06507.1
13.35.2~3 / 05379
13.35.4 / 05378
13.35.5~6 / 05375
13.36.1~2 / 05380
13.36.3 / 05381
13.36.4 / 05385
13.36.5 / 05386
13.36.6~7 / 05384
13.37.1~2 / 05387
13.37.3~4 / 05388
13.37.5~6 / 05392
13.38.1~2 / 05399
13.38.3~4 / 05316
13.38.5~6 / 05396
13.39.1~2 / 05398
13.39.3~4 / 05316
13.39.5~6 / 05405
13.40.1~2 / 05406
13.40.3~4 / 05407
13.40.5~41.1 / 05409
13.41.4(5) / 05408.2
13.42.1 / 10360
13.42.2~3 / 05417
13.42.4 / 05424.1
13.43.1~2 / 05420
13.43.3 / 05418
13.44.1~2 / 05421
13.44.3~4 / 05425
13.45.1~2 / 05426
13.46.1 / 05427
13.46.2~3 / 05433
13.47.1 / 09119

13.47.2 / 09108
13.47.3 / 09109
13.47.4 / 09113
13.47.5 / 09107
13.47.6 / 09156
13.47.7 / 09111
13.47.8 / 09118
13.48.1 / 09135
13.48.2 / 09124
13.48.3 / 09155
13.48.4 / 09150
13.48.5 / 09200
13.48.6 / 09171
13.48.7 / 09169
13.48.8 / 09185
13.49.1~2 / 09184
13.49.3 / 09191
13.49.4 / 09190
13.49.5 / 09192
13.49.6 / 09173
13.49.7 / 09194
13.49.8 / 09193
13.50.1 / 09225
13.50.2 / 09207
13.50.3 / 09202
13.50.4 / 09201
13.50.5 / 09203
13.50.6 / 09204
13.50.7~8 / 09205
13.51.1 / 09208
13.51.2 / 09210
13.51.3 / 09228
13.51.4 / 09213
13.51.5 / 09214
13.51.6 / 08628
13.51.7 / 09220
13.51.8 / 09219
13.52.1 / 09221
13.52.2 / 09175
13.52.3 / 09209
13.52.4 / 09233
13.52.5 / 09237
13.52.6 / 09162

13.52.7 / 09239
13.52.8 / 09241
13.53.1 / 09242
13.53.2~3 / 05296
13.53.4 / 09243
13.53.5 / 09246
13.53.6 / 09249
14.1.1~2 / 09305
14.1.3 / 09322
14.1.4 / 09321
14.1.5~6 / 09320
14.1.7 / 09319
14.1.8 / 09323
14.1.9~10 / 09310
14.2.1 / 09332
14.2.2~3 / 09366
14.2.4 / 09331
14.2.5~6 / 09338
14.3.1~2 / 09343
14.3.3~4 / 09345
14.3.5~6 / 09347
14.4.1 / 09350
14.4.3~4 / 04939
14.4.5 / 09352
14.4.6~7 / 09376
14.4.8~9 / 09349
14.4.10 / 09373
14.5.1 / 09356
14.5.2~3 / 09378
14.5.4 / 04967
14.5.5 / 09379
14.5.6 / 09364
14.5.7 / 09368
14.5.8~9 / 09394
14.5.10 / 09367
14.5.11 / 09369
14.6.1~2 / 09370
14.6.3~4 / 09403
14.6.5~6 / 09354
14.6.7~8 / 09381
14.7.1~2 / 09385
14.7.3 / 09383
14.7.4 / 09387

14.7.5~6 / 09388
14.7.7~8 / 09390
14.8.1 / 09392
14.8.2 / 09400
14.8.4 / 09407
14.8.5 / 09399
14.8.6 / 09393
14.8.7 / 09402
14.8.8~9 / 09404
14.9.1~2 / 09405
14.9.3 / 09411
14.9.4 / 09412
14.9.5 / 09413
14.9.6 / 09421
14.9.7~8 / 09430
14.9.9 / 10352
14.10.1~2 / 09431
14.10.3 / 09432
14.10.4 / 09434
14.10.5~6 / 09436
14.10.7~8 / 09439
14.11.1 / 09443
14.11.2~3 / 09447
14.11.4 / 10357
14.11.5 / 09451
14.12.1 / 10161
14.12.2 / 09454
14.12.4 / 06542
14.12.5 / 06541
14.12.6 / 06553
14.12.7 / 06557
14.12.8 / 06565
14.12.9 / 06706
14.13.1~2 / 06709
14.13.3 / 06532
14.13.4 / 06533
14.13.5 / 07022
14.13.6 / 06535
14.13.7 / 06537
14.13.8 / 06549
14.13.9 / 06587
14.13.10 / 07003
14.13.11 / 06568
14.13.12 / 07066
14.14.1 / 06750
14.14.2 / 06606
14.14.3(11.1.3) / 06607
14.14.4 / 06608
14.14.5 / 06609
14.14.6 / 06610
14.14.7 / 05460
14.14.8 / 06611
14.14.9 / 06612
14.14.10 / 06599
14.15.1 / 06654
14.15.2 / 06685
14.15.3 / 05803
14.15.4 / 06604
14.15.5 / 06636
14.15.6 / 06633
14.15.7 / 06651
14.15.8 / 06652
14.15.9 / 06653
14.15.10 / 06720
14.15.11 / 06664
14.15.12 / 06672
14.16.1 / 06684
14.16.2 / 06728
14.16.3 / 06729
14.16.4 / 06730
14.16.5 / 06731
14.16.6 / 06739
14.16.7 / 06745
14.16.8 / 06687
14.16.9 / 06710
14.16.10 / 06718
14.16.11 / 06723
14.16.12 / 06784
14.17.1 / 06944
14.17.2 / 06670
14.17.3 / 06570
14.17.4 / 06571
14.17.5 / 06584
14.17.6 / 06585
14.17.7 / 06788
14.17.8 / 06642
14.17.9 / 06580
14.17.10 / 06581
14.17.11 / 06644
14.17.12 / 06727
14.18.1 / 06591
14.18.2 / 06789
14.18.3 / 07030
14.18.4 / 06799
14.18.5 / 07053
14.18.6 / 06722
14.18.7 / 06795
14.18.8 / 06765
14.18.9 / 06767
14.18.10 / 06989
14.18.11 / 06972
14.19.1 / 06761
14.19.2 / 06959
14.19.3 / 06960
14.19.4 / 06961
14.19.5 / 06962
14.19.6 / 06967
14.19.7 / 06809
14.19.8 / 06811
14.19.9 / 06813
14.19.10 / 06814
14.19.11 / 06819
14.19.12 / 06828
14.20.1 / 06820
14.20.2 / 06821
14.20.3 / 06822
14.20.4 / 06833
14.20.5 / 06834
14.20.6 / 06836
14.20.7 / 06835
14.20.8 / 07193
14.20.9 / 07162
14.20.10 / 06844
14.20.11 / 06840
14.21.1 / 07106
14.21.2 / 06894
14.21.3 / 06899
14.21.4 / 06911
14.21.5 / 06902
14.21.6 / 06681
14.21.7 / 06921
14.21.8 / 06871
14.21.9 / 06983
14.21.10 / 06740
14.21.11 / 07057
14.21.12 / 07058
14.22.1 / 07019
14.22.2 / 06933
14.22.3 / 07005
14.22.4 / 07011
14.22.5 / 07185
14.22.6 / 07186
14.22.7 / 07161
14.22.8 / 06779
14.22.10 / 06932
14.22.11 / 07198
14.22.12 / 07199
14.23.1 / 07200
14.23.2 / 06938
14.23.3 / 06939
14.23.4 / 07032
14.23.5 / 06973
14.23.6 / 06920
14.23.7 / 07196
14.23.8 / 07197
14.23.9 / 07180
14.23.10 / 07131
14.24.1 / 07073
14.24.2 / 07080
14.24.2 / 07103
14.24.3 / 07081
14.24.4 / 07086
14.24.5 / 07087
14.24.6 / 07088
14.24.7 / 07089
14.24.8 / 07090
14.24.9 / 07091
14.24.10 / 07092
14.24.11 / 07093
14.25.1 / 07118
14.25.2 / 07114
14.25.3 / 07115
14.25.4 / 07116
14.25.5 / 07107
14.25.6 / 07120
14.25.7 / 07228
14.25.8 / 07232
14.25.9 / 07230
14.25.10 / 07109
14.25.11 / 07122
14.25.12 / 07121
14.26.1 / 07130
14.26.2 / 07133
14.26.3 / 07127
14.26.4 / 07132
14.26.5 / 07135
14.26.6 / 07129
14.26.7 / 07243
14.26.8 / 07134
14.26.9 / 07137
14.26.10 / 07143
14.26.11 / 07245
14.26.12 / 07144
14.27.1(觚) / 05658
14.27.2 / 07147
14.27.3 / 07146
14.27.4 / 07155
14.27.5 / 07159
14.27.7 / 07158
14.27.8 / 07138
14.27.9 / 07173
14.27.10 / 07219
14.27.11 / 06868
14.28.1 / 07205
14.28.2 / 07206
14.28.3 / 07207
14.28.4 / 07208
14.28.5 / 07212
14.28.6 / 07214
14.28.7 / 07216
14.28.8 / 05145.1
14.28.9 / 07222
14.28.10 / 07224
14.28.11 / 07264

14.28.12 / 07095
14.29.1 / 07096
14.29.2 / 07234
14.29.3 / 07235
14.29.4 / 07244
14.29.5 / 05655
14.29.6 / 07140
14.29.7 / 07250
14.29.8 / 07251
14.29.9 / 07153
14.29.10 / 07257
14.29.12 / 07259
14.30.1 / 07270
14.30.2 / 07266
14.30.3 / 07286
14.30.4 / 07285
14.30.5 / 07288
14.30.6 / 07287
14.30.7 / 07275
14.30.8 / 07300
14.30.9 / 07292
14.31.1 / 07290
14.31.10 / 06927
14.31.2 / 07291
14.31.3 / 07296
14.31.4 / 07294
14.31.5 / 07295
14.31.6 / 07304
14.31.7 / 07289
14.31.8 / 07301
14.31.9 / 07312
14.32.1 / 06167
14.32.2 / 06189
14.32.3 / 06188
14.32.4 / 06157
14.32.5 / 06022
14.32.6 / 06069
14.32.7 / 06072
14.32.8 / 06071
14.32.9 / 06059
14.32.10 / 06053
14.32.11 / 06060
14.32.12 / 06061
14.33.1 / 06056
14.33.2 / 03020
14.33.3 / 06054
14.33.4 / 06057
14.33.5 / 06058
14.33.6~7 / 06040
14.33.8 / 06044
14.33.9~10 / 06042
14.33.11~34.1 / 06038
14.34.10 / 06082
14.34.2 / 06037
14.34.3 / 06043
14.34.4 / 06142
14.34.5 / 06195
14.34.6 / 06086
14.34.7 / 06018
14.34.8 / 06019
14.34.9 / 06077
14.34.11 / 06083
14.34.12 / 06031
14.35.1 / 06085
14.35.2 / 01429
14.35.2 / 06838
14.35.3 / 06162
14.35.4~5 / 06158
14.35.6 / 06156
14.35.7 / 06161
14.35.8 / 06159
14.35.9 / 06024
14.35.10 / 06091
14.35.11 / 06094
14.35.12 / 06095
14.36.1 / 06103
14.36.2 / 06104
14.36.3 / 06108
14.36.4 / 06105
14.36.5 / 06106
14.36.6 / 06109
14.36.7 / 06117
14.36.8 / 06119
14.36.9 / 06120
14.36.10 / 06123
14.36.11 / 06125
14.36.12 / 05531
14.37.1 / 06128
14.37.2 / 06129
14.37.3 / 06130
14.37.4 / 06131
14.37.5~6 / 06135
14.37.7 / 06134
14.37.8 / 06178
14.37.9 / 06154
14.37.10 / 06151
14.37.11 / 06137
14.37.12 / 06138
14.38.1 / 06140
14.38.2 / 06139
14.38.3 / 06145
14.38.4 / 06146
14.38.5~6 / 06147
14.38.7 / 06150
14.38.8 / 06148
14.38.9 / 06155
14.38.10 / 06175
14.38.11 / 06191
14.38.12 / 06192
14.39.1 / 06193
14.39.2 / 06198
14.39.3 / 06196
14.39.4 / 06197
14.39.5 / 06199
14.39.6 / 03101
14.39.7 / 06201
14.39.8~9 / 06200
14.39.10 / 06202
14.39.11 / 06203
14.39.12 / 06204
14.40.1 / 06205
14.40.2 / 06206
14.40.3 / 06208
14.40.4 / 06209
14.40.5 / 06371
14.40.6 / 06214
14.40.7~8 / 06215
14.40.9 / 06217
14.40.10 / 06221
14.40.11 / 06222
14.40.12 / 06223
14.41.1 / 06224
14.41.2 / 06227
14.41.2 / 06378
14.41.3 / 06226
14.41.4~5 / 06229
14.41.6 / 06228
14.41.7 / 06230
14.41.8 / 06240
14.41.9 / 06231
14.41.10 / 06225
14.41.11 / 06375
14.42.1~2 / 06247
14.42.3 / 06241
14.42.4(与 6.11.7 重)
14.42.5 / 06246
14.42.6 / 06220
14.42.7 / 06248
14.42.8 / 06249
14.42.9 / 06251
14.42.10 / 06252
14.42.11 / 06388
14.42.12 / 06250
14.43.1 / 06253
14.43.2 / 06254
14.43.3(与 12.50.6 重)
14.43.4 / 06258
14.43.5 / 06259
14.43.6 / 06262
14.43.7~8 / 06260
14.43.9 / 06261
14.43.10(又 12.2.6 壶) / 06396
14.43.11 / 01848
14.43.12 / 06397
14.44.1 / 06270
14.44.2 / 05647
14.44.3 / 06275
14.44.4 / 06284
14.44.5 / 06290
14.44.6 / 06285
14.44.7~8 / 06282
14.44.9 / 06288
14.44.10 / 06281
14.44.11 / 06408
14.44.12 / 06286
14.45.1 / 06403
14.45.2 / 06409
14.45.3 / 06293
14.45.4 / 06292
14.45.5(又 14.46.1) / 06296
14.45.6 / 06297
14.45.7 / 06299
14.45.8 / 06307
14.45.9 / 06313
14.45.10 / 06318
14.45.11 / 06320
14.45.12 / 06321
14.46.2 / 06300
14.46.3 / 06314
14.46.4 / 06308
14.46.5 / 06312
14.46.6 / 01647
14.46.7 / 06306
14.46.8 / 06315
14.46.9 / 06298
14.46.10 / 06319
14.46.11 / 06411
14.46.12 / 06322
14.47.1 / 06324
14.47.2 / 06330
14.47.3 / 06329
14.47.4~5 / 06334
14.47.6 / 06335
14.47.7 / 06337
14.47.8~9 / 06339
14.47.10 / 06344
14.47.11 / 06332
14.47.12 / 06333
14.48.1 / 06336
14.48.2 / 06340
14.48.3 / 06425
14.48.4 / 06421
14.48.5 / 06326

15.15.5 / 07692
15.15.6 / 07689
15.15.7 / 07691
15.15.8 / 07697
15.15.9 / 07723
15.15.10 / 07724
15.15.11 / 07729
15.16.1 / 07782
15.16.2 / 07772
15.16.3 / 07774
15.16.4 / 07780
15.16.5 / 07781
15.16.6 / 07775
15.16.7 / 07778
15.16.8 / 07779
15.17.1 / 07786
15.17.2 / 07827
15.17.3 / 08887
15.17.4 / 07824
15.17.5 / 07846
15.17.6 / 07845
15.17.7 / 07847
15.17.8 / 07848
15.18.1 / 07850
15.18.2 / 07849
15.18.3 / 08330
15.18.4 / 07854
15.18.5 / 07856
15.18.6 / 07855
15.18.7 / 07859
15.18.8 / 07866
15.18.10 / 07818
15.19.1 / 07871
15.19.2 / 07872
15.19.3 / 07870
15.19.4 / 07875
15.19.5 / 07876
15.19.6 / 07877
15.19.7 / 07897
15.19.8 / 07885
15.19.9 / 07884
15.19.10 / 07883
15.19.11 / 07896

15.20.1 / 07901
15.20.2 / 07904
15.20.3 / 07905
15.20.4 / 07924
15.20.5 / 07907
15.20.6 / 07906
15.20.8 / 07916
15.20.9 / 07909
15.21.1 / 07908
15.21.2 / 07902
15.21.3 / 07910
15.21.4 / 07930
15.21.5 / 07929
15.21.6 / 07934
15.21.7 / 07940
15.21.8 / 07945
15.22.1 / 07944
15.22.2 / 07933
15.22.3 / 07938
15.22.4 / 07939
15.22.5 / 07957
15.22.6 / 07956
15.22.7 / 07960
15.22.8 / 07952
15.23.1 / 07961
15.23.2 / 08055
15.23.3 / 07955
15.23.4 / 07954
15.23.5 / 08631
15.23.6 / 07962
15.23.7 / 07971
15.23.8 / 07975
15.23.9 / 07974
15.24.1 / 07972
15.24.10 / 07976
15.24.2 / 07981
15.24.3 / 07982
15.24.4 / 07980
15.24.5 / 07977
15.24.6(16.22.8)/08686
15.24.7 / 07984
15.24.8 / 07978
15.24.9 / 07983

15.25.1 / 07996
15.25.2 / 07997
15.25.3 / 07999
15.25.4 / 08000
15.25.5 / 08002
15.25.6 / 08015
15.25.7 / 08007
15.25.8 / 08009
15.25.9 / 08010
15.25.10 / 08160
15.26.1 / 08011
15.26.2 / 08006
15.26.3 / 08005
15.26.4 / 08004
15.26.5 / 08779
15.26.6 / 08003
15.26.7 / 07825
15.26.8 / 08017
15.26.9 / 08018
15.26.10 / 08020
15.27.1 / 08029
15.27.2 / 08041
15.27.3 / 08043
15.27.4 / 08030
15.27.5 / 08036
15.27.6 / 08040
15.27.7 / 08045
15.27.8 / 08047
15.27.9 / 08057
15.27.10 / 08059
15.28.1 / 08060
15.28.2 / 08061
15.28.3 / 08063
15.28.4 / 08062
15.28.5 / 08066
15.28.6 / 08067
15.28.7 / 08170
15.28.8 / 08085
15.28.9 / 08113
15.28.10 / 08114
15.29.1 / 08029
15.29.1 / 08115
15.29.2 / 08091

15.29.3 / 08092
15.29.4 / 08093
15.29.5 / 08094
15.29.6 / 08072
15.29.7 / 08076
15.29.8 / 08077
15.29.9 / 08078
15.29.10 / 08079
15.29.11 / 08080
15.30.1 / 08081
15.30.2 / 08082
15.30.3 / 08083
15.30.4 / 08105
15.30.5 / 08106
15.30.6 / 08108
15.30.7 / 08086
15.30.8 / 08073
15.31.1 / 08074
15.31.2 / 08110
15.31.3 / 08112
15.31.4 / 08075
15.31.5 / 08084
15.31.6 / 08049
15.31.7 / 08119
15.31.8 / 08140
15.32.1 / 08142
15.32.2 / 08144
15.32.3 / 08145
15.32.4 / 07428
15.32.5 / 08149
15.32.6 / 08150
15.32.7 / 08151
15.32.8 / 08147
15.32.9 / 08148
15.32.10 / 08146
15.33.1 / 07795
15.33.2 / 07821
15.33.3 / 07823
15.33.4 / 07808
15.33.5 / 07815
15.33.6 / 08783
15.33.7 / 08784
15.34.1 / 08235

15.34.2 / 08234
15.34.3 / 08208
15.34.4 / 08209
15.34.5 / 08213
15.34.6 / 08214
15.35.1 / 08217
15.35.2 / 08260
15.35.3 / 08767
15.35.4 / 08296
15.35.5 / 08159
15.35.6 / 08795
15.35.7 / 08198
15.35.8 / 08191
15.36.1 / 08192
15.36.2 / 08189
15.36.3 / 08190
15.36.4 / 08204
15.36.5 / 08200
15.36.6 / 08221
15.36.7 / 08222
15.36.8 / 08227
15.36.9 / 08225
15.37.1 / 08224
15.37.2 / 08228
15.37.3 / 08226
15.37.4 / 08229
15.37.5 / 08230
15.37.6 / 08231
15.37.7 / 08161
15.37.8 / 08162
15.37.9 / 08793
15.37.11 / 07432
15.38.1 / 07433
15.38.2 / 08807
15.38.3 / 08310
15.38.4 / 08048
15.38.5 / 08248
15.38.6 / 08247
15.38.7 / 08294
15.38.8 / 08205
15.38.9 / 08206
15.38.10 / 08135
15.38.11 / 08196

16.23.7 / 08716
16.23.8 / 08676
16.23.9 / 08673
16.24.1 / 08674
16.24.2 / 08675
16.24.3 / 08670
16.24.4 / 08707
16.24.5 / 08715
16.24.6 / 08714
16.24.7 / 08713
16.24.8 / 08712
16.24.9 / 08735
16.24.10 / 08739
16.25.1 / 08741
16.25.2 / 08137
16.25.3 / 08791
16.25.4 / 08792
16.25.5 / 08331
16.25.6 / 08332
16.25.7 / 08796
16.25.8 / 08766
16.25.9 / 08134
16.25.10 / 08160
16.26.1 / 08825
16.26.2 / 08832
16.26.3 / 08782
16.26.4 / 08829
16.26.5 / 08822
16.27.1 / 08239
16.27.2 / 08830
16.27.3 / 08834
16.27.4 / 08835
16.27.5 / 08836
16.27.6 / 08838
16.27.7 / 08843
16.27.8 / 08876
16.28.1 / 08861
16.28.2 / 08854
16.28.3 / 08873
16.28.4 / 08871
16.28.5 / 08877
16.28.6 / 08878
16.28.7 / 08867
16.28.8 / 08880
16.28.9 / 08881
16.29.1 / 08906
16.29.2 / 08907
16.29.3 / 08908
16.29.4 / 09005
16.29.5 / 08909
16.29.6 / 08918
16.29.7 / 08919
16.29.8 / 08924
16.29.9 / 08925
16.30.1 / 08935
16.30.2 / 08939
16.30.3 / 08946
16.30.4 / 08963
16.30.5 / 08693
16.30.6 / 08956
16.30.7 / 08964
16.30.8 / 08976
16.30.9 / 08972
16.31.1 / 08966
16.31.2 / 08965
16.31.3 / 08690
16.31.4 / 08692
16.31.5 / 08968
16.31.6 / 08901
16.31.7 / 08973
16.31.8 / 08977
16.32 / 08348
16.32.1 / 08740
16.32.2 / 08990
16.32.3 / 08985
16.32.4 / 08986
16.32.5 / 08987
16.32.6 / 08991
16.32.7 / 08787
16.32.8 / 08810
16.32.9 / 08811
16.33.1 / 08992
16.33.2 / 08993
16.33.3 / 09000
16.33.4 / 09001
16.33.5 / 08994
16.33.6 / 08995
16.33.7 / 08996
16.33.8 / 08997
16.33.9 / 08998
16.34.1 / 08999
16.34.2 / 09006
16.34.3 / 08883
16.34.4 / 09009
16.34.5 / 09012
16.35.1 / 09013
16.35.2 / 09034
16.35.3 / 09021
16.35.4 / 09026
16.35.5 / 09023
16.35.6 / 08974
16.35.7 / 08975
16.36.1 / 09032
16.36.2 / 09035
16.36.3 / 09036
16.36.4 / 09033
16.36.5 / 09040
16.36.6 / 09029
16.36.7 / 09030
16.37.1 / 09071
16.37.2 / 09039
16.37.3 / 09038
16.37.4 / 09031
16.37.5 / 09043
16.37.6 / 09044
16.37.7 / 09045
16.37.8 / 09046
16.38.1 / 09047
16.38.2 / 09052
16.38.3 / 09053
16.38.4 / 09054
16.38.5 / 09059
16.38.6 / 09084
16.38.7 / 09085
16.39.1 / 09066
16.39.2 / 07880
16.39.3~4 / 09050
16.39.5~6 / 09051
16.39.7 / 09058
16.39.8 / 09077
16.40.1 / 09086
16.40.2 / 09087
16.40.3 / 09072
16.40.4 / 09083
16.40.5 / 09090
16.40.6 / 09089
16.40.7 / 09094
16.40.8 / 09095
16.41.1 / 09097
16.41.2 / 09103
16.41.3 / 09104
16.41.4 / 07793
16.42.1 / 07794
16.42.2 / 07873
16.42.3 / 07477
16.42.4 / 07797
16.42.5~6 / 08307
16.42.7~8 / 08308
16.43.1 / 08337
16.43.2 / 08361
16.43.3 / 08372
16.43.4 / 08379
16.43.5 / 08380
16.44.1 / 08383
16.44.2 / 08891
16.44.3 / 08892
16.44.4 / 08893
16.44.5 / 08519
16.44.6 / 08517
16.44.7 / 08583
16.45.1 / 08837
16.45.2 / 08848
16.45.3 / 08518
16.45.4 / 08396
16.45.5 / 08874
16.46.1~2 / 09008
16.46.4(与 6.28.7 重)
16.46.5 / 09091
16.46.6 / 09096
16.46.7 / 09099
16.46.3 / 08857
16.47.1 / 09100
16.47.2~4 / 09102
16.48.1~2 / 09105
16.61 / 08428
17.1.1 / 10018
17.1.2 / 10019
17.1.3 / 10022
17.1.4 / 10025
17.1.5~6 / 10026
17.1.7 / 10027
17.1.8 / 10036
17.2.1 / 10039
17.2.2 / 03189
17.2.3 / 10042
17.2.4 / 10043
17.2.5 / 10057
17.2.6 / 10055
17.2.7 / 10051
17.3.1 / 10066
17.3.2 / 10059
17.3.3 / 10068
17.3.4 / 10075
17.3.5 / 10388
17.4.1 / 10080
17.4.2 / 10083
17.4.3 / 10086
17.4.4 / 10095
17.5.1 / 10085
17.5.2~6.1 / 10100
17.6.2 / 10120
17.6.3 / 10101
17.6.4 / 10093
17.7.1 / 10105
17.7.2 / 10106
17.7.3 / 10113
17.8.1 / 10094
17.8.2 / 10107
17.8.3 / 10119
17.9.1 / 10118
17.9.2 / 10111
17.9.3 / 10110
17.10.1 / 10126
17.10.3 / 10125

17.11.1 / 10145
17.11.2 / 10131
17.12.1 / 10127
17.12.2 / 10128
17.13.1 / 10137
17.13.2 / 10133
17.13.3 / 10139
17.13.4 / 10146
17.14.1 / 10151
17.15.1 / 10149
17.15.2 / 10152
17.16.1~3 / 10158
17.16.4 / 10159
17.17.1 / 10163
17.17.2 / 10165
17.18.1 / 10170
17.18.2 / 10172
17.19.1~2 / 10173
17.20.1 / 10174
17.20.2~22.1 / 10176
17.22.2 / 10177
17.22.3 / 09253
17.23.1~2 / 09283
17.23.3 / 09270
17.23.4 / 09274
17.23.5~6 / 09276
17.23.7 / 09278
17.24.1~2 / 09267
17.24.3 / 09279
17.24.4 / 10192
17.24.5~6 / 09288
17.24.7 / 09915
17.24.8~25.1 / 10181
17.25.2 / 10190
17.25.3 / 10186
17.25.4 / 10184
17.25.5 / 10191
17.25.6 / 10195
17.26.1 / 10196
17.26.2 / 10199
17.26.3~4 / 09292
17.26.5 / 10200
17.26.6~7 / 09295
17.27.1~2 / 09294
17.27.3 / 10203
17.27.4 / 10202
17.28.1~2 / 09296
17.28.3 / 10204
17.28.4 / 10208
17.28.5 / 10207
17.29.1 / 10205
17.29.4 / 10206
17.29.5 / 10214
17.29.6 / 10216
17.30.1 / 10255
17.30.2 / 10217
17.30.3 / 10218
17.31.1 / 10229
17.31.2 / 10220
17.31.3 / 10225
17.31.4 / 10245
17.32.1 / 10244
17.32.2 / 10240
17.32.3 / 10231
17.33.1 / 10248
17.33.2 / 10251
17.33.3 / 10247
17.34.1 / 10237
17.34.3 / 10239
17.34.4 / 10246
17.34.5 / 10253
17.35.1 / 10258
17.35.2 / 10267
17.35.3 / 10269
17.35.4 / 10261
17.36.1 / 10263
17.36.2 / 10262
17.36.3 / 10271
17.37.1 / 10273
17.37.2 / 10272
17.38.1 / 10270
17.38.2 / 10278
17.39.1 / 10279
17.39.2 / 10277
17.40.1 / 10281
17.40.2 / 10282
18.1.1~2 / 00032
18.1.3 / 00421
18.2.1 / 00422
18.2.2~3.1 / 00424
18.3.2~4.1 / 00425
18.4.2~5.1 / 00428
18.5.2 / 00370
18.6.1 / 00359
18.6.2 / 00364
18.6.3 / 00363
18.6.4 / 00362
18.6.5 / 00379
18.6.6 / 00378
18.6.7 / 00377
18.7.1 / 00374
18.7.3 / 00404
18.7.4 / 00382
18.7.5 / 00386
18.7.6 / 00398
18.7.7 / 00375
18.7.8~8.1 / 00399
18.8.2~8.3 / 00403
18.9.1 / 00391
18.9.2 / 00393
18.9.3 / 00394
18.9.4~9.6 / 00395
18.9.7~9.9 / 00396
18.10.1~10.3 / 00397
18.10.4 / 00408
18.10.5 / 00409
18.10.6 / 00410
18.10.7~8 / 00419
18.10.9~10 / 00415
18.11.1 / 00416
18.11.2 / 00005
18.12.1 / 10306
18.12.2 / 10307
18.12.3 / 10312
18.12.4 / 10314
18.12.5 / 04643
18.13.1 / 10336
18.13.2 / 10331
18.13.3~14.1 / 10342
18.14.2 / 09982
18.14.3 / 09980
18.15.1~3 / 09606
18.15.4 / 09997
18.15.5~7 / 09964
18.16.1~3 / 09965
18.16.4~5 / 09968
18.16.6~7 / 09967
18.17.1 / 10368
18.17.2 / 10350
18.17.3~18.1 / 10361
18.18.2 / 10334
18.19.1 / 10326
18.19.2 / 09515
18.19.3 / 09616
18.19.4 / 09943
18.19.5 / 09949
18.19.6 / 09956
18.19.7 / 09986
18.19.8 / 08816
18.20.1~2 / 08817
18.20.3~4 / 08882
18.20.5 / 09290
18.20.6~7 / 09088
18.21.1~2 / 09092
18.21.3~4 / 09298
18.22.1~2 / 09969
18.22.3~4 / 09970
18.23.1 / 10371
18.23.2 / 10374
18.24.1 / 10386
18.24.2 / 10367
18.24.3 / 10363
18.24.4 / 10286
18.24.5 / 10296
18.25.1~2 / 10287
18.25.3 / 10577
18.25.4 / 10578
18.25.5 / 10293
18.26.1 / 10291
18.26.2 / 09984
18.26.3 / 09940
18.26.4 / 09903
18.27.1 / 10369
18.27.2 / 10365
18.27.3 / 09913
18.27.4 / 09910
18.27.5 / 09931
18.27.6 / 09932
18.28.1 / 00975
18.28.2 / 00976
18.28.3 / 00977
18.28.4 / 00978
18.28.5 / 11803
18.29.2 / 00970
18.30.1~2 / 00980
18.30.4 / 12017
18.30.5 / 10392
18.30.6 / 10393
18.31.1 / 11590
18.31.2 / 10465
18.31.3 / 12091
18.31.4 / 12092
18.31.5 / 12090
18.31.6 / 12103
18.31.7 / 12104
18.32.1 / 12105
18.32.3 / 10404
18.32.5 / 10381
18.32.6 / 10383
18.33.1 / 10380
18.33.2~3 / 11848
18.34.1 / 11849
18.34.2 / 11845
18.34.3 / 11851
18.34.4 / 11900
18.35.2 / 12015
18.35.3 / 12013
18.35.4 / 12014
18.36.1 / 12030
18.36.2 / 12023
18.36.3 / 12024
18.36.4~5 / 12097
18.37.1 / 12007
18.37.2 / 12008
18.37.3 / 12009

18.37.4 / 12010
18.37.5 / 12012
18.37.6 / 12029
18.37.7 / 12064
18.38.1 / 12065
18.38.2 / 12066
18.38.3 / 11901
18.39.1 / 10461
18.39.2 / 11852
18.39.3 / 10458
18.39.4 / 11853
18.40.1 / 12076
18.40.2 / 10422
18.40.3 / 10416
18.40.4 / 10432
18.41.1 / 10435
18.41.2(3) / 10429
18.41.4 / 10414
18.41.5 / 10415
18.41.6 / 10423
18.42.1 / 10420
18.42.2 / 10431
18.42.3 / 10418
18.42.4 / 10433
18.42.5 / 10434
19.1.1~2 / 10873
19.2.1~2 / 10727
19.3.1~2 / 10685
19.3.3~4 / 10700
19.4.2~1 / 10674
19.4.3~4 / 10675
19.5.2~1 / 10728
19.5.3~4 / 10686
19.6.1 / 10741
19.6.2 / 10744
19.6.4 / 10637
19.7.1~2 / 10702
19.7.3 / 10704
19.7.4~5 / 11720
19.7.6 / 11721
19.7.7~8 / 10763
19.7.9~10 / 10691
19.8.1 / 10690
19.8.2 / 10733
19.8.3 / 10668
19.8.4 / 10738
19.9.1 / 10739
19.9.2 / 10780
19.9.3 / 10688
19.9.4 / 10646
19.10.1~2 / 10773
19.10.3~4 / 10603
19.11.1~2 / 10857
19.11.3~4 / 10859
19.12.1~2 / 10877
19.12.3 / 10629
19.13.1 / 10660
19.13.2 / 10658
19.14.1 / 10764
19.14.2 / 10880
19.14.3 / 10647
19.15.1 / 10654
19.15.2 / 10862
19.15.3~4 / 10946
19.16.1~2 / 10947
19.16.3~4 / 10948
19.17.1~2 / 10950
19.17.3~4 / 10949
19.18.1~2 / 10951
19.18.3~4 / 11114
19.19.1~2 / 11010
19.19.3 / 11115
19.20.1 / 11401
19.20.2 / 11403
19.21.1 / 11392
19.21.2 / 10784
19.22.1 / 10805
19.22.2 / 10795
19.23.1 / 10796
19.23.2 / 10794
19.24.1 / 10793
19.24.2 / 10792
19.25.1 / 10864
19.25.2 / 10783
19.26.1 / 10788
19.26.2 / 10819
19.26.3 / 10818
19.27.1 / 10824
19.27.2 / 10817
19.28.1 / 10811
19.28.2 / 10884
19.28.3 / 10883
19.29.1 / 10902
19.29.2 / 10906
19.29.3 / 10962
19.30.1 / 10943
19.30.2 / 10963
19.31.1 / 10890
19.31.2 / 10898
19.31.3 / 10895
19.31.4 / 10975
19.32.1 / 10980
19.32.2 / 10990
19.32.4 / 10978
19.33.1 / 10959
19.33.2 / 10964
19.33.3 / 11034
19.34.1 / 11036
19.34.2 / 11033
19.34.3 / 11059
19.35.1 / 11023
19.35.2 / 11012
19.35.3 / 11021
19.36.1 / 11015
19.36.2 / 11061
19.37.1 / 11040
19.37.2 / 11028
19.37.3 / 11030
19.37.4 / 10970
19.38.1 / 11145
19.38.2 / 11139
19.38.3 / 11073
19.39.1 / 11101
19.39.2 / 11082
19.39.3 / 11077
19.40.1 / 11065
19.40.2 / 11089
19.41.1 / 11086
19.41.2 / 11085
19.42.1 / 11069
19.42.2 / 11190
19.43.1 / 11187
19.43.2 / 10942
19.43.3~4 / 11151
19.44.1 / 11156
19.44.2 / 11154
19.45.1 / 11210
19.45.2 / 11140
19.46.1 / 11182
19.46.2 / 11146
19.46.3 / 11184
19.47.1 / 11269
19.47.2 / 11164
19.48.1 / 11202
19.48.2 / 11200
19.49.1 / 11268
19.49.2 / 11259
19.50.1 / 11272
19.50.2 / 11243
19.51.1~2 / 11252
19.52.1 / 11336
19.52.2 / 11289
19.52.3~4 / 11350
19.53.1~2 / 11346
19.53.3 / 11353
19.54.1~2 / 11383
19.55.1~2 / 11393
20.1.1 / 10827
20.1.2 / 10826
20.2.1 / 11009
20.2.2 / 10945
20.3.1 / 10904
20.3.2 / 10905
20.3.3 / 10909
20.4.1 / 10944
20.4.2 / 10933
20.5.1 / 10936
20.5.2 / 10941
20.6.2 / 11016
20.7.1 / 11049
20.7.2 / 10983
20.8.1 / 11062
20.8.2 / 11183
20.9.1 / 11105
20.9.2 / 11056
20.10.1 / 11087
20.10.2 / 11038
20.11.1 / 11080
20.11.2 / 11076
20.12.1 / 11075
20.12.2 / 11084
20.13.1 / 11081
20.13.2 / 11260
20.13.3 / 11123
20.14.1 / 11125
20.14.2 / 11162
20.15.1 / 11088
20.15.2 / 11227
20.16.1 / 11188
20.16.2 / 11233
20.17.1 / 11245
20.17.2 / 11230
20.17.3 / 11234
20.17.4 / 11110
20.17.5 / 11231
20.17.6 / 11223
20.17.7 / 11228
20.18.1 / 11246
20.18.2 / 11247
20.19.1 / 11815
20.19.2 / 11206
20.19.3 / 11270
20.20.1 / 11271
20.20.2 / 11347
20.21.1~2 / 11279
20.22.1~2 / 11313
20.23.1 / 11312
20.23.2~24.1 / 11342
20.24.2 / 11354
20.25.1 / 11317
20.25.2 / 11341
20.26.1 / 11356
20.26.2~27.1 / 11361
20.27.2 / 11351
20.28.1 / 11364

20.28.2~29.1 / 11396
20.29.2 / 11438
20.30.1 / 11439
20.30.2 / 11440
20.31.1 / 11441
20.31.2 / 11443
20.31.3~4 / 11413
20.32.2 / 11415
20.32.3 / 11414
20.32.4 / 11430
20.33.1 / 11455
20.33.2 / 11476
20.33.3 / 11477
20.33.4 / 11469
20.33.5 / 11473
20.34.1~2 / 11478
20.34.3 / 11487
20.34.4 / 11491
20.35.1 / 11499
20.35.2 / 11505
20.35.3 / 11488
20.35.4 / 11489
20.36.1 / 11498
20.36.2 / 11508
20.36.3 / 11513
20.36.4 / 11528
20.37.1 / 11543
20.37.2 / 11537
20.37.3 / 11525
20.37.4 / 11526
20.38.1 / 11516
20.38.2 / 11517
20.38.3 / 11540
20.38.4 / 11530
20.39.1 / 11585
20.39.2 / 11480
20.39.3 / 11514
20.39.4 / 11482
20.40.1 / 11479
20.40.2 / 11541
20.40.3~4 / 11547
20.40.5 / 11553
20.40.6 / 11545
20.41.1 / 11549
20.41.2 / 11558
20.41.3~4 / 11566
20.42.3 / 11569
20.43.1 / 11577
20.43.2 / 11580
20.43.3 / 11651
20.43.4 / 11610
20.43.5 / 11601
20.44.1 / 11608
20.44.2 / 11612
20.44.3 / 11613
20.45.1 / 11614
20.45.2 / 11606
20.45.4 / 11659
20.46.1 / 11636
20.46.2 / 11677
20.46.3 / 11679
20.47.1 / 11660
20.47.2~3 / 11670
20.47.4~5 / 11701
20.48.1~2 / 11711
20.48.3 / 11570
20.48.4~5 / 11627
20.48.6~7 / 11622
20.49.2 / 11775
20.49.3 / 11774
20.49.5 / 11760
20.49.6 / 11768
20.50.1 / 11770
20.50.2 / 11772
20.50.3 / 11781
20.51.1 / 11778
20.51.2 / 11779
20.51.3 / 11788
20.51.4 / 11787
20.52.1 / 11786
20.52.2 / 11932
20.52.3 / 11940
20.52.4 / 11935
20.52.5 / 11988
20.53.1 / 11989
20.53.2 / 11990
20.53.3 / 11991
20.53.4 / 11992
20.53.5 / 11993
20.53.6 / 11974
20.53.7 / 11975
20.53.8 / 11976
20.54.1 / 11977
20.54.2 / 11978
20.54.3 / 11979
20.54.4 / 11980
20.54.5 / 11981
20.54.6 / 11982
20.54.7 / 11943
20.54.8 / 11944
20.55.1 / 11945
20.55.2 / 11946
20.55.3 / 11947
20.55.4 / 11948
20.55.5 / 11949
20.55.6 / 11950
20.55.7 / 11951
20.55.8 / 11952
20.56.1 / 11953
20.56.2 / 11954
20.56.3 / 11955
20.56.4 / 11956
20.56.5 / 11957
20.56.6 / 11958
20.56.7 / 11959
20.56.8 / 11960
20.57.1 / 11961
20.57.2 / 12004
20.57.3 / 12005
20.57.4 / 12032
20.57.5 / 11931
20.57.6 / 11923
20.57.7 / 11924
20.58.1 / 11920
20.58.2 / 11915
20.58.3 / 11916
20.58.4 / 11917
20.59.1 / 11905
20.59.2 / 11906
20.59.3 / 11907
20.59.4 / 11908
20.60.1 / 11911
20.60.2 / 11902
20.60.3 / 10466

三代補

1 / 04767
15 / 04787
17 / 01164
23 / 01152
39 / 01449
44 / 00766
49 / 00814
63 / 04729
66 / 04986
69 / 05155
70 / 05172
72 / 01089
80 / 05156
83 / 04896
85 / 00845
89 / 01084
92 / 05064
99.1 / 02840
108 / 01315
109 / 05080
111 / 05176
128 / 01398
138 / 05203
141 / 01429
144 / 05292
154 / 05061
159 / 05090
161(又 823) / 07049
184 / 04790
188 / 05102
191 / 05318
204 / 01285
205 / 00831
206(又 683) / 05526
217 / 04791
219 / 04738
235 / 00780
240 / 05204
242 / 05236.1
243 / 01286
251 / 04766
252 / 00504
270 / 04708
271 / 01136
272 / 04898
273 / 05219
274 / 04746
275 / 04745
280 / 05003
281 / 05002
286 / 04836
295 / 00890
296 / 05185
304 / 05422
306 / 05150.1
309 / 05153
316 / 05402
319 / 05259
325 / 05359
329 / 05326
330 / 05327
331 / 05260
333 / 05263
334 / 05305
341 / 05299
349 / 05141
369 / 05032
371 / 05030
377 / 05337
380 / 05426

386 / 05103
387 / 05024
389a / 05409
400 / 00753
411 / 00607
414 / 00553
415 / 02544
416 / 00531
442 / 00648
445 / 05228
450 / 02434
474 / 05127
475 / 04872
476 / 04990
482 / 01066
501 / 01172
505 / 02433
511 / 01312
515 / 05309
516 / 01087
521 / 05269
528 / 05470
529 / 05543
530 / 05962
532 / 01244
533 / 01209
536 / 11812
537 / 06674
544 / 01458
556 / 01044
556 / 10696
559 / 07164
560 / 10697
561 / 04798
562 / 06966
563 / 06965
564 / 07007
565 / 07008
568 / 11419
570 / 02928
578 / 05017
579 / 03119
582 / 06925

585 / 06679
586 / 05511
588 / 06807
589 / 06808
591 / 05796
593 / 00498
594 / 00497
596 / 05154
599 / 03397
601 / 05152
604 / 07311
606 / 05766
607 / 05832
608 / 05879
609 / 05896
610 / 06063
611 / 06770
614 / 05323
615 / 05345
616 / 04940
630 / 04717
632 / 05063
634 / 05256
635 / 05368
639 / 03624
642 / 06028
643 / 06438.1
644 / 05446
645 / 05748
646 / 07117
647 / 05843
648 / 05993
649 / 05833
650 / 07249
651 / 06647
653 / 06830
654 / 07004
655 / 06635
656 / 06690
657 / 01455
661 / 01157
663 / 00789
676b / 04523

681 / 05548
682 / 05547
684 / 05530
685 / 06677
691 / 06494
693 / 05507
695 / 05306
700 / 11756
710 / 05200
714 / 11050
719 / 01519
721 / 06592
722 / 05771
724(摹本) / 03482
725 / 03116
727 / 01447
728 / 06180
731 / 06716
733 / 01672
734 / 01948
736 / 02958
738 / 05679
739 / 06771
740 / 06971
743 / 05010
745 / 05139
751 / 01366
752 / 01222
753 / 01309
754 / 02336
756 / 03580
757 / 05363
758 / 06182
759 / 06030
762 / 04873
769 / 02951
771 / 05126
772 / 05196
774、789 / 05160
775 / 05881
777 / 04813
780 / 04843
781 / 06098

783 / 01319
786 / 01177
790 / 06650
791 / 05561
792 / 05520
793 / 05549
794 / 05023
795 / 00855
799 / 05018
808 / 02768
810 / 02548
821 / 07044
822 / 03151
827 / 02955
828 / 01167
830 / 04839.1
832 / 05571
835 / 11741
836 / 11753
838 / 10698
839 / 11776
840 / 06005
842 / 11133
843 / 11535
844 / 11511
845 / 11605
846 / 11623
847 / 11624
849 / 02708
856 / 00683
858 / 05986
859 / 11621
860 / 01107
862 / 05101
863 / 05215
867 / 06715
868 / 06598
869 / 06238
870 / 02405
871 / 02661
873 / 00826
876 / 05769
877 / 05245

878 / 05122
880 / 06295
885 / 02550
886 / 02423
892 / 11620
894 / 02565
898 / 02642
901 / 06014
902 / 05410
903 / 02735
903 / 02736
907 / 02700
911 / 02704
913 / 02616
914 / 02767
918 / 00883
919 / 02830
925 / 02832
926 / 02831
929 / 02821
931 / 02417
932 / 02533
934 / 02561
938 / 00680
941 / 02789
942 / 02824
959 / 05997
962 / 07225
964 / 05996
967 / 00516
986 / 00650
987 / 05428
993 / 02619
995 / 00750
998 / 02589
999 / 02664

山東存

上魯 1.1 / 04029
上魯 1.2 / 09096
上魯 2.1 / 09579
上魯 2.2 / 00545
上魯 2.3 / 00593
上魯 3 / 03987
上魯 4 / 00018
上魯 4 / 03988
上魯 4 / 10086
上魯 5 / 00690
上魯 5 / 03989
上魯 6.2~7.1 / 00691
上魯 7.2~8.1 / 00693
上魯 8.2~9.1 / 00692
上魯 9.2~10.1 / 00694
上魯 10 / 04566
上魯 11.1 / 04568
上魯 11.2 / 04567
上魯 12.1 / 10113
上魯 12.2
(与上魯 12.1 重)
上魯 13.1 / 10114
上魯 13.2 / 10244
上魯 14.1 / 04415
上魯 14.2 / 10277
上魯 15.2~16.2 / 04690
上魯 17.1 / 04691.2
上魯 17.2 / 04689
上魯 18 / 02354
上魯 18.2 / 04520
上魯 18.3~4 / 04517
上魯 19 / 04110
上魯 19.1 / 04518
上魯 19.2 / 04519
上魯 20.2 / 10253
上魯 20.1 / 10126
上魯 21 / 02227
上魯 21.2~3 / 11089
上郳 1 / 02525
上郳 1.2~2.1 / 00669
上郳 2 / 02641

上郳 3 / 02640
上郳 3 / 10095
上郳 4.1 / 03962
上郳 4.3~2 / 03963
上郳 4.4~5.1 / 03960
上郳 5 / 00151
上郳 5.2 / 03961
上郳 6 / 00150
上郳 7 / 00149
上郳 7 / 00152
上郳 8 / 00245
上郳 9 / 00016
上郳 9 / 00102
上郳 10 / 00050
上郳 10 / 00140
上郳 11.2 / 00087
上郳 12.2 / 00086
上郳 14 / 00670
上郳 15 / 02426
上郳 15.2 / 11206
上郳 15.3 / 11016
上郳 16 / 00596
上郳 16.1 / 00717
上邿 1.1 / 02601
上邿 1.2 / 02602
上邿 2.1 / 00589
上邿 2.2 / 00590
上邿 3.1 / 00591
上邿 3.2 / 00718
上邿 4.1 / 03817
上邿 4.2 / 03818
上邿 4.3~5.1 / 04040
上邿 6.1 / 02422
上邿 6.2 / 03848
上滕 1.2 / 03828
上滕 1.3 / 03829
上滕 2.1 / 03830
上滕 2.2 / 03831
上滕 2.3~4 / 11077
上滕 3 / 11608
上滕 3.1~2 / 11123

上薛 1 / 10133
上薛 1 / 10263
上曾 1 / 04631
上曾 2 / 04632
上曾 3~4 / 09712
上曾 4 / 02737
上曾 5 / 04528
上曾 5.3 / 04529.1
上曾 5.4 / 10207
上曾 6 / 04588
上曾 7 / 02563
上曾 7.2 / 04488
上曾 7.3 / 04489
上曾 8.1 / 00742
上曾 11.3 / 10336
上杞 1.1 / 02494
上杞 1.2 / 02495
上杞 2.2,4.2 / 03898.1
上杞 3.1 / 03897
上杞 3.2~4.1 / 03899
上杞 4.2 / 03898.2
上杞 5.1 / 03901
上杞 5.2 / 03900
上杞 6.1 / 09687
上杞 6.2 / 09688
上部 13.2 / 04623
中齊 1.2 / 04638
中齊 1.3~4 / 04639
中齊 2.2 / 04645
中齊 3 / 10159
中齊 3 / 10283
中齊 4 / 10272
中齊 5.1 / 03893
中齊 5~6 / 10151
中齊 6 / 10361
中齊 8 / 00271
中齊 10 / 00142
中齊 16 / 04190
中齊 17 / 04096
中齊 17 / 04630
中齊 18.1 / 04646

中齊 18.2 / 04647
中齊 19 / 04145
中齊 20.1 / 11260
中齊 20.2 / 11081
中齊 20.3 / 10374
中齊 21 / 10371
中齊 22.2 / 11259
中齊 22.3~5 / 09703
中齊 23.1 / 04596
中齊 23.2 / 04595
中齊 24.1 / 09659
中齊 25.1 / 11033
中齊 25.2 / 11087
中齊 25.3 / 11036
中齊 25.4 / 10964
中齊 26.1 / 10975
中齊 22.1 / 10368
中莒 1 / 04037
中莒 2 / 04152
中莒 2 / 02732
中莒 2 / 04036
中莒 3.2 / 11073
中紀 1 / 00014
中紀 1 / 03977
中紀 1.1~2
/ 03772
中紀 3 / 00089
中紀 4 / 00088
中紀 4 / 00092
中紀 5 / 00090
中紀 5 / 00091
中紀 6 / 10261
中紀 7.2 / 09249
中鑄 1 / 00047
中鑄 1 / 04574
中鑄 2 / 02587
中鑄 3.1;3.3
/ 04570
中鑄 3.2 / 04571
中鑄 4.2 / 04423
中鑄 5 / 04127

中鑄 5.2 / 11125
下 5.2 / 02157
下 5.3 / 02158
下 5.4 / 02159
下 7.2 / 04140
下 10.2 / 00894
下 12.3 / 00948
下 13.1 / 11438
下 13.2 / 11439
下 13.3 / 11443
下 13.4 / 11441
下 13.5 / 11442
下 13.6 / 11440
附 1 / 10511
附 3.1 / 03469
附 3.3 / 05990
附 4 / 02245
附 4.7 / 05849
附 7 / 03790
附 7.3~4 / 09430
附 8.1 / 09103
附 8.2 / 07814
附 8.3 / 08782
附 9.1 / 10131
附 9.2 / 10163
附 10 / 10282
附 11 / 02728
附 11 / 04198
附 12.4 / 02721
附 14.2 / 05925
附 14.3 / 08189
附 15.1 / 06333
附 15.3 / 09013
附 15.4 / 09012
附 15.6~7 / 05569
附 16.1~2 / 09385
附 16.3~4 / 09184
附 17.6 / 02021
附 17.1 / 10042
附 17.2 / 05491
附 17.3 / 07599

附 17.4 / 01578	附 17.5 / 01579	附 17.7 / 01680		

小校

1.10.1 / 00022	1.43 / 00116	1.72 / 00228	2.4.4 / 01229	2.10.7 / 01141
1.100 / 00425	1.44 / 00118	1.73 / 00234	2.4.5 / 01052	2.11.1 / 01465
1.3.1 / 00004	1.45 / 00140	1.74 / 00230	2.4.6 / 01358	2.11.2 / 01756
1.3.3 / 00005	1.46 / 00122	1.75 / 00233	2.4.9 / 01145	2.11.5 / 01354
1.4.1 / 00091	1.47.1 / 00120	1.76 / 00232	2.5.1 / 01433	2.11.6 / 01703
1.4.2 / 00014	1.47.3~48.1	1.77.1 / 00237	2.5.2 / 01442	2.11.7 / 01759
1.5.1 / 00015	/ 00132	1.77.2 / 00236	2.5.3 / 01438	2.12.1 / 01399
1.5.3 / 00017	1.48.2 / 00151	1.78.1 / 00235	2.5.4 / 01408	2.12.3 / 01811
1.6.2 / 00016	1.49 / 00146	1.78.2(与 1.70 重)	2.5.5 / 01413	2.12.6 / 01512
1.8.1 / 00018	1.50.1 / 00147	1.79 / 00238	2.5.6 / 01410	2.12.7 / 01513
1.11.4 / 00041	1.50.2 / 00145	1.81 / 00239	2.5.7 / 01411	2.12.8 / 01520
1.13.2 / 00046	1.51~52 / 00155	1.85 / 00240	2.5.8 / 01409	2.13.1 / 01541
1.14.1 / 00043	1.53.1 / 00157	1.86 / 00241	2.6.1 / 01424	2.13.2 / 01543
1.15.2 / 00044	1.53.3~4 / 00158	1.88 / 00243	2.6.3 / 01422	2.13.3 / 01491
1.16.1 / 00045	1.54.1~2 / 00159	1.89.1 / 00244	2.6.6 / 01432	2.13.5 / 01532
1.17.2 / 00042	1.54.3~4 / 00161	1.90 / 00245	2.6.7 / 01426	2.13.7 / 01823
1.18.2 / 00051	1.55.1~2 / 00162	1.91~1.93 / 00261	2.6.8 / 01742	2.14.2 / 01550
1.19.1 / 00049	1.55.3~4 / 00163	1.96~1.97 / 00271	2.7.1 / 01251	2.14.3 / 01553
1.19.2 / 00035	1.55.5~6 / 00165	1.98.1 / 00422	2.7.2 / 01253	2.14.4 / 01557
1.21 / 00064	1.55.7~8 / 00166	1.98.3 / 00421	2.7.4 / 01259	2.14.5 / 01555
1.22 / 00059	1.56.1~2 / 00167	1.99 / 00424	2.7.5 / 01262	2.15.1 / 01524
1.23.2 / 00092	1.56.3~4 / 00168	2.1.1 / 01189	2.7.6 / 01261	2.15.2 / 01526
1.25 / 00069	1.56.5~6 / 00169	2.1.1 / 01191	2.7.7 / 01263	2.15.4 / 01566
1.26 / 00068	1.56.7~8 / 00170	2.1.4 / 01386	2.8.1 / 01270	2.15.5 / 01569
1.27.1 / 00065	1.57~58 / 00183	2.1.5 / 01179	2.8.2 / 01267	2.15.6 / 01578
1.27.2 / 00070	1.59 / 00185	2.1.6 / 01155	2.8.3 / 01272	2.15.7 / 01575
1.28.1 / 00088	1.60.1~2 / 00186	2.1.7 / 01154	2.8.4 / 01273	2.15.8 / 01574
1.28.2 / 00089	1.61.2 / 00209	2.2.2 / 01120	2.8.5 / 01278	2.16.1 / 01583
1.29 / 00082	1.61.2~62.1 / 00206	2.2.3 / 01070	2.8.7 / 01095	2.16.2 / 01857
1.30 / 00102	1.62.2 / 00204	2.2.4 / 01104	2.9.1~2 / 09184	2.16.5 / 01839
1.31 / 00197	1.63.1 / 00208	2.2.6 / 01196	2.9.3 / 01281	2.16.6 / 01840
1.32 / 00201	1.63.2(1.64.1)	2.2.7 / 01204	2.9.4 / 01387	2.16.7 / 01842
1.33.1 / 00202	/ 00205	2.3.2 / 01002	2.9.6 / 01502	2.16.8 / 01609
1.35 / 00111	1.64.2 / 00207	2.3.3 / 01089	2.9.8 / 01494	2.17.1 / 01611
1.39.1 / 00109	1.65 / 00203	2.3.4/ 01003	2.10.1 / 01492	2.17.3 / 01606
1.39.2 (与 1.35 重)	1.67 / 00231	2.3.5 / 01006	2.10.2 / 01493	2.17.4 / 01605
1.40.1 / 00110	1.68 / 00226	2.3.7 / 01084	2.10.3 / 01457	2.17.5 / 01618
1.40.2 / 00114	1.69 / 00229	2.4.1 / 01086	2.10.4 / 01342	2.17.6 / 01612
1.41 / 00115	1.70/ 00225	2.4.10 / 01146	2.10.5 / 01480	2.17.7 / 01620
1.42 / 00117	1.71 / 00227	2.4.3 / 00995	2.10.6 / 01453	2.17.8 / 01872

2.18.1 / 01629
2.18.2 / 01627
2.18.3 / 01630
2.18.4 / 01623
2.18.5 / 01624
2.18.6 / 01626
2.18.7 / 01880
2.18.8 / 01646
2.19.1 / 01650
2.19.2 / 01632
2.19.3 / 01661
2.19.4 / 01635
2.19.5 / 01889
2.19.6 / 01644
2.19.7 / 01641
2.20.2 / 01654
2.20.3 / 01633
2.20.3~4 / 04953
2.20.5 / 01884
2.20.6 / 01680
2.21.1 / 01681
2.21.2 / 01678
2.21.3 / 01677
2.21.5 / 01287
2.21.6 / 01734
2.21.7 / 01735
2.22.1 / 01769
2.22.2 / 01751
2.22.3 / 01768
2.22.4(与 7.60.1 重)
2.22.5 / 01714
2.22.8 / 01728
2.23.1 / 01782
2.23.2 / 01783
2.23.3 / 01775
2.23.4 / 01774
2.23.5 / 01790
2.23.6 / 00491
2.23.8 / 01717
2.24.1 / 01804
2.24.2 / 01803
2.24.3 / 01805
2.24.4 / 01806

2.25.1 / 01740
2.25.2 / 01814
2.25.4 / 01829
2.26.1 / 02117
2.26.2 / 01851
2.26.3 / 01848
2.26.4 / 01878
2.26.5 / 01877
2.26.6 / 01876
2.26.7 / 01868
2.26.8 / 01882
2.27.1 / 01888
2.27.2 / 01886
2.27.3 / 01894
2.27.4 / 01893
2.27.5 / 01376
2.27.6 / 01373
2.27.7 / 01937
2.27.8 / 01936
2.28.1 / 01977
2.28.2 / 01950
2.28.3 / 01966
2.28.4 / 01968
2.28.5 / 01962
2.28.6 / 01951
2.28.7 / 01964
2.28.8 / 01960
2.29.1 / 01948
2.29.2 / 01975
2.29.3 / 01956
2.29.4 / 01987
2.29.5 / 01973
2.29.6 / 01919
2.29.7 / 01914
2.29.8 / 01927
2.30.1 / 01965
2.30.2 / 01930
2.30.3 / 01974
2.30.4 / 01988
2.30.5 / 01910
2.30.6 / 01907
2.30.7 / 01810
2.30.8 / 01998

2.31.1 / 02034
2.31.2 / 01993
2.31.3~4 / 02237
2.31.4 / 02007
2.32.2 / 01853
2.32.3 / 02013
2.32.4 / 01875
2.32.5(与 4.35.3 重)
2.32.6 / 01897
2.32.7 / 01898
2.33.1 / 02021
2.33.2 / 02019
2.33.4 / 02029
2.33.5 / 02099
2.33.7 / 02063
2.34.1 / 02027
2.34.3 / 02040
2.34.4 / 02065
2.34.5 / 02048
2.34.6 / 02028
2.34.8 / 02069
2.35.1 / 02068
2.35.2 / 02046
2.35.3~4 / 02067
2.35.5 / 02049
2.35.5 / 02066
2.35.7 / 02070
2.35.8 / 02071
2.36.1 / 02032
2.36.2 / 02078
2.36.3 / 05817
2.36.4 / 02060
2.36.5 / 02058
2.36.6 / 02051
2.36.7 / 02232
2.36.8 / 01808
2.37.1~2 / 02451
2.37.2~4 / 02095
2.37.4 / 02296
2.37.5 / 02096
2.38.2 / 02103
2.38.2 / 04634
2.38.3 / 01813

2.38.4(与 7.28.4 重)
2.39.1 / 02115
2.39.2 / 02128
2.40.1 / 02188
2.40.2 / 02198
2.40.4 / 02209
2.40.5 / 02211
2.41.1 / 02169
2.41.2 / 02212
2.41.3 / 02227
2.41.4 / 02150
2.41.5 / 02172
2.41.6 / 02167
2.41.7 / 02168
2.42.2 / 02170
2.42.3 / 02142
2.42.4 / 02181
2.42.6 / 02158
2.42.7 / 02140
2.42.8 / 02155
2.43.1 / 02137
2.43.2 / 06476
2.43.3 / 02144
2.43.4 / 02153
2.44.3 / 02184
2.44.4 / 02101
2.45.1 / 02244
2.45.2 / 02252
2.45.3 / 02269
2.45.4 / 02246
2.45.5 / 02273
2.45.6 / 02288
2.46.1 / 02305
2.46.3 / 02280
2.46.5 / 02267
2.46.6 / 02266
2.46.7 / 02272
2.47.1 / 02287
2.47.2 / 02302
2.47.3 / 02300
2.47.4 / 02299
2.48.1 / 02297
2.48.2 / 02298

2.48.3 / 02363
2.49.1 / 02312
2.49.2 / 02315
2.49.2 / 03648
2.49.4 / 02318
2.49.5 / 09817
2.49.6 / 02324
2.49.7 / 02400
2.49.8 / 02402
2.50.2 / 02331
2.50.3 / 02330
2.50.4 / 02334
2.50.5 / 02354
2.50.6 / 02341
2.50.7 / 02346
2.50.8 / 02337
2.51.1 / 02340
2.51.2 / 02368
2.51.3 / 02311
2.51.5 / 02382
2.51.6 / 02384
2.51.7 / 02378
2.52.1 / 02393
2.52.2 / 02395
2.53.1 / 02410
2.53.2 / 02406
2.53.3 / 02328
2.53.4 / 02419
2.53.5 / 02385
2.53.6 / 02350
2.54.1 / 02412
2.54.3 / 02415
2.54.4 / 02404
2.55.1 / 02425
2.55.2 / 02441
2.55.3 / 02444
2.55.4 / 02443
2.55.5 / 02460
2.56.1 / 02416
2.56.1 / 02465
2.56.3 / 02442
2.56.4 / 02422
2.56.5 / 02426

2.56.6 / 02421
2.57.1 / 02468
2.57.2 / 02475
2.57.3 / 02461
2.57.4 / 02389
2.57.6~7 / 02530
2.58.1 / 02456
2.58.2 / 02478
2.59 / 02623
2.60.1~3 / 02479
2.61.1~3 / 02480
2.63.1 / 02303
2.63.2 / 02509
2.63.3 / 02510
2.63.4 / 02493
2.63.5 / 02469
2.64.1 / 02454
2.64.2 / 02455
2.64.3 / 02502
2.64.4 / 02506
2.64.5 / 02464
2.65.2 / 02511
2.65.3 / 02528
2.65.4 / 02503
2.66.1 / 02466
2.66.2 / 02575
2.66.3 / 02508
2.66.4 / 02531
2.67.1 / 02551
2.67.2 / 02572
2.67.3 / 02574
2.68.1 / 02555
2.68.2 / 02523
2.68.3 / 02522
2.68.4~69.1 / 02494
2.69.2 / 02495
2.69.3~4 / 02546
2.70.1 / 02554
2.70.3 / 02553
2.70.4 / 02526
2.71.1 / 02517
2.71.3 / 02542

2.72.3 / 02541
2.72.4 / 02544
2.72.5 / 02543
2.73.1 / 02587
2.73.3 / 02534
2.73.5 / 02579
2.74.2 / 02563
2.74.3 / 02552
2.74.4 / 02535
2.75.1 / 02605
2.75.2 / 02590
2.75.3 / 02606
2.76 / 02285
2.77.2 / 02595
2.77.3 / 02613
2.78.3 / 02591
2.79.1~2 / 02609
2.80.1 / 02585
2.80.2 / 02557
2.80.3 / 02559
2.81.2 / 02625
2.81.4 / 02588
2.82.1 / 02614
2.83.1 / 02598
2.83.2 / 02643
2.84 / 02602
2.85 / 02648
2.85.1 / 02600
2.86.2 / 02712
2.87.1 / 02650
2.87.2 / 02635
2.88.1 / 02636
2.89.1 / 02631
2.89.2 / 02630
2.89.3 / 02655
2.89.4 / 02629
2.90.1 / 02633
2.90.2 / 02632
2.90.3~91 / 02794
2.92.1 / 02662
2.92.2 / 02660
2.93.2 / 02668
2.93.3 / 02649

2.93.1 / 02670
2.94.1 / 02674
2.94.2 / 02678
2.95.1 / 02686
2.95.2 / 02688
2.95.3 / 02684
2.96.1 / 04086
2.96.2 / 02683
2.96.3 / 02685
2.96.4(与2.95.1重)
2.97.1 / 02695
2.97.2 / 02696
2.97.3 / 02680
2.98.1 / 02527
2.98.3 / 02675
3.1.2 / 02691
3.1.3 / 02692
3.2.1 / 02681
3.2.3 / 02694
3.2.4 / 02709
3.3.2 / 02705
3.3.4 / 00745
3.4 / 02749
3.5.1 / 02724
3.5.2 / 02722
3.5.3 / 02717
3.6.2 / 02721
3.7.2(1) / 02719
3.7.3 / 02732
3.8.1 / 02730
3.8.2 / 02733
3.8.3 / 02727
3.9.1 / 02741
3.9.2 / 02740
3.10.1 / 02744
3.10.2 / 02743
3.11~12.1 / 02764
3.12.2 / 00948
3.13.1(2) / 02759
3.14.1 / 01537
3.14.1 / 02760
3.14.2 / 02755
3.15.1 / 02754

3.15.2 / 02771
3.16 / 02772
3.18.1 / 02778
3.18.2 / 02776
3.19.1 / 02780
3.19.2 / 02781
3.20.1 / 02783
3.20.2 / 02784
3.21.1 / 02788
3.21.2 / 02787
3.22.1 / 02803
3.23.1 / 02804
3.23.2 / 02810
3.24.1 / 02809
3.24.2 / 02807
3.25.1 / 04649
3.25.2 / 04266
3.26.2 / 02813
3.27.1 / 02814
3.27.2 / 02812
3.28 / 02818
3.29 / 02816
3.30.2 / 02820
3.31 / 02829
3.32~33 / 02836
3.35 / 02797
3.36.1 / 02799
3.37.2(38.1) / 02796
3.38.2 / 02798
3.39.1~2 / 02800
3.40.1 / 02802
3.40.2 / 02801
3.41 / 02837
3.43 / 02839
3.45 / 02838
3.47 / 02841
3.52.2 / 00441
3.52.3 / 00458
3.52.4 / 00444
3.52.5 / 01482
3.52.6 / 00463
3.53.1 / 00469

3.53.2 / 00472
3.53.3 / 00461
3.53.4 / 00480
3.53.6 / 00479
3.53.7 / 00481
3.53.8 / 00486
3.54.1 / 00500
3.54.4 / 00512
3.54.5 / 00506
3.54.7 / 00528
3.55.1 / 00510
3.55.2 / 00529
3.55.3 / 00530
3.55.4 / 00524
3.55.5 / 00536
3.55.6 / 00522
3.56.1 / 00523
3.56.3 / 00534
3.57.1 / 00545
3.57.2 / 00544
3.57.3 / 00551
3.57.4 / 00556
3.58.1 / 00554
3.58.2 / 00553
3.58.3(58.4,59.2) / 00550
3.59.1 / 00555
3.59.4 / 00538
3.60.1 / 00576
3.60.2 / 00566
3.60.3 / 00586
3.60.4 / 00580
3.60.5 / 00597
3.61.1 / 00596
3.61.2 / 00601
3.61.3 / 00605
3.62.1 / 00594
3.62.2 / 00613
3.62.3 / 00607
3.63.1 / 00606
3.63.2 / 00608
3.63.3 / 00611
3.64.2 / 00626

4.35.8 / 05170
4.36.1~2 / 05143
4.36.3~4 / 05187
4.36.5 / 05189
4.36.6~7 / 05198
4.36.8 / 05178
4.36.9 / 05184
4.37.1~2 / 05252
4.37.3 / 05192
4.37.4 / 05193
4.37.7~8 / 05214
4.38.1 / 05217.2
4.38.2 / 05837
4.38.3~4 / 05216
4.38.5~6 / 05292
4.39.1 / 05296.2
4.39.2 / 05257
4.39.3~4 / 05223
4.40.1~2 / 05221
4.40.3~4 / 05242
4.40.5~6 / 06477
4.41.1~2 / 06478
4.41.3~4 / 05251
4.41.5 / 05229
4.41.6(与 9.50.3 重)
4.42.1 / 05234
4.42.2 / 03544
4.42.3~4 / 05236
4.42.5~6 / 05237
4.42.7~8 / 05239
4.43.1~2 / 05258
4.43.3(4) / 05259.1
4.43.5 / 05247
4.44.1~2 / 05250
4.44.5~6 / 05265
4.45.1~2 / 05260
4.45.4~5(3) / 05263
4.45.6~7 / 05305
4.46.1 / 05272
4.46.2 / 05309
4.47.1~2 / 05278
4.47.3 / 05277.1
4.47.4~5 / 05280

4.48.1 / 05279
4.48.2 / 05283.2
4.48.3~4 / 05291
4.48.5 / 02257
4.48.6 / 05298
4.49.1 / 05307
4.49.2~3 / 05308
4.49.4 / 05310
4.50.2 / 05317
4.50.3~4 / 05327
4.51.1~2 / 05326
4.51.3~5 / 05338
4.52.1~2 / 05316
4.52.3~4 / 05344
4.52.5~6 / 05332
4.52.7~8 / 05318
4.53.2 / 05334
4.53.2 / 03657
4.53.3~4 / 05335
4.53.5~6 / 05341
4.54.1 / 05417.1
4.54.1~2 / 05354
4.54.3~4 / 05370
4.54.5 / 05351
4.54.6~7 / 05349
4.54.8~9 / 05350
4.55.1~2 / 05366
4.55.3 / 05369
4.55.4 / 06507.1
4.55.5 / 05365
4.56.1 / 05381
4.56.2~3 / 05379
4.57.1~2 / 05380
4.57.3~4 / 05388
4.57.5 / 05386
4.57.6 / 05385
4.58.1 / 05392.1
4.58.3~4 / 05399
4.59.1~2 / 05396
4.60.1~2 / 05398
4.60.3~4 / 05400
4.61.1~2 / 05405
4.61.3~4 / 05407

4.62.1 / 05408
4.63.1,3 / 05409
4.64.2 / 05423
4.64.3~4 / 05424
4.65.1~2 / 05420
4.65.3~4 / 05421
4.66.1~2 / 05426
4.66.5 / 08991
4.67.1 / 05427
4.68.1~2 / 05433
4.69.1 / 09742
4.69.2(与 2.1.5 重)
4.69.5 / 09959
4.69.6~7 / 10579
4.70.1 / 10002
4.70.2 / 09617
4.70.3 / 09824
4.71.1 / 09481
4.71.4~5 / 06040
4.71.6 / 09310
4.71.9 / 09478
4.72.1 / 09522
4.72.5 / 09520
4.72.6 / 09521
4.72.7 / 09525
4.72.8 / 09800
4.73.1~2 / 09533
4.73.3~4 / 09535
4.73.5~7 / 09794
4.74.1~2 / 09534
4.74.3 / 09545
4.74.4 / 09536
4.74.5 / 09537
4.74.6 / 09542
4.74.7 / 06456.1
4.74.8 / 09552
4.75.1~2 / 09556
4.75.4 / 09558
4.75.5 / 09559
4.76.1~2 / 09526
4.76.4 / 09572
4.76.5 / 09578
4.76.6 / 09579

4.76.7(与 9.51.2 重)
4.76.8 / 09566
4.77.1~2 / 09585
4.77.2 / 09588
4.78.1 / 09596
4.78.1 / 09820
4.78.3 / 09246
4.78.4 / 09614.1
4.78.5 / 09609
4.79.1 / 09615
4.79.2 / 09613
4.79.3 / 09623
4.79.4 / 09640
4.80.1 / 09627
4.80.2 / 09630
4.81.1~2 / 09645
4.82.1 / 06511
4.82.2 / 09622
4.83.1 / 09631
4.83.2 / 09641
4.83.3 / 09662
4.84.1~3 / 09660
4.84.2 / 09591
4.85.1 / 09655
4.85.2(3) / 09653
4.85.4 / 09652
4.86.1 / 09661
4.86.2 / 09670
4.86.3 / 09667
4.86.4 / 09668
4.87.1 / 09688
4.87.2 / 09687
4.88.1 / 09676
4.88.2 / 09690
4.88.3 / 09691
4.89.1,90.2 / 09695
4.89.2~90.1 / 09694
4.91.1~2 / 09698
4.91.3~4 / 09699
4.92.1 / 09705
4.92.2 / 09710
4.92.3 / 09711
4.93.1 / 09714

4.93.2 / 09713
4.94.2 / 09728
4.97 / 09732
4.98~99 / 09731
4.100.1~2 / 09729
4.101.1~2 / 09730
5.1.1 / 05496
5.1.2 / 05452
5.1.3 / 09614.2
5.1.4 / 05494
5.1.5 / 09752
5.1.6 / 05475
5.1.7 / 05468
5.1.8 / 05465
5.2.1~2 / 04794
5.2.3 / 06609
5.2.4 / 05457
5.2.4 / 06608
5.2.5 / 06614
5.2.5 / 07662
5.2.6 / 05460
5.2.6 / 07661
5.2.7 / 05479
5.2.8 / 06085
5.3.1 / 05696
5.3.1 / 09790
5.3.3~4 / 05569
5.3.5 / 05567
5.3.6 / 09763
5.3.7 / 05559
5.3.8 / 06970
5.4.1~2 / 09845
5.4.3 / 05510
5.4.4 / 05517
5.4.5 / 05519
5.4.6 / 05527
5.4.8 / 06813
5.5.1 / 05531
5.5.2 / 05552
5.5.3(与 4.9.7 重)
5.5.4 / 05586
5.5.5~6 / 09865
5.5.7 / 05588

5.5.8 / 05592
5.6.2 / 05593
5.6.3~4 / 05565
5.6.5 / 06957
5.7.1 / 05566
5.7.2(与 9.44.4 重)
5.7.3 / 05597
5.7.4 / 05600
5.7.5 / 05601
5.7.7(与 4.17.1~2 重)
5.8.1 / 06217
5.8.2 / 05617
5.8.3 / 05621
5.8.3 / 07668
5.8.4~5 / 05053
5.8.5 / 07671
5.8.6 / 05639
5.8.7 / 05627
5.9.1 / 05635
5.9.2 / 06255
5.9.4 / 05647
5.9.5~6 / 05645
5.9.7 / 05644
5.10.1 / 05743
5.10.2 / 05658
5.10.3 / 05655
5.10.4 / 05745
5.10.5 / 05664
5.11.1 / 05663
5.11.2 / 05806
5.11.3 / 05673
5.11.4 / 09506
5.11.5 / 05677
5.11.6 / 05751
5.11.7(与 4.24.3 重)
5.11.8 / 05688
5.12.1 / 05693
5.12.1 / 07134
5.12.4 / 05706
5.12.5 / 05705
5.12.6 / 05704
5.12.7 / 05702
5.12.8 / 05700

5.12.8 / 05764
5.13.2 / 09793
5.13.3 / 05716
5.13.5 / 05719
5.13.6 / 06386
5.13.7 / 05723
5.13.8 / 05732
5.14.1 / 05734
5.14.1~2 / 09284
5.14.2 / 05733
5.14.4 / 05744
5.15.1 / 05756
5.15.2 / 05757
5.15.3 / 05755
5.15.4 / 05759
5.15.5~6 / 09873
5.15.7 / 05773
5.15.8 / 05775
5.16.1 / 05777
5.16.2 / 05776
5.16.3 / 05774
5.16.4 / 10542
5.16.5 / 05781
5.17.1(与 2.30.8 重)
5.17.3 / 05797
5.17.4 / 05798
5.17.5 / 05799
5.17.6(与 4.35.5 重)
5.17.7 / 05802
5.17.8 / 06448
5.18.1 / 05836
5.18.2 / 06452
5.18.4 / 05819
5.18.6 / 10548
5.18.7 / 09809
5.19.1 / 05811
5.19.2 / 05810
5.19.4 / 05821
5.19.6 / 05840
5.19.6 / 06433
5.19.7 / 06429
5.20.2 / 03502
5.21 / 03517

5.21.1 / 05826
5.21.2 / 05828
5.21.4 / 05834
5.21.5 / 03518
5.21.6 / 06473
5.21.7 / 06475
5.21.8 / 03689.1
5.22.1 / 05864
5.22.2 / 05841
5.22.3 / 05863
5.22.4 / 05860
5.22.5 / 05861
5.22.8 / 09568
(05846 误收)
5.23.1~2 / 09567
5.23.3 / 05867
5.23.4 / 05871
5.23.5 / 05872
5.23.6 / 05876
5.24.1 / 05898
5.24.2 / 05880
5.24.3/05283.1
5.24.5 / 05887
5.25.2 / 05897
5.25.3 / 05918
5.25.4 / 05899
5.25.5 / 05901
5.25.6 / 09577
5.25.7~8 / 09885
5.26.4 / 05904
5.26.5/03689.2
5.26.7 / 05915
5.27.1 / 05917
5.27.2 / 09296
5.27.3 / 05944
5.28.1 / 05923
5.28.2 / 05922
5.28.3 / 05925
5.28.4 / 05953
5.28.5 / 05927
5.28.6 / 05942
5.28.7(8) / 05928
5.29.1 / 05934

5.29.2 / 05938
5.29.3 / 05937
5.29.5~6 / 09887
5.30.1~2 / 05360
5.31.1 / 05955
5.31.2 / 02459
5.31.3 / 09821
5.33.1(与 9.52.4 重)
5.33.2 / 05969
5.33.3 / 05965
5.34.1 / 05979
5.34.4 / 09890
5.35.1 / 04029
5.35.2 / 05985
5.35.3 / 05984
5.35.4 / 05988
5.36 / 04644
5.37 / 05990
5.38.1~2 / 05402
5.38.3 / 05419
5.38.3 / 05992
5.39.1 / 06008
5.39.2 / 04206
5.39.3 / 09897
5.41 / 06516
5.42 / 06016
5.43 / 09088
5.44.1~2 / 09092
5.45.1 / 06767
5.45.2 / 06765
5.45.3 / 07053
5.45.4 / 06720
5.45.5 / 06788
5.45.6 / 06944
5.45.8 / 06803
5.46.2 / 06636
5.46.4 / 06709
5.46.5 / 06698
5.47.1 / 06568
5.47.3 / 06787
5.47.5 / 06532
5.47.6 / 06587
5.47.7 / 07028

5.47.8 / 06622
5.48.1~2 / 06612
5.48.3 / 06611
5.48.4 / 06722
5.48.6 / 06571
5.48.7 / 06651
5.48.8 / 06640
5.49.1 / 06641
5.49.2 / 06789
5.49.5 / 06591
5.50.1 / 06604
5.50.2 / 06921
5.50.6 / 06972
5.50.7 / 06959
5.50.8 / 06681
5.51.2 / 06806
5.51.4 / 06814
5.51.4 / 06817
5.51.6 / 07131
5.51.7 / 06877
5.51.9 / 06828
5.52.1 / 07193
5.52.2 / 06844
5.52.3 / 06835
5.52.4 / 07014
5.52.5 / 06933
5.52.6 / 07057
5.53.2 / 07180
5.53.3 / 07073
5.54.2 / 07083
5.54.5 / 07099
5.54.6 / 07091
5.55.1 / 07095
5.55.2 / 07103
5.56.3 / 07120
5.56.5 / 07284
5.56.5 / 07230
5.57.1 / 07109
5.57.2 / 06118
5.57.3 / 07121
5.58.1 / 07130
5.58.2 / 07127
5.58.3 / 06333

5.58.3 / 07129
5.58.5 / 07137
5.58.6 / 07148
5.58.7 / 07149
5.58.8 / 07145
5.59.1 / 07143
5.59.2 / 07144
5.59.3 / 07155
5.59.5 / 07159
5.59.6 / 07138
5.60.1 / 07200
5.60.3 / 07212
5.60.4 / 07079
5.60.5 / 07264
5.61.1 / 07234
5.62.1 / 07250
5.62.2 / 07251
5.62.3 / 07219
5.62.4 / 07253
5.62.5(与 7.62.1 重)
5.62.6 / 07259
5.62.7 / 07275
5.63.2(3) / 07276
5.63.4 / 07287
5.64.1 / 07214
5.64.2 / 07291
5.64.3 / 07295
5.64.4 / 07294
5.65.1 / 07300
5.65.2 / 07289
5.65.2 / 06533
5.65.3 / 07292
5.65.4 / 07296
5.65.6 / 07304
5.66.1(与 5.29.2 重)
5.66.3 / 07299
5.66.4 / 07305
5.67.2 / 06077
5.67.3 / 06078
5.67.4 / 06075
5.67.5 / 06061
5.67.6 / 06053
5.67.7 / 06056
5.67.8 / 06066
5.68.3 / 06167
5.68.4 / 06188
5.68.6 / 06083
5.68.7 / 06189
5.68.8 / 06021
5.69.2 / 06195
5.69.3 / 06031
5.69.4 / 06069
5.69.5 / 06037
5.69.7(与 5.2.8 重)
5.69.8 / 06086
5.70.1 / 06633
5.70.2 / 06038
5.70.4 / 06992
5.71.1 / 06024
5.71.3 / 06091
5.71.4 / 06094
5.71.5 / 06096
5.71.6 / 06232
5.71.7 / 06102
5.71.8 / 06113
5.72.1 / 06117
5.72.3 / 06120
5.72.4 / 06124
5.72.5 / 06199
5.72.6 / 06128
5.72.7 / 06125
5.73.1~2 / 06135
5.73.3 / 06134
5.73.4 / 06043
5.73.5 / 06150
5.73.6 / 06139
5.73.8 / 06154
5.74.2 / 06197
5.74.5 / 06170
5.74.6 / 06191
5.74.7 / 06192
5.75.1 / 06169
5.75.2 / 06168
5.75.3 / 06193
5.75.5 / 06155
5.75.6 / 06202
5.75.7 / 06204
5.75.8 / 06208
5.76.2 / 06209
5.76.3 / 06210
5.76.4 / 06214
5.76.5~6 / 06215
5.76.7 / 06237
5.76.8 / 06231
5.77.1 / 06221
5.77.2 / 06230
5.77.3 / 06222
5.77.4 / 06226
5.78.1~2 / 06247
5.78.3 / 06227
5.78.4 / 06375
5.78.5 / 06378
5.78.6 / 06245
5.79.4 / 06220
5.80.1 / 06250
5.80.2 / 06249
5.80.3 / 06258
5.80.4 / 07232
5.80.5(与 5.56.5 重)
5.80.6(与 5.9.2 重)
5.80.7 / 06269
5.80.8 / 06281
5.81.1 / 06275
5.81.4 / 06285
5.81.5~6 / 06282
5.81.7 / 06270
5.81.8 / 06290
5.82.1 / 06408
5.82.2 / 06284
5.82.3 / 06401
5.82.4 / 06292
5.82.5 / 06293
5.82.6 / 06307
5.82.7 / 06315
5.83.1 / 06299
5.83.2 / 06296
5.83.6 / 06297
5.84.1 / 06314
5.84.2 / 06320
5.84.3 / 06444
5.84.4 / 06411
5.84.5 / 06301
5.85.1 / 06300
5.85.2 / 06425
5.85.4 / 06337
5.85.5 / 06330
5.85.6 / 06332
5.85.7~8 / 06334
5.86.1 / 06336
5.87.1 / 06421
5.87.2 / 06326
5.87.4 / 06294
5.87.5~6 / 06345
5.87.7 / 06353
5.87.8 / 06362
5.88.1 / 06172
5.88.2~3 / 06351
5.88.4 / 06366
5.88.5 / 06365
5.89.1 / 06367
5.89.2 / 06370
89.3 / 06383
5.90.1 / 06374
5.90.2 / 06373
5.90.3 / 06440
5.90.4 / 06389
5.90.5 / 06394
5.90.6 / 06391
5.91.1 / 06399
5.91.3 / 06419
5.91.4 / 06417
5.91.5 / 06418
5.92.1 / 06352
5.92.3 / 06372
5.92.4 / 06441
5.92.6 / 06446
5.92.7 / 06447
5.92.8 / 06445
5.93.1 / 06443
5.93.3(与 5.17.8 重)
5.93.4 / 06472
5.93.5 / 06461
5.93.6 / 06436
5.93.8~9 / 06369
5.94.1 / 06467
5.94.2 / 06470
5.94.3 / 06482
5.94.4 / 06479
5.94.6 / 06481
5.94.7 / 07290
5.94.8 / 06495
5.95.1 / 06502
5.95.2 / 06488
5.95.3 / 06487
5.96.1 / 06491
5.96.2 / 06490
5.96.3 / 06496
5.97 / 06512
5.98.1 / 06506
5.98.2 / 06462
5.98.3 / 06513
6.1.1 / 07599
6.1.3 / 07684
6.1.4 / 07681
6.1.5 / 07603
6.1.6 / 07689
6.1.7 / 07691
6.1.8 / 07693
6.2.1 / 07692
6.2.3 / 07706
6.2.4 / 08282
6.3.1 / 07608
6.3.3 / 07534
6.3.4 / 07533
6.3.5 / 07704
6.3.6 / 07705
6.3.7 / 07536
6.3.8 / 07552
6.4.1 / 07555
6.4.2 / 07572
6.4.3 / 07345
6.4.5 / 07513
6.5.2 / 07524
6.5.3 / 07522
6.5.4 / 07528

6.5.5 / 07425	6.13.6 / 07847	6.22.1 / 07996	6.31.5 / 07588	6.39.6 / 08406
6.5.5 / 07543	6.13.7 / 07853	6.22.2 / 07997	6.31.6 / 08217	6.40.1 / 08405
6.5.6 / 07542	6.14.1 / 07856	6.22.3 / 08002	6.32.1 / 08213	6.40.2 / 08854
6.5.7 / 07537	6.14.2 / 07854	6.22.4 / 08009	6.32.2 / 08227	6.40.3 / 08404
6.6.1 / 07621	6.14.3 / 07859	6.22.5(6) / 08010	6.32.3 / 08224	6.40.4 / 08852
6.6.2 / 07626	6.14.4 / 07866	6.22.7 / 08004	6.32.3 / 08618	6.41.1 / 08395
6.6.3 / 07649	6.14.5 / 07868	6.23.1 / 08779	6.33.1 / 08228	6.41.2 / 08884
6.6.4 / 07734	6.14.6 / 08294	6.23.2 / 08245	6.33.2 / 08248	6.41.3 / 08437
6.6.6 / 07421	6.14.7 / 07876	6.24.1 / 08015	6.33.3 / 08263	6.41.4 / 08438
6.7.2 / 07314	6.14.8 / 07877	6.24.2 / 08017	6.33.4 / 08269	6.41.5 / 08488
6.7.3 / 07313	6.15.1 / 07897	6.24.3 / 08020	6.34.1 / 08048	6.41.6 / 08504
6.7.4 / 07321	6.15.3 / 07896	6.24.5 / 08030	6.34.2 / 07554	6.41.7 / 08483
6.7.5 / 07401	6.15.4 / 07885	6.24.6 / 08043	6.34.5 / 08137	6.41.8 / 08481
6.7.6 / 07367	6.15.6 / 07901	6.24.4 / 08041	6.34.6 / 08305	6.42.1 / 08487
6.7.7 / 07366	6.15.7 / 07905	6.25.1 / 08796	6.35.1 / 08781	6.42.2 / 08482
6.8.1 / 07396	6.16.1 / 07924	6.25.2 / 08045	6.35.5 / 08321	6.42.4 / 08491
6.8.2 / 07474	6.16.2 / 07907	6.25.3 / 08040	6.35.6 / 08840	6.42.5 / 08493
6.8.6 / 07673	6.16.3 / 07918	6.25.5 / 08057	6.35.3(4) / 08134	6.42.6 / 08494
6.8.7 / 07446	6.16.5 / 07904	6.25.6 / 08159	6.36.1 / 08324	6.42.7 / 08495
6.8.9 / 07700	6.16.8 / 07908	6.26.1 / 08062	6.36.2 / 08322	6.42.8 / 08471
6.9.2 / 08663	6.17.1 / 07910	6.26.2 / 08066	6.36.3 / 08323	6.42.9 / 08466
6.9.3 / 07644	6.17.2 / 07906	6.26.3 / 08075	6.36.4 / 08839	6.43.1 / 08477
6.9.5 / 07412	6.17.3 / 07917	6.27.1 / 08105	6.36.5 / 08336	6.43.2 / 08443
6.9.6 / 07559	6.17.5 / 07902	6.27.2 / 08147	6.36.6 / 08239	6.43.3 / 08902
6.9.7 / 07462	6.17.6 / 07930	6.28.1 / 08148	6.36.6 / 08339	6.43.4 / 08904
6.9.8 / 07724	6.17.7 / 07944	6.28.2 / 08112	6.36.7 / 08333	6.43.5 / 08476
6.9.9 / 07749	6.17.8 / 07945	6.28.3 / 08074	6.36.8 / 08844	6.43.6 / 08449
6.10.1 / 07414	6.18.1 / 07934	6.28.4 / 08115	6.37.1 / 08341	6.43.7 / 08448
6.10.2 / 07415	6.18.3 / 07939	6.29.1 / 08073	6.37.2 / 08345	6.43.8 / 08501
6.10.3 / 07356	6.18.4 / 07937	6.29.2 / 08086	6.37.3 / 08348	6.44.2 / 08502
6.10.4 / 07355	6.18.7(8) / 07955	6.29.4 / 08091	6.37.4 / 08356	6.44.3 / 08503
6.10.5 / 07353	6.19.1 / 07960	6.29.5 / 08110	6.37.5 / 08361	6.44.4 / 08499
6.10.7 / 07712	6.19.2 / 08654	6.29.6 / 08150	6.37.6 / 08358	6.44.5 / 08447
6.11.1 / 07697	6.20.1 / 07962	6.29.7 / 08149	6.37.7 / 08370	6.44.6 / 08507
6.11.2 / 07782	6.20.2 / 08332	6.29.8 / 08144	6.37.8 / 08439	6.44.7 / 08480
6.11.3 / 07457	6.20.4 / 07972	6.30.1 / 08145	6.38.1 / 08419	6.45.1 / 09005
6.11.4 / 07817	6.20.5 / 07971	6.30.2 / 08140	6.38.2 / 08415	6.45.3 / 08887
6.12.2 / 07824	6.21.1 / 07977	6.30.3 / 08151	6.38.4 / 08417	6.45.4 / 08522
6.13.1 / 07428	6.21.2(4) / 07978	6.30.4 / 08201	6.38.5 / 08411	6.45.5 / 08527
6.13.2(与6.80.2重)	6.21.3 / 07979	6.30.5 / 08189	6.38.6(与6.43.2重)	6.45.6 / 08525
6.13.3 / 07420	6.21.5 / 08161	6.31.2 / 07499	6.39.1 / 08389	6.45.8 / 08535
6.13.4 / 07848	6.21.6 / 08162	6.31.3 / 08191	6.39.2 / 08384	6.46.1 / 08521
6.13.5 / 07850	6.21.8 / 08298	6.31.4 / 08244	6.39.4 / 08416	6.46.2 / 08517

6.46.3 / 08582
6.46.4 / 08572
6.46.5 / 08573
6.46.6 / 08575
6.46.7 / 08578
6.46.8 / 08559
6.47.1 / 08555
6.47.2 / 08538
6.47.3 / 08563
6.47.4 / 08547
6.47.5 / 08576
6.47.6 / 08933
6.49.2(与 6.81.4 重)
6.49.3 / 08581
6.49.4 / 09378
6.49.5 / 08926
6.49.6 / 08540
6.49.7 / 08539
6.49.8 / 08591
6.50.1 / 08585
6.50.2 / 08586
6.50.4 / 07949
6.50.5 / 08590
6.50.6 / 08627
6.51.1 / 08626
6.51.2 / 08623
6.51.3 / 08646
6.51.4 / 08644
6.51.5 / 08647
6.51.7 / 08645
6.51.8 / 08653
6.52.1 / 08652
6.52.2 / 08650
6.52.4 / 08594
6.52.5 / 08596
6.52.6 / 08597
6.52.7 / 08604
6.52.8 / 08638
6.53.1 / 08636
6.53.2 / 08612
6.53.3 / 08611
6.53.4 / 08609
6.53.5 / 08621
6.53.6 / 08615
6.53.7 / 08633
6.53.8 / 08660
6.54.1 / 08614
6.54.2 / 08643
6.54.3 / 08630
6.54.4 / 08603
6.54.5 / 08658
6.54.6 / 08635
6.54.7 / 08942
6.55.1 / 08941
6.55.2 / 08665
6.55.3 / 08728
6.55.5 / 08685
6.55.6 / 08717
6.55.7 / 08727
6.55.8 / 08699
6.56.1 / 08686
6.56.2 / 08695
6.56.3 / 08694
6.56.3 / 08697
6.56.4 / 08698
6.56.6 / 08696
6.56.7 / 08668
6.56.8 / 08679
6.57.3 / 08715
6.57.4 / 08714
6.57.5 / 08713
6.57.6 / 08716
6.57.7 / 08724
6.57.8 / 08712
6.58.1 / 08955
6.58.2 / 08673
6.58.4 / 08739
6.58.5 / 08740
6.59.1 / 08741
6.59.2 / 08799
6.59.3 / 08825
6.59.4 / 08792
6.59.5 / 08160
6.59.6 / 08829
6.59.7 / 08822
6.60.3 / 08331
6.60.5 / 08835
6.60.6 / 08311
6.60.7 / 08811
6.61.1 / 08874
6.61.2 / 08861
6.61.3 / 08873
6.61.4(7) / 09001
6.61.5 / 08877
6.62.1 / 08878
6.62.2 / 08880
6.62.3 / 08881
6.62.5 / 08911
6.62.6 / 08908
6.63.2 / 08906
6.63.3 / 08451
6.63.4 / 09011
6.63.6 / 08919
6.63.6 / 08924
6.64.1 / 08925
6.64.2 / 08938
6.65.1 / 08965
6.65.2 / 08959
6.65.3 / 08690
6.65.4 / 08972
6.65.5 / 08973
6.65.7 / 08692
6.66.1 / 08990
6.66.2 / 08826
6.66.3 / 08827
6.66.4 / 08787
6.66.6 / 08987
6.66.7 / 08992
6.66.8 / 09000
6.67.1 / 08999
6.67.2 / 08998
6.67.3 / 08996
6.67.4 / 08995
6.67.5 / 08994
6.67.6 / 08997
6.67.7 / 08883
6.67.8 / 09013
6.68.1 / 09012
6.68.2 / 09034
6.68.3 / 09017
6.68.4 / 09018
6.68.5 / 08975
6.68.6 / 08974
6.68.7 / 09025
6.69.1 / 09040
6.69.2 / 09032
6.69.3 / 09031
6.69.4 / 09033
6.69.5 / 09035
6.69.6 / 09038
6.69.7 / 09030
6.69.8 / 09029
6.70.1 / 09043
6.70.2 / 09044
6.70.3 / 09045
6.70.4 / 09046
6.70.5 / 09047
6.71.1 / 09050
6.71.2 / 09053
6.71.4 / 09054
6.71.4 / 09058
6.72.2 / 08935
6.73.1 / 09076
6.73.2 / 09087
6.73.3 / 09086
6.73.4 / 09090
6.76.1 / 09089
6.76.2 / 09094
6.77.2 / 09104
6.77.4 / 09103
6.78.1(与 6.2.4 重)
6.78.2 / 08281
6.78.3 / 07797
6.78.4 / 07794
6.78.5 / 00987
6.78.7 / 07873
6.79.3~4 / 08308
6.79.5~6 / 08307
6.79.7 / 08337
6.79.8 / 08362
6.80.2 / 08518
6.80.3 / 08396
6.80.4 / 08380
6.80.5~6 / 08882
6.81.1 / 09228
6.81.2 / 08891
6.81.3 / 08893
6.81.4 / 08583
6.81.6(与 6.55.6 重)
6.81.7(与 5.12.5 重)
6.82.1 / 08848
6.82.2 / 07477
6.82.3 / 08857
6.82.4 / 09091
6.82.5 / 09096
6.83.1 / 09099
6.83.2~4 / 09102
6.83.5~6 / 09105
6.84.2 / 09111
6.84.3 / 09200
6.84.4 / 09185
6.84.6 / 09191
6.84.7 / 09201
6.85.1 / 09203
6.85.2 / 09208
6.85.3 / 09209
6.85.6 / 09008
6.85.8 / 09242
6.87.3 / 09247
6.87.3 / 09249
6.88(与 5.76.8 重)
7.1.1 / 02999
7.1.2 / 03014
7.1.3 / 02993
7.1.4 / 03033
7.1.5 / 01105
7.1.7 / 02979
7.1.8 / 02980
7.2.3 / 03020
7.3.1 / 02916
7.3.2 / 02956
7.3.3(与 5.65.2 重)
7.3.4 / 03120
7.3.5 / 02969
7.3.6 / 03036

7.4.1 / 02949
7.4.2 / 02934
7.4.3 / 02935
7.4.4 / 02964
7.4.5 / 02960
7.4.6 / 02972
7.4.7 / 02944
7.5.4 / 03034
7.6.1 / 03094
7.6.2 / 10497
7.6.3 / 03095
7.6.5 / 03096
7.7.1 / 02985
7.7.3 / 03053
7.7.4 / 03060
7.7.5~6 / 03059
7.7.7 / 10501
7.7.8 / 03087
7.8.1 / 03065
7.8.2 / 03070
7.8.3 / 03079
7.8.4 / 03025
7.8.5 / 10510
7.8.6 / 10511
7.8.7 / 03128
7.8.8 / 03133
7.9.1 / 03136
7.9.3 / 10517
7.9.4 / 03150
7.9.7 / 03166
7.9.8 / 03167
7.10.1 / 03154
7.10.2 / 03419
7.10.3 / 03145
7.10.4 / 10519
7.10.5 / 03181
7.10.6 / 03172
7.10.7 / 03177
7.10.8 / 03432
7.11.1 / 03178
7.11.2 / 03308
7.11.3 / 10535
7.11.4 / 10520
7.11.5 / 03169
7.11.6 / 03170
7.11.8 / 03188
7.12.2 / 03327
7.12.4 / 03200
7.12.5 / 03203
7.12.6 / 10523
7.12.8 / 10521
7.13.1 / 10525
7.13.3 / 05676
7.13.4~5 / 03211
7.14.2(与 5.11.8 重)
7.15.2 / 03289
7.15.7 / 03292
7.18.1 / 03264
7.18.2 / 03263
7.18.4 / 03255
7.18.5 / 03281
7.18.6 / 10530
7.18.7 / 10531
7.18.8 / 03247
7.18.9 / 03296
7.19.1 / 10533
7.19.2 / 03307
7.19.3 / 03318
7.19.4~5 / 05145
7.20.1 / 03328
7.20.3 / 03201
7.20.4 / 03341
7.20.5 / 03342
7.20.6 / 03223
7.20.7 / 03349
7.20.8 / 10537
7.21.1 / 03385
7.21.3 / 03373
7.21.4 / 03384
7.21.5 / 03383
7.22.1 / 03381
7.22.2 / 03414
7.22.3 / 03358
7.22.6 / 03351
7.22.7 / 03354
7.22.8 / 03229
7.23.1 / 03399
7.23.6 / 03458
7.23.7 / 03459
7.24 / 03021
7.24.1 / 03303
7.24.2(与 9.50.6 重)
7.24.3 / 03429
7.24.4 / 10559
7.24.6 / 05807
7.25.1 / 03460
7.26.1 / 03449
7.26.2 / 03469
7.26.3 / 10551
7.26.5 / 03451
7.26.8 / 03450
7.27.1 / 03463
7.27.2 / 03472
7.27.4 / 03437
7.27.6 / 10552
7.27.7 / 03464
7.28.1 / 03365
7.28.2 / 03455
7.28.3 / 03501
7.28.4 / 03421
7.28.5 / 03511
7.28.6 / 03510
7.28.7(与 5.21.5 重)
7.29.1 / 03561
7.29.3(与 5.22.8 重,
05846 误收)
7.29.4 / 03533
7.29.5 / 05230
7.29.6 / 10564
7.29.7 / 03546
7.29.8 / 03556
7.30.1 / 03568
7.31.1 / 03565
7.32.1 / 03572
7.32.3 / 05865
7.33 / 03600
7.34.1 / 05869
7.34.2 / 03603
7.34.4 / 03608
7.34.5 / 10569
7.35.1 / 03611
7.35.2(3)/05259.2
7.35.3 / 05889
7.36.1 / 02279
7.36.2 / 03625
7.36.3 / 07213
7.36.4 / 10573
7.36.5 / 03644
7.36.6 / 03663
7.37.2 / 03674
7.37.3 / 03684
7.37.4 / 03714
7.37.5 / 03715
7.38.1 / 10571
7.38.2 / 10576
7.38.3 / 02372
7.39.1 / 03723
7.39.4 / 03747
7.39.5 / 03790
7.40.1 / 03763
7.40.2 / 03831
7.40.3 / 03832
7.40.4 / 03774
7.40.5 / 03867
7.40.6 / 03907
7.41.3 / 05976
7.42.1 / 03862
7.42.2 / 03939
7.43.1 / 03990
7.43.2 / 03976
7.43.3 / 03975
7.44.1 / 03949
7.44.4 / 04044
7.45.1 / 04041
7.46.1 / 04042
7.46.3 / 04088
7.48.2 / 05418
7.49.1 / 04198
7.49.2 / 04205
7.50.1 / 04241
7.51.2 / 09898
7.52.2(与 4.14.6 重)
7.53 / 09901
7.54.1 / 02987
7.54.2(与 2.3.4 重)
7.54.3(与 2.2.3 重)
7.54.4/09118
7.54.5~6 / 02974
7.54.7 / 02977
7.54.8 / 02976
7.55.4 / 03028
7.55.7 / 02919
7.56.1 / 03097
7.56.2(与 2.8.5 重,
03090 误收)
7.56.3(与 4.8.2 重)
7.56.7 / 03084
7.56.8(与 4.13.4 重)
7.57.1 / 03134
7.57.2(与 4.14.4~5 重)
7.57.3 / 03135
7.57.4 / 03155
7.57.5 / 03147
7.57.6 / 03146
7.57.7 / 03171
7.58 / 03310
7.58.1~2 / 03184
7.58.3~4 / 03183
7.59.1 / 03179
7.59.2 / 04950
7.59.3 / 03187
7.59.4 / 03324
7.59.5 / 03208
7.59.6 / 03213
7.59.7 / 03338
7.59.8 / 05417.2
7.60.1 / 03230
7.60.10 / 03273
7.60.2 / 01488
7.60.3 / 03236
7.60.4 / 03252
7.60.5(与 7.18.4 重)
7.60.7 / 03251
7.60.8 / 03256
7.61.1 / 03271

7.61.2 / 03270
7.61.4 / 03470
7.61.5 / 03304
7.61.6 / 03335
7.61.7 / 03396
7.62.1 / 03395
7.62.2~3 / 03372
7.62.3 / 03356
7.62.5 / 03355
7.63.1 / 03368
7.63.2 / 03376
7.63.3 / 03350
7.63.4(与3.89.2重)
7.63.5~6 / 03343
7.64.1 / 03401
7.64.4 / 03425
7.64.4 / 03427
7.64.5 / 03475
7.64.6 / 03435
7.65.2 / 03482
7.65.4~3 / 03490
7.66.1 / 03488
7.66.3 / 03444
7.66.3 / 03487
7.66.5 / 03477
7.66.6 / 03500
7.66.7 / 03508
7.67.1 / 03320
7.67.2 / 10556
7.67.3 / 03521
7.67.4 / 03623
7.67.6 / 03541
7.67.7 / 03531
7.68.1 / 03543
7.68.3 / 05856
7.68.4 / 03589
7.69.1~2 / 03537
7.69.3 / 03552
7.69.4 / 03554
7.70.1 / 03551
7.70.2 / 03585
7.70.3 / 03545
7.70.4(与5.22.5重)
7.70.5 / 03587
7.70.6 / 03586
7.70.7~8 / 03535
7.71.2 / 03534
7.71.3 / 10563
7.71.5~6 / 03602
7.71.6 / 03609
7.71.7 / 03655
7.72.1 / 03629
7.72.2 / 03634
7.72.3 / 03713
7.72.4 / 03630
7.72.5 / 03628
7.72.6 / 03651
7.73.1 / 03649
7.73.4 / 03671
7.73.5 / 03665
7.73.6 / 03677
7.74.1 / 03675
7.74.2 / 04057
7.74.4 / 03697
7.74.5 / 03702
7.74.6 / 03705
7.75.1 / 03704
7.75.2 / 03740
7.75.3 / 03694
7.75.4 / 03701
7.76.1 / 03711
7.76.2 / 03739
7.76.5~6 / 03732
7.77.1 / 03724
7.77.2 / 03730
7.77.3 / 03738
7.77.4 / 04638
7.78.2 / 03757
7.78.3 / 03758
7.79.1 / 03754
7.79.2 / 03745
7.80.1 / 03690
7.80.2 / 03743
7.80.3 / 03746
7.80.4 / 03742
7.80.5(与7.81.2重)
7.80.5~6(81.2) / 03779
7.80.7 / 03777
7.81.1(80.8) / 03778
7.81.3~4 / 03780
7.81.6 / 03736
7.82.1 / 03783
7.83.3 / 03761
7.83.4 / 03762
7.83.5 / 03784
7.83.6 / 03787.2
7.83.7 / 03785
7.84.1~2 / 03772
7.84.3~4 / 03769
7.85.1 / 03848
7.86.1~2 / 03786
7.86.3 / 03770
7.86.5 / 03773
7.86.6 / 03828
7.87.1 / 03940
7.87.2 / 03847
7.87.3 / 03792
7.87.4 / 03844
7.88.1(2) / 03809
7.88.3 / 03814
7.88.4(89.2) / 03812
7.89.4(1) / 03810
7.89.5(3) / 03808
7.90.3 / 03802
7.90.4(5) / 03803
7.90.7 / 03806
7.91.1~2 / 03805
7.91.3 / 03866
7.91.4 / 03804
7.91.5 / 04412
7.92.1 / 03817
7.92.2 / 03818
7.92.3 / 03868
7.92.4 / 03856.2
7.93.1 / 03851
7.93.2 / 03852
7.93.3~4 / 03855
7.93.5~6 / 03932
7.94.1~2 / 03933
7.94.3~4 / 03934
7.94.4 / 03877
7.94.5 / 03846
7.95.1(2) / 03840
7.95.4(3) / 03841
7.95.5 / 03893
7.96.1 / 03845
7.96.2 / 03903
7.96.3 / 03908
7.96.4(97.1) / 03930
7.96.5 / 03929
7.97.2~3 / 03899
7.98.1 / 03901
7.98.3~2 / 03898
7.99.3 / 03887
7.99.5~6 / 03888
7.100.1 / 03889
7.100.2 / 03943
7.100.3 / 03890
7.101.1 / 03875
7.101.2 / 03876
7.101.3 / 03874
7.101.4 / 03917
7.109.7 / 10577
8.1.3 / 03915
8.1.4~2.1 / 03916
8.2.2 / 03927
8.2.3 / 03913
8.3 / 03978
8.3.1 / 03954
8.3.2 / 03959
8.3.3 / 03904
8.4.1 / 03919
8.4.2 / 03989
8.5.1 / 03987
8.5.2 / 03971
8.6.1(3) / 03972
8.6.2 / 03973
8.7.1 / 03977
8.7.2 / 03945
8.7.3 / 03953
8.7.4 / 03955
8.8.1 / 03952
8.8.2 / 04011
8.9.1 / 03956
8.9.2 / 03957
8.9.4~5 / 03967
8.10.1~2 / 03964
8.10.3~4 / 03966
8.11.1~2 / 03965
8.11.3 / 03968
8.12.1 / 03991
8.12.2 / 03992
8.12.3 / 03980.2
8.12.4 / 03981
8.13.1 / 04023
8.13.2 / 03986
8.14.1~2 / 04001
8.15 / 04002
8.16.1 / 04007
8.16.2 / 04014
8.17.1 / 04018
8.17.2 / 04055
8.17.3 / 04033
8.17.4 / 04034
8.18.1 / 05395
8.18.3 / 04046
8.18.4 / 04025.1
8.19.1 / 04004
8.19.2 / 04006
8.19.3~2 / 04005
8.20.1 / 04058
8.20.2 / 04056
8.20.3 / 04028
8.20.5~4 / 04040
8.21.3 / 02687
8.21.4 / 02689
8.22.1 / 04082
8.22.2 / 04084
8.22.3 / 04081
8.22.4 / 04083
8.23.1 / 04080
8.23.2 / 04079
8.23.3 / 04045

8.24.1(与4.60.1重)
8.24.2 / 04096
8.24.7 / 04366
8.25.2~1 / 04068
8.25.3 / 04061
8.25.3 / 04069
8.26.1(与7.46.3重)
8.26.2 / 04113
8.26.3~4 / 04105
8.27.1~2 / 04104
8.27.2 / 04075
8.28.1 / 04090
8.28.2 / 04097
8.28.3 / 04093
8.29 / 04089
8.30.1~2 / 04112
8.30.3 / 04103
8.30.4 / 04102
8.31.3 / 04098
8.32 / 04115
8.32.1 / 04114
8.32.2 / 04647
8.33.1,34.2 / 04116
8.34.1,33.2 / 04117
8.35.1 / 04645
8.35.2~3 / 04118
8.36.1 / 04119.2
8.36.4 / 04127
8.36.5 / 04130
8.37.2 / 04124
8.38.1 / 04129
8.38.2 / 04140
8.38.3 / 04136
8.39.1(2) / 04142
8.39.3~4 / 04141
8.40.1 / 04152
8.40.2 / 04138
8.40.3 / 04160
8.40.4 / 04161
8.41.1~2 / 04166
8.42.1 / 04190
8.42.2 / 04168
8.43.1 / 04183

8.44.1 / 04180
8.44.2 / 04181
8.44.3 / 04178
8.45.2 / 04192
8.45.3~4 / 04195
8.46.1 / 04194
8.46.2 / 04213
8.47.1 / 04208
8.47.2 / 04214
8.48.1~2 / 04226
8.49.1 / 04225
8.49.2 / 04228
8.50.1 / 04227
8.50.2 / 04215
8.51.1 / 04207
8.51.2 / 04221
8.54(与3.21.2重)
8.55.1~2 / 04232
8.56.1~2 / 04229
8.57.1 / 04230
8.57.2 / 04234
8.58.1 / 04231
8.58.2 / 04240
8.59.1~2 / 04238
8.59.3(器) / 04239.2
8.60.1 / 04242
8.60.2 / 04261
8.61.1~2 / 04262
8.62~63.1 / 04264
8.63.2 / 04265
8.64.2 / 04263
8.65.1 / 04273
8.65.2 / 04276
8.66.1 / 04277
8.66.2~67.1 / 04285
8.67.2 / 04287
8.68 / 04293
8.69.1 / 04291
8.69.2~70.2 / 04288
8.70.1~71.1 / 04289
8.72.1 / 04290
8.72.2 / 04295
8.73.1 / 04299

8.74.1 / 04298
8.74.2 / 04300
8.75.1 / 04301
8.75.2 / 04302
8.76 / 04313
8.78.1 / 04314
8.78.2~79 / 04315
8.80.1 / 04316
8.80.2~81.1 / 04275
8.81.2~3 / 04274
8.82.1~2 / 04318
8.83~84 / 04325
8.85~86 / 04324
8.87 / 04331
8.87.1 / 04330
8.88 / 04327
8.91.1~2 / 04337
8.93.1~2, 97.1~2 / 04333
8.94.1~2 / 04339
8.95~96 / 04332
8.98.1~2 / 04334
8.99.1~2 / 04335
8.100.1~2 / 04338
8.101 / 04329
8.102 / 04326
9.1.1 / 04476
9.1.2 / 04489
9.1.3 / 04487
9.1.4 / 04484
9.1.5 / 04481
9.2.1 / 04486
9.2.2 / 04498
9.2.3 / 04509
9.3.1 / 04510
9.3.2 / 04508
9.4.1 / 04517
9.4.3 / 04519
9.4.4 / 04518
9.4.5 / 04520
9.4.6 / 04514
9.5.1 / 04515
9.5.2 / 04525

9.5.4~3 / 04528
9.5.5 / 04535
9.5.6 / 04524
9.6.2 / 04537
9.6.3 / 04540
9.6.5~4 / 04541
9.7.2~1 / 04539
9.7.3 / 04549
9.7.4 / 04550
9.7.5 / 04551
9.8.1~2 / 04565
9.8.3 / 04552
9.8.3 / 04567
9.9.1(2, 4) / 04566
9.9.3(10.1) / 04568
9.10.2 / 04557
9.10.3 / 04558
9.11.1(2)
9.11.3 / 04559
9.11.4 / 04562
9.11.5 / 04561
9.11.7~8 / 04570
9.12.1 / 04423
9.12.2~3 / 04571
9.12.4 / 04555
9.13.2 / 04553
9.13.3 / 04563
9.13.4 / 04564
9.14.2 / 04576
9.14.3 / 04575
9.14.4 / 04572
9.14.5 / 04588
9.15.1 / 04574
9.15.2~3 / 04579
9.15.4 / 04596
9.16.1 / 04585
9.16.2 / 04582
9.16.3 / 04584
9.16.4 / 04583
9.17.2 / 04581
9.17.3 / 04598
9.18.1~2 / 04604
9.18.3 / 04606

9.18.4 / 04600
9.19.1 / 04601
9.19.2 / 04615
9.19.3 / 04616
9.20.1 / 04620
9.20.2 / 04623
9.21.1 / 04624
9.21.2 / 04626
9.22.1 / 04630
9.22.2 / 04632
9.23.1 / 04631
9.24.2 / 04347
9.24.3 / 04350
9.24.4 / 04351
9.24.5 / 04356
9.24.6 / 04355
9.25.1~2 / 04375
9.25.3 / 04388
9.25.5 / 04365
9.26.1~2 / 04387
9.26.3~4 / 04386
9.26.5 / 04377
9.27.1 / 04391
9.27.2~3 / 04394
9.27.4 / 04395
9.28.1 / 04380
9.28.2 / 04406
9.28.3 / 04399
9.28.4 / 04389
9.29.1~2 / 04398
9.29.3 / 04410
9.29.4 / 04393
9.29.5 / 04392
9.29.6 / 04396
9.30.1 / 04415
9.30.1 / 04452
9.30.3 / 04400
9.30.4 / 04401
9.31.1 / 04419
9.31.2 / 04405.2
9.32.2~1(9.33.1~2) / 04407
9.32.3~4 / 04408

10.25.1(2) / 11001
10.26.1 / 10998
10.26.2 / 10983
10.28.1 / 10959
10.28.2 / 10990
10.30.1 / 11030
10.31.1 / 11041
10.32.1 / 11056
10.33.1 / 11062
10.34.1~2 / 11033
10.34.2 / 11036
10.34.4 / 11035
10.35.3~36.1 / 11061
10.36.2 / 11046
10.37.1~2 / 11021
10.38.3 / 11183
10.39.1~2 / 11082
10.39.3 / 11084
10.39.4 / 11087
10.40.1 / 11076
10.41.1 / 11089
10.43.1 / 11135
10.43.2 / 11131
10.43.4 / 11247
10.44.1 / 11234
10.44.2 / 11231
10.44.4 / 11228
10.45.1 / 11200
10.46.1 / 11272
10.46.2 / 11275
10.46.3 / 11203
10.47.2 / 11269
10.47.3 / 11264
10.48.1 / 11268
10.50.1 / 11289
10.51.1~2 / 11342
10.52.2 / 11302
10.52.3 / 11312
10.53.2~54.1 / 11243
10.54.2 / 11335
10.54.3 / 11319
10.54.5 / 11317
10.55.1~2 / 11346
10.55.3 / 11347
10.56.1 / 11356
10.56.2 / 11353
10.57.1 / 11391
10.57.2 / 11364
10.58.1~2 / 11380
10.59.1~2 / 11396
10.59.5 / 11382
10.60.1~2 / 11393
10.61.2 / 10793
10.62.1 / 10795
10.62.2 / 10792
10.62.3 / 11105
10.64.3~4 / 10737
10.65.1~2 / 10877
10.65.3~4 / 11114
10.67 / 11835
10.69.4 / 11441
10.70.1~2 / 11413
10.70.4 / 11472
10.71.2 / 11469
10.71.4 / 11473
10.72.5 / 11488
10.72.6 / 11489
10.73.1 / 11515
10.73.2 / 11517
10.73.3 / 11483
10.73.4 / 11526
10.74.1 / 11537
10.74.3 / 11525
10.74.5 / 11546
10.74.6 / 11549
10.75.4~5 / 11566
10.83.2 / 10655
10.83.3 / 10690
10.83.4 / 10668
10.84.1 / 10637
10.84.3~4 / 10685
10.86.1~2 / 10674
10.86.4~3 / 10675
10.87.2~3 / 10947
10.88.1~2 / 10946
10.88.3~4 / 11115
10.89.1 / 11401
10.89.2 / 11403
10.9.2 / 10811
10.90.1 / 11392
10.96.1 / 11576
10.96.3 / 11580
10.97.2 / 11608
10.98.2 / 11614
10.98.3 / 11606
10.98.4 / 11615
10.99.1~2 / 11627
10.99.3 / 11570
10.99.4 / 11633
10.99.4 / 11640
10.100.1 / 11636
10.100.3 / 11656
10.100.4 / 11618
10.101.3 / 11645
10.102.2 / 11678
10.103.3 / 11694
10.104.1~2 / 11706
10.105.1~2 / 11708
10.107.1 / 11768
10.107.3 / 11770
10.107.4 / 11772
10.107.5 / 11774
10.108.2 / 11786
10.108.3 / 11787
10.108.4 / 11788
10.111.5 / 11809
10.112.5 / 11820
10.113.1 / 11937
10.113.10 / 11982
10.113.2 / 11959
10.113.3 / 11958
10.113.4 / 11947
10.113.5 / 11956
10.113.6 / 11957
10.113.7 / 11960
10.113.8 / 11961
10.113.9 / 11980
10.114.1 / 11979
10.114.2 / 11987
10.114.3 / 11942
10.114.5 / 11926
10.114.6 / 11924
10.114.7 / 11915
11.19.2 / 10372
14.90.1~4 / 12108
16.43.3 / 08372

上海(2004)

31 / 07755
45 / 01107
46 / 01453
48 / 01379
50 / 01173
53 / 01463
55 / 01576
56 / 01838
57 / 01910
59 / 01381
63 / 01259
64 / 01298
70 / 00486
72 / 02948
76 / 03045
79 / 03172
80 / 02966
81 / 03092
82 / 03056
83 / 03210
84 / 03220
89 / 08628
91 / 07760
91 / 07761
91 / 07762
92 / 07834
93 / 07529
94 / 08100
97 / 07758
98 / 08608
99 / 08517
100 / 08372
101 / 08589
103 / 06627
108 / 07036
110 / 06546
111 / 07110
112 / 06969
113 / 06598
114 / 06914
115 / 06715
118 / 06993
121 / 06167
125 / 06410
126 / 06238
128 / 06483
129 / 06047
130 / 09118
135 / 09209
140 / 05480
141 / 05493
142 / 05573
143 / 05531
144 / 05749
145 / 05677
148 / 09457
150 / 05394
152 / 04794
153 / 04711
154 / 05101

156 / 04852
157 / 05071
158 / 04765
159 / 09878
160 / 09837
162 / 09867
164 / 09268
166 / 09283
168 / 09748
169 / 09793
179 / 09945
182 / 10026
183 / 00386
184 / 00373
185 / 00399
186 / 00370
194 / 02661
195 / 02405
196 / 02169
199 / 02695
200 / 02730
201 / 02133
202 / 01849
205 / 02614
206 / 02455
207 / 02149
209 / 01232
210 / 01234
211 / 02459
215 / 01600
216 / 01492
218 / 00643
219 / 00840
220 / 00826
221 / 00867
224 / 02911
226 / 03574
230 / 03544
238 / 03908
241 / 03460
242 / 08010
243 / 08839

245 / 08883
246 / 07533
247 / 09091
248 / 09099
249 / 06512
250 / 06475
251 / 06452
252 / 06295
253 / 09245
254 / 04029
255 / 06004
256 / 05661
257 / 05604
258 / 05806
259 / 05951
260 / 05730
261 / 05769
264 / 05415
265 / 05416
266 / 05400
267 / 05151
268 / 05427
269 / 05289
270 / 05388
273 / 05215
275 / 05198
276 / 05325
277 / 09288
278 / 09811
280 / 09890
281 / 09439
284 / 09313
285 / 10065
286 / 10105
295 / 02783
296 / 02784
297 / 02813
298 / 02755
299 / 02836
300 / 02796
301 / 02071
304 / 02720

306 / 02724
307 / 02756
309 / 00748
311 / 03865
312 / 04264
313 / 03917
314 / 04214
315 / 04316
316 / 04240
317 / 04208
318 / 04318
319 / 04275
320 / 04226
322 / 04097
324 / 04037
325 / 04160
325 / 04161
326 / 03363
327 / 03730
328 / 03772
330 / 04195
331 / 03805
332 / 04105
333 / 04113
334 / 03780
336 / 04418
339 / 06008
340 / 06516
341 / 05988
342 / 06511
343 / 09714
344 / 09549
345 / 09713
346 / 05430
347 / 05433
348 / 05245
349 / 04982
351 / 09897
352 / 09898
353 / 09964
353 / 09965
357 / 00206

358 / 00082
361 / 02787
361 / 02788
362 / 02829
367 / 02599
368 / 00635
369 / 00708
371 / 00722
371 / 00725
372 / 00712
373 / 00696
374 / 00666
376 / 00928
377 / 04252
378 / 04324
378 / 04325
379 / 04242
380 / 03852
381 / 04232
382 / 04339
383 / 03973
384 / 04313
386 / 03903
388 / 04150
389 / 04180
390 / 04025
391 / 03893
393 / 04459
394 / 04401
399 / 04351
400 / 04446
400 / 04447
401 / 04434
402 / 04404
403 / 04449
404 / 04422
405 / 04515
406 / 04498
407 / 04552
413 / 09613
414 / 09968
418 / 10093

419 / 10119
420 / 10080
422 / 10225
423 / 10195
424 / 10272
425 / 10262
426 / 10240
428 / 00241
430 / 00109
431 / 00188
431 / 00189
431 / 00191
432 / 00018
433 / 11785
439 / 02517
440 / 02605
441 / 02450
444 / 02686
444 / 02687
444 / 02688
446 / 00690
446 / 00692
448 / 03899
451 / 04078
451 / 04079
451 / 04081
452 / 04600
453 / 04574
454 / 04571
455 / 04557
455 / 04558
456 / 04539
457 / 04604
461 / 09688
462 / 09641
464 / 09971
468 / 10090
469 / 10152
470 / 10139
471 / 10114
472 / 10269
473 / 10244

478 / 00005	524 / 10165	538 / 00225~7,	584 / 11512	599 / 02610
485 / 02588	525 / 10282	00229~32,00234~6	585 / 11544	600 / 02746
488 / 03901	531 / 00202	542 / 00425	586 / 11599	602 / 00936?
496 / 03634	532 / 00122	544 / 11255	587 / 11703	604 / 00914?
497 / 04625	533 / 00185	545 / 11147	588 / 11630	605 / 04513
498 / 04616	534 / 00203	546 / 11148	592 / 11671	620 / 09682
499 / 04624	535 / 00115	547 / 11204	593 / 10371	634 / 11238
500 / 04591	535 / 00116	550 / 11788	594 / 10368	635 / 11188
512 / 09730	535 / 00118	556 / 02551	595 / 02106	636 / 11220
522 / 10154	536 / 00151	560 / 03939	596 / 02394	637 / 11248
523 / 10151	537 / 00102	563 / 04596	598 / 02764	641 / 10372

日精華

1 / 09315	76 / 05420.1	139a / 05530	201 / 02178	263 / 09284
2 / 09317	78 / 05119	140 / 07117	203 / 02366	264 / 09298
4 / 10344	79 / 05368	141 / 05999	204 / 00915	265 / 09293
5 / 09948	81 / 05332	143 / 05843	205 / 00789	276 / 09833
13 / 09772	84 / 10017	144 / 05993	206 / 00922	277 / 09856
15 / 09774	85 / 10033	147 / 05801	208 / 00930	281 / 09885
16 / 09775	87 / 01430	153 / 05915	210 / 08837	289 / 09592
19 / 09765	91 / 10106	154 / 05765	211 / 08857	290 / 09519
20 / 09794	93 / 02925	155 / 05833	212 / 08327	296 / 09585
21 / 09738	94 / 02941	156 / 06009	213 / 08927	298 / 09603
23 / 09787	98 / 02958	157 / 05922	216 / 07812	301 / 09706
25 / 09779	98 / 09404	159 / 07249	221 / 07575	304 / 04139
26 / 09813	99 / 03664	160 / 06647	222 / 08177	308 / 00667
27 / 09797	102 / 03624	165 / 06830	226 / 08507	309 / 00632
32 / 09482	106 / 03823	166 / 07004	227 / 09104	311 / 02799
33 / 09508	107 / 03496	167 / 06635	230 / 09093	314 / 02818
38 / 04717	108 / 04122	168 / 06677	234 / 08493	315 / 02495
47 / 05142	110 / 03992	174 / 06690	235 / 09071	320 / 03028
49 / 05063	118 / 09509	177 / 01455	236(A) / 09086	321 / 02975
51 / 05379.1	120 / 06028	178 / 01699	236(B) / 09087	323 / 04236.1
60 / 04890.1	121 / 06438.1	179 / 01747	240 / 09137	324 / 04141
61 / 05148.1	122 / 05446	184 / 01424	241 / 09142	326 / 04287
63 / 05309	124 / 05548	187 / 02674	242 / 09190	329 / 04363
64 / 05349.1	125 / 07676	193 / 01748	243 / 09126	330 / 04523
65 / 05417	129 / 05547	195 / 01432	247 / 09205	334 / 10149
67 / 04893.1	133 / 05648	196 / 01642	249 / 09329	337 / 10205
72 / 05421.2	134 / 05639	197 / 02130	252 / 09373	340 / 10219
73 / 05387	135 / 05748	199 / 01389	253 / 09436	347 / 00064
74 / 05256	136 / 05526	200 / 01157	262 / 09295	350 / 00014

399 / 09650	427 右 / 00162	428 下右 / 00169	431 右 / 00126	433 右上 / 00128
423 / 00157	427 左 / 00163	428 下左 / 00168	431 左 / 00129	433 右下 / 00131
424 / 00158	428 上右 / 00166	429 / 00121	432 右 / 00130	433 左 / 00124
425 / 00159	428 上左 / 00165	430 左 / 00125	432 左 / 00127	

考古圖

1.3 / 00988	3.3 / 04126	3.40 / 04531	4.24 / 04961	5.14 / 06843
1.3 / 00989	3.7 / 04153	3.42 / 04627	4.25 / 05079	5.15 / 04693
1.4 / 01246	3.10.1 / 04296	3.45 / 04473	4.27 / 03244	5.20 / 09441
1.6 / 02826	3.10.2 / 04297	3.46 / 04684	4.30 / 09981	5.21 / 10341
1.9 / 02753	3.13 / 03983	4.5 / 05397	4.33 / 04955	6.2 / 10160
1.11 / 01134	3.15 / 04260	4.8 / 05401.2	4.34 / 06328	6.4 / 10215
1.12 / 02490	3.17 / 03860	4.9 / 02055	4.35 / 06219	6.5.2 / 10179
1.13 / 01484	3.18 / 04182	4.10 / 07273	4.36 / 06280	6.6 / 10238
1.19 / 02717	3.19.2 / 03920	4.11 / 03441	4.37 / 06279	6.9 / 10317
1.21 / 02358	3.21 / 03548	4.12 / 09396	4.40 / 09725	6.12 / 11144
1.22 / 01284	3.22 / 04255	4.14 / 05701	4.44 / 09769	7.2 / 00054
1.23 / 01237	3.24 / 04343	4.15 / 05287.1	4.53.2 / 09708	7.5 / 00103
2.5 / 01607	3.31 / 03233	4.17 / 05995	5.2 / 08038	7.7 / 00153
2.6 / 00525	3.32 / 04409.2	4.18 / 03465	5.3 / 08445	7.9~11 / 00270
2.7 / 00627	3.34 / 04469	4.19 / 03027	5.5 / 08737	7.12 / 00072
2.8 / 09307	3.36.1 / 04348	4.20 / 03277	5.6 / 07346	7.13 / 00048
2.14 / 00603	3.36.3 / 04349	4.21 / 03411	5.8 / 07648	
2.17 / 00942	3.38 / 04354	4.22 / 05045	5.10 / 07682	

西甲

1.1 / 02245	1.41 / 01771	5.22.1 / 09690	6.36 / 03300	7.13 / 03084
1.2 / 01613	1.42 / 02484	5.24 / 05908	6.37 / 03147	7.14 / 03475
1.3 / 01683	1.43 / 01359	5.25 / 05783	6.38 / 03435	7.15 / 03430
1.4 / 01523	1.44 / 01194	6.18 / 03202	6.39 / 03433	7.18 / 03098
1.10 / 02157	2.7 / 02579	6.19 / 03205	6.40 / 03750	7.19 / 03016
1.12 / 02158	2.9 / 02139	6.21 / 03514	6.42 / 04121	8.6 / 04837
1.15 / 02314	2.10 / 01017	6.22 / 03696	6.43 / 03203	8.7 / 05243
1.17 / 01670	2.17 / 01436	6.24 / 03903	6.44 / 03666	8.9 / 05094
1.19 / 01075	2.19 / 01689	6.25 / 03764	7.1 / 03562	8.10 / 04941
1.21 / 01660	2.20 / 01688	6.26 / 04269	7.2 / 03400	8.12 / 04772
1.23 / 02183	5.1 / 05510	6.28 / 03631	7.3 / 03264	8.13 / 04981
1.24 / 02022	5.4 / 05975	6.29 / 04270	7.5 / 03495	8.15 / 04760
1.27 / 01297	5.5 / 05967	6.31 / 09842	7.6 / 03718	8.16 / 05082
1.28 / 02828	5.7 / 05532	6.32 / 03647	7.7 / 03079	8.17 / 04897
1.31 / 02827	5.17 / 05698	6.33 / 03512	7.8 / 02912	8.20 / 04714
1.40 / 01043	5.18 / 05561	6.34 / 04060	7.9 / 03294	8.27 / 04867

8.40 / 09619	12.15 / 08383	12.50 / 03369	14.23 / 09342	17.8 / 00195
8.41 / 09644	12.16 / 08396	13.1 / 04527	14.24 / 09343	17.10 / 00196
8.45 / 09553	12.36 / 03681	13.3 / 04535	14.25 / 09365	17.12 / 00197
11.2 / 07988	12.37 / 04040	13.6 / 04413	14.33 / 09269	17.14 / 00198
11.4 / 07456	12.39 / 03763	13.9 / 03571	15.3 / 10145	17.15 / 00199
11.11 / 09212	12.40 / 04165	13.19 / 00817	15.4 / 10107	17.16 / 00200
11.12 / 09165	12.42 / 04023	13.23 / 00859	15.5 / 10038	17.17 / 00201
11.18 / 06762	12.44 / 04244	13.25 / 00802	16.1 / 10312	17.18 / 00202
11.23 / 06747	12.46 / 04298	14.2 / 00661	16.9 / 09733	17.24 / 00086
12.1 / 06286	12.48 / 03946	14.3 / 00731	17.1 / 00193	17.26~27 / 00118
12.3 / 06339	12.49 / 04027	14.4 / 00460	17.6 / 00194	17.30 / 00386

西清

1.2 / 01534	3.2 / 01390	4.16 / 01145	9.7 / 06507	13.18 / 03477
1.4 / 01833	3.4 / 01674	4.18 / 01439	9.8 / 06460	13.19 / 03478
1.5 / 01819	3.5 / 01831	4.19a / 01953	9.9 / 06494	13.20 / 03479
1.7 / 01061	3.6 / 01709	6.1 / 02388	9.14 / 05857	13.24 / 03217
1.8 / 01854	3.8 / 01178	7.3 / 01991	9.15 / 05762	13.26 / 03365
1.9 / 01579	3.9 / 01091	8.1 / 05521	9.17 / 05973	13.29 / 03949
1.10 / 01863	3.10 / 01687	8.3 / 06093	9.19 / 05555	13.33 / 03040
1.12 / 01625	3.13 / 01378	8.4 / 05523	9.23 / 05544	13.34 / 03508
1.13 / 01511	3.14 / 01377	8.5 / 05631	9.24 / 05933	13.35 / 03033
1.14 / 01883	3.19 / 02389	8.9 / 09547	9.40 / 05803	13.36 / 03862
1.19 / 01513	3.21 / 02788	8.10 / 05679	9.41 / 05651	13.37 / 02963
1.21 / 01896	3.23 / 02326	8.12 / 05533	10.1 / 05864	13.39 / 03503
1.28 / 02400	3.25 / 02454	8.13 / 05463	10.11 / 05746	13.40 / 03022
1.31 / 01369	3.27 / 02455	8.17 / 09522	10.15 / 09483	13.41 / 02917
2.8 / 02387	3.29 / 02453	8.23 / 09548	10.19 / 05118	14.1 / 03099
2.17 / 02808	3.30 / 01003	8.24 / 05928	10.20 / 05594	14.2 / 09849
2.19 / 02806	3.31 / 02120	8.31 / 09567	10.22 / 05558	14.3 / 09850
2.24 / 02496	3.36 / 01132	8.32 / 05690	10.24 / 05682	14.7 / 03270
2.25 / 02513	3.37 / 01289	8.33 / 06015	12.4 / 09737	14.19 / 09859
2.26 / 02167	3.38 / 01296	8.35 / 05935	12.6 / 09767	14.33 / 03031
2.29 / 02110	3.39 / 02748	8.38 / 05943	12.26 / 04985	14.33 / 06041
2.30 / 02583	4.3 / 01627	8.39 / 05981	13.1 / 03159	15.1 / 04949
2.31 / 02398	4.6 / 01120	8.40 / 05503	13.2 / 03338	15.2 / 05067
2.32 / 02532	4.8 / 01641	8.42 / 06515	13.3 / 03137	15.3 / 05070
2.33 / 02691	4.9 / 01645	8.43 / 06001	13.4 / 09887	15.6 / 04994
2.34 / 02254	4.11 / 02313	9.1 / 05488	13.9 / 04029	15.9 / 05409
2.35 / 02385	4.12 / 02322	9.2 / 05621	13.10 / 09893	15.13 / 05424
2.36 / 02265	4.13 / 01441	9.3 / 05607	13.15 / 03204	15.19 / 05308
2.40 / 02312	4.14 / 01435	9.5 / 05633	13.16 / 03606	15.20 / 05408
2.41 / 01617	4.15 / 01393	9.6 / 05462	13.17 / 03504	15.24 / 05318

15.25 / 05338	17.4 / 05129	24.11 / 06819	27.23 / 03947	30.10 / 00861
15.26 / 04864	17.5 / 05039	24.13 / 07211	27.24 / 03357	30.12 / 00778
15.27 / 05242	18.1 / 09544	24.15 / 07173	27.25 / 04008	30.14 / 00886
15.28 / 05205	19.1 / 09493	24.16 / 07174	27.26 / 03891	31.1 / 00473
15.30 / 05391	19.4 / 09597	24.19 / 06894	27.27 / 04120	31.2 / 00711
15.32 / 05020	19.5 / 09598	24.20 / 07088	27.28 / 04024	31.6 / 00465
15.34 / 05355	19.8 / 09689	24.22 / 07288	27.30 / 04047	31.7 / 00509
15.35 / 05362	19.9 / 09613	26.2 / 06101	28.1 / 02952	31.8 / 03376
16.1 / 05177	19.10 / 09680	26.3 / 06125	28.2 / 03665	31.12 / 04341
16.2 / 05234	19.11 / 09691	26.5 / 06318	28.3 / 03609	31.31 / 09451
16.3 / 04999	19.13 / 09532	26.14 / 06135	28.4 / 04111	31.33 / 09422
16.5 / 05246	19.14 / 09794	26.16 / 06045	28.5 / 03730	31.35 / 09443
16.6 / 05392	19.16 / 09571	26.17 / 06407	28.6 / 03859	31.36 / 09431
16.7 / 05093	19.21 / 09672	26.18 / 06309	28.8 / 03956	31.37 / 09412
16.8 / 05239	23.1 / 08890	26.19 / 06361	28.10 / 03754	31.38 / 09400
16.9 / 04992	23.2 / 08694	26.20 / 06434	28.12 / 03432	31.39 / 09410
16.11 / 04747	23.5 / 09150	26.22 / 06325	28.16 / 03333	31.42 / 09332
16.12 / 04825	23.7 / 09131	26.23 / 06140	28.18 / 03375	31.44 / 09312
16.14 / 04730	23.10 / 09209	26.24 / 06228	28.19 / 03253	31.61 / 10286
16.15 / 05006	23.21 / 07094	26.25 / 06423	28.20 / 03768	32.3 / 09256
16.16 / 04856	23.23 / 07216	26.44 / 09042	29.1 / 04563	32.4 / 10204
16.18 / 04925	23.25 / 06840	26.46 / 07797	29.3 / 04574	32.5 / 10267
16.20 / 05361	23.26 / 07309	26.47 / 08882	29.5 / 04607	32.9 / 09287
16.21 / 04792	23.3 / 07678	27.1 / 04194	29.6 / 04595	32.10 / 09271
16.22 / 05086	23.33 / 06629	27.5 / 04020	29.19 / 04355	32.11 / 09299
16.23 / 04723	23.34 / 06748	27.7 / 03491	29.21 / 04374	32.13 / 09255
16.25 / 05031	23.37 / 07098	27.8 / 03707	29.22 / 04344	32.14 / 09290
16.27 / 04950	23.40 / 07269	27.9 / 03708	29.44 / 04669	32.34 / 10165
16.28 / 04738	23.42 / 06877	27.10 / 03709	30.1 / 00824	32.37 / 10147
16.30 / 05085	23.44 / 06623	27.11 / 03979	30.1~2 / 00798	36.4 / 00260
16.33 / 05163	23.45 / 07310	27.13 / 03917	30.3 / 00901	36.6 / 00031
16.33 / 05309	23.46 / 07218	27.14 / 04273	30.5 / 00892	36.25 / 00004
16.34 / 04995	24.3 / 07217	27.16 / 04235	30.6 / 00813	
16.37 / 05281	24.4 / 07271	27.18 / 04224	30.7 / 00782	
16.39 / 05101	24.6 / 07147	27.20 / 04223	30.8 / 00905	
17.3 / 05132	24.7 / 06571	27.21 / 03483	30.9 / 00781	

西乙

1.1 / 01260	1.21 / 01088	1.31 / 01294	1.36 / 02026	1.47 / 02601
1.2 / 01684	1.22 / 01079	1.32 / 01693	1.38 / 01313	4.15 / 02308
1.6 / 02626	1.24 / 02657	1.33 / 01770	1.42 / 01434	5.3 / 05727
1.13 / 01679	1.26 / 02351	1.34 / 02072	1.43 / 01594	5.4 / 05629
1.14 / 02009	1.30 / 02082	1.35 / 02059	1.45 / 01652	5.16 / 05615

5.18 / 05728	6.42 / 03000	7.12 / 03186	11.11 / 06799	12.37 / 04015
5.21 / 05546	6.43 / 03015	7.13 / 03082	11.13 / 07066	12.44 / 04145
5.22 / 05483	6.44 / 03174	7.36 / 02953	11.17 / 06664	13.2 / 00768
6.23 / 03515	6.45 / 02990	8.8 / 05313	12.16 / 04009	13.18 / 00880
6.24 / 03064	7.1 / 03278	8.9 / 04802	12.27 / 03353	14.1 / 00442
6.27 / 03290	7.3 / 03410	8.11 / 04732	12.28 / 03700	14.24 / 09349
6.28 / 03042	7.4 / 03279	8.39 / 04810	12.29 / 03706	14.25 / 09322
6.32 / 03417	7.7 / 03905	11.3 / 09220	12.31 / 03842	14.41 / 10181
6.38 / 03052	7.9 / 03575	11.4 / 09221	12.32 / 03988	15.3 / 10111
6.39 / 03336	7.10 / 03110	11.9 / 07153	12.36 / 03703	16.9 / 10361

希古

1.1 / 00091	2.4.1 / 02024	2.14 / 02537	2.33 / 02800	3.10.1 / 00852
1.1 / 00209	2.4.2 / 02066	2.14.2 / 02523	2.34 / 02799	3.10.3 / 00948
1.2.1 / 00035	2.4.3 / 02028	2.15.1 / 02572	3.2.1 / 09239	3.11 / 00468
1.2.2 / 00186	2.4.4 / 02049	2.15.2 / 02425	3.2.2 / 00544	3.11.1 / 03257
1.3.1 / 00051	2.5.1 / 02044	2.15.3 / 02508	3.2.3 / 00531	3.11.2 / 03373
1.3.2 / 00071	2.5.2 / 02162	2.16.1 / 02546	3.2.4 / 00547	3.11.4 / 03355
1.4 / 00202	2.5.3 / 02061	2.16.2 / 02552	3.2.5 / 00551	3.11.5 / 03487
1.5 / 00059	2.5.4 / 02163	2.16.3 / 02545	3.3.1 / 00555	3.12 / 00491
1.6 / 00089	2.6.1 / 02199	2.17.1 / 02543	3.3.2 / 00554	3.12.1 / 03481
1.8 / 00204	2.6.2 / 02141	2.17.2 / 02541	3.3.3 / 00552	3.12.2 / 03444
1.9 / 00207	2.7.1 / 02149	2.17.3 / 02587	3.3.4 / 00553	3.12.3 / 03443
1.12 / 00117	2.7.2 / 02227	2.18.1 / 02570	3.3.5 / 00557	3.12.4 / 03569
1.13 / 00150	2.7.3 / 02051	2.18.2 / 02559	3.3.6 / 00545	3.13 / 00529
1.15.1 / 00233	2.7.4 / 02200	2.18.3 / 02582	3.4.1 / 00566	3.13 / 04056
1.15.2 / 00230	2.8.1 / 02282	2.19.1 / 02599	3.4.2 / 00575	3.13.1 / 03619
1.15.3 / 00235	2.8.2 / 02273	2.19.2 / 02622	3.4.3 / 00647	3.14 / 03572
1.16.1 / 00228	2.8.3 / 02288	2.20 / 02621	3.5.1 / 00644	3.14.2 / 03741
1.16.2 / 00425	2.8.4 / 02340	2.21.1 / 02591	3.5.2 / 00635	3.14.3 / 03724
1.17 / 00428	2.9.1 / 02350	2.21.2 / 02601	3.5.3 / 00670	3.15.3~2 / 04639
2.1.1 / 01482	2.9.2 / 02411	2.22.1 / 02602	3.6.1 / 00668	3.16.1 / 03778
2.1.3 / 01779	2.9.3 / 02428	2.22.2 / 02629	3.6.2 / 00693	3.16.2 / 03779
2.1.4 / 01780	2.10.1 / 02443	2.22.2 / 02668	3.6.3 / 00691	3.16.3 / 03847
2.1.5 / 01781	2.10.2 / 02444	2.24.1 / 02680	3.6.4 / 00694	3.16.4 / 03813
2.2.2 / 01721	2.10.3 / 02445	2.24.2 / 02681	3.7.2 / 00714	3.17.1~2 / 03856
2.2.3 / 01730	2.10.4 / 02446	2.25.1 / 02737	3.7.3 / 00713	3.17.3 / 03892
2.2.4 / 01969	2.11.1 / 02448	2.25.2 / 02754	3.8.1 / 00718	3.18.1 / 03869
2.2.1 / 01783	2.11.3 / 02462	2.27 / 02778	3.8.2 / 00731	3.18.2 / 03877
2.2.5 / 01918	2.12.1 / 02421	2.28 / 02783	3.8.3 / 00698	3.18.3 / 03917
2.3.1 / 01964	2.12.3 / 02422	2.29 / 02784	3.9.1 / 00721	3.18.4 / 03953
2.3.2 / 01973	2.13 / 02467	2.30 / 02788	3.9.2 / 00722	3.19.1 / 03965
2.3.3 / 01911	2.13.1 / 02469	2.31 / 02804	3.9.3 / 00727	3.19.2 / 03967

3.19.3 / 03986
3.20.1 / 04011
3.20.3~21.1 / 03981
3.21.2~3 / 03980
3.24 / 04039
3.25.1 / 04081
3.26.1 / 04103
3.26.2 / 04129
3.27 / 04271
3.28 / 04270
3.29 / 04287
3.30 / 04298
3.31.2~3.33.1 / 04275
3.33.2 / 04274.2
3.34.2;36.2 / 04318
3.35.2~36.1 / 04319
3.37 / 04335
4.1.2 / 10529
4.1.3 / 03281
4.2 / 01910
4.2 / 03414
4.2.3 / 03365
4.2.4 / 03565
4.3.1 / 03631
4.3.2 / 05418
4.4.1 / 04487
4.4.2 / 04488
4.4.3 / 04525
4.5.2~4.6.1 / 04565
4.5.3(与4.5.2重)
4.6.2 / 04552
4.7.2 / 04561
4.7.2~1 / 04559
4.8.1 / 04571
4.9.2~4.8.3 / 04570
4.10.1 / 04574
4.10.2 / 04582
4.11.1 / 04598
4.11.2~4 / 04386
4.12.1 / 04387.2
4.12.2 / 04396
4.12.3 / 04419
4.12.4 / 04399
4.13.2~3 / 04422
4.14.1 / 04423
4.14.2 / 04430
4.14.3 / 04450.2
4.15.1 / 04451
4.15.2 / 04452
4.16 / 04466
4.17 / 09969
4.18 / 09970
5.1.1 / 05705
5.1.3 / 05787
5.1.4 / 05778
5.2.3 / 05864
5.2.4 / 05846
5.2.4 / 09568
5.4.1 / 05984
5.4.2 / 09458
5.4.3 / 09536
5.5.1 / 09535
5.5.2 / 09551
5.5.5 / 09571
5.6.1 / 09613
5.6.3 / 09691
5.7 / 09705
5.8.1 / 09742
5.8.3~4 / 04888
5.9.1 / 05126
5.9.3~4 / 05034
5.9.5 / 05140
5.10.2~11.1 / 09567
5.10.4~5 / 05228
5.11.3 / 05236
5.11.4~5 / 05237
5.12.1~2 / 05301
5.12.2 / 05299
5.12.3 / 05259.2
5.12.5~13.1 / 05402
5.13.3 / 05409.1
5.14.2 / 05408
5.15.2 / 06720
5.16.1 / 06838
5.16.2 / 06040
5.16.3 / 06059
5.17.1 / 06086
5.17.3 / 06512
5.18.1 / 09200
5.18.2 / 09118
5.18.3~4 / 09184
5.19 / 09451
5.19.1 / 09243
5.20.2 / 10113
5.21.1 / 10114
5.21.2 / 10118
5.21.3 / 10139
5.22 / 10170
5.23.1 / 10177
5.23.2 / 10186
5.23.3 / 10207
5.23.4 / 10216
5.24 / 10217
5.24.2 / 10255
5.24.3 / 10244
5.25.1 / 10246
5.25.2 / 10239
5.26.1 / 10258
5.26.2 / 10269
5.27.1 / 10261
5.27.2 / 10271
5.28.1 / 10262
5.28.2 / 10282
5.29 / 10307
11.1 / 00113

奇觚

1.1(16.1) / 02153
1.2 / 01189
1.3 / 01089
1.3.2 / 01278
1.4.2 / 01728
1.5.1 / 01618
1.5.2 / 01641
1.5.3 / 01270
1.6.1 / 01829
1.6.2 / 01975
1.7.1 / 01851
1.7.2 / 01839
1.9.1 / 02060
1.9.2 / 02071
1.10 / 02021
1.10.1~2 / 02067
1.11 / 03713
1.13 / 02266
1.14.1 / 01735
1.14 / 02158
1.15 / 02168
1.16.1 / 02013
1.16.2 / 01259
1.17.1 / 02051
1.17.2 / 02252
1.18 / 02155
1.19 / 02312
1.19.2 / 02410
1.20 / 02368
1.20.2 / 02415
1.21.1 / 02419
1.22.1 / 02461
1.22.2 / 02455
1.24 / 02495
1.25 / 02534
1.26.1 / 02613
1.28.1 / 02650
1.29 / 02184
2.2 / 02674
2.3.1 / 02705
2.4 / 02709
2.5 / 02730
2.6 / 02744
2.7 / 02810
2.10 / 02814
2.15 / 02818
2.17 / 02827
2.21(16.20) / 02838
2.28 / 02836
2.34~36 / 02837
2.51 / 02724
2.71 / 02841
3.1.1 / 02987
3.1.2 / 02919
3.2.1 / 03065
3.2.2 / 03070
3.3.1 / 03213
3.3.2 / 03340
3.4 / 03535
3.5 / 03623
3.5.1 / 03534
3.6 / 03502
3.7 / 03630.1
3.7 / 03651.2
3.8 / 03739
3.9 / 03723.2
3.9 / 03742.1
3.10 / 03711
3.10 / 03762
3.11.1~12.1 / 03772
3.12.2 / 03773
3.13.1 / 03806
3.13.2 / 03808
3.13.3 / 03810
3.14.1 / 03845
3.14.2 / 03866
3.15.1 / 03940
3.15.2 / 03915
3.16 / 03959
3.16.1 / 03927
3.17.1~2 / 03966
3.18.1 / 03952
3.19 / 03991
3.20.1 / 03990
3.20.2 / 03904

3.21.1 ; 16.28 / 04001
3.22 / 04118
3.22.1 / 04002.2
3.23 / 04089
3.24.1~3.25.2 / 04116
3.24.2~3.25.1 / 04117
3.26 / 04127
3.27 / 04122
3.29 / 04645
3.30.1 / 04137
3.30.2 / 04141
3.32 / 04140
4.1 / 04178
4.2 / 04180
4.3(17.23) / 04626
4.4 / 04194
4.5.1~2 / 04226
4.6 / 04208
4.7 / 04214
4.8 / 04229
4.10 / 04221
4.11 / 04261
4.13 / 04649
4.15 / 04276
4.16 / 04302
4.18.1~19.1 / 04339
4.20.1~2 / 04338
4.21.1~2 / 04337
4.22.1~2,4.24.2 / 04288
4.23.2~24.1 / 04290
4.25.1~26.2 / 04313
4.30 / 04329
5.1.1~2 / 05569
5.1.3 / 04830
5.2.3 / 09790
5.2.1 / 05696
5.2.2 / 05600
5.3.1~2 / 05053
5.3.3 / 05716
5.4.1 / 05743
5.4.2 / 09370
5.5.1 / 05723
5.5.2 / 07300
5.5.3 / 05801
5.6.1 / 03518
5.6.2 / 05828
5.6.3 / 05861
5.7.1 / 05841
5.7.2 / 05263.1
5.8 / 03521
5.8 / 09292
5.9.1 / 05925
5.9.2 / 05922
5.10.1 / 05928
5.10.2 / 02459
5.12 / 05990
5.13 / 05402
5.13.2 / 05992
5.14 / 06516
5.16(17.4.1) / 09089
5.16.1 / 05979
5.16.3 / 03264
5.17.2 / 03223
5.17.3 / 04088
5.18 / 04198
5.19.1(17.16.1) / 09898
5.20 / 04514
5.21.1 / 04518
5.21.2 / 04540
5.22.1 / 04563
5.22.2 / 04558
5.23.1 / 04596
5.24 / 04600
5.25 / 04616
5.26 / 04632
5.30.1 / 04416
5.30.2 ; 5.31.3 / 04421
5.31.1~2 / 04420
5.32.2~33(17.28.2~3) / 04436
5.32.1 / 04431
5.34 / 04553
5.34 / 04555
6.1 / 01002
6.1.1~2 / 04858
6.1.4 / 04846.1
6.2.1~2 / 04794
6.2.3~4 / 04867
6.3.1 / 04957.1
6.3.2 / 01609
6.3.2 / 04965
6.3.3 / 05015
6.4.1 / 01756
6.4.2 / 04887
6.4.3~4 / 05099
6.5.1~2 / 05127
6.5.3 / 05082.1
6.6.1 / 04993
6.6.2 / 08517
6.6.3 / 05073
6.6.4~7.1 / 04938
6.7.2~3 / 05146
6.7.4~6.8.1 / 05221
6.8.2 / 05216.1
6.8.3~4 / 05239
6.9.1~2 / 05148
6.9.3 / 05317
6.9.4 / 05283.2
6.10.1~2 / 05291
6.10.3 / 05250.2
6.11.1 / 05307
6.11.2~3 / 05327
6.12.1(18.5) / 05365
6.12.2 / 05369
6.13.1 / 05351
6.13.2 / 05392.1
6.14 / 03648
6.14.1 / 05405.1
6.14.2 / 05409.1
6.15.2 / 05424.1
6.15.2~16.1 / 05433
6.17.1 / 06086
6.17.2 / 06139
6.17.3 / 06202
6.17.4 / 06208
6.18.1 / 06375
6.18.4 / 06275
6.19.1 / 06399
6.19.2 / 06292
6.19.3 / 06330
6.19.4 / 06320
6.20.1 / 06370
6.20.2 / 06391
6.20.3 / 06447
6.21.1 / 06446
6.21.2 / 06467
6.21.3 / 06502
6.22.1 / 08874
6.22.2 / 08857
6.23.1~2 / 09105
6.23.2 / 06532
6.24.1 / 06765
6.24.2 / 06571
6.24.3 / 07214
6.24.4 / 07091
6.25.1 / 07291
6.25.2 / 07232
6.25.3 / 07296
6.25.4 / 07301
6.26.1~2 / 09092
6.28.1 / 09572
6.28.2 / 09614
6.29 / 09667
6.30.1 / 09691
6.30.2 / 09815
6.31 / 10579
6.32.1 / 09379
6.32.2~3 / 09388
6.33.1~2 / 09404
6.33.3 / 09412
6.34.1 / 10352
6.35.1 / 10371
6.35.2~36.1 / 10374
6.37.1 / 10368
6.37.2 / 10367
6.38.1 / 10366
6.38.2 / 10283
7.1.1 / 07314
7.1.2 / 08112
7.2.1 / 07533
7.2.2 / 08987
7.3.1 / 07534
7.3.2 / 07414
7.4.1 / 07693
7.4.2 / 07692
7.5.1 / 07661
7.5.2 / 07321
7.6.2 / 07572
7.7.1 / 07543
7.7.3 / 08263
7.8.1 / 08073
7.8.2 / 07428
7.9.1 / 08017
7.9.2 / 08020
7.10 / 09001
7.10.2 / 08010
7.10.3 / 08074
7.11.1 / 07847
7.11.2 / 09045
7.12 / 07866
7.12.1 / 08341
7.13.1 / 07876
7.13.2 / 07877
7.14.1 / 08861
7.14.2 / 08878
7.15.1 / 08437
7.15.2 / 08884
7.16.1 / 07907
7.16.2 / 07904
7.17.1 / 07902
7.17.2 / 08507
7.18.1 / 08482
7.18.2 / 08443
7.19.1 / 08527
7.19.2 / 09013
7.20.1 / 08522
7.20.2 / 08573
7.21.1 / 08539
7.21.2 / 08584
7.22.1 / 08623
7.22.2 / 08643
7.23.1 / 08697

7.23.2 / 08696
7.24.1 / 08695
7.24.2 / 08698
7.25.1 / 08690
7.25.2 / 08668
7.26.1 / 08692
7.26.2 / 08835
7.27.1 / 08239
7.27.2 / 08189
7.28.1 / 08825
7.28.2 / 09032
7.29 / 09035
7.29.2 / 09029
7.29.3 / 09046
7.30.1 / 09034
7.30.2 / 09104
7.31.1 / 09185
7.31.2 / 09242
7.32 / 05296.2
7.32.2 / 09219
8.1.1 / 00556
8.2.1 / 00634
8.3.1 / 00632
8.4.1 / 00597
8.4.2 / 00596
8.6.1 / 00877
8.6.2 / 00870
8.7.1 / 00855
8.7.2 / 10022
8.8.1 / 10068
8.8.2 / 10105
8.9.1 / 10114
8.9.2 / 10110
8.10.1 / 10126
8.11.1 / 10127
8.11.2 / 04644
8.12.1~13.1 / 10151
8.14 / 10159
8.15~17 / 10173
8.21~23 / 10176
8.29.2~1 / 09283
8.30.1 / 10214
8.30.2 / 10205
8.31.1 / 10218
8.31.2 / 10225
8.32.1 / 10253
8.32.2 / 10262
8.33.1 / 10277
8.34.1 / 10279
8.34.2 / 09296
9.1 / 00092
9.2 / 00014
9.3.1 / 00238
9.3.2 / 00043
9.4.2 / 00044
9.5.2~6.1 / 00042
9.7 / 00069
9.8 / 00067
9.8~10 / 00132
9.11 / 00088
9.13~14 / 00206
9.14~16 / 00185
9.17 / 00111
9.19~9.21 / 00156
9.22 / 00155
9.25 / 00145
9.27 / 00226
9.32 / 00243
9.34.1 / 00370
9.34.2 / 00374
9.35 / 00399
10.1.1 / 11569
10.2.1 / 11601
10.3.1 / 11636
10.4.1 / 11655
10.5.2 / 11203
10.6.1 / 10824
10.6.2 / 10811
10.7.1 / 10936
10.7.2 / 10944
10.8.1 / 10901
10.8.2 / 10941
10.9.1 / 10895
10.9.2 / 10962
10.10.1 / 10975
10.10.2 / 10976
10.12.1 / 10983
10.12.2 / 10982
10.13.1 / 11012
10.13.2 / 10963
10.14.1 / 10990
10.14.3 / 11062
10.15.1 / 11033
10.16.1 / 11023
10.16.2 / 11021
10.17.1 / 11049
10.17.2 / 11183
10.18.1 / 11056
10.18.2 / 11082
10.19.2 / 11156
10.20.1 / 11089
10.21.1 / 11230
10.21.2 / 11233
10.22.1 / 11187
10.22.2 / 11003
10.23.1 / 11260
10.23.2 / 11129
10.24.1 / 11289
10.24.2 / 11334
10.25.2~26.1 / 11346
10.26.2 / 11264
10.27.1 / 11312
10.27.2 / 11335
10.28.1 / 11061
10.28.2 / 11353
10.29.1 / 11364
10.29.2~30 / 11396
10.32 / 10685
10.34.1~2 / 10859
10.35.1~2 / 10877
10.35.3 / 11473
10.36.1 / 11469
10.36.2 / 11488
10.36.3 / 11489
10.37.1 / 11526
10.37.2 / 11515
10.37.3 / 11480
10.38.1 / 11525
10.38.2 / 11541
10.39.1 / 11788
11.7 / 12097
11.10.2~4 / 09606
11.27.3 / 11848
11.28.1 / 11845
11.8.2~3 / 02451
11.81 / 02103
16.1(1.1) / 02153
16.1.2 / 01676
16.1.3 / 02636
16.2.1 / 01342
16.3 / 02251
16.4.1 / 02670
16.4.2 / 02502
16.5.1 / 02731
16.5.2 / 02411
16.6.1 / 02472
16.6.2 / 02594
16.7 / 02775
16.8.1 / 02655
16.8.2 / 02727
16.9 / 02752
16.10.1 / 02816
16.13 / 02803
16.15 / 02807
16.18 / 02671
16.18 / 02672
16.19.1 / 02787
16.20.1 / 02734
16.20(2.21)/02838
16.23 / 03764
16.24.1 / 03868
16.24.2 / 03930
16.25.1 / 04075
16.25.2 / 03820
16.27.1 / 03848
16.27.2~3 / 03732
16.28.1 / 03889
16.29.1 / 04093
16.29.2 / 03818
16.31 / 04181
16.32 / 04240
16.34 / 03987
16.36 / 04265
16.38.1 / 04262.1
16.38.2 / 03967.2
17.1.3 / 05597
17.2.1 / 06475
17.2.3 / 05880
17.2.4 / 05632
17.3.1~2 / 09354
17.4.1(5.16.1) / 05979
17.4.2 / 05894
17.4.3 / 05914
17.5.3 / 09608
17.6.1 / 05819
17.6.2 / 05971
17.6.3 / 05982
17.7.1 / 05994
17.7.2 / 06008
17.8.2 / 10530
17.9.1~2 / 03211
17.9.3 / 03289
17.9.5 / 03645
17.11.2 / 03763
17.11.3 / 03657
17.11.4 / 02279
17.12.2 / 10576
17.12.3 / 10573
17.12.4 / 03696
17.13.1 / 10567
17.13.2 / 03822
17.15.1 / 02607
17.15.2 / 06006
17.16.1(5.19.1) /09898
17.16.2 / 05408
17.19.1 / 04524
17.19.2 / 04581
17.20.1 / 04582
17.20.2 / 04587
17.21 / 04620
17.22 / 04623
17.23(4.3) / 04626
17.23 / 04627

17.25.1 / 04601	17.32.1 / 04411	18.4.3~4 / 05366	18.10 / 09612	18.21~22 / 10361
17.25.2~26.1 / 04631	17.34 / 04615	18.5(6.1.1) / 05365	18.10.3 / 09654	18.21.1~2 / 00708
17.26 / 04629	17.34.2 / 06506	18.5 / 09022	18.11 / 09671	18.23 / 09440
17.28.1 / 04389	17.35 / 06513	18.6 / 08575	18.11.2 / 09641	18.23.2 / 04643
17.28(5.32~33)	17.36 / 06462	18.6 / 09053	18.12.2 / 09690	18.24 / 10097
/ 04436	18.1~2 / 05007	18.6.3 / 06231	18.13.2 / 09713	18.26 / 10272
17.29 / 04367.1	18.1.1~2 / 04757	18.6.4 / 06389	18.14.2~16.1 / 09732	18.27 / 00018
17.29.2~3 / 04405	18.2.1~2 / 05187	18.7.1 / 06365	18.16.2~17.2 / 09730	18.27.1~2 / 09294
17.30.2~1 / 04407	18.2.3~4 / 05211	18.7.2 / 06366	18.19.1 / 09982	18.31.1 / 11046
17.30.3 / 04395	18.3.1 / 05385	18.7.4 / 06495	18.19.1~2 / 10174	18.31.2~3 / 10858
17.31 / 04424	18.3.2 / 05334	18.8.1 / 09096	18.20.1 / 04692	19.11.1 / 10964
17.31.2 / 04392	18.4.1~2 / 05278	18.9.2 / 09639	18.20.2 / 00570	

周金

1.1 / 00271	1.29~30 / 00183	1.63.2 / 00068	1 補 / 00374	2.27.2 / 02781
1.2~4 / 00261	1.31 / 00185	1.64 / 00070	1 補 / 00399	2.28.1 / 02780
1.5 / 00245	1.32.1~2 / 00186	1.65 / 00202	1 補 (与 1.45.1 重)	2.28.2 / 02776
1.6 / 00238	1.33~1.35 / 00155	1.66.1 / 00049	2.1 / 02841	2.29.1 / 02771
1.7 / 00239	1.36 / 00151	1.66.2 / 00035	2.5.1 / 02724	2.29.2 / 02772
1.8 / 00240	1.37 / 00152	1.67.2 / 00051	2.6 / 02838	2.30.2 / 02755
1.9 / 00241	1.38 / 00149	1.67.1 / 00064	2.10 / 02837	2.31.1 / 00948
1.10 / 00243	1.39 / 00145	1.68 / 00043	2.12 / 02836	2.31.2 / 02721
1.10.2 / 00244	1.40 / 00146	1.69.1 / 00042	2.14.1 / 02797	2.31.3 / 02743
1.11.1 / 00226	1.41 / 00147	1.69.2 / 00044	2.14.2 / 02798	2.32.1 / 02744
1.11.2 / 00225	1.42 / 00122	1.70.2 / 00040	2.15.1 / 02801	2.33.1 / 02730
1.12 / 00227	1.44 / 00132	1.71.1 / 00022	2.15.2 / 02802	2.33.2 / 02727
1.13 / 00229	1.45.1 / 00120	1.72.1 / 00018	2.16.2 / 02799	2.33.3 / 02732
1.14.1 / 00232	1.45.2~47 / 00156	1.72.2~73.1 / 00015	2.17.1 / 02800	2.34.2 / 02719
1.14.2 / 00231	1.48 / 00140	1.73.2 / 00014	2.17.2 / 02796	2.34.3 / 05405.2
1.15.1 / 00233	1.50 / 00115	1.74 / 00017	2.18 / 02829	2.35.1 / 00745
1.15.2 / 00234	1.52.1 / 00114	1.76~1.77 / 00425	2.19.2 / 02820	2.35.2 / 02705
1.16.1 / 00237	1.52.2 / 00118	1.79 / 00424	2.20 / 02816	2.36.2 / 02681
1.16.2 / 00236	1.53 / 00111	1.80 / 00421	2.21 / 02818	2.36.3 / 02690
1.17 / 00228	1.54 / 00109	1.81 / 00422	2.22 / 02812	2.36.4 / 02692
1.18 / 00235	1.55 / 00110	1 補 / 00041	2.23.1 / 02814	2.37.1 / 02691
1.19 / 00230	1.56 / 00102	1 補 / 00045	2.23.2 / 02813	2.37.2 / 02680
1.20 / 00203	1.57 / 00088	1 補 / 00046	2.24.1 / 02810	2.37.3 / 02684
1.22 / 00209	1.59.1 / 00092	1 補 / 00090	2.24.2 / 02807	2.37.4(与 3.56.2 重)
1.23(又 24) / 00205	1.59.2 / 00091	1 補 / 00117	2.25.1 / 02803	2.38.1(与 4.9 重)
1.25.1~2 / 00206	1.60 / 00059	1 補 / 00150	2.25.2 / 02787	2.38.2 / 02686
1.26 / 00204	1.61 / 00082	1 補 / 00201	2.26.1 / 02804	2.38.3(与 4.9 重)
1.27 / 00207	1.62 / 00065	1 補 / 00359	2.26.2 / 02783	2.39.1 / 02678
1.28.1~2 / 00208	1.63.1 / 00069	1 補 / 00370	2.27.1 / 02784	2.39.4 / 02649

2.40.1 / 02662
2.40.2 / 02660
2.40.3 / 02631
2.40.4 / 02655
2.41.1 / 02636
2.41.2 / 02635
2.42.1 / 02602
2.42.2 / 02629
2.43.1 / 02650
2.44.1 / 02643
2.44.2 / 02591
2.45.1 / 02614
2.45.2 / 02588
2.46.1 / 02609
2.47.1 / 02557
2.47.2 / 02590
2.48.2 / 02587
2.48.3 / 02605
2.49.1 / 02544
2.49.2 / 02517
2.49.4 / 02534
2.50.2 / 02552
2.50.4~2.51.1 / 02494
2.50.3 / 02495
2.51.2 / 02554
2.51.3 / 02150
2.52.1 / 02526
2.52.3 / 02523
2.52.4 / 02522
2.53.2 / 00929
2.53.3 / 02551
2.53.4 / 02511
2.54.1 / 02502
2.54.2(与 5.62.2 重)
2.54.3 / 02442
2.54.4~55 / 02454
2.56.1 / 02426
2.56.2 / 02456
2.56.3 / 02422
2.56.4 / 02475
2.57.1 / 02441
2.57.2 / 02448
2.57.3 / 02449
2.57.5(与 3.111.4 重)
2.57.6 / 02412
2.57.7 / 02043
2.58.1 / 02415
2.58.2 / 02375
2.58.3 / 02382
2.58.4 / 02383
2.59.1 / 02378
2.59.2 / 02392
2.59.3 / 02354
2.59.4 / 00566
2.60.1 / 02266
2.60.2 / 02273
2.60.5 / 02137
2.60.6 / 02282
2.61.2~3 / 02184
2.61.4 / 02153
2.61.5 / 02167
2.62.2 / 02227
2.63.1 / 02169
2.63.2~3 / 02451
2.63.4 / 02170
2.63.5 / 02168
2.63.6 / 02155
2.63.7 / 02048
2.63.8 / 02046
2.64.1 / 02060
2.64.2~3 / 02099
2.64.4~5 / 02067
2.64.6 / 02071
2.64.7(2.66.9) /02103
2.64.8 / 02032
2.65.1 / 02063
2.65.2 / 01937
2.65.3 / 01914
2.65.4 / 01950
2.65.5 / 01968
2.65.6 / 01975
2.65.7 / 01951
2.65.8 / 01769
2.66.1 / 01768
2.66.2 / 01728
2.66.5 / 01343
2.66.6 / 01342
2.67.1~2 / 00738
2.67.3~4 / 00737
2.67.5~6 / 00724
2.67.7~8 / 00726
2.68.1~2 / 00720
2.68.3~4 / 00722
2.69.1 / 00712
2.69.2 / 00711
2.70.2~3 / 00708
2.71.1 / 00732
2.71.2~3 / 00731
2.72.1 / 00717
2.72.2 / 00718
2.73.2~3 / 00673
2.74.1~2 / 00672
2.74.3 / 00694
2.75.1 / 00690
2.75.2 / 00692
2.76.1 / 00693
2.77.1 / 00666
2.77.2~3 / 00682
2.77.4~5 / 00635
2.78.1 / 00659
2.78.2 / 00638
2.79.1 / 00632
2.79.2 / 00633
2.80.1~2 / 00607
2.80.3 / 00611
2.81.1 / 00596
2.81.2 / 00597
2.82.1 / 00580
2.82.2 / 00586
2.83.1 / 00576
2.83.2 / 00571
2.83.3 / 00544
2.84.1 / 00545
2.84.2 / 00546
2.84.3 / 00554
2.85.1 / 00551
2.85.2 / 00550
2.85.3 / 00528
2.85.4 / 00522
2.87.1 / 00947
2.87.2 / 00941
2.88.1~2 / 00709
2.88.3 / 00932
2.89.1 / 00928
2.89.2 / 00925
2.89.3 / 00917
2.89.4 / 00891
2.90.1 / 00887
2.90.2 / 00870
2.90.3 / 00854
2.90.4 / 00876
2.91.1 / 00877
2.91.2 / 00856
2.91.3 / 00855
2.91.4 / 00833
2 補 / 00506
2 補 / 00511
2 補 / 00532
2 補 / 00534
2 補 / 00548
2 補 / 00549
2 補 / 00555
2 補 / 00605
2 補 / 00637
2 補 / 00639
2 補 / 00668
2 補 / 00691
2 補 / 00698
2 補 / 00705
2 補 / 00706
2 補 / 00733
2 補 / 01482
2 補 / 01734
2 補 / 01782
2 補 / 01956
2 補 / 01965
2 補 / 01973
2 補 / 02024
2 補 / 02027
2 補 / 02040
2 補 / 02044
2 補 / 02049
2 補 / 02209
2 補 / 02288
2 補 / 02334
2 補 / 02340
2 補 / 02350
2 補 / 02385
2 補 / 02413
2 補 / 02419
2 補 / 02443
2 補 / 02444
2 補 / 02461
2 補 / 02466
2 補 / 02469
2 補 / 02531
2 補 / 02563
2 補 / 02508
2 補 / 02542
2 補 / 02546
2 補 / 02553
2 補 / 02563
2 補 / 02569
2 補 / 02572
2 補 / 02600
2 補 / 02621
2 補 / 02628
2 補 / 02633
2 補 / 02685
2 補 / 02687
2 補 / 02722
2 補 / 02749
2 補 / 02754
2 補 / 02756
2 補 / 02778
2 補 / 04266
2 補 / 05395
2 補(与 2.37.3 重)
2 補(与 2.56.4 重)
2 補(与 2.84.2 重)
2 補(与 3.114.4 重)
3.1 / 04329
3.2.1~2;3.4.1~2

3.108.2 / 04041
3.108.3 / 03913
3.109.2 / 03907
3.110.1(与 5.9.3 重)
3.110.2(与 5.92.2 重)
3.110.3 / 03831
3.110.4 / 03763
3.111.1 / 03790
3.111.4 /00643
3.111.5 / 04638
3.112.1 / 04639
3.112.2 / 10576
3.112.4 / 03697
3.112.5(与 5.97.1 重)
3.112.6 / 00915
3.113.1 / 10202
3.113.2 / 05297
3.113.3(与 5.98.3 重)
3.113.6 / 00867
3.113.7 / 03469
3.114.1 / 03625
3.114.1~2 / 04722
3.114.2(与 2.89.4 重)
3.114.4 / 02267
3.114.8 / 10564
3.115.1 / 03477
3.115.2 / 09408
3.115.3 / 03556
3.115.4 / 03568
3.115.5 / 03450
3.115.6 / 03460
3.116.1 / 03464
3.116.3 / 10547
3.116.4 / 10542
3.116.5 / 03365
3.116.6 / 10482
3.117.3 / 03381
3.117.5 / 03385
3.117.6 / 05778
3.117.7 / 03064
3.117.8 / 01907
3.118.2 / 02961
3.119 / 04631

3.120 / 04632
3.121.1 / 04630
3.121.2 / 04626
3.122.1 / 04623
3.122.2 / 04624
3.123.1 / 04620
3.123.2 / 04616
3.124.1 / 04615
3.124.2 / 04601
3.125.1 / 04606
3.125.2 / 04600
3.126.1 / 04598
3.126.2 / 04596
3.127 / 04579.1
3.128.1 / 04581
3.128.2 / 04585
5.128.3 / 07661
3.129(130.1) /04582
3.130.2 / 04574
3.131.1 / 04575
3.131.2 / 04576
3.132.1 / 04563
3.133.1 / 04564
3.133.2 / 04562
3.134.2 / 04561
3.135.1~2 / 04570
3.136 / 04571
3.137.1 / 04555
3.138.1 / 04553
3.138.2 / 04558
3.139.1 / 04557
3.139.2~3.140.1 / 04559
3.140.2 / 04565
3.141.1 / 04567
3.141.2 / 04568
3.142.1 / 04552
3.142.2 / 04540
3.143.1 / 04537
3.143.2 / 04538
3.145.2~146.1 / 04528
3.146.2 / 04535

3.147 / 04517
3.148.1 / 04520
3.148.2 / 04519
3.149.1 / 04518
3.149.2 / 04514
3.150.1 / 04515
3.150.2 / 04487
3.151 / 04484
3.152.1 / 04466
3.152.2 / 04453
3.153.1~2 / 04465
3.154.1 / 04448
3.154.2 / 04452
3.155.1~2 / 04450
3.156.1 / 04449
3.156.2 / 04432
3.156.3 / 04431
3.157.1 / 04433
3.157.2~3 / 04436
3.158.1~2 / 04422
3.158.3~4 / 04421
3.159.1 / 04425
3.159.2 / 04424
3.159.3 / 04416
3.159.4 / 04410
3.160.2~1 / 04407
3.160.3 / 04400
3.160.4 / 04401
3.161.2 / 04392
3.161.3 / 04393
3.162.1 / 04380
3.162.2 / 04389
3.162.3 / 04377
3.162.4 / 04378
3.163.1~2 / 04394
3.163.3 / 04386.1
3.163.4 / 04388
3.164.1 / 04351
3.164.2 / 04365
3.165.1 / 04692
3.166 / 04683
3.167.1 / 04688
3.168.1 / 10366

3.169 / 04643
3 補 / 03777
3 補 / 03802
3 補 / 03803
3 補 / 03850
3 補 / 03890
3 補 / 03948
3 補 / 03957
3 補 / 04011
3 補 / 04056
3 補 / 04118
3 補 / 04119.2
3 補 / 04137
3 補 / 04152
3 補 / 04194
3 補 / 04201
3 補 / 04270
3 補 / 04271
3 補 / 04396
3 補 / 04405.2
3 補 / 04427
3 補 / 04428
3 補 / 04451
3 補 / 04529
3 補 / 04539.2
3 補 / 04572
3 補 / 04579.2
3 補 / 04275.1
3 補 / 04541.1
3 補 / 09873
3 補(与 5.84.1 重)
4.1 / 10176
4.2.1~2 / 10174
4.3 / 10173
4.6.1 / 10165
4.6.2 / 10162
4.6.3 / 10161
4.7 / 10159
4.9 / 10152
4.10.1 / 10151
4.10.2 / 10146
4.11.2 / 10133
4.12.1 / 10131

4.12.2 / 10139
4.13.1 / 10126
4.13.2 / 10113
4.14 / 10110
4.15 / 10123
4.16.2 / 10093
4.17.1 / 10105
4.17.2 / 10101
4.17.3 / 10086
4.17.4 / 10080
4.18.1 / 10075
4.18.2 / 10068
4.18.4 / 10059
4.19.1 / 10060
4.19.2~3 / 10026
4.20.2 / 04645
4.21.1 / 10279
4.21.2 / 10277
4.22.1 / 02668
4.22.2 / 10272
4.23.1 / 10270
4.23.2 / 10258
4.24.1 / 10263
4.24.2 / 10253
4.25.1 / 10237
4.25.2 / 10255
4.26.1 / 10251
4.26.2 / 10240
4.27.1 / 10231
4.27.2 / 10225
4.27.3 / 10220
4.28.1 / 10218
4.28.2 / 10229
4.30.1 / 10216
4.30.2 / 10214
4.30.3 / 10206
4.30.4 / 10205
4.31.2 / 10203
4.31.3 / 10195
4.32.2 / 10177
4.33.1 / 04644
4.36.1~2 / 10342
4.37.1 / 10331

5.129.2 / 07724
5.130.1 / 05904
5.130.2 / 06495
5.131.1 / 06502
5.131.2 / 06436
5.132.1 / 06367
5.132.2 / 06429
5.132.3 / 06365
5.132.4 / 06192
5.133.1 / 06169
5.133.2 / 06197
5.133.3 / 06174
5.134.1 / 06193
5.134.3~4 / 06135
5.135.3 / 06086
5.136.1 / 06513
5.136.2 / 06506
5.137~138 / 06462
5 補 / 09095
5 補 / 10360
6.1 / 11396
6.4.1 / 11364
6.4.2 / 11353
6.5.1 / 11356
6.6.1 / 11335
6.6.2 / 11347
6.7.1 / 11312
6.7.2~8.1 / 11346
6.8.2~2 / 11350
6.9.1 / 11334
6.9.2 / 11302
6.10.1 / 11289
6.11 / 11250
6.13.2 / 11203
6.14.1 / 11270
6.14.2 / 11206
6.15.1~2 / 11257
6.16.1~2 / 11256
6.17.1~2 / 11255
6.18.1~2 / 11029
6.18.3 / 11268
6.19.1 / 11200
6.19.2 / 11220
6.20.2 / 11230
6.20.3 / 11233
6.21.1 / 11187
6.21.2 / 11003
6.22.2 / 11183
6.23.2 / 11140
6.24.1 / 11146
6.24.2 / 11131
6.26.1 / 11089
6.26.2 / 11087
6.28.2 / 11082
6.28.3 / 11264
6.29.1 / 11135
6.29.2 / 11046
6.30.1 / 11033
6.32.1 / 11012
6.32.2 / 11023
6.33.1 / 11049
6.33.2 / 11021
6.34.1 / 11062
6.34.2 / 11061
6.36.1 / 11056
6.37.2 / 11058
6.39.2 / 10975
6.40.1 / 10976
6.40.2 / 10964
6.41.2 / 10983
6.42.1 / 10982
6.42.2 / 10962
6.43.2 / 10959
6.44.1 / 11001
6.45.2 / 10972
6.46.1 / 10979
6.47.2 / 10963
6.48.1 / 10941
6.48.2 / 10895
6.49.1 / 10944
6.49.2 / 10936
6.50.1 / 10943
6.54.1 / 10990
6.54.2 / 10901
6.55.2 / 10811
6.56.1 / 10824
6.60.1 / 11030
6.61.2 / 10890
6.68.1 / 11401
6.69 / 11403
6.70.2~3 / 10685
6.71.1~2 / 11114
6.72.1~2 / 10857
6.72.3~4 / 10859
6.73.2~3 / 10877
6.80.1 / 11556
6.80.3 / 11557
6.82.1 / 11549
6.82.2 / 11541
6.83.1 / 11526
6.83.2 / 11525
6.83.3 / 11516
6.83.4 / 11480
6.84.1 / 11479
6.85.1 / 11489
6.85.2 / 11488
6.85.3 / 11469
6.86.2 / 11392
6.86.3 / 11470
6.86.4 / 11455
6.86.5 / 11471
6.91 / 11562
6.91.2 / 11674
6.92.1 / 11682
6.92.2 / 11680
6.95.2~96.1 / 11636
6.99.1 / 11609
6.102.2 / 11581
6.104.2 / 11569
6.105.1 / 11655
6.105.3~4(106.1~2) / 11622
6.107.2 / 11601(上段)
6.109.1 / 11788
6.109.2 / 11786
6.113.1 / 11774
6.117 / 11733
6.119.3 / 11924
6.120.1 / 11915
6.122.1 / 10374
6.122.2 / 10371
6.123.1 / 10368
6.124.1 / 10372
6.126.1 / 11830
6.126.2 / 12105
6.127.2 / 12091
6.127.3~4 / 12099
6.129 / 12086
6.129.2 / 12088
6.130.1 / 11848
6.130.2 / 11845
6.131.1 / 11851
6.131.2 / 12024
6.131.3 / 12023
6.133 / 11260
6.133.2 / 11815
6.139.1 / 12030
6.143 / 10433
6 補 / 00033
6 補 / 11681

故圖

上上 2 页 / 06515
上下 39 / 02528
上下 128 / 04960
下上 1 / 00459
下上 3 / 00806
下上 4 / 00839
下上 5 / 00907
下上 6 / 00802
下上 7 / 00916
下上 9 / 00859
下上 9 / 02318
下上 14 / 01440
下上 15 / 01444
下上 16 / 01510
下上 17 / 02431
下上 18 / 01819
下上 20 / 01582
下上 20.3 / 06082
下上 21 / 01579
下上 22 / 01608
下上 23 / 01660
下上 24 / 02322
下上 25 / 01689
下上 26 / 01690
下上 27 / 01378
下上 28 / 01357
下上 33 / 01544
下上 40 / 02786
下上 41 / 02828
下上 42 / 02808
下上 43 / 02513
下上 44 / 02453
下上 45 / 02264
下上 46 / 02265
下上 49 / 02387
下上 50 / 02388
下上 51 / 02521
下上 57 / 03098
下上 58 / 03505
下上 59 / 03217
下上 62 / 03012
下上 67 / 04233
下上 68 / 04220
下上 69 / 03928
下上 70 / 03659
下上 71 / 03375
下上 77 / 03708
下上 88 / 04602
下上 89 / 04595
下上 90 / 04413

下上 95 / 05562
下上 96 / 05935
下上 98 / 05641
下上 99 / 05746
下上 100 / 05529
下上 101 / 05462
下上 102 / 05822
下上 103 / 05607
下上 104 / 05623
下上 105 / 05619
下上 106 / 05831
下上 107 / 05809
下上 108 / 05967
下上 110 / 05859
下上 111 / 05981
下上 112 / 05968
下上 113 / 05767
下上 114 / 05975
下上 115 / 05783
下上 118 / 09850
下上 119 / 09842
下上 125 / 04747
下上 126 / 04868
下上 127 / 05205
下上 129 / 04966
下上 130 / 04967
下上 131 / 05097
下上 132 / 04723
下上 133 / 04981
下上 134 / 05392.2
下上 135 / 05243
下上 136 / 05406
下上 137 / 05240
下上 138 / 05220
下上 139 / 05135
下上 140 / 05120
下上 142 / 09500
下上 144 / 09712
下上 145 / 09619
下上 146 / 09597
下上 147 / 09690
下上 150 / 09680
下上 151 / 09733

下上 163 / 09980
下上 166 / 09290
下上 173 / 09376
下上 174 / 09364
下上 175 / 09305
下上 178 / 09400
下上 180 / 09175
下上 183 / 08412
下上 184 / 07288
下上 185 / 07216
下上 186 / 07235
下上 187 / 06840
下上 188 / 07173
下上 189 / 06894
下上 190 / 06963
下上 193 / 06543
下上 197 / 06286
下上 198 / 06318
下上 199 / 06127
下上 200 / 06339
下上 201 / 06357
下上 202 / 06140
下上 204 / 06244
下上 210 / 10176
下上 220 / 10204
下上 221 / 10267
下上 222 / 10278
下上 228 / 10190
下上 238 / 00260
下上 239 / 00031
下上 240(乙) / 00198
下上 241 / 00086
下下 1 / 00480
下下 2 / 00481
下下 3 / 00461
下下 4 / 00441
下下 5 / 00442
下下 6 / 00530
下下 8 / 00888
下下 9 / 00797
下下 10 / 02237
下下 10 / 00880
下下 12 / 00894

下下 16 / 01146
下下 17 / 01434
下下 18 / 01442
下下 19 / 01438
下下 20 / 01740
下下 21 / 01422
下下 22 / 01002
下下 23 / 01079
下下 24 / 01088
下下 25 / 01204
下下 27 / 01294
下下 28 / 01889
下下 29 / 01532
下下 31 / 02009
下下 32 / 01526
下下 33 / 01594
下下 34 / 01574
下下 35 / 01573
下下 36 / 01872
下下 37 / 01602
下下 38 / 01612
下下 39 / 01260
下下 40 / 01888
下下 41 / 01652
下下 40.1 / 06307
下下 42 / 01681
下下 44 / 01684
下下 45 / 02026
下下 46 / 01313
下下 47 / 01810
下下 48 / 02763.2
下下 52 / 02626
下下 53 / 02072
下下 60 / 02153
下下 62 / 02059
下下 63 / 01919
下下 64 / 02760
下下 65 / 02759
下下 68 / 02280
下下 69 / 02351
下下 70 / 02778
下下 71 / 01783
下下 72 / 02630

下下 73 / 02733
下下 74 / 02346
下下 75 / 02509
下下 76 / 02510
下下 77 / 01770
下下 78 / 02563
下下 79 / 02780
下下 80 / 02460
下下 81 / 02657
下下 82 / 02601
下下 83~85 / 02841
下下 86 / 02468
下下 87 / 02585
下下 88 / 02082
下下 92 / 02722
下下 93 / 02606
下下 95 / 02302
下下 96 / 02309
下下 111 / 02308
下下 115 / 03096
下下 116 / 03094
下下 117 / 03014
下下 118 / 03015
下下 119 / 02990
下下 120 / 03042
下下 121 / 03000
下下 122 / 03110
下下 123 / 02953
下下 124 / 02964
下下 125 / 02960
下下 126 / 03021
下下 127 / 03082
下下 128 / 02985
下下 129 / 03064
下下 130 / 03136
下下 131 / 03417
下下 132 / 03501
下下 133 / 03052
下下 134 / 03174
下下 135 / 03419
下下 136 / 03181
下下 137 / 03177
下下 138 / 03429

下下 139 / 03186
下下 140 / 03515
下下 141 / 03459
下下 142 / 03746
下下 152 / 03575
下下 153 / 03353
下下 155 / 03351
下下 156 / 04044
下下 157 / 04269
下下 159 / 03399
下下 160 / 03905
下下 161 / 03368
下下 162 / 03472
下下 163 / 03463
下下 171 / 04239.2
下下 172 / 04238
下下 173 / 03934.2
下下 174 / 03933.1
下下 175 / 03703
下下 176 / 04194
下下 177 / 03955
下下 178 / 04215
下下 179 / 04009
下下 180 / 03988
下下 181 / 04015
下下 182 / 03706.1
下下 183 / 03929
下下 184 / 03842
下下 185 / 03714
下下 186 / 03715
下下 188 / 04190
下下 189 / 04145
下下 191 / 04647
下下 203 / 04588
下下 204 / 04417
下下 205 / 04412
下下 206 / 04391
下下 213 / 05728
下下 214 / 05727
下下 215 / 05615
下下 216 / 05629
下下 217 / 05546
下下 221 / 05688

下下 222 / 05419	下下 283 / 09627	下下 360 / 08370	下下 386 / 05635	下下 431 / 10181
下下 223 / 05985	下下 284 / 09640	下下 361 / 08852	下下 387 / 07294	下下 457 / 06024
下下 224 / 05863	下下 286 右 / 09711	下下 362 / 08419	下下 388 / 07129	下下 462 / 00017
下下 225.226 / 06016	下下 286 左 / 09710	下下 364 / 08902	下下 389 / 07145	下下 463 / 00228
下下 241 / 09870	下下 289 / 09558	下下 365 / 08906	下下 395 / 06031	下下 465 / 00197
下下 261 / 10361	下下 290 / 09542	下下 366 / 08501	下下 396 / 06096	下下 466 / 00197
下下 262 / 09997	下下 329 / 09537	下下 367 / 07917	下下 397 / 06373	下下 468 / 00117
下下 264 / 04802	下下 342 / 09322	下下 368 / 08938	下下 398 / 06445	下下 469 / 00004
下下 265 / 05006.1	下下 343 / 09349	下下 369 / 08594	下下 399 / 06120	下下 471 / 00155
下下 266 / 04863.1	下下 344 / 09310	下下 370 / 08695	下下 400 / 06299	下下 472 / 00155
下下 267 / 04923.1	下下 345 / 09393	下下 371 / 08162	下下 402 / 06425	下下 482 / 00411
下下 268 / 04926	下下 346 / 09392	下下 372 / 08994	下下 405 / 06441	下下 483 / 00398
下下 269 / 05313	下下 347 / 09435	下下 375 / 07794	下下 406 / 06226	下下 488 / 00416
下下 270 / 05308.2	下下 351 / 09220	下下 376 / 08882	下下 409 / 06506	下下 489 / 11772
下下 271 / 05408	下下 352 / 09221	下下 377 / 08583	下下 410 / 06462	下下 492 / 10884
下下 272(器) / 05031	下下 354 / 07528	下下 379 / 06970	下下 411 / 06513	下下 495 / 10793
下下 275 / 04810	下下 355 / 08228	下下 381 / 06799	下下 414 / 10120	下下 496 / 11656
下下 278 / 09728	下下 356 / 08224	下下 382 / 06664	下下 415 / 10111	下下 497 / 11627
下下 280 / 09731	下下 357 / 07314	下下 383 / 06921	下下 428 / 10326	
下下 281 / 09676	下下 358 / 07353	下下 384 / 07066	下下 429 / 10229	
下下 282 / 09645	下下 359 / 08339	下下 385 / 07264	下下 430 / 10264	

冠斝

上 1 / 00201	上 25 / 04276	上 53 / 04815	中 18 / 07551	中 35 / 08312
上 3 / 01166	上 27 / 04505	上 54 / 04891	中 19 / 07359	中 36 / 09009
上 4 / 00991	上 28 / 04690	上 55 / 04865	中 20 / 07729	中 37 / 09049
上 5 / 01021	上 29 / 04691	上 56 / 05222	中 21 / 08079	中 38 / 06150
上 7 / 01565	上 30 / 04415	中 1 / 09556	中 22 / 08081	中 39 / 06246
上 8 / 01300	上 31 / 09762	中 4 / 09956	中 23 / 08080	中 41 / 00410
上 9 / 01915	上 32 / 05740	中 6 / 06731	中 24 / 07521	中 42 / 00409
上 10 / 01856	上 33 / 05790	中 7 / 06581	中 25 / 08208	中 45 右 / 12010
上 11 / 02449	上 34 / 05989	中 8 / 06644	中 26 / 07906	中 45 左 / 12009
上 12 / 00755	上 38 / 09241	中 9 / 06535	中 27 / 08067	中 51 / 10732
上 16 / 02956	上 39 / 09249	中 10 / 07161	中 28 / 07896	中 52 / 10845
上 17 / 03065	上 40 / 00454	中 12 / 07132	中 29 / 07773	中 54 / 10968
上 20 / 03323	上 43 / 00713	中 13 / 07266	中 30 / 07845	補 1 / 03386
上 21 / 03650	上 44 / 00765	中 14 / 07508	中 31 / 08546	補 2 / 06516
上 22 / 03918	上 45 / 00841	中 15 / 07584	中 32 / 08138	補 5 / 09391
上 23 / 04026	上 47 / 00882	中 16 / 07561	中 33 / 08552	
上 24 / 04099	上 49 / 10055	中 17 / 07560	中 34 / 08843	

恒軒

1 / 00226	1.8 / 01583	2 / 00236	3 / 02705	4 / 02709

5 / 02363	29 / 04193	48 / 09577	66 / 05242	84 / 06252
6 / 01714	30 / 03908	49 / 05517	67 / 05034	85 / 06110
7 / 01566	31 / 03533	50 / 06516	68 / 05392.1	86 / 06814
9.2 / 02837	32 / 03739	51 / 05509	69 / 05308.1	87 / 10101
13.2 / 02813	33 / 03784	52 / 09506	70 / 08873	88 / 10152
14 / 02787	34 / 03730	53 / 09552	71 / 09000	89 / 03199
15 / 02381	35 / 03436	54 / 09572	72 / 08477	90 / 10270
16 / 02269	36 / 03609	55 / 09631	73 / 09045	91 / 04563
18 / 02063	37 / 03551	56 / 04989	74 / 08532	92 / 09411
19 / 01962	38 / 03545	57 / 04890	75 / 08597	93 / 09443
20 / 01782	39 / 04214	58 / 04856	76 / 08665	94 / 00673
21 / 02764	40 / 03180	59 / 05217	77 / 07978	95 / 00486
22 / 02304	41 / 03223	60 / 05099	78 / 08674	96 / 00711
23 / 02974	42 / 03090	61 / 04864	79 / 07345	97 / 00634
24 / 03028	44 / 03163	62 / 04738	80 / 08990	98 / 00840
25 / 03215	45 / 03034	63 / 04979	81 / 08140	99 / 00846
26 / 03208	46 / 03556	64 / 05427	82 / 09077	
27~28 / 04229	47 / 05565	65 / 05326	83 / 06374	

美集録

A192 / 04169	R23 / 01152	R47 / 06689	R70 / 01362	R91 / 03225
R1 / 04767	R24 / 01092	R48 / 01518	R70 / 05172	R92 / 05064
R2 / 01220	R25 / 02965	R49 / 00814	R71 / 06255	R93 / 05441
R3 / 05454	R26h / 07465	R50 / 07009	R72 / 01089	R94 / 06217
R4 / 06636	R27 / 09251	R51 / 08335	R73 / 07016	R95 / 03158
R5 / 09465	R28 / 06143	R52 / 08240	R74 / 08259	R96 / 07336
R6 / 09128	R29 / 06522	R53 / 01539	R75 / 07647	R97 / 03655
R7 / 09466	R31 / 09195	R54 / 06052	R76 / 07646	R98 / 09415
R8 / 07464	R32 / 05577	R55 / 08731	R77 / 06757	R99 / 07576
R9 / 07025	R33 / 09857	R56 / 03314	R78 / 06294	R100 / 07577
R10 / 07026	R34 / 07003	R57 / 01627	R79 / 06841	R101 / 02114
R11 / 08186	R35 / 03337	R58 / 07656	R80 / 05156	R102 / 05689
R12 / 08187	R36 / 01824	R59 / 01158	R81 / 08753	R103 / 07167
R13 / 02981	R37 / 08963	R60 / 01160	R82 / 08754	R104 / 07168
R14 / 01123	R38 / 01859	R61 / 05658	R83 / 04896	R105 / 03421
R15 / 04787	R39 / 01449	R62 / 09263	R84 / 09276	R106 / 07233
R16 / 05495	R40 / 01141	R63 / 04729	R85 / 00845	R107 / 08848
R17 / 01164	R41 / 07639	R64 / 06079	R86 / 07218	R108 / 01315
R18 / 06050	R42 / 06713	R65 / 08484	R87 / 01711	R109 / 05080
R19 / 05481	R43 / 06714	R66 / 04986	R88 / 06614	R110 / 09338
R20 / 03007	R44 / 00766	R67 / 01383	R89 / 00448	R111 / 05176
R21 / 05482	R45 / 06688	R68 / 03312	R89 / 01084	R112 / 08098
R22 / 09148	R46 / 01195	R69 / 05155	R90 / 02959	R113 / 01716

R114 / 01235
R115 / 06913
R116 / 01717
R117 / 08090
R117d / 06904
R118 / 08088
R119 / 06900
R120 / 06901
R121 / 08096
R122 / 09865
R123 / 01407
R124 / 01430
R125 / 05565
R126 / 06982
R127 / 06346
R128 / 01398
R129 / 01758
R130 / 09768
R131 / 05569
R132 / 06164
R133 / 07797
R134 / 06986
R135 / 07808
R136 / 09767
R137 / 09887
R138 / 05203
R139 / 07277
R140 / 09845
R141 / 01429
R142 / 06464
R143 / 06377.2
R144 / 05292
R145 / 09161
R146 / 05736
R146d / 08894
R146e / 01841
R147 / 05747
R148 / 01846
R149 / 07181
R150 / 01869
R151 / 03326
R152 / 01818
R153 / 04144

R154 / 05061
R155 / 09259
R156 / 06751
R157 / 01702
R158 / 09480
R159 / 05090
R160 / 07040
R161 / 07049
R162 / 02989
R163 / 01622
R164 / 02368
R165 / 10309
R166 / 10308
R167 / 09106
R168 / 09191
R169 / 06575
R170 / 01459
R171 / 06797
R173 / 01361
R174 / 09121
R175 / 09108
R176 / 05443
R177 / 06523
R178 / 09120
R179 / 06574
R180 / 05545
R181 / 01004
R182 / 08201
R183 / 01104
R184 / 04790
R185 / 06034
R186 / 08307
R187 / 09146
R188 / 05102
R189 / 09277
R190 / 01834
R191 / 05318
R192 / 05617
R193 / 08944
R194 / 08579
R195 / 09262
R196 / 01671
R197 / 01692

R198 / 08028
R199 / 03070
R200 / 09265.2
R201b / 09254.2
R202 / 07136
R203 / 09206
R204 / 01285
R205 / 00831
R206 / 05526
R207 / 05501
R208 / 08435
R209 / 02015
R210 / 08722
R211 / 08070
R212 / 07873
R214 / 07900
R215 / 10029
R216 / 01041
R217 / 04791
R218 / 06597
R219 / 04738
R222 / 09832
R223 / 01657
R224 / 08815
R225 / 08283
R226 / 09123
R227 / 09869
R229 / 06498
R230 / 06084
R231 / 03044
R232 / 07610
R233 / 09152
R234 / 06185
R235 / 00780
R236 / 02969
R237 / 09343
R238 / 05824
R239 / 07397
R240 / 05204
R241 / 01811
R242 / 06215.2
R243 / 01286
R245 / 03322

R246 / 06482
R247 / 07219
R248 / 08908
R249 / 08434
R250 / 07695
R251 / 04766
R252 / 00504
R253 / 07237
R254 / 04921
R255b / 09363.2
R256 / 08496
R257 / 07991
R258 / 08817
R259 / 05695
R260b / 09361.2
R261 / 05666
R262 / 01714
R263 / 09503
R264 / 05865
R265 / 05314.1
R266 / 05901
R267 / 06239
R268 / 03043
R269 / 05644
R270 / 04708
R271 / 01136
R272 / 04898
R273 / 05219
R274 / 04746
R275 / 04745
R276 / 05496
R277 / 09844
R278 / 09252
R279 / 05576
R280 / 05003
R281 / 05002
R282 / 03138
R283 / 09760
R284 / 09892.2
R285 / 08659
R286 / 04836
R287 / 06388
R288 / 03748

R289 / 05816
R290 / 03567
R291 / 03469
R292 / 03747
R293 / 03695
R294 / 03468
R295 / 00890
R296 / 05185
R297 / 03510
R298 / 05821
R299 / 03517
R300 / 05830
R301a / 09382
R302 / 09567
R303 / 06478.2
R304 / 05422
R305 / 09454
R306 / 05150.1
R307 / 03424
R308 / 03423
R309 / 05153
R310 / 02115
R311 / 03306
R312 / 08671
R313 / 06508
R314 / 09424
R315 / 09901.1
R316 / 05402
R317 / 05992
R318 / 05889
R319 / 05259
R320 / 03942
R321 / 03733
R322 / 09876
R323 / 09876
R324 / 05959
R325 / 05359
R326 / 06431
R327 / 06432
R328 / 09289
R329 / 05326
R330 / 05327
R331 / 05260

R332 / 09880
R333 / 05263
R334 / 05305
R335 / 07279
R336 / 05812
R337 / 10068
R338 / 05829
R339 / 03376
R340 / 05775
R341 / 05299
R342 / 05236.1
R343 / 03577
R344 / 09431
R345 / 02078
R345 / 05817
R346 / 03519
R347 / 05693
R348 / 03568
R349 / 05141
R350 / 03454
R351 / 05793
R352 / 05832
R353 / 05903
R354 / 03473
R356 / 03644
R357 / 05905
R358 / 02337
R359 / 06501
R360 / 05902
R361 / 05946
R362 / 03530
R363 / 03270
R364 / 05709
R365 / 03405
R366 / 05784
R367 / 03282
R368 / 05791
R369 / 05032
R370 / 01734
R371 / 05030
R372 / 03248
R373 / 09041
R374 / 09399
R375 / 09530
R376 / 05932
R377 / 05337
R378 / 05898
R379 / 04112
R380 / 05426
R381 / 05972
R382 / 03615
R383 / 01732
R384 / 01721
R385 / 03449
R386 / 05103
R387 / 05024
R388 / 03646
R389 / 05409.1
R390 / 09419
R391a / 03779.1
R391b / 03777.2
R392a / 0377.1
R392b / 03779.2
R393 / 03753
R394 / 03768
R395 / 04023
R396b / 03806
R397 / 03734.1
R398 / 04123
R399 / 00754
R400 / 00753
R401 / 04326
R402 / 03769
R403 / 04465
R404 / 04221
R405 / 04394
R406 / 03957
R407 / 04361
R408 / 04362
R409 / 09599
R410 / 03856
R411 / 00607
R412 / 09624
R413 / 10133
R414 / 00553
R415 / 02544
R416 / 00531
R417 / 03927
R418 / 04314
R419 / 04292
R420 / 04332
R421 / 04559
R422 / 04645
R423 / 10159
R424 / 10283
R425 / 04576
R426 / 02289
R427 / 05761
R428 / 10288
R429 / 10289
R430 / 09720
R432 / 09496
R433h / 09703
R434 / 02396
R435P / 01800
R442 / 00648
R443 / 09361.1
R445 / 05228
R446 / 01124
R447 / 01147
R448 / 01035
R449 / 01072
R450 / 02434
R451 / 02340
R453 / 03713
R454 / 03069
R455 / 03086
R456 / 09197
R457 / 09114
R458 / 09141
R459 / 09145
R461 / 08253
R462 / 07664
R463 / 08387
R464 / 08388
R465 / 05741
R466 / 05662
R467 / 05634
R468 / 07015
R469 / 07150
R470 / 07078
R470 / 09332
R471 / 06349
R472 / 06503
R473 / 06364
R474 / 05127
R475 / 04872
R476 / 04990
R477 / 05478
R478 / 09471
R479 / 10034
R480 / 09747
R481 / 10040
R482 / 01066
R483 / 09783
R484 / 09580
R485 / 09717
R486p(R391a 照)
R487p(R163 照)
R488p(R457 照)
R489p(R125 照)
R490p(R386 照)
R491p(R48 照)
R492p(R366 照)
R493p(R360 照)
R495p(R481 照)
R500 / 09955
R501(附) / 01172
R502 / 06956
R503 / 06563
R504 / 10219
R505 / 02433
R506 / 08141
R507 / 07774
R508 / 03008
R509 / 06801
R510 / 07472
R511 / 01312
R512 / 07567
R513 / 10303
R514 / 10304
R515 / 05309
R516 / 01087
R517 / 07935
R519 / 09433
R521 / 05269
R520 / 10016
R522 / 05683
R523 / 05606
R524 / 07131
R525 / 07256

泉屋博古

1 / 02951
2 / 04701
3 / 07575
4 / 07543
5(又 32) / 00881
6 / 01424
7 / 06960
8 / 08213
9 / 08000
10 / 07825
11 / 05009
12(又 51) / 09105
13 / 06018
14 / 09779
15 / 05586
16 / 05525
17 / 05652
18 / 07975
19 / 06809
20 / 03298

21 / 09345	31 / 05787	42 / 09885	52 / 02628	63 / 00111
22 / 03168	32(又 5) / 00881	43 / 05284	53 / 09451	64 左 / 00043
23 / 09787	33 / 09531	44 / 05882	54 / 05384	64 左 / 00044
24 / 05648	34 / 03391	45 / 03601	55 / 02485	65 / 00042
25 / 05650	36 / 05187	46 / 09293	56 / 00948	66 / 00069
26 / 08675	37 / 03495	47 / 00873	57 / 04122	67 / 00243
27 / 03206	38 / 05239	48 / 00915	58 / 05425	68 上 / 00157
28 / 05755	39 / 05196	49 / 00667	60 / 00088	68 下 / 00163
29 / 05128	40 / 05801	50 / 00558	61 / 00014	69 / 00121
30 / 05126.2	41 / 09404	51(又 12) / 09105	62 / 00092	70 / 00132

貞補

上 1.1 / 00164	上 9.4 / 02406	上 20.2 / 10558	上 31.1 / 05515	中 4.1~2 / 04969
上 1.2 / 00090	上 10.1 / 02485	上 20.2 / 03342	上 31.2 / 05525	中 4.3 / 05083
上 2.1~3 / 00121	上 10.2 / 02465	上 20.3 / 10541	上 31.4 / 05619	中 5.1~2 / 04986
上 2.4 / 01411	上 10.3 / 02574	上 20.4 / 03387	上 32.1 / 05650	中 5.3~4 / 05123
上 3.1 / 01255	上 11.1 / 02659	上 21.1 / 03495	上 32.2 / 05746	中 6.1~2 / 04871
上 3.2 / 01288	上 11.2 / 02741	上 21.2 / 10558	上 32.3 / 05722	中 6.3~4 / 05172
上 3.4 / 01489	上 11.3 / 02696	上 21.3 / 03558	上 32.4 / 05783	中 7.1~2 / 05243
上 4.1~2 / 01349	上 12.1 / 02741	上 21.4 / 10067	上 33.1 / 05765	中 7.3~4 / 05218
上 4.3 / 01354	上 12.2 / 02740	上 22.3 / 10570	上 33.2 / 05835	中 8.1~2 / 05249
上 4.4 / 01502	上 13 / 02763.2	上 22.1 / 09408	上 33.3 / 05831	中 8.3~4 / 05237
上 4.5 / 01531	上 14 / 02786	上 22.2 / 05898	上 33.4 / 05882	中 9.1 / 05254
上 5.1 / 01601	上 15.1 / 00481	上 22.3 / 10570	上 34.1 / 05908	中 9.2~3 / 05263
上 5.2 / 01696	上 15.2 / 00500	上 22.4 / 05901	上 34.2 / 05396.1	中 10.1~2 / 05284
上 5.3 / 01863	上 15.3 / 00536	上 23 / 10575	上 34.3;35.1 / 09815	中 10.3~4 / 05333
上 5.4 / 01638	上 15.4 / 02109	上 23.2 / 10575	上 36.1 / 09500	中 11.1 / 05343
上 6.1 / 01287	上 16.1 / 00559	上 23.3 / 03604	上 36.2 / 09542	中 11.2~3 / 05384
上 6.2 / 01717	上 16.2 / 00580	上 24 / 10565	上 36.3 / 09566	中 11.4~12.1 / 05399
上 6.3 / 01894	上 16.3 / 00594	上 24.1 / 10565	上 36.4~37.1 / 09603	中 12.2~13.1 / 05425
上 6.4 / 01996	上 17.1 / 00783	上 24.2 / 03546	上 37.2~3 / 09619	中 13.2 / 09213
上 7.1 / 01999	上 17.2 / 00873	上 24.3 / 03740	上 37.4 / 06511	中 14.1 / 09241
上 7.2 / 02003	上 17.3 / 00888	上 25.1 / 03752	上 38.1 / 09672	中 14.2~3 / 09394
上 7.3 / 02068	上 18.1 / 00916	上 25.2 / 03843	上 38.2~39.1 / 09691	中 14.4~5 / 09370
上 7.4 / 02157	上 18.2 / 02980	上 26.1 / 04106	上 392~40.1~2/0978	中 15.1~2 / 09385
上 8.1 / 02187	上 18.3 / 03084	上 26.2 / 04169	中 1.1~2 / 04701	中 15.3 / 06587
上 8.2 / 02402	上 18.4 / 03064	上 27.1~2 / 04215	中 1.3~4 / 04733	中 15.4 / 06608
上 8.3 / 02310	上 19.1 / 10509	上 28 / 04238.1	中 2.1 / 04820	中 16.1 / 06959
上 8.4 / 02341	上 19.2 / 10510	上 29 / 04330	中 2.2~3 / 04904	中 16.2 / 06809
上 9.1 / 02331	上 19.3 / 03298	上 30.1 / 04489	中 2.4 / 05076	中 16.3 / 06840
上 9.2 / 02332	上 19.4 / 10524	上 30.3 / 05510	中 3.1~2 / 04965	中 16.4 / 06894
上 9.3 / 02348	上 20.1 / 10527	上 31.3 / 05586	中 3.3~4 / 04960	中 17.1 / 07131

中 17.2 / 07118	中 20.4 / 06205	中 24.1 / 07855	中 27.2 / 08792	中 33.1 / 11815
中 17.3 / 07115	中 21.1 / 06396	中 24.2 / 07938	中 27.3 / 08986	中 33.2 / 11545
中 17.4 / 07129	中 21.2 / 06255	中 24.3 / 07975	中 27.4 / 09021	中 30.1~2 / 00419
中 18.1 / 07144	中 21.3 / 06409	中 24.4 / 07982	中 28.1~2 / 09051	中 30.3 / 00416
中 18.2 / 07216	中 21.4 / 06302	中 25.1 / 08000	中 28.3 / 09066	中 31.1 / 00005
中 18.3 / 07286	中 22.1 / 06373	中 25.2 / 08338	中 28.4 / 09072	中 31.2 / 10688
中 18.4 / 07285	中 22.2 / 06372	中 25.3 / 08431	中 29 / 10273	中 31.3 / 10631
中 19.1 / 07288	中 22.3 / 07492	中 25.4 / 08906	中 29.1~2 / 08882	中 32.1 / 10883
中 19.2 / 07289	中 22.4 / 07575	中 26.1 / 08541	中 29.3 / 10273	中 32.2 / 10884
中 19.3 / 05531	中 23.1 / 07353	中 26.2 / 08718	中 31.2 / 10688	中 33.1 / 11815
中 20.1 / 06175	中 23.2 / 07369	中 26.3 / 08667	中 31.3 / 10631	中 33.2 / 11545
中 20.2 / 06198	中 23.3 / 07644	中 26.4 / 08707	中 32.1 / 10883	下 42.2 / 11772
中 20.3 / 06133	中 23.4 / 07419	中 27.1 / 08675	中 32.2 / 10884	

貞松

1.1 / 00004	1.19.3 / 00234	2.6.2 / 01442	2.13.4 / 01612	2.21.2 / 01886
1.1 / 00017	1.20.1 / 00232	2.7.1 / 01438	2.14.1 / 01605	2.21.3 / 01893
1.2 / 00035	1.20.2 / 00425	2.7.2 / 01434	2.14.2 / 01872	2.21.4 / 01684
1.2~3 / 00186	1.21 / 00428	2.7.3 / 01260	2.14.3 / 01630	2.22.1 / 02019
1.3.1 / 00050	1.22 / 00359	2.7.4 / 01298	2.14.4 / 01639	2.22.2 / 01911
1.3.2 / 00051	1.23.1 / 00398	2.8.1 / 01310	2.15.1 / 01642	2.22.3 / 01964
1.4.1 / 00047	1.23.3 / 00404	2.8.2 / 01313	2.15.2 / 01637	2.22.4 / 01951
1.4.2 / 00053	1.23.4 / 00386	2.8.3 / 01311	2.15.3 / 01652	2.23.1 / 01960
1.5 / 00059	1.24 / 00403	2.8.4 / 01294	2.15.4 / 01889	2.23.2 / 01969
1.6 / 00120	2.1.1 / 01120	2.9.1 / 01381	2.16.1 / 01685	2.23.4 / 01973
1.7.1 / 00071	2.1.2 / 01105	2.9.2 / 01482	2.16.2 / 01678	2.24.1 / 01908(05110)
1.7.2 / 00086	2.1.3 / 01112	2.9.3 / 01347	2.16.3 / 01679	2.24.2 / 01919
1.8 / 00089	2.2.1 / 01127	2.9.4 / 01491	2.16.4 / 01693	2.24.3 / 01918
1.9 / 00204	2.2.2 / 01175	2.10.1 / 01742	2.17.2 / 01378	2.24.4 / 01376
1.10 / 00207	2.2.3 / 01204	2.10.2 / 01703	2.17.3 / 01770	2.25.1 / 01810
1.11~12 / 00209	2.2.4 / 01196	2.10.3 / 01511	2.17.4 / 01730	2.25.2 / 02082
1.12 / 00197	2.3.1 / 01207	2.10.4 / 01513	2.18.1 / 01779	2.25.3 / 01991
1.13 / 00202	2.3.2 / 01201	2.11.1 / 01553	2.18.2 / 01780	2.25.4 / 02002
1.13~14 / 00201	2.3.3 / 01159	2.11.2 / 01551	2.18.3 / 01781	2.26.1 / 02009
1.14 / 00113	2.3.4 / 01079	2.11.3 / 01536	2.18.4 / 01790	2.26.2 / 01887
1.15.1 / 00117	2.4.1 / 01008	2.11.4 / 01526	2.19.1 / 01751	2.26.3 / 01641
1.15.2 / 00142	2.4.2 / 01006	2.12.1 / 01594	2.19.2 / 01754	2.26.4 / 00526
1.16 / 00150	2.4.3 / 01001	2.12.2 / 01574	2.19.3 / 01740	2.27.1 / 02061
1.17.1 / 00147	2.5 / 01448	2.12.3 / 01584	2.19.4 / 01814	2.27.2 / 02028
1.17.2 / 00152	2.5.1 / 01229	2.12.4 / 01573	2.20.1 / 01816	2.27.3 / 02044
1.18 / 00233	2.5.3 / 01146	2.13.1 / 01595	2.20.2 / 05050	2.27.4 / 02049
1.19.1 / 00235	2.5.4 / 01422	2.13.2 / 03319	2.20.4 / 01878	2.28.1 / 02066
1.19.2 / 00230	2.6.1 / 01444	2.13.3 / 01620	2.21.1 / 01877	2.28.2 / 02024

4.28.1 / 03052
4.28.2 / 03087
4.28.3 / 03066
4.28.4 / 10512
4.29.1 / 02985
4.29.2 / 03082
4.29.3 / 03110
4.29.4 / 03136
4.30.2 / 03142
4.30.3 / 03166
4.30.4 / 03307
4.31.1 / 05614
4.31.2 / 03168
4.31.3 / 03181
4.31.4 / 03177
4.32.1 / 10519
4.32.2 / 03174
4.32.3 / 03186
4.32.4 / 03206
4.33.2 / 10529
4.33.3 / 10528
4.33.4 / 03281
4.34.1 / 03280
4.34.2 / 10532
4.34.3 / 03328
4.35.1 / 03341
4.35.2 / 01910
4.35.3~4 / 03363
4.36.1 / 03365
4.36.2 / 03380
4.36.3 / 05121
4.36.4 / 10539
4.37.1 / 03349
4.37.2 / 03399
4.37.3~4 / 03401
4.38.1 / 03417
4.38.2 / 03419
4.38.3 / 03429
4.38.4 / 10559
4.39.1 / 03449
4.39.2 / 03464
4.39.3 / 03455
4.39.4 / 10546

4.40.1 / 03451
4.40.2 / 03450
4.40.3 / 03575
4.41.1 / 10551
4.41.2 / 03501
4.41.3 / 03500
4.41.4 / 10554
4.42.1 / 03421
4.42.2 / 10556
4.42.3 / 03515
4.42.4 / 09882
4.43.1 / 03567
4.43.2 / 03572
4.43.3 / 03601
4.43.4 / 03608
4.44.1 / 03631
4.44.3 / 03715
4.44.4 / 03714
4.45.1 / 03686
4.45.2 / 03747
4.45.3 / 03832
4.46.1 / 03905
4.46.2 / 03939
4.47.1 / 03949
4.47.2 / 03975
4.47.3 / 04044
4.48.1 / 04201
4.48.2 / 04241
4.49~51 / 09901
5.1.1 / 03044
5.1.2 / 03036
5.1.3~4 / 03059
5.3.1 / 03247
5.3.2 / 03368
5.3.3 / 10543
5.3.4 / 03371
5.4.1 / 03373
5.4.3 / 03353
5.4.4 / 03351
5.5.1 / 03462
5.5.2 / 03485
5.5.3 / 03487
5.5.4 / 03443

5.6.1 / 03481
5.6.2 / 03448
5.6.4 / 03444
5.7.1 / 03488
5.7.2 / 03505
5.7.3 / 03531
5.7.4 / 03563
5.8.1 / 03587
5.8.2 / 03586
5.8.3 / 03585
5.8.4 / 03542
5.9.2 / 10563
5.9.3 / 03535
5.9.4 / 03628
5.10.1~2 / 03620
5.10.3 / 03619
5.10.4 / 03504
5.11.1 / 03659
5.11.2 / 03665
5.11.3 / 04056
5.12.2 / 03704
5.12.3~4 / 03703
5.13.1~2 / 03706
5.13.3 / 03708
5.13.4 / 03712
5.14.1 / 03724
5.14.2 / 03741
5.14.3 / 03731
5.14.4 / 03690
5.15.1~2 / 04639
5.15.3 / 03746
5.15.4 / 03743
5.16.1~2 / 03780
5.16.3 / 03778
5.16.4 / 03779
5.17.1 / 03807
5.17.2 / 03774
5.17.3 / 03847
5.18.1~2 / 04415
5.18.3 / 03867
5.19.1 / 04412
5.19.2 / 03900
5.2.1 / 03187

5.2.2 / 03255
5.2.4 / 03257
5.20.2、20.4 / 03840
5.20.3、20.1 / 03841
5.21.1 / 03869
5.21.2 / 03863
5.21.3 / 03842
5.22.1~2 / 03931
5.22.3 / 03933
5.22.4 / 03934
5.23.1~2 / 03855
5.23.3~4 / 03853
5.24.1~2 / 03856
5.24.3 / 03877
5.25.1 / 03928
5.25.2 / 03929
5.26.1 / 03917
5.26.2 / 03953
5.27.1 / 04011
5.27.2 / 03967
5.28.1 / 03955
5.28.2 / 03956
5.29.1 / 03986
5.29.2 / 04015
5.30.1、5.30.3 / 03981
5.31 / 04028
5.31.1~5.30.2 / 03980
5.32.2~1 / 04025
5.33 / 04046
5.33.2~1 / 04024
5.34.1 / 04033
5.34.2 / 04034
5.34.3 / 04057
5.34.4 / 04056
5.35.1 / 04039
5.35.2 / 04032
5.36.2 / 04081
5.37.2 / 04070
5.37.3~38.1 / 04068
5.38.2 / 04069
5.39.1 / 04103
5.39.2 / 04090
5.40.1 / 04114

5.40.2 / 04134
5.41.1 / 04135
5.41.2 / 04129
5.42.1 / 04647
5.42.2 / 04145
5.43.1 / 04156
6.1.1 / 04161
6.1.2 / 04160
6.2 / 04195
6.3.1 / 04207
6.3.2 / 04227
6.4 / 04220
6.5 / 04233
6.6 / 04238
6.7 / 04271
6.8 / 04270
6.9 / 04287
6.10~6.11.1 / 04298
6.11 / 04300
6.12 / 04301
6.13 / 04315
6.17.1(蓋) / 04274
6.17.2~6.18.2 / 04275
6.19(器)6.20.2~21.1
(盖) / 04318
6.20.1 / 04319
6.21.2~22.1 / 04335
6.23.1~2 / 04336
6.24.1 / 04470
6.24.2 / 04487
6.24.3 / 04488
6.24.4 / 04521
6.25.1 / 04525
6.25.2 / 04528
6.25.3~26.1 / 04529
6.26.3(蓋) / 04541
6.27.2~3 / 04539
6.28 / 04552
6.28.2~6.2 / 04565
6.29 / 04570
6.30.1 / 04554
6.30.2 / 04572
6.31.2 / 04574

6.31.1 / 04588
6.32.2 / 04585
6.33.1 / 04595
6.33.2 / 04598
6.34.1 / 04614
6.34.2 / 04602
6.35.1~2 / 04386
6.35.3~4 / 04387
6.36.1 / 04391
6.36.2 / 04399
6.37.1 / 04406
6.37.2 / 04396
6.38.1 / 04419
6.38.2~3 / 04413
6.39.1 / 04423
6.39.2 / 04417
6.40.1~2 / 04422
6.40.4 / 04427
6.41.1 / 04435
6.41.2 / 04430
6.42.1~2 / 04450
6.43.1 / 04451
6.43.2 / 04452
6.43.3 / 04449
6.44.1~2 / 04466
7.1.1 / 05472
7.1.2 / 05483
7.1.3 / 05490
7.2.1 / 05465
7.2.2 / 06970
7.2.3~4 / 09767
7.3.1~2 / 05563
7.3.3 / 05552
7.3.4 / 05601
7.4.1 / 05617
7.4.2 / 05728
7.4.3 / 05615
7.4.4 / 05639
7.5.1 / 05631
7.5.2 / 05629
7.5.3~4 / 05645
7.6.2 / 05648
7.6.1 / 05741

7.6.4 / 05688
7.7.1 / 05702
7.7.2 / 05727
7.7.3 / 05731
7.7.4 / 05755
7.8.1 / 05758
7.8.2 / 05757
7.8.3 / 05636
7.8.4 / 05774
7.9.1 / 03391
7.9.2 / 05759
7.9.3 / 05778
7.9.4 / 05763
7.10.1 / 05787
7.10.2 / 05809
7.10.3 / 05821
7.10.4 / 05810
7.11.1 / 05822
7.11.3 / 09568(05846)
7.12.1 / 05863
7.12.2 / 05864
7.12.3 / 05866
7.13.1 / 05918
7.13.2 / 05897
7.13.3 / 05899
7.14.2 / 05915
7.15.1 / 05935
7.15.2 / 05917
7.15.3 / 05934
7.16.1 / 05963
7.16.2 / 05961
7.16.3 / 05968
7.17.1 / 04029
7.17.2 / 05981
7.18.1 / 05985
7.18.2 / 05984
7.19.1 / 05402
7.19.2 / 06016
7.21 / 09761
7.21.1~2 / 09742
7.21.4 / 09777
7.22.2 / 09800
7.22.3 / 09458

7.22.4 / 09481
7.23.1 / 04810
7.23.2 / 09478
7.23.4 / 09521
7.24.1 / 09525
7.24.2 / 09536
7.24.3~4 / 09534
7.24.4~25.1 / 09535
7.25.2 / 09532
7.25.4 / 09537
7.26.1~2 / 09526
7.26.3 / 09571
7.26.4 / 05220
7.27.2 / 09575
7.27.3 / 09588
7.28.1 / 09597
7.28.2 / 09613
7.28.3 / 09615
7.29.1 / 09627
7.29.2~30.1 / 09645
7.30.2 / 09646
7.31.1 / 09659
7.31.2 / 09676
7.32.1 / 09705
7.32.2~33 / 09712
7.34.2 / 09715
7.34.3~37.2 / 09731
8.1.1~2 / 04752
8.1.3 / 04732
8.1.4 / 04756
8.2.1 / 06036
8.2.2~3 / 04735
8.2.4~5 / 04714
8.3.1~2 / 04747
8.3.3~4 / 04743
8.4.3~4 / 04823
8.5.1~2 / 04824
8.5.3 / 04869
8.5.4~5 / 04888
8.5.6 / 04886
8.6.1~2 / 04863
8.6.3~4 / 04866
8.7.1~2 / 05006

8.7.3~4 / 04903
8.8.1 / 04910
8.8.2~3 / 04925
8.8.4 / 04954
8.8.5 / 04952.2
8.9.1~2 / 04959
8.9.3~4 / 04985
8.9.5 / 05165.2
8.10.1~2 / 04981
8.10.3 / 05085
8.11.1 / 05008
8.11.2 / 05009
8.11.3 / 04849
8.12.1~2 / 05025
8.12.3~4 / 05043
8.12.5~13.1 / 05031
8.13.2~3 / 05027
8.13.4~5 / 05026
8.14.1~2 / 05126
8.14.3~4 / 05097
8.14.5~6 / 04923
8.15.1~2 / 05067
8.15.3 / 05165.1
8.15.4~16.1 / 05091
8.16.2 / 05114
8.16.3~4 / 05144
8.17.1~2 / 05108
8.17.3 / 05140
8.17.4 / 05136
8.17.5~6 / 05128
8.18.2~3 / 05120
8.18.4 / 05170
8.18.5~19.1 / 05205
8.19.2~3 / 05252
8.19.4~5 / 05214
8.20.1~2 / 05240
8.20.3~4 / 05236
8.21.1、4 / 09567
8.21.2~3 / 05228
8.22.1 / 05258.1
8.22.2 / 05259.2
8.22.3~4 / 05260
8.23.1 / 05313

8.23.2~3 / 05314
8.23.4 / 05299
8.24.1~2 / 05301
8.24.3~4 / 05328
8.25.1~2 / 05332
8.25.3~4 / 05318
8.26.1~2 / 05311
8.26.3~4 / 05344
8.27.1~2 / 05340
8.27.3~4 / 05342
8.28.1 / 05377
8.28.2~3 / 05355
8.28.4 / 05386
8.29.1 / 05394
8.29.3~30.1 / 05400
8.30.4(30.3) / 05408
8.31.1~2 / 05417
8.31.4 / 10360
8.32 / 05419
8.33.1 / 09200
8.33.2 / 09156
8.33.3~4 / 09184
8.34.1 / 09202
8.34.2 / 09203
8.34.3~4 / 09205
8.34.5 / 09204
8.35.1 / 09208
8.35.2 / 09228
8.35.3 / 09214
8.35.4 / 09220
8.36.1 / 09221
8.36.2 / 09175
8.36.3 / 09233
8.36.4 / 09239
8.37.1 / 09243
8.37.2 / 09322
8.37.3~4 / 09305
8.38.1~2 / 09324
8.38.4~5 / 09310
8.39.1~2 / 09343
8.39.3~4 / 09345
8.39.5~8.40.1 / 09376
8.40.2~3 / 09349

8.40.4~5 / 04939
8.41.1 / 04967
8.41.2 / 09368
8.41.3~4 / 09381
8.41.5 / 09383
8.42.1~2 / 09400
8.42.3 / 09393
8.42~43 / 09451
8.43 / 09454
9.1.1 / 06788
9.1.2 / 06720
9.1.3 / 06767
9.2.1 / 06604
9.2.2 / 06799
9.2.3 / 07066
9.2.4 / 06921
9.3.1 / 06664
9.3.2 / 06933
9.3.2 / 07421
9.3.3 / 06828
9.3.4 / 06819
9.4.1 / 07099
9.4.2 / 06240
9.4.3 / 07120
9.4.4 / 07107
9.5.1 / 07135
9.5.2 / 05658
9.5.3 / 07143
9.5.4 / 07147
9.6.1 / 07145
9.6.3 / 07207
9.6.4 / 07208
9.7.2 / 07212
9.7.3 / 05655
9.7.4 / 07153
9.8.1 / 07251
9.8.2 / 07250
9.8.4 / 07140
9.9.1 / 07264
9.9.2 / 07294
9.9.3 / 07295
9.9.4 / 07304
9.10.1 / 03020
9.10.2 / 06061
9.10.3 / 06072
9.10.4 / 06037
9.11.1 / 06142
9.11.2 / 06784
9.11.3 / 06077
9.11.4 / 06078
9.12.1 / 06083
9.12.3 / 06018
9.12.4 / 06019
9.13.1 / 06031
9.13.2 / 06159
9.13.3 / 06091
9.13.4 / 06092
9.14.1 / 06104
9.14.2 / 06117
9.14.3 / 06118
9.14:4 / 06120
9.14.5 / 06119
9.15.1 / 06124
9.15.2 / 06129
9.15.3 / 06131
9.15.4 / 06043
9.16.1 / 09959
9.16.2 / 06178
9.16.3 / 06151
9.16.4 / 06371
9.17.1 / 06214
9.17.2 / 06217
9.17.3 / 06230
9.17.4 / 05621
9.18.1 / 06241
9.18.2 / 06218
9.18.3 / 06227
9.18.4 / 06226
9.19.1 / 06250
9.19.2 / 06388
9.19.3 / 06262
9.19.4 / 01848
9.20.1 / 07228
9.20.2 / 06258
9.20.4 / 05647
9.21.1 / 06270
9.21.2 / 06285
9.21.3~4 / 06282
9.22.1 / 06408
9.22.2 / 06284
9.22.3 / 06307
9.22.4 / 06318
9.23.1 / 06337
9.23.2~3 / 06334
9.23.4 / 06332
9.23.5 / 06269
9.24.1~2 / 06351
9.24.3 / 06353
9.24.4~5 / 06350
9.24.6 / 06362
9.25 / 05049.2
9.25.1~2 / 06369
9.25.4 / 06442
9.26.1 / 06407
9.26.2 / 06416
9.26.3 / 06424
9.26.4 / 06437
9.27.1 / 05767
9.27.2 / 06441
9.27.3 / 06465
9.27.4 / 06451
9.28.1 / 06470
9.28.2 / 05859
9.28.3 / 06500
9.29.1 / 06512
9.29.2 / 07570
9.29.3 / 07571
9.30.1 / 07541
9.30.2 / 07609
9.30.3 / 07474
9.30.4 / 07459
9.31.1 / 07425
9.31.3 / 07405
9.31.4 / 07706
9.32.1 / 07356
9.32.2 / 07355
9.32.4 / 07734
9.33.1 / 07850
9.33.2 / 07859
9.33.3 / 07872
9.33.4 / 07916
9.34.1 / 07929
9.34.2 / 07944
9.34.3 / 07937
9.34.4 / 07961
9.35.1 / 07979
9.35.2 / 07825
9.35.3 / 08040
9.35.4 / 08003
9.36.1 / 08060
9.36.2 / 08162
9.36.3 / 08161
9.36.4 / 08296
9.37.1 / 08145
9.37.2 / 08148
9.37.3 / 08048
9.37.4 / 08808
9.38.1 / 08135
9.38.2 / 08310
9.38.3 / 08242
9.38.4 / 08991
9.39.1 / 08807
9.39.2 / 08190
9.39.3 / 07815
10.1.1 / 08313
10.1.2 / 08345
10.1.3 / 08368
10.2.1 / 08370
10.2.2 / 08416
10.2.3 / 08429
10.2.4 / 08419
10.3 / 08412
10.3.1 / 08439
10.3.3 / 08408
10.3.4 / 08427
10.4.1 / 08506
10.4.2 / 08501
10.4.3 / 08480
10.4.4 / 08512
10.5.1 / 08902
10.5.2 / 08442
10.5.3 / 08446
10.6.1 / 08463
10.6.2 / 08476
10.6.3 / 08447
10.6.4 / 08487
10.7.1 / 08474
10.7.2 / 08493
10.7.3 / 08491
10.7.4 / 08577
10.8.1 / 08547
10.8.2 / 08576
10.8.3 / 08543
10.8.4 / 08542
10.9.1 / 08581
10.9.2 / 08578
10.9.3 / 08559
10.9.4 / 08557
10.10.1 / 08604
10.10.3 / 08594
10.10.4 / 08596
10.11.1 / 08621
10.11.2 / 08614
10.11.3 / 08618
10.11.4 / 08634
10.12.1 / 08635
10.12.2 / 08645
10.12.3 / 08650
10.12.4 / 08673
10.13.1 / 08679
10.13.2 / 08715
10.13.3 / 08706
10.13.4 / 08705
10.14.1 / 08963
10.14.2 / 08740
10.14.3 / 08332
10.14.4 / 08331
10.15.1 / 08766
10.15.2 / 08791
10.15.3 / 08832
10.15.4 / 08836
10.16.1 / 08867
10.16.2 / 08871
10.16.3 / 08854
10.16.4 / 08881

10.17.1 / 08908
10.17.2 / 09005
10.17.3 / 08976
10.17.4 / 08956
10.18.1 / 08810
10.18.2 / 08997
10.18.3 / 08994
10.18.4 / 08998
10.19.1 / 08974
10.19.2 / 08975
10.19.3 / 09071
10.19.4 / 09031
10.20.1 / 09036
10.20.2 / 09047
10.20.3 / 09054
10.21.1 / 09083
10.21.2 / 09095
10.22.1 / 09097
10.22.2 / 09103
10.23.1 / 07873
10.23.2~3 / 08308
10.23.4~5 / 08307
10.23.6 / 08891
10.24.1 / 08519
10.24.2 / 08583
10.24.3 / 08837
10.24.4 / 08980
10.25.1 / 10043
10.25.2 / 03189
10.25.3 / 10080
10.25.4 / 10113
10.26.3 / 10119
10.27.1 / 10118
10.27.2 / 10111
10.28.1 / 10120
10.28.2 / 10128
10.29.1 / 10139
10.29.2 / 10149
10.30.1 / 10163
10.30.2~31.1 / 10170
10.31.2 / 09270
10.31.3 / 09276
10.32.3~4 / 10181
10.32.5 / 10190
10.33.1 / 10186
10.33.2 / 10196
10.33.3 / 10203
10.33.4 / 10204
10.34.1 / 10207
10.34.2 / 10216
10.34.3 / 10217
10.35.1 / 10244
10.35.2 / 10245
10.36.1 / 10255
10.36.2 / 10251
10.37.2 / 10239
10.38.1 / 10248
10.38.2 / 10246
10.39.1 / 10258
10.39.2 / 10267
10.40.1 / 10261
10.40.2 / 10269
10.41.1 / 10271
10.41.2 / 10278
10.42.1 / 10282
11.1.2 / 10286
11.2.2 / 10307
11.2.3 / 10306
11.3.1 / 10350
11.3.2 / 10386
11.4 / 10296
11.5.1 / 09969
11.5.2 / 09970
11.6.1~2 / 09964
11.6.4~7.1 / 09965
11.7.2 / 09968
11.8.1 / 10336
11.8.2 / 10326
11.8.3 / 09997
11.9.1 / 09616
11.9.2 / 00032
11.10.1 / 00970
11.10.2 / 00980
11.12.1 / 12087
11.12.2 / 10381
11.13.1 / 10383
11.14.1 / 10365
11.14.2 / 10458
11.15.3 / 12012
11.15.4 / 12029
11.16.1 / 12015
11.16.2 / 12024
11.17.1 / 12065
11.17.2 / 12066
11.18.2 / 10415
11.18.3 / 10414
11.19.1 / 10423
11.19.2 / 10422
11.19.3 / 10429
11.19.4 / 10416
11.20.1 / 10690
11.20.2 / 10733
11.21.1 / 10668
11.21.2 / 10783
11.22.1 / 10818
11.22.2 / 10805
11.22.3 / 10817
11.23.1 / 10864
11.23.2 / 10911
11.24.1 / 10906
11.24.2 / 10898
11.25.1 / 10980
11.25.2 / 10970
11.26.1 / 11034
11.26.2 / 11028
11.27.1 / 11077
11.27.2 / 11073
11.27.3 / 11083
11.28.1 / 11086
11.28.2 / 11065
11.28.3 / 11069
11.29.1 / 11115
11.29.2 / 11140
11.30.1 / 11146
11.30.2 / 11210
11.31.1 / 11154
11.31.2 / 11162
11.32.1 / 11190
11.32.2 / 11182
11.33.1 / 11184
11.33.2 / 11202
11.33.3 / 11269
11.34.1~2 / 11252
11.34.3 / 11302
11.35~36 / 11393
12.1.1 / 10827
12.1.2 / 10909
12.1.3 / 10905
12.2.1 / 11084
12.2.2 / 11105
12.2.3 / 11075
12.3.1 / 11085
12.3.2 / 11125
12.3.3 / 11123
12.4.1 / 11088
12.4.2 / 11245
12.4.3 / 11223
12.4.4 / 11228
12.5.1 / 11110
12.5.2 / 11271
12.6.1~2 / 11279
12.7.1~2 / 11313
12.7.3 / 11317
12.8.1 / 11319
12.8.2 / 11354
12.9.1 / 11361
12.10.1 / 11351
12.10.2 / 11391
12.11.1 / 11438
12.11.2 / 11443
12.12.1 / 11440
12.12.2 / 11430
12.13.1 / 11476
12.13.2 / 11491
12.13.3 / 11487
12.13.4 / 11499
12.14.1 / 11498
12.14.2 / 11513
12.14.3 / 11530
12.14.4 / 11516
12.15.1 / 11529
12.15.2 / 11528
12.15.3 / 11537
12.15.4 / 11540
12.16.1 / 11543
12.16.2 / 11553
12.17.1~2 / 11547
12.17.3~4 / 11566
12.18.1 / 11577
12.18.2 / 11593
12.18.3 / 11608
12.19.1 / 11613
12.19.2 / 11651
12.19.3 / 11663
12.20.1 / 11697
12.20.2 / 11660
12.21.1~2 / 11670
12.21.3 / 11679
12.21.4 / 11677
12.22.1 / 11694
12.22.2~3 / 11711
12.22.4~5 / 11701
12.23.1~2 / 11709
12.23.3~4 / 11622
12.24.1 / 11932
12.24.2 / 11935
12.24.3 / 11992
12.24.4 / 11974
12.25.1 / 11977
12.25.2 / 11975
12.25.3 / 11976
12.25.4 / 11980
12.25.5 / 11979
12.25.6 / 11944
12.26.1 / 11943
12.26.1 / 11949
12.26.2 / 11959
12.26.3 / 11948
12.26.4~5 / 11945
12.26.6 / 12005
12.27.1 / 12004
12.27.2 / 12006
12.27.3 / 11931
12.28.1 / 11926
12.28.2 / 11923

12.28.3 / 11920 12.29.1 / 11905	12.29.2 / 11907	12.30.1 / 11916	12.30.2 / 11917	12.31.2 / 11768

貞圖

上 1 / 00047	上 28 / 00736	上 56 / 07087	中 25 / 07821	中 55 / 10864
上 2 / 00053	上 29 / 02982	上 57 / 07118	中 26 / 07772	中 56 / 10911
上 3 / 01025	上 30 / 03271	上 58 / 07115	中 27 / 07780	中 57 / 10980
上 4 / 01213	上 31 / 03287	中 1 / 06086	中 28 / 07781	中 58 / 11034
上 5 / 01418	上 32 / 04201	中 2 / 06159	中 29 / 08221	中 59 / 11033
上 6 / 01448	上 33 / 04273	中 3 / 06200	中 30 / 08442	中 60 / 11073
上 7 / 01401	上 34 / 03831	中 4 / 06201	中 31 / 08465	中 61 / 11164
上 8 / 01311	上 35 / 03986	中 5 / 06241	中 32 / 08577	中 62 / 11259
上 9 / 01491	上 36 / 04152	中 6 / 06262	中 33 / 08640	中 63 / 11346
上 10 / 01816	上 37 / 04156	中 7 / 06313	中 34 / 08726	中 64 / 11346
上 11 / 01973	上 38 / 04521	中 8 / 06324	中 35 / 10163	中 65 / 11354
上 12 / 02098	上 39 / 04577	中 9 / 06350	中 36 / 00428	中 67 / 11223
上 13 / 02121	上 41 / 09518	中 10 / 06353	中 38 / 09986	中 68 / 11228
上 14 / 02179	上 42 / 09571	中 11 / 06371	中 39 / 10350	中 69 / 11245
上 15 / 02189	上 43 / 09575	中 12 / 06506	中 40 / 09616	中 70 / 11317
上 16 / 02135	上 44 / 05347	中 13 / 06513	中 41 / 00970	中 71 / 11430
上 17 / 02287	上 45 / 05342	中 14 / 07570	中 42 / 00980	中 72 / 11498
上 18 / 02310	上 46 / 09383	中 15 / 07527	中 43 / 10381	中 73 / 11610
上 19 / 02338	上 47 / 06571	中 16 / 07379	中 44 / 09903	中 74 / 11651(上段)
上 20 / 02492	上 48 / 06654	中 17 / 07827	中 45 / 12090	中 76 / 11905
上 21 / 02487	上 49 / 06706	中 18 / 07870	中 47 / 12015	中 77 / 11906
上 22 / 02543	上 50 / 06685	中 19 / 08055	中 48 / 12024	中 78 / 11907
上 23 / 02608	上 51 / 06610	中 20 / 07974	中 49 / 12065	中 79 / 11923
上 24 / 02713	上 52 / 07058	中 21 / 07981	中 50 / 12066	
上 25 / 02754	上 53 / 07019	中 22 / 07999	中 52 / 10690	
上 26 / 00501	上 54 / 07005	中 23 / 08082	中 53 / 10668	
上 27 / 00646	上 55 / 07162	中 24 / 08091	中 54 / 10784	

貞續

上 1.1 / 00031	上 5.5~6 / 00167	上 8.1 / 01386	上 10.2 / 01273	上 13.1 / 01541
上 1.2~2.1 / 00157	上 6.1~2 / 00168	上 8.2 / 01180	上 10.3 / 01293	上 13.2 / 01819
上 2.2~3 / 00158	上 6.3~4 / 00169	上 8.3 / 01145	上 10.4 / 01465	上 13.3 / 01579
上 3.1~2 / 00159	上 6.5~6 / 00170	上 8.4 / 01410	上 11.1 / 01395	上 13.4 / 01597
上 3.3~4 / 00161	上 6.7 / 01128	上 9.1 / 01413	上 11.2 / 01493	上 14.1 / 01582
上 4.1~2 / 00162	上 7.1 / 01203	上 9.2 / 01440	上 11.3 / 01492	上 14.3 / 01606
上 4.3~4 / 00163	上 7.2 / 01191	上 9.3 / 01141	上 11.4 / 01494	上 14.4 / 01608
上 5.1~2 / 00165	上 7.3 / 01095	上 9.4 / 01258	上 12.3 / 02237	上 15.1 / 01880
上 5.3~4 / 00166	上 7.4 / 01369	上 10.1 / 01272	上 12.4 / 01345	上 15.2 / 01660

上15.3 / 01689
上15.4 / 01690
上16.1 / 01681
上16.2 / 01755
上16.3 / 01754
上16.4 / 01721
上17.1 / 01783
上17.2 / 01799
上17.3 / 01813
上17.4 / 01815
上18.1 / 01557
上18.2 / 01554
上18.3 / 01834
上18.4 / 01949
上19.1 / 01373
上19.2 / 01927
上19.3 / 02034
上19.4 / 02069
上20 / 02265
上20.1 / 02102
上20.2 / 02129
上20.3 / 02307
上21.1 / 02327
上21.2 / 02387
上22.1 / 02388
上22.2 / 02342
上22.3 / 02632
上23.1 / 02509
上23.2 / 02510
上23.3 / 02569
上24.1 / 02608
上24.2 / 02630
上24.3 / 02738
上25.1 / 00459
上25.2 / 00532
上25.3 / 00540
上25.4 / 00538
上26.1 / 00613
上26.3 / 00697
上27.1 / 00802
上27.2 / 00803
上27.3 / 00817
上27.4 / 00851
上28.1 / 00897
上28.2 / 10484
上28.3 / 02967
上28.4 / 02970
上29.1 / 03094
上29.2 / 03128
上29.3 / 03150
上29.4 / 03154
上30.1 / 03308
上30.2 / 03217
上30.3 / 03383
上30.4 / 03263
上31.2 / 03229
上31.3 / 03391
上31.4 / 03463
上32.2 / 03603
上32.3 / 03050
上32.4 / 03271
上33.3 / 03260
上33.4~34.1 / 03184
上34.2~3 / 03183
上34.4 / 03350
上35.1 / 03458
上35.2 / 03459
上35.3 / 03456
上35.4 / 03472
上36.1~2 / 03602
上36.3~4 / 03523
上37.1~2 / 03522
上37.3 / 03702.1
上37.4 / 00643
上38.1 / 03778
上38.2 / 03783
上38.3~4 / 03769
上39.1~2 / 03857
上40.1~2 / 03932
上40.3 / 03933.2
下1.1 / 07615
下1.2 / 07700
下1.3 / 07446
下2.1 / 07671
下2.2 / 07599
下2.3 / 07853
下2.4 / 07856
下3.1 / 07870
下3.2 / 07875
下3.3 / 07909
下3.4 / 07924
下4.1 / 07930
下4.2 / 07939
下4.3 / 07981
下4.4 / 08018
下5.1 / 08224
下5.2 / 08228
下5.3 / 08151
下5.4 / 08149
下6.1 / 08030
下6.2 / 08115
下6.3 / 08234
下6.4 / 08209
下7.2 / 07821
下7.3 / 08214
下7.4 / 08037
下8.1 / 08306
下8.2 / 08795
下8.3~4 / 08817
下8.5 / 08816
下9.1 / 08066
下9.2 / 08318
下9.3 / 08839
下9.4 / 08323
下10.1 / 08840
下10.2 / 08844
下10.3 / 08336
下11.1 / 08337
下11.2 / 08348
下11.3 / 08417
下11.4 / 08415
下12.1 / 08384
下12.2 / 08852
下12.3 / 08499
下12.4 / 08513
下13.1 / 08525
下13.2 / 08579
下13.3 / 08550
下13.4 / 07949
下14.1 / 08652
下14.2 / 08941
下14.3 / 08942
下14.4 / 08673
下15.1 / 08716
下15.2 / 08955
下15.3 / 08686
下16.1 / 08160
下16.2 / 08876
下16.3 / 08946
下16.4 / 08909
下17.1 / 08907
下17.2 / 08996
下17.3 / 08995
下17.4 / 08883
下18.1 / 09026
下18.2 / 09044
下18.3 / 09043
下18.4 / 08379
下19.1 / 10025
下19.2 / 10027
下19.3 / 10036
下19.4 / 10051
下20.1 / 10085
下20.2 / 10146
下21 / 11413
下22.1 / 10900
下22.2~3 / 11294
下23.1~2 / 11570
下23.3 / 11906
下23.4 / 11919
下24 / 10380
下24.1 / 11930
下26 / 10247
下26.2 / 10311
下31.1 / 10534
下32.1 / 10555
中1.1 / 04577
中1.2~2.1 / 04604
中2.2~3.1 / 04605
中3.2~3 / 04375
中4 / 02763.1
中4.1 / 04448
中4.2 / 02763.1
中5.1 / 05460
中5.2 / 05532
中5.3 / 05593
中6.1 / 05558
中6.2 / 05607
中6.3 / 05641
中6.4 / 05652
中7.1 / 05668
中7.2 / 05692
中7.3 / 03335
中7.3 / 03338
中7.4 / 05826
中8.1 / 05890
中8.2 / 05876
中8.3 / 05923
中8.4 / 05942
中9.1 / 05975
中9.2 / 06515
中10.1~2 / 09785
中10.3 / 09787
中10.4 / 09788
中11.1 / 09497
中11.2 / 06396
中11.3~4 / 09533
中12.1 / 09570
中12.2 / 09576
中13.1~2 / 04702
中13.3 / 04868
中13.4~14.1 / 04853
中14.2 / 04908.1
中14.3~4 / 05061
中15.1 / 04928
中15.2 / 04926
中15.3~4 / 05074
中16.1~2 / 04976
中16.3~4 / 05090
中17.1~2 / 05047
中17.3 / 05056
中17.4 / 05107
中18.1 / 05193
中18.2~3 / 05251
中18.4~19.1 / 05335

中 19.2~3 / 05370	中 25.2 / 09352	中 28.4 / 07089	中 31.4 / 06024	中 35.2 / 06403
中 19.4~20.1 / 05354	中 25.3 / 09364	中 29.2 / 05145.1	中 32.1 / 06094	中 35.3 / 06340
中 20.2 / 05392.2	中 25.4 / 09367	中 29.3 / 07235	中 32.2 / 06109	中 35.4 / 06421
中 20.3 / 05378	中 26.1 / 09392	中 29.4 / 07275	中 32.3 / 06128	中 36.1 / 06345
中 21.1~2 / 05388	中 26.2 / 09432	中 30.1 / 07276	中 32.4 / 06199	中 36.2 / 06357
中 22.1~2 / 05396	中 26.3 / 09442	中 30.2 / 06082	中 33.1~2 / 06135	中 36.4 / 06294
中 23.1~2 / 05421	中 27.1 / 06728	中 30.3 / 06059	中 33.3 / 03101	中 36.5 / 06440
中 24.1 / 09237	中 27.3 / 06529	中 30.4 / 06060	中 33.4 / 06209	中 37.1 / 06484
中 24.2 / 09246	中 27.4 / 06967	中 31.1 / 06167	中 34.1 / 06224	中 37.2 / 06490
中 24.3 / 09319	中 28.1 / 07193	中 31.2 / 01429	中 34.2~3 / 06247	
中 24.4 / 09331	中 28.2 / 07057	中 31.2 / 06156	中 34.4 / 06254	
中 25.1 / 09373	中 28.3 / 07079	中 31.3 / 06838	中 35.1 / 06286	

殷存

上 1.1 / 01179	上 3.8 / 01840	上 6.2 / 02125	上 9.11 / 09820	上 13.1 / 03435
上 1.2 / 01189	上 3.9 / 01583	上 6.3 / 02127	上 10.1 / 00922	上 13.2 / 03320
上 1.3 / 01003	上 3.10 / 01585	上 6.4 / 02021	上 10.2 / 00944	上 13.6 / 03644
上 1.4 / 01106	上 3.11 / 01615	上 6.6 / 02244	上 10.3 / 02994	上 13.8 / 03684
上 1.4 / 01168	上 3.12 / 01618	上 6.7 / 02252	上 10.5 / 02987	上 14 / 02969
上 1.6 / 01206	上 4.1 / 01624	上 6.8 / 02269	上 10.6 / 02977	上 14 / 03033
上 1.7 / 01202	上 4.2 / 01627	上 6.9 / 02257	上 10.7 / 02976.1	上 14.1 / 03852
上 1.8 / 01084	上 4.3 / 01884	上 6.10 / 02246	上 10.8 / 02995	上 14.2 / 10491
上 1.9 / 01080	上 4.4 / 01644	上 7.1 / 02318	上 11.1 / 03097	上 14.3 / 10492
上 1.10 / 01248	上 4.5 / 01654	上 7.2 / 02315	上 11.2 / 03049	上 14.4 / 10487
上 1.11 / 01000	上 4.6 / 01883	上 7.3 / 02410	上 11.3 / 03164	上 14.7 / 10489
上 1.12 / 01089	上 4.7 / 01661	上 7.4 / 02403	上 11.4 / 03163	上 14.8 / 02999
上 2 / 01002	上 4.8 / 01635	上 7.5 / 02458	上 11.5 / 03171	上 14.9 / 02919
上 2.1 / 00987	上 4.9 / 01636	上 7.6 / 02555	上 11.6 / 03172	上 14.10 / 03079
上 2.3 / 01408	上 4.10 / 01655	上 7.7 / 02594	上 11.7 / 03180	上 15.1 / 03090
上 2.4 / 01409	上 4.11 / 01665	上 7.8 / 02613	上 11.9 / 03170	上 15.2 / 03070
上 2.6 / 01433	上 4.12 / 01680	上 8 / 02674	上 11.10 / 03324	上 15.3 / 10511
上 2.7 / 01251	上 5.1 / 01677	上 8.1 / 02670	上 12.1 / 03331	上 15.4 / 03069
上 2.8 / 01259	上 5.2 / 01909	上 8.3 / 02694	上 12.2 / 03333	上 15.5 / 03065
上 2.9 / 01257	上 5.3 / 01289	上 9.1 / 00443	上 12.3 / 03208	上 15.6 / 03235
上 2.10 / 01263	上 5.4 / 01558	上 9.2 / 00476	上 12.4 / 03338	上 15.7 / 03055
上 2.11 / 01270	上 5.5 / 01555	上 9.3(与下 32.10 重)	上 12.5 / 03215	上 15.8 / 03060
上 2.12 / 01275	上 5.6 / 01572	上 9.4 / 00479	上 12.6 / 03304	上 15.9 / 10518
上 3.1 / 01461	上 5.7 / 01851	上 9.5 / 00688	上 12.7 / 03155	上 15.10 / 10521
上 3.2 / 01759	上 5.8 / 01876	上 9.6 / 00840	上 12.8 / 03146	上 15.11 / 03203
上 3.4 / 01569	上 5.10 / 01898	上 9.7 / 00843	上 13 / 03509	上 15.12 / 10523
上 3.5 / 01592	上 5.11 / 02110	上 9.8 / 00846	上 13 / 03609	上 16.2 / 03201
上 3.6 / 01579	上 5.12 / 02118	上 9.9 / 00882	上 13 / 03651	上 16.3 / 03296
上 3.7 / 01839	上 6.1 / 02013	上 9.10 / 00867	上 13 / 03694	上 16.4 / 10516

上16.5(与下31.1重)
上16.8 / 09279
上16.8 / 10537
上16.9 / 03223
上16.10 / 03179
上17.1 / 03611
上17.2 / 10520
上17.3 / 10560
上17.4 / 03517
上17.5 / 10568
上17.6 / 05865
上17.7(与上24.5重)
上17.9 / 03521
上18 / 03655
上18 / 03657
上18 / 03711
上18.2 / 03663
上18.4 / 02329
上18.6 / 03645
上19.1 / 03750
上19.2 / 03862
上19.4 / 09752
上19.5 / 03019
上20.1 / 05468
上20.2 / 05448
上20.3 / 05491
上20.4 / 05484
上20.5 / 05485
上20.6 / 05494
上20.7 / 05452
上20.8~9 / 04794
上20.10 / 06041
上20.11 / 05509
上20.12 / 09763
上21.1~2 / 09845
上21.3 / 06957
上21.4~5 / 09865
上21.6 / 05581
上21.7 / 05517
上21.8 / 05527
上21.9 / 05596
上21.10 / 05600
上21.11 / 04891
上21.12 / 05620
上22.1 / 05621
上22.2 / 05721
上22.3 / 05735
上22.4 / 05644
上22.5 / 05643
上22.6 / 01646
上22.7 / 05663
上22.8 / 05673
上22.9 / 05676
上22.10 / 05677
上22.11 / 05716
上22.12 / 06386
上23.1 / 09354
上23.2 / 05753
上23.3 / 09873
上23.4 / 05801
上23.5 / 05744
上23.6 / 06448
上23.7 / 05802
上23.8 / 03502
上24.1, 上36.9 / 09289
上24.2 / 05828
上24.3 / 06475
上24.4; 上26.1 / 03689
上24.5 / 05869
上24.6 / 05873
上24.7 / 05871
上24.8 / 05887
上25.1 / 06473
上25.2 / 09577
上25.3~4 / 05217
上25.4 / 05837
上25.5 / 05883
上25.6~7 / 09885
上25.8 / 05904
上26.4 / 05922
上26.5 / 05925
上26.6 / 05953
上26.7 / 05990
上27.1 / 09614
上27.2 / 09522
上27.3 / 09506
上27.4 / 05797
上27.5 / 09578
上27.6~7 / 04705
上27.8 / 04703
上27.9~28.1 / 04744
上27.10 / 04733.1
上27.11 / 04749
上28.2 / 04738
上28.3 / 04712
上28.4 / 05559
上28.6 / 04807
上28.7 / 04808
上28.8~9 / 04867
上28.10~11 / 04839
上28.12 / 05015
上29.1 / 04864
上29.2 / 04856
上29.3 / 04925.1
上29.4 / 04830
上29.5~6 / 04860
上29.7~8 / 04852
上29.9 / 04760.1
上29.10 / 04822
上29.11 / 05004
上29.12 / 04889
上30.1~2 / 04890
上30.3~4 / 04893
上30.5~6 / 04894
上30.7 / 04902
上30.8~9 / 05060
上30.10~31.1 / 04930
上31.2~3 / 09345
上31.4~5 / 04953
上31.6~7 / 04957
上31.8~9 / 04958
上31.10 / 04962
上31.12~32.1 / 04968
上32.2 / 04979
上32.3~4 / 04972
上32.5~6 / 04973
上32.7~8 / 04971
上33.1~2 / 04995
上33.3~4 / 04759
上33.5 / 05042
上33.6 / 05714
上33.7~8 / 05053
上34.1~2 / 04922
上34.3 / 04937
上34.4 / 04936
上34.5~6 / 05064
上34.7 / 05073
上34.8 / 04950
上35.1 / 05082.1
上35.2~3 / 05087
上35.4 / 04993
上35.7~8 / 05111
上35.9~10 / 04844
上35.11~12 / 05199
上36.2~3 / 05146
上36.4~5 / 04938
上36.6 / 05164
上36.7 / 04980
上36.8 / 05209
上36.10~37.1 / 05280
上37.2~3 / 05216
上37.4 / 05263.1
上37.5~6 / 05148
上37.7 / 05272
上38.1 / 05309
上38.2~3 / 05278
上38.4 / 05310
上38.5 / 05277.2
上38.6 / 05279
上38.7(与上38.6重)
上39.1 / 05163
上39.2(与上25.5重)
上39.3~4 / 05283
上39.5~6 / 05291
上39.7~8 / 05265
上40.1 / 05307
上40.2~3 / 05308
上40.4~5 / 05338
上40.6 / 05928
上41.1(与上10.1重)
上41.2 / 05349
上41.3 / 05361
上41.4 / 05365
上41.5~6 / 05398
上42.1 / 05409.1
下1.1 / 07513
下1.2 / 07512
下1.2 / 07543
下1.3 / 07608
下1.4 / 07542
下1.6 / 07537
下1.7 / 07524
下1.8 / 07552
下1.9 / 07599
下1.11 / 07649
下1.12 / 08281
下2.1 / 07527
下2.2 / 07572
下2.3 / 07522
下2.4 / 07559
下2.6 / 07321
下2.7 / 07313
下2.8 / 07314
下2.9 / 07401
下2.10 / 08495
下2.11 / 07626
下2.12 / 07627
下2.12 / 07634
下3.1 / 07422
下3.2 / 07424
下3.4 / 07681
下3.5 / 07684
下3.6 / 07687
下3.7 / 07782
下3.8 / 07366
下3.9 / 07367
下3.10 / 07710
下3.11 / 07711
下3.12 / 07531
下4.1 / 07588
下4.2 / 07589
下4.3 / 07709
下4.4 / 07693

下 4.5 / 07692
下 4.6 / 07495
下 4.7 / 07555
下 4.8 / 07554
下 4.9 / 07533
下 4.10 / 07534
下 4.11 / 07724
下 4.12 / 08282
下 5 / 07866
下 5.1 / 08567
下 5.3 / 07532
下 5.4 / 07704
下 5.5 / 07705
下 5.6 / 07848
下 5.7 / 07849
下 5.8 / 07847
下 5.9 / 07854
下 5.11 / 07871
下 5.12 / 07876
下 6.1(与下 5.12 重)
下 6.2 / 07877
下 6.3 / 07897
下 6.5 / 07885
下 6.6 / 07896
下 6.7 / 07883
下 6.9 / 07904
下 6.10 / 07908
下 6.11 / 07910
下 7.1 / 07907
下 7.2 / 07902
下 7.3 / 07906
下 7.4 / 07933
下 7.6 / 07956
下 7.7 / 07972
下 7.8 / 07971
下 7.9 / 07974
下 7.10 / 07977
下 7.11 / 07978
下 7.12 / 08092
下 8.1 / 08086
下 8.2 / 08073
下 8.3 / 08074
下 8.4 / 08072
下 8.5 / 08112
下 8.6 / 08147
下 8.7 / 08146
下 8.8 / 07428
下 8.9 / 08140
下 8.10 / 08142
下 8.11 / 08247
下 8.12 / 08002
下 9.1 / 08227
下 9.2 / 08010
下 9.3 / 08015
下 9.4 / 08020
下 9.5 / 08041
下 9.6 / 08057
下 9.7 / 08047
下 9.8 / 08191
下 9.9 / 08192
下 9.10 / 08255
下 9.11 / 08322
下 9.12 / 08239
下 10.1 / 08901
下 10.3 / 08297
下 10.4 / 08189
下 10.5 / 08324
下 10.6 / 08838
下 10.7 / 08341
下 10.8 / 08334
下 10.9 / 08333
下 10.10 / 08356
下 10.11 / 08358
下 10.12 / 08367
下 11.1 / 08361
下 11.2 / 08369
下 11.3 / 08411
下 11.4 / 08383
下 11.5 / 08404
下 11.6 / 08405
下 11.7 / 08859
下 11.8 / 08428
下 11.9 / 08392
下 11.10 / 08391
下 11.11 / 08884
下 11.12 / 08437
下 12.1 / 08448
下 12.2 / 08460
下 12.3 / 08507
下 12.4 / 08503
下 12.5 / 08502
下 12.6 / 08477
下 12.7 / 08466
下 12.8 / 08482
下 12.9 / 08500
下 12.11 / 08504
下 13.1 / 08914
下 13.2 / 09343
下 13.3 / 08535
下 13.4 / 08522
下 13.5 / 08526
下 13.6 / 08521
下 13.7 / 08514
下 13.8 / 08527
下 13.9 / 08532
下 13.10 / 08572
下 13.11 / 08573
下 13.12 / 08570
下 14.1 / 08580
下 14.2 / 08575
下 14.3 / 08585
下 14.4 / 08586
下 14.5 / 08584
下 14.6 / 08616
下 14.7 / 08643
下 14.9 / 08597
下 14.9 / 08623
下 14.10 / 08633
下 14.11 / 08654
下 15.1 / 08610
下 15.2 / 08943
下 15.3 / 08609
下 15.4 / 08649
下 15.6 / 08638
下 15.7 / 08665
下 15.8 / 08953
下 15.10 / 08701
下 16.2 / 08694
下 16.3 / 08695
下 16.4 / 08697
下 16.5 / 08696
下 16.6 / 08719
下 16.7 / 08717
下 16.8 / 08712
下 16.9 / 08691
下 16.10 / 08714
下 16.11 / 08668
下 16.12 / 06106
下 16.12 / 08678
下 17.1 / 08724
下 17.2 / 08726
下 17.3 / 08698
下 17.4 / 08735
下 17.5 / 08741
下 17.6 / 08137
下 17.7 / 08248
下 17.8 / 08990
下 17.9 / 08134
下 17.10 / 08311
下 17.11 / 08835
下 17.12 / 08834
下 18.1 / 09001
下 18.2 / 08861
下 18.3 / 08880
下 18.4 / 08878
下 18.5 / 08877
下 18.6 / 08443
下 18.7(与下 13.8 重)
下 18.8 / 08924
下 18.9 / 08925
下 18.10 / 08933
下 19.1 / 08926
下 19.2 / 08611
下 19.3 / 08964
下 19.4 / 08966
下 19.5 / 08965
下 19.6 / 08690
下 19.7 / 08692
下 19.8 / 08739
下 19.9 / 08987
下 19.10 / 08993
下 20.1 / 08999
下 20.2 / 09000
下 20.3 / 08890
下 20.4 / 09006
下 20.5 / 09012
下 20.6 / 08539
下 20.7 / 09034
下 20.8 / 09025
下 21.1 / 08674
下 21.2 / 09040
下 21.3 / 09046
下 21.4 / 09045
下 21.5 / 09052
下 21.6 / 09053
下 21.7 / 09058
下 22.1 / 09059
下 22.2 / 09094
下 22.3~23.4~5 / 09102
下 22.4 / 07794
下 22.6 / 08882
下 22.7 / 08372
下 22.8 / 08874
下 22.9 / 08893
下 22.10 / 08337
下 22.11 / 08857
下 23.1 / 08517
下 23.2 / 09091
下 23.3 / 09100
下 23.6;下 9.10 / 09105
下 24.1 / 06944
下 24.2 / 06611
下 24.4 / 06609
下 24.5 / 06612
下 24.6 / 06571
下 24.7 / 06599
下 24.8(与上 20.2 重)
下 24.9 / 06959
下 24.10~11 / 06709
下 24.12 / 06633
下 25.1 / 06813
下 25.2 / 06844
下 25.3 / 06681

下25.4 / 06835
下25.5 / 07116
下25.6 / 07122
下25.7 / 07130
下25.8 / 07245
下25.9 / 07214
下25.10 / 07224
下25.11 / 07230
下26.1 / 07244
下26.2 / 07093
下26.3 / 07109
下26.4 / 07290
下26.5 / 07296
下26.6 / 07312
下26.7 / 06057
下26.8 / 06053
下26.9 / 06085
下26.11 / 06532
下26.12 / 06195
下27.1 / 06105
下27.2 / 06125
下27.3 / 06154
下27.4 / 06197
下27.5 / 06146
下27.6 / 06145
下27.7 / 06137
下27.8 / 06203
下27.9 / 06202
下27.10 / 06375
下27.11 / 06251
下27.12 / 06275
下28.1 / 06288
下28.2 / 06308
下28.3 / 06411
下28.4 / 06320
下28.5 / 06322
下28.6 / 06333
下28.7 / 06022
下28.8 / 06370
下28.9 / 06245
下28.11 / 06374
下29.1 / 06444
下29.2 / 06391
下29.3 / 06399
下29.4 / 06418
下29.5 / 06249
下29.6 / 06220
下29.7 / 06447
下29.8 / 06446
下29.9 / 06326
下29.10 / 06300
下29.11 / 07291
下29.12 / 06467
下30.1 / 06443
下30.2(与上24.3重)
下30.4 / 06502
下30.5 / 06481
下30.6 / 09108
下30.7 / 09119
下30.8 / 09171
下30.9 / 09185
下30.10 / 09190
下30.11 / 09210
下31 / 05296.2
下31.1 / 09209
下31.2 / 09219
下31.4 / 09242
下31.5 / 09779
下31.6 / 09235
下31.7 / 09807
下32.1~2 / 09088
下32.3 / 09323
下32.4~5 / 09366
下32.7 / 09356
下32.8~9 / 09378
下32.10 / 09379
下32.11~12 / 09388
下33.1 / 09402
下33.2~3 / 09404
下33.3 / 09421
下33.5~6 / 09430
下33.7~8 / 09439
下34 / 10042
下34 / 10191
下34.2 / 10039
下34.4 / 10177
下34.5~6 / 09283
下34.7 / 09270
下34.9~35.1 / 09292
下35.2 / 10300
下35.3(与上19.5重)
下35.4 / 03135
下35.5 / 04658

從古

1.3 / 01007
1.4 / 02412
1.5 / 05385
1.6.1 / 09714
1.7 / 08919
1.9 / 08075
1.10 / 06591
1.12 / 06336
1.13.1 / 10525
1.14.1 / 10497
1.16 / 03553
1.17 / 03754
1.18 / 03817
1.19 / 10015
1.20 / 09279
1.21 / 00891
2.2 / 02814
2.12 / 09090
2.15 / 04230
2.19 / 04632
3.7 / 02007
3.8 / 02137
3.9 / 05944
3.10 / 06475
3.11 / 05628
3.13 / 04845
3.13 / 05223
3.14 / 07960
3.15 / 08627
3.17 / 08062
3.18 / 07073
3.19 / 07121
3.20 / 07234
3.21 / 07159
3.22 / 07287
3.23 / 06496
3.24 / 06172
3.25 / 03385
3.26 / 04075
3.271~2 / 04001
3.29.1 / 03808
3.30 / 03543
3.31.2~1 / 04407
3.32.1~2 / 00732
3.33.1 / 00724
3.34 / 11114
5.3 / 02273
5.6 / 08973
5.7 / 08213
5.8 / 06811
5.9 / 07095
5.10 / 05664
5.13 / 03868
5.14.1 / 03848
5.15 / 10093
5.21 / 06367
6.3 / 00239
6.8 / 00115
6.10 / 04166
6.13 / 09890
6.15 / 05081
6.16 / 07905
6.17 / 07347
6.18 / 08389
6.19 / 08741
6.22.1 / 10569
6.23 / 04192
6.26~30 / 04332
6.36 / 04327
6.39~40 / 04222
6.41 / 03989
6.42 / 03736
6.43.1 / 00638
7.5 / 01853
7.6.1 / 10571
7.7 / 04899
7.8 / 04900
7.9 / 05380
7.10 / 07906
7.12 / 09050
7.14 / 07366
7.15 / 07445
7.16 / 07522
7.18.1 / 09201
7.20 / 06038
7.22 / 09405
7.23 / 00876
7.24 / 00717
7.25 / 02172
7.26 / 10060
7.27 / 02184
7.28 / 05360
7.29 / 05979
7.31.1 / 08147
7.32 / 08555
8.3 / 00145
8.5 / 01095
8.6 / 02554
8.7.1 / 02456
8.8 / 01769
8.9 / 05834
8.10 / 05976
8.11 / 05302
8.12.1~2 / 09687
8.14~15 / 10342
8.18 / 07896
8.20 / 07977
8.21 / 08965
8.22 / 08137
8.25 / 06533

8.26 / 06436
8.27 / 06366
8.29 / 04098
8.30.1 / 04014
8.31 / 03971
8.32.1 / 03809
8.32.2(与 8.32.1 重)
8.34 / 03589
8.35 / 04400
9.3 / 09387
9.4 / 00947
9.6 / 00833
9.7 / 11268
10.5 / 00243
10.6 / 00244
10.7 / 00064
10.8 / 00014
10.9 / 01821
10.10 / 02594
10.11(与 2.2 重)
10.15 / 05278
10.17~20 / 09729
10.2 / 00240
10.25~28 / 09730
10.30 / 04041
10.31~35 / 10173
10.36 / 04329
11.3 / 01356
11.4 / 01658
11.7 / 02372
11.9.1 / 05733
11.9.1~2 / 09284
11.9.2 / 05734
12.17.1(与 5.14.1 重)
11.10 / 05280
11.12~14 / 09732
11.15 / 08985
11.16 / 08396
11.19 / 06461
11.20.1 / 03990
11.23~24 / 04183
11.26 / 04040
11.28.1~2 / 03702
11.29 / 03845
11.30 / 03701
11.31 / 09430
12.2.1 / 00745
12.4 / 09096
12.5.1 / 04042
12.7 / 03912
12.9~13 / 04333
12.19 / 04601
12.24.1~2 / 09105
13.3.1 / 00042
13.4~5 / 00185
13.6 / 00132
13.7 / 01019
13.8 / 02674
13.10 / 02730
13.12.1 / 02415
13.13.1 / 02534
13.14.1 / 02168
13.15.1 / 02598
13.16.1 / 02650
13.17.1 / 02071
13.18 / 05569
13.19 / 05716
13.20 / 05922
13.21 / 05925
13.22 / 05841
13.23 / 05861
13.24.1~2 / 05146
13.25 / 05369
13.26 / 05327
13.27 / 09667
14.3 / 07847
14.4 / 08987
14.5 / 08341
14.6 / 07904
14.7 / 07902
14.8 / 08443
14.9 / 08112
14.10 / 08017
14.11 / 08437
14.12.1 / 08884
14.13 / 08623
14.14.1 / 08692
14.15 / 09012
14.16 / 09013
14.17 / 08239
14.18 / 07621
14.19 / 07534
14.20 / 07533
14.21 / 07543
14.22.1 / 09242
14.23.2 / 09185
14.26 / 06370
14.27 / 06202
14.28 / 06391
14.29 / 06320
14.30 / 06399
14.31 / 06447
14.32 / 06446
14.33 / 06467
14.34 / 06502
14.35 / 07232
14.36.1~2 / 09092
15.3 / 03070
15.4 / 03502
15.5 / 03723
15.6.1 / 02919
15.7 / 03065
15.8 / 04261
15.12~13 / 04338
15.15 / 04178
15.16.1~2 / 04117
15.18 / 04116
15.20 / 04122
15.22 / 03866
15.23 / 04002
15.24 / 03772
15.25.1 / 03952
15.26 / 04141
15.28 / 03762
15.29.1~2 / 03535
15.30.1 / 03534
15.31 / 04649
16.2 / 04616
16.4.1 / 04514
16.6 / 09379
16.7.1 / 10352
16.8 / 00870
16.9 / 00877
16.10 / 00596
16.11.1~2 / 10151
16.13 / 10105
16.14.1 / 10068
16.15.1 / 10218
16.16.1 / 10214
16.17.1 / 10579
16.18 / 02841
16.31 / 02837

陶齋

1.3 / 04745
1.3 / 06215.2
1.4 / 04746
1.6 / 05496
1.7.1 / 09338
1.8 / 07219
1.9 / 09191
1.10 / 06217
1.12 / 08848
1.15 / 00102
1.16 / 00151
1.18 / 01158
1.19 / 01181
1.21 / 01387
1.22 / 01575
1.23 / 01811
1.24 / 02705
1.26 / 02506
1.27 / 02198
1.28 / 02128
1.29 / 02643
1.30 / 02544
1.33 / 01977
1.34 / 02802
1.36 / 02801
1.38 / 02798
1.40 / 02818
1.42 / 05519
1.43 / 05799
1.44 / 05781
1.45 / 05965
1.46 / 03053
1.47 / 03169
1.48 / 03469
1.49 / 03625
1.50 / 03229
1.51 / 03568
1.52 / 03133
2.1 / 03927
2.3(左) / 03806
2.3 / 09622
2.5 / 03954
2.6 / 04007
2.7.2~9.2 / 04332
2.10 / 04285
2.12 / 04314
2.14 / 04290
2.16 / 04326
2.18 / 04055
2.19 / 03846
2.20 / 03945
2.21 / 03875
2.22 / 03876
2.23(与 2.21 重)
2.24 / 04705
2.25 / 04890
2.27 / 04859
2.28 / 04848
2.30 / 05065
2.31 / 05066

2.33 / 05221
2.34 / 05292
2.35 / 05294
2.36 / 05349
2.37 / 05350
2.38 / 05341
2.39 / 05420
2.41 / 04891
2.42 / 05157
2.43 / 05192
2.44 / 04575
2.45 / 04567
2.46~2.47 / 04559
2.49 / 04394
2.50 / 04453
2.52 / 00724
2.53 / 00611
2.54 / 00738
2.55 / 00682
2.56 / 00607
2.57 / 00546
2.58 / 00522
2.59 / 00550
2.60 / 00887
2.61 / 00846
3.1 / 09585
3.4 / 09545
3.7 / 09824
3.8 / 08822
3.9 / 08528
3.10 / 07662
3.11 / 08965
3.12 / 08714
3.13 / 08779
3.14 / 08972
3.15 / 08395
3.16 / 08540
3.17 / 08739
3.18 / 08585
3.19 / 08904
3.20 / 08406
3.21 / 08045
3.23 / 07345
3.24 / 07415
3.25 / 07603
3.29 / 06482
3.30 / 06154
3.31 / 06191
3.32 / 09249
3.33 / 09403
3.34 / 09294
3.35 / 09288
3.38 / 10133
3.39 / 10019
3.44 / 10972
3.49 / 11786
5.1 / 09617
5.2 / 10357
5.3.1 / 09940
5.4 / 02232
5.6 / 02101
5.7 / 01993
5.9 / 02303
5.10 / 02590
5.29 / 11652
5.30 / 11590
5.32 / 11609
5.33 / 11699
5.37 / 11250
5.38 / 11375
6.26 / 07290
6.27 / 06992
6.28 / 06281

博古

1.7 / 02710
1.9 / 01093
1.10 / 01042
1.11 / 00988
1.12 / 01246
1.14~15 / 01284
1.16 / 02033
1.17 / 01845
1.19 / 02427
1.21 / 01619
1.23 / 01879
1.25 / 01895
1.26 / 01695
1.28 / 01134
1.30 / 01763
1.31 / 02079
1.32 / 02401
1.37~38 / 01766
1.39 / 02039
1.40 / 01199
1.41 / 01517
1.44 / 01563
2.3 / 02268
2.7 / 02826
2.8~9 / 02777
2.10 / 02762
2.12 / 02030
2.14 / 02775
2.16 / 01957
2.18 / 02751
2.19 / 02752
2.19 / 02785
2.21 / 02834
2.26 / 02711
2.28 / 02399
2.29 / 02753
2.31 / 01460
2.32~33 / 02001
2.34 / 01961
3.3 / 02669
3.5~6 / 02056
3.7 / 01186
3.9 / 02283
3.13 / 02597
3.15 / 00993
3.16 / 02734
3.18 / 01924
3.20 / 02586
3.22 / 02376
3.23 / 02490
3.25 / 02353
3.27 / 02518
3.28 / 02386
3.30 / 02275
3.31 / 02747
3.33 / 01697
3.35 / 02233
3.37 / 02358
5.14 / 05724
6.5 / 05668
6.7 / 05794
6.8 / 06492
6.10 / 05612
6.10 / 05649
6.16 / 05524
6.17 / 05613
6.19 / 05701
6.20 / 05715
6.21 / 06354
6.23 / 05878
6.25 / 06499
6.30 / 06514
6.32 / 09725
6.35 / 05995
7 / 00667
7.3 / 06827
8.6 / 03465
8.7 / 03088
8.9 / 03434
8.10 / 03076
8.11 / 03607
8.12 / 03143
8.14 / 03276
8.15 / 09894
8.17 / 03243
8.18 / 03622
8.20 / 03467
8.22 / 03274
8.24 / 03275
8.25 / 03719
9 / 00558
9.6 / 05262
9.8 / 04991
9.10 / 04862
9.15 / 05001
9.17 / 04804
9.18 / 05264
9.21 / 04704
9.24 / 04942
9.26 / 05131
9.28 / 05133
9.30 / 05046
9.31~32 / 05397
9.34 / 04803
10.4 / 05208
10.5 / 04955
10.8 / 05088
10.10 / 04946
10.11.2 / 04996
10.17 / 04983
10.18 / 04726
10.20 / 05282
10.23 / 05367
10.25 / 05287
10.26 / 04895
10.33 / 05411
10.35 / 05401
10.37 / 09981
11 / 00915
11.4 / 05180
11.6 / 05181
11.8 / 05182
11.11 / 04933
11.13 / 05207
11.16 / 05212
11.18 / 05431
11.55 / 04773
12 / 00881
12.9.2 / 09473
12.12 / 09557

12.14.2 / 09708
14.6 / 09078
14.7 / 07890
14.8 / 08424
14.9 / 07891
14.10 / 07892
14.11 / 07893
14.12 / 07894
14.13 / 07895
14.15 / 07851
14.17 / 08530
14.17 / 08812
14.18 / 07858
14.20.1 / 08454
14.20.2 / 08490
14.22 / 07642
14.23 / 08042
14.24.1 / 08988
14.24.2 / 08662
14.26.1 / 08038
14.26.2 / 08039
14.28 / 07707
14.29 / 08798
14.30 / 07973
14.31 / 07951
14.32 / 07989
14.33 / 07346
14.34 / 08064
14.35 / 07745
15.9 / 09229
15.22 / 07077
15.23 / 07229
15.25.1 / 07171
15.25.2 / 07172
15.28 / 07097
15.29 / 06742
15.30 / 06818
15.31 / 07042
15.32 / 06816
15.33 / 06999
15.35 / 07179
15.36 / 06561
16.11 / 06303
16.12 / 06062
16.14 / 06505
16.16 / 09064
16.22 / 03233
16.25 / 04126
16.27 / 04311
16.30 / 03937
16.32 / 03938
16.33 / 03936
16.36 / 04323
16.39 / 03920
16.42 / 04258
16.44 / 04259
16.45 / 04260
17.3 / 03046
17.4 / 03047
17.5 / 03048
17.7 / 04091
17.8 / 04092
17.11 / 03860
17.12 / 03682
17.14 / 04153
17.16 / 04196
17.18 / 04108
17.20 / 03895
17.22 / 03445
17.23 / 03446
17.25 / 03789
17.26 / 03547
18.7 / 04580
18.9 / 04354
18.11 / 04381
18.15 / 04672
18.20 / 04684
18.24 / 00819
18.25 / 00904
18.27~28 / 00838
18.29~30 / 00878
18.31.1 / 00771
18.31.2 / 00770
19.11 / 00535
19.12 / 00533
19.13~14 / 00681
19.15 / 00495
19.18~19 / 00641
19.30 / 09353
19.32 / 09360
19.33 / 09396
19.37 / 09446
20.25 / 09286
20.29 / 09285
20.31 / 10260
20.34 / 09301
20.35 / 10238
20.37 / 10185
21.4 / 10215
21.6 / 10179
21.12 / 10117
21.15 / 10124
21.29 / 10317
22.5 / 00285
22.11 / 00272
22.12 / 00274
22.13 / 00276
22.14 / 00277
22.17 / 00144
22.19 / 00103
22.21 / 00048
22.23 / 00054
22.24 / 00055
22.25 / 00056
22.27 / 00008
22.28 / 00009
22.28 / 00010
22.30 / 00011
22.31 / 00012
22.32 / 00013

善彝

1 / 00157
2 / 00158
3 / 00159
4 / 00161
5 / 00162
6 / 00163
7 / 00165
8 / 00166
9 / 00167
10 / 00168
11 / 00169
12 / 00170
13 / 00228
14 / 00197
15 / 00117
16 / 00155
17 / 00017
18 / 00411
19 / 00404
20 / 01002
21 / 01145
23 / 02346
24 / 02509
25 / 02510
26 / 01814
27 / 02778
28 / 02733
29 / 01532
30 / 02280
31 / 02809
32 / 02522
33 / 02523
34 / 02563
35 / 02780
36 / 02675
37 / 02606
38 / 02722
39 / 02285
40 / 01840
41 / 02528
42 / 02579
43 / 02760
44 / 02759
45 / 02763.2
46 / 00480
47 / 00739
48 / 00912
49 / 00868
50 / 00894
51 / 00818
52 / 04616
53 / 02964
54 / 03501
55 / 03342
56 / 03867
57 / 04269
58 / 03600
59 / 03459
60 / 03458
61 / 03714
62 / 03715
63 / 03455
65 / 03351
66 / 03307
67 / 03845
68 / 04194
69 / 03255
70 / 04239.2
71 / 04238
72 / 04160
73 / 04161
74 / 04275
75 / 04274
76 / 03934
77 / 03933
78 / 04195
79 / 04033
80 / 04034
81 / 04215
83 / 04207
84 / 04330
85 / 03585
86 / 04338
87 / 04190
88 / 04649

89 / 04356	105 / 09710	121 / 05370	139 / 06282	157 / 08370
90 / 04417	106 / 09764	122 / 05214	140 / 06307	158 / 08331
91 / 04408	107 / 09454	123 / 05421	141 / 06479	159 / 08162
92 / 04406	108 / 09435	124 / 05688	143 / 06462	160 / 08998
93 / 10043	109 / 09348	125 / 05918	144 / 05635	161 / 08817
94 / 10151	110 / 05006	126 / 05821	145 / 07264	162 / 08396
95 / 10264	111 / 05165.1	127 / 05419	146 / 07305	163 / 08583
96 / 10229	112 / 05114	129 / 05593	147 / 07145	164 / 07794
97 / 10251	113 / 05252	130 / 05465	149 / 07294	165 / 08308
98 / 10247	114 / 05143	131 / 05985	150 / 08594	166 / 08307
99 甲 2 / 10282	115 / 04926	132 / 06016	151 / 07533	167 / 09200
100 / 10336	116 / 05408	133 / 05917	152 / 08501	168.2 / 10368
101 / 09481	117 / 05308	135 / 05565	153 / 09047	
102 / 09662	118 / 05400	136 / 05645	154 / 08938	
103 / 09728	119 / 05144	137 / 06031	155 / 09103	
104 / 09711	120 / 05108	138 / 06441	156 / 08994	

善齋

1.4 / 00017	2.2 / 01120	2.36 / 01886	2.63 / 02563	3.16 / 00536
1.10 / 00049	2.3 / 01229	2.37 / 01888	2.67 / 02606	3.18 / 00550
1.14 / 00059	2.4 / 01145	2.38 / 01894	2.68 / 02285	3.19 / 00566
1.16 / 00120	2.6 / 01263	2.39 / 01893	2.71 / 02631	3.20 / 00538
1.17 / 00197	2.7 / 01261	2.40 / 01373	2.72 / 02668	3.21 / 00594
1.19 / 00116	2.9 / 01095	2.41 / 01960	2.73 / 02678	3.22 / 00644
1.20 / 00117	2.11 / 01457	2.42 / 01951	2.74 / 02675	3.24 / 00732
1.21~1.23 / 00155	2.12 / 01453	2.43 / 01927	2.75 / 02690	3.25 / 00698
1.24 / 00157	2.13 / 01465	2.44 / 02058	2.77 / 02722	3.26 / 00741
1.25 / 00158	2.15 / 01502	2.46 / 02066	2.78 / 02733	3.27 / 00739
1.26 / 00159	2.17 / 01532	2.47 / 02069	2.79 / 02778	3.29 / 00804
1.27 / 00161	2.18 / 01550	2.48 / 02070	2.80 / 02780	3.31 / 00818
1.28 / 00162	2.22 / 01605	2.50 / 02212	2.81 / 02809	3.32 / 00868
1.29 / 00163	2.23 / 01620	2.51 / 02227	2.82 / 04649	3.33 / 00894
1.30 / 00165	2.24 / 01630	2.52 / 02272	3.2 / 01413	3.34 / 00912
1.31 / 00166	2.25 / 01626	2.53 / 02280	3.3 / 01840	3.37 / 00938
1.33 / 00167	2.26 / 01889	2.54 / 02402	3.6 / 02340	3.39 / 02763.2
1.33 / 00168	2.27 / 01646	2.55 / 02331	3.7 / 02337	3.41 / 09800
1.34 / 00169	2.28 / 01681	2.56 / 02346	3.8 / 01272	3.41 / 09800
1.35 / 00228	2.29 / 01678	2.57 / 02509	3.9 / 02579	4.1 / 04733
1.36 / 00170	2.30 / 01751	2.58 / 02510	3.10 / 02528	4.3 / 04752
1.37 / 00237	2.31 / 01790	2.59 / 02503	3.11 / 02760	4.4 / 04715
1.38 / 00404	2.33 / 01814	2.60 / 02465	3.12 / 02759	4.5 / 04808.1
1.39 / 00411	2.34 / 01877	2.61 / 02523	3.13 / 00480	4.6 / 04823
2.1 / 01002	2.35 / 01878	2.62 / 02522	3.15 / 00510	4.7 / 05006

4.10 / 04853
4.11 / 04786
4.12 / 04915
4.13 / 04926
4.14 / 04976
4.15 / 04846.1
4.16 / 05065.1
4.17 / 05067
4.18 / 05168
4.19 / 05165.1
4.20 / 05091
4.21 / 05114
4.22 / 05144
4.23 / 05108
4.25 / 05252
4.26 / 05143
4.27 / 05214
4.28 / 05260
4.29 / 05305
4.30 / 05308
4.31 / 05344
4.32 / 05370
4.33 / 05386
4.34 / 05400
4.35 / 05408
4.37 / 05421
4.39 / 09959
4.42 / 09481
4.44 / 09534
4.45 / 09533
4.46 / 09542
4.47 / 09558
4.48 / 09609
4.49 / 09615
4.50 / 09640
4.51 / 09662
4.52 / 09688
4.53 / 09691
4.54 / 09711
4.56 / 09710
4.58 / 05465
4.59 / 05567
4.62 / 05588

4.63 / 05593
4.64 / 05601
4.65 / 05639
4.66 / 05635
4.67 / 05745
4.68 / 05688
4.70 / 05744
4.71 / 05756
4.72 / 05757
4.73 / 05759
4.74 / 05773
4.75 / 05774
4.76 / 05702
4.77 / 05719
4.79 / 05821
4.80 / 05840
4.81 / 05876
4.82 / 05918
4.83 / 05899
4.85 / 05915
4.86 / 05917
4.87 / 05923
4.89 / 05985
4.90 / 05984
4.91 / 05419
4.93 / 06016
4.94 / 05645
4.96 / 05565
5.1 / 06787
5.3 / 06636
5.4 / 06767
5.5 / 06803
5.5 / 07099
5.6 / 06612
5.8 / 06640
5.9 / 06641
5.10 / 06604
5.14 / 06972
5.16 / 06814
5.17 / 07131
5.19 / 07193
5.20 / 06933
5.21 / 06877

5.22 / 07057
5.27 / 07120
5.30 / 07145
5.31 / 07144
5.32 / 07155
5.33 / 07200
5.34 / 07079
5.35 / 07264
5.36 / 07250
5.37 / 07251
5.38 / 07275
5.39（与 5.38 重）
5.41 / 07214
5.42 / 07294
5.43 / 07295
5.44 / 07300
5.45 / 07305
5.46 / 06021
5.48 / 06157
5.49 / 06189
5.50 / 06188
5.51 / 06078
5.52 / 06066
5.54 / 06031
5.55 / 06096
5.56 / 06113
5.57 / 06117
5.57 / 09728
5.58 / 06118
5.59 / 06124
5.60 / 06043
5.61 / 06134
5.61 / 07313
5.63 / 06170
5.64 / 06210
5.65 / 06214
5.66 / 06230
5.68 / 06227
5.69 / 06250
5.70 / 06269
5.71 / 06284
5.72 / 06282
5.73 / 06270

5.74 / 06292
5.75 / 06307
5.76 / 06320
5.77 / 06301
5.78 / 06425
5.80 / 06330
5.81 / 06332
5.82 / 06334
5.83 / 06351
5.84 / 06362
5.86 / 06441
5.87 / 06445
5.89 / 06369
5.90 / 06470
5.91 / 06479
5.92 / 06491
5.93 / 06462
6.3 / 07421
6.4 / 07425
6.5 / 07474
6.6 / 07599
6.7 / 07681
6.9 / 07693
6.10 / 07528
6.11 / 07533
6.12 / 07671
6.13 / 07355
6.14（与 6.13 重）
6.15 / 07462
6.16 / 07749
6.17 / 07734
6.20 / 07850
6.21 / 07868
6.23 / 07917
6.24 / 07918
6.26 / 07945
6.27 / 07944
6.28 / 07937
6.31 / 07979
6.32 / 08162
6.33 / 08161
6.34 / 08298
6.36 / 08148

6.37 / 08144
6.38 / 08149
6.39 / 08145
6.40 / 08030
6.41 / 08040
6.42 / 08066
6.43 / 08151
6.44 / 08244
6.47 / 07499
6.48 / 08269
6.50 / 08336
6.51 / 08339
6.52 / 08844
6.53 / 08345
6.54 / 08370
6.55 / 08419
6.56 / 08416
6.58 / 08854
6.59 / 08449
6.60 / 08481
6.61 / 08471
6.62 / 08494
6.63 / 08493
6.64 / 08491
6.65 / 08487
6.66 / 08476
6.67 / 08447
6.68 / 08902
6.68 / 09247
6.69 / 08501
6.70 / 08887
7.1 / 08578
7.2 / 08559
7.3 / 08563
7.4 / 08573
7.5 / 08576
7.6 / 08591
7.7 / 08594
7.8 / 08596
7.9 / 08645
7.10 / 08618
7.11 / 08652
7.12 / 08650

7.13 / 08615
7.14 / 08614
7.15 / 08603
7.16 / 08635
7.17 / 08942
7.18 / 08941
7.20 / 08679
7.21 / 08699
7.22 / 08686
7.23 / 08695
7.23.1 / 03432
7.24 / 08715
7.25 / 08716
7.26 / 08724
7.27 / 08955
7.28 / 08673
7.29 / 08825
7.30 / 08332
7.31 / 08331
7.33 / 08826
7.34 / 08827
7.35 / 08881
7.36 / 08873
7.37 / 08908
7.38 / 09005
7.40 / 08451
7.41 / 09011
7.42 / 08938
7.45 / 08998
7.46 / 08994
7.47 / 08997
7.48 / 08883
7.49 / 08975
7.50 / 08974
7.51 / 09047
7.52 / 09076
7.53 / 09089
7.55 / 09103
7.56 / 07794
7.57 / 08308
7.58 / 08307
7.59 / 08396
7.60 / 08882
7.61 / 08583
7.62 / 08817
7.63 / 09200
7.64 / 09203
8.1 / 02916
8.2 / 02956
8.3 / 03036
8.4 / 02964
8.4 / 04566
8.5 / 02993
8.6 / 02980
8.7 / 02979
8.10 / 02935
8.11 / 02934
8.12 / 02972
8.15 / 03095
8.16 / 03087
8.18 / 03167
8.19 / 03308
8.21 / 03247
8.22 / 03307
8.24 / 03328
8.25 / 03341
8.26 / 03342
8.27 / 03349
8.28 / 03384
8.29 / 03383
8.30 / 03351
8.31 / 03459
8.32 / 03458
8.33 / 03455
8.34 / 03450
8.35 / 03501
8.36 / 03603
8.38 / 03449
8.39 / 03546
8.40 / 03600
8.41 / 03608
8.43 / 03714
8.44 / 03715
8.45 / 03774
8.46 / 03867
8.50 / 04269
8.53 / 03255
8.54 / 03184
8.55 / 03183
8.56 / 03350
8.57 / 03585
8.59 / 03704
8.60 / 03690
8.62 / 03845
8.63 / 03934
8.64 / 03933
8.68 / 03989
8.69 / 03945
8.70 / 04028
8.71 / 04033
8.72 / 04034
8.73~74 / 04040
8.75 / 04080
8.76 / 04068
8.79 / 04160
8.80 / 04161
8.81 / 04190
8.83 / 04194
8.84~85 / 04195
8.86 / 04207
8.87 / 04227
8.88 / 04215
8.90 / 04239.2
8.91~92 / 04238
8.93~94 / 04275
8.95~96 / 04274
8.97 / 04298
8.98 / 04330
8.99.1 / 04338
9.1 / 04520
9.2 / 04519
9.8~9 / 04604
9.10 / 04616
9.11 / 04356
9.12 / 04406
9.13 / 04408
9.14 / 04415
9.14 / 04417
9.22 / 09324
9.23 / 09331
9.24 / 09348
9.25 / 09352
9.26 / 09368
9.26 / 10247
9.27 / 09370
9.28 / 09385
9.30 / 09390
9.31 / 09430
9.32 / 09435
9.33 / 09454
9.34 / 09392
9.36 / 10203
9.38 / 10229
9.39 / 10251
9.42 / 10264
9.43 / 10282
9.45 / 10018
9.46 / 10036
9.48 / 03189
9.51 / 10075
9.53 / 10119
9.55 / 10110
9.56 / 10126
9.57 / 10151
9.59 / 10336
10.9 / 10783
10.15 / 10941
10.17 / 10917
10.19 / 10906
10.20 / 10920
10.23 / 10998
10.28 / 11041
10.32 / 11269
10.35~36 / 11380
10.37~38 / 11396
10.39 / 11382
10.40 / 10795
10.41 / 10792
10.43 / 10737
10.44 / 11835
10.45 / 11439
10.47 / 11472
10.50 / 11483
10.51 / 11517
10.52 / 11537
10.53 / 11566
10.69 / 10655
10.74 / 10637
10.77~78 / 11115
11.4 / 11580
11.6 / 11614
11.7 / 11633
11.8 / 11627
11.9 / 11656
11.11 / 11645
11.17 / 11708
11.38 / 11809
11.40 / 11982
11.41 / 11957
11.42 / 11960
11.43 / 11956
11.44 / 11961
11.45 / 11958
11.46 / 11947
12.1 / 10368
12.2 / 00977
12.3 / 00978
13.1 / 12106
28.1 / 11848
28.2 / 11845
28.8 / 09591
28.8 / 09591
28.11 / 02530

尊古

1.2 / 00089	1.31 / 05892	2.4 / 03967	2.29 / 09812	3.8 / 09008
1.3 / 00157	1.32 / 05829	2.5 / 04024	2.30 / 09705	3.9 / 08519
1.4 / 00261	1.33 / 05770	2.6 / 04073	2.31 / 09728	3.10 / 08307
1.10 / 00382	1.34 / 05849	2.7 / 04140	2.33 / 09516	3.11 / 08308
1.11 / 00403	1.35 / 05954	2.8 / 04168	2.34.1 / 09649	3.12 / 09241
1.13 / 01220	1.36 / 05989	2.10 / 04767	2.39.2 / 09606	3.13 / 09381
1.14 / 01175	1.38 / 03106	2.11 / 04831	2.40 / 06570	3.14 / 10357
1.15.2 / 01411	1.39 / 03135	2.12 / 05067	2.41 / 06581	3.17 / 10229
1.16.2 / 01420	1.40 / 03649	2.13 / 05328	2.42 / 06651	3.18 / 10282
1.17 / 01880	1.41.1 / 03536	2.14 / 05364	2.43 / 06710	3.20.2 / 10128
1.18.1 / 01901	1.42 / 03572	2.15 / 04505	2.44 / 07146	3.28 / 10369
1.19 / 01898	1.44 / 03151	2.16 / 04518	2.45 / 07180	3.36 / 10380
1.20 / 02324	1.45 / 03433	2.17 / 04450	2.47 / 08205	3.47 / 01349
1.21.1 / 02068	1.46 / 03235	2.18 / 02763.1	2.48 / 08078	3.48 / 02232
1.22 / 02419	1.47 / 03332	2.19 / 02763.2	2.49 / 07866	3.49 / 02590
1.24 / 01938	1.48 / 03339	2.20 / 00512	2.50 / 07578	4.37 / 12018
1.25 / 02145	1.49 / 03363	2.21 / 00597	3.1 / 08882	4.38 / 12008
1.26 / 02432	1.50 / 03474	2.23 / 00829	3.2 / 07902	4.41 / 11812
1.27 / 02754	112 / 01104	2.24 / 00854	3.3 / 09072	4.43 / 11697
1.28 / 05484	2.1 / 03541	2.25 / 00899	3.4 / 08584	4.45 / 11838
1.29 / 05565	2.2 / 03568	2.26 / 00928	3.5 / 08697	4.46 / 12101
1.30 / 05605	2.3 / 03741	2.27 / 09787	3.6 / 09103	4.47 / 12095

憙齋

1.2 / 00261	1.18 / 00208	2.12~13.1 / 00185	3.4.2 / 01759	3.10.1 / 01823
1.5 / 00069	1.19 / 00109	2.13.2~14 / 00082	3.5.1 / 01868	3.10.2 / 01542
1.6 / 00068	1.20 / 00110	2.15~16.1 / 00122	3.5.2 / 01839	3.10.4 / 01627
1.7 / 00226	1.21 / 00102	2.16.2~17.1 / 00132	3.5.3 / 02140	3.11.1 / 02670
1.9.1 / 00225	1.22 / 00151	2.17 / 00049	3.6.1 / 01876	3.11.2 / 02312
1.9.2 / 00237	2.1 / 00044	2.18 / 00064	3.6.3 / 01566	3.12.1 / 03648
1.10.1 / 00228	2.2.2~3.1 / 00042	2.19~21.1 / 00203	3.7.1 / 01650	3.12.2 / 02555
1.10.2 / 00235	2.3.2~4.1 / 00043	2.21.2~22 / 00271	3.7.2 / 01270	3.13.1 / 02318
1.11.1 / 00227	2.4.2~5.1 / 00146	2.26 / 00374	3.7.3 / 01623	3.13.2 / 01267
1.11.2 / 00236	2.5.2~6.1 / 00114	2.26.2 / 00399	3.7.4 / 01882	3.13.3 / 02368
1.12 / 00238	2.6.2~7.1 / 00115	3.2.1 / 01189	3.7.5 / 01089	3.14.1 / 01851
1.13 / 00239	2.7.2~8.1 / 00118	3.2.3 / 01948	3.8.2 / 02328	3.14.2 / 01644
1.14 / 00241	2.8.2~9.1 / 00014	3.3.1 / 01512	3.9.1 / 02246	4.2~4 / 02841
1.16.1 / 00243	2.9.2~10.1 / 00018	3.3.2 / 02363	3.9.2 / 02013	4.10.2~121 / 09732
1.16.2 / 00244	2.10 / 00088	3.3.3 / 02400	3.9.3 / 02007	4.12~13 / 02837
1.17 / 00022	2.11 / 00092	3.4.1 / 01408	3.9.4 / 01555	4.17~19 / 02838

4.20 / 02705
4.21 / 02776
4.22 / 02814
4.23~24 / 02829
4.25 / 02787
4.26 / 02813
4.28 / 02780
5.1~4 / 02836
5.5 / 02796
5.6 / 02816
5.7 / 02812
5.8 / 02810
5.10 / 04266
5.11 / 02807
5.12 / 02803
5.13 / 02730
5.14.1 / 02613
5.14.2 / 02674
5.15.1 / 02662
5.15.2 / 02588
5.16.1 / 02649
5.16.2 / 02534
5.17.1 / 00745
5.17.2 / 02692
5.18.1 / 02650
5.18.2 / 02605
5.19.1 / 02495
5.19.2~20.1 / 02551
5.20.2 / 02493
5.21.1 / 02410
5.21.2 / 02137
5.22 / 02305
6.2.1 / 02153
6.2.2 / 02269
6.2.3 / 02244
6.3.1 / 09089
6.3.3 / 02709
6.4.1 / 02655
6.4.2 / 03948
6.5.1 / 02389
6.5.2 / 02694
6.6.1 / 02755
6.6.2 / 02415

6.7.1 / 02732
6.7.2 / 02744
6.8.1 / 02695
6.8.2 / 02685
6.9.1 / 02686
6.9.2~3 / 02067
6.10.1 / 02155
6.11.1 / 02466
6.11.2 / 02721
6.12.1 / 02557
6.12.2 / 02454
6.13.1 / 02266
6.13.2 / 09817
6.13.3 / 01974
6.13.4 / 02375
6.14.1 / 02021
6.14.2 / 02027
6.14.3 / 02354
6.14.4 / 02032
6.15.1 / 02060
6.15.2 / 02252
6.15.3 / 02167
6.15.4 / 02071
6.16.1 / 05237
6.16.2 / 01930
6.16.3 / 02168
6.16.4 / 01714
6.17.1 / 01907
6.17.2 / 01774
6.18.1 / 01728
6.18.2 / 01914
6.18.3 / 02103
6.19.1 / 02451
6.19.2 / 02764
6.20.1 / 02590
7.2.1 / 03070
7.2.2 / 02987
7.3.1 / 03065
7.3.2 / 01003
7.3.3 / 01070
7.4 / 03904
7.5 / 04140
7.6.1 / 01735

7.6.2 / 02919
7.7.1 / 03213
7.7.2 / 03991
7.8 / 03992
7.9.1 / 03711
7.9.2 / 03460
7.9.3 / 03609
7.10.1 / 03385
7.10.2 / 03674
7.10.3 / 03356
7.10.4 / 03289
7.11.1 / 03273
7.11.2 / 03271
7.11.3 / 03270
7.12.1 / 03395
7.12.2 / 02976
7.12.3 / 02977
7.13.1~2 / 02974
17.13.2 / 00673
7.13.3 / 03338
7.13.4 / 03028
7.14.1 / 03324
7.14.2 / 09118
7.14.3 / 03090
7.14.4 / 03034
7.15.1 / 03097
7.15.2 / 03713
7.16.1 / 03940
7.16.2 / 03201
7.17.1 / 10521
7.17.2 / 10535
7.17.3 / 03188
7.17.4 / 03178
7.18.1 / 03146
7.18.2 / 03145
7.18.3 / 03169
7.18.4 / 04759
7.19.1~2 / 04844
7.19.3 / 03179
7.19.4 / 04950
7.20.1 / 03155
7.21.1 / 03208
7.21.2 / 03230

7.22.1 / 03304
7.22.2 / 03320
7.22.3 / 03223
7.22.4 / 03427
8.2.1 / 03701
8.2.4 / 04040.2
8.2.2 / 03630
8.2.3 / 05259
8.2.4 / 03745
8.3 / 03502
8.4 / 03723
8.5.1 / 03757
8.5.2 / 03758
8.6.1 / 03762
8.6.2 / 03952
8.7.1 / 03845
8.7.2 / 03589
8.8.1 / 04638
8.8.2 / 03705
8.8.3 / 10537
8.9.1 / 03469
8.9.2 / 03623
8.10.1 / 03890
8.11.1 / 03730
8.11.2 / 03556
8.12.1 / 05365
8.12.2 / 03675
8.13.1 / 04088
8.13.2 / 03915
8.14.1 / 03697
8.14.2 / 03671
8.14.3 / 03763
8.15.1 / 04006
8.15.2~16.1 / 04005
8.16.2~17.1 / 03888
8.17.2~18.1 / 03786
8.18.2~3 / 03537
8.19.1~2 / 03490
8.19.2 / 03372
9.3.1 / 03634
9.3.2 / 03978
9.4.1 / 03543
9.4.2 / 05856

9.4.3 / 03477
9.4.4 / 03533
9.5.1 / 03702
9.5.2 / 03761
9.6.1 / 03903
9.6.2 / 03792
9.7.1 / 04102
9.7.2~8.1 / 04104
9.8.2~9.1 / 04105
9.9.2 / 04228
9.10.2~11.1 / 04225
9.11.2 / 04649
9.12.1 / 04288
9.13.2 / 04289
9.14 / 04313
9.15.3 / 04264
9.16.1 / 04263
9.16.2 / 04240
9.17.1 / 04324
9.17.2 / 04277
9.19.3~4 / 04325
10.2 / 03535
10.3 / 03534
10.4 / 03657
10.5.2 / 03811
10.6.2 / 03812
10.7.1;10.6.1 / 03810
10.8.1;10.5.1 / 03809
10.8.2(10.7.2);10.6.3 / 03808
10.9 / 04180
10.10 / 04276
10.11.1~2 / 03899
10.12.1 / 03901
10.12.2 / 03773
10.13.1 / 03866
10.13.2 / 03551
10.14.1~2 / 04141
10.15.1~2 / 04232
10.17.1~2 / 04229
10.18.1 / 04230
10.18.2~3 / 04338
10.20.1 / 04076

10.20.1~22.1 / 04333
10.22.2~24.1 / 04332
10.24.2~25.1 / 04339
10.25.1 / 04388
11.2 / 04302
11.4 / 04178
11.5 / 04273
11.7 / 04316
11.9 / 04242
11.11.1,10 / 03964
11.12.1,11.2 / 03966
11.12.2~13.1 / 03965
11.13.2 / 03908
11.14.1 / 03803
11.14.2 / 04192
11.15.1 / 03651
11.15.2 / 04261
11.16 / 04295
11.17 / 04269
11.18 / 04124
11.19 / 04207
11.20 / 04127
11.21 / 04214
11.22.1 / 04198
11.22.2~23.1 / 04331
11.23.2 / 02772
11.25.1 / 03977
11.26.2 / 05395
12.2.1(与 6.5.2 重)
12.3.1 / 03552
12.3.2 / 03655
12.3.3 / 03649
12.4.1 / 01488
12.4.2 / 03376
12.4.3 / 03848
12.5.2 / 03738
12.5.3 / 03739
12.5.1 / 05398.2
12.6.1 / 03887
12.6.2 / 03913
12.7.1 / 04058
12.7.2 / 03957
12.8.1 / 03959

12.9.1 / 04136
12.9.2 / 04098
12.10.1 / 04130
12.10.2 / 02724
12.11.1 / 03919
12.11.2 / 04097
12.12.2~12.13.1 / 04117
12.12.1~13.2 / 04116
12.14 / 04002
12.15 / 04122
12.16.1~2 / 03772
12.17 / 04089
12.18.1~2 / 03805
12.19.1 / 04087
12.19.2 / 04079
12.20.2 / 04080
12.21.1 / 03852
12.21.2 / 03853
12.22.1 / 03256
12.22.2 / 03251
13.2.1 / 05452
13.2.2 / 05494
13.3.1 / 09522
13.3.2 / 05840
13.3.3;13.4.2 / 09887
13.4.1 / 05938
13.4.3 / 05744
13.4.4 / 06448
13.5.1 / 05802
13.5.2~3 / 05565
13.6.1 / 09752
13.6.2 / 05468
13.6.3 / 05880
13.7.1 / 05704
13.7.2 / 06957
13.7.3 / 05828
13.8 / 09898
13.9.1~2 / 09897
13.10.1 / 05990
13.10.2 / 10083
13.11.1 / 04206

13.11.2 / 06516
13.12.1 / 06008
13.12.2 / 05992
13.13 / 09890
13.14.3 / 05775
13.14.4 / 05819
13.15.1~2 / 09873
13.15.3 / 05904
13.15.4 / 05867
13.16.1 / 09577
13.16.2 / 05865
13.17.1 / 05955
13.17.2 / 09809
13.17.3 / 05953
13.18.1 / 05307
13.18.2 / 05073
13.18.3 / 05663
13.19.1 / 05621
13.19.2 / 05673
13.19.3 / 04993
13.19.4 / 09865
13.20.1 / 05644
13.20.2 / 09506
13.20.3 / 05627
13.20.4 / 05655
13.21.1~2 / 05569
13.21.3~4 / 09284
13.22.1 / 06255
13.22.3~4 / 04913
13.23.1 / 05751
13.23.2 / 05559
13.23.3 / 05693
13.23.4 / 05732
13.24.1 / 05479
13.24.2 / 09790
14.2.1~3.1 / 09729
14.4.2~5.2 / 09730
14.7.1~2 / 10579
14.7.3~4 / 04860
14.8.1~2 / 06040
14.8.3~4 / 04794
14.9.1 / 09520
14.9.2 / 05797

14.9.3 / 09694
14.10.1 / 09655
14.12.2 / 09688
14.13.1 / 09713
14.13.2 / 09714
14.14.1 / 09631
14.14.2 / 09653
14.15.1 / 09596
14.15.2 / 09670
14.16.1 / 09630
14.16.2 / 09691
14.17.1 / 09661
14.17.2 / 06456
14.18.1 / 09667
14.18.2~19.1 / 09698
14.8.5 / 09578
14.19.2~20.1 / 09699
14.20.2 / 09552
14.21.1~3 / 09606
14.21.4~5 / 09404
14.22.1~2 / 09388
14.22.3~4 / 09354
14.23.1 / 09443
14.23.2 / 09399
14.23.3 / 09413
14.24.1 / 10352
14.24.2 / 09379
15.2 / 04632
15.3 / 04606
15.4 / 04616
15.5.1 / 04600
15.5.2 / 04553
15.6.1 / 04514
15.6.2 / 04498
15.7.1 / 04558
15.7.2 / 04557
15.8.1 / 04596
15.8.2 / 04518
15.9 / 04517
15.10.1 / 04519
15.10.2 / 04520
15.11.1 / 04563
15.11.2 / 04564

15.12.1 / 04568
15.12.2 / 04567
15.13.1 / 04537
15.13.2 / 04524
15.14.1 / 04584
15.14.2 / 04620
15.15.1 / 04571
15.15.2 / 04540
15.16 / 04579.2
15.16.1 / 04535
15.17.1 / 04347
15.17.2 / 04350
15.18.1 / 04465
15.18.2 / 04431
15.19.1 / 04355
15.19.2 / 04356
15.20.1 / 04411
15.20.2 / 04392
15.21.1~2 / 04407
15.22 / 04436
15.23.1 / 04366
15.23.2 / 04395
15.24.1 / 04425
15.24.2 / 04378
15.25.2 / 04380
16.2.1~2 / 10026
16.2.3 / 10300
16.2.4 / 10039
16.3.1 / 10059
16.3.2 / 10075
16.4~6 / 10176
16.9~10 / 10173
16.12.1 / 10093
16.12.2 / 10126
16.13.2~14.1 / 10174
16.14.2~15.1 / 10151
16.16.1 / 10086
16.16.2 / 10101
16.17.1 / 10068
16.18.1 / 10152
16.18.2~19.1 / 09283
16.19.2 / 09253
16.19.3~20.1 / 09439

16.20 / 10192
16.21.1 / 10263
16.21.2 / 10218
16.22.1 / 10237
16.22.2 / 10253
16.23.1 / 10272
16.23.2 / 10240
16.24.1 / 10214
16.24.2 / 10279
16.25.1 / 10205
16.25.2 / 10220
16.26.1 / 10225
16.26.2 / 10165
16.27.1 / 10277
16.27.2~3 / 09294
16.28.1~2 / 09292
17.2.1 / 00821
17.2.2 / 00846
17.3.1 / 00840
17.3.2 / 00877
17.4.1 / 00870
17.4.2 / 00938
17.5.1 / 00925
17.5.2 / 00928
17.6.1 / 00932
17.6.2 / 00855
17.6.3 / 00856
17.7.1 / 00486
17.7.2 / 00479
17.7.3 / 00606
17.7.4 / 00607
17.8.1 / 00717
17.8.2 / 00669
17.9.1 / 00637
17.9.2 / 00639
17.10.1 / 00712
17.10.1 / 00711
17.11.1 / 00692
17.11.2 / 00690
17.12.1 / 00720
17.12.2 / 00724
17.12.3 / 00732
17.13.1 / 00708
17.14.1 / 00595
17.14.2 / 00522
17.15.1 / 00597
17.15.2 / 00608
17.16.1 / 00632
17.16.2 / 00586
17.17.1 / 00646
17.17.2 / 00528
17.17.3 / 00506
17.18.1 / 00510
17.18.2 / 04658
17.19.1 / 04683
17.19.2 / 04643
18.2.1~2 / 05379
18.3.1~2 / 04867
18.4.1~2 / 04840
18.4.3~4 / 04930
18.5.1~2 / 04958
18.5.3~6.1 / 04890
18.6.2 / 04988
18.7.1 / 05716
18.7.2 / 05082
18.7.3 / 04864
18.8.1 / 04995.2
18.8.2 / 05743
18.8.3 / 04831
18.8.4 / 04738
18.9.1~2 / 04894
18.10.1~2 / 04953
18.11.1~2 / 04744
18.11.3~4 / 04827
18.11.5~12.1 / 04856
18.12.2~3 / 04989
18.13.1~2 / 04705
18.13.3 / 04889
18.14.1 / 04902
18.14.2~15.1 / 05291
18.15.2~3 / 05146
18.16.1~2 / 05148
18.17.1~2 / 05265
18.18.1~2 / 05099
18.18.3~4 / 05111
18.19.1~2 / 05280
18.20.1 / 04962
18.20.2 / 05272
18.21.1 / 04763
18.21.3~4 / 05198
19.2~3 / 05121
19.3.2~4.1 / 05426
19.4.2,5.1 / 05433
19.5.2 / 05801
19.6.1 / 05192
19.6.2 / 05925
19.7.1 / 05279
19.7.2 / 10573
19.8.1 / 05922
19.8.2 / 05841
19.9.1 / 05861
19.9.2 / 05189
19.10 / 05296.2
19.10.2 / 03544
19.10.3 / 05164
19.11.1(与 10.4 重)
19.11.2 / 05334
19.11.3~4 / 05366
19.12.1~2 / 05316
19.12.3~4 / 05221
19.13.3~4 / 05187
19.14.1~2 / 05250
19.14.3~4 / 05239
19.15.1,15.3 / 06477
19.15.2,15.4 / 06478
19.16.1 / 05369
19.16.2~3 / 09885
19.17.1~2 / 05327
19.17.3~4 / 05326
19.18.1~2 / 05242
19.18.3~4 / 05119
19.19.2 / 05217
19.19.3 / 05184
19.20.1 / 05234
19.20.2 / 05229
19.20.3~4 / 05005
19.21.1~2 / 05081
19.21.3 / 05392
19.22.1 / 05381
19.22.2~23.1 / 05407
19.23.2 / 05427
19.24.1(与 13.12.2 重)
19.25.1~2 / 05405
20.2.1 / 06314
20.2.2 / 06290
20.3.1 / 06300
20.3.2 / 06326
20.3.3 / 06330
20.4.1 / 06399
20.4.2 / 06315
20.5.1 / 06292
20.5.2 / 07159
20.5.3 / 06333
20.6.1 / 06231
20.6.2 / 06374
20.6.3 / 06418
20.7.1 / 06417
20.7.2 / 06208
20.7.3 / 06433
20.8.1 / 06202
20.8.2 / 06370
20.8.3 / 06447
20.8.4 / 06446
20.9.1 / 06275
20.9.2 / 06204
20.9.3 / 06320
20.9.4 / 06125
20.10.1 / 06391
20.10.2 / 06192
20.11.1 / 06069
20.11.2 / 06172
20.12.1 / 06496
20.12.2 / 06411
20.13.1 / 06481
20.13.2 / 06467
20.14.1 / 06475
20.14.2 / 06495
20.15.1 / 06502
20.15.2 / 06365
20.16.1 / 06053
20.16.2 / 06056
20.16.3 / 06154
20.17.1 / 06139
20.17.2 / 07230
20.17.3 / 07232
20.18.1 / 06378
20.18.2 / 06375
20.19.1 / 06193
20.19.3 / 06429
21.2.1 / 06532
21.2.2 / 06709
21.3.1 / 07138
21.3.2 / 07214
21.4.1 / 07091
21.4.2 / 07073
21.4.3 / 06835
21.5.1 / 06651
21.5.2 / 06765
21.5.3 / 06571
21.5.4 / 06789
21.6.1 / 06722
21.6.2 / 06633
21.6.3 / 06959
21.7.1 / 07180
21.7.2 / 07121
21.7.3 / 07109
21.8.1 / 07130
21.8.2 / 07127
21.9.1 / 07287
21.9.2 / 07296
21.10.1 / 07234
21.10.2 / 07259
21.10.3~4 / 09092
21.11.1~2 / 09088
21.11.3 / 09209
21.12.1 / 09242
21.12.2 / 09185
21.12.3 / 09111
21.13.1 / 08110
21.13.2 / 08191
21.13.3 / 07314
21.13.4 / 07313
21.14.1 / 08372

21.14.2 / 07477	22.10.1 / 07960	22.19.1 / 08573	23.6.1 / 07537	23.15.3 / 07705
21.15.1~2 / 09105	22.10.2 / 07905	22.19.2 / 08623	23.6.2 / 07552	23.15.4 / 07704
21.16.1~2 / 09102	22.10.3 / 08825	22.19.3 / 08696	23.6.3 / 08147	23.16.1 / 08041
21.16.3 / 08857	22.10.4 / 08482	22.19.4 / 08697	23.6.4 / 08091	23.16.2 / 08334
21.16.4 / 08874	22.11.1 / 08341	22.20.1 / 08695	23.7.1 / 07401	23.16.3 / 08483
21.17.1 / 08337	22.11.2 / 08522	22.20.2 / 08698	23.7.2 / 07396	23.17.1(与22.9.4重)
21.17.2 / 08517	22.11.3 / 07693	22.20.3 / 07847	23.7.3 / 07588	23.17.2 / 08311
21.17.3 / 09091	22.11.4 / 07661	22.20.4 / 07866	23.7.4 / 08281	23.17.3 / 08787
21.18.1 / 09099	22.12.1 / 07692	22.21.1 / 08609	23.8.1 / 07457	23.18.1 / 07962
21.18.2 / 09090	22.12.2 / 07321	22.21.2 / 09025	23.8.2 / 07689	23.18.2 / 07978
22.2.1 / 09087	22.12.3 / 07534	22.21.3 / 09077	23.8.4 / 07794	23.18.3 / 09040
22.2.2 / 09086	22.12.4 / 07533	22.21.4 / 09038	23.9.1 / 08822	23.18.4 / 08990
22.3.1 / 09104	22.13.1 / 07572	22.22.1 / 09094	23.9.2 / 08305	23.19.1 / 07934
22.3.2 / 07649	22.13.2 / 07543	22.22.2 / 09000	23.9.3 / 08882	23.19.2 / 07910
22.4.1 / 07786	22.13.3 / 08189	22.22.3 / 08539	23.9.4 / 08779	23.19.3 / 08835
22.4.2 / 07524	22.13.4 / 08239	22.22.4 / 08002	23.10.1 / 08405	23.19.4 / 07848
22.4.3 / 07345	22.14.1 / 08692	22.23.2 / 07414	23.10.2 / 07896	23.20.1 / 08638
22.5.1 / 08217	22.14.2 / 08358	22.23.3 / 08991	23.10.3 / 08404	23.20.2 / 08633
22.5.3 / 08322	22.14.3 / 08112	22.23.4 / 08829	23.10.4 / 08395	23.20.3 / 09029
22.5.4 / 07367	22.14.4 / 08074	22.24.1 / 08665	23.11.1 / 07885	23.20.4 / 09030
22.6.1 / 08004	22.15.1 / 08987	22.24.2 / 08575	23.11.2 / 08504	23.21.1 / 09058
22.6.2 / 07854	22.15.2 / 07428	22.33.3 / 08017	23.11.4 / 07906	23.21.2 / 07542
22.6.3 / 08973	22.15.3 / 08668	23.2.1 / 09013	23.12 / 08521	23.21.3 / 09033
22.6.4 / 08627	22.15.4 / 08584	23.2.2 / 09012	23.12.2 / 08926	23.21.4 / 08010
22.7.1 / 09001	22.16.1 / 08861	23.3.1 / 09045	23.12.3 / 08582	23.22.1 / 08811
22.7.2 / 08636	22.16.2 / 08443	23.3.2 / 08880	23.12.4 / 08739	23.22.2 / 08324
22.7.3 / 07724	22.16.3 / 07904	23.3.3 / 09032	23.13.1 / 08043	23.22.3 / 07908
22.7.4 / 08020	22.16.4 / 07907	23.3.4 / 09046	23.13.2 / 08585	23.23 / 08294
22.8.1 / 07626	22.17.1 / 07902	23.4.1 / 09034	23.13.3 / 08586	24.1 / 10374
22.8.2 / 07412	22.17.2 / 07877	23.4.2 / 08878	23.13.4 / 08630	24.3 / 10371
22.8.3 / 08714	22.17.3 / 08690	23.4.3 / 08062	23.14.1 / 07971	24.5.1 / 10368
22.8.4 / 08597	22.17.4 / 08884	23.4.4 / 08057	23.14.2 / 08713	24.7 / 11915
22.9.1 / 08611	22.18.1 / 08437	23.5.1 / 08015	23.14.3 / 08694	25.4.2 / 09515
22.9.2 / 08919	22.18.2 / 08507	23.5.2 / 08448	23.14.4 / 08965	
22.9.3 / 07901	22.18.3 / 08643	23.5.3 / 07420	23.15.1 / 07977	
22.9.4 / 07955	22.18.4 / 08527	23.5.4 / 08134	23.15.2 / 08672	

彙編

2a~b / 02841	8 / 02837	17 / 04336	23 / 09730	31 / 00261
3 / 02839	9 / 02836	18 / 02829	24 / 09729	32 / 04314
4 / 02838	13 / 06016	19 / 02828	25 / 10174	33 / 04312
5 / 10176	15 / 04332	21 / 04331	28 / 00260	34 / 04300
6/ 00127	16 / 04333	22 / 04326	30 / 04313	35 / 04301

38 / 10173
39 / 04292
40 / 04465
44 / 04287
45 / 09728
46 / 02818
47 / 02813
48 / 00245
50 / 02812
51 / 00120
52 / 00121
53 / 00122
55 / 00125
56 / 00129
57 / 00130
58 / 00131
59 / 00126
61 / 00128
62 / 00124
63 / 00123
64 / 00239
67 / 04273
68 / 04269
70 / 00228
71 / 00235
72 / 04266
73 / 02808
74 / 00189
75 / 00187
76 / 04629
80 / 04630
86a / 00107
86b / 00108
87 / 02801
88 / 02799
89 / 02796
90 / 02797
91 / 02800
93 / 02803
95 / 04252
96 / 04241
99 / 00755
100 / 06009

101 / 05433
102 / 04238
103 / 04239
104 / 02787
105 / 04233
107 / 04229
108 / 02786
110 / 00157
111 / 00158
112 / 00159
113 / 00161
114 / 00160
115 / 04222
116 / 04221
117 / 04220
118 / 04223.2
118b / 04219
120a、b、c / 00155
122 / 02784
123 / 02783
124 / 00151
125 / 00150
125 / 02781
127 / 02780
128 / 10361
129 / 05426
131 / 05425
132 / 05421
133 / 05422
134 / 02778
135 / 09454
138 / 05420
139 / 05419
140 / 05424.1
141 / 06004
143 5.295 / 00190
144 / 04194
145 / 05416
146 / 05415
147 / 09719
148 / 09720
149 / 04169

150 / 05417
151 / 00116
152 / 00117
156 / 10166
157 / 00109
158 / 00110
159 / 04190
161 / 02763
164 / 02758
165 / 02759
166 / 02760
167 / 02761
168 / 09710
169 / 09711
170 / 00204
171 / 00243
172 / 04147
173 / 04149
174 / 00948
176 / 00753
177 / 09717
178 / 09716
182 / 04141
184 / 04145
186 / 05409
187 / 00102
190 / 02739
191 / 04144
192 / 04621
194 / 00088
195 / 04140
197 / 10159
198 / 10283
200 / 04139
201 / 04123
202 / 00086
203 / 02729
204 / 02732
205 / 02733
206 / 04122
207 / 04135
208 / 04134
216 / 09706

217 / 09705
218 / 02722
221 / 09451
223 / 00185
225 / 09703
227 / 10278
230 / 04112
232 / 05992
233 / 05402
240 / 05990
241 / 05993
242 / 00202
243 / 04095
244 / 04603
246 / 05991
247(与171重)
248 / 00066
249 / 02674
253 / 09249
254 / 10149
256 / 00092
258 / 02661
259 / 02668
260 / 02670
262 / 05985
264 / 10151
268 / 02657
271 / 04058
272a / 04056
272b / 04057
273(与572重) / 04057
274 / 04044
275 / 04024
277 / 09690
282 / 04015
283 / 04595
284 / 05394
286 / 02630
287 / 00064
289 / 02628
290 / 03992
291 / 04023

294 / 10264
296 / 02626
297 / 02636
298 / 00737
301 / 03955
302 / 09449
304 / 10261
306 / 10127
310 / 02613
311 / 02612
312 / 00944
314 / 10357
315 / 04576
315 / 04577
316 / 05981
317 / 09972
318 / 09668
319 / 09676
320 / 09680
321 / 10267
322 / 00053
325 / 00711
326 / 03942
328 / 03927
330 / 09443
333 / 10248
335 / 02544
338 / 00698
339 / 03905
340 / 03928
341 / 03929
342 / 03901
343 / 03903
346 / 04559
347 / 04561
348 / 05384
349 / 05387
353 / 00051
358 / 02570
361 / 02553
362 / 02495
364 / 03934
365 / 03933

366 / 03853
367 / 03842
368 / 05382
369 / 05379
370 / 09964
371 / 00044
372 / 00043
373 / 00042
374 / 09662
376 / 02536
379 / 00692
380 / 00690
381 / 00672
382b / 03806
383 / 03813
384 / 03812
385 / 03803
386 / 03867
387 / 04407
389 / 05967
390 / 05368
391 / 09635
396 / 00667
397 / 03769
399 / 03822,03823
400 / 03763
401 / 05969
402 / 04396
404 / 05958
405 / 05968
406 / 09645
407 / 10106
412 / 02510
413 / 02485
414 / 00648
415 / 05946
417 / 10090
420 / 11317
421 / 02453
425 / 02475
427 / 02460
428 / 00930
429.1 / 03779
430 / 03780
432 / 04530
433 / 04524
434 / 04394
436 / 09098
437 / 09433
438 / 05959
441 / 05962
443 / 09298
445 / 05371
446 / 09624
448 / 07311
450 / 10219
453 / 04641
454 / 09434
455 / 02405
457 / 00632
459 / 03748
460 / 03747
461 / 04523
462 / 04365
466 / 05355
468 / 11302
469 / 02429
470 / 00922
471 / 03720
473 / 03723
475 / 04376
477 / 09093
480 / 09430
481 / 05948
482 / 05359
483 / 05363
484 / 05349
486 / 05370
487 / 09614
490 / 11636
494 / 02368
497 / 02372
498 / 02382
499 / 03703
500 / 00607
502 / 00915
503 / 00924
504 / 03684
506 / 03695
507 / 04364
508 / 04363
509.1~510.2 / 04362
510.1~6.509.2 / 04361
512 / 05922
513 / 05934
514 / 09088
517 / 05318
519 / 05345
520 / 05329
521 / 05336
522 / 05327
523 / 09603
524 / 09599
526(又634) / 06503
527 / 10204
528 / 10205
529 / 00022
531 / 02330
532 / 02337
533 / 02336
535 / 02325
542 / 00913
543 / 02340
544 / 03664
545 / 03661
547 / 03644
548(与272a重)
552 / 09424
555 / 05915
556 / 05902
557 / 05905
558 / 05903
559 / 05907
560 / 05932
561 / 05896
562 / 05895
564 / 05926
565 / 09293
566 / 09292
567 / 09295
569 / 05316.1
570 / 05319
571 / 05332
572 / 05323
573 / 05328
574 / 05338
576 / 09585
577 / 09587
578 / 10078
580 / 11272
580a / 10942
583 / 10389
585 / 02270
587 / 02246
589 / 02264
591 / 03629
592 / 03624
593 / 03602
594 / 03613
595 / 03615
597 / 03601
600 / 03470
601 / 03628
605 / 09419
607 / 05879
608 / 05882
609 / 05832
610 / 05886
611 / 05889
612(又7.76右) / 05833
613 / 05881
614 / 05868
615 / 05901
616 / 05865
619 / 05259
620 / 05281
621 / 05303
622 / 05299
623 / 05284
624 / 05291
625 / 05305
627 / 05279
632 / 09584
633 / 09580
634(与526重)
637 / 02133
638 / 02143
639 / 05837
641 / 02149
642 / 02153
643 / 02121
645 / 02140
646 / 02130
647 / 02129
648 / 02178
651 / 02289
653 / 02193
654 / 02109
655 / 00562
656 / 00553
657 / 00558
658 / 00896
659 / 00888
660 / 00873
661 / 03517
663 / 03580
664 / 03536
666 / 03530
667 / 03541
668 / 03542
672 / 03558
674 / 03543
676 / 03561
677 / 03568
678 / 04488
681 / 09404
682 / 09411
683 / 09415
685 / 06478.2
686 / 05843
687 / 05851

688 / 05860
690 / 05839
691 / 05822
692 / 05859
693 / 05829
694 / 09289
696 / 10067
698 / 05251
699 / 05219
700 / 05200
701 / 05258
703 / 05237
704 / 05292
705 / 05245
706 / 05250
707 / 05239
708 / 05256
709 / 09813
710 / 09811
711 / 09567
712 / 09568
717 / 06482
718 / 10068
719 / 10069
722 / 10190
724 / 10288
725 / 10289
726 / 11609
732 / 11190
733 / 11910
739 / 02052
741 / 02016
745 / 02070
746 / 00526
750 / 00872
751 / 00881
753 / 00890
757 / 03469
760 / 03444
761 / 03485
762 / 03437
766 / 05819
767 / 05821
768 / 02078
768 / 05817
769 / 06028
769 / 05785
770 / 05796
772 / 05816
774 / 05814
775 / 05812
776 / 05801
778 / 09288
780 / 05154
781 / 09551
782 / 05148
783 / 05187
784 / 05190
785 / 05216
786 / 05170
794 / 11592
797 / 06462
799 / 01878
803 / 01907
804 / 01901
805 / 01956
807 / 00504
809 / 00498
810 / 00497
813 / 03380
814 / 03381
815 / 03403
816 / 03405
817 / 03401
818 / 03376
823 / 09016
825 / 09382
826 / 05765
828 / 05769
829 / 05755
830 / 05787
831(与 838 重)
833 / 05781
834 / 05766
835 / 05771
836 / 05775
837 / 05791
838 / 05139
841a / 05128
843 / 05122
844 / 05124
846 / 09535
847 / 09531
848~849 / 06438
850 / 06431
851 / 06432
852 / 10056
853 / 10049
855 / 10057
856 / 10055
858 / 00162
858 / 00163
859 / 00165
860 / 00166
861 / 00167
862 / 00168
863 / 00169
864 / 00170
865 / 00164
866 / 11050
873 / 01974
875 / 01734
876 / 01784
878 / 01732
881 / 00845
881 / 01714
882 / 01721
883 / 01800
884 / 00493
885 / 00836
886 / 00835
901 / 05695
903 / 05693
905 / 05030
907 / 05042
907 / 05126
914 / 07209
915 / 06295
922 / 11577
923 / 01301
924 / 01894
926 / 01311
929 / 01274
930 / 01254
935 / 07941
938 / 07882
940 / 07931
945 / 07869
946 / 07853
949 / 05511
950 / 03051
951 / 05525
955 / 05529
956 / 04836
958 / 06809
959 / 04884
960 / 06808
961 / 06807
964 / 04888
965 / 06098
973 / 12016
983 / 06018
986 / 03005
988 / 06653
993 / 04811
994 / 01843
995 / 05736
997 / 00539
1000 / 07812
1001 / 07811
1002 / 05565
1004 / 09848
1005 / 09765
1008 / 05215
1009 / 09373
1015 / 01424
1016 / 09793
1018 / 01866
1019 / 01865
1020 / 09234
1021 / 01415
1027 / 03713
1028 / 09886
1029 / 08472
1030 / 01407
1031 / 10022
1032 / 11744
1033 / 06960
1035 / 01432
1036 / 09157
1039 / 00789
1040 / 04813
1041 / 00415
1042 / 01746
1044 / 06377
1045 / 06957
1046 / 07819
1047 / 07820
1049 / 06346
1050 / 01758
1053 / 06988
1055 / 09478
1058 / 07844
1062 / 05745
1064 / 09161
1067 / 09008
1069 / 01869
1072 / 01642
1072 / 08927
1075 / 06164
1076 / 01421
1078 / 01847
1080 / 07277
1081 / 08785
1084 / 01145
1087 / 08981
1089 / 05203
1091 / 05383
1093 / 06976
1096 / 09162
1097 / 03393
1098 / 07219
1102 / 04771
1106 / 06553
1107 / 01035

1110 / 06217
1111 / 09268
1112 / 05065
1113 / 08669
1117 / 07431
1121 / 04890
1122 / 05145
1125 / 09372
1128 / 09866
1129 / 07139
1131 / 04956
1134 / 05003
1135 / 05002
1136 / 05683
1138 / 00826
1139 / 05447
1141 / 05446
1142 / 02941
1144 / 01604
1146 / 01526
1150 / 09284
1153 / 08540
1158 / 01516
1161 / 05172
1163 / 00795
1164 / 04734
1168 / 01905
1169 / 01711
1170 / 01555
1172 / 02000
1173 / 09796
1174 / 09797
1175 / 05063
1178 / 07397
1179 / 09343
1186 / 07413
1187 / 06522
1189 / 05627
1191 / 07164
1192 / 06135
1194 / 09509
1195 / 11741
1199 / 07320

1202 / 07318
1205 / 08101
1206 / 08099
1207 / 01716
1208 / 06908
1210 / 09172
1211 / 06904
1212 / 08088
1213 / 05716
1215 / 01309
1217 / 04848
1219 / 06900
1220 / 01319
1222 / 09338
1223 / 09340
1224 / 09341
1226 / 01315
1227 / 03071
1231 / 05080
1234 / 01862
1235 / 06210
1238 / 09337
1239 / 07085
1240 / 06351
1241 / 06911
1245 / 10614
1246 / 10625
1247 / 10624
1248 / 10641
1249 / 07349
1250 / 05443
1251 / 07348
1252 / 06030
1253 / 01530
1255 / 09273
1256(摹本) / 00445
1263 / 08387
1265 / 09112
1267 / 01459
1270 / 03119
1271 / 06925
1272 / 04839
1273 / 05444

1274 / 07108
1279 / 00478
1280 / 06926
1282 / 04896
1283 / 09276
1284 / 04774
1286 / 05557
1288 / 01362
1289 / 07003
1291 / 03111
1293 / 07004
1295 / 08177
1296 / 05577
1298 / 01699
1300 / 01700
1301 / 01701
1302 / 04866
1304 / 07402
1305 / 09121
1306 / 05644
1308 / 06923
1310 / 01747
1312 / 01748
1313 / 09508
1315 / 01371
1316 / 10033
1317 / 09259
1318 / 09480
1319 / 08450
1320 / 05090
1321 / 04791
1322 / 02959
1323 / 06614
1324(与 1812 重)
1325 / 02957
1326 / 05460
1327 / 05459
1327 / 25459
1329 / 02958
1332 / 06615
1333 / 09361
1335 / 05667
1336 / 08065

1343 / 09915
1344 / 05530
1345 / 01458
1347 / 05741
1349 / 11730
1350 / 06067
1351 / 09774
1352 / 01011
1353 / 05617
1354 / 02955
1356 / 08561
1358 / 01089
1359 / 08529
1362 / 05656
1364 / 01072
1365 / 01372
1366 / 09772
1367 / 07152
1369 / 01479
1371 / 06635
1372 / 01066
1373 / 07025
1374 / 09775
1375 / 07026
1376 / 07439
1377 / 04742
1379 / 05543
1381 / 01092
1383 / 07465
1386 / 01547
1389 / 07467
1390 / 04738
1396 / 09344
1397 / 07051
1400 / 09130
1402 / 07484
1404 / 06636
1406 / 07488
1407 / 04873
1408 / 05748
1409 / 05010
1412 / 01692
1413(与 829 重)

1414 / 09834
1415 / 08394
1416 / 05142
1418 / 09123
1419 / 10030
1420 / 03108
1421 / 04871
1422 / 01600
1423 / 08157
1426 / 05058
1427 / 01657
1428 / 01222
1429 / 01942
1430 / 01943
1431 / 09380
1432 / 03397
1433 / 10053
1435 / 03423
1436 / 05153
1438 / 05805
1440 / 07576
1447 / 07168
1448 / 07167
1450 / 07233
1451 / 05754
1454 / 08327
1456 / 05489
1457 / 06771
1458 / 04729
1459 / 04731
1460 / 05490
1461 / 05548
1462 / 06770
1463 / 06772
1464 / 01177
1465 / 05547
1466 / 05009
1466 / 05549
1467 / 01381
1468 / 09330
1469 / 05587
1470 / 01566
1471 / 03218

1472 / 01675
1473 / 04963
1476 / 09329
1477 / 04834
1478 / 06830
1479 / 01392
1480 / 01391
1481 / 00467
1482 / 01389
1482 / 08342
1482b / 08314
1483 / 07084
1485 / 04717
1486 / 01158
1487 / 01160
1490 / 01673
1491 / 08651
1492 / 09263
1493 / 09345
1495 / 09471
1496 / 00477
1498 / 04766
1499 / 01157
1501 / 05622
1502 / 04921
1506 / 04940
1508 / 06310
1509 / 09363
1510 / 01041
1511 / 01593
1511 / 08252
1514 / 09314
1515 / 09139
1517 / 04800
1518 / 01164
1519 / 01167
1521 / 01366
1522 / 06691
1523 / 07624
1524 / 06692
1525 / 06063
1526 / 06059
1527 / 04701
1528 / 08014
1529 / 09472
1531 / 05470
1532 / 00766
1534 / 05467
1535 / 09946
1536 / 04709
1538 / 06690
1541 / 07640
1542 / 01209
1543 / 06715
1546 / 03025
1547 / 08233
1548 / 07007
1549 / 06826
1550 / 01287
1551 / 08052
1552 / 08053
1553 / 01519
1554 / 01518
1555 / 05624
1556 / 01599
1558 / 00814
1561 / 08657
1562 / 08335
1567 / 01756
1569 / 01361
1570 / 09151
1571 / 01449
1572 / 01859
1574 / 06598
1575 / 06052
1577 / 09142
1578 / 01539
1579 / 01625
1580 / 09258
1581 / 08241
1582 / 05101
1583 / 07008
1585 / 09262
1586 / 05047
1587 / 01192
1594 / 07049
1595 / 08253
1596 / 01455
1597 / 07040
1598 / 09197
1603 / 01286
1604 / 09182
1605 / 09183
1606(器) / 06215
1607 / 09357
1608 / 06759
1610 / 01188
1611a(蓋) / 04745
1612 / 05496
1613 / 04746
1614 / 05639
1615 / 09137
1616 / 06238
1617 / 05634
1619 / 01681
1621 / 08754
1623 / 05482
1624 / 09138
1625 / 01172
1626 / 06650
1631 / 06647
1637 / 01104
1638 / 02973
1641 / 09186
1643 / 08400
1644 / 04997
1645 / 06876
1648 / 01588
1649 / 01587
1650 / 09503
1654 / 03449
1660 / 09265
1662 / 03116
1664(又 1788) / 06182
1665 / 06674
1667 / 01120
1671 / 05514
1672 / 04788
1673 / 05586
1674 / 09794
1676 / 01852
1680 / 04787
1681 / 09836
1682 / 06677
1683 / 01124
1684 / 01123
1687 / 04893
1688 / 01141
1689 / 05650
1690 / 08277
1693 / 06592
1694 / 01671
1695 / 10754
1698 / 01471
1700 / 09205
1701 / 04903
1703 / 01107
1706 / 08259
1708 / 07016
1712 / 07117
1717 / 08278
1718 / 01486
1719 / 10032
1721 / 06797
1723 / 07743
1724 / 01627
1727 / 05155
1728 / 01244
1729 / 06264
1730 / 04768
1732 / 01220
1733 / 09252
1735 / 05576
1736 / 01136
1737 / 05625
1738 / 05758
1739 / 07249
1741 / 09254
1744 / 08423
1745 / 09346
1748 / 10868
1749 / 04750
1750 / 06498
1751 / 08273
1753 / 10762
1754 / 04905
1759 / 08857
1763 / 08498
1769 / 06028
1770 / 03141
1776 / 07469
1777 / 07676
1778 / 07677
1780 / 00448
1788(与 1644 重)
1790 / 03035
1792 / 01152
1795 / 04864
1803 / 06368
1807 / 01864
1812(1324) / 01077
1813 / 00797

敬吾

上 1.1 / 01851
上 1.3 / 10083
上 2 / 10131
上 2.1 / 10133
上 2.3 / 10162
上 3 / 10161
上 3.2 / 10151
上 4 / 10093
上 4.2 / 10068
上 6 / 00082

上 25.1 / 02636
上 25.2 / 02627
上 26.1 / 02416
上 26.3 / 02383
上 26 前 / 02554
上 27 / 01966
上 27 / 02655
上 27.4~5 / 02517
上 28.1 / 02172
上 28.2 / 01769
上 28.3 / 01768
上 28.5 / 02378
上 28.6 / 02412
上 28.7 / 02071
上 28.8 / 02046
上 29 / 02153
上 30 / 02493
上 30 / 02588
上 31 / 02816
上 33.2 / 05837
上 34.1 / 01019
上 34.2 / 01070
上 34.3 / 01089
上 35.1 / 01853
上 35.2 / 01898
上 35.3 / 01882
上 35.6 / 01578
上 36.1 / 01432
上 36.2 / 01998
上 36.4 / 01857
上 36.5 / 01884
上 36.7 / 01569
上 36.8 / 01179
上 37.1 / 02670
上 38.1 / 01988
上 38.2 / 01930
上 38.4 / 01948
上 39.1 / 02305
上 39.3 / 02404
上 40.1 / 02563
上 40.2 / 02648
上 41.1 / 05944
上 42.1 / 09763
上 42.2 / 09793
上 42.3 / 05569
上 44.1 / 10542
上 44.4 / 05865
上 44.5 / 05706
上 44.6 / 09522
上 44.7 / 05627
上 44.7 / 05628
上 45.2 / 10571
上 45.3 / 05869
上 45.6 / 05630
上 46 / 09890
上 52 / 03543
上 53 / 04294
上 54.1 / 04014
上 55.1 / 04222
上 56.1 / 03915
上 56.2 / 03971
上 56.3 / 03973
上 56.5~6 / 03916
上 56.4 / 03972
上 57 / 04240
上 58.1 / 04316
上 58.2 / 03866
下 1 / 04127
下 2.1 / 03671
下 2.2 / 04638
下 2.3 / 03930
下 3.1 / 03427
下 3.2 / 03537
下 4.1 / 04334
下 4.1~2 / 00708
下 5.1~6.1 / 04262
下 7.1, 下 8.2 / 04264
下 8 / 04263
下 9.1 / 03564
下 9.2 / 03396
下 10.2 / 03890
下 11.1 / 04096
下 11.2 / 04208
下 12.1 / 03705
下 12.2 / 03893
下 13.1 / 03987
下 13.2 / 04107
下 14.1~2 / 04313
下 15 / 04232.1
下 16.1 / 04018
下 16.2 / 04061
下 17 / 04040
下 18.1 / 04116
下 19.1 / 04366
下 19.2 / 04411
下 20.1 / 04365
下 20.2 / 04436
下 21.1 / 04400
下 21.2 / 04390
下 21.3 / 04377
下 22.1 / 04623
下 22.2 / 05979
下 23.1 / 04582
下 23.2 / 04626
下 24.1 / 04616
下 24.2 / 04596
下 25 / 00947
下 26.1 / 00876
下 26.2 / 00833
下 26.3 / 00891
下 26.4 / 00867
下 27.1~2 / 09387
下 27.3 / 09323
下 28.1 / 10218
下 28.2~3 / 09292
下 29.1 / 09670
下 30.1 / 09559
下 31.1 / 09667
下 31.2 / 09687
下 32 / 10511
下 32.1 / 03120
下 32.2 / 03188
下 32.2 / 03395
下 32.3 / 03289
下 32.4 / 10552
下 33.7 / 10569
下 33.4 / 03223
下 34.1 / 03674
下 34.2 / 03723
下 34.3 / 03556
下 35.3 / 03561
下 36.1 / 04649
下 37.1 / 03990
下 37.2 / 03655
下 37.3 / 03657
下 37.4 / 03358
下 38.1~2 / 09873
下 38.3 / 03502
下 38.4 / 10537
下 39.1 / 03763
下 39.2 / 04042
下 42.1 / 03694
下 42.2 / 04041
下 43.1 / 06496
下 43.2 / 06366
下 43.3 / 06488
下 44.2 / 07214
下 44.3 / 06502
下 44.5 / 06391
下 45.1 / 00597
下 45.2 / 00608
下 45.3 / 00638
下 46.1 / 00637
下 47.3~4 / 00737
下 48.1 / 00666
下 49.1 / 00717
下 50.1 / 00732
下 51.2 / 00523
下 51.35 / 01735
下 52.1 / 08654
下 52.2 / 07512
下 52.3 / 08477
下 53 / 07457
下 54.2~3 / 09105
下 55.1 / 07552
下 55.2 / 07122
下 55.3 / 07588
下 56.1 / 08337
下 56.2 / 09201
下 56.4 / 09096
下 57.1 / 07121
下 57.2 / 07073
下 57.3 / 07310
下 57.6 / 07093
下 58.2 / 09185
下 58.3 / 09242
下 59.2 / 06315
下 59.4 / 06365
下 59.5 / 06174
下 60.1 / 06038
下 60.2 / 06475
下 60.4 / 06220
下 60.5 / 06461
下 60.8 / 08438
下 61 / 08698
下 61.1 / 08191
下 61.1~2 / 09050
下 61.3 / 09077
下 62.2 / 06533
下 62.3 / 08075
下 62.4 / 08134
下 62.5 / 07081
下 62.6 / 07697
下 62.7 / 07616
下 63.1 / 09099
下 63.2 / 08973
下 63.4 / 07978
下 63.5 / 07522
下 63.7 / 08213
下 63.8 / 08633
下 64.1 / 06698
下 64.2 / 07257
下 64.3 / 07213
下 65.2 / 08517
下 65.3 / 08361
下 65.4 / 08518
下 65.5 / 08874
下 66.1~3 / 09102
下 67.1 / 04962
下 67.2 / 05334
下 67.3~4 / 05048
下 67.5 / 05187
下 67.6 / 05385
下 67.7~8 / 05121
下 68.1~2 / 04845

筠清

5.24 / 00240	5.27 / 00243	5.31 / 00033	5.33.1 / 11035	5.41.1 / 11549
5.26 / 00242	5.28 / 00111	5.32 / 11036	5.39.1 / 00569	5.53.1~2 / 02609

頌齋

2 / 02630	8 / 03472	15 / 06373	24 / 00419	35 / 11772
3 / 01783	9 / 03463	17 / 08228	25 / 00416	46 / 10036
6 / 00481	9 / 10326	18 / 08224	32 / 10884	釋 1 / 02696釋 6
7 / 03094	12.2 / 07353	19 / 08852	33 / 10793	/ 03783
7 / 03247	14 / 05863	21 / 08906	34 / 10939	

頌續

1 / 01831	23 / 00510	45 / 04406	69 / 06641	89 / 08974
2 / 01550	24 / 00868	47 / 10203	70 / 07057	90 / 08854
3 / 01023	25 / 00945	48 / 10336	71 / 06282	91 / 08159
4 / 01814	26 / 03308	49 / 09959	72 / 06301	92 / 08076
5 / 01620	27 / 03036	50 / 05114	73 / 06470	93 / 08792
6 / 02678	28 / 02993	51 / 05144	74 / 06134	94 / 08781
7 / 01927	29 / 02935	52 / 05386	75 / 06181	96 / 09913
8 / 02069	30 / 02934	54 / 09390	76 / 06066	97 / 09932
9 / 02066	31 / 03349	55 / 09331	77 / 06270	98 / 00977
10 / 02070	32 / 03384	56 / 09430	78 / 06043	104 / 00395
11 / 02331	33 / 03342	57 / 05773	79 / 06369	105 / 00396
12 / 02332	34 / 03341	58 / 05759	80 / 06491	106 / 00397
13 / 01465	35 / 03450	59 / 05774	81 / 06479	107 / 00404
14 / 02465	36 / 02979	60 / 05588	82 / 08796	122 / 00420
15 / 02668	37 / 03455	61 / 06642	83 / 08105	124 / 12007
16 / 02285	38 / 04080	62 / 06814	84 / 09005	125 / 12008
19 / 00634	39 / 03571	63 / 07193	85 / 08955	126 / 10674
20 / 00739	40 / 03588	65 / 07305	86 / 08451	127 / 10675
21 / 00594	41 / 03585	67 / 07278	87 / 08066	128 / 10819
22 / 00644	43 / 04619	68 / 06640	88 / 08975	129 / 11570

夢郼

上 1 / 00015	上 12 / 02643	上 21 / 03518	上 31 / 04225	上 42 / 07301
上 3 / 00140	上 13 / 02635	上 23 / 03663	上 33 / 04264.2	上 43 / 08779
上 5 / 01253	上 14 / 02670	上 24 / 03907	上 34~35 / 04329	上 44 / 08464
上 6 / 01956	上 15 / 02743	上 25 / 04205	上 36 / 05777	上 45 / 08585
上 7 / 02027	上 16 / 00660	上 26 / 03785	上 37 / 04705	上 46 / 08714
上 8 / 02065	上 17 / 04393	上 27 / 03828	上 38 / 06169	上 47 / 08674
上 9 / 02267	上 18 / 04410	上 28 / 03889	上 39 / 06472	上 48 / 08676
上 10 / 02531	上 19 / 03327	上 29 / 04001	上 40 / 06474	上 49 / 07880
上 11 / 02526	上 20 / 03354	上 30 / 04213	上 41 / 06220	上 50 / 08893

寧壽

綴遺

8.28.1 / 04596
9.1.2 / 04399
9.2.1~2 / 04407
9.3 / 04436
9.4 / 04366
9.4 / 04378
9.5 / 04351
9.6.1 / 04411
9.6.2 / 04410
9.7.1~2 / 04394
9.8 / 04356
9.9.1 / 04390
9.9.2 / 04377
9.10 / 04414
9.11.1~2 / 04422
9.12 / 04425
9.13 / 04432
9.13.1 / 04389
9.14 / 04430
9.15 / 04400
9.16 / 04392
9.17.1 / 00764
9.17.2 / 00822
9.18.1 / 00846
9.18.2 / 00840
9.19.1 / 00815
9.20.1 / 00891
9.20.2 / 00917
9.21.1 / 00856
9.21.2 / 00867
9.22.1 / 00915
9.22.2 / 00944
9.23.2 / 00855
9.24.1 / 00854
9.24.2 / 00876
9.25.1 / 00851
9.25.2 / 00877
9.26.1 / 00870
9.26.2 / 00941
9.27 / 02428
9.28.1 / 00929
9.28.2 / 00927
9.29.1 / 00928
9.29.2 / 00932
9.30 / 00925
9.31.1 / 00926
9.31.2 / 00947
9.32 / 00887
9.33.1 / 00945
10.1.1~2 / 04858
10.2.1~2 / 04722
10.2.3 / 04703
10.3.2 / 04738
10.4.2~3 / 04847
10.5.1~2 / 04744
10.6.1 / 04834
10.6.2~3 / 04856
10.7.1~2 / 04829
10.9.1 / 04830
10.9.2 / 04864
10.10.1~2 / 04860
10.10.3 / 04760.1
10.11.1~2 / 04848
10.11.3 / 05009
10.12.1 / 04806
10.12.2 / 04807
10.13.1 / 04809.1
10.13.2~3 / 04808
10.14.1 / 05085
10.14.2~3 / 05053
10.15.1 / 05937
10.16.1~2 / 05005
10.17.1~2 / 04840
10.18.1 / 04954
10.18.2~3 / 05112
10.19.1~2 / 04932
10.19.3~4 / 04968
10.20.1~2 / 04925
10.21.1~2 / 04890
10.22.1 / 05061
10.23.1 / 04997
10.24.1 / 04979
10.24.2 / 05082.1
10.25.1 / 04892
10.26.1~2 / 04957
10.27.1 / 04988
10.27.2~3 / 04953
10.28.1~2 / 04930
10.28.3 / 05055
10.29.1~2 / 04893
10.29.3~4 / 04947
10.30.1~2 / 04958
10.30.3~4 / 04894
10.31.1~2 / 04971
10.32.2 / 05073
11.1.1 / 04995
11.1.2~3 / 05064
11.2.1~2 / 05199
11.2.3~4 / 04899
11.3.1~2 / 05146
11.3.3~4 / 04972
11.4.1~2 / 05280
11.5.1~2 / 05081
11.6.1 / 05052.1
11.6.2~3 / 05169
11.7.1~2 / 05099
11.7.3 / 04993
11.8.1~2 / 04938
11.8.3~4 / 04900
11.9.1~2 / 05000
11.9.3 / 05163
11.10.1~2 / 04844
11.10.3~4 / 05148
11.11.1~2 / 05167
11.11.3 / 05292.1
11.12.1 / 05189
11.12.2~3 / 05111
11.13.1 / 05192
11.13.2 / 04763
11.14.1~2 / 04845
11.14.3 / 05296.2
11.15.1~2 / 05034
11.15.3~4 / 05127
11.16.1~2 / 05126
11.16.3~4 / 05132
11.17.1 / 05140
11.17.2 / 05138
11.18.2~3 / 05121
11.19.1~2 / 05218
11.19.3~4 / 05272
11.21.1~2 / 05217
11.22.1~2 / 05263
11.22.3 / 05334
11.23.1 / 05310
11.23.2 / 05279
11.24.1 / 05307
11.24.2~3 / 05291
11.25.1~2 / 05267
11.25.3~4 / 05250
11.26.1~2 / 05355
11.26.3~4 / 05308
11.27.1~2 / 05380
11.28.1~2 / 05022
11.28.3~4 / 05179
11.29.1 / 05234
11.29.2 / 05229
11.30.1 / 05339
11.31.1~2 / 05242
11.32.1 / 05317
11.33.1~2 / 05277
12.2.1~2 / 09295
12.3.1~2 / 05349
12.4.1~2 / 05366
12.5.1 / 05257
12.5.2 / 05247
12.6.1 / 05385
12.6.2 / 05365
12.7.1 / 05369
12.7.2 / 05351
12.8.1 / 05378
12.9.3~4 / 05407
12.11.2~12.1 / 05409
12.12.2~13.1 / 05433
12.14.1~2 / 05221
12.15.2~3 / 05302
12.16.1~2 / 05223
12.16.3~4 / 05236
12.17.1~2 / 06478
12.17.3~4 / 05237
12.18.1~2 / 05326
12.19.1~2 / 05327
12.19.3~4 / 05239
12.21.1~2 / 05116
12.21.3~22.1 / 05405
12.23.1 / 05298
12.23.2 / 05381
12.24.1 / 05184
12.24.2~3 / 05398
12.25.2~26.1 / 05426
12.29.1 / 05418
12.30.1 / 05392
12.31.1 / 04104
12.31.2 / 05427
13.1.1 / 09505
13.2.1 / 09506
13.2.2 / 09578
13.3.1 / 09608
13.3.2~3 / 05360
13.31 / 09559
13.4 / 09535
13.5 / 09552
13.6.1 / 09691
13.7.1 / 09569
13.7.2 / 09714
13.8 / 09572
13.9.1 / 09668
13.10.1 / 09667
13.10.2 / 09653
13.11.1 / 09661
13.11.2 / 09641
13.12.1 / 09614
13.12.2 / 09670
13.13.2~14.1 / 09694
13.14.2 / 09713
13.15 / 09698
13.16.1~2 / 09699
13.17.1 / 09613
13.18.1 / 09631
13.18.2 / 09596
13.19.1 / 09655
13.20 / 09639
13.22.1~23.1 / 09729
13.27.1~28.2 / 09730
14.1.2~3 / 09283
14.2.1 / 05734

14.2.1~2 / 09284
14.2.2 / 05733
14.3.1 / 09282
14.4.1~2 / 09294
14.4.3~4 / 09296
14.5.1~2 / 09292
14.6 / 10195
14.6.2 / 10214
14.7 / 10192
14.7.2 / 10206
14.8.1 / 10205
14.9.1 / 10218
14.10.1 / 10253
14.11.1 / 10225
14.11.2 / 10220
14.12.1 / 10237
14.12.2 / 10231
14.13.1 / 10270
14.13.2 / 10229
14.14.1 / 10272
14.14.2 / 10262
14.15.1 / 10244
14.15.1 / 10277
14.16.1 / 10240
14.17 / 10281
14.17.2 / 09622
14.18.1 / 10279
14.19.1 / 09323
14.19.2 / 09373
14.20.1~2 / 09366
14.20.1~2 / 09430
14.20.3 / 09379
14.21 / 09359
14.21.1~2 / 09378
14.22.3~4 / 09404
14.23.1~2 / 09405
14.23.3~4 / 09388
14.24.1 / 09356
14.24.2 / 09402
14.25.1 / 09421
14.25.2 / 09412
14.26.3~4 / 09439
14.27.1 / 09411

14.28.2 / 09399
14.29.1 / 09443
14.29.2 / 09451
14.30.2 / 09440
14.31.1~2 / 09447
14.32 / 10352
14.33 / 09434
14.34.1 / 10200
16.1 / 06533
16.2.1 / 06619
16.2.2 / 06599
16.3 / 06728
16.4.1 / 07114
16.4.2 / 07187
16.5 / 06793
16.7.2 / 07230
16.8 / 09887
16.8.1 / 07232
16.8.2 / 07308
16.9.1 / 06959
16.9.2 / 06722
16.10.1 / 06765
16.11.1 / 07014
16.11.2 / 06709
16.13.2 / 07091
16.15.1 / 07274
16.15.2 / 06844
16.16.1 / 06922
16.16.2 / 07257
16.17.1 / 07043
16.17.2 / 07081
16.18.1 / 07116
16.18.2 / 07234
16.19.1 / 07159
16.19.2 / 07127
16.20.1 / 07151
16.21.1 / 07224
16.21.2 / 06814
16.22.1 / 07138
16.23.2 / 07095
16.24.1 / 07109
16.24.2 / 07121
16.25.1 / 07213

16.26 / 06571
16.27.1 / 06591
16.27.2 / 07296
16.28.1 / 07222
16.28.1 / 07310
16.29.1 / 07307
16.29.2 / 07259
16.30.1 / 07287
16.31.1 / 07312
16.31.2 / 07292
17.1 / 05485
17.2.1 / 05468
17.2.2 / 04705.2
17.3 / 05550
17.4.1 / 10497
17.4.2 / 05559
17.5.1 / 05458
17.5.2 / 05460
17.6.1 / 05598
17.6.2 / 07073
17.7 / 05655
17.7.2 / 05806
17.8.1 / 05751
17.9 / 05673
17.9.2 / 05669
17.10.2 / 05676
17.11.1 / 09790
17.11.1 / 10152
17.11.7 / 05696
17.12 / 05675
17.13.1 / 05743
17.13.2 / 05716
17.14 / 05732
17.15.1 / 05802
17.15.2 / 05798
17.16.1 / 05865
17.16.2 / 05691
17.17.1 / 05509
17.18.1 / 05479
17.19.1 / 05527
17.20.1 / 05627
17.20.2~3 / 09873
17.22 / 05569

17.23.1 / 05828
17.23.2 / 10537
17.24.1 / 09884
17.24.2~3 / 09885
17.25.1 / 05819
17.25.2 / 10542
17.26.1 / 05887
17.26.2 / 05898
17.27 / 09890
17.28 / 04206
17.30.1 / 05801
17.30.1 / 05833
17.30.2 / 05880
18.1.2 / 09577
18.2 / 05990
18.3.1 / 05925
18.3.2 / 05953
18.4 / 05992
18.5 / 10581
18.6.1 / 05966
18.7 / 03611
18.8.1 / 05928
18.8.2 / 05874
18.9.1 / 05922
18.9.2 / 05956
18.10.1 / 05979
18.11 / 05846
18.11.1 / 09568
18.12.1 / 05963
18.12.2 / 05861
18.13 / 05955
18.14.1 / 05860
18.14.2 / 05811
18.15.1 / 05988
18.15.2 / 05869
18.16.1 / 06366
18.16.2 / 05700
18.17 / 02648
18.171~2 / 06477
18.21 / 05423
18.22 / 06008
18.23 / 06516
18.27.1 / 05841

18.28.1 / 09408
18.29 / 09898
18.28.2 / 05982
19.1.2 / 07534
19.2.1 / 07533
19.2.2 / 07554
19.3 / 07543
19.4 / 07572
19.4.2 / 07513
19.5 / 07512
19.5.2 / 07708
19.6 / 07697
19.6.1 / 07704
19.7.1 / 07661
19.7.2 / 07666
19.8 / 07687
19.8.2 / 07693
19.9.1 / 07445
19.10.1 / 07621
19.11.1 / 07581
19.11.2 / 07408
19.12.1 / 07495
19.12.2 / 07815
19.13.1 / 07644
19.13.2 / 07559
19.14.1 / 07314
19.14.2 / 07313
19.15.1 / 07347
19.15.2 / 07321
19.16.1 / 07405
19.16.2 / 07428
19.17.1 / 08134
19.19 / 08092
19.19.2 / 08075
19.20.1 / 08112
19.20.2 / 08147
19.21 / 08110
19.21.2 / 08004
19.22.1 / 08074
19.22.2 / 08072
19.23.1 / 07366
19.23.2 / 07367
19.24.1 / 07369

19.25.1 / 08140
19.25.2 / 08245
19.26.2 / 08209
19.27.2 / 08767
19.28.1 / 08217
19.28.2 / 08213
19.29.1 / 08235
19.29.2 / 07824
19.30.1 / 08779
19.30.2 / 07814
19.31.1 / 08567
19.31.2 / 08294
20.1.2 / 08017
20.2.1 / 08011
20.3.1 / 08009
20.3.2 / 08015
20.4.1 / 08020
20.4.2 / 08062
20.6.1 / 07876
20.6.2 / 07877
20.7.1 / 07847
20.8.1 / 07901
20.8.2 / 07909
20.10.2 / 07906
20.11.1 / 07904
20.11.2 / 07902
20.12.1 / 07930
20.13.1 / 07866
20.13.2 / 07956
20.14.1 / 07955
20.14.2 / 07960
20.15.1 / 07983
20.15.1 / 08041
20.15.2 / 07978
20.16.2 / 08741
20.17.1 / 08239
20.17.2 / 08901
20.18.2 / 08735
20.19.1 / 08625
20.20.1 / 08535
20.21.1 / 08448
20.21.2 / 08701
20.22.1 / 08466

20.22.2 / 08247
20.23.1 / 08470
20.23.2 / 08329
20.24 / 08411
20.24.2 / 08391
20.25 / 08932
20.25.1 / 08668
20.26.1 / 08356
20.26.2 / 08633
20.27.1 / 08477
20.27.2 / 08663
20.28.1 / 08708
20.29.1 / 08489
20.29.2 / 08615
20.30.1 / 08580
20.31.1 / 08677
20.31.2 / 08457
21.1.1 / 08522
21.1.2 / 08617
21.2 / 08460
21.2.1 / 08437
21.3.1 / 08563
21.3.2 / 08695
21.4.1 / 08696
21.4.2 / 08698
21.5.1 / 08526
21.5.2 / 08623
21.6.1 / 08573
21.6.2(与 21.6.1 重)
21.7.1 / 08649
21.7.2 / 08366
21.8.1 / 08884
21.8.2 / 08691
21.9.1 / 08554
21.9.2 / 08191
21.10.1 / 08532
21.10.2 / 08482
21.11.2 / 08334
21.12.1 / 08333
21.12.2 / 08714
21.13.1 / 08643
21.13.2 / 08495
21.14.1 / 08575

21.14.2 / 08404
21.15.1 / 08717
21.15.2 / 08665
21.16.1 / 08527
21.16.2 / 08507
21.17.1 / 08620
21.17.2 / 08369
21.18.1 / 08597
21.19.1 / 08443
21.19.2 / 08537
21.20.1 / 08584
21.20.2 / 08513
21.21.1 / 08514
21.21.2 / 08907
21.22.1 / 08389
21.22.2 / 08358
21.23.1 / 08987
21.23.2 / 08861
21.24.1 / 08859
21.24.2 / 08990
21.25.1 / 08914
21.25.2 / 08521
21.26.1 / 08918
21.27.1 / 08873
21.28.1 / 08985
21.28.2 / 08609
21.29.1 / 08610
21.29.2 / 08611
21.30.1 / 08612
21.30.2 / 08528
22.1.2 / 08943
22.2.1 / 09025
22.3.1 / 08936
22.3.2 / 08539
22.4.1 / 08135
22.4.2 / 08674
22.5.1 / 08993
22.5.2 / 08690
22.6.13 / 08849
22.6.2 / 08973
22.7.1 / 08872
22.8.1 / 08438
22.9.1 / 09022

22.9.2 / 08946
22.10.1 / 08189
22.10.2 / 08692
22.11.1 / 08877
22.11.2 / 08248
22.12.2 / 08878
22.13.1 / 09006
22.13.2 / 08227
22.14.1~2 / 09050
22.14.2 / 09051
22.15.1 / 08924
22.15.2 / 08925
22.16.1 / 09012
22.16.2 / 09013
22.18.1 / 09034
22.18.2 / 08880
22.19.1 / 08999
22.19.2 / 06429
22.20.1 / 07880
22.20.2 / 08341
22.20.2 / 09054
22.21.1 / 09046
22.21.2 / 09045
22.22.1 / 09094
22.22.2 / 09000
22.22.2 / 09077
22.23.2 / 08829
22.24.1 / 09040
22.25.1 / 09038
22.25.2 / 09035
22.26.1 / 08835
22.26.2 / 08825
22.27.1 / 09087
22.27.2 / 08137
22.28.2 / 09032
22.29.1 / 09104
22.29.2~3 / 09088
22.30.1~2 / 09092
23.1.2 / 06059
23.2.2 / 06221
23.3.1 / 06330
23.3.2 / 06139
23.4 / 09522

23.4.1 / 06433
23.5.1 / 06401
23.5.2 / 06496
23.6.1 / 06046
23.7.1 / 06073
23.7.2 / 10495
23.8 / 06231
23.10.1 / 06232
23.10.2 / 06375
23.11 / 06053
23.11.1 / 06411
23.12.1 / 06430
23.12.2 / 05008
23.13 / 06179
23.13.1 / 06038
23.14.1 / 06138
23.14.2 / 06249
23.15.2 / 06319
23.16.1 / 06443
23.16.2 / 06290
23.17.1 / 06314
23.17.2 / 06315
23.18.1 / 06383
23.18.2 / 06389
23.19.1 / 06204
23.19.2 / 06275
23.20.1 / 06176
23.20.2 / 06320
23.21.1 / 06418
23.21.2 / 06446
23.22.1 / 06370
23.23 / 06172
23.24.1 / 06444
23.25.1 / 06208
23.25.2 / 06202
23.26.1 / 06309
23.26.2 / 05621
23.27.1 / 06417
23.27.2 / 06426
23.28.1 / 09204
23.28.2 / 06399
23.29.1 / 06107
23.29.2 / 06104

23.30.1 / 06125	24.27.2 / 09111	27.1 / 00586	28.1 / 10314	29.24.3 / 11908
23.30.2 / 06135	24.28.1 / 09185	27.1.2 / 00688	28.1.2 / 10311	29.25 / 12097
23.31.2 / 06292	24.29.1 / 07786	27.2.1 / 00528	28.2 / 10283	30.6.1 / 11049
24.1.2 / 06244	24.30 / 09090	27.3.1 / 00605	28.2.1 / 10307	30.6.2 / 10810
24.3.2 / 06220	25.1 / 04347	27.3.2 / 00644	28.2.2 / 10306	30.7.2 / 11001
24.4.1 / 06300	25.2 / 04658	27.4.1 / 00645	28.3 / 04643	30.8.1 / 11156
24.4.2 / 06255	25.3 / 04692	27.4.2 / 00732	28.4 / 09659	30.8.2 / 10983
24.5.2 / 06326	25.4 / 04683	27.6 / 01972	28.5 / 03713	30.9.1 / 10944
24.6.1 / 06481	25.6.1 / 04668	27.6.2 / 00523	28.5.2 / 10339	30.9.2 / 11085
24.6.2 / 06086	25.6.2~7.1 / 09687	27.7.2 / 00642	28.6.1~7 / 10342	30.10.3 / 11183
24.7.2 / 06085	25.8 / 04688	27.8.1 / 00720	28.10.2 / 10334	30.11.2 / 11203
24.8 / 06195	26.1 / 09763	27.8.2 / 00724	28.12 / 10361	30.12.2 / 11012
24.9.1 / 06428	26.2.1 / 09793	27.9.1 / 00727	28.14 / 09515	30.13.1~2 / 11346
24.9.2 / 06367	26.3 / 09756	27.9.2 / 00728	28.17.1 / 10371	30.14.1 / 11243
24.10.1 / 06447	26.3.2 / 09779	27.10 / 00718	28.18.1 / 10374	30.14.2~15.1 / 11256
24.10.2 / 06467	26.5.1~2 / 09815	27.10.1 / 00615	28.21.1 / 10368	30.15.2 / 11285
24.11.1 / 06502	26.6 / 09821	27.11 / 00635	28.22 / 00374	30.16.2 / 10898
24.11.2 / 06391	26.7(与 13.3.2~3 重)	27.12 / 00737	28.22 / 00399	30.17.1 / 10960
24.12.1 / 06197	26.8.1 / 09809	27.13.1 / 00666	28.23 / 00359	30.17.2 / 11200
24.13.1 / 06193	26.9.2 / 09825	27.14.1 / 00607	28.23 / 00394	30.18.1 / 11289
24.14.2 / 06475	26.10.2 / 10579	27.15.1 / 00606	28.24 / 00393	30.19.1 / 11023
24.15 / 06512	26.13 / 09968	27.15.2 / 00637	28.25 / 00421	30.19.2 / 10975
24.16 / 06488	26.15.1~2 / 09965	27.16.1 / 00639	28.26 / 00422	30.20.1 / 10824
24.17.1 / 06436	26.16 / 09606	27.17.1 / 00638	28.26 / 00424	30.20.2 / 11021
24.17.2 / 06365	26.17.2 / 07420	27.17.2 / 00673	29.1.1 / 11733	30.21.1 / 11082
24.18.1 / 06174	26.18.1 / 08380	27.18.1 / 00711	29.2.1 / 11759	30.21.2 / 10963
24.18.2 / 06169	26.18.2 / 08337	27.19 / 00743	29.2.2 / 11787	30.22.1 / 11033
24.19.2 / 06476	26.19.1 / 08517	27.20 / 00712	29.3 / 11788	30.23.1 / 11036
24.2.1 / 06245	26.20.1 / 08518	27.21 / 00709	29.6.2 / 11636	30.23.2 / 11035
24.2.2 / 03179	26.20.2 / 08361	27.22.1 / 00708	29.9 / 11640	30.24.1 / 11062
24.22.2 / 09108	26.22.2~1 / 09008	27.22.2 / 00632	29.12.3~4 / 10685	30.24.2 / 10811
24.23.1 / 09118	26.23.1 / 08627	27.23 / 00692	29.15.3~4 / 10877	30.25 / 11260
24.23.2 / 09119	26.23.2 / 08372	27.24.1 / 00694	29.16.1 / 10636	30.26.2 / 10962
24.24.1 / 09134	26.24.1 / 08874	27.25 / 00690	29.18 / 11489	30.27.1 / 11220
24.24.2 / 09201	26.24.2 / 08857	27.26 / 00693	29.19.1 / 11488	30.27.2 / 11248
24.25.1 / 09171	26.25 / 09099	27.27.1 / 00597	29.19.2 / 11469	30.28.1 / 11187
24.25.2 / 09208	26.26.1 / 09091	27.28.1 / 00596	29.20.2 / 11541	30.28.2 / 11230
24.26.1 / 09209	26.27.1~2 / 09102	27.29 / 00717	29.21.1 / 11526	30.29.1 / 11233
24.26.2 / 09219	26.28.1 / 00643	27.30 / 00571	29.21.2 / 11937	30.29.2 / 10936
24.27.1 / 09242	26.28.2 / 09096	27.31.1 / 00612	29.22.1 / 11939	

銘文選

1 / 01706	2.558 / 11703	2.867 / 11260	2.911 / 11117	2 / 01708

3 / 01337	44 / 02628	85 / 05428	127 / 02505	169 / 05408
4 / 05990	45 / 02269	86 / 05992	128 / 05985	170 / 04273
5 / 05417	46 / 10305	87 / 05402	129 / 02595	172 / 04266
5.64 / 04279	47 / 02703	88 / 04197	130 / 05432	173 / 02754
6 / 04144	48 / 00689	89 / 09303	131 / 02531	174 / 05419
7 / 09105	49 / 02702	90 / 06002	132 / 04112	175 / 04122
8 / 00944	50 / 09439	91 / 09895	133 / 03822	176 / 04322
9 / 02694	51 / 02507	92 / 05407	134 / 02778	177 / 03865
10 / 02653	52 / 05978	93 / 05989	135 / 05986	178 / 02789
11 / 09249	53 / 03906	94 / 04300	136 / 02729	179 / 02824
12 / 05412	54 / 09096	95 / 09901	137 / 04136	180 / 04302
13 / 05413	55 / 02153	96 / 06016	138 / 06007	181 / 04115
14 / 05414	56 / 02504	97 / 02803	139 / 02613	182 / 05411
15 / 09102	57 / 04320	98 / 10065	140 / 05997	183 / 00948
16 / 05379	58 / 04029	99 / 06004	141 / 05404	184 / 02721
17 / 05394	59 / 00648	100 / 05416	142 / 05427	185 / 10074
18 / 02708	60 / 02748	101 / 10360	143 / 05388	186 / 06008
19 / 11401	61 / 05426	102 / 03907	144 / 09792	187 / 04134
20 / 11403	62 / 02837	103 / 03732	145 / 00883	188 / 05425
21 / 11392	63B / 02839	104 / 06001	146 / 02553	189 / 04269
22 / 04131	64 / 09104	105 / 02615	147 / 02149	190 / 04256
23 / 04261	65 / 05399	106 / 03976	148 / 06452	191 / 05430
24 / 02626	66 / 04241	107 / 02751	149 / 05398	192 / 04289
25 / 06512	67 / 06015	108 / 00949	150 / 05299	193 / 09456
26 / 02739	68 / 02706	109 / 06514	151 / 10084	194 / 02581
27 / 04041	69 / 09793	110 / 05387	152 / 02329	195 / 10321
28 / 01938	70 / 09451	111 / 02695	153 / 03908	196 / 04214
29 / 05977	71 / 04238	112 / 04132	154 / 05226	197 / 09897
30 / 05383	72 / 02741	113 / 04060	155 / 05225	198 / 02832
31 / 04059	73 / 02731	114 / 02704	156 / 00565	199 / 02783
32 / 06014	74 / 02728	115 / 05400	157 / 03574	200 / 02804
33 / 05415	75 / 04201	116 / 09395	158 / 05912	201 / 02813
34 / 06003	76 / 02749	117 / 04206	159 / 05325	202 / 02830
35 / 01735	77 / 09430	118 / 05421	160 / 04047	203 / 02831
36 / 04140	78 / 00915	119 / 09454	161 / 02765	204 / 04210
37 / 03790	79 甲 / 04030	120 / 02730	162 / 04207	205 / 00016
38 / 02556	79 乙 / 04031	121 / 02659	163 / 09455	206 / 04331
39 / 09103	80 / 04205	122 / 04044	164 / 02776	207 / 10322
40 / 02661	81 / 04330	123 / 04121	165 / 02760	208 / 02755
41 / 02405	82 / 04237	124 / 04192	166 / 05996	209 / 02784
42 / 03733	83 / 09689	125 / 02763	167 / 05403	210 / 04264
43 / 03942	84 / 02809	126 / 05374	168 / 04341	211 / 06511

212 / 04272
213 / 02812
214 / 09661
215 / 09094
216 / 02780
217 / 04154
218 / 00746
219 / 00979
220 / 04321
221 / 10170
222 / 04287
223 / 05433
224 / 06009
225 / 10175
226 / 09067
227 / 09714
228 / 04244
229 / 04276
230 / 04196
231 / 04267
232 / 04247
232 / 04248
233 / 04271
234 甲 / 00107
234 乙 / 00108
235 / 00082
236 / 04672
237(1) / 00104
237(2) / 00105
238 / 04284
239 / 05423
240 / 04316
241 / 04250
242 / 02838
243 / 05931
244 / 04327
245 / 04342
246 / 09898
247 / 04268.1
248 / 06516
249 / 06006
250 / 10161

251 / 04240
252 / 04626
253 / 04579
254 / 10168
255 / 05959
256 / 09726
257 / 04295
258 / 10285
259 / 04216
260 / 04343
261 / 04208
262 / 06011
263 / 06012
264 / 02781
265 / 04163
266 甲 / 09070
266 乙 / 08916
267 / 00246
268 甲 / 00248
268 乙 / 00249
269 甲 / 00251
269 乙 / 00252
269 丙 / 00253
269 丁 / 00254
269 戊 / 00255
269 巳 / 00256
270 / 00259
271 / 04257
272 / 04253
273 / 04430
274 甲 / 00060
274 乙 / 00061
274 丙 / 00062
274 丁 / 00063
275 / 04279
276 / 04275
277 / 09722
278 / 04318
279 / 04168
280 / 02817
281 / 04277
282 / 05995

283 / 05410
284 / 05983
285 / 02736
286 / 04463
287 / 04175
288 / 04285
289 / 04292
290 / 04293
291 / 00744
292 / 09723
293 / 04225
294 甲 / 00206
294 乙 / 00207
295 / 00209
296 / 09728
297 / 02836
298 / 09725
299 / 04394
300 / 02067
301 / 04628
302 / 04384
303 / 09656
304 甲 / 09935
304 乙 / 09936
305 / 04465
306 / 02796
307 / 04467
308 / 02790
309 / 09705
310 / 04326
311 / 02816
312 / 00141
313 甲 / 09899
313 乙 / 09900
314 / 06013
315 / 04061
316 / 00755
317 / 04255
318 / 02720
319 / 04215
320 / 04199
321 / 02820

322 / 02756
323 / 04178
324 / 04180
325 / 04195
326 / 02705
327 / 04097
328 / 04159
329 / 04139
330 / 04037
331 / 04198
332 / 02614
333 / 04223
334 / 00666
335 / 03903
336 / 03775
337 / 04428
338 甲(蓋) / 03830.1
338 甲(器) / 03829.2
338 乙(蓋) / 03828.3
339 / 09408
340 / 04458
341 / 02639
342 / 00939
343 甲 / 04441
343 乙 / 04440
344 / 10275
345 / 10116
346 / 03977
347 / 05409
348 / 03772
349 / 09632
350 / 04105
351 / 10096
352 / 04422
353 / 09585
354 / 04067
355 / 03551
356 / 04515
357 / 10307
358 / 00737
359 / 00895
360 / 09409

361 / 04113
362 / 03780
363 / 02724
364（器）/ 04045.2
365 / 02172
366 / 04425
367(蓋) / 03993
367（器）/03994
368 / 04418
369 / 04043
370 / 04390
371 / 04063
372 / 02767
373 / 04405
374 / 03797
375 / 03847
376 / 02462
378 / 05291
379 / 00696
380 / 09652
381 / 02503
382 / 00679
383 / 00017
384 / 04311
385 / 04340
386 / 04324
387 / 04286
388 / 04252
389 / 04692
390 甲 / 00088
390 乙 / 00089
391 / 00092
392 / 04299
393 / 04165
394 / 02807
395 / 00147
396 甲 / 00109
396 乙 / 00112
397 甲 / 00187
397 乙 / 00188
398 / 04150
399 / 02768

400 / 04446
401 / 09716
402 / 04454
403 / 04297
404 / 04317
405 / 00260
406 / 02810
407 / 02833
408 / 02835
409 / 04242
410甲(蓋) /03851.1
410（器）/03852.2
411 / 04323
412 / 04166
413 / 02786
414 / 04401
415 / 00022
416 / 02805
417 / 04459
418 / 04435
419 / 00708
420 / 04184
421 / 04202
422(器) / 04303.2
422(蓋) / 02821.1
423 / 02815
424 / 04466
425 / 10172
426 / 02818
427 / 00238
428 / 10176
429 甲 / 02787
429 乙 / 02788
430 / 04232
431 / 04481
432 / 10093
433 / 10220
434 / 02829
435 / 04332
435(蓋) / 04339.1
435（器）/04334.2
436（器）/ 09731
436(蓋) / 09732
437 / 10174
438 / 04426
439 / 04313
440 / 10173
441 / 04329
442 / 04464
443 / 04469
444 / 02814
445 / 02825
446 / 00181
447 / 02841
448 / 02635
449 / 00683
450 甲 / 02745
450 乙 / 02548
451 / 04143
452 / 10164
453 / 10225
454 / 00135
455 / 02779
456 / 04025
457 / 02599
458 / 00580
459 / 02536
460 / 04396
461 / 04391
462 / 04392
463 / 02559
464 / 03815
465 / 10195
466 / 02549
467 / 00106
468 / 00043
469 / 10097
470 / 04203
471 / 04051
472 / 09961
473 / 02620
474 / 00943
475 / 09712
476 / 02550
477 / 02516
478 / 03896
479 / 04499
480 / 04213
481 / 03988
482 / 03989
483 / 03974
484 / 10086
485 / 03987
486 / 00018
487 / 04415
488 / 04110
489 / 04518
490 / 00707
491 / 10103
492 / 02525
493 / 02426
494 / 00669
495 / 00717
496(蓋) / 03817.1
496(器) / 03818.2
497 / 10272
498 / 03893
499 / 00014
501 / 02638
502 / 00635
503 / 09630
504 / 10262
505 / 02597
506 / 10252
507 / 10232
508 / 09696
509 / 02475
510 / 00712
511 / 03708
512 / 00031
513 / 00032
514 / 04109
515 / 09645
516 / 04014
517 / 03739
518 / 10080
519 / 10205
520 / 04406
521 / 10206
522 / 03973
523 / 00662
524 / 02492
525 / 04182
526 甲 / 04452
526 乙 / 04449
527 / 00698
528 / 04009
529 / 02699
530 甲 / 09697
530 乙 / 09669
531(蓋) / 03884.1
531（器）/03881.2
534 / 00197
535 / 00202
536 / 11263
537 / 11718
538 / 10298
539 / 11620
540 / 11654
541 / 11255
542 / 10296
543 / 10294
544 甲 / 11637
545 甲 / 00427
545 乙 / 00426
546 / 11207
547 / 04527
548 / 02359
550 / 11621
551 / 11594
552 甲 00122
552 乙 / 00130
552 丙 / 00131
553 / 00144
554 / 11600
555 / 11599
557 / 11512
558 / 11703
559 / 11630
560 / 11622
561 / 11544
562 / 11570
563 / 00424
564 / 00421
565 / 02675
566 / 10320
567 / 02716
568 / 00182
569 / 06513
570 / 06462
571 / 10099
572 甲 / 00183
572 乙 / 00185
572 丙 / 00186
573 / 00203
574 / 00425
575 / 10391
576 / 11282
577 / 02560
578 / 09633
579 / 02468
580 / 00947
581 / 04597
582 / 09979
583 / 04607
584 / 04604
585 / 10267
586 / 10279
587 / 06010
588 / 05939
589 / 10171
590 / 00210
591 / 02216
592 / 02215
593 / 02217
594 / 03592
595 / 09573
596 / 10290
597 / 09991
598 / 02738
599 / 04500
600 / 11147
601 / 11148
602 / 10284
603 / 10356
604 / 11602
605 / 10006

606 / 04552
607 / 02287
608 / 04617
609 / 02605
610 / 04616
611 / 00116
612 / 00153
613 / 00423
614 / 10139
615 / 10269
616 / 10140
617 / 10259
618 / 00733
619 / 04585
620 / 10136
621 / 02618
622 / 11261
623 / 10330
624 / 02391
625 / 04039
626 / 02565
627 / 02657
628 / 09974
629 / 10162
630 / 10214
631 / 10146
632 / 09639
633 / 10160
634 / 10341
635 / 04613
636 / 04183
637 / 00059
638 / 02771
639 / 02753
640 / 04600
641 / 04641
642 / 10386
643 / 00053
644 / 02811
645 / 11152
646 / 03634
647 / 04643
648 / 00038
649 / 00072
650 / 00261

651(蓋) / 04576.1
651(器) / 04575.2
652 / 02231
653 / 04612
654 / 10273
655 / 00085
655 附 / 00083
656 / 11659
657 / 11381
658 / 10137
659.1 / 12110
659.2 / 12113
661A / 02479
662 / 04549
663 / 10100
664 / 02794
665 / 00975
666 / 00976
667 乙 / 09931
668 / 10158
669 / 00977
670 / 02395
671(蓋) / 04507.1
671(器) / 04506.2
672 / 04675
673 / 02394
674(器) / 02480
675 / 02299
676 / 02300
677 / 10388
678 / 02297
679 / 10199
680 / 04694
681 / 04695
682 / 10297
683 / 12097
684 / 04598
685 / 02450
686 / 02757
687 / 02423
688 / 04674
689 / 09628
690 / 02563
691 / 04632
692 / 10336

693 / 11365
694 / 02737
695 / 00699
696 / 04528
697 / 11254
698 / 04573
699 / 04489
700 / 09710
701 / 10332
702 / 02291
703(蓋) / 04495.1
704 / 11167
705 /00286
707 / 00288
708 / 00289
709 / 00290
710 / 00291
711 / 00292
712 / 00293
713 / 00294
714 / 00295
715 / 00296
716 / 00297
717 / 00298
718 / 00299
719 / 00300
720 / 00301
721 / 00302
722 / 00303
723 / 00304
724 / 00305
725 / 00306
726 / 00307
727 / 00308
728 / 00309
729 / 00310
730 / 00311
731 / 00312
732 / 00313
733 / 00314
734 / 00315
735 / 00316
736 / 00317
737 / 00318
738 / 00319

739 / 00320
740 / 00321
741 / 00322
742 / 00323
743 / 00324
744 / 00325
745 / 00326
746 / 00327
747 / 00328
748 / 00329
749 / 00330
750 / 00331
751 / 00332
752 / 00333
753 / 00334
754 / 00335
755 / 00336
756 / 00337
757 / 00338
758 / 00339
759 / 00340
760 / 00341
761 / 00342
762 / 00343
763 / 00344
764 / 00345
765 / 00346
766 / 00347
767 / 00348
768 / 00349
769 / 09622
770 / 02643
771 / 04055
772 / 02573
773 / 02235
774 / 10090
775 / 02493
776 / 02421
777 / 10281
778 / 02782
779 / 04650
780 / 04663
781 / 00536
782 / 11120
783 / 02690

784 / 04620
785 / 00608
786 / 00601
787(蓋) / 04557.1
787(器) / 04558.2
788 / 02588
790 / 11204
791 / 02233
792(蓋) / 04590.1
792(器) / 04589.2
793 / 11133
794 / 02358
795 / 04618
796 / 11132
797 / 00595
798 / 02793
799 / 02764
800 / 02642
801 / 02494
802(蓋) / 03901.1
802(器) / 03899.2
803 / 09688
804 / 10255
805 / 10334
806 / 11123
807 / 11018
808 / 11078
809 / 10087
810 / 00690
811 / 04568
812 / 10114
813 / 10244
814 / 10277
815 / 04690
816 / 02593
817 / 02592
818 / 10316
819 / 10154
820 / 02589
821 / 10133
822 / 10263
823 / 04556
824 / 04546
825 / 00050
826 / 00151

827 / 00245	848 丙 / 00274	866 / 04649	888 / 09678	908 / 02526
828 / 00102	848 丁 / 00275	867 / 11260	889 甲 / 00158	909 / 02381
829 / 00087	848 戊 / 00276	868 / 04444	889 乙 / 00159	910 / 02722
830 / 04624	848 己 / 00277	869 / 10081	889 丙 / 00163	911 / 11117
831 / 00086	848 庚 / 00278	870 / 10211	890 甲 / 00230	912 / 10145
832 / 11206	849 / 09733	871 / 09704	890 乙 / 00235	913 / 02687
833 / 00596	850 甲 / 09730	872 / 09715	891 / 04625	914(蓋) / 04081.1
834 / 04560	850 乙 / 09729	873 / 11220	892 / 10289	914(器) / 04084.2
835 / 04574	851 / 09709	874 / 11513	893 / 11697	915(蓋) / 09699.1
836 / 04571	852 / 09700	875 / 11224	894 / 11788	915(器) / 09698.2
837 / 02602	853 / 04630	876 / 11188	895 / 12027	916 / 10152
838 / 02601	854 / 04096	877 / 11238	896 / 10385	917 甲 / 00262
839 / 02422	855 / 03939	878 / 11540	897 / 11671	917 乙 / 00263
840 / 04040	856 / 10374	879 / 11614	898 / 09978	918 / 00269
841 / 10147	857 / 10371	880 / 02840	899 / 02451	919 / 00270
842 / 10151	858 / 10368	881 / 09735	900 / 02746	920 / 04315
843 / 00271	859 / 10159	882 / 09693	901 / 02610	921 / 00037
844 / 00142	860 / 04645	882 / 09734	903 / 02574	922 / 11279
845 / 10318	861 / 04596	883 / 11758	904 / 02517	923 / 10372
846 / 10361	862 / 04190	884A / 10478	905 / 02448	924 / 11396
847 / 00285	863 / 04648	885 / 02826	906(蓋) / 04537.1	925 / 12108
848 甲 / 00272	864 / 04646	886 / 10008	906(器) / 04538.2	
848 乙 / 00273	865 / 09703	887 / 10342	907 / 09598	

歐精華

2 / 05496	41 / 05565	74 / 05010	98 / 00845	134 / 09567
5 / 06063	42 / 09869	77 / 05299	99 / 00831	137 / 09503
6 / 08848	44 / 09844	78 / 05323	103 / 04241	139 / 09530
8 / 09191	46 / 09812	80 / 05345	109 / 03326	141 / 09337
10~11 / 09901	47 / 09760	81 / 05337	110 / 03733	147 / 09252
12 / 04300	52 / 07279	81 / 10632	111 / 03747	147 / 09257
13 / 05617	53 / 07277	82 / 04940.1	112 / 03567	148 / 09277
16 / 05459	56 / 06770	83 / 05251	115 / 03644	150 / 10067
19 / 05832	59 / 08579	84 / 05153	117 / 04112	152 / 10068
24 / 05879	60 / 07931	85 / 04896	118 / 03769	203 / 04645
27 / 05784	63 / 09090	88 / 01158	119 / 03423	204 / 09496
28 / 05896	64 / 08817	91 / 01566	122 / 04465	207 / 09715
29 / 05946	65 / 07797	95 / 00504	130 / 09768	213 / 09703
35 / 05645	66 / 09152	96 / 00553	133 / 09535	

嘯堂

1.1 / 02710	1.3 / 01845	2.1 / 02401	2.3 / 01042	3.1 / 01246
1.2 / 02033	1.4 / 02079	2.2 / 01093	2.4 / 00988	3.2 / 01284

3.3 / 01619
3.4 / 01879
4.1 / 01695
4.2 / 01895
4.3 / 01134
4.4 / 01763
5.2 / 01766
5.3 / 01199
5.3 / 02039
6.1 / 01517
6.2 / 01669
6.3 / 01563
7.2 / 02268
7.3 / 02030
7.4 / 01957
8.1 / 02826
9.1 / 02777
9.2 / 02762
10.1 / 02775
10.2 / 02785
11.1 / 02751
11.2 / 02752
12.1 / 02399
12.2 / 01460
12.3 / 02001
12.4 / 01961
13 / 02834
14.1 / 02753
14.2 / 02711
14.3 / 02669
15.2 / 02591
15.3 / 01186
15.3 / 02734
15.4 / 02056
16 / 02586
16.1 / 02283
16.2 / 02376
17.1 / 00993
17.2 / 02490
17.3 / 01924
17.4 / 02353
18.1 / 02518
18.2 / 02386
18.3 / 02275
18.4 / 01697
19.1 / 02233
19.2 / 02358
19.3 / 02747
21.2 / 05668
21.3 / 05794
21.4 / 06492
22.1 / 05649
22.2 / 05724
22.3 / 05612
22.3 / 05724
22.4 / 05524
23.1 / 05613
23.2 / 05701
23.3 / 05715
23.4 / 06354
24.1 / 05878
24.2 / 06499
24.4 / 06827
25.1~2 / 06514
25.3 / 09725
26.1 / 05995
26.2 / 03465
26.3 / 03088
26.4 / 03434
27.1 / 03607
27.2 / 03143
27.3 / 03277
27.4 / 03076
28 / 09894
28.1 / 07097
28.2 / 03243
28.3 / 03622
29.1 / 03467
29.2 / 03719
29.3 / 03274
29.4 / 03275
30.1~2 / 05262
30.3~4 / 04991
31.1~2 / 04862
31.5~6 / 05001
31.7 / 05264
32.1~2 / 04804
32.3 / 04704
32.4~5 / 04841
32.6 / 04942
33.1 / 05131
33.2~3 / 05133
33.4~5 / 05046
33.6~7 / 04803
34.1~2 / 05397
34.3~4 / 05208
34.5 / 04955
35.1~2 / 05088
35.3 / 04983
35.4~5 / 04946
35.6 / 04996
35.7 / 08039
36.2 / 04726
36.7~8 / 05282
36.9 / 04895
37.1~2 / 05367
37.3~4 / 05287
38.3~4 / 05401
39.1 / 09981
39.2~3 / 05180
39.4~5 / 05181
39.6~7 / 05182
40.1~2 / 04933
40.3~4 / 05207
40.5 / 04773
40.6 / 05212
41.1 / 05431
41.2 / 09473
41.3 / 09708
42.1 / 09557
42.4 / 07890
43.1 / 08424
43.2 / 07891
43.3 / 07892
43.4 / 07893
43.5 / 07894
43.6 / 07895
44.1 / 07851
44.2 / 08812
44.3 / 08530
44.4 / 07858
44.5 / 08454
44.6 / 08490
45.1 / 07642
45.2 / 08988
45.3 / 08662
45.4 / 08038
45.6 / 08042
46.6 / 07346
46.1 / 07707
46.1 / 07951
46.2 / 08798
46.3 / 07973
46.5 / 07989
47.1 / 08064
47.2 / 07745
47.4 / 09078
48.1 / 09229
48.2 / 07077
48.3 / 07229
48.4 / 07171
48.5 / 07172
48.6 / 07097
49.1 / 06742
49.1 / 07042
49.2 / 06818
49.3 / 07042
49.4 / 06816
50 / 07179
50.1 / 07179
50.2 / 06561
50.4 / 06303
50.6 / 06505
51.1~2 / 09064
51.3~4 / 03233
51.5 / 04153
52.1~2 / 04126
52.3 / 04196
53.1 / 04311
53.2 / 03936
53.3 / 03920
54.1~2 / 03937
54.3~4 / 03938
55.1 / 04323
55.2 / 04108
56 / 04258
57 / 04259
58.1 / 04260
58.2~3 / 03046
58.4~5 / 03047
58.6 / 03048
59.1 / 04091
59.2 / 04092
60.1~2 / 03682
60.2 / 03860
60.3 / 03895
61.1 / 03445
61.2 / 03446
61.3 / 03789
61.4 / 03547
62.1 / 04580
62.1~3 / 04354
62.4 / 04381
63.1 / 04672
63.2 / 04684
63.3 / 00819
63.4 / 00904
64.1 / 00838
64.2 / 00879
64.3 / 00771
64.4 / 00770
69.2 / 10407
71.4 / 10185
71.1~2 / 09286
71.3 / 09285
71.5 / 10260
72.1~2 / 09301
72.3 / 10238
72.4 / 10215
73.1 / 10179
73.3 / 10117
74.1 / 10124
74.3 / 10317
75~78 / 00285
79 / 00272

79~80 / 00274	83.2 / 00054	85.2 / 00012	93.2 / 04255	98.1 / 04010
80 / 00276	83.3 / 00055	85.3 / 00013	94.2 / 03276	98.2 / 02742
81 / 00277	84.2 / 00008	90 / 00083	96.1(与 72.4 重)	15.2 / 02597
82.2 / 00048	84.3 / 00009	91.1 / 00106	96.2 / 06497	
82.1 / 00144	84.4 / 00010	91.2 / 02197	96.3(与 5.3 重)	
83.1 / 00055	84.1 / 00056	92 / 02792	96.4 / 07386	
83.1 / 00103	85.1 / 00011	93.1 / 02646	97 / 04202	

積古

1.1~2 / 00034	1.26 / 03400	2.11 / 06336	3.18 / 00245	4.28 / 02814
1.3 / 01676	1.27 / 00907	2.11 / 06698	3.20 / 00149	4.31 / 02818
1.3 / 01821	1.27 / 03303	2.12 / 06397	4.1 / 02048	4.32 / 02827
1.5 / 01695	1.28 / 03645	2.12 / 06274	4.1 / 02246	4.35 / 02838
1.5 / 01895	1.29 / 03717	2.12 / 06237	4.2 / 01922	5.1 / 06957
1.6 / 01763	1.31 / 05171	2.13 / 06220	4.3 / 01476	5.1 / 05914
1.6 / 02039	1.31 / 05275	2.13 / 06112	4.3~4 / 01460	5.2 / 05994
1.7 / 01342	1.31~32.1 / 05278	2.14 / 06305	4.4 / 01950	5.3 / 05982
1.7 / 02251	1.32.2~3 / 04757	2.14 / 06289	4.4 / 02502	5.4.1 / 05819
1.8 / 01592	1.33.1~2 / 05211	2.14 / 06101	4.4~5 / 01937	5.5 / 04913.1
1.9 / 01421	1.33.3 / 04962	2.15 / 07159	4.5 / 01965	5.5 / 05007
1.9 / 05566	1.34.3 / 05334	2.15 / 07793	4.7 / 02420	5.6 / 05075
1.10 / 02594	1.34.4~35.1 / 05373	2.16 / 09105	4.8 / 02202	5.6 / 05187
1.14 / 03648	2.1.3~2 / 09531	2.17 / 03395	4.9 / 02472	5.7 / 05405.1
1.15 / 03211	2.3 / 07531	2.17 / 03115	4.9 / 02526	5.7 / 05411
1.15 / 05466	2.3 / 08782	2.17 / 03145	4.12 / 02662	5.8 / 05297
1.15 / 05632	2.5 / 08666	2.19 / 00866	4.13 / 02670	5.9 / 09556
1.16 / 05664	2.5 / 08935	2.19 / 00770	4.13 / 02673	5.10 / 06456
1.16 / 03201	2.6 / 07915	2.20 / 00446	4.14 / 02601	5.11 / 09690
1.17 / 04981.2	2.6 / 08929	2.20 / 00505	4.14 / 02657	5.12~14 / 09732
1.17 / 09354	2.6 / 09007	2.20 / 01646	4.15 / 02671	5.14 / 09654
1.18 / 05597	2.7 / 07965	2.21 / 09387	4.16 / 02672	5.14 / 09612
1.18.1 / 01998	2.7 / 08537	2.21 / 09403	4.16~17 / 02615	5.15 / 09982
1.19 / 05944	2.7 / 08693	2.22 / 05745	4.17 / 02562	5.16 / 09022
1.20 / 05894	2.7 / 06314	2.22 / 09279	4.17 / 02711	5.16 / 09053
1.21 / 05971	2.7 / 08567	3.1 / 00008	4.18 / 02723	5.16 / 09059
1.22 / 04658	2.8 / 08047	3.1 / 00014	4.21 / 02752	5.17 / 05296
1.22 / 07114	2.8 / 08964	3.2 / 00021	4.21 / 02775	5.18 / 06352
1.23 / 03060	2.9 / 08616	3.3~5 / 00183	4.22 / 02734	5.18 / 06495
1.24 / 02961	2.9 / 08919	3.5 / 00064	4.23 / 02731	5.20 / 09088
1.24 / 06619	2.9 / 08367	3.6 / 00145	4.23 / 00666	5.23 / 03289
1.25 / 03151	2.9 / 06367	3.7 / 00111	4.23 / 02411	5.27 / 05385
1.26 / 03514	2.10 / 07620	3.11 / 00238	4.25 / 09967	5.28 / 04041
1.26 / 03663	2.10 / 08864	3.16 / 00083	4.27 / 02786	5.29 / 03565

5.29 / 05381	6.3 / 03732	6.12 / 04206	7.5 / 04627	7.21 / 00628
5.30 / 02158	6.3 / 03764	6.14 / 04221	7.7 / 04631	7.21 / 00645
5.30 / 02264	6.4 / 03700	6.15 / 04214	7.9 / 04629	7.22 / 00579
5.31 / 03696	6.4 / 03761	6.15 / 03889	7.11 / 04365	7.22 / 00602
5.31 / 05250.1	6.4 / 03818	6.16 / 04183	7.11 / 04405	7.22 / 00629
5.32 / 02674	6.4 / 03820	6.17 / 04075	7.12 / 04424	7.24 / 09294
5.32 / 05408	6.5 / 03809	6.20~21 / 04337	7.12 / 04432	7.25 / 00659
5.33 / 04167	6.6 / 03543	6.23 / 04288.1	7.12 / 09096	7.25 / 00570
5.33 / 06006	6.6 / 03903	6.24 / 04289.2	7.13 / 04367	7.25 / 05302
5.34 / 09898	6.6 / 04040	6.26 / 04290	7.13~14 / 04436	7.26 / 04643
5.36 / 04269	6.7 / 04091	6.27 / 03868	7.15 / 04265	8.9.1 / 04644
5.37 / 02279	6.8 / 03848	7.1 / 04524	7.18.1 / 00929	8.20 / 11641
6.1 / 03252	6.8 / 03968	7.2 / 04582	7.18.2 / 00825	8.21 / 11915
6.1 / 03356	6.9 / 04009	7.2 / 04587	7.19.1 / 00862	10.3 / 11636
6.2 / 03475	6.9~10 / 04001	7.3 / 04581	7.19.2 / 00937	10.6 / 12097
6.2 / 03497	6.10 / 03988	7.3 / 04626	7.20~21 / 00641	
6.2 / 03785	6.11 / 04013	7.4 / 04620	7.20 / 00535	

録遺

1 / 00184	25 / 01142	49 / 01547	73 / 02379	98 / 02805
2 / 00116	26 / 01129	50 / 01706	74 / 02391	99 / 02833
3 / 00187	27 / 01034	51 / 01760	75 / 02350	100 / 00874
4 / 00182	28 / 01475	52 / 01416	76 / 02414	101 / 00871
5 / 00125	29 / 01151	53 / 01758	77 / 02433	102 / 00890
6 / 00129	30 / 01101	54 / 01824	78 / 02473	103 / 00905
7 / 00130	31 / 01215	55 / 01900	79 / 02477	104 / 00918
8 / 00131	32 / 01218	56 / 01905	80 / 02498	105 / 00921
9 / 00126	33 / 01135	57 / 01711	81 / 02500	106 / 00946
10 / 00127	34 / 01033	58 / 01864	82 / 02548	107 / 00568
11 / 00128	35 / 01449	59 / 01916	83 / 02575	108 / 00587
12 / 00124	36 / 01316	60 / 01771	84 / 02581	109 / 00614
13 / 00123	37 / 01306	61 / 01944	85 / 02556	110 / 00636
14 / 01064	38 / 01307	62 / 02087	86 / 02536	111 / 00703
15 / 01065	39 / 01462	63 / 02131	87 / 02592	112 / 00678
16 / 01048	40 / 01428	64 / 02132	88 / 02712	113 / 02937
17 / 01210	41 / 01384	65 / 02262	89 / 02660	114 / 02936
18 / 01059	42 / 01463	66 / 02174	90 / 02637	115 / 03039
19 / 01058	43 / 01340	67 / 02178	91 / 02706	116 / 02978
20 / 01060	44 / 01497	68 / 02175	92 / 02729	117 / 02915
21 / 01055	45 / 03139	69 / 02195	93 / 02761	118 / 03122
22 / 01173	46 / 01522	70 / 02241	94 / 02749	119 / 03123
23 / 01170	47 / 02000	71 / 02307	96 / 02770	120 / 03114
24 / 01163	48 / 01546	72 / 02362	97 / 00754	121 / 03083

122 / 03078
123 / 03150
124 / 03302
125 / 03175
126 / 03194
127 / 03216
129 / 03226
129 / 03241
130 / 03393
131 / 03428
132 / 03482
134 / 03577
135 / 03576
136 / 03557
137 / 04666
138 / 04667
139 / 03610
140 / 03653
141 / 03673
142 / 03716
143 / 03687
144.1 / 03692
144.2 / 03693
145 / 03826
146 / 03816
147 / 03861
148 / 03836
149 / 03835
150 / 03878
151 / 03941
152 / 04022
153 / 03995
154 / 03996
155 / 04008
156 / 04043
157 / 04059
158 / 04045
159 / 04060
160 / 04099
161 甲 / 04132
161 乙 / 04133
162 / 04143
163 / 04159
164 / 04147.2
165 / 04197
166 / 04245
167 / 04320
168 / 04648
169 / 04475
170 / 04497
171 / 04511
172 / 04512
173 / 04530
174 / 04560
175 / 04418
176 / 04442
177.1 / 04443.1
177.2 / 04445.2
178.1 / 04444.1
178.2 / 04443.2
179.1 / 04445.1
179.2 / 0444.2
180 / 04446
181 / 05449
182 / 05450
183 / 05477
184 / 05498
185 / 05451
186 / 05578
187 / 05579
188 / 05580
189 / 05444
190 / 05590
191 / 05587
192 / 05610
193 / 05634
194 / 05637
195 / 05736
196 / 05747
197 / 05754
198 / 05750
199 / 07220
200 / 09550
201 / 05888
202 / 05945
203 / 05998
204 / 06003
205 / 06004
206 / 06007
207 / 09741
208 / 09765
209.1 / 09776.1
210 / 09958
211 / 09796
212 / 09797
213 / 09792
214 / 09802
215 / 10003
216 / 09462
217 / 09463
218 / 09461
219 / 09466
220 / 09465
221 / 09524
222 / 05096
223 / 09553
224 / 09564
225 / 09584
226 / 09593
227 / 09589
228 / 09604
229 / 09599
230 / 09638
231 / 09646
232 / 09733
233 / 04842
234 / 04782
235 / 04777
236 / 04780
237 / 04812
238 / 04755
239 / 04778
240 / 04761
241 / 04870
242 / 04874
243 / 04875
244 / 04880
245 / 04906
246 / 04931
247 / 04918
248 / 04914
249 / 05059
250 / 04994
251 / 04998
252 / 05024
253 / 05161
254 / 04978
255 / 05092
256 / 09509
257 / 05118
258 / 05175
259 / 05210.1
260.2 / 05210.2
261 / 05213
262 / 05295
263.1 / 05222.1
263.2(与 263.1 重)
264 / 05274
266 / 05266
267 / 05300
268 / 05301
269 / 05352
270 / 05356
271 / 05353
272 / 05389
273 / 05414
274 / 05412
275 / 05413
276 / 05415
277 / 05416
278 / 05432
279 / 09136
280 / 09112
281 / 09160
282 / 09114
283 / 09151
284 / 09146
285 / 09116
286 / 09238
287 / 09231
288 / 09245
289 / 09330
291 / 09367
292 / 09418
294 / 06737
295 / 06671
296 / 06753
297 / 06560
298 / 06572
299 / 06566
300 / 07000
301 / 07002
302 / 06554
303 / 07018
304 / 06716
305 / 06662
306 / 06634
307 / 06749
308 / 06782
309 / 06673
310 / 06676
311 / 06677
312 / 06718
313 / 06665
314 / 07037
315 / 06778
316 / 06954
317 / 07052
318 / 06783
319 / 06711
320 / 06712
321 / 07046
322 / 07182
323 / 06872
324 / 06930
325 / 06928
326 / 06655
327 / 06870
328 / 07062
329 / 07063
330 / 07049
331 / 07048
332 / 07061
333 / 07050
334 / 06879

335 / 07054
336 / 06842
337 / 07192
338 / 07033
339 / 06940
340(与 121 重)
341 / 06906
342 / 07076
343 / 07083
344 / 07226
345 / 07123
345 / 07227
346 / 07238
347 / 07243
348 / 07142
349 / 07141
350 / 07154
351 / 07201
352 / 06983
353 / 07163
355 / 07177
356 / 07254
357 / 07261
358 / 07262
359 / 07299
360 / 06039
361 / 06163
362 / 06152
363 / 06144
364 / 01471
365 / 06149
366 / 06243
367 / 06271
368 / 06414
369 / 06380
370 / 06398
371 / 06390
372 / 06471
373 / 06486
373 / 06498
375 / 07587
376 / 07466
377 / 07715
378 / 07716
379 / 07717
380 / 07720
381 / 07721
382 / 07777
383 / 07352
384 / 07573
385 / 07574
386 / 07467
387 / 07722
389 / 07402
390 / 08821
391 / 07816
392 / 08243
393 / 07713
394 / 07354
395 / 07735
396 / 07703
397 / 07652
399 / 07514
400 / 07506
401 / 07606
402 / 07607
403 / 07521
404 / 07390
405 / 07409
406 / 07410
407 / 07701
408 / 07336
409 / 07385
410 / 07726
411 / 08179
412 / 07788
413 / 07322
414 / 07612
415 / 07650
416 / 07400
417 / 07489
418 / 07932
419 / 09783
420 / 08236
421 / 08250
422 / 08251
423 / 08232
424 / 08814
425 / 08095
426 / 08223
427 / 08025
428 / 08778
429 / 08202
430 / 08089
431 / 08090
432 / 07804
433 / 08173
434 / 08752
435 / 08207
436 / 08102
437 / 08264
438 / 08777
440 / 08165
441 / 08283
442 / 08050
443 / 08034
444 / 08175
445 / 07993
446 / 08163
447 / 08352
448 / 08355
449 / 08364
450 / 08401
451 / 08467
452 / 08520
453 / 08599
454 / 08658
455 / 08607
456 / 08681
457 / 08720
458 / 08673
459 / 08137
460 / 08742
461 / 07831
462 / 07830
463 / 08761
464 / 08804
465 / 08805
466 / 07805
467 / 08824
468 / 08790
469 / 08845
470 / 08910
471 / 09010
472 / 08954
473 / 08967
474 / 08979
475 / 08978
476 / 09014
477 / 09076
478 / 08608
479 / 10010
480 / 10011
481 / 10012
482 / 10013
483 / 10029
484 / 10047
485 / 10035
486 / 10050
487 / 03314
488 / 10052
490 / 10078
491 / 10129
492 / 10141
493 / 10142
494 / 10143
495 / 10147
496 / 10155
497 / 10164
498 / 10168
499 / 10201
500 / 10226
501 / 10248
502 / 10274
503 / 09843
504 / 09828
505 / 09838
506 / 09872
507 / 09878
508 / 09879
509 / 09889
510 / 09892
511 / 10305
512 / 10316
513 / 10319
514 / 10008
515 / 09941
516 / 10323
517 / 03109
518 / 09957
519 / 10289
520 / 10288
521 / 10294
522 / 02527
523 / 09904
524 / 09907
525 / 09914
526 / 09938
527 / 11869
528 / 11870
529 / 12003
530 / 12020
531 / 12019
532 / 12018
535 / 10343
536 / 10464
537 / 12096
538 / 10379
539 / 10382
540 / 10385
541 / 10460
542 / 10457
543 / 10610
544 / 10721
545 / 10831
546 / 10860
547 / 10708
548.1~2 / 10635
549 / 10652
551 / 10672
552 / 10671
553 / 10712
554 / 10653
555 / 10767
556 / 10912

557 / 10768	569 / 11263	581 / 11345	594 / 11600	607 / 11997
558 / 10679	570 / 11282	582 / 11360	595 / 11643	608 / 11903
559 / 10678	571 / 10828	583 / 11369	596 / 11653	609 / 10515
560 / 10879	572 / 10989	584 / 11394	597 / 11655	610 / 03038
561 / 10713	573 / 11102	585 / 11484	598 / 11623	611 / 10488
562 / 10916	574 / 11113	587 / 11575	599 / 11673	612 / 10480
563 / 10910	575 / 11093	588 / 11591	600 / 11691	613 / 10483
564 / 11029	576 / 11157	589 / 11589	601 / 11696	614 / 10526
565 / 11019	577 / 11205	590 / 11633	602 / 11699	615 / 10522
566 / 11042	578 / 11251	591 / 11618	603 / 11725	616 / 09444
567 / 11100	579 / 11316	592 / 11596	604 / 11755	898 / 07373
568 / 11126	580 / 11343	593 / 11594	606 / 11912	

薛氏

1.1 / 11144	10.5 / 01669	18.2 / 09860	27.2~3 / 05133	35.2 / 07894
1.2 / 10407	11.2 / 01763	18.4 / 03143	27.3 / 03277	35.3 / 07895
1.8 / 01284	11.4 / 02039	19.3 / 03076	27.4~5 / 05088	35.4 / 07851
2~4 / 00144	11.5 / 02079	19.5 / 03465	28.1 / 05095	35.5 / 07858
4~5 / 00171	12.2 / 02123	19.6 / 09389	28.3 / 06219	35.6 / 08038
4.7.1 / 08454	12.3 / 02033	20.2~3 / 05079	28.4~5 / 05208	35.7 / 08039
5.1 / 00988	12.4 / 02427	20.4~5 / 04961	28.5 / 06279	35.8 / 07973
5.2 / 00989	12.5 / 02401	21.1 / 03434	28.6~29.1 / 05262	36.2 / 07989
5.3 / 01246	13.1 / 02710	21.3 / 03607	29.2~3 / 05046	36.3 / 08019
6.1 / 01042	13.3 / 05524	21.4 / 10582	29.4 / 05264	36.4 / 08064
6.2 / 01199	14.1 / 05649	22.2 / 09894	30.1~2 / 05282	36.6 / 08424
6.4 / 01134	14.2 / 05612	23.1~2 / 04841	30.3~4 / 05287	36.7 / 08530
7.4 / 01187	14.3 / 05672	23.3~4 / 04803	30.5~31.1 / 05367	37.2 / 08490
7.5(与 44.4 重)	14.4 / 05668	23.7 / 04704	31.3~32.1 / 05397	37.3 / 08662
8.1 / 01093	14.5 / 05701	23.8 / 04726	32.2 / 09473	37.4 / 08798
8.2 / 01016	14.6 / 06354	24.1~2 / 04804	32.4 / 09557	37.5 / 08445
8.4 / 01283	15.1 / 05613	24.3~4 / 04946	33.1 / 09769	38.1 / 08562
8.5 / 01505	15.2 / 05782	24.5 / 04942	33.3 / 07745	38.2 / 08602
8.6 / 01517	15.3 / 05724	24.6 / 04996	33.5 / 07346	38.3 / 08737
9.1 / 01563	15.4 / 05715	25.1~2 / 05001	34.1 / 07642	38.4 / 08812
9.2 / 01590	16.1 / 05794	25.3 / 04895	34.2 / 07707	38.5 / 08988
9.3 / 01879	16.2 / 05878	25.4 / 04983	34.3 / 07672	38.6 / 08042
9.4 / 01619	16.3 / 06492	25.5 / 04955	34.4 / 07386	39.1 / 09078
9.5 / 01695	16.4 / 06499	26.1~2 / 04862	34.5 / 07648	39.2 / 06561
9.6 / 01766	16.5(与 158.1 重)	26.2 / 06328	34.6 / 07890	39.3 / 06742
10.1 / 01845	16.6(与 159.1 重)	26.3 / 06280	34.7 / 07891	39.5 / 06818
10.2 / 01570	17.1 / 02323	26.6~7 / 04933	34.8 / 07892	40.1 / 07042
10.3 / 01571	17.2 / 06497	26.8~9 / 04991	35.1 / 07893	40.2 / 06816
10.4 / 01895	17.4 / 03088	27.1 / 05131	35.1 / 07951	40.3 / 06999

40.4 / 07179
40.5 / 07097
41.1 / 07077
41.2 / 07229
41.3 / 07171
41.4 / 07172
42.1 / 06843
42.1 / 09154
42.2 / 09188
42.3 / 09170
42.4 / 09216
42.5 / 09217
42.6 / 09215
42.7 / 06062
43.1 / 06303
43.2 / 06304
43.3 / 03233
43.4 / 03058
43.5~6 / 03067
44.1 / 00771
44.2 / 00770
44.4(又 7.5) / 00819
44.5 / 00838
45.1 / 00878
45.2 / 00904
45.4 / 09307
45.5 / 00502
46.1 / 00482
46.2 / 01607
46.3 / 00505
46.4~5 / 09353
46.6 / 09360
47.1~2 / 09286
47.5 / 10044
48.1 / 00008
48.2 / 00009
48.3 / 00010
48.4 / 00011
48.5 / 00012
48.6 / 00013
49.1 / 00054
49.2 / 00055

49.3 / 00056
49.4 / 00057
49.5 / 00058
50.1 / 00153
50.2~51.1 / 00154
51.2 / 00072
52 / 00106
53 / 00083
54.1 / 00048
54.2 / 00084
55~56 / 00103
56~58 / 00270
58~64 / 00285
65~66 / 00272
66~67 / 00273
67~68 / 00274
68~69 / 00275
70~71 / 00276
71~72 / 00277
72~73 / 00278
73.1 / 00280
73.2 / 00279
74.1 / 00281
74.2 / 00282
74~75 / 00283
75 / 00284
77.3 / 00993
77.4 / 01186
78.1 / 01460
78.2 / 01476
78.3 / 01484
78.4 / 01697
78.5 / 01961
79.1 / 01924
79.2 / 01957
79.3 / 01726
79.4 / 02001
79.5 / 02030
80.1 / 02056
80.2 / 02038
80.4 / 02275
80.5 / 02233
81.1 / 02197

81.2 / 02268
81.3 / 02283
82.2 / 02353
82.3 / 02358
82.4 / 02386
83.1 / 02399
83.2 / 02376
83.3 / 02490
83.4 / 02518
84.1 / 02597
84.2 / 02615
84.3 / 02519
85.1 / 02540
85.2 / 02539
85.4 / 02669
86.1 / 02646
86.2 / 02586
87.1 / 02734
87.2 / 02730
88.1 / 02717
88.2 / 02742
88.3 / 02711
89.1 / 02792
89.2 / 02785
90.2 / 02751
90.3 / 02752
91.1 / 02775
91.2 / 02753
92.2 / 02747
92.3 / 02777
93.2 / 02762
94 / 02790
95 / 02819
96 / 02826
97~99 / 02834
101.2 / 06827
101.3 / 05855
101.4 / 05850
102.1 / 05995
102.2~3 / 06514
103 / 09725
104.1 / 04773
104.2~3 / 05180

104.4~105.1 / 05181
105.2~3 / 05182
105.4~5 / 05207
105.6 / 05212
106.1~2 / 05411
106.3 / 05431
107.1~2 / 05401
107.3 / 09981
108.2 / 09708
109.4 / 06505
109.4 / 09229
110.1 / 09064
110.5 / 03274
110.6 / 03275
111.1 / 03243
111.2 / 03244
111.4 / 02055
111.6 / 07273
112.4 / 03622
112.5 / 03467
113.2 / 03719
113.3 / 10180
113.4 / 09285
114.1 / 10179
114.2 / 10185
114.3 / 10215
114.4 / 10213
114.4~115.1 / 10260
115.2 / 09301
115.3 / 10238
116.1 / 10242
116.2 / 09704
116~117 / 10280
117.2~3 / 10265
118.1~2 / 03046
118.3~4 / 03047
118.5 / 03048
118.6 / 03445
119.1 / 03446
119.2 / 03547
119.3 / 03788
119.4 / 03819

120.1 / 03983
120.3 / 03920
121.1 / 03789
121.1 / 03895
121.3 / 03682
122.1~2 / 03860
122.3 / 04091
123.1 / 04092
123.2 / 03935
123.3 / 04010
124.1~2 / 03937
124.3~4 / 03938
125.1 / 03936
125.2 / 03894
126 / 04126
127.1 / 04153
127.2~128.1 / 04196
128.2 / 04108
128.3~129.1 / 04182
129.2 / 04255
130 / 04258
131 / 04259
132 / 04260
133 / 04340
134.1 / 04296
134.2~135 / 04297
137 / 04342
138 / 04311
139~140 / 04343
141~142 / 04323
143.1 / 04473
143.2 / 04474
143.3 / 04542
143.4 / 04543
143.5 / 04684
144.1 / 04531
144.2 / 04580
145 / 04627
149.3 / 04381
149.1 / 04348
149.2 / 04349
150.1~2 / 04354
150.3~4 / 04409

總集

0172 / 01413
0173 / 01412
0174 / 01414
0175 / 01758
0176 / 01430
0177 / 01415
0178 / 01418
0179 / 01420
0180 / 01419
0181 / 01422
0182 / 01421
0183 / 01424
0184 / 01423
0185 / 01425
0186 / 01438
0188 / 01433
0189 / 01440
0190 / 01442
0191 / 01444
0192 / 01434
0193 / 01443
0194 / 01252
0195 / 01251
0196 / 01253
0197 / 01255
0199 / 01257
0200 / 01259
0201 / 01260
0202 / 01261
0203 / 01262
0204 / 01263
0205 / 01265
0206 / 01270
0208 / 01267
0209 / 01271
0210 / 01272
0211 / 01275
0212 / 01273
0213 / 01278
0214 / 01274
0215 / 01258
0216 / 01315
0217 / 01319
0218 / 01313
0219 / 01311
0220 / 01312
0221 / 01310
0222 / 01301
0223 / 01302
0224 / 01316
0225 / 01306
0226 / 01307
0227 / 01387
0228 / 01388
0229 / 01385
0230 / 01389
0231 / 01392
0232 / 01391
0233 / 01383
0234 / 01381
0235 / 01384
0236 / 01294
0237 / 01286
0238 / 01285
0239 / 01290
0240 / 01289
0241 / 01368
0242 / 01293
0243 / 01298
0245 / 01300
0247 / 01362
0248A / 01461
0249B / 01460
0250 / 01288
0251 / 01761
0252 / 01468
0253 / 01131
0254 / 01357
0255 / 01488
0256 / 01491
0257 / 01490
0258 / 01358
0259 / 01465
0260 / 01464
0261 / 01344
0262 / 01479
0263 / 01480
0264 / 01486
0265 / 01492
0266 / 01493
0267 / 01494
0268 / 01495
0269 / 01496
0270 / 01489
0271 / 01394
0272 / 01399
0273 / 01395
0274 / 01396
0275 / 01397
0276 / 01400
0277 / 01398
0278 / 01401
0279 / 01351
0280 / 01498
0281 / 01477
0282 / 01482
0283 / 01296
0284 / 01501
0285 / 01377
0286 / 01378
0287 / 01752
0288 / 02237
0289 / 01354
0290 / 01347
0291 / 01747
0292 / 01748
0293 / 01349
0294 / 01013
0295 / 01281
0296 / 01222
0297 / 01430
0298 / 01502
0300 / 01361
0301 / 01362
0303 / 01287
0304 / 01341
0305 / 01342
0306 / 01462
0307 / 01463
0308 / 01340
0309 / 01338
0310 / 01322
0311 / 01327
0312 / 01329
0313 / 01326
0314 / 01328
0315 / 01324
0316 / 01325
0317 / 01330
0318 / 01331
0319 / 01332
0320 / 01333
0321 / 01334
0322 / 01335
0323 / 01336
0325 / 01337
0326 / 01339
0327 / 01500
0328 / 01497
0329 / 01699
0330 / 01510
0332 / 01511
0333 / 01513
0334 / 01514
0336 / 01521
0337 / 01518
0338 / 01520
0339 / 01551
0340 / 01553
0341 / 01543
0342 / 01541
0343 / 01542
0344 / 01544
0345 / 01545
0346 / 01536
0347 / 01533
0348 / 01823
0349 / 01756
0350 / 01531
0352 / 01526
0353 / 01525
0354 / 01524
0355 / 01535
0356 / 01550
0357 / 01539
0358 / 01702
0360 / 01566
0361 / 01569
0362 / 01568
0363 / 01565
0364 / 01595
0365 / 01575
0366 / 01574
0367 / 01585
0368 / 01593
0369 / 01584
0370 / 01583
0371 / 01594
0372 / 01587
0373 / 01588
0375 / 01579
0376 / 01578
0377 / 01578
0378 / 01857
0379 / 01581
0380 / 01592
0381 / 03319
0382 / 01599
0384 / 01597
0385 / 01572
0386 / 01573
0387 / 01601
0388 / 01696
0390 / 01606
0391 / 01612
0392 / 01621
0393 / 01618
0394 / 01615
0395 / 01614
0396 / 01608
0397 / 01616
0398 / 01622
0399 / 01605
0400 / 01620
0401 / 01603

0402 / 01627
0403 / 01630
0404 / 01625
0405 / 01626
0406 / 01624
0407 / 01623
0408 / 01651
0409 / 01650
0410 / 01652
0411 / 01661
0412 / 01635
0413 / 01636
0414 / 01633
0415 / 01639
0416 / 01638
0417 / 01654
0418 / 01642
0419 / 01655
0420 / 01656
0421 / 01660
0422 / 01646
0423 / 01657
0424 / 01637
0425 / 01644
0426 / 01658
0427 / 01889
0428 / 01686
0429 / 01665
0430 /01685
0431 / 01680
0432 / 01671
0433 / 01679
0434 / 01693
0435 / 01681
0436 / 01689
0437 / 01690
0438 / 01673
0439 / 01677
0440 / 01676
0441 / 01678
0443 / 01516
0445 / 01675
0446 / 01692
0447 / 01695
0448 / 01700
0449 / 01701
0450 / 01515
0451 / 01768
0452 / 01714
0453 / 01704
0454 / 01717
0455 / 01765
0456 / 01734
0457 / 01735
0458 / 01716
0459 / 01715
0460B / 01740
0461 / 01732
0462 / 01770
0463 / 01751
0464 / 01789
0465 / 01754
0466 / 01755
0467 / 01728
0468 / 01727
0469 / 01730
0470 / 01721
0472 / 01722
0473 / 01773
0474 / 01777
0476 / 01774
0477 / 01778
0478 / 01775
0479 / 01790
0480 / 01779
0481 / 01784
0482 / 01782
0483 / 01781
0484 / 01780
0485 / 01783
0486 / 01792
0487 / 01786
0488 / 01725
0489 / 01731
0490 / 01776
0491 / 01799
0492 / 01804
0493 / 01803
0494 / 01805
0495 / 01806
0496 / 01808
0497 / 01877
0498 / 01800
0499 / 01810
0500 / 01769
0501 / 01742
0502 / 01741
0503 / 01743
0504 / 01744
0505 / 01746
0507 / 01759
0508 / 01942
0509 / 01943
0510 / 03139
0511 / 01522
0512 / 02000
0513 / 01530
0514 / 01546
0515 / 01547
0516 / 01706
0517 / 01416
0518 / 01760
0519 / 01407
0520 / 01733
0521 / 01708
0522 / 01707
0523 / 01767
0524 / 01538
0525 / 01904
0526 / 01659
0527 / 01719
0528 / 01508
0529 / 02100
0530.2 / 01348.2
0530.3 / 01348.1
0531 / 01819
0532 / 01560
0533 / 03297
0534 / 01818
0535 / 01837
0536 / 01840
0537 / 01839
0539 / 01600
0540 / 01846
0541 / 01863
0542 / 01872
0543 / 01866
0544 / 01865
0545 / 01867
0546 / 01870
0547 / 01880
0548 / 01884
0550 / 01883
0551 / 01814
0552 / 01813
0553 / 01815
0554 / 01816
0555 / 05050
0556 / 01554
0557 /01555
0558 / 01557
0559 / 01558
0560 / 01830
0561 / 01829
0562 / 01825
0563 / 01824
0564 / 01851
0565 / 01852
0566 / 01850
0567 / 01842
0568 / 01844
0569 / 01844
0570 / 01841
0571 / 01843
0573 / 01582
0574 / 01834
0575 / 02002
0576 / 01835
0577 / 01853
0578 / 01847
0579 / 01875
0580 / 01868
0581 / 01869
0582 / 01878
0583 / 01886
0584 / 01888
0585 / 01683
0586 / 01684
0587 / 01882
0588 / 01891
0589 / 01902
0590 / 01901
0591 / 01893
0592 / 01894
0593 / 01939
0594 / 02019
0595 / 01909
0596 / 01907
0597 / 01908
0598 / 01930
0599 / 01913
0600 / 01376
0601 / 01373
0602 / 01937
0603 / 01938
0604 / 01911
0605 / 01988
0606 / 01963
0607 / 01962
0608 / 01927
0609 / 01977
0610 / 01950
0611 / 01966
0612 / 01964
0613 / 01965
0614 / 01914
0615 / 01967
0616 / 01949
0617 / 01951
0618 / 01960
0619 / 01948
0620 / 01968
0621 / 01915
0622 / 01956
0623 / 01970

0624 / 01969
0625 / 01921
0626 / 01928
0627 / 01971
0628 / 01990
0629 / 01973
0630 / 01917
0631 / 01918
0632 / 01919
0633 / 01974
0634 / 01983
0635 / 01922
0636 / 01991
0637 / 01993
0638 / 01975
0639 / 01976
0640 / 01972
0641 / 01910
0642 / 02396
0643 / 01824
0644 / 01900
0645 / 01905
0646 / 01905
0647 / 01711
0648 / 01864
0649 / 01916
0650 / 01771
0651 / 01926
0652 / 01890
0653 / 01906
0654 / 01858
0655 / 01925
0656 / 01873
0657 / 01994
0658 / 02301
0659.1 / 02623.1
0659.2 / 02623.2
0660 / 01831
0661 / 01931
0664 / 01944
0665 / 02033
0666 / 02034
0667 / 02230

0668 / 02082
0669 / 01811
0670 / 01996
0671 / 01999
0672 / 02004
0673 / 02003
0674 / 02009
0675 / 01821
0676 / 01859
0677 / 02007
0678 / 02010
0679 / 01876
0680 / 01887
0681 / 01641
0682 / 01640
0684 / 02017
0685 / 01898
0686 / 01897
0687 / 02021
0689 / 02020
0691 / 03477
0692 / 02041
0693 / 02044
0694 / 02046
0695 / 02048
0696 / 02060
0697 / 02070
0698 / 02059
0699 / 02024
0700 / 02068
0701 / 02029
0702 / 02045
0703 / 02066
0704 / 02065
0705 / 02028
0706 / 02067
0707 / 02063
0708 / 02051
0709 / 02049
0710 / 02027
0711 / 02061
0712 / 02040
0713 / 02069

0714 / 02058
0715 / 02072
0716 / 02032
0717 / 02071
0718 / 02026
0719 / 02098
0720 / 02099
0721.2 / 02103
0722 / 02232
0723 / 02073
0724 / 02173
0725 / 02080
0726 / 02102
0727 / 02101
0728 / 02360
0729 / 02095
0730 / 02096
0731 / 02296
0732 / 04634
0733 / 02036
0734 / 02074
0735 / 02054
0736 / 02052
0737 / 02087
0738 / 01998
0742 / 02025
0743 / 02015
0744 / 02016
0745 / 02077
0746 / 02014
0747 / 02451
0748 / 02105
0749 / 02104
0750 / 02243
0751 / 02023
0752 / 02110
0753 / 02113
0754 / 02115
0755 / 02117
0756 / 02118
0757 / 02121
0758 / 01856
0759 / 02013

0760 / 02125
0761 / 02120
0762 / 02128
0763 / 02127
0764 / 02129
0766 / 02136
0767 / 02145
0768 / 02155
0769 / 02124
0770 / 02153
0771 / 02149
0772 / 02168
0773 / 02150
0774 / 02167
0775 / 02198
0776 / 02212
0777 / 02213
0778 / 02207
0779 / 02209
0780 / 02211
0781 / 02187
0782 / 02172
0783 / 02143
0784 / 02144
0785 / 02183
0786 / 02196
0787 / 02188
0788 / 02141
0789 / 02177
0790 / 02178
0791 / 02169
0792 / 02189
0793 / 02171
0794 / 02184
0795 / 02158
0796 / 02159
0797 / 02157
0798 / 02200A
0799 / 02193A
0800 / 02140
0801 / 02162
0802 / 02163
0803 / 02201

0804 / 02199
0805 / 02227
0806 / 02229
0807 / 02238
0808 / 02142
0809 / 02131
0810 / 02132
0811 / 02174
0812 / 02175
0813 / 02195
0814 / 02241
0815 / 02112
0816 / 02111
0817 / 02289.2
0818 / 02186
0819 / 02191
0820 / 02147
0821 / 02164
0822 / 02165
0823 / 02133
0824 / 02161
0825 / 02192
0826 / 02185
0827.1 / 02233
0827.2B / 02358
0828 / 02166B
0829 / 02214
0830 / 02216
0831 / 02215
0832 / 02217.1
0833 / 02228
0834 / 02176
0836 / 02146
0837 / 02231
0839 / 02247
0840 / 02245
0841 / 02244
0842 / 02252
0843 / 02317
0844 / 02269
0845 / 02257
0846 / 02135
0847 / 02327

0848 / 02246	0894 / 02325	0939 / 02388	0982 / 02418	1031 / 02491
0849 / 02179	0895 / 02331	0940 / 02350	0983 / 02439	1033 / 02503
0850 / 02273	0896 / 02332	0941 / 02338	0984 / 02434	1034 / 02463
0851 / 02282	0897 / 02324	0942 / 02362	0985 / 02433	1035 / 02464
0852 / 02265	0898 / 02330	0943 / 02363	0986 / 02458	1036 / 02515
0853 / 02264	0899 / 02341	0944 / 02385	0987 / 02462	1037 / 02504
0854 / 02266	0900 / 02340	0945 / 02395	0988 / 02456	1038 / 02465
0855 / 02267	0901 / 02337	0946 / 02393	0989 / 02442	1039 / 02466
0857 / 02138	0902 / 02342	0947 / 02379	0990 / 02460	1040 / 02511
0858A / 02137	0903 / 02344	0948 / 02377	0991 / 02459	1041 / 02528
0859 / 02272	0904 / 02348	0949 / 02391	0992 / 02426	1042 / 02500
0860 / 02280	0905 / 02345	0950 / 02410	0993 / 02468	1043 / 02527
0861 / 02400	0906 / 02354	0951 / 02397.1	0994 / 02418	1044 / 02524
0862 / 02402	0907 / 02351	0952 / 02406	0995 / 02475	1045 / 02476
0863 / 02181	0909 / 02334	0953 / 02403	0996 / 02416	1046 / 02505.2
0864 / 02287	0910 / 02316	0954 / 02404	0997 / 02453	1047 / 02531
0865 / 02288	0911 / 02343	0955 / 02413	0998 / 02454	1048 / 02521
0866 / 02305	0912 / 02329	0956 / 02415	0999 / 02455	1049 / 02537
0867 / 02303	0913 / 02372	0957 / 02412	1000 / 02422	1050 / 02514
0868 / 02309	0914 / 02333	0958 / 02411	1001 / 02421	1051 / 02513
0869 / 02308	0915 / 02321	0959 / 02419	1002 / 02481	1052 / 02551
0870 / 02302	0916 / 02349	0960 / 02409	1003 / 02479	1053 / 02508
0871 / 02299	0917 / 02347	0961 / 02425	1004 / 02480	1054 / 02495
0872 / 02300A	0918 / 02355	0962 / 02380	1005 / 02623.3	1055.1 / 02494.1
0873 / 02297	0919 / 02356	0963 / 02414	1006 / 02478	1055.2 / 02494.2
0874 / 02298	0920 / 02357	0964 / 02429	1007 / 02473	1056 / 02550
0875 / 02285	0921 / 02390	0965 / 02423	1008 / 02477	1057 / 02516
0876 / 02304	0922 / 02368	0966 / 02431	1009 / 02457	1058 / 02507
0878 / 02262	0923 / 02319	0967 / 02432	1010 / 02470	1059 / 02555
0879 / 02114	0924 / 02366	0968 / 02452	1011 / 02499	1060 / 02546
0880 / 02270	0925 / 02365	0969 / 02435	1012 / 02439	1061 / 02572
0881 / 02578	0926 / 09817	0970 / 02441	1016 / 02417	1062 / 02570
0882 / 02261	0928 / 02382	0971 / 02448	1017 / 02485	1063 / 02573
0884A / 02307	0929 / 02381	0972 / 02449	1018 / 02509	1064 / 02522
0885 / 02278	0930 / 02383	0973 / 02443	1019 / 02510	1065 / 02523
0886 / 02335	0931 / 02384	0974 / 02446	1020 / 02493	1066 / 02526
0887 / 02310	0932 / 02328	0975 / 02444	1021 / 02492	1067 / 02554
0888 / 02311	0933 / 02375	0976 / 02445	1022 / 02487	1068,1069 / 02553
0889 / 02336	0934 / 02373	0977 / 02428	1023 / 02461	1070 / 02574
0890 / 03648	0935 / 02378	0978 / 02440	1024 / 02469	1071 / 02525
0891 / 02312	0936 / 02346	0979 / 02502	1025 / 02467	1072 / 02569
0892 / 02318	0937 / 02389	0980 / 09434	1029 / 02506	1073 / 02575
0893 / 02322	0938 / 02387	0981 / 02405	1030 / 02498	1074 / 02520

1075 / 02565
1076 / 02560
1077 / 02564
1078 / 02534
1080 / 02541
1081 / 02543
1082 / 02545
1083 / 02544
1084 / 02542
1085 / 02563
1086 / 02517
1087 / 02587
1088 / 02552
1089 / 02579
1090 / 02590
1091A / 02581A
1091A / 02581B
1091B / 02581C
1092 / 02556B
1092 / 02556A
1093 / 02536
1094 / 02592
1095 / 02548
1096 / 02589
1097 / 02535
1098 / 02561
1099 / 02533
1100 / 02538
1101 / 02594
1102 / 02605
1103 / 02595
1004 / 02582
1105 / 02585
1106 / 02606
1107,1108
/ 02558
1109 / 02557
1110 / 02559
1111 / 02591
1112 / 02608
1113 / 02609
1114 / 02610
1115.1 / 02623.3

1115.2 / 02623.1
1115.3 / 02323.2
1116 / 02597
1117 / 02625
1118 / 02588
1119 / 02614
1120 / 02621
1121A / 02615
1121B,1122
/ 02622
1123 / 02584
1124 / 02613
1125 / 02612
1126 / 02646
1127 / 02659
1128 / 02643
1129 / 02598
1130 / 02635
1131 / 02636
1132 / 02602
1133 / 02601
1134 / 02650
1135 / 02626
1136 / 02627
1137 / 02628
1138 / 02630
1139 / 02756
1140 / 02616
1141 / 02619
1142 / 02642
1143 / 02620
1144 / 02655
1145 / 02629
1146 / 02633
1147 / 02632
1148 / 02640
1149 / 02641
1150 / 02653
1151 / 02638
1152 / 02658
1153 / 02649
1154 / 02657
1155 / 02662

1156 / 02654
1158 / 02648
1159 / 02660
1160 / 02660
1161 / 02656
1162 / 02712A
1164 / 02670
1165 / 02668
1167 / 02671
1168 / 02672
1169 / 02793
1170 / 02773
1172 / 02674
1173 / 02673
1174 / 02678
1175 / 02663
1176 / 02664
1177 / 02666
1178 / 02684
1779 / 02687
1180 / 04086.1
1181 / 02688
1182 / 02685
1183 / 04081
1184 / 02661
1185 / 02677
1186 / 02676
1187 / 02695
1188 / 02679
1189 / 02680
1190 / 02696
1191 / 02703
1192 / 02694
1193 / 02682
1194 / 02675
1195 / 02692
1196 / 02690
1197 / 02691
1198 / 02681
1199 / 02637
1200 / 02697
1201 / 02698
1202 / 02699

1203 / 02700
1205 / 02701
1206 / 02704
1207 / 02705
1208 / 02709
1209 / 02702
1210 / 02710
1211 / 02715
1212 / 02716
1213 / 00745
1214 / 02713
1215 / 02706
1216 / 02719
1217 / 02724
1218 / 02722
1219 / 02708
1220 / 02714
1221 / 02720
1222 / 02721
1224 / 02717
1225 / 02732
1226 / 02723
1227 / 02733
1228 / 02729
1229 / 02730
1230 / 02727
1231 / 02794
1232 / 02795
1233 / 02731
1234 / 02728
1235 / 02835
1236 / 02736
1238 / 02737
1239 / 02740
1240 / 02741
1241 / 02738
1242 / 02739
1243 / 02734
1244 / 02742
1245 / 02743
1246 / 02744
1247 / 02745
1248 / 02748

1249 / 02749
1250 / 02757
1251 / 02751
1252 / 02752
1253 / 02764.2
1255 / 02759
1256 / 02760
1257 / 02758
1258 / 02761
1259 / 02753
1260 / 02763.2
1261 / 02763.1
1262 / 02755
1263 / 02754
1264 / 02765
1265 / 02767
1266 / 02772
1267 / 02771
1268 / 02768
1269 / 02770
1270 / 02775
1271 / 02778
1272 / 02776
1273 / 02780
1274 / 02782
1275 / 02779
1276 / 02781
1277 / 02783
1278 / 02784
1279 / 02785
1280 / 02786
1281 / 02787
1282 / 02788
1283 / 02790
1284 / 00754
1285 / 02789
1286 / 02792
1288 / 02803
1290 / 02804
1291 / 02798
1292 / 02797
1293 / 02796
1294 / 02800

1295 / 02799
1296 / 02802
1297 / 02801
1298 / 02809
1299 / 02810
1300 / 02805
1301 / 02807
1302 / 02808
1303 / 02806
1304 / 02811.2
1305 / 02813
1306 / 02814
1307 / 02812
1308 / 02816
1309 / 02819
1310 / 02818
1311 / 02817
1312 / 02821
1313 / 02822
1314 / 02823
1315 / 02820
1316 / 02824
1317 / 02825
1318 / 02826
1319 / 02827
1320 / 02828
1321 / 02829
1322 / 02831
1323 / 02830
1324 / 02833
1325 / 02832
1326 / 02835
1327 / 02836
1328A / 02837A
1328B / 02837B
1329 / 02839A
1330 / 02838B
1331 / 02840A
1332A,1332B
/ 02841A
1333 / 00441
1334 / 00444
1335 / 00443
1336 / 01089
1337 / 00448
1338 / 00447
1339 / 00452
1340 / 00451
1341 / 00453
1342 / 00455
1343 / 00458
1344 / 00459
1345 / 00468
1346 / 00461
1347 / 00470
1348 / 00472
1349 / 00480
1350 / 00479
1351 / 00478
1352 / 00467
1354 / 00491
1355 / 00493
1356 / 00481
1357 / 00488
1358 / 00489
1359 / 00487
1360 / 00486
1361 / 00485
1362 / 00477
1363 / 00500
1364 / 00501
1365 / 00504
1366 / 00506
1367 / 00512
1368 / 00508
1369 / 00510
1370 / 00522
1372 / 00498
1373 / 00497
1374 / 00524
1375 / 00536
1376 / 00531
1377 / 00526
1378 / 00529
1379 / 00528
1380 / 00530
1381 / 00527
1382 / 00519
1383 / 00518
1384 / 00520
1385 / 00516
1386 / 00517
1387 / 00546
1388 / 02109
1389 / 00556
1390 / 00557
1391 / 00550
1392 / 00547
1393 / 00551
1394 / 00552
1395 / 00553
1396 / 00554
1397 / 00555
1398 / 00559
1399 / 00545
1400 / 00544
1401 / 00540
1402 / 00561
1403 / 00562
1405 / 00560
1406 / 00542
1407 / 00539
1408 / 00543
1409 / 00569
1410 / 00538
1411 / 00571
1412 / 00586
1413 / 00566
1414 / 00575
1415 / 00568
1416 / 00565
1417 / 00573
1418 / 00572
1419 / 00574
1421 / 00589
1422 / 00591
1423 / 00590
1424 / 00583
1425 / 00579
1426 / 00588
1427 / 00597
1429 / 00593
1430 / 00580
1431 / 00594
1432 / 00596
1433 / 00587
1434 / 00584
1435 / 00585
1436 / 00606
1438 / 00607
1439 / 00647
1440 / 00613
1441 / 00608
1442 / 00611
1443 / 00601
1444 / 00610
1445 / 00626
1446 / 00615
1447 / 00614
1448 / 00616
1449 / 00622
1450 / 00637
1451 / 00638
1452 / 00639
1453 / 00634
1454 / 00633
1455 / 00632
1456 / 00641
1457 / 00595
1458 / 10311
1459 / 00644
1460 / 00660
1461 / 00670
1462 / 00679
1463 / 00635
1464 / 00646
1465 / 00648
1466 / 00688
1467 / 00636
1468 / 00682
1469 / 00666
1470 / 00667
1471 / 00690
1472 / 00691
1473 / 00692
1474 / 00693
1475 / 00694
1476 / 00669
1477 / 00668
1479 / 00673
1480 / 00672
1481 / 00714
1482 / 00713
1484 / 00677
1485 / 00689
1486 / 00707
1487 / 00649
1488 / 00650
1489 / 00652
1490 / 00651
1491 / 00653
1492 / 00654
1493 / 00655
1494 / 00656
1495 / 00657
1496 / 00658
1497 / 00708
1498 / 00717
1499 / 00718
1500 / 00697
1501 / 00683
1502 / 00680
1503 / 00741
1504 / 00731
1505 / 00732
1506 / 00698
1507 / 00703
1508 / 00700
1509 / 00736
1510 / 00711
1511 / 00712
1512 / 00709
1513 / 00715
1514 / 00727
1515 / 00720

1516 / 00721
1517 / 00722
1518 / 00724
1519 / 00723
1520 / 00730
1521 / 00737
1522 / 00739
1523 / 00738
1524 / 00678
1525 / 00742
1526 / 00744
1528 / 00753
1529 / 00748
1530 / 00747
1531 / 00750
1532 / 00749
1533 / 00754
1534 / 00755
1535 / 00765
1536 / 00766
1537 / 00767
1538 / 00783
1539 / 00762.2
1540 / 00762.1
1541 / 00763
1542 / 00761
1543 / 00785
1544 / 00775
1545 / 00772
1546 / 00773
1547 / 00784
1548 / 00770
1549 / 00787
1550 / 00776
1552 / 00780
1553 / 00766
1554 / 00801
1555 / 00805
1556 / 00802
1557 / 00797
1558 / 00804
1559 / 00803
1560 / 00777
1561 / 00790
1562 / 00793.4
1563 / 00793.1
1564 / 00793.2
1565 / 00793.3
1566 / 00794
1568 / 00827
1569 / 00812
1570 / 00806
1571 / 00808
1572 / 00814
1573 / 00817
1574 / 00835
1575 / 00841
1576 / 00815
1577 / 00821
1578 / 00820
1579 / 00822
1580 / 00826
1581 / 00829
1582 / 00818
1583 / 00830
1584 / 00834
1585 / 00833
1586 / 00831
1587 / 00816
1588 / 00837
1589 / 00828
1590 / 00809
1591 / 00840
1592 / 00839
1593 / 00843
1594 / 00845
1595 / 00851
1596 / 00852
1597 / 00846
1598 / 00855
1599 / 00854
1600 / 00847
1601 / 00857
1602 / 00859
1603 / 00856
1604 / 00850
1605 / 00858
1606 / 00860
1607 / 00848
1608 / 00849
1609 / 00876
1610 / 00873
1611 / 00877
1612 / 00868
1613 / 00867
1614 / 00870
1615 / 00874
1616 / 00871
1617 / 00880
1618 / 00881
1619 / 00882
1620A / 00897
1621 / 00894
1622 / 00887
1623 / 00888
1624 / 00899
1625 / 00898
1626 / 00890
1627 / 00895
1628 / 00885
1629 / 00883
1630 / 00893
1631 / 00884
1632 / 00906
1633 / 00901
1634 / 00907
1635 / 00891
1636 / 00909
1637 / 00905
1638 / 00916
1639 / 00908
1640 / 00911
1641 / 00913
1642 / 00912
1643 / 00917
1644 / 00915
1645 / 00918
1646 / 00921
1647 / 00919
1648 / 00925
1649.1 / 00924.1
1649.2 / 00924.3
1650 / 00930
1651 / 00931
1652 / 00928
1653 / 00929
1654 / 00932
1655 / 00938
1656 / 00933
1657 / 00935
1658 / 00937
1659 / 00940
1660 / 00943
1661 / 00944
1662 / 00941
1664 / 00945
1665 / 00946
1666 / 00948
1667 / 00947
1668 / 00949
1669 / 02941
1670 / 10487
1671 / 02919
1672 / 10300
1673 / 02916
1675 / 02979
1676 / 02980
1677 / 03120
1678 / 10479
1679 / 10484
1680 / 10486
1681 / 02982
1682 / 10495
1683 / 10496
1684 / 02973
1685 / 03015
1686 / 03019
1687 / 03021
1688 / 10489
1689 / 09840
1690 / 10511
1691 / 10485
1692 / 02970
1693 / 02965
1694 / 02964
1695 / 02971
1696 / 02969
1697 / 03106
1698 / 10508
1699 / 02956
1700 / 02955
1703 / 02957
1704 / 02960
1705 / 02961
1706 / 02959
1707 / 02967
1708 / 02948
1709 / 02949
1710 / 02972
1711 / 03033
1712 / 02944
1713 / 10493
1714 / 10490
1715 / 02932
1716 / 02934
1717 / 02935
1718 / 10491
1719 / 02926
1720 / 10481
1721 / 10482
1722 / 03036
1723 / 03034
1725 / 10492
1726 / 03035
1727 / 03014
1728 / 03008
1729 / 03009
1730 / 03008
1731 / 02999
1732 / 03000
1733 / 02995
1734 / 03110
1735 / 02989
1737 / 02990
1738 / 02993

1739 / 03007
1740 / 10494
1741 / 02976.1
1742 / 02977
1743 / 02974
1744 / 02978
1745 / 02987
1747 / 02995
1748 / 02994
1749 / 02954
1750 / 03028
1751 / 03044
1752 / 02981
1753 / 03043
1754 / 02937
1755 / 02936
1756 / 03039
1757 / 02927
1758 / 02953
1759 / 03042
1760 / 02911
1761 / 02951
1762 / 02915
1763 / 03032
1764 / 02930
1765 / 02950
1766 / 03030
1767 / 02914
1768 / 03029
1769 / 03239
1770 / 02983
1771 / 02984
1772 / 03017
1773 / 02921
1774,1775 / 02923
1776.1 / 03126
1777 / 03090
1778 / 03245
1779 / 03105
1780 / 03093
1781 / 03235
1782 / 03094
1783 / 03096
1784 / 03097
1785 / 10497
1786 / 03095
1787.1 / 03098
1790 / 10502
1791 / 10503
1792 / 03052
1793 / 03053
1795 / 03055
1796 / 03055
1797 / 03060
1798 / 03060
1799 / 10500
1801 / 10501
1803 / 03087
1804 / 03064
1805 / 03065
1806 / 03066
1807 / 10512
1808 / 03051
1809 / 03070
1810 / 03025
1811 / 03025
1812 / 03069
1813 / 03079
1814 / 03074
1815 / 10514
1816 / 10513
1817 / 02985
1818 / 10498
1819 / 10506
1820 / 10505
1821 / 03128
1822 / 03082
1823 / 03084
1824 / 10504
1825 / 10507
1826 / 03113
1827 / 03049
1828 / 03133
1829 / 03086
1830 / 03059
1831 / 03122
1832 / 03123
1833,補 1833 / 03114
1834 / 03078
1835 / 03083
1836 / 03072
1837 / 03127
1838 / 03057
1839 / 03130
1840 / 03119
1842 / 03068
1843 / 03207
1844 / 03246
1845 / 03135
1846 / 03136
1847 / 03138
1848 / 03141
1849 / 01512
1850 / 03142
1851 / 05614
1852 / 03163
1853 / 03164
1854 / 10517
1855 / 03151
1856 / 03166
1857 / 03167
1859 / 03153
1860 / 03154
1861 / 03146
1862 / 03147
1863 / 03145
1864 / 03158
1865 / 03168
1866 / 03171
1867 / 03172
1868,1869 / 10518
1870 / 03144
1872 / 10519
1873 / 03174
1874 / 03177
1875 / 03181
1876 / 03178
1877 / 03169
1878 / 03170
1879 / 10520
1880 / 03195
1881 / 03192.1
1882 / 03186
1883 / 03208
1884 / 03206
1885 / 03200
1886 / 03201
1887 / 03203
1889 / 03199
1890 / 03202
1891 / 10521
1894 / 03217
1895 / 10524
1896 / 10523
1897 / 10525
1898 / 03218
1899 / 03229
1900 / 10510
1901 / 03062, 10509
1902 / 03242
1903 / 03289
1906 / 10528
1908 / 03263
1909 / 03270
1910 / 10529
1911 / 10527
1914 / 10530
1915 / 10531
1916 / 03281
1917 / 03280
1918 / 03180
1919 / 03173
1920 / 03187
1921 / 03324
1922 / 03213
1923 / 03215
1924 / 03188
1925 / 03224
1926 / 03230
1927 / 03236
1929 / 03289
1930 / 03287
1931 / 03272
1932 / 03271
1933 / 03273
1935 / 03265
1936 / 03251
1937 / 03256
1938 / 03260
1939 / 03255
1940 / 03257
1941 / 03253
1942 / 03252
1943 / 03248
1944 / 03247
1945 / 03249
1946 / 03250
1949 / 03174
1950 / 03302
1951 / 03150
1952 / 03175
1953 / 03194
1954 / 03216
1955 / 03226
1956 / 03241
1957 / 03197
1959 / 03210
1960 / 03219
1961 / 03125
1962 / 03190
1963 / 03176
1964 / 03345
1965 / 03221
1966 / 03225
1967 / 03214
1968 / 03395.1, 05112.1
1969 / 03282
1970 / 03189
1972 / 03298
1974 / 03108

1975 / 04471
1976 / 03397
1977 / 10535
1978 / 03308
1979 / 03183
1980 / 03184
1981 / 03323
1982 / 03327
1983 / 03339
1984 / 03331
1985.1 / 03333
1985.2 / 03332
1986 / 03338
1987 / 03296
1989 / 10516
1990 / 03155
1991 / 10533
1992 / 03307
1993 / 03304
1994 / 10532
1995 / 03306
1996 / 03179
1997 / 03432
1998 / 10536
1999 / 10534
2000 / 03312
2001B / 03322
2002 / 03329
2004 / 03326
2005 / 03328
2006 / 03335
2007 / 03340
2008 / 10537
2009 / 03341
2010 / 03342
2011 / 03223
2012 / 03337
2013 / 03380
2014 / 10539
2015 / 03394
2016.1/ 03395.1,
05112.1
2016.2 / 03395.2

2017 / 03349
2018 / 03414
2019 / 03358
2020 / 03360
2021 / 03381
2022 / 10542
2023 / 03385
2024 / 10544
2025 / 10543
2026 / 10540
2027 / 05763
2028 / 10541
2029 / 10538
2030 / 03387
2031 / 03365
2032 / 03363
2033 / 03391
2034 / 03354
2035 / 03353
2036 / 03356
2038 / 03355
2039 / 03352
2040 / 03351
2041 / 03458
2042 / 03459
2043 / 03399
2044 / 03400
2045 / 03401
2046 / 03405
2047 / 03407
2048 / 03403
2049 / 03371
2050 / 03375
2051 / 03343
2052 / 03374
2053 / 03373
2054 / 03372
2055 / 03369
2056 / 03368
2057 / 03393
2058 / 03393
2059 / 03376
2060 / 03350

2061 / 03347
2062 / 03416
2063 / 03415
2064 / 03364
2065 / 03359
2066 / 03384
2067 / 03383
2068 / 03377
2069 / 03346
2070 / 03301
2071 / 03348
2072 / 03409
2073 / 03406
2074 / 03412
2075 / 03413
2076 / 03299
2077 / 03315
2078 / 03314
2079 / 03379
2080 / 03419
2081 / 03337
2082 / 03417
2083 / 03303
2084 / 03425
2085 / 03420
2086 / 03429
2088 / 03470
2089 / 10545
2090 / 03435
2091 / 03436
2092 / 03485
2093 / 10548
2094 / 10547
2095.1 / 05807
2096 / 03460
2097 / 03477
2098 / 03477
2099 / 10546
2100 / 03463
2101 / 03464
2102 / 10549
2103 / 10550
2104 / 03476

2105 / 03469
2106 / 10551
2107 / 10552
2108 / 03451
2109 / 03437
2110 / 03450
2111 / 03575
2112 / 03455
2113 / 03456
2114 / 10553
2115 / 03423
2116 / 03424
2117 / 03426
2118 / 03427
2119 / 03488
2120 / 03490
2121 / 03487
2122.2 / 03448
2123 / 03475
2124 / 03444
2125 / 03481
2126 / 03462
2127 / 03443
2128 / 03472
2129 / 03474
2130 / 03452
2131 / 03454
2132 / 03497
2133 / 03468
2134 / 03495
2135 / 03492
2136 / 03498
2137 / 03463
2138 / 03428
2139 / 03482.2
2141 / 03457.2
2142 / 03489
2143 / 03484
2144 / 03453
2145 / 03438
2146 / 03439
2147 / 03505
2148 / 03504

2149 / 03473
2150 / 03513
2151 / 10559
2152 / 03501
2153 / 03500
2154 / 03421
2155 / 10554
2156.1 / 03502
2157 / 10555
2158 / 03510
2159 / 03511
2160 / 03320
2161 / 10557
2162 / 10556
2163 / 10558
2164 / 03433
2165 / 03514
2166 / 03515
2167 / 03517
2168 / 03519
2169 / 03518
2170 / 10560
2171 / 10561
2172 / 10562
2173 / 03521
2175 / 05230
2176 / 10563
2177 / 03536
2178 / 10564
2179 / 03546
2180 / 03449
2181 / 03556
2182 / 03568
2183 / 03558
2184 / 03565
2185 / 03561
2186 / 10565
2187 / 03567
2188 / 03590.1
03590.2
2189 / 10567
2190 / 03572
2191 / 03586

2192 / 03587
2193 / 10566
2194 / 03509
2195 / 03534
2196.1 / 03535.1
2196.2 / 03535.2
2198 / 03535.2
2199 / 03532
2200 / 03533
2201 / 03537
2202 / 03542
2203 / 03541
2204 / 03545
2205 / 03543
2206 / 03552
2207 / 03554
2208 / 03589
2209 / 03531
2210 / 03588
2211 / 03551
2212 / 03584
2213 / 03571
2214 / 03573
2215 / 03585
2216 / 03563
2217 / 03569
2218 / 03519
2219 / 03555
2220 / 03577
2221 / 03576
2222 / 03557
2223 / 04666
2224 / 04667
2225.2 / 03581
2226 / 03582
2227 / 03592.1
2228 / 03574
2229 / 03566
2230 / 03570
2231 / 03499
2232 / 03520
2233 / 03549
2234 / 03540
2235 / 03524
2236 / 03526
2237 / 03580
2239 / 03601
2240 / 03507
2241 / 03603
2242 / 03608
2243 / 03609
2244 / 10569
2245 / 03611
2246 / 10568
2247 / 05277.1
2249 / 03629
2250 / 10571
2251 / 03625
2252 / 03631
2253 / 03470
2254 / 03615
2255 / 03602
2256 / 03605
2257 / 03613
2258 / 03522
2259 / 03523
2260 / 03623
2261 / 03619
2262 / 03630
2263 / 03632
2264 / 03620
2265 / 03628
2266 / 02267
2267 / 03634
2268 / 03635
2269 / 02279
2270 / 03610
2271 / 03621
2272 / 03600
2273 / 03612
2274 / 03618
2275 / 03616
2276 / 03617
2277 / 03624
2278 / 10570
2279 / 03651
2280 / 03655
2281 / 03713
2282 / 03644
2283 / 03645
2284 / 10572
2285 / 03649
2286 / 03650
2287B / 03647
2288 / 10573
2289 / 10574
2290.1 / 03663
2292 / 03657
2293 / 03656
2294 / 03667
2295 / 03675
2296 / 03659
2298 / 03665
2299 / 03674
2300 / 03646
2301 / 03660
2302 / 03669
2303 / 03668
2304 / 03671
2305 / 04056.2
2306 / 04057.2
2307 / 03677
2308 / 03653
2309 / 03673
2310 / 03676
2311 / 03678
2312 / 03684
2313 / 03714
2314 / 03715
2315 / 03716
2316 / 03604
2317 / 10575
2318 / 03686
2319 / 03696
2320 / 03700
2321 / 03701
2323 / 03702.1
2324 / 03704
2325 / 03703
2326 / 03706
2327 / 03694
2328 / 03705
2329 / 03708
2330 / 03740
2331 / 03687
2332.1 / 03692
2332.2 / 03693
2333 / 03695
2335 / 03711
2336 / 03717
2337 / 03731
2338 / 03741
2339 / 03712
2340 / 03725
2341 / 03723
2342 / 03724
2343 / 03738
2344 / 03730
2345 / 03739
2346.1 / 03732.2
2347 / 03750
2348 / 03747
2349 / 03749
2350 / 03751
2351 / 03754
2352 / 03753
2353 / 03743
2354 / 03759
2355 / 03757
2356 / 03758
2357 / 03746
2358 / 03752
2359 / 03745
2360 / 03690
2361 / 03742
2363 / 10580
2364 / 03733
2366 / 03748
2367.1 / 03779.1
2367.2 / 03779.2
2368.1 / 03778.1
2368.2 / 03777.2
2369.1 / 03778.1
2369.2 / 03778.2
2370.1 / 03778.2
2370.2 / 03779.1
2371 / 03780
2372 / 03737
2373 / 00643
2375 / 03736
2376 / 03768
2377 / 03771
2378 / 03734
2379 / 03755
2380 / 03756
2381 / 03726
2382 / 03727
2383 / 03781
2384 / 03776
2385 / 03775
2387 / 03784
2388 / 03790
2389 / 03785
2391 / 03761
2392 / 03807
2393 / 03762
2394 / 03772
2395 / 03787
2396 / 03783
2398 / 03797.2
2399 / 03799
2400 / 03798
2401 / 03815
2402 / 03827
2403 / 03763
2404 / 03822
2405 / 03823
2406 / 03822
2407 / 03773
2408 / 03774
2409 / 03905
2410 / 03848
2411 / 03786
2412.1 / 03828
2412.2 / 03829

2413 / 03830
2414 / 03831
2416 / 03770
2417 / 03816
2418 / 03769
2419 / 03838
2420 / 03839
2421 / 03862
2422 / 03867
2423 / 03826
2424 / 03792
2425.1 / 03808.1
2425.2 / 03809.1
2426.1 / 03810.1
2426.2 / 03808.2
2427.1 / 03809.2
2427.2 / 03811
2428.1 / 03812
2428.2 / 03810.2
2429 / 03813
2430 / 03847
2431 / 03802
2432 / 03803
2433 / 03805
2434.2 / 03806
2435.1 / 03881.1
2435.2 / 03881.2
2436 / 03882
2437 / 03883
2438 / 03884
2439 / 03817
2440 / 03818
2441 / 03804
2442 / 03866
2443 / 03960.2
2444 / 03960.1
2445 / 03961
2446 / 03861
2447 / 03794
2448 / 03793.1
2449 / 03795.2
2450 / 03939
2451 / 03907

2453 / 03940
2454 / 03869
2455 / 03863
2456 / 03846
2458 / 03842
2459 / 03843
2460 / 03844
2461 / 03856
2462 / 03849
2463 / 03850
2464 / 03851
2465 / 03852
2466 / 03853
2467 / 03845
2468 / 03893
2469 / 03931
2470 / 03932
2471 / 03933
2472 / 03934
2473.1 / 03841.2
2473.2 / 03840.1
2474.1 / 03841.1
2474.2 / 03840.2
2475 / 03836
2476 / 03835
2478 / 03833
2479 / 03834
2480 / 03911.2
2481 / 03910.2
2482 / 03903
2483 / 03908
2485 / 03918
2486 / 03868
2487 / 03943
2488.1 / 03897
2488.2 / 03900
2489 / 03898
2490.1 / 03899.2
2490.2 / 03899.1
2491 / 03901
2492 / 03902.2
2493 / 03888
2494 / 03889

2495 / 03877
2496 / 03890
2497 / 03928
2498 / 03929
2499 / 03930
2500 / 03930
2501 / 03874
2502 / 03875
2503 / 03876
2504 / 03945
2505 / 03887
2506 / 03878
2507 / 03879
2508 / 03906.2
2509 / 03872
2510 / 03948
2511 / 03871
2512 / 02607
2513 / 03912
2514 / 03913
2515 / 03904
2516 / 03919
2517 / 03917
2518 / 03927
2519 / 03915
2520 / 03914
2521 / 03916
2522 / 03963
2523 / 03962
2524 / 03954
2525 / 03941
2526 / 03942
2527 / 03924
2528 / 03974
2529 / 03923
2530 / 03978
2531 / 03988
2532 / 03989
2533 / 03977
2534 / 03987
2535 / 03964
2536 / 03965
2537 / 03966

2538 / 03967
2540 / 03968
2541 / 03969
2542 / 03953
2543 / 03976
2544 / 03990
2545 / 03949
2546 / 03975
2547 / 03952
2548 / 03957
2549 / 03956
2550 / 03955
2551 / 03959
2552 / 03958
2553 / 03971
2554 / 03972
2555 / 03973
2556 / 04011
2557 / 04012
2558.1 / 04013.1B
2558.2 / 04013.2B
2559 / 04023.2
2560.1 / 03981.2
2560.2 / 03980.1
2561.1 / 03980.2
2561.2 / 03981.1
2562 / 03982
2563 / 03986
2564 / 03991
2565 / 03992
2566 / 04022
2567 / 04021
2568 / 10581
2569 / 04018
2570A / 04121
2571.1A / 04014
2571.2A / 04015
2572A / 04009
2573 / 04007
2574 / 04001
2575 / 04002
2576 / 03995
2577 / 03996

2578 / 04008
2579 / 03997
2580 / 03993
2581 / 04019
2582 / 04067.2
2583 / 04016
2584 / 04044
2585 / 04041
2586 / 04031
2587 / 04030
2588 / 04028
2589 / 04005
2590 / 04004
2591 / 04006
2592 / 04055
2593 / 04056.1
2594.1 / 04057.1
2594.2 / 04058.1
2595 / 04024
2596 / 04025
2597 / 04026
2598 / 04046
2599 / 05395
2600 / 04027
2601 / 04033
2602 / 04034
2603 / 04035.1
2604 / 04039
2605 / 04040
2606 / 04042
2607 / 04043
2608 / 04032
2609 / 04036
2610 / 04037
2611 / 04059
2612 / 04060
2613 / 04073
2614.1 / 04076
2614.2 / 04077
2615.1 / 04079
2615.2 / 04078
2616.1 / 04079
2616.2 / 04080

2617.1 / 04081
2617.2 / 04083
2618.1 / 04082
2618.2 / 04084
2619.1 / 04085
2619.2 / 04087
2620.1 / 04086.2
2620.2 / 04086.1
2621 / 04045
2622 / 04049.2
2623 / 04048.2
2624 / 04050.2
2625 / 04052.1
2626 / 04088
2627 / 10582
2628 / 04061
2629 / 04068
2630 / 04069
2631 / 04070
2632 / 04096
2633 / 04136
2634 / 04066.1
2635.1 / 04104.1
2635.2 / 04104.2
2636 / 04105
2637 / 04106
2638 / 04104.1
2639 / 04075
2640 / 04090
2641 / 04093
2642A / 04094
2642B / 04092
2643 / 04089
2644 / 04112
2645 / 04097
2646 / 04114
2647 / 04110
2648 / 04102
2649 / 04103
2651 / 04109.1
2652 / 04098
2653 / 04099
2656.1 / 04116.1
2656.2 / 04117.2
2657.1 / 04117.1
2657.2 / 04116.2
2658 / 04115
2659 / 10583
2660 / 04122
2661 / 04134
2662 / 04135
2663 / 04118
2664 / 04119
2665 / 04130
2666 / 04127
2667 / 04124
2668.1B / 04126.1
2668.2B / 04126.2
2669 / 04123
2670 / 04139
2671 / 04131
2672.1 / 04123
2672.2 / 03734
2673 / 04129
2674 / 04137
2675 / 04140
2676 / 04144
2678 / 04141
2679 / 04142
2680 / 04143
2681 / 04152
2682 / 04145
2683 / 04156
2684 / 04158.1
2685 / 04154
2686 / 04155.1
2687.1 / 04166.2
2687.2 / 04166.1
2688A / 04165
2689 / 04160
2690 / 04161
2691.1A / 04147.1
2691.2 / 04147.2
2692 / 04149
2693 / 04159
2694 / 04167
2695 / 04168
2696 / 04162
2697 / 04163
2698 / 04190
2699 / 04184
2700 / 04185
2701 / 04186
2702 / 04187
2703 / 04626
2704 / 04191
2705 / 04178
2706 / 04183
2707 / 04179
2708 / 04180
2709 / 04181
2710 / 04192
2711 / 04193
2712 / 04182
2713 / 04170
2714 / 04171.1
2715 / 04172.2
2716 / 04173.1
2717 /
04174.2,04175.2
2718 / 04175.1
2719 / 04176.1
04176.2
2720 / 04177.1
2720 / 04177.2
2721 / 04194.1
2721 / 04195
2723 / 04194.2
2724 / 04169
2725 / 04196
2726 / 04197
2727 / 04198
2728 / 04199
2729 / 04200
2730 / 04205
2731 / 04201
2732 / 04203
2733 / 04202
2734 / 04207
2735 / 04213
2736 / 04214
2737 / 04208
2738 / 04209
2739 / 04225
2740 / 04226
2741 / 04227
2742 / 04228
2743 / 04215
2744.1 / 04216.1
2744.2 / 04216.2
2745.1 / 04217.1
2745.2 / 04216.2
2746 / 04219
2747 / 04220
2748 / 04221
2749 / 04222A
2750 / 04224
2751A / 04223.2
2752.1 / 04230
2752.2 / 04229.1A
2753.1 / 04232.1
2753.2 / 04230
2754 / 04231
2755 / 04232.2
2756 / 04233
2757 / 04234
2758 / 04232.1
2759 / 04235
2760 / 04238
2761 / 04239.1
2762 / 04240
2763 / 04242
2764 / 04241
2765 / 04243
2766 / 04245
2767 / 04252
2768 / 04247.2
2769 / 04257
2770 / 04255
2771 / 04253
2772 / 04254
2773 / 04250
2774 / 04237
2775 / 04256.2
2776 / 04244
2777 / 04261
2778 / 04262
2779 / 04263
2780 / 04264.1
2781 / 04264.2
2782 / 04265
2783 / 04266
2784 / 04267
2785 / 04268.1
2786 / 04269
2787.1 / 04272
2788 / 04273
2789 / 04270
2790 / 04271
2791 / 04276
2792 / 04277
2793.1 / 04280.2
2793.2 / 04279.1
2794 / 04280.2
2795.1 / 04280.1
2795.2 / 04281
2796 / 04285
2797 / 04286
2798 / 04283
2799 / 04284
2800 / 04287
2801 / 04292
2802 / 04293
2803.1 / 04288.1
2803.2 / 04289.2
2804.1 / 04289.1
2804.2 / 04288.2
2805 / 04290
2806 / 04291
2807 / 04296
2808.1A / 04297.1A
2808.1B / 04297.1B
2808.2A / 04297.2A
2808.2B / 04297.2B
2809A / 04297.1A

2809B / 04297.1B
2810 / 04294
2811 / 04295
2812 / 04298
2813 / 04299
2814.1 / 04300
2814.2 / 04301
2815 / 04311
2816 / 04302
2817 / 04312
2818 / 04303.2
2819 / 04304.2
2820 / 04305
2821 / 04306
2822 / 04307
2823 / 04308
2824 / 04309
2825 / 04310
2826 / 04313
2827 / 04314
2828 / 04320
2829 / 04316
2830 / 04318
2831 / 04275
2832 / 04274
2833.1 / 04315.1
2833.2 / 04315.2
2834 / 04317
2835 / 04321
2836 / 04322.2
2837 / 04323
2838 / 04324
2839 / 04325
2840 / 04326
2841 / 04331
2842 / 04327
2843 / 04330
2844 / 04332
2845 / 04333
2846 / 04334
2847 / 04335
2848 / 04336
2849 / 04337
2850 / 04338
2851 / 04339
2852 / 04329
2853 / 04328
2854A / 04340A
2854B / 04340B
2855A / 04341C
2855B / 04341B
2856 / 04342
2857 / 04343
2858 / 04470
2859 / 04471
2860 / 04476
2861 / 04475
2862 / 04484
2863 / 04481
2864 / 04488
2865 / 04489
2866 / 04487
2867 / 04490
2868 / 04480
2869 / 04479
2870 / 04486
2871 / 04482
2872 / 04483
2873 / 04495
2874 / 04498
2875 / 04499
2876 / 04502
2877 / 04497
2878 / 04503
2879 / 04505
2880 / 04506
2881 / 04507
2882 / 04508
2883 / 04509
2884 / 04510
2885 / 04511
2886 / 04512
2887 / 04515
2888 / 04514
2889 / 04517
2890 / 04519
2891 / 04520
2892 / 04518
2893 / 04521
2894 / 04528.1
2895 / 04528.2
2896 / 04529.1
2897 / 04526
2898 / 04525
2899 / 04527
2900 / 04523
2901 / 04535
2903 / 04524
2904 / 04530
2905 / 04516
2906 / 04536
2908 / 04549
2909 / 04550
2910 / 04551
2911 / 04539.2
2912 / 04539.1
2913 / 04540
2914 / 04541.1
2915 / 04541.2
2916 / 04522
2917 / 04532
2918 / 04537
2919 / 04560
2920 / 04546.2
2921 / 04552
2922 / 04566
2923 / 04567
2924 / 04568
2925 / 04565
2926 / 04565
2927.1 / 04557
2927.2 / 04558
2928 / 04559
2929 / 04555
2930 / 04553
2931 / 04571.1
2932.1 / 04570.1
2932.2 / 04570.2
2933.1 / 04571.2
2933.2 / 04570.2
2934 / 04573
2935 / 04561
2936 / 04556
2939 / 04563
2940 / 04564
2942 / 04575
2943 / 04576
2944 / 04577
2945 / 04578
2946A / 04588
2947 / 04572
2948 / 04582
2949 / 04583
2950 / 04584
2951 / 04585
2952 / 04584
2953 / 04581
2954.1 / 04579.1
2954.2 / 04579.2
2955 / 04595
2956 / 04596
2957 / 04594.1
2958 / 04597
2959 / 04574
2961 / 04604.1
2962 / 04604.2
2963 / 04603
2964 / 04614
2965 / 04598
2966 / 04600
2967 / 04606
2968 / 04601
2969 / 04602
2970 / 04609.1
2971 / 04608.1
2972 / 04615
2973 / 04612
2974 / 04613
2975 / 04616
2976 / 04617.2
2977 / 04619
2978 / 04618
2979 / 04620
2980 / 04624
2981 / 04623
2982 / 04625
2983 / 04627
2984 / 04628
2985 / 04630
2986 / 04631
2987 / 04632
2988 / 04344
2989 / 04350
2990 / 04347
2991 / 04351
2992 / 04345
2993 / 04355
2994 / 04356
2995 / 04359.1
2996 / 04360.2
2997 / 04357.1
2998 / 04358.1
2999B / 04367
3000 / 04366
3001.1 / 04362.1
3001.2 / 0436.2
3002.1 / 04361.1
3002.2 / 04361.2
3003.1 / 04361.2
3003.2 / 04362.1
3004.1 / 04362.2
3004.2 / 04361.1
3005 / 04375
3006 / 04368.1
3007 / 04370.1
3008 / 04369.2
3009 / 04371.1
3010 / 04365
3011 / 04388
3012 / 04386
3013 / 04387
3014 / 04385
3015 / 04373.1
3016 / 04372.2
3017 / 04394

3018 / 04395
3019 / 04377
3020 / 04378
3022 / 04383
3023 / 04382
3024 / 04397
3025 / 04384
3026 / 04406
3027 / 04399
3028 / 04389
3029 / 04380
3030 / 04391
3031 / 04392
3032 / 04393
3033 / 04390
3034 / 04407
3035 / 04415
3036.1 / 04400
3036.2 / 04401
3037 / 04412
3038 / 04405.2
3039 / 04419
3040 / 04410
3041 / 04413
3042 / 04411
3043 / 04416
3044 / 04417
3045 / 04418
3046 / 04422
3047 / 04414
3048 / 04423
3049 / 04424
3050 / 04425
3051 / 04426
3052 / 04420
3053 / 04421
3054 / 04428
3055 / 04435
3056 / 04429
3057 / 04453
3058 / 04431
3059 / 04433
3060 / 04432
3061 / 04430
3062 / 04437
3063 / 04436
3064 / 04442
3065.1 / 04443.1
3065.2 / 04445.2
3066.1 / 04444.1
3066.2 / 04443.2
3067.1 / 04445.1
3067.2 / 04444.2
3068 / 04439.2
3069 / 04438
3070 / 04448
3071 / 04449
3072 / 04450
3073 / 04451
3074 / 04452
3075 / 04446
3076 / 04447
3077 / 04454
3078 / 04455
3079 / 04456.2
3080 / 04457
3081 / 04460
3082 / 04459
3083 / 04462
3084 / 04463
3085 / 04464
3086 / 04465A
3087 / 04466
3088 / 04468
3089 / 04467
3090 / 04469
3091 / 04637
3092 / 04639
3093 / 04638
3094 / 04641
3095 / 04644
3096 / 04645
3097 / 04646
3098 / 04647
3099 / 04648
3100 / 04649
3102.2 / 04653
3103 / 04658
3104 / 04663
3105 / 04675
3106 / 04676
3107 / 04677
3108 / 04678
3109 / 04682
3110 / 04683
3111 / 04692
3112A / 04694A
3112B / 04694B
3113A / 04695A
3113B / 04695B
3114 / 04659
3115 / 04673
3116 / 04684
3117 / 04681
3118 / 04689
3119 / 04690
3120 / 04691
3121 / 10386
3122 / 10391
3123 / 10350
3124 / 00970
3125 / 00973
3126 / 00972
3127B / 00979
3128 / 00980C
3129 / 07314
3130 / 07313
3132 / 07316
3133 / 07315
3134 / 07751
3135 / 07321
3136 / 07401
3137 / 07324
3138 / 07387
3139 / 07325
3140 / 07405
3141 / 07335
3142 / 07347
3143 / 07349
3146 / 07329
3147 / 07398
3148 / 07434
3149 / 07418
3150 / 07419
3151 / 07420
3152 / 07406
3153 / 07365
3154 / 07366
3155 / 07367
3156 / 07369
3157 / 07422
3158 / 07424
3159 / 07421
3160 / 07425
3161 / 08178
3162 / 08806
3163 / 07408
3164 / 07608
3165 / 07513
3166 / 07512
3167 / 07517
3168 / 07522
3169 / 07524
3170 / 07528
3171 / 07527
3172 / 07531
3173 / 07570
3174 / 07571
3175 / 07533
3176 / 07572
3177 / 07534
3178 / 07532
3179 / 07543
3180 / 07541
3181 / 07542
3182 / 07537
3183 / 07540
3184 / 07539
3185 / 07546
3186 / 07547
3187 / 07548
3188 / 07552
3189 / 07553
3190 / 07536
3191 / 07554
3192 / 07555
3193 / 07435
3194 / 07442
3195 / 07444
3196 / 07443
3197 / 07445
3198 / 07446
3199 / 07451
3200 / 07451
3201 / 07453
3202 / 08194
3203 / 07457
3204 / 07459
3205 / 07460
3206 / 07464
3207 / 07462
3208 / 08282
3209 / 07575
3210 / 07576
3211 / 07577
3212 / 07471
3213 / 07470
3214 / 07491
3215 / 07492
3216 / 07474
3217 / 07584
3218 / 07581
3219 / 07587
3220 / 07589
3221 / 07588
3222 / 07353
3223 / 07382
3224 / 07414
3225 / 07415
3226 / 07345
3227 / 07355
3228 / 07356
3229 / 07599
3230 / 07598
3231 / 07694

3232 / 07604
3233 / 07609
3234 / 07603
3235 / 07615
3236 / 07620
3237 / 07621
3238 / 07624
3240 / 07639
3241 / 07641
3242 / 07395
3243 / 07396
3244 / 07397
3245 / 07643
3246 / 07644
3247 / 07634
3248 / 07626
3249 / 07627
3250 / 07646
3251 / 07647
3252 / 07649
3253 / 08259
3255 / 07516
3256 / 07429
3257 / 07645
3258 / 08281
3259 / 07559
3260 / 07560
3261 / 07561
3262 / 07556
3264 / 07743
3265 / 07666
3266 / 07655
3267 / 07661
3268 / 07662
3269 / 07657
3270 / 07656
3271 / 07664
3272 / 07658
3273 / 07476
3274 / 07669
3275 / 07673
3276 / 07671
3277 / 07379

3278 / 07700
3279 / 07503
3280 / 07504
3281 / 07501
3282 / 07704
3283 / 07705
3284 / 07702
3285 / 07706
3286 / 07566
3287 / 07567
3288 / 07709
3289 / 07708
3290 / 07710
3291 / 07711
3292 / 07712
3293 / 07681
3294 / 07684
3295 / 07687
3296 / 07683
3297 / 07676
3298 / 07677
3299 / 07495
3300 / 07494
3301 / 07692
3302 / 07693
3303 / 07689
3304 / 07691
3306 / 07695
3307 / 07697
3308 / 07723
3309 / 07724
3310 / 07729
3311 / 07466
3312 / 07733
3313 / 07715
3314 / 07716
3315 / 07717
3316 / 07720
3317 / 07721
3318 / 07352
3319 / 07573
3320 / 07574
3321 / 07467

3323 / 07696
3324,3325
/ 07402
3325 / 07402
3326 / 07816
3327 / 08243
3328 / 07713
3329 / 07354
3330 / 07735
3331 / 07703
3332 / 07652
3333 / 07439
3334 / 07373
3335 / 07514
3336 / 07506
3337 / 07606
3338 / 07607
3339 / 07521
3340 / 07390
3341 / 07409
3342 / 07410
3343 / 07413
3344 / 07701
3345 / 07336
3346 / 07327
3347 / 07385
3348 / 07726
3349 / 08179
3350 / 07322
3351 / 07612
3352 / 07650
3353 / 07400
3355 / 07489
3356 / 07488
3358 / 07484
3360 / 07498
3361 / 07746
3362 / 07563
3363 / 07564
3364 / 07437
3365 / 07722
3367 / 07750
3368 / 07361

3369 / 07764
3370 / 07455
3371 / 07475
3373 / 07654
3374 / 07331
3375 / 07388
3376 / 08821
3377 / 08246
3378 / 07590
3379 / 07411
3380 / 08125
3381 / 08126
3382 / 07991
3383 / 07777
3384 / 07782
3385 / 07772
3386 / 07774
3387 / 07780
3388 / 07781
3389 / 07775
3390 / 07778
3391 / 07779
3392 / 07786
3394 / 07785
3395 / 07784
3396 / 07786
3397 / 07783
3398 / 07812
3399 / 07827
3400 / 08887
3401 / 07824
3402 / 07817
3403 / 07818
3404 / 07788
3405 / 07846
3406 / 07845
3407 / 07847
3408 / 07848
3409 / 07850
3410 / 07849
3411 / 07853
3412 / 08330
3413 / 07854

3414 / 07856
3415 / 07855
3418 / 07859
3419 / 07866
3420 / 07867
3421 / 07868
3422 / 07872
3423 / 07871
3424 / 07870
3425 / 07869
3426 / 07875
3427 / 07876
3428 / 07877
3430 / 07874
3431 / 07897
3432 / 07884
3433 / 07896
3434 / 07885
3435 / 07883
3436 / 07900
3437 / 07899
3438 / 07882
3440 / 07901
3441 / 07904
3442 / 07906
3443 / 07905
3444 / 07916
3445 / 07909
3446 / 07920
3447 / 07905
3448 / 07924
3449 / 07907
3450 / 07921
3451 / 07908
3452 / 07902
3453 / 07910
3454 / 07915
3456 / 07930
3457 / 07929
3458 / 07931
3459 / 07934
3460 / 07940
3461 / 07938

3462 / 07945	3507 / 08005	3552 / 08081	3596 / 08213	3639 / 08297
3463 / 07944	3508 / 08004	3553 / 08082	3597 / 08214	3640 / 08138
3464 / 07933	3509 / 08015	3554 / 08083	3598 / 08217	3641 / 08263
3465 / 07937	3510 / 07825	3555 / 08106	3599 / 08260	3642 / 08242
3466 / 07939	3511 / 07844	3556 / 08105	3600 / 08767	3643 / 08240
3467 / 07941	3512 / 08017	3557 / 08108	3601 / 08296	3644 / 08305
3468 / 07932	3513 / 08018	3558 / 08086	3602 / 08159	3646 / 08306
3469 / 07942	3514 / 08020	3559 / 08073	3603 / 08795	3647 / 08303
3470 / 07957	3515 / 08261	3560 / 08074	3604 / 08198	3648 / 08186
3471 / 07956	3516 / 08041	3561 / 08112	3605 / 08191	3649 / 08187
3472 / 07960	3517 / 08030	3562 / 08110	3606 / 08192	3650 / 08283
3473 / 07952	3518 / 08040	3563 / 08075	3607 / 08189	3651 / 08253
3474 / 07961	3519 / 08045	3564 / 08084	3608 / 08190	3652 / 08201
3475 / 07955	3520 / 08029	3565 / 08757	3609 / 08204	3653 / 08028
3476 / 08055	3521 / 08043	3566 / 08758	3610 / 08200	3654 / 08299
3477 / 07954	3523 / 08047	3567 / 08756	3611 / 08221	3655 / 08256
3478 / 07968	3524 / 08036	3568 / 08759	3612 / 08222	3656 / 08277
3479 / 07962	3525 / 08057	3569 / 08098	3613 / 08227	3658 / 08141
3480 / 07959	3526 / 08059	3570 / 08099	3614 / 08225	3659 / 07404
3481 / 07971	3527 / 08061	3571 / 08101	3615 / 08224	3660 / 08124
3482 / 07975	3528 / 08060	3572 / 08049	3616 / 08228	3661 / 08122
3483 / 07974	3529 / 08063	3573 / 08142	3617 / 08226	3662 / 08123
3484 / 07972	3530 / 08062	3574 / 08119	3618 / 08229	3663 / 08127
3486 / 07981	3531 / 08067	3575 / 08140	3619 / 08230	3664 / 08128
3487 / 07977	3532 / 08066	3576 / 08144	3620 / 08231	3665 / 08129
3488 / 07980	3533 / 08070	3577 / 08145	3621 / 08793	3666 / 08130
3489 / 07982	3534 / 08170	3578 / 08149	3622 / 08794	3667 / 07835
3491 / 07984	3535 / 08085	3579 / 08150	3623 / 08807	3668 / 07836
3492 / 07978	3536 / 08113	3580 / 08151	3624 / 08162	3669 / 07837
3493 / 07983	3537 / 08114	3581 / 07428	3625 / 08161	3670 / 07838
3494 / 07976	3538 / 08115	3582 / 07431	3626 / 07432	3671 / 07840
3495 / 07987	3539 / 08091	3583 / 08147	3627 / 07433	3672 / 07839
3496 / 07996	3540 / 08092	3584 / 08148	3628 / 08310	3673 / 07841
3497 / 07997	3541 / 08093	3585 / 08146	3629 / 08048	3674 / 07834
3498 / 07999	3542 / 08094	3586 / 07795	3630 / 08248	3675 / 08291
3499 / 08000	3544 / 08095	3587 / 07821	3631 / 08247	3676 / 08287
3500 / 08003	3545 / 08096	3588 / 07820	3632 / 08205	3677 / 08288
3501 / 08002	3546 / 08072	3589 / 07808	3633 / 08206	3678 / 08289
3502 / 08007	3547 / 08076	3591 / 07823	3634 / 08294	3679 / 08290
3503 / 08009	3548 / 08077	3592 / 08235	3635 / 08135	3680 / 08284
3504 / 08010	3549 / 08078	3593 / 08234	3636 / 08196	3681 / 08285
3505 / 08011	3550 / 08079	3594 / 08208	3637 / 08245	3682 / 08286
3506 / 08006	3551 / 08080	3595 / 08209	3638 / 08808	3683 / 08232

3686 / 08300
3687 / 08624
3688 / 08236
3689 / 08250
3690 / 08251
3691 / 08223
3692 / 08025
3693 / 08202
3694 / 08089
3695 / 08090
3696 / 08088
3697 / 07804
3698 / 08173
3699 / 08752
3700 / 08207
3701 / 08102
3702 / 08264
3703 / 08265
3704 / 08165
3705 / 08050
3706 / 08034
3707 / 08176
3708 / 08177
3709 / 08175
3711 / 07862
3713 / 08052
3714 / 08053
3715 / 08163
3716 / 08166
3718 / 07815
3719 / 08779
3720 / 08783
3721 / 08784
3722 / 08778
3723 / 08777
3724 / 08776
3725 / 08283
3726 / 08312
3727 / 08314
3728 / 08313
3729 / 08311
3730 / 08318
3731 / 08321

3732 / 08320
3733 / 08811
3734 / 08322
3735 / 08323
3736 / 08839
3737 / 08324
3738 / 08840
3739 / 08329
3740 / 08333
3741 / 08334
3742 / 08336
3743 / 08338
3744 / 08335
3745 / 08335
3746 / 08341
3747 / 08343
3748 / 08345
3749 / 08348
3750 / 08353
3751 / 08347
3752 / 08346
3753 / 08356
3754 / 08350
3755 / 08352
3756 / 08357
3757 / 08365
3758 / 08367
3759 / 08358
3760 / 08366
3761 / 08368
3763 / 08370
3764 / 08369
3765 / 08377
3766 / 08378
3767 / 08384
3768 / 08387
3769 / 08388
3770 / 08408
3771 / 08409
3772 / 08410
3773 / 08411
3774 / 08404
3775 / 08405

3776 / 08406
3777 / 08389
3778 / 08414
3779 / 08415
3780 / 08390
3781 / 08416
3782 / 08419
3783 / 08391
3784 / 08392
3785 / 08417
3786 / 08428
3787 / 08429
3788 / 08431
3790 / 08412
3791 / 08413
3792 / 08433
3793 / 08435
3794 / 08427
3795 / 08439
3796 / 08400
3797 / 08437
3798 / 08438
3799 / 08884
3800 / 08442
3801 / 08443
3802 / 08447
3803 / 08448
3804 / 08461
3805 / 08460
3806 / 08451
3807 / 08463
3808 / 08731
3809 / 08465
3810 / 08464
3811 / 08902
3812 / 08476
3813 / 08471
3814 / 08471
3815 / 08474
3816 / 08466
3817 / 08482
3818 / 08481
3819 / 08483

3820 / 08484
3821 / 08485
3822 / 08480
3823 / 08904
3824 / 08499
3825 / 08455
3826 / 08500
3827 / 08506
3828 / 08501
3829 / 08507
3830 / 08450
3831 / 08477
3832 / 08477
3833 / 08503
3834 / 08502
3835 / 08495
3838 / 08496
3839 / 08491
3840 / 08493
3841 / 08487
3842 / 08504
3843 / 08446
3844 / 08513
3845 / 08514
3846 / 08533
3847 / 08529
3848 / 08522
3850 / 08527
3851 / 08521
3852 / 08526
3853 / 08525
3854 / 08535
3855 / 08528
3856 / 08532
3857 / 08537
3858 / 08538
3859 / 08542
3860 / 08547
3861 / 08540
3862 / 08539
3863 / 08739
3864 / 08541
3865 / 08563

3866 / 08573
3867 / 08572
3868 / 08576
3869 / 08565
3870 / 08570
3871 / 08577
3872 / 08551
3873 / 08545
3874 / 08928
3875 / 08559
3876 / 08555
3877 / 08557
3878 / 08552
3879 / 08579
3880 / 08578
3881 / 08580
3882 / 08581
3883 / 08582
3884 / 08567
3885 / 08554
3886 / 08575
3887 / 08933
3889 / 08543
3890 / 07949
3891 / 08584
3892 / 08591
3893 / 08585
3894 / 08586
3895 / 08592
3896 / 08631
3897 / 08593
3898 / 08594
3899 / 08596
3900 / 08597
3901 / 08633
3902 / 08604
3903 / 08630
3904 / 08603
3905 / 08652
3906 / 08650
3907 / 08614
3908 / 08615
3909 / 08616

3910 / 08644
3911 / 08648
3912 / 08627
3913 / 08623
3914 / 08638
3915 / 08640
3916 / 08626
3917 / 08609
3918 / 08610
3919 / 08611
3920 / 08621
3921 / 09024
3922 / 08620
3923 / 08643
3924 / 08635
3925 / 08645
3926 / 08618
3927 / 08634
3928 / 08649
3929 / 08654
3930 / 08636
3931 / 08659
3932 / 08613
3933 / 08629
3934 / 08665
3936 / 08668
3937 / 08678
3938 / 08667
3939 / 08962
3940 / 08679
3941 / 08694
3942 / 08695
3943 / 08698
3944 / 08696
3945 / 08697
3946 / 08685
3947 / 08700
3948 / 08699
3949 / 08701
3950 / 08702
3951 / 08691
3952 / 08719
3953 / 08686

3954 / 08718
3955 / 08726
3956 / 08723
3957 / 08717
3958 / 08724
3959 / 08727
3960 / 08705
3961 / 08706
3962 / 08676
3963 / 08673
3964 / 08716
3965 / 08674
3966 / 08675
3967 / 08670
3968 / 08707
3969 / 08713
3970 / 08715
3971 / 08714
3972 / 08712
3973 / 08671
3974 / 08722
3975 / 08735
3976 / 08739
3977 / 08792
3978 / 08741
3979 / 08137
3981 / 08331
3982 / 08332
3983 / 08796
3984 / 08766
3985 / 08134
3986 / 08754
3987 / 08753
3988 / 08160
3989 / 08832
3990 / 08829
3991 / 08825
3992 / 08782
3993 / 08239
3994 / 08822
3995 / 08830
3996 / 08352
3997 / 08800

3998 / 08816
3999 / 08817
4000 / 08355
4001 / 08364
4002 / 08401
4003 / 08467
4004 / 08520
4005 / 08599
4006 / 08658
4007 / 08607
4008 / 08681
4009 / 08720
4010 / 08742
4011 / 07831
4012 / 07830
4013 / 08761
4014 / 08804
4015 / 08805
4016 / 07805
4017 / 08824
4018 / 08790
4019 / 08781
4020 / 08385
4022 / 08393
4023 / 08828
4024 / 08459
4025 / 08478
4026 / 08394
4027 / 08606
4028 / 08744
4029 / 08743
4030 / 08745
4031 / 08746
4032 / 08750
4033 / 08744
4034 / 08748
4035 / 08749
4036 / 08747
4037 / 08820
4038 / 08915
4039 / 08774
4040 / 08771
4041 / 08772

4042 / 08773
4043 / 08770
4045 / 08859
4046 / 08914
4047 / 08852
4048 / 08850
4049 / 08844
4050 / 08890
4051 / 08942
4052 / 08941
4053 / 08943
4054 / 08955
4055 / 08926
4056 / 08953
4057 / 08834
4058 / 08835
4059 / 08836
4061 / 08838
4062 / 08843
4063 / 08876
4064 / 08861
4065 / 08854
4066 / 08873
4067 / 08871
4068 / 08877
4069 / 08867
4070 / 08880
4071 / 08878
4072 / 08881
4073 / 08434
4074 / 08907
4075 / 08906
4076 / 08908
4077 / 09005
4078 / 08909
4079 / 08894
4080 / 08918
4081 / 08919
4082 / 08924
4083 / 08925
4084.1 / 08935
4084.2 / 08791
4085 / 08938

4086 / 08939
4087 / 09060
4088 / 08946
4089 / 08944
4090 / 08963
4091 / 08693
4092 / 08956
4093 / 08965
4094 / 08964
4095 / 08966
4096 / 08976
4097 / 08972
4098 / 08690
4099 / 08692
4100 / 08968
4101 / 08901
4102 / 08973
4103 / 08977
4104 / 08740
4105 / 08986
4107 / 08990
4108 / 08985
4109 / 08960
4110 / 08987
4111 / 08991
4112 / 08787
4113 / 08811
4114 / 08810
4115 / 08845
4116 / 08910
4117 / 09010
4118 / 08954
4119 / 08967
4120 / 08979
4121 / 08978
4122 / 08983
4123 / 08982
4124 / 08451
4125 / 08882
4126 / 08916
4127 / 08917
4128 / 08952
4129 / 08992

4130 / 09000
4131 / 09001
4132 / 08993
4133 / 08995
4134 / 08996
4135 / 08994
4136 / 08997
4137 / 08998
4138 / 08999
4139 / 09006
4140 / 08883
4141 / 09009
4142 / 09012
4143 / 09013
4144 / 09034
4145 / 09021
4146 / 09026
4147 / 09025
4148 / 09023
4149 / 08974
4150 / 08975
4151 / 09024
4152 / 09022
4153 / 09032
4154 / 09035
4155 / 09036
4157 / 09029
4158 / 09030
4159 / 09040
4160 / 09039
4161 / 09038
4162 / 09071
4163 / 09031
4164 / 09041
4165 / 09014
4166 / 09015
4167 / 09043
4168 / 09044
4169 / 09052
4170 / 09045
4171 / 09046
4172 / 09047
4173 / 09053
4174 / 09054
4175 / 09059
4176 / 09084
4177 / 09085
4178 / 09080
4179 / 09081
4180 / 09082
4181 / 09066
4182 / 07880
4183 / 09050
4184 / 09051
4185 / 09058
4186 / 09076
4187 / 09065
4188 / 09077
4189 / 09070
4190 / 09067
4191 / 09068
4192 / 09086
4193 / 09087
4194 / 09072
4195 / 09083
4197 / 09090
4198 / 09094
4199 / 09089
4200 / 09095
4201 / 09097
4202 / 09096
4203 / 09103
4204 / 09104
4205 / 07794
4206 / 07793
4207 / 07873
4209 / 07797
4210 / 08307
4211 / 08308
4212 / 08337
4213 / 07477
4214 / 08361
4215 / 08362
4216 / 08372
4217 / 08379
4218 / 08380
4219 / 08383
4220 / 08519
4221 / 08517
4222 / 08608
4223 / 08891
4224 / 08892
4225 / 08893
4226 / 08837
4227 / 08583
4228 / 08848
4229 / 08396
4230 / 08518
4231 / 08874
4232 / 08984.2
4233 / 08912
4234 / 09008
4235 / 08857
4236 / 05807
4237 / 09063.1
4238 / 09091
4239 / 09100
4240 / 09099
4241 / 09102
4242 / 09105
4243 / 09152
4244 / 09119
4245 / 09109
4246 / 09113
4247 / 09108
4248 / 09107
4249 / 09106
4250 / 09111
4251 / 09118
4252 / 09150
4253 / 09200
4254 / 09123
4255 / 09112
4256 / 09114
4257 / 09151
4258 / 09146
4259 / 09116
4260 / 09121
4261 / 09120
4262 / 09135
4263 / 09124
4264 / 09155
4265 / 09136
4266 / 09148
4267 / 09128
4268 / 09142
4269 / 09141
4270 / 09145
4272 / 09132
4273 / 09126
4275 / 09133
4276 / 09121
4277 / 09168
4278 / 09161
4279 / 09195
4280 / 09156
4281 / 09157
4282 / 09160
4283 / 09171
4284~1 / 09169
4284~2 / 09191
4285 / 09190
4286 / 09185
4287 / 09123
4288 / 09184
4289 / 09182
4290 / 09183
4291 / 09192
4292 / 09173
4293 / 09174
4294 / 09186
4295 / 09194
4296 / 09193
4297 / 09207
4298 / 09197
4299 / 09179
4300 / 09181
4301 / 09178
4302 / 09180
4303 / 09225
4304 / 09127
4305 / 09163
4306 / 09203
4307 / 09202
4308 / 09201
4309 / 09204
4310 / 09205
4311 / 09208
4312 / 09210
4313 / 09206
4314 / 09214
4315 / 09213
4316 / 09220
4317 / 09221
4318 / 08628
4319 / 09219
4320 / 09175
4321 / 09227
4322 / 09222
4323 / 09223
4324 / 09218
4325 / 09164
4326 / 09209
4327 / 09228
4329 / 09233
4330 / 09237
4331 / 09162
4332 / 09238
4333 / 09231
4334 / 09239
4335 / 09241
4336 / 09242
4337 / 05296.1
4338 / 05296.2
4339 / 09243
4340 / 09245
4341 / 09248
4342 / 09246
4343 / 09249
4345 / 09305
4346 / 09322
4347 / 09321
4348 / 09320
4349 / 09319
4350 / 09328

4351 / 09308
4352 / 09315
4353 / 09324
4354 / 09323
4355 / 09310
4356 / 09332
4357 / 09331
4358 / 09334
4359 / 09335
4360 / 09333
4361 / 09330
4363 / 09326.1
4364 / 09366
4365 / 09337
4367 / 09340
4368 / 09341
4369 / 09338
4370 / 09343
4371 / 09346
4372 / 09344
4373 / 09345
4374.1 / 09350
4375 / 09348
4376 / 09347
4377 / 09352
4378 / 09376
4379 / 09349
4380 / 09373
4381 / 09358
4382 / 09356
4383 / 09378
4384 / 04962
4385 / 09379
4386 / 09363
4387 / 09363
4388.1 / 09355
4389 / 09361.2
4390 / 09394
4391 / 09367
4392 / 09369
4393 / 09364
4394 / 09368
4395 / 09380

4396 / 09382
4397 / 09354
4398 / 09370
4399 / 09385
4400 / 09381
4401 / 09383
4402 / 03386
4403 / 09403
4404 / 09387
4405 / 09388
4406 / 09392
4407 / 09390
4408 / 09391
4409 / 09393
4410 / 09395.1
4411 / 09400
4412 / 09399
4413 / 09407
4414 / 09402
4415 / 09404
4416 / 09405
4417 / 09411
4418.1A / 09412
4419 / 09410
4420 / 09413
4421 / 09406
4422 / 09415
4423 / 09414
4424 / 09418
4425 / 09419
4426 / 09416
4427 / 09421
4428 / 09422
4429 / 09424
4430 / 09425
4431 / 10352
4432 / 09430
4433 / 09431
4434 / 09432
4435 / 09434
4436 / 09436
4437 / 09438
4438 / 09439

4439 / 09435
4440 / 09437
4441 / 09449
4442 / 09443
4443 / 09447
4444 / 10357
4445.1 / 09452.3
4445.2 / 09452.2
4445.3 / 09452.4
4445.4 / 09452.5
4445.5 / 09452.6
4446 / 09451
4447 / 09454
4448 / 09455
4449 / 09456
4450 / 05446
4451 / 05447
4452 / 05448
4453 / 02962
4454 / 05462
4455 / 05455
4456 / 05456
4457 / 02958
4458 / 05459
4459 / 06614
4460 / 05458
4461 / 05460
4462 / 05491
4463 / 04794
4464 / 05496
4465 / 05496
4466 / 03019
4467 / 05470
4468 / 05471
4470 / 05475
4471 / 05476
4472 / 05472
4473 / 05468
4474 / 05466
4475 / 05479
4476 / 05465
4477 / 06041
4478 / 05490

4479 / 05548
4480 / 05483
4481 / 05484
4482 / 05485
4484 / 05452
4485 / 05509
4486 / 05494
4487 / 05486
4488 / 05576
4489 / 05482
4490 / 05481
4491 / 05545
4492 / 05495
4493 / 05441
4494 / 05443
4495 / 05454
4496 / 05449
4497 / 05450
4498 / 05477
4499 / 05451
4500 / 05498
4501 / 05578
4502 / 05579
4503 / 05580
4504 / 05508
4505 / 05453
4506 / 05589
4507 / 03090
4508 / 05569
4509 / 05567
4511 / 05568
4512 / 05559
4513.1 / 05560
4515 / 05515
4516 / 05522
4517 / 05510
4518 / 05517
4519 / 05525
4520 / 05527
4522 / 05526
4523 / 05529
4524 / 05530
4525 / 05549

4526 / 05547
4527 / 05552
4528 / 05588
4529.1 / 05565.1
4529.2 / 05565.2A
4530 / 04830
4531 / 05586
4532 / 05577
4533 / 06957
4534 / 05566
4535 / 04814
4536 / 05505
4537 / 05581
4538 / 05558
4539 / 05593
4540 / 05584
4541 / 05592
4543 / 05542
4544 / 05444
4545 / 05590
4546 / 05587
4547 / 05543
4548 / 05577
4549 / 05512
4550 / 05536
4551 / 05535
4552 / 05537
4553 / 05575
4554 / 05511
4555 / 05595
4556 / 05574
4557 / 05685
4558 / 05601
4559 / 05596
4560 / 05600
4561 / 05602
4562 / 05605
4563 / 05606
4564 / 05610
4565 / 05659
4566 / 05625
4567 / 05607
4568 / 05620

4569 / 05619	4617 / 05671	4661 / 05084	4705 / 06448	4747 / 05860
4571 / 05617	4618 / 05753	4662 / 05655	4707 / 05836	4748 / 05859
4572 / 07117	4619 / 05666	4663 / 05744	4708 / 06452	4749 / 05861
4573 / 03149	4620 / 05675	4664 / 05803	4709 / 05809	4751 / 05841
4574 / 00476	4621 / 05693	4665 / 05747	4710 / 05810	4752 / 05863
4575 / 05615	4622 / 05692	4666 / 05678	4711 / 05821	4753 / 05864
4576 / 05639	4623 / 05688	4667 / 05755	4712 / 09809	4754 / 09408
4577 / 05631	4624 / 05700	4668 / 05758	4713 / 05818	4755 / 05843
4578 / 05621	4625 / 05702	4669 / 05756	4714 / 10060	4756 / 05851
4579 / 05622	4626 / 05704	4670 / 05757	4715 / 05813	4757 / 05823
4580 / 05632	4627 / 05705	4671 / 05636	4716 / 05820	4758.1 / 05848
4581 / 05627	4630 / 05709	4672 / 05774	4717 / 05819	4758.2 / 05226.1
4582 / 05628	4631 / 05696	4673 / 05776	4718 / 05798	4759 / 05847
4583 / 05630	4632 / 05695B	4674 / 05759	4719 / 05816	4760 / 05865
4584 / 05633	4633 / 05689	4675 / 05777	4720 / 05812	4761 / 05866
4585 / 05629	4634 / 05538	4676 / 05778	4721 / 05817	4762 / 05867
4586 / 06255	4635 / 05539	4677 / 05775	4722 / 05805	4763 / 05869
4587 / 05634	4636 / 05541	4678 / 05764	4723 / 09550	4764 / 05871
4588 / 05683	4637 / 05540	4679 / 05763	4724 / 05814	4765 / 05918
4589 / 05640	4638 / 05599	4680 / 05765	4725 / 05824	4766 / 05873
4590 / 05641	4639 / 05710	4681 / 05790	4726 / 05828	4767 / 05898
4591 / 05642	4640 / 05684	4682 / 05787	4727 / 05822	4769 / 05874
4592 / 05644	4641 / 05680	4683 / 05783	4728 / 05827	4771 / 05875
4594 / 05643	4642 / 05681	4684 / 05781	4729 / 05826	4772 / 05876
4595 / 05650	4643 / 05727	4685 / 05784	4730 / 05829	4773 / 05880
4596 / 05646	4644 / 05745	4686 / 05789	4731 / 05830	4774 / 05877
4597 / 05741	4645 / 05746	4687 / 05786	4732 / 05837	4775 / 05868
4598 / 05648	4646 / 05735	4689 / 05773	4733 / 05831	4776 / 05886
4599 / 05645	4647 / 05751	4690 / 05772	4734 / 05835	4777 / 05882
4600 / 05652	4648 / 05637	4691 / 05761	4735 / 05834	4778 / 05883
4601 / 05660	4649 / 05716	4692 / 05754	4736 / 06475	4779 / 05887
4602 / 05653	4650 / 05714	4693 / 05750	4737 / 06473	4780 / 05890
4603 / 05658	4651 / 05723	4694 / 05769	4738 / 05849	4783 / 05911
4604 / 05663	4652 / 05732	4695 / 07220	4739 / 02170	4784 / 05949
4605 / 05664	4653 / 05721	4696 / 05766	4740 / 05846	4785 / 05889
4606 / 05662	4654 / 05722	4697 / 05760	4741.1 / 09567.1	4786 / 05888
4607 / 05668A	4655 / 05623	4698 / 05748	4741.2 / 09567.2	4787 / 05884
4608 / 05665	4656 / 05731	4699 / 05793A	4742 / 05845	4788 / 05894
4609 / 05670	4657 / 05736	4700 / 05796	4743 / 05856	4789 / 09887.1
4611 / 05677	4658.1 / 05733	4701 / 05801	4744 / 06477	4790 / 05937
4612 / 03210	4658.2 / 05734	4702 / 05804	4745.1 / 06478.2	4791 / 05932
4615 / 05673	4659 / 05743	4703 / 05799	4745.2 / 06478.1	4792 / 05897
4616 / 05676	4660 / 05740	4704 / 05802	4746 / 06478.2	4793 / 05901

4794 / 05891
4795 / 05899
4796 / 05902
4797 / 05832
4798 / 05903
4799 / 05904
4801 / 05905
4802 / 05895
4803 / 05914
4804 / 05915
4805 / 05908
4806 / 05935
4808 / 03689
4809 / 05913
4810 / 05910
4811 / 05917
4812 / 05944
4813 / 05922
4814 / 05927
4815 / 05928
4816 / 05925
4817 / 05931
4818 / 05940
4819 / 05934
4820 / 05933
4821 / 05939
4822 / 05942
4823 / 05947
4824 / 05950
4825 / 05945
4830 / 05953
4831 / 05955
4832 / 05954
4834 / 05961
4835 / 05963
4836 / 05957
4837 / 05956
4838 / 05971
4839 / 05960
4840 / 05962
4841 / 05959
4842 / 05965
4843 / 05966
4844 / 05946
4845 / 05968
4846 / 05974
4847 / 05967
4848 / 05975
4849 / 05958
4850 / 05977
4851 / 05976
4852 / 05972
4853 / 05978
4854 / 05979
4856 / 05981
4857 / 05980
4858 / 05982A
4859 / 05983
4860 / 04029
4861 / 05985
4862 / 05984
4863 / 05986
4864 / 05991
4865 / 05993
4866 / 05990
4867 / 05989
4868 / 05992
4869 / 05994
4870 / 05997
4871 / 05996
4872 / 05998
4873 / 05999
4874 / 06515
4875 / 06002
4876 / 06003
4877 / 06001
4878 / 06004
4879 / 05419
4880 / 06006
4881 / 06005
4882 / 05423A
4883 / 06007
4884 / 06008
4885 / 06009
4886 / 06516
4887 / 06010
4888 / 06011
4889 / 06012
4890 / 06013,
09899.2
4891 / 06014
4892 / 06015
4893 / 06016
4894 / 09147
4896 / 09252
4897 / 09251
4898 / 09259
4899 / 09254
4900 / 09261
4901 / 09260
4902 / 09263
4903 / 09262
4904 / 09277
4905 / 09268
4906 / 09265
4907 / 09281
4908 / 09280
4909 / 09283
4910 / 09276
4911 / 09284
4913 / 09289
4914.1 / 09288.1
4914.2 / 09288.2
4914.3 / 09915
4915 / 09290
4916 / 09291
4917 / 09293.1
4918 / 09292
4919 / 09294
4920 / 09295
4921 / 09088
4923 / 09297
4924 / 09092
4925 / 09298
4926 / 09300
4927 / 09302.1
4928 / 09303
4929 / 09833
4931 / 09830
4932 / 09837
4933 / 09832
4934 / 09844
4935 / 09843
4936 / 09828
4937 / 09838
4938 / 09834
4939 / 09857
4940 / 09858
4941 / 09854
4942 / 09865
4943 / 09845
4944 / 09848.2
4945 / 09850
4946 / 09853
4947 / 09855
4948 / 09862
4949 / 09863
4950 / 09861
4951 / 09847
4952 / 09872
4953 / 09866
4955 / 09869
4956 / 09876.1
4957 / 09876.2
4958 / 09873
4959 / 09873
4960 / 09882
4961 / 09880
4962 / 09878
4963 / 09879
4964.1 / 09887.1
4964.2 / 09887.2
4965 / 09885
4966 / 09884
4967 / 09888.1
4968 / 09889
4971 / 09890
4973 / 09891.2
4974 / 09892
4975 / 09893
4976 / 09895.4
4977 / 09897.1
4978 / 04273
4979.1 / 09899.1
4979.2 / 06013,
09899.2
4980 / 09900
4981 / 09901
4982 / 04771
4983 / 04733
4984 / 04734
4985 / 04847
4986 / 04732
4987 / 04735
4988 / 04750
4989 / 04738.2
4990 / 04741
4991 / 04743
4992 / 04723
4993 / 04722
4994 / 02959
4996 / 04744
4997 / 05010
4998 / 04873
4999 / 04748
5000 / 04747
5001 / 04745
5002 / 04746
5003 / 04701
5004 / 04702
5005 / 04705
5006 / 04703
5007 / 04708
5008 / 04709
5009 / 04752
5010 / 04751
5011 / 04858
5012 / 04859
5013 / 04749
5014 / 04786
5015 / 04753
5016 / 04754
5017 / 04755
5018 / 04782
5019 / 04757

5020 / 04756
5021 / 04712
5022 / 04714
5023 / 04715
5024 / 04718
5025 / 04720
5026 / 04717
5027 / 04842
5028 / 04729
5029 / 04729
5030 / 04860
5031 / 04861
5032 / 04759
5033 / 04787
5034 / 04790
5035 / 04777
5036 / 04780
5037 / 04778
5038 / 04801
5039 / 04768
5040 / 04766
5041 / 04764
5042 / 04742
5043 / 04784
5044 / 04779
5045 / 04737
5046 / 04785
5047 / 04770
5048 / 04769
5049 / 04788
5050 / 04774
5053 / 04806
5054 / 04808.1
5056 / 04807
5057 / 04822
5058 / 04812
5059 / 04824
5060 / 04823
5062 / 04826
5063 / 04828
5064.1A / 04825
5065 / 04830
5066 / 04831

5067 / 04832
5068 / 04839
5069 / 04840
5070 / 04848
5071 / 04760
5072 / 04761
5073 / 04836
5074 / 04853
5075 / 04852
5076 / 04816
5077 / 04814
5078 / 04884
5079 / 05014
5080 / 04820
5081 / 05015
5082 / 04856
5083 / 05009
5084 / 04763
5085 / 04863
5086 / 04864.2
5087 / 05006
5088 / 04867
5089 / 04866
5090 / 04868
5091 / 04869
5092 / 04865
5093 / 04888
5094 / 04844
5095 / 04870
5096 / 04874
5097 / 04875
5098 / 04872
5099 / 04854
5100 / 05101
5101 / 05101
5102 / 04818
5103 / 04834
5104 / 04838
5106 / 04889.1
5107 / 04896
5108 / 04890
5109 / 04891
5110 / 04893

5111 / 04894
5112 / 04897.1
5113 / 04898B
5114 / 04902
5115 / 04899
5116 / 04900
5117 / 04903
5118 / 04904
5119 / 04908.1
5120 / 04910
5121 / 04913
5122 / 04919
5123 / 04912
5124 / 04930
5125 / 05061
5126 / 04925
5127 / 04926
5128 / 04916.1
5129 / 04914
5130 / 04928
5131 / 05053
5132.1 / 05060.1
5132.2 / 05076
5133 / 05059
5134 / 04921
5135 / 04940
5136 / 04936
5137 / 04941
5138 / 04939
5139 / 04938
5140 / 05156
5141 / 05063
5142 / 05003
5143 / 05002
5144 / 04956
5145 / 04957
5146 / 04958
5147 / 04959
5148 / 04953
5149 / 04952.2
5151 / 04954
5152 / 04966
5153 / 04963

5154 / 04960
5155 / 04968
5156 / 04969
5157 / 05080
5158.1 / 05083
5158.2 / 04987
5159 / 04967
5160 / 04981
5161 / 05090
5162 / 04972
5163 / 04973
5164 / 04974
5165 / 05165.2
5166 / 04986
5167 / 04971
5168 / 04976
5169 / 04985
5170 / 04979
5171 / 04980
5172 / 04988
5173 / 04995
5174 / 04990
5175 / 04994
5176 / 04998
5177 / 05009
5178 / 05000
5179 / 05008
5180 / 05004
5181 / 05010.1
5182 / 04849
5183 / 05005
5185 / 05099
5186 / 05025
5187 / 05111
5188 / 04845
5189 / 04846
5190 / 05034
5192 / 05043
5193 / 05031
5194 / 05030
5195 / 05032
5196 / 05029
5197 / 05027

5198 / 05042
5199.1 / 05018.2
5199.2 / 05018.1
5200 / 05026
5201 / 04906
5202 / 05024
5203 / 04931
5204 / 04918
5205 / 04997
5206 / 04935
5207 / 05019
5208 / 05011
5209 / 04948
5210 / 04964
5211 / 04977.2
5212 / 05021.1
5213 / 04909
5214 / 05021.1
5215 / 04907
5216 / 05069
5217 / 04871
5218 / 05098
5219 / 05054
5220 / 05085.2
5221 / 05056
5222 / 05097
5223 / 05094
5224 / 05047
5225 / 06386
5226 / 04937
5227 / 04922
5228 / 04923
5229 / 04924
5230 / 05052
5231 / 05051
5232 / 05072.2
5233 / 05074
5234 / 05064
5235 / 05065
5236 / 05067
5237 / 05066
5238 / 05073
5239.1 / 05155.1

5239.2 / 05155.2
5240 / 05077
5241.1A / 04950
5242.1A / 05082.1
5242.2 / 05082.2
5243 / 05087
5244 / 05165
5245 / 04989
5246 / 05091
5247 / 04993
5248 / 05103.2
5249 / 05109
5250 / 05114
5251 / 05144
5252.1A / 05112.2
5253 / 05108
5254 / 05125.2
5255 / 05775
5256 / 05119
5257.1 / 05121.1
5257.2 / 05121.2
5258 / 05121.2
5259 / 05141
5260 / 05120
5261 / 05123
5262 / 05124
5263 / 05135
5264 / 05127
5265.1 / 05140
5265.2 / 05130
5266 / 05128.1
5267 / 05128.2
5268 / 05198
5269 / 05126.2
5270 / 05140
5271 / 05132
5272 / 05139
5273 / 05134.1
5274 / 05137
5275 / 05137
5276 / 05102
5277 / 05161
5278 / 04978
5279 / 05092
5280 / 09509
5281.1 / 05044
5282 / 05071
5283A / 05118
5284 / 05143
5285 / 05122
5286 / 05104
5287.2 / 05023
5288 / 05115.2
5289 / 05146
5290.1 / 05153
5291 / 05150
5292 / 05148
5293 / 05154.1
5294 / 05164
5295 / 05162
5296 / 05157
5297 / 05163
5298 / 05181
5299.1A / 05167.1
5299.2 / 05167.2
5300 / 05170
5301 / 05184
5302 / 05166
5303 / 05172
5304 / 05173
5305 / 05187
5306 / 05188
5307 / 05189
5308 / 05193
5309 / 05191
5310 / 05192
5311 / 05185
5312 / 05194
5313 / 05175
5314 / 05176
5315 / 05190
5316 / 05241.1
5316 / 05241.2
5317 / 05205
5318 / 05199
5319 / 05347
5320A / 05203
5321 / 05204
5322 / 05214
5323 / 05216
5324 / 05222
5325 / 05217
5326 / 05218
5327 / 05209
5328 / 03544
5329 / 05223
5330 / 05221
5331.1A / 05234.1
5331.2 / 05234.2
5332 / 05253
5333 / 05229
5334 / 09567.1
5335 / 05228.2
5336.1 / 05228.1
5336.2 / 09567.2
5337 / 05233
5338 / 05236
5339 / 05237
5340 / 05239
5341 / 05240
5342 / 05242
5343 / 05243
5344.1 / 05258.1
5344.2 / 05259.2
5345.1 / 05258.2
5345.2 / 05259.1
5346 / 05250
5347 / 05249
5348 / 05251
5349 / 05124
5350 / 05252
5351 / 05254
5352 / 05256
5353 / 05219
5354 / 05246
5356 / 05213
5357 / 05210
5358 / 05201
5359 / 05245
5360 / 05215
5361 / 05224.1
5362.1 / 05226.1
5362.2 / 05226.2
5363.1 / 05226.1
5363.2 / 05227.1
5364 / 05248
5365 / 05271
5366 / 05202
5367 / 05293
5368 / 05292
5369 / 05294
5370 / 05260
5371 / 05263
5372 / 05265
5373 / 05305
5374 / 05267
5375 / 05269
5376 / 05309.2
5377 / 05272.2
5378 / 05277.2
5379 / 05277.2
5380 / 05278
5381 / 05280
5382 / 05279
5383 / 05281
5384 / 05283
5385 / 05284
5386 / 05285
5387 / 05314
5388 / 05313
5389 / 05291
5390 / 05299
5391.1 / 05298
5391.2 / 05297
5392 / 05301
5393 / 05300
5394 / 05288.1
5395 / 05303
5397 / 05302
5398 / 05295
5399 / 05274
5400 / 05266
5401 / 05276
5402 / 05261.2
5403 / 05270
5405 / 05304
5406 / 05323
5407.2 / 05308.2
5408 / 05318
5409 / 05307
5410 / 05310
5411 / 05311
5412 / 05337
5413 / 05317
5414 / 05312.1
5415 / 05316
5416 / 05322
5417 / 05326
5418 / 05327
5419 / 05319
5420 / 05325
5421 / 05328
5422 / 05344
5423 / 05332
5424 / 05333
5425 / 05339
5426 / 05338
5427 / 05334
5428 / 05335
5429 / 05341
5430 / 05342
5431 / 05340
5432 / 05343
5433 / 05360
5434 / 05370
5435 / 05349
5436 / 05350
5437 / 05351
5438 / 05354
5439 / 05352
5440 / 05356
5441 / 05357.2
5442 / 05358.1
5443 / 05377
5444 / 05359

5445 / 05353
5446 / 05363
5448 / 05355
5449 / 05366
5450.1A / 05361.1
5450.2 / 05361.2
5451 / 05369
5452 / 05365
5453 / 05367
5454 / 06507
5455.1B / 05373.1
5455.2 / 05373.2
5456 / 05375
5457 / 05379
5458 / 05378
5459 / 05382
5460 / 05380
5461 / 05381
5462 / 05385
5463 / 05386
5464 / 05384
5465 / 05387
5466 / 05388
5467 / 05389
5468 / 05392
5469 / 05390
5470 / 05399
5471 / 05394
5472 / 05396
5473 / 05398
5474 / 05400
5475 / 05414
5476 / 05402
5477 / 05401.2
5478 / 05405
5479 / 05404.1
5480 / 05403
5481.1 / 04132.1
5481.2 / 04132.2
5482.1 / 04133.1
5482.2 / 04133.2
5483 / 05406
5484 / 05407

5485.1A / 05409.2
5486.1
5486.2 / 05409.1
5487.2 / 05408
5488 / 05408
5489 / 05410
5490 / 05411
5491 / 05412
5492.1 / 05413.1
5492.2 / 05413.1
5492.3 / 05413.3
5493 / 10360
5494 / 05417
5495 / 05415
5496 / 05416
5497 / 05424
5498 / 05420
5499 / 05419
5500 / 05418
5501 / 05421
5502 / 05422
5503 / 05425
5504 / 05426
5506 / 04206
5507 / 05432
5508 / 05428.1
5509 / 05431
5510A / 05427
5511A / 05433A
5511B / 05433B
5512 / 09742
5514 / 09749
5515 / 09752
5516 / 09756
5517 / 01179
5518 / 09738
5519 / 09741
5520 / 09757
5521 / 09747
5522 / 09740
5523 / 09760
5524 / 09765
5525 / 09767

5526 / 09763
5527 / 09959
5528 / 09774
5529 / 09761
5530 / 09762
5531 / 09779
5532 / 09768
5533 / 09777
5534 / 09775
5535 / 09782
5536 / 09781
5537.2 / 09776
5538 / 09958
5539 / 09796
5540 / 09785
5541 / 09783
5542 / 09786
5543 / 09787
5544 / 09788
5545 / 09797
5546 / 09792
5547 / 09773
5548 / 09960
5549 / 09795
5550 / 09235
5551 / 09800
5552 / 09794
5554 / 09793
5555 / 09802
5556 / 09807
5557 / 09806
5558 / 09780
5559 / 09810
5560 / 09811
5561 / 09813
5562 / 09812
5563 / 09814
5564 / 09816
5565 / 09815
5566 / 09989
5567 / 09990
5568 / 09818
5569 / 09819

5570 / 10579
5571 / 10002
5572 / 10003
5575.1 / 00922
5575.2 / 09820
5578 / 09822
5579 / 09823
5580 / 09825
5581 / 09972
5582 / 09826
5583 / 10006
5584 / 10007
5585 / 09943
5586 / 09947
5587 / 09941
5588 / 09946
5590 / 09949
5591 / 09952
5592 / 09953
5593 / 09955
5594 / 09956
5595 / 03109
5596 / 09957
5598 / 09474
5599 / 09458
5600 / 09467
5601 / 09480
5603 / 09483
5604 / 09471
5605 / 09462
5606 / 09463
5607 / 09461
5608 / 09466
5609 / 09465
5610 / 09479
5611 / 09482
5612 / 09481
5613 / 04810
5614 / 09478
5615 / 09495A
5616 / 09496
5617 / 09488
5618 / 09497A

5619 / 09487
5620 / 09486
5622 / 09499
5623 / 09508
5624 / 09501
5625 / 09492
5626 / 06396
5627 / 09511
5628 / 09511
5630 / 09500
5632 / 09522
5633 / 09506
5634 / 09503
5635 / 09504
5636 / 09505
5637 / 09521
5638 / 09518
5639 / 09520
5640 / 09519
5641 / 09534
5642 / 09517
5643 / 09525
5644 / 09535
5645 / 09533
5646 / 09536
5647 / 05142
5648 / 09532
5649 / 09545
5650 / 09537
5651 / 09514
5652 / 09531
5653 / 09542
5654 / 09530
5655 / 09524
5656 / 05096
5657.1 / 09529
5657.2 / 09528.2
5658.1 / 09528.1
5658.2 / 09528.2
5659 / 09527
5660 / 09546
5661 / 05797
5662 / 05147

5663 / 09555
5664 / 09554
5665 / 09526
5666 / 06456
5667 / 09556.2
5668 / 09552
5669 / 09559
5670 / 09558
5671 / 09553
5672 / 06454
5673 / 06455
5674 / 09551
5675 / 05220
5676 / 09567.1
5677 / 09568
5678 / 09572
5679 / 09570
5680 / 09564
5681 / 09977
5682 / 09575
5683 / 09571
5684 / 09566
5685 / 09576
5688 / 09573
5689 / 09574
5690 / 09569
5691 / 09578
5693 / 09580
5694 / 09579
5695 / 09585
5696 / 09577
5697 / 09588
5698 / 09584
5699 / 09593
5700 / 09589
5701 / 09563
5702 / 09587
5703 / 09596
5704 / 09597
5705 / 09598
5706 / 09604
5707 / 09603
5709 / 09599

5710.1 / 09602.1
5710.2 / 09601.2
5711.1 / 09601.1
5711.2 / 09602.2
5712 / 09608
5713 / 09614
5714 / 09609
5715 / 09613
5716 / 09615
5717 / 09616
5718.1 / 09628.1
5718.2 / 09629.2
5719 / 09625
5720 / 09626
5721 / 09627
5722 / 09619
5723 / 09623
5724 / 09624
5725 / 09630
5726 / 09638
5727 / 09640
5728 / 09637
5729.1 / 09634.1
5729.2 / 09633.2
5730 / 09646
5731 / 09639
5732 / 09622
5733 / 06511.1
5734 / 09618 甲
5735 / 09645
5736 / 09672
5737 / 09649
5738 / 09635
5739 / 09631
5740 / 09641
5741 / 09660
5742 / 09591
5743 / 09659
5744 / 09642
5745 / 09643.1
5746 / 09653
5747 / 09654
5748 / 09655

5749 / 09652
5750 / 09651
5751 / 09656
5753 / 09661
5754 / 09682
5755 / 09669
5756 / 09668
5757 / 09667
5758 / 09680
5759 / 09678
5760 / 09677
5761 / 09671
5762 / 09689
5763 / 09676
5764 / 09687
5765 / 09688
5766 / 09690
5767 / 09691
5768 / 09694
5769 / 09695
5770.1 / 09698.1
5770.2 / 09698.2
5771.1 / 09699.1
5771.2 / 09699.2
5772A / 09703A
5772B / 09703B
5773A / 09700A
5773B / 09700B
5774 / 09697
5775 / 09701
5776 / 09704
5777 / 09706
5778 / 09705
5779.1 / 09707.2
5779.2 / 09707.3
5780 / 09709B
5781 / 09710
5782 / 09711
5783 / 09712
5784 / 09715A
5785 / 09714
5786 / 09713
5787.1 / 09716.1

5787.2 / 09716.2
5787.3 / 09716.3
5788 / 09717
5789 / 09720
5790 / 09719
5791 / 09723
5792 / 09724
5793 / 09721
5794 / 09722
5795 / 09725
5796 / 09727
5797 / 09726
5798 / 09728
5799 / 09731
5800 / 09732
5801 / 09729
5802 / 09730
5803A / 09734A
5803B / 09734B
5804 / 09733
5805A / 09735A
5805B / 09735B
5806 / 09976
5807 / 09606
5808 / 09980
5809 / 09981
5810 / 09982
5811 / 09961
5812 / 09964
5813 / 09965
5814 / 09968
5815 / 09967
5816 / 09973
5818 / 09988
5819 / 09991
5820 / 09993.2
5821 / 09994
5822 / 09992.2
5823 / 10004
5824 / 10005
5825.1 / 10008.1
5825.2 / 10008.2A
5826 / 10361

5827 / 09997
5828 / 06542
5829 / 06541
5830 / 06539
5831 / 06553
5833 / 06557
5834 / 06565
5835 / 06706
5836 / 06707
5837 / 06708
5838 / 06709
5839 / 06709
5840 / 06533
5841 / 06532
5842 / 06534
5843 / 07022
5844 / 06535
5845 / 06537
5846 / 06549
5847 / 05443
5848 / 06574
5849 / 07066
5850 / 06568
5852 / 06587
5853 / 06750
5854 / 06749
5855 / 06751
5856 / 06606
5857 / 06607
5858 / 06608
5859 / 06609
5860 / 06610
5861 / 05460
5862 / 06611
5863 / 06612
5864 / 06620
5865 / 05489
5866 / 06771
5867 / 06599
5868 / 06654
5870 / 06604
5871 / 06685
5873 / 06633

5874 / 06636
5875 / 06636
5876 / 06651
5877 / 06652
5878 / 06653
5879 / 06720
5880 / 06664
5881 / 06672
5882 / 06684
5883 / 06728
5884 / 06729
5885 / 06730
5886 / 06731
5887 / 06737
5888 / 06739
5889 / 06745
5890 / 06687
5891 / 06689
5892 / 06691
5893 / 06692
5894 / 06710
5895 / 06718
5896 / 06723
5897 / 06784
5898 / 07015
5899 / 07016
5900 / 07195
5901 / 06670
5902 / 06944
5903 / 06580
5904 / 06581
5905 / 06644
5906 / 06571
5907 / 06923
5908 / 06570
5909 / 06584
5910 / 06585
5911 / 06788
5912 / 06642
5913 / 06759
5914 / 06727
5915 / 06591
5916 / 06789

5917 / 07030
5918 / 07053
5919 / 06799
5920 / 06722
5921 / 06795
5922 / 06761
5923 / 06765
5924 / 06767
5925 / 06698
5926 / 06701
5927 / 06704
5928 / 06703
5929 / 06702
5932 / 06529
5933 / 06524
5934 / 06525
5935 / 06757
5936 / 06575A
5937 / 07045
5938 / 07042
5939 / 06797
5940 / 06671
5941 / 06753
5942 / 06560
5943 / 06572
5944 / 06566
5945 / 07000
5946 / 07002
5947 / 06522
5948 / 06597
5949 / 06523
5950 / 06563
5952 / 06631
5953 / 06554
5954 / 07018
5955 / 06716
5956 / 06662
5958 / 06634
5959 / 06635
5960 / 06673
5961 / 06674
5962 / 06676
5963 / 06677

5964 / 06665
5965 / 07037
5966 / 06782
5967 / 06778
5968 / 07052
5969 / 06783
5970 / 06711
5971 / 06712
5972 / 06713
5973 / 06714
5974 / 06715
5976 / 06640
5977 / 06641
5978 / 06794
5979 / 06598
5980 / 06595
5981 / 06596
5982 / 06601
5983 /06593,
06594
5984 / 06650
5985 / 06998
5986 / 06972
5987 / 07161
5988 / 06989
5989 / 06988
5990 / 06986
5991 / 06992
5992 / 06982
5993 / 06956
5994 / 06954
5995 / 07008
5996 / 07007
5997 / 07003
5998 / 07004
6000 / 06959
6001 / 06960
6002 / 06961
6003 / 06962
6005 / 06968
6006 / 06967
6007 / 06970
6008 / 06808

6009 / 06807
6010 / 06809
6011 / 06811
6012 / 06828
6013 / 06820
6014 / 06819
6015 / 06814
6016 / 06813
6017 / 06821
6018 / 06822
6019 / 06833
6020 / 06834
6021 / 06836
6022 / 06835
6023 / 06844
6024 / 07193
6025 / 06840
6026 / 07106
6027 / 06899
6028 / 06911
6030 / 06894
6031 / 06904
6032 / 06902
6033 / 06900
6034 / 06901
6036 / 06913
6037 / 06681
6038 / 06921
6039 / 06871
6040 / 06983
6041 / 06740
6042 / 07058
6043 / 07019
6044 / 07057
6045 / 06933
6046 / 07005
6047 / 07011
6048 / 07009
6049 / 06779
6050 / 06932
6051 / 07032
6052 / 07199
6053 / 07198

6054 / 07200
6055 / 06938
6056 / 06939
6057 / 06973
6058 / 06920
6059 / 07196
6060 / 07197
6061 / 07049
6062 / 07040
6063 / 06841
6064 / 07025
6065 / 07026
6066 / 07046
6067 / 07131A
6068 / 07182
6069 / 06872
6070 / 06930
6071 / 06928
6072 / 06655
6073 / 06870
6074 / 07062
6075 / 07063
6076 / 07049
6077 / 07048
6078 / 07061
6079 / 07050
6080 / 06879
6081 / 07054
6082 / 06842
6083 / 07192
6084 / 07033
6085 / 06940
6086 / 03083
6087 / 06906
6088 / 07056
6089 / 06925
6090 / 06826
6091 / 06909
6092 / 06853
6093 / 06847
6094 / 06863
6095 / 06849
6096 / 06857

6097 / 06858
6098 / 06859
6099 / 06861
6100 / 06852
6101 / 06850
6102 / 06856
6103 / 06854
6104 / 06851
6105 / 06862
6106 / 06860
6107 / 06848
6108 / 06946
6109 / 06948
6110 / 06951
6111 / 06949
6112 / 06950
6113 / 06773
6114 / 06775
6115 / 06774
6116 / 07071
6117 / 06994
6118 / 07162
6119 / 07185
6120 / 07186
6122 / 07180
6123 / 07073
6124 / 07078
6125 / 07080
6126 / 07081
6127 / 07086
6128 / 07088
6129 / 07087
6130 / 07089
6131 / 07090
6132 / 07093
6133 / 07092
6134 / 07100
6135 / 07103
6136 / 07118
6137 / 07115
6138 / 07116
6139 / 07120
6140 / 07109
6141 / 05635
6142 / 07131A
6143 / 07114
6144 / 07107
6145 / 07108
6146 / 07122
6147 / 07121
6148 / 07130
6149 / 07133
6150 / 07127
6151 / 07132
6152 / 07135
6153 / 07129
6154 / 07136
6155 / 07134
6156 / 07137
6157 / 07139
6158 / 07143
6159 / 07245
6160 / 07144
6161 / 07147
6162 / 07145
6163 / 07152
6164 / 07146
6165 / 07150
6166 / 07159
6167 / 07155
6169 / 07158
6170 / 07249
6171 / 07138
6172 / 07173
6173 / 07174
6174 / 06891
6175 / 06892
6176 / 07181
6177 / 07167
6178 / 07168
6179 / 07252
6180 / 06880
6181 / 06881
6182 / 06886
6183 / 06887
6184 / 06884
6185 / 06885
6186 / 06883
6187 / 06868
6188 / 06869
6190 / 07205
6191 / 07206
6192 / 07207
6193 / 07208
6194 / 07065
6195 / 07076
6196 / 07083
6197 / 07226
6198 / 07123
6199 / 07238
6200 / 07142
6201 / 07141
6202 / 07154
6203 / 07201
6204 / 06983
6205 / 07163
6207 / 07225
6208 / 07111
6209 / 07102
6210 / 07101
6211 / 07212
6212 / 07214
6213 / 07216
6214 / 07165
6215 / 07195
6216 / 07218
6217 / 07222
6218 / 07224
6219 / 07095
6220 / 07096
6221 / 05145
6222 / 07215
6223 / 07240
6224 / 07091
6225 / 07234
6226 / 07235
6228 / 07228
6229 / 07232
6230 / 07233
6231 / 07230
6232 / 07244
6233 / 07237
6234 / 07243
6235 / 05655
6236 / 07140
6237 / 07250
6238 / 07251
6239 / 07153
6240 / 07219
6242 / 07257
6243,6244
/ 07259
6245 / 07270
6246 / 07256
6247 / 07177
6248 / 07254
6249 / 07258
6250 / 07213
6251 / 07275
6252 / 07276
6253 / 07227
6254 / 07266
6255 / 07261
6256 / 07262
6257 / 07264
6258 / 07278
6259 / 07286
6260 / 07285
6261 / 07287
6262 / 07288
6263 / 07300
6264 / 07292
6265 / 07283
6266 / 07279
6267 / 07296
6268 / 07291
6269 / 07290
6270 / 07294
6271 / 07295
6272 / 07304
6273 / 07289
6274 / 07299
6275 / 07301
6276 / 07305
6277 / 07310A
6278 / 07312
6279 / 07309
6280 / 07308
6284 / 06167
6285 / 06022
6286 / 06024
6288 / 06189
6289 / 06188
6290 / 06069
6291 / 06068
6292 / 06067
6293 / 06072
6295 / 06071
6296 / 06059
6297 / 06053
6298 / 06060
6299 / 06061
6300 / 06056
6302 / 06054
6303 / 06057
6304 / 06058
6305 / 06063
6306 / 06066
6307 / 06055
6308 / 06044
6309 / 06040
6310 / 06042
6311 / 06038
6312 / 06043
6313 / 06037
6314 / 06142
6315 / 06195A
6316 / 06086
6317 / 06018
6318 / 06019
6319 / 06083
6320 / 06030
6321 / 06077
6322 / 06082
6323 / 06031

6324 / 06085
6325 / 06838
6326 / 06052
6327 / 06084
6328 / 06050
6329 / 06364
6330 / 06027
6331 / 06087
6332 / 06039
6333 / 06026
6334 / 06032
6335 / 06182
6336 / 06157
6337 / 06162
6338 /01429,
06156
6339 / 06158
6340 / 06161
6341 / 06159
6342 / 06164
6344 / 06091
6345 / 06094
6346 / 06095
6347 / 06097
6348 / 06109
6349 / 06105
6350 / 06106
6351 / 06103
6352 / 06104
6353 / 06108
6354 / 06112
6355 / 06117
6356 / 06118
6357 / 06115
6358 / 06119
6359 / 06120
6360 / 06121
6361 / 06123
6362 / 05531
6363 / 06128
6364 / 06125
6365 / 06129
6366 / 06130

6367 / 06131
6368 / 06177
6369 / 06176
6370 / 06135
6371 / 06134
6372 / 06178
6373 / 06181
6374 / 06179
6375 / 06154
6376 / 06151
6377 / 06137
6378 / 06138
6379 / 06139
6380 / 06140
6381 / 06145
6382 / 06146
6383 / 06147
6384.2 / 06143
6385 / 06150
6386 / 06148
6387 / 06155
6388 / 06175
6389 / 06193
6390 / 06192
6391 / 06191
6392 / 06198
6393 / 06196
6394 / 04888
6395 / 06197
6396 / 06199
6397 / 06171
6398 / 06194
6399 / 06185
6400 / 06163
6401 / 06152
6402 / 06144
6404 / 06149
6405 / 06174
6406 / 06141
6407 / 06169
6408 / 03101
6409 / 06201
6410 / 06200

6411 / 06203
6412 / 06202
6413 / 06204
6414 / 06205
6415 / 06206
6416 / 06208
6417 / 06209
6418 / 06371
6419 / 06214
6420 / 06214
6421 / 06215.1
6422 / 06215.2
6424 / 06216
6425 / 06221
6426 / 06217
6427 / 06222
6428 / 06223
6429 / 06238
6430 / 06227
6431 / 06224
6432 / 06226
6433 / 06229
6434 / 06228
6435 / 06230
6436 / 06240
6437 / 06231
6438 / 06225
6439 / 06241
6440 / 06247
6441 / 03167
6442 / 06246
6443 / 06220
6446 / 06239
6448 / 06248
6449 / 06249
6450 / 06252
6451 / 06251
6452 / 06388
6453 / 06253
6454 / 06254
6455 / 06250
6456 / 06258
6457 / 06259

6458 / 06262
6459 / 06264
6460 / 06260
6461 / 06261
6462 / 06397
6463 / 04941
6464 / 06276
6465 / 06275
6466 / 05647
6467 / 06270
6468 / 06284
6469 / 06290
6470 / 06282
6471 / 06285
6472 / 06288
6473 / 06408
6474 / 06316
6475 / 06281
6476 / 06286
6477 / 06293
6478 / 06292
6479 / 06295
6480 / 06296
6481 / 06297
6482 / 06299
6483 / 06307
6484 / 06313
6485 / 06321
6486 / 06296
6487 / 06300
6488 / 06318
6489 / 06320
6490 / 06301
6491 / 06314
6492 / 06308
6493 / 06312
6494 / 01647
6495 / 06306
6496 / 06315
6497 / 06298
6498 / 06319
6499 / 06322
6500 / 06329

6501 / 06330
6502 / 06334
6503 / 06335
6504 / 06324
6505 / 06339
6506 / 06332
6507 / 06336
6508 / 06337
6509 / 06344
6510 / 06333
6511 / 06340
6512 / 06425
6513 / 06326
6514 / 06327
6515 / 06421
6516 / 06343
6517 / 06338
6518 / 06269
6519 / 06345
6520 / 06353
6521 / 06023
6522 / 06357
6523 / 06351
6524 / 06294
6526 / 06213
6527 / 06348
6528 / 06350
6529 / 06365
6530 / 06365
6531 / 06362
6532 / 06172
6533 / 06360
6534 / 06342
6535 / 06263
6536 / 06400
6537 / 06405
6538 / 06278
6539 / 06256
6540 / 06363
6541 / 06331
6542 / 06349
6543 / 06346
6544 / 06367

6545 / 06369
6546 / 06370
6548 / 07218
6549 / 05049.2
6550 / 06373
6551 / 06442
6552 / 06244
6553 / 06245
6554 / 06374
6555 / 06383
6557 / 06377.2
6558 / 06375
6559 / 06376
6560 / 06378
6561 / 06391
6562 / 06387
6565 / 06389
6566 / 06394
6567 / 06393
6568 / 06395
6569 / 01848
6570 / 06399
6571 / 06403
6572.1A / 06407.2
6572.2 / 06407.1
6573 / 06409
6574 / 06416
6575 / 06418
6576 / 06417
6577 / 06411
6578 / 06424
6579 / 06427
6580 / 06429
6581 / 06436
6582 / 06433
6583 / 06432
6584 / 06431
6585 / 05767
6586 / 06437
6587 / 06372
6588 / 06414
6589 / 06380
6590 / 06398

6591 / 06406
6592 / 06450.1
6593 / 06440
6594 / 06441
6595 / 06443
6596 / 06446
6597 / 06447
6598 / 06451
6599 / 06461
6600 / 06459
6601 / 09509
6602 / 06462
6603 / 06453
6604 / 06466
6605 / 06465
6606 / 06472
6607 / 06467
6608 / 06474
6609 / 06480
6610 / 06470
6611 / 06428
6612 / 06464
6613 / 06390
6614 / 06471
6615 / 06498
6616 / 06479
6617 / 06482
6618 / 06481
6619 / 06485
6620 / 06484
6621 / 06502
6622 / 06488
6623 / 06503
6624 / 06495
6625 / 06486
6626 / 06496
6627 / 06500
6628 / 06508
6629 / 06491
6630 / 06506
6631 / 06512
6632 / 05969
6633 / 05988

6634 / 06513
6635 / 06514
6636A / 09937
6637 / 09938
6638 / 09939
6639 / 09940
6641 / 09913
6642 / 09905
6643 / 10392
6644 / 09904
6645 / 09907
6646 / 09910
6647 / 09914
6648 / 09916
6649 / 09918
6650 / 09919
6651 / 09920
6652 / 09922
6653 / 09917
6654 / 09921
6655 / 09923
6656 / 09911
6657 / 09931
6658 / 09932
6659 / 00975
6660 / 00977
6661 / 00978
6662 / 00976
6663.1 / 09935
6663.2 / 09936
6664 / 10033
6665 / 10018
6666 / 10019
6667 / 10010
6668 / 10011
6669 / 10017
6670 / 10012
6671 / 10020
6672 / 10013
6673 / 10016
6674 / 10022
6675 / 10025
6676 / 10026.1

6677 / 10026.2
6678 / 10029
6679 / 10047
6680 / 10036
6681 / 10027
6682 / 10035
6683 / 10030
6684 / 10039
6685 / 10042
6686 / 10043
6687 / 10050
6689 / 10048
6690 / 10040
6691 / 10057
6692 / 10049
6693 / 10052
6694 / 10045
6695 / 10055
6696 / 10059
6697 / 10051
6698 / 10066
6699 / 10068
6700 / 10072
6701 / 10071
6702 / 10064
6703 / 10063
6704 / 10069
6705 / 10067
6706 / 10075
6707 / 10388
6708 / 10074
6709 / 10073
6710 / 10079
6711 / 10078
6712 / 10082
6714 / 10080
6715 / 10081
6716 / 10083
6718 / 10086
6719 / 10095
6720 / 10085
6721 / 10097
6723 / 10100

6724 / 10120
6725 / 10099
6726 / 10096
6727 / 10091
6728 / 10088
6729 / 04396
6730 / 10101
6731 / 10090
6732 / 10105
6733 / 10093
6734 / 10106
6735 / 10098
6736 / 10113
6737 / 10115
6738 / 10114
6739 / 10102
6740 / 10103
6741 / 10094
6742 / 10107
6743 / 10119
6744 / 10118
6745 / 10108
6746 / 10123
6747 / 10111
6748 / 10110
6750 / 10129
6751 / 10130
6752 / 10126
6754 / 10125
6755 / 10145
6756 / 10136
6757 / 10131
6758 / 10127
6759 / 10128
6760 / 10137
6761 / 10139
6762 / 10133
6763 / 10141
6764 / 10143
6765 / 10142
6766 / 10146
6767 / 10147
6768A / 10151

6770 / 10149
6771 / 10152
6772 / 10154
6773 / 10155
6774 / 10150
6776 / 10158
6777 / 10160
6778 / 10161
6779 / 10159
6780 / 10162
6781 / 10163
6782 / 10165
6783 / 10164
6784 / 10166A
6785 / 10168A
6787 / 10170
6788 / 10171
6789 / 10172
6790B / 10173
6791 / 10174
6792 / 10175
6793B / 10176
6794 / 10177
6795 / 09253
6796 / 09270
6797 / 09274
6799 / 09278
6800 / 10178
6801 / 09267
6802 / 09279
6803 / 10186
6804 / 10192
6805 / 10181
6806 / 10190
6807 / 10184
6808 / 10189
6809 / 10183
6810 / 10182
6811 / 10191
6812 / 10195
6813 / 10196
6814 / 10199
6816 / 10200

6817 / 10201
6818 / 10203
6819 / 10202
6820 / 09296
6821 / 10209
6822 / 10204
6823 / 10208
6824 / 10207
6825 / 10205
6826 / 10211
6828 / 10206
6829 / 10214
6830 / 10216
6831 / 10255
6832 / 10217
6833 / 10219
6834 / 10218
6835 / 10229
6836 / 10220
6837 / 10223
6838 / 10232
6839 / 10225
6840 / 10245
6841 / 10244
6842 / 10240
6843 / 10226
6844 / 10224
6845 / 10248
6846 / 10231
6847 / 10251
6848 / 10247
6849 / 10237
6851 / 10239
6852 / 10246
6853 / 10253
6854 / 10241
6855 / 10252
6856 / 10258
6857 / 10250
6858 / 10256
6859 / 10269
6860 / 10267
6861 / 10261

6862 / 10263
6863 / 10262
6864 / 10271
6865 / 10273
6866 / 10272
6867 / 10270
6868 / 10274
6869 / 10278
6870 / 10276
6871 / 10279
6872 / 10277
6873 / 10283
6874 / 10281
6875 / 10280
6876 / 10282
6877 / 10285
6878 / 10286
6879 / 03109
6880 / 10289
6881 / 10288
6882 / 10287
6884 / 10293
6885 / 10296
6886 / 10294
6887A / 10297B
6887.1B / 10297.2A
6887.2B / 10297.1A
6888 / 10298
6889 / 10299
6890 / 10301
6891.2 / 10302
6892 / 10306
6893 / 10307
6894 / 10305
6895 / 10303
6896 / 10304
6897 / 10308
6898.1 / 04636.2
6898.2B / 04636.1
6899 / 10309
6900 / 10313
6901 / 10312
6902 / 10314

6903 / 10316
6904 / 10315
6905 / 10319
6906 / 04643
6907 / 10318
6908 / 10320
6909 / 10321
6910 / 10322
6911 / 10323
6912 / 10324
6913 / 10325
6914 / 10326
6915 / 10327
6916 / 10329
6917 / 10330.1
6918 / 10332.2
6919 / 10331
6920 / 10336
6921 / 10340
6923 / 10339
6924 / 10341
6925 / 10342
6926 / 10334
6927 / 00369
6928 / 00368
6929 / 00367
6930 / 00370
6931 / 00359
6932 / 00364
6933 / 00363
6934 / 00362
6935 / 00379
6936 / 00378
6937 / 00377
6938 / 00374
6941 / 00382
6942 / 00404
6943 / 00386
6944 / 00398
6945 / 00375
6946 / 00399
6947 / 00403
6948 / 00384

6949 / 00383
6950 / 00391
6951 / 00393
6952 / 00394
6953 / 00395
6954 / 00396
6955 / 00397
6956 / 00408
6957 / 00409
6958 / 00410
6959 / 00411
6960 / 00407
6961 / 00405
6962 / 00406
6963 / 00001
6964 / 00002
6965 / 00003
6966 / 00004
6967 / 00405
6968 / 00007
6969 / 00005
6970 / 00014
6971B / 00015
6973 / 00016
6974 / 00017
6975 / 00018
6976 / 00020
6977 / 00019
6978 / 00022
6979 / 00021
6980 / 00031
6981 / 00023
6982 / 00025
6983 / 00024
6984 / 00026
6985 / 00027
6986 / 00028
6987 / 00029
6988 / 00030
6989 / 00035
6990 / 00038
6991 / 00040
6992 / 00041

6993 / 00039
6994 / 00042
6995 / 00043
6996 / 00044
6997 / 00045
6999 / 00046
7000 / 00050
7001 / 00051
7002 / 00047
7003 / 00051
7004 / 00053
7005 / 00059
7006 / 00049
7007 / 00190.2
7008 / 00064
7009 / 00068
7010 / 00069
7011 / 00067
7012 / 00071
7013 / 00065
7014 / 00070
7015 / 00066
7016 / 00072
7017 / 00083
7018 / 00084
7019 / 00086
7020 / 00082
7021 / 00088
7022 / 00089
7023 / 00092
7024 / 00090
7025 / 00091
7026 / 00087
7027 / 00102
7028 / 00093
7029 / 00094
7030 / 00095
7031 / 00096
7032 / 00097
7033 / 00098
7034 / 00099
7035 / 00100
7036 / 00101

7037 / 00103
7038 / 00107
7039 / 00108
7040 / 00206
7041 / 00204
7042 / 00208
7043 / 00207
7044 / 00205
7045 / 00073
7046 / 00074
7047 / 00111
7048 / 00109
7049 / 00110
7050 / 00112
7051 / 00114
7052 / 00115
7053 / 00113
7054 / 00117
7055 / 00116
7056A / 00118
7058 / 00140
7059 / 00141
7060.1 / 00104
7060.2,7060.3 / 00105
7061 / 00156
7062 / 00133
7063 / 00134
7064 / 00135
7065 / 00136
7066 / 00137
7067 / 00138
7068 / 00139
7069 / 00122
7070 / 001201
7071 / 00121
7072 / 00132
7073 / 00125
7074 / 00129
7075 / 00130
7076 / 00131
7077 / 00126
7078 / 00127

7079 / 00128
7080 / 00124
7081 / 00123
7082 / 00142
7083 / 00143
7084 / 00149
7085 / 00150
7086 / 00151
7087 / 00152
7088 / 00145
7089 / 00146
7090 / 00147
7091 / 00148
7092 / 00157
7093 / 00158
7094 / 00159
7095 / 00161
7096 / 00160
7097A / 00160
7098 / 00162
7099 / 00163
7100 / 00165
7101 / 00166
7102 / 00167
7103 / 00168
7104 / 00169
7105 / 00170
7106.1A / 00164
7107.1 / 00325.4A
7107.2 / 00325.1A
7107.3 / 00325.2A
7107.4 / 00325.6A
7107.5 / 00325.7A
7107.6 / 00325.5A
7108 / 00172
7109 / 00174
7110 / 00177
7111 / 00180
7112.1A / 00198.1
7112.2A / 00198.2
7113 / 00197
7114 / 00201
7115 / 00202

7116 / 00181
7117 / 00183
7118 / 00185
7119 / 00184
7120 / 00186
7121 / 00182
7122 / 00189
7123 / 00187
7124 / 00203
7125 / 00210
7126 / 00211
7127.1 / 00212
7128.1 / 00213
7129.1 / 00214
7130.1 / 00215
7131 / 00216
7132 / 00217
7133 / 00218
7134 / 00219
7135.1 / 00060
7135.2 / 00061
7135.3 / 00062
7135.4 / 00063
7136 / 00226
7137 / 00228
7138 / 00225
7139 / 00227
7140 / 00229
7141 / 00232
7142 / 00230
7143 / 00233
7144 / 00234
7145 / 00235
7146 / 00236
7147 / 00237
7148 / 00231
7149 / 00235
7150 / 00238
7151 / 00239
7152 / 00240
7153 / 00241
7154 / 00242
7155 / 00243

7156 / 00244
7157 / 00245
7158 / 00246
7159 / 00247
7160 / 00248
7161 / 00249
7162 / 00250
7163 / 00251
7164 / 00252
7165 / 00253
7166 / 00254
7167 / 00255
7168 / 00256
7169 / 00257
7170 / 00258
7171 / 00259
7174 / 00269
7175 / 00261
7176 / 00260
7177 / 00262
7178 / 00263
7179 / 00264
7180 / 00265
7181 / 00266
7182 / 00272
7183 / 00273
7184 / 00274
7185 / 00275
7186 / 00276
7187 / 00277
7188 / 00278
7189 / 00280
7190 / 00279
7191 / 00281
7192 / 00282
7193 / 00283
7194 / 00284
7195 / 00008
7196 / 00009
7197 / 00010
7198 / 00011
7199 / 00012
7200 / 00013

7201 / 00085
7202A / 00106
7203 / 00155
7204 / 00209
7205 / 00219
7206 / 00220
7207 / 00221
7208 / 00222
7209 / 00267
7210 / 00268
7211 / 00269
7212 / 00270
7213A / 00271
7214 / 00285
7215 / 00421
7216 / 00422A
7217 / 00424
7218 / 00425
7219 / 00428
7220 / 00423
7221 / 00419
7222 / 00420
7224 / 00415
7225 / 12020
7226 / 00416
7227 / 00032
7228 / 00033
7229 / 10873
7230.2 / 10727
7231 / 10685
7232 / 10700
7233 / 10674
7234 / 10675
7235 / 10728
7236 / 10686
7237 / 10741
7238 / 10744
7240 / 10637
7241 / 10702
7242 / 10704
7243 / 11720
7245 / 10647
7246 / 10763
7247 / 11721
7248 / 10691
7249 / 10690
7250 / 10733
7251 / 10731
7252 / 10668
7253 / 10738
7254 / 10739
7255 / 10780
7256 / 10688
7257 / 10646
7258 / 10773
7259 / 10603
7260 / 10610
7261 / 10624
7262 / 10616
7263 / 10857
7264 / 10859
7265 / 10877
7266 / 10629
7267 / 10684
7268 / 10713
7269 / 10721
7270 / 10860
7271 / 10708
7272 / 10635
7273 / 10652
7275 / 10672
7276 / 10671
7277 / 10712
7278 / 10653
7279 / 10767
7280 / 10912
7281 / 10768
7282.1 / 10679
7283 / 10748
7284 / 10756
7285 / 10772
7286 / 10642
7287 / 10710
7288 / 10743
7290 / 10881
7291 / 10809
7292 / 10734
7293 / 10851
7294 / 10667
7295 / 10864
7296 / 10783
7298 / 10788
7299 / 10819
7300 / 10818
7301 / 10824
7302 / 10817
7303 / 10811
7304 / 10786
7305 / 10785
7306 / 10806
7307 / 10827
7308 / 10826
7309 / 10829
7310 / 10828
7311 / 10831
7312 / 10660
7313 / 10658
7314.1B / 10656
7315 / 10764
7316 / 10880
7317 / 10856
7319 / 10654
7320 / 10862
7321 / 10678
7322 / 10879
7323 / 10910
7324 / 10916
7325 / 10884
7326 / 10883
7327 / 10882
7328 / 10902
7329 / 10906
7330 / 10962
7331 / 10943
7332 / 10889
7333 / 10889
7334 / 10919
7335 / 10890
7336 / 10898
7337 / 10895
7338 / 10844
7339 / 10900
7340 / 10911
7341 / 10954
7342 / 11009
7343 / 10945
7344 / 10904
7345 / 10905
7346 / 10909
7347 / 10944
7348 / 10933
7349 / 10936
7350 / 10941
7351 / 10917
7353 / 11288B
7354 / 11016
7355 / 10946
7356 / 10947
7357 / 10948
7358 / 10950
7359 / 10949
7360 / 10951
7361 / 11114
7362 / 11010
7363 / 10963
7364 / 10975
7365 / 10980
7366A / 10990
7367 / 10978
7368 / 10959
7369 / 10964
7373 / 10999
7374 / 10958
7375 / 10994
7376 / 10995
7377 / 10991
7378 / 10993
7379 / 10996
7380 / 10969
7381 / 10989
7382 / 10983
7383 / 10984
7384 / 11034
7385 / 11036
7386 / 11033
7387 / 11033
7388 / 11059
7389 / 11023
7390 / 11012
7391 / 11021
7392 / 11015
7393 / 11061
7394 / 11040
7395 / 11028
7396 / 11030
7397 / 10970
7398 / 11139
7399 / 11035
7401 / 11019
7402 / 11042
7403 / 11026
7405 / 11165
7407 / 11049
7408 / 11062
7409 / 11183
7410 / 11105
7411 / 11056
7413 / 11087
7414 / 11038
7415 / 11080
7416 / 11073
7417 / 11101
7418 / 11082
7419 / 11077
7420B / 11078
7421 / 11065
7422 / 11089
7423 / 11086
7424 / 11085
7425 / 11069
7426 / 11032
7427 / 11100
7428 / 11126
7429B / 11064
7430 / 11076

7431 / 11075
7432 / 11067A
7433 / 11084
7434 / 11081
7435 / 11260
7436 / 11092
7437 / 11102
7438 / 11093
7439 / 11115
7440 / 11190
7441 / 11187
7443 / 11151
7444 / 11029
7445 / 11156
7446 / 11154
7447 / 11210
7448 / 11140
7449 / 11141
7450 / 11146
7451 / 11145
7452 / 11147A
7453 / 11148
7454 / 11149
7455 / 11133
7456 / 11132B
7457 / 11117
7458 / 11116
7459 / 11118
7460 / 11119
7462 / 11153
7463 / 11161
7464 / 11172.1
7465 / 11167
7466 / 11184
7467 / 11123
7468 / 11125
7469 / 11162
7470 / 11088
7471 / 11157
7472 / 11182A
7473 / 11164
7474 / 11202
7475 / 11200
7476 / 11212
7477A / 11207A
7477B / 11207B
7478 / 11236
7479 / 11227
7480 / 11228
7481 / 11188
7482 / 11233
7483 / 11110
7484 / 11223
7485 / 11245
7486 / 11230
7487 / 11234
7488 / 11231
7489 / 11246
7490 / 11247
7491 / 11206
7492 / 11205
7493A / 11269
7494 / 11268
7496 / 11259
7497 / 11272
7498 / 11243
7499 / 11252
7500 / 11263
7501 / 11815
7502 / 11270
7503 / 11271
7504 / 11347
7505 / 11251
7506 / 11282
7507 / 11250
7508 / 11332B
7509 / 11294B
7512 / 11336
7513 / 11289
7514 / 11281
7515 / 11292
7516 / 11288B
7517B / 11297
7518 / 11308
7519 / 11311A
7520 / 11310A
7521 / 11331B
7522 / 11330
7523 / 11316
7524 / 11317
7526 / 11321A
7527 / 11333
7528 / 11328
7530 / 11369A
7531 / 11302
7532 / 11313
7533 / 11312
7534 / 11343
7535 / 11354
7536 / 11350
7537 / 11346
7538 / 11335
7539 / 11358
7540 / 11342
7541 / 11341
7542 / 11356
7543 / 11361
7544 / 11345
7545 / 11353
7546 / 11357
7547 / 11368B
7548 / 11360
7549 / 11351
7551 / 11355
7552 / 11383
7553 / 11372
7554A / 11381
7555 / 11364
7556.1 / 11392
7557 / 11393
7558 / 11387
7559 / 11388
7560 / 11389
7561 / 11371
7562 / 11373
7563 / 11398
7564A / 11396A
7564B / 11396B
7565 / 11395.1
7566 / 11394A
7567 / 11391B
7568 / 11384
7569 / 11385
7570 / 11397
7571 / 11386
7572 / 11382
7573.1 / 11401
7574.1B / 11402A1
7574.2 / 11402A2
7575.1 / 11403
7576 / 10784
7577 / 10805
7578 / 10795
7579 / 10796
7580 / 10794
7581 / 10793
7582 / 10800
7583 / 10803
7584 / 10792
7585 / 10804
7586 / 10806
7587 / 10886
7588 / 10953
7590 / 11113
7591A / 11112
7592 / 11158
7593 / 11279
7594 / 11413
7595 / 11430
7596 / 11412A
7597 / 11438
7598 / 11439
7599 / 11440.1
7600 / 11441B
7601 / 11443
7602 / 11438
7607 / 11414
7608 / 11415
7609 / 11455
7610 / 11476
7611 / 11477
7612 / 11447
7613 / 11448
7614 / 11469
7616 / 11473
7618 / 11478
7619 / 11450
7620 / 11486
7621 / 11487
7622 / 11491
7623 / 11484
7624 / 11451B
7625 / 11485A
7626 / 11499
7627 / 11505
7628 / 11488.1
7629 / 11489
7630 / 11498
7631 / 11508
7632 / 11507A
7633 / 11513
7634 / 11511A
7635 / 11528B
7636 / 11543
7637 / 11537.1
7638 / 11525
7639 / 11526
7640 / 11516
7641 / 11517
7642 / 11540
7643 / 11530A
7644 / 11585
7645 / 11480
7646 / 11514
7647 / 11482
7648 / 11479.1
7649 / 11541A
7650 / 11535A
7651 / 11547
7652 / 11553
7653 / 11545
7654 / 11549
7655 / 11566
7656 / 11546
7657 / 11551

7658 / 11557B
7659 / 11556B
7660 / 11558
7663 / 11555A
7664 / 11552A
7665 / 11559
7666 / 11554
7667 / 11560
7668 / 11563
7669 / 11564B
7670 / 11562B
7671 / 11569
7673 / 11575
7674 / 11577
7675 / 11580
7676 / 11591
7677 / 11589
7682 / 11582
7683A / 11609
7684 / 11610
7685 / 11601
7686 / 11608
7687 / 11603
7688 / 11602
7689 / 11604
7690 / 11605
7692 / 11612
7693 / 11613
7694 / 11614
7695 / 11606
7696 / 11618
7697A / 11621.2
7697C / 11621.1
7698.1 / 11594A2
7698.2 / 11594A1
7699 / 11600A
7700 / 11596
7701 / 11599
7702A / 11625A
7703 / 11622
7704 / 11627
7705.1 / 11624A2
7705.2 / 11624A1
7706.1 / 11628B
7706.2 / 11628A1
7707 / 11623
7708 / 11570
7709 / 11620
7710 / 11634
7711 / 11659
7712 / 11633
7713 / 11643
7714 / 11636
7715 / 11639
7716 / 11638
7717B / 11640
7718 / 11651A
7719 / 11653
7720 / 11656A
7721 / 11655
7722 / 11654
7723 / 11663C
7724 / 11682A
7725 / 11660
7726 / 11677A
7727 / 11679A
7728 / 11678
7729 / 11670A1
7730 / 11701.2
7731 / 11674
7732 / 11673
7734.1 / 11707B1
7734.2 / 11707B2
7735 / 11696
7736 / 11698A
7737 / 11691
7738 / 11699
7739 / 11693
7740 / 11694
7741.1 / 11645A1
7741.2 / 11645A2
7741.3 / 11645A3
7742 / 11711
7743A / 11703A
7743B / 11703B
7744 / 11718A
7745 / 11803
7747 / 11812
7749 / 11774
7750 / 11768
7751 / 11760
7752 / 11770
7753 / 11772
7754 / 11725
7755 / 11755
7756 / 11775
7757 / 11781
7758 / 11778
7759 / 11779
7761 / 11788
7762 / 11787
7763 / 11786
7764 / 11730
7766 / 11732
7767 / 11740
7768 / 11739
7769 / 11742A
7770 / 11743A
7771 / 11063
7773 / 11932
7774 / 11940
7775 / 11935
7776 / 11988.1
7777 / 11989
7778 / 11990
7779 / 11991
7780 / 11992
7781 / 11993
7782 / 11974
7783 / 11975
7784 / 11976
7785 / 11977
7786 / 11978
7787 / 11979
7788 / 11980
7789 / 11981
7790 / 11982
7792 / 11944A
7793 / 11945
7794 / 11946
7795 / 11947
7796 / 11948
7797 / 11949
7798 / 11950
7799 / 11951
7800 / 11952
7801 / 11953
7802 / 11954
7803 / 11955
7804 / 11956
7805 / 11957
7806 / 11958
7807 / 11959
7808 / 11960
7809 / 11961
7810 / 12004
7811 / 12005
7812 / 12006
7813 / 12032
7814 / 11931A
7815 / 11930
7816 / 11923
7817 / 11924
7818 / 11920A
7819 / 11919
7820 / 11926
7821 / 11914B
7822 / 11915A
7823 / 11916C
7824 / 11917A
7825 / 11905
7826 / 11903
7827 / 11906
7828 / 11907
7829 / 11908
7830 / 11911
7831 / 11902
7832 / 10466
7834 / 11912
7835 / 11854B
7836 / 11858
7837 / 11859
7838 / 11886
7839 / 11885A
7840 / 11880
7841 / 11881
7842 / 11882
7843 / 11883
7844 / 11884
7845 / 11878
7846 / 11877
7847 / 11887
7848 / 11888
7849 / 11879
7850 / 11889
7851 / 11892
7852 / 11895
7853 / 11896
7854 / 11897
7855 / 11898
7856 / 11874
7857 / 11875
7858 / 11876
7859 / 11891
7860 / 11890
7861 / 11899
7862 / 09903
7863 / 10362
7864 / 10365
7865 / 10369
7866 / 10458
7867 / 10370
7868 / 10372
7869 / 10353
7870 / 10371
7871 / 10374
7872 / 10368
7873 / 04650
7874 / 10356
7875 / 10367
7876 / 10366
7877 / 10363
7878 / 09707
7880 / 10381
7881 / 10383

7882 / 10380	7907 / 12024	7937 / 11851	7967 / 10415	補 2 / 01176
7883 / 10382	7908 / 12064	7939 / 10404	7968 / 10423	補 3 / 01230
7884 / 10385	7909 / 12007	7943 / 10392	7969 / 10420	補 4 / 01126
7885 / 12087	7910 / 12008	7944 / 10393	7970 / 10431	補 5 / 01402
7886A / 12108A	7911 / 12009	7945 / 11831B	7971 / 10418	補 6 / 07606
7886B / 12108B	7912 / 12010	7946 / 11797	7972 / 10433	補 7 / 07587
7887 / 12109	7913 / 12012A	7947 / 10577	7973 / 10434	補 8 / 07736
7888 / 12091	7914 / 12029	7948 / 10578	7974 / 10347	補 9 / 07675
7889 / 12092	7915 / 12065	7949 / 10293	7975 / 10478A	補 10 / 08236
7890 / 12096	7916 / 12066	7950 / 09984	7977 / 10438	補 11 / 07485
7891 / 12090	7917 / 12019	7951 / 12017	7978 / 11869	補 12 / 07633
7892 / 12103	7918 / 12018	7952 / 11590	7979 / 11870	補 13 / 07486
7893 / 12104A	7919 / 12027A	7953 / 10465	7980 / 10343	補 14 / 08755
7894 / 12105	7920 / 12028A	7954 / 11901	7981 / 10464	補 15 / 09831
7895 / 12097	7921 / 12041	7955.1 / 11900	7982 / 10379	補 16 / 06800
7896 / 12098	7922 / 12003	7956 / 10461	7983 / 10460	補 17 / 06802
7897 / 12099	7924 / 09983	7957 / 11852	7984 / 10457	補 18 / 06735
7898 / 12101	7925 / 09985	7958 / 11853	7986 / 11910	補 19 / 06737
7899 / 12110B	7928 / 09986	7959 / 12076	7988 / 01974	補 20 / 06736
7900 / 12113B	7929 / 10324	7960 / 10422	7989 / 10480	補 22 / 06940
7901 / 12078	7930 / 09969	7961 / 10416	7990 / 09444	補 23 / 06589
7902 / 12015	7931 / 09970	7962 / 10432	7991 / 10394	補 24 / 06590
7903 / 12013	7932 / 10291	7963 / 10435	7992 / 10345	補 25 / 06035
7904 / 12014	7934.2 / 11848	7964 / 10429	7993 / 00763	補 26 / 00825
7905 / 12030	7935 / 11849	7965 / 10429	7994 / 10522	補 27 / 10346
7906 / 12023	7936 / 11846	7966 / 10414	補 1 / 01060	

斷代

1 / 04261	14 附 / 05383	30 / 05402	45 / 02459	60 / 05986
2 / 05415	15 / 04301	31 / 05407	46 / 03574	61 / 06007
2 附 / 06003	16 / 06004	32 / 02626	47 / 05325	62 / 02659
3 / 06512	16 附 / 05416	33 / 09104	48 / 03669	63 / 02778
4 / 04059	17 / 04201	34 / 05974	49 / 02661	65 / 05384
5 / 04320	18 / 04044	35 / 02682	49 附 / 02405	66 / 00648
6 / 02739	19 / 09901	36 / 05985	50 / 03733	67 / 02761
7 / 02728	20 / 05400	37 / 02595	51 / 03942	68 / 01735
8 / 04238	21 / 09594	38 / 02712	52 / 05988	69 / 01734
9 / 02731	22 / 02556	39 / 05401	54 / 04133	70 / 02749
10 / 02740	23 / 04140	40 / 05386	55 / 02329	71 / 09430
11 / 04029	26 / 04205	41 / 02458	56 / 06174	72 / 00915
12 / 04341	27 / 02729	42 / 04088	57 / 04159	73 / 05426
13 / 04041	28 / 02581	43 / 10581	58 / 04241	74 / 02837
14 / 05977	29 / 05432	44 / 02654	59 / 06001	75 / 02839

76 / 02809
77 / 04330
78 / 00948
79 / 05425
79 附 / 04134
79 附 / 05154
79 附 / 05796
80 / 06009
80 附 / 05433
81 / 04022
82 / 05409
83 / 05427
84 / 04166
85 / 04121
86 / 06515
87 / 03743
88 / 03979
89 / 04139
90 / 03977
91 / 04162
92 / 02724
93 / 02719
94 / 04192
95 / 04225
96 / 04194
97 / 00754
98 / 00753
99 / 04169
100 / 04099
101 / 02756
102 / 05398
103 / 09455
104 / 04207
105 / 02776
106 / 02783
107 / 02804
108 / 04316
109 / 04276
110 / 04196
111 / 02813
112 / 04244
113 / 02784
114 / 09898
115 / 09897
116 / 04214
117 / 03879
118 / 02780
119 / 04283
120 / 04167
121 / 04165
122 / 06011
122 / 06013
122 / 09899
123 / 03571
124 / 04197
125 / 04255
126 / 04060
127 / 05423
128 / 04240
129 / 04626
130 / 06006
131 / 10161
132 / 06516
133 / 10168
134 / 02817
135 / 04277
136 / 04285
137 / 04252
138 / 04294
139 / 04340
140 / 05995
141 / 00104
141 / 00105
141 附 / 04672
142 / 04286
143 / 02838
144 / 04046
145 / 04279
146 / 04217
147 / 04254
148 / 04155
149 / 04257
150 / 00616
150 / 03794
150 / 03920
150 / 03997
150 / 09425
150 / 09437
150 / 09528
151 / 00632
152 / 00022
152 / 00926
152 / 04401
153 / 04459
154 / 02810
154 附 / 03929
155 / 04242
155 附 / 03849
156 / 02786
157 / 04271
158 / 04327
159 / 02649
160 / 04258
161 / 00103
162 / 04195
163 / 00014
163 附 / 03772
164 / 02805
165 / 04323
166 / 04293
167 / 00744
168 / 04325
169 / 04311
170 / 04275
171 / 04318
172 / 09721
173 / 04289
174 / 00940
174 / 02666
174 / 04361
175 / 02734
176 / 00553
176 / 02207
176 / 04387
176 / 09964
177 / 02548
177 / 02745
177 / 04141
177 / 04497
178 / 04667
179 / 04202
180 / 10313
181/ 10108
182 / 02807
183 / 04298
184 / 00206
184 / 00207
185 / 02836
186 / 02796
186 / 02797
186 / 02798
186 / 02799
186 / 02800
186 / 02801
186 / 02802
187 / 04465
188 / 02818
189 / 04466
190 / 02833
191 / 00190
191 / 02768
191 / 04147
191 / 04446
191 / 09717
192 / 02829
193 / 02790
194 / 02815
195 / 04321
196 / 04331
197 / 10170
198 / 02825
199 / 00452
199 / 03047
199 / 09308
200 / 04684
201 / 02841
202 / 00016
203 / 00109
204 / 00134
205 / 00048
206 / 02787
207 / 04342
208 / 00260
209 / 09725
210 / 04467
211 / 04435
212 / 04329
213 / 10174
214 / 00738
214 / 02635
215 / 10173
216 / 02637
217 / 04443
218 / 04123
末 1 / 02755
末 2 / 02705
末 3 / 02792
末 4 / 02742
末 5 / 02678
末 6 / 02747
末 8 / 04073
末 9 / 04118
末 10 / 04266
末 11 / 04153
末 12 / 04113
末 13 / 03915
末 14 / 04018
末 15 / 03917
末 16 / 04414
末 17 / 04312
末 18 / 04126
末 19 / 04091
末 20 / 04182
末 21 / 09888
末 22 / 05431
末 23 / 05424
末 24 / 09706
末 25 / 09708
末 26 / 09677
末 27 / 10176
末 29 / 10340
(五)圖版六上右 /04136
(六)圖版八右 / 11450
(六)圖版八左 / 11812

1 鐘 5 / 00014
1 鐘 1 / 00111
1 鐘 2 / 00088
1 鐘 3 / 00092
1 鐘 4 / 00069
1 鐘 5 / 00014
1 鐘 6 / 00043
1 鐘 7 / 00042
1 鐘 8 / 00044
1 鐘 9 / 00132
1 鐘 10 / 00243
1 鐘 11 / 00185
1 鐸 1 / 00374
1 鼎 1 / 02841
1 鼎 2 / 02810
1 鼎 3 / 02730
1 鼎 4 / 02312
1 鼎 5 / 02415
1 鼎 6 / 02534
1 鼎 7 / 02067
1 鼎 8 / 02410
1 鼎 9 / 02021
1 鼎 11 / 01728
1 鼎 12 / 02613
1 鼎 13 / 02674
1 鼎 14 / 02650
1 鼎 15 / 02168
1 鼎 16 / 02071
1 鼎 17 / 02495
1 鼎 18 / 02155
1 鼎 19 / 01189
1 鼎 20 / 02103
1 鼎 22 / 02451
1 尊 1 / 05828
1 尊 2 / 05569
1 尊 3 / 05841
1 尊 4 / 05925
1 尊 5 / 05716
1 尊 6 / 05992
1 尊 6 / 05402
1 尊 7 / 05801

1 尊 8 / 05922
1 尊 9 / 05861
1 尊 10 / 05743
2 卣 1 / 05433
2 卣 2 / 05369
2 卣 3 / 05327
2 卣 4 / 05307
2 卣 5 / 05291
2 卣 6 / 05148
2 卣 7 / 05146
2 卣 8 / 04938
2 卣 9 / 04993
2 卣 10 / 05073
2 卣 11 / 05365
2 壺 1 / 09667
2 罍 1 / 10579
2 鉼 1 / 09606
2 斝 1 / 09242
2 斝 2 / 09185
2 觚 1 / 07296
2 觚 2 / 07232
2 觚 3 / 07214
2 觚 4 / 07091
2 觚 6 / 06765
2 觶 1 / 06502
2 觶 2 / 06370
2 觶 3 / 06391
2 觶 4 / 06446
2 觶 5 / 06447
2 觶 5 / 06571
2 觶 6 / 06399
2 觶 7 / 06320
2 觶 8 / 06275
2 觶 9 / 06292
2 觶 10 / 06375
2 觶 11 / 06467
2 觶 12 / 06208
2 觶 13 / 06202
2 觶 14 / 06086
2 觶 15 / 06139
2 觶 16 / 06330

2 觥 1 / 09092
2 爵 1 / 09104
2 爵 2 / 09032
2 爵 3 / 09034
2 爵 4 / 08692
2 爵 5 / 08539
2 爵 6 / 09012
2 爵 7 / 09013
2 爵 8 / 08074
2 爵 9 / 08239
2 爵 10 / 08987
2 爵 11 / 08341
2 爵 12 / 07847
2 爵 13 / 07866
2 爵 14 / 08017
2 爵 15 / 08112
2 爵 16 / 08020
2 爵 17 / 08825
2 爵 18 / 07877
2 爵 19 / 08861
2 爵 20 / 08878
2 爵 21 / 08884
2 爵 22 / 08437
2 爵 23 / 08507
2 爵 24 / 08443
2 爵 25 / 07907
2 爵 26 / 07904
2 爵 27 / 07902
2 爵 28 / 08527
2 爵 29 / 08573
2 爵 30 / 08584
2 爵 31 / 08623
2 爵 32 / 08643
2 爵 33 / 08690
2 爵 34 / 08668
2 爵 35 / 08698
2 爵 36 / 08695
2 爵 37 / 08696
2 爵 38 / 07533
2 爵 39 / 07534
2 爵 40 / 07572

2 爵 41 / 07543
2 爵 42 / 07661
2 爵 43 / 07693
2 爵 44 / 07321
2 爵 45 / 09046
3 敦 1 / 04261
3 敦 2 / 04178
3 敦 3 / 04338
3 敦 4 / 04141
3 敦 5 / 04122
3 敦 6~7 / 04116
3 敦 7 / 04117
3 敦 8 / 04002
3 敦 9 / 03623
3 敦 10 / 03904
3 敦 11 / 03991
3 敦 12 / 03952
3 敦 13 / 03866
3 敦 14 / 03773
3 敦 15 / 03772
3 敦 16 / 03762
3 敦 17 / 03723
3 敦 18 上 / 03534
3 敦 18 下 ~19 上 / 03535
3 敦 20.1 / 03065
3 敦 21 / 03070
3 敦 22.1 / 02987
3 敦 23 / 02919
3 敦 24 / 04649
3 敦 25 / 03845
3 敦 26 / 03502
3 盤 1 / 10174
3 盤 2 / 10151
3 盤 3 / 10126
3 盤 4 / 10105
3 盤 6 / 10068
3 匜 1 / 10279
3 匜 2 / 10253
3 匜 3 / 10218
3 匜 4 / 10214

3 匜 5 / 10205
3 匜 6 / 10240
3 區 2 / 10371
3 區 1 / 10374
3 鍈 1 / 10368
3 簠 1 / 04436
3 簠 1 / 04632
3 簠 2 / 04616
3 簠 3 / 04600
3 簠 4 / 04514
3 鬲 1 / 00632
3 鬲 2 / 00597
3 鬲 3 / 00596
3 盉 1 / 09404
3 盉 3 / 09379
3 盉 3 / 10352
3 甗 1 / 00877
3 甗 2 / 00870
3 雜器 1/ 10367
3 雜器 2 / 10366
3 雜器 3 / 11848
3 雜器 4 / 11845
3 雜器 6 / 00969
4 古兵 / 10811
4 古兵 / 10824
4 古兵 / 10859
4 古兵 / 10877
4 古兵 / 10936
4 古兵 / 10944
4 古兵 / 10963
4 古兵 / 10975
4 古兵 / 10983
4 古兵 / 11012
4 古兵 / 11021
4 古兵 / 11023
4 古兵 / 11033
4 古兵 / 11049
4 古兵 / 11062
4 古兵 / 11082
4 古兵 / 11156
4 古兵 / 11183

4 古兵 / 11187	4 古兵 / 11312	4 古兵 / 11396	4 古兵 / 11488	4 古兵 / 11541
4 古兵 / 11203	4 古兵 / 11346	4 古兵 / 11469	4 古兵 / 11489	4 古兵 / 11908
4 古兵 / 11230	4 古兵 / 11353	4 古兵 / 11473	4 古兵 / 11526	
4 古兵 / 11233	4 古兵 / 11364			

雙吉

上 1.2 / 00005	上 21 / 10220	上 37 / 07902	下 4 / 10862	下 32 / 11342
上 5 / 01031	上 22 / 09949	上 38 / 09012	下 5 / 10780	下 33 / 11227
上 5 / 09932	上 24 / 05891	上 39 / 09013	下 6 / 10738	下 34 / 11351
上 6 / 02324	上 25 / 05655	上 40 / 08584	下 7 / 10739	下 36 / 11570
上 7 / 01615	上 26 / 05863	上 41 / 08697	下 8 / 10772	下 37 / 11413
上 8 / 02449	上 27 / 03830	上 43 / 11133	下 16 / 10788	下 38 / 11438
上 9 / 00540	上 27 / 06511	上 44 / 08830	下 17 / 10999	下 39 / 11506
上 10 / 00841	上 28 / 09495	上 45 / 08874	下 18 / 11210	下 40 / 11803
上 11 / 04564	上 29 / 09413	上 46 / 07289	下 19 / 11154	下 41 / 11778
上 12 / 03743	上 30 / 09242	上 47 / 06409	下 20 / 11402	下 42 / 11779
上 13 / 03588	上 31 / 09239	上 48 / 06312	下 26 / 10794	下 43 / 11760
上 14 / 03745	上 32 / 5399	上 49 / 06451	下 27 / 10782	下 50 / 11911
上 15 / 04069	上 33 / 07847	上 50 / 09910	下 28 / 10984	下 51.1 / 11995
上 16 / 03952	上 34 / 07866	下 1 / 10873	下 29 / 11038	下 51.2 / 11962
上 18 / 03093	上 35 / 08244	下 2 / 10686	下 30 / 11125	
上 19 / 03192	上 36 / 08443	下 3 / 10776	下 31 / 11361	

雙古

上 1 / 01382	上 10 / 05926	上 21 / 02922	上 30 / 04853	上 41 / 11637
上 2 / 01208	上 11 / 05965	上 22 / 03432	上 32 / 09103	上 42 / 08074
上 3 / 01626	上 12 / 05898	上 23 / 03010	上 33 / 08396	上 43 / 07321
上 4 / 01552	上 13 / 05567	上 24 / 03778	上 34 / 07026	上 44 / 11151
上 5 / 01229	上 14 / 05840	上 25 / 03945	上 35 / 06189	上 45 / 11381
上 6 / 01413	上 15 / 05984	上 26 / 10075	上 35 / 08437	上 46 / 11134
上 7 / 02809	上 17 / 05593	上 27 / 04715	上 36 / 06188	上 47 / 11149
上 8 / 00739	上 19 / 05202	上 28 / 05110	上 38 / 00978	
上 9 / 05601	上 20 / 09661	上 29 / 04749	上 39 / 00977	

攈古

1.1.1 / 00274	1.1.4.1 / 03034	1.1.5.4 / 10495	1.1.8.3 / 07533	1.1.10.2 / 07661
1.1.2.1 / 00995	1.1.4.2 / 05448	1.1.6.1 / 02961	1.1.8.4 / 07581	1.1.10.3 / 07513
1.1.2.2 / 01070	1.1.4.3 / 10487	1.1.6.2 / 06046	1.1.9.1 / 07543	1.1.10.4 / 07512
1.1.2.3 / 01007	1.1.4.4 / 02919	1.1.7.2 / 08567	1.1.9.2 / 07708	1.1.11.1 / 07314
1.1.2.4 / 01168	1.1.5.2 / 02999	1.1.7.4 / 07620	1.1.9.3 / 07782	1.1.11.2 / 07321
1.1.3.1 / 01179	1.1.5.1 / 10488	1.1.8.1 / 07445	1.1.9.4 / 07572	1.1.11.4 / 07408
1.1.3.2 / 05479	1.1.5.3 / 10492	1.1.8.2 / 07534	1.1.10.1 / 07666	1.1.12.2 / 05466

1.1.12.4 / 02962
1.1.13.1 / 09756
1.1.13.3 / 04801
1.1.13.4 / 00446
1.1.14.1 / 00770
1.1.14.4 / 06599
1.1.15.2 / 06699
1.1.15.3 / 06698
1.1.15.4 / 06533
1.1.16.1 / 06571
1.1.16.2 / 06591
1.1.16.4 / 06528
1.1.19.2 / 01476
1.1.20.2 / 01432
1.1.20.3 / 01275
1.1.20.4 / 01460
1.1.21.2 / 01252
1.1.21.1 / 01461
1.1.22.1 / 01089
1.1.22.2 / 01409
1.1.22.3 / 01763
1.1.22.4 / 03090
1.1.23.1 / 10511
1.1.23.2 / 03060
1.1.23.3 / 10500
1.1.24.1 / 03070
1.1.24.2 / 03065
1.1.25.2 / 06112
1.1.25.3 / 06101
1.1.25.4 / 06174
1.1.26.1~2 / 06179
1.1.27.2 / 08518
1.1.27.3 / 07531
1.1.28.1 / 07978
1.1.28.3 / 07915
1.1.29.1 / 07906
1.1.29.2 / 07904
1.1.29.3 / 07902
1.1.30.1 / 07885
1.1.30.2 / 07965
1.1.30.3 / 08654
1.1.30.4 / 07952
1.1.31.1 / 07967
1.1.31.3 / 08047
1.1.32.1 / 07866
1.1.32.2 / 07847
1.1.33.1 / 08017
1.1.33.2 / 08011
1.1.33.4 / 08062
1.1.34.1 / 08093
1.1.34.2 / 08110
1.1.34.3 / 07366
1.1.34.4 / 08147
1.1.35.1 / 08112
1.1.35.3 / 08075
1.1.35.4 / 08134
1.1.36.1 / 08217
1.1.36.2 / 08294
1.1.36.3 / 08235
1.1.37.1 / 07395
1.1.37.3 / 05566
1.38.1 / 06957
1.1.38.3~4 / 05569
1.1.39.3 / 04834
1.1.39.4~40.1 / 04829
1.1.41.1~2 / 04757
1.1.41.3~4 / 04860
1.1.42.4~43.1 / 02954
1.1.42.1~2 / 04847
1.1.43.4~3 / 09283
1.1.44.1~2 / 06959
1.1.44.3 / 09253
1.1.45.2 / 06820
1.1.45.4 / 09185
1.1.46.4 / 10923
1.1.47.3~4 / 10877
1.1.48.1~2 / 10859
1.1.48.3~4 / 10857
1.2.1.1 / 01695
1.2.1.2 / 01676
1.2.1.3 / 01686
1.2.2.1 / 01342
1.2.2.4 / 01727
1.2.2.3 / 01769
1.2.3.1 / 01728
1.2.3.2 / 00491
1.2.3.4 / 01656
1.2.4.1 / 01569
1.2.4.3 / 01019
1.2.4.4 / 01421
1.2.5.1 / 01480
1.2.5.2 / 01735
1.2.5.3 / 01578
1.2.5.4 / 01592
1.2.6.1 / 01768
1.2.7.1 / 10530
1.2.7.2 / 03281
1.2.7.3 / 03151
1.2.7.4 / 07114
1.2.9.1~2 / 03211
1.2.9.3 / 03289
1.2.10.1 / 03120
1.2.10.2 / 06397
1.2.10.3 / 06274
1.2.10.4 / 06275
1.2.11.1 / 06237
1.2.11.2 / 06232
1.2.11.3 / 06305
1.2.11.4 / 06315
1.2.12.3 / 06172
1.2.12.2 / 06221
1.2.12.1 / 06231
1.2.13.3 / 06202
1.2.14.1 / 06365
1.2.14.2 / 06366
1.2.14.3/ 07159
1.2.14.4 / 08361
1.2.15.1 / 07793
1.2.15.2 / 08825
1.2.15.4 / 08782
1.2.16.1 / 08779
1.2.17.1 / 08457
1.2.17.2 / 08391
1.2.17.3 / 08239
1.2.17.4 / 08329
1.2.18.1 / 08470
1.2.18.2 / 08555
1.2.18.3 / 08914
1.2.18.4 / 08489
1.2.19.1 / 08584
1.2.19.4 / 08623
1.2.20.1 / 08627
1.2.20.2 / 08616
1.2.20.3 / 08617
1.2.20.4 / 08666
1.2.21.2 / 08696
1.2.21.3 / 08691
1.2.21.4 / 08695
1.2.22.1 / 08677
1.2.22.3 / 08537
1.2.22.4 / 08554
1.2.23.1 / 08932
1.2.23.3 / 08580
1.2.23.4 / 08573
1.2.24.1 / 08625
1.2.24.2 / 08615
1.2.24.3 / 08663
1.2.24.4 / 08437
1.2.25.2 / 08367
1.2.25.3 / 08341
1.2.25.4 / 08735
1.2.26.1 / 07824
1.2.26.3 / 08191
1.2.26.4 / 08477
1.2.27.1 / 08767
1.2.27.2 (与 1.2.12.1 重)
1.2.27.3 / 08575
1.2.27.4 / 05675
1.2.28.1 / 05753
1.2.28.2 / 05632
1.2.28.3 / 05664
1.2.28.4 / 03201
1.2.29.1 / 04981
1.2.29.3 / 05627
1.2.29.4 / 05597
1.2.29.4 / 05620
1.2.29.3~4 / 03490
1.2.30 / 05592
1.2.30.1 / 00493
1.2.31 / 05691
1.2.31.2~3 / 05007
1.2.32.1~2 / 04899
1.2.32.3~4 / 05005
1.2.33.1~2 / 04968
1.2.33.3~4 / 04845
1.2.34.1 / 04893.1
1.2.34.2 / 04913.1
1.2.34.4 / 04934
1.2.35.1~2(3~4) / 05034
1.2.36.3 / 01646
1.2.36.1 / 03115
1.2.36.2 / 03252
1.2.36.4~37.1 / 00483
1.2.37.2 / 00489
1.2.37.3 / 00463
1.2.37.4 / 00815
1.2.38.1 / 09356
1.2.38.2~3 / 09347
1.2.39 / 06336
1.2.39.2 / 09505
1.2.39.3 / 05628
1.2.40.1 (与 1.2.14.3 重)
1.2.40.2(又 40.3) / 06869
1.2.40.4 / 07214
1.2.41 / 06973
1.2.41.2 / 071116
1.2.41.4 / 09201
1.2.42.2 / 10973
1.2.42.3 / 03113
1.2.42.3 / 11001
1.2.43.1 / 10959
1.2.43.2 / 10988
1.2.44.2 / 11908
1.2.44.4 / 11495
1.2.45.4 / 01826
1.2.46.1 / 01882
1.2.46.2 / 01979
1.2.46.3 / 01950
1.2.46.4 / 01966
1.2.47.1 / 01937
1.2.47.2 / 00851

1.2.47.3 / 01968
1.2.47.4 / 01913
1.2.48.1 / 01988
1.2.48.2 / 01930
1.2.48.4 / 01948
1.2.49.1 / 01433
1.2.49.3 / 01424
1.2.49.4 / 01817
1.2.50.2 / 01857
1.2.50.4 / 01520
1.2.51.1 / 01895
1.2.51.2 / 01775
1.2.51.3 / 03113
1.2.51.4 / 03223
1.2.52.1~2 / 10544
1.2.52.3 / 03188
1.2.53.2 / 03296
1.2.53.3 / 10540
1.2.53.4 / 00506
1.2.54.1 / 03385
1.2.54.2 / 03400
1.2.54.3 / 10542
1.2.55.2 / 03358
1.2.55.3 / 03374
1.2.55.4 / 01972
1.2.56.4 / 10533
1.2.56.2 / 04658
1.2.57.1 / 10537
1.2.57.2~3 / 03395
1.2.58.2 / 06320
1.2.58.3 / 06411
1.2.58.4 / 06352
1.2.59.1 / 06389
1.2.59.2 / 06375
1.2.59.3 / 06289
1.2.59.4 / 06245
1.2.60.1 / 06436
1.2.60.2 / 06429
1.2.60.3 / 06370
1.2.60.4 / 06399
1.2.61.1 / 06038
1.2.61.2 / 06391
1.2.61.4 / 08693
1.2.62.1 / 08878
1.2.62.2 / 08874
1.2.62.3 / 08443
1.2.62.4 / 08884
1.2.63.1 / 08438
1.2.63.2 / 08859
1.2.63.3 / 08521
1.2.63.4 / 08527
1.2.64.1 / 08528
1.2.64.2 / 06367
1.2.64.4 / 08935
1.2.65.1 / 08563
1.2.65.2 / 08901
1.2.65.3 / 08620
1.2.65.4 / 06314
1.2.66.1 / 08698
1.2.66.2 / 08919
1.2.66.3 / 08964
1.2.66.4 / 08965
1.2.67.2 / 08987
1.2.67.3 / 08612
1.2.68.4 / 06430
1.2.69.1 / 05751
1.2.69.2~3 / 09354
1.2.69.4 / 09763
1.2.70.3 / 04807
1.2.70.4 / 04806
1.2.71.1~2 / 04808
1.2.72.2~3 / 05112
1.2.73.1~2 / 04922
1.2.73.3 / 05052.1
1.2.73.4 / 05075
1.2.74.1~2 / 05111
1.2.74.3~4 / 05116
1.2.75.1~2 / 05121
1.2.75.3~4 / 05135
1.2.76.1~2 / 05132
1.2.76.3~4 / 09873
1.2.77.3 / 05073
1.2.77.4 / 03392
1.2.78.1 / 03356
1.2.78.2 / 03355
1.2.78~79 / 03343
1.2.80.1 / 00505
1.2.80.3~4 / 00825
1.2.81.1 / 00862
1.2.81.2 / 09379
1.2.82.3 / 09279
1.2.82.4 / 05745
1.2.83 / 07095
1.2.83.2 / 07234
1.2.83.4 / 07257
1.2.84.2 / 11036
1.2.84.3 / 11035
1.2.84.4 / 11049
1.2.85.1 / 11029
1.2.85.2 / 11046
1.23.6.1~2 / 02098
1.3.1.1~2 / 00399
1.3.1.3 / 00394
1.3.1.4 / 00393
1.3.2.1 / 02048
1.3.2.2 / 01922
1.3.2.3~4 / 01965
1.3.3.1 / 01898
1.3.3.2 / 02017
1.3.3.3 / 02071
1.3.4.1~2 / 02067
1.3.4.3 / 02063
1.3.4.4 / 02046
1.3.5 / 02081
1.3.7.1 / 02039
1.3.7.2 / 02041
1.3.7.3 / 01603
1.3.7.4 / 02010
1.3.8.1 / 01859
1.3.8.2 / 01640
1.3.8.4 / 10550
1.3.9.1 / 03460
1.3.10.1 / 10548
1.3.10.3 / 05763
1.3.10.4 / 03145
1.3.11.1 / 03302
1.3.11.3 / 10535
1.3.12.1 / 10038
1.3.12.2 / 10545
1.3.13.1 / 06255
1.3.13.2 / 06446
1.3.13.3 / 06319
1.3.13.4 / 06326
1.3.14.1~2 / 09008
1.3.14.3 / 08337
1.3.15.1 / 08857
1.3.15.2 / 09035
1.3.15.3 / 09040
1.3.15.4 / 09022
1.3.16.1 / 09013
1.3.16.2 / 09012
1.3.17.1 / 08517
1.3.17.2 / 09034
1.3.17.3 / 08692
1.3.18.1 / 08539
1.3.18.2 / 09032
1.3.18.3 / 08872
1.3.19.2 / 08864
1.3.19.3 / 08690
1.3.20.1 / 08929
1.3.20.2 / 09007
1.3.20.3 / 08849
1.3.20.4 / 09006
1.3.21.3 / 09793
1.3.22.1 / 10060
1.3.22.2 / 05818
1.3.22.4 / 05716
1.3.23.1 / 05801
1.3.23.3 / 05819
1.3.23.4 / 05820
1.3.24.1 / 09809
1.3.24.3 / 09558
1.3.25.3~4(2) / 05099.1
1.3.25.1~2 / 05187
1.3.26.1~2 / 04900
1.3.26.3~4 / 05081
1.3.27.3~4 / 04938
1.3.28.1~2 / 05064
1.3.28.3~4 / 05146
1.3.30 / 03497
1.3.30.1 / 03427
1.3.30.3 / 03475
1.3.31.1 / 00535
1.3.31.2 / 00523
1.3.31.3 / 00876
1.3.32.1 / 00854
1.3.32.2 / 00877
1.3.32.3 / 00822
1.3.32.4 / 00866
1.3.33.1~2 / 09387
1.3.33.3~4 / 09556
1.3.34.1~2 / 06456
1.3.34.3~4 / 09531
1.3.35.1 / 09559
1.3.35.2 / 07222
1.3.35.3 / 07232
1.3.36.4 / 11089
1.3.37.1 / 11085
1.3.37.3~4 / 10685
1.3.38.1 / 00014
1.3.38.2 / 00008
1.3.38.3 / 02118
1.3.39.3 / 01821
1.3.39.1 / 01853
1.3.39.2 / 02202
1.3.40.1 / 02172
1.3.40.3 / 02213
1.3.40.4 / 02153
1.3.41.1 / 02188
1.3.41.3~4 / 02451
1.3.42.2 / 02195
1.3.42.3~4 / 02184
1.3.43.1 / 02168
1.3.43.2 / 02125
1.3.43.3 / 03532
1.3.43.4 / 02158
1.3.44.1 / 03569
1.3.44.2 / 09038
1.3.44.3 / 10560
1.3.45.1 / 03502
1.3.45.2 / 03514
1.3.45.4 / 10561
1.3.46.1 / 03561
1.3.46.2 / 02142

1.3.46.3 / 03565
1.3.46.4 / 06467
1.3.47.1 / 06428
1.3.47.2 / 06447
1.3.47.3 / 09053
1.3.47.4 / 09059
1.3.48.1 / 09046
1.3.48.2 / 09045
1.3.48.4 / 05860
1.3.49.1~2 / 06477
1.3.49.3 / 05861
1.3.50.1 / 05811
1.3.50.2 / 05841
1.3.50.3 / 05837
1.3.50.4 / 05834
1.3.51.2 / 05828
1.3.51.3 / 06475
1.3.52.1~2 / 05199
1.3.52.3 / 05257
1.3.52.4 / 05223.2
1.3.53.1~2 / 05221
1.3.54.1~2 / 05236
1.3.54.3 / 05228.2
1.3.54.4 / 03564
1.3.55.1 / 03556
1.3.55.2 / 03555
1.3.55.3 / 03543
1.3.56.1~2 / 03537
1.3.56.3 / 03534
1.3.56.4 / 03535
1.3.57.2 / 03553
1.3.57.3 / 03573
1.3.57.4 / 03589
1.3.59.1 / 00567
1.3.59.3 / 00870
1.3.60.1 / 00887
1.3.60.2 / 10068
1.3.60.4 / 09411
1.3.61.1~2 / 09403
1.3.61.3~4 / 09405
1.3.62.1 / 05734
1.3.62.1~2 / 09284
1.3.62.3 / 05733

1.3.62.4 / 04481
1.3.63.1 / 04486
1.3.63.2~3 / 04351
1.3.64.1 / 07230
1.3.64.2 / 07274
1.3.65.1 / 07287
2.1.1.1 / 00016
2.1.1.3 / 02246
2.1.1.4 / 02305
2.1.2.2 / 02257
2.1.2.3 / 02251
2.1.2.4 / 02267
2.1.3.1 / 02137
2.1.3.3 / 03611
2.1.3.4 / 05869
2.1.4 / 02279
2.1.5.1 / 05865
2.1.5.2 / 03600
2.1.5.3 / 06487
2.1.6.1 / 06502
2.1.6.2 / 06488
2.1.6.4 / 09050
2.1.7.2 / 05854
2.1.7.3 / 05889
2.1.7.4 / 05874
2.1.8.1 / 05887
2.1.8.2.2~3 / 03772
2.1.8.2~3 / 05167
2.1.9.1~2 / 05291
2.1.9.3~4 / 05267
2.1.10.1~2 / 05280
2.1.10.3~4 / 05211
2.1.11.1~2 / 05302
2.1.11.3~4 / 05278
2.1.12.1 / 05285
2.1.12.2 / 05297
2.1.12.3 / 03632
2.1.13.1 / 10075
2.1.13.2 / 00579
2.1.13.3 / 00570
2.1.13.4 / 00891
2.1.14.1 / 00867
2.1.14.3~4 / 09404

2.1.15.1 / 09579
2.1.16.1 / 10195
2.1.16.3 / 07213
2.1.16.4 / 07292
2.1.17.1 / 07296
2.1.17.2,30.2 / 05296
2.1.17.4 / 09242
2.1.18.1 / 11200
2.1.18.3~4 / 11114
2.1.19.1 / 00018
2.1.19.2~3 / 00033
2.1.19.4 / 02325
2.1.20.1 / 02343
2.1.20.2 / 02316
2.1.20.4 / 05905
2.1.20.3 / 03644
2.1.21.1 / 03657
2.1.21.3 / 10567
2.1.22.3 / 02329
2.1.22.4 / 03663
2.1.22.2 / 10571
2.1.23.1 / 00907
2.1.23.2 / 10574
2.1.23.3 / 03655
2.1.23.4 / 10573
2.1.24.2 / 03674
2.1.24.3 / 06496
2.1.24.4 / 09086
2.1.25.1 / 09077
2.1.25.2 / 05914
2.1.25.4~26.1 / 09885
2.1.26.2 / 05275
2.1.26.3~4 / 05277
2.1.27.1~2 / 05250
2.1.27.3 / 05317
2.1.27.4 / 03677
2.1.28.1 / 03671
2.1.28.2 / 00602
2.1.28.3 / 00596
2.1.29.1 / 00597
2.1.29.2~3 / 09292
2.1.29.4 / 04499
2.1.30.1 / 10200

2.1.30.3 / 11206
2.1.30.4 / 11268
2.1.31.1 / 11257
2.1.31.2 / 11541
2.1.31.3 / 11915
2.1.32.1 / 02377
2.1.32.3 / 02375
2.1.33.2 / 02372
2.1.33.3 / 02384
2.1.33.4 / 02383
2.1.34.1 / 02378
2.1.34.3 / 03645
2.1.34.3 / 03696
2.1.35.1 / 09089
2.1.35.3~4 / 09088
2.1.36.1 / 05944
2.1.36.2 / 05894
2.1.36.3 / 05877
2.1.36.4 / 05925
2.1.37.1 / 05922
2.1.37.2~3 / 10579
2.1.38.1~2 / 05339
2.1.39.1~2 / 05327
2.1.39.3 / 03701
2.1.40.1~2 / 03702
2.1.41.1 / 03684
2.1.41.2 / 03694
2.1.41.3 / 03705
2.1.41.4 / 00606
2.1.42.1 / 00915
2.1.42.2 / 10208
2.1.42.3~4 / 09296
2.1.43.1 / 10202
2.1.43.2~3 / 04367
2.1.44.1 / 04366
2.1.44.2~4 / 09606
2.1.46.1 / 00034
2.1.47.1 / 00021
2.1.47.2 / 02415
2.1.47.3 / 02312
2.1.47.4 / 02420
2.1.48.1 / 02411
2.1.48.2 / 02412

2.1.48.3 / 02410
2.1.48.4 / 03723
2.1.49.1 / 02404
2.1.49.2 / 06495
2.1.49.3 / 06481
2.1.49.4 / 09096
2.1.50.1 / 05950
2.1.50.2 / 09608
2.1.51.1 / 05334
2.1.51.4~3 / 03732
2.1.52.1 / 03725
2.1.52.2 / 03728
2.1.52.3 / 03470
2.1.52.4 / 10083
2.1.53.1 / 10084
2.1.53.2 / 10086
2.1.53.3 / 00628
2.1.53.4 / 00629
2.1.54.1 / 00601
2.1.54.2 / 00615
2.1.54.3 / 00925
2.1.55.1~2 / 09430
2.1.55.3 / 10206
2.1.55.4 / 10214
2.1.56.1 / 04683
2.1.56.2 / 04514
2.1.56.3 / 04515
2.1.57.1 / 11289
2.1.57.2 / 11636
2.1.57.3 / 11640
2.1.58.3 / 02452
2.1.58.4 / 02441
2.1.59.1 / 10576
2.1.59.2 / 05955
2.1.59.3~4 / 05366
2.1.60.1 / 04638
2.1.60.2 / 03758
2.1.60.3 / 03759
2.1.60.4 / 03754
2.1.61.1 / 00641
2.1.61.2 / 00638
2.1.62.1 / 00639
2.1.62.2 / 00927

2.1.62.3 / 10352
2.1.63.1~2 / 09431
2.1.64.1 / 04365
2.1.64.2 / 07301
2.1.65.1 / 02472
2.1.65.2 / 02426
2.1.66.1 / 02456
2.1.66.3 / 03717
2.1.68 / 09090
2.1.70.1 / 05956
2.1.70.2~71.1 / 09092
2.1.72.2 / 03736
2.1.72.3 / 03737
2.1.73.1 / 05369
2.1.73.1 / 03785
2.1.73.2 / 05351
2.1.74.1 / 00645
2.1.74.2 / 00659
2.1.75.1 / 09639
2.1.75.2~76.1 / 09295
2.1.76.2~3 / 09294
2.1.76.3 / 04524
2.1.77.1 / 04395
2.1.77.2 / 04378
2.1.77.3 / 04377
2.1.78.1 / 00040
2.1.78.2 / 00041
2.1.80.1 / 02493
2.1.80.2 / 09099
2.1.80.3~4 / 05360
2.1.81.1 / 05365
2.1.82.1 / 03820
2.1.83.1 / 03762
2.1.83.2~3 / 03787
2.1.84.1 / 10097
2.1.84.2 / 09612
2.1.84.3 / 10229
2.1.85.1 / 10218
2.1.85.2 / 04389
2.1.85.3 / 07312
2.1.86 / 11243
2.1.25.3 / 09884
2.2.1.1 / 02502
2.2.1.2 / 02464
2.2.2.1 / 02511
2.2.2.2 / 02499
2.2.3.2 / 03763
2.2.4.2 / 03822
2.2.5.1 / 05969
2.2.5.2 / 05373
2.2.5.4 / 03831
2.2.6.1~2 / 03786
2.2.6.4 / 03764
2.2.7.2 / 03848
2.2.8.1 / 03770
2.2.8.3 / 10093
2.2.9.1 / 10105
2.2.9.2 / 00642
2.2.10.1 / 00666
2.2.10.2 / 00929
2.2.10.3 / 10225
2.2.11.1 / 10220
2.2.11.2 / 04537
2.2.12.1 / 04390
2.2.12.2 / 04392
2.2.12.3~4 / 11346
2.2.13.1 / 10314
2.2.13.2 / 03818
2.2.13.3 / 03817
2.2.13.4 / 03866
2.2.14.1 / 03809
2.2.14.3 / 03813
2.2.15.1 / 03804
2.2.15.2 / 10115
2.2.16.1~2 / 00673
2.2.16.3~17.1 / 00691
2.2.16.3~4 / 00672
2.2.17.2~18.1 / 00669
2.2.18 / 00671
2.2.19 / 09641
2.2.19.1 / 00937
2.2.20.1 / 09434
2.2.20.2 / 10243
2.2.20.3 / 04400
2.2.21.4 / 00045
2.2.21.1~2 / 04405
2.2.21.3 / 11356
2.2.22.1 / 00043
2.2.22.2 / 00042
2.2.23.1 / 02526
2.2.23.2 / 02562
2.2.24.1 / 02495
2.2.24.2 / 02525
2.2.25.1 / 02554
2.2.25.2 / 02553
2.2.26.1~2 / 09102
2.2.27.1 / 09821
2.2.27.3 / 05381
2.2.28.1 / 05379.1
2.2.28.3 / 03845
2.2.29.1 / 03893
2.2.29.2 / 03844
2.2.30.1 / 10123
2.2.30.2~31.1 / 00717
2.2.32.1 / 00708
2.2.32.2 / 00688
2.2.33.1 / 10231
2.2.33.2 / 04566
2.2.34.1 / 04568
2.2.34.2 / 04416
2.2.34.3 / 04411
2.2.35.2~1 / 04407
2.2.35.4 / 11353
2.2.36.1 / 11549
2.2.36.2 / 02534
2.2.37 / 02563
2.2.38.1 / 02517
2.2.39.1~2 / 05380
2.2.39.3 / 05385
2.2.40.1 / 03930
2.2.40.2 / 03903
2.2.40.3 / 03943
2.2.41 / 03888
2.2.42.1 / 03889
2.2.42.2 / 03868
2.2.42.3 / 03887
2.2.42.4 / 03890
2.2.43.1 / 03899.2
2.2.43.2~44.1 / 03898
2.2.44.2 / 03901
2.2.45.1 / 03897
2.2.45.2 / 03900
2.2.51 / 10334
2.2.52.2 / 10129
2.2.53.1~2 / 00732
2.2.54.1 / 09440
2.2.54.2 / 09654
2.2.54.3 / 09653
2.2.54.4 / 09652
2.2.55.1 / 09651
2.2.55.2 / 10237
2.2.56.1 / 02594
2.2.56.2 / 04414
2.2.57 / 02609
2.2.58.1 / 02601
2.2.58.2 / 09967
2.2.59.2 / 02595
2.2.60.1 / 02607
2.2.61.1 / 03948
2.2.61.2 / 09890
2.2.62.1 / 05979
2.2.62.2 / 03915
2.2.62.3 / 03954
2.2.63.2 / 03959
2.2.64.1~2 / 03916
2.2.65.2 / 10126
2.2.66.1 / 10253
2.2.66.2 / 04424
2.2.66.3 / 04425
2.2.67.1~2 / 11364
2.2.67.3 / 02588
2.2.68.1 / 02615
2.2.68.2 / 03912
2.2.68.3 / 02614
2.2.69.1 / 05982
2.2.69.2 / 03987
2.2.70 / 03971
2.2.71.1 / 03989
2.2.71.2 / 03988
2.2.72 / 03978
2.2.27.2 / 05976
2.2.73.1~2 / 03965
2.2.73.3 / 03966
2.2.73.4 / 03968
2.2.74.1 / 10137
2.2.74.2 / 10131
2.2.75.1~2 / 00720
2.2.75.3~4 / 09447
2.2.76.1~2 / 09671
2.2.77.1 / 09668
2.2.77.2 / 09667
2.2.79.2 / 02596
2.2.80.1 / 02598
2.2.81.2 / 05971
2.2.82.2~1 / 04013
2.2.83.1 / 04012
2.2.83.2 / 03952
2.2.84 / 03956
2.2.85.1 / 10133
2.2.85.2 / 00737
2.2.86.1 / 00944
2.2.86.2 / 04428
2.3.1.2 / 02636
2.3.2 / 02650
2.3.3.1 / 03990
2.3.3.2 / 09104
2.3.4.1 / 04009
2.3.4.2 / 03958
2.3.5 / 03982
2.3.6.1~2 / 09690
2.3.7.1~2 / 09687
2.3.8.2 / 04582
2.3.9.2 / 02655
2.3.10.1 / 10581
2.3.10.2 / 04018
2.3.1.1 / 02657
2.3.11.1 / 04014
2.3.11.2~12.1 / 04001
2.3.12.2~2.3.13.1 / 04002
2.3.13.2 / 10143
2.3.14.1 / 00941
2.3.14.2 / 00945

2.3.15.1 / 04581
2.3.15.2 / 10272
2.3.16 / 04579.2
2.3.17 / 04596
2.3.18.1 / 04432
2.3.18.2 / 04433
2.3.19.1 / 00064
2.3.19.2 / 02662
2.3.21.2 / 04031
2.3.20.1 / 02649
2.3.20.2 / 02648
2.3.22.1 / 04041
2.3.22.2~23.1 / 04005
2.3.23.2 / 04004
2.3.24.1~2 / 04436
2.3.25.1~2 / 00132
2.3.26.1 / 02671
2.3.26.2 / 02672
2.3.27.2 / 04042
2.3.28.1,29.1 / 04040
2.3.29.2 / 10151
2.3.30~31 / 09694
2.3.32~33.1 / 09695
2.3.33.2 / 00092
2.3.34.2 / 02673
2.3.35 / 02674
2.3.36 / 02678
2.3.37.2 / 05398
2.3.38.1 / 04036
2.3.38.2 / 04037
2.3.39 / 09982
2.3.40.1 / 02670
2.3.40.2 / 04096
2.3.41.1 / 04061
2.3.41.2 / 00068
2.3.42 / 00066
2.3.43.1 / 00069
2.3.43.2 / 00065
2.3.44.1 / 00070
2.3.44.2 / 02711
2.3.45 / 02692
2.3.46 / 05990
2.3.47.1 / 04644

2.3.47.2 / 04075
2.3.48 / 04107
2.3.49 / 04600
2.3.50.1 / 02749
2.3.50.2 / 05989
2.3.51.1 / 04093
2.3.51.2~52.1 / 04089
2.3.52.2 / 04692
2.3.53 / 04601
2.3.54.1 / 00745
2.3.55.1 / 04098
2.3.55.2~56.1 / 04109
2.3.56.2 / 04110
2.3.58.2 / 05994
2.3.59.1~2 / 05405
2.3.60 / 10279
2.3.61.1 / 04115
2.3.61.2 / 04117
2.3.62.2 / 04116
2.3.63.2 / 04615
2.3.64 / 00421
2.3.65.1 / 00422
2.3.65.2 / 02723
2.3.66 / 10583
2.3.67 / 04127
2.3.68 / 04124
2.3.69.1~2 / 04122
2.3.70 / 04119.2
2.3.71 / 04118
2.3.72.1 / 10339
2.3.72.2 / 02727
2.3.73 / 02730
2.3.74.1 / 04130
2.3.74.2 / 10161
2.3.75 / 10281
2.3.76 / 04616
2.3.77~78.1 / 00083
2.3.78.2 / 00082
2.3.79.2 / 02731
2.3.80.1 / 02728
2.3.80.2 / 09105
2.3.82 / 04140

2.3.83.1 / 10162
2.3.84 / 02734
2.3.86.1 / 04144
2.3.86.2~87.1 / 05407
3.1.1 / 02744
3.1.4.1 / 05408
3.1.4.2~5.1 / 04141
3.1.5.2 / 04142
3.1.6 / 04620
3.1.7.1 / 04646
3.1.8 / 04152
3.1.9 / 00947
3.1.10 / 04623
3.1.11 / 04624
3.1.12.2~13 / 00424
3.1.14 / 02752
3.1.15.1 / 05411.1
3.1.15.2~16.1 / 04166
3.1.16.2 / 04167
3.1.17.1~2 / 09713
3.1.18.2 / 00111
3.1.18.1~19.1 / 09714
3.1.21 / 04190
3.1.22.1~2 / 04192
3.1.23~24 .1/ 04183
3.1.24.2 / 04178
3.1.25 / 04626
3.1.26 / 04181
3.1.28 / 00114
3.1.29 / 00115
3.1.30.1 / 00104
3.1.30.2 / 00105
3.1.31.1 / 02775
3.1.31.2 / 06006
3.1.32 / 05423
3.1.33 / 04627
3.1.34 / 06008
3.1.35 / 02780
3.1.36 / 02781
3.1.37 / 04206
3.1.38 / 00151
3.1.39 / 00149
3.1.40 / 04214

3.1.41 / 04208
3.1.42 / 04222
3.1.43 / 04221
3.1.44~45 / 10361
3.1.51.1~52.1 / 02786
3.1.52 / 02787
3.1.53 / 04230
3.1.54.1,55.2 / 04232
3.1.54.2 / 04234
3.1.55.1 / 04231
3.1.56 / 04240
3.1.57~58.1 / 00145
3.1.58.2~59.1 / 00146
3.1.59.2 / 04242
3.1.60 / 06515
3.1.65 / 06009
3.1.66~67.1 / 05433
3.1.67.2 / 02803
3.1.69~70 / 00183
3.1.71 / 00185
3.1.72 / 04261
3.1.73 / 04629
3.1.75 / 04649
3.1.77 / 02807
3.1.78~79 / 04262
3.1.80 / 04265
3.1.81.1~2 / 04264
3.1.82 / 04263
3.1.83~85 / 04272
3.1.86 / 04269
3.2.1 / 00238
3.2.3 / 00240
3.2.4 / 00239
3.2.5.1 / 00242
3.2.5.2 / 00243
3.2.6.1 / 00244
3.2.6.2 / 00245
3.2.8 / 02814
3.2.9 / 02813
3.2.11 / 04631
3.2.12~13 / 04632
3.2.15 / 04277
3.2.17 / 02816

3.2.18~19 / 02818
3.2.20 / 09898
3.2.21 / 02817
3.2.22~23 / 10172
3.2.24 / 04293
3.2.25~26 / 04292
3.2.27.3.2,30.2~31.1 / 04289
3.2.28.2~29.1 / 04288
3.2.31.2~32.1 / 04291
3.2.32.2~33.1 / 04290
3.2.33.2 / 04294
3.2.35 / 04299
3.2.37~39 / 10173
3.2.49~50 / 02820
3.2.51 / 04302
3.2.52.2~54 / 04313
3.2.56~57 / 00260
3.2.58 / 04316
3.2.67~68.2 / 10174
3.2.72 / 04261
3.3.1.1~3.1 / 09732
3.3.3.2~5.1 / 02829
3.3.5.2~7.2 / 02827
3.3.8 / 04327
3.3.9.2~10.1 / 04334
3.3.11~13.1 / 04332
3.3.13.2~15.1 / 04333
3.3.15.2~16.1 / 04338
3.3.16.2~17.1 / 04339
3.3.20.1~21.1 / 04329
3.3.23~24.2 / 09729
3.3.26.1~27.1 / 09730
3.3.28~29 / 10342
3.3.31~33 / 02837
3.3.37~40 / 10176
3.3.42~44 / 02839
3.3.46~48 / 02838
3.3.51~55 / 02841

續殷

上 1.1 / 00370
上 1.10 / 00379
上 1.11 / 00375
上 1.2 / 00374
上 1.3 / 00359
上 1.4 / 00364
上 1.5 / 00363
上 1.6 / 00362
上 1.7 / 00382
上 1.8 / 00377
上 1.9 / 00378
上 2.1 / 00398
上 2.10 / 00411
上 2.2 / 00404
上 2.3 / 00403
上 2.5 / 00391
上 2.6~7 / 00399
上 2.8 / 00393
上 2.9 / 00394
上 3.1 / 00395
上 3.3 / 00396
上 3.6 / 00397
上 4.1 / 01120
上 4.2 / 01121
上 4.3 / 01112
上 4.4 / 01128
上 4.4 / 01229
上 4.6 / 01228
上 4.7 / 01204
上 4.8 / 01207
上 4.9 / 01213
上 4.10 / 09152
上 4.11 / 01019
上 5.1 / 01079
上 5.11 / 01440
上 5.12 / 01442
上 5.2 / 01080
上 5.3 / 01146
上 5.4 / 01145
上 5.5 / 01426
上 5.6 / 01432
上 5.9 / 01422
上 6.1 / 01444
上 6.10 / 01410
上 6.11 / 08336
上 6.12 / 01448
上 6.2 / 01438
上 6.6 / 01424
上 6.9 / 01413
上 7.1 / 01031
上 7.10 / 01095
上 7.11 / 01369
上 7.12 / 01025
上 7.3 / 01052
上 7.4 / 01180
上 7.5 / 01181
上 7.6 / 01158
上 7.8 / 01191
上 7.9 / 01070
上 8.1 / 01032
上 8.10 / 01267
上 8.12 / 01272
上 8.2 / 01007
上 8.6 / 01253
上 8.7 / 01262
上 8.8 / 01260
上 8.9 / 01261
上 9.1 / 01278
上 9.10 / 01488
上 9.11 / 01394
上 9.12 / 01742
上 9.2 / 01311
上 9.3 / 01313
上 9.4 / 01301
上 9.6 / 01290
上 9.8 / 01480
上 9.9 / 01479
上 10.1 / 01741
上 10.5 / 01357
上 10.6 / 01744
上 10.7 / 01743
上 10.8 / 01746
上 11.10 / 01510
上 11.2 / 01293
上 11.3 / 01468
上 11.4 / 01464
上 11.6 / 01491
上 11.7 / 01752
上 11.9 / 01811
上 12.2 / 01512
上 12.3 / 01511
上 12.4 / 01513
上 12.5.5 / 01544
上 12.6 / 01536
上 12.7 / 01823
上 12.8 / 01551
上 12.9 / 01553
上 12.10 / 01550
上 13.1 / 01541
上 13.10 / 01574
上 13.11 / 01595
上 13.12 / 01594
上 13.2 / 01542
上 13.3 / 01524
上 13.4 / 01525
上 13.5 / 01526
上 13.6 / 01532
上 13.7 / 01568
上 13.8 / 01566
上 13.9 / 01567
上 14.1 / 01597
上 14.10 / 01620
上 14.11 / 01612
上 14.12 / 01605
上 14.2 / 01579
上 14.3 / 03319
上 14.4 / 01599
上 14.5 / 01584
上 14.6 / 01593
上 14.7 / 01859
上 14.8 / 01857
上 14.9 / 00481
上 15.1 / 01608
上 15.10 / 01650
上 15.11 / 01652
上 15.12 / 01638
上 15.2 / 01606
上 15.3 / 01872
上 15.4 / 01603
上 15.5 / 01625
上 15.7 / 01630
上 15.8 / 01626
上 16.1 / 01660
上 16.2 / 01662
上 16.3 / 01657
上 16.4 / 01889
上 16.5 / 01641
上 16.6 / 01693
上 16.7 / 01685
上 16.8 / 01679
上 17.1 / 01689
上 17.10 / 01498
上 17.11 / 01714
上 17.12 / 01378
上 17.2 / 01690
上 17.3 / 01681
上 17.4 / 01678
上 17.6 / 01671
上 17.8 / 01515
上 17.9 / 01704
上 18.3 / 01705
上 18.10 / 01830
上 18.11 / 03195
上 18.12 / 02002
上 18.2 / 01740
上 18.4 / 01814
上 18.5 / 01816
上 18.6 / 05050
上 18.8 / 01557
上 18.8 / 08145
上 18.9 / 02009
上 19 / 01877
上 19.1 / 02117
上 19.10 / 01882
上 19.2 / 01853
上 19.3 / 01844
上 19.4 / 01842
上 19.5 / 01582
上 19.6 / 01878
上 19.9 / 01888
上 20.1 / 01902
上 20.10 / 01996
上 20.11 / 01998
上 20.12 / 01999
上 20.2 / 01684
上 20.3 / 01891
上 20.4 / 01893
上 20.5 / 01894
上 20.6 / 01901
上 20.7 / 01897
上 20.9 / 01907
上 21.1 / 02007
上 21.11 / 02129
上 21.2 / 02010
上 21.4 / 02072
上 21.5 / 02026
上 21.6 / 02058
上 21.7 / 02059
上 21.8 / 02073
上 21.9 / 02113
上 22 / 02312
上 22.1 / 02136
上 22.10 / 02402
上 22.11 / 03647
上 22.12 / 03648
上 22.2~3 / 02145
上 22.4 / 02140
上 22.5 / 02155
上 22.6 / 02311
上 22.8 / 02327
上 22.9 / 02400
上 23.1 / 02328
上 23.2 / 02335
上 23.3 / 02348
上 23.4 / 02368

上 54.3 / 05648
上 54.5 / 05745
上 54.6 / 05746
上 55.1 / 05671
上 55.2 / 03210
上 55.4 / 05668
上 55.5 / 05670
上 55.6 / 05751
上 55.8 / 05688
上 55.9 / 03224
上 55.9 / 09793
上 56.10 / 05655
上 56.11 / 05758
上 56.2 / 05732
上 56.3 / 03419
上 56.4 / 05623
上 56.5 / 05731
上 56.6 / 05734
上 56.7 / 05733
上 56.7~6 / 09284
上 56.8 / 05084
上 57.1 / 05755
上 57.2 / 05678
上 57.3~4 / 09873
上 57.5 / 05740
上 57.8 / 05777
上 57.9 / 05799
上 57.10 / 05804
上 58.3 / 05822
上 58.4 / 05798
上 58.5 / 07300
上 58.6 / 05263.1
上 58.7 / 05876
上 58.8 / 05877
上 59.1 / 05880
上 59.2 / 05879
上 59.3 / 05284.2
上 59.4 / 09887.1
上 59.5 / 05938
上 59.6 / 09887.2
上 59.7 / 05891
上 60.1 / 05935
上 60.3 / 05917

上 60.4 / 05944
上 60.5 / 05339
上 60.7 / 05927
上 61.1 / 05965
上 61.5 / 05957
上 61.7 / 05968
上 61.8 / 05975
上 62.1 / 05967
上 62.2 / 05979
上 63.1 / 09467
上 63.2 / 09458
上 63.3 / 09481
上 63.5~6 / 06040
上 63.7 / 09478
上 63.8 / 09768
上 63.11~12 / 09794
上 64.1~22 / 09533
上 64.3 / 09525
上 64.4 / 09545
上 64.5 / 09532
上 64.6~7 / 09531
上 64.8~9 / 09534
上 64.10 / 05142
上 65.1 / 05147
上 66.1 / 04732
上 66.1 / 10479
上 66.4~5 / 04741
上 66.6 / 04763
上 66.7.10 / 04808
上 66.9 / 04807
上 66.12 / 04786
上 67.1~2 / 04734
上 67.3~4 / 04752
上 67.5~6 / 04743
上 67.7~8 / 04745
上 67.9~10 / 04746
上 67.11~12 / 04747
上 68.1 / 04748
上 68.2~3 / 04701
上 68.4.6 / 04858
上 68.5.7 / 04859
上 68.8~9 / 04722
上 68.10~11 / 04723

上 68.12 / 04756
上 68.12 / 04753.2
上 69.3~4 / 04733
上 69.5 / 05010.1
上 69.6~7 / 04823
上 69.10~11 / 04828
上 70.1~2 / 04824
上 70.3 / 04868
上 70.4~5 / 04848
上 70.6 / 04820
上 70.7~8 / 04832
上 70.9~10 / 04826
上 70.11~12 / 05013
上 71.1~2 / 04863
上 71.3~4 / 04847
上 71.5~6 / 05014
上 71.7 / 04831
上 71.8 / 05010.2
上 71.9~10 / 05048
上 71.11 / 04896.1
上 72.1 / 04897
上 72.2~3 / 04899
上 72.4~5 / 05049
上 72.6~7 / 05061
上 72.8 / 05051
上 72.9~10 / 04913
上 73.1 / 04912
上 73.2 / 04926
上 73.3~4 / 05054
上 73.5 / 04916.2
上 73.6 / 04917
上 73.7 / 04915
上 73.8~9 / 04938
上 73.9 / 05629
上 73.10(上 37.6 重) / 04940
上 74.1 / 05074.1
上 74.2 / 05743
上 74.3 / 04962
上 74.4 / 04966
上 74.5 / 04965
上 74.6(与上 74.5 重)
上 74.7~8 / 04959

上 74.9~10 / 04960
上 75.1 / 05083
上 75.2 / 04987
上 75.3 / 05165.2
上 75.4~5 / 04976
上 75.6~7 / 04985
上 75.8 / 04988
上 75.9~10 / 05173
上 76.1~2 / 05000
上 76.3~4 / 05097
上 76.5 / 05005.1
上 76.6 / 05009
上 76.7~8 / 05006
上 76.9 / 05145.1
上 77.1 / 04916.1
上 77.2~3 / 04923
上 77.4~5 / 04924
上 77.6~7 / 05064
上 77.8~9 / 05065
上 78.1~2 / 05067
上 78.3 / 05066
上 78.4 / 05068
上 78.5~6 / 05077
上 78.7~8 / 05081
上 78.9 / 05803
上 79.1~2 / 04989
上 79.3 / 05091.1
上 79.7 / 05127
上 79.8 / 05110
上 79.9 / 05125
上 80.1 / 05153
上 80.2~3 / 05205
上 80.4 / 05157
上 80.5~6 / 05238
上 80.7 / 05192
上 81.1 / 05193
上 81.2 / 05189
上 81.3~4 / 05214
上 81.5~6 / 05218
上 81.7~8 / 05292
上 81.9~82.1 / 05294
上 82.2~3 / 05293

上 82.4~5 / 05250
上 82.7~8 / 05305
上 83.1~2 / 05267
上 83.3~4 / 05347
上 83.5~6 / 05281
上 83.7~8 / 05314
上 83.9 / 05334
上 84.1~2 / 05360
上 84.3(与上 60.5 重)
上 84.4 / 05351
上 84.5~6 / 05350
上 85.1~2 / 05349
上 85.3~4 / 05370
上 85.6 / 05369
上 85.7~86.1 / 05380
上 86.2~3 / 05379
上 86.4~5 / 05394
上 86.6~7 / 05417
下 1 / 09102
下 1.1 / 07570
下 1.3 / 07345
下 1.4 / 07517
下 1.5 / 07808
下 1.8 / 07541
下 1.9 / 07527
下 1.11 / 07355
下 1.12 / 07347
下 2.1 / 07415
下 2.2 / 07359
下 2.2 / 07369
下 2.4 / 07365
下 2.5 / 07421
下 2.6 / 07425
下 2.7 / 07786
下 2.8~2.9(与下 2.7 重)
下 2.11 / 07784
下 2.12 / 07787
下 3.1 / 08176
下 3.2 / 08603.2
下 3.3 / 07420
下 3.4 / 07419
下 3.6 / 07398
下 3.8 / 07396

下 3.9 / 07395
下 3.11 / 07794
下 3.12 / 07408
下 4.1 / 07616
下 4.2 / 07615
下 4.4; 下 10.4 / 08408
下 4.5 / 07827
下 4.6 / 07457
下 4.8 / 07445
下 4.9 / 07379
下 4.11 / 07462
下 4.12 / 07474
下 4.13 / 08990.1
下 4.20.5~6 / 4956
下 5.3 / 07734
下 5.4 / 07669
下 5.5 / 07671
下 5.6 / 07673
下 5.9 / 08832.2
下 5.11 / 08486.1
下 6.2 / 08591.1
下 6.4 / 07887
下 6.5 / 07694
下 6.6 / 07689
下 6.8 / 07712
下 6.10 / 08686.1
下 7.1 / 07662
下 7.3 / 07657
下 7.4 / 07697
下 7.5 / 07644
下 7.6 / 07771
下 7.7 / 07581
下 7.8 / 08217
下 7.9 / 07708
下 7.10 / 07817
下 7.11 / 08204
下 7.12 / 07414
下 8.1 / 08808
下 8.2 / 07492
下 8.4 / 08635.2
下 8.5 / 07702
下 8.6 / 07477
下 8.7 / 08822
下 8.8 / 07603
下 8.9 / 07850
下 8.11 / 07852
下 8.12 / 08330
下 9.1 / 08036
下 9.6 / 07866
下 9.7 / 07868
下 9.8 / 07872
下 9.9 / 07870
下 9.10 / 08294
下 9.12 / 07897
下 10.2 / 07884
下 10.9 / 07901
下 10.10 / 08494
下 10.11 / 07906
下 11.1 / 07918
下 11.3 / 07905
下 11.4 / 07917
下 11.6 / 08486.2
下 11.9 / 07930
下 11.10 / 07929
下 11.12 / 08528
下 12.1 / 07937
下 12.2 / 07934
下 12.3 / 07944
下 12.4 / 07945
下 12.8 / 08439
下 12.10 / 08591.2
下 12.11 / 08640
下 12.12 / 07955
下 13.1 / 07957
下 13.2 / 07960
下 13.3 / 07954
下 13.4 / 08603.1
下 13.5 / 08945
下 13.7 / 08654
下 13.8 / 07967
下 13.10(与 13.7 重)
下 13.11 / 07952
下 13.12 / 07958
下 14.1(08635.1)
下 14.3 / 07962
下 14.4 / 08631
下 14.5 / 07972
下 14.6 / 08688
下 14.7 / 07983
下 14.9 / 07981
下 14.11 / 08686.2
下 15.4 / 08161
下 15.5 / 08162
下 15.7 / 08477
下 15.8 / 08778
下 15.9 / 07997
下 15.10 / 07996
下 15.11 / 08106
下 15.12 / 08110
下 16.1 / 08085
下 16.2 / 08091
下 16.3 / 08094
下 16.4(与下 16.2 重)
下 16.5 / 08097
下 16.6 / 08093
下 16.7 / 08075
下 16.8(与下 16.7 重)
下 16.11 / 08767
下 16.12 / 08011
下 17.2 / 07999
下 17.4 / 08066
下 17.5 / 08059
下 17.6 / 08005
下 17.7 / 08006
下 17.8 / 08062
下 17.10 / 08040
下 18.2 / 07826
下 18.3 / 08245
下 18.4 / 08144
下 18.6 / 08004
下 18.7 / 08043
下 18.9 / 08263
下 18.11 / 08151
下 19.1 / 09050
下 19.6 / 08030
下 19.9 / 08270
下 19.10 / 08234
下 19.11 / 08190
下 19.12 / 08228
下 20.1 / 08224
下 20.2 / 07814
下 20.3 / 08222
下 20.5 / 08235
下 20.7 / 08796
下 20.11/08817.2
下 20.12 / 08045
下 21.1 / 08781
下 21.2 / 07821
下 21.6 / 08784
下 21.7 / 08779
下 21.8 / 08832.1
下 22.5 / 08312
下 22.6 / 08321
下 22.8 / 08328
下 22.10 / 08329
下 22.11 / 08332
下 22.12 / 08331
下 23.1 / 08844
下 23.2 / 08345
下 23.3 / 08366
下 23.4 / 08370
下 23.6 / 08427
下 23.7 / 08410
下 23.8 / 08378
下 23.9 / 08413
下 23.10 / 08414
下 23.11 / 08406
下 23.12 / 08853
下 24.1 / 08432
下 24.3 / 08852
下 24.4 / 08404
下 24.5 / 08438
下 24.6(与下 69.2 重)
下 24.7 / 08471
下 24.8 / 09008.2
下 24.9 / 08506
下 24.10 / 08447
下 24.11 / 08503
下 24.12 / 08497
下 25.2 / 08902
下 25.3 / 08493
下 25.4 / 08449
下 25.5 / 08508
下 25.6 / 08489
下 25.7 / 08491
下 25.9(与下 25.3 重)
下 25.10 / 08501
下 25.11 / 08476
下 25.12 / 08904
下 26.1 / 08455
下 26.2 / 08464
下 26.3 / 08487
下 26.4 / 08483
下 26.5 / 08481
下 26.6 / 08451
下 26.7 / 08906
下 26.8 / 09005
下 26.9 / 08470
下 26.10 / 08914
下 27.1 / 08519
下 27.3 / 08532
下 27.4 / 08513
下 27.5 / 08547
下 27.6 / 08565
下 27.7 / 08578
下 27.9 / 08563
下 27.11 / 08550
下 28.1 / 08540
下 28.3 / 08583
下 28.4 / 08541
下 28.6 / 08582
下 28.7 / 08559
下 28.8 / 08573
下 28.9 / 08544
下 28.10 / 08614
下 29.1 / 08650
下 29.2 / 08618
下 29.4 / 08596
下 29.5 / 08649
下 29.7 / 08626
下 29.8 / 08600
下 29.9 / 08636
下 29.10 / 08620
下 29.11 / 08615
下 29.12 / 08594

下 30.1 / 08942
下 30.2 / 08941
下 30.3 / 08628
下 30.4 / 08627
下 30.6 / 08652
下 30.7 / 08653
下 30.8 / 08644
下 30.9 / 08645
下 30.10 / 08630
下 30.11 / 08726
下 31.1 / 08724
下 31.2 / 08673
下 31.3 / 08699
下 31.4 / 08955
下 31.5 / 08714
下 31.6 / 08679
下 31.7 / 08728
下 31.8 / 08974
下 31.9 / 08718
下 31.10 / 08716
下 31.12 / 08962
下 32.1 / 08715
下 32.3 / 08722
下 32.4 / 08711
下 32.5 / 08735
下 32.6 / 08829
下 32.8 / 08787
下 32.9 / 08782
下 32.10 / 08990.2
下 32.12(与下 20.7 重)
下 33.1 / 09072
下 33.2 / 08825
下 33.3 / 08819
下 33.4 / 08794
下 33.5 / 08793
下 33.6 / 08792
下 33.7 / 08843
下 33.8 / 08396
下 33.9 / 08395
下 33.10 / 08873
下 33.11 / 08867
下 34.1 / 08876
下 34.2 / 08881
下 34.3 / 08908
下 34.7 / 08938
下 34.9 / 08939
下 35.1 / 06417
下 35.2 / 08946
下 35.4 / 08968
下 35.5 / 08956
下 35.6 / 08973
下 35.7 / 08977
下 35.8 / 08991
下 35.8 / 09018
下 36.1 / 09047
下 36.2 / 09033
下 36.3 / 09029
下 36.4 / 09030
下 36.5 / 09084
下 36.6 / 09085
下 36.7 / 09079
下 36.8 / 09066
下 36.9 / 09077
下 37.1 / 09083
下 37.2 / 09094
下 38.1 / 07797
下 38.2 / 08893
下 38.3 / 09008.1
下 38.6 / 08980
下 38.7 / 09099
下 38.8 / 09090
下 39.1 / 06651
下 39.2 / 06654
下 39.3 / 06685
下 39.5 / 06553
下 39.7 / 07066
下 39.9 / 06533
下 39.10 / 06933
下 39.11 / 06585
下 39.12 / 06789
下 40.1 / 06633
下 40.3 / 06722
下 40.4 / 06720
下 40.5 / 07053
下 40.6 / 07030
下 40.7 / 06799
下 40.8 / 06784
下 40.9 / 06604
下 40.10 / 06765
下 40.11 / 06767
下 40.12 / 06788
下 41.1 / 06989
下 41.3 / 06571
下 41.4 / 07106
下 41.6 / 07019
下 41.7 / 06820
下 41.8 / 07162
下 41.9 / 07193
下 41.10 / 06840
下 42.1 / 06894
下 42.2 / 06911
下 42.3 / 07270
下 42.4 / 07058
下 42.5 / 07180
下 42.6 / 06172
下 42.8 / 07087
下 42.9 / 06921
下 42.10 / 07200
下 42.11 / 07198
下 43.1 / 07185
下 43.2 / 07073
下 43.4 / 07081
下 43.5 / 07088
下 43.6 / 07091
下 43.7 / 07099
下 43.9 / 07092
下 43.10 / 07089
下 43.11 / 07118
下 43.12 / 07120
下 43.12 / 07186
下 44.1 / 07116
下 44.2 / 06397
下 44.3 / 07121
下 44.4 / 07129
下 44.5 / 07243
下 44.6 / 07127
下 44.7 / 07133
下 44.10 / 05658
下 44.11 / 07145
下 45.1 / 07140
下 45.5 / 07158
下 45.6 / 07219
下 45.8 / 07065
下 45.9 / 07277
下 45.10 / 07212
下 45.11 / 07222
下 45.12 / 07264
下 46.1 / 07234
下 46.10 / 07301
下 46.11 / 07289
下 46.2 / 07153
下 46.3 / 07259
下 46.4 / 07285
下 46.5 / 07286
下 46.8 / 07213
下 46.9 / 07290
下 47.1 / 07304
下 47.2 / 07288
下 48.1 / 06069
下 48.2~3 / 06038
下 48.8 / 06024
下 48.9 / 06023
下 48.10 / 06157
下 49.2 / 06155
下 49.3 / 06162
下 49.4 / 06031
下 49.5 / 06189
下 49.6 / 06188
下 49.7 / 06059
下 49.9 / 06056
下 50.2 / 06066
下 50.6 / 06787
下 50.9 / 03101
下 50.10 / 06159
下 51.1 / 06082
下 51.4~5 / 06158
下 51.7 / 06091
下 51.10 / 04822
下 52.1 / 00458
下 52.3 / 06118
下 52.4 / 06120
下 52.5 / 06814
下 52.8 / 05529
下 52.12 / 06131
下 53.1~2 / 06135
下 53.3 / 06134
下 53.5~6 / 06147
下 53.7 / 06140
下 53.8 / 06139
下 53.11 / 06178
下 54.2(与下 62.7 重)
下 54.3 / 06191
下 54.4 / 06192
下 54.7 / 06201
下 54.8~9 / 06200
下 54.10 / 06204
下 54.11 / 06206
下 54.12 / 06208
下 55.12 / 06231
下 55.6 / 06215.2
下 55.8 / 06214
下 56.2 / 06220
下 56.3 / 06227
下 56.4 / 06226
下 56.5 / 06378
下 56.6 / 06230
下 56.7 / 06241
下 56.8 / 06250
下 56.9 / 06253
下 57.1 / 06261
下 57.2 / 06262
下 57.4 / 06258
下 57.6 / 07232
下 57.7 / 06290
下 57.8 / 06270
下 57.9 / 06409
下 57.10 / 06403
下 57.11~12 / 06282
下 58.1 / 06401
下 58.2 / 06281
下 58.3 / 06284
下 58.5 / 06286
下 58.7 / 06314
下 58.9 / 06306
下 58.10 / 06301

下 58.11 / 06319
下 59.1 / 06296
下 59.3 / 06318
下 59.4 / 06315
下 59.5 / 07144
下 59.6 / 01647
下 59.8 / 06307
下 59.10 / 05094
下 59.11 / 06344
下 59.12 / 06425
下 60.1 / 07159
下 60.2 / 06324
下 60.5 / 06329
下 60.6 / 06332
下 60.9 / 06330
下 60.12~61.1 / 06334
下 61.2 / 06335
下 61.3 / 06269
下 61.4~5 / 06351
下 61.6 / 06353
下 61.7 / 06348
下 61.8 / 06357
下 61.9 / 06369
下 61.10 / 07218
下 61.11 / 06244
下 61.12 / 06245
下 62.1 / 06383
下 62.2 / 06394
下 62.4 / 06427
下 62.5 / 06429
下 62.6 / 05767
下 62.7 / 07257
下 62.8 / 06372
下 62.11 / 07279
下 62.12 / 06470
下 63.1 / 06484
下 63.2 / 06472
下 63.3 / 06482
下 63.3 / 07305
下 63.4 / 06491
下 63.5 / 06496
下 63.7 / 05206
下 63.8,63.10
(与下 36.3 重)
下 63.9(与下 36.4 重)
下 63.13 / 08817.1
下 64.1 / 09191
下 64.2 / 09175
下 64.3 / 09200
下 64.4 / 09162
下 64.6 / 09150
下 64.7 / 09135
下 64.10 / 09225
下 65.1 / 09202
下 65.2 / 09201
下 65.3 / 09203
下 65.4 / 09208
下 65.5 / 09207
下 65.6 / 09221
下 65.7 / 09214
下 65.8 / 09220
下 66 / 05296.2
下 66.1 / 09194
下 66.2(与下 30.3 重)
下 66.5 / 09249
下 67.1 / 09752
下 67.2 / 09959
下 67.5 / 09777
下 67.6 / 09786
下 67.7 / 09787
下 67.8 / 09788
下 67.9 / 09800
下 68.3 / 09815
下 69.1~2 / 08882
下 69.5~6 / 09298
下 70.1 / 09322
下 70.2~3 / 09305
下 70.4~5 / 09324
下 70.7~8 / 09338
下 70.9 / 09348
下 70.10~11 / 09349
下 70.12 / 09373
下 71.1~2 / 09376
下 71.4 / 09369
下 71.5~6 / 09387
下 71.7~8 / 09370
下 71.9~10 / 09403
下 72.1 / 09350
下 72.3 / 09352
下 72.4~5 / 09354
下 72.8~9 / 09381
下 72.10 / 09385
下 72.12 / 09407
下 73.1~2 / 09390
下 73.3 / 09383
下 73.5 / 05202
下 73.6 / 09421
下 74.1 / 10019
下 74.2 / 10022
下 74.3 / 10016
下 74.4 / 10027
下 74.5 / 10026
下 74.6 / 10051
下 74.7 / 03189
下 74.8 / 10043
下 74.9 / 10083
下 75.1 / 10101
下 76 / 09915
下 76.1 / 09270
下 76.3 / 09764
下 76.3~4 / 09288
下 77.1~2 / 09294
下 78.2 / 10286
下 78.3 / 09910
下 78.6 / 11803
下 79.1 / 10392
下 79.5~6 / 05099
下 80.1~2 / 10674
下 80.3 / 10780
下 80.5 / 10648
下 80.7 / 10752
下 80.8 / 10778
下 80.9 / 10636
下 81.11 / 10704
下 81.1~2 / 10750
下 81.3 / 10637
下 81.4~5 / 10691
下 81.6 / 10777
下 81.7 / 10690
下 81.8 / 10717
下 81.9 / 10762
下 82.10~11 / 10873
下 82.1~2 / 10867
下 82.3 / 10688
下 82.4~5 / 10685
下 82.6~7 / 10686
下 82.8~9 / 10763
下 83.11~12 / 11114
下 83.1~2 / 10619
下 83.4~5 / 10859
下 83.6 / 10862
下 83.7~8 / 10857
下 83.9 / 11010
下 84.1 / 10664
下 84.2 / 10657
下 84.3 / 10656
下 84.4 / 10659
下 85.1 / 10660
下 85.2 / 10658
下 85.3 / 10948
下 85.4 / 10946
下 85.5 / 10949
下 85.6 / 10951
下 85.7 / 10950
下 85.8 / 10947
下 86.1 / 11115
下 86.2 / 11392
下 87.1 / 11403
下 87.2 / 11401
下 88.1 / 11439
下 88.2 / 11438
下 88.3 / 11443
下 88.4 / 11441
下 88.5 / 11442
下 88.6 / 11440
下 88.7~8 / 11413
下 90.1 / 10788
下 90.2 / 10646
下 90.3 / 10795

巖窟

上 4 / 01443
上 5 / 01738
上 6 / 01030
上 7 / 01710
上 8 / 02262
上 9 / 02195
上 10 / 01798
上 11 / 01663
上 13 / 00594
上 14 / 00662
上 17 / 03857
上 19 / 07220
上 20 / 09838
上 21 / 04851
上 22 / 04927
上 23 / 04874
上 24 / 09164
上 25 / 08396
上 26 / 07354
上 28 / 08875
上 29 / 07507
上 30 / 07718
上 31 / 08090
上 32 / 07472
上 33 / 07573
上 34 / 07574
上 35 / 08423
上 36 / 07927
上 37 / 08035
上 38 / 07423
上 39 / 08796
上 40 / 08985
上 41 / 08385
上 42 / 08353
上 43 / 08696

上 44 / 08955	上 59 / 06212	下 8 / 10638	下 28 / 10752	下 52 右 / 12028
上 45 / 08858	上 60 / 06424	下 9 / 10833	下 29 / 10831	下 52 左 / 12027
上 46 / 09075	上 61 / 06177	下 12 / 10670	下 30 / 10684	下 53 / 11154
上 47 / 08188	上 62 / 03109	下 13 / 10716	下 32 / 10765	下 54 / 11032
上 48 / 07535	上 63 / 10270	下 16 / 10849	下 33 / 10865	下 56 / 11355
上 49 / 07045	上 64 / 09615	下 17 / 10852	下 41 / 11072	下 57 / 11345
上 50 / 06705	上 65 / 09905	下 18 / 04426	下 42 / 11149	下 58 / 11297
上 51 / 07231	上 66 / 07986	下 18 / 10848	下 43 / 11078	下 59 / 10828
上 52 / 07284	下 1 / 11750	下 21 / 10620	下 45 / 11036	下 61 / 11447
上 53 / 06980	下 2 / 11734	下 22 / 10863	下 46 / 11191	下 62 甲 / 11794
上 54 / 07203	下 3 / 11735	下 25 / 10713	下 47 / 10888	下 66 / 00415
上 56 / 07280	下 4 / 10656	下 26 / 10838	下 51 / 11126	下 67 / 00418
上 58 / 06384	下 5 / 10721	下 27 / 08564	下 52 / 11031	下 68 / 12067